MITOS Y LEYENDAS DE CANAAN

INSTITUCION SAN JERONIMO
PARA LA INVESTIGACION BIBLICA

FUENTES DE LA CIENCIA BIBLICA

1

INSTITUCION SAN JERONIMO
Trinitarios, 1
VALENCIA

MITOS Y LEYENDAS DE CANAAN

SEGUN LA TRADICION DE UGARIT

Textos, versión y estudio
por
G. DEL OLMO LETE
profesor de la Universidad de Barcelona

EDICIONES CRISTIANDAD
Huesca, 30-32
MADRID

Depósito legal: M. 27.827.—1981 ISBN: 84-7057-297-0

Printed in Spain

Composición e impresión: Artes Graficas Benzal, S. A. - Virtudes, 7 - Madrid-3
Encuadernación: Larmor, Móstoles (Madrid)

CONTENIDO

EPOPEYA DE AQHATU (KTU 1.17-19)

SAGA DE LOS RAPAUMA (KTU 1.20-22)

POEMAS MITOLOGICOS MENORES

FRAGMENTOS MITOLOGICOS

PROLOGO

Desde sus inicios en 1929, hace ahora justamente cincuenta años, las excavaciones de *Ras Shamra* (Ugarit) han ido aportando de modo incesante interesantes datos que han enriquecido nuestro conocimiento de la Siria septentrional en el segundo milenio a. C. Se trata de un punto clave para entender la génesis de la interacción cultural que se fraguó por aquel momento en el mediterráneo oriental y que influyó de manera decisiva en el desarrollo de nuestra propia cultura occidental. Su privilegiada situación geopolítica hizo de Ugarit un perfecto resonador, al hallarse situado en el punto de confluencia de los cuatro universos culturales del momento: Egipto, Mesopotamia, Anatolia y el Mar Egeo. Pero ello no significó la anulación de su personalidad creadora o su reducción a una forma más o menos asimilada de sincretismo, sino que aquel pequeño Estado supo mantener, por encima de la avalancha cultural y aprovechándose de ella, su propia y antigua identidad «siro-cananea». De hecho nos ha preservado la mejor síntesis que poseemos de la misma; una cultura cuya significación fue decisiva, aun después de la desaparición política de aquella ciudad-estado, para la constitución y desarrollo de otro vector cultural de primer orden que tuvo lugar en el sur de la región durante el milenio siguiente: la religión y cultura hebreas. La importancia de éstas para nuestro propio mundo histórico-cultural, a través de su transformación cristiana, que supuso una nueva interacción con el vector greco-romano, no precisa encomio.

No es de extrañar, por consiguiente, el interés que desde el primer momento suscitó tal descubrimiento arqueológico y la interpretación de los numerosos textos hallados. A continuación fueron apareciendo ediciones y versiones de los mismos en las principales lenguas modernas, además de una enorme cantidad de estudios de detalle en artículos especializados. Por mi parte, apenas iniciado el estudio de la lengua y literatura ugaríticas, hace más de quince años, asumí como conveniente la idea de una edición-versión de dichos textos y comencé a trabajar en la misma. Con las ayudas concedidas por la Fundación Juan March en 1968 y 1973 se pudo ir completando el primer esbozo y desbrozando el camino a través de la ingente bibliografía que la tarea requería. Fruto de esos años de trabajo es la presente elucidación de los textos ugaríticos, mitológicos y épicos, más decisivos, aparecidos en las primeras excavaciones, reservando para un momento posterior el estudio de otros de tipo predominantemente cultual y administrativo, aparecidos con posterioridad.

En la presentación de la obra se ha seguido un sistema mixto que intenta combinar el rigor técnico con la accesibilidad a un círculo amplio de lectores. En consecuencia, el *texto original* transcrito y su versión van acompañados de *dos cuerpos de notas,* unas de naturaleza textual y otras de traducción. Las primeras procuran recoger las variantes de lectura, correcciones y reintegraciones del texto propuestas por los diversos autores, señalados éstos por la *obra concreta* en que las proponen; menos en el caso de Virolleaud, cuya mención (Vir.) remite siempre a la edición príncipe del texto, sea éste el que sea. Se retienen sólo las variantes significativas y se ha procurado citar al autor que las propuso primero, sin aducir todos los que las han asumido luego. No se han tenido en cuenta las que se refieren únicamente a la consignación o no del signo o punto «separador», así como a la diferente división de la cadena consonántica, teniendo estas últimas como variantes interpretativas, no textuales. El *índice de abreviaturas bibliográficas* interpreta las siglas mencionadas en este cuerpo de notas. La búsqueda del mayor volumen de información posible en el mínimo de espacio disponible ha impuesto su utilización, así como ha inducido incluso a una simplificación en el sistema de referencias bibliográficas usual en esta obra. En todo caso, el texto se ha mantenido intacto, libre de conjeturas e integraciones, a excepción de las fórmulas estrictamente idénticas constatadas por otros lugares. Y esto aun en el caso en que el autor tuviera alguna propia que ofrecer; ésta se consigna anónimamente en las notas; en los demás casos se prefiere normalmente la que va consignada en primer lugar.

El segundo cuerpo de notas trata de recoger las principales variantes interpretativas o de traducción que los autores proponen del texto previamente fijado. En los casos de texto dudoso reflejan naturalmente la opción textual por ellos propuesta en el primer cuerpo de notas. En los demás, su diversa valoración semántica. Se ha preferido aducirlas sin comentario alguno, que forzosamente hubiera resultado prolijo y falto de interés para el lector no especializado. Por otra parte, no era lícito dar la impresión de evidencia y simplicidad interpretativa tratándose de textos tan complejos; en consecuencia, se incluye junto con ellas una llamada al *glosario* que cierra la obra, donde se discuten y justifican filológicamente las opciones semánticas asumidas por el autor para los diversos lexemas. De todas las maneras, su simple lectura puede dar una idea al lector medianamente curioso de la dificultad interpretativa que estos textos comportan y que puede conducir a versiones tan divergentes, a la vez que puede orientar al lector interesado y filológicamente capacitado acerca de las diversas líneas de solución posibles. Se señalan, naturalmente, sólo las principales y más verosímiles, descartando en principio las obsoletas o excesivamente «extravagantes». La referencia bibliográfica remite en este caso, a través del *nombre del autor,* a la obra u obras de literatura ugarítica, de conjunto o sobre algún poema en particular, señaladas en el índice de abreviaturas mencionado; se da por supuesto el lugar de cita correspondiente, fácilmente identificable, y suele corresponder a la versión que el autor mantiene en sus diversos estudios. En caso de que haya variado en sus traducciones a lo largo de los años, se señala la obra o el año a que corresponde la versión propuesta; y, desde luego, se da la referencia precisa cuando se trate de traducciones ofrecidas en artículos de revista sobre temas o lugares concretos de estos textos. Se ha adoptado este criterio en razón de la mentada economía de espacio informativo.

Hemos prescindido también de confeccionar una bibliografía ugarítica general y aun particular sobre cada texto; ésta aparece, con todo, «empleada» en las *notas* a las *introducciones* que los preceden. Por otra parte, la existencia de tales compilaciones bibliográficas, como se indica en las obras citadas en el índice de abreviaturas, pensamos que nos eximía de tal menester. En dichas introducciones se ha prestado atención especial al sentido global de cada «escena» en el contexto general de la acción que desarrolla el poema en su conjunto, recogiendo a la vez los elementos formales y esticométricos que literariamente la configuran. Es precisamente este contexto literario global el que hace inaceptables muchas versiones lingüísticamente «posibles». Tal perspectiva ha dominado el criterio de traducción adoptado: se ha procurado permanecer lo más literalmente fiel al texto que ha sido posible, dentro de un mínimo de funcionalidad dinámica imprescindible para reproducir «sentido». Una irremediable sobriedad semántica era de rigor, dada la peculiar dificultad que estos textos ofrecen y que reflejan los múltiples y divergentes intentos de traducción. Por otra parte, el autor remite a sus estudios de textos concretos, publicados a lo largo de estos años, para una discusión más detallada de la versión propuesta en los casos más arduos, a la vez que ha procurado comentar y sintetizar en las notas a la introducción respectiva las soluciones de otros autores y su interpretación global del pasaje.

Holgaba, por otro lado, un índice de vocablos, dada la existencia de un *glosario.* Este, por su parte, es selectivo y no exhaustivo en la aportación de citas, limitándose a ilustrar los diversos sememas, pero no pretendiendo en ningún caso hacer las veces de «concordancia».

Al término de esta labor fatigosa a la vez que estimulante sólo me queda el grato deber de reiterar mi agradecimiento a la Fundación Juan March por su magnanimidad al patrocinar una investigación de este tipo, a la

Institución San Jerónimo para la investigación bíblica y a Ediciones Cristiandad por su coraje al asumir el riesgo de su edición y al personal ayudante del Departamento de Hebreo de la Universidad de Barcelona por la increíble paciencia desplegada en la preparación del manuscrito.

Barcelona, 17 de noviembre de 1979.

INTRODUCCION GENERAL

El intento de la presente edición y versión española de la literatura mitológica y épica básica de Ugarit es, en primer lugar, el de ofrecer su texto original con fidelidad y organizado esticométricamente al estudioso de nuestra lengua, con vistas a un acceso directo a la misma [1]. Se ha puesto, en consecuencia, especial cuidado en transcribirlo y cotejarlo con las diversas transliteraciones, en caracteres hebreos y latinos, ya existentes [2], seña-

[1] La edición príncipe de estos textos, que especificamos en su lugar correspondiente, la efectuó Ch. Virolleaud en la revista «Syria», a partir de 1929, y en tres obras monográficas: *La légende phénicienne de Danel* (= LPD), París 1936; *La légende de Kéret, roi des Sidoniens* (= LK), París 1936; *La déesse ʿAnat* (= DA), París 1938. Los aparecidos con posterioridad a 1951 han sido recogidos fundamentalmente en Ch. Virolleaud, *Le palais royal d'Ugarit* II (= PRU II), París 1957; íd., *Le palais royal d'Ugarit* V (= PRU V), París 1965; íd., *Les nouveaux textes mythologiques et liturgiques de Ras Shamra (XXIV*[e] *campagne, 1961)»,* en *Ugaritica* V (= *Ug.* V), París 1968, pp. 545-606. Algunos textos menores han recibido publicación esporádica en revistas diversas o en pequeñas colecciones como la de L. R. Fisher (ed.), *The Claremont Ras Shamra Tablets* (= CRST), Roma 1971, y la de M. Dietrich-O. Loretz, *Die Elfenbeininschriften und S-Texte aus Ugarit* (= ESTU), Neukirchen 1976. Para un inventario detallado de los textos ugaríticos puede verse C. H. Gordon, *Ugaritic Textbook* (= UT), Roma 1965, pp. 257-289 (cf. *infra* n. 2). Una edición revisada de los hallados entre 1929 y 1939 la ofrece A. Herdner, *Corpus des tablettes en cunéiformes alphabétiques* (= CTA), París 1963, y una nueva colación de todos los textos hasta ahora conocidos, incluidos los destinados a aparecer en *Ugaritica* VII es la editada por M. Dietrich-O. Loretz-J. Sanmartín, *Die keilalphabetischen Texte aus Ugarit* (= KTU), Neukirchen 1976. Para los últimos textos publicados puede verse A. Herdner, *Nouveaux textes alphabétiques de Ras Shamra-XXIV*[e] *Campagne, 1961,* en *Ug.* VII, pp. 1-74, 75-78; y también pp. 121-124, 389-398 (Caquot); 135-146 (Milik); 147-148 (Dietrich-Loretz); Bordreuil, «Semitica» 25 (1975) 19-29; Caquot-Masson, «Semitica» 27 (1977) 5-19. Aquí seguiremos el sistema de clasificación y referencia propuesto en KTU (pp. XII-XIII), que coincide con CTA en el orden de los textos literarios que traducimos (1-25); se da por supuesta la sigla KTU/CTA.

[2] Cf. J. A. Montgomery-Z. S. Harris, *The Ras Shamra Mythological Texts* (= RSMT), Filadelfia 1935; H. L. Ginsberg, *Kitbê 'Ûgārît* (= KU), Jerusalén 1936; H. Bauer, *Die alphabetischen Keilschrifttexte von Ras Schamra* (= AK), Berlín 1936; G. R. Driver, *Canaanite Myths and Legends* (= CML),

lando en nota las variantes que posibilitan los lugares epigráficamente oscuros, así como las conjeturas que se proponen para completar textos fragmentariamente conservados. Junto con ello se ha pretendido ofrecer también los elementos literarios y lingüísticos, reducidos al mínimo indispensable, que faciliten la intelección de esta literatura e informen sobre las diversas cuestiones que suscita. Se contienen fundamentalmente en las introducciones a las distintas unidades en las que se analiza la estructura literaria del texto, así como en las notas filológicas que tienden sobre todo a justificar las opciones adoptadas e informar de otras posibilidades de interpretación [3].

Edimburgo 1956 (reeditada nuevamente por J. C. L. Gibson, CML, ²1978); J. Gray, *The Legacy of Canaan* (= LC), Leiden (1957) ²1965; Z. y Sh. Rin, *ʿAlîlôt hā-ʾēlîm* (= AE), Jerusalén 1968; íd., *haṭṭûr haššᵉlîšî laʿălîlôt hāʾēlîm,* Filadelfia 1969, versión parafraseada de la anterior; así como las sucesivas ediciones de C. H. Gordon, *Ugaritic Grammar,* Roma 1940 / *Ugaritic Handbook,* Roma 1947 / *Ugaritic Manual,* Roma 1955 / *Ugaritic Textbook,* Roma 1965, pp. 159-256, 1*-31*, edición que aquí manejamos. Naturalmente, ante todo han de tenerse en cuenta las de Virolleaud, Herdner y Dietrich-Loretz-Sanmartín, citadas en la nota anterior. Un cotejo de las dos primeras, en relación con su uso del signo de separación, lo ofrece últimamente W. J. Horwitz, *Discrepanties in an Important Publication of Ugaritic:* UF 4 (1972) 47-52.

[3] A este respecto, las principales versiones son las de C. H. Gordon, *Ugaritic Literature* (= UL), Roma 1949; íd., *Ugarit and Minoan Crete* (= UMC), Nueva York 1966; íd., *Poetic Legends and Myths from Ugarit* (= PLM): «Berytus» 25 (1977) 5-133; H. E. del Medico, *La Bible Cananéenne découverte dans les textes de Ras Shamra,* París 1950 (no tenida en cuenta en este trabajo); H. L. Ginsberg, *Ugaritic Myths, Epics and Legends,* en ANET, ²1955, pp. 129-155; A. Jirku, *Kanaanäische Mythen und Epen aud Ras Schamra-Ugarit* (= KME), Gütersloh 1962; J. Aistleitner, *Die mythologischen und kultischen Texte aus Ras Schamra* (= MKT), Budapest 1964; T. H. Gaster, *Thespis. Ritual, Myth, and Drama in the Ancient Near East* (= Thespis), Nueva York (1950) ²1966; A. Fraiḥa, *Malāḥim wa-Asāṭīr min Uğarīt (Rāʾs-š-Šamra)* (= MAU), Beirut 1966 (no tenida en cuenta); A. Caquot-M. Sznycer, *Textes Ougaritiques,* en *Les Religions du Proche-Orient asiatique* (= RPO), París 1970, pp. 353-458; D. Broadribb. *Tri mitoj el Ugarito: Baal kaj Anat-KRT-AQHT:* BR 7 (1971) 181-243; cf. 9 (1973) 133-149 (no tenida en cuenta); A. Caquot-M. Sznycer-A. Herdner, *Textes Ougaritiques,* t. 1: *Mythes et Légendes* (= TOu), París 1974; K.-H. Bernhardt, *Ugaritische Texte,* en W. Beyerlin, *Religionsgeschichtliches Textbuch zum Alten Testament* (= RTAT), Gotinga 1975, pp. 205-243; J. Clear, *Ugaritic Texts in Translation* (= UTT), Seattle 1976; M. D. Coogan, *Stories from Ancient Canaan* (= SAC), Filadelfia 1978 (no tenidas en cuenta las tres últimas); y las obras mencionadas en la nota anterior de Ginsberg, Driver, Gray y Rin, así como la versión pionera de Virolleaud, que contiene su edición príncipe.

La versión puede ser utilizada independientemente, pero la obra en su conjunto ha sido intentada en favor de los conocedores de la lengua ugarítica, o al menos de alguna lengua semítica (hebreo o árabe preferentemente), que pretendan un acceso directo al texto original. Por esa razón se ha incluido un glosario completo del vocabulario empleado en la obra. Es de naturaleza básica y pretende apoyar las opciones lingüísticas supuestas en la traducción, así como informar sumariamente de otras posibilidades. Se ha reducido al mínimo en él el aspecto etimológico, tan importante en la interpretación de una lengua desconocida, pero ya ofrecido por los glosarios y diccionarios existentes [4], apuntando sólo las formas semíticas comunes o aquellas empíricas que corroboran la opción semántica adoptada. Con ello se pretende a la vez ofrecer una base firme para la vocalización y lectura del texto ugarítico que originalmente se presenta en simple notación consonántica.

No puede ocultarse que esta edición de la literatura ugarítica ha sido preparada con vistas, sobre todo, a su utilización por los estudiosos e interesados en conocer el fondo cultural y religioso de la Biblia hebrea. Me ha parecido, sin embargo, que el mejor modo de servir a tal interés era el estudio directo y autónomo de dicha literatura [5], sin dejarse llevar de una preconcebida búsqueda de paralelismos y correlaciones, aunque sin renunciar a insinuarlos cuando resultase oportuno. El desarrollo de tales correlaciones ha sido frecuentemente realizado [6] y puede considerarse

[4] Cf. los glosarios que acompañan a las obras de Virolleaud, Montgomery-Harris, Ginsberg, Bauer, Driver/Gibson, Fraiḥa y Rin, y a la gramática de Gordon; además, J. Aistleitner, *Wörterbuch der ugaritischen Sprache* (= WUS), Berlín (1963) ^{4}1974, amén de numerosos estudios lexicográficos de detalle. Por su parte, algunas versiones, como TOu, ofrecen abundantes notas lingüísticas. En la actualidad se prepara un diccionario nuevo por parte del equipo de Ugarit-Forschung de Münster.

[5] Cf. P. Xella, *Il mito di ŠḤR e ŠLM* (= MSS), Roma 1973, p. 29.

[6] Cf., entre otros, J. W. Jack, *The Ras Shamra Tablets. Their Bearing on the Old Testament* (= RST), Edimburgo 1935; W. Baumgartner, *Ras Schamra und das Alte Testament:* TRu 12 (1940) 163-188; 13 (1941) 1-20, 85-102, 157-183; R. Dussaud, *Les découvertes de Ras Shamra et l'Ancien Testament* (= DRS), París (1937) ^{2}1941; H. L. Ginsberg, *Ugaritic Studies and the Bible:* BA 8 (1945) 21-58; R. de Langhe, *Les textes de Ras Shamra-Ugarit et leurs rapports avec le milieu biblique de l'Ancien Testament* I/II (= TRS), Gembloux 1945; E. Jacob, *Ras Shamra et l'Ancien Testament* (= RSAT), Neuchâtel 1960; M. Dahood, *Ugaritic Studies and the Bible:* Greg 43 (1952) 55-79; íd., *Ugaritic and the Old Testament:* ETL 44 (1968) 35-54; A. S. Kapelrud, *The Ras Shamra Discoveries and the Old Testament* (= RSD), Norman 1963; C. F. Pfeiffer, *Ras Shamra and the Bible* (= RSB), Grand Rapids 1968; S. Bartina, *Ugarit y la Biblia* (= UB), Barcelona 1967; U. Cassuto, *The Relationship between Ugaritic Literature and the Bible,* en *The Goddess Anath* (= GA), Jerusalén (1951, original hb.) 1971, pp. 18-52; L. R. Fisher (ed.), *Ras Shamra*

como uno de los resultados más llamativos de la utilización de estos textos. Guiados primordialmente por este enfoque, se ha adoptado en la transcripción de los nombres propios, sobre todo de divinidades, la forma original semítica, diversa de la convencional que ofrece la Biblia hebrea [7]; y por eso mismo en el glosario hemos procurado aducir las formas paralelas árabes y acádicas, semánticamente quizá más lejanas, pero fonéticamente más exactas que las hebreas. Todo ello en un intento de aproximación al modelo autónomo original y al talante con que fueron compuestos y leídos estos mitos y epopeyas. El posterior encuentro de Israel con estos o parecidos textos y tradiciones se hizo ya desde una actitud de asimilación y contraste frente a su peculiar concepción, que es lo que refleja la Biblia hebrea [8]. En lucha con la concepción mítica y antropológica que ellos suponen fraguó Israel su propia fe, no sin adoptar al mismo tiempo muchos de sus modos de expresión. Vistos desde aquí, estos mitos no son sólo una lejana expresión de la necesidad humana, plasmada en la historia de las religiones, de orientarse en la existencia y dar sentido a sus vicisitudes;

Parallels. The Texts from Ugarit and the Hebrew Bible, vol. I/II (= RSP), Roma 1972-1975; y la obra citada de J. Gray, *The Legacy of Canaan. The Ras Shamra Texts and their Relevance to the Old Testament,* Leiden ²1965. Ultimamente también, W. J. Jobling, *Canaan, Ugarit and the Old Testament: A Study of Relationship* (= CUOT), Dis. Univ. Sidney, 1965; K. L. Barker, *The Value of Ugaritic for Old Testament Studies:* BS 133 (1976) 19-30; E. Jacob-H. Cazelles, *Ras Shamra et l'Ancien Testament,* SDB, fasc. 53, col. 1.425-1.439; Jacob, UF 11 (1979) 395-406; Ringgren, UF 11 (1979) 719-721; así como las disertaciones de Day, Tennant, Weston; cf. NUS 19 (1979) 7. Para una bibliografía general sobre Ugarit, cf. M. Dietrich-O. Loretz-J. Sanmartín, *Ugarit-Bibliographie 1928-1966* (= UB), Neukirchen 1973, que suplanta a las previas de *Ug.* I, TRS I, CTA y otras menores.

[7] Para un criterio diferente, cf. Gaster, *Thespis,* p. 14.

[8] Cf. F. F. Hvidberg, *Weeping and Laughter in the Old Testament. A Study of the Canaanite-Israelite Religion* (= WL), Leiden (1938, original danés) 1962; N. C. Habel, *Yahweh versus Baal. A Conflict of Religious Cultures* (= YVB), Nueva York 1964; R. Rendtorff, *El, Baʿal und Jahwe. Erwägungen zum Verhältnis von Kanaanäischer und Israelitischer Religion:* ZAW 78 (1966) 277-292; L. Bronner, *The Stories of Elijah and Elisha as Polemics against Baal Worship* (= SEE), Leiden 1968; H. Cazelles, *Essai sur le pouvoir de la divinité à Ugarit et en Israël,* en *Ugaritica* VI (= *Ug.* VI), París 1969, pp. 25-44; R. de Vaux, *El et Baal, le dieu des pères et Yahweh:* ibíd., pp. 501-517; J. L. Cunchillos, *Relaciones entre 'El-Baal-Yhwh en Israel,* en *Estudio del salmo 29* (= ES29), Valencia 1976, pp. 257-270; W. F. Albright, *Yahweh and the Gods of Canaan. A Historical Analysis of Two Contrasting Faiths* (= YGC), Londres 1968; F. M. Cross, *Canaanite Myths and Hebrew Epic. Essays in the History of the Religion of Israel* (= CMHE), Cambridge, Mass. 1973; N. Wyatt, *The Relationship of Yahweh and El.* Dis. 1976, Glasgow; D. Kinet, *Baʿal und Jahwe. Ein Beitrag zur Theologie des Hoseabuches,* Francfort/Berna 1977.

constituyen un elemento vivo, aunque sólo sea por contraste dialéctico, de nuestra tradición judeo-cristiana. De ahí el interés que el conocimiento de tal literatura puede tener para nosotros.

Antes de pasar, con todo, a ofrecer los textos, estimo que resulta conveniente abordar previamente unas cuestiones introductorias que voy a reducir a tres: el *descubrimiento* de esta literatura como elemento primordial de su situación en el tiempo y en el espacio; el análisis de sus *formas elementales* y sus *características estilísticas* como presupuesto para una lectura inteligente de la misma; y la síntesis del *universo religioso* y mitológico, que está operante en toda ella, como pauta orientadora de su comprensión.

DESCUBRIMIENTO

La historia del descubrimiento de las ruinas de Ugarit y su cultura tiene un inicio fortuito, como el de otros muchos descubrimientos arqueológicos [9]. En marzo de 1928, un labrador alauita, arando su propiedad junto a la caleta denominada *Mīnāʾ al-bayḍāʾ* (el antiguo *leukòs limḗn),* doce kilómetros al norte de *Al-Lāḏiqiyya (Latakia)* (antigua *Laodicea ad mare),* remueve una lastra de piedra, contra la que ha topado su arado, y se encuentra con los restos de una tumba antigua. Una vez al tanto del hallazgo, el Servicio de Antigüedades de Siria y el Líbano, entonces bajo mandato francés, destaca allí un experto, M. L. Albanese, que inmediatamente advierte la presencia de una necrópolis e identifica la tumba hallada como de tipo micénico, datable de los siglos XIII/XII a. C. Pero una necrópolis postula la existencia de una ciudad. En consecuencia, Albanese y luego Dussaud prestan atención al vecino montículo, denominado *Raʾs š-Šamra* («cabezo del hinojo», a continuación normalizado *Ras Shamra),* de unos 20 metros de altitud sobre el terreno circundante, que tiene todas las apariencias de ser un *tell* arqueológico, es decir, una acumulación artificial de ruinas antiguas, y podía corresponder al emplazamiento de tal ciudad. Un año más tarde del hallazgo fortuito, el 2 de abril de 1929, comienzan las excavaciones, primero en la necrópolis y, a partir del 8 de mayo, en el vecino *tell,* bajo la dirección de C. F. A. Schaeffer. Dicho *tell,* de forma ligeramente trapezoidal, posee una extensión de unas 25 hectáreas y se halla a unos 800 metros de la costa; al norte se dibuja en el horizonte la silueta del *Ǧabal Aqraʿ* («monte pelado»), de unos 1.200 m.

[9] Relatos sumarios del descubrimiento pueden leerse en Virolleaud, LPD, pp. 1-5; Ginsberg, KU, pp. 1ss; C. F. A. Schaeffer, *The Cuneiform Texts of Ras Shamra* (= CTRS), Londres 1939, pp. 1ss; Dussaud, DRS, pp. 17ss; De Langhe, TRS I, pp. 7-32; Jacob, RSAT, pp. 11-14; *Ugarit,* en *Interpreter's Dictionary of the Bible* (= IDB), Nashville 1962, *a. l.;* Kapelrud, RSD, pp. 1-14; Pfeiffer, RSB, pp. 9-18; Jirku, KME, pp. 8-9; Caquot-Sznycer, TOu, pp. 27-34; G. Saadé, *Ougarit Métropole Cananéenne* (= OMC), Beirut 1979.

de altura, que separa la región de los alauitas del valle y desembocadura del Orontes. Tal perspectiva aparecerá íntimamente ligada a la mitología de la ciudad sepultada en el *tell,* cuyos habitantes situaban allí la morada de su dios *Baʿlu* y la denominaban *Ṣapānu.* A los pocos días de iniciadas las excavaciones, los hallazgos hechos corroboraron lo acertado de la elección. Junto a piezas en piedra y objetos de bronce aparecieron numerosas tablillas de arcilla escritas con caracteres cuneiformes. Representaba esto el comienzo de una serie ininterrumpida de hallazgos arqueológicos y epigráficos que habría de prolongarse desde entonces hasta nuestros días.

La primera serie de campañas duró de 1929 a 1939, once en total, y quedó interrumpida por la guerra europea. Constituyen en realidad el punto culminante, tanto consideradas estratigráfica como epigráficamente. En ellas quedó fijada la secuencia de culturas que poblaron el sitio y se descubrieron los textos más significativos, al menos desde el punto de vista literario y religioso. Las excavaciones fueron reemprendidas en 1948 (campaña doce) y alcanzaron en octubre del 1976 su campaña número 37 [10].

[10] Los *rapports préliminaires,* crónicas oficiales y notas arqueológicas han sido publicados por el excavador en las revistas «Syria», «Annales Archéologiques Arabes de Syrie» (= AnArchArbSyr), *Comptes rendues de l'Académie des Inscriptions et Belles Lettres* (= CRAIBL) y en alguna otra publicación esporádica. También se han publicado numerosas crónicas de divulgación. Para las once primeras campañas, cf. «Syria» 10 (1929) 285-297; 12 (1931) 1-14; 13 (1932) 1-24; 14 (1933) 93-127; 15 (1934) 105-131, 136; 16 (1935) 141-176; 17 (1936) 105-149; 18 (1937) 125-154; 19 (1938) 193-255, 313-334; 20 (1939) 277-292. Para las campañas 12 a 17, cf. CRAIBL, 1950, pp. 256-259; 1952, pp. 234-241; 1953, pp. 227-298, 280-281; 1954, pp. 97-106; AnArchArbSyr 1 (1951) 5-18; 2 (1952) 3-22; 3 (1953) 117-144; «Syria» 28 (1951) 1-21; 31 (1954) 14-67, 387. Para las campañas 18 y 19, cf. CRAIBL, 1955, pp. 249-263; AnArchArbSyr 4-5 (1954-1955) 149-162; 7 (1957) 35-66; *Ugaritica* IV (= Ug. IV), París 1962, pp. 1-150. Para las campañas 20 a 23, cf. CRAIBL, 1960, pp. 340-341; 1961, pp. 232-236; AnArchArbSyr 8-9 (1958-1959) 133-178; 10 (1960) 133-158; 11-12 (1961-1962) 187-196; «Syria» 38 (1961) 7-22, 221-242. Para las campañas 24 a 31, cf. CRAIBL, 1962, pp. 198-206; 1969, pp. 524-526; AnArchArbSyr 13 (1963) 123-134; 20 (1970) 7-11, 13-24; «Syria» 47 (1970) 1-23. Para campañas posteriores, cf. «Syria» 49 (1972) 1-33; 50 (1973) 283-309; 51 (1974) 1-30; 54 (1977) 151-188; CRAIBL, 1977, pp. 303-319. La última campaña (40) tuvo lugar a finales del verano de 1980 [cf. NUS 23 (1980) 2]. Síntesis complexivas: J. Gray, *Ugarit,* en D. W. Thomas (ed.), *Archaeology and the Old Testament* (= AOT), Oxford 1976, pp. 145-167; J. C. Courtois, *Las excavaciones de Ugarit en los años 1929-1966* (hb.): «Qadmoniot» 2 (1969) 74-82; íd., *Ugaritic Grid, Strata and Find Location. A Re-assessment:* ZDMG 90 (1974) 97-114; íd., *Ras Shamra.* I. *Archéologie,* en *Supplément au Dictionaire de la Bible,* fasc. 52-53 (= SDB), París 1979, col. 1.126-1.295, excelente compendio de toda la labor arqueológica; Saadé, OMC, pp. 38-54; Misión RS, *Ras Shamra 1929-1979,* Lyon 1979.

No vamos a detenernos aquí a sintetizar los resultados obtenidos ni a analizar, aunque sólo fuera sumariamente, la enorme masa de objetos de todo tipo aparecidos: estatuas, estelas, armas, utensilios varios, cerámica de las más variadas formas y usos. Baste recordar que en casi 20 m. de residuos el lugar ha demostrado una ocupación que va desde la época neolítica al final de la época del bronce. Los excavadores han clasificado la secuencia estratigráfica en cinco niveles [11], que cubren, respectivamente, los períodos comprendidos entre: 1.º, 1500-1100 a. C.; 2.º, 2100-1500; 3.º, 3000-2100; 4.º, 4000-3000; 5.º, ?-4000

El *primer nivel* o período tuvo unos inicios de prosperidad (1500-1370), reflejados en las amplias construcciones y en las correspondientes tumbas de la necrópolis de *Mīnāʾ al-bayḍāʾ*. Aquí se construyó en esta época un barrio marítimo. El estilo y cerámica de sus tumbas es rodio-chipriota. Un violento incendio destruyó esa prosperidad; del mismo nos habla incluso una carta de *El-Amarna* [12] y lo atestigua la estratigrafía en todo el *tell:* una capa de cenizas divide ese período en dos partes. La reconstrucción llevada a cabo en la segunda (1370-1100) fue espléndida y dominada por el arte y estilo micénico, que aparecen sobre todo en la cerámica y en las construcciones funerarias. Esto se aprecia no sólo en la necrópolis vecina de *Mīnāʾ al-bayḍāʾ,* sino también en las tumbas familiares de que están provistas normalmente las casas en su subsuelo. La ruina de esta civilización, y con ella la de la ciudad, acontece a principio de la era del hierro, como consecuencia, al parecer, de un proceso de descomposición social interno, coincidente con el paso por ella de las invasiones de los «pueblos del mar». Los leves vestigios de ocupación posterior carecen de importancia.

El *segundo nivel* arqueológico nos conduce a los inicios del segundo milenio, cuando una civilización netamente semítica domina en la ciudad: cerámica y templos son de factura claramente cananea [13]. Pero, a la vez,

[11] Cf. *supra,* n. 9; K. L. Vine, *The Establishment of Baal at Ugarit* (= EBU), Dis. Univ. Michigan 1965, pp. 3-6. Para una ulterior subdivisión y caracterización más precisa de estos niveles, cf. C. F. A. Schaeffer, *Les fondaments pré- et protohistoriques de Syrie du néolitique préceramique au Bronze Ancien:* «Syria» 38 (1961) 7-22; íd., *Stratigraphie comparée et chronologie de l'Asie Occidentale (IIIe et IIe millénaires)* (= SC), Londres 1948; H. de Contenson, *A Further Note on the Chronology of Basal Ras Shamra:* BASOR 175 (1964) 47-48; íd., *Les couches du niveau III au sud de l'acropole de Ras Shamra,* en Ug. VI, pp. 45-89; íd., *Rapport préliminaire sur le sondage ouvert en 1962 sur l'acropole de Ras Shamra. Campagnes 1962-1968:* AnArchArbSyr 20 (1970) 13-24 [= «Syria» 47 (1970) 1-23]; íd., *Le niveau halafian de Ras Shamra. Rapport préliminaire sur les campagnes 1968-1972 dans le sondage préhistorique:* «Syria» 50 (1973) 1-33; y los estudios de Courtois mencionados en la nota anterior, que precisan mucho más la cronología.

[12] Cf. Virolleaud, LPD, p. 51; De Langhe, TRS I, pp. 72ss; Kapelrud, RSD, p. 7.

[13] Cf. De Langhe, TRS I, pp. 28ss.

tal civilización se halla abierta al influjo de las culturas vecinas: egipcia, mesopotámica y egea. Las invasiones de los Hicsos, que se dejaron sentir en la destrucción sistemática de numerosos monumentos egipcios, no conmovieron decisivamente esta civilización, que continuó siendo semítica y cananea. Llama la atención la presencia en este nivel de toda una necrópolis con cerámica preponderantemente cananea. Las casas continúan disponiendo de tumbas familiares en el subsuelo con abundante cerámica, armas y otros útiles. La comprobación arqueológica de la importancia que el cuidado o culto doméstico de los muertos adquirió en la civilización cananea, es de gran significación para valorar la reacción bíblica a ese respecto[14].

El *tercer nivel,* en sus capas más antiguas, atestigua una civilización pobre y poco desarrollada. En las superiores la cerámica es de tipo también cananeo. Esta constatación, dice De Langhe[15], es muy importante, porque atestigua la instalación de los cananeos en *Ras Shamra* desde mediados del tercer milenio. Quizá tal instalación fue fruto de una invasión, de acuerdo con las condiciones inestables de la época. De todas maneras, el dato nos permite considerar esta área como perteneciente, al menos por absorción, al ámbito cananeo[16]. Lo que no excluye que, desde el punto

[14] Cf. B. J. Angi, *The Ugaritic Cult of the Dead* (= UCD), Dis. Univ. McMaster 1971; Schaeffer, CTRS, pp. 46-56; A. Van Selms, *Marriage and Family Life in Ugaritic Literature* (= MFL), Londres 1954, pp. 129ss; Gray, LC, pp. 64-65; J. C. de Moor, *Rāpiʾūma-Rephaim:* ZAW 88 (1976) 331; Caquot-Sznycer, TOu, pp. 466-468.

[15] Cf. De Langhe, TRS I, p. 28; Kapelrud, RSD, p. 4.

[16] Así, por ejemplo, Virolleaud, LPD, pp. 18, 25, 53; Dussaud, DRS, pp. 20-27; Kapelrud, RSD, p. 4; De Langhe, TRS I, pp. 28, 42-43, 58; W. F. Albright, *The Role of the Canaanites in the History of Civilization,* en G. E. Wright (ed.), *The Bible and the Ancient Near East* (Fs. W. F. Albright) (= BANE), Nueva York 1965, pp. 438, 443, 447-456; y, en general, los que defienden el carácter cananeo de la lengua de Ugarit, en cuanto dialecto septentrional. En cambio, Rainey reclama una distinción neta entre ugarítico y cananeo [cf. A. F. Rainey, *A Canaanite at Ugarit:* IEJ 13 (1963) 43-45; íd., *Observations on Ugaritic Grammar:* UF 3 (1971) 153-171], en base al texto RS 20.182 (cf. *Ug. V,* pp. 111-112) y 4.96:7; también G. Garbini, *Semitico nord-occidentale e aramaico,* en G. Levi Della Vida (ed.), *Linguistica semitica: presente e futuro* (= LS), Roma 1961, pp. 66-67, 70-73; M. Weippert: Bib 57 (1976) 128. Para una valoración histórico-cultural de la denominación, puede verse Z. S. Harris, *A Grammar of Phoenician Language* (= GPL), New Haven 1936, p. 7; R. de Vaux, *Le pays de Canaan:* JAOS 88 (1968) 23-30; C. Brockelmann, *Kanaanäisch und Ugaritisch,* en *Handbuch der Orientalistik,* vol. III (= HdO), Leiden 1964, pp. 40ss; A. Jirku, *Der Mythus der Kanaanäer* (= MK), Bonn 1966, pp. 9ss; Gordon, UT, p. 421; J. C. de Moor, *The Seasonal Pattern in the Ugaritic Myth of Baʿlu* (= SP) Neukirchen 1971, p. 53; M. Noth, *Die Welt des Alten Testaments* (= WAT), Berlín (1940) ^{4}1962, pp. 45-49;

de vista estrictamente geográfico, no sea ya *Canaán.* En sus capas intermedias la cerámica manifiesta contacto o influjo de la cultura contemporánea de la baja Mesopotamia.

El *cuarto nivel* se sitúa ya en la época de la piedra o, mejor aún, en el período calcolítico, y su bella cerámica es del tipo universal que en este momento aparece en todo el Oriente, desde la Siria septentrional hasta el Irán.

El *quinto nivel,* por su cerámica e industria lítica, nos lleva al neolítico, incluso al precerámico en sus capas más hondas.

La identificación de un lugar arqueológico tan largamente poblado no presentó dificultades mayores, pues los textos en él descubiertos sugirieron inmediatamente su correspondencia con la antigua ciudad de Ugarit *(ú-ga-ri-it).* Esta era ya conocida por referencias de la literatura tanto egipcia como hitita y mesopotámica [17]. Su mención, sobre todo, en las cartas de *El-Amarna,* algunas provenientes incluso de la misma Ugarit, permitió ya de antiguo situarla en la Siria septentrional [18]. Entre los textos ugaríticos en que aparece el nombre de la ciudad [19], uno de los más significativos es el colofón 1.16 IV 54-58, donde se menciona al rey *Niqmaddu* de Ugarit, bien conocido por la amplia información que los archivos de la ciudad han conservado del mismo.

A. D. Crown, *Some Factors Relating the Settlement and Urbanization in Ancient Canaan in the Second and First Millenia B. C.:* «Abr-Nahrain» 11 (1971) 22-41; C. H. J. de Geus, *The Amorites in the Archaeology of Palestine:* UF 3 (1971) 41ss; J. Gray, *The Canaanites,* Londres 1965, pp. 15ss; A. R. Millard, *The Canaanites,* en J. Wiseman (ed.), *Peoples of the Old Testament Times* (= POTT), Oxford 1973, pp. 29-52; M. Liverani, *The Amorites,* ibíd., pp. 100-133; R. J. Clifford, *The Cosmic Mountain in Canaan and the Old Testament* (= CMC), Cambridge, Mass. 1972, p. 34; Xella, MSS, pp. 28-29; Kinet, BZ 22 (1978) 236, n. 3.

[17] Citas de las mismas pueden verse en Virolleaud, «Syria» 12 (1931) 351; íd., LPD, pp. 28-29, 46, 48-51, 63; De Langhe, TRS I, pp. 32-37, 43-44, 54, 61, 65-76, 69, 71-72, 76, 81-82; Kapelrud, RSD, p. 3; G. Sauer, *Die Sprüche Agurs* (= SA), Stuttgart 1963, pp. 125ss; H. Schmökel, *Geschichte des Alten Vorderasien. Handbuch der Orientalistik,* vol. II (= GAV), Leiden 1957, páginas 222ss; J. A. Wilson, *Egyptian Historical Texts. List of Asiatic Countries under the Egyptian Empire:* ANET, p. 243; K. A. Kitchen, *The King List of Ugarit:* UF 9 (1977) 142 (atestiguado probablemente en Ebla).

[18] Cf. J. A. Knudtzon, *Die El-Amarna-Tafeln* (= EAT), Leipzig 1915, volumen 2, p. 1581; W. F. Albright, *An Unrecognized Amarna Letter from Ugarit:* BASOR 95 (1944) 30-33; De Langhe, TRS I, pp. 35-36.

[19] Para los textos alfabéticos puede consultarse R. E. Whitaker, *A Concordance of the Ugaritic Literature* (= CUL), Cambridge, Mass. 1972, pp. 72-73; para los silábicos, el repertorio de nombres de lugar de PRU III, IV y VI; cf. también De Langhe, TRS I, p. 36, n. 4; Kapelrud, RSD, p. 3.

Es precisamente a estos archivos y a los textos en ellos aparecidos a los que hemos de volver nuestra atención, quedando fuera de nuestro intento la descripción del desarrollo histórico de la ciudad [20]. Los textos han sido hallados todos en el nivel primero de los mencionados y pertenecen, por tanto, a la época última de la ciudad. Los lugares precisos de su descubrimiento son fundamentalmente los denominados la «Biblioteca», adosada al templo de *Baʿlu,* y el «Palacio real» o «Gran Palacio», con sus archivos anejos. En la primera aparecieron textos de carácter preponderantemente literario y mitológico, mientras los del segundo son de naturaleza administrativa y diplomática, como cabía esperar. Más textos fueron posteriormente hallados en los archivos del «Pequeño Palacio» o «Palacio del Sur», así como en «bibliotecas» y «archivos» particulares [21].

Estas tablillas resultaron estar redactadas en siete sistemas diferentes de escritura por lo menos, correspondientes a otras tantas lenguas: egipcio jeroglífico, hitita jeroglífico y cuneiforme, acádico, hurrita, micénico linear y chipriota [22], amén de ugarítico.

Esto da una idea del carácter cosmopolita de la cultura ugarítica. Pero los textos que aquí nos interesan son los redactados en la lengua propia de la ciudad y en un sistema cuneiforme alfabético hasta ahora desconocido. Su desciframiento fue obra de Bauer, Dhorme y Virolleaud, llevada a cabo pocos meses después de iniciadas las excavaciones y copiados los primeros

[20] Además de los resúmenes que ofrecen Virolleaud, Dussaud, De Langhe, Jacob, Pfeiffer, Gray, Brockelmann, cf. C. F. A. Schaeffer, *Aperçu de l'histoire d'Ugarit d'après les découvertes faites à Ras Shamra,* en *Ugaritica* (= Ug. I), París 1939, pp. 1-52; M. Liverani, *Storia di Ugarit nell'età degli archivi politici* (= SU), Roma 1962; F. Michelini Tocci, *La Siria nell'età di Mari* (= SEM), Roma 1960, pp. 69-72; M. Liverani (ed.), *La Siria nel tardo Bronzo* (= STB), Roma 1969, pp. 15ss; Jirku, KME, pp. 8-9; y los correspondientes capítulos de la *Cambridge Ancient History,* I/2, II/1 (= CAH), Cambridge 1971-^{3}1975. Ultimamente el artículo de M. Liverani, *Ras Shamra. II. Histoire:* SDB, fascículo 53 (1979) col. 1.295-1.348; Saadé, OMC, pp. 64-91.

[21] Cf. Montgomery-Harris, RSMT, pp. 5-11; T. H. Gaster, *New Light on Early Palestinian Religion. More Texts from Ras Shamra:* «Religions» 18 (1937) 7-9; De Langhe, TRS I, pp. 331-342; Kapelrud, RSD, pp. 5-6; Cassuto, GA, p. 5; Rin, AE, p. 5; Caquot-Sznycer, TOu, pp. 33-34; Courtois, SDB, fasc. 52, col. 1.157ss, 1.217ss. Sobre el contexto arqueológico de los textos informan las introducciones a los diversos volúmenes de PRU y *Ug.* V. Han aparecido algunos textos menores fuera de Ugarit *(Beth Shemesh, Kāmid el-Loz, Tabor, Tell Nebi Mend, Tell Sūkās, Tell Taanach, Tell Aphek)* y últimamente en *Ras Ibn Hani* [cf. Caquot, ACF 78 (1978) 570-577; 79 (1979) 481-490; Bordreuil-Caquot, «Syria» 56 (1979) 195-315].

[22] Cf. Virolleaud, LPD, pp. 7-8; Dussaud, DRS, p. 29; De Langhe, TRS I, p. 87; Gray, LC, p. 3; Cassuto, GA, p. 5; Rin, AE, p. 29, n. 2; Jirku, KME, p. 7; Dahood, *Psalms I,* p. XVIII.

textos [23]. Tal sistema combina el principio acrofónico alfabético, a través del aislamiento de los fonemas simples, con el procedimiento grafemático mesopotámico de la escritura cuneiforme sobre tablillas de arcilla. La utilización en el siglo XIV del principio acrofónico consonántico es una prueba más de la pertenencia de Ugarit al ámbito fenicio-cananeo, donde tal principio se aplicó, al parecer, unos siglos antes [24]. Los signos, con todo, fueron

[23] En torno a la prioridad y paternidad del desciframiento se desató una pequeña polémica; cf. Ch. Virolleaud, *Le déchiffrement des tablettes alphabétiques de Ras Shamra:* «Syria» 12 (1931) 15-23; íd., *La Civilization phénicienne d'après les fouilles de Ras Shamra:* AUP 8 (1933) 400ss; íd., LPD, pp. VII-VIII, 21, 57, 67ss; íd., *Les poèmes de Ras-Shamra:* RH 185 (1939) 2ss; H. Bauer, *Entzifferung der Keilschrifttafeln von Ras Shamra* (= EK), Tubinga 1930; íd., *Das Alphabet von Ras Schamra. Seine Entzifferung und seine Gestalt,* Halle-Saale 1932; íd., *Saphonisches:* OLZ 38 (1935) 132; íd., *Zur Entzifferung der Keilschrift von Ras Schamra:* OLZ 40 (1937) 81-83; E. Dhorme, *Première traduction des textes phéniciens de Ras Shamra:* RB 40 (1931) 32; W. F. Albright, *New Light on Early Canaanite Language and Literature:* BASOR 46 (1932) 16; Montgomery-Harris, RSMT, 13-14; De Langhe, TRS I, pp. 221-234; Brockelmann, HdO, p. 44; Gray, LC, pp. 3, 6-7; Sauer, SA, pp. 127s; Cassuto, GA, p. 6; Rin, AE, p. 5; Gordon, UT, pp. 1, 15-16; íd., *Forgotten Scripts: The Story of their Decipherment,* Harmondsworth 1971, pp. 114-124; Jirku, KME, pp. 7-8; De Moor, SP, p. 1, n. 1; íd., *Ugaritic Lexicography,* en P. Fronzaroli (ed.), *Studies on Semitic Lexicography* (= ULe), Florencia 1973, pp. 61-62; Caquot-Sznycer, TOu, pp. 35-41; M. H. Pope, *The Story of Decipherment. From Egyptian Hieroglyph to Linear B,* Londres 1975, pp. 117-122.

[24] Para una exposición general del problema del origen del alfabeto cananeo-fenicio, pueden consultarse, entre la abundante bibliografía, las obras clásicas de G. R. Driver, *Semitic Writing from Pictograph to Alphabet,* Londres (1948) ²1954; D. Diringer, *The Alphabet. A Key to the History of Mankind,* Londres ³1968, y otras semejantes de Friedrich, Gelb, etc., así como las síntesis actualizadas de W. Röllig, *Die Alphabetschrift,* en U. Hausmann (ed.), *Handbuch der Archäologie im Rahmen des Handbuchs der Altertumswissenschaft,* Munich 1969, pp. 289-302; F. M. Cross, *The Origin and Early Evolution of the Alphabet:* EI 8 (1967) 8″-24″; W. Helck, *Zur Herkunft der sog. «phönizischen» Schrift:* UF 4 (1972) 41-45; R. Claiborne, *The Birth of Writing,* Amsterdam 1974, pp. 120-125; K. Földes-Papp, *Vom Felsbild zum Alphabet,* Stuttgart 1976. Para la relación entre el alefato cananeo y el ugarítico, cf. Virolleaud, LPD, pp. 55-57; 67-77; De Langhe, TRS I, pp. 244-263; W. Moran, *The Hebrew Language in its Northwest Semitic Background,* en BANE, pp. 65s; R. Meyer, *Hebräische Grammatik. I.* (=HG), Berlín ³1966, pp. 65s; Gordon, UT, pp. 11ss; A. F. Rainey, *Observations on Ugaritic Grammar:* UF 3 (1971) 154-156; A. Barcenilla, *En torno al alfabeto griego:* «Perficit» 3 (1972) 472-477; R. R. Stieglitz, *The Ugaritic Cuneiform and Canaanite Linear Alphabets:* JNES 30 (1971) 135-

de exclusiva invención de los escribas de Ugarit y no se dejan reducir a o deducir de ningún sistema previo, aunque se aprecian algunas semejanzas con el silabario babilónico antiguo [25].

Por razón de su contenido y función esos textos pueden dividirse en las siguientes categorías máximas [26]:

I) Textos literarios: mitos, epopeyas, himnos.
II) Textos rituales, mágicos y médicos.
III) Textos didácticos y «técnicos»: abecedarios, ejercicios escolares, silabarios, léxicos...
IV) Documentos diplomáticos, tratados y cartas.
V) Textos administrativos y económicos: inventarios, listas, tasas, registros, etc.

Es claro que, de entre esta masa de textos, sólo los pertenecientes a la primera categoría poseen propiamente valor «literario», es decir, ideológico-estético; o lo que es lo mismo, son los únicos textos que resultan obra de creatividad que trascienda su mera función pragmática, aunque no por ello dejan de tener una propia. A éstos precisamente es a los que vamos a ceñir nuestro estudio, y más en concreto a los 25 primeros de KTU/CTA, que constituyen la mitología y épica básica de Ugarit, mientras otros textos religiosos aparecidos posteriormente se hallan todavía en un estadio fluido de interpretación. Remitimos su elaboración a un momento posterior.

Arqueológicamente pertenecen todos ellos, como los demás textos aparecidos en Ugarit, al último nivel, es decir, a la época del bronce reciente. Incluso para la mayoría de estos textos literarios podemos precisar aún mucho más su cronología, al aparecer firmados por su escriba y con mención del rey a quien sirve: *Niqmaddu*. Ahora bien, sabemos que éste reina en Ugarit a mediados del siglo XIV a. C. (1370-1335). Otras razones internas, como el contexto internacional, la posición del dios *Amurru* en el panteón ugarítico y el ámbito geográfico, abogan por una fecha semejante para la composición de los textos mitológicos y épicos en la región de Ugarit [27], aun sin excluir que pudieran contener materiales escritos o tra-

139; M. Sznycer, *Quelques remarques à propos de la formation de l'alphabet phénicien:* «Semitica» 24 (1974) 5-12; Millard, UF 11 (1979) 613-616.

[25] Cf. Virolleaud, LPD, p. 74; De Langhe, TRS I, pp. 234-244; Gordon, UT, p. 17; E. Ebeling, *Zur Entstehungsgeschichte des Keilschriftalphabets von Ras Schamra:* SPAW 3 (1934) 10-15; íd., *Der Einfluss des babylonischen Schriftsystem auf das Keilschriftalphabet von Ras Schamra:* FuF 8 (1934) 193-194.

[26] Cf. Virolleaud, LPD, pp. 79-82; De Langhe, TRS I, pp. 124ss; Gordon, UT, pp. 290ss; Cassuto, GA, p. 9; Herdner, CTA, p. XIs; Schaeffer, PRU II, pp. IIIss; Virolleaud, PRU V, p. 171; íd., *Ug.* V, p. 545; Dietrich-Loretz-Sanmartín, KTU, p. V, XI-XII; A. Caquot, *La litterature ugaritique:* SDB, fasc. 53, col. 1.361-1.417; M. Sznycer, *Documents administratifs et économiques,* ibíd., col. 1.417-1.425.

[27] Cf. Virolleaud, LPD, pp. 1, 7, 18, 82; íd., «Syria» 13 (1932) 163; 15

diciones que se remonten a siglos anteriores [28], así como pertenecer a una tradición religiosa más amplia. Por comodidad denominaremos «cananea» [29] esta tradición, así como la versión que de ella nos ofrecen los textos de Ugarit. No se quiere con ello definir un concepto geopolítico, ni siquiera étnico, que englobe en una unidad superior la variedad de ciudades y estados que se repartían la región siro-palestina de la época del Bronce. Al parecer, tal unidad no existió en el segundo milenio, sino a lo sumo desde el punto de vista del imperialismo egipcio que los encerraba, sin distinción, bajo una unívoca relación de vasallaje feudatario («Tierras extranjeras del Norte»), aun reteniendo diversas provincias administrativas, o los incluía dentro de un ámbito más amplio bajo la denominación de *rṯn/Retenu,* como los asirios bajo la de *Ḫatti* o *Amurru* [30]. Consideramos, pues, la literatura específicamente ugarítica como *una* forma de la cultura cananea general, fundamentalmente común a todos los habitantes de esta zona de confluencia de los grandes imperios. Sin llegar a ser en esta época una unidad política en sí misma, tampoco se integró con ninguna de las culturas circundantes, disolviéndose o identificándose con ellas, sino que mantuvo una propia identidad de concepción religiosa y creatividad cultural, ampliamente abierta a su contorno.

MORFOLOGIA LITERARIA

Los textos literarios que aquí vamos a considerar son en primer lugar los «mitológicos», que comprenden el gran ciclo de *Baʿlu* (1.1-6), la saga de los *Rapauma* (1.20-22) y los poemas mítico-rituales de «Los dioses apuestos» (1.23) y de «Las bodas de *Nikkal* y *Yarḫu*» (1.24:1-39) y el himno a las diosas *Kôṯarātu* (1.24:40-50); al mismo grupo hay que añadir los mitos fragmentarios menores, el de «Los amores de *Baʿlu* y *ʿAnatu*» (1.10-11), el del «Combate de *Baʿlu* y los dioses del desierto» (1.12) y el de «La Virgen-Madre *ʿAnatu*» (1.13). Un segundo grupo de textos lo componen las «epopeyas» de *Kirta* y *Aqhatu,* en las que la acción es llevada

(1934) 242; P. Fronzaroli, *Leggenda di Aqhat* (= LA), Florencia 1955, p. 17; Gray, LC, p. 6, n. 2; Gordon, UT, p. 1; Cassuto, GA, p. 16; De Moor, SP, pp. 47-53, 245; Pini, OrAn 15 (1976) 107, n. 4; Gibson, CML, p. 1.

28 Cf. Virolleaud, LPD, p. 83; Albright, BASOR 50 (1933) 19; 63 (1936) 26; Segert, BZAW 77 (1961) 211; De Moor, SP, p. 48, n. 15; D. N. Freedman, *The Chronology of Israel and the Ancient Near East:* BANE, p. 268.

29 Cf. *supra,* n. 16.

30 Cf. *supra,* n. 20; Noth, WAT, pp. 45ss; K. A. Kitchen, *Interrelations of Egypt and Syria:* STB, pp. 80ss; Faulkner, CAH II/2, pp. 217-251; W. Helck, *Zur staatlichen Organisation Syriens im Beginn der 18. Dynastie:* AfO 22 (1968-1969) 27-29. Por otra parte, los descubrimientos de Ebla obligan a replantearse la organización de la Siria septentrional al final del tercer milenio.

fundamentalmente por «protagonistas» humanos, sin excluir la intervención de los dioses.

A cada una de estas unidades literarias precederá una introducción en que se analizará su estructura, género y sentido. Pero previamente quiero intentar ofrecer una síntesis de las *formas elementales* y de los *esquemas operativos* que están presentes en todas ellas. Llama poderosamente la atención la gran semejanza de recursos estilísticos de que están dotadas estas piezas, y que son indicio de una tradición literaria uniforme y sistemáticamente desarrollada.

Todos estos textos ugaríticos mencionados se presentan sin excepción en «forma poética», entendiendo por tal un modo de expresión de alguna manera medido y uniformizado. Esto aparece claro, dada la constancia del formulario, el equilibrio de sintagmas y enunciados y el paralelismo que manifiesta su contenido. En virtud de estos hechos se crean expresiones homogéneas que se corresponden y relacionan en sus partes. Ello hace que se hable de poesía, es decir, de forma ligada y organizada internamente, en lugar de prosa o forma libre [31]. No poseemos, con todo, el sistema métrico, si reflejamente existió alguno, que preside tal organización interna de la expresión en su aspecto formal, rítmico y cadencial, y por eso nos vemos obligados a recurrir al contenido (paralelismo material) y a la simetría externa (esticometría y paralelismo funcional) para acertar con la misma [32],

[31] Cf. U. Cassuto, *Biblical and Oriental Studies. Vol. 2. Bible and Ancient Oriental Texts* (=BOS II), Jerusalén 1975, pp. 146, 181-182; Mínguez, «Bib» 57 (1976) 168-169. La caracterización de lo poético como «forma ligada» o «palabra medida» es meramente operativa y sólo aplicable a sus módulos más clásicos. No entramos aquí en la problemática del «lenguaje poético» en la lingüística moderna.

[32] Cf. Albright, JPOS 12 (1932) 206-207; íd., BASOR 91 (1943) 43, n. 40; íd., YGC, p. 8; R. Dussaud, *Les éléments déchainés. Une application des règles rythmiques phéniciennes:* «Syria» 16 (1935) 196-204; Ginsberg, «Or» 5 (1936) 17; íd., ANET, p. 129; Montgomery-Harris, RSMT, pp. 29-31; Baumgartner, TRu 13 (1941) 1ss; Obermann, HDBS, pp. 14-15; J. H. Patton, *Canaanite Parallels in the Book of Psalms* (=CPBP), Dis. Univ. Baltimore 1944, pp. 1-11; G. D. Young, *Semitic Metrics and Ugaritic Evidence:* JBL 68 (1949) XII (no existe «metro» en la poesía ugarítica); íd., *The Structure of the Poetry of Ugarit* (= SPU), Dis. Dropsie Coll. 1948; íd., *Ugaritic Prosody:* JNES 9 (1950) 124-133; íd., *Ugaritic Poetic Style and the Old Testament:* JBL 69 (1960) VIII; Gevirtz, JNES 20 (1961) 41-42; íd., *Patterns in the Early Poetry of Israel* (= PEPI), Chicago 1963, p. 44; Gordon, UT, pp. 131ss; R. E. Whitaker, *A Formulaic Analysis of Ugaritic Poetry* (= FAUP), Dis. Univ. Harvard 1969, p. 156; De Moor, SP, p. 44; íd., ULe, pp. 82-83; íd., UF 6 (1974) 496; Van Zijl, *Baal,* pp. 18ss *(poetic style);* Horwitz, UF 5 (1973) 166ss; B. Margalit, *Studia Ugaritica I: «Introduction to Ugaritic Prosody»:* UF 7 (1975) 289-313; W. G. E. Watson, *The Language and Poetry of the Book of Isaiah in the Light of Recent Research in Northwest Semitic,* Dis. Univ. Aberdeen 1973; íd., *Verse-Patterns*

asumiendo razonablemente que el verso o unidad de organización de la expresión debe tener una longitud homogénea, correspondiente a un número proporcionalmente igual de unidades fonemáticas o sílabas, aun admitiendo que sea el ritmo acentual el elemento determinable de la métrica cananea. Por otra parte, al faltar la vocalización, nos quedamos con las simples consonantes como medio único de controlar esta homogeneidad. Ateniéndose a los datos mencionados, sobre todo al paralelismo y constancia del formulario, el verso ugarítico parece mantenerse dentro de unos límites que oscilan entre las siete y las catorce consonantes, con un predominio más frecuente de ocho a once [33]. En la distribución esticométrica se ha procurado atenerse a los mismos, integrando dentro de esos límites los datos del paralelismo y rigiéndose sobre todo por unidades de sentido, al carecer de la estructura formal que hubiera podido servir de pauta previa.

Como la misma estructura paralelística deja suponer, esas unidades esticométricas (hemistiquio o colon) se organizan en grupos normalmente binarios (verso, estico o bicolon), sin que falten, con todo, los ternarios (tricolon). Tales agrupaciones constituyen la «estrofa» básica, que, en razón de la estructura formal (por ejemplo, repeticiones, uso de estribillo o inclusiones) o del simple sentido, se organizan en unidades más complejas (dístico, trístico, bicolon-tricolon), incluso en «enumeraciones» que incluyen cuatro o más bicola [34]. Pero, aun en estos casos, la «estrofa» está de-

in Ugaritic, Akkadian and Hebrew Poetry: UF 7 (1975) 483-492; O. Loretz, *Die Analyse der ugaritischen und hebräischen Poesie mittels Stichometrie und Konsonantenzählung:* UF 7 (1975) 265-269 (pero cf. De Moor, *ibíd.,* p. 191, n. 177); Margalit, MLD, pp. 219-228; Segert, UF 11 (1979) 729-738.

33 Es curioso comprobar cómo esa esticometría se ha mantenido fundamentalmente idéntica a través de las edades hasta nuestros días en el verso hebreo; cf. B. Hrushovski, *Prosody,* en *Encyclopaedia Judaica* (= EJ), Jerusalén 1972, vol. 13, col. 1216, 1227, 1238. Para una síntesis de las diversas teorías métricas y su aplicación a la poética ugarítica y hebrea, cf. D. K. Stuart, *Studies in Early Hebrew Meter* (= SEHM), Missoula, Mon. 1976, pp. 1ss; 51ss (defiende el «isosilabismo»).

34 Cf. *infra,* p. 61; otros autores parten de la ecuación verso = dístico, trístico, denominando estico a la unidad básica, que aquí se llama colon o hemistiquio; cf. Gordon, UT, pp. 131ss (sin embargo, en UMC, p. 41, habla de «hemistiquios»); Obermann, HDBS, pp. 7, 14-15; Fronzaroli, LA, pp. 15-16. La nomenclatura que seguiremos a lo largo de este estudio parte de esa unidad literaria básica: *verso* o *estico,* de construcción paralelística y consiguientemente bipolar; por eso también lo denominaremos *bicolon* (bc), reservando el apelativo de *colon/cola* (c) o *hemistiquio* para cada una de sus partes. Estas pueden constituir a veces un paralelismo o secuencia triple, de donde el verso resultará entonces *tricolon* (tc). El paralelismo formal o el sentido pueden también trascender la unidad básica, dando lugar a *dísticos* (dst) o *trísticos* (tst), agrupaciones «estróficas» de dos o tres *bicola;* distinguiremos, en cambio, en sus uni-

finida por el contenido o por el recurso literario de la «escala numérica», que no es formalmente estrófico. En otros casos en que la estructura formal parece más independiente y aparente, como en el caso de secuencias concéntricas o paralelas de bicola y tricola o de correlaciones quiásticas e inclusivas, no se llega a imponer un esquema consistente de estrofa, sino limitado a una escena concreta. No aparece, pues, en esta poética un sistema claro de unidades estróficas estables [35].

Hay, con todo, una combinación peculiar que, por su estructura, manifiesta una cierta voluntad de hacer estrofa; es la que podríamos denominar dístico (o trístico) «intercalado». Se compone de un bicolon (tricolon) entreverado entre los hemistiquios de otro, que se puede leer independientemente de aquél con el que ahora forma unidad (cf. 1.2 I 38-39; 1.3 IV 49-53; VI 12-18; 1.4 IV 4-7,9-12; VIII 1-4; 1.16 I 46-49; 1.18 I 17-19,19-22; 1.19 II 12-15,19-23; III 47-49; IV 5-7,36-39, 43-46) [36]. Su aparición es, con todo, esporádica. No falta, por otra parte, en esta poesía ugarítica la presencia de hemistiquios sueltos, sin correspondencia paralelística. Están representados comúnmente por las cláusulas introductorias

dades componentes la secuencia *bicolon-tricolon* (bc-tc) y viceversa, por no estar clara su unidad estrófica. De hecho no hablaremos de estrofas como de una realidad formal determinante, sino simplemente resultante de la agrupación de unidades básicas. A estos conjuntos, bicolon, tricolon, dístico, bicolon-tricolon, trístico, otros los denominan pareado, terceto, cuarteto, quinteto, sexteto (cf. Stuart, SEHM, p. 52). En cuanto a la esticometría, suponemos el *colon* normal de tres «ictus», uno por vocablo no enclítico, y con una longitud media comprendida entre las 6 y las 14 sílabas, representadas por otras tantas consonantes. Cf., para la nomenclatura adoptada, D. Pagis, *Poetry:* EJ, vol. 13, col. 671ss. El peculiar fenómeno del «colon expandido» ha sido estudiado por S. E. Loewenstamm, *El colon expandido en la poesía ugarítica y bíblica* (hb.): «Leš» 27-28 (1962-1964) 111-126 [cf. JSS 7 (1975) 176-196]; íd., «Leš» 30 (1965-1966) 90-91; íd., *The Expanded Colon, Reconsidered:* UF 7 (1975) 261-264; Y. Avishur, *Addenda to the Expanded Colon in Ugaritic and Biblical Verse:* UF 4 (1972) 1-10; Greenstein, UF 9 (1977) 77ss. Sobre la métrica cananea en general, cf. últimamente J. C. de Moor, *The Art of versification in Ugarit and Israel,* en Y. Avishur-J. Blau (ed.), *Studies in Bible and the Ancient Near East* (Fs. S. E. Loewenstamm), Jerusalén 1978, pp. 119-139; íd., UF 10 (1978) 187-217; Stuart, *op. cit.* (cf. *supra,* n. 33).

[35] Cf. Gordon, UT, p. 135; J. W. Welch, *Chiasmus in Ugaritic:* UF 6 (1974) 421-434; Ceresko, UF 7 (1975) 74-76 (estrofa quiástica); Stuart, SEHM, p. 52; De Moor, UF 10 (1978) 200ss. El intento de Sauren-Kestemont a este propósito no me parece demostrado (cf. *infra,* p. 244). Para la cuestión estrófica en la poética hebrea, cf. O. Eissfeldt, *Einleitung in das Alte Testament* (= EAT), Tubinga (1956) ^{3}1964, pp. 84-86.

[36] El fenómeno ha sido reconocido por M. Dietrich-O. Loretz, *Der Prolog des KRT-Epos (CTA 14 I 1-35),* en H. Gese-H. P. Rüger (eds.), *Wort und Geschichte* (Fs. Elliger), Neukirchen 1973, pp. 35-36.

de discurso directo o por interrogaciones retóricas (cf. 1.2 IV 7,28; 1.3 III 35-36; IV 5; V 19, etc.)[37]. Con todo, la estructura básica de la poética ugarítica continúa siendo el conjunto binario y ternario.

Estilísticamente es típica de estas composiciones mitológicas y épicas, y aparece en otras literaturas orientales, la combinación de elementos descriptivos y enunciativos o dialógicos, que podríamos definir como épicos y dramáticos. Ello hace que no nos hallemos ante puros relatos ni ante puros dramas; la descripción y el diálogo se entremezclan, como acontece, dentro de nuestra prosa, con la novela. No se trata propiamente de dos «géneros» literarios, sino de dos «situaciones máximas de lenguaje». Aquí nos van a servir para encuadrar las diversas formas y esquemas de la mitología y épica ugaríticas. Pero junto a estas dos situaciones clave de la expresión literaria hay una característica que resalta enormemente dentro de esta literatura, y es su pronunciado «esquematismo», entendiendo por tal el empleo constante de esquemas binarios del tipo orden-ejecución, oferta-aceptación, súplica-concesión, pregunta-respuesta, etc. Cabe condensarlos todos bajo la categoría de proposición-réplica. Dichos esquemas pueden incluso combinar el aspecto descriptivo (ejecución) con el enunciativo o dialógico (orden), mencionados anteriormente. Esto concede al conjunto una andadura sumamente iterativa en la que la «repetición» se erige en recurso épico-dramático de primer orden. No interesa, pues, el progreso rápido de la acción, sino su recurrencia en fórmulas hechas que permiten contemplarla, dominarla, detenerse en ella. Esto es de tal manera un recurso reflejo y consciente, que a veces el escriba se permite economizar texto remitiendo a un párrafo anterior para su repetición (1.4 V 42) o recordando que tal elemento debe ser repetido tantas veces (1.23:56-57). Con todo, no se puede dejar de reconocer que en este último caso la repetición tiene otro sentido, por tratarse de formularios rituales en los que tal repetición posee una eficacia mágica peculiar. Es posible incluso que de aquí proceda el uso que se aprecia en determinadas formas literarias. Así, por ejemplo, se constata que las fórmulas que implican una actuación mágica, como imprecaciones, conjuros y maldiciones, normalmente se dan repetidas[38].

Partiendo de esta doble constatación trataremos de organizar de alguna manera el «formulario» que cada uno de esos esquemas y situaciones de lenguaje emplean como propio. Porque, y ésta es la tercera constatación previa, tal formulario resulta él mismo enormemente estereotipado, trascendiendo las respectivas composiciones particulares para manifestarse como bien común de la expresión literaria del momento. En este sentido, la literatura ugarítica huye de la improvisación y de la innovación y se atiene a la descripción o mención de su universo religioso por medio de fórmulas ya logradas, que resultan casi artículos de fe. El movimiento de los dioses, sobre todo, está presidido por un enorme hieratismo literario: sus desplazamientos, reacciones, palabras, son idénticos a sí mismos, tanto

[37] Cf. Ginsberg, «Or» 5 (1936) 171; íd., ANET, p. 129.

[38] Cf. *infra*, pp. 47, 58.

como los lugares de su morada o la jerarquía de sus títulos. Todo ello facilita la tarea de clasificación y permite intentar una catalogación de formas, fórmulas y recursos de la literatura ugarítica [39]. Situaciones de lenguaje, esquemas y fórmulas van a centrar nuestra atención a continuación.

1. *Lenguaje descriptivo*

El elemento descriptivo en la mitología y épica ugaríticas está muy ligado a situaciones determinadas; es decir, «se describen» siempre escenas específicas. El esquema formal viene así determinado por el contenido. Entre ellas resaltan:

a) escenas de banquete;
b) escenas de sacrificio;
c) escenas de combate;
d) escenas de viaje;
e) escenas de rito y magia;
f) escenas de duelo y amor.

a) En las escenas de «banquete» lo que se describe propiamente son los preparativos, sobre todo el sacrificio de las víctimas y el acto de trincharlas ante el invitado, así como el de escanciar el vino. El banquete mismo se resume luego con los términos generales de «dar de/comer y beber» (*šlḥm/ššqy;* cf. 1.17 II 30-31; V 19; *lḥm/šty;* cf. 1.22 II 21-22. 23-24) [40] y, en el caso de tratarse de banquetes celestes o de los dioses,

[39] Poco es lo que aún se ha realizado en este aspecto. Un tímido intento lo presenta ya Aistleitner, MKT, pp. 8ss. Por su parte, Gordon, UT, pp. 130-144, analiza una serie de frases y fórmulas desde el punto de vista de la estructura gramatical y sintáctica, pero al margen de cualquier clasificación literaria y formal (a este propósito, cf. UT, pp. 290-291). Una aportación interesante constituye la mencionada tesis de Whitaker: *A Formulaic Analysis of the Ugaritic Poetry.* En ella realiza un detenido análisis de frases y fórmulas desde el punto de vista de su estructura «oral»; no se ocupa, tampoco, salvo en un caso, del análisis de formas literarias. Insinuaciones igualmente interesantes para el análisis estructural de la expresión poética ugarítica en relación con la hebrea pueden hallarse en Gevirtz, PEPI; Patton, CPBP; Dahood, UF 1 (1969) 15-36; Loewenstamm, «Leš» 32 (1968) 27-36. Lo escaso de la labor realizada queda patente en los menguados resultados de síntesis, aunque referidos, es cierto, al paralelismo ugarítico-hebreo, que se ofrecen sobre géneros literarios en L. R. Fisher, *Ras Shamra Parallels,* vol. II (= RSP II), Roma 1975, pp. 131-152 (cf. también pp. 153-214, 215-247, 401-422).

[40] Variante: *ilm llḥm yṯb bn qdš lṯrm,* «los dioses se sentaron a comer, los santos a nutrirse» (cf. 1.2 I 20-21; también 1.16 VI 11-12). Para los pares *lḥm/šty, lḥm/šqy,* cf. Dahood, *Ugaritic-Hebrew Parallel Pairs,* en RSP I, pp. 251s; para la estructura de la frase Whitaker, FAUP, p. 113. Sobre la escena de banquete puede consultarse M. Lichtenstein, *Banquet Motif in Keret and in Prov. 9:*

con la fórmula *'d lḥm šty ilm* (cf. 1.4 III 40-41; V 48; VI 55; 1.5 IV 12). Por su parte, las víctimas tanto se sacrifican *(ṭbḫ)* como se preparan *('db)*.

Como fórmulas estereotipadas se pueden aducir: 1) de «sacrificio»: *ṭbḫ alpm ap ṣin šql ṯrm wmri elm 'glm dt šnt imr qmṣ llim,* «degolló bueyes y también ovejas, abatió toros y carneros cebones, novillos de un año, corderos lechales a montones» [41] (cf. 1.1 IV 30-32; 1.4 VI 40-43; 1.22 I 12-14); 2) de «trinchamiento»: *wpq mrġṯm ṯd bḥrb mlḥt qṣ mri,* «se proporcionaron reses lechales, con cuchillo 'a la sal' filetes de cebón» (cf. 1.4 III 41-43; VI 56-58; 1.5 IV 13-14; 1.17 VI 4-5) [42]; 3) de «escanciamiento» de vino: *tšty krpn yn bks ḫrṣ dm 'ṣm,* «bebieron en cáliz vino, en copa de oro sangre de cepas» (cf. 1.4 III 43-44; VI 58-59; 1.5 IV 15-16; 1.17 VI 5-6) [43]. En la escena de banquete más amplia que poseemos (1.3 I 1-26), la descripción incluye el «concierto» de canto durante el mismo y el elogio de la vajilla: copas y fuentes sorprendentes.

b) La escena «sacrificial» más desarrollada es la que nos ofrece 1.6 I 18-31, en la que la diosa *'Anatu,* después de enterrar a *Ba'lu,* sacrifica *(tṭbḫ)* seis clases diferentes de víctimas, en número de setenta por cada una, en honor de este dios. Se trata, por tanto, de un sacrificio funerario que se supone aprovecha al difunto. No se explicita, en cambio, el ritual. Para otra clase de sacrificios, los impetratorios, ése puede vislumbrarse por 1.14 II 9-26//III 52-IV 8 [44]. En él se aprecian los preparativos de purificación y unción *(yrtḥṣ wyadm),* ingreso en la tienda *('rb bẓl ḫmt),* asunción de la víctima *(lqḥ imr ... klt lḥmh ...msrr 'ṣr ...yṣq...yn...nbt,*

JANES 1 (1968-1969) 19-31; Gaster, *Thespis,* pp. 46, 64, 190-192, 208-209, 232-234, 372-376, 418; Van Selms, MFL, p. 116; De Moor, SP, pp. 15, 20; íd., ZAW 88 (1976) 339; Van Zijl, *Baal,* p. 281, n. 1, 325-326, 319; Xella, MSS, p. 29, n. 46; Jirku, MK, pp. 70-71; Miller, DW, p. 23; E. Lipinski, *Banquet en l'honneur de Baal CTA 3 (V AB), A, 4-22:* UF 2 (1970) 75-88; M. Dietrich-O. Loretz, *Zur ugaritischen Lexikographie (V). 1) Das Festmahl für Ba'al (CTA 3 A 10-22):* UF 4 (1972) 27-35; A. J. Ferrara-S. B. Parker, *Seating Arrangements at Divine Banquets:* UF 4 (1972) 37-39; Virolleaud, *Ug.* V, pp. 545ss (RS 24.258: «Le festin du Père des dieux»); H. P. Rüger, *Zu RS 24.258:* UF 1 (1969) 203-206; M. H. Pope, *A Divine Banquet at Ugarit,* en J. M. Efird (ed.), *The Use of the O. T. in the N. and other Essays* (Fs. W. F. Stinespring), Durham 1972, pp. 170-203; Loewenstamm, UF 1 (1969) 71-72; Margulis, UF 2 (1970) 131-138; Dijkstra-De Moor, UF 7 (1975) 183.

41 Para esta versión, cf. *infra,* p. 160; De Moor, SP, pp. 122, 155.

42 Variantes: *št alp qdmh mria wtk pnh,* «puso un buey ante ella/él; un cebón directamente ante su vista» (cf. 1.3 IV 41-42; 1.4 V 45-46); *ybrd ṯd lpnnh,* «apartó pechuga en su presencia» (cf. 1.3 I 6). Para una discusión de este texto y de 1.4 III 41-43, cf. *infra,* p. 179; De Moor, SP, pp. 70, 146; Lipinski, UF 2 (1970) 79.

43 Variante: *ytn ks bdh,* «puso una copa en su mano» (cf. 1.3 I 10).

44 Para otras referencias sacrificiales sin desarrollo, cf. 1.19 IV 22-25, 29-31.

«cogió un cordero... una medida de pan...las entrañas de una ave...echó vino...miel»), ascensión a la torre *(wʿly lẓr mgdl),* impetración *(nša ydh šmmh)* y sacrificio *(dbḥ)* para hacer «bajar» a los dioses. Todos esos elementos reflejan sin duda otros tantos momentos del ritual sacrificial de Ugarit [45]. La insistencia preponderante en la descripción de la víctima les aproxima a las escenas de banquete celestial antes mencionadas, que a su vez deben ser consideradas como un reflejo del ritual sacrificial.

c) Las escenas de «combate» son todas, a excepción de una, del tipo de «duelo» o combate singular entre poderosos enemigos. Ese caso excepcional es el que nos describe de modo prolijo y desdoblado la actuación guerrera de la diosa *ʿAnatu* en 1.3 II 2-III 2 ante un enemigo que se supone real y otro simbólico, en esta ocasión múltiple [46]. Lo que resalta en esta escena, como en la que enfrenta a *ʿAnatu* con *Môtu* en 1.6 II 26-37, es la falta de contrincante válido frente a la diosa. Esta se deshace con facilidad de sus enemigos, que no parecen siquiera capaces de oponérsele. Sin embargo, en los enfrentamientos de *Baʿlu* con *Yammu* y *Môtu* el caso es muy diferente. Sus fuerzas se presentan muy igualadas. Frente al primero debe confesar *Baʿlu* que no ha sido capaz de derribarlo (cf. 1.2 IV 1-7), y frente al segundo, en la viva descripción del cuerpo a cuerpo, aparece muy equiparado en fuerzas (cf. 1.6 VI 16-22). Sin embargo, hay un elemento de que dispone *Baʿlu* y que es decisivo para su victoria: las armas mágicas de que le provee su ayudante, el dios artesano *Kôṯaru.* Con ellas derriba a *Yammu* al segundo intento (cf. 1.2 IV 11-26), como corresponde a una acción mágica que debe ser iterativa, y puede luego acabar con él (cf. 1.2 IV 27-40). Con un arma semejante somete también a los colaboradores de *Môtu* (cf. 1.6 V 1-6). «Combate» supone a su vez 1.12 II, pero en realidad sólo se nos ha conservado la descripción del desenlace o derrota (cf. 1.12 II 31-41,50-57) y sus consecuencias (cf. 1.12 II 42-49,58-61).

[45] Cf. Dussaud, «Syria» 16 (1935) 101-103; íd., CRAIBL (1941) 530-538; íd., CRAIBL (1937) 286; íd., DRS, p. 34; íd., «Syria» 23 (1942) 39; C. S. Thoburn, *Old Testament Sacrifice in the Light of Ugaritic Literature,* Dis. Univ. Boston 1954; A. A. de Guiglielmo, *Sacrifice in the Ugaritic Texts:* CBQ 17 (1955) 196-216; J. Aistleitner, *Ein Opfertext aus Ugarit:* AcOrHung 4 (1954) 259-270; 5 (1955) 1-23; A. Caquot, *Un sacrifice expiatoire à Ras Shamra:* RHPhilRel 42 (1962) 201-211; Gaster, *Thespis,* pp. 337-338, 343, 369-370, 372-376; J. Hoftijzer, *Der sog. Feueropfer:* SNT 16 (1967) 111-134; J. C. de Moor, *The Peace-Offering in Ugarit and Israel,* en *Schrift en uitleg* (Fs. W. H. Gispen), Kampen 1970, pp. 112-117; íd., *The Sacrifice which is an Abomination to the Lord,* en *Loven en geloven* (Fs. N. H. Ridderbos), Amsterdam 1975, pp. 211-226; Van Zijl, *Baal,* pp. 93-94, 271, 280; A. Charbel, *Il sacrificio di comunione in Ugarit:* BibOr 14 (1972) 133-141; P. Xella, *Sul ruolo dei GZRM nella società ugaritica:* PP 150 (1973) 194-202; íd., *Un testo ugaritico recente (RS 24.266, Verso, 9-19) e il «sacrificio dei priminati»:* RSF 6 (1978) 127-136.

[46] Para una discusión última sobre este texto puede consultarse Caquot-Sznycer, TOu, pp. 157ss; De Moor, SP, pp. 88ss; *infra,* pp. 115-116.

Formalmente todas estas escenas de lucha no manifiestan una contextura unitaria ni un peculiar vocabulario convergente. No se puede hablar de una forma literaria más allá de su carácter descriptivo. Tampoco nos aportan datos especiales que ilustren la organización militar de Ugarit ni sus técnicas de combate[47]. En este sentido son más instructivas las secciones del oráculo-ejecución de *Kirta,* que describen su expedición militar contra el rey *Pabilu.* Allí se nos dan los componentes de su ejército (cf. 1.14 II 34-III 1//IV 14-31), aunque no puede desconocerse que se trata de un caso extraordinario o legendario. Se señalan también los elementos del avituallamiento (cf. 1.14 II 26-33//IV 8-14), de la marcha y del asedio (cf. 1.14 III 2-19//IV 31-V 12). No hay, sin embargo, combate, que queda excluido expresamente con vistas a una rendición incondicional por pavor o por hambre, previo un *ḥerem* en los alrededores de la ciudad. Otro ejemplo de expedición victoriosa se narra a propósito de *Baʿlu* en 1.4 VII 5-14.

d) Uno de los elementos típicos de la literatura mitológica de Ugarit es el «viaje». Se ve frecuentemente a los dioses inferiores dirigirse a la morada de los superiores, bien por propia iniciativa, bien como consecuencia de una citación recibida por medio de mensajeros. Más tarde encontraremos un formulario preciso que reproduce tal situación de marcha dentro del esquema de envío de mensajero. En realidad, viaje y mensaje son los dos elementos dramáticos primordiales que movilizan la acción de los mitos ugaríticos. No en vano Elías caracterizaba a *Baʿlu* como un dios viajero (cf. 1 Re 18,27). Poseemos una serie de descripciones detalladas de tal situación. La más explícita es la del viaje de *Aṯiratu* a la morada de su consorte *Ilu* (cf. 1.4 IV 13-26). Se inicia con la preparación de la cabalgadura y la colocación sobre ella de la diosa por parte de su(s) lacayo(s) (cf. 1.19 II 3-11), que abre(n) la marcha, mientras *ʿAnatu* les acompaña. Este prólogo atípico se completa luego con el formulario típico que aparece frecuentemente atestiguado en las ejecuciones de encargo de mensaje: *idk lttn pnm ʿm il,* «así puso entonces cara hacia *Ilu*»; se añade luego el dato de la dirección precisa: *mbk nhrm qrb apq thmtm tgly ḏd il wtbu qrš mlk ab šnm,* «hacia la fuente de los dos ríos, hacia el seno del venero de los dos océanos; se dirigió a la gruta de *Ilu* y entró en la morada del Rey, Padre de años»[48]. Esta constituye también una fórmula fija que define la marcha, a la morada de *Ilu,* de las diversas divinidades (cf. 1.2 III 4-5;

[47] Sobre la organización del ejército de Ugarit, cf. A. Rainey, *Military Personnel of Ugarit:* JNES 24 (1965) 12-27; M. L. Heltzer, *Soziale Aspekte des Heerwesens in Ugarit,* en H. Klengel (ed.), *Beiträge zur soz. Struktur des alten Vorderasien,* Berlín-Os. 1971, pp. 125-131; íd., *El ejército de Ugarit y su organización* (rus.): VDI 33 (1969) 21-37; M. Liverani, *Il corpo di guardia del palazzo di Ugarit:* RSO 44 (1969) 191-198; Del Olmo Lete, UF 7 (1975) 96-102.

[48] Sobre este texto, cf. *infra,* p. 162; Caquot-Sznycer, TOu, pp. 203s; L. Delekat, *Zum ugaritischen Verbum:* UF 4 (1972) 15; Clifford, CMC, pp. 48ss; Whitaker, FAUP, p. 121; Del Olmo Lete, UF 10 (1978) 43-44. Variante: ... *ʿm ltpn il dpid tk ḫršn...ģr ks* (cf. 1.1 III 21-22); cf. Herdner, CTA, p. 3, n. 11.

1.3 V 5-8; 1.4 IV 20-24; 1.5 VI 3*-2; 1.6 I 32-36; 1.10 II 8-9; 1.17 VI 46-49) y que se concluye con la de postración, que encontraremos más adelante. El formulario admite variantes, tanto en la descripción de la marcha como en la de la morada de *Ilu*[49]. Se presentan sobre todo esas variantes en razón de las diversas moradas divinas a las que puede dirigirse el dios viajero[50].

Un caso particular de viaje lo tenemos en 1.3 IV 37-46, en donde, además del formulario predicho y la precisión de la distancia, *balp šd rbt kmn,* «a través de mil yugadas, diez mil obradas» (cf. 1.1 III 2; II 14-15; 1.3 IV 38; VI 17-18; 1.4 V 24; 1.17 V 9-10), se ofrece la descripción del viaje desde la perspectiva que del mismo tiene la divinidad que recibe la visita. Perspectiva semejante aparece también en 1.17 V 9-11; 1.19 I 28-29 (cf. 1.10 II 13-16). Por su parte, la marcha del ejército de *Kirta,* en su doble versión de encargo y ejecución (cf. 1.14 III 2-5//IV 31-48), se resume en el esquema de la «escala numérica», completada en el segundo caso con la descripción de la llegada al santuario de *Aṯiratu,* que se inserta en aquél. Atípicas en cuanto al formulario resultan las descripciones del viaje de *ʿAnatu* en busca de *Baʿlu* (cf. 1.5 VI 25-31), de *Puǵatu* a la morada de *Yaṯipānu* (cf. 1.19 IV 46-50) y de *Daniilu* para comprobar la situación del país (1.19 II 12-25), así como de la ida de *Ilḥu* en busca de su hermana *Ṯitmanatu* (1.16 I 46-53). El caso de *Daniilu,* por su peculiar sentido de conjuro, lo analizaremos luego bajo otro epígrafe.

e) En el ámbito de las acciones «rituales» y «mágicas» la literatura ugarítica ofrece un grupo muy interesante de escenas. En primer lugar tenemos dos ritos de *incubatio:* uno en 1.14 I 26-37, en el que el rey *Kirta* se entrega al sueño sagrado en una situación de desamparo ampliamente descrita, y otro en 1.17 I 1-15, en el que el rey *Daniilu* emplea el mismo rito en una situación similar[51]. Mientras en el primero tenemos una des-

[49] Variante: *wan šnt...lrḥq ilnym ṯn mṯpdm tḥt ʿnt arṣ ṯlṯ mtḥ ǵrym idk lytn pnm ʿm...tk...,* «pero yo he de dejar... por el dios más lejano...por la divinidad más distante, a dos capas por debajo de las fuentes de la tierra, a tres medidas por debajo de las profundidades. Así, puso entonces cara hacia...en/hacia...» (cf. 1.1 III 18-22; 1.2 III 2-3; 1.3 IV 33-37). Para una discusión de este texto, cf. O. Kaiser, *Die mythische Bedeutung des Meeres in Ägypten, Ugarit und Israel* (= MBM), Berlín 1962, p. 49; Oldenburg, CEB, pp. 188-189; Pope, EUT, pp. 69-96; Clifford, CMC, pp. 48ss; 91; Caquot-Sznycer, TOu, pp. 305-306; *infra,* pp. 161-162. Otras variantes más simples: *y/tʿl...b/ʿm* (1.10 III 11-12, 27-31; 1.13:20); *tšu knp...wtr...tk...* (cf. 1.10 II 10-12); *ytlk wyṣd...* (cf. 1.13: 34ss).

[50] Hacia *Môtu, ʿAnatu, Baʿlu.* Sobre el tema del viaje y su formulario, cf. en particular Whitaker, FAUP, pp. 168ss; también H. Sauren, *Besuchfahren der Götter in Sumer:* «Or» 38 (1969) 214-236.

[51] Para posibles paralelos en el mundo bíblico, cf. G. Del Olmo Lete, *La vocación del líder en el Antiguo Israel. Morfología de los relatos bíblicos de vocación* (= VLAI), Salamanca 1973, pp. 141ss, 151ss; íd., AF 2 (1976) 227-232

cripción sencilla de la situación personal (el rey entra en su alcoba y, agobiado por el dolor, se deja vencer por el sueño), en el segundo la descripción se estereotipa en una serie de repeticiones de una misma acción ritual (ofrenda a los dioses y dormición), enmarcada en el recurso ya conocido de la «escala numérica». En principio, es de ahí de donde podríamos sacar el formulario oficial del rito, pero al no aparecer en ningún otro texto, no podemos estar seguros de su naturaleza; podría tratarse de fórmulas ocasionales. Ambas descripciones concluyen con la escena teofánica en la que la divinidad «se acerca» *(yqrb)* al fiel afligido y le aporta la solución del caso, bien en forma de diálogo revelatorio, bien en forma de intercesión ante la divinidad superior. Este elemento teofánico o de visión es posiblemente el que tenemos reflejado también en 1.6 III 1-13, en donde *ʿAnatu* (?) percibe en sueño el resurgir de la vida que redunda a la tierra de la resurrección de *Baʿlu* [52]. Sin embargo, en este caso falta, por deficiencia del texto, la descripción misma del sueño y su rito previo.

El momento de la teofanía y visión se presenta también fuera del sueño sagrado. Así, en 1.17 V 3-13 *Daniilu* percibe la llegada del dios *Kôṯaru* con un formulario que parece fijo para esta clase de situaciones: *bnši ʿnh wyphn,* «al alzar los ojos también lo vio» (cf. 1.19 I 28-29; II 56; cf. 1.10 II 13-16, 26-27), *balp šd rbt kmn* (cf. *sup.), hlk...kyʿn wyʿn tdrq...,* «la marcha... sí que vio, contempló el ligero paso...» (cf. 1.3 IV 39; 1.4 II 13-15). Aquí no poseemos, sin embargo, elemento ritual alguno, sino que la teofanía se presenta espontáneamente en una situación, la de administración de justicia, dentro de la que más tarde percibirá también *Daniilu* la llegada de su hija *Puġatu* (cf. 1.19 I 25-28). Esta aproximación de ambas situaciones, la judicial y la teofánica, es posible que tienda a reflejar el carácter carismático-sapiencial de la función del rey como juez, con los ojos abiertos a realidades superiores. Por su parte, también la hija de *Daniilu* manifiesta una similar perspicacia «visionaria» para percibir acontecimientos ocultos, como la muerte de su hermano *Aqhatu,* presagiada por el vuelo de las aves y la sequía [cf. 1.19 I 28-33; II 27-34 (?)].

Otras escenas emparentadas con las rituales precedentes son aquellas que nos ofrecen una acción mágica o de conjuro. Algunas las consideraremos más tarde dentro de la categoría de lenguaje dialógico o dialógico-descriptivo. Otras, en cambio, son del tipo que podríamos denominar acción simbólico-mágica, bien por ser exclusivamente ejecutivo-descriptivas o bien por predominar en ellas la acción sobre la palabra-fórmula. De la

(con bibliografía); Dijkstra-De Moor, UF 7 (1975) 172-173; Dressler, UF 7 (1975) 221-225; *infra,* pp. 248, 332.

52 Pero el texto es de muy difícil interpretación; no sabemos quién tiene el sueño *(Ilu, ʿAnatu),* ni si se trata de una descripción o de una exclamación. Para una discusión del mismo, cf. *infra,* p. 139; Gray, LC, p. 70; De Moor, SP, 216-218; Caquot-Sznycer, TOu, p. 261; Petersen-Woodward, UF 9 (1977) 241 *(prophetic dream of El).* Dentro de este género puede consultarse E. Lipinski, *Epiphanie de Baal-Haddu, RS 24.245:* UF 3 (1971) 81-92.

primera clase tenemos, por ejemplo, 1.16 V 23-32, donde, a la determinación de *Ilu* de realizar él mismo la acción requerida para sanar a *Kirta,* sigue la descripción de la misma, desgraciadamente fragmentaria, de modo que no podemos precisar su estructura. Acción parecida se nos describe en 1.16 VI 1-14, llevada a cabo por el genio salutífero *Šaʿtiqatu,* creado por *Ilu,* que actúa sobre el enfermo rey. Tal acción curativa, única en su género y, por tanto, sin posibilidad de comprobación formal, va precedida y seguida de una fórmula idéntica, *mt dm ḫt šʿtqt dm li/an,* «*¡Môtu,* seas/fue derrotado, *Šaʿtiqatu* vence/venció!»; parece tratarse de una imprecación y su correspondiente constatación [53]. En este sentido corresponde ya a la segunda categoría mencionada de acciones simbólico-mágicas de conjuro, de tipo descriptivo-dialógico. De ellas y de las acciones de conjuro en general hablaremos luego [54].

De tipo más estrictamente cultual son las acciones descritas en 1.23; en lín. 16-20 tenemos posiblemente una mera rúbrica litúrgica referente al ordenamiento de la procesión.

f) Finalmente, otra categoría de textos descriptivos es la de aquellos que delinean la situación o estado lamentable en que se encuentran los protagonistas de los poemas ugaríticos y que denominamos de «duelo». De este tipo es el prólogo de la Epopeya de *Kirta,* 1.14 I 6-25, con una organización formal muy cuidada. Similar sentido tienen los textos 1.16 III 12-17, que describe la situación de desamparo de los labradores a causa de la sequía motivada por la enfermedad del rey, y 1.2 I 21-24, que expresa la vergüenza y miedo de los dioses ante los enviados de *Yammu* [55]. Aunque son en sí mismas escenas muy estereotipadas, no ofrecen un formulario uniforme, típico de una forma literaria común. En este sentido son más

[53] Para su traducción, cf. *infra,* p. 271; Sauren-Kestemont, UF 3 (1971) 218-219; Delekat, UF 4 (1972) 21; Van Zijl, *Baal,* p. 344; Caquot-Sznycer, TOu, pp. 568-570.

[54] Para las fórmulas de conjuro, cf. *infra,* p. 57. Acerca de los diversos rituales de Ugarit puede consultarse B. Levine, *Ugaritic Descriptive Rituals:* JCS 17 (1963) 105-111; L. R. Fisher, *An Ugaritic Ritual and Genesis 1,1-5,* en *Ug.* VI, pp. 197-205; íd., *A New Ritual Calendar from Ugarit:* HarvTR 53 (1970) 485-501; L. R. Fisher-F. B. Knutson, *An Enthronement Ritual at Ugarit:* JNES 28 (1969) 157-167 (pero cf. *supra,* n. 52, la interpretación divergente del mismo texto por Lipinski); J. Gray, *Baʿal's Atonement:* UF 3 (1971) 61-70; J. C. de Moor, *New Year with Canaanites and Israelites* I/II (= NYCI), Kampen 1971; M. Delcor, *Rites pour l'obtention de la pluie à Jerusalem et dans le Proche-Orient:* RHR 178 (1970) 117-132; R. J. Clifford, *The Tent of El and the Israelite Tent of Meeting:* CBQ 33 (1971) 221-227. Ultimamente, J.-M. de Tarragon, *Le culte à Ugarit d'après les textes de la pratique en cunéiformes alphabétiques,* París 1980.

[55] Cf. *infra,* p. 110. Este texto presupone una situación de «corte celeste» de la que quizá pudiera ser también una descripción 1.22 I 4-10, aunque con otros componentes; cf. *infra,* n. 67.

significativos 1.5 VI 11-22 y 1.19 IV 8-17, que describen el «duelo» de *Ilu* por *Baʿlu* y de *Daniilu* por *Aqhatu,* respectivamente. Sobre todo el primero refleja, sin duda, unos usos de lamentación propios de la sociedad de Ugarit [56]. Por contraste podrían considerarse aquí las escenas de «amor» posiblemente descritas en 1.10 III 22-26; 1.11:1-6; 1.13:29-32 (?).

Todas estas escenas descriptivas que hemos enumerado constituyen formas literarias diversas, en cuanto su contenido, situación vital y formulario propio las especifican suficientemente. Todas se mantienen dentro del lenguaje descriptivo en cuanto al aspecto formal se refiere; ni el diálogo ni la palabra enunciativa son en ellas determinantes.

2. *Lenguaje dialógico*

Como formas dialógicas o enunciativas consideramos aquellas que se presentan en discurso directo, en boca, por tanto, de un interlocutor, como alocuciones. Naturalmente, tales formas de decir van dirigidas a un oyente y esperan normalmente una respuesta. Por eso la forma enunciativa primordial es el diálogo. Reservamos esta denominación para el caso expreso en que la palabra tiene réplica y hasta contrarréplica. En principio, no puede excluirse que una interpelación quede aislada y el diálogo no se desarrolle. De este género son las formas dialógicas que se presentan como palabras a alguien o contra alguien sin esperar ni recibir respuesta inmediata. Su valor de alocución es muy variado, por eso las agrupamos en dos clases, de acuerdo con el mismo. De hecho se presentan en la literatura ugarítica dentro de alocuciones de los diversos interlocutores de los poemas, no como formas aisladas. Unas presentan un carácter más volitivo-subjetivo y otras más descriptivo-objetivo, con correspondencia en formas similares en las diversas literaturas. De acuerdo con esta caracterización distinguimos tres grupos:

a) diálogos;
b) alocuciones volitivas: imprecaciones, conjuros, amenazas, reproches, bendiciones, promesas;
c) alocuciones descriptivas: lamentos, monólogos, instrucciones, exhortaciones, invocaciones, plegarias, votos, himnos, antífonas, invitatorios, exclamaciones, exaltaciones de la amada, catálogos de virtudes, oráculos.

[56] Cf. a este propósito A. Herdner, *La pratique des incisions à Ugarit dans la célébration du deuil:* «Syria» 24 (1944) 144-145; R. E. Cooley, *The Contribution of Literary Sources to a Study of the Canaanite Burial Pattern,* Leiden-Copenhague 1962, pp. 28ss; Gray, LC, pp. 61s, 201, 247; Hvidberg, WL, pp. 28ss; Gaster, *Thespis,* pp. 30-34, 213-214, 369; Gordon, UL, p. 127; De Moor, SP, pp. 33, 191-194; Caquot-Sznycer, TOu, p. 130, 251; Van Selms, MFL, p. 134.

a) Los «diálogos» abundan sobre todo en el ciclo de *Ba'lu.* En los poemas épicos tenemos sólo cuatro ejemplos y tres de ellos son de carácter más o menos mitológico, al envolver a dioses como interlocutores. Así, 1.14 I 38-II 5 nos ofrece un diálogo teofánico entre *Ilu* y *Kirta,* que sigue al descenso del dios en la *incubatio.* Se inicia con una «interrogación» sobre la situación y el deseo del rey, a la que éste responde «rechazando» la oferta que posiblemente se le hace (texto perdido) y presentando su propia contrapropuesta. A su vez, el dios replicará con una larga exposición de su «plan» o revelación de la acción que debe emprender *Kirta* para lograr su deseo. Interesantes en este diálogo son las fórmulas interrogativas con que se inicia, *mat krt...mlk...yarš...,* «¿qué tiene *Kirta...,* es que desea...?», y que en una u otra forma vuelven a aparecer en la mayoría de los diálogos restantes. Se estructuran así sobre el esquema pregunta-respuesta que, junto con el de oferta-recusación, los constituye prácticamente a todos. Un caso muy interesante de este segundo esquema lo tenemos en 1.17 VI 16-40, en el famoso diálogo entre *'Anatu* y *Aqhatu* a propósito del arco que la diosa apetece y pide. El héroe se niega a entregárselo, indicándole el modo de procurarse otro. La diosa contrarresponde ofreciéndole la inmortalidad, *irš ḥym watnk blmt wašlḥk,* «pide la vida y te la daré, la inmortalidad y te la otorgaré», a lo que el joven replica enfáticamente, negando la validez de tal oferta, por medio de fórmulas interrogativas, *mt uḫryt mh yqḥ,* «¿qué es lo que un hombre puede conseguir como destino último?», a la vez que le recuerda lo inadecuado de su pretensión. El diálogo entre *Ṯitmanatu* e *Ilḥu* en 1.16 I 56-62/II 17-34 se desenvuelve igualmente sobre cláusulas interrogativas, *mn yrḫ kmrṣ,* «¿cuántos meses hace que enfermó?», que desvelan la auténtica situación de enfermedad en que se halla el rey, completado probablemente con un encargo o propuesta y su aceptación. Este es posiblemente el único diálogo entre humanos que nos ha conservado la literatura ugarítica, aunque la existencia de otros está claramente supuesta en los textos épicos, sobre todo en la Epopeya de *Kirta.*

En el ciclo mitológico de *Ba'lu* los diálogos son más numerosos. Siguiendo el orden de las tablillas nos encontramos en 1.1 IV 13-27 con un posible diálogo entre *Ilu* y otros dioses indeterminados, en el que se habla en torno a la proclamación de *Yammu* como rey[57]. Se inicia con unas fórmulas de queja, al parecer por la situación en que se encuentra ese dios (?), a la que *Ilu* responde proclamando su nombre. Hay una contrarréplica de los dioses, que expresan su conformidad, y cierra la escena *Ilu* confirmando su decisión y explicitando su alcance: se le proclama rey, se le promete un palacio y se le encarga someter a *Ba'lu.* El texto es, con todo, muy conjetural y de difícil interpretación.

El tema tratado por *Šapšu* y *'Aṯtaru* en su conversación de 1.2 III 15-18,18-24 enlaza con el precedente: la pretensión de este último es im-

[57] Para una discusión de este texto, cf. *infra,* pp. 99ss; De Moor, SP, pp. 116ss; Caquot-Sznycer, TOu, pp. 306-310; Del Olmo Lete, UF 9 (1977) 35ss.

posible porque el rey designado por *Ilu* es *Yammu.* La diosa *Šapšu* se lo recuerda en fórmulas interrogativas, *ik al yšmʿk...,* «¿cómo quieres que te escuche...?», pero *ʿAṯtaru* no se resigna a su situación de desamparo. Posiblemente el diálogo se extendía más allá, pero el texto se ha perdido. De tema parecido, pero con resultado diferente, es también el diálogo de *ʿAnatu* e *Ilu* en 1.3 V 25-34: se trata ahora de conseguir la realeza o preeminencia de *Baʿlu* sobre los dioses. Se iniciaba probablemente con una intervención de *Ilu* (lín. 10-18), que incluía, al parecer, una negativa a tal pretensión. Pero ante esto reacciona *ʿAnatu* con una amenaza (lín. 19-25) a la que cede el dios. Este esquema, amenaza-aceptación, además de ser válido como estructura formal, aparece repetido literalmente en 1.18 I 6-19, a propósito de la negativa de *Aqhatu* a entregar su arco a *ʿAnatu,* por lo que ésta reclama un castigo para el insolente. Estamos así, probablemente, ante un formulario estereotipado que describe la actuación de la diosa como poseedora de una energía o fuerza capaz de imponerse al mismo dios supremo, tanto cuando está en juego el destino de los dioses como el de los hombres. La veremos a continuación enfrentarse victoriosamente con enemigos como el dios *Môtu,* con el que *Baʿlu* queda en tablas. El diálogo es continuado por *Ilu* a través de una interrogación, *mh taršn lbtlt ʿnt,* «¿qué deseas, ¡oh Virgen *ʿAnatu!?»;* la diosa responde presentando su deseo de ver a *Baʿlu* proclamado rey de los dioses. Se cierra la escena con la constatación de la imposibilidad de que tal deseo se realice por carecer de palacio aquel dios.

Profundamente paralelo al precedente por el tema y las fórmulas es el diálogo que en 1.4 IV 27-57; IV 58-V 11 mantienen *Aṯiratu* e *Ilu.* Lo abre éste con unas fórmulas interrogativas, *ik mǵyt rbt...hm yd il...tʿrrk,* «¿cómo es que llega la Gran Dama...; acaso el amor de *Ilu* te ha conmovido?», en las que expresa su extrañeza por la visita de la diosa. Esta responde con el mismo formulario con el que antes *ʿAnatu* exponía su deseo y es contrarreplicada con la misma objeción que a aquél se le ponía. Sólo que esta vez el dios *Ilu* decide acabar con ese estado de cosas y determina la construcción de un palacio para *Baʿlu,* decisión ante la que reacciona *Aṯiratu* expresando su satisfacción y alabando a su consorte por la sabiduría de la misma. Queda así patente el carácter estereotipado de estos dos últimos diálogos, impuesto por la coincidencia del tema. Entre los dos se sitúa el diálogo que sostienen *ʿAnatu* y *Aṯiratu,* 1.4 III 23-44, cuando aquélla se dirige a solicitar los oficios de la diosa madre cabe *Ilu.* Es un típico diálogo de estilo cortés en el que *Aṯiratu* pregunta, *ik tmgnn rbt,* «¿cómo es que agasajáis a la Gran Dama...?», si no se ha homenajeado primero al dios supremo, mientras *ʿAnatu* y *Baʿlu* opinan que es mejor comenzar por el homenaje a ella. Parece que el diálogo se cierra con la indicación, por parte de *Aṯiratu,* del momento preciso para conseguir el efecto apetecido.

Dos diálogos muy típicos son los que sostienen *Kôṯaru* y *Baʿlu* en 1.4 V 58--VI 15; VII 14-25, a propósito de la construcción de una ventana o claraboya en el palacio del último; están montados sobre el esquema propuesta-rechazo/aceptación. El dios artesano lo recomienda, mientras *Baʿlu* en principio se opone, para acabar por reconocer lo bien fundado de la sugerencia de *Kôṯaru.* Se resalta la sabiduría de tal sugerencia con el presagio de que *Baʿlu* cambiará de parecer.

En 1.6 I 43-55 tenemos un nuevo diálogo entre *Ilu* y *Aṯiratu* acerca de la elección del rey sustituto de *Baʿlu,* en el que también entra en juego el esquema de la propuesta-aceptación. El dios *Ilu* pide se le sugiera un nombre, y después de precisar las cualidades del candidato, acepta el de *ʿAṯtaru.*

Los dos últimos ejemplos de diálogo los tenemos en 1.6 II 4-25 y 1.6 IV 6-24. En el primero *ʿAnatu* pide a *Môtu* le entregue a su hermano, a lo que el dios responde que ha sido devorado; también en este caso se utiliza como recurso dialogal la interrogación que ya encontramos anteriormente: *mh taršn lbtlt ʿnt,* «¿qué deseas, ¡oh Virgen *ʿAnatu!?».* El segundo, que propiamente pertenece al esquema mensaje-transmisión, del que hablaremos más adelante, utiliza también fórmulas interrogativas, *iy aliyn bʿl,* «¿dónde está *Baʿlu,* el Victorioso?»; la diosa *Šapšu* responde poniéndose a disposición de *ʿAnatu* para ir en su busca. Un esbozo de diálogo parece darse en 1.10 II 1-9 entre *ʿAnatu* y los servidores de *Baʿlu,* sobre el esquema pregunta-respuesta.

La forma dialogal constituye, pues, un elemento importante de la épica ugarítica que la acerca al esquema dramático, sobre todo al drama cúltico [58]. Su combinación con las formas descriptivas le otorga una notable movilidad narrativa y sirve para precisar los momentos más decisivos del poema [59]. A través de esos diálogos las figuras de la mitología y de la épica ugarítica se autodefinen de modo más preciso y matizado de lo que podría lograrse con simples descripciones. Cuando los dioses hablan sabemos cómo se les piensa, qué contenido se atribuye a su figura, cuáles son «sus» más hondas preocupaciones, que, en definitiva, resultan ser las del pueblo que los adora. Como forma literaria, el diálogo en la literatura ugarítica queda definido por esos esquemas formales, pregunta-respuesta, oferta-rechazo, que lo organizan.

La alocución se presenta a veces sin réplica, a nivel de declaración personal. Pero con frecuencia eso se debe al mal estado de conservación del texto que nos ha privado de la contrapartida dialogal. Eso sucede, por ejemplo, en 1.2 III 1-3, que, como prueba 1.1 III 17ss, es una respuesta dentro del esquema de mensaje, dada en concreto a los mensajeros que lo han traído; por ella se acepta la citación que aquél supone. Dentro del mismo esquema de mensaje, que en el fondo es una forma de diálogo, se incluyen las respuestas de *Ilu* a los mensajeros de *Yammu,* 1.2 I 36-38, y de los mensajeros

[58] Cf. A. S. Kapelrud, *Baal in the Ras Shamra Texts* (= BRST), Copenhague 1952, p. 23; R. de Langhe, *Myth, Ritual and Kingship in the Ras Shamra Tablets,* en S. H. Hooke, *Myth, Ritual, and Kingship* (= MRK), Oxford 1958, pp. 127ss; Gaster, *Thespis,* pp. 23ss.

[59] Según Driver, CML, p. 25, se trata de una literatura que no es ni dramática ni ritual, sino propiamente recitativa y sólo indirectamente ritual. Sobre el particular, cf. también De Moor, SP, pp. 55ss.

de *Baʿlu* a *ʿAnatu,* 1.3 IV 5-20, así como la de ésta a los mismos, aceptando también la citación que le traen, 1.3 IV 21-36. En este como en casos parecidos la forma de mensaje ha dado lugar a un amplio desarrollo dialogal y se ha producido la mezcla de ambas formas.

b) Literariamente se dejan ordenar mejor aquellas formas enunciativas que poseen carácter imprecatorio y deprecatorio. Coinciden en ser formas de alocución que manifiestan un estado de ánimo o un deseo, y en ese sentido son formas literarias volitivas. Cabe distinguir entre ellas la imprecación-maldición, el conjuro, la amenaza, la diatriba, la bendición y la promesa.

Del primer tipo, «imprecación-maldición», tenemos la de *Baʿlu* contra *Yammu* en 1.2 I 3-9, repetida en 1.16 VI 54-59 por *Kirta* contra su hijo *Yaṣṣibu: yṯbr ḥrn rišk,* «¡que rompa *Ḥôrānu* tu cabeza!»; fórmula estereotipada con que se invoca el castigo divino sobre el enemigo. Es claro que esa coincidencia dentro de una forma literaria tan precisa obliga a considerarla como fórmula hecha, aunque sólo aparezca dos veces [60]. Por otra parte, tal aparición en el ciclo mitológico y en el épico, en boca de dioses y de hombres, da idea de lo firme y fijo de su estructura. Otra fórmula que participa del carácter de imprecación-maldición, conjuro imprecatorio y amenaza, por coincidir la invocación, la formulación y referencia mágica, y el deseo de ejecución, es la que pronuncia *Yaṭipānu* en presencia de *Puǵatu,* 1.19 IV 56-60, en la que expresa su voluntad de acabar con todo posible enemigo, como lo ha hecho con *Aqhatu.* Al tratarse de una frase aislada, no podemos precisar hasta qué punto representa una fórmula hecha. Por otra parte, ejemplos de «maldiciones», equivalentes en realidad a «imprecaciones», por incluir siempre el deseo de un daño aunque no se invoque ninguna fuerza divina, son las que pronuncia *Daniilu* contra las ciudades que posiblemente han participado o sido escenario del asesinato de su hijo, 1.19 III 45-IV 7. De nuevo el carácter estereotipado de las fórmulas se manifiesta en su contenido tópico imprecatorio y en la triple repetición que de ellas se hace, *ylk...dʿlk mḫṣ...ʿnt brḥ pʿlmh... ʿdb uḫry mṭ ydh,* «¡ay de ti... sobre quien pesa la muerte... desde ahora y por siempre seas un fugitivo... cuyo báculo sea colocado el último!» [61].

Por su parte, la «amenaza» no se apoya en la invocación de ninguna fuerza externa ni es la simple manifestación de un deseo dañino, sino que lleva consigo la decisión de una intervención personal contra el enemigo en su momento oportuno. Las tenemos, por ejemplo, en 1.6 V 19-20 de *Môtu*

[60] Sobre estas fórmulas de maldición, cf. A. Demsky, «*Sea derrocado su solio regio*»...: «Leš» 34 (1969-1970) 185s (hb.); S. Gevirtz, *A Father's Curse:* «Mosaic» 2 (1969, Winnipeg) 56-61; Van Zijl, *Baal,* p. 13ss, 276-280.

[61] Para esta traducción, cf. Del Olmo Lete, AF 2 (1976) 249-251. Para su estructura, cf. Whitaker, FAUP, p. 161. La interpretación de este texto es muy divergente: unos consideran su final como parte de la imprecación (Driver, Jirku, Aistleitner), otros como cláusula descriptiva o ilativa (Gordon, Ginsberg, Herdner, Fronzaroli); y aun dentro de esta caracterización, las interpretaciones concretas divergen enormemente.

contra los dioses y los hombres *[tn aḥd bḫk ispa,* «da(me) uno de tus hermanos para que yo lo devore»], en 1.15 III 25-30 de *Aṯiratu* contra *Kirta (apr...,* «romperé...»), en 1.17 VI 41-45 de *ʿAnatu* contra *Aqhatu (ašqlk...,* «te derribaré...»), en 1.3 V 19-25 y 1.18 I 6-14 (cf. 1.3 IV 53-V 4) de *ʿAnatu* contra *Ilu (ašhlk šbtk dmm...,* «puedo hacer correr por tu canicie, sangre...»). En este último caso nos hallamos sin duda ante una fórmula hecha, como muestra su aparición en el mito y en la épica, expresión del carácter de *ʿAnatu,* como decíamos antes. En los demás casos, lo peculiar de la acción amenazada hace difícil tal caracterización estereotípica. Formalmente convienen todas en su formulación en primera persona singular.

Dialécticamente próxima a la amenaza está la «diatriba» y «reproche» con que se echa en cara un comportamiento censurable. Así, por ejemplo, en 1.2 I 24-28 *Baʿlu* censura a los dioses su cobardía ante los mensajeros de *Yammu* con una fórmula que resulta muy estereotípica, *bhm yǵʿr bʿl lm ǵltm ilm rištkm, «Baʿlu* les reprochó: ¿por qué habéis bajado, dioses, vuestras cabezas...?» (cf. lín. 25; 1.16 V 24-25); y en 1.6 I 39-43 *ʿAnatu* censura a los dioses también su regocijo mal disimulado por la muerte de *Baʿlu* el Victorioso... [62].

A estas formas de volición, que podríamos definir negativa, corresponde por antítesis la «bendición», que incluye y expresa siempre una «promesa». Una de las más significativas es la de *Ilu* a *Kirta,* 1.15 II 16-III 16 (cf. 1.13: 2,27-29), en la que le promete una numerosa descendencia de la mujer que ha tomado: *tld šbʿ bnm lk,* «te engendrará siete hijos». En tal sentido es una bendición «nupcial». Por incluir en sí ese elemento de promesa, a la bendición sucede la parte descriptiva de su cumplimiento, 1.15 III 17-25. Bendición de «fecundidad» es a su vez la que otorga *Ilu* a *Daniilu,* con la promesa de un hijo ideal, 1.17 I 34-42; I 42-II 8. Coincide con 1.19 IV 35ss en una fórmula, *npš yḥ...,* «en (su) vigor reviva...», que puede considerarse como típica bendición de fecundidad. Originariamente estos tres lugares se presentan como impetraciones de bendición (1.15 II 12-16; 1.17 I 23-24, de *Baʿlu* por *Kirta* y *Aqhatu;* 1.19 IV 32-33, de *Puǵatu* por sí misma), con la utilización de una cláusula paralelística que sin duda debe considerarse como propia de la forma literaria de la bendición: *ltbrk...ltmr...,* «¿no bendecirás/bendice... no confortarás/conforta...?», que vuelve a aparecer en el momento ejecutivo (cf. 1.15 II 18-20; 1.17 I 34-36; falta en 1.19 IV 35; cf. 1.13:27-29), *ybrk...ymr,* «bendijo... confortó» [63]. Una «promesa» especialmente significativa es la que pronuncia *Baʿlu* al recibir la visita de *ʿAnatu* (cf. 1.10 II 21-25).

[62] Cf. Gordon, PLM, p. 73. A este género pertenece también la diatriba de *Yaṣṣibu* a su padre *Kirta* [cf. 1.16 VI 21-54 (30-36/43-52)], que consideraremos en otro lugar, dentro del esquema deliberación-comunicación; cf. *infra,* p. 60.

[63] Una fórmula de bendición aislada, de texto incierto y no clasificable, la tenemos en 1.22 I 1-4: «mira, a tu hijo...(verás), a los hijos de tus hijos después de ti...». En cuanto impetraciones de bendición, constituyen una forma literaria próxima a la «plegaria»; cf. *infra,* p. 50.

c) Dentro de la situación dialógica de lenguaje hay una serie de enunciaciones en la literatura ugarítica que por su contenido y formulario son catalogables como formas autónomas. Su contextura es menos volitiva y más descriptiva que la de las anteriores. De este tipo podemos considerar: el lamento, el monólogo, la instrucción, la exhortación, la plegaria, el voto, la invocación-himno, la antífona, el invitatorio, la exclamación, la exaltación de la amada, el catálogo de virtudes y el oráculo.

El grupo primero está compuesto por dos unidades de «lamento por sí mismo», por su propia suerte, como es el que profiere *Baʿlu* en 1.4 III 10-22 y *Môtu* en 1.6 V 10-19. En realidad equivalen a la descripción de situaciones por las que pasa o ha pasado el sujeto que los pronuncia. El género, como es sabido, tiene amplia correspondencia en la lírica hebrea dentro de los salmos de súplica [64]. Tenemos también un ejemplo de «lamento por otro», que se puede considerar típicamente estereotipado, al ser repetido tres veces. Es el que pronuncian los hijos de *Kirta* por su padre enfermo, 1.16 I 1-11, 11-23; II 35-52. Su primera formulación es posible que responda a una situación monologal, pero esto en nada afecta a la contextura de la forma [65]. También ésta tiene su paralelo en la lírica hebrea en los salmos de justo doliente y en general en los de súplica individual o colectiva. En este caso, por tratarse de la enfermedad del rey, tal lamento es muy significativo para apreciar el sentido que la ideología regia tenía en Ugarit. Dentro de este este epígrafe deben tenerse en cuenta textos como 1.1 IV 1-12; 1.12 I 9-11.

Los «monólogos» o «soliloquios», casi siempre de sentido deliberativo, aparecen con frecuencia en la literatura ugarítica. Representan una típica manera de expresar de modo personalizado la marcha de la acción por medio de una prolepsis, para pasar a continuación a formas de transmisión, como las de mensaje [66]. Ese es el caso, como decíamos anteriormente, del lamento por *Kirta* en su primera formulación, 1.16 I 1-11; y lo es también en 1.16 VI 21-38, deliberación de *Yaṣṣibu* consigo mismo respecto a la diatriba que ha de dirigir a su padre pidiéndole la abdicación, así como en 1.19 II 34-44, deliberación de *Puġatu* respecto al anuncio que ha de hacer a su padre de la muerte de su hermano *Aqhatu*. De este tipo es también 1.4 VII 37-52, donde *Baʿlu* refleja su nueva situación de rey incontrastado y decide hacérselo saber a *Môtu*. Se inicia con unas fórmulas interrogativas, dirigidas a los dioses, que quedan sin respuesta, pues aquéllos han huido despavoridos, y que

[64] Cf. H. J. Kraus, *Psalmen* I, Neukirchen (1961) ³1966, pp. XLVss; J. Obermann, *An Antiphonal Psalm from Ras Shamra:* JBL 55 (1936) 21-44; S. E. Loewenstamm, *Eine lehrhafte ugaritische Trinkburleske:* UF 1 (1969) 71-77; íd., *Salmo ugarítico en honor de El* (hb.), en *Papers of the 5th World Congress of Jewish Studies* (hb.), Jerusalén 1969, pp. 62-67; B. Margulis, *A Ugaritic Psalm (RS 24.525: Ug. V, pp. 545ss):* JBL 89 (1970) 292-304. Sobre himnos y plegarias, cf. *infra,* nn. 68 y 70.

[65] Cf. también 1.1 IV 2-12.

[66] El esquema deliberación-transmisión, con repetición literal, está presente, por ejemplo, en la parábola del hijo pródigo (cf. Lc 15,17-21).

tienen un valor puramente retórico. Una deliberación, en cambio, no propiamente monologal es la que tenemos en 1.16 V 9-22, donde *Ilu* pregunta a los dioses presentes quién será capaz de curar a *Kirta,* sin recibir respuesta después de reiterar siete veces su pregunta. Si ésta apareciera, tendríamos una típica escena deliberativa de corte celeste, según el modelo bíblico (cf. 1 Re 22,20ss)[67]; así, se queda en simple consulta, prácticamente en un soliloquio de *Ilu*.

En el límite entre monólogo y la deliberación se halla la «instrucción» o «consejo», que tampoco espera respuesta, pero va dirigida ahora a un interlocutor. De este tipo es, por ejemplo, el consejo que *Šapšu* proporciona a *Môtu* en 1.6 VI 22-29, utilizando una serie de formas interrogativas que tienden a crear la persuasión, de tipo parecido a las que tenemos en 1.2 III 15-18, incluidas allí en el diálogo entre *Šapšu* y *ʿAṯtaru*. Más imprecisos en su carácter de instrucción son los textos 1.5 II 1-6 y 1.4 III 38-44, de acuerdo con la interpretación y traducción propuesta. El primero podría representar un monólogo de *Baʿlu*. En general no se aprecia coincidencia formal de estas unidades literarias más allá de esa estructura interrogativa que algunas manifiestan.

Como «exhortaciones» se pueden considerar 1.17 V 33-39 y 1.18 I 19-31. Se trata de una forma muy próxima por su estilo e intención a la instrucción-consejo, con la que se intenta persuadir a la acción debida o conveniente. En el primero de esos textos *Daniilu* recomienda a *Aqhatu* cumplir sus deberes para con los dioses que tan espléndidamente se han portado con él, y en el segundo trata *ʿAnatu* de persuadir a *Aqhatu* a que le acompañe en sus cacerías, aunque sin revelarle sus intenciones. Tampoco aquí podemos apreciar estructura formal o vocabulario propio de la forma.

Aunque en los textos aquí estudiados no aparecen ejemplos de «plegaria» u «oración de impetración»[68], una forma muy similar, y que en realidad la incluye, es el «voto condicional» que expresa *Kirta* en 1.14 IV 36-43. Por él se compromete a ofrecer a la diosa (promesa) una determinada can-

[67] Cf. H. W. Robinson, *The Council of Yahweh:* JTS 45 (1944) 151-157; F. M. Cross, *The Council of Yahweh in Second-Isaiah:* JNES 12 (1952) 274-276; E. G. Kingsbury, *The Prophets and the Council of Yahweh:* JBL 83 (1964) 279-286; P. D. Miller, *The Divine Council and the Prophetic Call to War:* VT 18 (1968) 100-107; M. Tsevat, *God and Gods in Assembly. An Interpretation of Ps. 82:* HUCA 40 (1969) 123-137; R. N. Whybray, *The Heavenly Counsellor in Is. 40,13-14: A Study of the Sources of the Theology of Dt-Is,* Londres 1971; Gray, LC, pp. 157-158; Gaster, *Thespis,* p. 191; Del Olmo Lete, VLAI, pp. 252, 260, 328, 342; Caquot-Sznycer, TOu, p. 363.

[68] Parece que tales formas no faltan en la literatura ugarítica (cf. 1.108; 1.161; y también textos más genéricos como 1.14 II 4-5); cf. también A. Herdner, *Une prière à Baal des Ugaritiens en danger:* CRAIBL 1972, pp. 693-703; Parker, UF 2 (1970) 248-249; Cassuto, GA, p. 16 (los ejemplos que cita no son válidos); Y. Avishur, *Prayer to Baal from Ugarit:* «Shnaton» 3 (1978) 254-262.

tidad de plata y oro, si se le concede (súplica) o consigue (deseo) su objetivo: lograr una nueva esposa [69].

Más líricas resultan las invocaciones hímnicas o «himnos», de los que tenemos algunos ejemplos en Ugarit. La sección final del ciclo mitológico de *Baʿlu,* 1.6 VI 42-53, se suele considerar como un himno a *Šapšu,* que ha colaborado con *ʿAnatu* en la búsqueda de *Baʿlu* y le ha asegurado a éste la victoria sobre *Môtu* en el último instante. Por eso se cantaría y describiría su destino, su posición lograda. El himno tendría así mucho de recompensa, casi de promesa. Pero yo prefiero entenderlo como un himno final a *Baʿlu.* Más claras en su estructura hímnica son las invocaciones de 1.23:1-7//23-27 y 1.24:1-5//38-39,40-50. Aquí se canta e invoca ya por sí misma, con fórmulas decididamente hímnicas, a la divinidad: *iqra ilm nʿmm...ašr nkl...,* «voy a invocar a los dioses apuestos..., voy a cantar a *Nikkal...*». En todas ellas lo hímnico se define por la exaltación incondicional de la divinidad, que incluye fórmulas exclamatorias y descriptivas de sus cualidades. El género es bien conocido en la lírica hebrea [70].

Próximas al mismo son otras formas, como la «antífona» o «coro» [71] 1.23:8-15(28-29), que resulta una especie de himno menor repetitivo o parte de un himno, aunque también podría ser una rúbrica; el «invitatorio» 1.20 I 1-10, en el que la comunidad es invitada a sacrificar a los dioses y participar en su destino; la «exclamación», 1.20 II 7-11, con que *Daniilu* constata la llegada de las divinidades a través de una fórmula de bienvenida.

De tipo más lírico es la «exaltación de la amada» que hace *Kirta* en 1.14 III 40-45, y que tiene sus paralelos en el Cantar de los Cantares. En realidad podría considerarse como un himno secular en el que se exalta y describe la belleza de un mortal. Por su parte, en 1.17 I 26-33,44ss; II 1-8 tenemos repetido por tres veces, dentro de otros tantos discursos directos, el «catálogo de virtudes» que definen al hijo ideal y los deberes para con su padre. La forma resulta plenamente estereotipada.

Del género «oracular» no podemos mencionar, fuera del gran preanuncio onírico de 1.14 II 6-III 49//III 50-VI 35, en el que *Ilu* comunica a *Kirta* todo un plan de acción que es puesto por obra a continuación, otro fragmento

[69] Cf. *infra,* pp. 254ss; Fisher, RSP I, pp. 66-67; II, pp. 147-152, que aduce los paralelos bíblicos, sobre todo Gn 28,20-22.

[70] Cf. Kraus, *Psalmen* I, pp. XLIss; H. Cazelles, *L'hìmne ugaritique à ʿAnat:* «Syria» 33 (1956) 49-57; Gaster, JAOS 66 (1946) 58; íd., *Thespis,* pp. 47, 64-66; 196; 230; íd., JQR 37 (1946) 60-61; Gray, LC, pp. 187-188; De Moor, SP, pp. 18, 243; íd., ZAW 88 (1976) 325-326, 330-331; Mulder, UF 4 (1972) 86; Caquot-Sznycer, TOu, pp. 228, 269; F. Crüsemann, *Studien zur Formgeschichte von Hymnus und Danklied in Israel,* Neukirchen 1969, p. 35; cf. *infra,* a propósito de 1.23 (p. 429) y 1.24 (p. 451). En cambio, contra lo asegurado en FELU I, p. 425, no considero hímnico 1.13; cf. *infra,* p. 488.

[71] Cf. a este propósito Fronzaroli, LA, p. 15; por su parte, De Moor, SP, p. 38, considera de este tipo 1.3 V 35ss. Cf. también J. Obermann, *An Antiphonal Psalm from Ras Shamra:* JBL 55 (1936) 21-44.

que 1.24:5-15, en el que al parecer tenemos una prolación oracular de lo que va a acontecer y acerca de lo cual se advierte a las diosas *Kôṯarātu* presten su acción benéfica, pues a *Yarḫu* le va a nacer un hijo [72]. Al margen de ese sentido de lo profético como preanuncio, hay alocuciones en la literatura ugarítica que manifiestan una combinación de «reproche» y «amenaza» semejante a la que nos ofrece el oráculo profético clásico de Israel [73].

3. *Lenguaje mixto descriptivo-dialógico*

Una clase especial de formas de la literatura ugarítica, quizá la más diferenciada en su estructura y formulario, es la que participa de las categorías o situaciones de lenguaje descriptiva y dialógica que hemos analizado. Destacan sobre todo tres formas: el mensaje, la reacción y el conjuro; se pueden añadir algunas otras que se organizan según el esquema binario orden-ejecución [74] y que por lo mismo tienen también una parte descriptiva y otra enunciativa o dialógica. Distinguimos, por tanto:

a) mensaje;
b) reacción;
c) conjuro;
d) formas binarias: orden-ejecución, invitación-aceptación, deliberación-comunicación.

a) en el esquema de «mensaje» hemos de distinguir tres momentos: 1) el del «envío» o «encargo» del mismo por el mitente a los emisarios o mensajeros; 2) el de la «transmisión» por parte de éstos al destinatario, y 3) el de la «respuesta» de éste al mensaje recibido o bien su «ejecución», según se trate de una propuesta o de una orden de acción [75]. A su vez, este último momento puede poner en marcha de nuevo todo el proceso y determinar una «retransmisión» y «contrarréplica» por parte del mitente primero.

[72] Cf. Van Selms, MFL, p. 17; Driver, CML, p. 125; Gordon, UL, pp. 63s. Para otras interpretaciones, cf. *infra,* pp. 451s.

[73] Cf. C. Westermann, *Grundformen prophetischer Rede* (= GPR), Munich 1960, pp. 92ss; Eissfeldt, EAT, p. 106; A. van Selms, *CTA:32: A Prophetic Liturgy:* UF 3 (1971) 235-248; R. J. Clifford, *The Word of God in the Ugaritic Texts and in the Patriarchal Narratives,* en R. J. Clifford (ed.), *The Word in the World* (Fs. F. L. Moriarty), Cambridge, Mass. 1973, pp. 7-18.

[74] Cf. Aistleitner, MKT, p. 9; para la estructura lingüística, cf. T. L. Fenton, *Command and Fullfilment in Ugaritic-«TQTL:YQTL» and «QTL:QTL»:* JSS 14 (1969) 34-39.

[75] Cf. Westermann, GPR, 72; Gordon, UT, p. 294 (la repetición se da también en la literatura mesopotámica); Del Olmo Lete, VLAI, pp. 383ss, 454 (con bibliografía); Ginsberg, BASOR 84 (1941) 12ss; Obermann, UM, pp. 21ss, 37; íd., HDBS, p. 3; De Moor, SP, p. 5; Cassuto, GA, pp. 41, 173.

El ejemplo más claro de este triple proceso lo tenemos en 1.14 V 13-VI 41: *Pabilu* envía mensajeros y les encarga un mensaje que deben transmitir a *Kirta,* ellos lo transmiten y este último responde; acto seguido los mensajeros vuelven con la respuesta a su mitente, el rey *Pabilu.* Desgraciadamente el texto se corta y sólo nos quedan las fórmulas introductorias de la transmisión. Esta no ha venido precedida de un nuevo encargo, sino que la respuesta directa ha hecho sus veces, como muestra bien la parte oracular correspondiente del poema, donde el dios *Ilu* encarga a *Kirta* que «devuelva» a los mensajeros con su respuesta (cf. 1.14 III 32-33//VI 16). En esta parte oracular el proceso de mensaje ha quedado reducido a sus momentos de transmisión y respuesta (cf. 1.14 III 19-49).

Otros casos similares a éste, en los que es dado apreciar la secuencia de los tres momentos, los tenemos en 1.2 I 11-29,30-38: *Yammu* envía sus mensajeros a *Ilu* y a la asamblea de los dioses con una misiva; aquéllos la transmiten y finalmente el dios *Ilu* responde a ella. En este caso la transmisión se interrumpe por la intervención de *Baʿlu,* que prácticamente anula la respuesta de *Ilu,* pero esto en nada afecta al esquema formal. También en 1.4 V 12-41 vemos a *A̱tiratu* encargar un mensaje que *ʿAnatu* transmite y que *Baʿlu* a su vez pone por obra, sin responder palabra, pues se dirige a él como una orden. Encargo, transmisión y respuesta de aceptación tenemos igualmente en 1.6 III 22-IV 20; los protagonistas de la escena son en este caso *Ilu, ʿAnatu* y *Šapšu.* Como mensaje se configura también el cuerpo del texto 1.24:16-37, en donde aparece el envío y encargo de mensaje, la respuesta y contrarréplica, y la ejecución. Es decir, se ha simplificado el proceso de envío y retransmisión de mensajeros, y por encima del formulario de mensaje se ha pasado simplemente al diálogo directo entre mitente y destinatario, para acabar sin solución de continuidad con la ejecución del mensaje recibido, como en 1.1 III 1-25; pero en contrapartida no podemos precisar si éste se presenta en el momento de la transmisión, como sería lo lógico, o en el del encargo.

Restos del esquema binario encargo-transmisión se aprecian en 1.1 II 1ss, 14ss, donde los mensajeros reciben y transmiten a *ʿAnatu* una misiva del dios *Ilu,* al parecer; en 1.5 I 1-8,9-35, final del encargo y transmisión del mensaje encomendado por *Môtu* a sus emisarios para *Baʿlu,* e, inversamente, en 1.5 II 6-20, encargo de *Baʿlu* y transmisión a *Môtu* de su mensaje, al que incluso sigue la reacción de éste, que puede equipararse al momento de la respuesta; si prescindimos de ella, tenemos aquí un buen ejemplo, por su estructura y perfecta conservación, del esquema encargo-transmisión.

Esta doble posibilidad, encargo-transmisión, es constante en el esquema de mensaje. Se suele suprimir uno de los momentos dichos por razón de simplificación, como es lo normal, por ejemplo, en la literatura oracular hebrea, enunciada según este mismo esquema [76]. De hecho, los mensajes de la literatura ugarítica se nos han conservado normalmente sólo en uno u

[76] Cf. Westermann, GPR, pp. 74s.

otro de tales momentos, pero ello se debe también en gran parte al fragmentario estado de conservación de los textos. En consecuencia, tenemos encargos de mensaje en 1.3 III 4-31, de *Baʿlu* para *ʿAnatu,* a fin de que se presente ante él, paralelo a 1.1 III 1-36, en su parte final, de *Ilu* a *Kôṯaru;* en 1.4 VII 52-VIII 37, encargo y envío de mensaje por parte de *Baʿlu* a *Môtu,* comunicándole la construcción de su palacio, del que sólo se nos ha conservado su inicio; en 1.3 VI 4-25, envío de los mensajeros de *Aṯiratu* a *Kôṯaru;* el mensaje se ha perdido, pero verosímilmente se refería a su citación para encargarle la construcción del palacio de *Baʿlu.* Paralelamente, transmisiones aisladas las tenemos en 1.4 I 4-22, parte final, al parecer, de un mensaje transmitido a *Kôṯaru,* aunque podría tratarse de un encargo dado directamente a éste, y al que sigue inmediatamente la ejecución por su parte; en 1.5 VI 3-10, que, por su formulario, representa la comunicación de una noticia, aunque no estrictamente encargada, al dios *Ilu* por parte de emisarios enviados por él mismo, que la han descubierto; igualmente, la naturaleza de mensaje transmitido de 1.15 I 1ss es dudosa. «Noticias» o «anunciaciones» tenemos también en 1.10 III 1-3,32-36 y 1.13:22-29,32-35 (?); en el primer texto, seguida de «respuesta» por parte del destinatario. Finalmente, en 1.2 III 4-6 se reproduce el momento de ejecución que teníamos en 1.1 III 21ss, lo que está suponiendo un encargo y transmisión previos.

Pero lo más significativo de este esquema de mensaje, aparte de su secuencia de momentos que organiza el espacio épico, es la consistencia estereotipada de su formulario. En el momento del encargo se pueden distinguir las fórmulas siguientes:

a) de «envío de mensajero», *wylak mlakm l/ʿm,* «envió/enviará mensajeros a...» (1.14 III 19-20; cf. 1.2 I 11; 1.4 V 41; 1.24:16-17);

b) de «orden de marcha», *idk al/lttn pnm tk/ʿm...balp šd rbt kmn,* «así, pues, poned cara hacia... a través de mil yugadas, diez mil obradas» (1.1 III 1*-2; 1.2 I 13-14; 1.3 IV 37-38; VI 12-18; 1.4 IV 20-21; V 22-24; VIII 1-2,10-11,24-26 [77]; 1.5 V 11-12; 1.14 V 29-31);

c) de «orden de postración», *lpʿn...hbr wql tštḥwy wkbd...,* «a los pies... inclinaos y caed, postraos y rendid honores...» (1.1 III 2-3; 1.2 I 14-15; 1.3 III 9-10; VI 18-20; 1.4 VIII 26-29);

d) de «encargo de mensaje», *wrgm l...ṯny l...,* «y decid a..., repetid a...» (1.1 III 4; 1.2 I 16; 1.3 III 11-12; VI 21-22; 1.4 V 12; VIII 29-31; 1.5 II 8-9; 1.6 III 24; 1.14 V 32; 1.16 I 38; VI 28-29);

e) de «mensaje», *tḥm...hwt...,* «mensaje de..., palabra de...» (1.1 II 17-18; III 5-6; 1.2 I 17,33; 1.3 III 13; IV 7; VI 24-25; 4 VIII 32-34; 1.5 I 12-13; II 17-18; 1.6 IV 10-11; 1.14 III 21; V 33; VI 3).

A estas fórmulas sigue el mensaje, que naturalmente puede ser muy variado, aunque algunos resultan bastante estereotipados por su insistente repetición. En el momento de la transmisión vuelven a aparecer las fórmulas

[77] En este caso, por la interpolación de un nuevo formulario, la «fórmula de distancia» se une a la cláusula siguiente del formulario de mensaje que analizamos; cf. *infra,* pp. 211s.

correspondientes a las precedentes, pero en estilo ahora descriptivo, no yusivo:

b) de «orden de marcha», *idk lttn pnm ʿm/tk... (balp šd rbt kmn)* (1.1 II 13-15; III 21-22; 1.2 III 4; 1.3 V 5-6; 1.4 IV 20-21; 1.5 I 9-10; II 13-14; VI 3*-2*; 1.6 I 32; IV 7-8; 1.14 VI 36-37; 1.17 VI 46-47; 1.18 IV 5-6), precedida a veces por otra expresión que indica la rápida ejecución del envío y en ese sentido corresponde a la fórmula *a)* precedente, *tbʿ wlyṯb...,* «marcharon sin detenerse...» (1.5 I 9; II 13; 1.14 VI 35-36);

c) de «orden de postración», *lpʿn...yhbr wyql yštḥwy wykbd...,* (1.1 II 15-17; III 24-25; 1.2 I 30-31; III 5-6; 1.4 IV 25-26; 1.6 I 36-38; 1.17 VI 50-51; cf. 1.10 II 17-18);

d) de «transmisión», *yšu gh wyṣḥ...,* «alzó su voz y exclamó...» (1.1 II 17; 1.2 III 15; 1.3 III 35-36; 1.4 II 21; V 25-26; VII 22; 1.5 II 16-17, 21 (?); IV 5; VI 22; 1.6 I 39; II 11-12; III 17; IV 9; V 10-11; 1.14 VI 2,38-39; 1.15 III 27; 1.16 VI 15-16,40-41; 1.17 VI 16,53; 1.18 I 23; IV 6-7; 1.19 II 40,47-48; III 11-12,16,25-26,30,42,51; IV 2-3,19-20);

e) de «mensaje», *tḥm...hwt...* [78].

La respuesta y la ejecución, en cambio, se atienen a un formulario menos uniforme, sirviéndose de las fórmulas generales de réplica, *wyʿn,* o repitiendo otra vez la fórmula de marcha, cuando el mensaje es de citación ante una divinidad superior (cf. 1.1 III 17-25; 1.2 III 1-6). Tenemos pocos ejemplos de respuesta-ejecución para poder trazar un esquema claro de su formulario.

b) Otra forma igualmente mixta de elementos descriptivos y enunciativos es la que denominamos «reacción», entendida en el sentido psicológico de la palabra [79]. Comporta siempre un primer momento de excitación, gozo o tristeza, descrito con fórmulas bastante estereotipadas, y otro de exclamación o alocución en el que se traduce verbalmente el sentido de la situación primera. Los ejemplos de esta forma literaria son numerosos. En unos casos la reacción es de «miedo», como en 1.3 III 32-IV 4, en donde *ʿAnatu,* al ver a los mensajeros de *Baʿlu (hlm ʿnt tph ilm;* cf. 1.4 IV 27; 1.16 I 53), experimenta una excitación de pavor total *(bh pʿnm ṭṭṭ bʿdn ksl ṯṯbr ʿln pnh tdʿ tǵṣ pnt kslh anš dt ẓrh,* «a ella los pies le temblaron, por detrás el lomo se le dobló, por encima su rostro se puso a sudar, las junturas de su

[78] Todo este formulario de mensaje es analizado en su estructura lingüística y tradicional-oral por Whitaker, FAUP, pp. 90, 121-123, 173; también Ginsberg, *Baal's two Messengers:* BASOR 95 (1944) 25-30; Virolleaud, DA, p. 92; Herdner, RES 1938, pp. 79-82; Gray, LC, p. 50; Cassuto, BOS2, pp. 132-133; Caquot-Sznycer, TOu, p. 194, 301; D. Thompson, *The Genesis Messenger Stories and their Theological Significance: Two Methods,* Dis. Univ. Tubinga 1971; V. Hirt, *Gottes Boten im A.T. Die altt. Malʾak-Vorstellung,* Berlín 1975; J. Urquiza, *Jahweh und sein Malʾakh,* Dis. Univ. Wien 1972; Lipinski, «Syria» 50 (1973) 35ss.

[79] Cf. Obermann, HDBS, p. 23; Ginsberg, ANET, p. 137, n. 9; Oldenburg, CEB, p. 118; D. R. Hillers, *A Convention in Hebrew Literature: the Reaction to Bad News:* ZAW 77 (1965) 86-90.

lomo se contrajeron, los músculos de su espalda»; cf. 1.4 II 16-20; 1.19 II 44-47) y prorrumpe en una exclamación *(tšu gh wtṣḥ;* cf. *sup.)* de asombro, expresado en formas interrogativas: ¿Le ha salido algún enemigo a *Baʿlu?* ¿No los mató ella a todos? Estructura semejante manifiesta 1.4 II 12-26, en donde *Aṯiratu,* al ver llegar a *ʿAnatu* y *Baʿlu (bnši ʿnh wtphn...,* «al alzar los ojos vio entonces...»; cf. 1.19 I 28-29; II 27,56; III, 14, 28-29), se echa a temblar *(bh pʿnm...;* cf. *sup.)* y exclama *(tša gh...;* cf. *sup.),* preguntando qué significado tiene aquella llegada de los dos destructores de sus hijos. En 1.6 VI 30-35 tenemos la simple reacción de miedo *(yru bn ilm mt ṯṯʿ ydd il ǵzr,* «se atemorizó el divino *Môtu,* tuvo miedo el Amado de *Ilu,* el Adalid») por parte de *Môtu* ante su derrota por *Baʿlu* sin exclamación alguna, quizá desaparecida en lo que falta de texto.

Reacciones de «gozo» o alegría tenemos a su vez en 1.4 II 26-38 por parte de *Aṯiratu.* Inmediatamente después de llegados los dioses *ʿAnatu* y *Baʿlu,* al contemplar el brillo de los dones *(ẓl ksp...ktʿn)* que le aportan, se regocija *(šmḫ rbt aṯrt;* cf. 1.4 V 20,35; 1.5 II 20; 1.6 III 14; cf. 1.10 III 37) y exclama *(gm...ktṣḥ,* «y en voz alta... gritó»; cf. 1.1 IV 2; 1.4 VII 52-53; 1.6 I 10-11,43-44; III 22; 1.14 V 13-14; 1.15 IV 2-3; 1.19 I 49), ordenando se les dé un recibimiento pacífico. Igualmente *Ilu,* nada más ver llegar a su esposa en 1.4 IV 27-39 *(hlm il kyphnh;* cf. *sup.),* estalla en una reacción de gozo *(yprq lṣb wyṣḥq pʿnh lhdm yṯpd wykrkr uṣbʿth,* «desfrunció el ceño y se echó a reír, apoyó sus pies en el escabel y retorció sus dedos» [80]; cf. 1.6 III 15-16; 1.17 II 10-11) y exclama *(yšu gh wyṣḥ;* cf. *sup.),* preguntando asombrado la causa de aquella venida inesperada. También *Môtu* en 1.5 II 20-23 ante el mensaje de sumisión de *Baʿlu* se alegra *(šmḫ)* y exclama *(yšu gh...),* expresando su satisfacción. Finalmente, tenemos otras dos reacciones de satisfacción paralelas por su formulario; son 1.6 III 14-21 y 1.17 II 8-15. En la primera, *Ilu,* ante la noticia de la resurrección de *Baʿlu,* se alegra *(šmḫ),* exulta de satisfacción *(pʿnh lhdm yṯpd wyprq lṣb wyṣḥq;* cf. *sup.)* y exclama *(yšu gh wyṣḥ),* manifestando su regocijo *(aṯbn ank wanḫn wtnḫ birty npš,* «me sentaré y reposaré, y reposará mi alma en mi pecho...»). Asimismo, *Daniilu,* ante el anuncio del nacimiento de un hijo, se alegra *(bdnil pnm tšmḫ,* «a *Daniilu* el rostro se le iluminó»), exulta también de alegría *(yprq lṣb wyṣḥq...)* y exclama *(yšu gh...),* manifestando su satisfacción *(aṯbn ank...)* y dando las razones de su gozo *(k...k...),* como antes el dios *Ilu.* Menos claros resultan los casos de «reacción» de *ʿAnatu* que nos ofrecen 1.10 II 28-33; III 15-21 *(...wtr b...ql l...ttnn),* incluyendo en ambos un «anuncio» en la exclamación.

Como ya se aprecia en estos casos, la alegría puede dar paso a una franca «risa», como en 1.4 V 25-26//1.18 I 22-23; 1.4 VII 21-22; 1.17 VI 41-42 *(ṣḥq;* cf. 1.12 I 12ss), a la que sigue la exclamación *(tšu gh wtṣḥ;* cf. *sup.).* Lo típico de estos cuatro casos es que en ellos la risa no aparece como reacción ante un suceso o noticia recibida, sino como actitud psico-

[80] Para la interpretación de esta frase, cf. Del Olmo Lete, AF 2 (1976) 232-236.

lógica con que se lleva a cabo la comunicación, tanto de una nueva fausta (1.4 V 26ss) como de un plan en que triunfa la astucia del interlocutor o se explicita su espíritu de venganza (1.17 VI 42ss; 1.18 I 23ss).

El «dolor» o pena también aparece como elemento de la forma «reacción». Así, en 1.5 VI 11-25, *Ilu,* ante la noticia de la muerte de *Baʿlu,* se entristece profundamente y lo manifiesta con un gesto de humillación total *(yrd lksi...yṯb larṣ...yṣq ʿmr un lrišh...ǵr babn ydy...,* «bajó del trono... se sentó en el suelo...echó ceniza de aflicción sobre su cabeza...arrancó la piel con un cuchillo...»), para dar expresión a continuación *(yšu gh wyṣḥ;* cf. *sup.)* a la causa de su dolor: ¿qué será de las gentes de la tierra? El mismo proceso de autohumillación y exclamación lo repite *ʿAnatu* con las mismas fórmulas, lo que da una idea de su carácter tópico. También ante la muerte de *Aqhatu* reacciona la diosa dolorosamente *(wtbk,* «y lloró...») y promete reparar el mal. Tal reacción de dolor es todavía más clara en 1.19 II 44-48, donde *Daniilu,* ante la noticia de la muerte de su hijo, se hecha a temblar *(bh pʿnm tṭṭ...;* cf. *sup.)* y exclama *(yšu gh wyṣḥ;* cf. *sup.),* expresando probablemente su propósito de venganza.

Más confusas son las reacciones en 1.19 I 28-46. Ante la vista de las águilas que revolotean *(bnši ʿnh wtphn;* cf. *sup.), Puǵatu* y *Daniilu* reaccionan con una manifestación de dolor *(tbky pǵt bm lb...tmzʿ kst dnil...,* «lloró *Puǵatu* en su corazón... se rasgó la veste *Daniilu...*») y prorrumpe éste con una fórmula de impetración *(yṣly ʿrpt,* «conjuró a las nubes...»)[81]; los dos elementos, impresión y exclamación, están presentes, lo que vuelve a repetirse a continuación, 1.19 I 46-49. También en 1.2 I 38-47 ante los emisarios de *Yammu* reacciona *Baʿlu* violentamente, a pesar de la recriminación de *ʿAnatu,* para proferir al fin su amenaza contra aquél.

c) Una forma igualmente mixta de alocución y descripción ejecutiva, con predominio de ésta sobre aquélla, poseen también determinadas acciones de conjuro en la literatura ugarítica. Manifiestan una notable uniformidad formal y tienen una estructura de «textos de execración», y como tales van dirigidas a la destrucción del enemigo. Se abren con una fórmula imprecatoria. En 1.2 IV 11-26 precede una proclamación del nombre del instrumento mortífero, *wypʿr šmthm šmk at...,* «proclamó sus nombres: tú tienes por nombre...», a la que sigue la imprecación propiamente tal contra el enemigo, haciendo un juego de palabras con el nombre proclamado *(ygrš grš...aymr mr...).* En 1.19 II 56ss tenemos sólo la fórmula imprecatoria con invocación del poder divino: *knp nšrm bʿl yṯbr,* «¡que rompa *Baʿlu* las alas de las águilas...!». En ambos casos, a la fórmula sigue la descripción del efecto inmediato, resaltado en el segundo por la fórmula de inmediatez, *bph rgm lyṣa bšpth hwth,* «apenas salió de su boca la palabra, de sus labios el dicho», y la correspondencia exacta con la de imprecación.

81 Para la semántica de la raíz *ṣly,* cf. Del Olmo Lete, AF 2 (1976) 242-244. Desde el punto de vista de la forma, éste es un problema secundario, pues en todo caso se trataría de una alocución.

Como ya advertimos anteriormente [82], típica de los conjuros, fórmulas y acciones, es la repetición, reservando el efecto deseado para el último momento. Así, el primero de los ejemplos mencionados se repite dos veces y tres el segundo. Además, éste se completa con un segundo conjuro mágico y su efecto correspondiente, consistente en la restitución a su ser primero de las aves destruidas. Se ofrece así una especie de acción mágica o milagro reversible del que tenemos otros ejemplos en la literatura oriental y bíblica [83]. Otro ejemplo típico de fórmula-acción de conjuro mágico, repetido también dos veces, lo ofrece 1.19 II 12-25, con la diferencia de que en este caso precede la acción a la fórmula y ambas tienen carácter, no de magia execratoria, sino simpatética: *Daniilu* abraza los tallos y suplica que *Aqhatu* pueda cosecharlos.

Finalmente, en 1.23:30-36,37-49,49-54,54-64 se ofrecen una serie de ritos de fertilidad en los que vuelve a aparecer la repetición de las acciones y las fórmulas, dos y tres veces, como elemento esencial del género, mientras en 1.4 II 3-11; 1.6 IV 17ss; 1.19 I 2-19 podrían también encerrarse acciones y fórmulas de conjuro, aunque desgraciadamente resultan casi indescifrables.

d) Finalmente, la literatura ugarítica contiene una serie de «formas binarias» que pueden incluirse dentro del esquema encargo-ejecución o invitación-aceptación y que en cierto sentido se asemejan por su estructura al esquema de mensaje, encargo-transmisión, pero referido esta vez no a la palabra, sino a la acción. La nota más saliente de estas formas es la estricta correspondencia paralelística que se da entre la parte yusiva-enunciativa y la ejecutiva-descriptiva, por lo general. Esta segunda parte, además, suele introducirse, cuando sigue inmediatamente al encargo, por lo que podíamos definir como «cláusula de ejecución» u obediencia, *yšmʿ...*, «escuchó...» (cf. 1.4 IV 8; 1.5 V 17; 1.6 I 13; 1.15 IV 14; 1.16 VI 19; 1.17 V 21; 1.19 II 5), en correspondencia a veces con la «fórmula de interpelación» con que se abre el encargo, *šmʿ mʿ l...*, «escucha, por favor, ¡oh...!» (cf. 1.2 III 15; 1.4 IV 2; V 59-60; VI 4; 1.6 III 23; VI 23; 1.13:22; 1.14 V 14; 1.15 IV 3; 1.16 IV 1,10; VI 16,29,41; 1.17 V 16; VI 16; 1.18 I 23; IV 12; 1.19 II 1,41; 1.22 II 13; 1.24:11). Pero la secuencia entre ambas partes puede también hacerse por medio de una nueva «cláusula de ilación», *apnk...apnh...*, «entonces...» (cf. 1.5 VI 11; 1.14 V 12; 1.17 I 1-2; II 27-28; V 4-5, 13-14,28,33-34; 1.19 I 19-20), o incluso sin cláusula especial alguna, con la simple conjunción copulativa, y hasta asindéticamente [84].

El ejemplo más desarrollado de encargo-ejecución lo tenemos en el sueño-

[82] Cf. *supra,* p. 35; De Moor, SP, pp. 94s, 198; íd., ZAW 88 (1977) 57-70; Gray, LC, pp. 187-188; Van Zijl, *Baal,* p. 62; Ebach-Rüterswörden, UF 9 (1977) 57ss; cf. *infra,* pp. 433, 436, a propósito de 1.23.

[83] Cf. Del Olmo Lete, VLAI, p. 86; S. Bertman, *A Note on the Reversible Miracles,* HistRel 3 (1964) 323-327.

[48] Cf. 1.19 IV 8; Loewenstamm, *Fs Gordon* (1980), pp. 123-131 (interpelación).

revelación de *Kirta,* de que ya hemos hablado, en el que el dios *Ilu* le ordena ofrecer un sacrificio (1.14 II 6-26), avituallar y preparar el ejército (II 26-33; II 34-III 1) y marchar al asedio de *Udumu* (III 2-19); orden que *Kirta* cumple puntual y literalmente (1.14 III 52ss). La ejecución se inicia sin cláusula alguna ilativa, una vez constatada la realidad revelatoria del sueño.

Como puede suponerse, los encargos no están sujetos a formulario alguno, por responder a órdenes de muy diverso contenido. Así, tenemos en 1.4 IV 1-12 orden de *Aṯiratu* a *Qadišu-Amraru* de aparejar su asno, ejecutada fielmente; orden similar en 1.19 I 46-II 11 de *Daniilu* a su hija *Puǵatu,* igualmente cumplida puntualmente por ésta; en 1.5 V 6-17, orden de *Môtu* a *Baʿlu* de dirigirse a los infiernos. En este caso, la ejecución se ve interrumpida por una acción previa que emprende *Baʿlu* para asegurarse descendencia. En 1.6 I 9-18 tenemos una orden dada a *Šapšu* de cargar a hombros de *ʿAnatu* el cadáver de *Baʿlu,* seguida de su ejecución literal; en 1.15 IV 1-13; IV 14-VI 8, orden, repetida al parecer tres veces, de *Kirta* a su mujer *Ḥurrayu* de preparar un sacrificio e invitar a los magnates de *Ḫaburā,* ejecutada puntualmente por ella; en 1.16 VI 14-21 nuevo encargo de *Kirta* a *Ḥurrayu* de prepararle de comer, igualmente llevada a cabo de manera literal. En todos estos casos la parte ejecutiva se inicia con la cláusula de obediencia mencionada anteriormente. Menos claros, en su correlación interna entre orden y ejecución, son los textos 1.13:2-21 y 1.12 II 14-33 (sin ejecución).

En 1.4 V 51-57; VI 16-35 aparece el encargo de *Baʿlu* a *Kôṯaru* de construir su palacio, así como en 1.4 VII 14-25 el de abrir en él una ventana. En ambos casos, entre orden y ejecución se intercala un elemento dialogal, por lo que no se aprecia ni precisa cláusula alguna de ilación. Semejante es el caso de 1.18 IV 5-15,16-27,27-37, en donde *ʿAnatu* propone y confirma su plan de acción a *Yaṭipānu,* ejecutándolo ella misma. Tampoco aquí aparece cláusula alguna de ilación, sino simple secuencia asindética. Igual procedimiento tenemos en la orden o petición de 1.23:68-76, dirigida por los «dioses apuestos» al guarda del sembrado, esta vez empleando la conjunción copulativa: *ptḥ wptḥ hw,* «abre; y él abrió». En cambio, en 1.6 I 53-65, donde *Aṯiratu* propone a *ʿAṯṯaru* como rey, que equivale a un encargo dado a éste de acceder al trono, y en 1.16 I 24-62, donde *Kirta* encarga a su hijo *Ilḥu* convocar a su hermana *Ṯitmanatu,* lo que aquél ejecuta, en ambos casos la ilación entre la parte yusiva y la ejecutiva se lleva a cabo con la fórmula de ilación mencionada *(apnk;* cf. *sup.).*

Similar al esquema orden-ejecución es el de invitación-aceptación. Sin duda lo teníamos en el lugar del poema de *Kirta* mencionado anteriormente, 1.15 IV 1-13; IV 14-VI 8, en el que el rey encarga a su mujer convocar a los magnates de *Ḫaburā,* pero el mal estado del texto no permite dilucidar su estructura. Ejemplos más claros los tenemos en 1.20 II 1-7,7-12; 1.21 II 1-4,8-12; 1.22 II 3-6,6-11,11-26. Se aprecia en estos lugares una identidad de fórmulas, tanto de invitación *(lk bty...bty aṣḥkm iqrakm,* «venid a mi casa... a mi casa os invito, os llamo...») como de aceptación *(aṯrh... ltdd...,* «en pos de él ... marcharon...»). Pero al quedar limitadas a un sólo poema, no podemos asegurar su carácter estereotipado en el marco general de la literatura ugarítica.

Dentro de las formas de esquema binario podemos también mencionar las de deliberación-comunicación, que ya consideramos anteriormente en su parte primera en cuanto monólogos. En realidad equivalen a una forma de mensaje, y como tal, la parte transmisiva va normalmente introducida por una cláusula de marcha (cf. 1.16 I 11-12: *ʿl abh yʿrb,* «entró a presencia de su padre»; 1.16 VI 39-40: *ytbʿ... ʿl abh yʿrb,* «marchó... a presencia de su padre entró»; 1.19 II 40: *tmǵyn,* «llegó») y siempre precedida por una de alocución (cf. 1.4 VII 52-53: *gm...kyṣḥ,* «en voz alta... gritó así»; 1.16 I 13: *ytn gh,* «alzó su voz»; 1.16 VI 40-41; 1.19 II 40: *yšu gh wyṣḥ;* cf. *sup.).*

Como puede entreverse por esta sucinta síntesis de las formas básicas de la literatura ugarítica, ésta es enormemente estereotípica. Ello puede apreciarse aún mejor si se atiende a los «recursos de estilo» que aparecen en la misma [85]. En general, este estilo se define por su carácter «repetitivo», en relación con las unidades mayores, y «paralelístico», respecto a la estructura básica del verso. La repetición [86] ya hemos visto cómo constituye un recurso constante en todos los esquemas binarios de forma yusiva-ejecutiva o similar. Esto resulta especialmente llamativo en el caso del sueño-revelación de *Ilu* a *Kirta* (cf. 1.14 II 6ss), así como en la impetración-bendición de los dioses a *Daniilu* (cf. 1.17 I 15ss), donde se repite tres veces el mismo formulario de los deberes del hijo ideal. También vimos cómo la descripción del viaje a la morada de los diversos dioses, el formulario del esquema de mensaje y las fórmulas de conjuro y lamento se configuran estereotípicamente y se repiten dos y tres veces. En general se advierte una acusada tendencia a utilizar fórmulas hechas para describir situaciones similares [87].

Un recurso típico de este estilo repetitivo es el denominado «escala numérica» [88], que utiliza la secuencia aritmética de uno a siete, generalmente

[85] Cf. *supra,* p. 35; también Cassuto, GA, pp. 41-42; Delekat, UF 4 (1972) 14.

[86] Cf. Aistleitner, MKT, p. 9; Albright, YGC, pp. 4ss; Gordon, UL, p. 9; íd., UMC, p. 51, n. 16; 55, n. 20; Gray, LC, p. 51; Cassuto, GA, pp. 41-44; Rin, AE, p. 100; Jirku, KME, p. 29, n. 1; 33, n. 1; Van Zijl, *Baal,* p. 141; De Moor, SP, p. 235; *supra,* n. 75.

[87] Cf. S. Segert, *Die Schreibfehler in den ugaritischen literarischen Keilschrifttexten...,* en J. Hempel-L. Rost (eds.), *Von Ugarit nach Qumran* (Fs. O. Eissfeldt), Berlín (1959) ²1961, p. 165; Obermann, UM, p. 73.

[88] Cf. S. E. Loewenstamm, *El clímax de siete días en la épica ugarítica* (hb.): «Tarbiz» 31 (1961) 227-235; íd., *The Seven Day-Unit in Ugaritic Literature:* IEJ 15 (1965) 121-133; Sauer, SA, pp. 14ss; Obermann, HDBS, p. 11; Cassuto, GA, pp. 43-44, 138-139; Van Zijl, *Baal,* pp. 88, 93, 137, 220; De Moor, UF 10 (1978) 190-194. El procedimiento se da también en otras literaturas orientales; cf. D. N. Freedman, *Counting Formulae in the Akkadian Epics:* JANES 3 (1970)

días, para crear un clímax narrativo. A veces se usa en secuencia continua *(ym wṯn ṯlṯ rbʿ ym ḫmš ṯdṯ ym...bšbʿ;* cf. 1.14 III 2-4,10-15; IV 31-46), sin repetición de fórmulas; pero lo más frecuente es que se fragmente la numeración en pares de números, repitiéndose la misma fórmula con cada par, para concluir climáticamente con el número siete, momento en el que la fórmula se amplía y diversifica (cf. 1.4 VI 24-33; 1.17 I 5-15; II 32-39; cf. 1.17 V 3). Como variante puede señalarse la enumeración de un solo par con clímax en el número tres (cf. 1.14 IV 31-33; 1.22 II 24-25) [89].

La «enumeración» es también ampliamente usada, aun sin escala numérica. En cuanto tal constituye una unidad «estrófica» que trasciende la posible organización en paralelismo binario. Hay así enumeraciones de diversas series de elementos: hemistiquios o simples nombres. Tales elementos pueden presentar una estructura gramatical idéntica, hasta incluso las mismas fórmulas. Tenemos así enumeraciones de cuatro elementos (cf. 14 III 16-19; IV 8-12), de cinco (cf. 1.14 I 16-21; 1.17 VI 20-23), de seis (cf. 1.3 IV 46-53; V 38-44; 1.4 I 12-18; IV 52-57; 1.6 I 18-29; II 30-35?; 1.15 III 7-12), de siete (cf. 1.24:47-50), de ocho (cf. 1.4 VI 47-54; 1.6 V 11-19) y de doce (cf. 1.17 I 26-33,44ss; II 1-8). Este recurso no es propiamente repetitivo, sino cuando da lugar a estructuras gramaticales idénticas o supone la aplicación de un mismo predicado a todos los elementos de la enumeración.

Otra forma de recurso numérico de gradación climática, usado esta vez dentro del paralelismo de los hemistiquios, es el que supone la fórmula «X//X + 1» o similares [90], tanto sea de dos-tres (cf. 1.3 IV 35-36; 1.4 III 17; 1.14 II 41-42; IV 42-43; 1.18 IV 22-23,33-34), tres-cuatro (cf. 1.16 II 22-23), cinco-seis (cf. 1.14 II 30-31; IV 11-12), siete-ocho (cf. 1.3 V 11, 26-27; 1.5 V 8-9; 1.12 II 44-45; 1.14 I 8-9; 1.15 II 23-24; 1.19 I 42-43; cf. 1.45:2-3), como de mil-diez mil (cf. 1.3 I 15-17; IV 38; VI 4-5,17-18; 1.4 I 27-28; V 24,56-57; VIII 24-25; 1.14 II 39-40; 1.17 V 9-10; 1.24: 20-21).

64-81; *infra,* n. 90; Liverani, *At. Conv. PEF,* pp. 862s; íd., «*Ma nel settimo anno...*», en *Studi sull'Oriente e la Biblia,* Génova 1967, pp. 49-53.

[89] La escala numérica puede incluso utilizarse verbalizando los numerales (cf. 1.16 V 8-20).

[90] Cf. A. Bea, *Der Zahlenspruch im Hebräischen und Ugaritischen:* «Bib» 21 (1940) 196-198; W. M. W. Roth, *The Numerical Sequence X/X-1 in the Old Testament:* VT 12 (1962) 300-311; íd., *Numerical Sayings in the Old Testament,* Leiden 1965; Gevirtz, PEPI, pp. 17-24; H. L. Ginsberg, *The Legend of King Keret* (= LKK), New Haven 1946, pp. 40-41; Eissfeldt, EAT, p. 114; M. Haran, *Aplicación del número graduado en sus diversas formas...* (hb.): «Tarbiz» 39 (1969) 109-136; íd., *The Graded Numeral Sequence and the Phenomenon of «Automatism» in Biblical Poetry:* SVT 22 (1972) 238-267; J. E. Loewenstamm, *The Phrase «X (or) X plus one» in Biblical and Oriental Laws:* «Bib» 53 (1972) 543.

Del paralelismo [91] en sí mismo no vamos a hablar, por haber sido objeto de frecuente estudio y estar suficientemente claro en los diferentes módulos sinonímicos, antitéticos o climáticos que presenta. Cabe, en cambio, destacar cómo la construcción paralelística da lugar a una frecuente «elipsis» en la estructura de los respectivos hemistiquios con normal prolongación del valor de verbos, sufijos y preposiciones de uno sobre los elementos correspondientes del otro [92]. Se estructura así gramaticalmente la correlación de ambas partes, ya señalada por la proporcionalidad de su contenido. El paralelismo, por lo demás, es la estructura básica del estilo semítico, que resulta englobada en la más amplia de su andadura progresiva en espiral [93], impuesta en gran parte por aquél. Al ser el paralelismo un procedimiento de identidad, no permite una marcha lineal del argumento épico, sino concéntrica e iterativa, de aproximación progresiva al núcleo central. Se trata de una característica del estilo semita en general, que un arabista define excelentemente como «un camino en lazo a semejanza de una ruta de montaña» [94]. Esto hace que el interés del relato se centre en su mismo desarrollo, no en su «desenlace» o «moraleja», elementos de que al parecer carece la épica cananea, así como también la hebrea [95]. Sobre todos estos elementos estilísticos y otros más concretos, como comparaciones, interrogaciones retóricas, inclusiones, simetrías, quiasmos, progresiones climáticas y demás «figuras» retóricas [96] llamaremos la atención en el análisis concreto de los poemas.

[91] Cf. Aistleitner, MKT, p. 8; Gordon, UT, pp. 2, 131; De Moor, SP, p. 44; Cross, BASOR 117 (1950) 20; Fronzaroli, LA, pp. 15s; Gevirtz, PEPI, pp. 6ss; L. Alonso Schökel, *Estudios de Poética Hebrea* (= EPH), Barcelona 1963, pp. 194ss (con amplia bibliografía); S. B. Parker, *Parallelism and Prosody in Ugaritic Narrative Verse:* UF 6 (1974) 283-294.

[92] Este fenómeno estilístico, denominado de *double duty,* es resaltado entre otros por Ginsberg, LKK, p. 47; Dahood, «Bib» 50 (1969) 377s, 354ss; íd., *Psalms* I, Garden City, N. Y. 1966, p. 326 (índice); II, 1968, p. 391 (índice); III, 1970, pp. 429ss, 482 (índice); A. C. M. Blommerde, *Northwest Semitic Grammar and Job* (= NSGJ), Roma 1969, p. 10, 25; Sauren-Kestemont, UF 3 (1971) 183-184.

[93] Cf. Del Olmo Lete, VLAI, pp. 307, 313; Dhorme, RB 33 (1924) 418; G. von Rad, *Theologie des Alten Testaments* (= TAT), Munich ⁴1962, vol. 1, pp. 422s; Delcor, «Bib» 54 (1973) 439; S. E. McEvenue, *The Narrative Style of the Priestly Writer,* Roma 1971, pp. 8ss.

[94] Cf. M. Hamidullah, *Le Saint Coran,* París (s. f.), p. XI.

[95] De hecho, las epopeyas de *Kirta* y *Aqhatu,* tal como se nos han transmitido, carecen de desenlace (cf. *infra,* pp. 273 y 354); igualmente exabrupta es la terminación de 1.6 VI, tablilla que cierra el ciclo de *Baʿlu* (cf. *infra,* pp. 142s). A este propósito, cf. Virolleaud, «Syria» 17 (1936) 173 (el final de 1.12); Margalit, UF 8 (1976) 161; cf. *infra,* p. 464 (acerca de 1.10).

[96] Cf. *supra,* n. 32; Gaster, JAOS 66 (1946) 75-76; Gordon, UL, pp. 6-7; Cassuto, GA, pp. 44-48; Feinberg, BS 103 (1946) 283-292; S. E. Loewenstamm, *Notas sobre los modelos estilísticos en la Biblia y en la literatura ugarítica* (hb.):

De entre los innumerables dioses que constituyen el Panteón de Ugarit [97] sólo unos pocos, en concreto unos diez o doce, son activos en su literatura, hablan y obran, mientras tenemos en ella la mención de algunos otros cuyo papel queda muy impreciso. No vamos a intentar aquí un análisis de su «personalidad», ya esbozado por otros [98], sino que vamos a fijarnos únicamente en los puntos clave que determinan las «relaciones» vigentes entre ellos, para poder trazar así las coordenadas del universo mitológico de Ugarit.

El dios supremo del panteón ugarítico es *Ilu* [99], que mantiene esta supremacía incontrastada tanto en los textos mitológicos como en los épicos. No es posible advertir en ellos indicios serios de una pretendida degradación de esta divinidad o de su progresiva pérdida de importancia [100]. En los *textos mitológicos* aparece como la suprema instancia que «decide» la jerarquización de los demás dioses [101]. El es sobre todo el que determina y distribuye

«Leš» 32 (1968) 27-36; Held, EI 9 (1969) 71-79; Lipinski, UF 3 (1971) 92; Aistleitner, MKT, pp. 9-10; M. Dahood, *Ugaritic-Hebrew Syntax and Style:* UF 1 (1969) 14-36 (25-27); íd., «Bib» 57 (1976) 105, 108, 247; Van Zijl, *Baal,* p. 72, 203; J. W. Welch, *Chiasmus in Ugaritic:* UF 6 (1974) 421-434.

[97] Cf. O. Eissfeldt, *Die Wohnsitze der Götter von Ras Schamra,* Berlín 1944; Clifford, CMC, pp. 43ss; J. C. de Moor, *The Semitic Pantheon of Ugarit:* UF 2 (1970) 185-228.

[98] Cf. entre otros, H. Bauer, *Die Gottheiten von Ras Schamra:* ZAW 51 (1933) 81-101; M. Dahood, *Ancient Semitic Deities in Syria and Palestine* (= ASD), en S. Moscati (ed.), *Le Antiche Divinità Semitiche,* Roma 1958, pp. 65-94; Cassuto, GA, pp. 53ss; Albright, YGC, pp. 101ss; Jirku, MK, pp. 48-68 («Das Pantheon des Mythus»); Caquot-Sznycer, RPO, pp. 360ss; Gese, RAAM, pp. 94ss; M. H. Pope-W. Röllig, *Syrien. Die Mythologie der Ugariter und Phönizier,* en H. W. Haussig (ed.), *Götter und Mythen im vorderen Orient. Wörterbuch der Mythologie* (= MUP), Stuttgart 1965, vol. 1, pp. 219ss; así como las diferentes síntesis en los manuales de mitología e historia de las religiones orientales.

[99] Cf. *supra,* n. 98; O. Eissfeldt, *El im ugaritischen Pantheon* (= EUP), Berlín 1951; M. H. Pope, *El in the Ugaritic Texts* (= EUT), Leiden 1955; U. Oldenburg, *The Conflict between El and Baʿal in Canaanite Religion* (= CEB), Leiden 1969; Cazelles, *Ug.* VI, pp. 25ss; De Vaux, *ibíd.,* pp. 501ss; Cunchillos, ES29, pp. 259ss; Cross, DTAT, col. 256ss; Ashley, EAR, pp. 291-300.

[100] Esta es una interpretación que ha hecho fortuna, a partir sobre todo de los trabajos de Kapelrud y Oldenburg (cf. *infra,* nn. 117, 118); para su crítica, cf. Rin, AE, p. 38; Gese, RAAM, pp. 56, 68; Xella, MSS, pp. 122ss; Caquot-Sznycer, TOu, p. 326; Parker, ZAW 89 (1977) 172-175.

[101] No sólo consulta; Cassuto, GA, pp. 54, 56 (es «padre de los dioses» y a la vez decide la jerarquización y destino de los hombres); Gray, LC, p. 156; Lipinski, UF 2 (1970) 88; Bronner, SEE, p. 38.

la «realeza» entre ellos [102]. *Ilu* mismo es «rey», que tiene su morada, de múltiples estancias, en la «montaña santa», junto a la fuente de las aguas primordiales [103], pero se preocupa de nombrar a otro que «reine» inmediatamente sobre dioses y hombres, con lo que adquiere más bien el rango de «emperador» supremo. Precisamente en torno a su designación y su reconocimiento como «rey» de los dioses gira todo el movimiento épico del ciclo mitológico de *Baʿlu* [104]. Pues tal designación no es un hecho caprichoso y autónomo de *Ilu,* sino que tiene las características de una «sanción», de un reconocimiento de hecho de la supremacía manifestada por los dioses en sus mutuos enfrentamientos. En realidad, el único candidato válido es *Baʿlu* [105], el dios de la lluvia y de la fecundidad; y lo que el mito trata de hacer es precisamente fundar y garantizar su «realeza». El primer contrincante que le sale al paso, y que parece obtener la sanción de *Ilu* en su pre-

[102] Cf. Van Selms, MFL, pp. 69-70 (permiso); íd., UF 2 (1970) 267; Clifford, CMC, p. 55; Cross, CMHE, pp. 29s (patriarca); Miller, DW, p. 49; Gibson, CML, pp. 5-7; cf. *infra,* p. 144, n. 216.

[103] Cf. Schaeffer, «Syria» 43 (1966) 1ss; Pope, EUT, pp. 27ss; Gaster, *Thespis,* p. 114; Gray, LC, pp. 155, 159; Kaiser, MBM, p. 52; Cassuto, GA, pp. 55-56; Lipinski, RY, p. 423; De Moor, SP, p. 121, n. 2; Cazelles, *Ug.* VI, pp. 31-32 (activo, pero senil). Para la morada de *Ilu* (cf. 1.1 II 1-3; III 10-12, 17-24; 1.2 I 19-20; 1.3 V 4-12; 1.4 IV 20-24; 1.6 I 32-36; 1.17 VI 47-49) y sus diversas interpretaciones, cf. Pope, EUT, pp. 61ss, 72ss, 94ss, 102ss; Driver, CML, p. 14, n. 2; Kaiser, MBM, pp. 51, 54; Oldenburg, CEB, pp. 105ss; M. K. Wakeman, *God's Battle with the Monster* (= GBM), Leiden 1973, p. 90; Clifford, CMC, pp. 34ss; Cross, CMHE, p. 36, 113; Lipinski, RY, p. 424; y otros muchos, por ejemplo, últimamente Petersen-Woodward, UF 9 (1977) 101-102 (sumamente interesante y acertado su análisis estructural, pero tales «formalizaciones» no dan razón de toda la riqueza del desarrollo mitopoético). La situación de tal morada junto a la «fuente» de las aguas primordiales, la pone en contacto con las dos divinidades «acuáticas», *Yammu* y *Baʿlu,* que van a reinar sobre cada uno de los dos «océanos».

[104] No sólo rey de la tierra, aunque también de ésta, como otros lo son del mar o del infierno; cf. Cassuto, BOS II, pp. 117-118; íd., GA, 55-56; Lipinski, RY, p. 423 (se hace rey); Oldenburg, CEB, p. 136 (proclamación antes de la batalla); Kaiser, MBM, pp. 55-56; Pope, EUT, pp. 28-29; Cross, CMHE, p. 185; Petersen-Woodward, UF 9 (1977) 239-240, n. 26 (rey del microcosmos); Caquot-Sznycer, TOu, pp. 112, 308 (rey de los dioses); Gese, RAAM, pp. 59-65; Du Mesnil, «Berytus» 26 (1978) 67.

[105] Cf. *supra,* n. 98, 99; O. Eissfeldt, *Jahve und Baal:* PrJb 155 (1914) 257-270; A. S. Kapelrud, *Baal in the Ras Shamra Texts* (= BRST), Copenhague 1952; H. S. Haddad, *Baal-Hadad: A Study of the Syrian Storm-God* (= BH), Dis. Univ. Chicago 1960; K. L. Vine, *The Establishment of Baal at Ugarit* (= EBU), Dis. Univ. Michigan 1965; M. J. Mulder, *Baʿal in het Oude Testament,* La Haya 1962; P. J. van Zijl, *Baal. A Study of the Texts in Connexion with Baal in the Ugaritic Epics* (= Baal), Neukirchen 1972; Ashley, EAR, pp. 301-308.

tensión, es el dios *Yammu,* la divinidad del mar [106]. Su enfrentamiento parece referirse a una situación primordial, cuando tal realeza no había sido aún detentada por nadie, aunque ya se vislumbraba a *Baʿlu* como futuro rey [107]. De hecho, la proclamación de *Yammu* tiene las características de una destitución de *Baʿlu* por su comportamiento impropio para con los demás dioses (cf. 1.1 IV 13-27). A este propósito, no se puede olvidar el carácter prolativo de los temas mitológicos (de hecho, *Baʿlu* será luego el rey) y su organización cíclica. No podemos precisar más este punto, pero la reducción a términos «estacionales» de este conflicto resulta muy problemática [108].

Quizá lo que se sancione con esta primera candidatura de *Yammu* para ser «rey de los dioses» sea la prioridad del elemento acuoso en todas las teocosmogonías antiguas. De todos modos, contra tal pretensión se alza *Baʿlu,*

[106] Cf. Kapelrud, BRST, p. 103; Gaster, BibOr 9 (1952) 82ss; Pope, EUT, 92 (contra Kapelrud); Oldenburg, CEB, p. 127 (incitado por *Ilu);* Clifford, CMC, p. 40 *(Ilu* eclipsado); Van Selms, UF 2 (1970) 251ss; Caquot-Sznycer, TOu, pp. 295, 311 (condicional).

[107] Cf. sobre el tema del conflicto con el «dragón» o «caos» primordial en Oriente (Biblia, *Enuma eliš,* Egipto), Dussaud, «Syria» 16 (1935) 196ss; Montgomery, JAOS 55 (1935) 268-277; Virolleaud, LBC, 75-85 (no es cosmogónico); Gaster, *Thespis,* pp. 114, 137ss, 149 (el tema y sus transformaciones, y el esquema de lucha); íd., *Myth, Legend and Custom in the Old Testament* (= MLC), Nueva York 1965 (edición española, Barcelona 1973), pp. 9-11; S. E. Loewenstamm, *The Ugaritic Myth of the Sea and its Biblical Counterparts* (hb.): EI 9 (1969) 96-101, 136 (sumario); A. Ohler, *Mythologische Elemente im Altem Testament* (= MEAT), Düsseldorf 1969, pp. 71ss, 101ss; H. Gross, *Die Idee des ewigen und allgemeinen Weltfriedens im Alten Orient und Alten Testament* (= IWF), Trier ²1967, p. 44, n. 25; Cassuto, GA, pp. 72ss; J. Schirmann, *The Battle between Behemoth and Leviathan According to an Ancient Hebrew Piyyuṭ:* PrIsrAcScHum 4 (1969-1970) 327-369; Gray, LC, pp. 20-28, n. 5; 29ss, 36-37, 48, 174 (Biblia, *Enuma eliš);* Kaiser, MBM, pp. 47, 76-77 *(Enuma eliš);* Oldenburg, CEB, pp. 131-132 [«venganza de sangre» por la castración de *Ilu* (!)]; Gese, RAAM, pp. 60-61; (Biblia, *Enuma eliš);* Jirku, MK, pp. 15 (mito de creación), 33, 55, 79; Cross, CMHE, p. 93 (mito cosmogónico), 113, 149; Clifford, CMC, p. 40 *(Enuma eliš);* Lipinski, RY, pp. 124, 127-130 *(Tiamat);* Van Zijl, *Baal,* pp. 25, n. 9; Rin, AE, pp. 41, 66-67 (Biblia); Caquot-Sznycer, TOu, pp. 114s *(Enuma eliš);* L. I. J. Stadelmann, *The Hebrew Conception of the World* (= HCW), Roma 1970, pp. 20, 23 (confunde el tema de fertilidad y creación); M. Fantar, *Le dieu de la mer chez les phéniciens et les puniques,* Roma 1977, pp. 105ss; Petersen-Woodward, UF 9 (1977) 238, 241-242, 245, 246 (su «formalización» de la actuación de *Baʿlu* como un reforzamiento de *Ilu* me parece excesiva); cf. *infra,* p. 145.

[108] Cf. *infra,* p. 146; Virolleaud, CRAIBL 1946 (no es mito agrario); Gordon, UL, p. 3; Nielsen, RSM, pp. 101-102, 104, 111, 116; Gray, LC, p. 21; Gaster, *Thespis,* p. 124ss; 126-129; Kaiser, MBM, pp. 65-66, 73; De Moor, SP, p. 67 y *passim* (el *seasonal pattern* después de cada sección); Caquot-Sznycer, TOu, p. 116 (teomaquia).

y con la fuerza supradivina de la magia, que le proporciona el dios artesano *Kôṯaru* en forma de unas mazas prodigiosas, logra deshacerse de su adversario y desbaratar su pretensión. La proclamación, pues, por parte de *Ilu* abre paso a la realidad del contraste entre las divinidades, tal como lo indicaba el mismo dios supremo. Proclamación y victoria (podríamos decir «carisma») son ambos elementos indispensables. Quizá nos hallemos ante el posible reflejo de un orden social en el que el mando se obtenía por «designación» (elección) y por «demostración» (carisma), o mejor aún, en el que la aceptación estaba supeditada a la demostración de la capacidad correspondiente. Precisamente en este mismo contexto se sitúa la pretensión y el fracaso del segundo pretendiente a la realeza divina, *ʿAṯṯaru,* el dios del desierto [109], que no en vano constituye con el mar el par de aspectos que definen al caos primitivo. Frente a la candidatura de *Yammu,* la suya no tiene ninguna probabilidad, por carecer de los requisitos elementales para ser rey (cf. 1.2 III 15-23).

Pero incluso, aun después de su triunfo sobre *Yammu, Baʿlu* se ve obligado a recurrir al dios supremo *Ilu* para conseguir su reconocimiento y proclamación como rey de los dioses y obtener consiguientemente su permiso para edificarse el palacio que le corresponde como tal, palacio que le construirá *Kôṯaru* [110]. Para lograrlo se vale de nuevo de la ayuda de otras divinidades, en concreto del ascendiente de la diosa *ʿAnatu,* hija de *Ilu,* sobre su padre y de la persuasión de *Aṯiratu,* esposa del mismo dios [111]. De ese modo el panteón de Ugarit se delinea dividido en dos grupos: dioses favorables u hostiles a *Baʿlu* [112]. En realidad, la mayoría de los dioses, que se nombran bajo el apelativo genérico de «hijos de *Ilu»* o de «los setenta hijos de *Aṯiratu»* [113], y hasta el mismo *Ilu,* aparecen a la expectativa en el conflicto

[109] Cf. J. Gray, *The Desert God ʿAṯtr in the Literature and Religion of Canaan:* JNES 8 (1949) 72-83; íd., LC, pp. 175-176, 65, n. 3; A. Caquot, *Le dieu ʿAthtar et les textes de Ras Shamra:* «Syria» 35 (1958) 45-60 (no se enfrenta de hecho con *Baʿlu);* Oldenburg, CEB, pp. 39-45; Gaster, *Thespis,* pp. 126-127, 136-137, 216-218 (dios de la irrigación artificial; cf. *infra,* p. 147; De Moor, SP, p. 205; Van Selms, UF 2 (1970) 254-255; Caquot-Sznycer, TOu, pp. 110-111, 233; Kaiser, MBM, pp. 58-59; Du Mesnil, EDP, pp. 2, 6, 7-29; íd., NE, p. 89; N. Wyatt, *ʿAṯtar and the Devil:* TGUSO 25 (1973-1974) 85-97; íd., UF 9 (1977) 285; G. Garbini, *Sul nome ʿAthtar/ʿAshtar:* AION 24 (1974) 409-410; Gibson, CML, pp. 3, 7, 37, n. 3, le supone poseedor de la realeza.

[110] Cf. Petersen-Woodward, UF 9 (1977) 240; Jirku, KME, p. 35, n. 6 [pero no para sustituirle (!)]; Gibson, CML, p. 5, n. 2; 13.

[111] Cf. Nielsen, RSM, pp. 100-101; Van Selms, MFL, pp. 63-64; De Moor, UF 2 (1970) 216.

[112] Cf. *infra,* n. 118; Nielsen, RSM, p. 103 (no es de la familia de *Ilu);* Oldenburg, CEB, pp. 46ss, 120s.

[113] Cf. *supra,* n. 101, a propósito de los *bn ilm,* cf. J. L. Cunchillos, *Los bᵉne haʾelohîm en Gen 6,1-4:* EB 28 (1969) 5-31; íd., *Cuando los ángeles eran dioses* (= AD), Salamanca 1976; íd., ES29, pp. 43-45; Jirku, MK, pp. 69-70 (las gene-

que opone a *Baʿlu* con sus principales contrincantes, pues, como decíamos anteriormente, la mitología ugarítica es la «historia de *Baʿlu*».

Vencido *Yammu* y conseguida la realeza por *Baʿlu,* no está todo hecho. Surge ahora el enfrentamiento más decisivo, el de *Baʿlu* con *Môtu,* divinidad de la esterilidad y de la muerte. Tal enfrentamiento aparece como el de la sequía y la lluvia, la vida y la muerte, que ambas divinidades personalizan [114]. En un primer encuentro, *Baʿlu* tiene que ceder ante la supremacía de *Môtu* y descender a su reino de muerte (cf. 1.5 V 6ss), momento que se aprovechará para adelantar de nuevo la candidatura de *ʿAṯtaru* al trono divino. Pero de nuevo su incapacidad es manifiesta (cf. 1.6 I 43-65) [115]. Nadie puede suplantar a *Baʿlu* como rey. Se impone, pues, su vuelta, la que posiblemente se logra de nuevo por el recurso al poder mágico, del que nos queda el momento de la percepción adivinatoria, que es uno de sus aspectos (cf. 1.6 III 4ss). Vuelto de nuevo a la vida, y contando con la decisión de *Ilu* en su favor, logra *Baʿlu* imponerse en un segundo encuentro a su adversario (cf. 1.6 VI 16-34), ayudado esta vez del consejo persuasivo de la diosa *Šapšu.* De esa manera «reina» ya incontrastado en su palacio regio con la aquiescencia de *Ilu.*

Baʿlu representa la fuerza providente y conservadora del mundo, mientras *Ilu* ostenta más bien el carácter de fuerza generadora y creadora *(ab adm/bny bnwt),* aunque no tengamos dramatización alguna cosmogónica de tal actividad, es decir, un relato de creación [116]. No son, pues, dos divini-

raciones de dioses). Ultimamente B. Margalit, *A Matter of ʿLifeʾ and ʿDeathʾ. A Study of the Baal-Mot Epic (CTA 4-5-6)* (= MLD), Kevelaer/Neukirchen-Vluyn 1980.

114 Cf. Cassuto, GA, p. 70; íd., BOS II, pp. 114, 117ss, 141 (conflicto de intereses); Oldenburg, CEB, p. 132 («venganza de sangre»); Ginsberg, ANET, p. 135, n. 28; Caquot-Sznycer, TOu, p. 87 (distintos conflictos); Petersen-Woodward, UF 9 (1977) 240-243 (analizan acertadamente el paso de uno a otro y el isomorfismo entre los dos conflictos).

115 Cf. *supra,* n. 109; Nielsen, RSM, pp. 19ss; Kaiser, MBM, p. 59 (conflicto de poderes); Gray, LC, p. 65, n. 3. Para Du Mesnil, «Berytus» 26 (1978) 72, 79, *Môtu* no mata directamente a *Baʿlu;* esto es obra de los «Voraces», los «toros del calor» (!). Sobre la posibilidad de que no sea *Baʿlu* el que «muera» y «caiga» en las fauces de *Môtu,* sino un sustituto suyo, cf. *infra,* p. 134, n. 188.

116 Cf. Cassuto, GA, p. 54 (relación entre el concepto de crear y generar); Nielsen, RSM, pp. 72, 78 *(ídem);* Du Mesnil, NE, pp. 97-98 *(ídem);* Fensham, JNSL 2 (1972) 49; Rin, AE, p. 145 (en los nombres propios); Gibson, CML, pp. 6-7; L. R. Fisher, *Creation at Ugarit and in the Old Testament:* VT 15 (1965) 313-324; y para el material comparativo, S. G. F. Brandon, *Creation Legends of the Ancient Near East* (= CL), Londres 1963; únicamente se insinúa tal actividad a propósito de la «configuración» del genio curandero *Šaʿtiqatu* (cf. 1.16 V 25ss). En cambio, su actividad generativa respecto de los dioses es frecuentemente reconocida e incluso escenificada, así como la de *Aṯiratu, qnyt ilm* (cf. *infra,* pp. 436s, a propósito de 1.23); cf. Virolleaud, LBC, pp. 75-85; Pope, EUT,

dades antagónicas, no hay entre ellas un real conflicto ni está en marcha un proceso de suplantación; estamos ante una mitología consolidada [117]. *Baʿlu* nunca aparece como dios supremo. El conflicto existe, pero se plantea entre *Yammu, ʿAṯtaru* y *Môtu* por un lado y *Baʿlu* por otro, ayudado por *ʿAnatu, Kôṯaru* y *Šapšu* [118]. La pareja suprema *Ilu-Aṯiratu* se mantiene en cierta postura ambigua. Si en un primer momento la predilección de *Ilu* se inclina hacia *Yammu* y si *Aṯiratu* muestra cierta reticencia ante *Baʿlu,* debida sin duda al enfrentamiento de éste con sus hijos y en primer lugar con *Yammu,* ambas divinidades se ponen de parte de aquél a la hora de consolidar su realeza y dirimir el conflicto que le opone a *Môtu,* a pesar de ser

pp. 25ss, 47-50; Van Selms, MFL, p. 64; Gray, LC, pp. 30-33; Gese, RAAM, p. 61; Kaiser, MBM, p. 76; Van Zijl, *Baal,* pp. 164-165; Cross, CMHE, pp. 15-16; Schaeffer, «Syria» 43 (1966) 4-5; Cazelles, *Ug.* VI, pp. 25ss; Xella, MSS, pp. 128-130; Kapelrud, UF 11 (1979) 407-412; De Moor, *Fs Gordon* (1980), pp. 171-187. En este contexto se debe considerar a *Baʿlu* «hijo de *Ilu*» (cf. 1.17 VI 29-30), teniendo en cuenta lo que se dice más adelante de la identificación de *Dagānu* e *Ilu* y la frecuente alusión a sus «hermanos» los *bn ilm;* cf. Ginsberg, JPOS 16 (1936) 139 (hijo de *Ilu* y *Aṯiratu);* Nielsen, RSM, p. 102 (uso metafórico), 108 (no hijo de *Aṯiratu);* Cassuto, BOS II, pp. 118-119, 121; íd., GA, p. 54; Kaiser, MBM, p. 52; Van Zijl, *Baal,* pp. 273-274 (?), 338-339; Pope, EUT, p. 47 (?); Gray, LC, pp. 76, 178 (no hijo de *Aṯiratu);* Dahood, ASD, p. 80 (no hijo de *Aṯiratu);* Van Selms, MFL, pp. 60, 64, 111; Cross, CMHE, p. 15; Caquot, STB, p. 71; Kapelrud, VG, pp. 37-38, 41 (metafóricamente, atributo de relación); Cazelles, *Ug.* VI, p. 30; Du Mesnil, NE, p. 21; íd., «Berytus» 26 (1978) 59-60, 71, n. 88 (hijo de *Ilu* y otra *Aṯiratu);* para De Moor, SP, p. 120, sería sólo «yerno» de *Ilu.*

117 Es la tesis que defiende, entre otros, U. Oldenburg, *The Conflict between El and Baʿal in Canaanite Religion,* Leiden 1969, pp. 20-21 (interpretación exagerada), 69, 104-109 (cambio de residencia), 123-125 (lucha, destronamiento, castración; transposición del modelo griego a través de Fenicia), 134; según sugerencias previas de Pope, EUT, pp. 29-32 (tema hurrita), 92 (sin lucha), 93-96 (en contra de la transposición griega), 102 (deposición de *Ilu);* Kapelrud, BRST, pp. 51, 73ss, 93, 136; íd., RSD, pp. 40, 87; Vine, EBU, pp. 89ss; Løkkegaard, DTT 19 (1956) 65ss; Cassuto, BOS II, p. 190; íd., GA, pp. 129, 144 (suplantado); cf. también Jirku, MK, pp. 50, 67, 71; íd., KME, pp. 14, n. 6; Bronner, SEE, pp. 38, 127; Rendtorff, ZAW 78 (1966) 284; en contra de tal interpretación se pronuncian, en cambio, Kaiser, MBM, p. 51; Mulder, UF 2 (1970) 364-365; Gese, RAAM, pp. 63-64 (contra la identificación *Ilu-Kumarbi);* Caquot, STB, p. 71; Clifford, CMC, p. 125; Van Zijl, *Baal,* p. 284, n. 3; 324-326; Xella, MSS, pp. 117, 122-137; De Vaux, RB 78 (1971) 124-125; J. I. Trujillo, *The Ugaritic Ritual for a Sacrificial Meal Honoring the Good Gods* (= UR), Dis. Univ. Johns Hopkins 1973, pp. 4-6; Cross, DTAT, col. 265s; cf. *supra,* n. 100.

118 Cf. Oldenburg, CEB, pp. 95, 97, 132ss (interpreta el antagonismo en el contexto de la «venganza de sangre»); Jirku, KME, p. 31, n. 11; estos dos grupos equivaldrían a los dos *pḫr ilm,* cf. Clifford, CMC, p. 43 *(dr il wpḫr bʿl);* De Moor, UF 2 (1970) 216.

definido éste como «el Amado de *Ilu*»[119]. Se aprecia así una cierta concomitancia original entre las divinidades supremas, *Ilu* y *Aṯiratu,* y el principio primordial caótico y ctónico-infernal, mar-desierto-infierno, como realidad más originaria y previa. En cambio, el triunfo de *Baʿlu* significa el de la vida y el cosmos, realidades posteriores, pero más definitivas a la hora de reconquistar la aquiescencia y el apoyo de los dioses supremos[120]. Esta dicotomía orgánica del módulo primordial, dios supremo-dios inmediato, es estructural en toda la mitología oriental[121].

Sí que podemos hallar en Ugarit, en cambio, restos no de una suplantación de *Ilu* por *Baʿlu,* sino de la fusión de dos sistemas de nomenclatura de este módulo mitológico estructural. Por un lado tendríamos el sistema cananeo *Dagānu-Baʿlu,* y por otro, el amorreo *Ilu-Haddu*[122]. De hecho, a *Baʿlu* se le denomina tanto *hd* como *bn dgn*[123]. Y si no cabe duda de la

[119] Cf. Virolleaud, «Syria» 16 (1931) 254; Obermann, UM, p. 81; Van Selms, MFL, pp. 67ss; Ginsberg, ANET, p. 190, n. 1; Kapelrud, BRST, p. 76; Vine, EBU, p. 177; Van Zijl, *Baal,* pp. 97-98; Pope, EUT, pp. 29, 92; Gaster, *Thespis,* pp. 125, 132; Gray, LC, pp. 76, 155, 178; Gese, RAAM, p. 61; Caquot, STB, p. 71; Oldenburg, CEB, p. 32 *(Môtu* es el primogénito), 42-44; Xella, MSS, p. 139; Wakemann, GBM, p. 51; Petersen-Woodward, UF 9 (1977) 240 (se ayudan mutuamente); Gibson, CML, p. 7.

[120] Cf. Ginsberg, JCS 2 (1948) 142; Cassuto, GA, p. 67; Kaiser, MBM, pp. 63, 150; Jirku, KME, p. 33, n. 1; 34, n. 6; Gese, RAAM, p. 134; Clifford, CMC, p. 41.

[121] Cf. Petersen-Woodward, UF 9 (1977) 242-243 (incluso tricotomía: *Ilu-Baʿlu-ʿAnatu);* Gibson, CML, p. 5, n. 2; 6-7 (rey/virrey).

[122] Cf. Nielsen, RSM, pp. 99-100 (dos religiones), 106 (astral/no astral), 108 *(Baʿlu* es extraño), 109 (del norte/del sur), 116-117; Gray, LC, 76; íd., JNES 8 (1949) 72ss (amorreos/árabes), 76-77 (¿dos mitologías?); Largement, NA, p. 50; Kaiser, MBM, p. 52, n. 208a; Oldenburg, CEB, pp. 99-100; Bronner, SEE, pp. 45, 123; Caquot, STB, pp. 70-71; Larroche, *Ug.* V, pp. 523-524; Van Zijl, *Baal,* p. 338; Caquot-Sznycer, TOu, pp. 186-187; Xella, MSS, pp. 126, 132-133, 136 (nómadas/sedentarios; *Ilu,* dios nómada); Mulder, UF 4 (1972) 96 (emigraciones amorreas); Margalit, UF 8 (1976) 186-188 (aportación amorrea). Aquí tomamos «cananeo» en el sentido de sustrato semítico primitivo de la región, anterior a las invasiones amorreas. En el sentido cultural, sin embargo, ambos términos no se contraponen.

[123] Cf. Virolleaud, «Syria» 16 (1935) 256-257; Pope, EUT, p. 47, n. 97; íd., UF 3 (1971) 375-376; Cassuto, BOS II, p. 190 (el esquema de relaciones según Filón de Biblos); también Driver, CML, p. 13, n. 2; Van Zijl, *Baal,* p. 179, n. 7; 325, 337-339; Mulder, UF 2 (1972) 363-364; Cunchillos, EstBib 28 (1969) 12; íd., AD, pp. 111-112; Caquot-Sznycer, TOu, pp. 386, 392-393 (dos mitologías lunares en 1.24); Trujillo, UR, p. 6 (dos teologías: autóctona/extraña); sobre el carácter «amorreo» de *Haddu* se pronuncian, entre otros, H. B. Huffmon, *Amorite Personal Names in the Mari Text* (= APN), Baltimore 1964, pp. 156ss; Gray, LC, pp. 20-21; Oldenburg, CEB, pp. 99-199, n. 2; 100; Caquot-Sznycer,

identificación de *Baʿlu* con *Haddu,* no debiera haberla tampoco de la de *Ilu* y *Dagānu* [124]. El argumento aducido para su distinción, ocurrencia de ambos nombres en las mismas listas de dioses y ofrendas, no es en manera alguna definitivo. Tales ocurrencias suponen distintas denominaciones cúlticas, no distintas entidades míticas [125]; como tampoco las suponen las distintas ocurrencias del nombre de *Baʿlu.* Al menos en los textos literarios mitológicos no hay indicación válida de la suplantación de *Ilu* por *Baʿlu* ni de la distinción entre *Ilu* y *Dagānu.*

Entre las divinidades femeninas operantes en estos mitos, además de *Šapšu* y *Aṯiratu,* está *ʿAnatu* [126], que merece especial atención por su actuación esforzada y decidida en favor de *Baʿlu.* Aparece también como hija de *Ilu* y consiguientemente también siempre como «hermana» de *Baʿlu* [127]. La relación esponsalicia con éste no aparece en ningún texto de los centrales, aunque se la supone incluida en aquella denominación figurada de «hermana» [128]. En realidad, *Baʿlu,* como fuerza fecundante, es el «*Baʿlu* de la tierra»

TOu, pp. 73-74, n. 1; Kapelrud, BRST, p. 31; De Vaux, RB 78 (1971) 124-125; G. Gordon, *Šamši-Adad's Military Texts from Mari:* AcOr 18 (1950) 199-207; Wyatt, UF 9 (1977) 285; cf. Vine, EBU, p. 98; Van Zijl, *Baal,* pp. 346-351.

[124] Cf. Dussaud, RHR 113 (1936) 5-20; Ginsberg, JPOS 16 (1936) 144, n. 21; 145, n. 24; Gordon, UL, p. 6 (variantes poéticas); Gray, JNES 10 (1951) 146; íd., LC, pp. 20-21, n. 1; Pope, EUT, p. 83; Kapelrud, BRST, pp. 31ss; Vine, EBU, pp. 98-99 (se cambia en *Baʿlu;* cuestión de nomenclatura); Cassuto, GA, p. 60; Caquot, STB, p. 71; Jirku, KME, p. 22, n. 6; De Moor, SP, pp. 49, 111; Oldenburg, CEB, p. 125 *(Haddu* se cambia en *Baʿlu);* Van Zijl, *Baal,* p. 179, n. 7; 324-325, 337-339, 342, 347-348, 350-351. En 1.2 I 30-35, 36-38 aparece *bn dgn* en boca de *Ilu,* pero también en 1.14 II 24-25//IV 6-7 se refiere a sí mismo en tercera persona (y vuelve a mencionar a *bn dgn* en paralelo con *bʿl).* También se habla de *abh* en un mensaje de *Yammu* a *Baʿlu* (cf. 1.2 I 18-19). Cf. últimamente J. F. Healey, *The Underworld Character of the God Dagan:* JNSL 5 (1977) 43-51.

[125] Cf. De Moor, UF 2 (1970) 216.

[126] Cf. Virolleaud, *La déesse ʿAnat-Astarté dans les poèmes de Ras Shamra:* RES (1937) pp. 4-22; íd., *La déesse ʿAnat,* París 1938; A. Eaton, *The Goddess Anat: The History of her Cult, her Mythology and her Iconography* (= GAH), Dis. Univ. Yale 1964; A. S. Kapelrud, *The Violent Goddess. Anat in the Ras Shamra Texts,* Oslo 1969; U. Cassuto, *The Goddess Anath. Canaanite Epics of the Patriarchal Age,* Jerusalén 1971 (1951); C. H. Bowman, *The Goddess ʿAnatu in the Ancient Near East,* Dis. 1978, Berkeley; Ashley, EAR, pp. 309-318.

[127] Cf. Gordon, UL, p. 7 (hermana de padre y consorte); Van Selms, MFL, pp. 19, 64, 70, 119, 122 (hermana plena y consorte); Van Zijl, *Baal,* pp. 72-73; cf. *infra,* n. siguiente; *supra* n. 116.

[128] En este sentido suponen a *ʿAnatu* consorte de *Baʿlu,* entre otros, Engnell, SDK, p. 124; Hvidberg, WL, p. 81; Aistleitner, MKT, p. 52; Driver, CML, pp. 19-20; Van Selms, MFL, pp. 71-72, 89; Cazelles, «Syria» 33 (1956) 56; Lipinski, «Syria» 41 (1965) 62ss; Eaton, GAH, pp. 89ss, 93, 123ss; Albright, YGC,

(cf. 1.5 VI 10; 1.6 I 42-43; III 1,3,9,21; IV 16) y en ese sentido está estructuralmente referido, en la dinámica del mito, a la diosa de la fecundidad y el amor, a la gran «virgen» y «madre»; pero cuando ha de engendrar, se une a una novilla (cf. 1.5 V 17-22). Su función no es «procrear» un panteón de dioses, sino asegurar la fecundidad de la tierra, de los hombres, lo cual es igualmente válido de *ʿAnatu*. En ese sentido no forman una «pareja» con descendencia; su prole es la vida misma. Respecto de sus hijas *Pidrayu, Ṭallayu, Arṣayu,* no se sabe realmente de qué generación proceden ni quién sea su madre; son, en realidad, la expresión de la actividad primordial del dios, como se desprende de sus denominaciones: «hija de la luz», «hija del orvallo» [129]. *ʿAnatu,* por otra parte, parece seguro que no tiene descendencia [130]. Aparece esencialmente como divinidad guerrera, batalladora, personificación de una fuerza que se impone al mismo dios supremo y que es capaz de redimir al dios de la vida, *Baʿlu,* de los lazos del dios de la muerte, *Môtu.*

p. 109; Cross, CMHE, p. 117; Bronner, SEE, p. 113; Kapelrud, VG, pp. 41-42, 88-92, 97-98, 105, 106-109, 112, 114, 116; De Moor, UF 1 (1969) 223; Wakeman, GBM, p. 8, n. 2; Brink, UMBA, pp. 99-100; Petersen-Woodward, UF 9 (1977) 241. La opinión contraria la sostienen Obermann, UM, p. 7ss, 42; Løkkegaard, AcOr 22 (1955) 10ss; Cassuto, GA, p. 64; Labuschagne, VT 14 (1964) 98s; Gray, LC, pp. 81, 174; Caquot-Sznycer, TOu, pp. 89, 149 (no consta). Los primeros suelen identificar en consecuencia a *ʿAnatu* con la «novilla» de 1.5 V 18ss; 1.10-11 y 1.13. Eso ya lo propugnaban Dussaud, RHR 111 (1935) 44ss; Virolleaud, «Syria» 17 (1936) 160; íd., DA, p. 54. Los segundos lo rechazan y en particular Van Selms, MFL, pp. 71-72, 89 (*ʿAnatu* le presenta una «esclava»); Ginsberg, BASOR 97 (1945) 8ss (*ʿAnatu* no copula, la procreadora es *Aṯiratu);* De Moor, UF 1 (1969) 224 (no procrea); Caquot-Sznycer, TOu, pp. 276-278; Caquot, EI 14 (1978) 18; íd., SDB, fasc. 53, col. 1.382; íd., UF 11 (1979) 101-104 (1.93); Gordon, PLM, p. 125; cf. *infra,* p. 134, n. 188.

129 Algunos quieren ver en ellas también otras tantas «esposas» de *Baʿlu;* cf. Gray, LC, p. 51, n. 3; Cassuto, GA, pp. 123-124, 160; íd., BOS II, pp. 22, 104-105, 121, 160; Rin, AE, pp. 73, 76; Obermann, UM, p. 30; Løkkegaard, AcOr 22 (1955) 10ss; Gaster, *Thespis,* pp. 172, 188 (novias de *Baʿlu);* Ginsberg, ANET, pp. 136, n. 2; 131, n. 12; Cross, CMHE, p. 56; pero lo más normal es asumir su significación de «hijas» como expresión de las funciones del «padre» (sus «madres» y «consortes» de *Baʿlu* serían *ar, rb* y *yʿbdr);* cf. Aistleitner, ZDMG 93 (1939) 55s; íd., MKT, p. 16, n. h; Van Selms, MFL, pp. 36-37, 124; Sauer, AS, p. 26; De Moor, SP, pp. 81-82; Jirku, KME, p. 61, n. 1; Olbenburg, CEB, pp. 76-77; Astour, *Ug.* VI, p. 13; Caquot-Sznycer, TOu pp. 114, 173, 248. Que no sean «esposas» de *Baʿlu* se deduce claramente del hecho de ser ofrecidas como tales a *Yarḫu* (cf. *infra,* p. 453). Sobre la caracterización de estas «novias famosas», *infra,* pp. 180, 188; y en cuanto a *gpn* y *ugr* como «hijos» de *Baʿlu,* cf. Bronner, SEE, p. 113; o de *ʿAnatu,* cf. Margalit, MLD, p. 71.

130 Cf. Caquot-Sznycer, TOu, p. 90; sobre la identificación de *ʿAnatu* con la «novilla» de 1.5 V 18, cf. *supra,* n. 128, e *infra,* p. 134. Para Cazelles (a propósito de 1.13) *ʿAnatu* da también a luz al hijo de *Baʿlu* [«Syria» 33 (1956) 56].

A éste le extermina sin piedad y sin mayor dificultad. Su fuerza guerrera no conoce oposición válida [131]. Es así comprensible la acogida que tal divinidad tuvo en los grandes Imperios batalladores como Egipto, en cuanto patrona de una actividad esencial de los mismos, mientras en Canaán fue perdiendo importancia en favor de su doble, *ʿAṯtartu,* personificación más bien del amor y la belleza, que en Ugarit apenas si desempeña papel alguno. Su mención va a veces unida a la de *ʿAnatu,* como hijas ambas de *Ilu* [132]. Esta supremacía de la fuerza de la guerra sobre la del amor en la mitología básica de Ugarit (de hecho, en ella apenas está presente el aspecto erótico [133] y sí, en cambio, sobresale el conflictivo) y la correspondiente significación de las respectivas divinidades abogan por la atribución de tal mitología, o de aquella de la que dependa la ugarítica, a un estadio sociopolítico conflictivo de la sociedad de Ugarit antes de su definitivo asentamiento en Canaán. Por otra parte, no se puede desconocer que tal aspecto corresponde bien al tema épico del ciclo mitológico de *Baʿlu,* en el que se trata de solventar el problema de la supremacía y triunfo de este dios sobre sus enemigos y no tanto el de su funcionalidad como divinidad de la fecundidad cultual. Este aspecto se resalta en mitos cúlticos como el de «Los dioses apuestos», el de «Los amores de *Baʿlu y ʿAnatu»,* el de «La Virgen-Madre *ʿAnatu»* y quizá en el de «Las bodas de *Yarḫu* y *Nikkal»* [134].

Aṯiratu, por su parte, mantiene un papel más estático en todo este conflicto mitológico y aparece como la gran intercesora ante su esposo *Ilu* en favor de *Baʿlu,* para obtener la edificación de su palacio y la declaración de su realeza. Esto no obstante, tanto su reacción previa a tal intercesión (acusación a *Baʿlu* de haber asesinado a sus hijos) como la subsiguiente a la muerte de este dios (reproche de *ʿAnatu* que la supone apresuradamente entregada a buscar un sustituto de *Baʿlu* como rey de los dioses) dejan entrever unas relaciones, si no tensas, al menos recelosas, con este dios. Coincide en esto, como vimos, con su esposo *Ilu;* y también aquí su

[131] Cf. Ginsberg, BASOR 97 (1945) 8ss; Løkkegaard, ST 10 (1956) 53; Pope, EUT, p. 28; Van Selms, MFL, p. 54; Gray, LC, p. 174; Jirku, MK, pp. 53-54; Kapelrud, VG, pp. 48ss, 64ss, 73-74, 116.

[132] Cf. Virolleaud, *La déesse ʿAnat-Astarté dans les poèmes de Ras Shamra:* RES 1937, pp. 4-22; íd., DA, p. 47, n. 3; Nielsen, RSM, p. 104; Gaster, *Thespis,* p. 114 (mito egipcio); Kaiser, MBM, p. 68 (relación con *Yammu;* el mito egipcio de Astarté y el Mar); W. F. Albright, *Archaeology and the Religion of Israel* (= ARI), Baltimore (1942) ^{5}1968, p. 74; Van Selms, MFL, p. 64; íd., UF 2 (1970) 255; Oldenburg, CEB, p. 43; De Moor, SP, pp. 86, n. 4; 128; Van Zijl, *Baal,* pp. 15-16, 59; Caquot-Sznycer, TOu, pp. 89, 92ss. Sobre *ʿAṯtartu,* cf. *infra,* p. 144.

[133] Cf. Gordon, UL, pp. 10-11 (las relaciones sexuales de *Baʿlu* en 1.10 y 1.13); cf. también *infra,* pp. 464s, 488s.

[134] Cf. *infra,* p. 455; De Moor, SP, p. 79, n. 30 *(¿Baʿlu?);* Cazelles, *Ug.* VI, p. 113 (de *Ilu);* Dijkstra, JANES 6 (1974) 59.

expresa vinculación con *Yammu*[135], *'Aṯtaru* y los «monstruos marinos» hace pensar en una relación especial de las divinidades supremas con el caos y desierto primordiales como su actitud más original, frente al posterior apoyo a la divinidad del cosmos y la vida[136]. *Aṯiratu,* con todo, no parece haber desempeñado un papel muy decisivo en la mitología ugarítica, y su correlación con la *'Ăšērāh* bíblica supone un largo proceso de desarrollo mitológico no suficientemente esclarecido aún, sobre todo en su relación con *Ba'lu* en el estadio de la mitología cananea que refleja el Antiguo Testamento[137].

Finalmente, la diosa *Šapšu* mantiene una función secundaria en el ciclo mitológico, pero bastante estable y uniforme. En primer lugar aparece como la divinidad del consejo definitivo en los contrastes que enfrentan a los dioses. Así, disuade a *'Aṯtaru* de su pretensión de reinar en lugar de *Yammu* (cf. 1.2 III 15ss) y a *Môtu* de la suya de suplantar a *Ba'lu* (cf. 1.6 VI 22ss) Junto a esta su capacidad de consejera sapiente, sirve de guía a *'Anatu* en su búsqueda de *Ba'lu* y le ayuda a sepultarlo en *Ṣapānu* (cf. 1.6 I 8ss). En realidad, es una divinidad relacionada con el mundo infernal que recorre en su curso nocturno[138]. De ahí que se le atribuya una relación directa con los *rpum* (cf. 1.6 VI 45-46) y de ahí también la que se supone mantiene con el dios de la muerte y el infierno, casi como si fuera su lugarteniente en la tierra durante la época del ardor estival. Esta «Lámpara de los dioses», que todo lo ilumina y conoce, en particular los designios del dios supremo, actúa, en consecuencia, como su mensajero.

En la literatura épica, la actuación de los dioses es menos precisa. *Ilu* manifiesta una decidida intervención en los acontecimientos de los mortales[139]. Así, predice e instruye a *Kirta* sobre el procedimiento para conseguir su deseo de hacerse con una esposa, que la divinidad sanciona y otorga. Igualmente concede a este rey y a *Daniilu* la bendición eficaz de la fecundidad, que se traduce en acto seguidamente. En estos casos, la intervención de *Ba'lu* es la de mero intercesor ante el Dios supremo. Tenemos así confirmada, por una literatura que se considera normalmente más tardía que la mitológica, la supremacía incontrastada del dios *Ilu* frente a *Ba'lu,* y en un campo, el de la fecudidad, donde podría esperarse la intervención principal de éste. Dígase lo mismo en el caso de la enfer-

[135] Cf. Caquot-Sznycer, TOu, pp. 69ss. [136] Cf. Caquot, STB, p. 71.

[137] Cf. Cassuto, GA, 58-59; Dahood, ASD, p. 80; Gese, RAAM, pp. 149-155; Pope, MUP, pp. 246-249; R. Patai, *The Goddess Asherah:* JNES 24 (1965) 37-52; K. H. Bernhardt, *Aschera in Ugarit und im Alten Testament:* MIO 13 (1967) 163-174; E. Lipinski, *The Goddess Aṯirat in Ancient Arabia, in Babylon, and in Ugarit:* OLP 3 (1972) 101-119; A. L. Perlman, *Asherah and Astarte in the Old Testament and Ugaritic Literatures,* Dis. 1978, G. T. U.

[138] Cf. Nielsen, RSM, pp. 27-37, 116-117; Du Mesnil, EDP, pp. 7-29; Mulder, UF 4 (1972) 79-96; Weinfeld, UF 4 (1972) 149ss; Gese, RAAM, pp. 166-167; Pope, MUP, pp. 308-309.

[139] Cf. Xella, MSS, pp. 129-130; Loewenstamm, UF 11 (1979) 505-514.

medad de *Kirta;* es de nuevo *Ilu* quien le cura, ante la impotencia o reticencia de los demás dioses, incluido, por tanto, *Baʿlu.* Ambas divinidades, de todos modos, aparecen como benévolas y favorables al hombre.

En cambio, las divinidades femeninas, *Aṯiratu* y *ʿAnatu,* desarrollan una actividad perturbadora del destino humano en las epopeyas de *Kirta* y *Aqhatu.* La primera, celosa de su voto, parece ser la causante de la enfermedad del rey (?), que le habría sido infiel. Pero sobre todo la segunda, desarrolla frente al hombre su característica violencia y, por encima incluso de la voluntad del mismo dios supremo, acarrea la muerte al héroe que se le enfrenta. Su actuación aparece así en desacuerdo con la de su hermano *Baʿlu,* al que secundaba siempre en la literatura mitológica [140]. No hay más remedio, por tanto, que constatar una cierta desigualdad de concepción en cuanto a la actuación de las diversas divinidades en la literatura mitológica y en la épica, en las «historias» de los dioses y en la de los hombres. En el ámbito del destino humano, al margen, por tanto, de su caracterización naturalística, los dioses manifiestan una mayor autonomía, menor jerarquización; cada uno retiene su propio papel frente al hombre. Al menos por lo que se refiere a las divinidades principales; incluso el mismo *Kôṯaru* retiene su función de dios artesano, pero al parecer sin dependencia de ninguna otra divinidad. Los demás dioses o genios divinos que se mencionan en estas epopeyas *(Ilšu, Šaʿtiqatu, Yaṭipānu)* desarrollan una función subsidiaria.

En cuanto al contenido mitológico de los poemas menores, su estado de deficiente conservación y su carácter más episódico no permiten muchas generalizaciones. Los analizaremos en su momento oportuno. Aquí sólo pretendíamos destacar las díneas máximas de la concepción de la divinidad que manifiesta la literatura ugarítica. A propósito de cada poema nos detendremos más concretamente en la organización y sentido del mito respectivo y, dentro del mismo, en la función y figura de cada divinidad.

UGARIT Y EL ANTIGUO TESTAMENTO

La importancia de Ugarit para los estudios del Antiguo Testamento radica en la aportación del trasfondo lingüístico y cultural que aquél está suponiendo en su doble proceso de reacción y de asimilación. Israel, como realidad histórico-cultural, emerge en contraste y en convivencia con una cultura ya plenamente desarrollada. No se puede apreciar la originalidad de su aportación sino sobre el fondo de la misma. Y esto es precisamente lo que ofrece Ugarit, como exponente del mundo cananeo septentrional de la última época del Bronce y como punto de confluencia de las grandes corrientes culturales del mundo oriental y mediterráneo. Su lengua ha de

[140] Punto resaltado por Kapelrud, VG, pp. 48, 63, 65, 69, 110, 112, 115, 117 (no en *Aqhatu,* pp. 72, 82, 92, 115); Van Rooy, JNSL 7 (1979) 85-95.

considerarse decididamente como dialecto cananeo-septentrional [141] y, junto con el meridional (El-Amarna), antecedente directo del «sermo chananaeus» que adoptó Israel. Esta clasificación lingüística es decisiva, tanto para determinar el campo filológico desde el que los textos ugaríticos han de ser interpretados (semítico-noroccidental) como la esfera que ellos mismos pueden iluminar (literatura hebrea bíblica). Superadas las primeras polémicas acerca de su clasificación, el interés de los textos ugaríticos para la elucidación del Antiguo Testamento se puso pronto de manifiesto en múltiples estudios comparativos, generales y particulares, que han obligado hoy día a la elaboración de obras de síntesis que recogen sus resultados [142]. Naturalmente, los textos preferentemente explotados han sido los mitológicos y épicos, hoy notablemente clarificados en su interpretación, después de etapas previas de tanteo. A ellos se va a limitar también nuestro estudio y discusión.

Pero la aportación de la literatura ugarítica a la hebrea no ha quedado reducida a la iluminación y explicitación lingüística y cultural de algunos pasajes bíblicos, sino que ha traído consigo la reelaboración de muchos aspectos de la gramática y lexicografía hebreas [143]. Y lo que es más, ha inducido el empleo de toda una metodolgía en la lectura e interpretación del texto hebreo, que afecta no sólo a los elementos estrictamente textuales, sino también a los de crítica literaria y temática. Esta metodología se

141 Cf. Albright, BASOR 50 (1933) 14; íd., JPOS 14 (1934) 114; íd., BASOR 70 (1938) 22; íd., BASOR 131 (1953) 59; Z. S. Harris, *Development of the Canaanite Dialects* (= DCD), New Haven 1939; íd., *A Gramar of the Phoenician Language* (= GPL), New Haven 1936, pp. 6ss; una sumaria discusión del problema con bibliografía la ofrece G. Garbini, *Il semitico di Nord-Ovest* (= SNO), Nápoles 1960, pp. 9-11; íd., *Semitico nord-occidentale e aramaico,* en G. Levi Della Vida, *Linguistica Semitica: presente e futuro* (= LS), Roma 1961, pp. 59ss; íd., *Le lingue semitiche,* Nápoles 1972, pp. 66ss; S. Moscati, *An Introduction to the Comparative Grammar of the Semitic Languages* (= ICG), Wiesbaden 1969, pp. 3ss; Moran, BANE, pp. 64ss; Brockelmann, HdO, pp. 40ss; es normal su clasificación como lengua semítica nor-occidental con mayor o menor autonomía dialectal, sobre todo frente al hebreo. Una opinión extrema al respecto es la sostenida por Rin, AE, pp. 4ss, que postula su práctica identificación.

142 Cf. *supra,* nn. 6 y 8.

143 Entre la abundante literatura que toca este tema puede verse R. Meyer, *Hebräische Grammatik* (= HG), Berlín 1966-72, *passim;* K. Beyer, *Althebräische Grammatik* (= AG), Gotinga 1969, pp. 20ss; M. Sznycer, *Quelques aspects des relations lexicales entre l'hébreu et l'ugaritique. Problèmes et méthodes,* en *Papers of the 4th World Congress of Jewish Studies,* Jerusalén 1967, vol. 1, pp. 109-112; M. Dietrich-O. Loretz, *Das Ugaritisch in den Wörterbüchern von L. Koehler und W. Baumgartner:* BZ 13 (1969) 187-207; A. C. M. Blommerde, *Northwest Semitic Grammar and Job* (= NSGJ), Roma 1969; M. Dahood-T. Penar, *The Grammar of the Psalter,* en Dahood, *Psalms* III, pp. 361-456; M. Dahood, *Hebrew-Ugaritic Lexicography I-XII:* «Bib» (1963-1974).

apoya en la identidad del sistema lingüístico cultural cananeo, lo que la defiende de achacadas analogías con el panbabilonismo y panegiptismo de otros momentos. Se trata de una metodología filológica que pretende iluminar y comparar antes de corregir y desechar. Sus criterios básicos son: respeto del texto consonántico, relativización de la notación masorética, abandono casi completo del recurso a las versiones antiguas como fundamento de la corrección del texto hebreo y atención a las implicaciones institucionales y culturales que éste puede reflejar a la luz del conocimiento nuevo que hemos conseguido del mundo cananeo [144]. La abundancia de correlaciones lingüísticas y culturales, así como la proximidad filológica antes mencionada, avalan tal metodología [145].

Así, por ejemplo, desde el punto de vista lexicográfico, un vocablo, sintagma, par lingüístico o expresión ugarítica pueden precisar el sentido de sus correspondientes hebreos, insuficientemente documentados en su propio ámbito. Esto resulta claro y provechoso sobre todo en el caso de «hapaxlegómena» [146] o estructuras lingüísticas fijas. Desde luego, la simple posibilidad semántica, por coincidencia lexicográfica, no es suficiente. Desde el momento que ambas lenguas pertenecen al mismo campo lingüístico, la coincidencia en el vocabulario tiene que ser múltiple, pero cada una pudo desarrollar un cuadro de oposiciones semánticas propio [147]. En crítica

[144] Cf. Del Olmo Lete, EstBib 32 (1973) 291-303; Cunchillos, ES29, pp. 29, 191-192, 194; para planteamientos más críticos y reticentes puede verse J. Barr, *Comparative Philology and the Text of the Old Testament,* Oxford 1968, p. 12 y *passim;* Gordis, JQR 61 (1970) 73-118; De Moor, ULe, pp. 74ss, 88-92; Rainey, «Leš» 30 (1966) 250-273; Loewenstamm, UF 3 (1971) 93-100; Loretz, UF 5 (1973) 219-228; últimamente, S. Rummel, *Using Ancient Near Eastern Parallels in Old Testament Study:* BibArchR 3 (1977) 3-11; cf. *infra,* n. 148.

[145] La metodología deriva de la denominada «Escuela de Baltimore» y un exponente muy significado de la misma es M. Dahood, seguido por una larga serie de discípulos (cf. *supra,* nn. 5, 8, 143). En sus artículos ha salido con frecuencia al paso de las críticas (cf. *supra,* n. anterior) formuladas a su labor; cf. últimamente M. Dahood, *Ugaritic and Phoenician or Qumran and the Versions,* en H. A. Hoffner (ed.), *Orient and Occident* (Fs. Gordon), Neukirchen 1973, pp. 53-58; íd., *Northwest Semitic Texts and Textual Criticism of the Hebrew Bible,* en *Questions disputées d'Ancien Testament,* Gembloux 1974, pp. 11-37; cf. también H. M. Orlinski, *The textual Criticism of the Old Testament:* BANE, pp. 158-159; S. Segert, *The Ugaritic Texts and the Textual Criticism of the Hebrew Bible,* en H. Goedicke (ed.), *Near Eastern Studies in Honor of W. E. Albright* (Fs. Albright), Baltimore 1971, pp. 413-420.

[146] Cf. últimamente H. R. Cohen, *Biblical Hapax Legomena in the Light of Akkadian and Ugaritic,* Missoula, Mon. 1978; F. E. Greenspahn, *Hapaxlegomena in Biblical Hebrew,* Dis. Univ. Brandeis 1977.

[147] Cf. *supra,* n. 4, 5, 143, 146; particularmente, el estudio de J. C. de Moor, *Ugaritic Lexicography,* en P. Fronzaroli (ed.), *Studies on Semitic Lexicography*

textual, por otra parte, la filología ugarítica nos permite retener lecturas del texto hebreo o corregir las que presenta el sistema de notación y división masorética, y aun enmendarlas en su consonantismo, generalmente con el apoyo de otros testimonios externos y del contexto interno, a los que sirven de confirmación los textos ugaríticos [148]. Igualmente, la filología ugarítica puede aportar datos que permitan reconstruir el valor y la historia de determinados usos o prohibiciones del mundo cultural bíblico. Puede, sobre todo, aportar connotaciones del universo religioso cananeo contra el que lucha y al que a veces asume el Antiguo Testamento. Este es sin duda el nivel más decisivo. Un suficiente conocimiento de la mitología cananea es hoy día indispensable para una recta inteligencia de la Biblia hebrea [149].

Pero tal metodología, si quiere superar las reticencias que ha suscitado en algunos ambientes, debe integrarse con la criteriología textual clásica, cuya validez es comprobable en la transmisión de los mismos textos ugaríticos [150], así como con un análisis literario más amplio que englobe no sólo los elementos lingüísticos, sino también los estructurales y referenciales en el ámbito general de las culturas orientales [151]. El texto hebreo bíblico, en razón de su complicado proceso de redacción y transmisión manuscrita, debe considerarse «frecuentemente» corrompido. Y como una de las fuentes primeras de tal corrupción, sobre todo a nivel de la inter-

(= ULe), Florencia 1973, pp. 61-102; también S. Segert, *Hebrew Bible and Semitic Comparative Lexicography:* SUT 18 (1969) 204-211.

148 Cf. *supra,* n. 144, 145, en particular los trabajos de Dahood; también Dahood, UHP, p. 2, 5, 9; Fensham, JNSL 1 (1971) 12-13; 2 (1972) 35ss; Loewenstamm, *Yediʿot* 13 (1953) 16-19; más negativamente, *supra,* n. 144 y Tournay, RB 78 (1971) 292; Rainey, UF 3 (1971) 152ss, 158; Xella, MSS, pp. 27-28, 101; De Moor, SP, p. 45; Di Lella, CBQ 38 (1976) 584-586; O. Rickenbacher, *Dahood und Texttreue. Eine Replik:* BZ 17 (1973) 264; M. S. Seale, *The Desert Bible,* Londres 1974 (c. I: «A New Methodology»); Kinet, BZ 22 (1978) 236, n. 6, entre otros; últimamente, Jacob-Cazelles, SDB, fasc. 53, col. 1.427ss.

149 Cf. Gordon, UL, pp. 5-6; Petersen-Woodward, UF 9 (1977) 245ss (poseen el mismo sistema cosmológico).

150 Cf. F. Rosenthal, *Die Parallelstellen in den Texten von Ugarit:* «Or» 8 (1939) 213-237; S. Segert, *Die Schreibfehler in den ugaritischen literarischen Keilschrifttexten...:* BZAW 77 (^{2}1961) 193-212; íd., *Die Schreibfehler in den nichtliterarischen Keilschrifttexten...:* ZAW 71 (1959) 23-32; M. E. J. Richardson, *Ugaritic Spelling Errors:* TyndB 24 (1973) 3-20.

151 En ese sentido, y dejando aparte la consistencia de sus tesis, resultan ejemplares trabajos como los de J. C. de Moor, *New Year with Canaanites and Israelites* (= NYCI), Kampen 1972; L. R. Fisher, *Literary Genres in the Ugaritic Texts:* RSP II, pp. 131-152; F. B. Knutson, *Literary Genres in PRU IV:* ibíd., pp. 153-214; D. E. Smith, *Wisdom Genres in RS 22.439:* ibíd., pp. 215-247; D. L. Petersen-M. Woodward, *Northwest Semitic Religion: A Study of Relational Structures:* UF 9 (1977) 233-248.

pretación masorética del mismo, debe ponerse la ignorancia de la peculiar estructura lingüística y léxica del hebreo antiguo así como del mundo cultural cananeo. Consiguientemente, el análisis filológico, a partir de los nuevos conocimientos del semítico noroccidental, debe ser tarea previa y primordial de la misma crítica textual, cuyas leyes retendrán toda su validez en conjunción con el mismo. No hay, pues, lugar para un dilema del tipo «Ugarítico y Fenicio//Qumrán y versiones», sino que se han de integrar tales extremos [152].

[152] Cf. *supra,* n. 145.

CICLO MITOLOGICO DE BAʿLU-ʿANATU
(*KTU 1.1-6*)

INTRODUCCION

EL TEXTO

El texto del ciclo mitológico protagonizado por *Baʿlu* [1] y *ʿAnatu* presenta dificultades especiales dentro de la literatura ugarítica. En primer lugar, no es fácil determinar si tenemos un *mito único,* con estricta unidad de composición, o más bien un *ciclo* que engloba diversas composiciones literarias, con tema y trama propios, o acaso versiones diferentes de un mismo mito [2]. Todas las partes coinciden en numerosos motivos y en el tono

[1] Como en otros poemas (cf. *inf.,* pp. 240, 327), también en este caso tenemos un encabezamiento, *lbʿl,* que determina el *título* del ciclo y su principal protagonista según la tradición literaria de Ugarit; pero sólo en una tablilla (1.6 I). Falta, en cambio, en 1.5 I, y en las restantes no sabemos si existió, al no habérsenos conservado su inicio. La primitiva atribución de parte de este ciclo a *ʿAnatu* no tuvo en cuenta este detalle; cf. Virolleaud, «Syria» 15 (1934) 230; Cassuto, GA, p. 53; Driver, CML, p. 11; Obermann, HDBS, p. 1, n. 2; Rin, AE, p. 210; Jirku, KME, p. 65; Gordon, UMC, p. 80; Van Zijl, *Baal,* p. 181; De Moor, SP, p. 1; Caquot-Sznycer, TOu, p. 253.

[2] Cf. a este propósito, Gordon, UL, p. 9; Ginsberg, ANET, p. 129; Cassuto, GA, pp. 70-71; Driver, CML, p. 11, n. 1; Gray, LC, pp. 11, 37; Aistleitner, MKT, p. 11; Herdner, CTA, p. XI; De Moor, SP, pp. 2, 8; Del Olmo Lete, UF 9 (1977) 31; *infra,* n. 29. Un problema «nuestro» es el de la denominación de las tablillas. Un cuadro sinóptico y tablas de correspondencia de las diversas nomenclaturas lo ofrecen M. Dietrich-O. Loretz, *Konkordanz der ugaristischen Textzählungen,* Neukirchen 1972, que completa las tablas anteriores de De Langhe, TRS I, pp. 137-149; O. Eissfeldt, *Bestand und Benennung der Ras-Shamra-Texte:* ZDMG 96 (1942) 507-539; íd., *Neue keilalphabetische Texte aus Ras Schamra-Ugarit,* Berlín 1965; Gordon, UT, pp. 5-11, 257-289; Aistleitner, WUS, pp. 248-256; Herdner, CTA, pp. XIX-XXXIV; últimamente, Dietrich-Loretz-Sanmartín, KTU, pp. 455-505; Dietrich-Loretz, UF 10 (1978) 419-420; Cunchillos, SDB, fasc. 53, col. 1.442-1.466. Aquí seguimos a KTU en la numeración y clasificación de los textos (cf. *supra,* p. 19, n. 1). Se prepara una nueva concordancia.

general de la concepción mitológica; se da así una cierta unidad, coherencia y continuidad entre los diversos «episodios» que componen el «mito» total. Pero ello no quiere decir sin más que ese mito total existiese como obra literaria; en concreto, que todas las tablillas de Ugarit que hablan de *Baʿlu* pertenezcan a una misma composición mitológica y no representen más bien diferentes redacciones de un mismo «mitema» o de «mitemas» diferentes [3]. Esto es, ya *a priori,* lo más verosímil.

Herdner en CTA considera como pertenecientes a tal ciclo mitológico de *Baʿlu* un total de 13 tablillas [4] y un posible número de otros fragmentos menores [5] de muy difícil emplazamiento en un conjunto literario único. La mayor dificultad para el ordenamiento de todo ese material deriva de su deficiente estado de conservación, sobre todo por la mutilación del inicio y final, es decir, de las partes superior e inferior de las tablillas que, de conservarse, permitirían establecer su secuencia sin género alguno de duda [6]. Por eso, los autores que han estudiado estos textos ofrecen ordenaciones

[3] Cf. De Moor, SP, pp. 2, 8; Jirku, MK, pp. 24, 33; Gese, RAAM, p. 51. También hay que contar en Ugarit con una «historia de la tradición y de la redacción» de los mitos, plasmada en composiciones diversas, correspondientes a épocas diferentes. Es posible que varias de ellas se nos hayan conservado conjuntamente y que las posteriores se montasen sobre el comentario y desarrollo de las previas. Pero los criterios para trazar esa historia de la tradición mitológica de Ugarit no son claros; desde luego, los lingüísticos resultan insuficientes, por tratarse de material poco diferenciado a ese respecto y posiblemente homogeneizado por la posterior transmisión oral. Nos quedan sólo los criterios de contenido (por ejemplo, la diferente concepción del Panteón y de la relación entre los dioses), que resultan muy ambiguos; cf. *supra,* p. 73; Van Selms, UF 3 (1971) 252, a propósito de 1.2.

[4] Cf. Herdner, CTA, p. XI. La tablilla 1.13 es ciertamente un texto anómalo e independiente; cf. Aistleitner, MKT, p. 5; Caquot, SDB, fasc. 53, col. 1.381-1.382. Debe ser considerado como un «poema» menor, que por su forma literaria y características ortográficas es independiente del ciclo; Gordon, UL, pp. 51-53, lo incluye, no obstante, en el mismo, pero cf. Driver, p. CML, p. 11, n. 4. Cf. también a este respecto H. L. Ginsberg, *Interpreting Ugaritic Texts:* JAOS 70 (1950) 159; De Moor, SP, p. 6; Van Zijl, *Baal,* p. 9, sugieren que podría ser una variante de 1.10-11; Cassuto, GA, p. 71, lo relaciona con 1.3, junto con otros fragmentos, como recensión diferente; cf. *infra,* p. 487. Para Dussaud, DRS, pp. 88ss, 115ss, son constitutivas de la unidad mitológica únicamente las tablillas 1.3-6; las restantes están relacionadas con ella temáticamente, pero no pertenecen propiamente a la serie.

[5] Cf. Herdner, CTA, p. XII; Van Zijl, *Baal,* p. 6; De Moor, SP, pp. 6ss (cf. *infra,* n. 25); Driver, CML, p. 11, admite siete tablillas; igualmente Jacob, RSAT, pp. 43 y 47.

[6] Cf. Driver, CML, p. 11.

diversas de los mismos [7]. He aquí una tabla sinóptica de las principales, reducidas a las seis primeras tablillas [8]:

Herdner	1	2	3	4	5	6
Driver	1 (+ 9?)	2	3	4	5	6
Jirku	1	2	3	4	5	6
Van Zijl	1?	2	3	4	5	6
Gray	1?	2 (+ 9?)	3	4	5	6
Vine	1?	2 (+ 9?)	3	4	5	6
De Langhe		2	3	4	5	6
Caquot-Sznycer		2	3	4	5	6
Ginsberg	1	2 (+ 8)	4	3	5	6
Cassuto	1	3	4	2	5	6
Gordon	2 (+ 9)	3 + 1	(7)	4 (+ 8)	5	6
Kapelrud	2 (+ 9?)	3 (+ 1?)	(7)	4 (+ 8)	5	6
Rin	2 (+ 9)	3 + 1	(7)	4	5	6
De Moor	3	1	2	4	5	6
Gaster	2	4	5	6	3 (+ 10)	1
Løkkegaard	7	3	2 (+ 9)	4	5	6
Aistleitner	5	6	3	1	4	2

En nuestro intento de hallar la o las posibles *unidades redaccionales,* los diversos poemas o composiciones mitológicas, comenzaremos por excluir aquellos fragmentos que, por sus *características externas,* materiales o epigráficas, no pueden constituir *unidad editorial* con los demás [9].

Este es ante todo el caso de 1.12, que Herdner (?), y en cierta manera Virolleaud, Cassuto, Gordon y Gray, colocan prácticamente como su epi-

[7] Cf. su discusión en Rosenthal, «Or» 9 (1940) 392; Eissfeldt, ZDMG 98 (1944) 103-104; Cassuto, GA, pp. 67-70; Driver, CML, p. 11, n. 2; Jacob, RSAT, p. 43. Una valoración más detallada de las diversas opiniones puede verse en Van Zijl, *Baal,* pp. 6-12; De Moor, SP, pp. 35-43, n. 11; Caquot-Sznycer, TOu, pp. 145-147; sobre sus puntos de vista volveremos más adelante.

[8] Cf. Herdner, CTA, pp. 1-43 (KTU asume el mismo orden, pero sin pronunciarse sobre la organización del ciclo mitológico); Driver, CML, pp. 10-19; Gibson, CML, pp. 3, 6, 15 (que inserta 1.1 IV entre 1.2 III y 1.2 I); Jirku, KME, p. 11 (sigue a Driver); Ginsberg, ANET, p. 135; íd., JAOS 70 (1950) 159; íd., JCS 2 (1948) 141-144 (cf. Caquot-Sznycer, TOu, pp. 146 y 185); De Langhe, TRS I, pp. 153-160; Løkkegaard, AcOr 22 (1955) 14-15; Cassuto, GA, pp. 67-70; íd., BOS II, pp. 140 y 147; Kapelrud, BRST, p. 112; Gaster, *Thespis,* pp. 114-129; Rin, AE, p. 33; Gordon, UL, pp. 9-11; íd., UMC, pp. 41ss; íd., PLM, pp. 67-75; Aistleitner, MKT, pp. 11-13 (cf. Caquot-Sznycer, TOu, p. 185); Gray, LC, pp. 37-38; Vine, EBU, pp. 246-252, 277 (tabla sinóptica); Van Zijl, *Baal,* pp. 611 (tabla sinóptica); De Moor, SP, pp. 35-43; Caquot-Sznycer, RPO, pp. 380-445; íd., TOu, pp. 103ss, 145-147, 185; Caquot, SDB, fasc. 53, col. 1.371ss.

[9] Van Selms, UF 2 (1970) 251.

sodio final o uno de los finales [10]. Se trata de una tablilla grabada por una sola cara, probablemente de cuatro columnas, separadas por una línea divisoria doble poco profunda [11]. Pero esta división, anterior a la escritura, no es respetada por el escriba; éste ha trazado luego una curva, que arranca de y vuelve a la línea divisoria, para indicar hasta dónde llegan las líneas de la primera columna que entran en el espacio de la segunda [12]. La caligrafía es más apretada de lo ordinario en la segunda columna.

Todo ello hace suponer que se trata de una composición o «poema menor», apretadamente transcrito en «una sola tablilla» y en el que se ha desarrollado un «episodio» mitológico autónomo [13].

Pero lo que decididamente la aísla de las otras tablillas del ciclo de *Baʿlu* es su peculiar epigrafía. Utiliza un signo especial para el fonema semítico primitivo *ḏ*. Emplea además la variante dialectal *mlbr* por *mdbr,* a no ser que se trate de un error escribal. En resumen, no debe ser alineada con las otras tablillas de las que la separan su distribución y características epigráficas. Su contenido tampoco permite una fácil inclusión en la secuencia del ciclo de *Baʿlu* que nos ofrecen las grandes tablillas. La incluimos, por tanto, entre los «poemas menores» de la literatura ugarítica.

Un juicio similar debe emitirse sobre los textos 1.10-11 [14] que verosímilmente pertenecen a una misma tablilla [15], grabada por una sola cara y con

[10] Cf. Virolleaud, DA, p. VI; Cassuto, GA, pp. 53ss; Herdner, CTA, p. 53; Gordon, UL, pp. 10-11, 53ss; íd., UMC, p. 91; Gray, LC, pp. 76ss.

[11] La anchura de las columnas es menor que en las tablillas de tres. Se puede calcular la anchura total de la tablilla en unos 20 cm; su altura superaría esa dimensión. Actualmente ofrece unas medidas de 9,5 × 19 cm; su color es «beige». Resulta así bastante distinta en sus características externas de las tablillas literarias normales. Fue hallada en la campaña de 1930 y se conserva en el museo del Louvre. Cf. Virolleaud, «Syria» 16 (1935) 248, 259; De Langhe, TRS I, pp. 158s; Herdner, CTA, pp. 52; cf. también *infra,* pp. 475s.

[12] Cf. Herdner, CTA, p. 53; pl. XVII.

[13] Cf. Ginsberg, JAOS 70 (1950) 159; íd., ANET, p. 142; Aistleitner, MKT, p. 11, que la considera opuesta al ciclo externa e internamente; Van Zijl, *Baal,* p. 10; De Moor, SP, p. 6, n. 18; Jacob, RSAT, p. 47; Rin, AE, p. 257; Driver, CML, pp. 70ss, la denomina *Hadad;* Gibson, CML, p. 32; Caquot, SDB, fascículo 53, col. 1.387-1.388.

[14] Ambos fueron hallados en 1931 y se conservan en el museo de Alepo. Las dimensiones son 17 × 14,4 para 1.10 y 10 × 6,5 para 1.11, lo que permite suponer una altura original de la tablilla de unos 20/21 cm por una anchura de unos 16/17, dimensiones que se aproximan a las de las tablillas literarias. Cf. Virolleaud, «Syria» 17 (1936) 150ss; 24 (1944-1945) 14ss; De Langhe, TRS I, pp. 158s; Herdner, CTA, pp. 48 y 51; pl. XV-XVI; cf. *infra,* pp. 463s.

[15] Cf. Virolleaud, «Syria» 17 (1936) 150s; Ginsberg, ANET, pp. 141-142; Driver, CML, p. 11, n. 4 (¿fin del ciclo?).

tres columnas separadas por una línea divisoria profunda. El texto 1.11 se podría situar al principio de su columna primera (?), aunque no sin dificultad [16]. Lo que claramente separa a ambos fragmentos del ciclo de *Baʿlu,* en el aspecto redaccional, es la peculiaridad con que se presenta su texto: aparece dispuesto «esticométricamente», en vez de en líneas epigráficamente homogéneas que llenen todo el espacio de la columna. Esto supone un criterio escribal diferente, que excluye su unidad editorial y redaccional con las otras tablillas dentro de un mismo poema. De nuevo con Ginsberg podemos ver aquí un «poema menor» que relata un «episodio» mitológico suelto [17]. Su contenido, de tema amoroso (relaciones *Baʿlu-ʿAnatu),* tampoco permite alinearlo con los otros textos mayores.

El fragmento 1.9 [18], que Herdner, Gordon y otros [19] incluyen entre los del ciclo de *Baʿlu,* tampoco forma cuerpo evidentemente con las grandes tablillas. Sus peculiaridades epigráficas (signos *ǵ, ḫ, i)* y su caligrafía, carente de finura, reclaman una mano diferente de la del escriba de las tablillas mayores; asimismo lo reclaman razones de contenido [20].

Por la misma razón debe excluirse el fragmento 1.8 [21], que Gordon y

[16] Ni el material ni el texto coinciden; cf. Herdner, CTA, p. 51; De Moor, SP, p. 5s, los considera como fragmentos de tablillas diferentes.

[17] Cf. Virolleaud, DA, p. VI; Ginsberg, JAOS 70 (1950) 159, n. 13; íd., ANET, p. 141; De Moor, SP, pp. 5s; Gese, RAAM, p. 52; Van Zijl, *Baal,* p. 9 (variante mitológica); Dietrich-Loretz-Sanmartín, KTU, pp. 32-34. Para De Moor es del mismo género que 1.96 y 1.114 (SP, p. 6, n. 22); para Aistleitner, MKT, p. 12, constituyen el colofón del ciclo y se sitúan después de la construcción del palacio de *Baʿlu,* 1.3-4, que sigue a la lucha con *Môtu,* 1.5-6; para Gaster, «Iraq» 6 (1939) 109, temáticamente precedería (1.10) a 1.3 dentro del esquema del mito del «dios muerto y resucitado». Fuera del ciclo lo colocan también Gibson, CML, p. 32; Caquot, SDB, fasc. 53, col. 1.372, 1.382.

[18] Encontrado en 1933 y conservado en el museo de Alepo; sus dimensiones son 8,5 × 8,5. Cf. Virolleaud, «Syria» 24 (1944-1945) 17ss; De Langhe, TRS I, p. 171; Driver, CML, p. 11, n. 3; Herdner, CTA, p. 47; pl. XIV; Dietrich-Loretz-Sanmartín, KTU, p. 31; cf. *infra,* p. 498. No es posible determinar el número de columnas que poseía la tablilla, ni precisar sus dimensiones originales.

[19] Cf. Herdner, CTA, p. 47; Gordon, UL, p. 15 (pero no en UMC); Oldenburg, CEB, p. 136 (cf. *supra* tabla sinóptica).

[20] Cf. De Moor, SP, p. 5 *(Baʿlu* es aún joven; episodio anterior al «ciclo»); Van Zijl, *Baal,* pp. 10 y 13.

[21] Hallado en 1931, se conserva en el museo de Alepo; mide 6 × 4 cm. Posiblemente pertenece a una tablilla de seis columnas; cf. Virolleaud, «Syria» 13 (1932) 158s; De Langhe, TRS I, p. 171; Herdner, CTA, p. 46; pl. XIV. También Driver, CML, pp. 11, 19, 118s, lo considera perteneciente al «ciclo», pero de posición literaria incierta dentro del mismo; cf. Gordon, UL, p. 38; íd., UMC, p. 75; Ginsberg, ANET, p. 121 (¿después de 1.2?); cf. *infra,* p. 498.

otros unen al texto 1.4: «La escritura es sensiblemente mayor que la de las grandes tablillas firmadas por *Ilimilku*» [22]. Este criterio epigráfico no puede ser descuidado por el hecho de que se dé gran convergencia de contenido entre ambos textos. Podría tratarse de una redacción diversa o de una variante del mismo mitema, correspondiente a otra edición del mito. Su contenido no cuadra, por lo demás, exactamente con el del texto 1.4, ni la reconstrucción de esta tablilla deja lugar para tal fragmento. De Moor sugiere que se trata de «una colección de encabezamientos *(catchlines)* que cubren toda la serie de *Baʿlu* y sirven de ayuda mnemotécnica al sacerdote que debe recitarla» [23].

En el caso del texto 1.7 [24], una simple hojeada a la plancha que lo reproduce basta para convencerse de que se trata de material epigráfico diverso del de las grandes tablillas. Por otra parte, su peculiaridad en la transcripción del signo *ǵ* y su caligrafía grande y desgarbada confirman aquella impresión. Gordon, que en un primer momento lo conjugó con el texto 1.3, lo ha dejado de lado posteriormente [25]. En realidad, mantiene una gran semejanza de contenido con dicho texto, por lo que posiblemente nos encontremos también aquí con una variante ligeramente diversa del mismo mitema, como asegura De Moor [26]. Lo tendremos en cuenta, así como al fragmento 1.8, al ofrecer la versión de sus textos paralelos.

Queda aún por determinar la situación de algunos textos muy fragmentarios en los que se menciona al dios *Baʿlu:* 1.25, 45, 55, 61, 62, 63, 75, 82, 83, 84, 88, 92, 93, 96, 100, 101, 107, 108, 113, 114, 124, 133, 148; 2.31; 7.31 [27]. Sus exiguas dimensiones no permiten un juicio definitivo, así como

[22] Cf. Herdner, CTA, p. 46; Dietrich-Loretz-Sanmartín, KTU, pp. 30-31.

[23] Cf. De Moor, SP, p. 5; Van Zijl, *Baal,* p. 10; Gibson, CML, p. 32.

[24] Se trata de dos fragmentos de una misma tablilla, conservados en el museo de Alepo y hallados en la campaña de 1933, de dimensiones 9 × 7 y 12 × 6,3; cf. Virolleaud, «Syria» 24 (1944-1945) 12-14; Cassuto, GA, pp. 175-183; Herdner, CTA, pp. 43-44; pl. XIV; Driver, CML, pp. 19, 118-119; Dietrich-Loretz-Sanmartín, KTU, pp. 29-30; cf. *infra,* p. 497. La tablilla debió de ser de una sola columna, al continuarse el texto del segundo fragmento, correspondiente a la esquina izquierda, por su borde inferior en el reverso.

[25] Cf. Gordon, UL, pp. 27s; íd., UMC, p. 62; íd., PLM, p. 89; Herdner, CTA, p. 44, n. 1; Van Zijl, *Baal,* p. 10.

[26] Cf. De Moor, SP, pp. 3-5; Jirku, ZDMG 110 (1961) 20; Gibson, CML, p. 32; *infra,* pp. 180ss.

[27] Cf. Gordon, UL, p. 56, que coloca el fragmento 2.2 al final del ciclo de *Baʿlu,* pero lo omite en UMC y PLM. Verosímilmente es una carta según Herdner, CTA, p. 149; cf. Virolleaud, «Syria» 19 (1938) 340ss; De Langhe, RST I, p. 177; Ginsberg, JAOS 70 (1950) 159; Van Zijl, *Baal,* pp. 11-12. Para una discusión general de los fragmentos, cf. De Moor, SP, pp. 6-8; Van Zijl, *Baal,* pp. 11-

su peculiar epigrafía excluye de por sí la unidad editorial con los grandes textos del ciclo mitológico de *Baʿlu*. En el caso de 1.82, 84 (2.31) su particular disposición por secciones los diferencia fundamentalmente de aquéllos en este aspecto editorial [28]. Probablemente son dos «poemas menores» de sentido cúltico-ritual como el texto 1.23, con el que coinciden en la disposición mencionada. Algunos otros (por ejemplo, 1.101,133) representan posiblemente versiones variantes de otros tantos episodios (cf. 1.3 I; III 22ss; 1.5 I 14ss) del ciclo mitológico. La existencia de una variedad de versiones del ciclo mitológico de *Baʿlu*, o al menos de alguno de sus episodios, se puede considerar como segura [29].

Nos quedan así seis tablillas que pueden representar una versión o redacción unitaria del ciclo mencionado. De ellas, cuatro (1.1,3,5,6) poseían originalmente seis columnas de texto, tres en cada cara, según la disposición descrita más adelante [30]; sus dimensiones eran poco más o menos las mismas, a juzgar por la anchura de las columnas y el número de líneas que cada una contenía [31]. Una ofrecía ocho columnas (1.4) y otra sólo cuatro (1.2). Esto trajo consigo que las columnas fuesen más estrechas en la primera de esas tablillas y más anchas en la segunda, sin que por eso, no obstante, sus medidas resulten completamente homogéneas con las de seis columnas. Esta diversidad en la disposición del texto por un escriba tan refinado como *Ilimilku* y en una copia tan «solemne», como parece ser la realizada por él [32], no puede dejar de tener alguna justificación. Sin duda depende de la

12; Caquot, SDB, fasc. 53, col. 1.382ss; Gibson, CML, pp. 32-33. De los contenidos en PRU V y *Ug.* V no tenemos descripción externa ni plancha fotográfica.

[28] Cf. la sumaria descripción de PRU II, p. 3, con su plancha correspondiente; Van Zijl, *Baal,* p. 11, señala la semejanza de 1.82 con 1.5; De Moor, SP, p. 6.

[29] Cf. *supra,* n. 2; Ginsberg, JCS 2 (1948) 143; Dahood, *Psalms* II, p. 19; De Moor, SP, pp. 7-8; A. Jirku, *Doppelte Überlieferungen im Mythus und im Epos von Ugarit?:* ZDMG 110 (1960) 20-25.

[30] Cf. *infra,* p. 239.

[31] Las dimensiones-tipo originales son las que ofrecen 1.6 (26,5 × 19,5) y 1.4 (26 × 22), mientras para otras tablillas sólo son deducibles por los fragmentos conservados y reconstruidos (cf. 1.1 = 8,5 × 6; 1.2 = 12,2 × 9,9 en el fragmento mayor; 1.3 = 13,2 × 16,2, anchura total, algo menor que la típica; 1.5 = 14,5 × 15,6). La división de las columnas se hace por una doble línea divisoria profundamente incisa. El número de líneas en las columnas conservadas íntegras oscila entre 62-65 (cf. 1.4 IV-V), 67 (cf. 1.6 I) y 58 (cf. 1.6 VI). Se conservan en el museo del Louvre (1.1,2,5,6) y Alepo (1.3,4) y fueron halladas todas en las campañas de 1930, 1931 y 1933; cf., además de la *editio princeps* de Virolleaud en «Syria» y DA; Herdner, CTA, pp. 1-43; De Langhe, RST I, pp. 152ss; Dietrich-Loretz-Sanmartín, KTU, pp. 3-29; Caquot-Sznycer, TOu, pp. 293ss.

[32] Cf. De Moor, SP, p. 2, n. 6, 8; *supra,* p. 30.

secuencia de las tablillas en el poema. Ya veremos más tarde cómo también en el poema de *Aqhatu* la última tablilla tiene sólo cuatro columnas [33].

Ahora bien, lo más probable es que estas seis tablillas constituyan, sí, un ciclo mitológico [34], pero compuesto de tres «mitos» [35] o composiciones autónomas que giran cada una en torno a un mitema particular: «Lucha entre *Baʿlu* y *Yammu*» (1.1-2), «El palacio de *Baʿlu*» (1.3-4) y «Lucha entre *Baʿlu* y *Môtu*» (1.5-6) [36]. Teniendo esto en cuenta, nuestra ordenación de tablillas coincide con la ofrecida por Herdner, Driver, Jirku, De Langhe, Caquot-Sznycer y, con algunas variantes, por Gray, Vine y Van Zijl.

Con todo, la secuencia propuesta no deja de ofrecer dificultades por la repetición de motivos que se observa en algunas tablillas, pertenecientes a más de un mito de entre los tres propuestos. De Moor discute expresamente este problema de la secuencia de las tablillas y propone un orden nuevo,

[33] Cf. De Moor, SP, p. 2, n. 6, llama la atención sobre la presencia de colofones en 1.4 y 1.6, pero sobre el valor de tal indicio, cf. *infra,* p. 242, n. 13; Petersen-Woodward, UF 9 (1977) 237.

[34] En la «unidad» del ciclo insisten sobre todo De Moor, SP, pp. 36, 40-42, que define tal unidad como un «ciclo estacional» cerrado, compuesto por las seis tablillas mencionadas, y Gaster, *Thespis,* pp. 128-129 y *passim,* para quien 1.2-6 se configura según un *pattern* continuo, igualmente estacional, de 72 episodios; íd., «Iraq» 6 (1939) 109ss, 114; para otras opiniones unitarias, cf. Gray, LC, p. 37; Jirku, KME, p. 11 (32 episodios).

[35] Cf. Jacob, RSAT, p. 43; Schmidt, ZRelGg 15 (1963) 1-13; Del Olmo Lete, UF 9 (1977) 31; Gibson, CML 2ss; Vine, EBU, pp. 230-252, 277; Van Zijl, *Baal,* pp. 9ss, 157, 323-324; según estos últimos, el tema de la «realeza» incluye los motivos de la «victoria de *Baʿlu* sobre *Yammu*» y el del «palacio de *Baʿlu*», mientras el tema «agrícola» correspondería al motivo tercero de los señalados. Ambos temas y sus motivos correspondientes pertenecen al más general de la «fertilidad»; cf. también Caquot-Sznycer, TOu, pp. 103s, que distinguen seis temas; Gray, LC, pp. 11-12, dos mitos: *Baʿlu-Yammu* y *Baʿlu-Môtu;* igualmente Clifford, CMC, p. 39ss, 85. La independencia del primer «mitema» es resaltada por Virolleaud, LBC, pp. 75ss; íd., DA, pp. V-VI; Gössmann, Aug 1 (1961) 124-130; Gray, LC, p. 37; Van Selms, UF 3 (1971) 251-252; Gese, RAAM, pp. 59-65; Horwitz, UF 5 (1974) 165-173 (para su peculiaridad escribal); sobre el segundo, cf. Obermann, UM, pp. 1ss; Cassuto, BOS II, pp. 113ss, para quien el conflicto *Baʿlu-Môtu* es el tema general del ciclo; últimamente, Van Rooy, JNSL 7 (1979) 95 (tres mitos).

[36] La tablilla 1.5 es continuación de otra anterior. Si esta fuera 1.4, como suponen muchos autores (cf. *infra,* n. 61), entonces el tema segundo y tercero se continuarían en una unidad composicional superior. Pero esto no es seguro, incluso editorialmente poco probable (secuencia de una tablilla de ocho columnas por otra de seis); cf. Aistleitner, MKT, pp. 11-12, que lo cree psicológicamente imposible, proponiendo que 1.3-4 seguía a 1.5-6; también *supra,* n. 35.

que según él resuelve todas las dificultades existentes hasta hoy [37]. Trata de demostrar la secuencia 1.3-1-2-4-5-6 como la más segura, poniendo de relieve los elementos que relacionan las diferentes tablillas y las dificultades que en esa misma relación se presentan. Mucho me temo que su seguridad esté guiada por una precisa voluntad de justificar una tesis previa, a saber: el establecimiento del *Seasonal Pattern* a lo largo de todo este ciclo mitológico, según el estricto orden natural de las estaciones [38]. También Van Zijl considera ampliamente el problema [39]. Discutiremos los argumentos de ambos a propósito de los textos mencionados.

Distinguidas estas tres unidades autónomas, el problema de la ordenación de las tablillas se reduce al de la secuencia de esos tres temas en la concepción mitológica y cúltica cananea. El colofón de 1.6 VI 54-58 no es dato suficiente para confirmar que este texto era el último del ciclo, pues ignoramos si existían colofones semejantes al final de otros textos (cf. 1.4 VIII) [40]. Sin embargo, «mitológicamente» el orden propuesto parece el más coherente, pues *Baʿlu* es una divinidad conflictiva que sólo puede afirmar su «reino» (tema del palacio y la soberanía), el triunfo de la fertilidad y la vida, después de su victoria sobre el «caos primordial» que amenaza a la tierra desde sus mismas bases y orígenes (tema cósmico-creacional), y en conflicto incesantemente renovado y superado con la fuerza de la «Muerte» y esterilidad en las que aquel «Caos» se hace presente (tema estacional de la fertilidad) [41].

[37] Cf. De Moor, SP, pp. 36-43; también Van Zijl, *Baal,* pp. 9-12; Aistleitner, MKT, p. 12; Gese, RAAM, pp. 51-52, 57; Caquot-Sznycer, TOu, p. 147, discuten la secuencia, llegando a soluciones distintas, como hemos indicado.

[38] Cf. De Moor, SP, pp. 9-27, donde discute las opiniones de los diversos autores acerca de la interpretación estacional de estos textos, ofreciendo a continuación la suya propia; cf., sin embargo, Driver, CML, pp. 20ss; Ginsberg, ANET, p. 129; y para su crítica Caquot-Sznycer, TOu, p. 104; L. L. Grabbe, *The Seasonal Pattern and the «Baal Cycle»:* UF 8 (1976) 57-63; Gibson, CML, p. 7, n. 5.

[39] Cf. *supra,* n. 37.

[40] Cf. *infra,* p. 130; contrariamente, Gössmann, Aug 1 (1961) 124-130, que presupone 1.5-6 anterior a 1.1-3-4 (tema del palacio); su hipótesis de que el colofón sólo aparece en tablillas finales de serie o poema es sugestiva, pero no resulta plenamente verificable.

[41] Esta secuencia de temas no deja de manifestar cierta semejanza con la estructura del poema *Enuma eliš,* por ejemplo, en el hecho de ser aliados los dioses enemigos de *Baʿlu: Yammu* y *Môtu;* cf. De Moor, SP, p. 21; Gray, LC, pp. 29ss, 36-37, 47 (carácter cósmico-creacional del conflicto *Baʿlu-Yammu* y quizá del siguiente; cf. *infra,* p. 145; Aistleitner, MKT, p. 12 (pero la construcción del palacio viene allí al final). Por otra parte, me parece desmesurada la consecuencia que De Moor, SP, pp. 42-43, saca de 1.17 VI 28-33 en orden a asegurar la secuencia por él propuesta.

El tema primero del ciclo lo tenemos en las tablillas 1.1 y 1.2. De las cuatro columnas (segunda a quinta) que conserva el fragmentario texto de la tablilla 1.1, originariamente de seis columnas, la primera y la última están muy dañadas y ofrecen sólo medias líneas [42]. Es posible, no obstante, reconstruir el texto de aquella columna (segunda de la tablilla) con los paralelos que ofrecen 1.3 III y IV, así como otros textos menores. Se logra de ese modo una secuencia argumental aceptable (de la segunda a la cuarta columna), que es la seguida normalmente: citación de *ʿAnatu,* citación-encargo a *Kôṯaru,* proclamación de *Yammu.* Sin embargo, aquí seguiremos el orden inverso por razones de contenido, que se han explicado ampliamente en otro lugar [43]. Su temática, sea cual sea el orden de las columnas, encaja bien con lo que supone la tablilla siguiente, de modo que la secuencia entre ambas se puede dar por asegurada [44].

El primer problema que plantea la lectura de 1.2 es también el de la ordenación de sus dos fragmentos, admitiendo que ambos pertenezcan a ella [45]. Dada la longitud de sus líneas, parece tratarse de una tablilla de cuatro columnas. El fragmento mayor ofrece la parte inferior de la primera y, respectivamente, la superior de la última, así como unos inicios de línea de una tercera, a la derecha de la primera. Suponiendo una tablilla de cuatro columnas, como parece lo más natural, esas columnas serían la primera y la segunda (parte inferior), y consiguientemente su reverso correspondería

[42] Para una descripción de la tablilla, cf. Virolleaud, DA, p. 91; pl. IX-X, XIII; De Langhe, TRS I, p. 160; Cassuto, GA, pp. 156-159; pl. IV-V; Pope, EUT, p. 96; Oldenburg, CEB, p. 123, n. 4; Herdner, CTA, p. 1; pl. I. Otros autores dejan el orden de las columnas en duda: Virolleaud, DA, p. 91; Herdner, CTA, p. 1; Caquot-Sznycer, TOu, p. 293; Caquot, SDB, fasc. 53, col. 1.383-1.384; Dietrich-Loretz-Sanmartín, KTU, p. 3.

[43] Cf. Del Olmo Lete, UF 9 (1977) 32-35 [= «Helmantica» 28 (1977) 389-393]; es el orden ya propuesto por Cassuto (cf. nota precedente). Invertido así el orden de las columnas y de las caras de las tablillas, entonces la secuencia resulta: «pronunciamiento» (?) de *Baʿlu* (V), proclamación de *Yammu* (IV), citación-encargo del arma distintiva a *Kôṯaru* (III), citación a *ʿAnatu* (II); cf. Herdner, CTA, p. 1.

[44] Cf. Ginsberg, ANET, p. 129; Gese, RAAM, p. 57; De Moor, SP, pp. 39-42; Aistleitner, MKT, p. 12, que deja impreciso el lugar que corresponde a 1.1; Pope, EUT, p. 93 (dudoso, ¿variante?); Caquot-Sznycer, TOu, pp. 297-298 (secuencia dudosa); Gössmann, Aug 1 (1961) 124-130 (entre 1.3 y 1.4); Gibson, CML, p. 3 (sería una sinopsis del ciclo de *Baʿlu);* Caquot, SDB, fasc. 53, col. 1.384 (fuera del ciclo).

[45] Cf. Driver, CML, p. 11, lo pone en duda y opina que el fragmento 1.2 III podría pertenecer a otra tablilla; así también Ginsberg, ANET, p. 129; para Cassuto, GA, p. 178, podría tratarse de una tablilla con una sola columna (?).

al inicio de la columna cuarta. El segundo fragmento, que sólo conserva una cara, se situaría en una de las secciones restantes de las columnas segunda y tercera [46].

Esta ordenación, aun admitida su verosimilitud, es, sin embargo, abandonada por muchos autores [47] en razón de la secuencia argumental del contenido. Se prefiere adelantar el segundo fragmento de los mencionados, lo que sólo puede hacerse otorgándole un puesto en la parte superior de la primera columna [48]. No se pueden aducir razones materiales decisivas, ya que el fragmento presenta ambos bordes deteriorados, aunque ciertamente más el izquierdo, mientras el derecho llega a ofrecer alguna línea completa. Esto haría suponer que la fractura ocurrió más bien a la izquierda, pero su estado tan fragmentario y la pérdida de una de las caras, en una rotura por desdoblamiento de la tablilla, impiden deducciones rigurosas [49].

De Moor [50] apunta algunas razones que hacen verosímil esta ordenación. En la secuencia argumental que hemos trazado a propósito de 1.1 se sitúa bien el encargo de la construcción del palacio de *Yammu* como culminación de su proceso de encumbramiento a la realeza divina, según se le prometió en 1.1 IV 20-21 y se comenzó a cumplir con el encargo de su arma distintiva. Una vez concedido el palacio, surgirán los contrastes de sus opositores y pretendientes antagónicos (cf. 1.2 III) y podrá él mismo reclamar que se le sometan todos ellos, sobre todo *Baʿlu* (cf. 1.2 I), desencadenando así el

46 Cf. Virolleaud, «Syria» 16 (1935) 29; 24 (1944-1945) 1; De Langhe, TRS I, p. 159; Ginsberg, ANET, p. 129; Herdner, CTA, p. 5; pl. II-III; Caquot-Sznycer, RPO, pp. 380-381; íd., TOu, pp. 107-109; Dietrich-Loretz-Sanmartín, KTU, p. 6, n. 1; Gibson, CML, pp. 2-3 (con interpolación de 1.1 IV); Caquot, SDB, fasc. 53, col. 1.373-1.374.

47 Cf. Ginsberg, ANET, p. 129 (¿de otra tablilla?); De Moor, SP, pp. 36s, n. 8; Caquot-Sznycer, RPO, p. 381; íd., TOu, p. 109; Rin, AE, pp. 36ss (intercala 1.9 entre 1.2 I y IV. De todos modos, De Moor no traduce este fragmento por no servirle para su *pattern*.

48 Cf. De Moor, SP, p. 37; esto, con todo, es excluido por Dietrich-Loretz-Sanmartín, KTU, p. 6, n. 1: «Die Unterbringung des Fragments in Kolumn I oder IV wird durch den rechten Rand desselben ausgeschlossen». Me parece que la opinión es excesiva.

49 De todos modos, la carencia de escritura en el reverso del fragmento no puede fundar su pertenencia al inicio/final de la columna I/IV, como aseguran Caquot-Sznycer, RPO, p. 381; pero íd., TOu, p. 108, 111; cf. De Moor, SP, p. 36, n. 4.

50 Cf. De Moor, SP, p. 37. No comparto, con todo, la opinión de que en 1.2 I 4ss habla *ʿAṯtaru*. En esas líneas se contiene la misma fórmula de 1.1 IV 24-25 (cf. Herdner, CTA, p. 6, n. 1), y el que pronuncia la maldición es *Baʿlu* (cf. Van Zijl, *Baal*, p. 19).

conflicto definitivo (cf. 1.2 IV) hacia el que camina el mitema[51]. De ese modo, 1.2 III, que ofrece la pretensión de *ʿAṯtaru* a la realeza frente a la decisión de *Ilu* en favor de *Yammu,* no es un elemento secundario o perturbador de la secuencia «lógica» del mito, sino que tiene *valor estructural de interludio,* como lo demuestra la presencia del mismo tema, dentro de una situación idéntica de instauración de la realeza divina, en el tercero de los mitos mencionados (cf. 1.6 I 43ss). Dramáticamente es importante este interludio por la explicitación de motivos que lleva consigo. De todos modos, la ordenación de los fragmentos no se impone de manera clara.

El mito siguiente, desarrollado en las tablillas 1.3 y 1.4, está íntimamente relacionado con el anterior, en cuanto habla también de la construcción de un palacio, el de *Baʿlu,* que le corresponde por derecho incuestionable de victoria y superioridad. Pero ahora no se trata de asegurar el derecho de *Baʿlu* a poseer un palacio propio, sino que su construcción va a dar lugar a una exposición mitológica de la naturaleza y funciones de este dios. El tema, pues, desborda al primero.

La tablilla 1.3 ofrece un fragmento grande, reconstruido, que representa la parte inferior del anverso y la superior del reverso de sus seis columnas; otro fragmento menor corresponde al inicio de la tercera columna y final de la cuarta. En su referencia nos atendremos a ese orden de columnas, prescindiendo de la ordenación por letras (A-F) con que se le designa en la *editio princeps*[52].

La tablilla 1.4, por su parte, de dimensiones mayores, presenta ocho columnas y es el resultado del ensamblaje de seis fragmentos; sólo la quinta columna está completa. Presenta en la parte inferior de la primera un breve trazo doble como posible indicación del anverso[53].

[51] El mismo proceso puede comprobarse en el posterior conflicto entre *Baʿlu* y *Môtu:* el primero envía sus mensajeros al segundo (cf. 1.4 VII 45ss) sólo luego que se le ha concedido la construcción de su palacio; inmediatamente después estalla la lucha. En el caso de admitirse el primer orden de fragmentos hay que suponer que a la «proclamación» sigue la reclamación de soberanía absoluta y a ésta la concesión del palacio (cf. en este sentido 1.3 V 29ss).

[52] Cf. Virolleaud, «Syria» 17 (1936) 335; 18 (1937) 85, 256; íd., DA, pp. V-VI, 11, 29; De Langhe, RST I, pp. 153-154; Cassuto, GA, pp. 82ss; íd., BOS II, pp. 119-120, 135; Ginsberg, ANET, p. 135; Driver, CML, p. 11; Gibson, CML, p. 8; Herdner, CTA, pp. 12-13; pl. IV-VI; Caquot-Sznycer, TOu, pp. 143, 185; Caquot, SDB, fasc. 53, col. 1.375-1.377; S. Rummel, *The ʿNT Text: A Critical Translation,* Dis. 1978, Claremont; que estuviera dividida en párrafos por las correspondientes líneas no es seguro, ni es ése el sentido de la línea doble.

[53] Cf. Virolleaud, «Syria» 13 (1932) 113; De Langhe, RST I, pp. 154-155; Cassuto, BOS II, pp. 119-120, 133; Hvidberg, WL, p. 40, n. 6; Driver, CML, p. 11, que añade al final el fragmento 1.8; Gibson, CML, p. 8; Herdner, CTA,

De Moor adelanta algunas objeciones contra la secuencia 1.3-4. Derivan unas de la identidad de fórmulas fijas que sugieren otra agrupación; así, 1.3 V 17 aparece solamente en 1.4 VIII 21ss y en 1.6 II 24s, lo que, según él, significaría, manteniendo el orden de tablillas propuesto, un adelanto injustificado de acontecimientos. Pero yo creo que aquí no se trata de adelantar «acontecimientos», sino de emplear un esquema estereotipado para describir la relación que media entre *Šapšu* y *Môtu* en sus actividades [54]; ni pienso que el orden propuesto (1.3-1-2-4-5-6) responda mejor a su propia objeción, aun admitiendo el carácter cíclico y recurrente del mito. Dígase lo mismo de la fórmula fija 1.3 III 14ss; IV 8ss, 22ss, que aparece parcialmente sólo en 1.1 II 1ss y 1.1 III 10ss. Se trata de un estereotipo para citar a *ʿAnatu,* usado por divinidades diversas en ambos casos, y que retrata su carácter belicoso; en cuanto tal, podría aparecer en cualquier otro sitio del mito [55]. No sabemos si así sucedía, pues no tenemos ninguno otro caso de «citación» de *ʿAnatu* que justifique tal repetición. Por otra parte, aparece en 1.3 III 37ss la mención de una victoria de *ʿAnatu* sobre *Yammu* y sus aliados, siendo así que es *Baʿlu* quien en 1.2 IV 23ss vence a *Yammu* [cf. 1.5 I 1-3,27-30; 1.6 V 3 (?)] [56]. Si admitimos, como hemos propues-

pp. 20-21; pl. VII-X; Caquot-Sznycer, RPO, p. 402; íd., TOu, p. 181; Caquot, SDB, fasc. 53, col. 1.377.

54 Cf. De Moor, SP, pp. 39s; Løkkegaard, AcOr 22 (1955) 14, n. 4; para la interpretación del pasaje, cf. *infra,* pp. 119, 138; y Caquot-Sznycer, TOu, pp. 144-145, 189; Gibson, CML, p. 10, n. 6, para su crítica y en favor de la secuencia 1.3-4. El motivo aducido por Ginsberg, ANET, p. 135, para invertir el orden de las tablillas 1.3 y 1.4, en razón de que allí se llama a *Môtu* el «Amado de *Ilu*», mientras en 1.4 VI 12 lo es todavía *Yammu,* no es suficiente. Tal denominación no indica una secuencia de predilección, sino que reproduce un estereotipo fijo.

55 Se trata de una fórmula aplicable a toda divinidad que se pone en marcha (cf. *infra,* p. 102, para su interpretación). De todos modos, por la misma razón de repetición de una fórmula (cf. 1.3 IV 46ss; V 38ss; 1.4 I 9ss), la de la morada de las «hijas» de *Baʿlu,* se podría exigir la secuencia 1.3-4.

56 Cf. De Moor, SP, pp. 40s; Miller, DW, p. 24. No me parece muy verosímil que se trate de dos combates diferentes y que no se resuma en este conflicto *Baʿlu-Yammu* todo el sentido cósmico de su oposición (cf. Cross, CMHE, p. 149). *ʿAnatu* se apropiaría simplemente la victoria por la parte que le cupo en ella y que quizá se narraba al final de 1.2 [cf. De Moor, UF 1 (1969) 225; Jacob, RSAT, p. 46, que considera a la diosa como un «doble» de *Baʿlu* (!)]; de igual manera podría ella atribuirse la superación de *Môtu,* al que ella «destruye» (cf. 1.6 II), pero al que *Baʿlu* vence (cf. 1.6 VI). También se podría aceptar la versión de Aistleitner en segunda persona (cf. MKT, pp. 27-28; Kapelrud, VG, pp. 54-62), con lo que tendríamos un solo combate de *Baʿlu.* De todos modos, adviértase la argumentación opuesta del mismo Aistleitner, MKT, p. 12, contra la secuencia

to, dos mitos diferentes, por tanto no ligados dramáticamente dentro del mismo ciclo, esa doble mención no crea mayor dificultad. Máxime aceptando la solución sugerida por el mismo De Moor de tratarse en el primer caso de una referencia a un combate primordial diverso y anterior al citado en 1.2 IV y que, por tanto, puede mencionarse en todo momento. En cualquier orden que se propugne habrá siempre una cierta tensión entre las dos referencias a la victoria sobre *Yammu,* en una de las cuales *ʿAnatu* parece atribuirse la exclusiva [57].

Una dificultad más seria para la secuencia propuesta de estas tablillas la ofrece la doble solicitud, de *ʿAnatu* y de *Aṯiratu,* presentada para recabar de *Ilu* la construcción del palacio de *Baʿlu.* Parece que la intercesión de la primera no ha resultado suficiente al respecto [58].

No conocemos, en todo caso, la respuesta de *Ilu* a la solicitud de la diosa para poder decidir sobre el valor de su intervención. Se podría incluso suponer que, aun estando de acuerdo *Ilu* con tal petición y habiendo otorgado su permiso, dadas las amenazas a que es sometido por ella, él mismo le encargue recabar primero el beneplácito de *Aṯiratu* y sus hijos los dioses, pues seguramente la actitud belicosa de *Baʿlu* y de la misma *ʿAnatu* les ha enajenado sus voluntades (cf. 1.4 II 21ss) [59]. De todos modos, ese preciso

1.3-4//1.5-6 por este idéntico motivo del combate de *Baʿlu* contra *Yammu* y sus alusiones en 1.3-4. Pero no la creo acertada, pues 1.6 V 3 es mera alusión a la victoria de *Baʿlu* sobre *Yammu.* Esta se da en 1.1-2.

[57] Para otras menciones de la lucha entre *Baʿlu* y *Yammu,* cf. 1.82-83; De Moor, SP, p. 6; íd., UF 1 (1969) 225; Gray, LC, pp. 30-32; Caquot-Sznycer, TOu, p. 112; Jirku, MK, p. 24; Dijkstra, UF 2 (1970) 333, n. 2.

[58] Cf. Virolleaud, DA, p. 89; Ginsberg, JCS 2 (1948) 143; Obermann, UM, p. 81 (variantes: respuesta positiva en las dos); Herdner, «Syria» 27 (1950) 341 (posiblemente dos variantes); Gaster, *Thespis,* p. 242 (variantes); Vine, EBU, pp. 11, 34, 57, 171, 189, 247 (variantes); Oldenburg, CEB, p. 26 (independientes); Driver, CML, p. 15; Aistleitner, MKT, p. 24; Van Zijl, *Baal,* p. 10; De Moor, SP, pp. 38-39, 41-42; *infra,* p. 121.

[59] Recuérdese que en 1.1 IV 2ss eran al parecer también diosas las que solicitaban el trono para *Yammu* ante *Ilu,* que es siempre la divinidad que lo otorga. Con todo, también admite De Moor, SP, p. 39, la posibilidad, aunque remota, de un recurso fallido de *ʿAnatu* en primera instancia ante *Ilu* y la negativa de éste. Por otra parte, el encargo para construir el palacio, que De Moor supone ya en 1.3 VI, «mitológicamente» sólo puede venir después de la victoria de *Baʿlu* sobre *Yammu* (en cuanto a su lectura de 1.1 IV 7, cf. *infra,* p. 99). Asimismo, la pretendida revocación del permiso por *Ilu* es un motivo mítico no recurrente y poco «lógico» en la dramática del mito (cf. Cassuto, CA, p. 69). Incluso desde el punto de vista material, una secuencia 1.2-4 es poco probable: una tablilla de cuatro columnas seguida por otra de ocho, en una serie de seis; las «anómalas» se explican mejor como final de episodio.

recurso a *Aṯiratu* está unido al sometimiento de *Yammu* y a la exclusión de toda pretensión por parte de éste, tal como parece sugerirse en 1.4 II 30ss. Esta súbita aparición de *Yammu* deja en claro que éste «no ha sido aniquilado», que mitológicamente es siempre el oponente de *Baʿlu* y que los dos episodios son independientes y no forman unidad.

No es preciso, pues, suponer una suspensión del permiso, que haga aceptable la nueva intercesión de *Aṯiratu,* ni la negativa de aquél. Se puede, así, retener la secuencia de ambas tablillas, sin tomarlas por versiones variantes de la misma tradición [60], y hallar un sentido para el inicio de 1.4. Hay que tener en cuenta el enorme papel que el estilo de mensaje desempeña en el desarrollo de estas vicisitudes mitológicas; su repetida recurrencia no se somete a una lógica «geográfica» estricta, sino que constituye la estructura narrativa básica para expresar las relaciones entre los dioses. El análisis pormenorizado de las secciones nos ayudará a precisar éstas, así como su sentido y «secuencia».

El tercer tema del ciclo, conflicto o lucha entre *Baʿlu* y *Môtu,* está contenido en las tablillas 1.5 y 1.6, cuya secuencia es segura, dado el perfecto ensamblaje que ofrece el final de la primera con el inicio de la segunda, únicos que se nos han conservado en estas condiciones [61]. La tablilla 1.5, de seis columnas, reconstruida a partir de dos fragmentos que se ensamblan bien, hallados en 1930-1931, ofrece una tercera parte de su texto primitivo [62]. La otra, 1.6, de seis columnas igualmente, ofrece, en cambio, casi las dos terceras partes del texto; ha sido reconstruida también a base de dos fragmentos hallados en 1930 y 1933, el último con el inicio de la columna primera y el final de la sexta. Como 1.4, presenta una doble línea al pie de la segunda columna, así como un colofón al final de la última [63].

[60] Cf. *supra,* n. 58; Gese, RAAM, p. 68; Van Zijl, *Baal,* p. 10, que llega a igual resultado, aunque con diferente método.

[61] Cf. Virolleaud, «Syria» 15 (1934) 230-231, n. 3; Caquot-Sznycer, TOu, p. 225; pero cf. De Langhe, TRS I, p. 157. La posible secuencia 1.4-5-6 es discutida por muchos autores; cf. Virolleaud, «Syria» 15 (1934) 231, n. 1, 308 (posible); Nielsen, RSM, p. 107; Ginsberg, «Or» 5 (1936) 161; íd., JCS 2 (1948) 143; íd., ANET, p. 138 (no secuencia inmediata 1.4-5); Gray, LC, p. 56 (secuencia aparente 1.4-5); Gese, RAAM, pp. 51-52 (secuencia segura); Caquot-Sznycer, TOu, pp. 185, 226, 239 (secuencia probable); Caquot, SDB, fasc. 53, col. 1.379; Gibson, CML, p. 14; *supra,* n. 36.

[62] Cf. Virolleaud, «Syria» 15 (1934) 305; íd., LPD, 82; Nielsen, RSM, p. 107; De Langhe, TRS I, p. 156; Hvidberg, WL, p. 22, n. 1; Ginsberg, ANET, p. 138; Driver, CML, p. 11; Gibson, CML, p. 14; Herdner, CTA, p. 31; pl. XI; Aistleitner, MKT, p. 11; Van Zijl, *Baal,* p. 11; Caquot-Sznycer, TOu, p. 225; Dietrich-Loretz-Sanmartín, KTU, pp. 21-24; Caquot, SDB, fasc. 53, col. 1.379.

[63] Cf. Virolleaud, «Syria» 12 (1931) 193; 15 (1934) 226; Albright, JPOS, 12

Estas seis tablillas poseen características epigráficas homogéneas y todas ellas son atribuidas invariablemente, en razón de criterios epigráficos, al escriba *Ilimilku,* el copista elegantísimo que «editó» también los poemas de *Kirta* y *Aqhatu* y que nos dejó constancia de su actividad al pie al menos de dos tablillas (1.6 y 1.16; cf. también 1.4 y 1.17)[64], junto con el nombre del Gran Sacerdote, a cuyo dictado o bajo cuyo magisterio posiblemente trabajó y a quien debería considerarse en tal caso como el autor-redactor o quizá sólo el transmisor de esta versión tradicional del ciclo mitológico de *Baʿlu*[65]. Como en tablillas posteriores, tampoco en este caso está exenta su labor de deslices de copista o amanuense, que justifican la labor de la crítica textual a que nos referimos anteriormente[66]. Entre los errores escribales que se aprecian en este ciclo de *Baʿlu* se pueden señalar:

1) *transposición de letras* [1.4 V 41 (?)]; 2) *confusión de signos semejantes [l/d:* 1.2 III 5; 1.4 VII 50; *l/u:* 1.6 VI 13; *w/n:* 1.3 I 6 (?); *ḫ/y:* 1.3 V 37; *w/k:* 1.1 III 11 (?); *m/t:* 1.4 V 13]; 3) *confusión de sonidos semejantes (a/y:* 1.5 II 21; *l/m:* 1.4 V 39; *m/b:* 1.3 III 12; *t/ǵ:* 1.2 I 23; *t/d:* 1.4 VII 38); 4) *síncope, aféresis y apócope de letras* [1.3 VI 18; 1.4 V 41 (?); VI 42; 1.5 I 4 (?); II 16 (?); III 19; 1.6 II 23]; 5) *inserción de letras* (1.3 VI 13; 1.4 II 13; 1.5 V 11; 1.6 I 16); 6) *dittografía* (1.5 I 13; II 18); 7) *haplografía* (1.6 II 22); 8) *división inexacta de palabras* [1.1 II 14; 1.2 IV 31; 1.3 V 1; 1.4 VII 16 (?); 1.5 II 7].

Virolleaud llevó a cabo la edición príncipe (copia, transliteración y versión) de estas tablillas en una obra monográfica y en sucesivos números de la

(1932) 185; Nielsen, RSM, pp. 106-108; De Langhe, TRS I, p. 156; Hvidberg, WL, pp. 30-31; Ginsberg, ANET, p. 109; Driver, CML, p. 11; Gibson, CML, p. 14; Herdner, CTA, p. 37; pl. XII-XIII; Caquot-Sznycer, RPO, p. 419; íd., TOu, pp. 225-226; Caquot, SDB, fasc. 53, col. 1.379; Dietrich-Loretz-Sanmartín, KTU, pp. 24-29. Sobre el valor de la doble línea y el colofón, cf. *infra,* p. 130. De Moor, SP, p. 43, n. 39, considera a aquélla como indicador de final de serie; cf. también Ginsberg, ANET, pp. 138-139.

[64] Cf. De Moor, SP, pp. 1s, n. 2 (PRU IV, p. 294: 19.70:8); Caquot-Sznycer, TOu, pp. 181 y 483; pero ténganse en cuenta las observaciones de Horwitz, UF 5 (1973) 166, e *infra,* p. 242.

[65] Cf. De Moor, SP, p. 8; pero el tema es controvertido, cf. Dietrich-Loretz, UF 4 (1972) 31-32.

[66] Cf. *supra,* pp. 76-78; *infra,* p. 243; a este propósito, Segert, BZAW 77 (1961) 193-212; Rosenthal, «Or» 8 (1939) 213-237; Gordon, UT, pp. 21-23; Lichtenstein, JANES 2 (1970) 95; Richardson, TyndBul 24 (1973) 3-20, para una clasificación más completa de errores escribales. Para los lugares concretos, cf. *infra* las notas de crítica textual. La confusión de letras y demás fenómenos escribales aquí mencionados se entienden en relación con la escritura cuneiforme.

revista «Syria»[67], mientras Herdner y Dietrich-Loretz-Sanmartín han realizado una revisión crítica de la misma a base de una lectura nueva del texto cuneiforme. Otros autores (Cassuto, Gordon, Driver, Gray, Rin, De Moor, Van Zijl) reproducen de nuevo en sus ediciones la transliteración del texto, al que añaden versión y anotaciones filológicas y textuales[68]. Los estudios de lugares particulares son muy abundantes y los tendremos en cuenta en su debido momento.

La presente edición de estos y restantes textos ugaríticos, que acepta generalmente el fijado por KTU, se basa en una lectura directa del microfilm del original en los lugares más difíciles o controvertidos. De todas las maneras hay que tener en cuenta que no hay una «lectura» definitiva de los mismos, sino sólo «interpretaciones»; en consecuencia, se han tenido en cuenta las propuestas de otros editores, a partir de la de Virolleaud, como otras tantas posibilidades interpretativas[69], completadas con las conjeturas de restitución de textos mutilados; hay que contar además con el hecho de que las tablillas se han deteriorado con el correr del tiempo. Y esto tanto en el caso del presente ciclo mitológico como en el de los restantes textos que a continuación estudiaremos. Fuera de eso apenas puede hablarse de una operación de «crítica textual», tratándose de un original único sometido ya a un minucioso escrutinio por diversos autores y fijado de manera segura.

[67] Cf. C. Virolleaud, *La lutte de Mot, fils des dieux et d'Aleïn, fils de Baal:* «Syria» 12 (1931) 193-224 (1.6 I 29-VI 38); íd., *Un nouveau chant du poème d'Aleïn-Baal:* «Syria» 13 (1932) 113-163 (1.4); íd., *Fragment nouveau du poème de Mot et Aleyn Baal:* «Syria» 15 (1934) 226-243 (1.6 I 1-28+VI 39-58); íd., *La mort de Baal:* «Syria» 15 (1934) 305-336 (1.5); íd., *La révolte de Košer contre Baal. Poème des Ras Shamra (III AB, A):* «Syria» 16 (1935) 29-45 (1.2 IV); íd., *La déesse ʿAnat,* París 1937 [= íd., *La déesse ʿAnat. Poème de Ras Shamra (V AB):* «Syria» 17 (1936) 335-345; 18 (1937) 85-102; 256-270] (1.1; 1.3); íd., *Fragments mythologiques de Ras Shamra, I. Le dieu ʿAštar (III AB, C). Fragment détaché du poème du Prince de la mer:* «Syria» 24 (1944-1945) 1-12 (1.2 III); C. H. Gordon, *Ugaritic Textbook,* Roma 1965, pp. 197-198 (1.2 I-II).

[68] Para las antiguas reediciones de la edición príncipe y las posteriores versiones complexivas, cf. *supra,* pp. 19-20, nn. 2-3.

[69] Cf. *supra,* p. 20, n. 3; Segert, BZAW 77 (1961) 194; Degen, AG, p. 24; para una actitud diversa, cf. Dietrich-Loretz-Sanmartín, KTU, p. XI. No seguimos, por lo demás, la separación ortográfica de las partículas, que esta edición presenta, ni la división de la cadena consonántica es siempre coincidente. Corregimos asimismo algunos errores, escasos, que se han deslizado en ella, como también en CTA, por ejemplo: 1.2 III 20; 1.3 II 37; IV 14; V 1; 1.4 I 41; II 45; VI 8; VII 4; 1.5 VI 1; 1.10 I 37; 1.14 I 40; IV 1; 1.15 VI (4); 1.16 I 46; II 21, 33; VI 10,30; 1.19 III 45; y otros errores en la distribución de las notas.

Las seis tablillas que a continuación se analizan son consideradas como componentes, pues, de un «ciclo» en el que distinguimos tres mitos. Estos son los que en realidad constituyen las verdaderas unidades de composición; por consiguiente, una auténtica secuencia de «escenas» o episodios mitológicos sólo debe buscarse en el interior de los mismos. La correspondencia, por otra parte, de los mitos entre sí es ya mucho más elástica y de tipo más argumental que redaccional; es decir, corresponden a «momentos» esenciales de la concepción mitológica de Ugarit en torno a *Baʿlu,* son partes del «sistema», pero éste no aparece configurado en una composición unitaria y global. Esto puede explicar las repeticiones de determinadas «escenas» y motivos míticos o mitemas. Distinguiremos, pues, los tres mitos mencionados.

1. *El mito de la «Lucha entre* Baʿlu *y* Yammu»

Situación de Baʿlu *(1.1 V 1-28).* De la columna V nada puede sacarse en claro, si no es que formalmente se compone de dos partes paralelas (líns. 2-14//15-25), correspondientes posiblemente al conocido esquema operativo de encargo-transmisión de un mensaje o algún otro de tipo binario [70]. Se menciona a *hd,* nombre de *Baʿlu,* y *ṣpn,* su morada. Por su parte, De Moor [71] llama la atención sobre la frase *tasrn ṯr il* («tú deberías hacerle prisionero, Toro *Ilu»,* lín. 22; cf. 1.2 I 37), que también parece describir la suerte de *Baʿlu.* Este dios está, pues, al fondo de la trama de esta columna, aunque no pueda precisarse más su contenido [72]. Cabe suponer,

[70] Cf. Virolleaud, DA, pp. 101-102 (disposición paralela, diálogo *Ilu-Kôṯaru* con doble réplica, coincidente en su parte primera); Rosenthal, «Or» 8 (1939) 236; Cassuto, GA, pp. 76 y 160 (disputa de dioses, de contenido impreciso); Rin, AE, p. 130 (comunicación-ejecución); Jirku, KME, p. 18, n. 1 (altercado); Gese, RAAM, pp. 56-57 (duelo entre *Baʿlu* y *Yammu);* Clifford, CMC, p. 60 (lucha de *Baʿlu);* Caquot-Sznycer, TOu, pp. 295-296 (¿mensaje de *Ilu?;* contenido incierto; cf. *infra,* n. 72). Para el empleo de los esquemas binarios en la literatura ugarítica, cf. *supra,* pp. 58ss.

[71] Cf. De Moor, SP, p. 40; Driver, CML, p. 77; la mayoría entiende que es *Ilu* a quien se «ata»; así Cassuto, GA, p. 170; Oldenburg, CEB, p. 186; Pope, EUT, p. 30; Aistleitner, MKT, p. 35; Jirku, KME, p. 18; Caquot-Sznycer, TOu, pp. 312-313; Petersen-Woodward, UF 9 (1977) 237ss. En todo caso hay que prescindir de ver aquí una referencia a una destitución (Cassuto) o castración (Oldenburg) del dios *Ilu.*

[72] Oldenburg, CEB, pp. 123-124, siguiendo una sugerencia de Pope, EUT, p. 30, ha pretendido ver reflejado aquí un ataque de *Haddu* contra *Ilu* que con-

por lo que se dice en 1.1 IV 23, que *Baʿlu* ha pretendido alzarse jactanciosamente con el trono de los dioses y se ha revuelto contra e insultado a *Ilu,* provocando su destitución o alejamiento del trono, o bien se ha enfrentado con los otros dioses, motivando la decisión de *Ilu* de proclamar a *Yammu* por su rey a petición de los mismos. Tenemos así la secuencia argumental: «pronunciamiento» de *Baʿlu* (col. V), proclamación de *Yammu* (col. IV), citación-encargo a *Kôṯaru* (col. III), citación a *ʿAnatu* (col. II)[73].

Lamento por Yammu *(1.1 IV 2-12).* La columna IV se halla gravemente dañada, por lo que resulta difícil precisar su contenido. Parece constituida por un «diálogo» entre *Ilu* y una(s) diosa(s)[74]. En la sección primera (IV 2-12), *Ilu* es interpelado (cf. *bʿlk;* y lín. 13: *wyʿn lṭpn)* y, en opinión de De Moor, en esa interpelación se le expone una queja contra el comportamiento molesto de *Baʿlu,* a fin de que nombre otro «visir» o «hijo» suyo en lugar de aquél, posiblemente el dios *Yw/Yammu*[75]. Yo me inclino más bien a pensar que aquí simplemente se entona una «lamentación» por

duce a su postergación. Se trata de un apriorismo infundado. De hecho *Ilu* continúa actuando en este y sucesivos mitos como jefe del panteón, sin indicio alguno de «castración»; cf. A. Caquot, *Problèmes d'histoire religieuse,* en M. Liverani, *La Siria nel tardo bronzo,* Roma 1969, pp. 70-72 (formalmente parece tratarse de un discurso de *Baʿlu* o *Ilu* a *ʿAnatu,* p. 71, n. 59).

73 Para una discusión más detallada de la ordenación de las columnas, cf. Del Olmo Lete, UF 9 (1977) 32-35 [= «Helmantica» 28 (1977) 390-393].

74 Así, Caquot-Sznycer, TOu, pp. 295, 306 (enviados de *Yammu* que solicitan su proclamación); Caquot, SDB, fasc. 53, col. 1.384; Gibson, CML, pp. 4, 39, n. 1 (hablan *Ilat* y compañeras); De Moor, SP, p. 120; Virolleaud, DA, pp. 97-98 *(ʿAnatu/Ilu);* otros suponen un diálogo entre *Môtu* e *Ilu,* por ejemplo, Cassuto, GA, pp. 67, 161-162; Rin, AE, p. 125 [adviértase el apelativo *mdd il* (!)]; por su parte, Aistleitner, MKT, p. 34, presenta a *Ilu* como el locutor único, mientras las demás versiones dejan oscura esta cuestión; Gaster, *Thespis,* p. 244, ve aquí la descripción de un banquete; Oldenburg, CEB, pp. 124, 186, lo considera como un rito de lamentación ejecutado por *Ilu* mismo; y Gese, RAAM, p. 55, de modo parecido, como un denuesto pronunciado por este dios contra *Baʿlu.*

75 Cf. De Moor, SP, pp. 39, 116, 120-121; tal comportamiento haría referencia a la situación climática de noviembre-febrero, época de las lluvias torrenciales, causa de fastidio para dioses y hombres. Tal interpretación «estacional» resulta demasiado «sistemática». Creo que todo el desarrollo de la tablilla aboga por un conflicto entre *Baʿlu* y *Yammu* de tipo cósmico más que climático, en el que esto es reflejo de aquello. En absoluto podría referirse a *Baʿlu,* «prisionero en el infierno», lugar de inmundicia (cf. 1.1 II 5-9; V 22: *asr...kiṯl; tasrn...);* pero el «descenso» de *Baʿlu* allí es posterior a su sometimiento a *Môtu.* Para otras interpretaciones, cf. Cassuto, GA, p. 67 *(Môtu* contra *Baʿlu);* Driver, CML, p. 12 (interlocutor desconocido); Gibson, CML, pp. 4, 39, n. 4 (amenaza de *Yammu);* Ginsberg, ANET, p. 129.

la situación en que se halla *Yammu* y su morada, paralela a la que más tarde entonarán los dioses por *Baʿlu* carente de palacio (cf. 1.3 IV 47ss; V 38ss; 1.4 I 9ss; IV 50ss); significa acaso una referencia a su situación en el «Infierno» (cf. líns. 7-8: *barṣ/bʿpr)* entre el barro y excrementos [76]. Por consiguiente, es preciso que *Ilu* rehabilite a *Yammu* como «hijo» suyo y «Señor» [lín. 6: *bʿlk(m);* lín 17: *adn]* de los dioses, para que «reine» sobre ellos [77].

En todo caso nos hallamos en una situación primordial, cuando todavía no se ha consolidado la «realeza» entre los dioses y *Baʿlu* no ha superado aún los contrastes mitológicos en los que se pone en entredicho su carácter de «rey» divino, del que cúltica y literariamente se parte. Hay originariamente un pretendiente primero que intenta desplazarlo, *Yammu,* y cuyo poder, como expresión de las aguas primordiales que se hace patente en las inundaciones estacionales, reclama primacía divina.

Proclamación de Yammu *(1.1 IV 13-27).* El diálogo, introducido por el «lamento» precedente, se continúa ahora con la réplica de *Ilu,* que proclama el nombre de su hijo *Yammu,* quien dispone, por consiguiente, del favor de su padre para «reinar» en vez de *Baʿlu* o antes de él. Esta proclamación es reconocida por los dioses y confirmada por *Ilu,* continuando la forma dialogal, de difícil reconstrucción e interpretación [78]. La elección

[76] La morada de *Yammu* ha de situarse naturalmente en el fondo del mar (cf. 1.2 III 20-21; IV 3-7; De Moor, SP, pp. 121, n. 8). De esa manera resulta una suerte de «infierno», como el habitado por *Môtu,* divinidad con la que está muy ligado *Yammu* (cf. la descripción de su morada en 1.4 VIII 10ss; 1.5 II 15s; V 12ss; también 1.4 III 10-22, alimento inmundo); ambos serán vencidos por *Baʿlu.* Más confusa es la relación de la morada de *Yammu,* divinidad de las «aguas primordiales» [cf. 1.47:30 = *Ug.* V (ac.) 18.29: *ᵈtamtum/ym (tᵉhôm)]* con la de *Ilu,* situada en la «fuente de los dos ríos/océanos»; cf. *infra,* n. 88. Recuérdese, por otro lado, el viaje de *Šapšu* al mundo infernal, como reflejo precisamente de su hundimiento en el «Mar» (cf. Gese, RAAM, pp. 115, 136, 167; Kaiser, MBM, pp. 18-27, 47-58; Clifford, CMC, p. 48ss; 124-125 (la «tienda»); Gaster, *Thespis,* p. 125; Pope, EUT, pp. 94-96; Driver, CML, p. 16, n. 4; 17, nn. 2-3; R. Hillmann, *Wasser und Berg* (= WB), Dis. Univ. Halle 1965, pp. 185ss; Miller, DW, pp. 192-193 (la «tienda»).

[77] La proclamación se hace a través del consabido cambio de nombre del rey; cf. Driver, CML, p. 12, n. 5 (2 Re 23,34; 24,17; Is 7,14; 9,5-6); Gibson, CML, p. 4, n. 3; Gese, RAAM, p. 59; De Moor, SP, p. 119; Caquot-Sznycer, TOu, p. 309. La reconstrucción hipotética que hemos hecho de esta sección comporta una cláusula larga de discurso directo *(tc),* seguida de otro *tc* y seis *bc,* de los cuales el primero y el último forman inclusión admirativa.

[78] Nótese, por ejemplo, la interpretación activa de la línea 17 por Caquot-Sznycer (TOu, p. 310, n. *q)* y Cassuto (GA, p. 172) frente a la pasiva más corriente (cf. también Driver, CML, p. 75, n. 10). De todas las maneras, la estructura

está hecha y con ella introducido inevitablemente también el contraste. La decisión parece tener el aire de una destitución o descalificación, motivada por ofensas de las que se queja *Ilu* (lín. 23), y debe *ser llevada a cabo* por el nuevo candidato, destronando a *Baʿlu,* que está ya «sentado en su trono» [79] y tiene poder para enfrentarse victoriosamente con sus adversarios. Un «palacio de (oro) y plata» se le promete a *Yammu,* como corresponde a su nuevo estado [80].

Escena de banquete (1.1 IV 28-32). La escena acaba con un banquete que *Ilu* da a los dioses [81] para celebrar, naturalmente, la ascensión del nuevo «señor». Como es normal, a continuación los dioses se retiran. Acto seguido, *Ilu* pasa a poner en marcha el proceso que ha desencadenado proclamando rey a *Yammu* [82]. Cita a su presencia a los dioses cuya intervención es determinante al respecto: *Kôṯaru,* el dios de la técnica y la magia (col. III), y *ʿAnatu,* la diosa de la guerra (col. II). Tal citación tiende, sin duda, a garantizar el apoyo a *Yammu* en su confrontación con *Baʿlu* (cf. col. IV 24-25). Sólo así puede aquél triunfar. En el universo de las divinidades únicamente quien tiene asegurado el concurso de aquellas energías logra imponerse. Se supone, por otro lado, que no asistieron a la proclamación de *Yammu,* re-

poética de esta «confirmación» *(cdb* y siete *bc-tc)* resulta muy similar a la de la «lamentación» precedente; entre ambas se sitúa el «diálogo» *(cdb/bc//bc/cdb/bc).* La reconstrucción tiene un valor meramente conjetural, apoyada en aproximaciones paralelísticas atestiguadas en otros lugares de la literatura ugarítica, sin ninguna pretensión de validez textual.

79 Cf. Ginsberg, ANET, p. 129. ¿O se trata de una mera «prolepsis» literaria impuesta por la utilización de la fraseología estereotipada? Cf. Gibson, CML, p. 4, n. 4.

80 ¿Se supone que *Baʿlu* posee el suyo propio, donde tiene su trono? Ante la dificultad que esto pudiera suponer en relación con el segundo mitema (1.3-4), téngase en cuenta que se trata de composiciones independientes. De acuerdo con la promesa aquí expresada se le encargará a *Kôṯaru* (cf. 1.2 III 7-10) la construcción del palacio de *Yammu.* A este propósito, cf. De Moor, SP, pp. 39, 121; Oldenburg, CEB, p. 127; Pope, EUT, pp. 92, 102; no es aceptable, en cambio, la referencia a *Môtu* que aquí ven Cassuto, GA, p. 172, y Obermann, UM, p. 13, n. 21, o la «profecía» del destronamiento de *Yammu* que sugiere Driver, CML, p. 12.

81 A *Yammu,* según Pope, EUT, p. 93.

82 En la laguna que media entre col. IV y III puede suponerse desarrollada la escena de banquete e iniciado el proceso de envío de mensajeros. El encargo de mensaje, en cambio, parece corresponder ya a 1.1 III 1-6, dadas las formas yusivas que allí aparecen, aunque ello suponga la ausencia del momento de la «transmisión»; cf. a este propósito *supra,* p. 53. No parece, sin embargo, aceptables las «suplencias» que imagina Cassuto, GA, pp. 86, 163, 167, 169.

clamada y acogida por las divinidades inferiores, las mismas que más tarde aceptarán las exigencias de éste, como es natural (cf. 1.2 I 23ss).

Mensaje de Ilu *a* Kôṯaru *(1.1 III 1-16)*. Por la forma yusiva (cf. líneas 3-4) en que se presenta, corresponde al momento del «encargo» dado a los mensajeros para que lo transmitan. Pero con esto contrasta el hecho de que le sigue inmediatamente la «respuesta» (lín. 17: *wyʿn)* del destinatario, lo que supondría que corresponde más bien al momento de su «transmisión». De otro modo hemos de contar con que en este caso se ha roto el módulo «encargo-transmisión» de que hemos hablado [83].

El esquema de este mensaje es el común. Los dos primeros elementos, «orden de marcha» e «indicación del destinatario y destino», se desarrollan algo más que en el caso siguiente; se nos ofrecen en un *tc-bc* de paralelismo progresivo y sinónimo, reconstruido según 1.3 VI 12ss. Los restantes momentos se mantienen invariables [84].

El «mensaje» propiamente tal, encargado por *Ilu* como el siguiente, va dirigido aquí a *Kôṯaru-Ḫasīsu,* el dios artesano. Las cuatro primeras líneas del mismo (6-9) se han perdido, a excepción de algunas palabras iniciales que no permiten su reconstrucción [85]. Lo que a continuación sigue reproduce la «convocatoria» típica que, como en el mensaje que viene luego, se sitúa entre las dos partes peculiares del mismo. Es la única sección que estos dos mensajes tienen en común con 1.3 III 15ss [86]. Con éste coincide el que co-

[83] Cf. Herdner, CTA, p. 3, n. 9; Cassuto, GA, p. 173. Este es precisamente el caso en 1.3 III 6ss, donde aparece este mismo mensaje, aunque allí la respuesta de *ʿAnatu* está introducida por más cláusulas descriptivas y la ausencia de transmisión señalada por una línea doble. No se puede admitir, en cambio, la sugerencia de que sea *ʿAnatu* el mensajero de *Ilu* en este caso, como pretende Obermann, UM, p. 67, n. 78; o el mitente según Jirku, MC, p. 15; cf. Caquot-Sznycer, TOu, p. 305.

[84] Sobre la peculiar estructura de este formulario, cf. *supra,* p. 54. En realidad se trata de un *tc* con *bc* descriptivo intercalado.

[85] Las expresiones *št.lskt* [«pon a fundir» (?)] y *ʿdb.bǵrt* («pon en el hoyo de aleación») podrían referirse a los preparativos para la fabricación de lo que se encargará personalmente y que los mensajeros no especifican (cf. Caquot-Sznycer, TOu, p. 304); diversamente Cassuto, GA, pp. 172-173, que ve aquí una referencia a la morada de *Ilu,* a la que es convocado *Kôṯaru.*

[86] El *tc* típico de esta fórmula de «convocatoria» o «citación» iría en este caso seguido de un *c* que especificaría el lugar de aquélla, que en el formulario normativo sólo aparece al final (cf. 1.3 III 29-31; IV 19-20). Las estelas de *ʿAnatu* y *Baʿlu* aparecidas en Ugarit, así como la iconografía egipcia de Osiris ilustran el «equipo» de armas (asta y maza; bastón y flagelo) que empuñan las divinidades (cf. las reproducciones en Cassuto, GA; Pritchard, ANEP; y A. Vanel, *L'iconographie du dieu de l'orage...,* París 1965; O. Negbi, *Canaanite Gods in Metal,*

mentamos en lo restante, que puede resumirse como compuesto de *bc/tc/bc*. Las tres unidades esticométricas se inician con el mismo término *(rgm)*. Un *bc* final vuelve por inclusión al tema de las líneas 10s: «cita» en la morada sacra *(«ven»)*. El texto no está completo, pero puede reconstruirse desde 1.3 III 26 y lín. 12. El mensaje es, pues, en su primera parte una invitación u orden dada a divinidades inferiores, *Kôṯaru* y *ʿAnatu,* para que se presenten ante el dios *Ilu* en su morada; la segunda parte deja ya entrever qué es lo que éste tiene que comunicarles, aunque se formule un tanto crípticamente (cf. III 12ss). Luego se explicitará (líns. 25ss) [87].

Este mensaje de «cita» del dios *Ilu* a otras divinidades resulta así un formulario fijo del que poseemos al menos tres ejemplos. El hecho de que a continuación se dirija el mensaje también a *ʿAnatu* (cf. 1.1 II 1-13) tiene por objeto reconciliar su furor y reclamar su aquiescencia, puesto que parece que su actitud belicosa se desencadena en las situaciones de «sede vacante». Posiblemente así la decisión de *Ilu* preludia una serie de ensayos «dinásticos» *(Yammu, ʿAṯṯaru, Baʿlu, Môtu),* que culminarán en el conflicto entre los más fuertes, *Yammu-Baʿlu* y *Baʿlu-Môtu.* La repetición de los mismos formularios una y otra vez no debe sorprender, puesto que la situación «mítica» es la misma; por eso los dioses «hacen» siempre lo mismo. No es historia, ni siquiera «climatología», sino arquetipo. De todos modos, por el texto en sí no sabríamos en favor de qué divinidad pretende *Ilu* la intervención de los dioses citados.

Respuesta de Kôṯaru *(1.1 III 17-21).* Se trata de un elemento estructural en el estilo de mensaje; éste espera la «respuesta», sobre todo naturalmente, cuando es una orden. Así, *Kôṯaru* acepta obedientemente la convocatoria del dios supremo y decide dirigirse a su morada. Literalmente esto constituye un nuevo formulario, usado para describir la «marcha a la morada de *Ilu*», compuesto de una cláusula breve de discurso directo *(cdb)* y un trístico *(tst)* de no fácil interpretación [88].

Marcha de Kôṯaru *(1.1 III 21-25).* Este nuevo elemento del estilo de mensaje muestra su estructuralidad dentro del esquema general «encargo-transmisión-ejecución» con la repetición estereotipada de dos dísticos que

Tel Aviv 1976, pp. 30ss; *infra,* p. 116. En el caso de *Kôṯaru-Ḫasīsu* no se puede entender como una recomendación a deponer su actitud guerrera.

[87] Resulta así una fórmula de «misterio» o «secreto»; cf. Caquot-Sznycer, TOu, p. 305; Gese, RAAM, pp. 54 y 66.

[88] Cf. 1.3 IV 32-36. Sobre la naturaleza de la morada de *Ilu* y de *Kôṯaru,* que de esta descripción se desprende, cf. Oldenburg, CEB, pp. 106-109; Pope, EUT, pp. 61ss; Cross, CMHE, pp. 36-39; Clifford, CBQ 33 (1971) 223; íd., CMC, pp. 48-57, 90-92; *supra,* n. 77.

reproducen las consabidas fórmulas, referidas a los momentos del «encargo» y la «transmisión»: marcha/llegada a destino + destinatario/postración.

Encargo del dios Ilu *(1.1 III 25-30)*. Las líneas finales de esta columna contenían sin duda las palabras de *Ilu* que, por lo que puede reconstruirse, se corresponden con el formulario empleado en el encargo previo por los mensajeros (líns. 13-16) y que en los otros lugares en que aparece se refiere a la revelación/construcción del «rayo». *A priori,* pues, habría que suponer que aquí se trata de lo mismo. Con todo, es cierto que el «rayo» aparece como atributo peculiar de *Baʿlu,* una vez afirmada su soberanía, que él mismo se propone revelar personalmente a *ʿAnatu* (cf. 1.3 III 20-31; IV 13-20). Pero su ejecución, lo mismo que la de su palacio, sin duda la encomendaría a *Kôṯaru;* desgraciadamente no tenemos descripción de la parte ejecutiva de tal propósito. En este caso, una vez vuelto a su taller, *Kôṯaru* llevaría a cabo la encomienda, antes de recibir el encargo de construir el palacio de *Yammu* (cf. 1.2 III 7). *Baʿlu* seguirá más tarde el mismo orden, después de su victoria, decidiendo hacerse primero con el «rayo» y consiguiendo luego la construcción de su palacio. Aquí lo que se pretende en realidad es la construcción del «arma» o «armas» mágicas que permitan a *Yammu* afirmar su supremacía sobre *Baʿlu* y le den la victoria; quizá las mismas (?) que *Kôṯaru* entregará subrepticiamente a éste (cf. 1.2 I 5ss; IV 11ss; cf. 1.6 V 3)[90]. No se trata, pues, todavía de la construcción del palacio[91]; en la «ló-

[89] Esta fórmula difiere de la que será normal en los mitemas posteriores para describir la morada de *Ilu* y que en este primero no aparece: *mbk nhrm qrb apq thmtm* (cf. 1.3 V 6-7; 1.4 IV 21-22; 1.6 I 33-34; 1.17 VI 47-48; CTA, p. 3, n. 11; Clifford, CMC, 35ss).

[90] Para una discusión más detallada de esta reconstrucción, cf. Del Olmo Lete, UF 9 (1977) 41-43. Aparentemente distintas, de hecho las «mazas» funcionan como el «rayo» y lo representan; cf. Lipinski, RY, p. 124; Gaster, *Thespis,* pp. 164-169. Ciertamente, en ningún lugar de la mitología ugarítica se habla de las armas de *Yammu,* pero a este propósito se puede considerar el «tridente» de Poseidón como un paralelo indicativo, «à bien des égards, par ses effets cosmiques, proche de la foudre de Zeus» (cf. M. Detienne-J. P. Vernant, *Les ruses de l'intelligence. La mètis des grecs,* París 1973, p. 85).

[91] La restauración corriente supone que se habla aquí de la construcción del palacio (de *Yammu* o de *Baʿlu* o de *Ilu)* (cf. Obermman, UM, pp. 13-14, n. 21; Oldenburg, CEB, p. 129; Ginsberg, ANET, p. 129; Aistleitner, MKT, pp. 32-34; Jirku, KME, p. 13; Herdner, CTA, p. 3, n. 14; Rin, AE, p. 120; KTU, p. 9, n. 8; Clifford, CMC, pp. 42, 91; Caquot-Sznycer, TOu, p. 295). Pero esto será objeto de un encargo posterior (cf. 1.2 III 7-10; De Moor, SP, p. 42). Se obtiene así un orden quiástico en la ejecución: promesa de palacio, orden de destronar a *Baʿlu* // encargo del arma, encargo del palacio.

gica» del mito antes hay que preparar el combate, cuya descripción ofrece 1.2 IV.

Mensaje de Ilu *a* ʿAnatu *(1.1 II 1-13)*. Este pasaje, reconstruido en su primera parte conforme a líns. 13-23, que ofrecen la transmisión y que a su vez son reconstruidas según 1.3 III 9-20, presenta un nuevo mensaje encargado por *Ilu (ḥtkk)* a sus mensajeros (cf. III 18: *atm)* para que lo lleven a *ʿAnatu* [92]. En el último lugar citado, con todo, dicho mensaje es encargado por *Baʿlu* a sus propios mensajeros para que lo lleven igualmente a *ʿAnatu*. Este dato podría hacer dudar de la legitimidad de la identificación propuesta, pero debe tenerse en cuenta que se trata de una forma y fraseología estereotipadas [93]. Por otra parte, además, esa misma fórmula de encargo de mensaje ha aparecido en la columna III: 1ss, dirigida entonces al dios *Kôṯaru,* con la particularidad de que allí tenemos la parte del de *Baʿlu* (1.3 III 20ss) que en esta columna falta. Pero precisamente es ahí donde comienza lo específico de cada «mensaje», mientras lo anterior es sólo la introducción estereotipada de esta forma. Los mensajes de *Ilu* a *Kôṯaru* y de *Baʿlu* a *ʿAnatu* hablan de la revelación/construcción del rayo, no así el presente. En todos ellos se aprecia el esquema normal (cf. *supra,* p. 54).

El mensaje, en la parte reconstruible, consta de dos formularios. El primero *(bc/bc)* será repetido más adelante (líns. 19-21), así como en 1.3 III 14-17. En la versión adoptada se interpreta como una orden del dios *Ilu* para que *ʿAnatu* cese en su actividad belicosa (igualmente hará *Baʿlu).* El segundo es igualmente una expresión fija *(tc/bc)* ahora de convocatoria (cf. III 10-11) para presentarse en la morada de *Ilu* lo antes posible. Es como si el anciano dios quisiera arreglar las cosas (de los dioses) por la vía pacífica [94].

[92] Cf. Aistleitner, MKT, p. 23; Caquot-Sznycer, TOu, pp. 294, 301 (pero los mensajeros son dos, según costumbre, como supone p. 305: «id, id, criados divinos...»). Por error, Driver, CML, p. 12, asegura que el destinatario es *Yammu,* en contradicción con su propia versión (p. 73): «a los pies de *ʿAnatu...*»; por su parte, Gaster, *Thespis,* p. 243, ve aquí un mensaje de *Baʿlu* a sus mensajeros para que lo transmitan a *Kôṯaru.*

[93] Por otra parte, como ya apuntábamos anteriormente (cf. *supra,* p. 93), la coincidencia en la fraseología, tratándose de fórmulas que operan dentro de esquemas fijos, no es razón suficiente para reclamar la secuencia inmediata de las tablillas o su pertenencia a una misma unidad; ni aun tratándose de casos únicos. La aplicación de tal criterio daría resultados muy pintorescos; cf. De Moor, SP, p. 40.

[94] En realidad, la parte específica del mensaje (líns. 4-13) se ha perdido; lo que resta (transmisión) son sólo dos estereotipos. Para otras interpretaciones, cf. *infra,* p. 183.

A continuación tenemos una laguna (líns. 4-13), que originalmente había de contener el resto del mensaje, lo específico del mismo, y que por eso no se puede reconstruir desde lugares paralelos o expresiones estereotipadas. Sólo se conservan los finales de línea.

Transmisión del mensaje (1.1 II 14-25). Precisamente a partir de tales lugares paralelos y supuesto el patrón constante encargo-transmisión, según el cual se nos describen los mensajes en la literatura ugarítica, se ha podido realizar la reconstrucción del paso. En la laguna existente entre esta tablilla y la siguiente (1.2 III) se puede suponer, como decíamos, que *Kôṯaru,* vuelto a su morada, ha llevado a cabo el primer encargo de *Ilu,* recibiendo a continuación una segunda citación que igualmente secunda (cf. 1.2 III 1-3,4-6). Una vez en presencia de *Ilu* recibirá el encargo, repetido tres veces, de construir el palacio de *Yammu,* cuyo éxito como rey de los dioses se da por descontado y que cuenta con las preferencias espontáneas de *Ilu* [95].

Respuesta de Kôṯaru *(1.2 III 1-3).* La reconstrucción nos descubre en estas líneas el formulario *(tst)* que ya aparecía anteriormente (1.1 III 17-21) y que supone a *Kôṯaru* como su sujeto, pues se menciona su morada y a él será a quien se interpele a continuación (lín. 7). Esto significa que ha recibido una nueva convocatoria para presentarse en la morada de *Ilu* y que por su parte se había alejado de ella, según decíamos. Como en el caso citado, la respuesta es tópica [96]. En la laguna existente entre este texto y el final del precedente se puede suponer que *Kôṯaru,* vuelto a su morada, ha llevado a cabo el primer encargo de *Ilu,* que, como veíamos, se refería a la construcción del rayo o arma de guerra.

[95] En esto se diferencia de *Baʿlu,* que habrá de conseguirlo a través de diversas mediaciones. *Yammu* es, en cambio, el «Amado de *Ilu*», título que compartirá con *Môtu* y que *Baʿlu* nunca conseguirá. Cassuto, GA, p. 169, interpreta de modo diverso la secuencia entre esta y la siguiente tablilla.

[96] Naturalmente se podría intentar una reconstrucción completa de la transmisión del mensaje y de la respuesta, tal como lo hicimos en 1.1 II, pero no es preciso; se reduciría a la transcripción en forma imperativa de las fórmulas ya conocidas (cf. 1.1 III 10ss), con un encargo específico de construir el palacio, del tipo de 1.4 V 51ss. Cf. Virolleaud, «Syria» 24 (1944-1945) 3ss; Aistleitner, MKT, pp. 47s; Rin, AE, p. 38; Gese, RAAM, pp. 58-59; Jirku, MK, p. 15; Kaiser, MBM, pp. 45-46; Gibson, CML, pp. 3-4, 7, 37, n. 3; otros autores entienden que la divinidad que se presenta ante *Ilu* es *ʿAṯtaru,* que aparece interviniendo más adelante (cf. lín. 12); así, Obermann, UM, pp. 17ss; Driver, CML, pp. 12-13, 77; Gaster, *Thespis,* pp. 114, 135-137; Caquot-Sznycer, TOu, p. 110, 121; íd., RPO, p. 381; Kaiser, MBM, pp. 45-46; por su parte, Van Selms, UF 2 (1970) 252, 254-255, considera que se trata de *Yammu* y sus mensajeros. Sobre la localización de la morada divina «lejos», en la «desembocadura» de los ríos, cf. ANET, p. 96, lín. 195 (Gilgamesh).

Marcha de Kôṯaru *(1.2 III 4-6).* Cf. *supra,* 1.1 III 21-25 [97].

Encargo del dios Ilu *(1.2 III 6-11).* Una vez en presencia de *Ilu,* recibe *Kôṯaru* la orden de éste de construir un palacio para *Yammu,* repetida enfáticamente tres veces *[cdb/cib/tc*(?)*/bc int.*(?)*/bc/bc]* [98].

Ejecución del encargo. Reacción de ʿAṯtaru *(1.2 III 11-14).* En la reconstrucción propuesta, al encargo recibido sigue la ejecución puntual *(dst)* por parte del dios artesano. Las líneas siguientes ofrecerían la reacción de *ʿAṯtaru,* la figura del «pretendiente inepto» en los conflictos por la realeza entre los dioses de Ugarit, que pretende o piensa que el nuevo palacio es para él; es decir, con ello adelanta su candidatura a tal dignidad [99].

Réplica de Šapšu *(1.2 III 15-18).* A continuación se reproduce la respuesta de *Šapšu* a *ʿAṯtaru,* introducida por la fórmula estereotipada *(cdl/cib),* en la que le manifiesta ser designio de *Ilu* que *Yammu* sea el rey, pues es su preferido; por tanto, es inútil adelantar pretensiones. La respuesta en cuanto tal, excluidas las fórmulas introductorias, está constituida formalmente por dos *tc* que expresan, respectivamente, el motivo y el efecto, y encuadran una interrogación retórica *(bc)* que resalta lo imposible de su pretensión [100].

97 Para los autores citados en nota precedente es *ʿAṯtaru* el sujeto del viaje y del discurso siguiente (formas descriptivas en vez de yusivas, por tanto), en el que se delata la rebeldía que supone la construcción de un palacio para *Yammu* por parte de *Kôṯaru* (!), sin admitir consiguientemente la reconstrucción de Herdner. Pero un encargo de construir un palacio para *Yammu,* y esto parece seguro en el texto, sólo puede venir de *Ilu* o del mismo *Yammu.* Sobre el particular, cf. De Moor, SP, pp. 36-37, 42; Van Zijl, *Baal,* p. 13. Con todo, ninguno de los dos traduce ni analiza por entero el texto 1.2 III.

98 Cf. De Moor, SP, p. 121; en cuanto al lugar en que se ha de construir dicho palacio, Van Selms, UF 2 (1970) 253, lee en lín. 8 el nombre *Tabor (tbr),* mientras Obermann, UM, p. 18, n. 25a, lo sitúa en el monte *Ṣapānu* (!).

99 Cf. Del Olmo Lete, UF 9 (1977) 44-46; Gaster, *Thespis,* pp. 135-136; Jirku, MK, p. 58; Oldenburg, CEB, p. 130; por ininteligible lo dan Virolleaud, «Syria» 24 (1944-1945) 6-8; Ginsberg, ANET, p. 129; Rin, AE, p. 48; Obermann, UM, p. 17, n. 24 (continuación del discurso de *Ilu);* Caquot-Sznycer, TOu, p. 123; Driver, CML, p. 77 (parcialmente); para una interpretación diferente, cf. Van Selms, UF 2 (1970) 254s *(ʿAṯtaru* incendia el palacio de *Yammu* [Caquot-Sznycer (?)], por haberle quitado su mujer [!]).

100 Cf. Driver, CML, pp. 13, 77; Gaster, *Thespis,* p. 136 (parcialmente coincidente); Van Selms, UF 2 (1970) 255-256; para una estructura similar en Ez 33, 10-12, cf. Del Olmo Lete, EstBib 22 (1963) 5-31. Pero no se trata propiamente de una «deposición», pues *ʿAṯtaru* no ha llegado nunca en el mito a ser rey; cf. Driver, CML, p. 12; *supra,* p. 66, n. 110. Para una escena similar en la épica, cf. 1.16 VI 29ss («escucha...»).

Respuesta de ʿAṯtaru/*Contrarréplica de* Šapšu *(1.2 III 18-24)*. Se trata fundamentalmente de una «queja», que nos revela la pretensión de *ʿAṯtaru,* que quiere ser rey y no tiene casa propia (todavía). Por eso habrá de contentarse con habitar en la morada de *Yammu,* en el infierno *(cdb/tc/dst)*. El resto ha de entenderse como una contrarréplica asindética de *Šapšu,* sin cláusula de discurso directo introductoria, o como una continuación de la «queja» de *ʿAṯtaru (lk;* y lín. 24: *wyʿn ʿṯtr),* si la lectura *ly* fuera posible. Se hace explícito ahora el tercer motivo de su «impotencia» para reinar: no tiene mujer como los demás dioses. Palacio, mujer e hijos son condiciones ineludibles para la realeza [101]. Las respuestas de *Šapšu* son así formalmente homogéneas: dos *tc* que enmarcan una pregunta retórica *(tc)*.

Este episodio, situado dentro del tema general de la concesión de un palacio a *Yammu* por parte de *Ilu* y, por tanto, de la realeza, constituye con todo, como ya dijimos anteriormente, un elemento independiente, en cuanto plantea la pretensión de un personaje secundario en la marcha general del contraste entre los dioses. Idéntica situación de «interludio» ocupa este tema en el tercer mitema (1.6 I 43ss). Dramáticamente, sin embargo, es de notable valor por la explicitación de motivos que lleva consigo.

Imprecación de Baʿlu *(1.2 I 3-10)*. La suponemos pronunciada por *Baʿlu* contra *Yammu* y reconstruida según 1.3 IV 2-3 (cf. 1.1 IV 24-25) y 1.16 VI 54-58 [102]. Hay que entenderla desde el plan del mito: aquí *Baʿlu,* que no

[101] Cf. Caquot-Sznycer, TOu, pp. 125-126; Du Mesnil, EDP, p. 12; otros atribuyen la contrarréplica a *Ilu* [cf. Virolleaud, «Syria» 24 (1944-1945) 11-12; Gaster, *Thespis,* pp. 136-137; Driver, CML, pp. 13, 79; Van Selms, UF 2 (1970) 256-257] o la consideran continuación de la respuesta de *ʿAṯtaru* a *Yammu* (pero este dios no habla aquí; cf. De Moor, SP, p. 121; Oldenburg, CEB, p. 130); o creen que el dios aquí rechazado es *Baʿlu* [cf. Gray, LC, p. 23; Rin, AE, p. 46 (?)]. Compárese este episodio con la posterior aparición de *ʿAṯtaru* (1.6 I 56ss), donde se demuestra su incapacidad para ser rey por su pequeña estatura.

[102] Acerca de este punto y para un resumen general de la tablilla, cf. Virolleaud, LBC, pp. 75ss; Aistleitner, MKT, p. 47; Ginsberg, JCS 2 (1948) 1; íd., ANET, p. 130; Gordon, UL, p. 12; íd., UMC, p. 43; Jirku, MK, p. 15; íd., KME, p. 21; Gray, LC, pp. 24, 131ss; Driver, CML, pp. 13, 79; Gibson, CML, pp. 4-5 (habla *Kôṯaru);* Oldenburg, CEB, pp. 134-135; Kaiser, MBM, pp. 53, 59, 60-63; Clifford, CMC, pp. 47-48; Cross, CMHE, pp. 113, 183; Miller, DW, p. 28; Bronner, SEE, pp. 42, 128s; Herdner, CTA, pp. 6-7; Gaster, *Thespis,* pp. 115-116, 137, 153; Caquot, SDB, fasc. 53, col. 1.374-1.375; Gese, RAAM, pp. 57ss. De Moor, SP, pp. 37, 121, sugiere que podría ser *ʿAṯtaru* el sujeto, continuando el tema de la tablilla anterior; pero cf. lo dicho en la nota precedente. Virolleaud, Kaiser, Gordon, Rin, Jirku y Van Selms, en cambio, opinan que quien pronuncia la imprecación, al menos en su segunda parte, es *Yammu;* cf. Van Zijl, *Baal,* p. 19; Rin, AE, pp. 48, 51; Van Selms, UF 2 (1970) 258; Welch, UF 6 (1974)

sabemos si estaba presente cuando *Ilu* decidió su sustitución por *Yammu* (1.1 IV 13ss), se ha enterado del asunto (¿por un mensaje?) y pronuncia una imprecación contra éste [103], acaso como desafío, en medio de la asamblea de los dioses (lín. 20ss), adonde sin duda también él se ha dirigido; y lo hace invocando la eficacia de las armas con que de hecho derrocará a *Yammu* (*infra*, 1.2 IV 11ss); lo que literariamente constituye una prolación (*cdb/bc/tc/tc/bc...*) [104]. No hay que perder de vista que es *Baʿlu* el auténtico protagonista de este mitema y, por consiguiente, hacia él tiende la acción. Su actitud se puede considerar como una rebelión contra el dictamen de *Ilu* y una profesión de insumisión ante *Yammu,* al contrario de lo que parece hacer *ʿAṯtaru.*

Mensaje del dios Yammu *(1.2 I 11-19).* Posiblemente la imprecación anterior formaba parte de un mensaje dirigido por *Baʿlu* a *Yammu* [105]. Ahora es éste el que recurre al dios supremo *Ilu* con su mensaje propio. El envío de mensajeros y encargo de mensaje se hace según el modelo clásico [106]: a) orden de marcha (*bc*); b) destinatario y destino (*bc*); c) orden de postración (*bc*) [107]; d) fórmula de encargo (*dst*); e) fórmula de mensaje (*bc*);

429. En absoluto podría ser así; en tal caso, la fórmula podría constituir una inclusión y ser la ejecución del 1.1 IV 24ss, como rito de execración. En virtud de ella y de su eficacia se pediría a continuación la entrega de *Baʿlu.* Pero aun admitiendo que se trate de una fórmula estereotipada, resulta difícil suponer que se maldiga a *Baʿlu* con el mismo «nombre de *Baʿlu*».

103 Quizá ni el mismo *Yammu* se hallaba entonces presente, aunque se diga «tu nombre», en segunda persona. Sobre el sentido de la expresión *šm bʿl,* cf. Gaster, *Thespis,* pp. 153-156; Van Zijl, *Baal,* pp. 17-19; Van Selms, UF 2 (1970) 258.

104 Cf. Oldenburg, CEB, p. 134, n. 2; Ginsberg, ANET, p. 130, n. 5, supone que *Kôṯaru* ya le ha prometido las armas.

105 Un diálogo directo entre ambos parece poco probable; están alejados uno del otro, como aparece a continuación. Kaiser y los autores mencionados en nota 102 suponen un altercado entre las dos divinidades.

106 Cf. *supra,* p. 54; últimamente, Petersen-Woodward, UF 9 (1977) 238. Precede una fórmula peculiar de envío; para su organización métrica, cf. De Moor, UF 10 (1978) 208-209.

107 Como fórmulas estereotipadas deben traducirse en el sentido afirmativo usual, no en el negativo; además, introducen un recurso al dios supremo que se supone favorable al mitente, no una provocación de aquél; cf. De Moor, SP, pp. 124, 129; Van Selms, UF 2 (1970) 259; Sanmartín, UF 5 (1973) 268; Gaster, *Thespis,* p. 156; Driver, CML, pp. 13, 79, 81; Jirku, KME, p. 22; Rin, AE, pp. 48ss (?); en sentido negativo lo entienden: Gordon, UL, p. 13; íd., UMC, p. 44; íd., UT, p. 108; Aistleitner, MKT, p. 48; Ginsberg, ANET, p. 130; Pope, EUT, p. 91; Oldenburg, CEB, 135, 191; Kaiser, MBM, pp. 60-62; Bronner, SEE, pp. 42, 128; Whitaker, FAUL, pp. 110-111, 148; Caquot-Sznycer, TOu, p. 129.

f) mensaje *(dst)*. En éste *Yammu* reclama la consignación de *Baʿlu,* a fin de posesionarse de sus riquezas, es decir, a fin de despojarle y sustituirle [108].

Reacción de los dioses/Reproche de Baʿlu *(1.2 I 19-29)*. En realidad, se inicia aquí la transmisión *(dst),* para continuarse a partir de lín. 30; se introduce, además, una variante en el orden de los elementos que describen el lugar de destino. Por tratarse de un *bc* paralelístico, no cabe atribuir excesivo valor estilístico a la misma [109].

Lo interesante es ver cómo se ha interrumpido ese esquema clásico, para ofrecerse *asindéticamente* la escena paralela que describe la situación en la morada de los dioses y la «reacción» de éstos a la vista de los mensajeros de *Yammu* [110]. La mayoría se amilana, mientras *Baʿlu* sólo les reprocha su cobardía, declarándose dispuesto a hacer frente a los legados de *Yammu* y conminándoles a levantar la cabeza. La dócil masa de los dioses secundarios obedece todavía a *Baʿlu.* Formalmente sorprende la abundancia de *tc* *(3 tc/cdb/3 tc/bc/tc)* en esa sección. El elemento principal de la misma es la actitud de los dioses, repetida cuatro veces, sobre la que a su vez se centra la diatriba *(gʿr)* de *Baʿlu;* los dioses, por su parte, ejecutan la orden recibida. La diatriba se compone de interrogación-reproche, seguida de orden-promesa-ejecución [111]. Reacción y diatriba-reproche, pues, son los elementos literarios de la sección.

Transmisión del mensaje (1.2 I 30-35). Se continúa aquí la ejecución del encargo recibido por parte de los mensajeros y que fue interrumpido por el interludio anterior. La descripción de la llegada a su destino y su postración *(dst)* se describe con una nueva variante *(bc),* que no aparecía en el encargo y que interrumpe el *dst* (aquí *bc)* de la fórmula de transmisión de mensaje. Este y sus fórmulas introductorias, con las salvedades hechas, son una reproducción exacta del encargo dado en las líneas 17-19. Las variantes se dan, pues, en las fórmulas estereotipadas de la introducción, no en el mensaje mismo.

Respuesta de Ilu *(1.2 I 36-38)*. El complejo *cdb/tc/bc* [112] contiene la

[108] Cf. Driver, CML, p. 13; el oro es atributo de realeza.

[109] Cf. Van Selms, UF 2 (1970) 260.

[110] Cf. Welch, UF 6 (1974) 429; Petersen-Woodward, UF 9 (1977) 239, para una posible organización quiástica de la sección.

[111] Cf. Driver, CML, p. 13; se advierten aquí algunos elementos paralelos al oráculo profético; cf. también Cross, CMHE, pp. 98, n. 28.

[112] Esta distribución esticométrica parece preferible a suponer un *tc* en la segunda unidad estrófica, que resultaría más homogéneo, pero semánticamente más complicado; cf. De Moor, SP, p. 125; Van Selms, UF 2 (1970) 261; en contra, por ejemplo, Gaster, *Thespis,* p. 159; para la estructura del primer *tc,*

respuesta de *Ilu* aceptando la demanda de los mensajeros de *Yammu* y declarando a *Baʿlu* su siervo, lo que naturalmente nos remite a 1.1 IV 13ss.

Reacción de Baʿlu *(1.2 I 38-47).* Al contrario de los demás dioses, *Baʿlu* no parece dispuesto a aceptar esta decisión de *Ilu* y arremete contra los mensajeros de *Yammu,* de lo que es disuadido por las diosas *ʿAnatu* y *ʿAṯtartu,* sin que logren éstas evitar que lleve a la práctica su actitud amenazadora. Literariamente la sección se compone de cuatro *dst;* el primero y el último, de interpretación dudosa, forman inclusión y corresponden al esquema propósito-ejecución. Los dos centrales transmiten la intervención apaciguadora de las diosas y la reacción de *Baʿlu* [113].

El episodio se cierra con la respuesta que éste había prometido dar (lín. 28), de la que desgraciadamente sólo se nos ha conservado la fórmula introductoria *(cdb/bc/cib)* y posiblemente una pregunta retórica al estilo de 1.4 IV 59-60 [114]. Este elemento de la palabra, ya lo vimos, acompaña a toda «reacción».

Escena de combate (1.2 IV 1-7). El reverso del texto anterior nos muestra a *Baʿlu* y *Yammu* empeñados en un combate en el que aquél es el que lleva la iniciativa. Ha pasado, pues, del ataque a los mensajeros al ataque a su señor, que se muestra, con todo, invencible. El proceso que ha conducido hasta aquí se nos escapa; prácticamente sólo conocemos su desenlace. La subsiguiente réplica de *Kôṯaru* parece rememorar una discusión previa en torno al modo del enfrentamiento con *Yammu,* en la que al parecer el consejo de aquél no fue atendido (cf. 1.4 VI 15); *Baʿlu* ha preferido un enfrentamiento directo con su adversario, en cuya búsqueda probablemente ha marchado, en vez de emplear las técnicas que *Kôṯaru* le sugirió. El intento será fallido. Todo esto podría estar en una sección en la que al parecer, pues

Cross, CMHE, p. 183; Van Zijl, *Baal,* pp. 26-30 (terminología de «tratado de vasallaje»); Welch, UF 6 (1974) 430.

113 Las interpretaciones son bastante divergentes; quizá lo mejor sería entender los *dst* intermedios como discurso de las diosas con el sentido de reproche-fundamentación (son «meros mensajeros»); cf. Caquot-Sznycer, TOu, p. 133. Driver, CML, p. 13, creo que sin acierto, considera toda esta sección como parte de la respuesta de *Ilu,* quien declara a *Baʿlu* dispuesto a aceptar su decisión y fácilmente sometible; de modo parecido, Gaster, *Thespis,* pp. 115-116, 158-159; Kaiser, MBM, p. 66.

114 Diversamente, Driver, CML, pp. 13, 81, para quien son los mensajeros de *Yammu* quienes ahora intervienen; también así Gaster, *Thespis,* pp. 157-160. De la columna segunda nada puede sacarse en limpio; sólo nos quedan las letras iniciales de las líneas. De la lín. 8 *(imḫṣ,* «machacaré») se deduciría que *Baʿlu* continúa o ha reasumido sus amenazas contra *Yammu* (¿o estamos ante la respuesta de éste?).

el texto es inseguro, *Baʿlu* confiesa su impotencia para dominar a *Yammu* [115], mientras éste se dispone a atacarle a su vez [116]. Literariamente se compone con seguridad de una parte dramática en primera persona (confesión: *bc/bc/tc/bc/bc)* y de otra descriptiva («apenas salió...»: *dst),* estructuradas ambas fundamentalmente en *bc.*

Intervención de Kôṯaru *(1.2 IV 7-10).* En este momento interviene *Kôṯaru,* que responde a la declaración de *Baʿlu (cdb),* recordándole que ahora ha llegado el momento decisivo del que ya le había hablado anteriormente (cf. 1.4 VII 23); así como la técnica que debe emplear para superar a *Yammu.* Formalmente consiste en una interrogación retórica compuesta de dos *bc* que enmarcan un *tc* [117].

Escena de conjuro mágico (1.2 IV 11-26). Tal técnica, descrita en el momento de su proporción por *Kôṯaru* y de su empleo por *Baʿlu,* comporta un *doble intento,* cuyas partes se corresponden perfectamente. Consta en cada caso de tres momentos: *a) Kôṯaru* proporciona un arma mágica, pronuncia su nombre y le precisa personalmente la acción destructora que debe realizar; *b)* se prescribe la realización de ésta; y *c)* se describe su efecto sobre *Yammu.* Estos dos últimos momentos dentro del esquema orden-ejecución. Sin

[115] Para un resumen del contenido de la columna, cf. Virolleaud, «Syria» 16 (1935) 34-36 [declaración de *Aliyānu Baʿlu* (?) a *Kôṯaru]*; Montgomery, JAOS 55 (1935) 268ss; Gaster, «Iraq» 4 (1937) 21-32 (primera aproximación al texto); Engnell, SDK, pp. 128-129; Obermann, JAOS 57 (1947) 195ss (forma y estructura); íd., UM, pp. 15-16; Aistleitner, MKT, p. 47; Wakeman, GBM, p. 66, n. 7; Oldenburg, CEB, p. 32; Cross, CMHE, pp. 133ss; Miller, DW, pp. 32-33, 202, n. 141 (Marduk); Van Selms, UF 2 (1970) 263-268; Rin, AE, pp. 66ss; Gibson, CML, p. 5; Van Zijl, *Baal,* pp. 34-35; De Moor, SP, pp. 133ss (escena en el fondo del mar); algunos autores suponen que en la sección primera, en razón de *ttn,* es *ʿAnatu* u otra diosa quien habla, lo que considero poco probable (luego se gloriará de haber vencido a los «monstruos»); cf. Gaster, *Thespis,* pp. 116, 160; Kaiser, MBM, pp. 69ss; Driver, CML, pp. 13, 81; Gese, RAAM, pp. 58-59; Tromp, PCD, p. 206; a este propósito, cf. Caquot-Sznycer, TOu, pp. 112, 134; Caquot, SDB, fasc. 53, col. 1.374-1.375.

[116] Otros entienden que es *Baʿlu* quien aquí se prosterna ante el trono de *Yammu* (así comúnmente; cf. De Moor, SP, p. 133; Gibson, CML, p. 5) o bien quien se apresta a acometerle (cf. Gaster, *Thespis,* p. 160).

[117] Sobre todo, la estructura de éste ha sido objeto de múltiples análisis, así como su correlación formal con Sal 92,10; cf. Virolleaud, «Syria» 16 (1935) 36-38 [*Aliyānu Baʿlu* contra *Baʿlu* (!)]; Ginsberg, Or 5 (1936) 178-179; Kaiser, MBM, pp. 71-73; Oldenburg, CEB, p. 136; Gray, LC, pp. 295-296; Dahood, RSP I, pp. 40-42; Whitaker, FAUL, p. 114; Cross, CMHE, pp. 32-33; De Moor, SP, p. 235; íd., UF 10 (1978) 205-206; Margalit, UF 7 (1975) 311-312; Greenstein, UF 9 (1977) 79, 82-83; Stuart, SEHM, pp. 63-68 (para toda la col.).

embargo, el paralelismo no es estricto, sino que se da una «gradación» entre las partes. La primera maza no tiene el efecto deseado; *Yammu* aguanta. A la segunda se le señala un objetivo más seguro en el segundo momento (cabeza, frente) y se precisa con más exactitud el efecto en la fórmula de conjuro. El éxito es completo [118]. Sin duda, esta sección refleja prácticas de conjuro imprecatorio o execración, frecuente en aquellas culturas, en las que el nombre y la fórmula acertados desempeñan un papel decisivo [119]. El conjunto es un proceso narrativo artificioso y tenso, en el que abundan *bc/tc* con elementos de cuatro acentos (palabras), de ritmo sin duda más solemne que el resto, y con paralelismo interno *(bc/dst/dst//dst/bc// //bc/dst/tst//dst/dst)* [120].

Escena de combate (1.2 IV 27-40). Baʿlu se apresta a sacar todo el provecho posible de la situación y destruir completamente a *Yammu;* pero como ya lo hizo antes a propósito de sus mensajeros, le recrimina *ʿAṯtartu* [121] ahora la intención de matar a *Yammu,* que goza del derecho de cautivo. Pero *Baʿlu* proclama repetidamente (?) su persuasión de que *Yammu* está ya muerto y su pretensión de reinar de manera incontrastada [122]. Tenemos así de nuevo,

[118] Ahora se cumple o ejecuta el conjuro de 1.2 I 4ss, haciéndose técnicamente efectivo. La repetición posee el sentido de la precisación mágica: la eficacia de la acción depende de las fórmulas y nombres exactos.

[119] Cf. Virolleaud, «Syria» 16 (1935) 38-42 (ataque de *Kôṯaru);* Obermann, JAOS 57 (1947) 195-208 (ritual de encantamiento); Wakeman, GBM, pp. 66, n. 7; 93 (maldición/encantamiento); Kaiser, MBM, pp. 72-73; Van Selms, MFL, p. 91; íd., UF 2 (1970) 265ss; Bronner, SEE, p. 131 (paralelos orientales); Gaster, *Thespis,* pp. 164-169 (paralelos generales); Van Zijl, *Baal,* p. 40 (relación con el rayo); Cross, CMHE, pp. 115-116; Gibson, CML, p. 5, n. 5 [simbolismo de las mazas: viento/rayo contra el mar (?)].

[120] La pronunciación del nombre y su interpretación mágica se leen normalmente como un *tc;* cf. Avishur, UF 4 (1972) 7.

[121] Para Aistleitner, MKT, pp. 47, 52, la diosa consiente; para Cazelles, *Ug.* VI, p. 27, ésta pronuncia un encantamiento en el sentido indicado anteriormente; cf. Van Selms, UF 2 (1970) 266-267; De Moor, SP, p. 127; Kaiser, MBM, p. 73 (posible representación iconográfica del combate).

[122] Las últimas palabras de la tablilla *(brišh, ibh)* hacen suponer más bien que se ha deshecho de su enemigo (Van Selms); por eso quizá líns. 27-28 podrían también entenderse del propósito y estas últimas de la ejecución de exterminio de *Yammu.* En todo caso, téngase en cuenta que estas «muertes» de los dioses nunca son definitivas. Cf. Driver, CML, pp. 13-14, 77 (¿corregir: *ʿAṯtaru?);* Gray, LC, pp. 29-30 (grito cúltico); Gaster, *Thespis,* pp. 170-171 (es *Yammu* quien proclama su derrota); Oldenburg, CEB, p. 132; Kaiser, MBM, pp. 71-73 (interlocutor desconocido, acaso *ʿAṯtartu);* Van Selms, UF 2 (1970) 267 (triple repetición); Lipinski, RY, pp. 124, 356, 360; Schoors, RSP I, p. 42; Van Zijl,

junto con el reproche intercalado, los elementos de la «reacción»: acción *(bc)* y exclamación *[tc(?)/bc]*.

Con esta tablilla se cierra el desarrollo de un tema del ciclo mítico: el contraste entre *Yammu* y *Baʿlu* por la primacía o realeza entre los dioses. El primero se vio en un principio favorecido por *Ilu,* pero al otro le asistió el poder mágico, superior a la voluntad de aquél, que le valió la victoria y con ella la realeza. Ya no volverá a aparecer en el ciclo mitológico [excepto en 1.4 III 34 (?); VI 12; VII 4; 1.6 V 3 (?)]. Como tema mítico, es arquetípico y atemporal, «contemporáneo» de los otros episodios míticos, por representar un contraste primordial entre dioses. Quizá pudo ser originariamente estacional, pero aquí aparece literaturizado. No hay, pues, que plantearse propiamente el problema de su secuencia ni de la congruencia de sus motivos con los de otros mitemas [123]. La versión de los diversos episodios míticos puede estar hecha desde tradiciones diversas que no tienen por qué concordar en todos los detalles, de acuerdo con la significación y el «momento» en que cada uno de ellos se desarrolla.

2. *El mito de «El palacio de Baʿlu»*

Escena de banquete (1.3 I 1-27). El nuevo mito se abre con la descripción de un agasajo a *Baʿlu* victorioso, situación en la que nos le presentaba la tablilla anterior 1.2 IV [124]. El texto nos describe una fiesta que incluye el

Baal, p. 35; Welch, UF 4 (1972) 428-429 (organización quiástica); Caquot-Sznycer, RPO, p. 381; íd., TOu, p. 139 (proclamación-coronación de *Baʿlu).*

123 Así, ya vimos cómo De Moor, SP, pp. 37-38, 40-43, arguye contra la secuencia 1.2-3 porque una tablilla supone a *Yammu* destruido por *Baʿlu* y la otra por *ʿAnatu.* Faltan muchos fragmentos para poder asegurar que tales tradiciones no fueron normalizadas y concordadas; la secuencia general del mito, si existió, no nos resulta reconstruible. Por otra parte, la repetición de unas mismas fórmulas (por ejemplo, la amenaza de *ʿAnatu* a *Ilu* en 1.3 V y 1.18 I), que definen las actitudes de los dioses y sus reacciones en «momentos» míticos similares, no es motivo para coordinar las tablillas entre sí.

124 Cf. para el resumen del argumento de esta columna, Virolleaud, DA, pp. 1ss; íd., RH 185 (1939) 12ss; íd., LBC, pp. 88ss; Aistleitner, ZAW 57 (1939) 193ss; íd., MKT, pp. 24ss; Obermann, UM, pp. 7ss, 88s (boda de *Baʿlu);* Driver, CML, p. 14; Gibson, CML, pp. 8, 13; Cassuto, GA, pp. 68ss; Gray, LC, pp. 38s (banquete en casa de *Ilu);* Van Selms, MFL, pp. 115s; Goetze, BASOR 93 (1-44) 18; Jirku, MK, p. 16; Gordon, UL, p. 10; íd., UMC, pp. 48s; íd., PLM, pp. 75-76; Oldenburg, CEB, pp. 72s, 119 (el anfitrión es *Kôṯaru);* Gaster, *Thespis,* p. 231; Gese, RAAM, pp. 65s; Rin, AE, p. 73; Lipinski, UF 2 (1970) 75ss (en la morada de *Ilu);* Bronner, SEE, pp. 76s; Van Zijl, *Baal,* pp. 49ss; De Moor, SP, pp. 67ss; Caquot-Sznycer, TOu, pp. 143ss (banquete en *Ṣapānu);* Caquot, SDB, fasc. 53, col. 1.376-1.377; Gray, UF 11 (1979) 315-324.

banquete (dos *tc* —comida y bebida— de idéntica sintaxis, y un *tst,* descripción de la copa) y el *concierto* (dos *bc)* en forma ejecutiva [125], concluyéndose todo con la mirada complacida de *Baʿlu* sobre sus «hijas» *[tc/bc* (?)]. El estado mutilado del texto no permite precisar bien los protagonistas de la escena ni el ámbito mitológico en que se desarrolla (*¿morada de Ilu* o de *Baʿlu?).*

Escena de combate (1.3 II 2-III 2). La secuencia de los episodios no resulta clara, dada la laguna que los separa (unas 38 líneas) [126]. Esta nueva escena se divide netamente en tres partes [127]: la *primera* (1-16) se desarrolla al aire libre, en presencia quizá (lín. 4) de los mensajeros (de *Baʿlu)*(?): *ʿAnatu,* preparada y perfumada (¿ritualmente?), sale de su palacio y entabla una *batalla campal* contra todo el mundo, de caracteres apocalípticos *[bc* (?)/ *tst/tc/tst]* [128]. La *segunda* parte (17-30), en cambio, tiene lugar en su palacio

[125] Algunos suponen que la columna se abre con una orden («Sirve/servid...») de la que el resto es la ejecución; su destinatario y, en todo caso, ejecutor sería el *ǵzr* mencionado en lín. 20, identificable con el *prdmn [Pardamenni* (?), *rdmn* (?)] de lín. 2, y que sería a la vez el (dios) anfitrión y el aedo del banquete; cf. Cassuto, GA, p. 111; Rin, AE, p. 76; Lipinski, UF 2 (1970) 77; Van Zijl, *Baal,* pp. 49, 52; De Moor, SP, pp. 68, 75; Caquot-Sznycer, TOu, p. 147, 156; Airoldi, Bib 55 (1974) 179ss; Watson, UF 7 (1975) 484; en contra, Aartun, PU I, p. 43, n. 9; para Jirku, MK, p. 22; Van Selms, MFL, pp. 105, 116; Parker, UF 2 (1970) 244 *(Baʿlu* es quien canta).

[126] Es posible que 1.101 (RŠ 24.245) refleje episodios que corresponden al espacio que media entre col. I y II de esta tablilla; cf. De Moor, SP, p. 7; Cassuto, GA, pp. 86-87; Virolleaud, *Ug.* V, pp. 557-559. La interpretación propuesta por Dussaud, RHR 118 (1938) 133-169, es absolutamente fantástica. Adviértase que mata a «hombres» (no «monstruos» o ayudantes de alguna deidad), que no aparecen nunca como «enemigos» válidos en este universo del mito, por eso es preferible entender el episodio como un combate ritual que pretende «revelar» su íntima naturaleza y su disponibilidad en favor de *Baʿlu,* que en algún momento la precisará; cf. Jirku, KME, p. 27, n. 1; Kapelrud, VG, pp. 48ss; Kaiser, MBM, p. 71; Miller, DW, pp. 46-47; Gese, RAAM, pp. 66-68; Oldenburg, CEB, pp. 87-88; al contrario, Cassuto, GA, p. 87.

[127] Así, Gese, RAAM, p. 66; Gordon, UMC, p. 51, n. 16; Aistleitner, MKT, p. 24; Driver, CML, p. 14; Caquot-Sznycer, TOu, p. 144; la escena se desarrolla, en todo caso, no en la morada de *Baʿlu,* sino en la de *ʿAnatu.* Esta, que no sabe de la situación de aquél, será convocada a continuación a presencia del dios.

[128] Sobre el sentido general de la escena y sus aspectos rituales, cf. Virolleaud, DA, pp. 11ss, 40; Dussaud, RHR 118 (1938) 137-138; Gaster, «Iraq» 6 (1939) 117ss; íd., *Thespis,* pp. 231, 236; Driver, CML, pp. 14, 85; Gibson, CML, pp. 9, 13; Gordon, UL, p. 10; íd., PLM, pp. 76-78; Sauer, SA, p. 28; Jirku, MK, pp. 16, 78; Gray, LC, pp. 44-45; Jacob, RSAT, p. 46, Cassuto, GA, pp. 86-87; Rin, AE, pp. 80, 83; De Moor, SP, pp. 77ss, 85-87, 94-95, 98-190, 104-105;

(lín. 17) y viene a representar una *acción simbólica* de magia imitativa: *ʿAnatu* regresa a su casa, prepara la escena, desarrolla el nuevo combate simbólico y se sacia en su contemplación y ejecución *(dst/tc/bc/tc/dst)* [129]. Por fin, la *tercera* (30-33) describe la purificación tanto del palacio como de la misma diosa *(tst/tc/tc/dst)*, que restablece la situación (milagro reversible), concluyendo estereotípicamente con un formulario que nos remite al inicio de la columna (el perfume: cf. 1.3 IV 42ss) [130]. Adviértase a este propósito la múltiple «inclusión» que articula toda la escena como unidad literaria formal: II 3/III 1; 5-7/19-20/29-30; 13-15/27-28/34-36; 21-22/36-37.

Mensaje de Baʿlu *(1.3 III 4-31)*. En su primera sección (líns. 4-8) [131] se ofrece parte de un discurso de *Baʿlu* en que se describe o recomienda una nueva actitud de *ʿAnatu,* de sentido amoroso y pacífico, en contraste con la asumida en la escena anterior. Ambos atributos, la guerra y el amor, le son propios; pero se trata sólo de un fragmento aislado *(tc/tc)* que literariamente forma cuerpo con las fórmulas tópicas de reverencia que introducen los mensajes *(tc/bc/bc)*. El encargo verdadero consiste aquí en un mensaje de paz y revelación de poder, con inclusión de una cita cuyos elementos ya analizamos en 1.1 II 1-2,19-23; III 10-16, lugares con los que coincide no sólo en el formulario de cita o convocatoria, sino también parcialmente en el contenido específico; en realidad son repetición unos del otro. Mejor dicho,

íd., UF 1 (1969) 225; íd., NYCI II, pp. 9-10; Lipinski, UF 3 (1971) 90; Caquot-Sznycer, TOu, pp. 114, 148-149; 158; íd., RPO, p. 390; Caquot, SDB, fasc. 53, col. 1.376-1.377; Fensham, AION 15 (1965) 31-37.

129 Para Caquot-Sznycer como para otros muchos [Virolleaud, Gaster, Cassuto, Driver, Gibson, Rin, De Moor, Gordon (PLM)] se trata de un combate real-ritual; los guerreros fueron invitados a su palacio y luego asesinados.

130 Cf. De Moor, SP, p. 96 [para su crítica, cf. Grabbe, UF 8 (1976) 61]; íd., UF 10 (1978) 209-210 (esticometría); Oldenburg, CEB, p. 89; Lipinski, UF 3 (1971) 90; Watson, UF 9 (1977) 274. La acción simbólica (purificación) es descrita en términos de su significado (sangre, combatientes), porque se la toma como acción mágico-taumatúrgica real.

131 Generalmente se ha entendido como un encargo, dado por *Baʿlu* a sus mensajeros, de «condecorar» a *ʿAnatu,* posiblemente como respuesta al celo manifestado en su favor en el episodio precedente; para una elucidación general de la escena, cf. Virolleaud, DA, pp. 29-42; Cassuto, GA, pp. 90-91, 123, 127-128; Goetze, BASOR 93 (1944) 17-20; Driver, CML, p. 14; Gibson, CML, pp. 9, 13-14 (encargo de rito); Gray, LC, p. 45; Gross, IWF, pp. 38ss; Aistleitner, MKT, p. 24; Gordon, PLM, pp. 78-79; Jacob, RSAT, p. 45; Jirku, KME, p. 29, n. 1; íd., MK, p. 16; Gese, RAAM, pp. 66-67; Gaster, *Thespis,* pp. 231, 238; Ginsberg, ANET, p. 136, n. 6; Rin, AE, p. 95; Van Selms, MFL, pp. 73-74, 123-124; Van Zijl, *Baal,* pp. 52-66; De Moor, SP, pp. 102-108; Caquot-Sznycer, TOu, pp. 144, 162ss; íd., RPO, p. 390; Caquot, SDB, fasc. 53, col. 1.376-1.377.

aquí tenemos reunido el formulario de los mensajes que allí dirige *Ilu* a *ʿAnatu* y a *Kôṯaru.* Sólo el final, es decir, el mensaje real, varía: se indica la meta específica, la morada de *Baʿlu,* a la que debe dirigirse la diosa, y se le señala la peculiar intención de aquél de revelarle el rayo *(dst/tc/bc/tc/tc/dst).*

Reacción de ʿAnatu *(1.3 III 32-IV 4).* La llegada de los mensajeros de *Baʿlu* suscita el temor de *ʿAnatu* de que sean portadores de noticias infaustas. Su reacción se concretiza de forma épica en una *descripción* estereotipada *(tc)* que muestra su consternación, y de forma dramática en una serie de *preguntas* retóricas y una rememoración de las propias hazañas (cf. 1.5 I 1ss); se cierra, por inclusión, con la misma pregunta retórica inicial *(cdb/c/dst/tc/dst/tc/bc/bc)* [132].

Transmisión del mensaje (1.3 IV 5-20). Después de responder a su pregunta retórica, repitiendo sus mismos términos *(cdb/bc),* transmiten los mensajeros el mensaje de *Baʿlu,* igualmente en sus mismos términos, precedido de la fórmula correspondiente *(bc/dst/tc/bc/tc/tc/tc).* La única variante consiste en la transposición del *bc* que describe en 1.3 III 27-28 la incomparabilidad del rayo y que aquí se ha adelantado tres líneas antes, como supone la reconstrucción.

Respuesta de ʿAnatu *(1.3 IV 21-36).* La diosa acepta la propuesta y responde repitiendo dos veces, de modo inclusivo, parte de ella, la correspondiente a las fórmulas de pacificación *(cdl/dst/bc/dst),* con añadidura de la propia proposición intercalada en medio [133]. Concluye su respuesta con lo que parece ser un nuevo formulario con que se despide a los mensajeros y se declara la diosa dispuesta a secundar inmediatamente la invitación a ponerse en marcha. Es el mismo que ya apareció en 1.1 III 17-21, supuesta la sustitución de nombres *(ccd/tst).* La única dificultad estriba en que tal formulario parece indicar más bien la morada de *Ilu* que la de *Baʿlu,* a la que

[132] Cf. Virolleaud, DA, pp. 43-59; Ginsberg, BASOR 84 (1941) 12-14 [en relación con *Môtu* (!)]; Cassuto, GA, 92-93, 129-130; íd., BJPES 10 (1943) 47-54; Driver, CML, p. 14; Aistleitner, MKT, p. 24; Gaster, *Thespis,* pp. 231-232; Kaiser, MBM, pp. 75-76; Gese, RAAM, p. 67; Rin, AE, p. 91; Fenton, UF 1 (1969) 200; Dijsktra, UF 2 (1970) 333-334; Van Zijl, *Baal,* pp. 65-66; De Moor, SP, pp. 40-41; Caquot-Sznycer, TOu, pp. 144, 166ss; Watson, UF 10 (1978) 397-398, 401.

[133] Para el sentido general de la escena, cf. Virolleaud, DA, pp. 61-64; Cassuto, GA, pp. 137-138; Gordon, PLM, pp. 79-82; Rin, AE, p. 91; Driver, CML, p. 14; Gibson, CML, pp. 9, 14; Gaster, *Thespis,* p. 232; Gray, LC, pp. 48-49; Gese, RAAM, p. 67; Van Zijl, *Baal,* p. 69; Sauer, SA, pp. 51ss.

a continuación se dirige la diosa. Pero la meta real última de su viaje será la morada de *Ilu* (cf. V 4ss) [134].

Llegada ante Baʿlu *(1.3 IV 37-46)*. Sigue ahora el momento de la ejecución o puesta en práctica del mensaje recibido y *ʿAnatu* se encamina al encuentro de *Baʿlu,* según el formulario conocido *(tc)*. Este percibe su llegada y la recibe con cautela y agasajos *(bc/tc)*. Al banquete sigue la purificación según las fórmulas aparecidas anteriormente, 1.3 II 38ss, aunque las circunstancias sean distintas *(tst)* [135].

La situación de Baʿlu *(1.3 IV 47-53)*. Después de una laguna de unas 15 líneas nos encontramos con un texto reconstruible según 1.3 V 38ss (cf. 1.4 I 9-18). Su sentido es bastante claro, pero la dificultad radica ahora en que no sabemos exactamente quién lo pronuncia: parece que habla de *Baʿlu* y que a continuación responde *ʿAnatu* (lín. 53), dirigiéndose a *Ilu,* pero sin hallarse aún en su presencia; más tarde se encaminará a su morada (cf. V 4ss) y le repetirá parte del pasaje presente (líns. 24-25). A juzgar por los lugares paralelos citados (cf. sobre todo V 35-44), sería lo más verosímil suponer que se trata de una parte del «lamento» o mensaje enviado por *Ilu* (es él y los dioses que le rodean quienes lo entonarán luego) en respuesta a la pretensión de *Baʿlu* de querer ser rey del cielo y de los dioses: no puede serlo porque carece de palacio propio. Ya vimos que éste era el caso de *ʿAṯtaru* (1.2 III 19-22), que carece de palacio, mujer e hijos. En estas líneas se reproduce el final de tal mensaje, comunicado o entonado ante *ʿAnatu* a su llegada a presencia de *Baʿlu,* en el que queda patente la situación en que éste se encuentra. Formalmente, la escena se compone de un *tc* normal y otro intercalado (enumeración) [136].

[134] Cf. Caquot-Sznycer, TOu, p. 717; íd., PRO, p. 390; Caquot, SDB, fascículo 53, col. 1.376-1.377; *Ugaru-Inbubu* corresponde a la morada de *ʿAnatu;* sobre la morada de los dioses en Ugarit, cf., entre otros, O. Eissfeldt, *Die Wohnsitze der Götter von Ras Schamra,* Berlín 1944; Gaster, *Thespis,* pp. 125-132, 183-199; Jirku, MK, pp. 68-69; Clifford, CMC, pp. 79ss; Lipinski, OLP 2 (1971) 13-69; RY, p. 424; Kaiser, MBM, pp. 53-55; Pope, EUT, pp. 61-81, 94-96, 102-103; Oldenburg, CEB, pp. 105-109; Hillman, WB, pp. 76ss; De Moor, SP, pp. 121, 171; Cross, CMHE, p. 36, 90, 13, 185; Ohler, MEAT, pp. 146-160.

[135] Cf. Virolleaud, DA, pp. 69, 89, 95 (laguna); Cassuto, GA, pp. 96-97; Obermann, UM, p. 42; Rin, AE, p. 91; Driver, CML, p. 14; Van Selms, MFL, p. 71, n. 43 (banquete descrito en la laguna); Van Zijl, *Baal,* pp. 73-74; Dahood, PNSP, p. 17; Gese, RAAM, p. 67.

[136] Cf. Cassuto, GA, p. 97; Ginsberg, ANET, p. 137, n. 16; Aistleitner, MKT, pp. 24, 26 (supone que es *ʿAnatu* misma quien lo pronuncia a modo de «queja»); Driver, CML, p. 14; Oldenburg, CEB, p. 87; Gaster, *Thespis,* p. 242 [quien

Respuesta de 'Anatu *(1.3 IV 53-V 4)*. Ante tal situación reacciona *'Anatu* con lo que debe considerarse como formulación de una amenaza, que repetirá después a *Ilu* en persona (cf. V 19ss; 1.18 I 6-12) para constreñirle a poner término a dicha situación y cambiar su decisión. La organización formal es muy equilibrada *(cdb/bc/tc/bc)* [137].

Marcha de 'Anatu *(1.3 V 4-18)*. En consecuencia, *'Anatu* emprende la marcha hacia la morada de su padre *Ilu,* según los formularios conocidos; se conservan tres *bc* y un *tc* que puede ser parcialmente reconstruido; el el resto se ha perdido. Al llegar la diosa, la recibe *Ilu* con una declaración solemne de la que sólo se nos ha conservado el último *tc* (cf. 1.4 VIII 21-24; 1.6 II 24-25); por él sabemos que en estos momentos, en que todavía no reina *Ba'lu,* la naturaleza está bajo el dominio de *Šapšu* y *Môtu* [138].

Mensaje de 'Anatu *(1.3 V 19-25)*. A la misma responde *'Anatu* transmitiendo su propia amenaza, aunque sólo parcialmente idéntica a la pronunciada anteriormente. Tenemos así un caso peculiar del esquema de encargo-transmisión en el que el mitente «va» con su propio mensaje, que se ha formulado antes; es su propio mensajero. Por eso no se dan las fórmulas consabidas ni la repetición es literal *(cdb/tc/dst)*; con todo, la organización formal continúa siendo muy equilibrada y similar (cf. 1.3 IV 53-V 4) [139].

Diálogo entre Ilu *y* 'Anatu *(1.3 V 25-34)*. Introducida por una fórmula de discurso directo *(bc)* con precisación de lugar, el dios *Ilu* da su respuesta de consentimiento a las exigencias de su hija, sean éstas cuales fueren *[tc*(?)*]*. Se trata de una fórmula fundamentalmente ya conocida por el texto 1.18 I 15-17, fórmula que interpreta las relaciones *'Anatu/Ilu.* Acaba con un hemistiquio suelto interrogativo que induce la sección siguiente, dentro del esquema pregunta-respuesta o de diálogo.

Continuando éste, la diosa *'Anatu* replica a su padre *(cdb)*. Cambia el tono conminatorio en adulación *(bc)* y se permite sugerir al dios *Ilu,* como palabra de éste, su propia pretensión en favor de su hermano *Ba'lu (dst)*. Las fórmulas son de nuevo tópicas, y aparecerán más adelante en boca de

habla es *Aṯiratu* (!)]; Jirku, BK, pp. 16-17; íd., KME, p. 33, n. 1 (todos los dioses); De Moor, SP, p. 112 [queja del mismo *Ba'lu;* pero cf. Grabbe, UF 8 (1976) 62]; Caquot-Sznycer, TOu, pp. 144, 172.

137 Cf. Cassuto, GA, p. 97; Driver, CML, p. 14; Gibson, CML, pp. 9-10, 14; Gordon, PLM, pp. 82-84; Rin, AE, p. 108; Gese, RAAM, p. 68; Caquot, SDB, fasc. 53, col. 1.376-1.377.

138 Cf. Virolleaud, DA, pp. 75ss; Cassuto, GA, pp. 100-101, 148; Driver, CML, p. 14; Mulder, UF 4 (1972) 83; De Moor, SP, p. 115; Del Olmo Lete, UF 10 (1978) 36-40.

139 Cf. Cassuto, GA, pp. 100-101, 148; Driver, CML, pp. 14-15; Gese, RAAM, p. 68.

A̱tiratu (1.4 IV 40-46); enuncian la supremacía de *Baʿlu* como rey, decretada por el dios *Ilu,* y la disponibilidad de todos para servirle [140].

Réplica de la corte divina (1.3 V 35-44). Ante tal pretensión de *ʿAnatu,* la reacción a «coro» de toda la «corte celeste» *(cdl = dst)* reproduce la objeción básica que reconstruimos en IV 47-53 y que *ʿAnatu* misma conoce muy bien (cf. V 3-4) y quisiera ver solucionada: no puede ser rey alguien «desprovisto de palacio» cuyas hijas viven, en consecuencia, con sus «abuelos» *Ilu* y *A̱tiratu (tc/tc/bc)* (cf. 1.4 I 12-18) [141].

Encargo de mensaje (1.3 VI 4-25). Consiguientemente, de acuerdo con la exigencia de *ʿAnatu* y después de acceder sin duda a su pretensión de que *Baʿlu* sea proclamado rey, se procede a remediar la situación y se envía a los mensajeros de la diosa madre *A̱tiratu* hacia el dios artesano *Kôṯaru.* Sólo se nos ha conservado la parte introductoria del encargo, donde se describe el camino de acceso a tal divinidad *(dst)* y se encarga la pronta ejecución de la misión *(bc).* El resto de la sección reproduce, con los estereotipos conocidos, el esquema normal de encargo de mensaje: fórmula de marcha *(tc/bc int.),* postración *(bc)* y transmisión *(bc/bc).* El mensaje propiamente tal ha de deducirse del momento siguiente que supone la realización del encargo dado aquí. Quizá era un encargo de simple «citación» ante el dios supremo [142].

[140] Cf. Cassuto, GA, pp. 100-103, 150; Driver, CML, p. 15; Lipinski, RY, pp. 388-390; Schoors, RSP I, p. 22; Walcot, ClQ 15 (1965) 79; Van Zijl, *Baal,* pp. 77-78; Caquot-Sznycer, TOu, pp. 144-145 (pero no se trata de esclavos —aguamanil—, sino de vasallos —tributo—). La pretensión de *ʿAnatu* se refiere sólo a la realeza; la falta del «palacio» es la objeción que hay que superar por el recurso a *A̱tiratu* (cf. Gese RAAM, p. 68).

[141] Cf. Cassuto, GA, p. 103 (habla *ʿAnatu);* Driver, CML, p. 15; Van Zijl, *Baal,* p. 81; Gese, RAAM, p. 68; De Moor, SP, pp. 38ss, 141.

[142] Cf. Virolleaud, DA, 85, 90 (de parte de *ʿAnatu);* Eissfeldt, ZDMG 98 (1944) 103-104; Cassuto, GA, pp. 104-105, 154-155 *(A̱tiratu* envía); Rin, AE, p. 114; Aistleitner, MKT, p. 24; Driver, CML, p. 5; Gibson, CML, pp. 10, 14; Gordon, PLM, p. 84; Jirku, KME, p. 36, n. 1; Gaster, *Thespis,* p. 242; Ginsberg, ANET, p. 137, n. 18; Miller, DW, p. 30; Loewenstamm, EI 14 (1978) 4-5; Caquot-Sznycer, TOu, pp. 145, 177 (el mitente es *Baʿlu);* Caquot, SDB, fascículo 53, col. 1.376-1.377. No sabemos quién es el mitente; la reconstrucción de lín. 24-25 hace suponer que se trata de *Baʿlu,* pero el hecho de que sean los mensajeros de *A̱tiratu (qdš-amrr)* y no los de este dios *(gpn-ugr)* los encargados del mensaje y que a continuación el dios artesano se persone al parecer ante *Ilu* y su corte suprema (cf. 1.4 I 4ss) inclina a pensar que es este dios el que da el encargo en nombre de *Baʿlu* y con orden de comparecer ante él. Pero también podría suponerse que ante la dificultad encontrada sea la diosa *ʿAnatu* quien decide recurrir a los servicios de *Kôṯaru* en nombre y provecho de *Baʿlu.*

Encargo a Kôṯaru *(1.4 I 4-22)*. La primera parte de la sección líns. 4-18) repite literalmente la contrarréplica dada por la «corte celeste» a *ʿAnatu* a propósito de la situación de *Baʿlu,* con la única diferencia de ofrecer resuelto en dos *tc* paralelos el doble *tc int.* (enumeración) que allí aparecía. Es un ejemplo claro de la libertad estrófica de que se sirve la épica ugarítica, sin que sea preciso imponer una homogeneización correctora.

Por haber *ʿAnatu* recibido ya tal contrarréplica, por esperarse además ahora la comparencia de *Kôṯaru,* en cuya búsqueda han ido los mensajeros, y por ser de hecho éste, *Hayyānu,* quien a continuación pondrá manos a la obra, hay que concluir que en el interlocutor en este caso es el dios artesano, llegado ya a presencia de la divinidad que le reclamó. Esta podría ser *Baʿlu,* en cuyo nombre hablaban los mensajeros, o bien *Ilu,* que los envía (1.3 VI 4-25); sea quien sea, repite descriptivamente la reacción y exclamación de éste y su corte. Añade además (líns. 19-22) un segundo encargo *(cdb/bc)* en el que le encomienda agasajar convenientemente a la diosa madre, cuya benevolencia parece decisiva para la consecución de su intento [143].

Ejecución del encargo (1.4 I 23-43). En forma ejecutiva se describe la labor del dios artesano: preparación del metal *(bc/tc)* y fundición de una serie de piezas de mobiliario [144], descritas en cinco unidades estróficas *(dst/*

143 El problema del sujeto no es claro. ¿Podría también tratarse de la transmisión del mensaje precedente (cf. Cassuto, GA, pp. 104-105; íd., BOS II, p. 121; Caquot-Sznycer, TOu, pp. 181-182), del que faltaría en 1.3 VI esta segunda parte? En tal caso el encargo de agasajar a *Aṯiratu* dimanaría del mismo *Ilu* y su corte, según suponíamos anteriormente, al admitir esta secuencia 1.3-4 y responder a De Moor (cf. *supra,* p. 94). Este (SP, p. 42) y Caquot-Sznycer (TOu, pp. 181-182) suponen que es *Baʿlu* quien habla ahora a *Kôṯaru.* Tenemos, en todo caso, una laguna de 20 + 20 líneas entre ambas tablillas, en la que cabría la transmisión de tal mensaje a *Kôṯaru* y la ida de éste ante *Baʿlu;* se ofrecería aquí la interpelación directa de éste al dios artesano. Para otras opiniones, cf. Hvidberg, WL, p. 41 (mensaje de *Aṯiratu* a *Ilu);* Gaster, *Thespis,* p. 172 (de *Baʿlu* a *ʿAnatu);* Driver, CML, p. 15 (igual); Caquot-Sznycer, RPO, p. 403 (mensaje de *ʿAnatu* a *Kôṯaru).* Para un resumen general de la tablilla, cf. además Virolleaud, «Syria» 13 (1932) 113ss; Nielsen, RSM, pp. 97ss; 104-106; Gordon, UL, p. 10; íd., UMC, pp. 62-63; íd., PLM, pp. 89ss; Gaster, *Thespis,* pp. 116-117; íd., «Folklore» 44 (1933) 380ss; íd., BASOR 101 (1946) 21-30; Driver, CML, pp. 15-16; Gibson, CML, pp. 8, 10-12; Jirku, MK, pp. 7, 91; íd., KME, p. 38; Rin, AE, p. 138; Hvidberg, WL, pp. 40-49; Gray, LC, pp. 50ss; Bronner, SEE, pp. 58ss; Aistleitner, MKT, p. 36; Caquot-Sznycer, TOu, pp. 181-182; Caquot, SDB, fascículo 53, col. 1.377-1.378; Van Selms, UF 7 (1975) 469-470; Miller, DW, pp. 33s.

144 Cf. Gaster, BASOR 93 (1944) 20-23; íd., *Thespis,* pp. 116-117, 173; Albright, BASOR 91 (1943) 39-44; Galling, OLZ 39 (1936) 593-597; Cassuto, Or 7

tc/bc/tc/tc). Como 1.4 II 26ss hace suponer, se trata de un regalo para *Aṯiratu.* La descripción se prolongaba sin duda más allá, en la columna siguiente, pero sus primeras líneas faltan.

Escena de conjuro (1.4 II 3-11). La sección resulta muy fragmentaria, pero por su final (propiciación del dios *Ilu)* y la exigencia de sujeto femenino, así como por su semejanza con el rito descrito en 1.23:20ss (magia de seducción) y la intervención de la diosa en la escena siguiente, no tenemos más remedio que atribuirlo a *Aṯiratu.* Se representa así a la diosa madre sabiendo cómo ganarse la benevolencia del dios supremo, tal y como supone la acción posterior *(bc/tc/bc/bc;* cf. *infra,* IV 27ss). *Ilu* continúa siendo el dios decisivo, tanto para fijar el destino de los mortales (cf. 1.14 I 37ss; 1.17 I 34ss) como el de los inmortales. Pero por encima de él se alza el poder de la magia, al que recurren los dioses como recurre él mismo (cf. 1.16 V 25ss). El sentido preciso de la acción, sin embargo, se nos escapa; posiblemente es de tipo simpatético [145].

Reacción de Aṯiratu *(1.4 II 12-26).* A los preparativos mágicos sigue la marcha de *ʿAnatu* y *Baʿlu,* que aquí es descrita en cuanto percibida por *Aṯiratu,* a quien se dirigen. Como en situaciones narrativas similares, la «reacción» incluye dos partes que siguen a la *descripción* de la percepción *(dst):* conmoción, descrita según fórmulas estereotipadas *(tc/bc;* cf. 1.3 III 32-35; 1.16 I 54; 1.19 II 44-47), y *exclamación.* Esta refleja sorpresa y quizá temor [146] *(cdb/bc/bc),* al poner de manifiesto el antagonismo que media entre ellos. *Baʿlu,* ayudado por *ʿAnatu,* se ha deshecho de los hijos de *Aṯiratu* en su marcha hacia el poderío absoluto sobre los dioses (cf. *supra,* 1.2 IV 11ss; 1.3 III 37ss: el enfrentamiento de *Baʿlu* con *Yammu* y de *ʿAnatu* con sus auxiliares).

(1938) 274; íd., BOS II, p. 121; Van Selms, UF 7 (1975) 469ss (para el «cuarto de huéspedes»); Jirku, KME, p.38 [para el palacio de *Baʿlu* (!)]; Aistleitner, MKT, p. 36; Caquot-Sznycer, TOu, p. 182; Dietrich-Loretz, UF 10 (1978) 57-63; Heyer, *ibíd.,* pp. 93-109.

145 Sobre el particular, y en general sobre el sentido de esta columna, cf. Dussaud, RHR 111 (1935) 5ss; Gaster, ArOr 5 (1933) 118ss [para expeler a *Môtu* (!)]; íd., *Thespis,* p. 117 *[ʿAnatu* contra *Yammu* (!)], 175-176; Hvidberg, WL, pp. 41s (reconciliación con *Ilu);* Sauer, SA, pp. 36-38 (el sujeto es *ʿAnatu);* Cassuto, «Or» 7 (1938) 276 *[Baʿlu* contra *Hayyānu* (!)]; íd., BOS II, pp. 124ss; Van Selms, MFL, p. 57; Ginsberg, ANET, p. 132; Gordon, PLM, pp. 90-91; Driver, CML, p. 15; Gibson, CML, p. 11; Jirku, KME, p. 40; Aistleitner, MKT, p. 36; Rin, AE, p. 144; Van Zijl, *Baal,* pp. 83-85; De Moor, SP, p. 144; Caquot-Sznycer, TOu, pp. 197-198; Caquot, SDB, fasc. 53, col. 1.377-1.378.

146 Cf. Obermann, UM, pp. 56-57, n. 64; 63, n. 73; Oldenburg, CEB, p. 120; Gaster, *Thespis,* p. 117; Caquot-Sznycer, TOu, pp. 182, 199; Caquot, SDB, fascículo 53, col. 1.373.

Reacción de A̱tiratu *(1.4 II 26-38)*. Pero tal reacción no es definitiva. Una percepción más atenta *(bc)* le descubre los dones que le aportan y con ello la disposición benévola que les trae. Se sucede de nuevo otra «reacción» según el esquema conocido: *conmoción (bc)*, que involucra la fórmula de encargo o discurso directo, y *exclamación*. Esta comprende una interpelación *(bc)* y un encargo *(bc/tc)* impreciso. A primera vista parecería como si *A̱tiratu* estuviera dispuesta a acatar el dictamen de *Ilu* y asegurar el triunfo de *Baʿlu*, para lo que ordena sujetar a su propio hijo y contrincante de aquél, *Yammu*[147].

Lamento de Baʿlu *(1.4 III 10-22)*. Entre la sección precedente y ésta hay una gran laguna textual (líns. 1-9), que sólo conjeturalmente puede llenarse. Parece que en ella se habla del reino *(mlk, dmlk)* de *Baʿlu*, tema que sin duda exponen a la diosa madre como su pretensión principal[148]. En ese contexto y diálogo replica ahora *Baʿlu* para describir su situación: se le desprecia y somete a cultos inferiores, no legítimos, sacrificios impuros y orgías incontroladas *(cdl/tc/bc/tst)*; no se le trata de manera digna de un dios-rey[149].

Diálogo de cortesía (1.4 III 23-37). Una vez expuesto su propósito, los dos visitantes proceden a agasajar a la diosa *A̱tiratu (dst)*, con el fin sin duda de reforzar su petición: realeza y palacio. *A̱tiratu* les interrumpe para

147 De este texto «lógicamente» se deduciría que *Yammu* no está aniquilado, como supone *ʿAnatu* (cf. 1.3 III 38ss) y afirma *Baʿlu* (cf. 1.2 IV 27ss). Se trata de una prueba más de la independencia de los mitemas y de su «coetaneidad» y no-secuencia. Los dioses, por más que se maten entre sí, nunca mueren; cf. De Moor, SP, pp. 38, 144-145 (interpretación estacional); Gaster, *Thespis*, p. 117 *(Yammu)*, 162 *(Kôṯaru)*, 177-178 *(ídem)*; íd., BASOR 101 (1946) 21 (inventor de los aparejos de pesca); Cassuto, BOS II, pp. 127s. A juzgar por IV 1-12 se diría que el servidor de *A̱tiratu* es un personaje doble, como en general los «mensajeros» de los dioses.

148 Cf. Cassuto, BOS II, pp. 117; Gaster, *Thespis*, p. 138; Driver, CML, pp. 15, 95, que suponen que en la laguna precedente (líns. 1-9) se asegura a *Baʿlu* su triunfo sobre *Yammu*; éste escapará, *Baʿlu* reinará para siempre. Quizá se trata de una primera exposición a *A̱tiratu* de su deseo de ser rey de los dioses, confirmado ya por *Ilu*, y de verlo completado con la construcción de un palacio que plasmara su realeza.

149 Cf. Hvidberg, WL, p. 42; Cassuto, BOS, II, pp. 127-129; Aistleitner, MKT, p. 36; Jirku, KME, p. 42; íd., MK, p. 17; Gordon, PLM, pp. 91-93; Driver, CML, p. 15; Gibson, CML, p. 11; Rin, AE, p. 149; Gaster, *Thespis*, pp. 117, 179-180; Pope, EUT, p. 95 *(Baʿlu* es el que escupe); Van Zijl, *Baal*, pp. 87-88; Caquot-Sznycer, TOu, pp. 182, 201; Caquot, SDB, fasc. 53, col. 1.377-1.378; Dijkstra, UF 1 (1975) 563-565.

recordarles cortésmente que es a *Ilu* a quien primero deben agasajar *(cdb/dst)* y ganarse su beneplácito. El estilo es retórico, interrogativo. Pero ellos han seguido el buen camino, indicado por el mismo *Ilu* a *Kôṯaru* (cf. 1.4 I 20ss), y responde la virgen *ʿAnatu,* expresando su intención de homenajear primero a la diosa madre *(cdb/dst)*. La sección resulta así de una construcción esticométrica perfecta: *dst/cdb/dst/cdb/dst.*

Consejo de Aṯiratu *(1.4 III 38-44).* El diálogo concluye en nuestro texto con un consejo, al parecer de *Aṯiratu,* que asiente a su plan y quiere indicarles cuál será el momento más oportuno para prestar su pleitesía al dios supremo y presentarle su petición. A continuación la veremos a ella misma servirles de medianera en su plan. Con todo, el texto es fragmentario y no conocemos su contenido fundamental, aparte de la circunstancia del momento [150]. La importancia del consejo, sin embargo, está resaltada por la fórmula de interpelación que lo inicia: *cdb/cib/tc/bc.*

Encargo de Aṯiratu *(1.4 IV 1-12).* Accediendo quizá a una petición de sus huéspedes, *Aṯiratu* decide acompañarles a presencia de su esposo *Ilu* y encarga solemnemente a sus servidores que le preparen su cabalgadura *(cdb/cil/bc int.).* Encargo que éstos llevan puntualmente a cabo *(c/bc int.)* [151].

Escena de viaje (1.4 IV 13-26). Formando unidad narrativa con la sección anterior, se describe a continuación el viaje y la función que cada cual desempeña en el mismo: los servidores acomodan a su dueña montada en la cabalgadura y abren el camino *(tc/bc);* van seguidos por *ʿAnatu,* y *Baʿlu* se retira a su propia morada *(bc)* [152]. *Aṯiratu* se pone en marcha según el formulario tópico para describir el viaje a la morada de *Ilu (tc/dst;* cf. 1.3

[150] Parece presuponerse que *Ilu* está dispuesto a acceder a su petición y que se ha parlamentado ya con él a ese respecto; que se sigue, incluso, su consejo al venir a *Aṯiratu* para que ésta acceda a someter a su propio hijo *Yammu* y consienta en la petición, presentándola luego a *Ilu* y allanando así el camino de *Baʿlu.* Para otras interpretaciones, cf. Ginsberg, ANET, p. 132; Aistleitner, MKT, p. 36 (escena de banquete); Cassuto, BOS II, p. 129.

[151] Para un resumen de esta columna, cf. Hvidberg, WL, p. 42; Cassuto, BOS II, pp. 130ss, 178ss; Aistleitner, MKT, p. 36; Gordon, PLM, pp. 93-95; Driver, CML, p. 15; Gibson, CML, p. 11; Jirku, KME, p. 44, n. 1; íd., MK, p. 17; Rin, AE, pp. 158, 167; Gaster, *Thespis,* pp. 117-118, 181-84; Caquot-Sznycer, TOu, p. 183; Caquot, SDB, fasc. 53, col. 1.377-1.378.

[152] Cf. Driver, CML, p. 5; Van Zijl, *Baal,* pp. 10, 97; Watson, UF 10 (1978) 398-399; esto viene exigido por la posterior presencia de *ʿAnatu* junto a *Aṯiratu* en V 20 y su ulterior ida a *Ṣapānu,* a llevar la noticia; cf. Clifford, CMC, pp. 48ss (las dos clases de morada); *infra,* p. 126.

V 5-8; 1.6 I 32-38; 1.17 VI 46-51). La sección se divide así en dos partes esticométricamente equilibradas.

Reacción del dios Ilu *(1.4 IV 27-39).* A su vista, su esposo «reacciona» según el esquema conocido con una fórmula de *conmoción (dst)* y una de *exclamación (cdb)* que introduce su diálogo. Su intervención se abre y cierra con unas cláusulas interrogativas retóricas *(bc/bc),* que expresan sorpresa y tratan de precisar el motivo de la venida de la diosa: «quizá se deba al afecto conyugal». Dichas cláusulas enmarcan la invitación *(tst)* hospitalaria a refocilarse en todo caso con un refrigerio previo [153].

Diálogo entre dioses (1.4 IV 40-57). El primer intercambio *dialogal* discurre por cauces estereotipados. Así, la respuesta de *Aṯiratu* reproduce la que ya dio *ʿAnatu* al mismo *Ilu* después de ceder a sus amenazas (cf. 1.3 V 29-34) y que incluye la sugerencia hecha a éste de que proclame rey a *Baʿlu (cdb/tc/bc)* [154]. A su vez, la contrarréplica de *Ilu,* especie de «coro» al que se une toda la corte celeste, es la misma que allí se le daba a *ʿAnatu* y que significaba la objeción básica a su pretensión: la falta de palacio (cf. 1.3 V 35-44; 1.4 I 4-18). Una vez más se pone de relieve el carácter estereotipado de la épica ugarítica y su estructura formalística, que lleva a la iteración de fórmulas y perícopas tenidas por determinantes, aun por encima de la estricta lógica narrativa. Así vemos ahora a *Aṯiratu* sumada a *Ilu* en la réplica de éste a ella misma.

Diálogo entre Ilu *y* Aṯiratu *(1.4 IV 58-V 11).* En realidad tenemos ahora, por encima de esa repetición formalística del «coro» [155], la auténtica respuesta de *Ilu* a la petición de su esposa *Aṯiratu,* la que hace avanzar la acción épica que, después del rodeo dado con idas y venidas entre los dioses, se halla en el mismo punto en que la dejamos en 1.3 V 34. Accede *Ilu* finalmente a la petición presentada por *Aṯiratu* y ordena se construya un palacio a *Baʿlu,* no sin dejar enfáticamente en claro que no es menester suyo tal operación *(cdb/dst/bc).* Aquí tenemos el clímax del mitema, al que tendía toda la acción precedente y del que se desprende la posterior.

Ante el éxito de su misión, la diosa expresa su regocijo, exaltando en

153 Para Lipinski, UF 2 (1970) 8, tendría sentido irónico, mientras Pope, EUT, p. 36, n. 45, las considera «insinuaciones amorosas».

154 Cf. Driver, CML, pp. 15, 97; pero ¿se puede decir que *Aṯiratu* sea hermana de *ʿAnatu?* Para un resumen del contenido del texto, cf. Gaster, «Folklore» 44 (1933) 389; íd., *Thespis,* pp. 118, 184; Obermann, UM pp. 77-82; Caquot-Sznycer, TOu, pp. 183-184; Cassuto, BOS II, p. 131.

155 Con todo, este concepto no es quizá exacto; cf. De Moor, SP, p. 38; por otra parte, Caquot-Sznycer, TOu, pp. 183, 206-207, estiman que no hay respuesta. Ultimamente, Watson, UF 9 (1977) 284.

primer lugar a *Ilu* por su sabiduría *(cdb/tc)* y describiendo sumariamente la función que tal mansión cumplirá como casa del dios de la lluvia *(dst/bc)* [156].

Mensaje de A̱tiratu *y transmisión de* ʿAnatu *(1.4 V 12-35).* Como colofón, *A̱tiratu* «encarga» se comunique a *Baʿlu* que ahora debe poner por obra la decisión del dios *Ilu (cdl/bc/tc/bc).* Los más preciosos materiales serán utilizados.

La diosa *ʿAnatu,* que durante el parlamento de *A̱tiratu* no se ha movido, como esperando ansiosa el resultado de su intervención, acoge gozosa el encargo y parte hacia *Ṣapānu* a comunicar a *Baʿlu* el mensaje de *A̱tiratu.* La sección podemos organizarla en dos partes: como en las «reacciones», tenemos una *conmoción* de alegría, que desemboca en una *marcha* apresurada *(bc/tc),* descritas ambas con fórmulas tópicas; un nuevo bicolon introduce, ya en presencia de *Baʿlu (cdl),* el mensaje mismo o *exclamación.* Este, iniciado con una cláusula peculiar de interpelación *(cib),* reproduce el encargo de *A̱tiratu,* completado con otro, tópico. Estróficamente resulta de un equilibrio total *(bc/bc/bc/bc)* [157].

Ejecución del encargo (1.4 V 35-43). Como cabía esperar, *Baʿlu* se apresta regocijado a poner por obra el encargo-decreto de *Ilu.* La ejecución, introducida por una fórmula de «reacción» *(c),* reproduce literalmente aquél *(bc/tc).* Tenemos así, una vez más, completo el esquema encargo-transmisión-ejecución con un mismo texto. En este caso tal hecho es especialmente significativo, pues a continuación de la reacción-ejecución sigue un envío de mensajeros, que además de completar, como su «expresión», la forma literaria de la «reacción», nos sitúa de nuevo ante el esquema mencionado de mensaje. El escriba tiene conciencia del artificio y de la repetición que supone, y decide ahorrárnoslo esta vez. Así, en lugar de ofrecer el envío de mensajeros en todo su desarrollo, encargo-transmisión-ejecución (respuesta), lo resumen con la anotación: «Y se vuelve a relatar cómo son enviados mensajeros» [158]. Y a continuación nos sitúa en el momento pos-

[156] Para un resumen del argumento de esta columna, cf. Hvidberg, WL, p. 45; Cassuto, BOS II, p. 132; Gaster, *Thespis,* pp. 118, 185; Gordon, PLM, p. 95-97; Driver, CML, pp. 15-16; Gibson, CML, p. 11; De Moor, SP, 150-151; Van Zijl, *Baal,* pp. 107, 117ss; Caquot-Sznycer, TOu, pp. 183-184; íd., RPO, p. 403; Caquot, SDB, fasc. 53, col. 1.377-1.378; Du Mesnil, «Berytus» 26 (1978) 82.

[157] Adviértase la ausencia del colon correspondiente a líns. 17 y 40 en el tercer *bc;* cf. De Moor, UF 10 (1978) 195.

[158] Cf. Cassuto, BOS II, p. 132-135; Hvidberg, WL, pp. 45-46; Eissfeldt, ZDMG 98 (1944) 84-104; Gordon, UMC, p. 69, n. 29; Gaster, *Thespis,* pp. 118, 187; Van Zijl, *Baal,* p. 124; De Moor, SP, pp. 5, 152-154; Caquot-Sznycer, TOu, pp. 183-184, 210.

terior a la ejecución, es decir, en el de la llegada de *Kôṯaru* ante *Baʿlu*, después de haber escuchado el encargo de venir a su presencia [159].

Encargo de Baʿlu *(1.4 V 44-57)*. El dios artesano es acogido con todos los honores de la hospitalidad: buena mesa y puesto de preferencia *(tc/bc)*. En esta auténtica «cena de trabajo», *Baʿlu* le comunica su encargo *(cdl/bc/tc/bc)*. El encargo es repetido enfáticamente dos veces, con ampliación estrófica en la segunda. Se tiene así una triple repetición del par casa/palacio (la tercera señala las dimensiones). De hecho, la disposición estrófica del encargo, además de esa artificiosidad estilística, mantiene una correspondencia equilibrada con la parte descriptiva-introductoria *(tc/bc/tc//bc/tc/bc)*.

Diálogo entre Kôṯaru *y* Baʿlu *(1.4 V 58-VI 15*. En esta ocasión se interrumpe el esquema de encargo-ejecución y se intercala un *diálogo* sobre un aspecto de peculiar significación mítica: la conveniencia de construir «ventanas» en el palacio que va a edificarse a *Baʿlu*. Su desarrollo constituye un ejemplo típico de la forma que denominaríamos «diálogo de repetición progresiva» e insistente. Lo abre *Kôṯaru*, proponiendo (¿o preguntando?) la construcción de tales ventanas *(cdb/cil/bc)*. Replica *Baʿlu* rechazando la sugerencia sin más *(cdb/bc)*. Insiste *Kôṯaru*, «prediciéndole» su retractación y repitiendo su propuesta *(cdb/c/cdb/cib/bc)*. Se ha creado así, con las fórmulas de discurso directo e interpelación, una secuencia artificial de insistencia. Vuelve *Baʿlu* a rechazar la sugerencia, pero «justificando» ahora su negativa *(cdb/tst)* [160]. Y concluye *Kôṯaru*, insistiendo en predecirle su retractación *(cdb/c)*. La repetición, pues, no es mera monotonía, sino que posee un preciso sentido estilístico de progresión e insistencia, de énfasis prolativo. El tema reaparecerá más tarde [161].

159 Cf. *supra*, p. 54, para los diversos modelos de este esquema.

160 Así, Gaster, *Thespis*, p. 118; Caquot-Sznycer, TOu, pp. 184, 188-189; Jirku, KME, p. 49; Van Zijl, *Baal*, pp. 140-141; Wakeman, GBM, pp. 37, n. 4; 38, n. 2; 56, n. 6; Tromp, PCD, p. 103, n. 24; Bronner, SEE, p. 71; Gibson, CML, pp. 11-12, nn. 1, 14; Petersen-Woodward, UF 9 (1977) 239-240, contra Cassuto, GA, p. 22; Rin, AE, p. 165 (pero cf. p. 168), que suponen ser *Môtu* el posible enemigo, en vez de *Yammu*, que sustraiga a las «mujeres» (cf. Jr 9, 20). En este caso se usa una *cib* [cf. De Moor, UF 10 (1978) 197-198].

161 Para un resumen de la columna, cf. Cassuto, BOS II, pp. 133-135; Hvidberg, WL, p. 46; Aistleitner, MKT, p. 36; Gaster, *Thespis*, p. 118; Wakeman, GBM, p. 37; Jirku, KME, p. 49; Gordon, UMC, p. 62; íd., PLM, pp. 97-99; Driver, CML, p. 16; Gibson, CML, pp. 11-12; Van Zijl, *Baal*, pp. 131-132; De Moor, SP, p. 154; Caquot-Sznycer, TOu, p. 184; Caquot, SDB, fasc. 53, col. 1.377-1.378.

Ejecución del encargo (1.4 VI 16-35). Esta se describe en tres momentos. En primer lugar, una descripción sumaria adelanta o enuncia la ejecución literal del encargo de *Baʿlu* de manera global *(bc)*. A continuación se mencionan los pasos dados al efecto: acarreo de madera del Líbano *(dst);* y finalmente se describe la fundición de los metales, obra sin duda del dios artesano *Kôṯaru* [162]. Aquí el relato se demora más y se encuadra la acción en el conocido esquema de la «escala numérica»: una serie de cuatro *tc,* enmarcados entre dos *bc.* El último *bc,* el del séptimo día, vuelve por inclusión al inicio de la «escala», dando por terminada la acción, mientras los otros tres son de mera repetición. El *bc* final señala el efecto de la acción tan solemnemente prolongada. Estamos ante un recurso estilístico muy del gusto del narrador cananeo y utilizado al parecer para describir momentos especialmente significativos en el desarrollo de la acción épica [163].

Escena del banquete (1.4 VI 35-59). La construcción de su palacio la acoge naturalmente *Baʿlu* con una explosión de regocijo *(crb/bc)* [164]. Procede a continuación a celebrar su inauguración con un banquete-hecatombe, al que invita a todos los dioses, sus hermanos, en sus diversas categorías, hasta que todos quedan saciados *(bc/dst/tc/dst + dst = enum./tc/bc)*. La escena se configura en esta interpretación como un «baile de disfraces» [165]. El texto, con todo, está mutilado y no podemos precisar su conclusión.

Toma de posesión de Baʿlu *(1.4 VII 5-14).* Una vez instalado *Baʿlu,* y probablemente después de recordar su victoria sobre *Yammu* [166], decide

[162] Cf. Cassuto, BOS II, pp. 135-136; Gaster, «Folklore» 44 (1933) 386s; íd., *Thespis,* pp. 118, 189; Driver, CML, p. 16; De Moor, SP, p. 15; los minerales son para la casa-palacio, como la madera; aparecerán al final convertidos en ladrillos. Para Gaster, el «fuego» tiene sentido estacional.

[163] Cf. Sauer, SA, pp. 44-45.

[164] Cf. Cassuto, BOS II, pp. 136-138; Gaster, *Thespis,* pp. 118, 190-192; Bronner, SEE, p. 61; Van Zijl, *Baal,* p. 134 (distinta esticometría), 113, 135 [alegría por el nuevo palacio de oro, una vez quemado el de cedro (!)].

[165] Cf. Virolleaud, «Syria» 13 (1932) 151-152; Gaster, *Thespis,* pp. 191-192; Driver, CML, p. 16, n. 1 (paralelos); Rin, AE, p. 170; De Moor, UF 2 (1970) 199, 225; íd., UF 10 (1978) 206 (esticometría); Caquot-Sznycer, TOu, p. 184; diversamente, Aistleitner, MKT 36 [los dioses aportan viandas y asientos (!)]; Delekat, UF 4 (1972) 13 (se les proporciona vino junto con cada uno de los efectos mencionados). El final conservado es una fórmula hecha (cf. 1.4 III 40-44) que describe el banquete de los dioses.

[166] Su mención parece discernible en el texto fragmentario de líns. 1-4; cf. Driver, CML, p. 16; Cassuto, BOS II, p. 138 (se trata de *Môtu);* Gaster, *Thespis,* pp. 119, 192-193; De Moor, SP, p. 154, n. 10; Caquot-Sznycer, TOu, p. 215; Miller, DW, pp. 33-34.

tomar posesión efectiva de sus dominios y hace sentir su poderío. A través de una expedición fulmínea lo lleva a cabo, volviendo de nuevo a su palacio *(bc/bc/dist-enum./bc)* [167].

Diálogo entre Baʿlu *y* Kôṯaru *(1.4 VII 14-25)*. De vuelta de su expedición de afirmación como rey y de toma de posesión de su reino, cambia de opinión y decide abrir una ventana en su palacio por mano de *Kôṯaru,* de acuerdo con el consejo de éste *(cdb/tst)* [168]; lo que tiene, ya lo veremos, una profunda relación con la afirmación de su realeza y soberanía como dios de la lluvia y el trueno. *Kôṯaru* le recuerda irónico que ya se lo había predicho *(ceb/cdb/bc;* cf. *supra,* 1.4 VI 15).

Ejecución/repercusión del encargo (1.4 VII 25-37). El dios artesano cumple fielmente su encargo *(tc),* lo que le permite a *Baʿlu* hacer sentir su voz en la tierra e infundir su terror a todos sus enemigos *(dst/dst)* [169]. Estamos ante la descripción mitológica del trueno como «voz de dios» y expresión de su terrificante a la vez que benéfico dominio incontrastado (tempestad/lluvia). Ideología que será aplicada a Yahvé en la Biblia hebrea (cf. en particular Sal 29).

Monólogo de Baʿlu *(1.4 VII 37-52)*. Ante el efecto de su «voz» terrorífica, *Baʿlu* se siente rey incontrastado, máxime cuando a ésta acompaña el arma veloz, el rayo *(cdb/bc/bc/tc)*. Esa soberanía incontrastada en la tierra *Baʿlu* quiere imponerla y hacerla acatar también entre los dioses. Por eso decide enviar una misiva a su único posible contrincante, *Môtu,* el dios de los infiernos, para que la acepte igualmente *(tc/bc/tc)*. La forma literaria es la del «monólogo»; del mismo se hace incluso mención expresa («se

167 Para un resumen, cf. Cassuto, BOS II, p. 1338; Gaster, *Thespis,* pp. 119, 193-195; Aistleitner, MKT, pp. 36-37; Gordon, PLM, pp. 99-100; Driver, CML, p. 16; Gibson, CML, p. 12; Jirku, KME, p. 51; Clifford, CMC, p. 80; Van Zijl, *Baal,* p. 135; 140-141; De Moor, SP, pp. 157-158; Caquot-Sznycer, TOu, pp. 184, 216; Caquot, fasc. 53, col. 1.377-1.378; Miller, DW, pp. 33-34.

168 Sobre el particular, cf. Cassuto, BOS II, p. 138 (una vez vencido *Môtu);* Hvidberg, WL, p. 48; Gaster, *Thespis,* pp. 119, 195-196; Wakeman, GBM, p. 38, n. 2 (paralelos); Bronner, SEE, pp. 72-73 (distintas versiones); Van Zijl, *Baal,* pp. 140-141, 144-145; De Moor, SP, pp. 162-163; Caquot-Sznycer, TOu, pp. 184, 216; Tsevat, *Fs Loewenstamm,* pp. 151-161.

169 Cf. Cassuto, BOS II, pp. 138-139, 198; Virolleaud, «Syria» 13 (1932) 154; Gaster, *Thespis,* pp. 119, 196-197 (himno a *Kôṯaru* (!)]; íd., JQR 37 (1946) 60-61 *(ídem);* Gray, LC, p. 42; Driver, CML, p. 16; Cross, CMHE, p. 93, n. 9 (teofanía, pero con distinta organización estrófica); Van Zijl, *Baal,* pp. 141-143; De Moor, SP, p. 22; Caquot-Sznycer, TOu, p. 184, 186; íd., RPO, p. 403; Miller, DW, pp. 34-35; Del Olmo Lete, AF 4 (1978) (aplicado también a Yahvé).

instruya... en su interior») en la misiva que se formula [170]. El recurso es conocido en la Biblia y en otras literaturas. Estróficamente de nuevo resultan muy homogéneas las dos partes de la sección: reinado sobre la tierra y sobre los dioses.

Encargo del mensaje (1.4 VII 52-VIII 37). Como consecuencia de su deliberación monologal, *Baʿlu* envía a sus «dióscoros» hacia el dios *Môtu,* asentado en su morada infernal. En una primera parte, incompleta por desgracia [171], les instruye sobre la dirección y situación en que se encuentra la misma y les ordena encaminarse a ella *(cdb/cib/bc//bc int./dst/dst).* En la segunda les recomienda la actitud que deben adoptar ante él, el dios voraz *(cib/tc/tc).* Finalmente, en la tercera les encarga el mensaje que deben transmitir *(cdt/cpl/cel/cml: tc/bc/bc).* Este solamente nos es conocido en su inicio *(bc),* pero es suficientemente significativo: comunica a *Môtu* que *Baʿlu* se ha construido un palacio de oro y plata, es decir, que se ha entronizado como rey. Al parecer, el texto omitía la repetición del mensaje en el momento de su transmisión por los mensajeros [172], ofreciéndole sólo en el del encargo. La tablilla acaba con el colofón consabido. Este anuncio es una constatación y un reto. Por eso el mitema de la entronización de *Baʿlu* en su palacio se puede considerar acabado en sí mismo, pero abierto a un nuevo conflicto, el que le enfrentará a *Môtu.* La secuencia de ambos temas es mitológicamente estrecha: literariamente también podría serlo, hasta cons-

[170] Cf. Virolleaud, «Syria» 13 (1932) 156-157; Cassuto, BOS II, pp. 138-139, 189ss; Gray, LC, pp. 52-53; Driver, CML, pp. 16, 101 (ultimátum a *Môtu* para que se recluya); Gaster, *Thespis,* 119, 147-148; Hoftijzer, UF 4 (1972) 156-158 (contra De Moor); Dietrich-Loretz-Sanmartín, UF 6 (1974) 51; Van Zijl, *Baal,* pp. 154-155; Miller, DW, p. 35-36 [cf. De Moor, UF 7 (1975) 609]; algunos autores suponen aquí un ataque contra *Baʿlu:* Gordon, UL, p. 10 (de *Môtu);* íd., UMC, p. 63; Clifford, CMC, pp. 39, 146, 148, 151; De Moor, SP, pp. 173-176; Caquot-Sznycer, TOu, pp. 184, 219; Petersen-Woodward, UF 9 (1977) 240 (paso al siguiente episodio).

[171] Para un resumen interpretativo de esta columna, cf. Virolleaud, «Syria» 13 (1932) 158s; Hvidberg, WL, p. 49; Aistleitner, MKT, p. 37; Jirku, KME, p. 54; Gaster, *Thespis,* pp. 119-120, 199; Driver, CML, pp. 16, 101; Gibson, CML, p. 12; Gordon, PLM, pp. 101-102; Rin, AE, p. 181; Tsevat, JNWL 3 (1974) 71-75; De Moor, SP, pp. 171, 173-176; Caquot-Sznycer, TOu, pp. 184-185, 189 (contra De Moor); Caquot, SDB, fasc. 53, col. 1.377-1.378; Del Olmo Lete, UF 9 (1977) 33; Loewenstamm, EI 14 (1978) 1-6.

[172] Eso lo indicaría aquí la doble línea. Para una reconstrucción del texto, que presupone la secuencia 1.4-5, cf. Herdner, CTA, p. 32, n. 1; De Moor, SP, pp. 2, 4-5, 7-8 (desde RŠ 24.293 = 1.133); íd., UF 1 (1969) 184-87; Caquot-Sznycer, RPO, p. 403; *supra,* pp. 92, 95.

tituir una unidad sin solución de continuidad narrativa, si 1.5 I siguiera inmediatamente a 1.4 VIII [173].

3. *El mito de la «Lucha entre* Baʿlu *y* Môtu»

Mensaje de Môtu *(1.5 I 1-8)*. Evidentemente estamos aquí ante el final de un mensaje de *Môtu* a *Baʿlu* a través de sus emisarios. Esto resulta claro por la «transmisión» siguiente, en cuyo final aparece este mismo fragmento. Se puede considerar como la respuesta de *Môtu* al que le envió *Baʿlu* por medio de *Gapnu-Ugaru* al final de la tablilla precedente [174]. Incluso, en virtud de la estructura del esquema encargo-transmisión, podríamos intentar restablecer allí todo el resto (líns. 14-27) del mensaje con las fórmulas de encargo [175]. Son precisamente las 16 líneas que faltan, según Virolleaud-Herdner, entre la última conservada, en la que es posible reconstruir la mención de los emisarios, y el colofón o final de 1.4 VIII [176]. En todo caso, esta tablilla se presenta como continuación de otra anterior.

Transmisión del mensaje (1.5 I 9-35). Los mensajeros cumplen su cometido, según el esquema conocido, transmitiendo literalmente el mensaje recibido, precedido de las fórmulas de marcha, discurso directo y mensaje *(tc/c/bc)*. El tenor del mismo, sin embargo, no es claro. En una primera parte el mitente parece describir y gloriarse (?) de su propia voracidad

[173] Cf. *supra,* n. 36.

[174] Cf. Virolleaud, «Syria» 13 (1934) 307-18 (habla *Baʿlu);* Ginsberg, BASOR 84 (1941) 12s; íd., ANET, p. 138; Cassuto, BOS II, pp. 140ss, 147ss; Gaster, *Thespis,* pp. 120, 201ss; Gordon, UMC, p. 75 (amenaza); íd., PLM, p. 104; Rin, AE, p. 187; Aistleitner, MKT, pp. 11, 13; Jirku, KME, p. 56, n. 1; íd., MK, p. 17; Driver, CML, p. 16 *(Lôtanu = Yammu);* Gibson, CML, p. 15; Hvidberg, WL, p. 24; Gray, LC, p. 85; Bronner, SEE, pp. 42, 111; Cross, CMHE, p. 119; Stadelmann, HCW, p. 20 [a *ʿAnatu (!)];* Caquot-Sznycer, TOu, pp. 239; íd., RPO, pp. 403, 419; Caquot, PDB, fasc. 53, col. 1.379; Emerton. AusJBibArch 2 (1972) 50-71; íd., UF 10 (1978) 73-77; Van Selms, UF 7 (1975) 477ss; Van Zijl, *Baal,* p. 163; Pope, «Maarav» 1 (1978) 26-27; Del Olmo Lete, AF 7 (1981).

[175] Cf. *supra,* n. 172; para el análisis esticométrico de 1.6 I 1-16, cf. Stuart, SEHM, pp. 73-74.

[176] De ser cierta la opinión de De Moor (cf. *supra,* n. 172), al encargo sin transmisión de *Baʿlu,* como supondría la doble línea, seguiría el encargo-réplica de *Môtu.* Pero entonces éste sí que estaría repetido, como se constata a continuación, lo que entraña cierta incongruencia. Esto más bien dejaría en claro que aquí «comienza» un nuevo tema, justificándose ahora, en el inicio, las formas plenas de repetición. Pero también puede seguir ésta a otra tablilla distinta de la precedente (cf. *supra,* n. 36).

(dst/bc/tc) [177], mientras en la segunda, mal conservada, parece que se hace referencia irónica a una invitación de/a *Baʿlu* (cf. *infra,* IV 8ss) para tomar parte en un banquete con él y los demás dioses *(dst/bc);* la parte final repite las líneas con que se abría la tablilla, correspondientes al mensaje encargado *(tc/dst/bc).* Representan una velada amenaza de venganza en respuesta a la pretensión hegemónica de *Baʿlu* y al trato que éste ha reservado a los aliados de *Môtu* y a éste mismo [178]. Lo que significa que, contra la pretensión de *Baʿlu,* el dios de los infiernos no «se ha instruido en su interior» (1.4 VII 48-49) ni acepta, por consiguiente, la soberanía de *Baʿlu.* El mensaje toma así las características de un reto: *Baʿlu* ha podido con los monstruos aliados de *Môtu,* ¿podrá con él?

Final de mensaje (1.5 II 2-6). Por la correspondencia estricta entre encargo y transmisión se debe suponer que el mensaje de *Môtu* alcanzaba sólo hasta el final del fragmento reconstruido. A continuación tenemos una larga laguna (30 + 12 líns.) y el texto se reanuda con una sección que cabe entender, bien como parte de otro mensaje de *Môtu* [179], o bien como recomendación explicativa que alguien hace a *Baʿlu* sobre el peligro que entraña el mensaje precedente de aquél [180] o, finalmente, como «reflexión» que el propio *Baʿlu* se hace a sí mismo «en su interior» [181]. Paradójicamente, sería así *Baʿlu* quien «se instruye» ante la misiva de su enemigo, como resulta claro de la actitud que asume a continuación. Se insiste de nuevo en la voracidad de *Môtu (bc/tc).*

Mensaje de Baʿlu *y transmisión (1.5 II 6-20).* Consecuencia del mensaje precedente es una reacción de miedo por parte de *Baʿlu (bc)* y el encargo de un nuevo mensaje, con las fórmulas consabidas de envío-encargo y mensaje *(bc/bc),* en el que afirma su sumisión al voraz *Môtu (bc).* Los men-

177 Cf. Cassuto, GA, p. 22; para Caquot-Sznycer, TOu, p. 226; íd., RPO, p. 419, es más bien una queja por su hambre y sed insaciables, que pide a *Baʿlu* calme. Podría también traducirse en forma interrogativa.

178 De este modo se queja ya *Aṯiratu* en 1.4 II 22ss, a la vez que por lo mismo se glorían *ʿAnatu* y *Baʿlu* (cf. *supra,* n. 56); cf. Driver, CML, p. 17 *(Môtu* es quien invita); Cassuto, BOS II, pp. 143-144; Gray, LC, p. 57, n. 8; Van der Weiden, LP, p. 21, Hvidberg, WL, p. 24.

179 Cf. Gaster, *Thespis,* p. 206; Gray, LC, p. 58; para el sentido general de la sección, cf. además Virolleaud, «Syria» 15 (1934) 316ss; Hvidberg, WL, p. 25; Driver, CML, p. 17; Gibson, CML, p. 15, Gordon, PLM, pp. 105-106; Van Zijl, *Baal,* p. 170 (interpretación estacional); Gaster, *Thespis,* pp. 207, 210; Bronner, SEE, pp. 42-43; Caquot-Sznycer, TOu, p. 226; Caquot, SDB, fasc. 53, col. 1.379; para su esticometría, cf. Stuart, SEHM, pp. 75s.

180 Cf. Cassuto, BOS II, p. 154 *(Gapnu-Ugaru);* Jirku, KME, p. 58 (descriptivo); De Moor, SP, p. 178 (interpretación estacional).

181 Así lo entienden Driver, CML, p. 17, y Delekat, UF 4 (1972) 22.

sajeros (los del mismo *Môtu,* al parecer) [182] cumplen fielmente el encargo, encaminándose a la morada de éste *(tc/tc)* y transmitiéndole el mensaje de *Baʿlu (cdb/bc/bc).*

Reacción de Môtu *(1.5 II 20-23; IV 5-7).* Esta se nos ha conservado sólo fragmentariamente *(bc/bc).* Se ha perdido el resto de esta columna y la mayor parte de las columnas III y IV; lo que de ellas nos queda no permite una reconstrucción satisfactoria [183]. Cuando el texto vuelve a ser inteligible, nos hallamos con una interrogación enfática, posiblemente de *Môtu* [184], acerca del paradero de *Baʿlu (cdb/bc).* No se le supone aún descendido al infierno o morada de aquél (cf. V 17ss). Verosímilmente, el espacio intermedio estaba ocupado por una continuación de la reacción de *Môtu,* en el tono de 1.5 I 14ss, 27ss, y una serie de fórmulas de amenaza y expresiones de autoexaltación, con una posible descripción de reacción de miedo en sus adversarios. Quizá haya también que suponer una explicitación de la cita de los dioses a un banquete [en la morada de *Ilu* (?)], así como un decreto de éste entregando *Baʿlu* a *Môtu,* como el que luego se le comunicará.

Escena de banquete (1.5 IV 8-18). A la pregunta anterior responde *Baʿlu* presentándose con sus servidores y séquito al banquete a que ha sido invitado. Este se describe según el formulario estereotipado de costumbre *(dst/tc/tc/bc).* Pero de nuevo la escena resulta fragmentaria; la parte final de esta columna y la inicial de la siguiente se nos han perdido.

Orden dada a Baʿlu *(1.5 V 1-17).* La sección constituye un fragmento de una orden dada a *Baʿlu* de que se pertreche y se dirija a la morada de *Môtu,* del que se ha reconocido vasallo, y se sume al número de sus súbditos, los muertos *(bc/tc/tst/dst/tc)* [185]. Su naturaleza de orden se deduce de la estructura lingüística y del carácter ejecutivo de la sección siguiente («escuchó *Baʿlu...»).* Esto mismo hace suponer que tal orden incluía en primer lugar

[182] Cf. Dahood, PNSP, p. 36.

[183] Al parecer es posible establecer una distribución ternaria en col. III (9-17/18-24/25-30), dada la repetición de fórmulas como *dm mt aṣḥ.*

[184] Cf., para la reconstrucción e interpretación de estas columnas, Virolleaud, «Syria» 15 (1934) 322-324; Hvidberg, WL, p. 25; Gray. LC, p. 59; Gaster, *Thespis,* pp. 120-121, 208-209, Driver, CML, pp. 17, 105-107; Gibson, CML, p. 15, Gordon, PLM, pp. 106-107; Jirku, KME, p. 60; De Moor, SP, pp. 25, 181; Caquot-Sznycer, TOu, pp. 245-246.

[185] Para un resumen de esta columna, cf. Virolleaud, «Syria» 15 (1934) 26ss; Cassuto, BOS II, p. 158; Rin, AE, p. 200; Driver, CML, p. 17; Gibson, CML, pp. 15-16; Gordon, PLM, pp. 107-108; Jirku, KME, p. 61, n. 1; íd., MK, pp. 17-18; Bronner, SEE, pp. 43-44, 69; Hoftijzer, UF 4 (1972) 157; De Moor, SP, pp. 157-158; Kaiser, MBM, p. 55; Parker, UF 4 (1972) 97; Caquot-Sznycer, TOu, p. 226; Caquot, SDB, fasc. 53, col. 1.379.

la instrucción para asegurar su descendencia, y así la fertilidad en la tierra, antes de su descenso a los infiernos (cf. líns. V 18ss). Líns. 5-6 ofrecen una fórmula empleada otras veces para describir el enterramiento de dioses (1.6 I 17-18) o de mortales, en relación quizá con su divinización *post mortem* o entrada en el círculo de los *Rapauma* (cf. 1.19 III 6ss) [186]. Se reconocería con ello en este texto el carácter «divino» de la prole baálica. De todos modos, la orden parece ser un decreto del dios supremo *Ilu* (aunque luego se lamente de su «muerte»), que entrega *Baʿlu* a *Môtu,* fundado en el propio sometimiento de aquél [187]. Es el dios supremo la instancia de estas vicisitudes decisivas que aseguran la preponderancia en el reino de los dioses, como hemos visto a lo largo de este ciclo mitológico. El mismo que le aseguró la supremacía sobre *Yammu* y le autorizó su palacio.

Ejecución de la orden (1.5 V 17-26). Como decíamos, el fragmento corresponde probablemente a la ejecución de la primera parte de la orden recibida, que no se nos ha conservado. Su sentido es el de procurar una descendencia a *Baʿlu* [188], que sea su presencia fecundante en la tierra, antes de bajar al infierno con sus «hijas», con lo que la sequía y esterilidad se apoderarán de la tierra. Tal descenso supone un riesgo de quedar allí atrapado; su retoño, una esperanza de restauración [*c*/*bc*/*tc*/*bc*/*bc* (?)]. La escena corresponde a esos momentos mágicos, acaso con contrapartida litúrgica, que se encuentran en otros lugares de la literatura épica y mitológica de Ugarit. El texto puede ser completado con la repetición ejecutiva de las líneas 5-17.

Transmisión de mensaje (1.5 VI 3-10).* La ausencia o desaparición de *Baʿlu* es ya un hecho, y la noticia, después de una larga laguna en la que se

[186] Cf. Parker, UF 4 (1972) 97; Astour, *Ug.* VI, p. 15; Van Selms, MFL, p. 131 (lo niega). En 1.6 I 17-18 se habla del cadáver del mismo *Baʿlu,* que luego encontrarán los dioses.

[187] Cf. Ginsberg, ANET, p. 139; Van Zijl, p. 173; Jirku, KME, p. 61, n. 1 (desconocido); Gaster, *Thespis,* p. 121 (*¿orden de ʿAnatu?);* Tromp, PCD, p. 10 *(ídem);* Hvidberg, WL, p. 26 (de *Aṯiratu);* De Moor, SP, p. 184 (de *Šapšu);* pero cf. Mulder, UF 4 (1792) 83, n. 39.

[188] Cf. Virolleaud, «Syria» 15 (1934) 328-329; íd., «Syria» 17 (1936) 150ss; Albright, YGC, p. 112 (*ʿAnatu* sería la 'vaca'); Cassuto, BOS II, p. 161; De Moor, SP, pp. 184 (engendra un hermano-sustituto), 188, n. 17 (no puede ser *ʿAnatu);* Gaster, *Thespis,* pp. 210-212, 221; Van Selms, MFL, pp. 81-82; Driver, CML, p. 107, n. 6; Gibson, CML, pp. 15-16, 18 [engendra un sustituto que es el que muere (!)] Gray, LC, pp. 60-61; Jacob, RSAT, p. 46; Kapelrud, BRST, pp. 20, 68-69; íd., VG, pp. 97, 106-109, 117; Bronner, SEE, pp. 44, 64; Astour, *Ug.* VI, p. 15; Van Zijl, *Baal,* p. 174; Sanmartín, UF 3 (1971) 178; Caquot-Sznycer, TOu, pp. 226, 248; Del Olmo Lete, AF 11 (1981).

narraría la mencionada ejecución de su descenso al infierno[189] y la subsiguiente sequía, es comunicada a *Ilu,* sin duda por los «dióscoros» de aquél, *Gapnu-Ugaru*[190]. Las fórmulas introductorias se reconstruyen según el esquema tópico de la descripción de la marcha a la morada de *Ilu (tc/bc/cdb).* El mensaje da cuenta del hallazgo de *Baʿlu* muerto *(bc/tc/bc).* No sabemos, en cambio, quién les envía con tal mensaje. Lo más verosímil es suponer que han sido enviados por el propio *Ilu* a enterarse de lo acaecido. *ʿAnatu* emprenderá la búsqueda por su parte.

Reacción de Ilu *(1.5 VI 11-25).* Ante semejante noticia, el padre de los dioses «reacciona» según el módulo conocido: *conmoción* y *exclamación.* Queda consternado y exterioriza su aflicción con una serie de actitudes penitenciales conocidas en el mundo bíblico (sentarse en el suelo, aplicarse ceniza, vestirse de saco, lacerarse las mejillas y practicarse incisiones) *(tc/tc/tc/tc).* Decide, en consecuencia, ir en su búsqueda, pues su ausencia sería fatal para los habitantes de la tierra *(cdb/tc).*

Marcha y reacción de ʿAnatu *(1.5 VI 25-6 I 9).* También la diosa *ʿAnatu* parte a la *búsqueda* de *Baʿlu (tc/tc),* y al hallarlo «reacciona» de la misma manera, repitiéndose las fórmulas que describen su *conmoción* y *exclamación (tc/tc/c/tc/tc/tc/c;* el *c* final es ejecutivo). Esta repetición literal de fórmulas hechas nos proporciona el ejemplo más seguro de secuencia inmediata de tablillas con sus líneas contiguas casi intactas. La nueva, como era de esperar, viene introducida por el título del ciclo: *lbʿl.*

Rescate de Baʿlu *(1.6 I 9-18).* De acuerdo con el esquema *conmoción-exclamación (bc/cdb/c), ʿAnatu* encarga a *Šapšu* le eche a hombros a su «hermano» muerto; encargo que esta diosa cumple puntualmente *(tc)* dentro del esquema orden-ejecución. Tenemos así la concatenación de dos esquemas épicos[191]. A continuación ella le traslada y sepulta en *Ṣapānu (tc),*

189 Hay que distinguir *dbr/šḥlmmt* del «infierno» o «sheol» como mansión de *Môtu;* sobre el particular y el sentido general de la columna, cf. Virolleaud, «Syria» 15 (1934) 330ss; Hvidberg, WL, p. 28; Gaster, *Thespis,* pp. 121, 212-214; Rin, AE, pp. 201, 205; Gray, LC, pp. 61-63; Tromp, PCD, p. 10 (no es el «Mheol»); Gordon, PLS, pp. 108-109; Bronner, SEE, pp. 112s; Driver, CML, 17-18; Gibson, CML, p. 16 (ni *Ilu* ni *ʿAnatu* saben lo del sustituto); Van Zijl, *Baal,* pp. 175-177, 181 (fecundación y muerte en el mismo sitio); Dahood, «Bib» 49 (1968) 367 (caído en el infierno); Jirku, MK, pp. 17-18; Caquot-Sznycer, TOu, pp. 26-27, 249; Caquot, SDB, fasc. 53, col. 1.379 *(Baʿlu* muere).

190 Cf. De Moor, SP, p. 190 [cf. Grabbe, UF 8 (1976) 63]; Van Zijl, *Baal,* p. 175; Rin, AE, p. 205; Jirku, KME, p. 63, n. 1.

191 Para un resumen del contenido de esta columna, cf. Virolleaud, «Syria» 12 (1931) 196ss; 15 (1934) 230-235; Nielsen, RSM, p. 108; Hvidberg, WL, p. 30; Jirku, KME, pp. 65ss; íd., MK, pp. 17-18; Engnell, SDK, pp. 121-124; Cassuto,

en un movimiento de «ascenso» que equilibra el «descenso» con que se inició el episodio [192]. La escena es interesante por permitirnos un acercamiento a la «escatología individual» ugarítica. *Baʿlu,* para bajar al «infierno», la morada de *Môtu,* ha muerto en la «tierra», donde es hallado por *ʿAnatu, Šapšu* y los mensajeros, y de donde es trasladado al «sepulcro» de los dioses. Hay, pues, una neta diferenciación entre «sepulcro» e «infierno», entre el «cadáver» y «el que baja» a la morada de *Môtu.* Aun después de haberle enterrado, le buscará y reclamará su entrega (cf. *infra,* II 6,12). Pero la diferenciación podría ser más descriptiva que real, dada la ambigüedad de sentido del término «tierra»; estamos ante dramatizaciones del fenómeno «muerte», en las que ésta tiene un papel secundario; es en realidad un conflicto de poderes divinos, pero que refleja sin duda la concepción que de aquélla y del «más allá» vigía en Ugarit.

Escena de sacrificio (1.6 I 18-31). Como complemento del entierro, y en íntima relación literaria con el mismo, *ʿAnatu* realiza un rito funerario en honor de *Baʿlu* [193], consistente en un sacrificio abundantísimo: seis clases diversas de víctimas, enumeradas siempre según la misma fórmula (seis *bc).* La sección se cierra con un *(bc),* el séptimo, desgraciadamente mal conservado, que parece hacer referencia al tema de la sepultura y exaltación divina; formaría así inclusión con el final de la anterior. Tales ritos sacrificiales funerarios tenían sin duda sentido de banquete en que participaban los allegados del difunto; en este caso es posible que se refleje aquí algún rito funerario en honor de *Baʿlu,* celebrado en su santuario con ocasión de la estación seca. Puede, con todo, ser sólo un motivo literario.

Marcha de ʿAnatu *(1.6 I 32-43).* Llegados a este clímax de la acción épica con la desaparición de *Baʿlu,* ésta se va a encaminar ahora hacia su restablecimiento en el trono, a través de la irremediable lucha con *Môtu.* Previamente se introducirá un «interludio», el tema de su posible sustitución

GA, p. 70; Albright, ARI, pp. 85-87; Gaster, *Thespis,* pp. 121-124, 215s; Gray, LC, p. 63; Cross, CMHE, p. 40; Driver, CML, p. 18; Gibson, CML, p. 16; Gordon, UMC, pp. 80-81; íd., PLM, pp. 109-111; Bronner, SEE, p. 113; Rin, AE, p. 214; Oldenburg, CEB, p. 120; Van Zijl, *Baal,* p. 82, 188-190; De Moor, SP, pp. 200-201; Caquot-Sznycer, TOu, pp. 227-228, 233-234, 356; Caquot, SDB, fasc. 53, col. 1.379-1.380; Welch, UF 6 (1974) 428.

[192] Sobre la estructura y sentido de este «movimiento» y la escatología ugarítica, cf. Van Selms, MFL, pp. 58, 131, 135, n. 16; íd., UF 2 (1970) 368; Tromp, PCD, p. 13; Gray, LC, p. 67; Sauer, SA, p. 32; Mulder, UF 4 (1972) 83-85; Van Zijl, *Baal,* p. 199; Caquot-Sznycer, TOu, pp. 227-228; se trata del tema *Isis-Osiris, Ištar-Tammuz;* cf. Jacob, RSAT, p. 46; Kapelrud, BRST, pp. 27-29.

[193] Cf. Gray, LC, pp. 64-65; Van Zijl, *Baal,* p. 187; De Moor, SP, pp. 200-201; Caquot-Sznycer, RPO, p. 419; íd., TOu, p. 227; Del Olmo, AF 7 (1981).

por otro dios, que ya conocíamos por el mitema primero, «Lucha entre *Baʿlu* y *Yammu*» (cf. *supra,* 1.2 III 15ss).

A continuación de su rito funerario, y sin solución de continuidad narrativa con el mismo, *ʿAnatu* emprende la marcha hacia la morada de *Ilu,* de cuya intervención y reacción ante la muerte de *Baʿlu* parece ignorante, para reprocharle, a él y a su parentela, el gozo que tendrán por la desaparición de *Baʿlu (cdb/dst).* De hecho, *Ilu* se había entristecido por la muerte de *Baʿlu* (1.5 VI 11ss) y luego se alegrará por su reaparición (1.6 III 14ss). La actitud de *ʿAnatu* supone la presunta enemiga de los «olímpicos» contra *Baʿlu* [194]. El viaje (marcha-llegada-postración) se describe con el formulario consabido *(tc/bc/bc).*

Diálogo entre Ilu *y* Aṯiratu *(1.6 I 43-55).* Sin contestar a *ʿAnatu, Ilu* inicia una deliberación con su mujer, la diosa *Aṯiratu,* para buscar un sustituto al desaparecido *Baʿlu* como rey de los dioses, tema que relaciona íntimamente este mito con los dos anteriores. Es, en realidad, el tema básico de la mitología cananea. El diálogo se desarrolla, aparte de las fórmulas introductorias de discurso y respuesta, en dos series de propuestas y respuestas que van progresivamente explicitándose y alargándose en forma y contenido: «uno de tus hijos»/«inteligente y perspicaz»/«débil de fuerzas»/ *ʿAṯtaru (cib+c/c/tc/bc)* [195]. Se advierte una contraposición entre «sagacidad» y «fuerza» como cualidades determinantes del «rey». Tal deliberación supone que el rey genuino es *Baʿlu,* que volverá a reinar, y que todo pretendiente habrá de medirse con él, como ya le aconteció a *Yammu* (cf. *supra,* 1.2 IV 7ss). Tenemos así una «prolación» del tema final o desenlace de este mito, a pesar de que las «circunstancias» pedirían otra cosa, pues *Baʿlu* «está muerto» y de hecho *ʿAṯtaru* no va a enfrentarse con él.

Fracaso de ʿAṯtaru *(1.6 I 56-65).* El dios elegido por la pareja primordial se apresta a tomar posesión de su función, pero no se encuentra a la altura de la misma y, reconociendo su ineptitud, se retira a un menester más modesto *[tc/bc/cdb/c/tc/bc* (?)] [196]. El fragmento conservado refleja un doble

[194] El conflicto entre *Baʿlu* e *Ilu* ha sido objeto de muy diversa interpretación (cf. *supra,* pp. 67s).

[195] Cf. Virolleaud, «Syria» 12 (1931) 199ss; Gray, LC, pp. 65-66; Nielsen, RSM, pp. 109, 111 [identificación de *ʿAṯtaru* con *Môtu* (!)]; Gaster, ArOr 5 (1933) 122; íd., *Thespis,* pp. 216-218; Oldenburg, CEB, pp. 41-42; Driver, CML, p. 18; Rin, AE, pp. 114-115 *[Aṯiratu ayuda a Baʿlu* (!)]; Jirku, MK, p. 8; Lipinski, RY, pp. 356-357, 394; Van Zijl, *Baal,* pp. 19ss; De Moor, SP, pp. 203-206; Dietrich-Loretz, UF 9 (1977) 330-332; Del Olmo Lete, AF 11 (1981).

[196] Sobre su nueva «jurisdicción» (tierra/infierno), cf. Jirku, KME, p. 67; Lipinski, RY, p. 423; Gaster, *Thespis,* p. 218; Van Zijl, *Baal,* pp. 196-197; Tromp, PCD, p. 13.

movimiento ejecutivo inverso (subir-bajar) (cf. *supra,* I 7/15) que enmarca la confesión de impotencia.

Diálogo entre ʿAnatu *y* Môtu *(1.6 II 4-25).* Por encima de este «interludio olímpico» vuelve a aparecer *ʿAnatu,* empeñada en la búsqueda de *Baʿlu.* Esta nueva escena nos la presenta en diálogo con el dios *Môtu,* hacia quien sin duda se ha dirigido, después de comunicar y reprochar a *Ilu* la situación, y a quien reclama le devuelva su hermano muerto, a él, el dios de los muertos. Su búsqueda y encuentro con *Môtu* parece que no han sido fáciles, aunque en realidad no sabemos cómo ha llegado *ʿAnatu* hasta ese dios. ¿Hemos de suponer también aquí un «descenso» de *ʿAnatu* a los infiernos al igual que la *Ištar* babilónica? [197]. De todos modos, el encuentro no es amistoso; agresivamente le reclama a su hermano *(bc/tc/bc/cdb/c)* y *Môtu* responde reconociendo que él ha sido realmente el que se ha desecho de *Baʿlu* y le ha devorado *(cdb/c/tc/bc/bc/tc/tc).* La razón o consecuencia de este «hecho» es que *Môtu* ha entronizado su propio rey en el cielo, la diosa *Šapšu,* con lo que se puede dar por resuelta la situación [198].

Muerte de Môtu *(1.6 II 26-37).* Iniciada con las mismas fórmulas de búsqueda y pasión por *Baʿlu (tc/tc),* la intervención de *ʿAnatu* pasa ahora del diálogo a la acción, acabando con el dios *Môtu,* asesino de *Baʿlu,* y entregando su cuerpo a las aves del cielo, según el conocimiento motivo de castigo y maldición que también aparece en la Biblia hebrea y en la literatura homérica *(tst/tc)* [199].

[197] Cf. Driver, CML, p. 16, n. 4. Pero ni aquí ni en la repetición posterior se habla de «bajar», sino de «acercarse».

[198] Para un resumen de esta columna, cf. Virolleaud, «Syria» 12 (1931) 206ss; Gordon, UMC, p. 80; Gaster, *Thespis,* pp. 220-222; Driver, CML, p. 18; Gibson, CML, p. 17; Gordon, PLM, pp. 112-113; Gray, LC, p. 67; Rin, AE, p. 219; Van Zijl, *Baal,* p. 199; 203; De Moor, SP, p. 207; Del Olmo Lete, UF 10 (1978) 37-40; Caquot, SDB, fasc. 53, col. 1.379-1.380.

[199] Cf. Montgomery, JAOS 53 (1933) 106; Del Olmo Lete, «Claretianum» 11 (1971) 302ss. Pero, como decíamos anteriormente (p. 123) a propósito de *Yammu,* adviértase cómo la muerte tampoco «mata» a *Môtu.* La muerte entre los dioses es un episodio que se «vive» sin morir; aún más, *Môtu* «es» la muerte. No hay, pues, dioses muertos ni por un momento. Por otra parte, la interpretación de esta «siembra» de *Môtu* triturado como expresión del «espíritu del grano» no parece acertada; cf. a este propósito Virolleaud, «Syria» 12 (1931) 210ss; Albright, ARI, pp. 86-87; íd., YGC, pp. 109, 111; Cassuto, BOS II, pp. 169-170; íd., GA, pp. 61-64; Gray, LC, pp. 69, 201; Kapelrud, VG, p. 69; Bronner, SEE, pp. 80-81; Hvidberg-Hansen, AcOr 33 (1971) 10-12; Aistleitner, MKT, p. 14; Jacob, RSAT, p. 66; Cross, CMHE, p. 118; Ginsberg, ANET, pp. 40, n. 2; Gaster, *Thespis,* p. 125; Fensham, IES 16 (1966) 191-193; Loewenstamm, IES 12 (1962)

Escena de augurio (1.6 III 1-13). Después de una laguna larga, el interlocutor de esta escena cuenta, en primera persona, a *Ilu* el sueño augural que se buscó y ha tenido. Dada la posterior «reacción» de éste, normal ante un «anuncio», y su interpelación a *'Anatu,* debe suponerse que es ella la interlocutora que, así como antes le anunció la muerte de *Ba'lu (supra,* 1.6 I 39ss), le comunica ahora su reaparición *(bc/tst/bc/dst);* otros suponen aquí un sueño del mismo *Ilu* [200], suscitado acaso por *'Anatu* o por el mismo *Ba'lu* mágicamente. Las fórmulas se repiten, según el esquema súplica-concesión, mejor que por iteración cúltica (dos sueños), confirmando el presagio onírico que le ha dado la seguridad de que *Ba'lu* vive, pues su acción, la lluvia, se hizo en él presente; ésta es descrita con una fraseología que recuerda la caracterización ideal de la «tierra prometida» en la Biblia como tierra que «mana leche y miel» [201]. No se dice cómo se ha conseguido ese sueño-presagio, pero es normal suponer que el mismo surge en una situación mágica o litúrgica *(¿incubatio?),* recurso al que hemos visto acogerse los dioses en situaciones límite [202]. En ese sentido, el *bc* inicial puede considerarse como un rito cúltico incluido dentro del «relato» del sueño augural.

Reacción de Ilu *(1.6 III 14-21).* Ante tal nueva la «reacción» de *Ilu* se ajusta en sus partes y fórmulas al estereotipo conocido: *conmoción (tc)* y *exclamación (cdb/dst).* Así como antes le vimos entristecerse por el anuncio de la desaparición de *Ba'lu* (cf. 1.5 VI 11ss), ahora se siente invadido de satisfacción, de «reposo», un concepto por cierto de resonancias bíblicas.

87-88; 13 (1963) 130; íd., «Bib» 48 (1967) 483; 56 (1975) 339-341; Perdue, «Bib» 54 (1973) 237-246; Tsumura, UF á (1974) 407, n. 7; 413; Van Zijl, *Baal,* p. 125; De Moor, SP, pp. 23, 209, 212-215, 224, n. 9; Caquot-Sznycer, TOu, pp. 229ss; 260; Caquot, SDB, fasc. 53, col. 1.379-1.380; Wyatt, UF 8 (1976) 427; Du Mesnil, «Berytus» 26 (1978) 77-80; Gibson, CML, p. 19.

200 Para este problema y el sentido general de la columna, cf. Virolleaud, «Syria» 12 (1931) 214ss; Gaster, *Thespis,* pp. 222-223; Rin, AE, pp. 224-226; Gordon, UMC, pp. 80-81; Albright, ARI, p. 87; Hvidberg, WL, p. 35, n. 7; Hvidberg-Hansen, AcOr 38 (1971) 11; Ginsberg, ANET, p. 140, n. 4; Kaiser MBM, p. 64; Gray, LC, pp. 70-71; Jirku, MK, pp. 18, 86, 90; íd., *Ug.* VI, p. 304; íd., KME, p. 71; Bronner, SEE, p. 71, 114; Jacob, RSAT, p. 47; Driver, CML, p. 18; Gibson, CML, p. 17; Gordon, PLM, pp. 113-114; Cazelles, *Ug.* VI, p. 39; Cross, CMHE, pp. 118, 151; Avishur, UF 4 (1972) 1; Van Zijl, *Baal,* pp. 207, 212; De Moor, SP, pp. 23, 186, 216-219, 221-222, 225, 238; Caquot-Sznycer, TOu, p. 227; Caquot, SDB, fasc. 53, col. 1.379-1.380; Petersen-Woodward, UF 9 (1977) 241 (sueño profético).

201 La terminología no es, con todo, idéntica («llover/manar»...«aceite/leche»). Las dos son expresiones de fertilidad, por sus causas o sus frutos. Caquot-Sznycer, RPO, p. 419, lo entienden como descripción de la tormenta de agua.

202 Cf. *infra,* p. 248; Aistleitner, MKT, p. 14; De Moor, SP, p. 218.

Mensaje de Ilu *(1.6 III 22-IV 5).* Recurriendo al esquema que mueve la acción dramática de estos mitos, envía *Ilu* un «mensaje» a *Šapšu* por medio de la diosa *ʿAnatu,* a quien ya ayudó ella a encontrar a *Baʿlu* muerto, pero que vive. *Môtu* por su cuenta la entronizó como rey del cielo en lugar de aquel dios (cf. 1.6 II 24-25). Se introduce con el formulario acostumbrado *(cdl/cib/ceb)* y contiene una constatación de la catástrofe que, indirectamente a través de una interrogación-reproche, se achaca al dios *Šapšu (tc)* [203], y una pregunta *(bc)* que constituye el objeto real del mensaje. Es oficio de la diosa «Sol», que visita todos los días el «infierno», descubrir el paradero de las cosas ocultas y perdidas.

Transmisión del mensaje (1.6 IV 6-16). El mensaje es transmitido y comunicado por la mensajera según la más estricta literalidad y de acuerdo con el esquema normativo: marcha y anuncio *(tc/cdb/cm/tc/bc).*

Diálogo entre ʿAnatu *y* Šapšu *(1.6 IV 17-24).* La comunicación del mensaje-encargo da lugar a un diálogo, desgraciadamente fragmentario, en que *Šapšu* se muestra decidida a buscar a *Baʿlu,* pues tal era la intención de la pregunta del dios *Ilu;* misión para la que pide a *ʿAnatu* le ayude con un conjuro o rito de magia simpatética, consistente en una libación que aportarán los servidores de *Baʿlu* (?) *(crb/tc)* [204]. *ʿAnatu* replica animándole a la acción y augurándole la asistencia de los dioses (?); pero el texto es muy fragmentario [*crb/tc* (?)]. La escena nos vuelve a una situación paralela a la que teníamos en 1.6 I 8ss, cuando *ʿAnatu* procedía a la búsqueda de *Baʿlu* en compañía y con la ayuda de *Šapšu.* El Sol colabora así en la búsqueda de *Baʿlu* muerto y vivo, tema de gran resonancia en la religión cananea. Mitológicamente tal actitud supone una superación de su sometimiento a *Môtu,* el dios de la sequía, para pasar al servicio de *Baʿlu,* el dios de la lluvia fecundante.

Escena del combate (1.6 V 1-6). También esta vez el éxito de la empresa resulta claro, pues en la escena inmediata que se nos ha conservado vemos ya a *Baʿlu* en acción. El resultado de la misma es el aniquilamiento de los hijos de *Aṯiratu,* colaboradores indudables de *Môtu,* y la reentroniza-

[203] Sobre la importancia de la divinidad *Šapšu* y sus funciones «oraculares», cf. *supra,* p. 73.

[204] Cf. De Moor, SP, p. 218. El texto es oscuro y las interpretaciones muy divergentes; cf., por ejemplo, Driver, CML, p. 18; Gibson, CML, p. 17 (*ʿAnatu* debe brindar en favor de *Šapšu* y cubrirla con una guirnalda); Du Mesnil, «Berytus» 26 (1978) 80 (vino y guirnalda son la retribución de *Šapšu);* Gordon, PLM, pp. 114-115.

ción de *Baʿlu* en su sede regia *(bc int./bc)* [205]. Se trata así de una victoria previa, frente a los pretendientes, que prepara el combate definitivo con este dios.

Lamento de Môtu *(1.6 V 7-25)*. Como en el caso del primer encuentro de *ʿAnatu* con *Môtu* (cf. 1.6 II 4-25), y con unas fórmulas temporales similares (cf. 1.6 II 26-27), se introduce ahora el encuentro entre los dos rivales. Este segundo encuentro *(bc/tc)* da ocasión a *Môtu* para expresar su «lamento», o mejor su «reproche», acusando a *Baʿlu* como causa de todos sus males *(cdb/dst/dst = enum.)*, y que corresponden al trato que le reservó *ʿAnatu* (1.6 II 31-35) [206]. Concluye con la exigencia *(bc/bc/bc)* de que le sea entregado un sustituto, un hermano, de *Baʿlu,* puesto que éste ha escapado a su dominio; sólo de ese modo dejará en paz a su reino, la tierra y sus habitantes, que ahora devora sin cesar [207].

Escena de combate (1.6 VI 9-22). La pretensión de *Môtu* no se cumple; antes bien éste devora a sus propios «hermanos» o servidores *(bc),* sin duda engañado por *Baʿlu,* de lo que se lamenta *(cdb/bc);* en consecuencia, va al encuentro de *Baʿlu (c/cdb)* y se enzarza con él en feroz combate *(tst)*. A diferencia del anterior (cf. 1.6 V 1-6) y del de *Baʿlu* y *Yammu* (cf. 1.2 IV 11ss), no se emplean aquí armas; en este «combate singular» las fuerzas aparecen muy igualadas y sólo al final logra imponerse la superioridad de *Baʿlu* [208]. Las «luchas» mitológicas de Ugarit ejemplifican fielmente el «riesgo» real que existe en la pugna entre la «vida» y la «muerte»,

[205] Cf. Virolleaud, «Syria» 12 (1931) 222ss; Albright, ARI, p. 87; Gray, LC, pp. 76, 84; íd., UF 3 (1971) 69-70; Aistleitner, MKT, p. 14; Jirku, MK, p. 18; íd., KME, p. 73; Hvidberg, WL, p. 38; íd., *Ug.* VI, p. 305; Rin, AE, p. 228; Driver, CML, p. 18; Gibson, CML, p. 17; Gordon, UMC, p. 81; íd., PLM, pp. 115-116; Gaster, *Thespis,* pp. 123, 224s; Van Zijl, *Baal,* pp. 217-220; 225-226; De Moor, SP, pp. 32, 226-228, 238-239 [cf. Grabbe, UF 8 (1976) 63]; Caquot-Sznycer, TOu, pp. 234, 265; Caquot, SDB, fasc. 53, col. 1.379-1.380; Dijkstra, JANES 6 (1974) 59-68 (predicción); Del Olmo Lete, AF 7 (1981).

[206] Cf. *supra,* n. 199. El texto no es, con todo, completamente paralelo; cf. Wyatt, UF 8 (1976) 420-421 (sentido cúltico).

[207] Cf. De Moor, SP, p. 232, 238; Dijkstra, *op. cit.,* p. 63; Caquot-Sznycer, TOu, pp. 228, 267. El lugar es sumamente interesante por introducir el ciclo de «siete años» que parece contradecir la interpretación «estacional» del mito (cf. *infra,* p. 149) y la idea de redención vicaria de un dios que moriría por los hombres. Pero *Baʿlu* burlará esta pretensión de *Môtu,* dándole a comer a sus propios hermanos a los que hemos visto ha derrotado (cf. VI 7-8).

[208] Cf. Virolleaud, «Syria» 12 (1931) 222ss; Gordon, UMC, p. 81; íd., PLM, pp. 116-117; Hvidberg, WL, p. 39, n. 4; Gaster, *Thespis,* p. 226; Driver, CML, p. 19; Gibson, CML, pp. 17, 19; p. 74; Rin, AE, p. 232; De Moor, SP, p. 226; Pope, *Fs Finkelstein,* p. 172 (lamento de *ʿAnatu* (?)].

sin acogerse a la superioridad indiscutida que Yahvé manifiesta en la tradición hebrea.

Consejo de Šapšu *(1.6 VI 22-29).* Es precisamente este elemento de la superioridad de *Baʿlu,* no suficientemente destacado en la descripción del combate, lo que trata de resaltar *Šapšu,* la diosa de la sabiduría, haciéndole caer en cuenta a *Môtu* de lo descabellado de su propósito: *Baʿlu* es más fuerte y disfruta del beneplácito de *Ilu,* sin cuyo consentimiento es imposible reinar sobre los dioses *(cdb/cib/dst/tc)* [209]. Para algunos autores, el texto tiene el valor de una «maldición» que desequilibraría definitivamente el combate indeciso.

Desenlace del combate (1.6 VI 30-35). En una contraposición antitética se nos describe a *Môtu* atemorizado *(bc/bc)* [210] y a *Baʿlu* instalado triunfante en su trono *(bc),* como resultado de la confrontación y de la sabia intervención de *Šapšu.* El «consejo» aparece como un elemento decisivo en el planteamiento y ejecución de acciones estratégicas, tanto en Ugarit como en la Biblia. Son sociedades «sapienciales», donde el «consejero» tiene rango carismático como descubridor del curso natural, real, de los acontecimientos, el que se debe seguir; en ese sentido, el consejero es el «mago» racional.

Himno a Baʿlu *(1.6 VI 42-53).* La sección última de este ciclo mitológico, separada de la anterior por una laguna de siete líneas, pertenece al género de «himno» (sufijo en segunda persona). Se supone generalmente que el destinatario sería *Šapšu,* a quien se le invitaría a participar en las ofrendas, reinar sobre las divinidades de los muertos y disponer de los servicios del dios artesano *Kôṯaru.* Todo hace suponer que se premiarían así sus servicios por haber ayudado a *Baʿlu* a triunfar de su adversario, cuyo «reino» se le transfiere en parte. Tal es el auténtico dominio de *Šapšu,* el reino de los muertos que visita todas las noches [211], no el que le otorgara *Môtu* [1.6

[209] Cf. Driver, CML, p. 19 *(Krónou gnômē);* Pope, EUT, pp. 29, 42; Van Zijl, *Baal,* p. 237; Van Selms, UF 2 (1970) 256; Loewenstamm, UF 3 (1971) 97; Caquot, SDB, fasc. 53, col. 1.379-1.380 (orden de *Ilu).*

[210] Cf. Virolleaud, «Syria» 12 (1931) 224; Cassuto, BOS II, pp. 118, 141, 177 (= reconocimiento de *Môtu);* Gaster, *Thespis,* p. 227; Van Zijl, *Baal,* p. 238; De Moor, SP, p. 237.

[211] Cf. *supra,* p. 51; Ginsberg, ANET, p. 141, n. 6; Cassuto, BOS II, pp. 10, 117, 125, n. 39; 135, 157; Gaster, *Thespis,* pp. 124, 227, 230; Lipinski, OLP 3 (1972) 106, 110; Caquot-Sznycer, RPO, p. 419; íd., TOu, p. 228; Caquot, SDB, fasc. 53, col. 1.380; Del Olmo Lete, UF 7 (1975) 96; De Moor, SP, p. 240; Mulder, UF 4 (1972) 85-86; Healey, UF 7 (1975) 238, n. 44; Watson, UF 9 (1977) 275-277; Gibson, CML, pp. 17, 19; en cambio, Dijkstra, JANES 6 (1974) 68 (instrucción de *Baʿlu* a *Šapšu);* Pope, *Fs Finkelstein,* p. 172 (de *ʿAnatu* a *Baʿlu).*

II 24-26; 1.6 I 65: de *ʿAṯtaru* (?)], mientras en el cielo y sobre los habitantes de la tierra reina solo *Baʿlu*. Pero es más probable que el destinatario del «himno» (?) sea este último, protagonista del mito, a quien se promete la asistencia y sumisión de todas las divinidades, sobre todo de las decisivas para su victoria. Así, la referencia a *Kôṯaru* pretende probablemente insinuar la construcción de su palacio, de que como rey tendrá necesidad; tema cuyo desarrollo ya conocemos por el segundo mitema del ciclo. Igualmente es él quien le asegurará con sus armas «mágicas» la victoria sobre sus enemigos primordiales [212], victoria en la que hemos visto interviene decisivamente *Šapšu* con su consejo. Se recapitula así al final toda la temática del ciclo mitológico. Naturalmente, como dios-rey, a él corresponde un culto sacrificial peculiar, en el que las primicias de «pan y vino» tienen la parte principal.

Colofón. El poema se cierra con el «colofón» escribal y editorial, al margen ya del mismo [213]. Como en otros poemas ugaríticos, resulta «pobre» este final, en relación con el tema desarrollado tan majestuosamente a lo largo del mitema: el contraste entre *Baʿlu* y *Môtu*. No hay epílogo épico. Pero sobre esa peculiaridad estilística ya hablamos en otro lugar.

SENTIDO Y FUNCION DEL CICLO MITOLOGICO DE BAʿLU-ʿANATU

En el análisis precedente nos hemos atenido al sentido que ofrecía cada episodio y unidad menor, atendiendo a su estructura y organización formal, impuesta y revelada por sus esquemas operativos [214]. La ulterior coordinación de tales episodios en una secuencia coherente es ya labor más arriesgada por el estado, con frecuencia fragmentario e inconexo, en que aquéllos se ofrecen. Numerosas lagunas obligan a reconstrucciones hipotéticas, a fin de crear o suplir una secuencia narrativa en la que los diversos episodios vayan

[212] Cf. De Moor, UF 1 (1969) 225; Gaster, *Thespis,* pp. 162, 227; Rin, AE, p. 232.

[213] Cf. Eissfeldt, SBIU, pp. 45-51, 58-59; Gordon, UMC, p. 81; De Moor, SP, pp. 1-2, nn. 2-5; 47; Dietrich-Loretz, UF 4 (1972) 31-33; cf. *supra,* p. 95.

[214] Esto supone un estadio ulterior y más decisivo que el del análisis «funcional», lingüístico-estructural y «logotáctico», emprendido por Van Zijl, *Baal,* pp. 323ss. Su proyecto, que coincide en cierta medida con la metodología «literaria» de Richter, nos parece que conduce a resultados demasiado escasos para el esfuerzo que se impone y no siempre tan seguros como su pretendido rigor haría esperar. Es interesante como análisis, por los abundantes datos que ofrece, pero es a todas luces insuficiente y necesita su integración dentro de una consideración «formal» más amplia.

encontrando un lugar [215]. Nosotros hemos procurado «llenar» tales lagunas atendiendo siempre a las exigencias del esquema operativo que le precede o sigue y al sentido inmediato del mismo, reduciendo así a un mínimo la «reconstrucción». El resultado de la misma es el siguiente.

El primer mito, de los tres en que hemos dividido el ciclo, se inicia con un lamento que describe o expone la situación «lamentable» en que se encuentra la divinidad, al parecer *Yammu.* Tal lamento tiene el propósito de excitar el compromiso del dios supremo *Ilu* en favor de aquél, propósito que se logra al declararse *Ilu* por *Yammu* y nombrarlo rey. Pero tal declaración, necesaria en la concepción mitológica de Ugarit que recurre siempre a *Ilu* para legitimar la preeminencia entre los dioses [216], sólo es efectiva si va acompañada de la victoria sobre el posible contrincante [217]. Y en este caso, el contrincante es *Baʿlu,* el protagonista del mito. Lo que ha hecho, pues, *Ilu* es sancionar un contraste, convocando a los dioses para que accedan y colaboren en su decisión. De tal convocatoria el texto nos ha conservado sólo la de *ʿAnatu* y *Kôṯaru,* con sus respectivos encargos, sin duda los más significativos. En principio, el dios artesano responde al parecer a la llamada de *Ilu,* aunque una vez resuelto *Baʿlu* a luchar contra su adversario, se pondrá de su parte. De *ʿAnatu-ʿAṯtartu* el episodio sólo nos conservará una intervención más bien recusante y opuesta al furor destructor y victorioso de *Baʿlu* (cf. 1.2 IV 28-30), coincidiendo con la postura medrosa y aquiescente de los demás dioses. De hecho, después de haber recibido *Kôṯaru* el (segundo) encargo de edificar el palacio de *Yammu* (y, por su parte, haber *Šapšu* disuadido a *ʿAṯtaru* de enfrentarse con él, que poseía el beneplácito de *Ilu,* mientras su insuficiencia para el cargo de rey era manifiesta) [218], el contraste entre los dos contrincantes era ineludible. A una negativa de sometimiento, formulada imprecatoriamente por parte de *Baʿlu,* que equivale a una declaración

[215] Así, la reconstrucción «racional» de Driver, CML, pp. 10ss, no es a veces ni siquiera fiel a su propia versión; otras, «supone» y «llena» demasiados elementos no indicados en aquélla; cursiviza y coordina, además, los episodios sin respetar los géneros de cada unidad menor.

[216] Cf. Vine, EBU, pp. 17-18; Petersen-Woodward, UF 9 (1977) 237-240 (estructura de este primer mito). Tenemos así el recurso de *ʿAnatu* y *Aṯiratu* ante *Ilu* para que declare a *Baʿlu* rey y ordene la construcción de su palacio. Asimismo, *Ilu* es el que decide la entronización de *ʿAṯtaru.* En el poema de *Aqhatu,* a *Ilu* recurre *ʿAnatu* para reclamar el castigo del héroe; y al mismo recurre *Baʿlu,* tanto en ese poema como en el de *Kirta,* para implorar la bendición salvífica y fecundante.

[217] Cf. Habel, YVB, pp. 51ss; quizá podría verse aquí la proyección mítica de la concepción carismática del poder (vocación divina y demostración empírica) que domina en el libro bíblico de los 'Jueces'.

[218] La posición de este episodio es incierta; cf. *supra,* pp. 90, 99.

de guerra e insumisión contra *Yammu* e *Ilu,* responde aquél exigiendo de los dioses que le sea entregado *Baʿlu,* de acuerdo con el decreto de *Ilu.* Los dioses, a pesar de la increpación de *Baʿlu,* enmudecen ante la demanda «teológica» e *Ilu* decreta el sometimiento de *Baʿlu* a *Yammu,* pronunciado anteriormente por él. A pesar de tener todo el «cielo» en contra, *Baʿlu* se rebela y ataca a los mensajeros de *Yammu,* como expresión de su voluntad de responder en persona a su señor. Las palabras no se nos han conservado, pero los hechos las suplen y nos presentan a continuación a las dos divinidades enzarzadas en singular combate. Este es encarnizado, pues *Yammu* resulta invulnerable; y cuando ya parece que la suerte es decididamente adversa para *Baʿlu,* la intervención mágica del dios artesano *Kôṯaru* le dota de armas capaces de destruir a su adversario. Con ayuda de una fuerza superior a la voluntad misma de los dioses, la magia, consigue al fin la victoria sobre su contrincante y se alza con la dignidad real. Ya sólo falta que *Ilu* sancione lo que la victoria ha demostrado, incluso contra su decisión, aunque no contra su sospecha.

Estamos, como puede apreciarse, en una situación estrictamente mítica: el mitema presenta vicisitudes que ocurren entre los dioses como únicos protagonistas; el hombre no interviene en ningún momento, ni siquiera como sujeto narrador. Y ahora es cuando, por encima del sentido de los episodios y de su coordinación épica, cabe preguntarse: ¿qué valor y función cumple este mitema en la concepción religiosa de Canaán? El conflicto entre *Yammu* y *Baʿlu* reproduce, sin duda, un contraste o crisis natural vivida con especial intensidad y urgencia por las gentes de Ugarit, o tradicionalmente recibida y transmitida en su ámbito [219]. En este sentido, el episodio mítico parece estar unido al contraste primordial, que atestigua toda la mitología oriental, entre el caos acuoso y el cosmos organizado y fértil; de él poseemos, al parecer, varias versiones o alusiones en el mismo Ugarit [220]. La cuestión es ahora saber

219 Cf. Virolleaud, LBC, pp. 75-85; Obermann, JAOS 57 (1947) 205-206; Gese, RAAM, pp. 54, 59-65; Caquot-Sznycer, TOu, pp. 114-117, 187ss; Del Olmo Lete, UF 9 (1977) 33, n. 13; Petersen-Woodward, UF 9 (1977) 234s (crítica del «funcionalismo»). Para Vine, EBU, pp. 192-195 y *passim,* el mito tiene un sentido «histórico» y refleja el ascendiente político-social logrado por los comerciantes «amorreos», llegados a Ugarit, sobre los «nativos», con la ayuda de inmigrantes del Egeo. Su tesis me parece válida en orden a la «historia de las tradiciones» mitológicas y su mutua relación, pero insuficiente como interpretación «global» del conflicto mítico de *Baʿlu* con *Yammu* y del sentido del «templo» de aquél.

220 Cf. Gray, LC, pp. 11, 20-22; Gese, RAAM, p. 64; Van Zijl, *Baal,* pp. 8, 323-324; Hillmann, WB, pp. 31ss; De Moor, SP, pp. 6, 41, que también admite la existencia de «mitos» cananeos «primordiales»; Caquot-Sznycer, TOu, pp. 188-189; Cunchillos, ES29, pp. 28, 73-76 (para las opiniones de May, Lods, Stolz y Mowinckel a propósito del Sal 29); Curtis, JSS 23 (1978) 245-256.

si primordialmente es un mitema de «separación» (no de «creación») y sólo secundariamente de «fertilidad» o estacional (en cuanto las lluvias torrenciales del invierno actualizan ese contraste), o más bien al revés, al menos por lo que a esta versión se refiere. De Moor [221] se declara por esta segunda interpretación, concediéndole así un puesto preciso dentro de su consideración estacional de todo el ciclo mitológico. Pero estimo que ésta es una reducción injustificada de un mitema bien asegurado en la mitología oriental del que las otras referencias (victoria sobre *Lôtanu* y *Tunnanu* por parte de *Baʿlu* y *ʿAnatu)* son elementos concomitantes que no se identifican sin más con aquélla, pero tampoco suponen un contraste distinto y anterior [222]. El fenómeno del Mar *(Yammu)* es para las gentes de Ugarit, que viven a su orilla y lo surcan incesantemente, un elemento de interés mitificador que trasciende y es independiente de la significación meramente estacional que el mal tiempo invernal puede representar, incluso como elemento derivado y conexo con aquél. Se trata de un contraste más radical y primordial [223]; y por eso se acaba con él de una vez para siempre y se asegura la supremacía de *Baʿlu,* que garantiza la tranquilidad, incluso de la navegación: la osadía de lanzarse al «Mar» vencido. El mismo Antiguo Testamento ha guardado también vestigios de esta concepción mítica, tanto en el relato tardío de la creación según P (Gn 1) como en algunas alusiones sueltas a la misma [224]. Naturalmente que el mito posee también un sentido estacional dentro del tema de la fertilidad, en cuanto esa victoria supone un control de la potencia siempre amenazante del mar que permite el desarrollo de la vida en la tierra, sobre la que reina *Baʿlu,* que la fecunda con su lluvia; sentido que se pone sobre todo de relieve en los momentos de su mayor enfurecimiento [225]. Pero eso no anula su valor «primordial». Esta primordialidad se refleja,

[221] Cf. De Moor, SP, pp. 41, 245ss y *passim;* sobre esta interpretación estrictamente «estacional» ya expresamos anteriormente nuestras reservas (cf. p. 65).

[222] Cf. *supra,* n. 57; Vine, EBU, 173-175; Caquot-Sznycer, TOu, pp. 116-117; Gibson, CML, p. 7; en la lucha contra *Marduk* también intervienen los acompañantes de *Tiamat.*

[223] Cf. Cassuto, BOS II, p. 114 (representa a *Môtu);* Gibson, CML, pp. 6-8; Caquot, SDB, fasc. 53, col. 1.373-1.375.

[224] Cf. Gray, LC, pp. 19, 21-22; De Moor, SP, p. 41; Lipinski, RY, pp. 122ss; Hillmann, WB, pp. 114ss; Gibson, CML, p. 7; Ohler, MEAT, pp. 71ss. A pesar de que un «dios» resulta difícilmente destruible, cf. Oldenburg, CEB, p. 87, n. 3; *supra,* p. 65. Hay que contar igualmente con la posibilidad de que no fuese *Baʿlu,* sino un «sustituto» el devorado por *Môtu* (cf. *supra,* n. 188).

[225] No se ve claro por qué ha de suponerse un enfrentamiento entre *Baʿlu* y *Yammu* a propósito de la actividad «tormentosa» de éste. ¿O habrá que distinguir entre tormentas de *Baʿlu* y galernas de *Yammu?* Ya Gaster vio esta «inconsecuencia»; cf. De Moor, SP, pp. 10, 17, 22; Gray, LC, p. 21 *(Baʿlu* contiene

por otro lado, en la imagen que el mitema ofrece de *Baʿlu* y los demás dioses. Entre ellos se nota aún una gran indiferenciación; *Baʿlu* todavía no es el rey incontrastado ni disfruta del apoyo claro de sus futuros incondicionales *ʿAnatu* y *Kôṯaru.* Tiene aún que «imponerse». Cuando haya logrado esto, su soberanía estará asegurada y los futuros contrastes serán ya secundarios en relación con este primordial. Entiendo, pues, este mito como primordialmente cósmico (no cosmogónico) y no estacional [226] en el sentido estricto en que lo entiende De Moor.

Una interpretación intermedia, más bien cósmica que estacional, es la sugerida por Gaster y desarrollada por Driver [227], que, partiendo del texto 1.2 I, ven en este episodio mitológico, extendiéndolo a todo el ciclo, un conflicto entre las divinidades de los diversos sistemas de irrigación de la tierra que pugnan por afirmar su soberanía: *Yammu,* dios del mar y de las aguas subterráneas; *Baʿlu,* dios de la lluvia; *ʿAṯtaru,* dios de la irrigación artificial de pozos y canales. Pero en este primer episodio en que se narra la victoria de *Baʿlu* sobre *Yammu, ʿAṯtaru* no llega a enfrentarse realmente con ninguno de ellos (Driver prescinde en su síntesis de este dato). Tampoco más tarde, cuando reaparece esta divinidad, se presenta en contraste con *Baʿlu;* siempre resultará clara su insuficiencia. No se le puede considerar realmente como un elemento que haga juego de contraste con los demás como para constituir parte del sentido del mitema. El contraste sólo se da realmente entre *Baʿlu* y *Yammu* en este primer episodio, y entre *Baʿlu* y *Môtu* en el tercero.

Ahora bien, este tercer mito mantiene una estructura narrativa similar en sus motivos a la del anterior [227a]. Se inicia con un mensaje-lamento de *Môtu,* mitad amenaza mitad reproche, en que describe la situación deplorable a que le ha reducido la actuación de *Baʿlu.* Esta se refiere a una de esas variantes de la lucha primordial del dios con *Yammu* y sus monstruos, a que nos referíamos antes y de que trataba el primer episodio, explicada quizá en sus partes perdidas. La victoria de *Baʿlu* sobre el caos acuoso y su triunfo como rey de la tierra ha sido en realidad también una victoria sobre *Môtu,* el dios de la esterilidad y de la muerte. Al primer contraste sucede ahora

a los ríos que inundan y retiene las lluvias de otoño, lo que supone una cierta lucha consigo mismo); Caquot-Sznycer, TOu, p. 116.

[226] La distinción es de Gray; cf. también De Moor, SP, pp. 21-23; Van Zijl, *Baal,* pp. 32-34; Gese, RAAM, pp. 68-69; Caquot-Sznycer, TOu, pp. 188-189; Gibson, CML, p. 7, n. 5.

[227] Cf. Driver, CML, p. 20; Gibson, CML, p. 19; Gaster, «Iraq» 4 (1937) 21-32; íd., JNES 7 (1948) 190; íd., *Thespis,* pp. 125-127, 130-132; De Moor, SP, p. 142, n. 23, 205 [cf. Grabbe, UF 8 (1876) 62].

[227a] Este dato, apreciado por mí independientemente, lo veo corroborado por Petersen-Woodward, UF 9 (1977) 240-243, en su formalización estructural.

este otro, que en ese mensaje queda enunciado. A tal amenaza-lamento responde *Baʿlu* declarándose vasallo y, en contraste con la actitud antes manifestada, acepta la declaración de sumisión que en el primer episodio hace *Ilu.* Aquí también el mismo dios supremo parece sancionar este sometimiento de *Baʿlu* a *Môtu,* su descenso al infierno, una vez garantizadas las medidas que aseguren la pervivencia de la fertilidad en la tierra. Cuando se comprueba la desaparición y muerte de *Baʿlu, Ilu* y *ʿAnatu* le lloran, y esta última se preocupa de proporcionarle honrosa sepultura en su morada de *Ṣapānu,* acompañada del correspondiente rito fúnebre. ¿Ha sido sincero el luto de *Ilu* por *Baʿlu?* El reproche de *ʿAnatu* a los dioses parece suponer que éstos se alegran de la desaparición de *Baʿlu,* que hay entre ellos, capitaneados por *Aṯiratu,* una cierta enemiga contra él, aunque el dios supremo se muestra ahora ajeno a tal actitud. De todos modos se impone buscar un sustituto al rey muerto y depuesto, y de nuevo el candidato, esta vez por elección, no por pretensión propia, como en el primer episodio, es *Aṯṯaru.* Pero otra vez su incapacidad para tal función es manifiesta. Consiguientemente, o ha de reinar *Môtu* o se impone ir en busca de *Baʿlu* y restituirle en su trono. Y ésta es la tarea que ahora emprende *ʿAnatu,* la diosa que, en contraste con lo que manifiesta el primer episodio, se muestra aquí decidida y celosa partidaria de *Baʿlu.* Ya le buscó y lloró muerto; ahora le encontrará y aclamará vivo. Eso sólo le es posible a través de un contraste declarado con *Môtu,* el asesino de su hermano *Baʿlu,* que desemboca en su completa destrucción (¿mágica?). Tal destrucción, en el juego de las oposiciones mitológicas, supone la liberación o resurrección de *Baʿlu,* que escapa al poderío del dios de la muerte que le había devorado, vencido aquél por el celo animoso de su hermana. Vuelto a la vida *Baʿlu,* el regocijo reina, ante todo en el «pecho» del dios supremo, que ve asegurado el trono de los celestes. Sólo queda ahora dar con su paradero, y de eso se encarga *ʿAnatu,* ayudada por la diosa *Šapšu.* Pero como en el ámbito mítico las preeminencias no se regalan, sino que significan contrastes reales, la restauración de *Baʿlu* debe ir precedida de su victoria. Consiguientemente, como final del episodio vemos a *Baʿlu* y *Môtu* enzarzados en desenfrenado combate con etapas sucesivas e inciertas de resultado. La superioridad de *Baʿlu* se impone y *Môtu* la acepta, siguiendo también aquí el consejo de *Šapšu* como en el primer episodio hizo *ʿAṯṯaru.* Acaba el episodio con un himno.

De nuevo es aquí clara la situación estrictamente mítica del episodio, con la simple referencia en el colofón, fuera ya del relato en sí, a los redactores humanos, como espectadores ajenos del mismo. Esta vez el conflicto, dentro de su exclusiva protagonización por los dioses, refleja un plano de vivencia más inmediata, no tanto de separación del ámbito cósmico como en el primero, cuanto de organización del mismo; en la perspectiva de Ugarit diríamos que se ha vuelto la mirada del mar, que está enfrente, hacia la tierra a su espalda. Y en esta perspectiva se objetiva el gran problema de la vida y de la muerte, de la fertilidad y de la esterilidad, de la lluvia y de la sequía. Tampoco creo que aquí una interpretación exclusivamente estacional o de competencia de sistemas de irrigación haga justicia a todo el sentido del episodio [228]. No se trata exclusivamente, aunque sí primordialmente, de la vida vegetal que entraría en crisis en tal conflicto: *Baʿlu* es la lluvia, pero también es el novillo fecundo que deja descendencia antes de bajar (?) al «infierno»; y *Môtu* amenaza a los frutos de la tierra tan directamente como a sus multitudes. La experiencia de la vida y de la muerte trasciende el reino vegetal-animal y su ciclo agrario. En este sentido creo que tiene razón Cassuto cuando asegura que el contraste estacional es sólo un episodio de la gran lucha entre *Môtu,* el dios de la muerte, que es la personificación de todas las múltiples y variadas fuerzas que tienden a truncar y aniquilar la vida, y *Baʿlu,* que no es sólo el dios de la lluvia fertilizante, sino más genéricamente el dios del cielo, el dios de la vida, la personificación de todas las fuerzas dadoras, conservadoras y renovadoras de la misma [229]. Tampoco creo acertada la interpretación cíclica o «sabática» de Gordon, que refiere el contraste *Baʿlu-Môtu* a un ciclo de sequía que duraría siete años y tendría su resolución en el séptimo-octavo, coincidiendo con la resurrección o vuelta a la vida de *Baʿlu,* y vendría seguido por otro ciclo de fecundidad [230].

[228] Cf. Gaster, JRAS, 1936, pp. 224ss; íd., «Iraq» 6 (1939) 109ss; íd., *Thespis,* pp. 129, 201ss; Nielsen, RSM, pp. 106ss; Gray, LC, p. 58, 66; Albright, YGC, pp. 109-111; De Moor, SP, pp. 9-24 (resumen de opiniones «estacionales»), 34, 180, 187-189, 200-201, 205, 212-215, 218-219, 222-228, 237-238, 243-244; Van Zijl, *Baal,* pp. 170, 174, 243, 324; Mulder, UF 4 (1972) 86, 79-80, 96; pero en contra, por ejemplo, Gordon, UL, pp. 3-4; Bronner, SEE, pp. 60-61, 68, n. 3; 68-70, 79-81, 115; Loewenstamm, IEJ 13 (1962) 130-132; Caquot-Sznycer, TOu, pp. 188-189, 229-235; Caquot, SDB, fasc. 53, col. 1.373 (pero cf. *infra,* n. 230).

[229] Cf. Cassuto, BOS II, pp. 113ss; De Moor, SP, pp. 24-28 (resumen de opiniones «no estacionales»), 32; Caquot-Sznycer, TOu, pp. 114ss; 186ss, 229ss; Mulder, UF 4 (1972) 83; Wyatt, UF 8 (1976) 419; B. Margalit, *Death and Dying in the Ugaritic Epics,* en B. Alster (ed.), *Death in Mesopotamia (XXVIe RAI),* Copenhague 1980, p. 249; íd., MLD, p. 203.

[230] Cf. Gordon, UL, pp. 3-4; íd., UT, p. 406; íd., PLM, p. 103; De Moor, SP, pp. 32-34, 245-249; Caquot-Sznycer, TOu, pp. 234-235; Caquot, SDB, fascículo 53, col. 1.378-1.390 (trata de conjugar lo «estacional» y lo «sabático»); Gibson, CML, p. 18; Kinet, BZ 88 (1978) 237-238. Lo mismo cabe decir de la postura hermenéutica de Vine: que el mito pueda reflejar elementos «históricos» no autoriza a considerarlo en su integridad como una «proyección» en clave mitológica del acontecer histórico. Tenemos aquí el consabido «salto» de la forma a la función, tan usual en la escuela del «Myth and Ritual». Por otra parte, al identificar un pueblo o grupo étnico con «un» dios pasa por alto el sistema complejo de divinidades en el que se insertaba aquél, similar para todos.

La refutación de De Moor me parece acertada: el dato de los siete años que aparece en 1.6 V 8-9 no puede ser extendido tanto como para montar sobre él una teoría de esa estructura. Se trata de expresiones estereotipadas, comunes en la épica cananea, que utiliza constantemente esas enumeraciones como elemento de transición narrativa [231]; a lo sumo se trataría de «categorías mitológicas» que no se pueden urgir literalmente. Pero este mismo modo de argumentar creo que debería emplearse en el enjuiciamiento de la tesis estacional del propio De Moor con su precisión cronológica y su interpretación ritual de los episodios míticos. Se puede admitir una mitificación de lo estacional, pero no estacionalmente, es decir, no hasta hacer del mito una especie de climatología mitológica, ni por supuesto un libreto del ceremonial de la festividad de Año Nuevo o sabático. En definitiva, creo que el sentido del mito queda suficientemente apreciado con su caracterización como dramatización mitológica del contraste vida-muerte en el ámbito humano, animal y vegetal, con un fuerte énfasis en su base vegetal; mientras la vida como situación humana parece más bien depender de o estar programada por el dios supremo *Ilu,* tal como lo reflejan los poemas épicos. Ese contraste importa una incesante y renovada amenaza, equivalente a un predominio alterno de las fuerzas antagónicas, que sólo tras dura lucha y esfuerzo se traduce en una afirmación de la vida, del orden, como en el primer mitema. Quizá sea esta percepción del antagonismo, de la lucha que preside el reino de la vida, el valor más sobresaliente de esta concepción y expresión mitológica.

En el mito segundo es donde tal contraste entre divinidades está ausente, al menos de la manera preeminente que posee en los otros dos. Se inicia con unas escenas de agasajo y desfogue regocijado (¿ritual, magia?) de la propia fuerza, por parte de *Baʿlu* y *ʿAnatu,* que abocan a una cita en que se comunica a ésta el propósito de aquél de proceder a la construcción de sus atributos básicos, el rayo y el trueno; cita a la que ella, después de haberse certificado del bienestar de su hermano, responde con presteza, encaminándose a su encuentro. *Baʿlu* la recibe con agasajos, pero una vez junto a él *ʿAnatu* se entera de un hecho decisivo: este dios no tiene palacio, elemento indispensable para afirmarse como «rey» y que como tal depende del consentimiento del dios supremo, *Ilu.* En consecuencia, ella decide encargarse de recabar tal consentimiento, recurriendo incluso a la amenaza violenta. Tal consentimiento se refiere en primer lugar a su proclamación como «rey de los dioses», título ya conquistado por *Baʿlu* en su lucha con *Yammu;* pero entonces surge la objeción previa: *Baʿlu* no tiene palacio. Para superarla se encarga a los mensajeros divinos comuniquen a *Kôṯaru,* el dios artesano, se ponga a las órdenes de *Baʿlu* para poder realizarlo. Al parecer esto

[231] Cf. *supra,* p. 61. En todo caso, *Baʿlu* es un dios que «muere» y «revive».

no es tan fácil como podría suponerse y hay que recabar el beneplácito y la intervención de *Aṯiratu* para convencer a *Ilu* de que otorgue tal construcción y asienta a la realeza efectiva que aquélla supone. Provistos de los obsequios que ha fraguado *Kôṯaru, ʿAnatu* y *Baʿlu* se derigen a la morada de *Aṯiratu,* quien los recibe en principio de manera sobresaltada y poco amistosa. Se deja, no obstante, seducir por sus regalos, que le ofrecen después de exponer su caso, y acalla las pretensiones o protestas de su hijo *Yammu.* A continuación les recomienda homenajear al dios supremo *Ilu* y se encamina con ellos a su morada para llevar a cabo tal propósito. A su llegada *Ilu* reacciona regocijado y le da la bienvenida. *Aṯiratu,* sin más preámbulos, le expone su deseo, el mismo de *ʿAnatu,* de que sea reconocido *Baʿlu* como rey de los dioses por decreto suyo. A la objeción consabida que se alza contra tal pretensión, la falta de palacio, responde esta vez *Ilu* decretando se le construya a *Baʿlu* una casa. Tal decreto llena de júbilo a *Aṯiratu,* que ordena se comunique apresuradamente a *Baʿlu* la noticia, orden que le transmite *ʿAnatu* y que *Baʿlu* se da prisa en poner por obra, citando y encargándola a su vez a *Kôṯaru.*

En el plan de la misma, según este dios, debe entrar la construcción de una «claraboya», a lo que en principio se opone *Baʿlu,* temeroso de que resulte una gatera por donde sea burlado. Dejando pendiente este asunto, se reúnen los materiales y se construye el palacio, que es inaugurado solemnemente con invitación a todos los dioses. Como rey que posee ya los debidos atributos, se lanza *Baʿlu* a una campaña de afirmación de su reinado, de la que vuelve con el propósito de abrir una claraboya en su casa, como elemento sin duda imprescindible para hacer sentir a todos, dioses y hombres, la eficacia de su «voz» potente, el trueno, y de su «arma», el rayo. *Kôṯaru,* regocijado por ver confirmado su consejo, lo ejecuta y *Baʿlu* comprueba cómo su terror se impone a todos sus enemigos. Ahora se sienta dispuesto a lanzar un reto definitivo al último que le queda, *Môtu,* divinidad que tiene su trono en el «infierno», y que como tal no puede ser su contrincante por el trono de los dioses y de los hombres, pero que le puede atacar desde otra perspectiva. Le envía sus mensajeros con el encargo de hacerle reconocer su soberanía incontrastada.

Este mitema podría ser considerado propiamente como un mitema de «afirmación». En él trata de resaltarse la función del dios protagonista como divinidad soberana y principal que «reina», como señor del trueno, el rayo y la lluvia, con el beneplácito de dioses y hombres y sin enemigo capaz de hacerle frente [232]. Su sede gloriosa es la expresión de ese dominio incontras-

[232] El mitema, aunque formalmente de «realeza», tiene un sentido «estacional» innegable, cf. *supra,* p. 149; Gray, LC, p. 50; De Moor, SP, p. 112ss; Caquot-Sznycer, TOu, pp. 188-189. Para Vine, EBU, p. 176 y *passim,* reproduce la

tado, de su cualidad de dios estable e inconmovible en su propia función, de su lograda soberanía. En este sentido, el tema del «palacio» es el reverso del tema del «contraste» o «lucha»: la confirmación por decreto divino de su realeza conseguida por la victoria. Que signifique además un *hieròs lógos* de la fundación de su templo y culto en Ugarit [233] es verosímil, pero no imprescindible suponerlo. El mito está más bien compuesto de cara al *Ṣapānu* real desde donde reina *Baʿlu,* como se aprecia por el rayo y el trueno, que no de cara a su templo ciudadano [234]. La morada celeste no es una lejanía metafísica, sino algo al alcance de los ojos. Otras divinidades, de las que no se menciona un mitema de palacio, también tenían sus templos respectivos. No es demostrable una indefectible correlación entre mito y ritual, como si no pudieran darse mitos al margen de una referencia cúltica o como expresión de un rito. Quizá sólo a nivel de la recitación sea concluyente aquella correlación, al menos según el modelo desarrollado que tales mitos han adquirido ya en Ugarit.

Este problema nos introduce finalmente en el de la función social o *Sitz im Leben* de este culto mitológico. Analizando el sentido que los diversos mitemas alcanzan en la religión y vida del pueblo se puede preguntar cuándo y cómo se los usa en su forma literaria, en su narración. Constituyen un tratado de teología mítico-dramática, pero una teología profundamente funcional. ¿Para qué servía? La interpretación cultual considera los mitos sobre todo como libretos de determinados rituales, que los siguen y los reproducen, de manera que cada una de sus partes tiene una contrapartida mímica, al menos en su forma original [235]. En todo caso, en su forma actual habrían de ser considerados como piezas de recitación durante la acción cúltica, cuyo sentido sintetizan; así como en general la significación que el dios y su culto tienen para el pueblo. En concreto, De Moor estima que el mito era recitado en el festival otoñal de Año Nuevo y de la cosecha del vino. En el mismo, con abundante libación de tal líquido, se conmemoraba la vuelta de *Baʿlu* a la vida, tema con que según él acaba y comienza el ciclo (1.3-1-2-4-5-6). La «historia» completa de *Baʿlu* se contaba así en el día de su triunfo; sería, pues, un mito natural-estacional y cultual a la vez.

consolidación del influjo «amorreo» en Ugarit a través de la edificación del templo al dios tutelar del grupo.

[233] Cf. Gaster, *Thespis,* pp. 128-129; Van Zijl, *Baal,* pp. 135; De Moor, SP, pp. 112, 153; Vine, EBU, pp. 175ss; Caquot-Sznycer, TOu, pp. 186-189; Pope, EUT, p. 101 (nuevo templo; cf. De Moor, SP, p. 41, n. 32; 112).

[234] Cf. Cassuto, BOS II, p. 118; Van Zijl, *Baal,* pp. 326; De Moor, SP, p. 112; Gibson, CML, p. 14; Caquot, SDB, fasc. 53, col. 1.378.

[235] Cf. Gaster, «Iraq» 6 (1939) 114; íd., *Thespis,* p. 17 y *passim;* Hvidberg, WL, p. 78; Gray, LC, pp. 11, 19, 22, 29, 50; De Moor, SP, 56-57, 59, 245, 248; íd., NYCI, pp. 4ss; en contra, Van Zijl, *Baal,* p. 326.

Tal uso del mito es muy verosímil, dado el carácter recitativo que su redacción manifiesta[236], pero no creo que pueda limitarse su función al mismo. El recurso a tales textos era sin duda posible en otras ocasiones cultuales y extracultuales, sobre todo teniendo en cuenta el estadio de avanzada elaboración literaria que el ciclo manifiesta[237]. Su forma estereotipada y su estructura litúrgica le hacen apto para ser insertado en el amplio mundo de la recitación que la fe religiosa otorga a esas formas tradicionales en que se plasman sus dogmas.

Finalmente, en relación con el contenido de la concepción de las diferentes divinidades, que el ciclo manifiesta, ya hablamos anteriormente[238]. En cuanto al reflejo de posibles instituciones sociales que en él se den, resultan demasiado genéricas o mitificadas como para sacar conclusiones aceptables de su contrapartida empírica: sacrificios, banquetes, edificaciones y utensilios. El valor principal de este tratado de teología baálica en estilo épico-dramático radica en la imagen que nos aportan del universo mítico que vigía en el Canaán del Norte a mediados del segundo milenio antes de Cristo, con sus contrastes de dioses y las funciones de éstos dentro del ámbito de la fertilidad y de la vida. Una imagen que sin duda no divergía mucho de la que poseían otras regiones de la zona y con la que toparía Israel a su entrada en Palestina. Son precisamente los antagonismos bíblicos los que, por contraste, nos certifican tal fundamental identidad, a la vez que se esclarecen en su intención significativa, la que hasta hoy nos resultaba en parte imprecisa.

[236] Cf. De Moor, SP, pp. 248; cf. también *supra,* p. 130, lo dicho a propósito de la doble línea divisoria; sobre el aspecto recitativo, cf. Gray, LC, p. 13; Kaiser, MBM, p. 44, n. 160; Gese, RAAM, pp. 50-51; Gibson, CML, pp. 6, n. 4; 13.

[237] Cf. Gaster, *Thespis,* pp. 124ss; De Moor, SP, p. 17; Gray, LC, pp. 14, 20; Aistleitner, MKT, p. 81; Gibson, CML, p. 13.

[238] Cf. *supra,* p. 63ss.

TEXTO Y VERSION

EL MITO DE LA «LUCHA ENTRE BAʿLU *Y* YAMMU»
(KTU 1.1-2)

KTU 1.1 V
(Laguna)

[ ]b
[wym.ym]m
[yʿtqn ymǵy.]npš
[h]d.tngṯnh
[ ].bṣpn
[ ].nšb.bʿn
*[ ]*b*km yʿn*
[ydʿ.l]ydʿt
[t]asrn
[ṯr.il]trks -(?)-(?)
[ ]-abnm.upqt
[ ]l w*ǵr mtny*
[at zd]rq.gb
[ ]kl.tǵr.mtnh
[ ]b.wym ymm
[yʿtqn]-.ymǵy,npš
[ ]t.hd.tngṯnh
[ ]ḥkm bṣpn
[ ]- išqb.aylt
[ ].mbkm.yʿn
[ ].ydʿ.lydʿt
[ ]tasrn.ṯr il
[ ]rks.bn.abnm
[ ]upqt.ʿrb
*[w]ǵr.*mt*ny at zd*
[ ]tʿrb.bši
[ ]-l tzd.ltptq
*[ ].*g*[ ]larṣ*
(Laguna)

Col. V: *Lín. 2-4:* < 15-17, cf. 1.6 II 5-6, 26. *Lín. 5:* c. *ḥkm bṣpn,* cf. lín. 18. *Lín. 7:* c. *mbkm,* cf. lín. 20. *Lín. 8-10:* < 21-22. *Lín. 11-13:* c. *bn.abnm.upqt ʿrb* < 23-25. *Lín. 12:* c. *kl* < 14. *Lín. 13:* / *(b/p)]rq* (CEB) *Lín. 14:* / *]w(?).l.tqr* (Vir.) / *](k/r)l.tqr* (UT). *Lín. 16:* cf. lín. 3 < 1.6 II 26. *Lín. 17:* c. *ʿn(?)]t(?).* (Vir.). *Lín. 18:* / *l]ḥmk* (DA) / *t]ḥmk* (CEB). *Lín. 20:* / *]m.bkm* (Vir.) / *]m.bkm* (UT) / *g]m.bkm* (CEB); pero ya *mbkm* (UGU). *Lín. 23:* c. *trks* < 10. *Lín. 25:* < 12. *Lín. 26-27:* / *bši[l(?)* (DA) / *bši[r* (CEB). *Lín. 27:* / *al](?)tzd* (Vir.).

Col. V.: Sobre su posible sentido genérico, cf. *sup.* pp. 98-99.

KTU 1.1 IV
(Laguna)

Lamento por Yammu

1*[ ]m.*ṣ/yt/pr*[ ]*	
[ ]	
2*gm.ṣḥ.lq[ ]*	Alto gritaron a [los distantes dioses],
[ ] 3*lrḥqm*	[fuerte clamaron] a los lejanos,
*l*p*[ ]* 4*ṣḥ*	a [todos (?)] gritaron:
*il.yṯb.b*m*[rzḥ]*	«¡*Ilu* se está sentado en [su sala de fiestas],
[ ]	[está *Ilu* bebiendo vino hasta hartarse],
5bṯ*t.ʿllmn.-[ ]*	(mientras) ignominia del visir (?) [es su morada],
[ ] 6*ilm.bt.bʿlk*	[vergüenza de los] dioses, la casa de vuestro 'señor',
[ ]	[una ignominia la mansión de vuestro 'dueño'!];
7*dl.ylkn.ḥš.b*a*[rṣ.]*	que no puede andar de prisa por la [tierra (infernal)],
[ ] 8*bʿpr.*	[ni marchar con presteza] por el polvo (del averno).
ẖbl ṭtm.-[ ]	De desperdicios fangosos [se alimenta en abundancia (?)],
9*šqy.r*ṯa/n*.tnmy.*	se le da a beber suciedad a raudales.
*yt*n*[.ks.bdh]*	Se le pone [una copa en la mano],
10*krpn.bklatyd.*	un cáliz entre las dos;
-[ ] 11*kmll.*	[su contenido (?) es] como desperdicios,
*kḥṣ.tus*p*[ ]*	como grava [lo que en él (?)] se reúne.

Col. IV: *Lín. 1: / ṣ[ ]a[* (CML); c. *g]m.ṣ[ḥ* (Gibson, CML). *Lín. 1-2:* c. *r]gm(?)* (Vir.). *Lín. 2:* c. *lq[ṣ.lm* (CTA 292), cf. 1.114: 2; Is 5,26 / *lq[rbm // lrḥqm* (DA), cf. Is 33,13; c. *ṣḥ // qra,* cf. 1.5 II 21-22; 1.22 II 3-4, 9, 19. *Lín. 4:* < 1.114: 15-16 / *b[mrzḥh* (UT); c. *il.yṯb.bmrzḥh.yšt.il.yn.ʿd.šbʿ,* cf. *l. c.* *Lín. 5-6:* / *bʿlk[* (UT); c. *bṯt.ʿllmn.mṯbh.dnt ilm.bt.bʿlkm.bṯt.ḥẓr.adnkm;* para *bṯt // dnt // (bṯt),* cf. 1.4 III 19-21; para *bt // ḥẓr // mṯb,* cf. 1.2 III 19; 1.3 V 3-4, 38-40; 1.4 I 10-13; IV 50-52; para *bʿl // adn,* cf. 1.2 I 17, 33-34, 45. *Lín. 7:* c. *barṣ.ydrq.ḥš.bʿpr;* para *hlk // drq,* cf. 1.3 IV 39; 1.4 II 14-15; 1.17 V 11; para *ḥš // ḥš,* cf. 1.1 II 19-20; 1.3 IV 8-9, 23, 28-29; 1.4 V 51-54; VII 38-39; para *arṣ // ʿpr,* cf. 1.2 IV 5; 1.10 II 24-25; 1.17 I 27-28; II 1-2. *Lín. 8:* c. *ẖbl.ṭtm.lḥm // šqy,* cf. 1.17 I 2-3, 7-8, 10, 12-13, 21-22; II 30-31, 32-33, 34-35, 37-38. *Lín. 9:* < 1.3 I 10-11; / *rṯa* (Vir.); c. *byd* (CAT, KTU) / *bydm* (SP). *Lín. 11: / tusm(?)[*

Col. IV: Para una discusión detallada de la versión propuesta y sus conjeturas textuales, cf. Del Olmo Lete, UF 9 (1977) 35-41 (= «Helmántica» 28 [1977] 389-401). *Lín. 2-3:* / «Clamad en alto a los cercanos... a los lejanos» (Virolleaud; De Moor) / «En alto *(Ilu)* clama...» (Gordon). *Lín. 4:* «*Ilu* está sentado entre sus fieles *(cult-guests)*» (De Moor); cf. gl. *mrzḥ.* *Lín. 5:* / «[Ignorando (?)] la vergonzosa conducta del *usurpador*» (De Moor) / «*Ilu*... gritó: vergüenza para el malvado (?)...» (Driver); cf. gl. *ʿllmn.* *Lín. 7-8:* / «... para que el Presuroso no camine por la tierra, [dejando (?)] un amasijo de barro en el suelo» (De Moor) / «... que no se apresuren a marchar por tierra... en/por el polvo de la destrucción, hambrientos...» (Caquot-Sznycer); cf. gl. *ṭt.* *Lín. 9:* / «¡Da a beber cuajada (?), da agua!» (Oldenburg) / «...vierte el apaciguamiento, da agua...» (Caquot-Sznycer); cf. gl. *rṯn, rnmy.* *Lín. 11:* / «... como un enemigo/noche...» (Gordon) / «...como gente abru-

[12]*tgr.il.bnh.*	¡Se ha opuesto *Ilu* a su hijo,
ṯr[ ]	el Toro, [su padre, al nombre de *Yawu/Yammu!*»].

Proclamación de Yammu

[13]*wyʿn.lṭpn.il.d*p[*id.]*	Y respondió el Benigno, *Ilu,* el [Bondadoso]:
[ ] [14]*šm.bny.yw.*	[«De seguro proclamaré] el nombre de mi hijo *Yawu;*
ilt[ ]	diosa, [su nombre es: ʿAmado de *Ilu*'»].
[15]*wpʿr.šm.ym*	Y proclamó el nombre de *Yammu,*
[ ]	[el nombre del Amado de *Ilu*].
[ ] [16]*tʿnyn.*	[Entonces las diosas] respondieron:
lzntn.[ ]	«Para nuestro sustento [se ha proclamado tu nombre],
[17]*at.adn.tpʿ*r	has sido tú proclamado ʿseñor'».
[ ]	[Y respondió el Toro *Ilu,* su padre]:
[18]*ank.lṭpn.il[.dpid.]*	«Yo, el Benigno, *Ilu,* [el Bondadoso],
[ ] [19]*ʿl.ydm.*	[el cetro (?) te pongo] en las manos,
*pʿ*rt*[ ]*	te proclamo [ʿseñor' de los dioses (?)],
[20]*šmk.mdd.i[l.]*	tu nombre es: ʿAmado de *Ilu*'.
[ ]	[Se te edificará un palacio con mi oro],
[ ] [21]*bt.kspy.*	[se te alzará] una casa con mi plata,
*d*t*[ ]*	que habrás [de conquistar y arrebatar]

(DA) / *tus[* (UGU); cf. 1.16 IV 5 (Gibson, CML). *Lín. 12:* c. *ṯr.abh.šm.ym,* cf. *inf.* lín. 14-15; 1.14 I 41 y *passim / y]tgr...[ypʿr adn yw(?)]* (SP). *Lín. 13: passim* (Vir.), por descuido escrito *lṭn,* no sincopado (KTU). *Lín. 13-14:* c. *kipʿr šm.bny.yw.ilt.mdd.il.*
p
šmh, cf. *inf.* lín. 15, 20 / *[lypʿr]šm...[k ym šmh(?)]* (SP); / *bny yr* (SAC, GA) / *yw* equivalente a *ym* (BRST 103); / *il[* (UT) / *ilm[* (CML). *Lín. 15:* c. *šm.mdd.il....ilt,* cf. *inf.* lín. 20, *sup.* lín. 14 / *ym[dd* (AE) / *ym[lk* (LC). *Lín. 16: / lḫntn(?)* (Vir.); c. *ypʿr.šmk,* cf. *inf.* lín. 19-20. *Lín. 17:* c. *[wyʿn.ṯr.abh.il]* (CML), cf. 1.2 I 33, 36 y *passim / [šmh.wyʿn.il]* (TOu). *Lín. 18:* cf. *sup.* lín. 13. *Lín. 18-19: /* c. *ša.ǵr ʿl.ydm* (Vir.), cf. 1.4 VIII 5; 1.5 V 13; c. *pʿrtk.adn / pʿrm(?)[* (Vir.) / *pʿrt[.šmh]* (TOu). *Lín. 20: / i[lm* (GA); c. *yrmm.hkl.ḫrṣy.ybn.bt.kspy,* cf. 1.4 V 30-35; VIII 35-37, para *rmm // bny, bt // hkl, ksp // ḫrṣ,* y *passim.* *Lín. 21:* c. *dt.tmtḫṣ.ttrṯ,* cf. 1.2 I 19, 35; 1.3 III

mada, excluida, sois recogidos (?)...» (Oldenburg) / «...como espigas (?), como gavillas (?), reúnen (?)...» (Caquot-Sznycer); cf. gl. *mll, ḥs.* *Lín. 12:* / «*Ilu* trata con su hijo...» (Oldenburg) / «*Ilu* debería nombrar a su hijo delegado suyo» (De Moor); cf. gl. *gr.* *Lín. 14:* / «... el nombre de mi hijo es: *Yaw* (hijo de) *Il/Ilat*» [Dussaud, CRAIBL [1940] 370; cf. Gordon, PLM 87s: *Yaw-Ilat* (?)] / «... pronuncia tú el nombre de mi hijo, ¡oh *Aṯiratu!*» (Cassuto) / «... el nombre de mi hijo es ʿaquel a quien aman los dioses'» (Gray) / «... el nombre de mi hijo sea (?) *Ilu-...*» (Jirku) / «el nombre... es *Yaw,* ¡oh *Ilatu...!;* proclama así un (nuevo) nombre de *Yammu*» (Gibson); cf. gl. *yw.* *Lín. 16:* / «Respondió...» (Virolleaud); / «... nos adornaréis...» (Oldenburg) / «...de veras habéis vosotras pronunciado...» (Van Selms, UF [1970] 262-263); cf. gl. *zn.* *Lín. 17:* / «... eres tú, señor, quien proclamará (su nombre)» (Caquot-Sznycer). *Lín. 19:* / «... sobre mis manos he nombrado...» (Jirku) /

[22]*bd.aliyn*.b[*ʿl*]	de manos de *Baʿlu,* el Victorioso,
[ ]	[de manos del Auriga de las nubes].
[23]*kd.ynaṣn[*]	Pues nos despreció [en su orgullo (?)],
[ ]	[nos molestó en su altivez (?)],
[24]*gršnn.l*k[*si.mlkh.]*	¡Arrójale de [su trono regio],
[*lnẖt.lkḥṯ]* [25]*drkth.*	[del diván, del solio] de su poder,
š-[ ]	[estableciendo tu soberanía en la tierra (?)!].
[26]*whm.ap.l[*]	Pues si no [le arrojas de su trono (?)],
[27]*ymẖṣk.k[*]	te aplastará como [un cordero en tierra],
[ ]	[como un lechón contra el suelo (?)»].

Escena de combate

[28]*il.dbḥ.[*]	Ofreció *Ilu* [un festín en su casa],
[ ]	[un banquete en su palacio].
[29]*pʿr.b*t/n[ ]	Proclamó en [la sala de fiestas el nombre de *Yammu* (?)],
[ ]	[su nombre es: ʻAmado de *Ilu'].*
[30]*ṭbẖ.al*p[*m.ap.ṣin.]*	Degolló bueyes [y también ovejas],
[*šql]* [31]*ṯrm.w[mri.ilm.]*	[abatió] toros y [carneros cebones],
[*ʿglm.dt.šnt]*	[novillos de un año],
[32]*i*mr.[*qmṣ.llim]*	corderos, [lechales a montones].

(Laguna)

KTU 1.1 III
(Laguna)

Mensaje de Ilu *a* Kôṯaru

1*[*idk.al.ttn.pnm.]*	[«Así, pues, poned cara]
[*tk.ḥkpt.il.klh]*	[hacia *Ḥikuptu* (Menfis) que de (un) dios es todo él]

46-47. *Lín. 22: aliyn.bʿl // rkb.ʿrpt, passim.* *Lín. 23:* c. *ynaṣn // yʿšyn,* cf. 1.17 I 29, 47 / *ynaṣn[h* (CML). *Lín. 24:* < 1.3 IV 2-3; 1.6 V 5-6 / *nẖtnn lkḥṯ...* (GA) / *t]gršnn(?)* (UT). *Lín. 25:* c. *št(?) / škn(?),* cf. 1.4 VII 42-44 *(arṣ.drkt.yštkn).* *Lín. 26:* cf. *sup.* lín. 24. *Lín. 27:* c. *k[imr.larṣ l]* (Vir., CML); *klli.lʿpr,* cf. 1.3 V 1; para *imr // llu,* cf. 1.4 VIII 18-19; 1.6 II 22-23; para *arṣ // ʿpr,* cf. *sup.* lín. 7. *Lín. 28:* c. *il.dbḥ.bbth. mṣd.ṣd.bqrb.hklh,* cf. 1.114: 1-2. *Lín. 29:* c. *pʿr.bmrzḥ.šm.ym.šmh.mdd.il,* ct. *sup.* lín. 4, 15, 20. *Lín. 30-32:* < 1.4 VI 40-43; 1.22 I 12-14.

Col. III: *Lín. 1*-2*:* < 1.3 VI 12-14 (CTA) / *tk.ḥkpt ʿm.kṯr wẖss.il klh* (CML) / *bʿl*

«... inmediatamente, proclamo (su nombre)» (Caquot-Sznycer). *Lín. 23:* / «Puesto que le desprecian...» (Jirku) / «Si me desprecia...» (Caquot-Sznycer) / «Un jarro de vino...» (Gordon); cf. gl. *kd.* *Lín. 24:* / «... le quieren arrojar...» (Jirku). *Lín. 30-32:* / «Sacrifica..., degüella..., abate cabritos» (Driver); cf. gl. *qmṣ.*

Col. III: *Lín. 1*:* cf. *inf.* 1.3 VI 12ss. *Lín. 2:* / «A una distancia de mil...

1*[kpt]*r.*ks*u*[.ṯbṯ.]*	—*[Kaptāru]* (Creta) es la sede [de su trono],
[ḥkpt.arṣ.nḥlth]	(mas) *[Ḥikuptu* la tierra de su propiedad]—
2b*alp.šd.*r*[bt.kmn.]*	a través de mil yugadas, [diez mil obradas].
[lpʿn.kṯr] 3*hbr.wql.*	[A los pies de *Kôṯaru]* inclinaos y caed,
t*[štḥwy.wkbd.hwt]*	[postraos y rendidle honores];
4*w.rgm lk*ṯ*[r.wḫss.]*	y decid a *[Kôṯaru-Ḫasīsu],*
[ṯny.lhyn] 5*dḥrš.y[dm.]*	[repetid a *Hayyānu],* el artesano ambidiestro:
[tḥm.ṯr.il.abk]	[Mensaje del Toro *Ilu,* tu padre],
6*hwt.lṭp*n*[.ḥtkk]*	palabra del Benigno, [tu progenitor]:
yh.kṯr.b[ ]	
*št.lskt.*n*[ ]*	
*ʿdb.bǵrt.*ṯ*[ ]*	
10*ḥšk.ʿṣk.ʿ*b*[ṣk.]*	Empuña tu asta (y) tu [maza]
[*ʿmy.pʿnk.tlsmn]*	[hacia mí tus pies se den prisa],
11*ʿmy twtḥ.iš[dk.]*	hacia mí se apresuren [tus pasos],
[tk.ḫršn.]	[hacia *Ḫuršānu,* mi montaña divina(?)],
[ ] 12*ǵr.ks.*	[hacia] el monte *Kasu.*
dm.rg[m.iṯ.ly.wargmk]	Pues [tengo un asunto que voy a decirte],
13*hwt.waṯny*k*[.]*	una palabra que quiero repetirte.
[rgm.ʿṣ.wlḫšt.abn]	[Es un asunto de madera y una charla de piedra]:
14*tunt.šmm.ʿ*m*[.arṣ.]*	el cuchicheo de los cielos con [la tierra],
[thmt.ʿmn.kbkbm]	[de los abismos con las estrellas].
15*rgm.ltdʿ.nš[m.]*	Un asunto que no comprenden los hombres,
[wltbn.hmlt.arṣ]	[ni entienden las multitudes de la tierra].
16*at.w.ank.ibǵ[yh.]*	Ven y yo (te) lo [revelaré]
[ ]	[en mi montaña divina, *Kasu* (?)»].

Respuesta de Kôṯaru

17*wyʿn.kṯr.wḫss.*	Respondió *Kôṯaru-Ḫasīsu:*
[lk.lk.ʿnn.ilm]	[«Idos, idos, heraldos divinos];
18*atm.bštm.wa*n*[.šnt.]*	vosotros podéis ir despacio, [pero yo he de dejar]

ḥkpt il klh (YGC 119), cf. 1.17 V 21ss. *Lín. 1-3:* < 1.3 VI 14-20 (Vir.). *Lín. 4-6:* < 1.3 VI 21-25; 1.6 IV 10-11 (UT) / *abh...ḥtkh* (Vir.). *Lín. 7:* c. *kṯr.b n ym* (Vir.), cf. 1.4 V 15-16. *Lín. 9:* c. *bǵrt.ṯ[kt* (CEB) / *ṯ[lṯ* (TOu). *Lín. 10-11:* < 1.1 II 1-3, 21-23; 1.3 III 18-20; IV 11-12 (Vir.; Herdner, «Syria» [1944-1945] 284) / *ʿmy.tpttḥ* (Dahood, «Bib» [1958] 67-69); c. *išdk.tk.ḫršn.ǵry.il.tk.ǵr.ks,* cf. 1.3 III 28-29 / *tktḥ.i[šdk.dm]* (Vir.). *Lín. 12-15:* < 1.3 III 20-28 (Vir.). *Lín. 16:* < 1.3 III 28-29; c. *btk.ǵry.il.ks* / *il ṣpn* (UT). *Lín. 17-20:* < 1.3 IV 32-36 / *wa[n.šnt.uǵr]* (Vir.; Eissfeldt, ZDMG [1944] 92-94).

inclinaos...» (Ginsberg, Driver); para la fórmula, cf. *sup.* 54; y gl. *šd, kmn. Lín. 10:* / «Detén tu vara, retira tu espada...» (Cassuto, Driver) / «¡Apresúrate, date prisa, muévete rápido...!» (Ginsberg, De Moor) / «Tu compasión te constriña..., te una a mí...» (Obermann, UM 89); cf. gl. *ḥšk, ʿṣ, ʿbṣ. Lín. 12:* / «... los acantilados de Kas» (Driver) / «... la montaña de la copa» (Gordon; Lipinski, UF [1970] 86) / «... la cueva que cubre mi morada» (Cassuto); cf. gl. *ǵr, ks, dm. Lín. 13-16:* cf. *inf.* 1.3 III 22-29. *Lín. 17-18:* / «Id a la(s) morada(s) de los dio-

[kptr] 19lrḥq.ilm.	*[Kaptāru]* por el dios más lejano,
ḥkp[t.lrḥq.ilnym]	*Ḥikuptu* [por la divinidad más distante],
20ṯn.mṯpdm.tḥt.[ʿnt.arṣ.]	a dos capas por debajo de [las fuentes de la tierra],
[ṯlṯ.mtḥ] 21ǵyrm.	[a tres medidas] (por debajo) de las profundidades».

Marcha de Kôṯaru

idk.lyt[n.pnm.]	Así, puso entonces [cara]
[ʿm.lṭpn] 22il dpid.	[hacia el Benigno], *Ilu,* el Bondadoso,
*t*k *ẖrš[n.]*	hacia *Ḫuršǎnu,* [su montaña divina(?)],
[ǵr.ks]	[hacia el monte *Kasu].*
23ygly ḏd.i[l.wybu.]	Se dirigió a la gruta de *Ilu* [y entró]
[qrš.mlk] 24ab.šnm.	[en la morada del Rey], Padre de años.
l*[pʿn.il.yhbr.wyql]*	A [los pies de *Ilu* se inclinó y cayó],
25yštḥwy[.wykbdnh]	se postró [y le rindió honores].

Encargo del dios Ilu

*[ ] 26ṯr.*il.a*[bh.]*	[Y respondió] el Toro *Ilu,* su padre:
[ ]	[«Escucha, ¡oh *Kôṯaru-Ḫasīsu!;*
27ḥš b*[ ]*	de prisa [construye el rayo]
[ ]	[en *Ḫuršǎnu,* mi montaña divina(?)],
28btk.[ ]	en el [monte *Kasu];*

Lín. 21-25: < 1.2 III 4-6; 1.3 V 5-8; 1.4 IV 20-26; 1.6 I 32-38; 1.17 VI 46-51; *sup.* lín. 11-12; c. *tk.ẖršn.ǵry.il.tk.ǵr.ks* / *tk/ʿm.ǵr.ks* (Vir., CTA). *Lín. 25-26:* c. *wyʿn.ṯr.il.abh. šmʿ.lkṯr.wẖss,* cf. 1.4 V 49, 58-59; 1.16 IV 9-10; 1.18 IV 11-12 / *qlh.yša(?)/wyʿn…abh* (Vir.), cf. 1.3 V 10 / *gh.yšu…abh wyʿn* (CML). *Lín. 27:* c. *ḥš brq.tbnn.btk.ẖršn.ǵry.il,* cf. 1.3 III 26; *sup.* lín. 11-12 / *tbn ḥš.brq.dl.tdʿ.šmm.btk.ẖršn/šdt.ymm* (Ginsberg, JCS [1948] 143) / *ḥš rmm hklm* (UM) / *ḥš rmm.hklm.dẖrṣ* (CML), cf. 1.4 V 50-51 / *ḥš bhtm.tbnn.ḥš.trmm.hklm* (CTA), cf. 1.4 V 58-59. *Lí.n 28:* c. *btk.ǵr.ks.rgm.ltdʿ.nšm.*

ses, venid a la/su residencia» (Margalit, UF [1976] 176, n. 104) /; cf. gl. *ʿnn.št.* *Lín. 18:* / «vosotros habéis urgido y yo he cambiado de idea» (Cassuto) / «… después de haberos reposado. Yo, en cambio, parto…» (Aistleitner) / «Vosotros sois lentos, pero yo soy veloz» (Gordon, Ginsberg) / «Vosotros os habéis retrasado, pero yo me he apresurado…» (Aartun) / «Habéis actuado valientemente…» (Driver) / «… pero yo corro (hacia)…» (Sanmartín, UF [1978] 354-355); cf. gl. *bš, šn(w).* *Lín. 19:* / «*Kaptāru* no/en verdad está distante, ¡oh dioses! A dos…» (Gordon) / «… pertenece al más lejano…» (Virolleaud). *Lín. 20:* / «…(dando) dos saltos… tres rápidas pisadas (?)…» (Caquot-Sznycer) / «A dos… bajo los surcos de la tierra» (Ginsberg, Oldenburg) / «… tres gradas (sobre) las colinas (?)» (Gordon); cf. gl. *mṯpd, ʿn, mtḥ, ǵyr.* *Lín. 23:* cf. *inf.* 1.3 V 7-8; 1.4 IV 23-24; para una discusión detallada de esta versión, cf. Del Olmo Lete, UF [1978] 43-44. *Lín. 24:* / «padre de los excelsos» (Pope) / «padre de las luminarias» (Oldenburg) / «padre de las alturas» (Gese) / «padre de *Šunam*» (Ginsberg, Jirku, ZAW [1970] 278) / «… en la zona… del padre, en *Šnm*» (Aistleitner) / «padre que hace correr las aguas» (Cazelles, *Ug.* VI, 30); cf. gl. *šnt.*

[ ]	[un asunto que no comprenden los hombres],
[ ] 29bn.[ ]	ni entienden [las multitudes de la tierra];
[ ] 30a-[ ]	[es un asunto de madera y una charla de piedra];
[ ]	[el cuchicheo de los cielos con la tierra],
[ ]	[de los abismos con las estrellas...»].

(Laguna)

KTU 1.1 II
(Laguna)

Mensaje de Ilu *a* ʿAnatu

	[«Así, pues, poned cara
	hacia *Inbubu*
	a través de mil yugadas, diez mil obradas.
	A los pies de *ʿAnatu* inclinaos y caed,
	postraos y rendidle honores;
	y decid a la Virgen *ʿAnatu,*
	repetid a la 'Pretendida de los pueblos':
	Mensaje del Toro *Ilu,* tu padre,
	palabra del Benigno, tu progenitor:
	Sal al paso de la guerra en la tierra,
	pon en las estepas concordia,
	derrama paz en el seno de la tierra,
	reposo en las entrañas del campo].
1*[ḥšk.ʿṣk.ʿbṣk.]*	[Empuña tu asta y tu maza],
*[ʿ]my.pʿ*nk 2*[tlsmn.]*	[hacia] mí tus pies [se den prisa],
*[ʿmy.twt]*ḥ*.išdk*	[hacia mí se apresuren] tus pasos,
3*[tk.ḫršn]*	[hacia *Ḫuršānu,* mi montaña divina (?)],
[ ]r.[ ]	[hacia el monte *Kasu* (?)»].
ḥmk.wšt	
4*[ ]ẓ[ ].rdyk*	

wltbn, cf. 1.3 III 27; IV 15; *sup.* lín. 15 / *btk.[ṣrrt.ṣpn (?)]* (Vir.), cf. 1.4 V 55 / *...ṣpn w* (UM) / *...ṣpn.ḥš* (CML), cf. 1.4 V 18,33 / *btk.ḫršn* (Ginsberg, JCS [1948] 143). *Lín. 29:* c. *wltbn.hmlt.arṣ.rgm.ʿṣ.wlḫšt,* cf. 1.3 III 22-28; IV 14-16; *sup.* lín. 13-15 / *bn bt ksp wḫrṣ* (UM) / *bn.bhtm.dt ksp* (CML), cf. 1.4 V 51. *Lín. 30-31:* c. *abn.tunt. šmm.ʿm.arṣ.thmt.ʿmn.kbkbm.,* cf. 1.3 III 23-25; IV 16-17; *sup.* lín. 13-14 / *a[l tšt]* (Vir.), cf. 1.4 V 64 / *alp šd.aḫd.bt rbt kmn.hkl* (CML), cf. 1.4 V 65-57.

Col. II: *Laguna:* < 13-21; 1.3 III 9-17 (GA). *Lín. 1-2:* < 21-23; 1.3 III 18-20. *Lín. 3-4:* < 23; 1.1 III 11-12 (CTA; Herdner, «Syria» [1944-1945] 154, 284); c. *tk.ḫršn. ǵry.il.tk.ǵ r. ks,* cf. 1.1 III 11-12, 22 / *[dm.]r[.l]ḥmk.wšt[k(?)* (Vir.), cf. 1.4 IV 35-36; 1.23: 72 / *t]ḥmk.wšt[.bdk.spr* (TOu), cf. *inf.* lín. 24 / *qryy.barṣ.ml]ḥmk(?).wšt[bʿprm. ddym* (CEB), cf. 1.3 III 14-15. *Lín. 4:* / *]pʿ(?) [ ]r dyk[nnh(?)* (Vir.), cf. 1.3 V 36 /

Col. II: *Lín. 1-3:* cf. 1.1 III 10-12. *Lín. 3-4:* algunos autores suponen (cf. n. al texto) que se menciona aquí «tu comida y tu bebida» (Virolleaud) o se

[i]qnim
[ ]šu.bqrb
[ ]-.asr
[ ]-m.ymtm
[ ]-[ ]kiṯl
*[ ]*m*[.]ʿdb.larṣ*
[ ]špm.ʿdb
[ ]tʿtqn
[ ]šb.

Transmisión del mensaje

ilk [14]*[lytn.pnm.]*	Así, [pusieron entonces cara]
[tk.]in.bb.	[hacia] *Inbubu*
balp ḥẓr [15]*[rbt.]*	a través de mil cuarteles, [diez mil quiñones (?)].
[lp]ʿn.ʿnt [16]*[yhbr.wyql.]*	[A los] pies de *ʿAnatu* [se inclinaron y cayeron],
[yšt]ḥwyn.	[se] postraron y [le rindieron honores];
wy [17]*[kbdnh.]*	
[yšu.gh.wy]ṣḥ.	[alzaron su voz y] exclamaron:
tḥm [18]*[ṯr.il.abk.]*	«Mensaje [del Toro *Ilu,* tu padre],
[hwt.l]ṭpn.ḥtkk	[palabra del] Benigno, tu progenitor:
[19]*[qryy.barṣ.mlḥ]*m*t.*	[Sal al paso de la guerra en la tierra],
št bʿp [20]*[rm.ddym.]*	pon en las estepas [concordia]
[sk.šlm].lkbd.arṣ	[derrama paz] en el seno de la tierra,
[21]*[arbdd.lkbd.š]dm.*	[reposo en las entrañas] del campo.
ḥšk [22]*[ʿṣk.ʿbṣk.]*	Empuña [tu asta y tu maza],

ḫ/p/ṯ]r dyk[n]nk (TOu), cf. lín. 25 / *]rdwk* (CML). *Lín. 8:* c. *mt]m.ymtm* (CML), cf. 1.17 VI 37. *Lín. 9-10:* c. *šp(?)]m.ʿdb.* (Vir.) / *[tṣi/yṣat.km.rḥ.npšh.]kiṯl [brlth* (CTA, Herdner, «Syria» [1944-1945] 284), cf. 1.18 IV 24-25. *Lín. 12:* c. *[larṣ(?)]* (Vir.). *Lín. 13:* / *](ʿ/š)b.* (CTA); *ilk* error por *idk* (CTA); c. *ilk ḥẓr(?)* (UMC, AE), de la línea siguiente. *Lín. 14: in.bb* error por *inbb* (UT, CML), cf. 1.3 IV 34; *¿ḥẓr* error por *šd?,* de acuerdo con el formulario normal (CML), cf. 1.1 III 2; 1.3 IV 38; IV 17-18; 1.4 V 24; VIII 24-26; *sup.* p. 54 / o glosa equivocada (Segert, BZAW ²1961, 210) / o desplazamiento desde línea anterior. *Lín. 15:* c. *[rbt.kmn(?)]* (Vir.). *Lín. 15-17:* < 1.3 III 9-10 (CTA), cf. *sup.* p. 54 / quizá mejor *...wykbd.hyt...* / *[yhbr.wyšt]ḥwyn* (Herdner, «Syria» [1944-1945] 284) / *...wyšu gh...* (Vir.), cf. 1.6 IV 9-11 / *wykbdh yšu/a gh(m) wyṣḥ* (UT). *Lín. 17-18:* < 1.6 IV 9-11 (Vir.), cf. *sup.* p. 54. *Lín. 19-21:* < 1.3 III 14-17; IV 8-10 (Vir.) / *bʿprt.* *Lín. 21-23:* < 1.3 III 18-20 (DA; Herdner, «Syria» [1944-1945]

encarga hacer una ofrenda (Oldenburg), propuestas muy improbables. *Lín. 14-15:* variante de la fórmula de distancia; cf. *sup.* p. 54 / «Entonces se dirigió a *Inbubu* de los mil patios...» (Caquot-Sznycer) / (reteniendo *ilk:*) «tu dios» (Virolleaud) / «iré»/«tu *Ilu* es viejo» (Oldenburg); / «Entra en mil estancias...» (Cassuto) / otros trasladan *ḥẓr* a la lín. precedente. *Lín. 19-21:* cf. 1.3 III 14ss. *Lín. 21-23:* cf. 1.1 III 10ss.

*[ʿmy.pʿ]*n*k.tlsmn*	[hacia mí tus pies] se den prisa,
23*[ʿmy.twtḥ.išd]*k.	[hacia mí se apresuren tus pasos];
tk.ḫršn 24*[ ]*	hacia *Ḫuršānu,* [mi montaña divina (?)],
[ ]	[hacia el monte *Kasu»]*.
*[ ]*b*dk.spr*	
25*[ ]*m*nk*	

(Laguna)

KTU 1.2 III
(Laguna)

Respuesta de Kôṯaru

1*[ ]*-d(?)*[ ]*n	[«Idos, idos, heraldos divinos];
[ ] 2*[ ]*	[vosotros podéis ir despacio, pero yo he de dejar]
11*[rbt.]*k*mn[.]*hk*[l]*	*[Kaptāru]* por el [dios más lejano],
[ḥkpt.lrḥq] 3*[ilnym.]*	*[Ḥikuptu* por la divinidad más distante],
[ṯn.mṯpdm.tḥt.ʿnt.arṣ.]	[a dos capas por debajo de las fuentes de la tierra],
[ṯlṯ.mth.ǵrym]	[a tres medidas (por debajo) de las profundidades»].

Marcha de Kôṯaru

4*[idk.]*l*ytn[.]*p*nm.*	[Así], puso entonces cara
ʿm*[.i]l.m*bk.n*[hrm.]*	hacia *Ilu* (que mora) en la fuente de [los dos ríos],
[qrb.apq.thmtm]	[en el seno del venero de los dos océanos].
5*[ygly.]ḏl i[l].wybu[.]*	[Se dirigió] a la gruta de *Ilu* y entró
*[q]*rš*.ml*k*[.ab.šnm.]*	en la morada del Rey, [Padre de años].
[lpʿn.il] 6*[yhbr.]wyq*l*[.]*	[A los pies de *Ilu* se inclinó] y cayó,
*[y]*š*tḥ*w*[y.]*	se postró y [le] rindió honores.
w*ykb[dnh]*	

284) / *[ʿmy.idk.ltnn.pnm]*. (Vir.) / *[idk...* (CML), cf. 1.3 III 21-22. *Lín. 23-24:* c. *tk. ḫršn.ǵry.il.tk.ǵr.ks,* cf. 1.1 III 11-12, 22; c. *by(?)]dk.spr* (Vir.) / *tḥmk wšt.]bdk.spr* (TOu), cf. *sup.* lín. 3. *Lín. 25:* c. *bym(?)]nk* (Vir.) / *ṯr dykn]nk* (TOu), cf. *sup.* lín. 4.

Col. III: *Lín. 1:* / *b/d* (CTA); c. *[lk.lk.ʿ]n[n.ilm.atm.bštm],* cf. 1.1 III 17-18; 1.3 IV 32-33 / *]ab[* (UT) / *ṯr.il]ab[y* (Van Selms, UF [1970] 252). *Lín. 2-3:* < 1.3 I 18-21; 1.3 IV 34-36; VI 14-15 (CTA). *Lín. 2:* / *].l[* (UT) / *]t.lpn[* (CML). *Lín. 3:* / *].tp[* (Vir.) / *]tp[k* (Van Selms, UF [1970] 252) / *...mṯpd]m.t[ḥt...* (CTA). *Lín. 4-6:* < 1.1 III 21-25; 1.4 IV 20-26; 1.6 I 32-38; 1.17 VI 46-51 (Vir.). *Lín. 5: ḏl* error por *ḏd* (Vir.) / *šd* (CML). *Lín. 6-7:* c. *[aḫ]r y[ʿn ṯr il abh šmʿ lk]ṯr* (CTA) / *gʿ]r y[gʿr il ḥš lk]ṯr* (UM 16, n. 24), cf. 1.2 IV 28 / *]r y[šu gh.wyṣḥ]* (CML) / *qmm am]r.y[rgm* (Van Selms,

Col. III: *Lín. 1-3:* cf. *sup.* 1.1 III 17-21. *Lín. 4-6:* cf. *sup.* 1.1 III 21-25.

Encargo del dios Ilu

*[ ]*r*(?)* y*[ ]*	[A continuación respondió el Toro *Ilu,* su padre]:
7*[ ]*k*t̠r.wḫ[ss.]*	«Escucha, ¡oh] *Kôt̠aru-Ḫasīsu!,*
tbʿ.*b*n*[.]*b*ht.ym[.]*	ve, construye la casa de *Yammu,*
*[rm]m.*hkl.*t̠pṭ.n[hr]*	[alza] el palacio del Juez *[Naharu].*
8*[ ]*h/*irt-.*w*[ ]*	[en el corazón de (?)...].
*tbʿ.k*t̠r w*[ḫss.]*	Ve, *Kôt̠aru-Ḫasīsu,*
*[t(?)]*b*n.*b*ht zb*l ym	a construir la casa del Príncipe *Yammu,*
9*[t(?)rm]m.hk[l.t̠pṭ].nhr.*	[a levantar] el palacio [del Juez] *Naharu*
*bt.k[.]*pn	en [mi montaña divina (?), *Ḫuršānu].*
10*[ḥš.bh]tm tbn[n.]*	[Date prisa] en construir su casa,
*[ḥ]*š.*trm*m*[mn.hklm.]*	date prisa en alzar [su palacio].
*[alp.šd.aḫd.]b*t	[Mil yugadas abarcará] la casa,
11*[rbt.]*.k*mn[.]*hk*[l.]*	[diez mil] obradas el palacio».

Ejecución del encargo. Reacción de ʿAt̠taru

*[ ]*š.bš*[ ]*t*[.]*	Se apresuró [a encender] el fuego,
*ǵ*lm.*(?)*lšdt*[.]ymm*	el doncel en los campos (?) de *Yammu;*
12*[ ]*b.*ym.*	[en la morada de] *Yammu*
ym.y[ ]t.yš[ ]n	día [tras día] lo encendió.
ap*k.*ʿ*t̠tr.d*m*[ ]* 13*[ ]*	Entonces *ʿAt̠taru,* el [pretendiente, exclamó]:

UF [1970] 252, n. 3). *Lín. 7:* así, CTA / *[ḥ]š[.t]b[n(?).]bht.ym[.trm]m.hkl.[t̠]pṭ.nhr* (Vir.), cf. 1.4 V 51-54 / *]šb[* (CML) / *...šb[k]b[n]* (Van Selms, UF [1970] 253). *Lín. 8-9:* 1.4 V 53-54 (CTA), cf. *inf.* lín. 21 / *](h/i)rn.w[* (CTA) / *i(?)rtk [...]tbr[k(?)]r [ḥš.t(?)]bn...[r(?)]m.* (Vir.) / *]tbr[ ]rr[* (UT) / *[b]irtk]tbr.r[t]bn. [tr]m.* (CML) / *...[rm]m...* (Van Selms, UF [1970] 253) / *y]bn....y]rmm* (TOu). *Lín. 9:* c. *btk.ǵry.il.ḫršn/btk.šdt.ymm,* cf. 1.1 III 11-12, 22; *inf.* lín. 11 / *...btk.b(?)[* (Vir.) / *]bt.(?)k.[ ]šp[* (CTA) / *]btk.u[pqt](?)* (SP 121, n. 8) / *bt.k[ṣrrt.ṣ]pn* (KTU), cf. 1.4 V 55. *Lín. 10:* <1.4 V 53-54 / *[ḥš bh]t(h./m) tbn[n.* (CTA) / *[-]nh tbn [ḥ]š. trm(?)[* (Vir.) / *trm [ ]ṣ[* (CML) / *[bt]h.tbn[š]š.trm[m.hklh* (Van Selms, UF [1970] 253). *Lín. 10-11:* <1.4 V 56-57 (KTU) / *]k.mt hw...* (Vir.) / *]k.mt(h/i)w...* (UT) / *]k.mt hn...* (WUS 38, pero cf. 197) / *]k.mnh* (CTA). *Lín. 11:* c. *[ḥ]š.iš[t.yš]t/[ḥ]š. bš[t.iš]t,* cf. 1.4 VI 22 / *bušbš[ ]bt b(?).ǵlm.(?) lšdm rgmm* (Vir.). *Lín. 12:* c. *[bmt̠]b.ym./ [bar]ṣ.ym.ym.y[mm].yš[t]n,* cf. 1.1 IV 7; 1.4 VI 22ss; 1.6 I 65; II 4, 26; *inf.* lín. 19-20 / *[w(?)]bym.ym.ymš(?)y ʿm(?)[* (Vir.) / *...ymʿy(?)...* (UT). *Lín. 12:* c. *ap⟨n⟩k.ʿt̠tr.dm[lk ṣḥ]* (CTA), cf. 1.6 I 56; 1.14 V 12; 1.19 I 20; *inf.* lín. 18 / *]t(?)pk ʿt̠tr. dtm(?).[* (Vir.) / *]npk...* (CML) / *...dtm[k ḫṭ* (Van Selms, UF [1970] 253). *Lín. 13-14:* c. *[š]ḥrḥrtm.wu[š]n[.ap/w] iš[t.št/tšt.l/-]h[kly.]išt [l/-bt]y.* (Del Olmo Lete, UF [1977] 44; Van Selms, UF [1970] 254), cf. 1.4 VI 22-23 / *...wd(?) [ ]n(?)[ ]iš.[šth[ ].*

Lín. 7: / «*Kôt̠aru-Ḫasīsu,* tu cautivo, ha edificado...» (Van Selms) / «*Kôt̠aru-Ḫasīsu* marchó a construir una mansión para *Yammu*...» (Caquot-Sznycer). *Lín. 8:* / «A pesar tuyo...» (Driver). *Lín. 9-14:* para una discusión detallada de la versión propuesta y sus lecturas, cf. Del Olmo Lete UF (1977) 44-46. *Lín. 12:* / «el

[ ]ḥrḥrtm.wu/d[ ]n[.]	[«Llamaradas] y conflagración (?),
[ ]iš[ ]h[ ]	[sí], el fuego [se encendió] para [mi palacio],
išt 14[ ]y.yblmm.	el fuego [para mi casa] trajeron».
u[ ]-ẖ[ ]k.	
yrd[ ]i[ ]n.bn	

Réplica de Šapšu

15[ ]nn[.]nrt[.]ilm[.]špš.	[Entonces] *Šapšu,* la Lámpara de los dioses,
tšu.gh.wt[ṣḥ.]	alzó su voz y exclamó:
[šm]ʿ.mʿ[ ]	[«Escucha], por favor, [*ʿAṯtaru];*
16[yṯ]ir.ṯr.il.abk.	[salió fiador] el Toro *Ilu,* tu padre,
lpn.zbl.ym.	ante el príncipe *Yammu,*
lpn[.ṯ]pṭ[.]nhr	ante el Juez *Naharu.*
17[ik.a]l.yšmʿk.	[¿Cómo] quieres que te escuche
ṯr.[i]abk.	el Toro *[Ilu,* tu padre?].
lysʿ.[a]lt[.]ṯbtk[.]	De seguro arrancará [el soporte de] tu asiento,
ly[hpk] 18[ksa.]mlkk.	[volcará, sí] tu [trono] regio,
lyṯbr.ḫṭ[.]mṯpṭk.	sin duda romperá tu cetro de mando».

Respuesta de ʿAṯtaru. *Contrarréplica de* Šapšu

wyʿn.ʿt[t]r.d[m].k-[ ]	Y respondió *ʿAṯtaru,* el [pretendiente, así...]:
19[ ]q(?)ḥ.by.ṯr.il.ab[y].	[¡La ha] tomado conmigo, el Toro *Ilu,* mi padre!
ank.in.bt[.l]y[.km.]ilm.	Yo no tengo casa como los dioses,
wḥẓr[kbn] 20[qd]š	ni mansión [como los santos].

---

išt (Vir.) / *...wu/d/l[...* (CTA, KTU); en *yblmm* posible ditografía, pero cf. 1.4 V 40 *(yblnn.udr)*. *Lín. 14:* / *...u[ ]ṯ[ ]k...* (Vir.) / *]ky[ ]d* (UT); c. *u[ln]ẖ[t.ml] k.yrd[.lks]i[.grš]n.bn[ ],* cf. 1.5 VI 12; 1.6 I 57, 63. *Lín. 15:* c. *[aph]nn...[ʿṯtr]* / *[wtʿny]nn(?)...* (Vir.) / *[tl]nn* (Van Selms, UF [1970] 255) / *ʿṯtr.šm]ʿ.mʿ* (CML). *Lín. 16:* cf. *inf.* lín. 24 (Vir., CTA) / *[k/-yṯ]ir ...l.pn.zbl.ym ṣu[* (Vir.), cf. 1.16 VI 41-43 / *...ym.ṣdh/ṣdd[* (AE) / *[ṯ]ir....lṣd[* (Van Selms, UF [1970] 255). *Lín. 17-18:* < 1.6 VI 26-29 (Vir.). *Lín. 18:* cf. *inf.* lín. 24; *sup.* lín. 12 (Vir.) / *ʿṯtr d[tm]k[ẖṭ]* (Van Selms, UF [1970] 256). *Lín. 19-20:* < 1.2 I 20-21; 1.3 V 38-39; 1.4 IV 50-51; 1.17 I 2ss (Vir.); *[l(?)]qḥ/[y]qḥ* (Vir.) / *[q/ʿ]ḥ* (AE) / *[ʿ/ẓ/q/ḥ]ḥ* (Van Selms, UF [1970] 256). *Lín. 20:* así, CTA / *...lbum...* (Vir.) / *...lblm...* (LC 23); *...bnpšny...* (UT), cf. 1.5 I 6-7 /

---

poseedor de la realeza» (Gibson). *Lín. 16:* cf. *inf.* lín. 21-22; / «Aprecia sobre manera... el rostro de...» (Aistleitner) / «Está bien dispuesto hacia...» (De Moor) / «Confirmará... ante...» (Driver) / «Se mostrará respetuoso... ante...» (Caquot-Sznycer) / «*(Yammu)* venga la sangre del Toro *Ilu,* su padre. ¡Fuera de la presencia de *Yammu!*» (Oldenburg) / «... hará que se ponga (la mesa) ante...» (Gibson); cf. gl. *ṯʿr*. *Lín. 17:* cf. 1.6 VI 23-29, recurso al «padre» para obtener el trono; / «Si te escuchara... arrancaría...» (Ginsberg) / «¿Cómo no te va a oír tu padre...?» (Gray) / «¡Que no te escuche... para que no arranque...!» (Aistleitner) / «No te escuchará... derribará...» (Jirku). *Lín. 19:* / «... me ha desechado...» (Obermann, UM 18, n. 25a, 93) / «... me ha tratado injustamente...» (Van Selms) / «¿... me arrebataría?» (Oldenburg). *Lín. 20:* / «... en nuestros dos sepulcros me

*l*bdm.t/a*rd.bn*[p]*šny.*	En solitario descenderé a mi ʻalmario' (?)
*trḫṣn.*k*ṯrm[.*]	que lavarán hábiles [criados]
b/d*b*h[*t*] [21][*zbl.*]*ym.*	en la casa [del Príncipe] *Yammu,*
bhkl.ṯpṭ.nh[r].	en el palacio del Juez *Naharu*».
yṯir.ṯr.il[.]abh.	«Salió fiador (?) el Toro *Ilu,* su padre,
*l*p[*n.z*]bl *y[m]*	ante [el Príncipe *Yammu*],
[22][*lpn.ṯpṭ.nhr.*]	[ante el Juez *Naharu*].
m*lkt.[ ]hm.lmlkt.*	¿Podrías tú [entonces] ser rey, o no podrías?
wn[*.*]*in.aṯt[.l]*k.k[*m.*]	Pues no tienes mujer como [los dioses]
[23][ ]	[ni esposa como los santos].
*zbl.ym.y*ʿ*(?)*[ ]	El Príncipe *Yammu* [ ],
*ṯp*ṭ*.nhr*	[el Juez *Naharu*»].
[24][ ]*yšlḥn.*	[ ]
*wy*ʿ*n* ʻṯtr [25][ ]	Y respondió ʻ*Aṯtaru* [el pretendiente...]
[ ]l/d[ ]	

(Laguna)

KTU 1.2 I
(Laguna)

Imprecación de Baʿlu

[1][ ]-[ ]	
w(?)*ṯ*b.-[ ]	
a*t.*y*p*ʿ*t.*b.-[ ]	«Tú te has levantado contra [mí (?)]».
[ ] [4]a*liyn.b*ʿ*l.*	[Y respondió] *Baʿlu,* el Victorioso:

---

kṯrm [wḫss] (UM 18, n. 25b) / *]d b[bht]* (CTA) / *[yṯ]b b[bht]* (SP 121, n. 9) / *ʿd]b...* (TOu) / *kṯrm bbt ym,* error por *kṯrt(?)* (LC 23). *Lín. 21-22:* < *sup.* lín. 16 (CTA) / *...abh.ṯpṭ[* (Vir.) / *ṯpṭ[t]l.y[m lṯp]ṭ* (Van Selms, UF [1970] 256) / *abh ṯpṭ[ ]l.ḫ/y* (UT). *Lín. 22-23:* c. *k[m ilm wmtrḫt.kbn.qdš]* (SP), cf. 1.4 VII 43; 1.14 I 13-14; 1.15 II 21-22 / *...wǵlmt.kbn.qdš.]* (CTA); / *lmlkt.a(?)n...* (Vir.) / *mlkt.[an.]hm.lmlkt.an[.]* ⟨*wtʿn.nrt ilm špš*⟩ (Gibson, CML) *...w(?)n...* (UT) / *...w p(?) at...* (UM 19, n. 25c) / *p(!)n...* (Van Selms, UF [1970] 257). *Lín. 23:* / *tp[ ]zbl.ym.y(ʿ/t)[* (UT) / *išt al t]tp[k bbt]zbl ym.y[bhkl]ṯpṭ(!).nhr* (Van Selms, UF [1970] 257).

Col. I: *Lín. 1-2:* así, KTU. *Lín. 3:* c. *b[y* / *b[ḥnpk* (CML), cf. 1.16 VI 58; c. *[wyʿn]* (UT). *Lín. 4:* c. *tgrš.lksi.mlkk.lkḥṯ* (ANET), cf. 1.2 IV 12-13; 1.3 IV 2-3; 1.6

---

lavarán...» (Driver) / «... descenderé con peligro de mi vida...» (Oldenburg) / «Buscaré un domicilio por mi cuenta, mientras trabaja *Kôṯaru*...» (Obermann, *l. c.*) / «Descenderé al vientre (?). Cuando renazca, me lavarán...» (Gordon) / «... en mi garganta serán triturados...» (Caquot-Sznycer); cf. gl. *npš/npšn, rḥṣ.* *Lín. 21-22:* cf. *sup.* lín. 16; / «Favoreció... a *Yammu* con el mando... con el reino» (Van Selms). *Lín. 22:* / «¡Juez *Naharu,* rey eres! ¡Reina, pues!» (Gordon) / «Tanto si eres rey como si no, no tienes...» (De Moor) / «Al Juez *Naharu* («Dominador de las olas») he constituido rey; tú no tienes...» (Aistleitner) / «¿Soy yo de veras rey o no lo soy?» (Gibson).

Col. I: *Lín. 3:* / «Tú te has alzado prepotente, ¡oh *Baʿlu!*...» (Gaster). *Lín. 4:*

[ ]	[«¡De tu trono regio seas arrojado],
[ ] 5*drk.tk.*mšl[ ]	[del solio de] tu poder [expulsado(?)!].
[ ]	[¡En tu mollera *Yagruš* golpee],
6brišk.*aymr*[ ]	en tu cabeza *Ayyamur*, [Príncipe *Yammu*],
[ ] 7ṯpṭ.*nhr.*	[en tu mollera], Juez *Naharu!*
yṯb[ ]	¡Rompa [*Ḥôrānu*, ¡oh *Yammu!*],
[ ] 8rišk.	[rompa *Ḥôrānu*] tu cabeza,
*ʿṯtrt.*š[*m.bʿl.qdqdk.*]	*ʿAṯtartu*, [Nombre de *Baʿlu*, tu mollera!].
[ ] 9l(?)t*t.mṭ.tpln.*	... tambaleándote caigas
*b*g(?)[*bl.*]	en el [límite de tus años y seas humillado(?)].
10a(?)b.*šnm.aṯtm.*	
t-[ ]	

Mensaje del dios Yammu

11m*lakm.ylak.ym.*	Mensajeros envió *Yammu*,
[ ]	[una embajada envió el Juez *Naharu*];
12[*b*]*ʿlṣ ʿlṣm.npr.*	que con gran regocijo partieron,
š-[ ]	[con la alegría en el rostro(?)],
13[*u*]*ṭ.ṯbr.aphm.*	respirando satisfacción(?):
*tbʿ.ǵl*m[*m.al.ṯṯb.*]	«Marchad mancebos [sin deteneros];
[*idk.pnm*] 14a*l.ttn.*	[así, pues], poned cara
ʿm.pẖr.mʿd.	hacia la Asamblea plenaria,
t[*k.ǵr.il.*]	[hacia la montaña divina].
[*lpʿn.il*] 15a*l.tpl.*	[A los pies de *Ilu*] caed,
al.tšthwy.pẖr.[*mʿd.*]	postraos (ante) la [Asamblea] plenaria;

V 5-6. *Lín. 5-6:* c. *bqdqdk.ygrš.ylm.brišk.aymr.zbl.ym.bqdqdk (ylm) ṯpṭ.nhr.* (así también parcialmente ANET; cf. CTA 7, n. 1) / *bqdqdk ygrš wyʿn]ṯpṭ.nhr* (UT) / *bqdqdk ygrš ylmk] brišk aymr[wyʿn]* (Van Selms, UF [1970] 257). *Lín. 7-8:* c. *yṯb[r ḥrn yym(m) yṯbr ḥrn]rišk.ʿṯtrt.š[m.bʿl qdqdk* (UT, ANET, CTA), cf. 1.16 VI 54-57 / *zbl.ym.* en vez de *yym(m)* (CML) o bien *ybʿl/yaliyn bʿl (Thespis;* Van Selms, *l. c.). Lín. 8:* c. *ʿṯtrt.š[d* (Delcor, UF [1974] 11). *Lín. 9:* < 1.16 VI 57-58 *(tpln/tqln);* c. *[wtʿn],* cf. *ibid. Lín. 11:* c. *[tʿdt.ylak(?).ṯpṭ.nhr]* (CTA), cf. *inf.* lín. 22, 26, 30, 41, 44 / *[ṯpṭ nhr tʿdt]* (CML) / *[...wtbun]* (Van Selms, UF [1970] 258). *Lín. 12:* c. *š[mḫm.pnm / š[mḫ* (TOu) / *š[mm* (SP) / *š[nthm/pthm ḫrb ltšt išt ištm]* (Van Selms, *l. c.),* cf. *inf.* lín. 32. *Lín. 13-14:* / *n/dṭ* (CTA); < *inf.* lín. 19-20. *Lín. 14-19:* < 30-35 (UT). *Lín. 15-16:* < 31

/ «... te arrojaré...» (Gaster). *Lín. 9:* / «... por el golpe de mi bastón caerás...» (Van Selms) / «¡ojalá caigas tú de un monte!» (Gordon, PLM 69) / «... caerás en la cumbre de tus años...» (Pardee, UF [1975] 360; cf. 1-16 VI 57-58. *Lín. 12-13:* / literalmente: «la alegría llenaba (?) su rostro, la calma sus fosas nasales» / «Como se alegra el que está contento... se rompan sus narices» (Gibson) / «En la misma cumbre de su triunfo vamos a destrozar... romper...» (Gaster) / «... vinieron con... júbilo. La abertura de sus dientes/labios era... el resoplar de sus fosas nasales...» (Van Selms) / «... con el corazón alegre...» (Caquot-Sznycer); cf. gl. *npr, uṭ, ʿlṣ. Lín. 13:* / «... no/debéis volveros...» (Aistleitner; Gordon, UL) / «Sí, venga, íd...» (Aartun, PU I, 59); cf. gl. *yṯb/ṯb, aphm. Lín. 14-15:* / «... no debéis caer...» (Aartun,

[qmm.aṯr.am] [16]r	[puestos en pie transmitid vuestro] encargo,
ṯny.dʿtkm.	repetid vuestro comunicado;
*wrgm.lṯr.a*b*[y.il.]*	y decid al Toro *Ilu,* [mi padre],
[ṯny.lpẖr] [17]*mʿd.*	[repetid a la Asamblea] plenaria:
tḥm.ym.bʿlkm.	Mensaje de *Yammu,* vuestro señor,
*adnkm.ṯ*p*[ṭ.nhr]*	de vuestro dueño, [Juez *Naharu]:*
[18]t*n.ilm.dtqh.*	Entregad, dioses, a quien rendís pleitesía,
dtqyn.hmlt.	a quien rinden pleitesía las multitudes.
*tn.bʿ*l*[.wʿnnh]*	Entregad a *Baʿlu* [y a sus servidores],
[19]b*n.dgn.arṯm.pḏh.*	al hijo de *Dagānu* de cuyo oro pueda apoderarme».

Reproche de Baʿlu. *Reacción de los dioses*

tbʿ.ǵlmm.lyṯb.	Marcharon los mancebos sin detenerse;
i*[dk.pnm]* [20]*lytn.*	[así,] pusieron entonces cara
tk.ǵr.ll.	hacia la montaña divina,
ʿm.phr.mʿd.	hacia la Asamblea plenaria.
a*p.ilm.lḥ[m]* [21]*yṯb.*	A su vez los dioses a comer se habían sentado,
bn.qdš.lṯrm.	los santos a nutrirse,
bʿl.qm.ʿl.il.	estando *Baʿlu* en pie junto a *Ilu.*
hlm [22]*ilm.tphhm.*	Apenas los dioses les vieron,
tphn.mlak.ym.	vieron a los mensajeros de *Yammu,*
tʿdt.ṯpṭ[.nhr]	a la embajada del Juez *[Naharu],*
[23]*ttly.hlm.rišthm.*	bajaron los dioses sus cabezas
lzr.brkthm.	sobre sus rodillas
wlkḥṯ [24]*zblhm.*	y asientos principescos.

/ *[qmm.a- -am]r* (CTA) / *[qmm.amr.am]r* (SP) / *[qmm amrkm trgm]* (Van Selms, UF [1970] 259). *Lín. 16:* / *wṯny.* (UT) / *ab[h* (UT). *Lín. 19:* < *passim* (UT). *Lín. 20:* *ǵr.ll* error por *ǵr.il (Thespis); phr* error por *pẖr* (UT); *lḥ[m* error (?) por *llḥ[m* (CTA), 1.16 VI 11; 1.18 VI 19, 29 / *la?* (UT) / *la[kl]* (CML), cf. 1.14 II 28 / *la[rṣ]* (AE). *Lín. 22:* < *passim* (UT). *Lín. 23:* *ttly* error por *tǵly* (UT); *hlm* error por *ilm* (CTA); *rišthm* error (?) por *rašthm* (Segert, BZAW 77 [²1961] 197). *Lín. 24:* / *riš[t]* (UT) / *riš*

PU I, 22). *Lín. 16:* / «... ¡oh Toro *Ilu...!*» (Sanmartín, UF [1973] 268, n. 25). *Lín. 18:* / «... a quien protegéis...» (Gordon) / «... en quien espera...» (Driver) / «... al dios con comparsa...» (Ginsberg) / «... entrega, ¡oh *Ilu!...*» (Caquot-Sznycer); cf. gl. *yqy;* / «Entregad a *Baʿlu* y a sus fieles...» (Oldenburg) / «... y sus nubes...» (Van Zijl) / «... a él mismo...» (Gray, LC 24) / «... para que yo pueda dominarle/humillarle...» (Ginsberg; Van Selms, UF [1970] 259s); cf. gl. *ʿnn.* *Lín. 19:* / «... de cuyos despojos yo me apoderaré» (Ginsberg); cf. gl. *pḏ.* *Lín. 20:* / «... hacia el centro del monte *Lêlu...*» (De Moor). *Lín. 21:* / «He aquí que los dioses...» (Aartun, PU I, 58); cf. gl. *hlm;* / «... los hijos de *Qudšu* a trinchar...» (De Moor); cf. gl. *qdš;* / «... frente a *Ilu*» (Caquot-Sznycer). *Lín. 24:* / «Entonces grita/ó *Baʿlu*» (Dahood, *Psalms* I, 122); cf. gl. *gʿr.* *Lín. 24-25:* / «¿Por qué exageráis tanto, dioses? Las cabezas sobre vuestras rodillas; ¿y dónde?, ¡hasta vues-

bhm.ygʿr bʿl.	A ellos reprochó *Baʿlu:*
lm.ǵltm.ilm.rišt 25*km.*	¿Por qué habéis bajado, dioses, vuestras cabezas
lẓr.brkṭkm.	sobre vuestras rodillas
wln.kḥṯ.zblkm.	y asientos principescos?
aḥd 26*ilm.tʿny*	Veo, dioses, que (os) humillan
lḥt.mlak.ym.	los dictados de los mensajeros de *Yammu,*
tʿdt.ṯpṭ.nh	de la embajada del Juez *Naharu.*
27*šu.ilm.raštkm.*	Alzad, dioses, vuestras cabezas
lẓr.brktkm.	de sobre vuestras rodillas,
ln kḥṯ 28*zblkm.*	de vuestros asientos principescos,
wank.ʿny.mlak.ym.	que yo mismo voy a responder a los mensajeros de *Yammu,*
tʿdt.ṯpṭ.nhr	a la embajada del Juez *Naharu».*
29*tšu.ilm.rašthm.*	Alzaron los dioses sus cabezas
lẓr.brkthm.	de sobre sus rodillas,
*ln kḥṯ[.]zb*lhm	de sus asientos principescos.

Transmisión del mensaje

30*aḫr.tmǵyn.mlak.ym.*	Luego (que) llegaron los mensajeros de *Yammu,*
tʿdt.ṯpṭ.nhr.	la embajada del Juez *Naharu,*
lpʿn.il 31*[l]tpl.*	a los pies de *Ilu* cayeron,
ltšṯḥwy.pḫr.mʿd.	se postraron (ante) la Asamblea plenaria.
*qmm.*aṯr.amr	Puestos en pie transmitieron su encargo,
32*[ṯn]y.dʿthm.*	repitieron su comunicado;
išt.ištm.yitmr.	(como) una gran llamarada se dejó ver,
ḥrb.lṭšt 33*[ ]nhm*	(como) una espada afilada su [lengua].
rgm.lṯr.abh.il.	Dijeron al Toro *Ilu,* su padre:
tḥm.ym.bʿlkm	«Mensaje de *Yammu,* vuestro señor,
34*[adn]km.ṯpṭ.nhr.*	de vuestro [dueño], Juez *Naharu:*

(CML); *rištkm* error (?) por *raštkm* (Segert, *l. c.). Lín. 26: tʿny* error (?) *aʿny* (SP); *lḥt* error por *llḥt* (?); *nh* error por *nh[r]* (UT). *Lín. 29: zb[lhm]* (UT). *Lín. 31:* así, KTU, cf. *sup.* lín. 15-16 / *qmm.a(?)m[* (UT) / *qmm.a[--].amr* (CTA) / *qmm.amr.amr* (SP) / *qmm.amr yrgm* (Van Selms, UF [9170] 252, 259, 261). *Lín. 32:* así, UT / *[wṯn] (Thespis,* CML). *Lín. 33:* c. *[lš]nhm* (Cross, CBQ [1965] 257, n. 7) / *[ʿ]nhm* (ANET) / *[bʿ]nhm (Thespis)* / *[bym]nhm (Thespis* [1950] 139; CML). *Lín. 34-35:* < 17-18 (CTA) /

tros asientos...!» (Delekat, UF [1972] 23); cf. gl. *ǵly. Lín. 25-26:* / «¡Que algunos dioses lean...!» (Gordon) / «Un dios debe responder...» (Caquot-Sznycer; Dahood, UF [1979] 143) / «Yo solo responderé...» (De Moor) / «A una debían los dioses...» (Sanmartín, UF [1977] 262) / «¡Uníos, dioses!» (Aistleitner); cf. gl. *aḥd, ḥdy, ʿny. Lín. 26:* / «... os sometéis a la vista...» (Oldenburg) / «... os habéis acobardado por miedo de...» (Ginsberg) / «... están oprimidos por el rigor de...» (Jirku) / «¡Haced frente al descaro...» (Aistleitner); cf. gl. *lḥt. Lín. 28:* / «... y yo mismo asustaré/humillaré...» (Driver, Ginsberg). *Lín. 32-33:* / «... resplandeció...» (Ginsberg); / «... ojos/dientes/en la diestra» (según reconstrucción textual), cf. gl. *amr. Lín. 34:* / «Entrega, ¡oh *Ilu!,* a quien tú cobijas» (Gordon, PLM 71).

tn.ilm.dtqh.	Entregad, dioses, a quien rendís pleitesía,
dtqynh 35*[hml]t.*	a quien rinden pleitesía [las multitudes].
tn.bʿl.wʿnnh.	Entregad a *Baʿlu* y a sus servidores,
bn.dgn.arṯm.pḏh	al hijo de *Dagānu* de cuyo oro pueda apoderarme».

Respuesta de Ilu

36*[wyʿ]*n.*ṯr.abh.il.*	[Y respondió] el Toro *Ilu,* su padre:
ʿbdk.bʿl.yymm.	«Siervo tuyo es *Baʿlu,* ¡oh *Yammu!,*
ʿbdk.bʿl 37*[nhr]*m.	siervo tuyo es *Baʿlu,* [*¡Naharu!*],
bn.dgn.asrkm.	el hijo de *Dagānu* tu prisionero.
hw.ybl.argmnk.kilm	El te aportará un tributo como los (otros) dioses,
38*[ ]ybl.wbn.qdš.mnḫyk*	él te aportará como los Santos una ofrenda».

Reacción de Baʿlu

*ap.anš.zbl.bʿ*l	Pero el Príncipe *Baʿlu* se mostró inexorable:
39*[yuḫ]d.byd.mšḫṭ.*	[agarró] en su mano un cuchillo,
bm.ymn.mḫṣ.	en su diestra un machete
*ǵlmm.y*š*[ ]*	para abatir a los mancebos de *Yammu.*
40*[ʿ]*n*t.tuḫd.*	[Su diestra] *ʿAnatu* agarró,
šmalh.tuḫd.ʿṯtrt.	su izquierda asió *ʿAṯtartu:*
*ik.*mḫ*[ṣt]* 41*[ ]*	«¿Cómo puedes [golpear a los mensajeros de *Yammu*],
[tʿ]dt.ṯpṭ.nhr.	a la embajada del Juez *Naharu?*».

---

dtqyn.h[mlt] (UT), cf. *sup.* lín. 18. *Lín. 36:* así, UT, cf. *passim.* *Lín. 37:* así, KTU / *[y(?)nhr]m* (CTA) / *[ṯpṭ/yṯpṭ.nhr]m* (CML) / *[yy]m* (LC 25, 62) / *yymm* (SEE 129) / *[lʿ]m (Thespis),* cf. 1.14 III 23 / *[ʿl/wlʿl]m* (CEB; Van Selms, UF [1970] 261). *Lín. 38:* c. *hw* (Blau-Loewenstamm, UF [1970] 28, n. 54), cf. línea precedente / *[argmnk]* (CML); *wbn* error por *kbn* (UT); restablecer *bʿl⟨šdmt⟩* (CEB), cf. *inf.* lín. 43. *Lín. 39:* así, UT, cf. lín. 40; c. *[ḫṭ.yuḫd]* (MLD 186, n. 2) / *[hm./wyuḫd]* (CML, SP), cf. 1.17 VI 44 / *[šdmt yuḫ]d* (Van Selms, UF [1970] 262), cf. *inf.* lín. 43; c. *yš[ql]/yš[ḫṭ]* (TOu) / *yš[qlh]* (CML) / *yš[lḥh]* (MBM 62) / *yš[u]* (SP) / *yš[dm]* (Van Selms, *l. c.).* *Lín. 40-41:* c. *[ymnh. ʿn]t(?) (Thespis* [1950] 447; UT); cf. 1.14 III 41-42; VI 26-28 / *[ʿṯtr]t tuḫd* (UL 131) / *[aṯr]t…* (ANET) / *[il]t…* (CTA); c. *ik.mḫ[ṣt.mlak.ym.tʿ]dt…* (CTA) / *ik [tmḫṣ(?)…]* (UT) / *ik.[ymḫṣ…]* (MBM 62) / *ik.[tšdm…]* (Van Selms, UF [1970] 262) / *ik[yšql…]* (CML), cf. línea precedente. *Lín. 41:* c. *yḫb[q.briš]* /

Lín. 37-38: / «Será llevado como tributo tuyo. Pues los dioses…» (Ginsberg) / «… pues, mira, los dioses te pagan tributo…» (Gaster); / «… se enojó…» (Gordon, Gibson; literalmente: «se hizo compañero de la ira…») / «… es amable…» (Gaster) / «… se animó…» (Aistleitner) / «… es heroico…» (Mulder, UF [1970] 366) / «… se olvida/ataca…» (Van Zijl, UF [1975] 504) / «… estaba débil (= asustado)…» (Dietrich-Loretz, UF [1977] 47-48); cf. gl. *anš.* *Lín. 39:* / «… en su diestra para herir a…» (Van Zijl, UF [1975] 504) / «… un cetro (?) tomó en su mano, … en su diestra…» (Margalit, MLD 186); cf. gl. *mḫṣ.* *Lín. 41:* / «Un mensajero

*mlak.mṯḫr.yḫ*b[ ]	A un mensajero de llagas (le) había cubierto [la cabeza],
42[*].mlak.bn.ktpm.*	[herido] a (otro) mensajero en la espalda,
*rgm.bʿlh.w.*y[ ]	que las palabras de su señor [habían traído],
[ ] 43[ ]-	[el mensaje de su dueño...].
ap.anš.zbl.bʿl.	Pero el Príncipe *Baʿlu* se mostró inexorable:
šdmt.bg-[ ]	los barbechos con [los humores asperjó (?)],
44[*]dm.mlak.ym.*	[los campos con] la sangre de los mensajeros de *Yammu,*
tʿ*dt.ṯpṭ.n*h[*r*]	de la embajada del Juez *Naharu.*
[ ] 45[ ].	Y respondió el Príncipe *Baʿlu:*
an.rgmt.lym.bʿlkm.	«Yo voy a contestar a *Yammu,* vuestro señor,
ad[*nkm.ṯpṭ*] 46[*nhr.*]	a [vuestro dueño, Juez *Naharu*]:
[ ]- -.*hwt.gmr.hd.*	[Escuchad] la palabra del Vengador, *Haddu:*
*lw*ny.[ ]	¿comparsa [de *Yammu* voy a ser yo...]
47[ ]iy*rh*[.]- -	[uno más de su séquito...]
thbr- -[ ]	de los que se prosternan...?».
48[ ]- - -	
[ ]	

(Laguna)

---

yḫb[q.wat] (SP) / *yḫb/yḫm(?)[l.bṯkmm (yʿmṣ)(?)]* (Van Selms, *l. c.)* / *yḫb[š]* (TOu). *Lín. 42:* c. *[ylm]* / *[ylmh.]* (CML) / *[tmḫṣ]* (SP) / *[ḫṭ/mṭ]* (Van Selms, UF [1970] 262). *Lín. 42-43:* c. *w.y[bln.hwt.adnh...]* / *wy[ʿn mlak.ym.tʿdt ṯpṭ.nhr]* (CML) / *wy[ṯny adnh wyzn]* (Van Selms, UF [1970] 262-263). *Lín. 43-44:* c. *b.[mmʿm...šdm. b]dm...* / *by[d(?)* (UT) / *by[dh yuḫd]* (TOu) / *by[d yiḫd mšḫṭ bm ymn mḫṣ yš]dm* (Van Selms, UF [1970] 263) / *bg[pnm.yṭš yṭš.š]dm...nh[r.arṣ]* (SP) / *bn y[dm.mlak...* (AE). *Lín 44-45:* c. *[wyʿn aliyn bʿl]; /]t(?)znt rgmt.* (UT) / *[hw(?)]t znt...* (Van Selms, *l. c.). Lín. 46:* así, KTU / *lwa(?)y[* (UT); c. *[šmʿ.]hwn...lwn y[m.ank.]* (SP) / *lkny[k ṯr abk il mlk...]* (Van Selms, UF [1970] 263, n. 27). *Lín. 47:* así, KTU / *]iyrh.(?)g[-]thbr[* (CTA) / *]rh š(?)hbr[* (UT); c. *[ʿl bnh ṯi]rh šhbr[lpʿnk]* (Van Selms, UF [1970] 263, n. 27) / *]iḫr.hl thbr.m[lak.ym]* (SP).

---

le traspasaría el trasero, ... el otro le golpearía en los hombros» (Driver) / «Un mensajero lleva el bastón...» (De Moor) / «... un mensajero (lleva) su fardel...» (Caquot-Sznycer); cf. gl. *mṯḫr*. *Lín. 42:* / «... sobre sus hombros (lleva) la palabra de su señor...» (Ginsberg, Gibson) / «... su señor habló y él (repitió)...» (Van Selms, UF [1970] 263). *Lín. 43-44:* / «Las terrazas de viña dejarán sin labrar, sin labrar los campos...» (De Moor). *Lín. 45:* / «Cosa mala habéis dicho contra vuestro señor...» (Gaster); cf. gl. *an*. *Lín. 46:* / «... *Haddu* ha castigado...» (Caquot-Sznycer); cf. gl. *gmr*.

KTU 1.2 II
(Laguna)

b-[ ]
k-[ ]
tk[ ]
sip-[ ]
*wb*ʿl[ ]
*ik*q/ǵ-[ ]
w.t[ ]
imẖṣ.[ ]
mlk t-[ ]
*la*kt-[ ]
*n*pš[ ]
*b*ʿl[ ]
w[ ]
t[ ]
ẖ-[ ]
m-[ ]

(Laguna)

KTU 1.2 IV
(Laguna)

Escena de combate

[1][ ]	
[ ]yd-.ḫ*tt*.	[«La fuerza (?) de mi] mano cede,
mtt[ ] [2][ ]ḥy	desfallece [el vigor (?) de mi] espíritu.
[ ]-[ ]*laššṣi*.	[A mi enemigo] no fui capaz de expulsar,
hm.ap.amr[ ] [3][ ].	aunque arrojé [a sus servidores (?)/mis dardos (?)].
wbym.mnẖ labd.	Y/pero en *Yammu* la calma no sufrió mengua,
bym.irtm.m[ ]	a *Yammu* el pecho [se le fortaleció],

Col. II: *Lín. 6: / ir[-](b/u/d)[* (CTA).

Col. IV: *Lín. 1: /]yn[* (Vir.) / *]yd[ ](ẖ/y)tt.* (MT, UT); c. *]yd[y]*; c. *mtt[npš...]* (Van Selms, UF [1970] 263). *Lín. 2:* c. *mr]ḥy (Thespis* [1950] 447) / *mr]ḥy/ rm]ḥy[.iby.]* (CML), cf. *inf.* lín. 8-9 / *[b r]ḥy[bap]laššsi* (Van Selms, UF [1970] 264) / *amr[qhm (Thespis),* cf. Jr 46,4 / *amr[hm* (AE) / *amr[t* (SP). *Lín. 3:* c. *m[rrt]* /

Col. IV: *Lín. 1-7:* para una discusión detallada de esta sección, cf. próximamente Del Olmo Lete, AF [1981]. *Lín. 1-2:* / «¡...estoy como muerto! Aunque lanzo mis lanzas y javalinas no le puedo hacer huir y aunque afilo mis armas...» (Gaster) / «... mi alma ha muerto... haré salir mi aliento de mis narices, con sólo que mi palabra...» (Van Selms) / «... serás deshecho, morirás... vivos... los sacaré, sí; entonces arrojaré...» (Oldenburg) / «Pues he visto...» (De Moor); cf. gl. *ẖtt, yṣa, mr. Lín. 3-4:* / «Huiré, sí, de *Yammu,* destruiré (mis) armas y el triunfo (será) de *Naharu*» (Driver) / «... pero en *Yammu* está la corriente de la perdición... la cuesta de la muerte... la cumbre del horror...» (Van Selms) / «... y en *Yammu* está la criba de la destrucción, ... los pulmones de la muerte» (Gibson) / «... y en el mar se le hará reposar, Juez *Naharu* perecerá de cierto en el mar, en el corazón de las aguas...» (Oldenburg) / «... y en el mar mi lugar de reposo pereció. En el mar el agua está llena de gusanos y en el río hay gusarapos» (De Moor) / «... en el Juez *Naharu* los

[4]*[ṯpṭ].nhr.tlʿm.*	[al] Juez *Naharu* la cerviz/el tórax.
ṯm.ḥrbm.its.	Entonces a espada intenté (arremeter),
a*nšq* [5]*[ ]*h/p*tm.*	acometí(le)/puse fuego [con daga(?)/a su casa(?)].
larṣ.ypl.ulny.	¡(Pero) a tierra cayó mi/nuestra fuerza,
*wl.ʿpr.ʿẓm*ny	al suelo mi/nuestra potencia!».
[6]*[b]ph.rgm.lyṣa.*	(Apenas) de su boca la frase salió,
bšpth.hwth.	de sus labios su palabra,
wttn.gh.yǵr	cuando, dando un grito, se precipitó
[7]*tḥt.ksi.zbl.ym.*	a los pies de (su) trono el Príncipe *Yammu.*

Intervención de Kôṯaru

wʿn.kṯr.wḫss.	Y replicó *Kôṯaru-Ḫasīsu:*
lrgmt [8]*lk.lzbl.bʿl.*	«¿No te lo dije, ¡oh Príncipe *Baʿlu!,*
ṯnt.lrkb.ʿrpt.	no te lo repetí, ¡oh Auriga de las nubes!?
ht.ibk [9]*bʿlm.*	Ahora a tu enemigo, *Baʿlu,*
ht.ibk.tmḫṣ.	ahora a tu enemigo debes aplastar,
ht.tṣmt ṣrtk	ahora debes destruir a tu adversario,
[10]*tqḥ.mlk.ʿlmk.*	(y así) posesionarte de tu reino eterno,
drkt.dt.drdrk.	de tu dominio por los siglos de los siglos».

Escena de conjuro mágico

[11]*kṯr ṣmdm.ynḥt.*	*Kôṯaru* una maza doble hizo bajar
wypʿr.šmthm.	y proclamó su nombre:

---

m[ḫṣy] (Thespis), cf. 1.2 I 39 / *m[ym]* (CEB, SP) / *m[t]* (Van Selms, *l. c.).* *Lín. 4:* así, Van Selms, UF [1970] 264. / *[ṯpṭ]* (Vir.) / *[wbm]nhr* (CML). *Lín. 5:* c. *[b(?)] h(?)tm.* (Vir.) / *[p]itm (Thespis)* / *[š]htm* (Van Selms, *l. c.)* / *]ḫtm.* (Hoftijzer, UF [1972] 155-156); / *u(?)lny.* (Vir.) / *dlny* (MT; UGU 24, 108; pero cf. *ulny,* p. 63); / *ʿẓm.a(?)y* (Vir.) / *ʿẓm.ay* error por *ʿẓmny* (UL, CML). *Lín. 6:* < 1.19 II 26; III 7, 35-36; / *...gh.kǵr* (UT); posible error de *ttn* por *ntn* o *tn* (Gibson, CML). *Lín. 7:*

---

roedores, allí los 'atacantes' merodean» (Gibson); cf. gl. *mnḫ, abd, irt, tlʿ.* *Lín. 4:* / «¿... por qué os asustáis, guerreros? Yo me veo obligado a retirarme...» (Gaster) / «... experimentaré destrucción, besaré desolación...» (Van Selms) / «... hay dos espadas extendidas; él sufrirá, yo acometeré...» (Oldenburg) / «... entonces abatiré al luchador y atacaré...» (Driver); cf. gl. *ṯm, ḥrb, ns(y), nšq.* *Lín. 5:* / «... caerá el fuerte..., el poderoso...» (Ginsberg); cf. gl. *uln, ʿẓmn.* *Lín. 6:* «Cuando ella emitió su voz...» (Ginsberg) / «... su palabra y la emisión de su voz...» (De Moor) / «Su voz (no) se deja oír más que gruñendo...» (Caquot-Sznycer) / «... cuando el Abismo emitió su voz...» (Van Selms); cf. gl. *ytn gh, ǵr.* *Lín. 7:* / «... junto al trono cayó el Príncipe...» (Gordon, UL). *Lín. 7-8:* / «Ya te lo digo yo...» (Ginsberg, Oldenburg) / «Cuando a tu enemigo deshagas..., obtendrás...» (Obermann, UM 93). *Lín. 11:* / «... modela un bastón y pronuncia su finalidad...» (Obermann,

šmk at [12]*ygrš.*	«Tú tienes por nombre *Yagruš,*
ygrš.grš ym	*Yagruš* (el que) expulsa a *Yammu.*
grš ym.lksih	Expulsa a *Yammu* de su trono,
[13]n*hr lkḥṯ.drkth.*	a *Naharu* del solio de su poder.
trtqṣ.bd bʿl.	Salta(ndo) de las manos de *Baʿlu,*
km nš [14]r.*buṣbʿth.*	como un águila de sus dedos,
hlm.ktp.zbl.ym.	golpea en los hombros al Príncipe *Yammu,*
bn ydm [15]*[ṯp]ṭ nhr.*	en el pecho al [Juez] *Naharu*».
yrtqṣ.ṣmd.bd bʿl.	Saltó la maza de las manos de *Baʿlu,*
km. nšr [16]bu*ṣbʿth.*	como un águila de sus dedos;
ylm.ktp.zbl ym.	golpeó en los hombros al Príncipe *Yammu,*
bn.ydm.ṯpṭ [17]n*hr.*	en el pecho al Juez *Naharu.*
ʿz.ym.lymk.	(Pero) fuerte era *Yammu* (y) no cayó,
ltnǵṣn[.]pnth.	no se doblaron sus artejos,
lydlp [18]*tmnh.*	no se descompuso su facha.
kṯr.ṣmdm.ynḥt.	*Kôṯaru* una maza doble hizo bajar
wypʿr.šmthm	y proclamó sus nombres:
[19]*šmk.at.aymr.*	«Tu tienes por nobmre *Ayyamur,*
aymr.mr.ym.	*Ayyamur* (el que) echa a *Yammu.*
*mr.*ym [20]*lksih.*	Echa a *Yammu* de su trono,
nhr.lkḥṯ.drkth.	a *Naharu* del solio de su poder.
trtqṣ [21]*bd bʿl.*	Salta(ndo) de las manos de *Baʿlu,*
km.nšr buṣbʿth.	como un águila de sus dedos,
hlm.qdq [22]*d.zbl ym.*	golpea en la mollera al Príncipe *Yammu,*
bn.ʿnm.ṯpṭ.nhr.	en la frente al Juez *Naharu,*
yprsḥ ym	(para) que se desplome *Yammu*
[23]w*yql.larṣ.*	y caiga a tierra».
wyrtqṣ.ṣmd.bd bʿl	Saltó la maza de las manos de *Baʿlu,*
[24]km[.]n*šr.buṣbʿth*	como un águila de sus dedos;
ylm.qdqd.zbl [25]ym.	golpeó en la mollera al Príncipe *Yammu,*
bn ʿnm.ṯpṭ.nhr.	en la frente al Juez *Naharu,*
yprsḥ.ym.	(y así) se desplomó *Yammu,*
yql [26]*larṣ.*	cayó a tierra;
tnǵṣn.pnth.	se doblaron sus artejos,
*wydlp.tm*n*h*	y se descompuso su facha.

---

wʿn error por *wʿ⟨y⟩n(?)* (Vir.). *Lín. 17:* / *lymr/k* (AE). *Lín. 29:* así, KU /

---

l. c.); cf. gl. *ṣmd, nḥt, šm.* *Lín. 13:* / «... en la(s) mano(s) de...» (Ginsberg). *Lín. 17-18/25-26:* / «... su cara no se estremeció...» (Driver; cf. Baldacci, UF [1978] 418; Dietrich-Loretz, *ibíd.,* p. 432-433) / «Sus vértebras no temblaron, su pelvis no se estremeció...» (De Moor) / «... su fuerza no resulta dañada, su destreza no falla...» (Gray, LC 27) / «La fuerza de *Yammu* se desmorona» (Margalit, MLD 85,

27 *yqṯ bʿl.wyšt.ym.*	Arrastró *Baʿlu* y redujo a *Yammu,*
ykly.ṯpṭ.nhr	acabó con el Juez *Naharu.*
28 *bšm.tgʿrm.ʿṯtrt.*	Por (su) nombre (le) reprochó *ʿAṯtartu:*
*bṯ laliyn.*b*[ʿl]*	«Avergüénzate, ¡oh *[Baʿlu],* el Victorioso!,
29 *bṯ.lrkb. ʿrpt.*	avergüénzate, ¡oh Auriga de las nubes!,
*kšbyn.z*b*[l.ym.]*	pues cautivo nuestro era el Príncipe *[Yammu],*
[k] 30 *šbyn.ṯpṭ.nhr.*	[pues] cautivo nuestro era el Juez *Naharu*».
wyṣa.b[ ]	Apenas salió [de su boca la frase],
31 *ybṯ.nn.aliyn.bʿl.*	se avergonzó, sí, *Baʿlu,* el Victorioso,
w[ ]	y [el Auriga de las nubes repuso]:
32 *ym.lmt.*	«*Yammu* está sin duda muerto,
bʿlm.yml[k]	*Baʿlu* se convertió en rey...».
[ ]	
33 *ḥm.lšrr.w*y*[ ]*	
yʿn.ym.lmt.[ ]	
35 *lšrr.wtʿ[n]*	
bʿlm.hmt.[ ]	
*lšrr.*št*[ ]*	
brišh.[ ]	
i*bh.mš[ ]*	
40 b*n. ʿn*h*[ ]*	
[ ]	
(Laguna)	

[w(?)]šbny (Vir.). *Lín. 30: wyṣa* error por *lyṣa(?);* c. *b[ph.rgm]* (ANET) / *...bšpth. hwth.]* (CML) / *b[ʿl* (LC 29). *Lín. 31:* c. *w[yʿn.rkb.ʿrpt]* / *w[yʿn zbl]* (Van Selms, UF [1970] 267) / *w[?rkb ʿrpt wyʿn]* (KU) / *w[ybṯ.rkb...* (CML). *Lín. 32:* así, AK, KU / *ymlk[.hn.aliyn bʿl]* (CML). *Lín. 32-33:* c. *t]ḥm.* (CEB) / *šlḥ lil t]ḥm* (Van Selms, *l. c.). Lín. 33:* c. *w[ybṯnn.rkb.ʿrpt.w]* (Vir.) / *[wrkb ʿrpt.lmlk.w]* (CML) / *w[yšmḫ kṯr wḫss w]* (Van Selms, UF [1970] 267). *Lín. 34:* c. *lmt.[bʿlm. yml(?). ḥm]* (Vir.) / *[bʿlm.ymlk ḥm]* (AK, KU) / *...ymlk.hn.aliyn.bʿl.ḥm]* (CML) / *...ymlk ašlḥ lil tḥm]* (Van Selms, *l. c.). Lín. 35:* c. *wtʿ[n.ʿṯtrt(?)* (Vir.) / *wtʿ[ny* (SP) / *wtʿ[n ʿṯtrt mt ym ymlk]* (Van Selms, UF [1970] 267). *Lín. 36:* c. *ḥm]* (SP) / *[tšlḥn lil tḥm]* (Van Selms, *l. c.). Lín. 38:* c. *bn]* (CML). *Lín. 39:* / *yd(?)h.* (Vir.) / *[ ]bh.* (UT) / *y/ḫbh* (Van Selms, UF [1970] 268).

---

n. 1); cf. gl. *nǵṣ, pnt, dlp, tmn. Lín. 27:* / «... hubiera desgarrado y machacado a *Yammu...*» (Ginsberg) / «...quería arrastrar y tirar al suelo...» (De Moor) / «... le echó la red y se desplomó...» (Rin); cf. gl. *qṯ, št. Lín. 28:* / «Desde el cielo gritó...: 'corta...'...» (Aitleitner) / «*ʿAṯtartu* reprochó al Nombre...» (Gibson) / «¡Salve, oh...! (Dahood, UHP 9; cf. Gordon, PLM 74); cf. gl. *gʿr, bṯ. Lín. 29:* / «... pues me/nos hizo cautivo(s)...» (Aistleitner, Gordon). *Lín. 31:* / «... le derribó...» (Aistleitner) / «... se alegró de veras...» (Van Zijl) / «... de veras triunfa...» (Gordon, PLM 74); cf. gl. *bṯ.*

EL MITO DE «EL PALACIO DE BAʿLU»
(KTU 1.3-4)

KTU 1.3 I
(Laguna de unas 25 lín.)

Escena de banquete

*^{1}al.tǵ*l *t[ ] ^{2}prdmn.*	....
ʿbd.ali[yn] ^{3}bʿl.	El servidor de *Baʿlu,* el Victorioso,
sid.zbl.bʿl ^{4}arṣ.	el maestresala del Príncipe, Señor de la tierra,
qm.yṯʿr ^{5}w.yšlḥmnh	alzándose preparó la (mesa) y le dio de comer,
^{6}ybrd.ṯd.lpnwh	apartó pechuga en su presencia,
^{7}bḥrb.mlḥt ^{8}qṣ.mri.	con un cuchillo «a la sal» filetes de cebón.
ndd. ^{9}yʿšr.wyšqynh	Volando le convidó y le ofreció de beber,
^{10}ytn.ks.bdh	puso una copa en su mano,
^{11}krpnm.bklat.ydh	un cáliz entre ambas dos;
^{12}bkrb. ʿẓm.ri	(era) un póculo grande, imponente de aspecto,
dn ^{13}mt.šmm.	un recipiente para gentes celestes;

Col. I: *Lín. 1: / tǵl[l* (Vir.) / *tǵlp[* (Gaster, «Iraq» [1939] 121) / *tǵl[y r(a/i)štkm]* (Aartun, WO [1968] 294). *Lín. 6: lpnwh* error por *lpnnh(?)* (CML; o aramaísmo), cf. *inf.* IV 40; 1.10 II 17, o «scriptio plena» (AE), o forma no contracta arcaica (SP 70); c. *ybrd.ṯd* error por *ybr dṯd* (SP). *Lín. 11:* corrección escribal de *krpmm* (UT, KTU) / *krpn,*

Col. I: *Lín. 2-3:* / «... sirve/sirvió... atiende/atendió...» (Ginsberg, Cassuto) / «... *Prdmn*/entonces *Rdmn* sirvió...» (Aistleitner, De Moor, Gibson) / «... *Pardamenni,* criado de...» (Caquot-Sznycer, Gordon). *Lín. 6-8:* / «... trinchó un lechal... con un cuchillo 'salado' cortó en trozos un cebón...» (De Moor) / «... con un cuchillo reluciente...» (Aistleitner) / «... con un cuchillo que da leche (proporciona) pezón de cebón...» (Cassuto, BOS II, 129) / «... lo mejor del pecho...» (Blau-Loewenstamm, UF [1970] 21, n. 9); cf. gl. *ṯʿr, brd, mlḥt, qṣ.* *Lín. 8-9:* / «... puesto en pie/en su sitio...» (Ginsberg, De Moor); cf. gl. *ndd, ʿšr.* *Lín. 12-13:* leyendo *bk rb ʿẓm ri dn mt šmm* (así, Gaster, Driver, Gray, Jirku, Rin y Caquot-Sznycer y parcialmente Ginsberg, De Moor; Lipinski, UF [1970] 77) / «... con una soga fuerte (y) flexible que extiende...» (Obermann, UM 88) / «Por la poderosa bendición hubo un temblor entre...» (Van Selms, MFL 115; Oldenburg) / «... que se lleva a los labios el esposo celeste» (Lipinski) / «... *Raʾidān,* el hombre celeste...»

ks.qdš [14]*ltp*h*nh.aṯt.*	una copa santa que jamás vio la Mujer,
krpn [15]*ltʿn.aṯrt.*	un cáliz que ni *Aṯiratu* (lo) contempló.
alp [16]*kd.yqḥ.bḫmr*	Mil cuartillos cogía(n) de vino,
[17]*rbt.ymsk.bmskh*	diez mil combinaba de su mezcla.
[18]*qm.ydb.wyšr*	Alzándose entonó y cantó
[19]*mṣltm.bd.nʿm*	con címbalos en las manos el aedo;
[20]*yšr.ǵzr.ṭb.ql*	cantó el mancebo de suave voz
[21]*ʿl.bʿl.bṣrrt* [22]*ṣpn.*	ante *Baʿlu* en las cumbres de *Ṣapānu.*
ytmr.bʿl [23]*bnth.*	Contemplaba *Baʿlu* a sus hijas,
*yʿn.pd*r*y* [24]*bt.ar.*	miraba a *Pidrayu,* hija de la luz,
*ap*n*.ṭly* [25]*[bt.]rb.*	también a *Ṭallayu,* [hija] del orvallo;
pdr.ydʿ [26]*[ ]-t*	y (su) círculo reconoció [que no eran...]
*i*m.kl*t* [27]*[kny]t.*	sino las Novias [gloriosas].
w-[ ] [28]*[ ]*	
*[ ]*mk*t*	

(Laguna de unas 14 lín.)

KTU 1.3 II
(Laguna de unas 25 lín.)

Escena de combate

[1]n*[ ]*	
*[ ]*š*[ ]*	
[2]*kpr.šbʿ.bnt.*	(La) perfumaron siete doncellas
rḥ.gdm [3]*wanhbm.*	(con) aroma de coriandro y ostras.

---

corrección escribal (?) de *krpnm* (Vir.) / *kpkpn* (?) (TOu). *Lín. 17: rbt* error por *rbbt* (MFL 115, n. 24). *Lín. 25:* < *inf.* III 7 (Vir.). *Lín. 26-27:* / *]-t.im--lt* (CML) / *]ḥ/ṭt hm[.k]lt [knyt]* (SP 81), cf. *inf.* IV 52-53; 1.4 I 15; IV 54. *Lín. 28:* / *(m/b)]rt* (CTA).

Col. II: *Lín. 1:* / *]s[* (CML); cf. 1.7: 13-14 (?). *Lín. 2-6:* cf. 1.7: 35-38 (CTA;

(Caquot-Sznycer, Gordon, PLM 76); cf. gl. *bk, ri, dn, mt.* *Lín. 14-15:* / «... que las mujeres / *Aṯiratu* no deben ver...» (Gordon, PLM 76) / cabe una versión afirmativa-enfática: «... que la/una mujer mira/miraría, que (sólo) *Aṯiratu*/una diosa contempla/contemplaría (con envidia)...» (Driver y otros); cf. gl. *l.* *Lín. 16-17:* / «... tomó de la taza, ... sacó de su cubilete» (Dahood, UHP 39, 64) / «... mezcla en su cratera» (Caquot-Sznycer); cf. gl. *ḫmr, msk;* la unión con lo siguiente («mientras mezclaba...») implica una esticometría equivocada (Virolleaud, Driver). *Lín. 18-19:* / «Se alzó y comenzó a cantar...» (Cassuto); / «... un canto agradable...»; cf. gl. *bd, nʿm.* *Lín. 21:* / «... en honor de *Baʿlu*...» (Driver) / «... subió *Baʿlu*...» (Gaster; cf. Obermann, UM 88). *Lín. 24-25:* / «... la muchacha del rocío-miel, ... del rocío-lluvia» (De Moor); cf. gl. *ar, rb;* / «... y a (la/su) familia reconoció...» / «*Pidru* conoció...» (De Moor) / quizá tengamos una haplografía: *pdry ydʿt...*

Col. II: *Lín. 2-3:* cf. Sauer, SA 28; Aistleitner y Caquot-Sznycer; y para el resto de la columna, la nueva versión de Gray, UF [1979] 317-320 / «... (perfu-

klat.ṯǵrt ^{4}*bht ʿnt*	Cerró las puertas de (su) casa *ʿAnatu*
wtqry.ǵlmm ^{5}*bšt.ǵr.*	y se topó con los mancebos al pie del monte.
whln.ʿnt.tm ^{6}*tẖṣ.bʿmq*	Y entonces *ʿAnatu* se peleó en el valle,
tẖtṣb.bn ^{7}*qrytm*	se batió entre (las) dos ciudades.
tmẖṣ.lim.ẖp y*[m]*	Aplastó al pueblo de la orilla del mar,
^{8}*tṣmt.adm.ṣat.š*p*š*	destruyó a la gente del sol naciente.
^{9}*tḥth.kkdrt.ri[š]*	A sus pies como bolas (rodaban) las cabezas,
^{10}*ʿlh.kirbym.kp.*	por encima como langostas (volaban) las manos,
*k.qṣ*m ^{11}*ǵrm*n*.kp.mhr.*	como saltamontes en enjambre las palmas de los gue-
ʿtkt ^{12}*rišt.*l*bmth.*	Se ató cabezas al dorso, [rreros.
šnst ^{13}*kpt.bḥ*b*šh.*	se ciñó de palmas la cintura;
*brkm.tǵ*l*[l]* ^{14}*bdm.ḏmr.*	las rodillas hundió en la sangre de los guerreros,
ḥlqm.bmmʿ ^{15}*mhrm.*	los miembros, en el mondongo de los combatientes.
mṭm.tgrš ^{16}*šbm.*	Con (su) fusta desalojó a los ancianos,
bksl.qšth.mdnt	con el nervio de su arco, a la población.
^{17}*whln.ʿnt.lbth.tmǵyn*	Y luego *ʿAnatu* a su casa llegó,
^{18}*tštql.ilt.lhklh*	descendió la diosa a su palacio;
^{19}*wl.šbʿt.tmtẖṣh.bʿmq*	pero no estaba saciada de su pelea en el valle,
^{20}*tẖtṣb.bn.qrtm.*	de su combate entre (las) dos ciudades.
tṯʿr ^{21}*ksat.lmhr.*	Dispuso sillas como (si fuesen) guerreros,
ṯʿr.ṯlḥnt ^{22}*lṣbim.*	preparó mesas como soldados,
hdmm.lǵzrm	taburetes como adalides.
^{23}*mid.tmtẖṣn.wtʿn*	Sin medida se peleó y (lo) contempló,
^{24}*tẖtṣb.wtḥdy.ʿnt*	se batió y (lo) estuvo mirando *ʿAnatu.*
^{25}*tǵ*d*d.kbdh.bṣḥq.*	Se inchó su hígado de risa,

SP 4, 88). *Lín. 7:* así, Vir.; según CTA, haplografía en el grafema *y*. *Lín. 9:* así, Vir. / *ri[št]* (CML), cf. *inf.* lín. 12. *Lín. 10:* / *k.qṣ[b(?)]* (WUS 280). *Lín. 11-13:* cf. 1.7: 2-3; 1.13: 5-7 (SP 4, 88; UF [1969] 225-226). *Lín. 11:* / *ǵrmm.kp...* (CML); c. *ǵrmn* > *kp* < *mhr* (Dietrich-Loretz, UF [1972] 30). *Lín. 13-14:* cf. *inf.* lín. 27-28; 1.7: 9-10. *Lín. 16:* *mdnt* error por *mdnnt* (?) (CML). *Lín. 17-27:* cf. 1.7: 3-10. *Lín. 19:* *tmtẖṣh* error por *tmtẖṣn* (?) (CML), cf. *inf.* lín. 23. *Lín. 25:* *ǵ* superpuesto a *d*

---

mada con el aroma de) aleña de siete doncellas...» (Gaster); / «Como el fruto de... el aroma de cabritos y liebres...» (Gordon); cf. gl. *kpr. rh, gd, anhb.* *Lín. 4-5:* / «Y se toparon los mancebos con la Señora de la montaña...» (Gordon) / «... se reunieron en el interior de la cueva» (Cassuto) / «... en la cañada montañosa» (De Moor); cf. gl. *qry, št, ǵr.* *Lín. 6-7:* / «... con vigor destroza a los hijos de las dos ciudades» (Cassuto); cf. gl. *ʿmq, bn.* *Lín. 9:* / «... como buitres...» (Gordon, UMC 50) / «... como terrones...» (De Moor); cf. gl. *kdr.* *Lín. 10-11:* / «... como saltamontes destructores...» (De Moor) / «... vengadores...» (Gibson) / «... como leña montones de soldados...» (Dietrich-Loretz, UF [1972] 30); cf. gl. *qṣm, ǵrm.* *Lín. 11-13:* / «Ató las cabezas a su tórax, lió las manos en su ceñidor» (De Moor; cf. Dietrich-Loretz, *l. c.)* / «... amontona cabezas sobre su espalda, reúne manos en su zurrón...» (Gordon, PLM 77); cf. gl. *bmt, ḥbš.* *Lín. 16:* / «Con sus flechas desalojó a los agresores, ... a los inválidos» (De Moor); cf. gl. para las diversas interpretaciones del par *šbm/mdnt.* *Lín. 20-21:* / «Rompe sillas sobre los gue-

ymlu 26*lbh.bšmḫt.*	se llenó su corazón de alegría
kbd.ʿnt 27*tšyt.*	el hígado de *ʿAnatu,* de (satisfacción de) triunfo,
kbrkm.tǵll.bdm 28*ḏmr.*	pues las rodillas hundía en la sangre de los guerreros,
ḫlqm.bmmʿ.mhrm	los miembros, en el mondogo de los combatientes.
29*ʿd.tšbʿ.tmtḫṣ.bbt*	Hasta la saciedad se peleó en su casa,
30*tḫtṣb.bn.ṯlḥnm.*	se batió entre las mesas.
ymḫ 31bdt.dm.ḏmr.	Limpiaron (luego) de (su) casa la sangre de los guerreros,
yṣq.šmn 32*šlm.bṣʿ.*	se vertió 'aceite virgen' en un plato;
trḥṣ.ydh.bt 33*[l]t.ʿnt.*	lavó sus manos la Virgen *ʿAnatu,*
uṣbʿth.ybmt.limm.	sus dedos, la «Pretendida de los pueblos».
34*[t]*rḥṣ.*ydh.bdm.ḏmr*	Lavó sus manos de la sangre de los guerreros,
35*[u]ṣbʿth.bmmʿ.mhrm*	sus dedos, de mondongo de los combatientes.
36*[ṯ]*ʿr.*ksat.lksat.*	Dispuso las sillas como sillas,
ṯlḥnt 37lṯlḥn.	las mesas como mesas,
hdmm.ṯṯar.lhdmm	los tauretes preparó como tauretes.
38tḥspn.mh.wtrḥṣ	Le sacaron agua y (la) lavaron,
39ṭl.*šmm.šmn.arṣ.*	(con) rocío del cielo, aceite de la tierra,
rbb 40*[r]kb ʿrpt.*	(con) orvallo del Auriga de las nubes;
ṭl.šmm.tskh	(con) rocío que los cielos le vertieron,
41*[r]*bb.*nskh.kbkbm*	(con) orvallo que le derramaron las estrellas.

(KTU). *Lín. 31-33:* cf. 1.101: 14-16 (Lipiński, UF [1971] 81, 88-89; SP 96). *Lín. 31:* / *[ ]b(?)t/ibt(?)* (Vir.) / *[d]d(!)t* (Lipiński, UF [1971] 90) / *[b]bt* (GA), supone tal error. *Lín. 34:* cf. 1.7: 20 (CML). *Lín. 35-36:* así, CTA, KTU / *[t(?)ṯʿ]r. m(?)n(?)t.* (Vir.) / *[ṯi]r[ksa]t* (GA) / *[ṯa]r... (Thespis,* 449) / *[tṯ]ʿr.ksat.* (Lipiński, UF [1971] 90). *Lín. 37:* / *bṯlḥn* (KTU) / *lṯlḥn* error por *lṯlḥnt* (GA), cf. *sup.* lín. 21, 36; *ṯṯar* error por *ṯṯʿr* (UT). *Lín. 38-41:* cf. *inf.* IV 42-44 (SP 96), menos *rbb rkb ʿrpt/ rbb yn.ʿl.ʿrpt* (AT 197). *Lín. 41:* así, Vir. (Gaster, JAOS [1950] 9) / *tksh* (Vir.; *Thespis* 449).

---

rreros...» (Driver) / «Prepara sillas para...» (Gordon); cf. gl. *ṯʿr, mhr.* *Lín. 26-27:* / «... pues en manos de *ʿAnatu* está el triunfo...» (Cassuto). *Lín. 31-32:* / «... el aceite de paz...» (Gray, LC 43) / «... aceite de ofrenda pacífica...» (De Moor); cf. gl. *šlm.* *Lín. 33:* / «... la Creadora de los pueblos...» (Albright, BASOR 70 [1938] 19, n. 6) / «... la cuñada de los jefes...» (Driver) / «... la núbil viuda de los Limitas...» (De Moor) / «... la hermana del Poderoso...» (Gray, UF [1979] 319) / «... la esposa-cuñada de Lim *(Baʿlu)*...» (Margalit, MLD 135); cf. gl. *ybmt limm.* *Lín. 36:* / «... dispuso sillas con sillas...» (Gibson, Gordon, PLM 78). *Lín. 39:* cf. Gn 27,28. *Lín. 39-40:* / «...con...los chaparrones de vino sobre las nubes...» (Dressler, AT 197).

KTU 1.3 III

[1]*ttpp.anh*b*[m.]*	Se ungió (con esencia de) ostras
[dalp.šd] [2]*ẓuh.bym[.]*	cuya exhalación (llega) [a mil yugadas] en el mar.
[ ] [3]*[ ]rn.*	
l*[ ]*	

(Laguna de unas 20 lín.)

Mensaje de Baʿlu

[4]*[ ]*	[«Que coja la lira en sus manos],
št *rimt* [5]*lirth.*	que coloque la cítara a su pecho
mšr.l.dd.aliyn [6]*bʿl.*	para cantar el amor de *Baʿlu,* el Victorioso,
yd.pdry.bt.ar	el cariño de *Pidrayu,* hija de la luz,
[7]*ahbt[.]ṭly.bt.rb.*	el afecto de *Ṭallayu,* hija del orvallo,
dd.arṣy [8]*bt.yʿbdr.*	el amor de *Arṣayu,* hija de la 'crecida'.
km ǵlmm [9]*w.ʿrbn.*	Como jóvenes sirvientes habéis de entrar,
*lpʿn.ʿnt.*hbr [10]*wql.*	a los pies de *ʿAnatu* inclinaos y caed,
tšthwy.kbd.hyt	postraos (y) rendidle honores;
[11]*w.rgm.lbtlt.ʿnt*	y decid a la Virgen *ʿAnatu,*
[12]*ṯny.lymmt.limm*	repetid a la 'Pretendida de los pueblos':
[13]*ṯhm.aliyn.bʿl.*	Mensaje de *Baʿlu,* el Victorioso,
hwt [14]*aliy.qrdm.*	palabra del más poderoso de los héroes:
qryy.barṣ [15]mlḥ*mt*	Sal al paso de la guerra en la tierra,
št.bʿprm.ddym	pon en las estepas concordia,
[16]*sk.šlm.lkbd.arṣ*	derrama paz en el seno de la tierra,
[17]*arbdd.lkbd.šdm*	reposo en las entrañas del campo.

COL. III: *Lín. 1-2:* < 1.3 IV 45-46. *Lín. 4-6:* 1.101: 16-18. *Lín. 4:* c. *t]št* UM 23) / *[m]št* (*Thespis* 449) / *[tiḏd.knrh.bydh.t]št* (Parker, UF [1970] 244, n. 6), cf. 1.101: 16. *Lín. 5:* / *m(?)šr* (Vir.); error por *tšr,* cf. 1.101: 17 (De Moor, UF [1969] 183). *Lín. 6:* / *yd(?)/ydt* (Vir.) / *ṣd[q]* (UM 23, 28-29; pero cf. CTA 16, n. 7). *Lín. 12: ymmt* error por *ybmt* (UT). *Lín. 13-31:* < 1.1 II 19-23; III 10-16; 1.3 IV 7-20, 22-31. *Lín. 14:* / *qry ḫḫ* (Watson, NUS 21 [1980] 8). *Lín. 15:* / *bʿprt* (Vir.). *Lín.*

COL. III: *Lín. 1-2:* / «Se adornó con el murex cuya morada...» (De Moor) / «... cuya secreción...» (Driver) / «... cuya fuente...» (Gibson) «... cuyo aroma a mil yugadas se nota todo un día...» (Aistleitner) / «... (con el ámbar gris) que mil demonios excretan en el mar» (Gaster) / «... (obtenido) de mil acres de *ZUH* en el mar» (Ashley, CE 221); cf. gl. *npp, ẓu.* *Lín. 4-5:* / «... afecto se ha implantado en su pecho, se ha transferido al seno de...» (Gaster) / «... poned corales en su pecho, como prueba de amor...» (Driver; cf. Obermann, UM 88); cf. gl. *rimt, irt.* *Lín. 8-9:* / «Así, pues, pajes...» (Caquot-Sznycer) / «Como mozos y heraldos...» (Gordon) / «Cuando entréis, mozos...» (Gordon, PLM 78); cf. gl. *km, ǵlm, ʿrb.* *Lín. 14-17:* las dos interpretaciones básicas de este pasaje son las que ven en él o bien la encomienda de cesar de toda actividad belicosa (la aquí propuesta) o bien el encargo de un rito de fecundidad: / «Ven a mi encuentro desde el

[18]*ḥšk.ʿṣk.ʿbṣk*	Empuña tu asta (y) tu maza,
[19]*ʿmy.pʿnk.tlsmn.*	hacia mí tus pies se den prisa,
ʿmy [20]*twtḥ.išdk.*	hacia mí se apresuren tus pasos.
dm.rgm [21]*iṯ.ly.w.argmk*	Pues tengo un asunto que voy a decirte,
[22]*hwt.w.aṯnyk.*	una palabra que quiero repetirte.
rgm [23]*ʿṣ.w.lḫšt.abn*	Es un asunto de madera y una charla de piedra:
[24]*tant.šmm.ʿm.arṣ*	el cuchicheo de los cielos con la tierra,
[25]*thmt.ʿmn.kbkbm*	de los abismos con las estrellas:
[26]*abn.brq.dl.tdʿ.šmm*	la 'cabeza' del rayo, la que no conocen los cielos,
[27]*rgm.ltdʿ.nšm.*	un asunto que no comprenden los hombres,
w.ltbn [28]*hmlt.arṣ.*	ni entienden las multitudes de la tierra.
atm.wank [29]*ibǵyh.*	Ven y yo te lo revelaré
btk.ǵry.il.ṣpn	en mi montaña divina, *Ṣapānu,*
[30]*bqdš.bǵr.nḥlty*	en (mi) santuario, en el monte de mi posesión,
[31]*bnʿm.bgbʿ.tliyt*	en (el lugar de) delicia, en la cumbre del triunfo».

Reacción de ʿAnatu

[32]*hlm.ʿnt.tph.ilm.*	Apenas *ʿAnatu* atisbó a los (dos) dioses,
bh.pʿnm [33]*tṭṭ.*	a ella los pies le temblaron,
bʿdn.ksl.tṯbr	por detrás el lomo se le dobló,
[34]*ʿln.pnh.tdʿ.*	por encima su rostro se puso a sudar;
tǵṣ.pnt [35]*kslh.*	se contrajeron las junturas de su lomo,
anš.dt.ẓrh.	los músculos de su espalda.

20: twtḥ error por *tktḥ* (UM 23, 46) / por *tpttḥ* (Dahood, «Bib» [1958] 67-79; cf. 1.1 III 10-11; Albright, *Fs Robinson* 17, n. 79). *Lín. 24-28:* < 1.1 III 14-15; 1.3 IV 15-17, cambio secuencial y empleo de *tant* por *tunt* (Segert, BZAW 77 [[2]1961], 197, 201). *Lín. 30-31:* < 1.101: 2-3. *Lín. 32-36:* < 1.4 II 16-22. *Lín. 34: tdʿ* error por *tdmʿ* (Vir.; pero cf.

campo de batalla...» (Aistleitner) / «Machaca a los guerreros..., echa por tierra a los rebeldes, ... vence la insurrección...» (Obermann, UM 89) / «Soy opuesto a la lucha...» (Gray, UF [1979] 321) / «Cava un agujero en/saca la suciedad de la tierra fangosa» (Watson, NUS 21 [1980] 8) / «Pon pan(es) ... mandrágoras...» (Gordon); / «Derrama una ofrenda benéfica... rocío-miel de un puchero...» (De Moor); cf. gl. *qry, mlḥmt, ddy(m), šlm, arbbd.* *Lín. 22-23:* / «... la palabra del árbol y el cuchicheo de la piedra...» (Caquot-Sznycer). *Lín. 26:* literalmente: «la(s) piedra(s) fulminante(s)» (Cassuto; cf. Obermann, UM 89) / «Yo conozco...» (Gordon) / «Voy a construir/crear...» (Driver); cf. gl. *abn, bn(w).* *Lín. 29:* / «... pues yo lo deseo...» (Aistleitner) / «... y yo lo buscaré...» (Driver); / «... el divino *Ṣapānu*...» (Pope, JBL [1966] 461-462; Astour, RSP II, 321-322) / «... en la montaña mía (que soy) el dios de *Ṣapānu*» (Cassuto; Miller, DW 74); cf. gl. *bǵy.* *Lín. 32-33:* / «... ante esto sus pies patalearon, hizo reventar sus lomos...» (Gibson); cf. gl. *nṭṭ.* *Lín. 34-35:* / «Se convulsionan las apariencias (superficie) de sus lomos, se dañan...» (Baldacci, UF [1978] 418; Dietrich-Loretz, *ibíd.*

tšu [36]*gh.w.tṣḥ.*	Alzó su voz y exclamó:
ik.mǵy.gpn.wugr	«¿Cómo es que llegan *Gapnu* y *Ugaru?*
[37]*mn.ib.ypʿ.lbʿl.*	¿Qué enemigo ha salido a *Baʿlu,*
ṣrt [38]*lrkb.ʿrpt.*	adversario al Auriga de las nubes?
lmẖšt.mdd [39]*il ym*	¿No aplasté yo al Amado de *Ilu, Yammu,*
lklt.nhr.il.rbm	no acabé con *Naharu,* el Dios grande?
[40]*ištbm.tnn.ištm. [ ]-h*	Sí, amordacé a *Tunnanu,* cerré su boca,
[41]*mẖšt.bṯn.ʿqltn*	aplasté a la Serpiente tortuosa,
[42]*šlyṭ.d.šbʿt.rašm*	al Tirano de siete cabezas;

(Borde)

[43]*mẖšt.mdd ilm.arš*	aplasté al Amado de *Ilu, Aršu,*
[44]*ṣmt.ʿgl.il.ʿtk*	aniquilé al Novillo divino, *ʿAtaku;*
[45]*mẖšt.k.lbt.ilm.išt*	aplasté a la Perra divina, *Išatu,*
[46]*klt.bt.il.ḏbb.*	acabé con la hija de *Ilu, Dububu.*
ımtẖṣ.*ksp* [47]*itrṯ.ẖrṣ*	Me peleé (por) la plata, me posesioné del oro

KTU 1.3 IV

ṭrd.bʿl [1]*bmrym.ṣpn*	del que echó a *Baʿlu* de las alturas de *Ṣapānu,*
*mšṣṣ.k.ʿṣ*r [2]*udnh.*	golpeando como un pájaro sus orejas,
gršh.lksi.mlkh	arrojándole de su trono regio,
[3]*lnẖt.lkḥṯ.drkth*	del diván, del solio de su poder.

RSP I, 68). *Lín. 39:* cf. 1.124: 2, *ilm.rbm* (De Moor, UF [1970] 304). *Lín. 40:* cf. 1.83: 8, *tnn lšbm* (TOu) / *li ⟨št⟩ št bm.tnn* (UGU 83) / *tnn.išbm(?)n(?)h* (Vir.) / *ištmlh* (CTA) / *išbẖnh* (HUP 20); c. *ištm.[p]h.* *Lín. 43:* así, *Thespis,* 449; cf. 1.6 VI 51 / *ar[ṣ]* (Vir.) / *ar* [44]*ṣ mt* (UT). *Lín. 44:* *ṣmt* error por *ṣmtt* (?) (CML). *Lín. 45:* *k.lbt* error por *klbt* (KTU; pero cf. Del Olmo Lete, UF [1978] 51, n. 20). *Lín. 46: imtẖṣ w* (Vir.; pero cf. CTA 17, n. 4).

Col. IV: *Lín. 1:* así, UT, KTU (cf. Del Olmo Lete, UF [1978] 42, n. 34) / *mš ṣṣ.wʿṣr* (Vir.) / *mš ṣṣ[h] wʿṣr* (GA) / *mṣšy(?) kʿṣr* (WUS 213) / *mšṣṣ.(?)kʿ(ṣ/l)* (CTA); c. *mšṣṣ* error por *mšṣu* (Dijkstra, UF [1970] 334; cf. KTU 12; Sanmartín, UF

---

p. 433); cf. gl. *pnt, anš.* *Lín. 38:* / «De cierto yo aplasté...» (Miller, DW 46). *Lín. 39:* / «... los grandes ríos de *Ilu*» (Cassuto) / «... el Río de *Ilu, Rabbim?*» (Ginsberg) / «... el dios de las grandes (aguas)?» (Caquot-Sznycer, Gordon, PLM 79). *Lín. 40:* / «¿No fue capturado (y) vencido el dragón?» (Gibson) / «¿No fue amordazado... con la mordaza con que fue aerrojado?» (Gray, UF [1979] 316); cf. gl. *šbm, štm.* *Lín. 41-43:* «Tú degollaste..., degollaste..., yo aplasté...» (Gray, *l. c.).* *Lín. 45:* / «aplasté, sí, la llama divina...» (Del Olmo Lete, UF [1978] 51, n. 20). *Lín. 46:* / «... la hija de *Il-Zebub...*» (Gordon) / «... la casa de *Il-Dubub*» (Ginsberg). *Lín. 46-47:* / «Luchó y fue desposeído del oro el que arrojó...» (Gibson) / «... como una taza, enrojecí el oro (con su sangre)» (Margalit, MLD 17).

Col. IV: *Lín. 1-2:* para una discusión detallada de este pasaje cf. Del Olmo Lete, UF [1978] 42-43; últimamente, Sanmartín, *ibíd.,* pp. 449-450: «... que le auyenta

[4]mnm.ib.ypʿ.lbʿl	¿Qué enemigo ha salido a *Baʿlu*,
ṣrt.lrkb.ʿrpt	adversario al Auriga de las nubes?».

Transmisión del mensaje

[5]yʿn.ġlmn.yʿnyn.	Respondiéronle los mancebos esta respuesta:
lib.ypʿ [6]lbʿl.	«Ningún enemigo salió a *Baʿlu*,
ṣrt.lrkb.ʿrpt	(ni) adversario al Auriga de las nubes.
[7]tḥm aliyn.bʿl.	Mensaje de *Baʿlu*, el Victorioso,
hwt.aliy [8]qrdm.	palabra del más poderoso de los héroes:
qryy.barṣ.mlḥmt	Sal al paso de la guerra en la tierra,
[9]št.bʿrpm.ddym.	pon en las estepas concordia,
sk.šlm [10]lkbd.arṣ.	derrama paz en el seno de la tierra,
arbdd.lkbd.šdm	reposo en las entrañas del campo.
[11]ḥšk.ʿṣk.ʿbṣk.	Empuña tu asta (y) tu maza,
ʿmy.pʿnk [12][tsl]mn.	hacia mí tus pies se den prisa,
ʿmy.twtḥ.išdk	hacia mí se apresuren tus pasos.
[13][dm.rgm.iṯ.ly.]wargmk.	[Pues tengo un asunto] que voy a decirte,
hwt [14][waṯnyk.]	una palabra [que quiero repetirte].
[rgm.]ʿṣ.wlḫšt [15][abn.]	[Es un asunto] de madera y una charla de [piedra];
[rgm.ltd]ʿ.nš[m.]	[un asunto que no comprenden] los hombres,
[wlt]bn [16][hmlt.a]rṣ.	[ni] entienden [las multitudes] de la tierra;
t[ant.šmm.ʿm.t]rṣ	[el cuchicheo de los cielos con la] tierra,
[17]thmt.ʿ[mn.kbkbm.]	de los abismos [con las estrellas];
[abn.brq]	[la 'cabeza' del rayo], la que no [conocen los cielos].
[18]dlt[dʿ.šm]m[.]	
[atm.wank] [19]ib[ġyh.]	[Ven y yo] te lo revelaré
[btk.ġ]ry.[i]l.ṣpn	[en mi montaña] divina, *Ṣapānu*,
[20]bqd[š.b]ġr[.n]ḥlty	en (mi) santuario, en el monte de mi posesión».

Respuesta de ʿAnatu

[21]wtʿn.btlt.[ʿ]nt.	Y respondió la Virgen *ʿAnatu*,
ttb [22]y[bmt.]limm.	replicó la ['Pretendida] de los pueblos':
[a]n.aqry [23][barṣ].	«Yo saldré al paso de la guerra [en la tierra],
mlḥmt[.]	
[aš]t.bʿprm [24]ddym[.]	[pondré] en las estepas concordia,

[1978] 449). *Lín. 5:* / *[y]ʿn* (Vir.) / *[w]ʿn* (UT, GA). *Lín. 8:* originariamente, *ġrdm*, según KTU. *Lín. 11-20:* < *sup.* III 18-30; 1.1 III 10-16. *Lín. 12:* c. *tpttḥ* (Dahood, «Bib» [1958] 67-69; cf. *sup.* III 20). *Lín. 13:* cf. *sup.* III 21; 1.1 III 12-13 / *wargmn* (Vir.; cf. Rosenthal, «Or» [1939] 236). *Lín. 14:* así, CTA, cf. 1.1 III 13 / *[waṯnyn.]* (Vir.) / *[waṯny.]* (KTU). *Lín. 16:* / *[t(a/u)nt]* (UT). *Lín. 21-25:* < 27-30; 1.3 III

como a un pájaro de su dominio». *Lín. 5:* / «(Le) miraron y respondieron...» (Driver). *Lín. 22-25:* / «¿He de poner yo...? Ponga (primero)... (Gibson).

ask.[šlm.]lkbd.arṣ	derramaré [paz] en el seno de la tierra,
^{25}*ar[bdd.]*lk*b[d.š]*dm.	[reposo] en las entrañas del campo.
yšt ^{26}-[ ].bʿl.*m*dl*h*.	Ponga [en los cielos] *Baʿlu* sus nubes,
ybʿr ^{27}[ ]k(?)[ ]*rnh*.	encienda [el dios *Haddu* sus] relámpagos;
aqry ^{28}*a*(?)r(?)- -barṣ. *mlḥmt*	(que yo) saldré al paso de la guerra en la tierra,
^{29}*ašt[.b]ʿp[r]*m.*ddy*m.	pondré en las estepas concordia,
ask ^{30}*šlm.lkb*d.*awṣ*.	derramaré paz en el seno de la tierra,
arbdd ^{31}*lkbd.š[dm]*.	reposo en las entrañas del campo.
ap.mṯn.rgmm ^{32}*argmn*.	Y otra cosa voy a decir(os):
lk.*lk.ʿnn.ilm*	Idos, idos, heraldos divinos;
^{33}*atm.bštm.wan.šnt*	vosotros podéis ir despacio, pero yo he de dejar
^{34}*uǵr.lrḥq*.*ilm*.	*Ugaru* por el dios más lejano,
i*nbb* ^{35}*lrḥq.ilnym*.	*Inbubu* por la divinidad más distante,
ṯn.m*ṯpdm* ^{36}*tḥt.ʿnt.arṣ*	a dos capas por debajo de las fuentes de la tierra,
ṯlṯ.mtḥ.ǵyrm	a tres medidas (por debajo) de las profundidades».

Llegada ante Baʿlu

^{37}*idk.lttn pnm*.	Así, puso entonces cara
ʿm.bʿl ^{38}*mrym.ṣpn*.	hacia *Baʿlu* en las alturas de *Ṣapānu*
balp.šd.rbt.kmn	a través de mil yugadas, diez mil obradas.
^{39}*hlk.aḫth.bʿl.yʿn*.	La marcha de su hermana *Baʿlu* vio,
tdrq ^{40}*ybnt.abh*.	el paso ligero, sí, de la hija de su padre.
*šrḥq.aṯt.lpnn*h	Apartó a las mujeres de su presencia,
^{41}*št.alp.qdmh*.	puso un buey ante ella,
mria.wtk ^{42}*pnh*.	un cebón directamente ante su vista.

14-17; IV 8-10. *Lín. 22:* así, CTA, KTU / *[ank(?)]* (Vir.). *Lín. 26:* c. *[bšmm]* (CML, SP) / *[aliyn]* (UM 91) / *[lišt]* (GA). *Lín. 27-31:* < 21-25; 1.1 II 19-21; 1.3 III 14-18; IV 8-10. *Lín. 27:]t[ ]rnh.* (UT) / *[ ]rnh.* (CTA); c. *[il.hd.q]rnh* (GA, CML, SP), cf. 1.12 I 41; II 6, 22, 39 / *[rkb.ʿrpt.q]rnh* (UM 91; KME). *Lín. 28: [ank(?)].b[r]ṣ.* (Vir.) / *[an]* (GA) / *an[k.]* (CML) / *[ ]* (CTA). *Lín. 30: awṣ* error por *arṣ*. *Lín. 31-36:* cf. 1.1 III 17-21. *Lín. 34: uǵr* error por *bǵr* (?) (ANET; WUS 31). *Lín. 36: ǵyrm* error por *ǵrym* (?) (CML), cf. 1.1 III 21. *Lín. 40: ybnt* error por *bt* (?) (MFL 107) / error o nasalización por *ybmt* (CML). *Lín. 41-42:* < 1.4 V 45-46; *mria* error por *mra* (?) (CML); en *wtk* error o desplazamiento del *w* (?) (Pope, JCS [1952] 136); Cassuto completa después de *pnh* 1.4 V 46-49: ⟨*tʿdb ksu...wyʿn aliyn bʿl*⟩. *Lín. 42-46:*

Lín. 25-27: / «... que ponga su rayo... encienda su relámpago» (De Moor) / «... su cubo... su cuerno...» (Jirku); cf. gl. *mdl, qrn*. *Lín. 31:* / «Digo además, mensajeros...» (Caquot-Sznycer); cf. gl. *mṯn rgmm*. *Lín. 34:* / «*Ugaru* está muy distante, ¡oh dioses!» (Gordon, PLM 81). *Lín. 40:* / «Envió mujeres a su presencia (a recibirla)...) (Gordon; Obermann, UM 42). *Lín. 41:* / «... puso un buey, vino ante ella con un cebón, y ante ella...» (Cassuto). *Lín. 41-42:* / «... y la saciaron...» (Aistleitner). *Lín. 42:* «Sacó agua...» (Gibson; cf. Gordon, PLM 81).

tḥspn.mh.wtrḥṣ	Le sacaron agua y (la) lavaron,
[43]*ṭl.šmm.šmn.arṣ.*	(con) rocío del cielo, aceite de la tierra,
*ṭl.*šm*[m.ts]kh*	(con) rocío que los cielos le vertieron,
[44]*rbb.nskh.kbkbm.*	(con) orvallo que le derramaron las estrellas.
[45]*ttpp.anhbm.*	Se ungió (con esencia de) ostras
dalp.šd [46]ẓu*[h.bym.]*	cuya exhalación (llega) a mil yugadas [en el mar].
[ ]	[ ]

(Laguna de unas 15 lín.)

La situación de Baʿlu

[wn.in] [47]bt[.]l *[bʿl.km.ilm.]*	[«... pero no tiene] casa *[Baʿlu* como los dioses],
[wḥẓr] [48]*kbn[.]*a*[ṯrt.]*	[ni mansión] como los hijos de *[Aṯiratu];*
[mṯb.il.mẓll] [49]*bnh.*	[la morada de *Ilu* es el cobijo] de su(s) hijo(s);
*m*ṯ*[b.rbt.aṯrt.ym]*	la morada [de la Gran Dama, *Aṯiratu* del Mar],
[50]*mṯb.pd*r*[y.bt.ar.]*	(es) la morada de *Pidrayu,* [hija de la luz],
[mẓll] [51]*ṭly.bt.*r*[b.]*	[el cobijo] de *Ṭallayu,* hija del orvallo,
[mṯb.arṣy] [52]*bt.yʿbd*r*[.]*	[la morada de *Arṣayu],* hija de la 'crecida',
[mṯb.klt] [53]*knyt.*	[la morada de las novias] gloriosas».

Respuesta de ʿAnatu

*wʿ*n*[.btlt.ʿnt]*	Y respondió la Virgen *ʿAnatu:*
[54]*yṯb.ly.ṯr.*il*[.aby.]*	«Me atenderá el Toro *Ilu,* mi padre,
[55]*yṯb.ly.wlh.[ ]*	me atenderá y le [irá bien (?)].

< 1.3 II 38-III 2. *Lín. 43:* / *[ns]kh* (UT); posible omisión de *rbb rkb ʿrpt,* cf. *sup.* II, 39-40 (Gibson, CML). *Lín. 45-46:* / *šd[.ẓuh.bym]*[46]*ṭl* (Vir., CTA). *Lín. 47-53:* < *inf.* V 39-43; 1.4 I 9-18; IV 50-57. *Lín. 53:* así, Vir. *Lín. 54-55:* así, Vir., cf. 1.17 VI 42; c. *ṯr il[wlh.argmh]...wlh.[aṯnyh]* (CML), cf. 1.3 III 21-22 / *wlh.[aṯb]* (SP).

Lín. 52-53: / «... no hay... una cela como corresponde a una tierna novia» (Driver) / «... novias impecables...» (Aistleitner) / «... novias nobles...» (Caquot-Sznycer); cf. gl. *kny(t). Lín. 54-55:* cf. 1.17 VI 42-43 / «... que me responda... y yo me inclinaré...» (Cassuto) / «... volverá a mi... de modo que yo vuelva a él...» (De Moor) / «... accederá a mí en atención a sí mismo...» (Aistleitner); cf. gl. *ṯb.*

KTU 1.3 V

^{1}*[ ]mṣḫ.nn.kimr.larṣ*	Pues le puedo arrastrar como un cordero por tierra,
^{2}*[ašhl]*k*.šbth.dmm.*	[hacer correr] por su canicie sangre,
šbt.dqnh ^{3}*[mmʿm]*	por la canicie de su barba [humores],
*d.lytn.bt.lbʿ*l*.kilm*	en caso de que no de una casa a *Baʿlu* como a los dioses,
^{4}*[wḥẓ]r.kbn.aṯrt[.]*	[una mansión] como a los hijos de *Aṯiratu*».

Marcha de ʿAnatu

[tdʿṣ.p]ʿn ^{5}*[wtr.]*arṣ.	[Alzó los] pies y [saltó] a tierra,
*id[k].[lttn.p]*n*m*	[puso] entonces [cara]
^{6}*[ʿm.il].mbk.nh*r*[m.]*	[hacia *Ilu]* (que mora) en la fuente de los dos ríos,
[qr]b.[ap]q ^{7}*[thm]tm.*	[en el seno del venero de los dos océanos].
*tgl.ḏ*d*[.]i*l*[.]*w*tbu*	Se dirigió a la gruta de *Ilu* y entró
^{8}*[qr]š.m[l]k.a*b*[.šnm.]*	[en la morada] del Rey, Padre [de años].
m*ṣr* ^{9}*[t]*b*u.ḏ*dm.	Sollozando entró en la gruta,
q*(?)n*y*[ ]w*b*n* - - *l*t	gimiendo (?) y llorando (?) [la diosa] (?),
^{10}q*lh.yš*mʿ*.ṯr.[i]*l*.abh.*	cuya voz escuchó el Toro *Ilu*, su padre.
y*[ʿ]n.*i*[l]* ^{11}*bšbʿt.*	Respondió *Ilu* desde las siete estancias,
*ḥ[d]r*m.	
*[bṯ]*m*n[t.ap]* ^{12}*sgrt.*	desde las ocho [antesalas]:
*g-.[ ]-[ ].*h*[ ]-[ ]*	
^{13}*ʿn.ṯ*k*-[ ]*	
ʿln.ṯ[ ]	
^{15}*lpʿn.ǵ*l*[m]*m*[ ]*	
*mid.*a*n[ ]mn[ ]-*	

Col. V: *Lín. 1:* c. *i]mṣḫ* (GA) / *[wla/i]mṣḫ* (SP) / *[mṣḫ.a]mṣḫ* (CML), cf. 1.6 VI 20. *Lín. 2-3:* < 24-25; 1.18 I 11-12 (Singer, BJPES [1943] 61s). *Lín. 3:* / c. *[las]r dlytn* (Vir.), cf. 1.4 V 4 / *k(?)dl.ytn* (UT, CML, SP) / *-(?)d.* (CTA) / *ʿ]d* (TOu). *Lín. 4-5:* < 39; 1.4 V 20-21 / *[ḥẓ]r...[tdʿṣ.ʿnt.]pʿn* (Vir.). *Lín. 5-8:* < 1.6 I 32-36; 1.4 IV 20-24; 1.17 VI 46. *Lín. 8:* *[t(?)]mṣr* (Vir.). *Lín. 8-9:* / *[wtb(?)]u.ḏdm.[ ]n--ad(?)n.--lt* (Vir.) / *qn[-?](a/w)-n* (CTA); c. ...*[mẓl]lt(?)* / *nṣrt.tbu.ḏdm.anyt.wbkyt.ilt,* cf. 1.16 VI 5 *(bkt...nṣrt.tbu)* o también *qny[h] wbn[i]lt,* cf. 1.19 VI 58 *(il dyqny.ḏdm).* *Lín. 10-12:* < 25-27 / c. *qlh.yš[a]* (Vir.) / *yš[u]* (GA) / *y[b]n (// yšmʿ);* el final de línea 10 sólo leído por KTU (cf. CTA 18, n. 13), cf. *inf.* lín. 25-27. *Lín. 12:* así, KTU / *g[m(?)...]pʿ(?)...h(?)* ...*[wy]ʿn* (Vir.) / *g[-].[-]ẓ[ ]h[ ]* (CTA); c. *g[m].[l]t[ṣḫ.]li!**[l](?)* (CTA). *Lín. 13:* c. *ʿn.ṯr[.il.abh(?)]* (Vir.). *Lín. 14:* *ṯ[r.il* (CML). *Lín. 16:* c. *m(?)n[tḫta(?)]m(?)* (Vir.), cf. 1.4 VIII 20-21 / *[tḫta]n*

Col. V: *Lín. 2-3:* / «... volveré roja de sangre la blancura de sus cabellos... hasta que conceda...» (Caquot-Sznycer); cf. gl. *hlk, šbt.* *Lín. 4-5:* / «... pisó... y la tierra tembló...» (Ginsberg, Gibson) / «Mis pies pisotean gente y la tierra tiembla» (Margalit, UF [1976] 167) / «... triscó con sus pies y partió de la tierra...» (Dijkstra-De Moor, UF [1975] 191; De Moor, SP 162) / «Mueve las piernas y recorre la tierra...» (Caquot-Sznycer); cf. gl. *dʿṣ ntr.* *Lín. 8-9:* / «... cruzó

[17]*nr*t.ilm.*špš*.	«*Šapšu*, la Luminaria divina,
*[ṣḥr]*rt [18]*la.šm*m	[abrasando] está el vigor de los cielos
by*[d.bn.ilm.m]t*	en manos [del hijo de *Ilu, Môtu]*».

Mensaje de ʿAnatu

[19]*wtʿn.b*tl*t.ʿn[t.]*	Y respondió la Virgen *ʿAnatu:*
*[bnt.]*b*ht* [20]*k.yilm.*	«[Dentro] de tu casa, ¡oh *Ilu!,*
*bnt[.]*bh*[t]*k.a*[l.t]*šm*ḫ*	dentro de tu casa no te regocijes,
[21]*al.tšmḫ.b*rm*[.h]*kl*[k]*	no te alegres en lo alto de tu palacio.
[22]*al.aḫdhm.by[ ]*y	De seguro yo puedo alcanzarlos con [mi diestra],
h*[ ]*- - - [23]*bgdl.arkty.*	deshacer(los) con la potencia de mi brazo.
am-*[ ]* [24]*qdqdk.*	Puedo machacarte a ti la mollera,
*ašhlk.šb*tk*[.dmm]*	hacer correr por tu canicie [sangre],
[25]*šbt.dqnk.mmʿm[.]*	por la canicie de tu barba humores».

Diálogo entre Ilu *y* ʿAnatu

yʿny [26]*il.bšbʿt.ḥd*rm.	Respondió *Ilu* desde las siete estancias,
bṯmnt [27]*ap.sgrt.*	desde las ocho antesalas:
*ydʿ[tk.]bt.ka*n*[št]*	«Ya sé, hija, que eres [inexorable],
[28]*kin.bilht.q*l*[ṣ]*k.	que no hay entre las diosas oposición como la tuya.

(GA), pero cf. Ginsberg, BASOR 95 (1944) 28-29; CTA 19, n. 1; Del Olmo Lete, UF [1978] 37-40. *Lín. 17-18:* < 1.4 VIII 21-24; 1.6 II 24-25 (Vir.). *Lín. 19-25:* < 1.18 I 6-12 (y la reconstrucción propuesta por De Moor; cf. Sanmartín, UF [1978] 445). *Lín. 19:* así, CTA, KTU / *[ʿ]n[t.]d(?)k(?)* (Vir.) / *lṯ]br[20]k* (GA) / *[ʿ]n[t]-r* (CML). *Lín. 20:* así, CTA, KTU / *b k(?)t(?).bht(?)...* (Vir.) / *b[ ]h-.a[l...* (UT). *Lín. 21:* así, CTA, KTU, cf. 1.2 III 7-9; 1.4 V 51-54; VI 16-17 / *b[ ]tl[?]* (Vir.) / *b- - -[tl]tl[k]* (GA). *Lín. 22:* / *al.tḏdhm.by[* (UT); c. *by[mn]y[aṯbr]* (Dijkstra-De Moor, UF [1975] 193) / *by[d(?)...* (Vir.) / *by[mny qw]ṣ[tk]* (GA). *Lín. 23:* c. *am[ḫṣk.lẓr]* (Dijkstra-De Moor, *l. c.)* / *a(?)m[ʿd(?)* (Vir.) / *am[ḫṣ ẓr]* (UM 74) / *am[ḫṣk* (CML), cf. Sal 68,22. *Lín. 24-25:* < *sup.* lín. 2-3; c. *ašhlk.šbt[.dqnk]* (Vir.). *Lín. 27-28:* < 1.18 I

la barrera (?) y llegó a los campos...» (Driver); cf. gl. *nṣr, ḏd.* *Lín. 17-18:* para una discusión detallada de esta versión, cf. Del Olmo Lete, UF [1978] 37-40; Watson, UF [1977] 275; Loewenstamm, EI [1978] 5-6; Margalit, MLD 84-85. *Lín. 19-21:* / «Has construido tu morada... alégrate por la elevación de tu palacio» (Caquot-Sznycer; Gordon, PLM 83) / «¡Que los hijos de tu casa no se alegren...!» (Dijkstra-De Moor, UF [1975] 192) / «¡De la estructura de tu palacio... no te alegres...!» (Sanmartín, UF [1978] 446); cf. gl. *bnt, al.* *Lín. 22:* / «No los cogeré yo...» (Gordon, PLM 83); cf. gl. *al.* *Lín. 23:* / «... con mi vasta envergadura golpearé...» (Caquot-Sznycer); cf. gl. *gdlt, arkt.* *Lín. 27-28:* / «... que eres impetuosa, que no hay clemencia entre...» (Gordon) / «... que eres gentil, que no hay contumelia...» (Obermann, Ginsberg) / «... que eres como un hombre y que en una diosa no se daría tu desprecio» (De Moor) / «... cuán irascible eres, que ninguna... es tan

mḫ.taršn [29]lbtlt.ʿnt.	¿Qué deseas, ¡oh Virgen *ʿAnatu!?*».
wt[ʿ]n.btlt.ʿnt	Y respondió la Virgen *ʿAnatu:*
[30]tḥmk.il.ḥkm[.]	«(Que) tu mensaje, *Ilu,* (que) es sabio,
ḥkmk [31]ʿm.ʿlm.	sabio, sí, por la eternidad,
ḥyt.ḥẓt.tḥmk	(que) la vida dichosa (de) tu mensaje (sea):
[32]mlkn.aliyn.bʿl.	Nuestro rey es *Baʿlu,* el Victorioso,
ṯpṭn [33]in.dʿlnh.	nuestro juez, al que no hay quien supere.
klnyy.qšh [34]nbln.	Todos a una su cáliz le llevaremos,
klnyy.nbl.ksh	todos a una le llevaremos su copa».
	Réplica de la Corte divina
[35]any.lyṣḥ.ṯr.il.abh.	Suspirando exclamó así el Toro *Ilu,* su padre,
il [36]mlk.dyknnh.	*Ilu,* el rey que le estableció;
yṣḥ.aṯrt [37]wbnh.	exclamaron *Aṯiratu* y sus hijos,
ilt.wṣbrt.arḫh	la diosa (madre) y el clan de sus parientes:
[38]wn.in.bt[.]lbʿl.km.ilm	«Pero, claro, no tiene casa *Baʿlu* como los dioses,
[39]ḥẓr.kb[n.]aṯrt.	ni mansión como los hijos de *Aṯiratu;*
mṯb.il [40]mẓll.b[nh.]	la morada de *Ilu* es el cobijo de su(s) hijo(s);
[m]ṯb.rbt.aṯrt [41]ym	la morada de la Gran Dama, *Aṯiratu* del Mar,
mṯb.[pdr]y.bt.ar	(es) la morada de *[Pidrayu],* hija de la luz,
[42][mẓll.]ṭly[.bt.]rb	[el cobijo] de *Ṭallayu,* [hija] del orvallo,
mṯb [43][arṣy.bt.yʿbdr.]	la morada de *[Arṣayu,* hija de la ʿcrecida'],
mṯb [44][klt.knyt.]	la morada [de las novias gloriosas]».
[ ]	
(Laguna de unas 14 lín.)	
[45][ ]	
[ ]-	
[ ]-	
[ ]ḥ	
[ ]-	
[50][ ]-ṣ	
[ ]	

16-17 / *ql[ṣ]t.* (Vir.) / *win...* (Dietrich-Loretz, UF [1977] 48). *Lín. 30-34:* < 1.3 IV 46-53; 1.4 IV 41-46. *Lín. 30: ḥkmk* error por *ḥkmt* (?) (CTA), cf. 1.4 IV 41 / *ḥkmtk* (Albright, *Fs Bertholet* 5). *Lín. 31:* cf. Dn 3,33 (CML). *Lín. 37: arḫh* error por *aryh* (Vir.).

emotiva...» (Caquot-Sznycer) / «Me preocupo por ti..., pues eres débil y tu burla nunca ha alcanzado a las diosas» (Dietrich-Loretz, UF [1977] 49); cf. gl. *anš, qlṣ. Lín. 30-33:* cf. *inf.* 1.4 IV 41-43. *Lín. 33-34:* / «... nosotros dos...» (Gordon; pero cf. PLM 83) / «... sí, deber de nosotros dos será...» (Delekat, UF [1972] 23) / «... un regalo... un obsequio...» (Aistleitner); cf. gl. *klny, qš, ks. Lín. 35-36:* / «... llama *(Baʿlu)* al Toro *Ilu...* a *Aṯiratu...*» (Sanmartín, UF [1977] 267; Gibson; cf. Gordon, PLM 83: «*Ilu grita...* a *Aṯiratu*». *Lín. 36:* / «... que le engendró/dio el ser...» (Gordon) / «... el dios que le destinó (para) rey» (Driver); cf. gl. *kn.*

KTU 1.3 VI
(Laguna de unas 10 lín.)

Encargo de mensaje

^{1}*[*]b	
[*r]*i*šk*	
[ ]b*n* *ʿnk*m	
[*].*	
alp ^{5}*[* *]ym.*	«... [a través de] mil [yugadas por] el mar,
rbt ^{6}*[* *]bnhrm*	diez mil [obradas] por los ríos
^{7}*[ʿ]*b*r.gbl.ʿbr* ^{8}*qʿl.*	pasa(d) cimas, pasad alturas,
ʿbr.iht ^{9}*np.šmm.*	pasad la zona de las cumbres celestes;
šmšr ^{10}*ldgy.aṯrt*	apresuraos, ¡oh pescador(es) de *Aṯiratu!,*
^{11}*mǵ.lqdš.amrr*	marchad, ¡oh *Qadišu-Amraru!*
^{12}*idk.al.ttn* ^{13}*pnm.*	Así, pues, poned cara
tk.ḥqkpt ^{14}*il.klh.*	hacia *Ḥikuptu* (Menfis) que de (un) dios es todo él
kptr ^{15}*ksu.ṯbth.*	—*Kaptāru* (Creta) es la sede de su trono,
ḥkpt ^{16}*arṣ.nḥlth*	(mas) *Ḥikuptu,* la tierra de su propiedad—
^{17}*balp.šd.rbt* ^{18}*kmn.*	a través de mil yugadas, diez mil obradas.
lpʿn.kṯ ^{19}*hbr.wql.*	A los pies de *Kôṯaru* inclinaos y caed,
tštḥ ^{20}*wy.wkbd.hwt*	postraos y rendidle honores;
^{21}*wrgm.lkṯr* ^{22}*wḫss.*	y decid a *Kôṯaru-Ḫasīsu,*
ṯny.lh ^{23}*yn.dḫrš.*ydm	repetid a *Hayyānu,* el artesano ambidiestro:
^{24}*tḥ*m.al*[iyn.bʿl]*	Mensaje de *[Baʿlu,* el Victorioso],
^{25}h*[wt.aliy.qrdm]*	[palabra del más poderoso de los héroes...]».

(Laguna de unas 21 lín.)

Col. VI: *Lín. 2:* / *br]išk* (Vir.). *Lín. 3:* / *bn ʿnkn(?)* (Vir.) / *ʿn(?)kn(?)* (UT), error por *ʿnkm.* *Lín. 5-6:* c. *alp[šd b]ym.rbt[kmn* (Vir.). *Lín. 8: iht* posible error por *pit/pat* (CML). *Lín. 9:* / *npš mm* (UL; WUS 9). *Lín. 11: lqdš.amrr* error por *lqdš.wamrr* (CML), cf. 1.4 IV 13. *Lín. 13: ḥqkpt* error por *ḥkpt* (Vir.), cf. *inf.* lín. 15. *Lín. 14:* suplir (?) *ʿm.kṯr.wḫss* (CML), cf. *inf.* lín. 19-21. *Lín. 18: kṯ* error por *kṯr* (Vir.). *Lín. 24-25:* 1.3 III 13-14; IV 7-8; 1.4 VIII 32-35; 1.5 II 10-11, 17-18.

Col. VI: *Lín. 7-9:* / «... pasad por *Gubla... Qaʿilu...* las islas de *Nop* (Menfis)...» (De Moor, SP 51, n. 52) / «... pasa rozando el cielo, ¡oh pescador!,...» (Sanmartín, UF [1975] 352-353); cf. gl. *gbl, qʿl, iht, np, mšr.* *Lín. 13-14:* cf. 1.6 I 65 (Cassuto supone un dios *Kulla,* sumerio; en el mismo sentido, últimamente Caquot, *Fs Laroche,* 80ss) / «... el dios (que es) su corona» (Margalit).

KTU 1.4 I
(Laguna de unas 20 lín.)

Encargo a Kôṯaru

^{1}*[ ]*	
*[ ]*y*(?)*	
[ ]	
*[any.lyṣ]*ḥ.*ṯr* ^{5}*[il.abh.]*	[Suspirando exclamó así] el Toro *[Ilu,* su padre],
[i]l.mlk ^{6}*[dyknnh.]*	*Ilu,* el Rey [que le estableció];
*[yṣ]*ḥ.*aṯ* ^{7}*[rt.wbnh.]*	[exclamaron] *Aṯiratu* [y sus hijos],
ilt ^{8}*[wṣbrt.ary]h*	la diosa (madre) [y el clan de sus parientes]:
^{9}*[wn.in.bt.lbʿl* ^{10}*km.ilm.]*	«[Pero, claro, no tiene casa *Baʿlu* como los dioses],
[wḥẓr ^{11}*kbn.aṯ]*r*[t]*	[ni mansión com olos hijos de *Aṯiratu];*
^{12}m*[ṯ]*b*il.mẓl*l ^{13}*bnh.*	la morada de *Ilu* es el cobijo de su(s) hijo(s);
mṯb.rbt ^{14}*aṯrt.ym.*	la morada de la Gran Dama, *Aṯiratu* del Mar,
mṯb ^{15}*klt.knyt*	(es) la morada de las novias gloriosas;
^{16}*mṯb.pdry.b ar*	la morada de *Pidrayu,* hija de la luz,
^{17}*mẓll.ṭly.bt rb*	el cobijo de *Ṭallayu,* hija del orvallo,
^{18}*mṯb.arṣy.bt.yʿbdr*	la morada de *Arṣayu,* hija de la 'crecida'.
^{19}*ap.mṯn.rgmm* ^{20}*argmk.*	Y otra cosa voy a decirte:
šskn mʿ ^{21}*mgn.*	Cuídate, por favor, del agasajo
rbt.aṯrt ym	de la Gran Dama, *Aṯiratu* del Mar,
^{22}*mǵẓ.qnyt.ilm*	del obsequio de la Progenitora de los dioses».

Ejecución del encargo

^{23}*hyn.ʿly.lmpḫm*	*Hayyānu* subió a los fuelles (de la fragua),
^{24}*bd.ḫss.mṣbṭm*	en las manos *Ḫasīsu* (cogió) sus mangos;
^{25}*yṣq.ksp.yšl* ^{26}*ḥ.ḫrṣ.*	fundió plata, derritió oro,
yṣq.ksp ^{27}*lalpm.*	fundió plata por miles (de siclos),
ḫrs.yṣq ^{28}*m.lrbbt*	oro fundió por miriadas.
^{29}*yṣq.ḫym.wtbṯḫ*	Fundió un dosel y un lecho,
^{30}*kt.il.dt.rbtm*	un estrado divino de veinte mil (siclos),

---

COL. I: *Lín. 4-18:* < *inf.* IV 47-57; 1.3 V 35-44 (con inversión de fórmulas). *Lín. 7:* / *]m(?)lt* (Vir.), pero cf. CTA 22, n. 3. *Lín. 11:* / *]a[* (UT). *Lín. 16: b* error por *bt* (Vir.). *Lín. 21-23:* cf. 1.8: 1-2. *Lín. 32:* así, Albright, BASOR 91 [1943] 41, n. 17 /

COL. I: *Lín. 4:* / «Pero, ¡ay!, él grita al Toro *Ilu...*» (Ginsberg). *Lín. 20-21:* / «... funde un regalo para la Dama...» (Dietrich-Loretz-Sanmartín, UF [1974] 43) / «... ten en cuenta... suplicar a la Dama... implorar...» (Driver) / «... prepara los regalos...» (Gordon, PLM 89); cf. gl. *skn, nsk, mgn, mǵẓ.* *Lín. 23ss:* para Ginsberg estos versos pertenecerían también al encargo; para una discusión detallada de la sección, cf. Dietrich-Loretz, UF [1978] 57-63. *Lín. 29:* / «Fundió una tienda, a saber, un lugar de reposo...» (Van Selms, UF [1975] 471; cf. gl. *ḫym, tbṯḫ.* *Lín. 30-32:* / «... la jarra de *Ilu,* (con capacidad) de ... adornada con plata, deco-

[31]*kt.il.nbt.bksp*	un estrado divino vaciado en plata,
[32]*šmrgt.bdm.ẖrṣ*	cubierto con 'baño' de oro;
[33]*kḥṯ.il.nẖt* [34]*bẓr.*	un solio divino, un diván de metal precioso,
hdm.id [35]*dprša.bbr*	un escabel divino esmaltado de electro;
[36]*nʿl.il.d.qblbl*	unas andas divinas con 'abrazaderas'
[37]*ʿln.yblhm.ẖrṣ*	sobre sus varales de oro;
[38]*ṯlḥn.il.dmla* [39]*mnm.*	una mesa divina que estaba repujada con especies (de ani-
dbbm.d [40]*msdt.arṣ*	con bestias de los fundamentos de la tierra; [males),
[41]ṣʿ*.il.dqt.kamr*	una fuente divina de elaboración al estilo de *Amurru,*
[42]*sknt.kḥwt.yman*	de forma al estilo de la tierra de *Yamānu,*
[43]*dbh.rumm.lrrbt*	en la que había toros salvajes a miriadas.

šmrẖt/šmrzt (Vir.), pero cf. CTA 22, n. 4; KTU 15, n. 4. *Lín. 34: id* error por *il* (AK), pero cf. Van Selms, UF [1975] 472. *Lín. 35: / pršt* (RSMT 118); *dprša bbr* posible error por *dprš ahbt* (CML) o por *dpršḫ* (MLD 18). *Lín. 36: / dg(?) qblbl* (Vir.); *nʿl* posible error por *nʿš* (CML). *Lín. 39:* posible error de *d* por *b* (Gibson, CML). *Lín. 41: / ṣ(?)ʿ* (Vir.); *kamr* posible error por *kamrr* (CML), cf. *inf.* IV 17 / *k n(!)mr⟨t(?)⟩* (Albright, BASOR 91 [1943] 42), cf. CTA 23, n. 1. *Lín. 42: ymn(?)n* (Vir.).

---

rada con gotas de oro» (Van Selms, *l. c.)* / «... un zócalo divino... rutilante de plata, cubierto con un baño de oro...» (Caquot-Sznycer; Dietrich-Loretz, *l. c.);* cf. gl. *kt, nb, šmrg, dm ẖrṣ. Lín. 33-35:* / «... el trono de *Ilu,* ... un escabel sólido que esmaltó de electro...» (Van Selms; Dietrich-Loretz, *l. c.)* / «un solio... con respaldo, un escabel... tapizado de cuero...» (Driver; cf. Gibson; Gordon, PLM 90) / «... un trono... con un cojín encima...» (Aistleitner); cf. gl. *kḥṯ, nẖt, bẓr, hdm, prš, br. Lín. 36-37:* / «... la plataforma de *Ilu* a la que hizo corresponder sus varales dorados...» (Van Selms, UF [1979] 473) / «... sandalias... de recepción...» (Gordon) / «... sandalias divinas, abrochadas, que por encima adornó con oro...» (Gibson; Gordon, PLM 90) / «... sandalias... con correas encima, cuyos corchetes son de oro...» (Delekat, UF [1972] 23) / «... un diván espléndido... que recubrió de oro...» (Ginsberg; cf. Dietrich-Loretz, UF [1978] 62) / «Una veste enorme con cinturón... a ambos los baña...» (Margalit); cf. gl. *nʿl, qblbl, ybl. Lín. 38-40:* / «... que llenó con toda clase de caza de las montañas...» / «... que llenó con especies serpeantes...» (Gibson) / «... una gran mesa llena de incrustaciones, la efusión de los fundamentos de la tierra...» (Margalit, UF [1975] 191, n. 153); cf. gl. *mn(m), dbb, msd(t) arṣ. Lín. 41-43:* / «... crateras espléndidas, modeladas como pequeñas bestias, estelas modeladas como animales...» (Ginsberg) / «... cuya asa era como las de...» (De Moor, Gibson) / «... (con capacidad de) un pellejo de cabra como en..., de (cabra) engordada como...» (Van Selms, UF [1979] 475); cf. gl. *ṣʿ, dqt, qt, sknt, ḥwt.*

KTU 1.4 II
(Laguna de unas 16 lín.)

Escena de conjuro

[1]*[* *]*b/d*[* *]*	
la*b*n*[* *]*	
[3]*aḫdt.plk*h*[.bydh]*	Cogió ella su rueca [en la mano],
[4]*plk.tʿlt.bym*nh	la rueca del conjuro en su diestra;
[5]*npynh.mks.bšrh*	su túnica (?), que cubría su carne
[6]*tmtʿ.mdh.bym*	se quitó, su vestido junto al mar,
ṯn [7]*npynh.bnhrm*	su doble túnica junto al río.
[8]*štt.ḫptr.lišt*	Puso un puchero al fuego,
[9]*ḫbrṯ.lẓr.pḥmm*	una cazuela encima de las brasas;
[10]*tʿpp.ṯr.il.dpid*	conjuró al Toro *Ilu,* el Bondadoso,
[11]*tǵẓy.bny.bnwt*	se propició al Creador de las creaturas.

Reacción de Aṯiratu

[12]*bnši.ʿnh.wtphn*	Al alzar sus ojos entonces la vio,
[13]*hlk.bʿl.aṯtrt* [14]*ktʿn.*	la marcha de *Baʿlu Aṯiratu* sí que contempló,
hlk.btlt [15]ʿnt*[.]*	la marcha de la Virgen *ʿAnatu,*
tdrq.ybmt [16]*[limm].*	el paso ligero de la «Pretendida de los pueblos».
b*h.pʿnm* [17]*[ṭṭ.]*	A ella los pies [le temblaron],
*[bʿ]*d*n.ksl* [18]*[tṯbr.]*	[por detrás] el lomo [se le dobló],
*[ʿln.p]*n*h.t*d*[ʿ]*	[por encima] su rostro se puso a sudar;
[19]*tǵ*ṣ*[.pnt.ks]*lh	se contrajeron [las junturas de su] lomo,
[20]*anš.dt.ẓ*r*[h]*	los músculos de su espalda.

Col. II: *Lín. 1:* así, CTA, KTU / *]d(?)b[* (Vir.). *Lín. 3:* así, CTA, KTU, cf. *inf.* VII 40-41; c. *[byd.tqḥ]* (CML). *Lín. 4:* / *tʿ(?)lt.bym[nh]* (Vir.) / *qlt.* (KU; *Thesphis* [1950] 447) / *bṣm[* (UT); c. *bym[.tmtʿ]* (CML) / *bṣm[r* (MFL 55), cf. CTA 23, n. 3. *Lín. 7:* ¿homeoarcton de *npynh?* (SA 38). *Lín. 8:* / *štt.ḫkr.* (CML). *Lín. 13: aṯtrt* error por *aṯrt* (conflación) (Vir.), cf. *inf.* lín. 26, 28, 31, 41. *Lín. 16-23:* < 1.3 III 32-36; 1.16 I 54; 1.19 II 44-47 (Vir.). *Lín. 18:* c. *[h tṯbr...]* (UT). *Lín 24:*

Col. II: *Lín. 4:* / «... la rueca de (su) alto estado...» (Gibson) / «... el huso cayó/alzó...» (Caquot-Sznycer) / «el uso de hilar...» (Margalit); cf. gl. *glt, ʿlt.* *Lín. 5-7:* / «... su piel, la covertura de su carne... arroja...» (Ginsberg) / «Ella adorna con... al día segundo la adorna...» (Gordon, UMC 64) / «... llevó su ropa al mar...» (Gibson) / «Su excremento cubre su carne; arroja al mar su suciedad, la orina...» (Caquot-Sznycer) / «arruga su túnica... los pliegues de...» (Margalit); cf. gl. *npy(n), mtʿ, md.* *Lín. 10-11:* / «Voló hacia el Toro... para implorar...» (Gaster) / «... y propicia... rinde homenaje...» (Ginsberg) / «Ella prepara el regalo..., el presente...» (Gordon, PLM 90) / «... guiñó... hizo señas...» (De Moor, Gibson); cf. gl. *ʿpp, ǵzy.* *Lín. 19:* «... la orla de su vestido se agitó...» (Margalit); cf. gl. *pnt, ksl, nǵṣ.* *Lín.*

21 *tšu.gh.wtṣ*ḥ*[.]*	Alzó su voz y exclamó:
*[i]*k 22 *mǵy.aliyn.*b*[ʿl]*	«¿Cómo es que llega *Baʿlu,* el Victorioso,
23 *ik.mǵyt.b[t]*l*t* 24 *ʿnt.*	cómo es que llega la Virgen *ʿAnatu?*
mḫṣy hm*[.m]ḫṣ* 25 *bny.*	Ellos son mis asesinos, los asesinos de mis hijos,
*h*m*[.mkly.ṣ]*b*rt*	ellos los destructores del clan de mis parientes».
26 *arry[.]*	

Reacción de Aṯiratu

[ẓl].ks*p.[a]*ṯ*rt* 27 *ktʿn.*	Pero el reflejo de la plata *Aṯiratu* vio,
ẓl.ks*p.wn[ ]--(?)*	el reflejo de la plata y el [brillo] del oro.
28 *ḫrṣ.*	
*šmḫ.rbt.a*ṯ*[rt]* 29 y*m.*	Se alegró la Gran Dama, *Aṯiratu* del Mar,
*gm.lǵlmh.*k*[tṣḥ]*	(y) en voz alta a su mancebo así [gritó]:
30 *ʿn.mkṯr.ap* t*[ ]*	«Mira adecuadamente y presta atención,
31 *dgy.rbt.a*ṯr*[t.ym]*	¡(oh) 'pescador' de la Gran Dama, *Aṯiratu* [del Mar]!
32 *qḫ.rṯt.bdk* t*[ ]*	Coge una red en tu mano, ...
33 *rbt.ʿl.yd*m*[ ]*	una barredera con ambas manos, ...;
34 *bmdd.il.*y*[m]*	sobre el amado de *Ilu, Yammu,* [échala (?)],
35 *bym il.*d*[ ]*	sobre *Yammu,* el dios que [puede rebelarse (?)],
[n] 36 *hr.il.*y*[ ]*	[sobre] *Naharu,* el dios que [puede atacar (?)]
37 *aliyn.[bʿl]*	a *[Baʿlu],* el Victorioso ....
btlt.[ʿnt]	a la Virgen *[ʿAnatu]* ....
mh.k-[ ]	

---

así, KU, UT / *im[t]ḫṣ* (Vir.) / *mḫṣyh[bm]ḫṣ* (Barton, JAOS [1935] 32) / *mḫṣ y[m(t?)] ḫṣ* (UM 63, n. 73). *Lín. 25:* cf. 1.5 I 1-2, 27-28; 1.19 IV 34-35, 39-40 / *bny ht(?)[* (Vir.) / *h[lm y(t?) ṣ]brt* (UM, *l. c.). Lín. 26:* c. *[kt].ksp* (CML) / *[pʿl]ksp* (ANET, TOu). *Lín. 27:* / *pʿl ksp* (Ginsberg, JAOS [1950] 158-159; *Thespis* [1950] 447); c. *wn[gh]t* (CTA; Dahood, RSP II, 14) / *wn[r]* (UM 64, n. 73) / *wn[r(?)]t* (MLD 26, 32) / *wnbt* (CML) / *wn[zm]/wn[qdt]/wn[qb] (Thespis). Lín. 30:* c. *ap t[ph/apt[ḥ(?)* (Vir.) / *apt[ḥ.l]* (SP), cf. 1.3 VI 10 / *ap t[ʿn]* (CML) / *ap m[kṯr]* (Eissfeldt, ZDMG [1944] 99) / *apt [šmʿ]* (MLD 26, 33). *Lín. 31:* < 1.3 VI 10. *Lín. 32:* c. *t[ʿrt] (?)* (CTA), cf. 1.18 IV 18, 29; 1.19 IV 45 / *t[ḫrmt(?)]* (MLD 26, 34) / *t[št]* (CML) / *q[dš]* (SP) / *m[ṣdt]* (Van Selms, UF [1979] 743). *Lín. 33:* / *ydt* (Vir.); c. *[.amrr]* (SP) / *[wtdyh]* (Van Selms, *l. c.). Lín. 34:* < 1.3 III 38-39. *Lín. 35: il.d[pid(?) n]* (Vir.) / *d[pid bm n]* (Van Selms, *l. c.). Lín. 37-39: gm btlt ʿnt lǵlmh ktṣḥ* (KU).

24-26: / «¿Se han matado unos a otros...?» (Ginsberg) / «(Vinisteis) a matarme o a matar...» (De Moor, SP 41; Dijkstra, JANES [1974] 60) / «¿Mis adversarios han combatido a mis hijos...?» (Caquot-Sznycer); cf. gl. *mḫṣ. Lín. 26-27:* / «... los objetos de plata...» (Ginsberg). *Lín. 30:* / «Voy a seducir el ojo del Diestro...» (Gordon, UMC 65) / «Abriré el lugar de la abundancia...» (De Moor) / «Mira la obra maestra...» (Caquot-Sznycer, Gibson; Gordon, PLM 91) / «... al de la fuente que nutre el secano» (Margalit); cf. gl. *mkṯr, ʿn, dgy. Lín. 33:* / «... La Dama, inmediatamente...» (Caquot-Sznycer); cf. gl. *rbt, ʿl ydm.*

40 *wat[*]
at̲r[t]
bim[ ]
bl.l-[ ]
*ml*k[ ]
45 dt[ ]
bṭ[ ]
gm[ ]
y-[ ]

KTU 1.4 III
(Laguna de unas 12 lín.)

1 [ ]
[ ]*-dn*
[ ]*d*d
[ ]*-n.kb*
5 [ ]-.al.*yns*
[ ]*ysdk.*
[ ]r.*dr.dr*
[ ]*-yk.wrḥd*
[ ]y *ilm.dmlk*

Lamento de Baʿlu

10 *y[t̲]*b.*aliyn.bʿl*	Replicó *Baʿlu,* el Victorioso,
11 *yt*ʿ*dd.rkb.*ʿ*rpt*	se pronunció el Auriga de las nubes:
12 -/q*(?)*l*(?).ydd.wyqlṣn*	«[¡Ay!], se han aprestado a resistirme,
13 *yqm.wywpt̲n.*	se han alzado a escupirme
btk 14 p*[ḫ]r.bn.ilm.*	en medio de la asamblea de los dioses.
št̆t 15 *p[*]*-.bt̲lḫny.*	Se puso [inmundicia] en mi mesa,
qlt 16 b*ks.išt̆ynh*	abominación en la copa que yo bebo.

Lín. 40-41: rbt]at̲r[t.ym (UT). *Lín. 44: mlm[* (UT). *Lín. 48: ys(?)[* (Vir.) / *yǵ[* (CML).

Col. III: *Lín. 7:* / *]w.dr.dr* (UT); c. *[lytk]n.* (Gaster, JRAS [1934] 710), cf. 1.12 II 57 / *[lykn]n* (CML), cf. 1.10 III 6. *Lín. 10:* / *y[ʿ(?)]n* (Vir.) / *y[n]b* (MLD 39). *Lín. 11:* / *y[ ]ʿdd/yqdd* (Vir.). *Lín. 12:* / *[ ].ydd* (Vir.) / *hm.qdd.* (CML); c. *[dm](?),* cf. lín. 17 (Gibson, CML) / *[ʿd]* y posible transposición de lín. 11-12 (MLD 37, 40). *Lín. 15:* c. *p[glt] (Thespis* [1950] 447) / *[lʿg(?)]* (Dahood, UF [1969] 26) / *p[lk]*

Col. III: *Lín. 10-11:* / «Viene... avanza...» (Ginsberg) / «Volvió... envió (a decir)...» (Rin) / «... salta... se alza...» (Margalit); cf. gl. *t̲b, ʿd(d). Lín. 12-13:* / «... está dispuesto a provocarme...» (Caquot-Sznycer) / «¡Mira!, él *(Baʿlu)* se apresta y desafía, se alza y escupe...» (Ginsberg; cf. Margalit); cf. gl. *ndd, qlṣ, qm, wpt̲. Lín. 14-16:* / «He bebido (desgracia) sobre... insulto en mi copa bebo»

17b/d*m.ṯn.dbḥm.šna.bʿl.*	Pues dos sacrificios abomina *Baʿlu,*
ṯlṯ 18r*kb.ʿrpt.*	tres el Auriga de las nubes:
dbḥ 19*bṯt.wdbḥ.wdbḥ* 20d*nt*	el sacrificio de desvergüenza y el de lujuria,
wdbḥ.tdmm 21*amht*	el sacrificio de lascivia con esclavas.
kbh.bṯt.ltbṯ	Pues en él la desvergüenza está de veras patente,
22*wbh.tdmmt.amht*	y en él son tratadas lascivamente las esclavas».

Diálogo de cortesía

23*aḫr.mǵy.aliyn.bʿl*	Después (que) llegó *Baʿlu,* el Victorioso,
24*mǵyt.btlt.ʿnt*	llegó la Virgen *ʿAnatu,*
25*tmgnn.rbt[.]aṯrt ym*	agasajaron a la Gran Dama, *Aṯiratu* del Mar,
26*tǵẓyn.qnyt ilm*	obsequiaron a la Progenitora de los dioses.
27*wtʿn.rbt.aṯrt ym*	Y respondió la Gran Dama, *Aṯiratu* del Mar:
28*ik.tmgnn.rbt* 29*aṯrt.ym.*	«¿Cómo es que agasajáis a la Gran Dama, *Aṯiratu* del Mar,
tǵẓyn 30*qnyt.ilm.*	obsequiais a la Progenitora de los dioses?
mgntm 31*ṯr.il.dpid.*	¿Habéis agasajado (ya) al Toro *Ilu,* el Bondadoso,
hm.ǵẓtm 32*bny.bnwt*	u obsequiado al Creador de las creaturas?».
wtʿn 33b*tlt.ʿnt*	Y respondió la Virgen *ʿAnatu:*
nmgn 34*-m.rbt.aṯrt.ym*	«Agasajamos [ahora] a la Gran Dama, *Aṯiratu* del Mar,
35*[n]ǵẓ.qnyt.ilm*	obsequiamos a la Progenitora de los dioses;
36*[ ]-.nmgn.hwt*	[luego] le obsequiaremos a él,
73*[ ].aliyn.bʿl*	[al padre] de *Baʿlu,* el Victorioso».

Consejo de Aṯiratu

38*[ ]*r*bt.aṯrt.ym*	[Y respondió] la Gran Dama, *Aṯiratu* del Mar:
39*[ ]*b*tlt.ʿnt*	«[Escucha], Virgen *ʿAnatu:*

(MLD 37, 41), cf. 1.4 II 4. *Lín. 17:* / *[k(?)m.* (Vir.) / *hm. (Thespis, l. c.;* CML). *Lín. 19:* dittografía de *wdbḥ* (AK). *Lín. 21-22:* / *w(!)hb...wbh.tdmm(!)* (Albright, JPOS [1934] 119). *Lín. 34-37:* c. *[d]m* / *[u]m...[nǵ]z...[waḫr]...[nǵz ab]... (Thespis* [1950] 447) / *[aḫ]r...[ab]aliyn...* (CML). *Lín. 38:* c. *[wtʿn]* (AK). *Lín. 39:*

(Cassuto, GA 46-47) / «Quitad la rueca... el uso... (Margalit); cf. gl. *št/šty, qlt. Lín. 18-22:* / «... y el sacrificio con litigio y el sacrificio con cuchicheo de siervas...» (Cassuto) / «... donde las siervas son afligidas, cuando son vergonzosamente humilladas allí...» (Dijkstra, UF [1975] 563-565) / «... pues de él ninguna vergüenza procede...» (Margalit); cf. gl. *dnt, dm(m), nbṭ/hbṭ. Lín. 25-26:* cf. *sup.* 1.4 I 21-22. *Lín. 40-44:* cf. *sup.* 1.4 I 7-8; / «... se proporcionaron manjares exquisitos...» (Driver) / «... da a los dioses... pecho... a mamar...» (Cassuto, BOS II 129) / «Los dioses... y los que maman del pecho (reyes) sorben/se sacian...» (Gordon, UMC 66 / PLM 92) / «Comed y bebed junto con todos los dioses que maman de mi pecho...» (Gaster) / «... se les proporcionó un (animal) que mama de la teta...» (Dijkstra-De Moor, UF [1975] 184); cf. gl. *pq, rǵṯ.*

40[*tl]*ḥ*m.tšty* 41*[ilm.]*	[mientras] coman y beban [los dioses],
*[wtp]*q.*mrġṯm* 42*[ṯd.]*	[se proporcionará(n)] res(es) [lechal(es)],
*[bḫrb.m]*l*ḫt.qṣ*	[con un cuchillo] «a la sal» filetes de cebón.
43*[mri.]*	
*[tšty.]*k*rpnm yn*	[Beberán] en caliz vino,
44*[wbks.ḫrs.d]*m.*ʿṣm*	[en copa de oro] sangre de cepas...».
45-51	....
*[ ]ʿl*n	
*[ ]*ln	

KTU 1.4 IV
(Laguna de unas 12 lín.)

Encargo de Aṯiratu

1ṯr*[il.]*	
[wtʿn.rbt] 2*aṯ*r*[t.ym.]*	[Y respondió la Gran Dama], *Aṯiratu* del Mar:
[šmʿ.lqdš] 3*wa*mr*[r.]*	[«Escucha(d), ¡oh *Qadišu]-Amraru!,*
[ldgy.rbt] 4*aṯ*rt.ym*[.]*	[¡oh pescador(es) de la Gran Dama], *Aṯiratu* del Mar;
[mdl.ʿr] 5*ṣmd.pḫl.*	[Enjaeza(d) el jumento], apareja(d) el asno,
š*[t.gpnm.dt]* 6*ksp.*	[pon(ed) los jaeces de] plata,
*dt.*yrq*[.nqbnm]*	[las gualdrapas] de oro;
7*ʿdb.gpn.atn*t*[y]*	prepara(d) el jaez de mi borrica».
8*yšmʿ.qd.wamr[r]*	Escucha(ron) *Qadišu-Amraru,*
9*mdl.ʿr.ṣmd.pḫl*	enjaeza(ron) el jumento, apareja(ron) el asno,
10*št.gpnm.dt.ksp*	pusie(ron) los jaeces de plata,
11*dt.yrq.nqbnm*	las gualdrapas de oro
12*ʿdb.gnp.atnth*	prepara(ron) el jaez de su borrica.

Escena de viaje

13*yḫbq.qdš.amrr*	Toma(ron) en brazos *Qadišu-Amraru*
14*yštn.aṯrt.lbmt.ʿr*	y pusie(ron) a *Aṯiratu* a lomos del jumento,
15*lysmsmt.bmt.pḫl*	en lo mejor de la grupa del asno.

c. *[šmʿ.l]btlt* (AK, CML). *Lín. 40-44:* < *inf.* VI 55-59; 1.5 IV 12-16; 1.17 VI 4-5; además para lín. 43-44 cf. 1.3 I 6-8; 1.4 IV 37-38 (Vir., AK). *Lín. 40:* c. *[ʿd tl]ḥm* (CML). *Lín. 41:* / *[wpq]* (Vir.) / *[wtšpq]* (KU). *Lín. 45:* c. *[bks.ksp.hn.krpn ʿl]* (CML), cf. 1.4 VI 60-61; 1.5 IV 16-18; 1.17 VI 5-6. *Lín. 46:* c. *[krpn.yptḥ.wmsk.ymsk]* (CML), cf. *ibíd.*, lín. precedente.

Col. IV: *Lín. 1:* c. *ṯr[il.ab-.wtʿn.rbt]* (CTA). *Lín. 2:* < 8 / *[šmʿ ydš]* (GA). *Lín. 3:* / *wat(?)[rbt]* (Vir.); c. *wam[rr.dgy rbt]* (Ginsberg, «Or» [1940] 43) / *wan[y.ltṣḥ.rbt]* (CML), cf. *inf.* lín. 47. *Lín. 4-15:* cf. 1.19 II 3-5, 8-11. *Lín. 5-6:* / *gpny dt] ksp dt y[rq nqbny]* (GA). *Lín. 7:* / *atnt[k]* (Vir.). *Lín. 8:* *qd* error por *qdš* (Vir.),

Col. IV: *Lín. 2-3:* Los mensajeros normalmente son un par. *Lín. 13:* / «... los

16 *qdš.yuẖdm.šbʿr*	(Y) *Qadišu* se puso a iluminar,
17 *amrr.kkbkb.lpnm*	*Amraru* como una estrella por delante;
18 *aṯr.btlt.ʿnt*	seguía detrás la Virgen *ʿAnatu,*
19 *wbʿl.tbʿ.mrym.ṣpn*	mientras *Baʿlu* se marchaba a las alturas de *Ṣapānu.*
20 *idk.lttn.pnm*	Así, puso entonces cara
21 *ʿm.il.mbk.nhrm*	hacia *Ilu* (que mora) en la fuente de los dos ríos,
22 *qrb.apq.thmtm*	en el seno del venero de los dos océanos.
23 *tgly.ḏd.il.wtbu*	Se dirigió a la gruta de *Ilu* y entró
24 *qrš.mlk.ab.šnm*	en la morada del Rey, Padre de años.
25 *lpʿn.il.thbr.wtql*	A los pies de *Ilu* se inclinó y cayó,
26 *tšthwy.wtkbdh*	se postró y le rindió honores.

Reacción del dios Ilu

27 *hlm.il.kyphnh*	Apenas la vio *Ilu,*
28 *yprq.lṣb.wyṣḥq*	desfrunció el ceño y se echó a reír,
29 *pʿnh.lhdm.yṯpd.*	sus pies en el escabel apoyó
wy*krkr* 30 *uṣbʿth.*	y retorció sus dedos.
yšu.gh.wyṣ[ḥ]	Alzó su voz y exclamó:
31 *ik.mǵyt.rbt.aṯ*r*[t.y]m*	«¿Cómo es que llega la Gran Dama, *Aṯiratu* del Mar,
32 *ik.atwt.qnyt.i[lm]*	cómo es que viene la Progenitora de los dioses?
33 *rǵb.rǵbt.wtǵt[ ]*	Sin duda tendrás hambre, toma [entonces un bocado];
34 *hm.ǵmu.ǵmit.wʿ*s*[ ]*	o bien tendrás sed, bebe [entonces un trago].
35 *lḥm.hm.štym.*	Come y/o bien bebe,
lḥ[m] 36 *bṯlḥnt.lḥm*	come de las mesas viandas,
št 37 *bkrpnm.yn.*	bebe en caliz vino,
*bk.ẖr*ṣ 38 *dm.ʿṣm*	en copa de oro sangre de cepas.
*hm.yd.il m*lk 39 *yẖssk*	¿Acaso el amor de *Ilu,* el Rey, te ha excitado,
*ahbt.ṯr.tʿ*rrk	el afecto del Toro te ha conmovido?»

cf. *inf.* lín. 13. *Lín. 20-26:* cf. 1.1 III 21-25; 1.2 III 4-6; 1.3 V 5-8; 1.6 I 32-38; 1.17 VI 46-51. *Lín. 28-30:* cf. 1.6 III 15-16; 1.17 II 10-11. *Lín. 32:* / *i[lm.hm]* (CML), cf. *inf.* lín. 34. *Lín. 33:* / *wtǵt* (CML) / *wtǵt[m* (AE) / *wmǵt[* (KU; Fenton, UF [1969] 199 / *waǵt[b]* (MLD 208, n. 1). *Lín. 34:* c. *wʿs[t (Thespis* [1950] 447; CML) / *wʿs[?]* (Barton, JAOS [1935] 53) / *wʿr[bt]* (Fenton, *l. c.)* / *wʿs[st]* (AE) / *wʿs[r]* (MLD 209, n. 1). *Lín. 36:* c. *št[y]* (UT). *Lín. 37: bk* error por *bks* (Vir., KU); pero cf. Dahood,

apareja...» (Dahood, UHP 40); cf. gl. *ḥbq.* *Lín. 16-17:* / «*Qadišu* agarró (la rienda) y *Amraru* arreó; por delante avanzaba como una estrella la Virgen *ʿAnatu...*» (Aistleitner) / «... agarró una antorcha...» (Caquot-Sznycer, Gibson); cf. gl. *aẖd, bʿr.* *Lín. 28:* cf. Del Olmo Lete, AF [1976] 232-236, para los diversos sentidos atribuidos a esta expresión. *Lín. 33-44:* / «¿Estás hambrienta y desfallecida, o estás sedienta y abrasada?» (Ginsberg) / «Debes tener hambre, pues viniste aquí; sí, debes tener sed, pues entraste» (Fenton, UF [1969] 199) / «... pues anduviste lejos, ... pues viajaste toda la noche...» (Driver, Gibson [en forma interrogativa]) / «Tenía hambre, comencé a tragar (saliba)...» (Margalit) / «Entonces los amores... te excitarán...» (Margalit); cf. gl. *rǵb, ǵt, ʿsy/ʿss.* *Lín. 38-39:* / «Si el amor de...

Diálogo entre dioses

[40]*wtʿn.rbt.aṯrt ym*	Y respondió la Gran Dama, *Aṯiratu* del Mar:
[41]*tḥmk.il.ḥkm.*	«(Que) tu mensaje, *Ilu,* (que) es sabio,
ḥkmt [42]*ʿm ʿlm.*	sabio, sí, por la eternidad,
ḥyt.ḥẓt [43]*tḥmk.*	(que) la vida dichosa (de) tu mensaje (sea):
*mlkn.aliy[n.]*bʿ*l*	Nuestro rey es *Baʿlu,* el Victorioso,
[44]*ṯpṭn.win.dʿlnh*	nuestro juez al que no hay quien supere.
[45]*klnyn.*q*[š]h[.]*nb*[ln]*	Todos a una su cáliz le llevaremos,
[46]*klnyn*[.]nb*l.ksh*	todos a una le llevaremos su copa».
[47]*[an]y[.]*lyṣḥ*.ṯr il.abh*	[Suspirando] exclamó así el Toro *Ilu,* su padre,
[48]*[i]*l*.mlk.dyknnh.*	*Ilu,* el Rey que le estableció;
yṣḥ [49]aṯ*rt.wbnh.*	exclamaron *Aṯiratu* y sus hijos,
ilt.wṣbrt [50]*aryh*	la diosa (madre) y el clan de sus parientes:
*wn.in.bt.lb*ʿl [51]k*m.ilm.*	«Pero, claro, no tiene casa *Baʿlu* como los dioses,
wḥẓr.kbn.aṯrt	ni mansión como los hijos de *Aṯiratu;*
[52]*mṯb il.mẓll.bnh*	la morada de *Ilu* es el cobijo de su(s) hijo(s);
[53]mṯb*[.]rbt.aṯrt.ym*	la morada de la Gran Dama, *Aṯiratu* del Mar,
[54]*m*ṯb.*klt[.]knyt*	(es) la morada de las novias gloriosas;
[55]*mṯb.pdry.bt.ar*	la morada de *Pidrayu,* hija de la luz,
[56]*mẓll.ṭly[.]bt rb*	el cobijo de *Ṭallayu,* hija del orvallo,
[57]*mṯb.arṣ.bt yʿbdr*	la morada de *Arṣayu,* hija de la 'crecida'».

(Borde)

Diálogo entre Ilu *y* Aṯiratu

[58]*wyʿn lṭpn.(?)il.(?)dpi*d	Y respondió el Benigno, *Ilu,* el Bondadoso:
[59]pʿ*db.ank.ʿnn.aṯ*rt	«¿Pero acaso un esclavo soy yo, un criado de *Aṯiratu,*
[60]pʿ*db.ank.aḫd.ulṯ*	acaso un esclavo soy yo que empuña la llana,

UF [1969] 29; Lipiński, UF [1971] 87-88; TOu 205; SP 72. *Lín. 40-57:* cf. 1.3 V 29-44; 1.4 I 4-18. *Lín. 41:* / *ḥkmk* (CTA [add.], o bien *ḥkmt* error/variante por *ḥkmk* (CML), pero cf. 1.3 V 30 *(sup. a. l.)* / *ḥkmk/t* por *ḥkmt* o *ḥkmtk* (Dietrich-Loretz-Sanmartín, UF [1974] 44, n. 13; UM 78). *Lín. 45:* < 1.3 V 33 / *q[št]h* (Vir.). *Lín. 57: arṣ* error por *arṣy* (UT), cf. *sup.* I 18. *Lín. 59-60:* así, DRS / *i(?)ʿbd* (Vir.) / *pʿdb* (AE). *Lín. 62:* / *ytn.bt* (BOS II, 53).

te mueve...» (Gordon) / «¡Con sólo que el afecto de... te excitara...!» (Dijkstra-De Moor, UF [1975] 178, n. 68); cf. gl. *hm, ḫss, ʿrr. Lín. 41-43:* / «Tu decreto es sabio... tu sabiduría es eterna, vida de buena suerte tu decreto» (Cross, CMHE 184; Dietrich-Loretz-Sanmartín, UF [1964] 44; Gibson) / «... la vida es la suerte de tu palabra...» (Caquot-Sznycer) / «Tu decisión... ¡que dure eternamente tu sabiduría, que viva la excelencia de tu decisión!» (De Moor, UF [1979] 643; para otras versiones, *ibíd.*, pp. 468, 525, 626; Margalit, MLD 212); cf. gl. *tḥm, ʿm, ḥẓt. Lín. 59-61:* / «¿Soy, pues, un esclavo... o una sierva de *Aṯiratu* que se dedica a...» (Caquot-Sznycer; Gordon, PLM 95) / «Soy un esclavo desde luego... si *Aṯiratu* es una criada...» (De Moor, UF [1969] 202) / «... si la sierva de *Aṯiratu* prepara ladrillos, una casa se construirá...» (Driver; Obermann, UM 92); cf. gl. *ʿnn, ulṯ, lbn/t.*

[61]*hm.amt.aṯrt.*	o es una esclava *Aṯiratu*
*tlb*n [62]*lbnt.*	para dedicarse a hacer ladrillos?

KTU 1.4 V

ybn.bt.lbʿl [1]*km.ilm.*	Construyase una casa a *Baʿlu* como (la de) los dioses,
wḥẓr.kbn.aṯrt	una mansión, sí, como (la de) los hijos de *Aṯiratu*».
[2]*wtʿn.rbt.aṯrt ym*	Y respondió la Gran Dama, *Aṯiratu* del Mar:
[3]*rbt.ilm.lḥkmt*	«Grande eres, *Ilu,* en verdad eres sabio,
[4]*šbt.dqnk.ltsrk*	la canicie de tu barba de veras te instruye,
[5]*rḫn*t/nt.dt(?).*lirtk*	alivio dando así a tu pecho.
[6]*wn ap.ʿdn.mṭrh* [7]bʿ*l.*	Ya que así podrá almacenar su lluvia *Baʿlu,*
yʿdn.ʿdn.ṯkt.bglṯ	hacer acopio de abundancia de nieve.
[8]*wtn.qlh.bʿrpt*	Y podrá dar su voz desde las nubes,
[9]*šrh.larṣ.brqm*	fulminando a la tierra sus rayos.
[10]b*t.arzm.ykllnh*	Una casa de cedro le acabarán
[11]*hm.bt.lbn*t.*yʿmsnh*	y/o una casa de ladrillo le levantarán».

Mensaje - transmisión

[12]*lyrgm.laliyn bʿl*	«Comuníquese, pues, a *Baʿlu,* el Victorioso:
[13]*ṣḥ ḫrn.bbhmk*	Convoca una cuadrilla en tu casa,
[14]*ʿḏbt.bqrb.hklk*	una brigada dentro de tu palacio.

Col. V: *Lín. 5:* c. *rḫn tt dm(?)* / *rḫntt d[qnk(?)]* (Pope, EUT 34) / *rḫnt td[ʿ]* (Gibson, CML) / *rḫnnt/rḫntt* (MLD 213). *Lín. 6:* posible dittografía *n/a*. *Lín. 7:* / *ṯrt* (Gaster, «ArOr» [1933] 119, n. 1) / *ṯry* (Løkkegaard, «AcOr» [1959] 21, n. 10) / *k(!)t(!)tn* (MLD 216). *Lín. 8:* / *w⟨y⟩tn* (Vir.), pero cf. SP 148. *Lín. 13:*

Col. V: *Lín. 3:* / «Eres anciano, ¡oh *Ilu!*...» (Dahood, UF [1969] 21) / «¡Grande es, sin duda, (tu) sabiduría...» (Caquot-Sznycer). *Lín. 3-4:* / «... los blancos pelos de tu barba están unidos con la sabiduría...» (Driver); cf. gl. *ysr, šbt. Lín. 5:* / «... haces salir de tu pecho una voz dulce...» (Caquot-Sznycer) / «... las patillas que caen sobre tu pecho» (Margalit); cf. gl. *rḫn, tt/ytn. Lín. 6-7:* / «Y mira, *Baʿlu* ha determinado sus lluvias; ha señalado la estación húmeda y nevada. Ha tronado en sus nubarrones, ha fulminado...» (Cross, CMHE 149) / «... fijará la hora... del salto de las olas... de dar su voz...» (Caquot-Sznycer) / «... fijará la hora... en que los barcos se hallarán bajo la tempestad...» (Lipinski, UF [1971] 86) / «... puede fijar el momento... en que (aparezca su) barca en la nieve» (Gibson); cf. gl. *ʿdn, ṯkt, glṯ. Lín. 7-9:* / «Desde la turbulencia (?) hizo bajar su voz... su relámpago... como un rayo» (Margalit, MLD 216; íd., UF [1976] 170, n. 80; cf. también Tsumura, UF [1979] 781, n. 21); cf. gl. *glṯ, šrh. Lín. 10-11:* / «... que la complete él... la erija...» (Gordon) / «¿Es una casa de cedros? Que la termine...» (Gibson); cf. gl. *kll, ʿms. Lín. 13-14:* / «Haz venir un

[15]*tblk.ǵrm.mid.ksp*	(Que) te aporten los montes abundante plata,
[16]*ǵbʿm.mḥmd.ẖrṣ*	las colinas el más preciado oro,
[17]*yblk.udr.ilqṣm*	(que) te aporten las más nobles gemas;
[18]*wbn.bht.ksp.wẖrṣ*	y construye una casa de plata y de oro,
[19]*bht.ṭhrm.iqnim*	una casa del más puro lapislázuli».
[20]*šmḫ.btlt.ʿnt.*	Se alegró la Virgen *ʿAnatu,*
tdʿṣ [21]*pʿnm.wtr.arṣ*	alzó los pies y saltó a tierra;
[22]*idk.lttn.pnm*	así, puso entonces cara
[23]*ʿm.bʿl.mrym.ṣpn*	hacia *Baʿlu* (que mora) en las alturas de *Ṣapānu,*
[24]*balp.šd.rbt.kmn*	a través de mil yugadas, diez mil obradas.
[25]*ṣḥq.btlt.ʿnt.*	Se rió la Virgen *ʿAnatu,*
tšu [26]*gh.wtṣḥ.*	alzó su voz y exclamó:
tbšrbʿl [27]*bšrtk.yblt.*	«Entérate, *Baʿlu,* de las nuevas que te traigo:
ytn [28]*bt.lk.km.aḫk.*	se te va a construir una casa como (la de) tus hermanos,
wḥẓr [29]*km.aryk.*	una mansión como (la de) tus parientes.
ṣḥ.ẖrn [30]*bbhtk.*	Convoca una cuadrilla en tu casa,
ʿḏbt.bqrb [31]*hklk.*	una brigada dentro de tu palacio.
tblk.ǵrm [32]*mid.ksp.*	Que te aporten los montes abundante plata,
gbʿm.mḥmd [33]*ẖrṣ.*	las colinas el más preciado oro;
wbn.bht.ksp [34]*wẖrṣ.*	y construye una casa de plata y oro,
bht.ṭhrm [35]*iqnim.*	una casa del más puro lapislázuli».

Ejecución del encargo

šmḫ.aliyn [36]*bʿl.*	Se alegró *Baʿlu,* el Victorioso,
ṣḥ.ẖrn.bbhth	convocó una cuadrilla en su casa,
[37]*ʿḏbt.bqrb hklh*	una brigada dentro de su palacio.
[38]*yblnn ǵrm.mid.ksp*	Le aportaron los montes abundante plata,
[39]*gbʿm.lḥmd.ẖrṣ*	las colinas el más preciado oro,
[40]*yblnn.udr.ilqṣm*	le aportaron las más nobles gemas.
[41]*yak.lkṯr.wẖss*	Envió por *Kôṯaru-Ḫasīsu...*

---

[42]*wṯb lmspr..ktlakn*	(Ahora) se vuelve a relatar cómo son enviados
[43]*ǵlmm*	mancebos-mensajeros.

---

bbhmk error por *bbhtk* (Vir.), cf. *inf.* lín. 36. *Lín. 20-23:* cf. 1.3 IV 37-38; V 4-6; 1.17 VI 46. *Lín. 27:* / *y[b]n* (CTA) / *ybn[y]* (CML) / *ytn[t(?)]* (Vir.). *Lín. 39:* *lḥmd* posible error por *mḥmd* (Vir.), cf. *sup.* lín. 32 (pero cf. Delsman, UF [1973] 303, n. 1: ¿disimilación?); c. *lḥt.d.ẖrṣ* (Vir.). *Lín. 41:* *yak* error por *ylak* CTA,

---

convoy..., muebles...» (Caquot-Sznycer); cf. gl. *ẖrn, ʿḏbt.* *Lín. 15-17:* / «... se te traerán montañas (enteras): mucha plata...» (Aistleitner) / «... las montañas te traerán... caravanas te aportarán piedras preciosas...» (Jirku) / «... camellos te traerán lo más selecto (de los materiales)» (Sanmartín, UF [1978] 352) / «... te aportarán todo un granero de...» (Margalit, MLD 218); cf. gl. *ǵr, udr.* *Lín. 27:*

Encargo de Baʿlu

44 *aḫr.mǵy kṯr.wḫss*	Después (que) llegó *Kôṯaru-Ḫasīsu,*
45 *št.alp.qdmh.*	puso un buey ante él,
mra 46 *wtk.pnh.*	un cebón directamente ante su vista.
tʿdb.ksu 47 *wyṯṯb.*	Se (le) preparó un trono y se (le) sentó
lymn.aliyn 48 *bʿl.*	a la diestra de *Baʿlu,* el Victorioso.
*ʿd.lḥm.*št*[y.ilm]*	Mientras comían (y) bebían los dioses,
49 *[w]*y*ʿn.*al*[iyn.bʿl]*	respondió *Baʿlu,* el Victorioso,
50 *[ ]*b*[ ]*	replicó el Auriga de las nubes:
51 *[ḥ]*š*.bhtm.[kṯr]*	«[De prisa] una casa, *[Kôṯaru],*
52 *ḥš.rmm.hk[lm]*	de prisa alza un palacio;
53 *ḥš.bhtm.tb*n*[n]*	de prisa una casa sea construida,
54 *ḥš.trmmn.*h*k[lm]*	de prisa sea alzado un palacio
55 *btk.ṣrrt.ṣpn*	en las cumbres de *Ṣapānu.*
56 *alp.šd.aḫd bt*	Mil yugadas abarcará la casa
57 *rbt.kmn.hkl*	diez mil obradas el palacio».

Diálogo entre Kôṯaru *y* Baʿlu

58 wy*ʿn.kṯr.wḫss*	Y respondió *Kôṯaru-Ḫasīsu:*
59 š*mʿ.laliyn.bʿl*	«Escucha, ¡oh *Baʿlu,* el Victorioso!,
60 *bn.lrkb.ʿrpt*	atiende, ¡oh Auriga de las nubes!
61 *bl.ašt.urbt.bb*h*[tm]*	Voy a poner una claraboya en la casa,
62 *ḥln.bqrb.hklm*	una ventana en el palacio».
63 *wyʿn.aliynb*ʿl	Y respondió *Baʿlu,* el Victorioso:
64 *al.tšt.urbt.b[bhtm]*	«No pongas claraboyas en [la casa],
65 *[ḥl]*n*.bqrb.hk[lm]*	(ni) ventana en el palacio».

(Posible laguna de unas 3 lín.)

KTU); c. *ylak.kṯr* (Cassuto, «Or» [1938] 284) / *yakl kṯr* (Vir.). *Lín. 45-46:* < 1.3 IV 41-42; *mra* error por *mru* (?) (CML). *Lín. 48:* < 1.4 III 40-41; VI 55 (Vir.). *Lín. 49:* < 63 (CML). *Lín. 50:* c. *yṯb rkb ʿrpt* (ANET) / *[ht t]b[ʿ.kṯr.wḫss]* (SP). *Lín. 51-54:* cf. 1.2 III 7-10; 1.4 VI 16-17, 36-38 (CTA). *Lín. 51:* / *[ḥ]š.bhtm.w[* (Vir.); c. *bhtm. k[ṯr]* (CTA) / *k[bn]* (ANET) / *bhtm.[bn.dt ksp]* (CML). *Lín. 52:* c. *hk[lm.d ḫrṣ]* (CML). *Lín. 59:* posible haplografía de *mʿ* (Rosenthal, «Or» [1939] 220-221). *Lín. 61-65:* cf. *inf.* VII 17-18, 26-27 (CML).

/ «... se te dará una casa...» (Cassuto, BOS II, 53). *Lín. 48:* / «... para que comiesen...» (Delekat, UF [1971] 13) / «... hasta que hubieron comido...» (Ferrara-Parker, UF [1972] 38); cf. gl. *ʿd.* *Lín. 61:* / «¿No habría yo de poner...?» (De Moor); cf. gl. *bl.*

KTU 1.4 VI

1*wyʿn.k[ṯr.wḫ]ss*	Y respondió *Kôṯaru-Ḫasīsu:*
2*ṯtb.bʿl.l[hwty]*	«Ya atenderás, *Baʿlu,* a mis palabras».
3*ṯn.rgm.*k[*ṯr.*]wḫss	Repitió su frase *Kôṯaru-Ḫasīsu:*
4*šmʿ.mʿ.la*l[*i*]*yn bʿl*	«Escucha, por favor, ¡oh *Baʿlu,* el Victorioso!
5*bl.ašt.u*r[*bt.*]*bbhtm*	Déjame poner una claraboya en la casa,
6*ḥln.bq*rb[*.hk*]lm	una ventana en el palacio».
7*wʿn.ali*[*yn.*]bʿl	Y respondió *Baʿlu,* el Victorioso:
8*al.tšt.*u[*rb*]*t.bbhtm*	«No pongas claraboya en la casa,
9*ḥln.bq*[*rb.h*]*klm*	(ni) ventana en el palacio,
10*al td*[*pdr*]y.*bt ar*	no desaparezca [*Pidrayu*], hija de la luz,
11-h/iṭ/ḥ[*ṭl*]*y.bt.rb*	[huya *Ṭallayu*], hija del orvallo;
12[*m*]dd.*il ym*	[no se alce] el amado de *Ilu, Yammu,*
13[ ]q*lṣn.wpṯm*	[y se apreste] a resistirme y escupir(me)».
14[ ]*wyʿn.kṯr* 15[*wḫss.*] ṯ*tb.bʿl.lhwty*	[Volvió] a responder *Kôṯaru-Ḫasīsu:* «Ya atenderás, *Baʿlu,* a mis palabras».

Ejecución del encargo

16[ ]*.bhth.tbnn*	[De prisa] una casa construyeron,
17[ ]*trmm.hklh*	[de prisa] alzaron un palacio.
18y[*tl*]k.*llbnn.wʿṣh*	[Marcharon (para ello)] al Líbano y a sus bosques,
19*l*[*š*]*ryn.mḥmd.arzh*	al *Širyānu* codiciado por sus cedros.
20*h*n[*.l*]*bnn.wʿṣh*	¡Oh sí, el Líbano y sus árboles,
21šry*n.mḥmd.arzh*	el *Širyānu* codiciado por sus cedros!
22*tš*t[*.*]*išt.bbhtm*	Encendieron fuego en la casa,
23*nb*[*l*]*at.bhklm*	llamas en el palacio.

Col. VI: *Lín. 1:* cf. *sup.* V 58 (CML). *Lín. 2:* < 15 (CML). *Lín. 4:* cf. *sup.* V 59-60, posible pérdida de línea (Rosenthal, «Or» [1939] 223). *Lín. 5-6:* cf. *sup.* V 61-62 (CML). *Lín. 7:* / *w⟨y⟩ʿn* (Vir.). *Lín. 8-9:* cf. *sup.* V 61-62 (CML). *Lín. 10:* c. *td[d]* (CTA) / *t[(u/d)]* (UT) / *td[r* (MLD 47). *Lín. 11:* c. *[tb]rḫ (Thespis* [1950] 448), cf. Jr 9,20 / *titb[d.* (CML), cf. 1.2 IV 3 / *[t]hṭ[l* (MLD 47). *Lín. 12:* c. *al.ydd.m]dd,* cf. *sup.* III 12 / *al.m]dd* (CML) / *[wy--.* (MLD 47). *Lín. 13-14:* c. *[yqm.wy]qlṣn* / *[qlṣm.y]qlṣn.wpṯm ypṯn* (CML), cf. *sup.* III 12-13 *(wywpṯn)* / *[wqlṣ.y]...[ywpṯn]* (MLD 47). *Lín. 16-17:* c. *[tḥš]...[tḥš]* (CML), cf. *sup.* V 53-54 / *[ʿṣm]bhth...[arzm] trmm* (SEE 60). *Lín. 18:* así, Vir. / *yl[k]* (RY 97, n. 3) / *y[šl]k* [MKT (?)]. *Lín. 19:* así, Bauer, ZAW [1933] 101; cf. Sal 29,6; 2 Cr 2,7. *Lín. 20:* / *h[ll]bnn* (Vir.) / *h[lk(?)l]l bnn* (KU) / *y[l]k* (Barton, JAOS [1935] 56) / *h[pl]* (BOS II, 135, n. 86); cf. 1 Re 5,20; Is 10,34. *Lín. 21:* c. *⟨l⟩šryn* (CML). *Lín. 26:* *kbʿ* error por *rbʿ* (Vir.).

Col. VI: *Lín. 8:* / «Instalarás una ventana...» (Margalit); cf. gl. *al.* *Lín. 10-11:* «...no sea vista...» (Ginsberg) / «Que brille..., que llueva» (Margalit). *Lín. 18-19:* / «... marcharon al... por sus árboles...» (Driver) / «... trajeron del Líbano y de sus bosques y del *Širyānu* sus más preciados cedros...» (Caquot-Sznycer); cf. gl. *ʿṣ, mḥmd.* *Lín. 22:* / «Se prendió fuego a la casa...» (Ginsberg). *Lín. 36-37:* / «... mi casa

[24]*hn[.]ym.wṯn.*	Así un día y otro (pasó):
tikl [25]*išt[.]bbhtm.*	devoró el fuego en la casa,
nblat [26]*bhk*lm.	las llamas en el palacio.
ṯlṯ.kbʿ ym	Un tercer (y) cuarto día (pasó):
[27]*tik*l*[.i]*š*t.bbhtm*	devoró el fuego en la casa,
[28]*nblat[.]bhklm*	las llamas en el palacio.
[29]ḫ*mš.*ṯ*[d]*ṯ*.ym.*	Un quinto (y) sexto día (pasó):
tikl [30]*išt[.b]*b*htm.*	devoró el fuego en la casa,
nblat [31]b*[qrb.h]*k*lm.*	las llamas en el palacio.
mk [32]*bšbʿ[.]*y*[mm].*	Y, ¡mira!, al séptimo día
td.išt [33]*bbhtm.*	se extinguió el fuego en la casa,
n*[bl]at.bhklm*	las llamas en el palacio.
[34]*sb.ksp.lr*q*m.*	Se había convertido la plata en láminas,
ḫrṣ [35]*nsb.llbnt.*	el oro transformado en ladrillos.

Escena de banquete

šmḫ. [36]*aliyn.bʿl.(?)*	Se alegró *Baʿlu,* el Victorioso:
hty bnt [37]*dt.ksp.*	«Mi casa de plata he construido,
*hkly[.]*d*tm* [38]*ḫrṣ.*	mi palacio de oro».
ʿdbt.bht[h.bʿ]l [39]*yʿdb.*	La distribución de su casa *Baʿlu* dispuso,
*hd.ʿdb[.ʿd]*b*t* [40]*hklh.*	*Haddu* dispuso la distribución de su palacio.
*ṭbḫ.al*p*m[.ap]* [41]*ṣin.*	Degolló bueyes y también ovejas,
*šql.ṯrm[.w]*m [42]*ria.il.*	abatió toros y carneros cebones,
ʿglm.d[t] [43]*šnt.*	novillos de un año,
*imr.qmṣ.*l*[l]im*	corderos, lechales a montones.
[44]*ṣḥ.aḫh.bbhth.*	Invitó a sus hermanos a su casa,
a*ryh* [45]*bqrb hklh.*	a sus parientes a su palacio;
ṣḥ [46]*šbʿm.bn.aṯ*r*t*	invitó a los setenta hijos de *Aṯiratu.*
[47]*špq ilm.krm.y*n	Abasteció a los dioses-corderos de vino,
[48]*špq.ilht.*ḫ*prt[.yn]*	abasteció a las diosas-corderas [de vino],

Lín. 30: cf. *sup.* lín. 25, 27 (CML). *Lín. 32:* así, Vir. *Lín. 36: hty* error por *bhty* (Dussaud, RHR [1935] 41). *Lín. 37: dtm* error por *d (?)* (CML). *Lín. 38: / bht.[lbʿ]l* (Dussaud, RHR [1935] 43) / *bht[.hk(?)l* (Vir.). *Lín. 39:* así, KU. *Lín. 40-43:* < 1.1 IV 30-32; 1.22 I 12-14 (Vir.). *Lín. 42: il* error por *ilm* (Vir.), cf. *l. c.,* y *wmria* quizá por *wmri* (CTA; CML) / *mra* (Albright, JPOS [1935] 127). *Lín. 47-53:* completar *yn* con Vir.; en contra, Cassuto *(špq/yšpq). Lín. 47: / ym* (Montgomery, JAOS

es una construcción de plata...» (Sanmartín, UF [1978] 446). *Lín. 38-40: /* «... *Haddu* dispone los aprovisionamientos de su palacio...» (Dahood, ULx 96-97) / «*Baʿlu* amuebla su morada...» (Caquot-Sznycer) / «He dispuesto para *Baʿlu* una casa, *Haddu* hizo una instalación...» (Delekat, UF [1972] 13); cf. gl. *ʿdb. Lín. 47-53: /* «Proporcionó a los dioses corderos, ... a las diosas jarras (de vino)» (Cassuto), suprime la mención de *yn* y lee *[y]špq* alternativamente con *špq* / «Proporcionó a los dioses carneros (y) vino...» (Gibson); cf. gl. *pq.*

[49]*špq.ilm.alpm.*y*[n]*	abasteció a los dioses-bueyes de vino,
[50]*špq.ilht.arẖt[.yn]*	abasteció a las diosas-vacas [de vino],
[51]*špq.ilm.kḥṯm.y*n	abasteció a los dioses-solios de vino,
[52]*špq.ilht.ksat[.yn]*	abasteció a las diosas-sedes [de vino],
[53]*špq.ilm.rḥbt* yn	abasteció a los dioses-jarras de vino,
[54]*špq.ilht.dkr*t	abasteció a las diosas-tazas (de vino).
[55]*ʿd lḥm.šty.il*m	Mientras comían (y) bebían los dioses,
[56]*wpq.mrǵṯm.*ṯd	se proporcionaban reses lechales,
[57]*bḥrb.mlḥt.qṣ[.mr]* [58]*i.*	con un cuchillo «a la sal» filetes de cebón.
*tšty.kr*p*[nm.y]*n	Bebieron en cáliz vino,
[59]*[bk]*s.ẖrṣ.d*[m.ʿṣm]*	[en copa] de oro sangre [de cepas].
[60]*[ ]*n*(?)*	
[ ]t	
[ ]ṯ	
*[ ]*n	
[ ]-t	

(Laguna de unas 2 lín.)

KTU 1.4 VII

[1]*[ ]*lq*ni[m]*	
*[ ]aliyn.*bʿ*l*	
-[ ]-k.mdd il	
*y[m]lẓr.qdq*dh	

Toma de posesión de Baʿlu

[5]*il[ ]*r(?)*ḥq.bǵr*	(Mientras) los dioses se regocijaban en la montaña,
[6]*km.y[ ]ilm.bṣpn*	mientras [se divertían] los dioses en *Ṣapānu,*

[1953] 120). *Lín. 54:* c. *dkr[t.yn]* (Vir.); pero cf. KTU 19, n. 4 (omisión). *Lín. 55-59:* cf. *sup.* 1.3 I 4-8; 1.4 III 40-44; IV 36-38; 1.5 IV 12-16; 1.7 VI 4-6. *Lín. 56:* c. *ṯd[aṯrt] (Thespis;* MFL 92, n. 59). *Lín. 60:* c. *[ks ksp.hn.krp]n* (CML). *Lín. 61:* c. *[ʿl krpn.yptḥ.wmsk.yms]k* (CML). *Lín. 64: /](k/r)* (CTA).

Col. VII: *Lín. 3:* c. *b(?)]tk* (Vir.) / *r(?)[išh.h]t(?)k.* (MLD 52, 54). *Lín. 4:* c. *y[mẖṣk] (Thespis* [1950] 448) / *y[mẖṣ]lẓr...* (UM 74, n. 82); transcripción errónea de *lṯr* por *lẓr* en CTA, KTU y MLD 52 (cf. Vir., CML, SP 154, n. 9). *Lín. 5: / ṣ(?)]ḥq* (Vir.); c. *il[m.km.yṣ]ḥq (Thespis,* CML) / *il[m km r]ḥq* (AE) / *il[m. y]rḥq* (Gibson, CML) / *il[m.km y]r(?)ḥq* (MLD 52). *Lín. 6:* c. *y[šmḥ.]* (CML) / *y[dd]*

Col. VII: *Lín. 5-6:* / «... el dios... se alejó de la montaña, cuando el (amado) de los dioses (se alejó) de *Ṣapānu*...» (Caquot-Sznycer) / «... mientras los dioses estuvieron comiendo en *Ṣapānu,* marchó...» (De Moor) / «*Ilu*... está distante de la

7ʿdr.l[ ].ʿrm	pasó él [de ciudad] en ciudad,
8ṯb.lpd[r.p]drm	recorrió villa tras villa.
9ṯṯ. lṯṯm.aḫd.ʿr	Sesenta y seis ciudades tomó,
10šbʿm.šbʿ.pdr	setenta y siete villas;
11ṯmnym.bʿl.m[ ]-(?)	de ochenta *Baʿlu* [se hizo dueño (?)],
12tšʿm.bʿlmr[ ]	de noventa *Baʿlu* se apoderó (?).
[ ] 13b- - -b.	*[Haddu]* a [su palacio volvió],
bʿl.bqrb 14bt.	*Baʿlu* dentro de (su) casa.

Diálogo entra Baʿlu *y* Kôṯaru

wyʿn.aliyn 15bʿl[.]	Y respondió *Baʿlu,* el Victorioso:
aštm.kṯr.(?)bn 16ym	«Voy a hacer (que) *Kôṯaru* hoy mismo,
kṯr.bnm.ʿdt	(que) *Kôṯaru* con esta misma fecha,
17ypth̩.ḫln.bbhtm	abra una ventana en la casa,
18urbt.bqrb.hkl 19m.	una claraboya en el palacio;
w[y]pth̩.bdqt.ʿrpt	que abra incluso una aspillera en las nubes
20ʿl hwt.kṯr.wḫss	conforme a las palabras del (mismo) *Kôṯaru-Ḫasīsu*».
21ṣḥq.kṯr.wḫss	Se echó a reír *Kôṯaru-Ḫasīsu,*
22yšu[.] gh[.]wyṣḥ	alzó su voz y exclamó:
23lrgmt.lk.lali 24yn.bʿl.	«¿No te (lo) dije, oh *Baʿlu,* el Victorioso!,
tṯbn.bʿl 25lhwty[.]	que ya atenderías, *Baʿlu,* a mis palabras?».

(TOu) / *y[rḥq]* (AE) / *y[lḥm]* (SP), cf. 1.4 VI 55 / *y[brḫ]* (MLD 53). *Lín. 7:* / *y(?)]ʿrm* (Vir.); c. *ʿbr.l[ʿrm.l] ʿrm* (CML) / *ʿbr lʿ[r] ʿrm* (Gaster, JRAS [1944] 31; íd., *Thespis* [1950] 448), cf. 2 Cr 30,10 / *ʿ(d/u)r.l* (AE). *Lín. 8:* así, AK, KU / *lh(?) [dm(?).]pdrm* (Vir.) / *lpd[rm.l]pdrm* (CML). *Lín. 10:* c. *pdr ⟨ṯmn.l⟩* (CML), cf. 1.5 V 21. *Lín. 11:* c. *mr[a* / *m[rym]* (AK, KU) / *m[ḫṣ]* / *bʿl.tš[ʿl]* (CML) / *bʿl.mr[r]* (TOu) / *bʿl.m[šmn]* (MLD 56). *Lín. 12-13:* c. *mr[ym]* (AK, KU) / *[hd]b[hkl.yṯ]b* / *mr[.b]bt.[ʿ]rb* (SP) / *mr[ym ṣ]b[n.yṯ]b (Baal,* 136-137) / *mr[ʿ]b[d. ʿrb]* (MLD 56-57). *Lín. 13:* c. *bt[yṯ]b* (Vir.) / *b[km.yṯ]b* (Gaster, JRAS [1944] 31; íd., *Thespis* [1950] 448) / *bkm.ṯb bʿl...* (CML). *Lín. 16: bnm.ʿdt* posible error por *bn.mʿdt* (Singer, BJPES [1943] 21s). *Lín. 19:* / *w[i]ptḥ* (Albright, JPOS [1934] 770). *Lín. 20:* así, CTA, KTU / *ʿl p[ ]kṯr* (Vir.) / *p[k]* (Albright, *l. c.)* / *p[ht]* (Gaster, JRAS [1934]

---

montaña como el amado de los dioses de *Ṣapānu*» (Gordon, PLM 99). *Lín. 11-12:* / «Ochenta (tomó) *Baʿlu* de la cumbre de *Ṣapānu...*» (Ginsberg) / «... golpeó... expulsó...» (De Moor); cf. gl. *mr. Lín. 13:* / «*Baʿlu* mora en su casa...» (Ginsberg) / «Solo entró...» (Margalit). *Lín. 15-16:* / «Haré, ¡oh *Kôṯaru,* hijo del Mar, ... hijo de la Asamblea!» (Gordon, UMC 72) / «(La) pondré (en él), *Kôṯaru...* (Gibson) / «Voy a encargar a *Kôṯaru* el marítimo..., el habitante de los confluentes...» (Caquot-Sznycer; cf. Dahood, RSP II, 12) / «Voy a desafiar (?) a... hijo de la confluencia» (Margalit); cf. gl. *bn ym, bn m/ʿdt. Lín. 20:* / «... golpeó

Ejecución/repercusión del encargo

ypṯḥ.ḫ [26]ln.bbhtm.	Abrió una ventana en la casa,
urbt [27]bqrb.hklm[.]	una claraboya en el palacio;
ypṯḥ [28]bʿl.bdqt[.]ʿrpt	abrió *Baʿlu* una aspillera en las nubes.
[29]qlh.qdš[.]bʿl[.]ytn	Su voz santa *Baʿlu* emitió,
[30]yṯny.bʿl.ṣ[ ]pth	repitió *Baʿlu* [la expresión] de sus labios;
[31]qlh.q[ ]r.arṣ	su voz santa [hizo temblar] la tierra,
[32][ ]ǵrm[.]t(?)ḫ[šn]	[a su rugido] los montes se asustaron,
[33]rtq[ ] [34]qdm.(?)ym.	se conmovieron [las playas] frente al mar,
bmt.ar(?)[ṣ] [35]tṭṭn.	los altos de la tierra temblaron.
ib.bʿl.tiḫd [36]yʿrm.	Los enemigos de *Baʿlu* (se a)cogieron (a) los bosques,
šnu.hd.gpt [37]ǵr.	los adversarios de *Haddu* (a) las laderas del monte.

Monólogo de Baʿlu

wyʿn.aliyn [38]bʿl.	Y Respondió *Baʿlu,* el Victorioso:
ib.hdt.lm.tḫš	«Enemigos de *Haddu,* ¿por qué os asustáis,
[39]lm.tḫš.nṯq.dmrn	por qué teméis el arma del 'Poderoso'?
[40]ʿn.bʿl.qdm.ydh	Los ojos de *Baʿlu* preceden a sus manos
[41]ktǵḏ.arz.bymnh	cuando se dispara el (asta de) cedro de su diestra.

---

120) / *p[h]* (CML) / *pkm* (SP) / *p[tḥ]* (LC) / *ʿl[h ktt]* (MLD 61). *Lín. 24-25:* cf. *sup.* VI 51. *Lín. 27-28:* así, ya Vir., cf. *sup.* lín. 18-19. *Lín. 29:* así, ya Vir. *Lín. 30:* c. *ṣ[at š]pth* (ANET) / *ṣ[pn hw]th* (KU) / *ṣ[rr]th* (Løkkegaard, «AcOr» [1955] 23, n. 9). *Lín. 31:* c. *qlh.q[dš* (AK) / *q[dš yt]r* (*Thespis* [1950] 448) / *q[d]š.[t]r.* (CML) / *q[dš(?)wt]r* (AE) / *q[dš.t]rr* (SP) / *q[dš.ypr]r* (CMHE 149). *Lín. 32:* así, *Thespis,* l. c. (cf. CTA 29, n. 13) / *aḫsn* (Vir.); c. *[bgʿrth]ǵrm* (CMHE, *l. c.,* cf. Sal 18,26; Job 26,11; Is 66,15 / *[qdm ym].ǵrm* (RY 204) / *[ṣat.špt]h[.]ǵrm.tḫšn* (SP). *Lín. 33:* / *rḥq[* (CTA); c. *rtq[t* (Vir.) / *rtq* error por *rtt* (*Thespis* [1950] 448) / *rḥ qd[m* (SP). *Lín. 34:* así, ya *Thespis* [1950] 448, y UGU 114 / *a[rṣ.l/k]* (SP). *Lín. 35:* / *aiḫd* (BOS II, 189). *Lín. 38:* *hdt* posible error por *hd/hdd* (cf. KTU 20, n. 5, raspado) / *hd-* (UT) / *hdm(!)* (MLD 63). *Lín. 39:* / *nṯṯʿ* (*Thespis,* l. c.). *Lín. 44:* posible haplografía o

---

el yunque...» (Margalit). *Lín. 32-33:* / «... pueblos lejanos quedaron asustados [ ], los pueblos del oriente» (Gibson). *Lín. 33-35:* / «Los vientos del este invadieron...» (De Moor) / «... a oriente y occidente los altos tiemblan...» (Ginsberg; Dahood, PNSP 18). *Lín. 35-37:* / «... tomaron los bosques..., las laderas de las montañas...» (De Moor) / «... las lomas de las montañas...» (Dahood, *l. c.)* / «... las lindes del bosque...» / «... los orificios de las rocas...» (Gibson); cf. gl. *aḫd, gpt.* *Lín. 39:* / «... ¿por qué os quedáis quietos, vosotros que combatís a Demarus?» (Cassuto, BOS II, 192) / «... ¿por qué invadís, escuderos del Lugar de Perdición?» (De Moor); cf. gl. *ḫš, nṯq, dmrn.* *Lín. 40-41:* / «Responded a *Baʿlu,* salid al paso de su mano, acercaos al asta...» (Cassuto, BOS II, 192) / «*Baʿlu* miró al oriente, su mano tembló violentamente...» (De Moor) / «... hasta los cedros se secan al toque de su diestra...» (Gaster) / «... una lanza de cedro en su diestra» (Sanmartín, UF [1978] 448) / «... contempló su antebrazo... como resina de cedro (había) en...» (Margalit); cf. gl. *qdm, ǵḏ(y/ḏ)/ktǵḏ.* *Lín.*

[42]*bkm.yṯb.bʿl.lbhth*	¿Después que se ha sentado *Baʿlu* en su casa,
[43]*umlk.ubl mlk*	alguien, rey o no,
[44]*arṣ.drkt yštkn*	en la tierra de (mi) dominio se establecerá?
[45]*dll.al.ilak.*	Un correo voy a enviar
lbn [46]*ilm.mt.*	al divino *Môtu,*
ʿdd.lydd [47]*il.ǵzr.*	un heraldo al amado de *Ilu,* el Adalid,
yqra.mt [48]*bnpšh.*	(para que) grite a *Môtu* en su alma,
ystrn ydd [49]*bgngnh.*	(se) instruya el amado (de *Ilu)* en su interior:
aḥdy.dym[50]*lk.ʿl.ilm.*	«Yo soy el único que reinará sobre los dioses,
lymru [51]*ilm.wnšm.*	(el que) de veras engordará a dioses y hombres,
dyšb[52]*[ʿ].hmlt.arṣ.*	el que saciará a las multitudes de la tierra».

Encargo de mensaje

gm.lǵ [53]*[l]*m*h.bʿl.kyṣḥ.*	En voz alta a sus mancebos *Baʿlu* así gritó:
ʿn [54]*[gpn].wugr.*	*«Mirad, [Gapnu]* y *Ugaru,*
bǵlmt [55]*[ʿmm.]*y*m.*	en oscuridad [está envuelto] el mar,
bn.ẓlmt.r [56]*[mt.prʿ]*t*[.]*	en densa tiniebla [las cumbres primordiales]...».
ibr mnt [57]*[ṣḥrrm.ḥbl]*h*(?).*	
*ʿ*r*pt* [58]*[ ]*t*(?)ḥt*	

coalescencia de *-y.* (cf. ANET; Dietrich-Loretz-Sanmartín, UF [1974] 52: *drkty). Lín. 48:* c. *ydd* ⟨*il*⟩ (CML), cf. *sup.* lín. 46-47. *Lín. 50: lymru* error por *dymru* (Ginsberg, «Or» [1936] 182). *Lín. 51-52: / yšb[m]* (UT). *Lín. 52-60:* cf. 1.8 II 5-14. *Lín. 54: bǵlmt* error por *bn ǵlmt* (Segert, BZAW 77 [²1961] 198). *Lín. 56: / ibr -nt* (UT) / *ibrtn* (LC 54, n. 5). *Lín. 57:* así, Gaster, JRAS [1934] 710 / *[ḥblm.bʿ]rpt* (SP). *Lín. 58:* c. *[tḥt.mʿṣr -(?)t]ḥt* (CML) / *mʿṣr]m ḥt* (CML) / *[tḥt mʿṣrm t]ḥt* (AE) / *[tḥt.bšmm*

42-44: / «A continuación *Baʿlu* volvió a su casa. ¿... establecería un territorio...?» (De Moor) / «... se han asentado en la tierra de mi dominio» (Dietrich-Loretz-Sanmartín, UF [1974] 52); cf. gl. *bkm, škn. Lín. 45-47:* / «Tributo no enviaré... ni recado...» (Ginsberg) / «Mis respetos no enviaré... ni saludos...» (Gordon, UMC 73) / «Tengo que enviar tributo... regalías...» (Margalit); cf. gl. *dll, ʿdd. Lín. 47-49:* / «Si quisiera *Môtu* invitar(me) a entrar en su garganta, ... ocultarme en su túnel...» (De Moor) / «... que cite a *Môtu* a su sepulcro (y) oculte al amado... en su tumba...» (Driver) / «... (a pedir a *Môtu* que (le) invite..., le oculte dentro de sí...» (Gibson) / «*Môtu* chilla a voz en grito, ... me afrenta clamando: ...» (Caquot-Sznycer; cf. Dahood, RSP II, 28); cf. gl. *npš, ysr, gngn. Lín. 50-52:* / «... el que manda sobre dioses y hombres...» (Weinfeld, UF [1976] 409, n. 266) / «... el que engordará con... se saciará con...» (Margalit); cf. gl. *mra. Lín. 54-56:* / «Los hijos del Ocultamiento velan a *Yammu,* los hijos de la Oscuridad al Soberano Excelso...» (De Moor) / «... la luz del día (está velada) por la oscuridad, (la excelsa princesa)...» (Gibson) / «En medio de la oscuridad, cuando la luz del día se oscurece, entre las esbeltas, afelpadas avestruces estará su parte...» (Gaster) / «(Mi) día se ha hecho tiniebla, la crín ... ha caído» (Margalit); cf. gl. *ǵlmt, ʿmm, ẓlmt, prʿt.*

[59]*[* *]*m
[60]*[* *]h*

(Laguna de unas 7 lín.)

KTU 1.4 VIII

[1]*idk.al.ttn.pnm.*	«Así, pues, poned cara
[2]*ʿm.ǵr.trǵzz*	hacia el monte *Tarǵuzizza,*
[3]*ʿm.ǵr.ṯrmg*	hacia el monte *Tharrumagi,*
[4]*ʿm.tlm.ǵṣr.arṣ*	hacia los (dos) alcores que limitan la tierra.
[5]*ša.ǵr.ʿl.ydm*	Alzad la montaña sobre las manos,
[6]*ḫlb.lẓr.rḥtm*	el macizo encima de las palmas,
[7]*wrd.bt.ḫpṯt* [8]*arṣ*	y descended a la morada de reclusión de la 'tierra',
tspr.by[9]r*dm.arṣ*	contaos entre los que bajan al 'abismo'.
[10]*idk.al.ttn* [11]*pnm.*	Así, pues, poned cara
tk.qrth [12]*h*mry.	hacia su ciudad 'Fangosa',
mk.ksu [13]*ṯbth.*	(pues) una poza es el trono de su sede,
ẖẖ.arṣ [14]*nḥlth.*	un lodazal, la tierra de su posesión.
wnǵr [15]ʿnn.*ilm.*	Y prestad atención, heraldos divinos;
al [16]*tqrb.lbn.ilm* [17]*mt.*	no os acerquéis (demasiado) al divino *Môtu,*
*al.yʿd*bk*m* [18]*kimr.bph*	no os ponga como un cordero en su boca,
[19]*klli.bṯbrn* [20]*qnh.tẖtan*	como un lechal en la abertura de su esófago quedéis [triturados;
[21]*nrt.ilm.špš*	(pues) la Luminaria de los dioses, *Šapšu,*
[22]*ṣḥrrt.la* [23]*šm*m	abrasando está el vigor de los cielos
byd.md[24]*d.*i*lm.mt.*	en manos del amado de *Ilu, Môtu.*

ʿṣrm.]ḥt (SP). *Lín. 59:* c. *[k glṯ.isr- - -]m* (SP). *Lín. 60:* c. *[brq...* (CML) / *[brq- - -ymtm-]h* (Gibson, CML).

Col. VIII: *Lín. 1-9:* cf. 1.5 V 11-16. *Lín. 8:* parece *arṣ* posible glosa (Loretz, UF [1976] 130) o dittografía en lín. 9 por *ʿpr* (MLD 78). *Lín. 10-14:* cf. 1.3 VI 15-16; 1.5 II 13-16. *Lín. 11-12:* suplir *pnm⟨ʿm bn il mt.⟩tk* (Vir.). *Lín. 13:* *ṯbth.ẖẖ* error material por *ṯbty (?)* (Vir.). *Lín. 15:* / *ʿt(?)n* / *ʿnn* (Vir.); posible error de *ilm* por *il* (MLD 82). *Lín. 17-24:* cf. 1.3 V 17-18; 1.6 II 22-25. *Lín. 24-35:* cf. 1.3 IV 38;

Col. VIII: *Lín. 4:* / «... hacia el surco de la prosperidad de la tierra/que divide la tierra» (Gordon, UMC 73 / PLM 101) / «... hacia los montes gemelos del dios Infierno» (Tsevat, JNSL [1974] 71). *Lín. 5-6:* «Escalad la montaña con...» (Margalit); cf. gl. *tl(m), ǵṣr.* *Lín. 7:* / «... al lazareto...» (Clifford, CMC 79) / «... al osario...» (Tromp, PCD 6) / «... a la mansión de los *ḫupšu*...» (Loretz, UF [1976] 130); cf. gl. *bt ḫpṯt.* *Lín. 12-15:* cf. 1.5 II 16. *Lín. 15-17:* / «... acercaos... él os pondrá...» (Cassuto, BOS II, 172). *Lín. 19-20:* / «... y vosotros dos seáis arrastrados... a la abertura...» (Gibson) / «... como un cordero en sus fauces (te) arrebate...» (Delekat, UF [1972] 18), cf. *inf.* 1.6 II 23; cf. gl. *qn, ẖta.* *Lín. 20-24:* / «Recluta a *Šapšu*...» (Margalit), cf. *inf.* 1.3 V 17-18. *Lín. 35-36:* < VI 36-37.

ba [25]*lp.šd.rbt.k* [26]*mn.*	A través de mil yugadas, diez mil obradas,
lpʿn.mt [27]*ḫbr.wql*	a los pies de *Môtu* inclinaos y caed,
[28]*tštḥwy.wk*[29]*bd.hwt*	postraos y rendidle honores;
wr*gm* [30]*lbn-.ilm.mt*	y decid al divino *Môtu,*
[31]*ṯny*.l*ydd* [32]*i*l.ǵzr.	repetid al amado de *Ilu:*
tḥm [33]*aliyn.bʿl*	Mensaje de *Baʿlu,* el Victorioso,
[34]*[hw]*t.*aliy.q* [35]*[rdm.]*	[palabra] del más poderoso de los [héroes]:
b*hty.bnt* [36]*[dt.ksp.]*	Mi casa [de plata] he construido,
[ ] [37]*[ ]*ly	[mi palacio de oro]...».
[38]*[ ]*a*ẖy*	
[ ]aẖy	
[40]*[ ]-y*	
*[ ]*r/k*b*	
[ ].ṣḥt	
*[ ]*m*(?)t*	
[ ].ilm	
[45]*[ ]*h*(?)/i(?)u.yd*	
[ ]k	
*[gpn.]*w*u*gr	

[ ]t

(Laguna de unas 16 lín.)

(Borde)

*[spr.ilmlk.ṯʿ]*y.	[El escriba fue *Ilimilku,* Inspector]
nqmd.mlk.ugrt	de *Niqmaddu,* Rey de *Ugarit.*

VI 17-25; 1.4 V 24, 56-57; 1.17 V 9-10; 1.18 I 21-22. *Lín. 30:* raspado después de *lbn* (Vir.). *Lín. 35-37:* cf. *sup.* V 51-54; VI 36-38; c. *[dt.ksp.dtm ẖrṣ.hk]ly* (CTA) / *[dt. ksp hk]ly* (AK), con supresión de lín. 36 / *[dt ksp hkly dtm ẖrṣ]y* (UT) / *[dt ksp.hk]ly [dẖrṣ.rmmt]aẖy* (CML). *Lín. 35: / bht ybn[n(?)]* (Vir.). *Lín. 40:* c. *a]ẖy* (CML). *Lín. 42: /]l(?)ḥt* (Vir.), c. *m]lḥt (Thespis,* l. c.). *Lín. 48ss:* De Moor, UF [1969] 184, propone su reconstrucción a partir de 1.5 I 14ss y 1.133: 1-11. *Borde:* cf. 1.6 VI 53-56; 1.17 VI Borde.

EL MITO DE LA «LUCHA ENTRE BAʿLU *Y* MÔTU»
(KTU 1.5-6)

KTU 1.5 I

Mensaje de Môtu

[1]*ktmḫṣ.ltn.bṯn.brḥ*	«Cuando aplastaste a *Lôtanu,* la serpiente huidiza,
[2]*tkly.bṯn.ʿqltn.*	acabaste con la serpiente tortuosa,
[3]*šlyṭ.d.šbʿt.rašm*	el 'Tirano' de siete cabezas,
[4]*tṯkḥ.ttrp.š*m*m.*	se arrugaron (y) se aflojaron los cielos
krs [5]*ipdk.*	como el ceñidor de tu túnica;
ank.ispi.uṭm	(entonces) yo fui consumido hecho pedazos,
[6]*ḏrqm.amtm.*	esparcido (al viento) perecí.

Col. I: *Lín. 1-3:* cf. 1.3 III 41-42; Is 27,1; Sal 74,14; Ap 12,3; 13,1; 17,7. *Lín. 2:* raspado (CTA, KTU). *Lín. 4: krs* error (?) por *kr⟨k⟩s* (Albright, BASOR 83 [1941] 40, n. 9), cf. Is. 51,6; Sal 102,26-27; Job 26,11; Heb 1,10ss. *Lín. 5: uṭm* posible error por *dṭm* (Van Selms, UF [1975] 477) o por *uṭʿm* (?) (WL 23, n. 5). *Lín. 6: lyrt* error

---

Col. I: *Lín. 1-4/27-31:* para las diversas interpretaciones del *k-* inicial («porque, cuando, si, aunque, por más que, como...») cf. Emerton, «AusJBibArch» [1967] 53ss; Aartun, WO [1967-1968] 282-286 / «Porque heriste... prendiste fuego, debilitaste los cielos como una ruina...» (Van Selms, UF [1975] 582) / «¡Seas aplastada... te marchites..., retorcedora; convulsiónate hasta la muerte, (tu la de) veneno viscoso...!» (Margalit) / «Cuando golpeas..., (cuando) los cielos se inflaman (y) chorrean como sudor de tu veste...» (Caquot-Sznycer) / «(¿Has olvidado que yo puedo...), por más que tu...?» (Gibson) / «Aunque... quedaste al desnudo, los cielos se aflojaron» (De Moor, UF [1979] 642; cf. gl. *ṯkḥ, trp/rp(y), rks, rs.* *Lín. 5-6/32-35:* para las diversas interpretaciones de estas líneas, cf. Del Olmo Lete, UF [1978] 44-45. Se pueden entender también los verbos en sentido activo. Ultimamente: / «... yo, por mi parte, te devoraré..., muslo (?), pies (?), brazos...» (Van Selms, *l. c.;* Emerton, UF [1978] 77) / «... tu (venenosa) mordedura ingiero, entre lamentos y excrementos expiro» (Margalit) / «... gimiendo, me alimento de excrementos y muero» (Caquot-Sznycer) / «Los cielos se calentarán... por que/cuando te partiré en pedazos y te comeré; el flujo de tu sangre se parará: te mataré» (Emerton [1967], *l. c.)* / «... te consumiré como carne suculenta, comeré un estofado de tu pringoso mondongo, cortado en largas piezas...» (De Moor, *l. c.)* / «Los 'despojos' de tu torso comeré a sanguinolentos bocados de a dos codos...» (Pope, «Maarav» [1978] 28); cf. gl. *uṭ(m), ḏrq(m).* *Lín. 6-8:* / «... mientras, tú has eludido bajar...» (Gaster) / «... al sepulcro... mazmorra...» (Ginsberg) / «... a

lyrt [7]*bnpš.bn ilm.mt.*	(Pero) ¡venga!, desciende tú (ahora) a las fauces del divino
bmh[8]*mrt.ydd.il.ǵzr*	al sumidero del amado de *Ilu,* el Adalid». *[Môtu,*

Transmisión del mensaje

[9]*tbʿ.wl.yṯb.ilm.*	Marcharon sin detenerse los dioses;
idk [10]*lytn.pnm.*	así, pusieron entonces cara
ʿm.bʿl [11]*mrym.ṣpn.*	hacia *Baʿlu* (que mora) en las alturas de *Ṣapānu*
wyʿn [12]*gpn.wugr.*	y dijeron *Gapnu* y *Ugaru:*
tḥm.bn ilm [13]*mt.*	«Mensaje del divino *Môtu,*
hwt.ydd.bn il [14]*ǵzr.*	palabra del amado de *Ilu,* el Adalid:
pnp.š.npš.lbim [15]*thw.*	Tengo, sí, el apetito del león de la estepa
hm.brlt.anẖr [16]*bym.*	o la gana del tiburón (que mora) en el mar
hm.brky.tkšd [17]*rumm.*	o (de) la alberca que buscan los toros salvajes
ʿn.kḏd.aylt	(de) la fuente (que anhela), sí, la manada de ciervas,
[18]*hm.imt.imt.*	o, (dicho) sin ambages,
npš.blt [19]*ḥmr.*	mi apetito devora a montones;

---

por *lyrdt* (?) (CML), cf. 1.17 I 41; o por *lyrd* (Vir.). *Lín. 13: bn,* dittografía de línea precedente (Segert, BZAW 77 [[2]1961] 203), cf. idéntico error *inf.* II 18. *Lín. 14: pnp.š* error por *pnpš.* (CTA), cf. 1.133: 2 / *pnh* (Vir.); / *lbit* (Vir.). *Lín. 14-17:* cf. 1.133: 2-8, con las variantes *thw/thwt, brky/brkt, tkšd/šbšt* (De Moor, UF [1969] 184; Dietrich-Loretz-Sanmartín, UF [1975] 536-538). *Lín. 15: thw* error posible por *thwt; hm. brlt* glosa (Dietrich-Loretz-Sanmartín, *l. c.). Lín. 16: brky* error por *brkt* (Dietrich-Loretz-Sanmartín, UF [1975] 536-538) / *tkšd* por *⟨l⟩tkšd* (MLD 97, 101; también, Dietrich-Loretz, UF [1978] 435: *⟨hm⟩). Lín. 17: kḏd* error por *kš(!)d* (Rainey, UF [1971] 156; pero cf. Dietrich-Loretz-Sanmartín, *l. c.). Lín. 18: blt* error por *b⟨r⟩lt (?)* (Vir.); *imt.imt* interpolación (?) (Dietrich-Loretz-Sanmartín, UF [1975] 536-538). *Lín. 19: / ḥmrm imt/hmt* (Vir./AK) / *ḥmr[ ]hm(?)t/h-t* (KU/UT); c. *zhmt* (?) (WL 23, n. 5);

---

la garganta... esófago...» (Aistleitner); cf. gl. *npš, mhmrt. Lín. 9:* / «... y que se informen los dioses» (Cassuto, BOS II, 155) / «... y volvieron...» (Gordon) / «... sin volverse...» (Aistleitner). *Lín. 14-17:* para una discusión detallada de toda esta sección, cf. próximamente Del Olmo Lete, AF [1981]; se prescinde de las versiones que suponen la lectura *pnh/p.š* (oveja); la traducción podía también ofrecerse en forma interrogativa; cf. gl. *p/hm;* / «(Como) el deseo de la leona está vuelto hacia la estepa, ... hacia el mar, el toro salvaje anhela las albercas..., la fuente» (Cassuto) / «Mira, mi garganta (bosteza como la de) un delfín... mi rodilla vence a la de..., mi ojo tiene la viveza de...» (Gray) / «Un ser vivo excita el deseo de los leones, aunque el apetito de..., la alberca atraiga a...» (De Moor, UF [1969] 202; algo diversa (interrogación) su versión en UF [1979] 640; también cf. Greenstein, JANES [1973] 158; en parte, Gibson; Pope, *l. c.)* / «Mi garganta es la de..., o la cisterna que atrae..., o la fuente, cebo de...» (Caquot-Sznycer) / «... mira, mis rodillas alcanzan a los toros salvajes...(?)» (Dietrich-Loretz-Sanmartín, UF [1975] 537-538; cf. UF [1978] 435: «mi ojo es como un rebaño de ciervas») / «¿No se apoderan... los ciervos de una fuente como si fuera un pezón?» (Margalit); cf. gl. *thw, brlt, brky/t, lbi, anẖr, kšd, rum, kḏd. Lín. 18-19:* / «... así también mi deseo es ma-

pimt.bklat [20]ydy.ilḥm.	y es verdad que a dos manos yo engullo
hm.šbʿ [21]ydty.bṣʿ.	y que son siete las raciones en mi plato
hm.ks.ymsk [22]nhr.	y que mi copa mezcla (vino) a raudales.
kl.ṣḥn.bʿl.ʿm. [23]aẖy[.]	¡Venga!, pues, invítame, *Baʿlu,* junto con mis hermanos,
qran.hd.ʿm.aryy	convídame, *Haddu,* junto con mis parientes,
[24]wlḥmm ʿm.aẖy.lḥm	a comer con mis hermanos viandas,
[25]wštm.ʿm.a[ẖ]y yn	y a beber con mis parientes vino.
[26]pnšt.bʿl. [ṭ]ʿn.iṭnʿk	Y olvídate, *Baʿlu,* del ataque que te lancé,
[27][ ]- -a.[ ]k.	[de la herida que te infringí (?)].
ktmẖṣ [28][ltn.bṯn.b]rḥ.	Cuando aplastaste [a *Lôtanu,* la serpiente] huidiza,
tkly [29][bṯn.ʿqltn.]	acabaste [con la serpiente tortuosa],
šlyṭ. [30][dšbʿt.rašm].	el 'Tirano' [de siete cabezas],
tṯkḥ [31][ttrp.šmm.]	se arrugaron (y) [se aflojaron los cielos]
[krs.ipd]k	[como el ceñidor de tu túnica];

---

pimt interpolación (?) (Dietrich-Loretz-Sanmartín, *l. c.);* CTA y De Moor suponen *bklt,* error por *bkl⟨a⟩t.* *Lín. 20-22:* cf. 1.133: 9-11, con inversión del orden de los hemistiquios (Dietrich-Loretz-Sanmartín, UF [1975] 536-538). *Lín. 20:* c. *⟨mt.⟩hm* (MLD 103). *Lín. 21:* / *ydt y(?)bṣʿ* (Vir.). *Lín. 22-23:* cf. *inf.* II, 21-22. *Lín. 22:* así, KTU / *nh w(?) kd(?) ṣḥa(?)[.]* (Vir.) / *nh-wk(d/l)* (KA; cf. *Thespis* [1950] 448) / *nhr(?)kd(?)ṣḥa* (KU) / *nh kkd* (BOS II, 143) / *nhr(?) k(l/d).ṣḥ(a/q!)* (UT, pero cf. *ibd.* p. 473, 542) / *nhr[.]k-.(?)ṣḥn* (CTA), cf. 1.133: 10; c. *k(n)/k(d),* cf. 1.12 II 53; 1.19 I 14 (Gibson, CML) / *ṣḥa/ṣḥn/lḥn/ṣḥ* (AE); *ṣḥa* error por *ṣḥq* (Dussaud, RHR [1935] 52; Segert, BZAW 77 [^{2}1961] 206). *Lín. 23:* / *aẖy[n.]wan.hb(?)* (Vir.) / ...*wan.hd(?)* (KU). *Lín. 24:* / *wlhmt* (BOS II, 143, n. 10). *Lín. 25:* *wštt[.]* (Vir.); / *ʿm a[r]y⟨y y⟩n* (UT). *Lín. 26:* / *bʿl.[y]ʿn* (Vir.). *Lín. 27-31:* < 1-5. *Lín. 27:* / *]ma[--]* (CTA) / *]ta[* (CML); c. *[hm...],* cf. *sup.* lín. 14-15, 19-20. *Lín. 32-35:* *sup.* lín. 5-8 (KU).

---

tar... hacer morir a montones...» (Cassuto) / «si en verdad mi deseo fuera devorar barro..., comería...» (De Moor, *l. c.)* / «... hierba... es el apetito del paladar del asno...» (Aistleitner) / «Verdura es el sustento de mi vida; mi apetito es de barro y verdura...» (Margalit) / «Por cuánto tiempo carecerá mi garganta de (alimento) rojo, cuando con mis dos manos...» (Pope, *l. c.)* / «... mi garganta (no) se humedece más (que) con fango» (Caquot-Sznycer); cf. gl. *imt, bl(y), ḥmr.* *Lín. 20-22:* / «... siete raciones se cortan...» (Driver) / «... (me) mezclan una copa como un cántaro...» (Cassuto, BOS II, 128) / «Colma mi deseo con la jofaina o que tu copero mezcle la copa» (Caquot-Sznycer) / «... si *Naharu* mezcla la copa...» (Dijkstra, JANES [1974] 67, n. 49; Gibson) / «... si mis siete jorciones... si *Naharu* mezcla...» (De Moor, UF [1979] 640) / «De todo (lo que) muere yo como. *Môtu,* cuando está saciado, él... cuando amablemente se mantiene junto al río» (Margalit); cf. gl. *ṣʿ, nhr.* *Lín. 22-25:* / «¡(Así) *Baʿlu* me ha invitado...! ¡Pero es para comer pan...!» (Gibson) / «Invítame... y come» (Gordon, PLM 104) / «Porque no me invitó..., sino que comí...» (De Moor, *l. c.).* *Lín. 26-27:* / «... serás olvidado..., te llevaré (al sepulcro)...» (Cassuto, BOS II, 149) / «... lo olvidarías: que yo te traspasaría...» (Caquot-Sznycer) / «Levantaremos a *Baʿlu* y se te cargará sin duda» (Gordon, PLM 104) / «... mientras yo era olvidado... (por eso) te traspasaré...» (De Moor, *l. c.)* / «... y olvidaré... que he de morderte» (Margalit); cf. gl. *nš(y), ṭʿn.*

^{32}*[ank.ispi.uṭm.]*	[(entonces) yo fui consumido hecho pedazos],
[ḏrqm ^{33}amtm.]	[esparcido (al viento) perecí].
[lyrt.bnpš ^{34}bn.ilm.mt.]	[(Pero) venga, desciende tú (ahora) a las fauces del divino
[bmhmrt ^{35}ydd.il.ǵzr]	[al sumidero del amado de *Ilu,* el Adalid]». *[Môtu,*

(Laguna de unas 30 lín.)

KTU 1.5 II

(Laguna de unas 12 lín.)

Final de mensaje

^{1}*[ ]*m	
^{2}*[špt.la]rṣ.špt.lšmm*	«[Si pone *Môtu* un labio en] la tierra y otro en el cielo,
^{3}*[ ]*l*šn.lkbkbm.*	[si extiende] su lengua a las estrellas,
yʿrb ^{4}[b]ʿl.bkbdh.	entrará *[Baʿlu]* en sus entrañas,
bph.yrd ^{5}kḥrr.zt.	en su boca caerá cuando (se) agoste el olivo,
ybl.arṣ.wpr ^{6}ʿṣm.	el producto de la tierra y la fruta de los árboles».

Mensaje de Baʿlu *y transmisión*

yraun.aliyn.bʿl	Se atemorizó *Baʿlu,* el Victorioso,
^{7}*ṯtʿ.nn.rkb ʿrpt*	le tuvo miedo el Auriga de las nubes:
^{8}*tbʿ.rgm.lbn.ilm.mt*	«Marchad, decid al divino *Môtu,*
^{9}*ṯny.lydd.il ǵzr*	repetid al amado de *Ilu,* el Adalid:
^{10}*tḥm.aliyn.bʿl.*	Mensaje de *Baʿlu,* el Victorioso,
hwt.aliy ^{11}qrdm.	palabra del más poderoso de los héroes:
bhṯ.lbn.ilm mt	¡Salve, oh divino *Môtu,*
^{12}*ʿbdk.an.wdʿlmk*	siervo tuyo soy a perpetuidad!».
^{13}*tbʿ.wl.yṯb.ilm.*	Marcharon sin detenerse los dioses;
idk ^{14}lytn.pn.	así, pusieron entonces cara
ʿm.bn.ilm.mt	hacia el divino *Môtu,*

Col. II: *Lín. 1-2:* así, Vir., cf. 1.23: 61-62 / *](m/t)* (CTA); c. *kšt mt špt… / [št]m…* (MLD 107). *Lín. 3:* c. *wšt lšn / [w]lšn* (CML) / *[šlḥ]lšn* (MLD 107). *Lín. 6-7:* cf. 1.6 VI 30-31. *Lín. 7:* / *ṯq(?)nn/ṯtʿ.nn* (Vir.). *Lín. 13-16:* cf. 1.3 VI 14-16; 1.4 VIII 10-14. *Lín. 14:* *pn* error por *pn⟨m⟩* (Rosenthal, «Or» [1939] 216). *Lín. 16:* /

Col. II: *Lín. 4-6:* / «… después que maduren las olivas…» (Aistleitner) / «… como las más escogidas olivas que la tierra produce…» (Gray) / «… como un pastel de aceitunas, como el producto de la tierra…» (Ginsberg, Cassuto) / «… como un hueso de aceituna. La tierra y el fruto… se marchitaron. Temieron por *Baʿlu*…» (Margalit) / «*Baʿlu* ha de entrar… por que ha abrasado…» (Gibson); cf. gl. *hrr, ybl/nbl/bl(y).* *Lín. 11:* / «… avergüénzate…, ¿soy yo tu siervo…?» (?) (Driver) / «¡Sé benigno…!» (Ginsberg) / «¡Ven al encuentro de tu huésped…!» (De Moor) / «Estoy perplejo…» (Sanmartín, UF [1978] 444); cf. gl. *bhṯ.* *Lín. 13:* / «… el

[15]*tk.qrth.hmr*y.	hacia su ciudad 'Fangosa',
mk.ksu [16]*ṯbt.*	(pues) una ciénaga es la sede de su trono,
ḫḫ.arsṣ.nḥlth.	suciedad la tierra de su posesión.
tšа [17]*ghm.wtṣḥ.*	Alzaron su voz y exclamaron:
tḥm.aliyn [18]*bn.bʿl.*	«Mensaje de *Baʿlu,* el Victorioso,
hwt.aliy.qrdm	palabra del más poderoso de los héroes:
[19]*bhṯ.bn.ilm.mt.*	¡Salve, (oh) divino *Môtu,*
ʿbd*k.an* [20]*wd.ʿlmk.*	siervo tuyo soy a perpetuidad!».

Reacción de Môtu

šmḫ.bn ilm.mt	Se alegró el divino *Môtu.*
[21]*[ ]gh.waṣḥ.*	[alzó] su voz y exclamó:
ik.y.ṣḥn [22]*[bʿl.ʿm.aḫy].*	«¿Así es que me invitó *[Baʿlu* junto con mis hermanos],
yqr.un[.]hd	que me convidó *Haddu* [junto con mis parientes]?
[23]*[ʿm.aryy.]*	
*[ ]*w/a*p.mlḥmy*	
[24]*[ ]lt.qẓb*	
[25]*[ ].šmḫy*	
*[ ]*t*b*ʿ	
*[ ]*t*(?)nnm*	

(Laguna de unas 23 lín.)

ṯbty.arṣ (Vir.); *ṯbty* error por *ṯbth* (Rosenthal, «Or» [1939] 219), cf. 1.4 VIII 13; c. *ṯbth ⟨ḫḫ⟩ (Thespis* [1950] 449) / *ṯbt⟨h⟩.ḫḫ.* (CTA; Ginsberg, «Or» [1936] 183; Zevit, UF [1977] 316). *Lín. 18: bn.bʿl,* dittografía vertical de *bn* (cf. lín. 13) (Ginsberg, «Or» [1936] 166, 188). *Lín. 19: bn* posible error por *lbn* (Rosenthal, «Or» [1939] 230), cf. *sup.* lín. 11. *Lín. 21:* c. *[aṣi(?).g]h...ylḥn* (Vir.) / *nša.]gh waṣḥ* (KU) / *[yšu.]gh... (Thespis,* l. c.); *aṣḥ* error por *yṣḥ (Thespis* [1950] 449; UT 178, pero cf. p. 542, donde propone retener *aṣḥ;* CTA 34, n. 4) / *[wy]gh.wnṣḥ* (MLD 117); *y.ṣḥn* error por *yṣḥn* (CTA), cf. *sup.* I 22. *Lín. 22: /]yt(?)r. un hd* (Vir.); c. así, KTU / *[aliyn bʿl ik]ytr* (BOS II, 156) / *[bʿlm.k.trr.]ytr* (CML) / *[bʿl.ʿm.aḫy.ik(??)]. yqrun[.]hd* (CTA), cf. *sup.* I 22-23. *Lín. 23:* cf. *sup.* I 23; / *y]kp.mlḥmy* (CML) / *](k/r)p...* (CML) / *]k(?)p...* (Vir.). *Lín. 24:* c. *[bmak]lt.qẓb (Thespis* [1950] 449). *Lín. 27:]nn[ ]* (UT) / *]nnm(?)* (CTA).

---

dios ha partido para no volver jamás» (Margalit). *Lín. 15-16:* / «... su ciudad abisal. La *Ruina* es (su) residencia, el *Agujero,* su patrimonio» (Caquot-Sznycer) / «Bajo (es) el trono..., deprimida, la tierra...» (Zevit, UF [1977] 316) / «El Infierno es su morada, el pozo... y el fondo (de la tierra) su divina mansión» (Margalit); cf. gl. *hmry, mk, ḫḫ.* *Lín. 21-22:* / «¡Por fin! *Baʿlu* me llama... me convoca...» (Caquot-Sznycer) / «... se alegró... porque (ahora) era preeminente y victorioso» (Margalit); cf. gl. *ṣḥ, qra.*

KTU 1.5 III

(Laguna de unas 10 lín.)

[ ]m[ ]
*[r]*ḫ*bt.ṯbt.-[*]
rbt.ṯbt.ḫš[n]
*y.arṣ.ḫš*n[ ]
ṯʿtd.tkl.[ ]
tkn.lbn[ ]
dt.lbnk[ ]
*dk.k.kbk*b[ ]
*dm.mt.aṣ*ḥ[ ]
ydd.bqr[b]
al.ašt.b[ ]
aḫpkk.l.ʿ-[ ]
*ṯmm.wl*k[ ]
*wlk.il*m.[ ]
nʿm.ilm.[ ]
šgr.mu[d]
*šgr.mu*d[ ]
dm.mt.aṣ[ḥ]
yd.bqrb.[ ]
wlk.ilm.[ ]
wrgm.l-[ ]
*bmud.ṣ*in[ ]
mud*.ṣin*k[ ]
*iṯm.mui*d[ ]
dm.mt.aṣ[ḥ]
*ydd.bq*r*[b*]
ṯmm.*wlk.[*]
[ ]*ṯ.l*k[ ]
[ ]k*ṯ.i-[*]
[ ]km[ ]

(Laguna de unas 20 lín.)

COL. III: *Lín. 2: / ḫ[š(?)n(?)* (Vir.). *Lín. 6:* c. *bn[k.* (Gibson, CML), cf. lín. 7. *Lín. 8:* c. *kbk[m* (CML). *Lín. 11:* c. *b[ḫrt ilm arṣ]* (Vir.), cf. *inf.* V 5-6. *Lín. 19: yd* error por *yd⟨d⟩* (Segert, BZAW 77 [²1961] 198), cf. *sup.* lín. 10, *inf.* lín. 26. *Lín. 23:* c. *ṣin p[* (SP). *Lín. 29: /]r(?)ṯ.* (Vir.).

COL. III-IV: para una tentativa versión de este texto fragmentario puede verse últimamente Gordon, PLM 106-107; Gibson, CML 70-71.

KTU 1.5 IV

(Laguna de unas 20 lín.)

1ʿ.šn-[ ]	
wlṭlb.[ ]	
mit.rḥ-[ ]	
ṭṭlb.a-[ ]	
5*yšu.*gh*[.wyṣḥ*]	Alzó su voz y exclamó:
i.ap.bʿ[l]	«¿Dónde, pues, está *Baʿlu* [...],
i.hd.d[ ]	dónde *Haddu* [......?]».

Escena de banquete

8*ynpʿ.bʿ[l*]	Apareció *Baʿlu* [con siete de sus servidores],
9*bṯmnt.-[*]	con ocho [de sus jabatos];
10*yqrb.-[*]	se acercó *Haddu* [ ]
11l*ḥm.*m[ ]	a comer [y beber].
12ʿ*d.lḥm[.šty.ilm]*	Mientras comían [y bebían los dioses],
13*wpq.m*r*[ǵṯm.ṯd]*	se proporcionaban [reses lechales],
14*bḥrb.[mlḥt.qṣ.mri]*	con un cuchillo [«a la sal» filetes de cebón].
15š*ty.k*r*[pnm.yn]*	Bebieron en [cáliz vino],
16b*ks.ḫr[ṣ.dm.ʿṣm.]*	en copa de oro [sangre de cepas],
17*ks.k*sp[.]	Copas de plata [llenaron],
18*kr*pn.[ ]	cáliz [tras cáliz].
19*wtṯt*n.y[ ]	
20*tʿl.trš(?)/ṯ(?)[*]	
bt.il.li[mm]	
*ʿl.ḥbš.*r[ ]	
mn.lik.ḫ[ ]	
lik.tlʿ(?).-[ ]	
25*tʿddn[*]	
*niṣ.*pk/r/w[ ]	

(Laguna de unas 11 lín.)

Col. IV: *Lín 1: / tšn[* (Vir.) / *pš(d/n)[* (UT) /*p.šn[* (CTA). *Lín. 4: / -?ṭlb.* (UT) / *w(?)ṭlb.* (AE). *Lín. 7: hd* posible error por *hdd* (?) (CML), cf. 1.9: 13. *Lín. 8-9:* c. *bʿ[l bšbʿ (Fs Pedersen,* 122) / *bʿ[l.bšbʿt ǵlm] bṯmnt.ḫ[nzr* (CML), cf. 1.5 V 8-9 / *...ǵlmh/ḫnzrh* (Gibson, CML). *Lín. 10:* c. *yqrb.[hd* (CML). *Lín. 12-16:* 1.3 I 7-8; 1.4 III 40-44; IV 37-38; VI 55-59; 1.17 VI 4-6 (Dijkstra-De Moor, UF [1975] 183). *Lín. 16-17:* c. *b]ks* (CML). *Lín. 17-18:* c. *ks.ksp[.hn.krpn.ʿl] krpn.[yptḥ.wmsk.ymsk]* (CML) / *ks ksp [ymlun] krpn [ʿl krpn]* (Dijkstra-De Moor, *l. c.). Lín. 19: / wtṯtny(?)[* / *wtṯtn[.(?)](ḫ/y)[* (CTA); c. *wtṯtny[n.šqym]* (Dijkstra-De Moor, UF [1975] 184), cf. 1.17 VI 7-9 para lín. 19-22. *Lín. 20: / tr(ʿš/ṯ)[* (CTA); cf. *tʿl trṯ [bbt.bʿl]* (Dijkstra-De Moor). *Lín. 21-22:* c. *li[mm.b] ʿl.ḥbš* (Ginsberg, «Or» [1936] 189-190) / *li[n.yn ʿšy] ʿl.ḥbš* (Dijkstra-De Moor, *l. c.). Lín. 26: / niṣ.p[* (Vir.) / *n(i/b)ṣ.pp(?)[* (UT).

KTU 1.5 V

(Laguna de unas 25 lín.)

Orden dada a Baʿlu

^{1}*[ ]-*	
al*iyn*^{2}*[bʿl.]-*	«*[Baʿlu]*, el Victorioso, [invístele],
i*p.dprk* ^{3}*[ ]*	la veste de toro tuyo [reciba (como) presente],
*[ ]*m*mnk.ššrt* ^{4}*[ ]*g/ḫ*t.*	que tu diestra (le) estreche [contra tu pecho],
*n*pš*.ʿgl* ^{5}*[ ]-* -n*k.*	que el ánimo de un novillo [tenga tu hijo];
ašt.n.bḇrt ^{6}*ilm.arṣ*	yo le pondré en la caverna de los dioses de la 'tierra'.
wat.qḥ ^{7}*ʿrptk.*	Pero tú coge tus nubes,
rḥk.mdlk ^{8}*mṭrtk.*	tu viento, tu borrasca, tu lluvia,
ʿmk.šbʿt ^{9}*ǵlmk.*	contigo a tus siete mancebos,
*ṯ*m*n.ḇnzrk*	a tus ocho jabatos;
^{10}*ʿmk.pd*ry*.b*t*.ar*	contigo a *Pidrayu,* hija de la luz,
^{11}*ʿmk.tṭly.bt.rb.*	contigo a *Ṭallayu,* hija del orvallo.
idk ^{12}*pnk.al ttn.*	Entonces tu cara pon, sí,
tk.ǵr ^{13}*knkny.*	hacia la montaña *Kankaniyu;*
ša.ğr.ʿl y*dm*	alza la montaña sobre las manos,
^{14}*ḫlb.lẓr.rḥ*t*m.*	el macizo encima de las palmas,
*w*rd ^{15}*bt ḫpṯt.arṣ.*	y desciende a la morada de reclusión de la 'tierra',
tsp*r.by*^{16}*rdm.arṣ.*	cuéntate entre los que bajan al 'abismo',
*wtdʿ.il*m ^{17}*kmtt.*	y sepan los dioses que has muerto».

Col. V: *Lín. 1-5:* cf. lín. 23-26, para su restauración, cf. próximamente Del Olmo Lete, AF (1981). *Lín. 2-4:* c. *[bʿl.šlbšn.]ipd.prk [lh.mǵz y]g(?)mnk.ššrt [lirt]h/m...* *Lín. 5:* c. *[tkn lb]nk.ašt[.]n* (SP). *Lín. 8-11:* inversión de esticos (MLD 118). *Lín. 11: ttly* error por *ṭly* (Rosenthal, «Or» [1939] 218, n. 4). *Lín. 12-13:* c. *⟨nḫlty(?) tk ǵr⟩* (MLD 118). *Lín. 16: / ill* (Vir., pero cf. CTA 36, n. 1). *Lín. 17: kmtt* posible

---

Col. V: *Lín. 1-5:* para una discusión detallada de este pasaje, cf. próximamente Del Olmo Lete, AF [1981]. *Lín. 5-6:* / «... en el cementerio divino, la tierra» (Caquot-Sznycer); cf. gl. *ḫrt.* *Lín. 7:* / «... tu viento y tus carros...» (Cassuto, BOS II, 24) / «... tu viento, tus cubos...» (Jirku) / «... tu viento, tu rayo...» (Caquot-Sznycer); cf. gl. *mdl.* *Lín. 12-13:* / «... hacia la roca llena de cuevas...» (Driver) / «... hacia las montañas de mi túnel...» (De Moor) / «... hacia la cueva de...» (Cassuto, *l. c.)* / «... hacia las montaña de mi cobijo» (Margalit, MLD 120) cf. gl. *ǵr, knkny.* *Lín. 16-17:* / «... cuéntate... y conoce el lamento de las regiones oscuras...» (Cassuto, BOS II, 159) / «... y conoce la iniciación; pues habrás muerto» (Driver) / «... y experimenta la debilidad como los muertos» (De Moor; de modo similar, Gibson) / «Y reconocerás a los dioses de Entierro» (Margalit,

Ejecución de la orden

yšmʿ.aliyn.bʿl	Escuchó *Baʿlu,* el Victorioso,
18*yuhb.ʿglt.bdbr.*	amó a una novilla en (la tierra de) 'Peste'
prt 19*bšd.šḥlmmt.*	a una vaca en los campos de 'Playa-Mortandad'.
škb 20ʿm*nh.šbʿ. lšbʿm*	Yació con ella setenta y siete veces,
21tš[ʿ]*ly.ṯmn.lṯmnym*	fue montada ochenta y ocho;
22*w[th]rn.wtldn mṯ*	y [concebió] y parió un muchacho.
23*a*l[*iyn.bʿ*]l.*šlbšn*	*Baʿlu* [el Victorioso], le invistió,
24*i*p/r/k[.]-*lh.mǵẓ*	la veste [de toro suyo] recibió (como) presente,
25*y-*[ ]-*.lirth*	[su diestra (le) estrechó] contra su pecho,
n-[ ]-	el [ánimo de un novillo tuvo su hijo].

(Laguna de unas 11 lín.)

KTU 1.5 VI

(Laguna de unas 30 lín.)

Transmisión del mensaje

3**[idk.lttn.pnm]*	[Así, pusieron entonces cara]
2**[ʿm.il.mbk.nhrm]*	[hacia *Ilu* (que mora) en la fuente de los dos ríos],
1**[qrb.apq.thmtm]*	[en el seno del venero de los dos océanos].
1*[tgly.ḏd.il.]*wtba	[Se dirigieron a la gruta de *Ilu]* y entraron
2*[qrš.mlk.ab.]šnm*	[en la morada del Rey, Padre] de años.
3*[tša.ghm.wtṣ]*ḥ.	[Alzaron su voz y exclamaron]:
sbn 4[ ]l.n-[ ]	«Hemos dado vueltas [hasta los extremos de la tierra],
ʿd 5k*sm.mhyt.*	hasta los límites de las praderas (?).

---

error por *kmnt* (MLD 118, n. 1). *Lín. 18: dbr* error por *b⟨arṣ⟩dbr* (CML), cf. 1.5 VI 6; 1.6 II 19-20; pero cf. MLD 123. *Lín. 21:* así, Vir.; *tšʿly* error por *šʿly* (MLD 122). *Lín. 22:* así, KU, pero cf. CTA 36, n. 4; cf. 1.17 I 42. *Lín. 23-26:* cf. *sup.* lín. 1-5 *[prh/g(?)mnh/lbnh]*. *Lín. 24:* c. *ip[dh]* (SP).

Col. VI: *Lín. 3*-3:* cf. 1.3 V 5-8; 1.4 IV 20-24; 1.6 I 32-36; 1.17 VI 47-49 (Ginsberg, «Or» [1936] 191; CTA). *Lín. 1: /]a* (Vir.). *Lín. 3-4: / sbn[y]l[ ]ʿd* (CTA) / *]ṣ/l[ ]t[ ]* (SP); c. *sbn[y.ʿd.q]ṣ[m arṣ]* (?) (SP), cf. 1.16 III 3 / *sbn[y.kl.ǵr.]l[kdb.arṣ]* / *sbn[y.lkb]d.a[rṣ.]*, cf. *inf.* lín. 26-28 / *sbn[y.lz/m/s]l.n[hrm]* (MLD 127). *Lín. 4:* / *]ʿdn(?)* (Vir.) / *]ʿdk* (KU) / raspado, al final de línea (cf. CTA 36, n. 7) / dittografía de *-k* (Gibson, CML). *Lín. 5: mhyt* error por *miyt(?)* (Vir., CTA), cf. 1.16 III 4.

MLD 118, n. 1); cf. gl. *il(m). Lín. 18-19:* / «... en la dehesa... en los campos del León de *Mametu*» (Aistleitner) / «... en la estepa... en los llanos de la muerte» (De Moor) / «... en la loma de Más-allá... en la región de Playa de Muerte» (Gray); cf. gl. *dbr, šḥlmmt*.

Col. VI: *Lín. 3-5:* / «... merodeamos por los oscuros lugares del abismo» (Hvidberg) / «... partido (por la) desgracia...» (Rin) / «... dimos vueltas... hasta ti, ras-

mǵny ^{6}ln‛my.arṣ.dbr	Llegamos a la 'delicia' (de) la tierra de 'Peste',
^{7}lysmt.šd.šḥlmmt	a la 'hermosura' (de) los campos de 'Playa-Mortandad',
^{8}mǵny.lb‛l.npl.la^{9}rṣ.	llegamos hasta *Ba‛lu,* caído a tierra.
mt.aliyn.b‛l	¡Muerto está *Ba‛lu,* el Victorioso,
^{10}ẖlq.zbl.b‛l.arṣ	pereció el Príncipe, Señor de la tierra!».

Reacción de Ilu

^{11}apnk.lṭpn.il ^{12}dpid.	Entonces el Benigno, *Ilu,* el Bondadoso,
yrd.lksi.yṯb ^{13}lhdm.	bajó del trono, se sentó en el escabel,
wl.hdm.yṯb ^{14}larṣ.	y dejando el escabel se sentó en tierra;
yṣq.‛mr ^{15}un.lrišh.	esparció ceniza de aflicción sobre su cabeza,
‛pr.plṯt ^{16}l.qdqdh.	polvo de humillación sobre su cráneo,
lpš.yks ^{17}mizrtm.	por vestido se cubrió con una túnica ritual;
ǵr.babn ^{18}ydy.	la piel con (un cuchillo de) piedra desgarró,
psltm.by‛r	las dos trenzas con una navaja (de afeitar),
^{19}yhdy.lḥm.wdqn	(se) laceró las mejillas y el mentón;
^{20}yṯlṯ.qn.ḏr‛h[.]	roturó la caña de su brazo,
yḥrṯ ^{21}kgn.ap lb.	aró como un huerto su pecho,
k‛mq.yṯlṯ ^{22}bmt.	como un valle roturó su dorso.
yšu.gh[.]wyṣḥ	Alzó su voz y exclamó:
^{23}b‛l.mt.my.lim.	«¡*Ba‛lu* está muerto! ¿Qué va a ser del pueblo?
bn ^{24}dgn.my.hmlt.	¡El hijo de *Dagānu!* ¿Qué será de la multitud?
aṯr ^{25}b‛l.ard.barṣ.	En pos de *Ba‛lu* voy a bajar a la 'tierra'».

Lín. 5-7: cf. 1.6 II 19-20 (CTA). *Lín. 11:* raspado al final de línea (KTU). *Lín. 28-31:* cf. 1.5 VI 5-9[16-17]; 1.6 II 17, 19-20. *Lín. 28:* / *ln‛m[h(?)]* (Vir.). *Lín. 29:*

---

gados nuestros vestidos en señal de luto por la calamidad» (Cassuto, BOS II, 162) / «... hasta los confines de la tierra, hasta los límites de las aguas» (Caquot-Sznycer; cf. Margalit); cf. gl. *ksm, mhyt.* *Lín. 14:* / «... paja...» (Driver) / «... suciedad...» (Caquot-Sznycer) / «... espigas...» (De Moor); cf. gl. *‛mr.* *Lín. 16-17:* / «... rasgó el tejido de su doble taparrabos...» (Driver) / «... se puso un saco y un taparrabos...» (Ginsberg) / «... cubrió el vestido con un...» (Aistleitner) / «... cubrió los lomos con un...» (Caquot-Sznycer); cf. gl. *lpš, ks(y), mizrt.* *Lín. 17-18:* / «... vaga por el monte lamentándose, por el bosque en pena...» (Gordon) / «... al monte entre las piedras huyó...» (Rin) / «... erigió un sangriento pilar sobre una piedra, dos pilares en el bosque...» (Driver) / «... (se) produjo incisiones con una piedra, rasguños con una madera...» (Cassuto, BOS II, 163) / «... con arbustos espinosos...» (Loewenstamm, IOS [1974] 2) / «... usando una hoja de pedernal como navaja» (De Moor) / «... corta (su) piel con una piedra, se hace una doble incisión con un pedernal» (Gordon, PLM 109); cf. gl. *ǵr, abn, ydy/hdy, pslt, y‛r.* *Lín. 20:* / «... rasgó las trenzas de su pelo...» (Cassuto, BOS II, 164) / «... tres veces aró sus homoplatos...» (De Moor) cf. gl. *ṯlṯ, qn, ḏr‛.* *Lín. 21:* / «... trabaja..., así (como) su pecho...» (Caquot-Sznycer) / «... como si fuera el jardín de *Aplb,* como se escardan hierbas...» (Cassuto, *l. c.);* cf. gl. *ap lb, bmt.* *Lín. 23-25:* / «¡Ay pueblo del...!, ¡ay multitudes de *Aṯru-Ba‛lu!*» (Gordon)

Marcha y reacción de ʿAnatu

ap 26*ʿnt.ttlk.wtṣd.*	También *ʿAnatu* recorrió y rastreó
kl.ǵr 27lk*bd.arṣ.*	todo monte hasta las entrañas de la tierra,
kl.gbʿ 28lkb*d.šdm.*	toda altura hasta el seno de los campos.
*tmǵ.lnʿ*m*[y]* 29*[arṣ.]dbr*	Llegó a la delicia de la tierra de 'Peste',
ysmt.šd 30*[šḥl]mmt.*	a la hermosura de los campos de 'Playa-Mortandad',
*t*m*[ǵ.]lbʿl.n*p*[l]*	llegó hasta *Baʿlu,* caído a tierra.
31*[la]*rṣ*[.]*	
[lpš].tks.miz[rtm]	Por vestido se cubrió con una túnica ritual.

KTU 1.6 I

1l*bʿl*	De *Baʿlu*
2*ǵr.bab.td.*	La piel con (un cuchillo de) piedra desgarró,
psl*t*m*[.byʿr]*	las dos trenzas [con una navaja] (de afeitar),
3*tḥdy.lḥm.wdqn.*	(se) laceró las mejillas y el mentón.
t*[ṯlṯ]* 4*qn.ḏrʿh.*	[Roturó] la caña de su brazo,
*tḥrṯ.km.*gn 5*ap lb.*	aró como un huerto su pecho,
kʿmq.tṯlṯ.bmt	como un valle roturó su dorso:
6*bʿl.mt.my.lim.*	«¡*Baʿlu* está muerto! ¿Qué va a ser del pueblo?
bn dgn 7*my.hmlt.*	¡El hijo de *Dagānu!* ¿Qué será de la multitud?
aṯr.bʿl.nrd 8*barṣ.*	En pos de *Baʿlu* hemos de bajar a la 'tierra'».
ʿmh.trd.nrt 9*ilm.špš.*	Con ella bajó la Luminaria de los dioses, *Šapšu.*

Rescate de Baʿlu

ʿd.tšbʿ.bk	Cuando se sació de llorar,
10*tšt.kyn.udmʿt.*	de beber como vino lágrimas,
gm 11*tṣḥ.lnrt.ilm.špš*	en voz alta gritó a la Luminaria de los dioses, *Šapšu:*

---

posible error (caída) de *ysmt* por *lysmt* (Rosenthal, «Or» [1939] 230), cf. *sup.* lín. 7; pero cf. 1.6 II 20; / *[y arṣ]...šd[š]* (UT). *Lín. 30:* / *[ḥl]mmt* (UT). *Lín. 31:* quizá omisión de dos hemistiquios, cf. *sup.* lín. 14-16.

Col. I: *Lín. 2-3:* cf. 1.5 VI 17-20. *Lín. 1:* *l* de cuatro trazos (Vir.). *Lín. 2:* *ab* error por *ab⟨n⟩* y posiblemente *td* por *td⟨y⟩* (CTA); c. *td[y.p]sltm* (KU). *Lín. 5:* insertar posiblemente *tšu.gh.wtṣḥ* (Rosenthal, «Or» [1939] 223), cf. 1.5 VI 22. *Lín. 6:* *b* con tres trazos verticales (CTA). *Lín. 7:* *nrd* posible error por *ard* (AK). *Lín. 15:* /

/ «¿... de las multitudes que pertenecen a *Baʿlu?*» (Driver) / «¿... de las multitudes de la posteridad de...? (Gaster) / «¿... de las multitudes del lugar de...?» (De Moor) / «¡Ay de Lim...!, ¡ay de la gente!» (Margalit) / «¿Qué será de la gente del hijo de *Dagānu,* de las multitudes?» (Macdonald, UF [1979] 516); cf. gl. *aṯr.*

Col. I: *Lín. 8:* / «... cabe él, que descienda *Šapšu...*» (Caquot-Sznycer) / «... hacia ella bajó...» (Gibson). *Lín. 9:* / «Hasta que se sació, bebió...»

[12]*ʿms mʿ.ly.aliyn.bʿl*	«Cárgame, por favor, a *Baʿlu,* el Victorioso».
[13]*tšmʿ.nrt.ilm.špš*	Escuchó la Luminaria de los dioses, *Šapšu,*
[14]*tšu.aliyn.bʿl.*	alzó a *Baʿlu,* el Victorioso,
lktp [15]*ʿnt.ktšth.*	a hombros de *ʿAnatu,* sí, lo puso.
tšʿlynh [16]*bṣrrt.ṣpʿn.*	Lo subió ella a las cumbres de *Ṣapānu,*
tbkynh [17]*wtqbrnh.*	le lloró y le sepultó,
tštnn.bẖrt [18]*ilm.arṣs.*	le puso en la caverna de los dioses de la 'tierra'.

Escena de sacrificio

tṭbẖ.šbʿm [19]*rumm.*	Degolló setenta toros salvajes
kgmn.aliyn [20]b*ʿl.*	como ofrenda fúnebre de *Baʿlu,* el Victorioso;
tṭbẖ.šbʿm.alpm	degolló setenta bueyes
[21]*[kg]mn.aliyn.bʿl*	como ofrenda fúnebre de *Baʿlu,* el Victorioso;
[22]*[tṭ]*bẖ*.šbʿm.ṣin*	degolló setenta reses ovinas
[23]*[kg]*m*n.aliyn.bʿl*	como ofrenda fúnebre de *Baʿlu,* el Victorioso;
[24]*[tṭ]*bẖ*.šbʿm.aylm*	degolló setenta ciervos
[25]*[kgmn.]aliyn.bʿl*	como ofrenda fúnebre de *Baʿlu,* el Victorioso;
[26]*[tṭbẖ.š]*b*ʿm.yʿlm*	degolló setenta cabras monteses
[27]*[kgmn.al]*iy*n.bʿl*	como ofrenda fúnebre de *Baʿlu,* el Victorioso;
[28]*[tṭbẖ.šbʿm.]*ḥ*mrm*	degolló setenta asnos
[29]*[kgm]*n*.aliyn[.]bʿ*l	como ofrenda fúnebre de *Baʿlu,* el Victorioso.
[30]*[ ]-ḥh.tšt.bm.ʿ[ ]*	Su [festín sacrificial] dispuso en la arada/*ʿAnatu,*
[31]*[ ]zrh.ybm.lilm*	y su [ración], la de 'cuñado' de los dioses/la 'Pretendida de los pueblos'.

Marcha de ʿAnatu

[32]*[id]*k*.lttn[.]*p*nm.*	Así, puso entonces cara
ʿm [33]*[i]*l*.mbk n*h*rm.*	hacia *Ilu* (que mora) en la fuente de los dos ríos,
qrb [34]*apq.thmtm.*	en el seno del venero de los dos océanos.

wtšth (LC). *Lín. 16: ṣpʿn* error por *ṣpn* (variante gráfica [Vir.]; confusión con *lpʿn* [CTA]); *mater lectionis* (AK, CML; pero cf. Blau-Loewenstamm, UF [1970] 30, n. 73); trazo involuntario (Dijkstra-De Moor, UF [1975] 177). *Lín. 28:* c. *šbʿm.y]ḥmrm* (Ginsberg, «Or» [1936] 193s; íd., JAOS [1950] 157; íd., JANES [1973] 131-132) / *]imrm(?)* (Dahood, «Bib» [1974] 82). *Lín. 28-29:* quizá faltan dos líneas de texto entre los dos fragmentos (AE 215; SP 198). *Lín. 30: /]ḥb.pšt bm* (Vir., «Syria» [1931] 194, pero cf. «Syria» [1934] 236). *Lín. 32-38:* cf. 1.3 V 5-8; 1.4 IV 20-26; 1.17 VI 46-57. *Lín. 34: tqly* error por *tʿly* (?) (Aistleitner, «Theologia» [1935] 97ss). *Lín. 39: ht* error por

(De Moor) / «... mientras se saciaba de llorar...» (Driver); cf. gl. *ʿd. Lín. 15:* / «Cuando ella le puso (allí), le subieron...» (De Moor); cf. gl. *k. Lín. 19:* / «... como tributo...» (Ginsberg) / «... como alimento (?)...» (Margalit) / «... porque había sido profanado...» (De Moor) / «... porque fue devorado...» (Rin); cf. gl. *gmn. Lín. 30-31:* para una discusión detallada de esta versión, cf. próxima-

tgly.ḏd [35]*il.w.tbu.*	Se dirigió a la gruta de *Ilu* y entró
qrš [36]*mlk.ab.šnm.*	en la morada del Rey, Padre de años.
lpʿn [37]il*.tḫbr.wtql*	A los pies de *Ilu* se inclinó y cayó,
[38]*tštḥwy.wtkbdnh*	se postró y le rindió honores.
[39]*tšu.gh.wtṣḥ.*	Alzó su voz y exclamó:
tšmḫ ht [40]*aṯrt.w.bnh.*	«¿Que se alegren ahora *Aṯiratu* y sus hijos,
ilt.wṣb[41]*rt.aryh.*	la diosa (madre) y el clan de sus parientes,
kmt.aliyn [42]*bʿl.*	que muerto está *Baʿlu,* el Victorioso,
kḫlq.zbl.bʿl [43]*arṣ.*	que pereció el Príncipe, Señor de la tierra!».

Diálogo entre Ilu *y* Aṯiratu

gm.yṣḥ il	En voz alta gritó *Ilu*
[44]l*rbt.aṯ*rt *ym.*	a la Gran Dama, *Aṯiratu* del Mar:
šmʿ [45]*lrbt.aṯ*r*[t]* ym*.*	«Escucha, ¡oh Gran Dama, *Aṯiratu* del Mar!
tn [46]*aḥd.b.b*nk*.am.lkn*	Da(me) uno de tus hijos para hacerle rey».
[47]*wtʿn.rbt.aṯrt ym*	Y respondió la Gran Dama, *Aṯiratu* del Mar:
[48]*bl.nmlk.ydʿ.yl*ḥ*n*	«¡Venga, hagamos rey a uno inteligente y perspicaz!».
[49]*wyʿn.lṭpn.il* dpi[50]*d.*	Y respondió el Benigno, *Ilu,* el Bondadoso:
*dq.anm.lyr*q*/*ẓ*(?)*	«Uno débil de fuerzas no podrá competir,
[51]*ʿm.bʿl.lyʿdb.mrḥ*	con *Baʿlu* no podrá medir (su) lanza,
[52]*ʿm.bn.dgn.ktmsm*	con el hijo de *Dagānu,* porque desfallecerá».
[53]w*ʿn.rbt.aṯrt ym*	Y respondió la Gran Dama, *Aṯiratu* del Mar:
[54]*blt.nmlk.ʿṯtr.ʿrẓ*	«¡Hagamos entonces rey a *ʿAṯtaru,* el Terrible!
[55]*ymlk.ʿttr.ʿrẓ*	¡Que reine *ʿAṯtaru,* el Terrible!».

Fracaso de ʿAṯtaru

[56]*apnk.ʿṯtr.ʿrẓ*	Acto seguido *ʿAṯtaru,* el Terrible,
[57]*yʿl.bṣrrt.ṣpn*	subió a las cumbres de *Ṣapānu,*
[58]*yṯb.lkḥṯ.*aliyn [59]*bʿl.*	se sentó en el trono de *Baʿlu,* el Victorioso.

---

it (?) (Vir.) / por *hm* (Albright, JPOS [1932] 13, n. 44). *Lín. 46: / b.b[nm(?)]k* (Vir.) / *b.bn-k* (RSMT) / *b b[nk w]amlkn* (Barton, JAOS [1932] 221; UT) / *b b[ny]k* (AK) / *b.b[n]k/bnk kamlkn* (KU) / *bbnmk* (CML) / *b.bnk[.]* (Albright JPOS [1932] 12). *Lín. 48: / ylḥ(?)n/ylṭn(?)* (Vir.). *Lín. 50: / lyrpʿ* (RSMT) / *yrẓ/q/ḥ* (CTA) / *yrṣ* (CML); cm. *anm* error por *bnm* (?). *Lín. 52: / k.msm* (TOu) / *wmsm* (Margalit, UF

---

mente Del Olmo Lete, AF [1981]. *Lín. 48:* / «... no a uno, por cierto, que no haga más que insultarnos...» (Gaster) / «... que sepa gobernar...» (Gordon) / «... que sepa someterse...» (Aistleitner) / «... que comprenda y esté lleno de vigor...» (Driver) / «... que sepa lanzar rayos...» (Gray) / «... que sea capaz de producir humedad...» (De Moor); cf. gl. *lḥ/lḥn*. *Lín. 50-52:* para una discusión detallada de este pasaje, cf. próximamente Del Olmo Lete, AF [1981]; también Dietrich-Loretz, UF (1977) 330-331: «... no puede correr..., ante... cae de rodillas»; Watson, UF [1978] 399; Gibson: «... ni soltar la lanza... en el momento oportuno»

pʿnh.ltmǵyn ^{60}*hdm[.]*	Sus pies no llegaban al escabel,
rišh.lymǵy ^{61}*apsh.*	su cabeza no alcanzaba a su remate.
wyʿn.ʿṯtr.ʿrẓ	Y respondió *ʿAṯtaru,* el Terrible:
^{62}*lamlk.bṣrrt.ṣpn*	«No puedo reinar en las cumbres de *Ṣapānu*».
^{63}*yrd.ʿṯtr.ʿrẓ.*	Descendió *ʿAṯtaru,* el Terrible,
yrd ^{64}*lkḥṯ.aliyn.bʿl*	descendió del trono de *Baʿlu,* el Victorioso,
^{65}w*ymlk.barṣ.il.klh*	y reinó en la tierra (que) de (un) dios es toda ella.
^{66}*[ ]*ḥš*.abn.brḥbt*	
^{67}*[ ]*-n*.abn.bkknt*	

KTU 1.6 II

(Laguna de unas 30 lín.)

Diálogo entre ʿAnatu *y* Môtu

^{1}l*[ ]*	
*w*l*[ ]*	
kd.ʿ[ ]	
^{4}*kd.t*ql*(?)/*ṣ*(?)*	
[ym.ymm] ^{5}*yʿtqn*	Un día y más pasaron
*w*r*[ḥm.ʿnt]* ^{6}*tngṯh.*	y *ʿAnatu,* la Doncella, le buscó.
*kl*b.ar*[ḫ]* ^{7}*lʿglh.*	Como el corazón de la vaca por su ternero,
klb.ṯa[t] ^{8}*limrh.*	como el corazón de la oveja por su cordero,
*km.lb.ʿ*n*[t]* ^{9}*aṯr.bʿl.*	así (batía) el corazón de *ʿAnatu* por *Baʿlu.*
*tiḫd.m*t ^{10}*bsin.lpš.*	Cogió a *Môtu* por el borde del vestido,
*tšṣ*qn*[h/n]* ^{11}*bqṣ.all.*	le agarró por el extremo del manto,
*tšu.gh.w*t*[ṣ]*^{12}*ḥ.*	alzó su voz y exclamó:
at.mt.tn.aḫy	«¡Venga, *Môtu,* dame a mi hermano!».
^{13}*wʿn.*bn*.ilm.mt.*	Respondió el divino *Môtu:*
mh ^{14}*taršn.lbtlt.ʿnt*	«¿Qué deseas de mí, ¡oh Virgen *ʿAnatu!?*
^{15}*an.itlk.wasd.*	Yo mismo recorrí y rastreé

[1975] 310, n. 30; MLD 143, 147). *Lín. 60:* / *pdm rišh* (?) (Vir., «Syria» [1934], 237, n. 1; 332, n. 1). *Lín. 66-67:* *]šabn...]šabn...* (Vir.); c. *(t/y)]šabn...* (SP) / *[ilm. t]šabn...[ilht.t]šabn* (CML) / *brḥbt[yn* (Grabbe, UF [1976] 63).

Col. II: *Lín. 3:* / *kd.[* (Vir.) / *kd.t-[* (CML). *Lín. 4-9:* < 26-30. *Lín. 5:* / *w(?)[* (Vir.) / *(k/w)[rḥm* (AE). *Lín. 10:* / *tšṣq[nn(?)]* (Vir.) / *tšṣq* (RSMT) / *tšṣq[h]* (Gaster, JRAS [1932] 861; íd., *Thespis* [1950] 449). *Lín. 13:* *w(y)ʿn[.]* (Vir.), cf. *sup.* I 53. *Lín. 15-17:* cf. 1.5 VI 26-28 / armonización con 1.5 VI 26ss (MLD 153).

/ «... no puede escalar con *Baʿlu*... Desairada, contestó, sin embargo...» (Margalit); cf. gl. *dq, an(m), mrḥ, kms/ms(s).* *Lín. 65:* cf. 1.3 VI 13-14.

Col. II: *Lín. 10:* / «Coge a *Môtu,* rasgando su vestido, le agarra, desgarrando...» (Gordon); cf. gl. *sin, ṣq, qṣ.* *Lín. 15-19:* / «Fui..., sustrayendo la vida a

kl [16]*ǵr.lkbd.arṣ*	todo monte hasta las entrañas de la tierra,
kl.gbʿ [17]*lkbd.šdm.*	toda altura hasta el seno de los campos.
npš.ḫsrt [18]*bn.nšm.*	El vigor ha fallado a los hombres,
npš.hmlt [19]*arṣ.*	el aliento a las multitudes de la tierra.
mǵt.lnʿmy.arṣ [20]*dbr.*	Llegué a la delicia de la tierra de 'Peste',
ysmt.šd.šḫlmmt	a la hermosura de los campos de 'Playa-Mortandad'.
[21]*ngš.ank.aliyn bʿl*	Encontré a *Baʿlu,* el Victorioso,
[22]*ʿdbnn ank.imr.bpy*	yo mismo le puse (como) cordero en mi boca,
[23]*klli.bṯbrn qy.ḫtu hw*	como lechal en la abertura de mi esófago quedó tri-
[24]*nrt.ilm.špš.*	(pues) la Luminaria de los dioses, *Šapšu,* [turado;
ṣḥrrt [25]*la.šmm.*	abrasando está el vigor de los cielos
byd.bn ilm.mt	en manos del divino *Môtu*».

Muerte de Môtu

[26]*ym.ymm.yʿtqn.*	Un día y más pasaron,
lymm [27]*lyrḫm.*	los días (se hicieron) meses;
rḥm.ʿnt.tngṯh	*ʿAnatu,* la Doncella, le buscó.
[28]*klb.arḫ.lʿglh.*	Como el corazón de la vaca por su ternero,
klb [29]*ṯat.limrh.*	como el corazón de la oveja por su cordero,
km.lb [30]*ʿnt.aṯr.bʿl.*	así (batía) el corazón de *ʿAnatu* por *Baʿlu.*
tiḫd [31]*bn.ilm.mt.*	Cogió al divino *Môtu,*
bḥrb [32]*tbqʿnn.*	con un cuchillo le partió,
bḫṯr.tdry[33]*nn.*	con un bieldo le bieldó,
bišt.tšrpnn	en el fuego le quemó,
[34]*brḥm.tṯḥnn.*	con piedras de molienda le trituró,
bšd [35]*tdrʿ.nn.*	en el campo le diseminó.

Lín. 19-20: cf. 1.5 V 5-7, 28-30. *Lín. 20:* posible caída de *l-* (Rosenthal, «Or» [1939] 230), cf. *sup.* 1.5 VI 29. *Lín. 22-25:* cf. 1.4 VIII 17-24. *Lín. 22: ank.imr* haplografía por *ank.⟨k⟩imr* (AK; Ginsberg, «Or» [1936] 186), cf. 1.4 VIII 18 / o error por *an kimr* (Rosenthal, «Or» [1939] 218) / o coalescencia de consonantes (Watson, «Bib» [1971] 46) / o doble función (Dahood, *Psalms* II, 62; KTU) / o error de *ank* por *k* (MLD 152-153). *Lín. 23: qy* error por *qny* (KU), cf. 1.4 VIII 19 / *bṯbr.ntʿy* (Dahood, UF [1969] 28; Van Zijl, *Baal,* 199, 202); *hw* error por *hw⟨t⟩* (MLD 156). *Lín. 27:* suplir *⟨lyrḫm.lšnt⟩*

---

los hombres...» (Cassuto, BOS II, 171) / «Yo soy quien voy... Mi garganta estaba falta de hombres...» (Caquot-Sznycer) / «... mi apetito echaba a faltar hombres...» (Gibson; Gordon, PLM 112) / «... mis fauces codiciaban...» (Aistleitner) / «... el apetito sexual falló...» (Dahood, PNSP 27); cf. gl. *npš, ḫsr.* *Lín. 21:* / «Cazé a...» (Cassuto, BOS II, 167, 172) / «Ataqué...» (Gordon, PLM 112); cf. gl. *ngš.* *Lín. 23:* / «... en mi esófago desapareció» (Aistleitner) / «... fue triturado por la molienda de mis dientes» (Dahood, UF [1969] 19), cf. *sup.* 1.4 VIII 19-20; cf. gl. *ṯbr qn, ḫta.* *Lín. 24-25:* cf. *sup.* 1.3 V 17-18. *Lín. 34-35:* / «... en el campo le sembró...» (De Moor) / «... sembró lo que de él quedó en el campo...» (Albright, ARI 86); cf. gl. *drʿ.* *Lín. 35-37:* / «Los pájaros devoran sus restos..., saltando de trozo en trozo...» (Ginsberg) / «... comieron su carne... La carne llama a la

širh.ltikl 36ʿṣrm.	Su carne la comieron, sí, los pájaros,
mnth.ltkly 37*npr[m].*	sus trozos los devoraron las aves;
šir.lšir.yṣḥ	la carne a carne fue invitada.

KTU 1.6 III

(Laguna de unas 40 lín.)

Escena de augurio

[ ]	«¡Muerto está *Baʿlu,* el Victorioso,
1*k*ḥlq.zb*[l.bʿl.arṣ]*	pereció el Príncipe, Señor de la tierra!
2*whm.ḥy.a[lyn.bʿl]*	Pero si está vivo *Baʿlu,* el Victorioso,
3*whm.iṯ.zbl.bʿ[l.arṣ]*	y si está en su ser el Príncipe, Señor de la tierra,
4*bḥlm.lṭpn.il.dpid*	en un sueño del Benigno, de *Ilu,* el Bondadoso,
5*bḏrt.bny.bnwt*	en una visión del Creador de las creaturas,
6*šmm.*šmn*.tmṭrn*	los cielos aceite lluevan,
7*nḫlm.tlk.nbtm*	los torrentes fluyan con miel,
8*widʿ.kḥy.aliyn.*bʿl	para que sepa yo que está vivo *Baʿlu,* el Victorioso,
9*kiṯ.zbl.bʿl.arṣ*	que está en su ser el Príncipe, Señor de la tierra».
10*bḥlm.lṭpn il dpid*	En un sueño del Benigno, de *Ilu,* el Bondadoso,
11*bḏrt.bny.bnwt*	en una visión del Creador de las creaturas,
12*šmm.šmn.tmṭ*rn	los cielos aceite llovieron,
13*nḫlm.tlk.nbtm*	los torrentes fluyeron con miel.

Reacción de Ilu

14*šmḫ.lṭpn.il.dpid*	Se alegró el Benigno, *Ilu,* el Bondadoso,
15*pʿnh.lhdm.y*ṯpd	sus pies en el escabel apoyó
16*wyprq.lṣb.*wyṣḥq	y desfrunció el ceño y se echó a reír.

(MLD 157), cf. 1.6 V 7; 1.19 IV 14. *Lín. 36:* raspado al final (KTU). *Lín. 37:* así, *Thespis* [1950] 449 / *npr[* (Vir.); / *b]ir* (?) (Cazelles, «Syria» [1956] 55).

Col. III: *Lín. 1*:* c. *kmt.aliyn.bʿl* (Vir., CTA), cf. 1.5 VI 9-10; 1.6 I 41-42 / *mnt.lmnt. tṣḥ kmt.ydd* (SP). *Lín. 1:* / *kḥlq[bn ilm mt]* (Dussaud, RHR [1935] 57) / *kḥlq.mt. [wyḥwy.bʿl]* (SP). *Lín. 2-3:* < 8-9. *Lín. 10-13:* dittografía según AK (?); de modo similar, MLD 164-167 (lín. 9-13), desde lín. 2 y 20. *Lín. 16-19:* cf. 1.4 IV 28-30; 1.17

carne» (De Moor) / «... para que no coman...» (Gordon; pero cf. íd., PLM 113: «... para que coman...»); cf. gl. *šir, mnt, npr, ṣḥ.*

Col. III: *Lín. 1*-1:* / «... [pues el Amado está muerto], *Môtu* ha perecido [y *Baʿlu* volverá de nuevo a la vida]» (De Moor). *Lín. 2-5:* / «¿Está de veras, pues, *Baʿlu* vivo..., existe aún? En mi sueño, ¡oh... *Illu,* ... por eso sé...» (Gaster) / «¡Y mira, vivo está..., existe...! En un sueño, ¡oh... Ilu!... Así conocí...» (Ginsberg); cf. gl. *hm, ḏrt.*

[17]*yšu.gh.wyṣḥ*	Alzó su voz y exclamó:
[18]*aṯbn.ank.wanẖ*n	«Me sentaré y reposaré,
[19]*wtnẖ.birty.npš*	y reposará en mi pecho mi alma,
[20]*kḥy.aliyn.bʿl*	porque está vivo *Baʿlu,* el Victorioso,
[21]*kiṯ.zb*l.*bʿl.arṣ*	porque está en su ser el Príncipe, Señor de la tierra».

(Borde)

Mensaje de Ilu

[22]*gm.*y*ṣḥ.il.lbtlt* [23]*ʿnt.*	En voz alta gritó *Ilu* a la Virgen *ʿAnatu:*
*šmʿ.lbtlt.ʿ*nt	«Escucha, ¡oh Virgen *ʿAnatu!,*
[24]*r*gm.*lnrt.il.špš*	dí a la Luminaria de los dioses, *Šapšu·*

KTU 1.6 IV

[1]*pl.ʿnt.šdm.yšpš*	Resecos están los surcos de los campos, ¡oh *Šapšu!,*
[2]*pl.ʿnt.šdm[.]il.*	resecos los surcos de los campos, ¡(oh) dios!;
yštk [3]b*ʿl.ʿnt.mḥrṯt*	¿te hicieron 'Señor' de los surcos de la arada?
[4]i*y.aliyn.bʿl*	¿Dónde está *Baʿlu,* el Victorioso,
[5]*iy.zb*l*.bʿl.arṣ*	dónde el Príncipe, Señor de la tierra?».

Transmisión del mensaje

[6]*ttbʿ.btlt.ʿnt*	Marchó la Virgen *ʿAnatu;*
[7]*idk.lttn.pnm*	así, puso entonces cara
[8]*ʿm.nrt.ilm.špš*	hacia la Luminaria de los dioses, *Šapšu.*
[9]*tšu.gh.wtṣḥ*	Alzó su voz y exclamó:
[10]*ṯḥm.ṯr.il.abk*	«Mensaje del Toro *Ilu,* tu padre,
[11]*ḥwt.lṭpn.ḥtk*k	palabra del Benigno, tu progenitor:

II 10-14. *Lín. 24: il* error por *ilm* (UT, CTA, KTU; pero cf. Ceresko, UF [1975] 75, n. 8), *inf.* IV 8, 17.

Col. IV: *Lín. 2:* / *yštk[n]* (Vir.). *Lín. 3:* / *mḥrṯḫ* (Aistleitner, «Theologia» [1935]

Col. IV: *Lín. 1-2:* / «Corren las fuentes del campo... Un dios las hizo manar...» (Aistleitner) / «¡Sobre los surcos de los campos... te ponga *Ilu!* (Gordon) / «Arbitro de los surcos... *Ilu* te nombra» (Gray) / «Si, a *ʿAnatu* de los campos... te junta *Ilu*» (Caquot-Sznycer) / «¡Por *ʿAnatu* de los campos... te pone *Ilu!* (Gordon, PLM 114) / «Escudriña los surcos...» (Margalit); cf. gl. *pl, ʿnt, št.* *Lín. 2-3:* / «¡... las hizo manar: el Señor de las fuentes de la tierra de labor!» (Aistleitner) / «... *Baʿlu* descuida el surco de su labrantío» (Ginsberg) / «¿Mirará *Baʿlu* por los surcos...?» (Driver) / «En cuanto al Señor de *ʿAnatu* de la arada, ¿dónde...?» (Gordon, PLM 114) / «*¡Baʿlu* ha de hacer los surcos tierra de labor!» (De Moor) / «... debería ocupar los surcos...» (Gibson) / «¿Está *Baʿlu* visible en los surcos

12*pl.ʿnt.šdm.yšpš*	resecos están los surcos de los campos, ¡oh *Šapšu!,*
13*pl.ʿnt.šdm.il[.]*	resecos los surcos de los campos, ¡(oh) dios!;
yštk 14*bʿl.ʿnt.mḥrṯ*h	¿te hicieron 'Señor' de los surcos de la arada?
15*iy.aliyn.bʿl*	¿Dónde está *Baʿlu,* el Victorioso,
16*iy.zbl.bʿl.arṣ*	dónde el Príncipe, Señor de la tierra?».

Diálogo entre ʿAnatu *y* Šapšu

17*wtʿn.nrt.ilm.*špš	Y respondió la Luminaria de los dioses, *Šapšu:*
18*šdyn.ʿn.b.qbt[.]*	«Vierte vino chispeante de las tinas
t-(?) 19*b*l *lyt.ʿl.umtk*	que traiga la comitiva de tu(s) congénere(s),
20*wabqṯ.aliyn.bʿl*	que yo buscaré a *Baʿlu,* el Victorioso».
21*wtʿn.btlt.ʿnt*	Y respondió la Virgen *ʿAnatu:*
22*an.lan.yšpš*	«¡Doquiera (vayas), ¡oh *Šapšu!,*
23*an.lan.il.yǵ-[ ]*	doquiera (vayas), ¡(oh) dios!,
24*tǵrk.š-[ ]*	que te proteja...!».
25yš*td.[ ]*	
dr*[ ]*	
r*[ ]*	
-[ ]	

(Laguna de unas 35 lín.)

97ss), cf. *inf.* lín. 14. *Lín. 13: / y[štkn]* (Vir.), cf. *sup.* lín. 2. *Lín. 14:* así, Vir. / *mḥrṯ* (CTA) / posible error por *mḥrṯt* (CML), cf. *sup.* lín. 3. *Lín. 18: šdyn,* posible contracción por *šdy-an* (MLD 172); *qbt[k(?)]* (Vir.) / *b⟨.⟩qbt[.t]* (CTA) / quizá error por *qbʿt* (TOu). *Lín. 19-20:* transposición debida a homeoteleuton (MLD 171-172). *Lín. 19: / tbl lḫḫt* (Lipiński, OLP [1972] 118) / *bulyt* (WL 37, n. 3). *Lín. 23: / yqr[a(?)]* (Vir.), cf. 1.4 VII 47 / *yǵr(?)* (CTA) / *yǵr[k]* (SP). *Lín. 24:* c. *š[lm.ilm]* (Margalit, UF [1976] 155, n. 43; MLD 171, 174). *Lín. 25:* c. *yštd[.yn. ʿn.bqbt]* (SP; Gibson, CML), cf. lín. 18. *Lín. 27: / k(?)[* (Vir.).

arados?» (Margalit); cf. gl. *mḥrṯt.* *Lín. 18:* / «Nuestro campos, mira, están bajo una maldición...» (Hvidberg) / «Campos de vino manan en...» (Gordon) / «Dirijo mi ojo a tu mandato...» (Aistleitner) / «*Šaduyanu* clamó/miró en/desde las chozas...» (Rin) / «... fermenta cerveza para tu parentela» (Lipinski, OLP [1972] 118) / «Echaré una ojeada desde la cúpula del mundo...» (Margalit); cf. gl. *šd, šdyn, qbt, yn ʿn.* *Lín. 19:* / «Puesto que tienes añoranza del miembro de tu estirpe, voy a buscar...» (Aistleitner) / «Por la noche tus parientes...» (Gordon) / «... que tus parientes usen coronas...» (De Moor, Gibson) / «... trae un rosario de hojas de tu tronco original...» (?) (Driver) / «... trae una guirnalda para tu parentela...» (Caquot-Sznycer) / «... y buscaré... el bulto del amamantado por tu madre...» (Margalit); cf. gl. *ybl, lyt, ʿl umt.* *Lín. 22-23:* / «Yo, sí, yo mismo...» (Aistleitner) / «En cuanto a mí, no soy yo sino *Ilu* el que te cita...» (Gordon) / «¿Dónde está el vencedor..., el dios que te llama...? (Dahood, RSP I, 116) / «Cualquiera que sea el resultado..., *Ilu* te protegerá...» (De Moor) / «¡De vigor en vigor..., te guarde *Ilu...,* los dioses... en paz!» (Margalit); cf. gl. *an, ǵr.*

KTU 1.6 V

Escena de combate

[1]*yiḫd.bʿl.bn.aṯrt*	«Agarró *Baʿlu* a los hijos de *Aṯiratu;*
[2]*rbm.ymḫṣ.bktp*	a los grandes golpeó con el garrote,
[3]d*kym.ymḫṣ.bṣmd*	a los que (eran) como *Yammu* golpeó con la maza,
[4]*ṣǵrm.ymṣḫ.larṣ*	a los pequeños arrastró por tierra.
[5]p(?)y[*ʿl.*]bʿl.*lksi.mlkh*	Y [subió] *Baʿlu* a su trono regio,
[6][ ].*lkḥṯ.drkth*	[al diván], el solio de su poder.

Lamento de Môtu

[7]l[*y*]mm.*lyrḫm.*	Los días se hicieron meses,
lyrḫm [8]*lš*n*t.*	los meses se hicieron años;
[*mk*].bšbʿ [9]*šnt.*	hasta que a los siete años
w.-k(?).b*n*.il*m.mt*	[se dirigió] el divino *Môtu*
[10]ʿ*m.aliyn.bʿl.*	hacia *Baʿlu,* el Victorioso.
yšu [11]*gh.*w*yṣḥ.*	Alzó su voz y exclamó:
ʿ*lk.*bʿl*m* [12]*pht.qlt.*	«Por tu causa, *Baʿlu,* he visto la postración,
ʿ*lk.pht* [13]*dry.bḥrb*	por tu causa he visto el aventamiento ⟨a bieldo,
[ ]	por tu causa he visto el trinchamiento⟩ a cuchillo,
ʿ*lk* [14]*pht.šrp.*biš*t*	por tu causa he visto la combustión por fuego,
[15]ʿ*lk.*[*pht.ṭḥ*]*n.brḥ* [16]*m.*	por tu causa he visto la molienda a la piedra,
ʿ[*lk.*]pht[*.dr*]y.bk*brt*	por tu causa he visto el cernido con criba,
[17]ʿ*lk*[.]*pht.ǵly.*- - [18]b*šdm.*	por tu causa he visto el abandono en el campo,
ʿlk[.]pht [19]*drʿ.bym.*	por tu causa he visto la diseminación en el mar.

COL. V: *Lín. 3:* posible dittografía de *ym* (LC 72, n. 9). *Lín. 4:* así, KTU / *ṣḥr mt(?).ymṣi* (Vir.) / *ṣḥrm(?)* (Albright, JPOS [1932] 203); para *myṣḫ*, cf. 1.3 V 1 (CTA 41, n. 9). *Lín. 5:* así, KTU / *[ ].lksi.* (Vir.) / *[ ]ṣ.lksi* (UT); c. *[yʿl] bʿl* (ANET) / *[yṯb.]b[ʿ]l* (CTA, UT) / *[ʿṯtr.y]rd.* (CML), cf. *sup.* I 63. *Lín. 6:* c. *[lnḫt]* (CTA) / *l[nḫt.]* (CML), cf. 1.3 IV 3 / *[bn dgn]* (ANET, UL). *Lín. 7-8:* cf. *sup.* II 26-27; 1.19 IV 13-14 (Vir.). *Lín. 7:* c. *l[ʿtqn].lyrḫm* (CML). *Lín. 8:* / *[m]k.* (CTA), cf. 1.4 VI 31; 1.15 III 22; 1.17 I 16; II 39; 1.22 I 25 (CTA) / *lšnt.[lšnt.]* (CML). *Lín. 9:* *whn(?).bn* (Vir.) / *wrk.* (SP); c. *w[yṯb],* cf. *inf.* VI 12 / *w[šk(?)]* (MLD 176, 181). *Lín. 11:* / *ʿlk b[ ]m* (Vir.) / *ʿlk.b[ṯ]tm* (CML), cf. 1.4 III 19, 21. *Lín. 13-14:* suplir quizá *dry.⟨bḏr.ʿlk.pht.bqʿ⟩bḥrb* (AK), cf. *sup.* II 31-32; sería un posible error por conflacción (Smit, JNSL [1971] 48, n. 1) / *dry* posible error por *bqʿ* (CTA). *Lín. 15:* así, Vir., cf. *sup.* II 34. *Lín. 16:* así, KU / *ʿlk p[ht]ḫ(?).[ ]t(?)brt* (Vir.) / *pht.p[ḫ(?)]* (MLD 176, 181-183). *Lín. 17:* así, SP, KTU / *pht[ ].y[ ]* (Vir.) / *pht.[-]l[-?]* (CTA) / *ph[t](ṣ/l)ḫ[ ]* (UT); c. *ǵly/ǵll* (CTA) / *[š(?)]l[ḫt(?)]* (MLD 176, 183-184). *Lín. 19:* / *b.ym.[ ]n.w(?)[ ]* (Vir.) / *bym.-n.ph[t.ʿlk]* (CML) / *a/tn.aḥd* (CTA); *drʿ* error por

COL. V: *Lín. 1-4:* para una discusión detallada de este pasaje, cf. próximamente Del Olmo Lete, AF [1981]; además, Dijkstra, JANES [1974] 59-68: «a los rompientes del Mar... al calor de Muerte...»; Margalit, MLD 175-181: «al Arrogante..., a los insignificantes... a los mezquinos...». *Lín. 5-6:* / «*Baʿlu* se sentará en el solio...» (De Moor) / «*Baʿlu* vuelve al trono..., el Hijo de *Dagānu*...» (Gordon). *Lín. 9-10:* / «... y el divino *Môtu* es humillado por *Baʿlu*...» (Van Zijl) / «... vino a quejarse (?)...» (Margalit). *Lín. 19-21:* / «¡Dame...,

t*n*.aḥd [20]*b.ab̮*k.*ispa.*	Da(me) uno de tus hermanos para que yo lo devore
wyṯb [21]*a*p.*dan*š*(?)*t*(?).*	y me calme, puesto que soy inexorable (?).
im [22]*a*ḥd.*ba*ḫk.šq*(?)*n	Si uno de tus hermanos [sacia mi sed (?)],
[23]hn.-n/aḥẓ.y*[ ]*l	entonces le aceptaré/será aceptado [como sustituto (?)].
[24]ʿn*t.akl*y*[.nšm]*	(Hasta) ahora mi alimento son los hombres,
[25]akly.*hm*l*[t.arṣ]*	mi comida, las multitudes de la tierra».
[26]*w*y*(?)*ʿ*(?)l.a*ḥ*[ ]*	
št*(?)*- -*[ ]*	
*b*l*[ ]*	
š*[ ]*	

(Laguna de unas 25 lín.)

KTU 1.6 VI

1*[yṯ]*r*dh*	
*[yg]*r*šh*	
[ ]ru	
*[ ]*h	
5*[ ]mt*	
[ ]- -m*r.limm*	
[ ]-b*n.ilm.mt*	[Entonces consumió] el divino *Môtu,*
*[ ]*u.*šbʿt.ǵlmh*	[devoró] a siete de sus mancebos.

---

dry (MLD 176, 184, 185). *Lín. 20: / b ab̮r.i(?)spr(?)* (Vir.). *Lín. 21: / ap(?). dn(?)n[ ]im* (Vir.) / *ak.d- -[ ]im* (UT). *Lín. 22: / ba[ ]l[ ]* (Vir.) / *bab̮k[.]l[- -]n* (CTA) *bab̮k[.]lttn* (SP) / *bab̮k.šq(?)n* (MLD 176). *Lín. 23: / h(?)n[ ].aḥẓ[ ]* (Vir.) / *hn.aḥpʿ[* (CML) / *aḥẓ[bt]l[t(?)]* (AE) / *hn.aḥẓ[r.lar]ṣ* (SP); c. *yaḥẓ.y[gʿ]l. Lín. 24:* cf. 1.3 III 27-28 / *]m.akl[* (Vir.) / *]tm[.]akl-[* (CML) / *.l]akl[y(?)* (?) (CTA); c. *akl[wimb̮ṣ]* (AK) / *[m]tm[.]akly[.bn.nšm]* (SP) / *[.nšm/ilm]* (MLD 176, 186). *Lín. 25:* así, KU / *[m]kly…* (AK) / *[t(?)]kly.hml[ ]* (Vir.). *Lín. 26: / w[ ]ʿl.a(?)[ ]* (Vir.) / *a(ṭ/ḥ)[ ]* (CTA).

Col. VI: *Lín. 1-2:* cf. 1.3 III 46-IV 2 *(Thespis* [1950] 449) / *aṭ]rdh / ag]ršh* (Gibson, CML). *Lín. 1:]k(?)dh* (Vir.). *Lín. 2: ʿ(?)]ršh* (Vir.). *Lín. 3:]k(?)u* (Vir.). *Lín. 4:]p* (UT). *Lín. 5:* c. *bn.ilm.]mt* (Vir.). *Lín. 7:* c. *[apnk.ykly] / [yklyhm.]* (SP). *Lín. 8:* c. *[ysp]u[.]* (SP). *Lín. 9:* c. *[wyʿ]n.bn.* (CML), cf. *sup.* II 13 / *[wʿ]n*

---

déjame devorar, y la ira que albergo desaparecerá!» (De Moor, Margalit; Dijkstra, JANES [1974] 63) / «… diseminación en el día… por tu causa. Luego fue consumido y además volvió…» (Driver) / «… haciendo a la ira mi compañera…» (Van Zijl, UF [1975] 505) / «Dame… Y repite: aunque estoy débil…» (Caquot-Sznycer / «… y cese la ira por la que fui debilitado…» (Dietrich-Loretz, UF [1977] 49) / «y la ira que siento retornará. (Pero) si no me (das) uno de tus hermanos…, devoraré…» (Gibson); cf. gl. *anš, ap.* *Lín. 21-24:* / «… yo solo seré quien mande sobre la tierra; mira, disfrutaré de buena suerte…, acabaré con…» (Gaster) / «Si no me das…, haré que los muertos visiten la tierra…, consumiré…» (De Moor) / «… si me apodero de…, he aquí que triunfaré de la Virgen *ʿAnatu,* acabaré con…» (Rin); cf. gl. *šqy, akl, aḥz, ʿnt.*

Escena de combate

[9][ ]-.bn.ilm.mt	Y respondió el divino *Môtu:*
[10]p[ ]n.aẖym.ytn.bʿl *[11]lpuy.*	«Y [he aquí] que a mis hermanos hizo *Baʿlu* mi alimento,
bnm.umy.klyy	a los hijos de mi madre, mi consumición».
[12]yṯb.ʿm.bʿl.ṣrrt [13]ṣpn.	Se volvió hacia *Baʿlu* (que mora) en las cumbres de *Ṣapānu,*
yšl gh.wyṣḥ	alzó su voz y exclamó:
[14]aẖym.ytnt.bʿl [15]spuy.	«A mis hermanos hiciste *Baʿlu* mi alimento
bnm.umy.kl[16]yy.	a los hijos de madre mi consumición».
ytʿn.kgmrm	(Se) atacaron como bestias depredadoras (?):
[17]mt.ʿz.bʿl.ʿz.	*Môtu* era fuerte, *Baʿlu* era fuerte;
ynghn [18]krumm.	(se) acornearon como toros salvajes:
mt.ʿz.bʿl [19]ʿz.	*Môtu* era fuerte, *Baʿlu* era fuerte;
ynṯkn.kbṯnm	(se) mordieron como serpientes:
[20]mt.ʿz.bʿl.ʿz.	*Môtu* era fuerte, *Baʿlu* era fuerte;
ymṣẖn [21]klsmm.	(se) arrastraron como alazanes (?):
mt.ql. [22]bʿl.ql.ʿln.	*Môtu* cayó, *Baʿlu* cayó sobre él.

Consejo de Šapšu

špš [23]tṣḥ.lmt.	*Šapšu* gritó a *Môtu:*
šmʿ.mʿ [24]lbn.ilm.mt.	«Escucha, por favor, ¡oh divino *Môtu!,*
ik.tmtẖ [25]ṣ.	¿cómo puedes pelearte
ʿm.aliyn.bʿl	con *Baʿlu,* el Victorioso?;
[26]ik.al.yšmʿk.	¿cómo quieres que te escuche
ṯr [27]il.abk.	el Toro *Ilu,* tu padre?

(SP). *Lín. 10: whn.aẖym.* (CML) / *p[h/i]n.* (AE). / *phn.* (SP). *Lín. 11: lpuy* error por *spuy* (KTU) / *(l/s)puy* (CTA). *Lín. 13: yšl* error por *yšu* (Vir.). *Lín. 14: ytnt* error por *ytn* (Albright, JPOS [1932] 204). *Lín. 15: / lpuy (Thespis* [1950] 449; UT) / *lpuy/pldy* (LC 74). *Lín. 16: kgmrm* posible error por *kzmrm (Thespis,* l. c.). *Lín. 20: ymṣẖn* error (?) por *ymẖṣn* (Albright, JPOS [1932] 205, n. 109). *Lín. 30: / yrd*

Col. VI: *Lín. 10-11/14-15:* / «De mis hermanos fue *Baʿlu* el que hizo que fuera yo herido...» (Aistleitner) / «Y, ¡ah!, (como) hermano del Mar es entregado *Baʿlu* en retribución por los destruidos hijos...» (Gordon) / «... entregó (mis) hermanos a la ruina, ... a la destrución...» (Rin) / «*Baʿlu* encarga a mis parientes que me hieran...» (Van Zijl) / «¡Oh hermanos míos!, *Baʿlu* me ha sido dado en alimento, ... es mi víctima» (Caquot-Sznycer; Gordon, PLM 116); cf. gl. *spa, kly. Lín. 16-17:* / «Se atacaron con toda fuerza...» (Driver) / «Se miraron como ascuas...» (De Moor; de modo similar, Margalit) / «Se enfrentaron como campeones» (Caquot-Sznycer) / «Se amocharon como bestias adultas...» (Watson, UF [1977] 275); cf. gl. *tʿ, gmr. Lín. 20-21:* / «Se dieron de cabezadas como bestias de acometida...» / «Se cocearon como bestias de combate...» / «Se arrastraron como perros de lucha...» (De Moor, Gibson) / «Saltaron como bestias de carrera...» (Caquot-Sznycer);

l.ysʿ.alt ^{28}ṯbtk.	De seguro arrancará el soporte de tu sede,
lyhpk.ksa.mlkk	volcará, sí, tu trono regio,
^{29}l.yṯbr.ḫṭ.mṯpṭk	sin duda romperá tu cetro de mando».

Desenlace del combate

^{30}yru.bn il mt.	Se atemorizó el divino *Môtu,*
ṯtʿ.y^{31}dd.il.ǵzr.	tuvo miedo el Amado de *Ilu,* el Adalid;
yʿr.mt ^{32}bqlh.	se agitó *Môtu* en su postración,
ytẖ/y(?)[ ]- - - ^{33}bʿl[.]	se humilló (?) [ante (?)] *Baʿlu,*
yṯṯbn[.lksi] ^{34}mlkh.	que fue instalado en su [trono] regio,
l[nẖt.lkḥṯ] ^{35}drkth[.]	en [el diván, el solio] de su poder.
[ ]	
^{36}[ ]dʿ.-[ ]	
b[ ]t/n.hn[ ]	
[ ]šn-[ ]	
[ ]- -[ ]- -d/l(?)it	
^{40}[ ]qbat	
[ ]inšt	
[ ]-u.	

Himno a Baʿlu

ltštql ^{43}[ ]r/k.ṭry.	«Desciende, pues, [a tomar] pan tierno (?),
ap.ltlḥm ^{44}lḥm.trmmt.	a comer, sí, pan de ofrenda,
ltšt ^{45}yn.tǵẓyt.	a beber, venga, vino de libación.

(Vir.; pero cf. CTA 43, n. 1) / error por *yẖrd* (WL 40); *ilmt* haplografía o coalescencia de consonantes por *ilm.mt* (Vir.; Watson, «Bib» [1971] 45; pero cf. SP 231), cf. *sup.* lín. 7, 24. *Lín. 32:* / *y(a/n)[* (UT) / *y[* (CTA); c. *y[qm.wyṣḥ.il]* (CML) / *y[šu.gh.wyṣḥ]* (SP) / *y[ṯṯb.lʿdh]* (Dijkstra, JANES [1974] 68, n. 53), cf. 1.16 VI 22-24 / *yt[ẖ/y(?).aliyn.]* (MLD 190, 193). *Lín. 33-34:* cf. 1.3 IV 2-3. *Lín. 34:* *lr[* (UT). *Lín. 36:* *]n(?)[* (Vir.) / *]d[* (CTA). *Lín. 37:* / *]ʿn hn[* (Vir.); c. *y]ʿn.hn[* (CML) / *[w(y/t)]ʿn.hn[.bʿl]* (SP; cf. Dijkstra, JANES [1974] 68, n. 56). *Lín. 38:* / *]šnt[* (Vir.); c. *[yspr.]šnt[.bn.il]* (SP) / Suponiendo que ésta y la siguiente formen una línea: *]šn m(?)it* (Vir.) / *]šnt.pit* (AK, KU). *Lín. 39:* *[yspr.yrẖm]* (SP), cf. 1.17 VI 28ss. *Lín. 40-41:* *](a/n)[* (UT), en el fragmento primero de la columna. *Lín. 41:* / *]r.inšt* (UT). *Lín. 42:* / *]b(?)u* (Vir.); c. *[lb]t ṭry* (Lipiński, OLP [1972] 106, 108; Dijkstra, JANES [1974] 68, n. 57) / *[b(n)t]k* (MLD 193, 196). *Lín. 43:* c. *[lši]r* (SP).

---

cf. gl. *mṣḫ, lsm.* *Lín. 31-33:* / «Se alzó *Môtu*... de su caída y gritó: *Ilu* entronizará a *Baʿlu*...» / «... *Môtu* quedó aturdido por su discurso... exclamó: que entronicen a *Baʿlu*...» (De Moor; cf. Gibson) / «... a su voz... se entroniza a *Baʿlu*...» (Caquot-Sznycer) / «Se alzó *Môtu*... levantó a *Baʿlu*... le sentó...» (Margalit); cf. gl. *ʿr, ql(l), nṯḫ(?).* *Lín. 42-45:* / «... no procederás... así no comerás el pan de súplica, ni beberás el vino de intercesión...» (Gordon) / «... comerás el pan de honor..., el vino de favor...» (Ginsberg) / «Sí, comes pan de la heredad de *Môtu,* bebes el

špš. 46*rpim.tḥtk*	*Šapšu* a los *Rapauma* (te) someterá,
47*špš.tḥtk.ilnym*	*Šapšu* (te) someterá a los divinales;
48*ʿdk.ilm.hn.mtm*	en torno tuyo están los dioses, también los hombres,
49*ʿdk.kṯrm.ḥbrk*	en torno tuyo *Kôṯaru* tu compañero,
50*wḫss.dʿtk*	y *Ḫasīsu* tu conocido.
51*b.ym.arš.wtnn*	Contra *Yammu, Aršu* y *Tunnanu*
52*kṯr.wḫss.yd*	*Kôṯaru-Ḫasīsu* una mano
53*ytr.kṯr.wḫss*	(te) echará, *Kôṯaru-Ḫasīsu*».

Colofón

54*spr.ilmlk šbny*	El escriba fue *Ilimilku, šubbanī,*
55*lmd.atn.prln.*	discípulo de *Attanu-Purlianni,*
rb 56*khnm rb.nq*dm	Sumo Sacerdote, Pastor Máximo,
*ṯʿy.nqmd.mlk u*grt	Inspector de *Niqmaddu,* Rey de *Ugarit,*
58ad*n.yrgb.bʿl.ṯrmn*	Señor Formidable, Provisor de nuestro sustento.

---

vino de las tinieblas...» (Du Mesnil, «Berytus» [1978] 69) / «... de veras te marchaste... comiste además, ciertamente, el pan de corrupción, ... el vino de ruina...» (Driver) / «Sal de la Casa del Descenso/Refrigerio, ... come el alimento de «ascensión» (evaporación), ... el vino de apaciguamiento...» (Watson, UF [1977] 276) / «ve de prisa a mi espaciosa morada...» (Dijkstra, JANES [1974] 68, n. 57) / «Tus [hijas] llegan húmedas las narices. Comen... de reconciliación... de apaciguamiento» (Margalit); cf. gl. *ṯry, trmmt, tǧzyt.* *Lín. 45-47:* / «*Šapšu* y los Dioses-Príncipes se te someterán...» (Aistleitner) / «*Šapšu,* los Manes están debajo de ti...» (Caquot-Sznycer) / «*¡Oh Šapšu!,* estás, sí, en compañía de las sombras...» (Driver) / «*Šapšu* gobernará a los «reunidos»..., a los divinos...» (Ginsberg); cf. gl. *rpum, ḥtk, ilnym.* *Lín. 48-50:* / «A tu disposición, ¡oh *Ilu!,* mira a *Môtu...*» (Gordon) / «... junto a ti están los dioses, ... los muertos...» (Lipinski, OLP [1972] 109) / «... tus camaradas los dioses, ... los muertos...» (Pope, *Fs Finkelstein,* 172) / «A ti (vienen) dioses; allí está (incluso) *Môtu...*» (Margalit); cf. gl. *ʿd.* *Lín. 51-52:* / «Al mar ... arrojará a la Venenosa y al Dragón, ... los hará saltar hacia abajo» (Cassuto, BOS II, 10) / «Al mar..., *Kôṯaru-Ḫasīsu* empuja, ... tira» (Lipinski, OLP [1972] 109) / «Por el mar del monstruo y dragón... marchó... anduvo...» (Ginsberg) / «... marcha, ... navega» (Gordon, PLM 117) / «... anda cojeando, saltando...» (Margalit) / «En el mar están..., que *Kôṯaru-Ḫasīsu* los arroje, ... los espante» (De Moor; cf. Dijkstra, JANES [1974] 67; Gibson) / «En el día de la súplica y concesión... que extienda su mano...» (Dahood, RSP II, 36) / «... en el día de laceración y lamento, que desgarre...» (Pope, *Fs Finkelstein,* 172); cf. gl. *arš, tnn, yd, ydy, ntr.* *Lín. 54-57:* / «Escriba/escrito» (Yamashita, RSP II, 65) / «*Ilimilku,* el viejo» (Eissfeldt, SBIU 49-51) / «Escrito por..., dictado por..., *Niqmaddu...,* Dueño de *Yargub(u),* Señor de *Tharumeni*» (Ginsberg) / «Escriba..., discípulo de *Atn,* el Mayordomo, Jefe de... Colacionado...» (Dietrich-Loretz, UF [1972] 32-33) / «... discípulo de..., el maestro, (en el reino de)...» (Gibson); cf. gl. *spr. lmd. ṯʿy.* Para Dietrich-Loretz-Sanmartín, UF [1957] 551, 557, tendríamos en *adn, yrgbbʿl, ṯrmn* tres nombres divinos de atribución imprecisa. Para la versión propuesta, cf. Astour, RSP II, 292.

EPOPEYA DE KRT (Kirta)
(*KTU 1.14-16*)

INTRODUCCION

EL TEXTO

El texto cuneiforme del poema ugarítico denominado «Epopeya de *KRT (Kirta)*» se contiene en *tres tablillas* (1.14, 15, 16) de características homogéneas. Las tres, conservadas actualmente en el museo de Alepo, han tenido que ser reconstruidas y, aún así, presentan notables lagunas en el texto, sobre todo la segunda y tercera. Fueron halladas en las campañas de excavaciones de 1930-1931 en estado fragmentado [1].

Las tres tablillas poseen unas dimensiones prácticamente idénticas: 21/23 cm. de altura por 17/17,5 cm. de anchura [2]; el número de líneas oscila entre 51 (1.14 IV) y 62 (1.6 I), en las columnas que se nos han conservado íntegras, y del millar aproximado que originalmente contenían las tres tablillas, sólo la mitad ha llegado hasta nosotros. Son de color «beige» las dos primeras y ocre la tercera. El texto se halla repartido en ellas en seis columnas, tres en cada cara. Como es lo normal en las tablillas cuneiformes, la tercera columna se continúa directamente, a través del borde, en su reverso, de modo que para leerlas no se han de volver las tablillas como las páginas de un libro, sino de arriba abajo [3]. Así, mientras las columnas del anverso están ordenadas de iz-

[1] La descripción original de las tablillas con su fotografía puede verse en Virolleaud, LK, p. 1ss; íd., *Le roi Kéret et son fils (II K). Poème de Ras Shamra:* «Syria» 22 (1941) 105-136, 197-217; 23 (1942-1943) 1-20; íd., *Le mariage du roi Kéret (III K). Poème de Ras Shamra:* «Syria» 23 (1942-1943) 137-172; Herdner, CTA, pp. 58, 67, 71-72; pl. XXI-XXVI. Estos datos son recogidos, con mayor o menor precisión, por otros editores y comentaristas; cf. De Langhe, TRS I, pp. 165-167; Driver, CML, p. 2; Jacob, RSAT, p. 51; Ginsberg, ANET, p. 142; íd., LKK, p. 4; Caquot, SDB, fas. 53, col. 1.391ss; Herdner, TOu, pp. 483-484; Gibson, CML, pp. 19-20. Para una tipología de las tablillas acádicas de Ugarit puede consultarse Nougayrol, PRU III, pp. XXXIV-XXXVI, 272-280; íd., PRU IV, pp. 2, 5, 269, 272-276.

[2] La tablilla segunda (1.15) tiene, en su estado actual, una altura de sólo 15 cm, pero esto se debe a que le falta la parte superior en toda su anchura, lo que no sucede con las otras dos.

[3] Cf. Cassuto, GA, p. 82, n. 1; Caquot-Sznycer, TOu, pp. 181, 206. Esta es la disposición normal en las tablillas cuneiformes alfabéticas de Ugarit. En las tablillas

quierda a derecha, las del reverso lo están de derecha a izquierda; entre sí se corresponden por este orden: 1/6, 2/5, 3/4. La escritura, desde luego, va siempre en ellas de izquierda a derecha, según el uso de la epigrafía cuneiforme. Pero lo más decisivo, como en el ciclo de *Baʿlu-ʿAnatu,* es que estas tablillas parecen corresponder todas a una misma «caligrafía», aunque en la segunda ello sea difícil de apreciar, dado su mal estado de conservación. La última nos ha preservado incluso el nombre del escriba: *ilmlk (Ilimilku)* [4].

Esta homogeneidad del «material» editorial es de gran importancia tanto para determinar los diversos conjuntos literarios en sus respectivas redacciones como para fijar la relación de las diversas tablillas y fragmentos entre sí. Ya vimos cómo el problema de la clasificación de las tablillas se presentaba también a los escribas de Ugarit [5], que lo resolvían encabezándolas con una indicación sumaria del tema, a modo de «título» general del poema, tomado del nombre de su protagonista; en nuestro caso, *lkrt* [6], al inicio de la tablilla

segunda y tercera de este poema falta el final de la columna tercera o esquina derecha y no puede apreciarse esa secuencia directa a través del borde, aunque la disposición del texto es igual a la de la primera. Esta es igualmente la disposición del texto en las tablillas acádicas; puede consultarse al respecto G. R. Driver, *Semitic Writing from Pictograph to Alphabet,* Londres 1954, p. 9.

4 Cf. *sup.* p. 96, n. 64.

5 Cf. *sup.* p. 81, n. 1.

6 La vocalización *Keret,* aceptada por Virolleaud, Ginsberg, Cassuto, Albright, Herdner y Driver, entre otros muchos, es meramente funcional y ciertamente inexacta por fundarse en un modelo masorético (segolado) inexistente en este estadio del semítico noroccidental (cf. Virolleaud, LK, p. 7; íd., «Syria» 12 (1931) 354; De Vaux, RB 46 (1937) 443, 538; De Langhe, ETL 16 (1939) 299; Pedersen, «Berytus» 6 (1941) 64; Ginsberg, LKK, p. 6; Driver, CML, p. 5, n. 3; Herdner, TOu, p. 484). Se proponen otras vocalizaciones: *Karūt* (Albright, Gray), *Kārit/Kōret* (Virolleaud, Villa, De Vaux), *Kret* (Gordon); y probable sería igualmente *Kartu* (Van Selms, UF 7 [1975] 471). En la Biblia hebrea tenemos ese grupo de consonantes en 1 Re 17,3 *(kᵉrît);* 1 Sm 30,14 *(kᵉrētî),* como nombre de un torrente o región, y en Sof 2,5-6 *(kᵉrētîm, kᵉrōt)* en relación, al parecer, con Creta y los Filisteos y en general con los «Kereteos». Sobre esta correlación, cf. Virolleaud, LK, p. 7; Lods, RES (1936) 53; De Langhe, ETL 16 (1939) 295; Gordon, UMC, p. 28; íd., JNES 11 (1952) 212; íd., UT, p. 352; íd., *Ug.* VI, p. 287; íd., PLM, p. 34; H. Haag, *Homer, Ugarit und das Alte Testament,* Zürich 1962, p. 59; L. Sabottka, *Zephanja,* Roma 1973, pp. 73-74, 78-80, 135; Walcot, UF 1 (1969) 112; Gibson, CML, p. 19, n. 5. Aparte de la posible ocurrencia de *ki-re-tá* en los textos minoicos (cf. Gordon, UMC, p. 36; íd., PLM, p. 34), las otras dos vocalizaciones más verosímiles son *kuriti/u* y *kirta.* La primera aparece como nombre propio en las tablillas de Alalakh (cf. D. J. Wiseman, *The Alalakh Tablets,* Londres 1953, p. 140) y ha encontrado amplia aceptación (cf., por ejemplo, Jirku, KME, p. 85; Lipinski, UF 2 (1970) 80, n. 32; De Moor, *Ugaritic Lexicography,* en P. Fronzaroli, *Studies on Semitic Lexico-*

tercera y, casi con absoluta seguridad, también de la primera. A su vez, es probable que las líneas paralelas que aparecen *al pie* de columna en algunas tablillas, en nuestro caso en 1.14 II y 1.15 I-II, fueran un signo escribal para señalar su anverso [7].

Después de comprobada, como en este caso, la perteniencia de un determinado número de tablillas a un poema o ciclo en razón de su contenido y caracteres extrínsecos, se plantean aún, como vimos a propósito del ciclo de *Baʿlu-ʿAnatu,* problemas que condicionan todo el análisis posterior. Así, por ejemplo: ¿ofrece ese material *la totalidad del texto* de dicho poema? ¿Podemos al menos establecer una *secuencia* probable de sus respectivos fragmentos? ¿Es dicha secuencia *continua e inmediata* o hay que suponer lagunas?

En el caso de la «Epopeya de *Kirta*», el orden que se ofrece de las tablillas, admitido por todos los intérpretes, parece seguro [8]; está determinado por su contenido. Con todo, el mal estado de conservación de la segunda tablilla nos impide precisar si seguía inmediatamente a la primera y era, a su vez, seguida inmediatamente por la tercera. El análisis de su contenido apoya la respuesta afirmativa en ambos casos, como veremos más abajo [9].

graphy, Florencia 1973, p. 64; íd., ZAW 88 (1976) 324; Airoldi, «Bib» 55 (1974) 185; Dijkstra-De Moor, UF 7 (1975) 177; Müller, UF 1 (1969) 89. Aquí adoptamos la otra vocalización, *kirta (ki-ir-ta),* que aparece también en las mencionadas tablillas de Alalakh, donde designa al fundador de la dinastía de Mitanni (cf. Albright, YGC, p. 103, n. 19; W. Nagel, *Der Mesopotamische Streitwagen...,* Berlín 1966, p. 30; Cross, CMHE, p. 153, n. 28; Sabottka, *o. c.,* pp. 78-80, 135; Dahood, UF 1 (1969) 32; íd., RPS I, p. 243; R. De Vaux, *Histoire ancienne d'Israël,* vol. 1, París 1971, p. 84; De Moor, UF 11 (1979) 643-649 *(Kirt);* y las versiones de Clear y Coogan.

7 Cf. Ginsberg LKK, p. 38; Herdner CTA, pp. 20-21. Aparecen también al final de 1.4 VIII; 1.6 II; 1.12 I-II. Según Gordon, UL, p. 69, n. 1, indicarían el final de la tablilla de la que copia el escriba, pero esto no es aplicable en casos como 1.12 I-II. Acerca del valor de tales líneas dobles *en medio* del texto, cf. De Moor, SP, pp. 4-5, n. 11 («to indicate that he omitted a portion of standard text»); Caquot-Sznycer, TOu, p. 143 («séparer deux épisodes»); Gordon, UT, p. 24; íd., UMC, p. 41, n. 1; íd., PLM 113; Van Zijl, *Baal,* p. 47; Segert, BZAW 77 ([2]1961) 196-197; Gibson, CML, p. 67; Foley, CE, pp. 5, 30; Horwitz, UF 11 (1979) 392, n. 13.

8 Cf. a este respecto Virolleaud, LK, p. 1; Driver, CML, p. 2; J. Gray, *The KRT Text in the Literature of Ras Shamra. A Social Myth of Ancient Canaan* (= KTL), Leiden [2]1962, p. 1, n. 3, y las traducciones citadas más adelante.

9 Así, Gordon, UL, pp. 66-67; íd., UMC, pp. 100ss; Gray, KTL, p. 1, n. 3; íd., LC, pp. 16-17; H. Sauren-G. Kestemont, *Keret roi de Ḫubur* (= KRH): UF 3 (1971) 181ss, 190 («il n'y a pas de tablette à intercaler», entre la segunda y la tercera); Herdner, TOu, p. 483; Caquot, SDB, fasc. 53, col. 1.392; pero cf. Virolleaud, «Syria» 23 (1942-1943) 138 («entre les deux... il y avait place pour bien d'autres épisodes...»); íd., LK, pp. 2-3 («rien n'indique... que la légende tenait toute entière dans ces trois tablettes...»); Driver, CML, p. 2 («the first tablet may have

No me parece, en cambio, aceptable la opinión de Sauren-Kestemont según la cual el texto RS 24.245 (1.101) [10] formaría parte del poema de *Kirta,* ocupando un lugar en la laguna que media entre 1.16 III y IV. Sus razones no me parecen convincentes: la pretendida semejanza entre 1.16 III 1 y 1.101:14 sólo es válida recostruyendo el primer lugar citado según el segundo [11], mientras el verdadero paralelo de éste se halla en 1.3 II 31-32 del ciclo de *Baʿlu,* al que pertenecería en razón de su contenido [12]; la aparición del par «siete/ocho» y de determinados nombres divinos nada prueba, dado que también aparecen en otros muchos poemas y ciclos de Ugarit, incluso con mayor congruencia que en la «Epopeya de *Kirta»;* por ejemplo, las diosas *ʿAnatu* y *Ṭallayu* son en principio ajenas a la misma. Igualmente débil es el argumento de la pretendida coincidencia de estilo y estructura literaria. En este sentido, el citado texto RS 24.245 se halla más próximo al ciclo de *Baʿlu.*

Por lo demás, la «firma» del escriba al final de la tercera tablilla no pretende probablemente indicar el fin de la obra [13], pues es verosímil que tal firma se estampara en las tablillas literarias (¿en todas?) como un dato de identificación «editorial», semejante al encabezamiento antes mencionado. Así, en el poema o «Epopeya de *AQHT (Aqhatu)»* aparece al final de la primera tablilla del mismo.

El tema, a primera vista, parece quedar cortado; en consecuencia, diversos autores creen que estas tres tablillas nos ofrecen, sí, un texto continuo desde

been preceeded by a lost tablet, the second and third may have been followed by another or other tablets»); Gibson, CML, p. 20 (parecido); Ginsberg, LKK, p. 9 («KRT B... evidently followed directly upon KRT A... Krt C did not certainly follow direct upon KRT B»); íd., ANET, pp. 142-147 («KRT A was probably preceeded and KRT C was certainly followed, by one or more lost tablets. There may also be one or more missing between B and C... if KRT C is the direct continuation of KRT B»); De Langhe, TRS I, pp. 166-167 (cuando todavía no se había publicado CTA 15 [III K] reconocía que la distancia entre las otras dos era excesiva); De Vaux, RB 55 (1948) 146. Por su parte, Rosenthal, «Or» 16 (1947) 399 y Bernhardt, WZG 5 (1955-1956) 110, suponen la falta de una tablilla entre las dos primeras del poema.

[10] Cf. Sauren-Kestemont, KRH, pp. 192, n. 6; 215-216. El texto fue publicado por C. Virolleaud, *Les nouveaux textes mythologiques et liturgiques de Ras Shamra,* en *Ug.* V, pp. 557-559.

[11] Me parece, por otra parte, advertir un error en las citas dadas en las nn. 6. 102,107: 7,1a:7 (según su distribución del texto) y RS 24.245, «recto» 1.5 no se corresponden; en n. 107 se dice ya «verso». Pero ni aun con esta corrección se corresponden exactamente las líneas.

[12] Cf. J. C. De Moor, *Studies in the New Alphabetic Texts from Ras Shamra I:* UF 1 (1969) 180.

[13] Así, Gray, LC, p. 151; íd., KTL, p. 1, nn. 2 y 3; sobre la interpretación de éste y demás colofones, cf. *sup.* p. 143, n. 213.

su comienzo, pero fragmentario y probablemente inconcluso [14]. Nuestra interpretación supone que el poema comprendía únicamente estas tres tablillas [15].

Como se desprende de la comparación del colofón mencionado con otros similares, el texto fue copiado en tiempos del rey *Niqmaddu II* († *ca.* 1345 antes de Cristo) [16], época en la que el escriba *Ilimilku* llevó a cabo su labor, parcialmente conservada en los textos encontrados. Su trabajo es excelente y nos ofrece una caligrafía nítida y muy cuidada. Pero esto no excluye que también *Ilimilku* cayera en aquellos errores de transcripción que ya de antiguo la crítica textual había detectado y achacado a los copistas y que también apreciamos en las tablillas del ciclo de *Baʿlu-ʿAnatu* [17]. Tenemos así:

1) *Transposición de letras* (1.14 I 8); 2) *confusión de signos semejantes (a/n:* 1.14 IV 50; 1.16 I 14; *a/t:* 1.14 III 31; *y/h:* 1.14 III 11; *m/t:* 1.14 III 5; 1.15 III 21 (?); *w/k:* 1.14 IV 42; *b/d:* 1.16 V 23; *s/b:* 1.16 I 12); 3) *confusión de sonidos semejantes* [18] *(b/m:* 1.14 III 9; *b/p:* 1.14 VI 25; *q/g:* 1.14 V 8; *m/n:* 1.14 VI 37); 4) *síncope de letras* (1.14 III 9); 5) *dittografía* (1.14 II 13-14 [cf. III 55-56]; 1.14 II 20 [cf. IV 2-3]; 1.14 VI 33-34); 6) *división inexacta de palabras* [19] (1.14 I 25, 30; III 5-6; IV 18; 1.15 VI 7; 1.16 VI 10).

[14] Así, Virolleaud, «Syria» 23 (1942-1943) 137-172; De Vaux, RB 55 (1948) 146; Jirku, MK, p. 48; Gray, LC, p. 151; Caquot-Sznycer, RPO, p. 378; Caquot, SDB, fasc. 53, col. 1.393, 1.395; Gordon, UL, p. 67; íd., PLM, p. 59; Herdner, TOu, p. 492; Parker, ZAW 89 (1977) 169-170 (falta el desarrollo del tercer tema: la rebelión de *Yaṣṣibu).* Para las opiniones de Ginsberg y Driver, cf. *sup.* n. 9; Jacob, RSAT, p. 51, también estima posible la existencia de alguna tablilla previa. Sobre el carácter exabrupto del final, cf. *inf.* p. 273.

[15] Así, Gray, KTL, p. 1 (al menos en relación con el tema dinástico); Sauren-Kestemont, KRH, p. 193.

[16] Ginsberg, ANET, p. 142; SP, pp. 1-2; M. Liverani, *Storia di Ugarit nell'età degli archivi politici* (= SU), Roma 1962, pp. 27ss; Gordon, UMC, pp. 145-156; P. Fronzaroli, *Leggenda di Aqhat* (= LA), Florencia 1955, p. 17; Vine, EBU, p. 255. La mención del «carro de combate» situaría la composición de este poema, al menos en su redacción actual, a principios de la época del Bronce Reciente (cf. Fensham, JNSL 1 [1971] 15).

[17] Cf. *sup.* p. 96, n. 66. De este tipo de errores es difícil se libre edición alguna de textos.

[18] Podría, con todo, tratarse a veces de simples variantes fonéticas (¿dialectales?) no fonemáticas; cf. a este propósito Dahood, UHP, p. 9.

[19] Estos casos se refieren con frecuencia a la separación de preposiciones consideradas inseparables y a la de los sufijos personales. El uso normal semítico es seguido también de ordinario por el escriba de Ugarit, pero la existencia de pronombres personales indirectos independientes hacía sentir probablemente los sufijos también como más autónomos. De todos modos, el uso del «separador», típico de la epigrafía ugarítica, no es constante; cf. Gordon, UT, p. 23; De Langhe, TRS I,

De algunos otros lugares señalados como errores posibles no es fácil demostrar que sean tales; por tanto, preferimos dar fe al escriba.

La «edición príncipe» fue realizada por Virolleaud: copia del texto cuneiforme, transliteración y traducción anotada [20]. Una revisión crítica ha sido llevada a cabo por Herdner y Dietrich-Loretz-Sanmartín [21], mientras Ginsberg, Gordon, Driver, Gibson, Gray, Rin y Sauren-Kestemont [22] han reeditado en transliteración y traducido de nuevo el texto íntegro del poema. Otros innumerables estudios han analizado secciones o lugares del mismo; los citaremos en su momento.

ANALISIS LITERARIO

Reservado para el final de esta introducción un ensayo de interpretación de conjunto, que trate de descubrir la intención y sentido últimos del poema, vamos ahora a intentar individuar y analizar sus *unidades menores*. La secuencia de las mismas descubrirá, además, una serie de *esquemas* teológico-formales de base, que les sirven de cañamazo: desgracia/súplica, revelación-orden/obediencia-ejecución, promesa/cumplimiento, infidelidad/castigo (?), acción/efecto.

El principio adoptado para esa individuación de unidades atiende tanto a su contenido como a su estructura poética, en resumidas cuentas a su «forma literaria», y presupone una interpretación filológica del texto. El «ideal», metodológicamente hablando, sería poder partir de un esquema formal de esa estructura poética fija e independiente «de toda interpretación textual previa», como pretenden Sauren-Kestemont [23] y como es el caso en las literaturas clásicas y en las modernas, al menos en los períodos en que estuvo vigente en ellas una prosodia normativa. Pero tal ideal no es comprobable en la literatura ugarítica ni en la hebrea, si prescindimos de determinadas composiciones alfabéticas o acrósticas. En este campo, la única pieza firme es el elemento base o «verso» con su estructura paralelística y su esticometría relativamente consistente [24]. De otros esquemas formales superiores (estrofa, estancia, episodio, canto) no

p. 219; Segert, BZAW 77 (^{2}1961) 196; Horwitz, UF 4 (1972) 47-52; íd., UF 5 (1973) 165-173; íd., UF 9 (1977) 123-129; íd., UF 11 (1979) 389-394.

[20] Cf. *sup.* n. 1.

[21] Cf. *sup.* pp. 97.

[22] Cf. *sup.* pp. 19-20, nn. 2-3.

[23] Cf. De Langhe, ETL 16 (1939) 293 (tres partes); Sauren-Kestemont, KRH, p. 181; Fensham, JNSL 3 (1974) 26-27; Welch, UF 6 (1974) 428, 430 (esquemas formales).

[24] Para la nomenclatura adoptada, cf. *sup.* p. 33, n. 34.

tenemos datos precisos [25]. Ahora bien, el intento antes mencionado, que pretende partir de una estructura formal inmanente a la obra, al margen, por tanto, de su interpretación semántica, y que impone una secuencia rígida de tales formas poéticas superiores, sólo «se consigue» precisamente a base de una frecuente violación del paralelismo y esticometría del elemento fundamental mencionado, y prescindiendo de la unidad de sentido y contenido de las divisiones formales adoptadas [26]. No pienso que la épica semítico-occidental sea reducible a ese formalismo estructural, sino que creo que se acerca más al modelo que representan nuestro «romancero» y los «cancioneros» en las literaturas románicas [27].

Consiguientemente, distinguimos estos «episodios» o «unidades» en el poema «Epopeya de *Kirta*»:

El infortunio de Kirta *(1.14 I 6-25)*. La sección es de género épico-narrativo [28]; *describe* la situación a que se ve abocado *Kirta* por la pérdida de su

[25] Cf. *sup.* p. 32; Gordon, UT, pp. 131-135; Fronzaroli, LA, pp. 15-16; Eissfeldt, EAT, pp. 84ss (sobre la «estrofa» en la poesía hebrea antigua); De Moor, UF 10 (1978) 196-199; Margalit, UF 7 (1975) 300-310; íd., MLD, pp. 225-227; *inf.* n. 27.

[26] Cf. Sauren-Kestemont, KRH, pp. 181, n. 1; 138, n. 4; 186.

[27] Cf. Virolleaud, LK, pp. 2, 4ss (partes y escenas); Gordon, UMC, pp. 40-41, y *sup.* p. 34; a este propósito, E. Dhorme, *A propos d'une théorie strophique:* RB 33 (1924) 417, considera la poética del libro de Job similar a la de los «cantares de Gesta», no a la de la literatura griega o latina; cf. también Delcor, en «Bib» 54 (1973) 439; T. H. Gaster, *The Oldest Stories in the World* (= OSW), Boston [5]1971, p. 203. La obra de M. Lichtenstein, *Episodic Structure in the Ugaritic Keret Legend,* Columbia Univ. Dis. 1979, no me ha sido accesible.

[28] Para Sauren-Kestemont, KRH, p. 183, se trata de una «ambassade du malheur» que llega a *Kirta;* así también para Aistleitner, MKT, p. 87. Pero, en tal caso, se esperaría una forma de discurso directo, en segunda persona. Tampoco me parece aceptable ni demostrada la motivación de «castigo divino» que Sauren-Kestmont suponen para tal desgracia. Para un resumen del argumento de esta columna y de toda la tablilla en general, cf. Virolleaud, LK, pp. 4ss (inaceptable); íd., RH 185 (1939) 6ss; íd., RES (1942-1945) 50ss; íd., RHR 147 (1955) 129ss; íd., LBC, pp. 65ss; Dussaud, DRS, pp. 160ss; De Langhe, TRS I, pp. 165-167; Ginsberg, LKK, pp. 6-9; íd., ANET, p. 142; Cassuto, GA, pp. 14-15; Gaster, JQR 37 (1946-1947 285-293; íd., OSW, pp. 191ss; Liverani, PE, pp. 861ss; Gordon, UL, p. 66; íd., UMC, pp. 28, 100-101; íd., PLM, pp. 35-46; Aistleitner, «Theologia» 5 (1938) 13ss íd., MKT, pp. 87-88; Gray, KTL, pp. 1ss; íd., LC, pp. 131ss; Engnell, SDK, pp. 143ss; Jacob, RSAT, pp. 51ss; Jirku, MK, p. 47; íd., KME, pp. 85ss; Driver, CML, pp. 2-3, 5; Gibson, CML, pp. 19-20; Rin, AE, pp. 307-308; Caquot-Sznycer, RPO, p. 378; Caquot, SDB, fasc. 53, col. 1.392-1.393; Herdner, TOu, pp. 485ss; Fensham, AION 19 (1971) 191ss; íd., VT 19 (1969) 312ss; íd., TL 12 (1962) 17ss; íd., JNSL 1 (1971) 15ss; 2 (1972) 37ss; 3 (1974) 26ss; 4 (1975) 11ss; 6 (1978) 19ss; 7 (1979) 17ss; Dietrich-Loretz, *Fs Elliger,* p. 36; Bernhardt, WZG 5 (1955-1956) 101-121; Gese, RAAM, pp. 84ss; Maróth, AcOrHung 27 (1973) 301-307; Gibson,

familia. Esta posiblemente se limita a sus hermanos y a su mujer, por lo que podemos suponer que la *introducción* (lín. 1-6) nos sitúa en los inicios del reinado del joven monarca, en el momento de su «ascensión» al trono (cf. líneas 41-43); el final del poema coincidirá con su ancianidad (?)[29].

La organización formal es muy equilibrada. El texto conservado se abre con un *tst* (lín. 6-11), de perfecta factura paralelística[30], que se corresponde quiásticamente con el *tc-bc* que cierra la sección (lín. 21-25); más concretamente, lín. 6-9 con 24-25 *(itbd/yitbd,* sinónimos *umt, bt, bn/špḥ, yrṯ)* y lín. 10-11 con 21-23 (repetición de *ḥtk, rš, grdš* y sinónimos *mknt/ṯbt)*. Por su tema y estructuración, la sección se presenta, pues, como una unidad perfectamente delimitada. Su parte central describe en detalle el destino de la mujer de *Kirta* (lín. 12-14) y de sus hermanos (lín. 15-20), mencionados anteriormente (lín. 8-9). Así se puede ver en la lín. 15 el climax de la perícopa[31]. La situación no

SVT 28 (1974) 62-64; Badre y otros, «Syria» 53 (1976) 96-103; Parker, ZAW 89 (1977) 163ss; Loewenstamm, UF 11 (1979) 506-507.

[29] Cf. Gray, KTL, p. 1; Pope, MUP, p. 294; Parker, ZAW 89 (1977) 165; en contra del paralelismo con Job se pronuncia Margalit, UF 8 (1976) 142.

[30] Tal división estrófica parte de la reconstrucción de lín. 6-7 (cf. *inf.* p. 289). Las líneas que faltan representaban posiblemente el «título» del poema en el que se presentaría al protagonista, suponiendo que ésta fuese la tablilla inicial (cf. *sup.* p. 241); Dietrich-Loretz, *Fs Elliger,* pp. 33, 36, suponen en lín. 5-6 un *bc* con final *il/nhr;* para un estudio último de la sección, cf. Margalit, UF 8 (1976) 137-147; Stuart, SEHM, pp. 52-55 (1.14 I 7-43); Badre y otros, «Syria» 53 (1976) 96-97.

[31] Cf. Gaster, OSW, p. 191. Se trata de una *interpretación* contraria a la opinión corriente que ve aquí a los «hijos» de *Kirta;* cf., por ejemplo, Aistleitner, MKT, p. 87; Gray, LC, p. 132; Herdner, TOu, pp. 485, 504ss; Caquot, SDB, fasc. 53, col. 1.392; Gordon, UL, p. 66; Fensham, AION 19 (1969) 195-196; íd., JNSL 1 (1971) 19; Dietrich-Loretz, *Fs Elliger,* p. 36; Badre y otros, «Syria» 53 (1976) 97ss; Margalit, UF 8 (1976) 137-140; pero cf., no obstante, Gordon, UMC, pp. 100-102 («siblings germane»), que supone que a *Kirta* su mujer aún no le había dado heredero; cf. también Cassuto, BOS II, p. 207; Gibson, SVT, 28 (1974) 63; íd., CML, pp. 20, 23; Maroth, AcOrHung 27 (1973) 301-307; Badre y otros, *l. c.;* De Moor, UF 11 (1979) 643-644; Van Selms, UF 11 (1979) 742, que hablan, no obstante, de «siete mujeres». De los hijos se hablará más adelante, precisamente como tema central del poema y desencadenador de la acción épica (cf. II 4-5). Incluso verbalmente, *ṯar um* (lín. 15) responde al *bn um* (lín. 9), que hemos visto a su vez reasumido al final de la sección *(špḥ, yrṯ)*. Tenemos así un buen ejemplo del ritmo literario semítico, circular-concéntrico o espiral, que procede por «prolaciones» y «retractaciones» que se van elucidando mutuamente. No me resulta aceptable la interpretación de Fensham, JNSL 1 (1971) 18, que refiere *ṯar um* a la mujer de *Kirta;* en cambio, es válida su interpretación de la estricta unidad de esta sección (pp. 21-22). Para el problema que presenta la suma de las fracciones mencionadas y su sentido, cf. Finkel, HUCA 26 (1955) 109-143 (cf. los 30 hijos de Yaír e Ibsán, Jue 10,4; 12,8).

habría sido tan desesperadamente grave si, a pesar de haber perdido a su mujer [32], hubiera habido en su familia heredero colateral [33]. Pero de éstos no había quedado ninguno, arrebatados por una serie de agentes destructores, que nos recuerdan «el hambre, la peste y la espada» de la tradición bíblica [34]. Formalmente se compone de un *tc* y una «enumeración»; ésta constituye una serie autónoma, iniciada en cada colon por el respectivo numeral, pero en razón del paralelismo interno, del emparejamiento típico de los numerales en la épica cananea y de la función doble del verbo en cada uno de ellos cabe distinguir dos *bc* (lín. 16-17/18-19) encuadrados entre dos hemistiquios: uno de abertura de la serie enumerativa y otro, correspondiente al número siete, que la cierra, constituyendo un *dst int.* («intercalado» o «enmarcado») [35] .En las «enumeraciones» ugaríticas ese cardinal siempre se destaca como elemento climático [36].

32 Cassuto, BOS II, pp. 206-208, la supone repudiada o estéril; Dietrich-Loretz, *Fs Elliger,* p. 36; Delekat, UF 3 (1972) 12; Driver CML, p. 29; Jirku, KME, p. 88; Rin, AE, p. 307, opinan que le abandonó; en cambio, Fensham, JNSL 1 (1971) 17-18, piensa que ella vino junto a *Kirta* (!). La opinión de Gordon, JNES 11 (1952) 212-213; íd., CBC, pp. 134ss; íd., UMC, pp. 28, 105, 151; íd., UT, p. 296; íd., PLM, pp. 35, 40 (cf. *inf.* n. 128), de que tenemos aquí el tema de Helena, que aparecerá más tarde en la *Ilíada* y en los relatos patriarcales hebreos (la esposa raptada y rescatada; cf. también Finkel, PrAmAcJR 23 [1954] 1-5), no resulta muy persuasiva; cf. Herdner, TOu, p. 498; Walcot, UF 1 (1969) 112s; Muhly, «Berytus» 19 (1970) 54-64. En «Or» 12 (1943) 57 supone todavía Gordon que quizá *Kirta* pagó ya el precio por *Ḫurrayu* y su padre la retiene.

33 En Ugarit aparece esa sucesión colateral en el caso del rey *Niqmepaʿ* (1336-1265), que sucede a su hermano *Ar-Ḫalba,* muerto sin hijos; cf. Liverani, SU, pp. 64ss; Gordon, UMC, p. 146. La situación se resuelve, al parecer, según el sistema bíblico del levirato (Dt 25,5ss), por matrimonio con la mujer del hermano muerto, lo cual resalta más la importancia de ésta en la mentalidad dinástica oriental. Ahora bien, *Kirta* se halla en la situación más desesperada, sin mujer, sin hermanos y sin hijos; cf. G. Cardascia, *Adoption matrimoniale et lévirat dans le droit d'Ugarit:* RA 64 (1970) 119-126; Rosenthal, «Or» 16 (1947) 399.

34 Cf. a este propósito G. del Olmo Lete, *La unidad literaria de Jer. 14-17:* EstBib 30 (1971) 11; íd., *Notas críticas al texto hebreo de Jer 14-17:* «Claretianum» 11 (1971) 302ss. La situación de *Kirta* se ha comparado reiteradamente con la de Job (pero cf. Margalit, UF 8 [1976] 142). Sobre el posible sentido mítico de tales agentes, cf. Fensham, JNSL 1 (1971) 22; Bernhardt, WZG 5 (1955-1956) 101ss; Tsevat, VT 4 (1954) 44; Tromp, PCD, pp. 148-149.

35 Cf. *sup.* p. 34, acerca de esta construcción estrófica; Fensham, JNSL 5 (1971) 20-21; Rin, AE, 296, 310.

36 Cf. *sup.* p. 61; *inf.* n. 61; Gray, LC, p. 134; íd., KTL, pp. 11, 33; Driver, CML, p. 29; Ordinariamente se considera *-hn* como sufijo; cf. Ginsberg, LKK, p. 34; Gordon, UL, p. 67; íd., UMC, p. 102; Dietrich-Loretz, *Fs Elliger,* p 34, para las diversas posibilidades.

La sección aparece así altamente estructurada dentro del más preciso paralelismo bimembre y trimembre. Esta «descripción» tiene el valor de la introducción del «salmo de lamento» en la lírica hebrea.

El sueño sagrado (1.14 I 26-35). La escena reproduce verosímilmente un rito de *incubatio* o sueño sagrado [37], como más tarde la «Epopeya de *Aqhatu*» (cf. 1.17 I 1-16), conseguido en actitud y lugar sacro, aunque a primera vista se trate de una reacción espontánea y «laica» del rey. Este se retira a «su cámara» [38] y, tras intensas súplicas y lágrimas, un «sueño» profundo le domina y en él recibe la «teofanía».

Formalmente, un estico *(bc)* de perfecto paralelismo bimembre y otro trimembre *(tc)* describen en primer lugar el llanto de *Kirta,* mientras a continuación un *dst* de paralelismo igualmente bimembre da cuenta del sueño teofánico. En todos los esticos, menos en lín. 31-32, por su sintaxis de subordinación, el verbo principal se sobreentiende y extiende su régimen hasta el segundo o tercer miembro del paralelismo [39].

Teofanía y diálogo (1.14 I 35-II 5). Por poseer también su propio verbo, separamos el *bc* primero, descriptivo, del colon siguiente y no formamos con él un *tc* al principio de esta sección [40]. Además, y esto es lo decisivo, constituye uno de esos hemistiquios de introducción de discurso directo *(cdb)* que, como en la poesía hebrea, quedan estróficamente «fuera de cuenta».

De todos modos, no es ésta una sección netamente independiente, sino que forma un todo con la siguiente, a la que introduce. Literariamente es interesante porque nos presenta por primera vez a *Kirta* en acción, mientras la anterior nos había referido su situación. Y esta primera reacción del rey nos descubre el clima y actitud religiosa que va a dominar el desarrollo del poema, común a toda la épica antigua; para ella el destino del hombre está en manos de los dioses.

De notar es el carácter meramente «dialogal» de la teofanía que aquí se ofrece, sin descripción alguna del dios que «baja» a ver y dejarse ver por *Kirta,* en contraste con las frecuentes descripciones teofánicas que tenemos en

[37] Cf. Gaster, *Thespis,* p. 331; Greenfield, EI 9 (1969) 62 *(incubatio);* Obermann, HDBS, p. 10, n. 13; Gordon, UMC, pp. 27, 100; Del Olmo Lete, AF 2 (1976) 227-232; Badre y otros, «Syria» 53 (1976) 103-104.

[38] Se debe notar que cuando *Kirta* ha de realizar una función sacra, por ejemplo, un sacrificio, se dice que «entra»; cf. *inf.* 1.14 II 12 (= III 55) («a la tienda»); 1.15 II 9 («a la casa»); cf. Fensham, JNSL 2 (1972) 38-39.

[39] El fenómeno estilístico, equivalente a un *double duty* del verbo (cf. *sup.* p. 62, n. 92) es acertadamente resaltado por Sauren-Kestemont, KRH, pp. 183-184; para un detenido análisis del fenómeno, cf. Dahood, *Psalms* II, p. 333; III, p. 345.

[40] Así generalmente (cf. Badre y otros, «Syria» 53 [1976] 105-106); pero cf. Sauren-Kestemont, KRH, pp. 183, 195, que lo toman como cláusula subordinada.

la Biblia hebrea[41]. Quizá el carácter anicónico de la religión del Antiguo Testamento hiciera particularmente eficaces y necesarias tales descripciones, mientras resultaban inútiles en la religión cananea, donde la representación de la divinidad era conocida de todos.

El encuentro del dios *Ilu* con *Kirta* se plasma en un diálogo en forma de pregunta *(šal)* y respuesta *(ʿny)*. Sólo se nos ha conservado el inicio de la pregunta de *Ilu (dst)* y el final de la respuesta de *Kirta.* Pero al constar ésta de un cliché *(dst)* que se repetirá luego en las negociaciones entre *Kirta* y *Pabilu,* dentro del esquema oferta-recusación, puede también aquí suponerse que las líneas que faltan contenían una oferta por parte de *Ilu* de aquello que en su respuesta rechazará a continuación *Kirta*[42] para presentar su propia petición: que se le conceda tener hijos *(bc)*.

Esta sección es importante para percibir la concepción cananea de la realeza y sus relaciones con la divinidad. El rey aparece como hijo y «paje» o mancebo de *Ilu,* que es a la vez padre de los hombres y rey supremo, bajo el apelativo de *el Toro*[43]. Formalmente se inicia aquí la secuencia de «formularios hechos» cuya iteración domina toda la épica cananea. El paralelismo es estrictamente bimembre.

El oráculo - plan de acción (1.14 II 6-III 50). El «diálogo teofánico» desemboca en una última réplica del dios *Ilu,* a modo de orden-revelación o plan de acción, que descubre y abre a *Kirta* el camino para alcanzar su deseo. Participa del carácter del mandamiento y de la profecía y manifiesta una concepción de la divinidad dueña del acontecer histórico[44]; para el éxito se precisa

[41] Cf. Fensham JNSL 2 (1972) 46-48; J. Jeremias, *Theophanie. Die Geschichte einer alttestamentlichen Gattung,* Neukirchen 1965, pp. 15s, 85s; Del Olmo Lete, VLAI, p. 380; E. Benz, *Die Vision. Erfahrungsformen und Bilderwelt,* Stuttgart 1969; K. O. Freer, *A Study of Vision Reports in Biblical Literature,* Yale Univ. Dis. 1975.

[42] Así lo entienden comúnmente los autores; cf. en particular Ginsberg, LKK, p. 15; para otras posibilidades, Fensham JNSL 3 (1974) 26-27; íd., UF 11 (1979) 266-271; Loewenstamm, UF 11 (1979) 510 (repetido siete veces); por su parte, Sauren-Kestemont, KRH, pp. 185-195, lo consideran como una oferta de *Kirta* al dios *Ilu.* Una escena similar, donde también aparece la divinidad ofreciendo y el rey responde exponiendo su deseo, la tenemos en 1 Re 3,5ss. Se desarrolla igualmente dentro de una *incubatio.*

[43] Sobre estas nociones, cf. *sup.* pp. 63ss, e *inf.* pp. 279ss.

[44] Es ésta una concepción que se ha pretendido «propia» del Dios de Israel, Yahvé, pero cf. la crítica de tal opinión en B. Albrektson, *History and the Gods. An Essay on the Idea of Historical Events as Divine Manifestations in the Ancient Near East and in Israel* (=HGd), Lund 1967; N. Wyatt, *Some Observations on the Idea of History among the West Semitic Peoples:* UF 11 (1979) 825-832. La particularidad radicaría más bien en las condiciones y contenidos del «plan» atribuido

sólo la obediencia. Dado lo extenso de la sección, la subdividiremos en partes por razón de su *contenido:*

a) *El sacrificio (II 6-26).* Como primera providencia *Kirta* habrá de conseguir el favor de los dioses, ante todo el del propio *Ilu,* con un sacrificio realizado según el debido ritual: purificación *(cdb/bc/bc int.),* selección de la víctima idónea *(tc/dst)* y ofrenda de la misma *(tst).* Es interesante por la ilustración que aporta sobre el ritual sacrificial cananeo.

Desde el punto de vista histórico-religioso, es característico el «encargo» de ofrecer sacrificios a la misma divinidad que da el «oráculo», como primer elemento del mismo, reflejo de una religiosidad esencialmente cultual [45]. El oráculo se delata como una proyección del uso religioso.

Predomina la forma imperativo-yusiva, como en las restantes partes de esta sección. El texto presenta dos ampliaciones en relación con los lugares paralelos de la sección siguiente (cf. II 13-15/III 55-57; II 20-22/IV 2-4); se trata, al parecer, de elementos secundarios o dittográficos [46]. Teniendo esto en cuenta, el texto se organiza en una serie de esticos de paralelismo bimembre.

b) *Preparativos de avituallamiento (II 26-33).* Esta sección continúa, dentro del género del oráculo-encargo, dominada por las formas yusivas. Se la puede ver integrada por un elemento trimembre *(tc)* y dos bimembres *(dst).* Literariamente lo más peculiar de ella es el aparente cambio de persona con la introducción de formas yusivas (3.ª persona) en vez de las imperativas (2.ª persona) [47]; esto hace que carezcamos de la correspondencia «orden-

a cada divinidad. Para un estudio esticométrico de la sección (II 2-III 16), cf. Stuart, SEHM, pp. 53-58; también De Moor, UF 10 (1978) 202-204; Badre y otros, «Syria» 53 (1976) 106-114.

[45] En este sentido coincide con la religiosidad que reflejan las «profecías» de Mari, frente al contenido primordialmente ético y religioso de la palabra profética en el Antiguo Testamento; cf. últimamente E. Noort, *Untersuchungen zum Gottesbescheid in Mari. Die «Mari Prophetie» in der alttestamentlichen Forschung,* Kevelaer-Neukirchen 1977. Sobre el sentido peculiar del sacrificio a *Baʿlu,* cf. Van Zijl, *Baal,* p. 280; Fensham, JNSL 4 (1975) 11-21 (sí que hay pregunta); 6 (1978) 19-24; Badre y otros, «Syria» 53 (1976) 106-108.

[46] Sobre el particular, cf. *inf.* p. 254; para Sauren-Kestemont, KRH, p. 188, se trata de modificaiones intencionadas para acomodar el material a la secuencia estrófica requerida en cada canto; sólo habría que corregir ligeramente lín. III 56.

[47] Así, Gordon, Gray, Driver, Rin (?), Herdner, Albright (BASOR 71 [1938] 40), Badre y otros, «Syria» 53 (1976) 106-108. Esto aparece claro en *yip,* que no puede ser sino un imperfecto/yusivo de *apy.* Igualmente la forma *wyrd* no puede ser imperativo; en este verbo, tanto en ugarítico como en hebreo, el imperativo sufre aféresis *(wrd;* cf. 1.4 VIII 7; 1.5 V 14; Gordon, UT, p. 86), como en II 18 la sufre *ṣq,* de *yṣq* (cf. IV 1). En contra, Ginsberg, Aistleitner, Jirku, Sauren-Kestemont. Desde luego, en esta sección tenemos formas indiferenciadas imperativo/*qatal*/ infinitivo de lexemas fuertes (cf. Stuart, SEHM 51). Es lástima que en el lugar

descripción» en el lugar paralelo correspondiente (imperativo/*yiqtol* o imperativo/*qatal* de defectivos), suprimida por la equivalencia consonántica. Sin embargo, ese cambio de persona en la interpelación se corresponde con la referencia a sí mismo en tercera persona dentro del discurso directo, de la que ya hemos tenido dos casos (cf. I 41-43; II 23-24). Es procedimiento estilístico que frecuentemente ha despertado sospechas de inautenticidad en la crítica literaria del Antiguo Testamento.

En cuanto a su contenido, la sección se preocupa del avituallamiento de las tropas con que poder llevar a cabo la expedición militar prevista. Pero el carácter sacro, o al menos providencial, de ésta hace que se deba atender más a la calidad (¿sacra?) del alimento que a su cantidad. De él habrá de cuidar una tropa especial de intendencia.

c) *El ejército (II 34-III 1).* Dentro del oráculo-encargo se incluye una *descripción* detallada del ejército que ha de reunir *Kirta.* Comprenderá un número enorme de soldados regulares, a los que agregará incluso aquellos que de una campaña militar normal quedarían excluidos: el hijo único y la viuda, el enfermo y el ciego, hasta el recién casado [47 bis]. El triunfo es seguro, garantizado por el mismo dios *Ilu,* y la expedición va a adquirir las características más de una procesión triunfal y sacra que las de una campaña militar.

Formalmente la sección manifiesta una organización bastante armónica *(bc/tc/dst//dst/tc/bc),* centrada su primera parte en la descripción del ejército regular y su marcha y la segunda en la del «irregular» y la suya; en ambos casos se utilizan metáforas desarrolladas paralelísticamente (lluvia-aguacero, langosta-saltamontes), para resaltar lo numeroso de la tropa. Esto acentúa aún más el paralelismo entre las dos partes.

d) *La marcha y el asedio (III 2-19).* También esta sección presenta una organización muy equilibrada, dividida en dos partes, que se corresponden por su ordenación estrófica *(tc/tc/tst//tc/bc/tst),* e introducidas por el mismo recurso estilístico denominado «escala numérica» [48]. La primera parte *ordena* —ya no describe como antes— la marcha y algara previa; la segunda, el asedio y su resultado. Esas «enumeraciones» se hacen en *tc,* como lo pone de mani-

paralelo falte la frase correspondiente a *wyṣi ṣbu,* cuya vocalización nos habría ayudado a precisar la función de esta última forma verbal. Sobre este problema y la sección en general, cf. últimamente Fensham, JNSL 7 (1979) 17-25.

47 bis Cf. J. Finkel, *The expedition of the Ugaritian King Keret in the Light of Jewish and Kindred Traditions:* PrAmAcJR 23 (1954) 1-28; J. Hoftijzer, *The Prophet Balaam in a 6th Century Aramic Inscription:* BA 39 (1976) 15; Badre y otros, «Syria» 53 (1976) 108-110; Watson, «Or» 48 (1979) 112-117.

48 En el último *tst* tenemos, además, una «enumeración» de cuatro miembros, sin numerales. Para D. J. A. Clines, *KRT 111-114 (I iii 7-10): Gatherers of Wood and Drawers of Water:* UF 8 (1976) 23-26, tenemos aquí la descripción de una «huida» más que la de una «algara».

fiesto el verbo principal único, mientras el resto se desarrolla en nítido paralelismo bimembre.

El contenido del encargo oracular anuncia la llegada del ejército, después de una marcha de siete días, a la ciudad-estado de *Udumu,* que habrá de ser sometida a algara y asedio. La técnica de éste se cifra en una espera pasiva durante otros siete días, al cabo de los cuales el rey asediado se avendrá a un compromiso y condescenderá con las pretensiones de *Kirta,* aturdido por el alboroto de las «bestias» de su ciudad. A primera vista podría parecer que la técnica equivale a una rendición por hambre o por guerra de nervios (!), pero lo más probable, dado lo limitado y estereotipado del plazo y lo insólito del motivo apuntado, es que nos hallemos ante una técnica «sacral» de efecto mágico [49]. Otro caso de actuación de *Ilu* en tal sentido lo tendremos posteriormente (1.16 V 23ss).

e) *El mensaje (III 19-32).* Dentro del oráculo esta parte es estrictamente profética, en cuanto que no ordena nada que *Kirta* deba realizar, sino que «preanuncia» simplemente el mensaje que le enviará *Pabilu.* Materialmente éste se compone de dos partes: *oferta* de un tributo, que repite el cliché reconstruido en I 52-II 3, y *súplica* para que levante el asedio, dejando incólume la ciudad que cuenta también con la protección de *Ilu.* Está enunciado en el típico «estilo de mensaje» [50] que aparece en las cartas de Ugarit, introducido por la «cláusula de envío» *(ylak mlakm)* y la «fórmula de mensaje»: *tḥm pbl mlk...,* que recuerda el *kōh ʾāmar/nĕʾûm yhwh* de la profecía del Antiguo Testamento.

En cuanto a su forma, ambas partes se estructuran de modo homogéneo. La primera consta de un *dst* precedido de un *tc,* desmembrable a su vez en un *bc* paralelístico (cláusula de envío) y un hemistiquio (fórmula de mensaje). La segunda se compone igualmente de un *tc* y un *dst;* aquél, encuadrado entre los dos *dst,* constituye el centro del mensaje en el que se conjuga la oferta con la súplica.

f) *La contrarréplica (III 32-49).* Se trata en realidad del contramensaje que *Kirta* envía como respuesta a *Pabilu.* En él rechaza literalmente *(cdb/dst)* la oferta que se le hace de tributos y presenta la propia exigencia: que se le entregue por esposa a *Ḥurrayu (tc)* para que le dé hijos, tal como *Ilu* se lo

[49] Para un posible pararelo bíblico (conquista de Jericó), cf. G. Del Olmo Lete, *La conquista de Jericó y la leyenda ugarítica de KRT:* «Sefarad» 25 (1965) 1-15; también, Liverani, PE, pp. 865-866; Sawyer-Strange, IEJ 14 (1964) 96ss; Watson, UF 9 (1977) 279-280 (paralelo mesopotámico); Badre y otros, «Syria» 53 (1976) 110-113; Fensham, UF 11 (1979) 266-267 (terminología de «tratado»).

[50] Sobre el particular, cf. *sup.* p. 52ss; Del Olmo Lete, VLAI, pp. 386ss. ¿Podría verse aquí una propuesta de tratado de vasallaje o, al menos, de estipulaciones para el mismo? A este propósito, cf. Fensham, JNSL 3 (1974) 26ss; Badre y otros, «Syria» 53 (1976) 112-114.

ha prometido *(dst)*. De ese modo tenemos aquí el paralelo perfecto de la respuesta de *Kirta* a *Ilu* en el diálogo teofánico (I 52-II 5): coincide literalmente con ella en el rechazo de la oferta de dones y especifica lo que entonces sólo se había expuesto de modo genérico (tener descendencia). Hacia esto tiende, como a su climax, el plan trazado por el dios *Ilu* y comunicado en el sueño sagrado a su servidor *Kirta*. Este carácter revelatorio se recoge expresa y reflejamente, lo que obliga de nuevo al revelante, al proponer su revelación en forma de mensaje ajeno, a hablar de sí en tercera persona; el mismo estilo se supone usado por el que pronunciará el mensaje, *Kirta*.

Desde el punto de vista literario, resulta interesante ver que estos elementos del mensaje están interrumpidos por la inserción, dentro de la petición *(tc/dst)* de *Kirta*, de un *dst/tst* en que se canta la belleza de *Ḥurrayu* según el módulo de la «descripción de la amada», del que tan estupendos ejemplos nos ofrece el *Cantar de los Cantares* [51]. Tal forma desborda evidentemente la de mensaje.

Ejecución del oráculo (1.14 III 50-VI 41). Esta sección se corresponde literalmente con la precedente según el conocido esquema narrativo orden-ejecución, conocido también en la Biblia hebrea, y del que Ex 25-31/35-40; Lv 8-9 es un ejemplo llamativo. También opera dicho esquema en la literatura profética, dentro del estilo de mensaje, bajo el módulo encargo-transmisión [52]. En nuestro caso se conjugan ambos módulos, pues el encargo u orden, que es fundamentalmente de acción, incluye también un mensaje que transmitir, aunque sea en nombre propio, no como «palabra de Dios» [53].

De todas las maneras, la correspondencia entre orden y ejecución no es estrictamente literal; las últimas partes incluyen elementos nuevos [54].

a) *El sacrificio (III 50-IV 8)*. Un primer estico bimembre describe la nueva situación: *Kirta* despierta de su sueño sagrado y, sabiendo que se trata

[51] En el lugar paralelo (VI 30-31) faltan lín. 44-45, posible interpolación; cf. Rosenthal, «Or» 8 (1939) 221. Por su parte, Loewenstamm resalta el hecho de que ambos reyes se refieren al «don de *Ilu*» para fundamentar sus exigencias (cf. UF 11 [1979] 507).

[52] Cf. C. Westermann, *Grundformen prophetischer Rede* (= GRP), Munich 1960, p. 72; Loewenstamm, UF 11 (1979) 509-510.

[53] Hay una diferencia esencial entre este «oráculo» y la profecía de Israel. Esta es fundamentalmente una «palabra de Dios» o una acción «verbal» comprometedora para «otro» (pueblo o rey). Aquí el oráculo es ante todo anticipación de la acción, dada a su protagonista, es decir, «profecía» en el sentido más vulgar y usual del vocablo. Incluye, de todos modos, un mínimo de «obediencia», aunque ésta coincida básicamente con el propio deseo.

[54] Este hecho de la repetición libre puede invitar a una revisión de los criterios de «repetición» e «interpolación» usados a veces en crítica textual y literaria del Antiguo Testamento.

de una revelación[55] divina, la pone por obra. La ejecución se describe con las mismas expresiones que el mandato. La única diferencia consiste en la forma indicativa de los verbos, en vez de la yusiva-imperativa; la comparación de ambas manifiesta la intercambiabilidad de *yiqtol/qatal* como formas narrativas[56] en ugarítico.

El texto, por lo demás, presenta dos variantes que ya mencionamos al analizar sus lugares paralelos y que juzgábamos como secundarias allí. Aquí el texto resulta más homogéneo. Después del estico *(bc)* introductorio mencionado nos ofrece los tres momentos señalados del ritual: purificación, selección y sacrificio de la víctima *(tc/tc+dst/tst)*.

b) *Preparativos de avituallamiento (IV 8-14)*. Hay una correspondencia completa con su sección paralela previa. Resulta difícil en algunos casos, como ya indicábamos allí, precisar la correlación de las formas verbales[57]. Es probable que se trate de formas yusivas en la orden y de indicativas en la ejecución, consonánticamente ambas de tipo *yqtl*. Pero caben otras explicaciones.

c) *El ejército (IV 14-31)*. Esta sección presenta una variante respecto a la correspondiente del oráculo: se ha omitido un *bc* completo (II 37-38). Dado su perfecto emplazamiento allí y su nítida construcción paralelística, se trata posiblemente de un error involuntario del copista[58]. La correspondencia semántica de las formas verbales se podría también suponer del tipo yusivo-indicativo, pero si se toma la sección como una «descripción» del ejército, cabe considerarla del tipo visión-narración (futuro-pasado), indicadas ambas por la misma forma verbal en cuanto acción continua *(yiqtol)*.

Un elemento interesante para señalar la correspondencia con la sección anticipativa es el cambio del pronombre sufijo *(ṣbuk/ṣbuh)*. Tenemos además dos variantes verosímilmente sinónimas *(yḥd/aḥd, yṣi/ybl)*, sin que sea preciso suponer error.

d) *La marcha, el voto y el asedio (IV 31-V 12)*. Además de menores variantes sinónimas (por ejemplo, *mk špšm/aḫr špšm, hn/mk)*, esta sección presenta, respecto a su correspondiente en el oráculo, la inserción de lín. 32-44, en las que *se describe* la llegada de la expedición al santuario de *Aṯiratu* de

[55] *ḥlm* y *hdrt* son términos de revelación, en manera alguna equivalentes a *fantasy* (Driver, CML, p. 3); cf. Gn 37,5ss; Dt 13,2; Jr 23,25; Sal 110,3 (cf. Dahood, BiTod 12 [1969] 786; íd., *Psalms* III, p. 116).

[56] Hay que contar con posibles formas subordinadas o infinitivas, idénticas en ambas partes.

[57] Cf. *trtḥṣ/yrtḥṣ; tadm/yadm; rḥṣ/yrḥṣ; ʿrb/ʿrb; qḥ/lqḥ; ṣq/yṣq; ʿl/ʿly; rkb/rkb; ša/nša; dbḥ/dbḥ; šrd/šrd.*

[58] Cf. *sup.* p. 251; Rosenthal, «Or» 8 (1939) 221. Según Sauren-Kestemont, KRH, p. 118, se trataría de una eliminación intencionada para conseguir otro tipo de estrofa.

Tiro/Sidón (?) [85 bis], donde *Kirta* hace una súplica y un voto en el que promete ofrecer determinados dones, se entiende naturalmente que al santuario en cuestión, si logra salir con éxito de su empresa. El hecho no deja de ser sorprendente desde el punto de vista religioso. Cierto que en el oráculo nada se decía sobre el éxito de la empresa, pero eso se daba por supuesto, al tratarse de un plan del propio dios supremo, *Ilu,* que proféticamente descubría su curso, hasta poner al progenitor de la joven pretendida a los pies de *Kirta;* la obediencia era la única condición del éxito. Aquel, sin embargo, prefiere asegurarse la intervención de *Aṯiratu,* la diosa paredra de *Ilu.* Con todo, no es esta aparente minusvaloración de la «palabra de dios» por la intervención de la iniciativa humana en su ejecución [59] o la posible interferencia de potestades lo importante en este caso, sino el significativo influjo que tal acto tendrá, al parecer, posteriormente en la vida del rey *Kirta* (cf. *inf.* 1.15 III 25-30). En ese sentido, tal voto es una prolación literaria [60] que concatena el presente episodio con el desarrollo posterior del poema, aun a costa de un cierto desequilibrio teológico y literario. Se comprueba así la libertad con que la épica ugarítica maneja los esquemas más rígidos, como éste de orden-ejecución. Una «interpolación» de este tipo puede ser perfectamente original.

Es curioso, además, comprobar cómo se ha realizado esta inserción dentro de la marcha de siete días prevista y encargada por el dios *Ilu.* Al tercero se llega *(tlk/ymǵy)* al santuario y, después de pronunciado el voto, se reanuda el camino *(ylk/ymǵy)* durante otros cuatro, volviendo a comenzar la «escala numérica» de acuerdo con los pares normales, con lo que queda cumplido el ciclo previsto de siete días [61]. Se respeta así estrictamente el mandato divino.

58 bis Cf. *inf.* p. 275, n. 120.

59 Recuérdese a este propósito la actitud de Saúl y la intimación de Samuel (1 Sm 15,14ss), como en general la predicación profética reclamando obediencia y no sacrificios. Respecto al papel de intercesora ante *Ilu,* propio de la diosa *Aṯiratu,* cf. *sup.* p. 94; también, Loewenstamm, UF 11 (1979) 510-511. Para una comparación con formas similares de la Biblia hebrea, cf. Fisher, RSP II, pp. 197-152; Parker, UF (11 (1979) 693-700.

60 Cf. Sauer, SA, pp. 42ss; Albright, BASOR 94 (1944) 30-31; Rosenthal, «Or» 8 (1939) 221; Parker, ZAW 89 (1977) 163ss, 167.

61 Para lograrlo habrá de repetir el numeral «cuatro» *(ṯlṯ rbᶜ ym, aḫr špšm brbᶜ),* otorgándole la función climática reservada en la escala numérica al «siete» (no hay que suponer error por «cinco», como sugiere Ginsberg, ANET, p. 145, n. 19). Hay posiblemente una disminución en el énfasis *(mk/aḫr),* cambiando la partícula deíctica por una simple preposición temporal. No es preciso suponer, por tanto, el texto «out of order» (cf. Driver, CML, p. 33, n. 15; Sauer, SA, pp. 42s), aunque el primer elemento en que se divide la escala *(c/tc)* resulte desequilibrado en relación con el segundo *(bc/tc);* cf. Eissfeldt, ZDMG 94 (1940) 71; Rosenthal, «Or» 16 (1947) 401; Badre y otros, «Syria» 53 (1976) 114-116; De Moor, UF 10 (1978) 204-205; Loewenstamm, IEJ 15 (1965) 129-131.

Formalmente, el voto resulta enmarcado entre las dos «escalas numéricas» que describen la marcha y llegada *(c/tc//bc/tc)*; se compone a su vez de un hemistiquio de introducción *(cdb)* y de un *tst* de paralelismo bimembre. Este consta de una invocación, interpretada mejor como súplica que como imprecación, y de una promesa o voto condicional. Nos hallamos, pues, dentro de formas elementales cúlticas que tienen su correspondencia en el Antiguo Testamento. Poseemos incluso en Gn 28,20 una escena global paralela: Jacob en su viaje a Padán Aram llega al santuario de Betel, donde pernocta *(incubatio)*, tiene una visión teofánica y recibe un oráculo sobre su futuro; una vez despierto, al amanecer ofrece una libación y hace un voto condicional de dar el diezmo, al santuario de Betel naturalmente, si Yahvé le acompaña en su empresa[62].

Lo restante de la sección *(tst/tc/tst)* repite literalmente la parte correspondiente del oráculo en forma ejecutiva[63]; también aquí se omite un *bc* (III 12-14), seguramente por error involuntario, como en la sección anterior[64].

e) *El mensaje (V 12-VI 15)*. En la sección correspondiente del oráculo teníamos el anuncio del encargo del mensaje que haría *Pabilu* a sus mensajeros para que lo llevasen a *Kirta*. Aquí, en cambio, se presenta primero una deliberación de aquél con su mujer, introducida por una cláusula de discurso directo *(cdl)* y una fórmula de interpelación *(c)* perfectamente tópicas[65]. Del contenido de tal deliberación o reflexión hecha por *Pabilu* a su mujer nada se ha conservado; puede presumirse que se trataba de la decisión de enviar (lín. 21: *išt*ḫ)[66] a *Kirta* el mensaje (lín. 16: *t*ḥ*m)*, que ya conocemos, por medio de mensajeros (1). Cosa que hace a continuación, según lo previsto por el oráculo (2). Está introducido por las clásicas fórmulas de «envío» *(bc)* de «encargo *(c)* y de «mensaje» *(c)*. Este vuelve a repetirse de nuevo (3) por boca de los mensajeros, introducido esta vez por las correspondientes fórmulas de «ejecución de la misión» *(tc)*, de «transmisión» o discurso directo *(c)* y de mensaje *(c)*.

Tenemos así netamente desarrollado el estilo de mensaje en todos sus momentos: envío, comisión, encargo de mensaje, transmisión, respuesta[67]. El en-

[62] Cf. Gaster, *Thespis*, p. 331.

[63] Pero la mayoría de las formas no son discernibles, por coincidir en el consonantismo.

[64] Cf. *sup.* p. 254; Rosenthal, «Or» 8 (1939) 221; Sauer, SA, pp. 43s; Herdner, TOu, p. 532.

[65] Ambas tienen su correspondencia en el hebreo bíblico; cf. *sup.* pp. 55, 58; Rosenthal, «Or» 8 (1939) 221.

[66] Interpretación diferente ofrece Sauer, SA, pp. 43s; pero *bl.išl*ḫ no puede significar *er sandte*, como se requeriría.

[67] Cf. Westermann, GPR, p. 72; Loewenstamm, UF 11 (1979) 509-510. Dentro de este esquema cuadraría bien para *mswn* el sentido de «campamento», como de-

cargo y la transmisión del mensaje, aun siendo literales, presentan una variante en el orden de los esticos finales e incluso en el del par de verbos sinónimos, como puede apreciarse por su comparación con la sección paralela del oráculo [68].

f) *La contrarréplica (VI 16-41).* Como en el caso anterior, también ésta se desdobla: en primer lugar (1) tenemos la respuesta-mensaje de *Kirta,* introducida por un hemistiquio de discurso directo *(cdb),* que repite el mensaje encargado por el dios *Ilu* (III 33-49), con la omisión del bicolon (lín. 44-45) que ya mencionamos; no tenemos fórmula de encargo, pero tal situación está supuesta en el género y así, a continuación (2), los mensajeros vuelven a su emisario primero *(tc)* y, precedido por las fórmulas de discurso directo *(c)* y de mensaje, se lo transmiten. La única peculiaridad estriba en la ampliación de esta última fórmula *(bc)* en paralelismo bimembre. Tenemos, pues, desarrollado también en este caso el esquema de mensaje en sus momentos de encargo y transmisión.

Precisamente, la rigidez de tal esquema es la que nos permite reconstruir o suplir las 18 líneas que ocupa el mensaje-respuesta de *Kirta* y que faltan en la columna 1.15 I.

Final del mensaje de Pabilu *(1.15 I 1-8).* Suponiendo que esta tablilla siga inmediatamente a la anterior y suplidas las líneas de la respuesta de *Kirta,* nos faltan aún unas 20/22 líneas más, en las que sin duda *Pabilu* consentiría a la petición de *Kirta* de entregarle a *Ḥurrayu;* tal consentimiento a su vez le sería transmitido a éste o llevado a cabo. En las líneas que se nos han conservado de la primera columna de esta tablilla tenemos, al parecer, el final de tal transmisión o ejecución (a ella «responde» *Kirta),* en la que por un lado se describe o hace el «elogio» de las virtudes de la joven *(bc),* cifradas en su compasión para con los necesitados: óptima cualidad de una hija, esposa y madre de rey, cuya función específica es «juzgar la causa de la viuda, dictaminar el caso del oprimido» (cf. 1.16 VI 33-34); por otro se describe [69] el amor del

signación del lugar a donde se envía a los mensajeros. Pero a propósito de tal término, cf. Del Olmo Lete, UF 7 (1975) 93-94.

[68] Cf. III 26-32/V 39-46; VI 9-15. ¿Tendríamos aquí una confirmación del procedimiento de «dictado», usado en la copia de estos documentos, frente al de «transcripción» de un texto ya escrito? Cf. De Moor, SP, pp. 2, 5, 8, 48; pero cf. Dietrich-Loretz, UF 4 (1972) 31s; íd., UF 9 (1977) 334; Segert, BZAW 77 (^{2}1961) 194-196, 199-200, 202, 211; Hortwitz, UF 9 (1977) 123-129.

[69] Las dos partes están separadas por un *bc* fragmentario que contiene el sintagma *ʿm krt mswnh* (?). Según la interpretación que de él hemos dado en III 20-21, como parte de una fórmula de envío de mensajeros, se esperaría aquí también una fórmula de mensaje (por ejemplo, *tḥm pbl mlk),* a la que respondería a continuación *Kirta* (cf. Aistleitner, KME, p. 95; Gordon, UL, p. 74; íd., UMC, p. 110; íd., PLM,

pueblo de *Udumu* por ella *(tc)*, que estalla como un mugido [70] en el momento que le abandona para dirigirse hacia *Kirta*. Este inicia, con la fórmula correspondiente fuera de cuenta, una respuesta con la que posiblemente pretende calmar la situación o agradecer a los dioses su deseo logrado.

Escena de banquete (1.15 II 1-10). No sabemos cuántas líneas ocuparía la respuesta de *Kirta* ni si a continuación se narraba el fin de la expedición a *Udumu*, la vuelta a *Ḫaburā* y el cumplimiento del voto (con la emisión de otro nuevo), así como la celebración de la boda. Esta segunda columna de la tablilla presenta una laguna de unas 20 líneas. Las primeras de las que se nos han conservado nos dan una *lista de dioses* a los que se ofrece (?) lo prometido (el triple del peso de *Ḥurrayu* en plata/oro), y que al parecer son invitados por *Kirta* a un banquete (sacrificio) de acción de gracias: el Toro *Ilu, Baʿlu, Yarḫu, Kôṯaru, Raḥmayu (¿Aṯiratu, ʿAnatu?), Rašpu*. Según Gaster y Dahood [71], tendríamos aquí los representantes de los tres tercios (cielo, mar e infierno) del panteón cananeo *(ʿdt ilm ṯlṯh)*.

Las últimas líneas de la sección *describen* la preparación de un banquete (¿concierto?) por parte de *Kirta (bc/bc)*, que lo ofrece a los huéspedes divinos en su casa y durante el cual cumple su voto (?). La situación concuerda bien con el contexto general del poema: *Kirta* pretende así agradecer a los dioses el favor logrado y propiciárselos. El clima más mítico que supone ese trato fami-

p. 47). Al faltar tal fórmula, puede considerársela implícita o bien dar al sintagma otro valor que lo encuadre dentro del «mensaje», del que suponemos que lo conservado constituye el final *(Kirta* «responde» a continuación); también cabe considerarlo como parte descriptiva (ejecución) de lo que sucede al ser llevada la joven (por los legados de *Pabilu)* a *Kirta;* cf. Ginsberg, LKK, pp. 21-22; íd., ANET, p. 145; Gray, KTL, pp. 18, 58; Driver, CML, p. 37; Sauren-Kestemont, KRH, pp. 204-205; Herdner, TOu, pp. 536-537. Para un resumen del contenido de ésta y demás columnas de la tablilla, cf. Virolleaud, «Syria» 23 (1942-1943) 137-172; íd., RES (1942-1945) 50-58; íd., RHR 147 (1955) 129ss; íd., LBC, pp. 66ss; De Langhe, TRS I, pp. 165-167; Gaster, JQR 37 (1946-1947) 285-293; Ginsberg, LKK, pp. 6-9; íd., ANET, pp. 145-147; Gordon, UL, pp. 66-67; íd., UMC, p. 101; íd., PLM, pp. 47-50; Aistleitner, MKT, p. 88; Gray, KTL, pp. 1ss; íd., LC, pp. 146-148; Jirku, MK, p. 47; íd., KME, p. 95; Driver, pp. 3-5; Gibson, CML, pp. 20-21; Rin, AE, pp. 323ss; Jacob, RSAT, pp. 51ss; Caquot-Sznycer, RPO, p. 378; Caquot, SDB, fasc. 53, col. 1.393-1.394; Herdner, TOu, pp. 486ss; Bernhardt, WZG 5 (1955-1956) 101-121; Fensham, TL 12 (1962) 17ss; Caquot, ÉcPratHistPhAn 78 (1970) 194-196; Badre y otros, «Syria» 53 (1976) 116.

[70] Se trata de un metáfora conocida en la mitología ugarítica como expresión del afecto de *ʿAnatu* por *Baʿlu* (cf. 1.6 II 6ss); cf. Albright, YGC, p. 115, n. 57.

[71] Gaster, JQR 38 (1946-1947) 288; Dahood, ASD, p. 66, n. 3; íd., UHP, p. 33; Jirku, KME, p. 96, n. 2; Herdner, TOu, pp. 537-538; Macdonald, UF 11 (1979) 523-524.

liar con las divinidades, no en visión como antes, no es posiblemente otra cosa que la mera transcripción literario-religiosa de la concepción del sacrificio como comensalidad; tiene, por lo demás, su paralelo en los relatos patriarcales del yahwista (cf. Gn 18,1ss).

Intercesión-bendición (1.15 II 11-III 16). Esta sección, introducida por la fórmula de discurso directo *(bc=c+cdb)*, está perfectamente delimitada por la inclusión de los temas «marcha» *(tbʿ/aty,* cf. II 13/III 17) y «bendición» *(brk,* cf. II 14/III 16). Se compone de dos formas litúrgicas: *intercesión* y *bendición-oráculo.* Acabado el banquete-sacrificio, aunque esto no se dice, pero es de suponer, como en Gn 18,9, el dios *Baʿlu* intercede [72] ante el dios *Ilu,* pidiendo una bendición para *Kirta* que tan muníficamente se ha portado con los dioses. Lo hace con una interrogación retórica *(tc),* que encuentra su paralelo en formas de súplica de la lírica hebrea. El dios *Ilu* accede, dentro del esquema súplica-realización *(bc/tc),* bendiciendo a *Kirta* con una bendición que de hecho es una promesa-profecía de lo que sucederá (cf. Gn 18,9s, donde tenemos igualmente una promesa de futura descendencia). El rey tendrá muchos, hasta siete/ocho hijos [73], cuyos nombres precisos se apuntan. Este oráculo culmina así el dado anteriormene, certificando su cumplimiento, la consecución de la esposa *(tc),* y prometiendo la descendencia que *Kirta* pidió *(bc)* (cf. 1.14 II 4-5). Sin duda, se daban en esta parte los nombres de los siete hijos de *Kirta,*

[72] La fórmula de intercesión y su estructura interrogativa es estereotípica en ugarítico. Aparece casi idéntica, con el mismo par de verbos, en 1.17 I 23ss, utilizada también por el dios *Baʿlu* para solicitar de *Ilu* una bendición de descendencia para *Aqhatu (ltbrk krt/ltbrknn lṯr, ltmr nʿmn/ltmrnn lbny).* En un caso se resalta al donante y en otro al destinatario de tal bendición; cf. Ginsberg, LKK, p. 40. La promesa de Abrahán (Gn 18,9ss), en el mismo contexto de sacrificio, tiene idéntico sentido: asegurar la descendencia. Para su relación con las promesas patriarcales del Génesis, cf. C. Westermann, *Die Verheissungen an die Väter* (= VV), Gotinga 1976, pp. 151ss; por su parte, Badre y otros, «Syria» 53 (1976) 117-118, ignoran el par-fórmula *brk/mr(r).*

[73] Acerca de este recurso estilístico de la gradación numérica y su sentido, cf. J. E. Loewenstamm, *The Phrase «X (or) X plus one» in Biblical and Old Oriental Laws:* «Bib» 53 (1972) 543; íd., *The Climax of Seven Days in the Ugarit Epos* (hb.): «Tarbiz» 31 (1961-1962) 227-235; D. Freedman, *Counting Formulae in the Akkadian Epics:* JANES 3 (1970) 64-81; M. Haran, *The Literary Applications of the Numerical Sequence X/X+1 and their Connections with the Pattern of Parallelism* (hb.): «Tarbiz» 39 (1969-1970) 109-136; íd., *The Graded Numeral Sequence and the Phenomenon of «Automatism» in Biblical Poetry:* SVT 22 (1972) 238-267; Sauer, SA, pp. 14ss; W. M. W. Roth, *The Numerical Sequence X/X + 1 in the Old Testament:* VT 12 (1962) 300-311; íd., *Numerical Sayings in the Old Testament,* Leiden 1965; J. T. Lee, *The Ugaritic Numeral and its Use as a Literary Device,* Brandeis Univ., Dis. 1974.

como se hace a continuación con las hijas [74], pero se han perdido las primeras líneas de la columna tercera, en donde debían hallarse tales nombres. Su enumeración era quizá en forma de *lista,* como la de aquéllas. Sin embargo, la mención de *Yaṣṣibu* es especial *(tc):* se trata del primogénito, que reaparecerá al fin del poema con la pretensión de destronar y suceder a su padre. Tal mención se corresponde con la que en la sección siguiente se hace de la hija menor, llamada más tarde *ṯtmnt,* «Octavia» o «la octava» [75], a la que el dios *Ilu* promete el derecho de primogenitura *(c).* Estamos, pues, ante el tema épico (y bíblico) del «menor» que suplanta al «mayor» (Isaac/Ismael, Jacob/Esaú, Efraín/Manasés, Saúl/hermanos, David/hermanos, que también eran siete...). Posiblemente, dado el papel que luego desempeñan ambos príncipes, este tema, convertido en contraste dinástico [76], podría ser una de las claves del sentido del poema. En todo caso estamos ante una anticipación o prolación de temas que lograrán luego su completo desarrollo, recurso épico que presta unidad al poema.

A este propósito adviértase cómo ambas enumeraciones con los nombres de los hijos (?) e hijas se cierran con *tc* idénticos en los que se menciona el *qbṣ dtn,* elemento oscuro y aún no determinado. Probablemente se refiera a la dinastía cuyo fundador se considera *Ditanu.* Este vocablo aparece repetidamente en los textos ugaríticos como nombre propio, sobre todo en la expresión *bn dtn.* También en el hebreo bíblico aparece tal nombre; en acádico tiene el sen-

[74] O quizá sólo se enumeraban dos hijos *(Yaṣṣibu* e *Ilḥu)* y las seis hijas. Así, el nombre *Thitmanatu* correspondería literalmente a su número de orden: cf. Sauer, SA, pp. 33-34, y su versión de lín. 23-24; Van Selms, MFL, p. 41; Ginsberg, LKK, p. 41; íd., ANET, p. 146, n. 22; Driver, *Fs Bakoš,* p. 102; Margalit, UF 8 (1976) 190, n. 152.

[75] Así, Gordon, UL, p. 67; íd., UMC, p. 101; íd., PLM, pp. 35-36, 47 (siete hijos y una hija); Rin, AE, p. 328; Jirku, KME, p. 98, n. 2; Herdner, TOu, p. 540; la denominación haría suponer más bien que las hijas son ocho (cf. Gibson, SVT 28 [1974] 62; Margalit, UF 8 [1976] 145, ocho hijos y ocho hijas), aunque el texto sólo parece enumerar seis (cf. lín. 7-12; Virolleaud, Ginsberg y Driver suponen dos en cada una de las dos últimas líneas). Pero se trata de un recurso estilístico que no se puede urgir aritméticamente.

[76] En cuanto amamantado por las diosas (lín. 26-27), *Yaṣṣibu* aparece como el heredero del trono regio y «divino»; cf. Caquot-Sznycer, RPO, p. 378; Ginsberg, LKK, p. 41; íd., ANET, p. 146, n. 12a; Van Selms, MFL, p. 92; Gordon, UL, pp. 66, 107; Jirku, MK, p. 72; W. Orthmann, *Die säugende Göttin. Zu einem Relief aus Karatepe:* IstM 19 (1969) 37-43; Gray, KTL, p. 59; Jacob, RSAT, p. 52; Watson, UF 11 (1979) 808-809; sobre la suplantación del mayor por el menor, cf. Gray, KTL, p. 4, que estudia sobre todo el caso de David; Herdner, TOu, p. 448; Gordon, UMC, p. 111, n. 66; Liverani, PE, p. 864, Sauren-Kestemont, KRH, p. 206, n. 64; Rainey, RSP II, pp. 75-76; Wyatt, UF 8 (1976) 417; en otro sentido, Van Selms, MFL, p. 16, n. 6.

tido de «príncipe». Visto desde aquí *(//rpu)* podría quizá significar simplemente la aristocracia *(rpi arṣ)* o la familia real; también puede entenderse de los antepasados de la misma que moran en el «infierno» *(arṣ)* [76 bis].

Es curioso notar el ritual de bendición usado por el dios *Ilu:* «coge una copa en su mano...». Naturalmente que no se trata de un brindis, sino más bien de un gesto de magia adivinatoria; a este propósito se puede citar la copa de que se servía el «visir» de Egipto, José, para sus presagios, según Gn 44,5 [77]. Ya hicimos anteriormente mención de la pericia mágica de *Ilu* y más tarde (1.16 V 25ss) le veremos emplearla para salvar a *Kirta* de su enfermedad. El dominio de los dioses de Canaán sobre la naturaleza y la historia (milagro y profecía) no es fácil; hay para ello unas «técnicas», que aunque las dominen, y no todos lo logran (cf. *inf.* 1.16 V 9ss), son independientes y superiores a ellos [78].

Cumplimiento de la promesa-bendición (1.15 III 17-25). Concluida la bendición de *Ilu,* los dioses retornan a su morada *(tc)* y a continuación se describe sumariamente *(bc/tc)* el cumplimiento de la profecía-promesa del dios. También en este caso el primer hemistiquio de la sección podría unirse a la anterior, evitando así que la bendición de *Ilu* acabase de modo exabrupto con un hemistiquio suelto.

La amenaza de Aṯiratu *(1.15 III 25-30).* Es posible que en esta sección, que viene a coincidir con el centro del poema, tal como se nos ha conservado, radicase el núcleo dramático del mismo, la clave que desvelase el sentido de la acción, al menos en su parte segunda, después de alcanzado el «climax» que suponen las líneas precedentes que cierran el tema inicial de la desgracia de *Kirta.* Ahora se inicia un movimiento opuesto [79]. Pero desgraciadamente el texto es fragmentario y lacunoso. De lo que nos queda se deduce que la diosa *Aṯiratu* «recuerda» [80] el voto de *Kirta (bc),* lo que nos remitiría a 1.14 IV 37ss,

[76 bis] Cf. Dietrich-Loretz-Sanmartín, UF 8 (1976) 47-48; Pope, *Fs Finkelstein,* p. 167; Margulis (Margalit), JBL 89 (1970) 299-302, y la teoría de L'Heureux, HarvTR 61 (1974) 265ss, sobre los *rpum* como «aristocracia guerrera».

[77] Cf. Gordon, UMC, p. 110, n. 65; íd., UL, p. 66; Jirku, KME, p. 96, n. 3; Kaiser, MBM, p. 53; en otro sentido, Ginsberg, LKK, p. 40.

[78] Otras intervenciones mágicas de los dioses las tenemos en 1.18 IV 16ss; 1.19 II 56ss.

[79] Cf. A. L. Merrill, *The House of Keret. A Study of the Keret Legend:* SEA 33 (1968) 10, quien advierte el carácter quiástico e inclusivo de esta segunda parte del poema que se abre y cierra con una maldición; Virolleaud, LBC, p. 70; Gray, LC, p. 131; Herdner, TOu, pp. 486, 498.

[80] Yahvé también «se acuerda» (P) de su «alianza» para salvar a su pueblo (cf. Gn 9,15; Ex 2,25; 6,5; Lv 26,42.45; Ez 16,60; en especial, Jr 14,21); cf. Del Olmo Lete, «Claretianum» 11 (1971) 310; P. A. H. De Boer, *Gedenken und Ge-*

donde se habla del mismo; el rey, al parecer, no lo ha cumplido *(bc)*, pues la diosa se manifiesta dispuesta en contrapartida a romper su compromiso. Pero aquí radica la dificultad, pues el voto condicional de *Kirta* se refería a una condición que la divinidad ya ha cumplido: *Ḥurrayu* ha entrado en el palacio del rey (cf. 1.14 IV 40ss). Por eso, o bien hay que suponer que se trata de un voto distinto (Ginsberg) o bien la reacción de *Aṯiratu* tiene sentido de represalia y castigo por el perjurio cometido [81]. Esta segunda suposición es suficiente.

¿En qué consiste ahora esa reacción punitiva de *Aṯiratu*? Esto nos lo debían decir las doce líneas que faltan entre las columnas III y IV. Esta última nos presenta ya a *Kirta* en situación apurada, fruto probable de la venganza de *Aṯiratu*.

Orden de convocar la asamblea (1.15 IV 1-13). En esta sección, como anteriormente lo hizo *Pabilu* (1.14 V 12ss), el rey *Kirta* delibera con su mujer, o, mejor dicho, le comunica el plan de acción que debe llevar a cabo como su lugarteniente o regente. Se inserta así de nuevo el esquema dramático orden-ejecución, introducido por la fórmula de interpelación *(cib)*: «escucha...». Se trata ahora de convocar a los magnates del reino, designados con nombres de animales como no es raro en el Oriente antiguo, para que asistan al banquete-sacrificio que en su nombre debe prepararles *(bc/dst)*. Por líneas posteriores sabemos que la finalidad de tal invitación es informarles del estado del rey [82] (cf. V 9ss). Seguramente esto se contenía (?) en lín. 10-13, ahora perdidas, al menos de manera velada e inicial.

dächtnis in der Welt des Alten Testaments, Stuttgart 1962, p. 25; W. Schottroff, *«Gedenken» im Alten Orient und im Alten Testament. Die Wurzel zākar im semitischen Sprachkreis*, Neukirchen 1967; también Merrill, SEA 33 (1968) 9; Foley, CE, p. 136; Gibson, SVT 28 (1974) 64, a propósito de la importancia del voto de *Kirta* para el desarrollo del poema.

[81] Cf. Virolleaud, *Fs Dussaud*, p. 762; íd., LBC, p. 71; Gordon, UL, pp. 66-67; UMC, p. 101; íd., PLM, p. 36, 48; Gray, LC, p. 147; Aistleitner, MKT, p. 88; Jirku, MK, p. 78; íd., KME, p. 98, n. 3; Fisher, UF 3 (1971) 28, n. 8; Herdner, TOu, pp. 487-488; Liverani, PE, p. 861; Margalit, UF 8 (1976) 160, n. 59; Parker, ZAW 89 (1977) 163ss, 167; Gibson, CML, p. 23, n. 4; 92, n. 4; Loewenstamm, UF 11 (1979) 511-512 (de otra tradición); pero cf. *sup.* p. 258 (1.15 II 1-10).

[82] Gordon, UL, p. 67, supone que se trata de un banquete para celebrar la restauración de la familia de *Kirta* (?); una situación de satisfacción festiva supone también Ginsberg (cf. *inf.* n. 84); sobre el empleo de nombres de animales, cf. P. D. Miller, *Animal Names as Designations in Ugaritic and Hebrew:* UF 2 (1970) 177-186; Herdner TOu, pp. 488, 543 (significarían quizá «magos»); para un posible sentido cúltico (sacerdotes), cf. Virolleaud, «Syria» 23 (1942-1943) 161, n. 2; Schaeffer, CTRS, p. 139, pl. 2; Gaster, «Folklore» 49 (1938) 353-358; Gray, LC, pp. 147-148.

Por todo el contexto posterior, se trata de una enfermedad que ha sobrevenido a *Kirta,* entendida como castigo de *Aṯiratu*[83]. Una enfermedad grave del rey es una situación que pone en conmoción las bases mismas de su poder. El banquete no tiene carácter festivo.

La frase, por tanto, con que se abre esta sección, no puede ser reconstruida con la cláusula sugerida por Ginsberg, empleada invariablemente para expresar satisfacción[84].

Ejecución de la convocatoria (1.15 IV 14-VI 8). Ḥurrayu cumple la orden dada por el rey. La dificultad de esta sección ejecutiva radica en que, al parecer, la *ejecución* se repite dos veces (cf. IV 14-29//V 1ss), faltando en ambas ocasiones la conclusión de la misma. Sabemos, con todo, que la primera «ejecución» *(tc/dst/tc/bc)* se contenía en unas 30 líneas, la cantidad que media entre su inicio («sacrificó...») y el de la segunda («sacrificó...»). Tal extensión corresponde poco más o menos a lo que se nos ha conservado de la columna V, donde se narra la segunda «ejecución». Esto invitaría a una restauración de lugares paralelos, pero parece que el paralelismo no es estricto. La cosa se complica aún más por tener en VI 3ss un estribillo *[bc/bc(?)]* precedido de la cláusula de discurso directo *(cdb),* aparecida en las dos ejecuciones mencionadas (cf. IV 26ss//V 9ss), lo que probablemente presupone una tercera «ejecución». En las anteriores tal estribillo va precedido de un texto de 9/12 líneas, que podría restaurarse aquí en la laguna existente al final de la columna V; pero las dos primeras líneas de la columna VI no tienen paralelo en tal texto. Tenemos así un indicio más de que las «ejecuciones» no son estrictamente paralelas o meras repeticiones. No podemos, sin embargo, precisar el grado de progresión que entre ellas se da[85].

[83] Cf. Gray, KTL, p. 2; Driver, CML, p. 3; Aistleitner, MKT, p. 88, quien supone que la enfermedad le viene durante el banquete (?). Pero adviértase el carácter estereotipado de la triple «ejecución», que refleja la unidad y artificiosidad de la sección.

[84] Gordon, UL, p. 75; íd., UMC, p. 112; Gray, KTL, p. 20; Driver, CML, p. 39; Rin, AE, p. 332; Sauren-Kestemont, KRH, p. 207; Ginsberg LKK, p. 42 (cf. 1.4 IV 29; 1.6 III 15; 1.17 II 11); íd., ANET, p. 146, n. 23. Pero en ninguno de estos textos la frase *pʿn lhdm ytp̱d* va acompañada inmediatamente, antes o después, por las cláusulas de discurso directo e interpelación *(gm laṯt kyṣḥ šmʿ/mʿ),* sino invariablemente por otra que resalta enfáticamente la satisfacción *(wypry lṣb wyṣḥq)* y, a continuación, por la de discurso directo *(yšu gh wyṣḥ).* Esta rotura del formulario y el cambio de situación que supondría el contexto hacen inverosímil la reconstrucción de Ginsberg; cf. Del Olmo Lete, AF 2 (1976) 232-236; Herdner, TOu, pp. 488-489.

[85] Cf. Aistleitner, MKT, p. 88, que supone que la tercera corresponde a la despedida; Ginsberg, LKK, p. 9, para quien se refieren a tres grupos diferentes; Jirku, KME, p. 103, n. 1.

Posiblemente esta triple «ejecución» supone que la reina *Ḥurrayu,* o bien invita a los magnates tres días consecutivos o bien la invitación corresponde cada vez a un grupo diferente [86]. En todo caso, éstos se van dando cuenta de la situación real, que al parecer pretende ocultárseles, y lloran la suerte de *Kirta (bc)* [87]. El rey se halla próximo a la muerte *(dst)* y le va a suceder (?) *Yaṣṣibu,* su primogénito [88]. Esto nos remite al tema dinástico-sucesorio. Dada la posterior actuación del príncipe, al final del poema, la peculiar de *Ilḥu* y *Ṯitmanatu,* sus hermanos, en favor de su padre, y la oposición de éste a tal sucesión, ¿no podría verse en esta solemne y luctuosa declaración de los magnates alguna intriga palaciega para asegurar la sucesión de uno de los príncipes, a imagen de lo acaecido en la sucesión al trono de David? (cf. 1 Re 1,1ss las intrigas de Adonías y Salomón) [89]. Se trata de una mera hipótesis.

Formalmente nada más puede precisarse por encima de su caracterización como *descripción ejecutiva.* La expresión *bḏrt* conservada en la última línea ha inclinado a Driver a suponer que la primera formulación de la ejecución es una «previsión» o anuncio hecho a *Ḥurrayu* y por eso lo traduce en futuro [90]. Pero esto no resulta muy lógico, pues se trata claramente de la ejecución de una *orden* dada por su esposo, el rey; en todo caso, la formulación visionario-profética debería ser la de éste. Preferimos, pues, atenernos a las explicaciones apuntadas anteriormente, aun conscientes de su carácter hipotético [91].

[86] El ritmo repetitivo es normal en la épica ugarítica. Luego veremos cómo en este poema repiten las mismas lamentaciones *Ilḥu* y su hermana *Thitmanatu* en presencia de *Kirta* moribundo (cf. 1.16 I 2ss; II 38). A su vez el dios *Ilu,* en su búsqueda de un curandero, repetirá tres veces las mismas fórmulas a los dioses (cf. 1.16 V 9ss). En los restantes poemas y mitos el fenómeno volverá a aparecer. Sobre el estilo repetitivo, cf. Albright, YGG, pp. 4ss.

[87] Más tarde también *Ilḥu* deberá ocultar a su hermana el sentido de la invitación que por su medio le envía *Kirta,* camuflada bajo las apariencias de una invitación a un banquete sacrificial; camuflaje que descubrirá la joven princesa: cf. *inf.* p. 267.

[88] Así, por ejemplo, Aistleitner, MKT, p. 88; Jirku, KME, p. 102; Rin, AE, p. 335; Herdner, TOu, p. 547. Es, con todo, hipotético, pues la expresión *wymlk yṣb ʿln* podría hacer referencia a la glorificación de *Kirta* en su muerte: «reinará alzado sobre nosotros»; cf. Ginsberg, LKK, p. 25; Gordon, UL, p. 76; íd., UMC, p. 113; Driver, CML, p. 39.

[89] Sauren-Kestemont, KRH, p. 191, hablan de una sublevación, lo que parece excesivo.

[90] Cf. Driver, CML, p. 3; Jirku, KME, p. 100, n. 2.

[91] Las versiones de Gordon, Aistleitner, Jirku, Gray y Ginsberg suponen tiempo de ejecución. Por otro lado, la mención de *aṯtk* en 1.15 V 23 dice posiblemente relación a 1.16 I 5, pero no podemos precisar más, dado el estado del texto. Ni podemos perder de vista que ha sido *Ḥurrayu (aṯtk)* el objeto del voto a *Aṯiratu,* cuyo incumplimiento está acarreando la desgracia (?) a *Kirta* (cf. *sup.* p. 261s).

Lamentación-reflexión (1.16 I 1-11). En la laguna de unas cuarenta líneas perdidas de la última columna de la tablilla precedente, podemos completar la tercera invitación de *Ḥurrayu* a los magnates de *Ḫaburā* (unas 18 líneas); a continuación podría venir un nuevo *encargo,* a *Ḥurrayu,* el de convocar a los hijos predilectos de *Kirta* [92]. Como antes a los magnates, se les informaría primero de la situación y luego entrarían a su presencia, utilizando en su lamento un formulario fijo. Pero también podría tratarse de una reflexión interior del hijo del rey (Ginsberg) [93]; en todo caso, aquí se pone en boca de *Ilḥu,* el hijo de *Kirta,* ese *lamento (tc/bc/dst/bc)* que a continuación repetirá (lín. 14ss) y que igualmente pronunciará su hermana *Ṯitmanatu* (II 36ss). Teniendo en cuenta estas repeticiones, podemos restaurar por lo menos un *bc* (lín. 14-15/ 36-37) en la tablilla precedente [94]. Se crea así una forma lírica bastante homogénea estróficamente: *dst/tc//dst/bc.* Resaltan en ella las interrogaciones retóricas *(tc* y *bc* que se corresponden), propias del género de lamentación.

92 En 1.16 I 24ss claramente aparece que *Kirta* encarga a su hijo *Ilḥu* convocar a su hermana *Thitmanatu.* Para un resumen de esta tablilla, cf. Virolleaud, «Syria» 23 (1941) 105-136, 197-217; 23 (1942-43) 1-20; íd., RES (1942-1945) 50-58; íd., RHR 147 (1955) 129ss; íd., LBC, pp. 70ss; De Langhe, TRS I, pp. 165-167; Gaster, JQR (1947) 284-293; Ginsberg, LKK, p. 9; íd., ANET, pp. 147-149; Gordon, UL, pp. 66-67; íd., UMC, p. 103; íd., PLM, pp. 50-59; Aistleitner, MKT, p. 88; Gray, KTL, pp. 5ss; íd., LC, pp. 148-151; Jirku, MK, pp. 47-48; Driver, CML, pp. 4-5; Gibson, CML, pp. 21-22; Rin, AE, p. 343; Jacob, RSAT, p. 52; Caquot-Sznycer, RPO, p. 378; Caquot, SDB, fasc. 53, col. 1.394-1.395; Herdner, TOu, pp. 489-492; Bernhardt, WZG 5 (1955-1956) 101-121; Fensham, TL 12 (1962) 17ss; Caquot, ÉcPratHistPhAn 78 (1970) 194-196; Gottlieb, DTT 32 (1969) 88-105.

93 Cf. Ginsberg, LKK, pp. 25, 43 (su corazón le instruye); íd., ANET, p. 147; igualmente, Driver, CML, p. 4 (soliloquio); Jirku, KME, p. 8, n. 1; Herdner, TOu, pp. 489-548. Esto es muy verosímil, pues tenemos otros casos de igual estructura. En 1.16 II 35ss. *Thitmanatu* se dice a sí misma la lamentación antes de entrar a presencia de su padre, como aquí *Ilḥu* (cf. lín. 12); sólo que en su caso nos falta la repetición de la lamentación, una vez entrada. Más exacta correspondencia ofrece 1.16 VI 26ss (soliloquio, entrada, repetición), esta vez a cargo del otro hijo de *Kirta, Yaṣṣibu* (cf. Jirku, KME, p. 113, n. 4). El texto de lín. 1-11 es oscuro, como puede apreciarse consultando las divergentes versiones de Gordon, Aistleitner, Jirku, Sauren-Kestemont y Delekat (UF 4 [1972] 20); aquí seguimos el sentido básico de Ginsberg y Driver; para un análisis más detallado, cf. también Sawyer-Strange, IEJ 14 (1964) 96-48; Loewenstamm, UF 2 (1970) 355; Dahood, CBQ 36 (1974) 85ss.

94 Con menos seguridad, I 12-14/II 35-36, por tratarse de una cláusula de enunciación de discurso directo; y aquí no sabemos si éste se configura como un encargo o como una reflexión, según lo dicho en la nota precedente. Sobre el valor real dentro de la ideología regia, no como mera exclamación o reacción psicológica, de lín. 14-15, cf. Gray, KTL, pp. 7-8. Para la estructura y sentido de la sección, cf. Margalit, UF 8 (1976) 145-154; Sirat, «Semitica» 15 (1965) 23-28; Pardee, UF 5 (1973) 229-234.

Desde el punto de vista de su contenido esta sección es sumamente interesante para constatar la «ideología regia» vigente en Canaán. En principio, el que se cuestione la concepción del rey como hijo de dios e inmortal no implica la negación o crisis de tal ideología, sino más bien el contraste que tal concepción ofrece con el estado a que se halla reducido aquél, pues se trata, como decimos, de un recurso literario; del mismo modo que en las lamentaciones bíblicas se «cuestiona» la fidelidad y potencia de Yahvé, como manera de provocar su «celo». No obstante, son bastantes los indicios que insinúan que tal concepción no tuvo en Canaán la significación que en los grandes imperios [95].

Lamentación pronunciada (1.16 I 11-23). El joven entra a presencia de su padre enfermo *(tc-cdl)* y pronuncia su lamento. En relación con el de la sección anterior, coinciden ambos literalmente en su primera parte *(dst/tc);* a continuación se suprime el *dst* y se prolonga el *bc* final con otro de estructura también interrogativa, creándose así una nueva unidad estrófica: *dst/tc/dst.* La nueva pregunta retórica insiste sobre la inmortalidad que corresponde a la filiación divina del rey [96].

Orden de convocar a su hija (1.16 I 24-45). Al parecer, *Kirta* estima que el lamento no es conveniente a un príncipe y por eso *encarga* a *Ilḥu* llamar a su hermana para que llore por él. Enmarcado entre dos cláusulas de discurso directo («respondió...», «di...»), la primera parte del encargo contiene la *orden* de cesar en el llanto *(dst)* y la de llamar a la hermana *(tc/tc),* junto con la *predicción* del comportamiento de ésta *(bc)* y de la propia muerte *(bc).* La segunda parte enuncia el *mensaje (ceb/bc)* que *Ilḥu* debe transmitirle y da la *orden* sobre el modo de comportarse en su transmisión *[bc/tc(?)].*

De *Ṯitmanatu* se dice *bt ḥmḥh dnn,* lo que no puede ser disociado de lo dicho en 1.15 III 16: *ṣġrthn abkrn.* La princesa aparece aquí como la predilecta de *Kirta,* como allí de *Ilu,* llamada a cumplir por el padre el último lamento fúnebre y asumir con ello, posiblemente [97], la sucesión dinástica o función del primogénito. Es ella, la menor, la confirmación patente, en su generación, del vigor procreador del rey, de su capacidad de principio de fecundidad para el país.

Sin embargo, *Ilḥu* tiene que cumplir su misión con disimulo. El príncipe,

[95] Cf. *inf.* p. 279ss acerca de la ideología regia.

[96] Cf. *inf.* p. 280. Curioso resulta a este respecto comprobar cómo para Pablo la filiación divina de Cristo se demuestra en su resurrección (Rom 1,4), es decir, en su inmortalidad reconquistada; el resucitado ya no muere (Rom 6,9), es «hijo de Dios» *por* la resurrección.

[97] Cf. 1.17 I 27ss, los deberes del «hijo ideal»; según Aistleitner, MKT, p. 88, se le encargaría realizar un sacrificio en *Ṣapānu.*

como antes *Ḥurrayu* al convocar a los magnates, deberá asegurar a su hermana que se le invita a un banquete sacrificial de comunión (cf. 1.15 III 28), ocultando la muerte próxima de *Kirta,* que es el verdadero objeto de su mensaje y que aquélla deberá llorar. Es precisamente este dato el que nos sirve para interpretar lín. 41-45 como un encargo de contenerse y aparentar alegre, de acuerdo con el mensaje de invitación que debe transmitir [98].

Ejecución de la convocatoria (1.16 I 46-62). El príncipe *Ilḥu cumple* con el encargo paterno y se llega a *Ṯitmanatu,* su hermana *(bc int./dst)* [99]. Se *describe* a continuación la *reacción* de ésta a su vista con un formulario tópico *(tc;* cf. 1.3 I 11, 32-33; 1.4 II 17-18; 1.19 II 46), que inicia un diálogo con su pregunta *(bc)* y respuesta *(cdb/dst).* La sección tiene, pues, una primera parte descriptivo-narrativa y una segunda dramático-dialogal que culmina en la transmisión del mensaje-invitación encomendado. En esta segunda se asiste al proceso de descubrimieto de la verdad de la situación: la princesa la sospecha, antes incluso de que *Ilḥu* le transmita la invitación, y éste se ve obligado a desmentir tal sospecha, a la vez que le *transmite* aquélla.

Diálogo: descubrimiento de la situación (1.16 II 17-34). La forma dialogal iniciada en la sección anterior, y que aislamos por cerrarse con ella el esquema orden-ejecución, se prolonga en ésta con el mismo sentido; por su forma y contenido constituye, pues, unidad con la precedente, aunque las separe un fragmento no reconstruible. El diálogo se desarrolla en un cuádruple intercambio abierto por las fórmulas de introducción de discurso directo *(cdb);* la tercera es fragmentaria. La joven *Ṯitmanatu* sigue insistiendo en su sospecha y pregunta *(tc)* de nuevo. *Ilḥu* se ve obligado a confesar la verdad: *Kirta* hace tiempo que está enfermo y su muerte es inminente *(bc).* En consecuencia, deber suyo es prepararle un sepulcro conveniente cuyas características se le describen [100]. *Ṯitmanatu* asegura que ella sabe quién (?) lo podrá hacer en siete días *(bc). Ilḥu* concluye repitiendo su recomendación.

[98] De todos modos, lín. 41-45 no resultan claras; cf. *inf.* p. 311; Jirku, KME, p. 104, n. 1; Del Olmo Lete, UF 7 (1975) 94-95; Watson, JANES 8 (1976) 105-111; Gibson, CML, p. 22 (rito misterioso); De Moor, UF 11 (1979) 644-645 (gesto de súplica). ¿Se le encarga quizá a *Thitmanatu* que ofrezca a los dioses («alturas, cielos») la plata y el oro prometido en el voto (cf. 1.14 IV 42-43) y quizá escamoteado (cf. *sup.* p. 262)? Desearía con ello *Kirta* aplacarlos y quizá recuperar su salud. Su enfermedad aparecería así claramente como efecto de su «pecado».

[99] Cf. Sauren-Kestemont, KRH, p. 191, que pretenden corregir estas líneas, por no encajar en su esquema formal. Sobre esta figura estrófica, cf. *sup.* p. 34.

[100] Para una posible ilustración, cf. C. F. A. Schaeffer, *Ugarítica* I (= *Ug.* I), París, 1939, pp. 53ss, las tumbas de origen micénico aparecidas en la necrópolis de Ugarit en *Mīnāʾ al-bayḍāʾ*, que son probablemente de época posterior a nuestro texto; también Saadé, UMC, p. 141.

Aflora así en esta sección un nuevo tema, el de la sepultura del rey, relacionado íntimamente con el más general de la «idología regia», aunque el estado defectuoso del texto impide llegar a conclusiones precisas.

Lamentación de Ṯitmanatu (1.16 II 35-51). Como último elemento de la reacción de *Ṯitmanatu* ante la noticia recibida se nos ofrece el lamento pronunciado por ella en prolepsis y que después habrá de repetir en presencia de su padre (cf. lín. 50-51). El texto repite el lamento de *Ilḥu* (cf. sup. I 2-11, 15-23): prolepsis y enunciación. Es su forma más completa, en cuanto recoge todas las estrofas básicas de aquellas, pero no coincide en el orden con ninguno de los otros dos textos. Introducido por un *bc* tópico de discurso directo *(cdl),* se compone de *dst/tc/bc/dst/bc/bc;* tiene así una organización estrófica más armónica. Es posible que el último *bc* de esta sección fuese la fórmula introductoria de la pronunciación directa del lamento en presencia de su padre, como sucedía antes en el caso de *Ilḥu.* La repetición se contendría quizá en la laguna que existe al inicio de la columna siguiente.

Hasta el presente ha sido posible asegurar un hilo dramático continuo, a pesar de las lagunas del texto. A continuación tenemos dos columnas sumamente fragmentarias, la III y IV, en las que al parecer el tema se ensancha hasta comprender ahora las implicaciones sociales y cósmicas de la enfermedad del rey. Tales implicaciones cuadran bien dentro del marco general de la «ideología regia», pero las lagunas existentes entre las columnas II y III, III y IV, nos impiden seguir de modo convincente la inserción de este tema en la trama general del poema.

Texto de conjuro (1.16 III 1-11). La primera parte del texto conservado en esta tablilla contiene posiblemente un conjuro mágico destinado a promover la fertilidad de la tierra que, según se deduce de la segunda parte (¿mandato-ejecución?), ha fallado, en conexión probablemente con la enfermedad del rey del que la concepción oriental de la realeza hace depender la fertilidad [101]. Lo podemos suponer encuadrado dentro de una nueva orden dada por *Kirta* (?) a su hija *Ṯitmanatu* (?), que según la columna anterior había sido convocada a su presencia [102]. El conjuro se compone de una orden de *acción cúltica (bc/*

[101] Cf. *inf.* p. 281, n. 141; Gaster, JQR 38 (1947) 286 (infertilidad); pero cf. Ginsberg, ANET, p. 148, n. 31; Herdner, TOu, p. 490; De Moor, SP, pp. 99-100; Jirku, KME, p. 108, n. 1; Bernhardt, WZG 5 (1955-1956) 113-114; Lipinski, «Syria» 44 (1967) 284-287; Badre y otros, «Syria» 53 (1976) 118-122 (análisis de estructura sintáctica distinto); Dietrich-Loretz, UF 10 (1978) 424-425; Gibson, CML, pp. 22, 98, n. 1 (ceremonia y envío de siervos *[Gapnu-Ugaru* (?)]); Loewenstamm, UF 11 (1979) 512-513; De Moor, UF 11 (1979) 645-646. También cabría entender la sección como narración.

[102] Para Aistleitner, MKT, p. 88, esta sección representa una rememoración de la época de salud del rey, a quien podían dirigirse los labradores en caso de penu-

bc) y de un estribillo hímnico *(dst/tc)* que canta la bondad del don de *Baʿlu* a la tierra: la lluvia.

Descripción de la situación (1.16 III 12-17). La última parte de la columna describe la reacción de los labradores ante el conjuro que levanta su ánimo, agobiado por la carestía, o mejor aún, la situación general en que se encuentran y que introduce su actuación *(bc/tc).* A continuación se dice que «entraron en casa de *Kirta*» (?), equivalente a «a presencia de *Kirta* entraron», que se dice de los magnates (1.15 VI 6: *tbun,* cf. IV 17: *tšʿrb),* de su hijo *Ilḥu* (1.16 I 12: *yʿrb)* y de su hija *Ṯitmanatu* (1.16 II 51: *tʿrb);* se puede suponer que también los labradores, el «pueblo de la tierra», llegan invitados a presencia del rey y repiten el lamento o conjuro que se les ha encomendado o en que espontáneamente han prorrumpido (prolepsis). Es posible que siguiese a continuación esa repetición.

Convocatoria de los dioses (1.16 IV 1-18). La estructura formal de esta sección se acomoda al esquema encargo-ejecución que tan frecuentemente hemos encontrado en este poema, de forma incluso concatenada o doble. El dios *Ilu* se dirige a otra divinidad, posiblemente *Baʿlu (¿Kôṯaru?),* con la fórmula de interpelación *(cib)* y un *bc* de elogio, y le da la orden de llamar al dios *Ilšu* y a sus consortes, porteros/heraldos de *Ilu (tc)* [102 bis]. La orden es cumplida *(tc)* y a continuación *Ilu* interpela y comunica un nuevo encargo, esta vez al propio dios *Ilšu* (dos *tc,* introducidos por *cdb).* Han de ascender a las alturas para anunciar el mensaje de *Ilu,* que al parecer, por lo que cabe deducir de la columna siguiente, es una convocatoria general a los dioses para que se presenten ante él con el fin de poner remedio a la situación de *Kirta* y con ello a sus consecuencias sobre el reino. Este concatenado encargo de mensajes entre las divinidades no es raro en la mitología ugarítica, sobre todo en el ciclo de *Baʿlu-ʿAnatu.*

Deliberación del dios Ilu *(1.16 V 9-22).* La sección ofrece una típica escena de «deliberación» en el consejo regio divino [103]. Apoyado en la escala numérica, se repite cuatro veces el mismo formulario, consistente en la cláusula de introducción *(cdb),* pregunta sobre quién de los dioses será capaz de curar a *Kirta*

ria (?); Du Mesnil, «Berytus» 26 (1978) 81-82, ve aquí la marcha de *ʿAnatu* a la morada de *Ilu* («la Fuente»).

[102 bis] Cf. Parker, ZAW 89 (1977) 170-172; Loewenstamm, UF 11 (1979) 513.

[103] Cf. Herdner, TOu, p. 491; Jirku, KME, p. 110, n. 1; Parker, ZAW 89 (1977) 171; a propósito de esta concepción religiosa, cf. Del Olmo Lete, VLAI, p. 328. Típica de la misma son las escenas de 1 Re 22,19ss e Is 6,8ss, donde se representa a Yahvé buscando igualmente quien pueda cumplir su encargo, preguntando a su corte: «¿quién irá/engañará?».

(bc) y constatación de su incapacidad *(c)*. De nuevo tenemos aquí un *bc int.* dentro de otro [104].

Este silencio de los dioses y su aparente incapacidad hay quizá que interpretarlos a la luz del hecho de que la dolencia de *Kirta* se debe probablemente a la intervención de la diosa *Aṯiratu,* la madre de los dioses.

Intervención mágica de Ilu *(1.16 V 23-32).* Como consecuencia de la actitud negativa de los demás dioses, *Ilu* decide intervenir personalmente. El esquema formal es similar al de orden-ejecución, aquí de deliberación-ejecución *[cdb/bc/tc/bc/tc(?)].*

Esta sección supone así una especie de inclusión épica de todo el poema. Este se abrió también con una intervención de *Ilu* para salvar a *Kirta* de su desamparo; aquí interviene para restaurar su salud. Descendencia y vigor físico son dos prerrogativas a las que el rey oriental no puede renunciar.

Varía, en cambio, la técnica de la intervención salvífica. Allí consistió en un oráculo que trazaba el plan y aseguraba el éxito de la empresa; manifestaba el dominio de *Ilu* sobre el futuro y el destino de los hombres. Aquí tiene que hacer frente a otra voluntad divina, que ya ha intervenido, y consiguientemente debe recurrir a una esfera que está «por encima de los dioses», a la esfera de la magia. Siguiendo el ritual, y con los materiales «adecuados», modela y crea un ser femenino (por la columna siguiente sabemos que se llama *Šaʿtiqatu),* un genio de la salud, que realizará la empresa [105]. De este modo se soluciona el contraste jurisdiccional de los dioses. Esto resulta inaudito para la mentalidad bíblica, que confiesa a un Dios que no tiene contrincante válido y salva con su simple palabra. El modo, en cambio, como se lleva a cabo la creación de ese ser mágico recuerda la creación del hombre, tanto en la tradición bíblica (Gn 2,7) como en la mesopotámica *(Enuma eliš* VI: 5,33) [106].

[104] Cf. *sup.* p. 34. También aquí Sauren-Kestemont, KRH, pp. 192, 217, se ven obligados a romper este esquema estrófico de la sección, para acomodarlo a su modelo formal general de siete y catorce versos.

[105] Algunos autores ven aquí la creación de un «doble» al que pasará *(šʿtqt)* la enfermedad; así Gaster, JQR 38 (1947) 257 (imagen); Gray, LC, p. 150 (la idea del «chivo expiatorio»); Jacob, RSAT, p. 52. Pero *šʿtqt* actúa, no recibe; luego no es un simple amuleto mágico, sino un «genio» de la salud, creado por *Ilu,* si resulta ser el objeto de la acción emprendida por tal dios en 1.16 V 25, como es muy probable; así, Jirku, MK, p. 48; Aistleitner, MKT, p. 88; Ginsberg, LKK, p. 9; íd., ANET, p. 148; íd., JANES 5 (1973) 133; Jirku, KME, p. 110, n. 1; Cross, CMHE, p. 181, n. 155; Herdner, TOu, pp. 491, 567; Margalit, UF 8 (1976) 156ss (plañidera-curandera); Parker, ZAW 89 (1977) 168. Su identificación con *Thitmanatu* no tiene probabilidad; cf. Virolleaud, LBC, p. 73.

[106] Sobre las concepciones de la «creación» en la Antigüedad oriental, cf. S. G. F. Brandon, *Creation Legends of the Ancient Near East,* Londres 1963. Sobre la concepción específicamente bíblica en contraste con la ugarítica, cf. L. R. Fisher, *Crea-*

La curación de Kirta *(1.16 VI 1-14)*. La sección se abre y cierra con el mismo *bc,* lo que constituye aparentemente una «inclusión». Pero en un caso se trata verosímilmente de formas imperativas y en el otro de factitivas; pertenecen, pues, más bien al conocido esquema encargo-ejecución en la parte final de su contenido. Esto queda confirmado por la preservación en las últimas líneas fragmentarias de la columna precedente de varios vocablos y pares lingüísticos que vuelven a aparecer en esta sección. Podemos, pues, suponer que allí se contenía, y por ende reconstruir, la orden de *Ilu* de realizar el conjuro mágico sobre el enfermo (gesto y fórmula), que es llevado a cabo en esta sección. La operación es concebida como una lucha entre *Môtu,* dios de la muerte y el infierno, y *Šaʿtiqatu,* la «enviada» de *Ilu.* Esta llega a la casa de *Kirta (dst)* [107], se desembaraza de *Môtu (dst)* y procede a expulsar la enfermedad de *Kirta,* considerada como una realidad objetiva que le ha invadido *(tc)* [108]. El efecto de la terapéutica mágica es inmediato: se restablece el apetito del rey, signo de que *Môtu* ha sido derrotado. Por su contenido y forma se destaca netamente la sección como un todo narrativo. A continuación se desarrolla una nueva escena.

Restablecimiento del rey (1.16 VI 14-21). Se organiza también esta escena dentro del esquema operativo encargo-ejecución, introducido *(bc/tc/tc)* por la fórmula de discurso directo *(cdl)* y de interpelación *(cib);* la estructura formal es así nítidamente paralela. En su contenido es continuación inmediata de la anterior y desarrolla el motivo del «apetito» despierto del rey, como signo de su restablecimiento. *Kirta* encarga a su mujer *Ḥurrayu* preparar un banquete [109]; esto constituye la contrapartida de 1.15 IV 3, donde también recibe *Ḥurrayu* la orden de preparar un banquete-sacrificio para los magnates de *Ḫaburā,* al declararse la enfermedad del rey. Ni que decir tiene que la reina cumple la orden.

tion at Ugarit and in the Old Testament: VT 15 (1965) 313-324. Para una bibliografía extensa sobre el particular, cf. C. Westermann, *Genesis* (BKAT 1,2), Neukirchen, pp. 97-103; también Saliba, JAOS 92 (1972) 107-110; Margalit, UF 8 (1976) 177, n. 105 *(Ilu* como «herrero»); cf. *sup.* p. 67, n. 116.

107 Cf. Aistleitner, MKT, p. 103; Jirku, KME, p. 112; Herdner, TOu, pp. 491-492; Saliba, JAOS 92 (1972) 108 (sentido y estructura); Badre y otros, «Syria» 53 (1973) 123-124; De Moor, UF 11 (1979) 646-647. Lo que no deja de sorprender es que *Šaʿtiqatu* entre a presencia de *Kirta* «llorando»; quizá se trate de un tópico literario, una técnica de disimulo, de las que el poema ha ofrecido otros ejemplos, o de una actitud de «plañidera» requerida por las circunstancias, quizá como parte del mismo ritual mágico; cf. en nota 105 la opinión de Margalit.

108 La contrapartida bíblica, tanto del Antiguo como del Nuevo Testamento, es la concepción de la enfermedad como un «espíritu» que posee al paciente.

109 Aparentemente tal banquete tiene una finalidad meramente «nutritiva», pero no puede excluirse su posible valor cutual como «sacrificio de comunión».

La insurrección de Yaṣṣibu: *deliberación (1.16 VI 21-38).* La sección se organiza, según el conocido recurso épico ugarítico, desdoblada en una prolepsis deliberativa y la posterior comunicación del plan-mensaje al destinatario; una subdivisión del esquema encargo-transmisión/orden-ejecución. Se inicia con una cláusula numérica, típica de transición narrativa. Sirve de introducción al mencionado esquema. En ella *(c/tc/bc)* se contraponen las figuras de *Kirta,* restablecido de nuevo en su trono, y de *Yaṣṣibu,* su hijo, que también «se sienta» en su palacio. Al parecer, la enfermedad de *Kirta* había encendido sus esperanzas de inmediata sucesión y no se resigna ahora a ver pospuestas sus pretensiones. Volvemos así al tema dinástico-sucesorio enunciado en 1.15 III 16 y que decíamos era determinante en el poema [110]. Consiguientemente, decide dirigirse a su padre, indicándole que debe abdicar, pues su enfermedad le ha hecho inepto para la función regia de caudillo y juez.

Lo curioso de esta decisión o plan es que se presenta como un «diálogo de conciencia», en el que «su interior» adoctrina al hombre, recurso conocido también en la lírica bíblica (cf. Sal 10,6,11,13; 14,1). Tal adoctrinamiento es estructurado dentro del esquema de misión o envío de mensajero: fórmula de encargo *(ce/cdl)* y de interpelación *(cib) (tc/c)* a la que en la sección ejecutiva de la transmisión corresponde un *tc/bc,* que desarrolla dicha fórmula de interpelación *(cil).* El «mensaje» se organiza en dos partes: preguntas-reproche *(bc/tc),* en que se pone de manifiesto la incapacidad del rey, de modo retórico; luego se resume la causa y saca la conclusión a modo de sentencia u orden *(dst).* Es imposible ignorar la semejanza de tal estructura literaria con la del oráculo profético de Israel [111], encuadrado asimismo en el estilo de mensaje.

La insurrección de Yaṣṣibu: *comunicación (1.16 VI 39-54).* La repetición, con todo, no es estrictamente literal: el reproche interrogativo está aumentado en un *c/bc,* así como desarrollada la fórmula de interpelación *(bc),* como ya señalábamos anteriormente. Este es un fenómeno que hemos visto se repite en la épica cananea; fácilmente podrían entenderse como interpolaciones de formularios fijos y desarrollos redaccionales, o respectivamente como omisiones, pero de todos modos esto nos advierte sobre la antigüedad redaccional de tales

110 Cf. *sup.* p. 260, n. 76; *inf.* p. 284, n. 151. El poema, al describir a *Yaṣṣibu* como amamantado por las diosas *Aṯiratu* y *ʿAnatu* (1.15 II 26-27), le reconoce el derecho de sucesión, como veíamos. Para Parker, ZAW 89 (1977) 168-169, posiblemente 1.16 VI 35-36, 50-52, es una inserción secundaria para introducir el tercer tema del poema.

111 Cf. Virolleaud, LBC, p. 71; íd., RHR 147 [1955] 130; Obermann, JBL 65 (1946) 247 («reprimendas bíblicas»); Ellermeier, PMI, pp. 110ss; Noort, UGM, pp. 30-32; Westermann, GPR, pp. 72ss; Del Olmo Lete, VLAI, p. 386; Koch, UF 4 (1972) 63ss; Badre y otros, «Syria» 53 (1976) 124-125.

fenómenos textuales y pone de relieve la libertad estilística con que el autor o la tradición han usado los esquemas literarios [112].

La ideología aquí reflejada supone que la debilidad del rey es incompatible con su función de tal, así como veíamos antes que su enfermedad era causa de la sequía e infecundidad de la tierra [113]. Quizá una ideología parecida subyazga a la intriga sucesoria de 1 Re 1,1-39, donde, una vez comprobada la impotencia del rey, los pretendientes se lanzan a una manifestación clara de sus pretensiones, equivalentes a las de *Yaṣṣibu,* aunque no se formulen [114].

La maldición de Kirta *(1.16 VI 54-59).* El poema concluye con una sección literariamente muy simple en su forma y contenido: una imprecación-maldición con que *Kirta* responde a la pretensión de su hijo, invocando sobre él la muerte de parte de los dioses. Formalmente se compone de *cdb/tc/bc.* La tablilla concluye con el colofón o «firma» de *Ilimilku.*

Sobre la cuestión de si termina aquí el poema en su totalidad, hablamos anteriormente [115]. Para nuestro gusto épico el desenlace es demasiado exabrupto e implícito. La restauración del rey *Kirta* se conmemora y cierra con la maldición de su hijo, que se supone quizá inmediatamente operativa como fórmula mágica. No tenemos siquiera un *happy end* que nos asegure que a partir de entonces el rey reinó y vivió feliz. El texto es un «momento» pragmático, se limita al desarrollo de una situación concreta. Lo categorial no se explicita, habrá de ser de nuevo vivido cada vez en la reiteración o conmemoración del episodio. Quizá éste pudiera ser un rasgo estilístico de aquella épica primitiva, que tiene su correspondencia en la hebreo-bíblica (cf. el final del Libro de los Reyes [2 Re 25,27-30] o el de los poemas homéricos). Sobre el particular volveremos más adelante [116].

SENTIDO Y FUNCION DEL POEMA

El ritmo épico-narrativo de este poema tiene una oscilación elemental: desgracia-salvación-recaída-restauración; ritmo que no es desconocido en la tradición bíblica [117]. Más interesante es, en cambio, la organización interna de sus

[112] Cf. *sup.* p. 255; *inf.* p. 352.

[113] Cf. *sup.* p. 268; *inf.* p. 281; Greenfield, EI 9 (1969) 64.

[114] Cf. Driver, CML, p. 5, nn. 5 y 6; en el caso de Azarías leproso (cf. 2 Re 15,5), depuesto probablemente, su hijo asumiría la corregencia.

[115] Cf. *sup.* p. 242, n. 14. Para un paralelo acádico de la maldición de *Kirta,* cf. Watson, UF, 9 (1977) 280.

[116] Cf. *inf.* pp. 330, 354; *sup.* p. 62.

[117] Responde al «pragmatismo teológico» del Libro de los Jueces (cf. Jue 2,5ss); el pueblo caído en la aflicción clama a su Dios; éste le escucha, pero su abandono le lleva de nuevo a la postración, de la que vuelve a ser salvado; cf. Eissfeldt, EAT,

contenidos. Podemos distinguir tres niveles: base factual, encuadramiento mitológico, ideología social.

Es clásica la clasificación de este poema dentro del género épico (saga, leyenda, epopeya), en cuanto contradistinto del género mítico [118]. Ciertamente, a pesar de la presencia de divinidades, su clima es plenamente «humano» y su interés gira en torno al destino de seres humanos, no en torno a las vicisitudes de los dioses en cuanto encarnación de las fuerzas cósmicas o de las situaciones sociales [119]. Sus protagonistas *(Kirta, Pabilu, Ḥurrayu, Ṯitmanatu* y *Yaṣṣibu)*

pp. 343ss; W. Richter, *Traditionsgeschichtliche Untersuchungen zum Richterbuch,* Bonn 1963, p. 20ss; R. A. Carlson, *David the chosen King,* Upsala 1964, pp. 190ss (paralelo con Absalón); S. B. Parker, *Some Remarks in the Structure and Composition of KRT,* en A. Caquot (ed.), *Études Sémitiques* (XXIXe Cong. des Orient.), París 1975, pp. 42-47; íd., *The Historical Composition of KRT and the Cult of El:* ZAW 89 (1977) 161-175 (organización del mito en tres partes-temas originariamente independientes); Liverani, PE, pp. 861, 867 (esquema de «fábula»). Ultimamente, M. Lichtenstein, *Episodic Structure in the Ugaritic Keret Legend,* Columbia Univ. 1979, que no he podido consultar.

[118] A propósito de la distinción entre mito y saga, cf. O. Eissfeldt, *Mythus und Saga in den Ras-Schamra Texten,* en R. Hartmann-H. Scheel (eds.), *Beiträge zur Arabistik, Semitistik und Islamwissenschaft,* Leipzig 1944, pp. 275ss; también Gray, LC, pp. 3, 10, 17, 106, 151; Gordon, UL, p. IX; íd., UMC, pp. 25, 27, 40s (resalta el hecho de que los sujetos de la épica son siempre reyes); De Langhe, TRS I, p. 165; De Vaux, RB 55 (1948) 146-147; K. H. Bernhardt, *Anmerkungen zur Interpretation des Krt-Textes von Ras Schamra-Ugarit:* WZG 5 (1955-1956) 116s; Jirku, MK, pp. 10, 44; Sawyer-Strange, IEJ 14 (1964) 96 (sobre la saga); De Moor, SP, pp. 55-56; M. Liverani, *L'epica ugaritica nel suo contesto storico e leterario,* en *Atti del Conv. Poesia Epica* (= PE), Roma 1970, pp. 859-869. Comparándolo con la leyenda de *Aqhatu,* los autores generalmente destacan su carácter más legendario y humano en comparación con el más mítico de ésta; así, Pedersen, «Berytus» 6 (1941) 64 (no es cúltico); Gray, LC, pp. 18, 116; Aistleitner, MKT, pp. 65, 87; Ginsberg, LKK, pp. 7s; íd., ANET, p. 149; en contra, Jirku, MK, p. 48. Con todo, ha de tenerse en cuenta la peculiaridad que los conceptos de «épica» y «saga» adquieren en el ámbito cananeo y que no coincide con el *pathos* que el contenido de tales conceptos tiene en el griego; cf. Gibson, SVT 28 (1974) 60-68 (definible no desde protagonistas, dioses/hombres, sino desde su contenido fantástico e ideológico; KRT es «histórico» en la primera y mítico en la segunda parte); Xella, SS, pp. 25-26 (no hay excesiva distinción entre ambas); Conroy, «Bib» 61 (1980) 23-24.

[119] Sobre el concepto de «mito», cf. entre los estudios más accesibles: M. Eliade, *Traité d'Histoire des Religions,* París 1968, pp. 344s; íd., *Aspects du Mythe,* París 1962; íd., *Mito y realidad* (tr.), Madrid 1973; G. Van der Leeuw, *Fenomenología de la historia comparada de las religiones* (tr.), Madrid 1973, pp. 108ss; G. Dumézil, *Mythe et épopée,* París 1968-1971; G. J. Kirk, *El mito y su significado* (tr.), Barcelona 1970; C. García Gual, *Interpretaciones actuales de la mitología antigua:* «Cua-

son seres humanos y se comportan como tales; en cambio, los dioses que aparecen en el poema *(Ilu, Baʿlu, Aṯiratu, ʿAnatu, Ilšu, Šaʿtiqatu)* lo hacen en función de las vicisitudes y actuación de aquéllos; de modo, por consiguiente, subordinado desde el punto de vista épico-literario.

El marco geográfico que se insinúa, con la mención de las ciudades de Tiro y Sidón (?), *Ḫaburā* y *Udumu,* parece situarnos en relación de alguna manera con Fenicia o acaso Mesopotamia [120]; sin que podamos precisar más, pues tal mención es indirecta e indefinida [121]. De todos modos, esas determinaciones onomásticas y toponímicas tan concretas abogan por un «fondo histórico» [122],

dernos Hispánicos» 313 (1976) 1-18 (con amplia bibliografía). También Bernhardt, WZG (1955-1956) 119; Gordon, UMC, p. 40; Gese, RAAM, pp. 50-51; Gray, LC, p. 20; Gaster, «Religions» 9 (1934) 13-14; íd., *Thespis,* pp. 17, 21-25; Gibson, SVT 28 (1974) 62-63.

120 Virolleaud, LK, pp. 14-20; Ginsberg, LKK, pp. 7s; Aistleitner, «Theologia» 5 (1938) 21; Bea, «Bib» 20 (1939) 441; Barton, *Mém. Lagrange,* pp. 29-30; Driver, CML, p. 5; Gray, TKL, pp. 2s; Bernhardt, WZG 5 (1955-1956) 101, 108; Jacob, RSAT, p. 53; Albright, YGG, p. 102; Fensham, JNSL 1 (1971) 15; Gordon, PLM, pp. 34, 43. Para otras localizaciones, especialmente las propuestas por Eissfeldt (ZDMG 94 [1940] 59-85), De Vaux (RB 46 [1937] 362-372), De Langhe (TRS I, pp. 97-147; íd., ETL 26 [1939] 193ss; 302ss), cf. Gray, LC, p. 16; Herdner, TOu, p. 492, n. 2. Ultimamente, M. C. Astour, *A North Mesopotamian Locale of the Keret Epic?:* UF 5 (1973) 29-30; íd., RSP II, pp. 28, 285, 315-317; cf. Badre y otros, «Syria» 53 (1976) 107-108; Gibson, CML, pp. 20, n. 4; 23, n. 4; Parker, UF 11 (1979) 694.

121 Es normal suponer que el santuario de la «diosa de los tirios y sidonios» estuviese en las cercanías de su ciudad. En este caso, si *Kirta* parte de Ugarit (?), se dirige hacia el sur de la Fenicia. Pero el poema no dice que fuera rey de esa ciudad (contra Virolleaud, LK, p. 6; Villa, SMSR 15 [1939] 108ss), sino de *Ḫaburā,* cuya localización nos es desconocida; cf. Aistleitner «Theologica» 5 (1938) 21; Baumgartner, JPOS 18 (1938) 50; íd., TLZ (1938) 13; Virolleaud, *Fs Dussaud,* p. 755; De Langhe, TRS I, pp. 112-114, 127 (¿rey de Beirut?); Astour, *o. c.* (cf. nota precedente); Miller, DW, pp. 292-293 (ámbito nomádico).

122 Cf. Driver, CML, p. 5; Gibson, CML, p. 23; Gray, KTL, pp. 2s; íd., LC, pp. 16, 131; Ginsberg, LKK, pp. 7-8; íd., ANET, p. 142; Jacob, RSAT, p. 53; Caquot-Sznycer, RPO, p. 378; Fensham, JNSL 1 (1971) 15; Wyatt, UF 11 (1979) 827-828. Para Gray, KTL, p. 4; íd., LC, p. 17, se refleja en este texto la simbiosis semítico-hurrita (matrimonio de *Kirta* con *Ḥurrayu);* pero adviértase que «hurrita» en ugarítico se escribe *ḫry* y no *ḥry* (cf. Herdner, TOu, p. 497; Caquot, SDB, fasc. 53, col. 1.396), y que posiblemente *Kirta* es el epónimo de la dinastía hurrita de Mitanni; así, Albright, YGC, p. 103, n. 19; cf. *sup.* n. 6. Para Gordon, UMC, pp. 28, 36; íd., *Virgil and the Near East,* en *Ug.* VI, p. 287 (cf. De Langhe, ETL 16 [1939] 295), *Kirta* es el *ancestor* de los cretenses; para su crítica, cf. P. Walcot, *The Comparative Study of Ugaritic and Greek Literature:* UF 1 (1969) 112. Bernhardt, WZG 5 (1955-1956) 116s, excluye todo valor histórico. A su vez,

una base fáctica, en este tipo de «leyendas» antiguas; pero tampoco en este caso podemos delimitar con precisión su alcance, una vez descartada la hipótesis «neguebita» [123].

Me parece que la epopeya-leyenda, más que una «historia doméstica» [124] es la exaltación épica del «héroe epónimo», conforme al modelo de la epopeya de Sargón de Agadé y de los héroes griegos, tomando incluso el término en el sentido de la mitología clásica: ser mortal divinizado, considerado «hijo de dios» [125]. De *Kirta* se dirá expresamente que es «hijo de *Ilu*» (1.16 I 10,20-21; cf. 1.14 I 41), deduciendo de ahí su derecho ineludible a la inmortalidad. Es

S. Mowinckel, *Immanuel profetien i Jes 7:* NTT 12 (1941) 129ss; 13 (1942) 24-26; Engnell, SDK, pp. 149ss; E. Hammershaimb, *The Immanuel Sign:* ST 3 (1949) 131, le atribuyen un valor meramente mítico con utilización dinástica o cúltica; cf. para la crítica de esta opinión, Gray, LC, p. 16; íd., KTL, p. 3; Herdner, TOu, pp. 494-496 e *inf.* nn. 146-147.

[123] Según ella, la epopeya de *Kirta* recogería el choque de ese legendario rey fenicio con el clan de *Teraḥ,* al que pertenecía Abrahán, en el Negeb bíblico, identificando en este mismo contexto una serie de nombres propios: *Teraḥ, Ašer, Zabulón, Edom.* Expuesta en primer lugar por C. Virolleaud, *La Légende de Kéret, roi des sidoniens,* París 1936, pp. 2, 5ss, 14-20, 22-32 (pero cf. íd., LBC, p. 66), fue seguida por Dussaud, «Syria» 17 (1936) 301-303 (rec. de Virolleaud, *o. c.),* y C. F. A. Schaeffer, *The Cuneiform Texts of Ras-Shamra-Ugarit* (The Schweich Lectures 1936), Londres 1939, pp. 73-76; Dhorme, «Syria» 18 (1937) 107 (cf. también Villa, SMSR 15 [1939] 108-125; De Langhe, ETL 16 [1939] 291-315). Pero ya entre los años 1938-1942 encontró la oposición y el rechazo, desde el simple análisis filológico del texto, de Albright (BASOR 63 [1936] 26-27; 70 [1938] 22-23; 71 [1938] 35-36), Gordon (JBL 57 [1938] 407ss), Gaster (OLZ 42 [1939] 275), Pedersen («Berytus» 6 [1941] 63ss), Herdner («Syria» 23 [1942-1945] 275ss; cf. Gray, LC, p. 16, n. 1), De Vaux (RB 46 [1937] 443ss; cf. De Langhe, ETL 6 [1939] 304ss), Baumgartner (JPOS 18 [1938] 50-53; íd., TLZ [1938] 13; íd., TRu 13 [1941] 12ss, 14ss) y más tarde Ginsberg (LKK, pp. 6s, n. 13), Bernhardt (WZG 5 [1955-1956] 101-103) y Dhorme («Erasmus» 1 [1947] 323s) y en general de todos los autores, hasta quedar completamente abandonada (cf. Herdner, TOu, pp. 492-494; Caquot, SDB, fasc. 53, col. 1.395). Una precipitada y acrítica utilización de la misma fue hecha por el historiador R. Weill, *Le poème de Kéret et l'histoire:* JA 229 (1937) 1-56; íd., *La légende des patriarches et l'histoire:* RES (1937) 145-206; íd., *Sur la situation historique et politique de Ras-Shamra:* RHR 115 (1935) 174-187.

[124] Sobre el particular, cf. Gray, LC, p. 16; íd., KTL, pp. 3s; Herdner, TOu, p. 498; Margalit, UF 8 (1976) 145, n. 19 («Vida de *Kirta*» en tres «actos»).

[125] Teniendo en cuenta, sobre todo, el papel de fundador de dinastía que probablemente le supone el texto, que apunta ya J. Pedersen, *Die KRT-Legende:* «Berytus» 6 (1941) 63-105, y que otros autores como Ginsberg (LKK, p. 8) y Gray (KTL, p. 9) aceptan; sobre el carácter «heroico» y «divino» de la figura, cf. *inf.* p. 280; *sup.* n. 118.

cierto que en el contexto de la «ideología regia» de Canaán esa filiación divina del rey hay que entenderla más bien en sentido «adoptivo», frente al fisicismo de la categoría en Egipto, Grecia y parcialmente en Mesopotamia [126]; pero, en todo caso, no se trata en nuestro poema de «narrar» una historia de corte, más o menos idealizada o mitologizada, sino de «exaltar» la función y destino del rey ancestral dentro de aquella ideología. De ahí que los elementos que usa no son tanto «episódicos» cuanto «arquetípicos» de la existencia regia.

Por otra parte, además de «hijo de *Ilu*», a *Kirta* se le considera como perteneciente al grupo de los *Rpum/Rapauma* (cf. 1.15 III 3,14), que, no sólo en la lengua ugarítica, sino también en la tradición hebrea, han conservado el sentido y aspecto de «héroes» legendarios, cuyo origen semidivino, «heroico», explica posiblemente Gn 6,1-4 [127]. Resulta así que este procedimiento de exaltación épica se encuentra extendido en el ámbito del mediterráneo oriental del segundo milenio y se inserta como un dato más en la esfera de coincidencias étnicas y culturales entre helenos y semitas que los textos creto-micénicos y ugaríticos han puesto de manifiesto [128].

El poema desarrolla así, más que un «núcleo histórico» (aun admitiendo su facticidad epónima, historicidad de sus personajes y validez de su marco geográfico), una «tradición épica» arquetípica, algo así como «los trabajos y los días» del héroe *Kirta,* rey de *Ḫaburā,* que ve su destino sometido a y gobernado por el patrocinio de su padre, el dios *Ilu,* y por la ira de su madrastra, la diosa *Aṯiratu* [128 bis]. Fuera de ese «recuerdo» personal del epónimo ancestral,

126 Sobre la «ideología regia» en Ugarit, cf. *inf.* p. 280, n. 137.

127 A propósito del texto bíblico, cf. J. L. Cunchillos, *Los bᵉne haʾelohîm en Gen. 6,1-14:* EstBíb 28 (1969) 5-31; íd., *Cuando los ángeles eran dioses,* Salamanca 1976; A. Rofé, *Israelite Belief in Angels in the Pre-Exilic Period as Evidenced by Biblical Traditions,* Philadelphia 1969; L. R. Wiekham, *The Sons of God and the Daughters of Men: Gen VI 2...:* OTS 19 (1974) 135-147; Westermann, *BKAT 1,2,* pp. 491ss (amplia bibliografía). Acerca del sentido de *rpu* volveremos más adelante (cf. *inf.* pp. 409, n. 15; 411s, nn. 23-26).

128 Cf. M. C. Astour, *Hellenosemitica. An Ethnic and Cultural Study in West Semitic Impact on Mycenean Greece,* Leiden 1967, pp. 27-28 e *inf.* n. 159. No estoy de acuerdo, sin embargo, con Gordon en que en el poema esté presente el tema de Helena (la mujer raptada y recobrada). Adviértase que en el supuesto de que *Ḥurrayu* fuera la esposa de *Kirta* mencionada en 1.14 I 14, que se ha fugado, en 1.14 III 39-40; VI 24-25 resulta ser la hija de *Pabilu* (o la hija de su primogénito) en sentido directo, de quien ahora se reclama, no su mujer. Morfológicamente, el motivo tiene diversa configuración, máxime teniendo en cuenta que la «marcha» de 1.14 I 14 se refiere probablemente a la muerte, como el contexto hace suponer (así, el mismo Gordon, UL, p. 66); cf. Herdner, TOu, p. 498; *sup.* n. 32.

128 bis Visto desde Ugarit, sería un príncipe «extranjero»; cf. Pedersen, «Berytus» 6 (1941) 89; Gaster, JQR (1947) 286 (como Ulises); Kitchen, UF 9 (1977) 142; Liverani, PE, p. 859; Parker, ZAW 89 (1977) 173.

todo lo demás es demasiado tópico como para poder precisar su valor histórico: sus desgracias y enfermedades, su boda [129] y expedición militar, su restablecimiento, las intrigas de su hijo mayor y la solicitud de los menores.

En el segundo nivel, correspondiente al de la estructuración literaria, ese aspecto mítico-heroico es decisivo; en realidad es el que pone en marcha todo el desarrollo épico, sirviendo de cauce y marco al poema. Según el módulo de toda la literatura oriental —y antigua en general, incluyendo la griega—, el drama humano sólo es inteligible y explicable desde la actuación de fuerzas del «más-allá» que lo dirigen y modelan. Consiguientemente, en nuestro poema las empresas de la vida de *Kirta* son un «cumplimiento»; el dios *Ilu* prevé y anuncia tanto la expedición militar del rey como su posterior prosperidad familiar. Asimismo será él quien le restablezca en su salud. Las formas literarias correspondientes serán el oráculo, la bendición y la acción simbólica. Otras divinidades *(Baʿlu, Aṯiratu, Ilšu)* y genios o demonios intermedios *(Šaʿtiqatu)* [130] colaboran y «explican» las fases sucesivas de aquel acontecer humano: interceden, castigan, curan. Las formas literarias que lo expresan serán la súplica, la maldición, el conjuro mágico.

Frente a este plano el hombre debe mantener una actitud de obediencia y propiciación que asegure un ritmo normal a su existencia; consiguientemente, la oración, el culto sacrificial y, sobre todo, la fidelidad son sus posturas y expresiones básicas. La negligencia en este aspecto puede acarrear la desgracia, pero ésta es reparable con el recurso renovado al dios protector. Estos arquetipos religiosos elementales proporcionan el marco narrativo y la «explicación» del acontecer social o trama humana del poema.

Este tercer nivel, el estrictamente «humano», una vez trascendido el marco mitológico, se configura como una expedición militar en busca de esposa [131] y la boda consiguiente, que proporciona un climax de prosperidad, al que sigue, como anticlimax o contraste, la enfermedad mortal. En la angustia que ésta crea participa toda la corte (nobles y príncipes), así como el pueblo, que siente los efectos de la debilidad del rey en sus cosechas. Su restablecimiento

[129] Como motivo tópico la considera Bernhardt, WZG 5 (1955-1956) 116, 119; Merrill, SEA 33 (1968) 7; en cambio, para Gray, LC, p. 17, radica ahí el núcleo histórico que se conmemora en el poema.

[130] Sobre su naturaleza, cf. *sup.* nn. 105-107. Esta dependencia del destino humano respecto de los dioses se inserta en el ámbito de sus luchas y responde al carácter con que cada divinidad ha sido previamente configurada por el hombre; sobre la estructura dual del poema desde esta perspectiva, cf. Herdner, TOu, p. 498; Loewenstamm, UF 11 (1979) 505-514.

[131] Cf. Liverani, PE, pp. 865, 868 (modelo egipcio). Como bien advierte Driver, CML, p. 5, un rey sin palacio, mujer e hijos no puede ser auténtico soberano; cf. también Gibson, CML, p. 23; Gray, KTL, p. 2. Acerca de su semejanza con el tema de Helena, cf. *sup.* n. 128.

comporta la normalización en el reino con la supresión de las pretensiones sucesorias del primogénito.

El desenvolvimiento de esta trama tópica, de historicidad incontrolable, proporciona, sin embargo, interesantes aunque pasajeros indicios de las instituciones sociales de Ugarit y de su ideología [132]. Así 1.14 II 9-26 refleja el ritual sacrificial de Ugarit (rito de purificación, «tienda», víctimas y libaciones, ofrenda sobre la torre) [133]; 1.14 II 27-42 describe la composición y marcha del ejército de Ugarit [134]; 1.14 III 6-14, una algara del mismo; en 1.14 III 21ss tenemos ejemplificado el envío de «mensajes» en la antigüedad cananea; 1.16 II 25-29 presentaba posiblemente una descripción de las tumbas reales de Ugarit, pero el estado del texto es defectuoso. Por otra parte, el poema nos ofrece bastantes indicios de las técnicas adivinatorias y mágicas de Canaán: *incubatio* (cf. 1.14 I 31ss; III 50s), técnicas de augurio con copas (cf. 1.14 II 18-19; 1.15 II 17-18), conjuro (?) de magia imitativa para inducir la lluvia (cf. 1.16 III 1ss), técnicas de magia sustitutiva (cf. 1.16 V 25ss), técnicas de magia operativa para conjurar la enfermedad (cf. 1.16 VI 1ss).

Pero aún más interesante es la perspectiva que nos abre sobre la «ideología regia» imperante en Ugarit [135]. El rey *Kirta* es «hijo del dios *Ilu*» (1.14 I 41;

132 Cf. Gray, KTL, p. 5; íd., LC, pp. 151, 218ss; y en general A. F. Rainey, *A Social Structure of Ugarit. A Study of West Semitic Social Stratification...* (hb.), Jerusalén 1967 (= *The Social Stratification of Ugarit,* Brandeis Univ., Dis. 1962). No hay que olvidar, sin embargo, el posible origen extranjero del poema y consiguientemente de los usos en él supuestos.

133 C. F. Gordon, UL, p. 5; Gray, LC, pp. 192ss; R. Dussaud, *Les Origines du Sacrifice Israëlite,* París 1941; J. Gray, *Cultic Affinities between Israel and Ras-Shamra:* ZAW 62 (1949-1950) 207-220; A. de Guiglelmo, *Sacrifices in the Ugaritic Texts:* CBQ 17 (1955) 76-96; C. Diethelm, *Studien zum Altargesetz Ex 20: 24-26,* Marburg 1968, pp. 117, 122; R. de Vaux, *Les sacrifices dans l'Ancien Testament,* París 1964; D. M. I. Urie, *Sacrifice among West Semites:* PEQ 81 (1949) 67-82; L. R. Fisher, *An Ugaritic Ritual and Genesis 1. 1-15,* en *Ug.* VI, pp. 197-205; J. C. de Moor, *The Peace-Offering in Ugarit and Israel,* en *Fs Gispen,* pp. 112-117; A. Charbel, *Il sacrificio di comunione in Ugarit:* BibOr 14 (1972) 133-141; A. Caquot, *Un sacrifice expiatoire à Ras-Shamra:* RHPhilRel 42 (1962) 201-211; C. S. Thoburn, *Old Testament Sacrifice in the Light of Ugaritic Literature,* Boston Univ., Dis. 1954; B. Levine, *Ugaritic Descriptive Rituals:* JCS 17 (1963) 105-111.

134 Cf. Gordon, UL, pp. 124ss; Gray, LC, pp. 231ss; Y. Yadin, *The Art of Warfare in Biblical Lands,* Londres 1963, p. 76ss; A. Rainey, *Military Personel of Ugarit:* JNES 24 (1965) 12-27; M. L. Heltzer, *Soziale Aspekte des Heerwesens in Ugarit,* en H. Klengel (ed.), *Beiträge zur sozialen Struktur des alten Vorderasien,* Berlín-O. 1971, pp. 125-131; íd., VDI 31 (1969) 21-37; Liverani, RSO 44 (1969) 191-198.

135 Cf. J. De Fraine, *L'aspect religieux de la royauté israélite* (= ARRI), Roma 1954; Gibson, SVT 28 (1974) 64; S. Mowinckel, *He that Comenth* (= HC), Oxford

1.16 I 10, 20; II 48)[136], pero también su «paje» o mancebo *(ǵlm)* (cf. 1.14 I 40; II 8) y su «siervo» *(ʿbd)* (cf. 1.14 VI 34-35)[137]; en cuanto «hijo», será amamantado por las diosas (cf. 1.15 II 26-27)[138]. De su filiación divina debe deducirse su «inmortalidad» (cf. 1.16 I 14ss) o su «divinización» (cf. 1.15 V 18-20)[139], en caso de muerte. Por que de hecho es claro que él es mortal y está sometido a la enfermedad, de modo que su vida es un don gratuito del dios *Ilu* que la cuida y conserva.

La cuestión es saber si tal ideología se aplicaba «dogmáticamente» en Ugarit a todo rey, al estilo egipcio, o más bien es una hipérbole retórica[140], favorecida por la concepción y exaltación del rey como «héroe» epónimo, sin que ello implique la transmisión de tal prerrogativa de inmortalidad a sus sucesores; adviértase cómo en Ugarit tal ideología regia de filiación divina e inmortalidad parece haber entrado en crisis y se encuentra expresada únicamente en fórmulas interrogativas (cf. 1.14 I 41-43; 1.16 I 16s, 20ss), en las que resuena el con-

1956, pp. 14s, 21ss; H. Frankfort, *Kingship and the Gods,* Chicago [7]1971. Para una exposición de la ideología regia, aunque desmesurada en su aplicación a nuestro poema, puede verse, Engnell, SDK, pp. 143-173; íd., RoB (1944) 1-3; también R. de Langhe, *Het Ugaritisch Keretgedicht. Legende, Mythus of Mysteriespiel,* en *Fs De Meyer,* pp. 92-108 (contra Engnell); íd., *Myth, Ritual and Kingship in Ras Shamra Tablets,* en S. H. Hooke, *Myth, Ritual and Kingship,* Oxford 1958, pp. 122-148; J. Gray, *Sacral Kingship in Ugarit,* en *Ug.* VI, pp. 289-302; íd., LC, pp. 218-230; Bernhardt, WZG 5 (1955-1956) 115s; Merrill, SEA 33 (1968) 5s; Herdner TOu, pp. 484-485; Gibson, SVT 28 (1974) 64; Gibson, CML, p. 23; Foley, CE, pp. 129ss.

136 Sobre el particular, cf. Virolleaud, «Syria» 23 (1942-1943) 137-172; íd., LBC, p. 65; Kaiser, MBM, pp. 52s; Jirku, MK, p. 47; Gray, KTL, pp. 5s; íd., LC, p. 17; Jacob, RSAT, p. 51; Aistleitner, MKT, p. 87; Loewenstamm, UF 11 (1979) 508-509 y n. 36. Pero *Ilu* es también en general «padre del hombre»; cf. *sup.* p. 67.

137 Cf. Gray, KTL, pp. 7-8; íd., LC, p. 61; Aistleitner, MKT, p. 87; Herdner, TOu, pp. 484-485; Liverani, PE, p. 869; Gordon, PLM, pp. 36-37. Esta relación de «siervo» limita y especifica la de «hijo» en una dimensión moral.

138 Esto le señala como heredero legítimo; cf. *sup.* nn. 76 y 110.

139 Cf. *sup.* n. 135; Gordon, UL, pp. 67, 122; Gray, KTL, pp. 8, 61; íd., LC, pp. 148, 221s; Rin, AE, p. 235; Jirku, KME, p. 76, n. 2; Aistleitner, MKT, 83; Schoors, RSP I, p. 55, n. 3; Gaster, «Iraq» 6 (1939) 115; íd., *Thespis,* p. 228; Caquot-Sznycer, TOu, p. 270; De Moor, ZAW 88 (1976) 336, n. 82. De ahí que *r^epāʾîm* pueda significar tanto «héroes» («gigantes» en la tradición bíblica) como «manes» o espíritus divinizados. Su función peculiar perdura y se afirma en el Ades. Para las varias interpretaciones de *rpum/rpim,* cf. *inf.* pp. 411s, nn. 23-26.

140 Cf. Gordon, UL, p. 67; De Fraine, ARRI, pp. 15ss; Gray, KTL, p. 8, habla de estilo «egipcio» de corte. En Ugarit aparece más bien como propia una cierta desmitologización de tal ideología. En este sentido, en la oferta de *Ilu* (1.14 I 45-52) se reduciría a términos humanos la primera pretensión de realeza divina supuesta en *Kirta* (lín. 43-44). Sería así un pasaje desmitologizador de la «ideología regia» oriental; cf. Parker, ZAW 89 (1977) 173-174.

traste entre el «dogma» y la experiencia real. En este mismo sentido, el poema de *Aqhatu* (1.17 VI 33ss) pone en boca del hijo del rey una persuasión escéptica sobre la posibilidad de inmortalidad para el hombre, ni siquiera bajo promesa divina; esta actitud halla un respaldo negativo en el escaso eco que la doctrina de la inmortalidad o pervivencia personal encuentra en la Biblia hebrea.

Idéntico problema se presenta en la valoración de la influencia de la debilidad del rey sobre la fecundidad de la tierra y la caída de la lluvia [141]. En este caso, aunque lo fragmentario del texto (1.16 III 1ss; cf. 1.19 I 38ss: la sequía subsiguiente a la muerte de *Aqhatu)* no permite ver el grado de correlación supuesto entre ambas, se refleja probablemente una creencia más segura y uniforme como la predominante en Egipto, Mesopotamia e Israel. No obstante, los paradigmas operativos antes mencionados (cumplimiento, fidelidad) invitan a suponer una concepción posiblemente moral, no meramente física, del rey y su vigor como principio de fecundidad y bienestar de la tierra; no es sólo el mediador físico de ésta, sino también el signo de la benevolencia de los dioses para con el país; ambos aspectos son inseparables. El rey encarna y expresa la relación física y moral del reino con sus protectores divinos, ideología que subyace igualmente en la concepción bíblica del rey y que se formula hoy día bajo la categoría de la «personalidad corporativa» [142]. En consecuencia, la desgracia del rey ante los dioses se ha de convertir forzosamente en calamidad para el país. Ahora bien, la enfermedad es la expresión más clara de esa desgracia.

Dentro de esta misma línea vemos cómo en Ugarit, por lo demás, la función regia no se agota en una dispensación mecánica de fecundidad al país, sino que implica una actuación ético-social como dispensador de la justicia [143]; en ese sentido su «enfermedad» no sólo pone en peligro el orden cósmico, sino también el social, en cuanto le incapacita para cumplir su función indispensable de «líder», «juez» y «salvador» del débil (cf. 1.16 VI 31ss). Resuena aquí un «eco» claro de la ideología regia de Israel, en donde el rey aparece igualmente como el responsable supremo del orden socio-religioso que implica la «alianza», como expresión de la relación igualitaria de todos los miembros de pueblo con

141 Cf. Gordon, UL, p. 4, nn. 2 y 67; Jacob, RSAT, pp. 58-59; Gray, KTL, p. 6; íd., LC, pp. 211-228. Para Gray, esta función fertilizante del rey va unida a su caracterización como *rpu,* opinión que no nos parece fundada. Sobre esta misma capacidad en la «ideología regia» de Egipto y Mesopotamia, cf. Mowinckel, HC, pp. 23ss; para el valor de «curandero» atribuible a *rpu,* cf. *inf.* p. 409, n. 15; en particular, De Moor, GTT 73 (1973) 129-146; íd., ZAW 88 (1976) 332ss.

142 Cf. H. W. Robinson, *The Hebrew Conception of Corporate Personality,* en *Werden und Wesen des A.T.* (BZAW 68), Berlín, 1936, pp. 49-61.

143 Cf. 1.17 V 6-8; 1.19 I 21-25; Obermann, JBL 65 (1946) 245; Greenfield, EI 9 (1969) 64-65; B. F. Lowe, *The King as Mediator of the Cosmic Order,* Emory Univ., Dis. 1968; J. L. R. Word, *Kingship at Ras Shamra Ugarit,* McMaster Univ., Dis. 1972.

su Dios, Yahvé, y que encuentra igualmente expresión en su obligada defensa del «huérfano y de la viuda» [144]. La diferencia más significativa parece radicar en el hecho de que la preservación de tal orden social justo es en Israel el *principio* de la prosperidad y paz para el país, de la benevolencia o bendición de su Dios, mientras en Ugarit tal función judicial resulta una posibilidad que *se deriva* de su salud física, es decir, de aquella benevolencia. El aspecto moral aparece así más resaltado en Israel.

Dentro de la ideología regia, que refleja el poema de *Kirta,* llama la atención el papel que en ella desempaña la reina consorte; aparece como la confidente (cf. 1.14 V 14-15) y ejecutora (cf. 1.15 IV 2ss) de las decisiones del rey, preludiando por su significación la figura de la *gĕbîrāh* en Israel. Por su parte, también la hija de *Kirta* (cf. 1.15 III 16; 1.16 I 30ss) desempeña un papel importante, así como el genio curandero *Šaʿtiqatu* (1.16 VI 1ss). Igualmente la Biblia hebrea conoce no pocos relatos protagonizados por mujeres.

Finalmente, la determinación de la «situación vital» en que surge o «función social» que cumple el poema debe trazarse dentro de su caracterización formal como epopeya-leyenda, saga o poema «heroico» [145]. Al no tratarse de un «mito» en sentido estricto, su conexión con el «culto» ritual resulta secundaria; no es un *hieròs lógos* protagonizado por un dios, que se actualiza en un momento y según un ritual preciso. Por tanto, su situación vital hay que buscarla en otra parte, aun sin excluir en absoluto toda relación con el culto. Algunos, sin embargo, quisieran ver en el poema de *Kirta* un auténtico mito y en su protagonista la encarnación de la divinidad de la fecundidad cuyo ritmo estacional, sequía-lluvia, reproduce precisamente en virtud de su función regia; el poema de *Kirta* sería algo así como un *libretto* del festival cananeo de Año Nuevo [146]

[144] Cf. Jirku, KME, pp. 113, n. 6; Gray, KTL, p. 7, que resalta el paralelo con Israel (cf. Is 11,1-9; 2 Sm 7,12-16; Sal 89,30-32).

[145] Cf. *sup.* n. 118; Gray, KTL, pp. 4-5, 6, 9; íd., LC, p. 17; Bernhardt, WZG 5 (1955-1956) 115-116, 120, quien advierte que todo en este poema es «heroico»; de modo similar, Liverani, PE, pp. 867ss. El concepto debe ser entendido en este caso de modo análogo: se trata de un «héroe» inserto en una tradición mitológica especial, diversa de la griega, y sometido por ello a vicisitudes de desgracia/enfermedad, no sólo de triunfo. Pero también los héroes griegos conocen los «trabajos» y las «venganzas» divinas y la fatalidad de la *Heimarménē;* cf. K. Kerényi, *Die Heroen der Griechen,* Zurich 1958; A. Brelich, *Gli eroi greci,* Roma 1958.

[146] Así, T. Gaster, *Divine Kingship in the Ancient Near East. A Review Article:* RR 9 (1944-1945) 272ss; pero cf. posteriormente íd., *The Oldest Stories in the World,* Boston [5]1951, p. 203; para las opiniones de Engnell y Mowinckel, cf. *sup.* nn. 122 y 135; la de este último es tan inclusiva que resulta ambigua: el dios del mito se ha convertido en el fundador de la dinastía de la leyenda heroica; cf. Albright, BASOR 63 (1936) 32 (Adonis); Bernhardt, WZG 5 (1955-1956) 103; Gottlieb, DTT 32 (1969) 88-105; Herdner, TOu, pp. 494-496 (Hammershaimb, Bentzen, Carlson, Gottlieb); Liverani, PE, p. 859.

con su *hieròs gámos,* incluido en el ritual de la «ideología regia» de Ugarit. Pero tal interpretación es insostenible [147] y se basa en una continua violación del sentido obvio del texto. Como vimos, en él aparece nítidamente diferenciado el nivel mitológico del empírico-humano; en ningún caso *Kirta* es encarnación de *Baʿlu,* ni se analiza el destino de éste dios, mientras eso se hace en otros mitos ugaríticos que tienen mucha mayor probabilidad de cumplir tal función mítico-cúltica [148]. Por lo demás, la «ideología regia» de Ugarit aparece en este poema muy desmitologizada y «humanizada»; su aspecto «naturalista» es sólo un elemento que allí se refleja, pero no su núcleo central desarrollado y conmemorado. Este es más bien de tipo sociopolítico.

En ese sentido Gray busca la situación vital, de acuerdo con su posible contenido «histórico», en relación con «la boda de los reyes de Ugarit, en cuyo favor se invocaba la renovación de las bendiciones de los dioses, repitiendo el relato de la salvación divina de la casa de *Kirta* del desastre y de la bendición dada a su unión, de la que descendían los reyes de Ugarit». En cuanto representa el momento más adecuado para la celebración de tales acontecimientos nupciales, se puede «admitir una conexión secundaria entre el texto y un rito de magia imitativa en el festival más significativo del año cananeo, el de Año Nuevo en otoño... Pero dado que el interés primordial del texto obviamente lo constituye la estabilidad no del orden natural, como en el mito de *Baʿlu,* sino del orden social y en particular el bienestar del rey y de su casa, si el texto consta sólo de las tres tablillas, creemos que se recitaba con ocasión de la boda de los reyes de Ugarit» [149]. Pero también en este caso, y aun limitándonos a las tablillas que poseemos, el tema «boda» es sólo un elemento, capital en la primera parte, pero que tiene su «anticlimax» en el de la «enfermedad» que desarrolla la segunda. De hecho, el mismo Gray ve como muy verosímil la integración de ese tema con el de la *legitimación dinástica* de la línea que desciende de la hija menor del rey [150]. Este texto reflejaría la fundación de

147 Para su crítica, cf. Bernhardt, WZG 5 (1955-1956) 117-119; Merrill, SEA 33 (1968) 7; Gray, KTL, p. 3; íd., LC, p. 16; Caquot, SDB, fasc. 53, col. 1.395-1.396.

148 Cf. Gray, KTL, p. 10. Sobre el valor estacional del ciclo *Baʿlu-ʿAnatu,* cf. *sup.* pp. 146, 149.

149 Cf. Gray, KTL, pp. 9s; sería así una versión glorificada de la bendición nupcial de Rut 4,12: «que sea tu casa como... gracias a la descendencia que Yahvé te concederá por esta joven».

150 Cf. Gaster, JQR (1947) 286; Gray, LC, p. 17; íd., KTL, pp. 4, 10; De Moor, ZAW 88 (1974) 335; Parker, ZAW 89 (1977) 169; para su crítica, cf. Caquot, SDB, fasc. 53, col. 1.396. Pero más bien, como hace suponer el nombre del protagonista (cf. *inf.* n. 151), posiblemente la leyenda es de origen hurrita y ha sido semitizada en Ugarit, dentro de su marco mitológico, y utilizada quizá por la dinastía allí reinante; cf. Gordon, UL, p. 66; Herdner, TOu, pp. 496-498.

tal dinastía y la boda histórica del rey *Kirta,* con su simbiosis semítico-hurrita; posiblemente era utilizado con ocasión de la ascensión al trono o boda del nuevo rey, como expresión de las esperanzas puestas en la función regia a aquélla encomendada. Resulta así un texto de sentido «mesiánico» dinástico, con función sociológica.

De hecho, en esta dirección se mueven la mayoría de los autores que tratan de interpretar el sentido y función del poema de *Kirta* [151], prescindiendo de su valor histórico o puramente legendario. No obstante, una comprensión integral del poema impide tomar el «tema dinástico» en el sentido restringido de «sucesión». Reproduce más bien la «existencia regia» global de un rey concreto, *Kirta,* legendario y posiblemente extranjero, y en él la de sus descendientes o «casa», en cuanto se desarrolla bajo la elección y protección de los dioses que le salvan de las típicas y fatales desgracias, situaciones reales y no meramente cultuales [152], y le garantizan las correspondientes bendiciones. El contenido de éstas se define por contraste con el que es normal en las maldiciones orientales: la fecundidad-descendencia, la salud y la soberanía [153]. Naturalmente, todo ello visto desde la concepción de la «realeza sacral», del rey como mediador de esos bienes para su reino; con un sentido, por consiguiente, social y funcional, no meramente personal. La aplicación y ejemplificación concreta de esa ideología y su esquema tópico en un rey determinado hace de éste un poema de propa-

[151] Así, Pedersen, «Berytus» 6 (1941) 65, 101-103 (defiende el valor dinástico del texto, considerado como relato de una excursión legendaria, con motivos paralelos en textos bíblicos como 2 Sm 7; Sal 89; Sab 45); Bernhardt, WZG 5 (1955-1956) 117-119 (considera la denominación y exposición del anterior demasiado restringida; trata más bien de la elección de la dinastía de *Kirta* y de su salvación); de modo parecido, Merrill, SEA 33 (1968) 7s (gira en torno a la «casa», no sólo a la dinastía); Ginsberg, LKK, p. 8; Gordon, UMC, p. 18; Caquot, SDB, fasc. 53, col. 1.369; pero que el poema tenga como *raison d'être* política concreta legitimar la línea de los reyes de Ugarit, la de *Niqmadu,* posiblemente un usurpador que busca legitimación en una dinastía extranjera, es muy hipotético; cf. Gordon, UL, p. 66s; últimamente, K. A. Kitchen, *The King List of Ugarit:* UF 9 (1977) 141-142. Por su parte, De Langhe, ETL 16 (1932) 285, lo tiene por una «aventura amorosa»; Hammershaimb, ST 3 (1969) 131, defiende su utilización cúltica. Para Caquot-Sznycer, RPO, p. 378, el texto tiene una finalidad o tendencia sapiencial. Por su parte, Jacob, RSAT, p. 52, divide las interpretaciones en tres categorías: mitológico-cultual, sociológico-funcional, histórico-legendaria. En realidad, la división no es exacta: la última categoría hace referencia únicamente al marco geográfico en que se desenvuelve la acción.

[152] Cf. Bernhardt, WZG 5 (1955-1956) 119; Herdner, TOu, p. 498.

[153] Cf. Merrill, SEA 33 (1968) 8 (de hecho, las tres tablillas del poema giran en torno a la pérdida de la familia, la muerte, la usurpación); Westermann, VV, pp. 11ss; Caquot-Sznycer, TOu, p. 404.

ganda oficial (una *Tendenzdichtung)* en favor de una determinada dinastía [154] con la que se asegura el orden natural y social del reino.

Hemos, pues, de considerar el poema como una pieza de «historia sagrada» [155] o ancestral, destinada a preservar la memoria de los orígenes de la dinastía regia [156] y fijarlos dentro del marco tópico-ideológico que determina el destino y función del rey y su desenlace según la voluntad de los dioses. Que tal texto tuviera una utilización ritual o hubiera surgido en relación con el festival de Año Nuevo (entronización del dios-rey) o el de la ascensión al trono de un nuevo rey o en conexión con ceremoniales de penitencia y ayuno, como quiere Bernhardt [157], o que represente una composición «literaria» de origen rapsódico y utilización o declamación extracultual [158], es cuestión que no supera el nivel de lo hipotético. La última posibilidad merece, creo yo, también su consideración, si la situamos en el contexto general de las literaturas orientales, egipcia y mesopotámica sobre todo, conocidas e influyentes en Ugarit, y en las que se dan para esta época grandes composiciones épicas y narrativas sin significación cultual; más próxima incluso a Ugarit, aparecerá luego una épica entre los pueblos del Mediterráneo oriental que manifiesta una andadura de construcción similar y abundantes motivos coincidentes con los del poema o «Epopeya de *Kirta»* [159].

154 Cf. Merrill, SEA 33 (1968) 11 *(sacred history);* Bernhardt, WZG 5 (1955-1956) 119; Parker, ZAW 89 (1977) 174-175 («didactic as much as... politically tendentious»); Caquot, SDB, fasc. 53, col. 1.396-1.397.

155 Cf. Merrill, SAE 33 (1968) 11, que cita otros paralelos, como el de Gilgamesh y David; Bernhardt, WZG 5 (1955-1956) 119.

156 No podemos precisar si *Kirta* era ya hijo de rey, si la oferta de *Ilu* (1.14 I 41-43) se refiere precisamente a esa realeza inicial, o si su consecución va aneja al matrimonio con *Ḥurrayu.* Este elemento parece referirse propiamente al tema de la descendencia, mientras desde el inicio del poema *Kirta* aparece como rey (1.14 I 8); pero podría tratarse de una atribución retrospectiva. Cf. *sup.* n. 151 la opinión de Gordon y nn. 122, 124 y 150 para su posible equiparación con el soberano hurrita de tal nombre, fundador de la dinastía de *Šuttarna (ca.* 1500).

157 Cf. Bernhardt, WZG 5 (1955-1956) 121; Parker, ZAW 89 (1977) 175 (ocasiones de emergencia nacional).

158 Cf. Virolleaud, *Fs Dussaud* 755; íd., LBC, p. 73 (cuento filosófico); Obermann, HDBS, p. 2; Gordon, UL, p. 66; Gray, KTL, p. 4, n. 3; Margalit, UF 8 (1976) 161; aun sin admitir que se trate de un ejercicio meramente literario.

159 Sobre el particular, cf. Virolleaud, LKR, p. 2 (se muestra contrario); C. H. Gordon, *Homer and Bible:* HUCA 26 (1955) 43-108; íd., *The Common Background of Greek and Hebrew Civilizations,* Nueva York 1965; íd., *Ugarit and Minoan Crete,* Nueva York 1965; Liverani, PE, pp. 860ss, 866ss, 868 (resalta principalmente los paralelos mesopotámicos, hititas y egipcios). Varios, *Eléments orientaux dans la Religion grecque ancienne,* París 1960; M. C. Astour, *Hellenosemitica. An Ethnic and Cultural Study in West Semitic Impact on Mycenean Greece,* Leiden 1967;

E. Masson, *Recherches sur les plus anciens emprunts sémitiques en Grèce,* París 1967; E. Y. Yamauchi, *Greece and Babylon. Early Contacts between the Aegean and the Near East,* Grand Rapids 1967; S. Levin, *Anomalies of Homeric Greek Classified by Semitic Parallels,* en *Fs Grumach,* pp. 194-203; J. P. Brown, *Literary Contexts of the Common Hebrew-Greek Vocabulary:* JSS 13 (1968) 163-191; C. E. Armerdin, *The Heroic Age of Greece and Israel: A Literary-Historical Comparison,* Brandeis Univ., Dis. 1968; P. Walcot, *The Comparative Study of Ugaritic and Greek Literatures:* UF 1 (1969) 111-118; 2 (1970) 272-275; 4 (1971) 129-132, para la valoración crítica de la de Gordon y otras exposiciones. Para los posibles paralelos bíblicos (Job, Isaac, Rebeca, Rut), cf. Parker, ZAW 89 (1977) 165s, 168.

TEXTO Y VERSION

KTU 1.14 I

Introducción

[1]*[lk]*rt	[De] *Kirta*
[ ]-.*ml*k[ ]	*[Destino* (?) del] Rey [de *Ḫaburā* (?)],
[ ]m.k[ ]	[historia (?) de] *Kirta,* [el Magnífico],
[ ]- -[ ]	[ ]
[5][ ]*m*.il-[ ]	[del Apuesto, servidor] de *Ilu*
[ ]d *nhr*	[ ]

El infortunio de Kirta

umt [7]*[krt.]ʿ(?)rwt.*	La familia [de *Kirta]* quedó destruida,
bt [8]*[m]*lk.*itdb.*	la casa del rey pereció,
dšbʿ [9]*[a]ḫm.lh*	del que tenía siete hermanos,
ṯmnt.bn um	ocho hijos de una (misma) madre.
[10]k*rt.ḫtkn.rš*	*Kirta* en su estirpe quedó arruinado
[11]*krt.grdš.mknt*	*Kirta* quedó minado en su solar.
[12]*aṯt.ṣdqh.lypq*	Esposa legítima es cierto que adquirió,
[13]*mtrḫt.yšrh*	una consorte legal,
[14]*aṯt.trḫ.wtbʿt*	mujer desposó, pero se (le) fue.

Col. I: *Lín. 1:* cf. 1.16 I 1. *Lín. 2:* así, Vir.; c. *].mlk[.ḫbr]. Lín. 3:* c. *]m.k[rt* (KRH) / *]m.k[rt.ṯʿ],* cf. *inf.* lín. 7-8 para el par *krt/mlk. Lín. 4:* c. *[krt (ṯʿ)]* (LKK) / *[nʿ],* cf. *inf.* lín. 40-41; II 8-9. *Lín. 5:* c. *[nʿmn ġl]m.il* (LKK), cf. *inf.* lín. 40; pero el espacio no lo permite / *[mn.ġl]m.il,* cf. lín. precedente. *Lín. 7:* así, KTU; Dietrich-Loretz, *Fs Elliger,* 33 / *]rp(?)at.* (Vir.) / *]rwt.* (CTA). *Lín. 8:* así, Vir.; *itdb* error por *itbd* (?) (Vir.), cf. *inf.* lín. 24. *Lín. 9:* así, Gaster, OLZ [1939] 273 / *ym.* (Vir.). *Lín. 10: ḫtkn* posible error por *ḫkth* (Cassuto, BOS II, 206, n. 2), cf. *inf.* lín. 21-22 (pero cf. UT 38; TOu 504; Dietrich-Loretz, *Fs Elliger,* 33; Margalit, UF [1979] 542). *Lín.*

Col. I: *Lín. 7:* / «... (se arruinó) la Princesa...» (Aistleitner) / «La familia... se convirtió en sombras» (Driver) / ... (perdió) vigor...» (Gordon, PLM 37); cf. gl. *ʿrw/rpa. Lín. 10-11:* / «*Kirta,* (su) gobierno se empobrece, ... su oficio se rompe» (Fensham, JNSL [1971] 16) / «... está sin un heredero, sin un *grdš* para su dosel (?)» (Aistleitner) / «... su porción es la riqueza, ... es abundante en poder» (Cassuto, BOS II, 206-207) / «... nuestro señor fue aplastado, ... fue desposeído de su propiedad (regia) (Gibson); cf. gl. *ḫtk, rš, grdš, mknt. Lín. 12-14:* / «Su legítima esposa no pudo conseguir...» (Gordon; pero cf. íd., PLM 37) / «... de la esposa cuya virtud por ninguna de las otras compradas fue superada...» (Aistleitner)

[15]*ṯar* um.*tkn lh*	Parentela materna tuvo,
[16]*mṯlṯt.kṯrm.tmt*	(pero) un tercio murió en la lozanía,
[17]*mrbʿt.zblnm*	un cuarto de enfermedad
[18]*mḫmšt.yitsp* [19]*ršp[.]*	un quinto se lo cosechó *Rašpu*
mṯdṯt.ǵlm. [20]y*m.*	un sexto el Prócer *Yammu*
mš*bʿt hn.bšlḥ* [21]*ttp*l.	y su séptima parte, ya ves, por *Šalḥu* fue abatida.
yʿn.ḥtkh [22]*krt*	Contempló que en su estirpe *Kirta,*
yʿn.*ḥtkh rš*	contempló que en su estirpe quedó arruinado,
[23]*mid.grdš.ṯbth*	completamente minado en su mansión.
[24]*wb*kl*hn.špḥ.yi*t*bd*	En su totalidad la familia sí pereció
[25]*wb.pḫyrh.yrṯ*	y en su integridad la sucesión.

El sueño sagrado

[26]*yʿ*r*b.bḥdrh.ybky*	Entró en su cámara a llorar,
[27]*bṯn.ʿgmm.wydmʿ*	repitiendo sus quejas, (y) derramó lágrimas.

15: / *ṯn(?)y(?)t* (UGU 82) / *ṯtr...* (SDK 100; Margalit, UF [1976] 140); c. *ṯnt um* (KRH) / *ṯar um⟨t⟩* (LKK), cf. *sup.* lín. 6 / *⟨a⟩ṯt/⟨m⟩ṯt* (Margalit); posible error de *akn* por *tkn* (Vir.); c. *⟨l⟩tkn* (De Moor, *Fs Loewenstamm,* 136s). *Lín. 20:* posible error escribal de *mrbʿt* por *mšbʿt* (AE). *Lín. 24:* así, KTU; Sanmartín, UF [1975] 598 / *wbtm hn.* (Vir.) / *wbth (!) i(!)n* (Rainey, RSP II, 80); posible error por *wbbt mhn* (SDK 151) / o *wbtmh* (CTA); *yitbd* posible error por *yitdb* (?) (Margalit, UF [1976] 141). *Lín. 27:*

/ «A su legítima esposa despidió, ... se casó con otra, pero también ella se volvió» (Cassuto) / «... se casó con una mujer y le dio descendencia» (Gray) / «... la esposa prometida no la obtuvo...» (Badre y otros, «Syria» [1976] 97); cf. gl. *ṣdq, ypq/pq, trḫ, mtrḫt, tbʿ.* *Lín. 15:* Para algunos autores (Aistleitner, Cassuto, Sauren-Kestemont, Margalit, Gibson, Maroth, Badre y otros, De Moor) se trata, a partir de aquí, de la desaparición de las sucesivas mujeres de *Kirta;* / «Se marchó (también) *Thtr,* que, como madre, había estado a su lado...» (Aistleitner) / «... tuvo una oclusión en su vientre...» (Cassuto) / «... una segunda para ser su madre» (Gibson) / «... (también) una segunda querida: él (la) amó, sí, locamente» (Margalit, UF [1976] 144) / «La descendencia se le interrumpió...» (Badre y otros, *l. c.)* / «Procuró una madre, le fue infiel» (De Moor, UF [1979] 644); cf. gl. *ṯar.* *Lín. 16:* / «... murió en el alumbramiento...» (Ginsberg) / «(Los) de la tercera...» (Badre y otros, *l. c.)* / «... de muerte tranquila» (Cassuto) / «... la tercera... en (su) primer parto» (Gibson) / «... en cautividad» (Van Selms, UF [1979] 742); cf. gl. *kṯr(m).* *Lín. 19-20:* / «... un sexto se lo tragó/cubrió el mar...» (Ginsberg) / «... fueron mozos (víctimas) del mar...» / «...la oscuridad de *Yammu...*» (Dietrich-Loretz, *Fs Ellinger,* 32) / «... un sexto/a, un adlátere del Mar» (Dahood, JANES [1974] 83; Margalit, *l. c.);* cf. *asp, ǵlm.* *Lín. 20-21:* / «... a espada/venablo/rayo cayó...» (así corrientemente, pero cf. Loretz, UF [1975] 584) / «... cayó de un baluarte...» (Margalit, UF [1976] 144); cf. gl. *šlḥ, npl.* *Lín. 21-23:* / «Mire uno a su señor..., desposeído de su (alto) poder» (Gibson); cf. gl. *ḥtk, ṯbt.* *Lín. 24-25:* / «... y su casa no existe, el retoño es destruido, y de su entero clan un heredero (se pierde)...» (Rainey, RSP II, 80) / «... en su integridad desposeída» (Dahood, *Psalms* I, 158) / «... y en su castillo (pereció) el heredero» (Gordon, UMC 102); cf. gl. *pḫyr, yrṯ.* *Lín. 26-27:* / «Entra en su alcoba interior...» (Ginsberg) / «... en la ciudadela in-

[28]*tntkn.udm*ʿ*th*	Corrían sus lágrimas
[29]k*m.ṯqlm.arṣh*	como siclos al suelo
[30]k*m ḫmšt.mṭth*	como pesas de a cinco sobre el lecho.
[31]bm.*bkyh.wyšn*	En su llanto quedó adormecido,
[32]bd*m*ʿ*h.nhmmt*	en su lloro tuvo un desvanecimiento;
[33]*šnt.tluan* [34]wy*škb.*	el sueño le venció y se acostó,
nhmmt [35]wy*qmṣ.*	el desvanecimiento, y se acurrucó.

Teofanía y diálogo

wbḥlmh [36]*il.yrd.*	Y en su sueño *Ilu* descendió,
bḏhrth [37]ab.*adm.*	en su visión el Padre del hombre.
wyqrb [38]*bšal.krt*	Y se acercó preguntando a *Kirta:*
mat [39]*krt.kybky*	¿«Qué (tiene) *Kirta,* que llora,
[40]*ydm*ʿ*.n*ʿ*mn.ǵlm* [41]*il.*	que gime el Apuesto servidor de *Ilu?*
*mlk[.]ṯ*r *abh* [42]*yarš.*	¿Es que desea la realeza del Toro, su padre,
h*m.d*rk*[t]* [43]kab.*a*dm*[.]*	o un poder como el del Padre del hombre?
- - - -[ ]	
[45]- - -[ ]	
[ ]	[Coge plata y oro amarillo],
[ ]	[una parte de su suelo con siervos a perpetuidad],
[ ]	[aurigas de carro]
[ ]	[de la reserva de esclavos»].
[50][ ]	[Y respondió *Kirta,* el Magnífico],
[ ]	[el Apuesto, servidor de *Ilu]*

así, KTU (raspado); Dietrich-Loretz, *Fs Elliger,* 34-35 / *r(?)gmm.* (Vir.) / *[ ]gmm.* (LKK) / *[p]gmm* (TOu 507) / *agmm.* (Dahood, CBQ [1960] 403; cf. LKK 14, *inner chamber*). *Lín. 30:* así, UT, cf. 1.19 II 33-34 / *tmḫ mšt* (Vir.; pero cf. CTA 62, n. 6; TOu 507-508; Del Olmo Lete, UF [1975] 89-91). *Lín. 33: tluan* error por *tlunn* (KTU; cf. Badre y otros, «Syria» [1976] 105) / o *tlun* (De Moor, JNES [1965] 357; Gibson, CML) / dittografía (KTL 34-35). *Lín. 34:* no se precisa suponer error por *wyškb.⟨b⟩nhmmt* (SDK 152). *Lín. 35:* / *wyqm gg.* (Vir.). *Lín. 38:* / *bšk(?)l* (Vir.) / *wšal* (Aistleitner, «Theologia» [1938] 23); *mat* posible error (?) por *mn* (SDK 152; UT) / o «crasis» de *mh at* (LKK) / o de *my at* (CML). *Lín. 40:* supuesto error de *a*ʿ*mn* por *n*ʿ*mn* (Vir.). *Lín. 42:* / *drm* (?) (SDK 152). *Lín. 43:* / *wab.* (Vir.). *Lín. 44-51:* así, LKK, cf. *inf.* III 22-25. *Lín. 51-52:* cf. *inf.* III 33-34; VI 17-18; Vir. supone aquí *tḥm.pbl.mlk.qḥ...*, cf. *inf.* III 21ss.

terior...» (Dahood, UHP 47) / «repitiendo las palabras...» (Aistleitner) / «recordado sus desgracias...» (Herdner); cf. gl. *ṯn(y), ʿgm.* *Lín. 28-30:* para una discusión detallada de esta versión, cf. Del Olmo Lete, UF [1975] 89-91; / «... como piezas de cinco hacia abajo» (Dahood, RSP II, 30-31); cf. gl. *mṭt.*

KTU 1.14 II

[lm [52]*ank.ksp.wyrq* [1]*ḫrṣ.]*	[«¿Para qué quiero yo plata y oro amarillo],
y*d.mqm*h [2]*[w*ʿ*b]*d. ʿ*lm.*	una parte de su suelo [con siervos] a perpetuidad,
ṯlṯ [3]*[ssw]*m.*mrkbt*	aurigas de carros
btrbṣ bn.amt	de la reserva de esclavos?
[4]*[ ]*b*(?)nm.aqny*	[Concédeme] que consiga procrear hijos,
[5]*[ ]šrm.amid*	[dame] que pueda multiplicar [la parentela]».

El oráculo - plan de acción

a) El sacrificio.

[6]w*[ ]*b.*ṯr.abh.il*	Y [respondió] el Toro *Ilu,* su padre:
[7]*d[ ]*k.*bbk.krt*	«[¡Basta de] llorar, *Kirta,*
[8]*bd*mʿ.*n*ʿ*mn.ǵlm* [9]*il.*	de derramar lágrimas, Apuesto, servidor de *Ilu!*
*t*rt*ḥṣ.wtadm*	Lávate y maquíllate,
[10]*rḥṣ[.y]*d*k.amt*	lava tus manos hasta el codo,
[11]*uṣb[*ʿ*tk.]*ʿ*d[.]*ṯ*k*m	tus brazos hasta el hombro,
[12]ʿ*rb[.bẓl.ḥmt]*	entra [a la sombra de la tienda];
[13]*qḥ.im[r.byd]*k	coge un cordero sacrificial [en tu mano],
[14]*imr.*d*[bḥ.b]*m.*ymn*	un cordero victimal en tu derecha,
[15]*lla.k*l*[atn]*m	un recental con ambas (manos);
[16]*klt.l[ḥmk.]*d*nzl* [17]*qḥ.*	coge una medida de tu pan de ofrenda (?),
*ms[rr.]*ʿ*ṣr* [18]*dbḥ.*	las entrañas de un ave sacrificial;

Col. II: *Lín. 1-3:* cf. *inf.* III 34-37; VI 18-22. *Lín. 4:]ṯ(?)nm.* (Vir.); c. *[tn.b]nm. aqny* (LKK). *Lín. 5:* c. ʿ*(?)š(?)rm.* (Vir.) / *[tn.ṯa]rm.amid* (LKK) / *[tn.n*ʿ*]rm* (Fensham, JNSL [1974] 33) / *[tn]arm.amid* (Parker, UF [1974] 292, n. 50). *Lín. 6:* c. *w[yṯ]b* (KTU) / *[wy*ʿ*n(?)]* (Vir.). *Lín. 7: / d[ ]t* (Vir.); c. *d[y]k* (LKK) / *d[mq]t* (SDK 153) / *d[rk]t* (KRH) / *dʾb]t* (Lipiński, «Syria» [1973] 38; cf. Sal 88,10). *Lín. 9-III 49:* cf. *inf.* III 52-IV 33; IV 47-V 12; VI 3-35. *Lín. 10-20:* cf. *inf.* III 53-IV 3. *Lín. 10: amt* posible error por *amth* (Rosenthal, «Or» [1939] 216-218), cf. *inf.* III 53 (pero cf. Dietrich-Loretz, UF [1973] 72, n. 11). *Lín. 13:* c. *im[r.dbḥ.bydk* (Vir.), cf. inf. III 56 (pero cf. CTA 63, n. 3). *Lí.n 14:* esta línea falta en el lugar paralelo III 56-57 (Rosenthal, «Or»

Col. II: *Lín. 1-2:* / «¿... tanto como disponible haya y (muchos) criados...?» (Aistleitner) / «... amistad pactada y vasallaje perenne...» (Ginsberg, ANET) / «... oro, en prenda de su valor...» (Gray) / «... oro, con la mina de donde se lo extrae...» (Herdner; cf. Gordon, PLM 38; Gibson, CML 83) / «... una estatua para su lugar y vasallaje perenne...» (Fensham, JNSL [1974] 27); cf. gl. *yd, mqm,* ʿ*db* ʿ*lm.* *Lín. 2-3:* para una discusión detallada de esta expresión, cf. Del Olmo Lete, UF [1975] 96-100, y próximamente AF 12 [1981]; también Van Selms, UF 11 [1979] 266-271 / «... tiros de tres caballos, carros de la cuadra de los esclavos» (Herdner) / «... bronce, caballos, carros...» (Dietrich-Loretz, UF [1979] 198). *Lín. 5:* / «... concédeme multiplicar los vengadores...» (Sauren-Kestemont) / «... progenie regia» (Margalit, VT [1980] 362, n. 2: *[bn(?)]šrm);* cf. gl. *ṯar, mad.* *Lín. 7:* / «... mientras lloraba *Kirta*...» (Gordon). *Lín. 16-17:* / «... todo

*ṣq[.bg]*l.*ḥtṯ* [19]*yn.*	echa vino en una copa de plata,
*bgl.[ḫ]*rṣ.*nbt*	miel en una de oro;
[20]*ʿl.lẓr.*m[*g*]*dl*	(sube encima de la torre)
[21]w*ʿl lẓr.* mg*dl.*	y sube encima de la torre,
rkb [22]*ṯkmm.ḥm*t.	monta a hombros del muro;
ša.ydk [23]*šmm.*	levanta tus manos al cielo,
dbḥ.lṯr [24]*abk.il.*	sacrifica al Toro *Ilu,* tu padre,
šrd.bʿl [25]*bdbḥk.*	honra a *Baʿlu* con tu sacrificio,
bn.dgn [26]*bmṣdk.*	al hijo de *Dagānu* con tu provisión.

b) Preparativos de avituallamiento.

wyrd [27]*krt.*l*ggt.*	Y descienda *Kirta* de los terrados
ʿdb [28]*akl.*l*qryt*	a disponer alimento (traído) de la(s) ciudad(es),
[29]*ḥtt.*l*bt.ḫbr.*	trigo de *Bêtu-Ḫaburā;*
[30]*yip.*l*ḥm.dḫmš*	y cueza pan que (dure hasta) el quinto,
[31]*mġd[.]ṯdṯ.yrḫm*	viandas (hasta) el sexto mes.
[32]*ʿdn[.]ngb.wyṣi*	La tropa de avituallamiento que se ponga en marcha,
[33]*ṣbu.*ṣ*bi.ngb*	el mayor ejército de avituallamiento.

c) El ejército.

[34]*wyṣi. ʿdn.mʿ*	Y salga la tropa a una,
[35]*ṣbuk.ul.mad*	tu ejército (que será) una fuerza inmensa:

[1939] 223-224). *Lín. 20:* suprimir por dittografía esta línea (LKK) o bien lín. 21 (Rosenthal, *l. c.;* pero cf. Fensham, JNSL [1978] 20), cf. *inf.* IV 2-3. *Lín. 23: šmm* posible error por *šmmh* (cf. *sup.* lín. 10), cf. *inf.* IV 5. *Lín. 27: ʿdb* posible error por *yʿdb* (CML). *Lín. 34: wyṣi* posible dittografía (Aistleitner, «Theologia» [1938] 7). *Lín. 43:* cf. *inf.* IV 21,

tu mejor pan para huéspedes; coge un cuchillo...» (Aistleitner) / «... todo lo sobrante de tu pan/grano...» (Driver) / «... todo tu alimento que fluye...» (Fensham, JNSL [1975] 20) / «... medidas de tu alimento que tiene la bendición» (Badre y otros, «Syria» [1976] 106) / «... todo tu alimento más tentador; coge una tórtola...» (Ginsberg) / «... hogazas de tu pan de la mejor calidad; coge un ave...» (Gordon, PLM 39) / «... todo tu abundante alimento» (Mustafa, AcOrHung [1975] 101); cf. gl. *klt, nzl, msrr.* *Lín. 24:* / «... haz descender...» (Gordon); cf. gl. *šrd/yrd.* *Lín. 27-29:* / «... a preparar alimento de los graneros, trigo de los almacenes...» (Ginsberg, Driver) / «... alimento para la ciudad...» (Badre y otros, *o. c.,* p. 107); cf. *qryt, ḫbr* (cf. Astour, RSP II, 285). *Lín. 30-31:* / «... del quinto..., del sexto mes...» (Gibson). *Lín. 32-33:* / «... incluye a la nobleza. Y salga el ejército de los guerreros de la nobleza...» (Aistleitner) / «Que salga la hueste del Negueb.../La multitud es noble y el ejército sale...» (Gordon UL/UMC) / «... y que una hueste aprovisionada salga, la élite...» (Gordon, PLM 39) / «Pasa revista a la gente y que salga...» (Ginsberg) / «... y la multitud del ejército reunido saldrá...» (Driver) / «Se reúna una multitud...» (Gibson) / «Se provean trabajadores y marchen, un superejército...» (Fensham, JNSL [1979] 25);

36*ṯlṯ.mat.rbt*	los aurigas, cientos de miriadas,
37*ḫpṯ.dbl.spr*	los mercenarios sin número,
38*ṯnn.dbl.hg*	los arqueros sin cuento;
39*hlk.lalpm.ḫḏḏ*	y marchen por miles como llovizna,
40*wlrbt.km yr* 41a*ṯr.*	y por miriadas como lluvia temprana caminen;
ṯn.ṯn.hlk	de dos en fondo avancen,
42*aṯr.ṯlṯ.klhm*	caminen en ternas todos ellos.
43*yḥd.bth.sgr*	El que viva solo cierre su casa,
44*almnt.škr* 45t*škr.*	la viuda alquile sus servicios;
zbl. ʿršm 46*yšu.*	el enfermo cargue él mismo con su camastro,
ʿwr.mzl 47*ymzl.*	el ciego camine a tientas;
wyṣi.trḫ 48*ḥdṯ.*	salga también el recién casado,
ybʿr.lṯn 49a*ṯṯh*	deje para otro su mujer,
lm.nkr 50m*ddth.*	para un extraño su amada.
kirby 51*[ ]tškn.šd.*	Como langostas se posarán en el campo,

KTU 1.14 III

1k*m.ḥsn.pat.mdbr*	como saltamontes en las lindes del desierto.

d) La marcha y el asedio.

2*l*k.*ym.wṯn.*	Marcha un día y otro,
ṯlṯ.rbʿ ym	un tercero, cuarto día,
3ḫmš.*ṯdṯ.ym.*	un quinto y un sexto día;

---

aḥd; sgr posible error por *ysgr* (CML). *Lín. 46:* raspado al final de línea. *Lín. 47: yṣi* posible error (?) por *y⟨y⟩ṣi/y⟨š⟩ṣi* (CML); cf. *inf.* IV 26, *wybl.* *Lín. 48:* posible error de *ybʿr* por *yʿbr* (Dahood, UF [1970] 167). *Lín. 49:* cf. *inf.* IV 28, *wlnkr.* *Lín. 50-III-1:* inversión del par *k/km* (Rosenthal, «Or» [1939] 228-229).

---

cf. gl. *ʿdn, ngb.* *Lín. 36-38:* para una discusión detallada del pasaje, cf. Del Olmo Lete, UF [1975] 100-101 / «... trescientas miriadas; siervos..., paisanos...» (Ginsberg) / «... tropas de choque..., de segunda fila...» (Gordon) / «... feudatarios..., lanceros...» (Aistleitner) / «... levas de aldeanos..., soldados regulares...» (Gibson); cf. gl. *ḫpt, ṯnn.* *Lín. 39-40:* / «... por miles el vulgo, ... por miriadas los cargadores...» (Aistleitner) / «... las gentes bajas, ... los grandes...» (Sauren-Kestemont); cf. gl. *ḫḏḏ, yr.* *Lín. 41-42:* / «... de dos en dos..., de tres en tres...» (Ginsberg) / «... que marchen dos donde haya dos...» (Sauren-Kestemont) / «... dos marcharon, dos caminaron, tres marcharon, todos ellos» (Dahood, RSP II, 9); cf. gl. *aṯr.* *Lín. 45-47:* cf. Del Olmo Lete, UF [1975] 91-93; Badre y otros, «Syria» [1976] 109. *Lín. 47-50:* / «... que arde por yacer de nuevo con su esposa, por conocer a su amada» (Driver) / «... dejará a su mujer... por causa de otro, ... por causa del enemigo» (Watson, UF [1977] 279); cf. gl. *bʿr, ṯn, nkr.*

mk.špšm [4]*bšbʿ.*	he aquí, al alba del séptimo
wtmǵy.ludm [5]*rbm.*	llegarás a *Udumu* la Grande,
wl.udm.ṯrrt	a *Udumu* la Potente.
[6]*wgr.nn.ʿrm.*	Ataca sus ciudades,
šrn [7]*pdrm.*	insidia sus villas;
sʿt.bšdm [8]*ḥṭbt.*	barridas del campo las leñadoras,
bgrnt.ḥpšt	de las eras las que recogen (paja),
[9]*sʿt.bnk.šibt.*	barridas de la fuente las aguadoras,
bbqr [10]*mmlat.*	del pozo las que llenan (el cántaro),
dm.ym.wṯn	aguarda quieto un día y otro,
[11]*ṯlṯ.rbʿ.ym.*	un tercero y cuarto día,
ymš [12]*ṯdṯ.ym.*	un quinto y sexto día.
ḥẓk.al.tšʿl [13]*qrth.*	No dispares tus flechas contra la ciudad,
abn.ydk [14]*mšdpt.*	ni piedras arrojadizas (con honda).
whn.špšm [15]*bšbʿ.*	Y, mira, al alba del séptimo,
wl.yšn.pbl [16]*mlk*	no podrá dormir *Pabilu,* el rey,
lqr.ṯigt.ibrh	por el ruido del relincho de sus caballos,
[17]*lql.nqht.ḥmrh*	por el estruendo del rebuzno de sus asnos,
[18]*lgʿt.alp.ḥrṯ.*	por el bramido de los bueyes de labor,
zǵt [19]*klb.ṣpr.*	(por) el aullido de los perros de caza (?).

e) El mensaje.

wylak [20]*mlakm.lk.*	Y te enviará (dos) mensajeros a ti,
ʿm.krt [21]*mswnh.*	a *Kirta* sus compromisarios:
tḥm.pbl.mlk	«Mensaje del rey *Pabilu:*
[22]*qḥ.ksp.wyrq.ḫrṣ*	Coge plata y oro amarillo,
[23]*yd.mqmh.wʿdb.ʿlm.*	una parte de su suelo con siervos a perpetuidad,

---

Col. III: *Lín. 4:* cf. *inf.* IV 47, *ymǵy.* *Lín. 5: rbm* error por *rbt* (LKK), cf. *inf.* III 30; IV 47; VI 11. *Lín. 6:* / *nn* error (?) por *an* (KTL 46); c. *šrnn* (KRH), cf. *inf.* IV 50 (?). *Lín. 8:* así, KTU, *ḥtbt* (raspado) / *ḥtbh* (Vir.), supuesto error por *ḥṭbt/ḥṭb* (cf. CTA 63, n. 7; últimamente en el mismo sentido Clines, UF [1976] 25; en contra, Yamashita, RSP II, 49), cf. *inf.* IV 51. *Lín. 9: nk* error por *npk* (Vir.), cf. *inf.* V 1; *bbqr* error o asimilación fonética por *bmqr* (Vir.), cf. *inf.* V 2, *wbmqr.* *Lín. 11: ymš* error por *ḫmš* (Vir.), cf. *inf.* V 5. *Lín. 14:* cf. *inf.* V 6, *mk.* *Lín. 27-28:* cf. *inf.* VI 14-15, in-

---

Col. III: *Lín. 3-5:* / «Al fin de la jornada del séptimo...» (Badre y otros, «Syria» [1976] 110; Gordon, PLM 40) / «... a *Udumu* la grande, ... la bien regada...» (Aistleitner) / «... la grande, ... la pequeña...» (Gordon); cf. gl. *špšm, ṯrr(t).* *Lín. 6-7:* / «Mora entonces, acomódate en la ciudad, celebra consejo...» (Gray) / «... deténte... acampa...» (Gibson) / «Campos de trigo rodean la ciudad...» (Aitsleitner); cf. gl. *gr. šr, pdr.* *Lín. 7-8:* / «Las leñadoras echarán a correr de la campiña, así como las que se reúnen en los alrededores» (Gray; cf. Clines, UF [1976] 23-26); cf. gl. *sʿ, ḥṭb, ḥpš.* *Lín. 14:* / «Y así, al caer el sol...» (Watson, UF [1977] 279, n. 57). *Lín. 20-21:* cf. Del Olmo Lete, UF [1975] 93-94). *Lín. 26-27:* / «Toma... dones pacíficos en paz...» (Aistleitner) / «Tómalo en paz, en paz...» / «Tóma(lo)... y concede en cambio la paz...» (Herdner) / «... un tra-

[24]*ṯlṯ.sswm.mrkbt*	aurigas de carros
[25]*btrbṣ.bn.amt*	de la reserva de esclavos
[26]*qḥ.krt.šlmm* [27]*šlmm.*	Coge, *Kirta,* víctimas pacíficas en abundancia
wng.mlk [28]*lbty.*	y márchate, Rey, de mi casa,
rḥq.krt [29]*lḥẓry.*	aléjate, *Kirta,* de mi mansión.
al.tṣr [30]*udm.rbt.*	No asedies a *Udumu,* la Grande,
wudm ṯrrt	a *Udumu,* la Potente,
[31]*udm.ytna.il*	pues *Udumu* es un don de *Ilu*
wušn [32]*ab.adm.*	y un presente del Padre del hombre».

f) La contrarréplica.

wṯṯb [33]*mlakm.lh.*	Y harás volver a él los (dos) mensajeros:
lm.ank [34]*ksp.wyrq.ḫrṣ*	«¿Para qué quiero yo plata y oro amarillo,
[35]*yd.mqmh.wʿdb* [36]*ʿlm.*	una parte de su suelo con siervos a perpetuidad,
ṯlṯ.sswm.mrkbt	aurigas de carro
[37]*btrbṣt.bn.amt*	de la reserva de esclavos?
[38]*pd.in.bbty.ttn*	Más bien, lo que no hay en mi casa me darás:
[39]*tn.ly.mṯt.ḥry*	dame a la joven *Ḥurrayu,*
[40]*nʿmt.špḥ.bkrk*	la más graciosa de la estirpe de tu primogénito,
[41]d*k.nʿm.ʿnt.nʿmh*	cuya gracia es como la de *ʿAnatu,*
[42]*km.tsm. ʿṯtrt.ts*mh	como la belleza de *ʿAṯtartu* su belleza;
[43]*dʿqh.ib.iqni.*	cuyas niñas de los ojos son gemas de lapislázuli,
*ʿp[ʿp]*h [44]*sp.ṯrml.*	sus pupilas pateras de alabastro;
*tḥgrn.[ ]*dm	me ceñirá…,
[45]*ašlw.bṣp.ʿnh*	encontraré descanso en la mirada de sus ojos;
[46]*dbḥlmy.il.yt*n	la que en mi sueño *Ilu* me otorgó,
[47]*bḏrty.ab.adm*	en mi visión el Padre del hombre;
[48]*wld.špḥ.lkrt*	y engendre ella progenie a *Kirta,*
[49]*wǵlm.lʿbd.il*	un príncipe al siervo de *Ilu*».

---

versión *(w)ng/rḥq.* *Lín. 31: ytna* error por *ytnt* (Vir.), cf. *inf.* VI 12 // *ušn.* *Lín. 37: btrbṣt* error por *btrbṣ* (Rosenthal, «Or» [1939] 229), cf. *sup.* II 56; III 25. *Lín. 42-43:* cf. *inf.* VI 28-30. *Lín. 44:* / *]bm* (?) (Vir.); c. *[u]dm* (Pedersen, «Berytus» [1941] 102). *Lín. 56:* quizá una *lectio conflata* de II 13-14 (?). *Lín. 59:* cf. *sup.* II 17-18.

---

tato de amistad…» (Van Selms, UF [1979] 271).; cf. gl. *šlm(m).* *Lín. 40:* / «… la más agraciada criatura de tu juventud» (Whitaker, FAUL 19, 22) / «…, tu primogénito…» (Gordon, PLM 42); cf. gl. *špḥ, bkr.* *Lín. 43:* / «… cuyas trenzas son rosas…» (Gibson). *Lín. 44:* / «… ceñida de rubíes…» (Aistleitner); cf. gl. *udm, ḥgr.* *Lín. 46-48:* / «… pues… concedió… el surgir de una familia a…» (Gibson; cf. Tsumura, UF [1979] 797-782). *Lín. 48:* / «… un heredero para *Kirta*…» (Dietrich-Loretz-Sanmartín, UF [1976] 436); cf. gl. *wld.*

Ejecución del oráculo

a) El sacrificio.

[50]*krt.yḫt.wḥlm*	*Kirta* volvió en sí y era un sueño,
[51]*ʿbd.il.wḥdrt*	el siervo de *Ilu,* y era una revelación
[52]*yrtḥṣ.wyadm*	Se lavó y se maquilló,
[53]*yrḥṣ.ydh.amth*	lavó sus manos hasta el codo,
[54]*uṣbʿth.ʿd.ṯkm*	sus brazos hasta el hombro;

(Borde)

[55]*ʿrb.bẓl.ḥmt.*	entró a la sombra de la tienda,
lqḥ [56]*imr.dbḥ.bydh*	cogió un cordero victimal en su mano,
[57]*lla.klatnm*	un recental con ambas (manos);
[58]*klt.lḥmh.dnzl* [59]*lqḥ.*	cogió una medida de su pan de ofrenda,
*msrr.ʿṣr.*db[*ḥ*]	las entrañas de un ave sacrificial;

KTU 1.14 IV

[1]*yṣq.bgl.ḥtṯ.yn*	echó vino en una copa de plata,
[2]b*gl.ḫrṣ.nbt.*	miel en una de oro;
wʿly [3]l*ẓr.mgdl.*	subió encima de la torre,
*rk*b [4]ṯk*mm.ḥmt.*	montó a hombros del muro;
nša [5]*ydh.šmmh.*	levantó sus manos al cielo,
dbḥ [6]l*ṯr.abh.il.*	sacrificó al Toro *Ilu,* su padre,
šrd [7]bʿl.*bdbḥh.*	honró a *Baʿlu* con su sacrificio,
bn dgn [8]b[*m*]*ṣdh.*	al hijo de *Dagānu* con su provisión.

b) Preparativos de avituallamiento.

yrd.krt [9][*lg*]*gt.*	Descendió *Kirta* de los terrados,
ʿdb.akl.lqryt	a disponer alimento (traído) de la(s) ciudad(es)
[10]ḥ*ṭt.lbt.ḫbr*	trigo de *Bêtu-Ḫaburā;*
[11]yip.*lḥm.dḫmš*	coció pan que (durase hasta) el quinto,
[12][*mġ*]*u.ṯdṯ.*yr[*ḫm*]	[viandas] (hasta) el sexto mes.
[13]ʿdn.*ngb.*w[*yṣi.*]	La tropa de avituallamiento [se puso en marcha],
[*ṣbu*] [14]ṣba.*ngb*[*.*]	[el mayor] ejército de avituallamiento.

c) El ejército.

[*wyṣi.ʿdn*] [15]*mʿ.*	[E hizo salir la tropa] a una,
[*ṣ*]bu*h* u[*l.mad*]	su ejército, la fuerza inmensa:
[16]*ṯlṯ.mat.rbt*	los aurigas, cientos de miriadas;

Col. IV: *Lín. 8-15:* cf. *sup.* II 26-35. *Lín. 8:* cf. *sup.* II 26, *wyrd* (Rosenthal, «Or» [1939] 231). *Lín. 16-17:* falta la línea correspondiente a II 37-38. *Lín. 21:* cf. *sup.*

[17]*hlk.lalpm.ḫḏḏ*	marchaban por miles como llovizna,
[18]*wl.rbt.km yr* [19]*aṯr.*	y por miriadas como lluvia temprana caminaban;
ṯn.ṯn.hlk	de dos en fondo avanzaban,
[20]*aṯr.ṯlṯ.klhm*	caminaban en ternas todos ellos.
[21]*aḥd.bth.ysgr*	El que vivía solo cerró su casa,
[22]a*lmnt.škr* [23]*tškr.*	la viuda alquiló sus servicios;
zbl. ʿršm [24]*yšu*	el enfermo cargó él mismo con su camastro,
ʿw*r* [25]*mzl.ymzl*	el ciego caminó a tientas;
[26]*wy*bl*.trḫ.ḥdṯ*	también fue tomado el recién casado,
[27]*ybʿr.*l*ṯn.aṯth*	dejó para otro su mujer,
[28]*wlnkr.mddt*	para un extraño su amada
[29]*km irby.tškn* [30]*šd*	Como langostas se posaron en el campo,
*k*ḥ*sn.pat* [31]*mdbr*	como saltamontes en las lindes del desierto.

d) La marcha, el voto y el asedio.

tlkn [32]*ym.wṯn.*	Marcharon un día y otro,
a*ḫr* [33]*špšm.bṯlṯ*	con la salida del sol al tercero
[34]ym*[ǵy.]*l*qdš*	llegaron al Santuario de *Aṯiratu* de los Tirios (?)
[35]*a*ṯ*[r]*t*[.]ṣrm*	
wlilt [36]*ṣd[y]*n*m.*	al de la Diosa/*Ilatu* de los Sidonios (?).
ṯm [37]*yd*r*[.]*k*rt.ṯʿ*	Allí hizo voto *Kirta,* el Magnífico:
[38]*iiṯt.aṯrt.ṣrm*	«¿Dónde está(s) *Aṯiratu* de los Tirios
[39]*wilt.ṣdynm*	y la Diosa de los Sidonios?
[40]*hm.ḥ*ry*.bty* [41]*iqḥ.*	Si consigo llevar a mi casa a *Ḥurrayu,*
ašʿrb.ǵlmt [42]*ḥẓry.*	hago entrar a la doncella en mi mansión,
ṯnh.wspm [43]*atn*	su doble en plata daré
w.ṯlṯh.ḫrṣm	y su triple en oro».

II 43, *yḥd.* *Lín. 26: wybl* posible error por *wyṣu* (LKK), cf. *sup.* II 47. *Lín. 28: mddt* error por *mddth* (CTA), cf. *sup.* II 50; cf. *sup.* II 49, *lm.nkr.* *Lín. 29-31:* cf. *sup.* II 50-III 1, inversión de partícula *km/k.* *Lín. 34:* cf. *inf.* lín. 47 / *ym[ǵyn.]* (LKK). *Lín. 35-36:* < 38-39. *Lín. 37:* así, Pedersen, «Berytus» [1941] 85 */yd[bḥ(?).]krt* (Vir.). *Lín. 38: iiṯt* posible dittografía por *iṯt* (?) (Fisher, RSP II, 147). *Lín. 39: ṣdynm* posible error por *ṣdnym* (Baneth, OLZ [1932] 449s; Pope, JCS [1951] 125-126). *Lín. 42: wspm* error por *kspm* (Vir.). *Lín. 43:* varios autores leen equivocadamente *wṯlṯth.* *Lín. 46:*

Col. IV: *Lín. 26:* / «el recién casado fue sacado / pagó el precio por la novia (pero)...» (Gibson). *Lín. 32-33:* / «después, al ocaso del sol...» (Gordon, PLM 44). *Lín. 34-36:* / «... a su Santidad Aṯiratu...» (Astour, UF [1973] 34; RSP II, 315-317: es posible que no se trate de las ciudades fenicias de Tiro y Sidón, sino de las mesopotámicas de *Ṣuramma* y *Ṣidānum,* donde se veneraría a *Aṯiratu);* cf. gl. *qdš.* *Lín. 36-39:* / «Allí *Kret* de *Thaʿ* hace voto de un don: ¡Oh *Aṯiratu...!*» (Fisher, RSP II, 147; pero cf. Dietrich-Loretz, UF [1974] 462) / «... ¡Como existe Aṯiratu...! (Ginsberg) / «... Por la presencia de...» (Gray) / «... Por la existencia de...» (Gordon, PLM 44; Mustafa, AcOrHung [1975] 102-103) / «En verdad, Señora, *Aṯiratu* de...» (Sauren-Kestemont); cf. gl. *i, iṯ(t), ndr, ṯʿ.* *Lín. 42-43:* / «... dos partes (tercios)... y un tercio...» (Ginsberg, Gordon, Gray).

[44]*ylk ym.wṯn.*	Marchó un día y otro,
[45]*ṯlṯ.rbʿ.ym.*	un tercero y cuarto día;
[46]*aḫr.špšm.brbʿ*	con la salida del sol al cuarto día
[47]*ymǵy ludm.rbt*	llegó a *Udumu,* la Grande,
[48]*wudm.ṯrrt*	a *Udumu,* la Potente.
[49]*grnn.ʿrm*	Atacó sus ciudades,
[50]*šrna.pdrm*	insidió sus villas;
[51]*sʿt.bšdm.ḥṭb*	barridas de los campos las leñadoras,
[52]*wbgrnm.ḥpšt*	de las eras las que recogen (paja),

KTU 1.14 V

[1]sʿ*t.bnpk.šibt.*	barridas de la fuente las aguadoras,
wb [2]*mqr.mmlat*	y del pozo las que llenan (el cántaro),
[3]*d*m.*ym.*wṯn	aguardó quieto un día y otro,
[4]*ṯlṯ[.]*rb*ʿ.ym*	un tercero y cuarto día,
[5]ḫ*mš.ṯdṯ.ym*	un quinto y sexto día;
[6]m*k.špšm.bšbʿ*	he aquí, al alba del séptimo,
[7]*wl.yšn*[.]*pbl* [8]*mlk.*	no pudo dormir *Pabilu,* el rey,
l*[qr].ṯiqt* [9]*ibr*h*[.]*	por [el ruido] del relincho de sus caballos,
lq*l.nh*qt [10]*ḥm*r*[h.]*	por el estruendo del rebuzno de sus asnos,
[lgʿt.]alp [11]ḥrṯ*[.]*	[por el bramido] de los bueyes de labor,
[lz]ǵt[.]klb [12]*[ṣ]*pr*[.]*	el aullido de los perros de caza (?).

e) El mensaje.

[apn]k [13]*[p]*bl*[.mlk.]*	[Entonces] el rey *Pabilu,*
*[g]*m.*laṯt*	en alta voz a su mujer [así gritó]:
[14]*[h.k]*y*[ṣḥ.]*	
šmʿ.mʿ	«escucha, por favor...,
[15]*[ ]*ʿm*[ ]*atty	¡[oh mi graciosa] mujer!,
[ ]tḥm	....
*[ ]-t*r	

brbʿ error por *bḫmš* (?) (LKK). *Lín. 47:* cf. *sup.* III 4, *wtmǵy.* *Lín. 48:* cf. *sup.* III 5, *wl.udm.* *Lín. 49:* así KTU (raspado al inicio) / *[y]grnn* (Vir.). *Lín. 50: šrna/š(a)rna* error por *šrnn* (raspado al inicio; *a* subscrita, así, ya Vir.; Segert, BZAW 77 [[2]1961] 197; Dietrich-Loretz, UF [1973] 75), cf. *sup.* III 6. *Lín. 51: ḥṭb* error por *ḥṭbt* (cf. CTA 63, n. 7) / o *ḥṣbh* (Rosenthal, «Or» [1939] 217), cf. *sup.* III 8. *Lín. 52: grnm* error por *grnt (?)* (Rosenthal, «Or» [1939] 229), cf. *sup.* III 8.

Col. V: *Lín. 1:* / *tʿt* (?) (CTA), pero cf. *sup.* III 9. *Lín. 2-3:* así, KTU (raspado al final de lín. 2); c. *[wy]dm* (De Vaux, RB [1937] 369) / *[y(?)]d[m]* (LKK); *mmlat[. ḥmthn* (MFL 50), pero cf. *sup.* III 10 (cf. CTA 65, n. 8). *Lín. 6:* cf. *sup.* III 14, *whn.* *Lín. 8-12:* cf. *sup.* III 16-19. *Lín. 8: ṯiqt* error por *ṯigt* (Rosenthal, «Or» [1939] 226), cf. *sup.* III 16 (cf. KTU 42, n. 2). *Lín. 12-14:* así, LKK / *[wyla]k [mlak]m.laṯt [trḫ(?)]* (Vir.). *Lín. 15:* / *[l]aṯt...* (Vir.); c. *[ln]ʿm[t] aṯty* (CTA). *Lín. 17:* /

[ ]*n*	
[ ]h.l*ʿdb*	
20[ ]b*n.ydh*	
[ ]*.bl.išlḥ*	[a...] de seguro la enviaré...».
[ ]*-h.gm*	[Entonces] en voz alta
[*l k*]*yṣḥ*	[a... así] gritó:
[ ]b/dd.*ʿr*	
25[ ]b*b*	
[ ]l*my*	
[ ]*p*	
[*d*]bḥ	
t[ ]	
[*id*]*w* 30pn[*m.al.ttn*]	[«Dirigid entonces el rostro],
31*ʿm*.k[*rt.msw*]n	hacia *Kirta,* [compromisarios]
32*wr*[*gm.lkrt.*]ṯʿ	y decid [a *Kirta,*] el Magnífico:
33*tḥm*[*.pbl.mlk*]	Mensaje [del rey *Pabilu*]:
34*qḥ*.[*ksp.wyr*]q 35*ḫrṣ*[*.*]	Coge [plata] y oro amarillo,
[*yd.mqm*]*h* 36*ʿb*d[*.ʿlm.*]	[una parte de su suelo] con siervos [a perpetuidad],
[*ṯlṯ*] 37ss[*wm.mrkbt*]	[aurigas de carros]
38bt[*rbṣ.bn.amt*]	de [la reserva de esclavos].
30[*qḥ.krt.šlmm*] 40š[*lmm.*]	[Coge, *Kirta,* víctimas pacíficas] en abundancia;
[*al.tṣr* 41*udm.rbt.*]	[no asedies a *Udumu,* la Grande],
[*wudm* 42*ṯrrt.*]	[a *Udumu,* al, Potente],
[*udm.ytnt* 43*il.*]	[pues *Udumu,* es un don de *Ilu*],
[*wušn.ab.adm*]	[un presente del Padre del hombre].
44[*rḥq.mlk.lbty*]	[Aléjate, Rey, de mi casa],
45[*ng.kr*]*t.lḥẓry*	[márchate, *Kirta,*] de mi mansión».

KTU 1.14 VI
(Laguna de unas 4 lín.)

	[Escucharon...]
	[ ]
	[Partieron los mensajeros sin detenerse],
	[dirigeron entonces el rostro]
1[ʿ]m[*.krt.mswnh*]	[hacia *Kirta* los compromisarios],

]t.[ ]t (Vir.) / *]t.(?)r* (CTA). *Lín. 20:* c. *[a]bn ydh* (UT). *Lín. 21:* c. *[lkrt]* (LKK). *Lín. 23:* cf. *sup.* 1.4 VII 52-53; *inf.* 1.17 V 15. *Lín. 24:* c. *r]kb.ʿr* (LKK). *Lín. 25:* c. *ʿ]db* (LKK). *Lín. 29-31:* cf. *sup.* III 20-21 (cf. CTA 66, n. 5). *Lín. 29:* / *]k* (Vir.); *id]w* error por *id]k* (cf. CTA 66, n. 5). *Lín. 30:* así, CTA / *p[ ]n(?)t* (Vir.); c. *pt[idk pnm ltt]n* (LKK) / *pn[m.idk.lt]tn* (CML). *Lín. 31:* c. *[krt ṯ]ʿ* (LKK). *Lín. 32:* / *]ʿ* (Vir.; pero cf. CTA 66, n. 5). *Lín. 33:* así, LKK. *Lín. 34-45:* cf. *sup.* III 21-32; *inf.* VI 3-15 (cf. CTA 66, n. 6). *Lín. 44-45:* / *wng...rḥq* (LKK).

Col. VI: En la laguna existente, LKK completa *[tšmʿ.]* y CTA *[ttbʿ mlakm.lyṯb];* ambos *[idk.lttn.pnm/idk.pnm.lytn],* cf. *inf.* lín. 35-36. *Lín. 1:* así, CTA, cf. *sup.* V 31 /

2tša[*n.ghm.wtṣḥn*]	alzaron [su voz y gritaron]:
3tḥm[*.pbl.mlk*]	«Mensaje [del rey *Pabilu*]:
4*qḥ*.k[*sp.wyrq*] 5ḫrṣ.	Coge plata y oro [aramillo],
[*yd.mqmh*] 6*w*ʻbd.[*ʻlm.*]	[una parte de su suelo] con siervos a perpetuidad,
[*ṯlṯ*] 7*ss*w*m*.m[*rkbt*]	[aurigas de carros]
8*bt*rbṣ.[*bn.amt*]	de la reserva [de esclavos].
9*q*ḥ.kr*t*[.]š[*lmm*] 10šl[*mm.*]	Coge, *Kirta,* víctimas pacíficas en abundancia;
al.*t*[*ṣr*] 11*udm*[.]rb*t*[.]	no [asedies] a *Udumu,* la Grande,
wu[*dm*] 12[*ṯ*]rr*t*[.]	a [*Udumu*], la Potente,
udm.ytn[*t*] 13il.	pues *Udumu* es un don de *Ilu,*
ušn[.]ab[*.ad*]*m*	un presente del Padre del hombre.
14*r*ḥq[.]*mlk*.l*bty*	aléjate, Rey, de mi casa,
15*ng*.*krt*.lḥẓr[*y*]	márchate, *Kirta,* de mi mansión».

f) La contrarréplica.

16*wy*ʻ*ny*[.]krt.*ṯ*ʻ	Respondió *Kirta,* el Magnífico:
17l*m*.ank.*ksp* 18*wyrq*[.]ḫrṣ	«¿Para qué quiero yo plata y oro amarillo,
19*yd.m*q*mh.w*ʻ*db* 20ʻ*lm.*	una parte de su suelo con siervos a perpetuidad,
ṯlṯ.sswm 21*mrkbt.*	aurigas de carros
btrbṣ 22*bn.amt*	de la reserva de esclavos?
pd. in 23*bbty.ttn.*	Más bien, lo que hay en mi casa me darás:
*t*n 24*ly.mṯt.ḥry*	dame a la joven *Ḥurrayu,*
25*n*ʻ*mt.*š*bḥ.bkrk*	la más graciosa de la estirpe de tu primogénito,
26*dkn*ʻ*m.*ʻ*nt* 27*n*ʻ*mh.*	cuya gracia es como la de *ʻAnatu,*
km.tsm 28ʻ*ṯtrt.tsmh*	como la belleza de *ʻAṯtartu* su belleza;
29*d*ʻ*qh.ib*.iq*ni*	cuyas niñas de los ojos son gemas de lapislázuli,
30ʻ*p*ʻ*ph.sp.ṯrml*	sus pupilas pateras de alabastro;
31*dbḥlmy*.il.*ytn*	la que en mi sueño *Ilu* me otorgó,
32*bḏrt.ab.adm*	en mi visión el Padre del hombre;
33*wld.špḥ.lkrk* 34*t.*	y engendre ella progenie a *Kirta,*
*wǵlm.l*ʻ*bd* 35*il.*	un príncipe al siervo de *Ilu.*»
*ttb*ʻ*.mlakm* 36*lyṯb.*	Los mensajeros partieron sin detenerse,
idk.pnm 37*lytn.*	dirigieron entonces el rostro
ʻ*mm.pbl* 38ml*k.*	hacia el rey *Pabilu*

[*ʻ*]*m*[*.krt ṯ*ʻ] (LKK). *Lín. 2:* así, LKK, cf. *inf.* VI 38-39. *Lín. 3-15:* cf. *sup.* III 21-32. *Lín. 13:* cf. *sup.* III 31, *wušn.* *Lín. 14-15:* así, Baumgartner, JPOS [1938] 50-53, cf. *sup.* III 27-29 / *mlk.ṣdyn*[*m*] (Vir.), cf. *sup.* III 27-28, inversión, *rḥq/ng.* *Lín. 16:* / *w*[ ] (Vir.); c. *w*[*y*]ʻ*n*[*.kr*]*t*[*.ṯ*]ʻ (LKK). *Lín. 17-35:* cf. *sup.* III 33-49. *Lín. 21:* cf. *sup.* III 37, *btrbṣt.* *Lín. 25:* *šbḥ* error por *špḥ* (Rosenthal, «Or» [1939] 218), cf. *sup.* III 40. *Lín. 30:* falta la lín. correspondiente a III 44-45. *Lín. 33-34:* *krkt* error por *krt* (Rosenthal, «Or» [1939] 218), cf. *sup.* III 48. *Lín. 37:* ʻ*mm* error por ʻ*mn* (CML). *Lín. 40-41:* así, Vir., cf. *sup.* II 4-5; IV 37, mientras LKK remite *il* a la tablilla siguiente.

tšan 39gh*m.wtṣḥn*	Alzaron su voz y gritaron:
40*tḥm.krt.ṯ*ʿ	Mensaje de *Kirta,* el Magnífico,
41*ḥwt.* nʿ*mn[.ǵlm.il]*	palabra del Apuesto, servidor de *Ilu:*
42*[ ]-[ ]*	

KTU 1.15 I
(Laguna de unas 40-20 lín.)

[De *Kirta]*
«[¿Para qué quiero yo plata y oro amarillo,
una parte de su suelo con siervos a perpetuidad,
aurigas de carro
de la reserva de esclavos?
Más bien, lo que no hay en mi casa me darás:
dame a la joven *Ḥurrayu,*
la más graciosa de la estirpe de tu primogénito,
cuya gracia es como la de *ʿAnatu,*
como la belleza de *ʿAṯtartu* su belleza;
cuyas pupilas son gemas de lapislázuli,
sus párpados pateras de alabastro.
La que en mi sueño *Ilu* me otorgó,
en mi visión el Padre del hombre;
y engendre ella progenie a *Kirta,*
un príncipe al siervo de *Ilu*»
Y respondió el rey *Pabilu:*
«Marchad, decid a *Kirta,* el Magnífico:
Mensaje del Rey *Pabilu:*
... ...»
Los mensajeros partieron sin detenerse,
dirigieron entonces el rostro
hacia *Kirta,* el Magnífico
alzaron su voz y gritaron:
«Mensaje del Rey *Pabilu:*
Toma a la joven *Ḥurrayu,*
la más graciosa de la estirpe de mi primogénito...].

Final del mensaje de Pabilu

	[Ella es...]
1rǵb.yd.*m*ṯkt	la que al hambriento de la mano tomaba,
2*mẓma.yd.mṯkt*	al sediento de la mano llevaba;

Col. I: Para las líneas completadas en la laguna existente, cf. 1.14 III 33-49; VI 17-35 (LKK). *Lín. 1: / [mrǵ]b* (Vir.). *Lín. 3: tṯkrn* error por *tṯbrn* (?); c. *[ʿ]bdn* (Vir.)

3 *ṯṯkrn*.- - -bu/dn	la que entregarán en prenda cuando lleguen (?)
4 *ʿm.krt*.m(?)s(?)w(?)nh	a *Kirta* [sus compromisarios].
5 *arḫ.tẓǵ.lʿglh*	La vaca muge por su ternero,
6 *bn ḫpṯ.lumhthm*	las crías sueltas por sus madres,
7 *ktnḫn.udmm*	como gime todo *Udumu* por ella».
8 *wyʿny.krt.ṯʿ*	Respondió *Kirta,* el Magnífico:

KTU 1.15 II
(Laguna de unas 20 lín.)

Escena de banquete

1 [ ]-g	
2 [ ]*.ṯr*	... (ofreció) al Toro [*Ilu*],
3 [*aliy*]n.*bʿl*	y a *Baʿlu* el Victorioso,
4 [ ]mn.*yrḫ.zbl*	... [también] al Príncipe *Yarḫu*
5 [*k*]*ṯr* w *ḫss*	... [junto con] *Kôṯaru-Ḫasīsu,*
6 [ ]b(?)*n.rḥmy.ršp zbl*	a *Raḥmayu* y al Príncipe *Rašpu:*
7 [*w*]ʿdt.*ilm.ṯlṯh*	a la asamblea de los dioses el triple de su (peso) (?).
8 [*a*]pnk.*krt.ṯʿ*.	A continuación, *Kirta,* el Magnífico,
šr 9 [ ]bbth.*yšt*.	un banquete (?) en su casa preparó;
ʿ*rb* 10 [ ]-*h.ytn*.	entraron (los dioses) en ella, entregó (la ofrenda)
wyṣu.lytn	y salieron apenas (la) hubo entregado.

Intercesión - bendición

11 [*aḫ*]r.*mǵy*.ʿd*t.ilm*	Después que llegó la asamblea de los dioses,
12 [*w*]yʿ*n.aliy*[*n.*]bʿ*l*	habló *Baʿlu* el Victorioso:

/ [*wt*]*dbn* (KRH). *Lín. 4: tswnh* (Vir.) error por *mswnh* (Segert, BZAW 77 [²1961] 202). *Lín. 5: tzǵ* error por *tzǵd* (Driver, *Fs Bakoš,* 100).

Col. II: *Lín. 1:* /]*m* (Driver). *Lín. 3:* c. [*wyʿn(?).ali*]*yn.bʿl* (Vir.) / [*il.wali*] *yn. Lín. 8:* así, KTU / ʿ[.]*r* (Vir.) / ʿ[-]*r* (CTA); c. ʿ[*š*]*r* (LC) / ʿ[*b*]*r* (AE). *Lín. 10:* así, LKK, KTU / [*b(?)*]*h* (Vir.) / *w*[*ym*/*k*]*lu* (Vir.) / *w*[*y*/*ḫṣ*/*l*]*u*/*b* (CTA). *Lín. 11:*

Col. I: *Lín. 3-4:* / «La seguirán, lamentándose... hasta el campamento» / «... nos dio de beber bebida inebriante... del cántaro. Anunciad a *Kirta*...» (Aistleitner) / «... ella contaba al son de acompañamiento...» (Sauren-Kestemont); cf. gl. *ṯkr*. *Lín. 5-7:* para esta versión, cf. Loretz UF [1977] 166.

Col. II: *Lín. 7:* / «... en sus tres partes...» (Gaster, JQR [1946-1947] 288) / «... la asamblea... triple...» (Gordon, Ginsberg) / «... la asamblea..., sus lugartenientes...» (Rin, AE, XLI, 327) / «... su tercera parte (de la asamblea...)» (Macdonald [1979] 523-524); cf. gl. *ṯlṯ*. *Lín. 9-10:* / «... hizo entrar (a todos) en su casa, (pero) no permitió la salida...» (Aistleitner) / «... beberá y hará entrar, dará un regalo y saldrá para ofrecer un presente» (Sauren-Kestemont) / «... (entró) en

13*[ ]tbʿ. lltpn* 14*[il.]*d*pid.*	«¿Te vas a ir de veras, ¡oh Benigno, *Ilu,* el Bondadoso!,
ltbrk 15*[krt.]ṯʿ*	no bendecirás [a *Kirta],* el Magnífico,
ltmr.nʿmn 16*[ǵlm.]il.*	no confortarás al Apuesto, [servidor] de *Ilu?».*
ks.yiḫd 17*[il.b]yd.*	Una copa cogió *[Ilu]* en su mano,
krpn.bm 18*[ym]*n.	un cáliz en su derecha;
brkm.ybrk 19*[ʿbdh].*	bendijo [a su siervo] de verdad,
ybrk.*il.krt* 20*[ṯʿ.]*	bendijo *Ilu* a *Kirta,* [el Magnífico],
*[ym]*rm.*nʿm[n.]ǵlm.il*	confortó al Apuesto, servidor de *Ilu:*
21*a*ṯt*[.tq]*ḥ.y*k*rt.	«La mujer que has tomado, ¡oh *Kirta!,*
aṯt 22*tq*ḥ.b*t*k*[.]*	la mujer que has traído a tu casa,
*[ǵ]*lmt.tšʿ*rb* 23*ḥ*ẓrk.	la doncella que has hecho entrar en tu mansión,
*tld.šbʿ.bnm **lk***	te engendrará siete hijos,
24*wṯ*mn.*ṯṯmnm* 25*lk.*	ocho te proporcionará;
tld.y*ṣ*b*[.]*ǵlm	engendrará al príncipe *Yaṣṣibu*
26*ynq*.ḥl*b*.a*[ṯ]rt*	que se nutrirá de la leche de *Aṯiratu,*
27*mṣṣ.ṯ*d.b*tlt.[ʿnt]*	se amamantará a los pechos de la Virgen *[ʿAnatu],*
28mš*n*q*[ ]*	la nodriza [de los dioses...].
	[Engendrará al Príncipe...].

KTU 1.15 III
(Laguna de unas 10-15 lín.)

1*[ ]- -*	
2*[mid.rm.]*krt	En gran manera exaltado seas, *Kirta*
3*[btk.rpi.]*arṣ	[entre los *Rapauma]* de la 'tierra',
4*[bpḫr].qbṣ.dtn*	[en la asamblea] del clan de *Ditanu.*
5*[wt]*q*rb.wld* 6*[b]*n.*tlk*	Ella concebirá y te dará a luz hijas:

cf. 1.4 III 23; V 44. *Lín. 13:* / c. *[w]tbʿ* (Vir.) / *[p]tbʿ* (LKK) / *[al]tbʿ* (MFL 39, n. 18) / *[t]tbʿ* (CML) / *[p/lt]tbʿ,* cf. 1.17 I 24. *Lín. 14-17:* así, Vir. (cf. Dietrich-Loretz, UF [1978] 71). *Lín. 18:* cf. 1.16 I 41-42, 47-48 / *[ymn.y]brkm* (Vir.). *Lín. 19:* así, LKK, cf. 1.17 I 35-37 / *[mlk?]* (Vir.) / *[il brkm]* (MFL 40, n. 20) / *[il]* (KRH) / *[brkm]* (Avishur, UF [1972] 8) / *[krt]* (Dijkstra-De Moor, UF [1975] 177). *Lín. 20:* así, Vir. / *[ymr]m* (LKK) / *[ymr mrr]m* (MFL 40, n. 20; cf. CTA 69, n. 9). *Lín. 24:* *ṯṯmnm* error por *ṯmnm* (LKK, KTU). *Lín. 25:* / *yṣbn(?)* (Vir.). *Lín. 27:* *[aṯrt/rḥmy]* (Wyatt, UF [1976] 417, n. 33). *Lín. 28:* / *mšnq[t(?)]* (Vir.) / c. *mšnq[t ilm]* (LKK) / *mšnq[t ilm nʿmm.]* (MFL 40, n. 23). *Lín. 29ss:* c. *tld ǵzr...* (MFL 41, n. 26).

Col. III: *Lín. 1:* / *]šy* (Gaster, JQR [1947] 288) / *]gs* (LKK). *Lín. 2-5:* así, Vir., cf. *inf.* lín. 13-15, 20. *Lín. 6:* error de separación por *bnt.lk* (Vir.). *Lín. 7-14:* así, Vir.

---

su casa y bebió... (y) dio (dones)» (Gibson); cf. gl. *ʿšr, št/šty, ʿrb.* *Lín. 13-15:* / «¡Ahora, venga, ... bendice..., conforta!» (Herdner); cf. gl. *tbʿ, l.*

Col. III: *Lín. 2-4/13-15:* para este pasaje, cf. Astour UF [1973] 35ss; íd., RSP II, 279-282; Gibson, CML 91; Macdonald, UF [1979] 523; cf. gl. *rpu, arṣ, pḫr, qbṣ, dtn.* *Lín. 5/20:* / «... cuando se acerque (a ti de nuevo), te nacerán...»

7 *tld.pǵt.t[ ]t*	dará a luz a la infanta...
8 *tld.pǵ*t.*t[ ]*r*(?)*	dará a luz a la infanta...
9 *tld.*pǵ*[t]*	dará a luz a la infanta...
10 *tld.*p*[ǵt]*	dará a luz a la infanta...
11 *tld.*p*[ǵt]*	dará a luz a la infanta...
12 *tld.*p*[ǵt]*	dará a luz a la infanta...
13 *mid.*rm*[.krt]*	En gran manera exaltado seas *[Kirta]*
14 *btk.rpi.*ar*[ṣ]*	entre los *Rapauma* de la 'tierra',
15 *bpḫr.qbṣ.d*t*[n]*	en la asamblea del clan de *Ditanu.*
16 ṣ*ǵrthn.abk*rn	A la menor de ellas daré yo la primogenitura».

Cumplimiento de la promesa - bendición

17 *tbrk.*il*m.tity*	Bendijeron(le) los dioses (y) se fueron,
18 *tity.*i*lm.*l*ahlhm*	se fueron los dioses a sus tiendas,
19 *dr. il.*lmš*k*n*thm*	la familia de *Ilu* a sus moradas.
20 *wtqrb.w*ld*bn* l*h*	Concibió y le parió un hijo,
21 *wtqrb.w*ldb*n*m l*h*	concibió y le parió (más) hijos;
22 *mk.bšb*ʿ.*š*nt	y así, a los siete años
23 *bn.krt.kmhm.tdr*	los hijos de *Kirta* eran tantos como se prometió,
24 *ap bnt.ḥry.* 25 *kmhm*	y las hijas de *Ḥurrayu* tantas como ellos.

La amenaza de Aṯiratu

*wtḫ*ss.aṯrt 26 *ndrh*	Recordó *Aṯiratu* su voto,
wilt.-[ ]	la Diosa [su promesa...];
27 *wtšu.gh.*w*[tṣḥ]*	alzó su voz y [exclamó]:
28 *ph m*ʿ*.ap.k[rt]*	«Mira, por favor, ¿es que *Kirta* [va a romper]
29 *uṯn.nd*r*[ ]*	o cambiar su voto [el Rey]?
30 *apr.* i (?)- -*[ ]*	Romperé yo entonces [mi promesa...]».

(Laguna de unas 7 lín.)

Lín. 12: c. *p[ǵt.ṯtmnt]* (CML); KRH sugiere a su vez restituir los nombres de las hijas: *ṯtnt, ṯtlṯt, rtb*ʿ*t, ḫtmšt, ṯtdṯt, štb*ʿ*t.* *Lín. 16:* desplazada, después de lín. 12 (Margalit, UF [1976] 189) / añadida (Parker, JBL [1976] 26s). *Lín. 20: bn* error por *bnm* (LKK) / *bnt* (KRH), pero cf. TOu 541. *Lín. 21: / bnt* (LKK), cf. *inf.* lín. 23-24 (quizá lín. 20-21 originariamente después de lín. 15, según Margalit). *Lín. 26: / p(?)[* (Vir.); c. *p[lib* (Vir., LKK) / *p[lah* (CML). *Lín. 28:* c. *k[rt.ṯ*ʿ*(?)]* (Vir.) / *kr[t ypr]* (LKK) / *kr[t.pr]* (CML) / *kr[t.šny]* (KRH). *Lín. 29:* c. *nd[rm mlk]* (LKK) / *ndr[h mlk]* (CML). *Lín. 30: h[ ]* (Vir.) / *(h/i)[* (CTA); c. *pli[y* (CML) / *h[wt ilm]* (KRH).

(Sauren-Kestemont) / «... llegará/llega al punto de dar a luz...» (Gordon; cf. Dietrich-Loretz-Sanmartín, UF [1976] 435; Tsumura, UF [1979] 781-782); cf. gl. *qdb.* *Lín. 16:* / «... (incluso) a la menor...» (Gibson). *Lín. 28-30:* / «Mira, si rompe *Kirta* sus dos votos, yo (también) romperé...» (Aistleitner) / «¡Vaya!, *Kirta* ha transformado (las palabras) de su boca, sí, ha modificado...» (Sauren-Kestemont); cf. gl. *ph ṯn(y), pr(r).*

KTU 1.15 IV
(Laguna de unas 5 lín.)

Orden de convocar la asamblea

1 -[ ]	[Entonces *Kirta,* el Magnífico],
2 gm.[laṯth.kyṣḥ]	en voz alta [a su mujer así gritó]:
3 [š]mʿ[.lmṯt.ḥry]	«Escucha, [joven *Ḥurrayu],*
4 ṭbḫ[šmn].mrik	sacrifica [el más gordo] de tus cebones,
5 ptḥ.[rḥ]bt.yn	abre un ánfora de vino;
6 ṣḥ.šbʿm[.]ṯry	llama a mis setenta 'Toros',
7 ṯmnym.[ẓ]byy	a mis ochenta 'Gacelas',
8 ṯr.ḫbr[.r]bt	a los 'Toros' de *Ḫaburā,* la Grande,
9 ḫbr.ṯr[r]t	de *Ḫaburā,* la Potente...».
10 [ ]ʿb/ṣ-.š[ ]m	...
11 w(?)/k(?)m(?) ḥ(?)ʿrt- - - -qm	
12 id.uṭ(?)-(?)l(?)-b(?)t	
13 lḥn.štʿ[ ]aḫ(?)d(?)-	

Ejecución de la convocatoria

14 tšmʿ.mṯt.[ḥ]ry	Escuchó la joven *Ḥurrayu,*
15 tṭbḫ.šmn.[m]rih	sacrificó el más gordo de sus cebones,
16 tptḥ.rḥbt.yn	abrió un ánfora de vino.
17 ʿlh.ṯrh.tšʿrb	Hizo venir a él sus 'Toros',
18 ʿlh.tšʿrb.ẓbyh	a él trajo sus 'Gacelas',
19 ṯr.ḫbr[.]rbt	los 'Toros' de *Ḫaburā,* la Grande,
20 ḫbr.ṯrrt	de *Ḫaburā,* la Potente.
21 bt.krt.tbun	En casa de *Kirta* entraron
22 lm.mṯb.m/b(?)a(?)tk	a la morada [se precipitaron (?)],
23 wlḫm m(?)r.tqdm	al pebellón de huéspedes avanzaron.

Col. IV: *Lín. 1:* / *p[* / *pʿ[* (Vir.); c. *pʿ[nh.lhdm.yṯpd]* (LKK), cf. 1.4 IV 29; 1.6 III 15; 1.17 II 11 / *[apnk.krt.mlk/ṯʿ],* cf. 1.14 V 12-13; 1.17 V 14-16. *Lín. 2-3:* así, Vir., cf. 1.14 V 13-14 e *inf.* lín. 14. *Lín. 4-5:* así, Vir., cf. *inf.* lín. 15-16. *Lín. 7-9:* así, Vir., cf. *inf.* lín. 18-20. *Lín. 10:* / *t(?)ʿṣu(?)* (Vir.) / *]ʿb[* (CTA) / *qlṣ* (KRH) / *-ʿṣ-.* (UT). *Lín. 11:* / *[ ]rt[ ]tštn(?) qm* (Vir.) / *]r[ ]š[ ]qm* (CTA) / *]rt[ ]tšttqm* (LKK). *Lín. 12:* / *idu(?)[ ]* (Vir.) / *idb[* (LKK). *Lín. 13:* / *lḥnšq[ ]md[-]* (Vir.) / *lḥn š(t/q)ʿ[--]aḫd[?]* (CTA). *Lín. 14-16:* así, Vir., cf. *sup.* lín. 3-5. *Lín. 22:* / *mṯb[* (Vir.) / *mṯb batpt* (LKK) / *mṯb aptt* (CML) / *mṯbh(!?)atw(?)* (UL) / *mṯbt(?) aṯr* (UGU 105) / *mṯb bn ṯr* (?) (KRH). *Lín. 23:* / *wlḫm gr* (Dietrich-Loretz, UF [1978]

Col. IV: *Lín. 6-7:* / «... a mis setenta pares, ... barones...» (Ginsberg) / «... a mis setenta vasallos, ... próceres...» (Sauren-Kestemont); cf. gl. *ṯr, ẓby.* *Lín. 23:* / «... a la tienda del anfitrión se aproximaron...» (Aistleitner) / «... a la sala de

24 *yd.bṣʿ.tšlḥ*	Extendieron la mano al plato,
25 *ḫrb.bbšr.tštn*	metieron el cuchillo en la carne.
26 *[wt]ʿn.mṯt.ḥry*	Y dijo la joven *Ḥurrayu:*
27 *[ll]*ḥm.*lšty.ṣḥtkm*	«Para comer y beber os llamé,
28 *[dbḥ.l]*krt.*bʿlkm*	[pues celebra un sacrificio] *Kirta,* vuestro señor».
29 *[ ]-*	....
30 *[ ]-b*	

(Laguna de unas 13 lín.)

KTU 1.15 V
(Laguna de unas 2 lín.)

1 *[ṯṯbḫ.šm]*n.*[mrih]*	[Sacrificó el más gordo] de sus cebones,
2 *[tptḥ.rḥ]bt.[ ]*	[abrió] una ánfora [de vino],
3 *[ ]rp*[ ]	[para los 'Toros' de *Ḫaburā,* la Grande],
4 *[ḫ]*br*[ ]*	de *Ḫaburā,* [la Potente].
5 bḫr*[ ]*t*(?)[ ]*h*(?)*/i*(?)*	En casa (?) [de *Kirta* entraron]
6 l*mṯ*b*[ ]t[ ]*	a la morada [se precipitaron (?)],
[ ] 7 *[tqdm.]*	[al pebellón señorial (?)] avanzaron.
yd.*bṣʿ*.t*[šl]*ḥ	[Extendieron] la mano al plato,
8 *[ḫrb.b]bš[r].tštn*	metieron [el cuchillo] en la carne.
9 *[wtʿn].mṯ*t.*ḥ*ry	[Y dijo] la joven *Ḥurrayu:*
10 *[llḥ]*m.*lšty*.ṣḥtk*[m]*	«[Para comer] y beber os llamé...»
11 *[ ]*br*k.t- - - -*	
12 *[ʿl.]*kr*t.t*bk*n*	[Por] *Kirta* lloraron,
13 *[ ]*r*gm*.ṯrm	[como] mugido de toro (era su voz);
14 *[ ]*m*tm.tbk*n	[como quien llora] a un muerto lloraron,
15 *[ ]t.wblb.tq*b*[ ]*	... y en su corazón...
16 *[ ]-m*ṣ/l.*tmt.u*ṣbʿ*[t]*	...

60) / *wl ḫmt g(?)r* (Vir.) / *wlḫmmr* error por *wlḫmr* (AE). *Lín. 26-28:* así, Vir., cf. *inf.* VI 4-6. *Lín. 28:* / *[dbḥ.dbḥ(?).l]krt* (Vir.) / *[dbḥ.iṯ.l]krt,* cf. 1 Sm 9,12; 20,6.29 / *[wldbḥ.l]krt* (Gibson, CML).

Col. V: *Lín. 1-2:* así, Vir., cf. *sup.* IV 4-5, 15-16; c. *rḥ[bt.y]n.lṯr* (CML). *Lín. 3:* / *rpt;* c. *k]rp[n* (LKK) / *[ḫbr.rbt.k]rpn[.yn]* (CML) / *]rpi(?)[* (UT) / *[l]rpi[arṣ]* (KRH), cf. *sup.* III 3,14. *Lín. 5:* / *bḫr[ ]p* (Vir.) / *p[ ]b* (LKK). *Lín. 6:* c. *[b]mṯb[.b]at[pt.wlḫmmr]* (LKK), cf. *sup.* IV 22-23. *Lín. 7-8:* así, Vir. y LKK, cf. *sup.* IV 23-25. *Lín. 9-10:* así, Vir., cf. *sup.* IV 26-27; *inf.* VI 3-4. *Lín. 11:* c. *]brk.tatb[* (LKK). *Lín. 12:* así, Vir., cf. *inf.* VI 6. *Lín. 13:* c. *[km.]rgm* (LKK), cf. *inf.* VI 6-7. *Lín. 14:* c. *[ʿl(?).]mtm* (Vir.) / *[bk.]mtm* (LKK). *Lín. 15:* c. *tqb[r]* (Vir.). *Lín. 16:*

audiencias avanzaron...» (Gibson) / «... sí, vino ofreció...» (Rin); cf. gl. *ḫm, mr, qdm.* *Lín. 24:* / «... alargó (ella) la mano...» (Ginsberg).

Col. V: *Lín. 12-13:* / «... por *Kirta* lloran, mientras hablan, sí, los pares...» (Ginsberg) / «... lloraréis. Incluso como habían dicho los Toros...» (Gordon) /

^{17}[*k*]r*t*.šrk.*il*	
^{18}*ʿrb.špš.lymǵ* ^{19}*krt*.	«... a la puesta del sol de cierto se irá *Kirta,*
ṣbia.špš ^{20}bʿ*lny*.	al ocaso del sol, nuestro señor;
wymlk ^{21}[ ]*ṣb ʿln*.	y reinará *Yaṣṣibu* sobre nosotros,
wy[ ]n*y* ^{22}[*kr*]*t ṯʿ.ʿln*.	pues partirá *Kirta,* el Magnífico...»
bḫr ^{23}[ ].*aṯtk.ʿl*	...
^{24}[*aṯ*]*tk yšṣi*	
^{25}[ ]ḫ*br.rbt*	
^{26}[*ḫbr.ṯrr*]t *il d*	
^{27}[*pid*]-.*banš*t	
^{28}[ ]ml*u*	
^{29}[ ]*tm*	

(Laguna de unas 18 lín.)

KTU 1.15 VI

^{1}*š*mʿ.l[ ]*mt*[ ]*m*. l[ ]*ṭnm*	«Escuchad...
^{2}ʿ*dm*.lḥ*m.tšty*	mientras coméis y bebéis».
^{3}*wtʿn.mṯt* ḥ*ry*	Y respondió la joven *Ḥurrayu:*
^{4}*l*l[*ḥ*]*m*.lš[*ty*].ṣḥ*t*km	«Para comer y beber os llamé,
^{5}*d*b[*ḥ*.]lkrt.*adn*km	pues celebra un sacrificio *Kirta,* nuestro amo».
^{6}ʿl.*k*r*t*[.]tbu*n*	A presencia de *Kirta* entraron,
k*m* ^{7}*rgm.ṯ*[ ]*rgm.hm*	como mugido de toro era su voz...

---

b]*hml.mtm*. (Vir.). *Lín. 17:* así, Vir. / *tt.šrk.* (CML) / *[-]tr.šrk.* (CTA). *Lín. 19:* *ṣbia* error por *ṣbit* (CML). *Lín. 20:* / *d(?)ʿlny.* (Vir.), cf. 1.4 IV 44. *Lín. 21:* c. *[u]ṣb* / *[y]ṣb* (Vir.), cf. *sup.* lín. 16; *]bʿln* (UT); c. *wy[ʿn]y* (Vir.) / *wy[l]y* (TOu) / *wy[mǵ]y*. *Lín. 23:* / *aṯtn* (?) (TOu). *Lín. 24:* así, LKK / *]t[k]yšṣi* (KRH). *Lín. 25:* c. *[yṣb ṯr]ḫbr* (TOu). *Lín. 26:* / *]wil d* (CML); posible error por *lṭpn il,* cf. *sup.* II 13-14. *Lín. 27:* / *a(?) banš[t]* (Vir.) / *]a banš* (LKK). *Lín. 28:* / *]m* (Vir.) / *]tm[?]* (CTA); c. *y]mlu* (CML) / *rḥ[th]ymlu* (De Moor, UF [1979] 647). *Lín. 29:* c. *[ṯiṭ]* (De Moor, *l. c.*). *Lín. 30:* c. *bpḫ[r]* (De Moor, *l. c.*).

Col. VI: *Lín. 1:* c. *l[.]mtmm.l[.]* (CML) / *[l]mtmm.l[q]ṭnm* (KRH). *Lín. 2:* / *[tlḥ(?)]m* (Vir.) / *t(?)[lḥ]m(?)* (UT) / *⟨t⟩[lḥ]m* (CTA). *Lín. 4:* cf. *sup.* IV 27; V 10. *Lín. 5:* c. *db[ḥ lkrt.]adnkm* (LKK) / *db[ḥ.dbḥ(?).lkrt.]adnkm* (Vir.), cf. *sup.* IV 28. *Lín. 6:* / *.i(?)d(?)un.* (Vir.); c. *t[bk]n* (TOu). *Lín. 7:* / *rgm.ṯrm.* (Vir.). *Lín. 8:* / *]t krt* (LKK). *Lín. 9:* / *[ ]š[ ]* (Vir.) / *[ ]š[ ]ṣ* (LKK).

«... lloraréis, con el lenguaje de los toros...» (Herdner). *Lín. 18-21:* para una discusión detallada de este pasaje, cf. Del Olmo Lete, UF [1975] 95-96. *Lín. 21-23:* / «... sucederá a *Kirta,* el generoso. Sobre nosotros un joven reinará...» (Herdner; Gordon, PLM 50; Gibson).

Col. VI: *Lín. 2:* / «... están aún comiendo (y) bebiendo y la Señora *Ḥurrayu* comunica...» (Gordon) / «... mientras comían (y) bebían» (Driver) / «Escuchad..., de nuevo comed y bebed...» (Sauren-Kestemont).

^{8}*bd̲rt[ ]krt*
^{9}*[ ]- - - -*

(Laguna de unas 40 lín.)

KTU 1.16 I

Lamentación - reflexión

	«[En tu vida, padre nuestro, nos gozábamos],
	[en tu inmortalidad nos regocijábamos].
^{1}l*krt*	De *Kirta*.
^{2}kkl*b.bbtk.nʿtq.*	Como un perro (que) en tu casa (ha) envejecido,
kinr ^{3}*ap.ḫštk.*	como un 'can' de/en la entrada de tu pórtico (?),
ap.ab.ik mtm ^{4}*tmtn.*	incluso, padre, ¡ay!, como los mortales te mueres
uḫštk.lntn ^{5}*ʿtq*	o/y tu pórtico es un (lamento) perenne emitido
bd.at̲t.ab ṣrry	por/canto de mujer, padre excelso.
^{6}*tbkyk.ab.ġr.bʿl*	Por ti lloran, padre, las montañas de *Baʿlu*,
^{7}*ṣpn.ḥlm.qdš*	*Ṣapānu*, la fortaleza santa,
^{8}*any.ḥlm.adr.*	se lamenta, la fortaleza poderosa,
*ḥ*l ^{9}r*ḥb.mknpt.*	el baluarte ancho de envergadura.

Col. I: *Lín. 3: ik* posible error por *k* (CML), cf. *inf.* lín. 17 o haplografía por *ik⟨k⟩*

Col. I: *Lín. 2-5:* las versiones de este pasaje son muy divergentes: / «Como (el de) un perro de tu casa se ha transmutado, ... tu rostro lozano. ¿También, tú..., o pasará tu lozanía a ser lamentada, ... padre excelso?» / «Como un perro ha cambiado tu aspecto, como un can tu alegre semblante. ¿Morirás... o tu alegría se cambiará en lamento, en una elegía de mujer, ¡oh padre!, mi canción?» (Ginsberg) / «Como el perro de tu casa desaparecemos, como el gozque que está ante tu puerta... ¿Será tu puerta (entregada) a los que lloran al desaparecido? ¿Las mujeres... cantarán mi angustia? (Herdner, con amplia discusión de otras versiones; también Delekat, UF [1972] 20). Ultimamente / «Como un perro envejecemos..., en tu patio; así, ¡oh padre!, ... y tu patio ha de pasar al lamento, al control de mujeres... ¡oh padre querido!» (Parker, UF [1973] 229-234; cf. también Sanmartín, UF [1978] 458) / «Como un perro nos escurrimos en... ¿pero no se nos permitirá pasar... por las mujeres... en las alturas que te lloran...? (Gordon, PLM 51) / «El ladrido de un perro está en tu casa, ... (en) tu fosa también. ¡Oh padre! ¿... tu fosa no está (entregada) al chacal aullador, a las/l manos/canto de la(s) mujer(es) de la fosa (= nigromantes)?» (Margalit, UF [1976] 147ss) / «Como un perro pasamos a tu casa, ... a tu cuarto. ¿Morirás... o será entregado tu cuarto al lamento de un viejo...? (Gibson); cf. gl. *(b)bt, ʿtq, inr, (ap) ḫšt, (n)tn, bd, at̲t ab, ṣry. Lín. 5-9:* / «¿Quién te llora..., en la montaña de *Baʿlu Ṣapānu?* La elegía santa es sonora, una elegía potente...» (Gordon) / «Las esposas cantan, ... las concubinas; lloran por ti, ¡oh montaña de...! ¡oh fénix santo en su fuerza, oh fénix...! (Dahood, RSP II, 10/ CBQ [1974] 86-88; Albright, *Fs Bertholet,* 3, n. 4; cf. últimamente Gordon, PLM 51) / «Los riscos te lloran... la montaña..., la fortaleza santa. La fortaleza poderosa se lamenta...» (Margalit, UF [1976] 150); cf. gl. *ḥl/ḥlm, any, knp* (Dietrich-Loretz-Sanmartín, UF [1975] 159-161; Sanmartín, UF [1977] 267). *Lín. 9-11:* / «Sin

ap [10]krt.bnm.il.	¿Es entonces *Kirta* hijo de *Ilu,*
špḥ [11]lṭpn.wqdš	progenie del 'Benigno' y 'Santo'?».

Lamentación pronunciada

ʿl [12]abh.yʿrṣ.	A presencia de su padre entró,
ybky [13]wyšnn.	lloró y crujió de dientes,
ytn.gh [14]bky.	alzó su voz llorando:
bḥyk.abn.nšmḫ	«En tu vida, padre nuestro, nos gozábamos,
[15]blmtk.ngln.	en tu inmortalidad nos regocijábamos.
kklb [16]bbtk.nʿtq.	Como un perro (que) en tu casa (ha) envejecido,
kinr [17]at.ḫštk.	como un can de/en la entrada de tu pórtico (?),
ap.ab.kmtm [18]tmtn.	incluso, padre, como los mortales te mueres
uḫštk.lntn [19]ʿtq	o/y tu pórtico es un (lamento) perenne emitido
bd.aṯt ab.ṣrry	por/canto de mujer, padre excelso.
[20]ikm.yrgm.bn il [21]krt.	¿Cómo se dirá que es hijo de *Ilu Kirta,*
špḥ.lṭpn [22]wqdš.	progenie del 'Benigno' y 'Santo'?
uilm tmtn	¿O es que los dioses mueren,
[23]špḥ.lṭpn.lyḥ	la progenie del 'Benigno' deja de vivir?».

Orden de convocar a su hija

[24]wyʿny.krt.ṯʿ	*Kirta,* el Magnífico, respondió:
[25]bn.al.tbkn.	«Hijo mío, no me llores,
al [26]tdm.ly.	no gimas por mí;
al tkl.bn [27]qr.ʿnk.	no agotes, hijo mío, la fuente de tus ojos,
mḫ.rišk [28]udmʿt.	los sesos de tu cabeza en lágrimas.
ṣḥ.aḫtk [29]ṯtmnt.	Llama a tu hermana *Thitmanatu,*
bt..ḥmḥh [30]da(?)n.	la hija cuya concepción (?) es nuestra fuerza,
tbkn.wtdm.lytṯ(?)b	ella llorará y gemirá por mí repetidamente.

(Margalit, UF [1976] 148). *Lín. 12: yʿrṣ* error por *yʿrb.* (Vir.). *Lín. 14:* en un primer momento se había escrito *ašmḫ* (cf. Vir.; KTU 48). *Lín. 17: at* error por *ap* (KTU); / *ap.* (Vir.) / *ap* (LKK). *Lín. 19: ṣrry,* interpolación (Margalit, UF [1976] 154). *Lín. 27: mḫ* error por *my* (Gevirtz, JNES [1961] 42). *Lín. 29: ḥmḥh* posible error por *ḥmḥmh/ḥmḥmth* (LKK), cf. 1.17 I 40-41. *Lín. 30:* así, KTU / *dnn....ly[.]tʿ(?)* (Vir.) / *d(a/n)n.*

---

embargo, *Kirta* es hijo de *Ilu...*» (Herdner) / «... el retoño de *Laṭipānu* y *Qudšu*» (Rainey, RSP II, 85); cf. gl. *qdš.* *Lín. 12-13:* «... lloró y se demudó...» (Sanmartín, UF [1979] 727-728); cf. gl. *šnn.* *Lín. 23:* / «La progenie de *Laṭipānu* de cierto vivirá» (Driver). *Lín. 25-28:* / «... no agotes de la alberca de tu ojo, las aguas de tu cabeza [en] lágrimas» (Margalit, UF [1976] 189, n. 150); cf. gl. *b/bn, qr, my.* *Lín. 29-30:* / «... una muchacha cuya pasión es fuerte» (Ginsberg) / «... cuya añoranza (por mí) es fuerte...» (Aistleitner) / «... en la casa de su ardor(oso espo-

[31]aḫr.*al.t*rgm.*laḫtk*	Luego se lo dirás, sí, a tu hermana,
[32]ʿw*(?)[ ]*ṣ/llt*(?).*	le dirás (?) que gima ella,
dm.aḫtk [33]ydʿ*t.krḥmt*	pues yo sé que tu hermana es compasiva;
[34]al.*tšt.bšdm.mmh*	que derrame en los campos sus aguas,
[35]bs*m*k*t.ṣat.npšh*	la efusión de su alma al firmamento.
[36]*[ ]mt-.ṣba.rbt* [37]špš	[Me moriré] a la puesta de la Gran Dama *Šapšu,*
w.tgh.nyr [38]*rbt.*	cuando se ausente la Gran Luminaria.
wrgm.laḫtk [39]ṯ*tm*n*t.*	Pero (ahora) di a tu hermana *Thitmanatu:*
krtn.dbḥ [40]*d*bḥ.	«He aquí que *Kirta* celebra un sacrificio,
*mlk.*ʿšr [41]ʿš*rt.*	el Rey da un banquete».
*qḥ.*t*pk byd*	Aprieta tu nariz con la mano
[42]-r-*tk.bm.*ym*n*	tu garganta con la diestra;
[43]l*k*.šr.ʿ*l* ṣrr*t*	ve (y) entona un canto a las ʻalturas',
[44]adnk.*š*qrb.k*(?)[ ]*	(en nombre de) tu Señor ofrece (la) [plata],
[45]b*mgnk.w*ḫrṣ.lkl	en nombre de tu Soberano, sí, (el) oro al completo».

...ly[(q/ǵ/tʿ)] (CTA) / ... *ly[?]* (LKK). *Lín. 31:* así, CTA, KTU / *]z(?)r.* (Vir.) / *[-](h/z)(h/r)* (LKK); c. *[ǵ]zr* (LKK). *Lín. 32: /]r [ ]l[ ]dm.* (Vir.) / *](r/w)[-] (ṣ/l)l[-(?)]dm.* (CTA) / c. *[t]r[gm.]l* (LKK) / *[t]rgm.l[h.t]dm.* (CML), cf. *sup.* lín. 26. *Lín. 36:* c. *[t]mt[n?]ṣba.* (Vir.) / *[a]mt,* cf. *sup.* 1.15 V 18-19 / *[t]mt[r]* (Margalit, UF [1976] 155-156). *Lín. 40:* / *ʿšr[n]* (Vir.). *Lín. 41:* así, LKK / *apk byd* (Vir.). *Lín. 42:* c. *[b]rl(?)tk.* (Vir.); De Moor, UF [1979] 645) / *grltk/grgrk* (CTA) / *]r b(?)tk* (UT) / *[q]rbtk* (KRH) / *g/z(?)rl/d/u(?)tk.* (KTU) / *[m]r[ḥ]k.* (Del Olmo Lete, UF [1975] 94), cf. *inf.* 47 / *[m]r[qd]k* (Margalit, JBL [1970] 294; cf. ya LKK). *Lín. 43:* así, KTU (pero cf. UF [1974] 50, 52) / *lk.škn.* (Vir.). *Lín. 44:* c. *šqrb[.trẓẓ],* cf. *inf.* lín. 49 / *[.trẓẓk]* (CML) / *šqrb.k[sp],* cf. lín. 45 // *ḫrṣ* (?). *Lín. 45:* / *wḫ(?)rs.*

---

so)... me llorará...» (Rin) / «Llama... de la casa de su gentil guardián...» (Gordon); cf. gl. *ḥmḥ(t), dn(n).* *Lín. 31:* / «... no se lo digas...» (Gordon). *Lín. 34-35:* / «... que no derrame en el campo sus lágrimas, en los prados sus suspiros» (Herdner) / «... no haga resonar en los campos su grito...» (Aistleitner) / «No se sequen sus aguas con la pena, su aliento con el pesar» (Ginsberg, LKK); cf. *št, šd, my/mm, smk.* *Lín. 36-38:* / «Espera la puesta de la Dama Sol y el brillo de la luz de las miriadas» (Ginsberg, LKK) / «Cuando se ponga... y brille la Dama con resplandor, di entonces...» (Gordon) / «Cuando saque (?) el ejército la Dueña Sol y las miriadas hagan brillar la luz» (Aistleitner; cf. Del Olmo Lete, UF [1975] 95-96) / «Marcharás a la morada de la Gran *Sapšu,* llegarás a (la morada de) la Gran Antorcha» (Margalit, UF [1976] 156) / «Espera... y el brillo del Iluminador de las miriadas» *(Yarḫu)* (Gibson); cf. gl. *ṣba, ngh/gh(h), nyr.* *Lín. 41-42:* para una discusión detallada de éste y posteriores pasajes (lín. 47-48, 51-53) cf. Del Olmo Lete, UF [1975] 94-95; De Moor, UF [1979] 644-645 / «Toma tu tamboril en tu mano, tu pandereta en tu diestra...» (Ginsberg). *Lín. 43-45:* / «... sitúate junto a las cantoras de tu señor. Presenta tus peticiones con tu música, y él consentirá a todo» (Ginsberg) / «... y ofrece un sacrificio... como obsequio tuyo...» (Aistleitner) / «... sitúate al frente de las concubinas de tu señor... con tu demanda...» (Driver) / «Ve, instálate al lado de tu señor, rápido, haz una ofrenda a tu soberano y él consentirá a todo» (Dahood, RSP I, 101) / «... ve (y) sitúate junto al dintel; aproxima a tu

Ejecución de la convocatoria

46 apnk.ǵzr ilḥu	Entonces el Prócer *Ilḥu,*
47 [m]rḥh.yiḫd.byd	su nariz (?) agarró con la mano,
48 [g]rgrh.bm.ymn	su garganta con la diestra
49 [w]yqrb.trẓẓh	y se acercó a toda prisa (?).
50 [ ]-.mǵyh.wǵlm	[Cuando] llegó, sí, el mancebo,
51 aḫth.šib.yṣat.	su hermana había salido a sacar agua;
mrḥh 52 ltl yṣb	su nariz (?) al marco (?) aplicó,
pnh.ṯǵr 53 yṣu	su rostro asomó por la puerta.
hlm.aḫh.tph	Apenas ella a su hermano vio
54 [ ]h.lars.ṯṯbr	[sus lomos] se doblaron a tierra,
55 [ ]aḫh.tbky	[sobre el rostro] de su hermano lloró:
56 [ ]mrṣ mlk	«¿[Entonces] está enfermo el Rey
57 ʿ/š[ ]krt.adnk	[o débil] *Kirta,* tu Señor?».
58 [wyʿny.]ǵzr.ilḥu	El Prócer *Ilḥu* [respondió]:
59 [ ]mrṣ.mlk	«[Sábete que no] está enfermo el Rey,
60 [k]rt.adnkm	[ni débil] *Kirta,* tu señor.
61 [ ]dbḥ.dbḥ	[He aquí que *Kirta]* celebra un sacrificio,
62 [ ]ʿšr.ʿšrt	[el Rey] da un banquete».

/ *irṣ.* (Vir.), pero cf. KTU 49 / *yrṣ* (LKK). *Lín. 47-49:* así, Vir., *[w(?)g(?)]rgrh.* *Lín. 49-50:* / *[k]yqrb* (KRH) / quizá error por *yšqrb,* cf. *sup.* lín. 44; c. *[w]yqrb tr⟨ǵ⟩ẓẓ [ǵz]r* (Margalit, UF [1976] 156, n. 47). *Lín. 50:* / *(k/r)* (CTA) / *[bt(?)]k.mq(?)yh* (Vir.); si leído correctamente sería error por *mǵyh* (LKK) / *[t]k.mǵyh* (LKK). *Lín. 53:* / *tph* error por *aph* (De Moor, UF [1979] 645). *Lín. 54:* c. *[ksl]h.* (Vir.), cf. 1.3 II 33; 1.4 II 17-18; 1.19 II 46 / *[wkd]h* (De Moor, UF [1979] 645. *Lín. 55:* c. *[ʿl.pn(?).]* (Vir.) / *[lpn]* (De Moor, *l. c.)* / *[lktp/lṯkm]* (Margalit, UF [1979] 549). *Lín. 56-57:* c. *[mrṣ m]rṣ[.]mlk [hm dw.]krt* (LKK) / *[ap.m]rṣ mlk [u dw.]krt* (CML). *Lín. 59-60:* / *adnk* (CTA); c. *[lmṣ]mrṣ[.]mlk[dw.k]rt adnkm* (LKK) / *[dʿ.kl]mrṣ.mlk [k.ldw.k]rt* (CML) / *[dʿ k]mrṣ mlk [dʿ k dw k]rt* (KRH). *Lín. 61-62:* c. *[krtn(?).d]bḥ[.d]dḥ [mlk. ʿ]šr.ʿšrt* (Vir.) *[krt.d]bḥ[.]dbḥ[mlk ʿ]šr ʿšrt* (LKK).

---

señor… con tu súplica…» (Gibson); cf. gl. *ṣrrt, qrb, mgn.* *Lín. 47-48:* cf. *sup.* lín. 41-42 / «... su lanza en su mano agarró, su javalina en su diestra...» (Ginsberg). *Lín. 49-50:* / «... (y) presentó su petición» (Driver) / «Cuando se hallaba en medio de su curso, en plena carrera alcanzó...» (Sauren-Kestemont) / «(Cuando) llegó allí, quedó oculto…» (Gibson) / «La alcanza y ya se había hecho oscuro…» (Gordon, PLM 52) / «Entonces el joven se acercó a(l monte) *Tr(ǵ)ẓẓ,* (se acercó) a su destino y se ocultó» (Margalit, UF [1976] 156); cf. gl. *rẓ(ẓ), ǵlm.* *Lín. 51-53:* cf. *sup.* lín. 41-42 / «Su lanza en el tahalí colocó…» (cf. Del Olmo Lete, AF [1976] 240, n. 38; (Gordon, PLM 52) / KRH 212, n. 97) / «… coloca su lanza sobre un altozano…» (Gordon, PLM 52) / «… sitúa su lanza sobre el humbral: su brillo ilumina la entrada» (Ginsberg) / «… ella salió con su abanico (?), él se situó en el montículo y miró por la puerta…» (Driver) / «… apartó su cara de la puerta. Pero ella reconoció a su hermano…» (Gibson) / «Cuando su hermana salió…, él dirigió sus narices hacia el montículo. Cuando el rostro de ella…, su hermano golpeo su nariz» (De Moor, UF [1979] 645). *Lín. 54-55:* / «Y ella dejó estrellarse contra el suelo su jarro, ante su hermano…» (De Moor, *l. c.);* cf. gl. *šib, mrḥ, tl, nṣb, ṯǵr.*

KTU 1.16 II

‘[
b[ ]
*t*b/d/u*[ ]*
w[ ]
pǵ[t]
lk[ ]
ki[ ]
*w*y/ḫ*[*
my[ ]
aṯ[t]
aḫk[ ]
trḫ[ ]
*wtṣ*ḥ*[ ]*
tšyqy[ ]
tr.ḥt[ ]
*wmsk.t*r*[ ]*

Diálogo: descubrimiento de la situación

*tqrb.a*ḫ*.[ ]*	Se acercó a su hermano [y exclamó]:
*lm.tb‘*rn*[ ]*	«¿Por qué me tienes abandonada, [hermano]?
*mn.yrḫ.km*r*[ṣ]*	¿Cuántos meses hace que enfermó,
*mn.kdw.k*r*[t]*	cuántos que se puso malo *Kirta?*».
wy‘ny.ǵzr[.ilḥu]	Respondió el Prócer *[Ilḥu]:*
ṯlṯ.yrḫm.km[rṣ]	«Tres meses hace que enfermó,
arb‘.kdw.k[rt]	cuatro que se puso malo *Kirta.*
mnd‘.krt.mǵ[ ]	De seguro *Kirta* se va
*wqbr.tṣr.*q*[br]*	y tú has de preparar un [sepulcro],
*tṣr.trm.tn*q*[ ]*	se preparará y levantará una tumba (?)...

Col. II: *Lín. 4: w[t‘ny(?)...]* (Vir.). *Lín. 5: [wtny]pǵ[t. ṯtmnt...],* cf. 1.15 III 12 (Gibson, CML). *Lín. 7:* c. *ki[nr* (Vir.), cf. *sup.* I 2,16. *Lín. 8: wy[‘n(?)* (Vir.). *Lín. 12:* c. *trḫ[ṣ(?)* (Vir.) / *tr ḥ[t* (LKK), cf. *inf.* lín. 15. *Lín. 14:* c. *tšqy[krt abk]* (De Moor, UF [1979] 645, n. 40). *Lín. 15:* error (?) por *trḫ* (Segert, BZAW 77 [[2]1961] 196), cf. lín. 12; c. *tr ḥt[kk yn]* (De Moor, *l. c.). Lín. 16:* c. *tr[‘db il]* (De Moor, *l. c.). Lín. 17:* c. *aḫ[h.tšal]* (LKK) / *aḫ [tšal]* (KRH) / *aḫ[h.wtṣḥ]* (CTA). *Lín. 18:* c. *[aḫ]* (LKK). *Lín. 19:* así, LKK / c. *km[rṣ mlk]* (KRH). *Lín. 20-21:* así, Vir. / c. *kr[t adnk]* (KRH). *Lín. 22:* así, LKK. *Lín. 23:* así, Vir. *Lín. 24:* c. *mǵ[y]* (CML). *Lín. 25:* así, Vir. *Lín. 25-26:* dittografía de *qbr tṣr* (Sanmartín, UF [1978] 452, n. 6). *Lín. 26:* / *tn[* (LKK) / *tnm(?)* (Vir.); c. *tnqt,*

Col. II: *Lín. 14-16:* para la restauración y versión de estas líneas cf. De Moor, UF [1979] 654, n. 40. *Lín. 18:* cf. Dietrich-Loretz-Sanmartín, UF [1975] 555 / «¿Por qué me pones en ascuas...?» (Driver) / «¿Por qué me engañas...? (Ginsberg / «¿Por qué me llevas (a *Kirta)...*?» (Herdner/Caquot); cf. gl. *b‘r. Lín. 24:* / «El conocimiento de *Kirta* ha llegado...» (Gordon) / «Quizá *Kirta* ha (fallecido)...» (Herdner); cf. gl. *mnd‘. Lín. 25-34:* / «Darás vueltas a la tumba...» (Herdner;

27 km.nkyt.ṯǵr[ ]	Como una cámara de tesoro (?) con puerta...
28 km.škllt.[ ]	como un recinto (?)...
29 ʿrym.lbl[ ]	al descubierto (?), sin [cobertura]».
30 ṣ(?)[ ]ʿny.-[ ]	Respondió...
31 lbl.sk.w[ ]-h	«Sin cobertura (?)...
32 ybmh.šbʿ[ ]	será construida en siete [días]».
33 [ ]ǵzr.ilḥu.	[Respondió] el Prócer *Ilḥu:*
tk(?)b(?)-[ ]l 34 trm.	«En medio de la [casa] (?)... se levante,
tṣr.trm.-qt	se prepare (y) se levante una tumba...».

Lamentación de Thitmanatu

35 tbky.wtšnn.	Lloró ella y crujió de dientes,
ttn 36 gh.bky.	alzó su voz llorando:
bḥyk[.]abn 37 nšmḫ	«En tu vida, padre nuestro, nos gozábamos,
blmtk.ngln	en tu inmortalidad nos regocijábamos.
38 kklb.bbtk.nʿtq	Como un perro (que) en tu casa (ha) envejecido,
39 kinr.ap.ḫštk	como un can de/en la entrada de tu pórtico (?),
40 ap ab kmtm.tmtn	incluso, padre, como los mortales te mueres
41 uḫštk.lbky ʿtq	o/y tu pórtico es un (lamento) perenne emitido
42 bd.aṯt ab.ṣrry	por/canto de mujer, padre excelso.
43 uilm.tmtn	¿O es que los dioses mueren,
šph 44 lṭpn.lyḥ.	la progenie del 'Benigno' deja de vivir?
tbkyk 45 ab.ǵr.bʿl.	Por ti lloran, padre, las montañas de *Baʿlu,*
ṣpn.ḥlm 46 qdš.	*Ṣapānu,* la fortaleza santa,
nny.ḥ[l]m.adr	se lamenta, la fortaleza poderosa,
47 ḥl.rḥb.mk[npt]	el baluarte ancho de envergadura.
48 ap.krt bn[m.il]	¿Es entonces *Kirta* hijo de *Ilu,*
49 šph.lṭpn[.wqdš]	progenie del 'Benigno' y 'Santo'?».
50 bkm.tʿrb[.ʿl.abh]	Llorando entró a presencia de su padre,
51 tʿrb.ḥ[ ]	entró en la [mansión de *Kirta* y exclamó... (?)].
52 bṯtm.t-[ ]	
53 šknt.-[ ]	
54 bkym.[	

---

cf. *inf.* lín. 34 / *tnq[p]* (CTA). *Lín. 29:* c. *lbl[sk* (CML), cf. *inf.* lín. 31. *Lín. 30:* así KTU / *[wt]ʿny[n.* (Vir.) / *bṣ[ ]ny[* (LKK) / *b[ ]ʿny[* (UT) / *b(ṣ/l)[--?]ny[* (CTA) / *bl[ ]ʿnyn[* (CML). *Lín. 32: šbʿ ym[m wyʿny(?)]* (Vir.) / *šbʿ [wyʿny]* (KHR). *Lín. 34:* c. *trm.tnqt,* cf. *sup.* lín. 26 / *[t]qt* (LKK) / *[w/t]qt* (KTU; Sanmartín, UF [1978] 451-452) / *[.šʿt(?)]qt* (Vir.), cf. *inf.* VI 1-2, 13. *Lín. 35-42:* así, Vir., cf. *sup.* I 13-19. *Lín. 43-49:* así, Vir., cf. *sup.* I 20-23, 6-11 (con cambio de orden en lín. 43-44/48-49). *Lín. 46: nny* error por *any.* *Lín. 50:* así, LKK, cf. *sup.* I 11-12. *Lín. 51:*

---

para una interpretación distinta, cf. Sanmartín, UF [1978] 451-452); cf. gl. *yṣr//ṣr, rm/tr.* *Lín. 35:* cf. *sup.* I 12-13.

55*ǵr.y-[* *]*
ydm.[*]*
*a*pn.*[* *]*
[*]b[* *]*

(Laguna de unas 3 lín.)

KTU 1.16 III
(Laguna de unas 30 lín.)

Texto de conjuro

1*yṣq.š*mn*[* *]* 2*ʿn[.]*	«¡Vertiendo óleo (de paz en) los surcos (?),
*tr.arṣ.*w*šmm*	recorred [con la vista (?)] la tierra y los cielos!
3*sb.lqṣ*m.*arṣ*	¡Volveos hacia los extremos de la tierra,
4*lksm.m*hy*t.ʿn*	hacia los confines de las praderas mirad!
5*larṣ.m[ṭ]r.bʿl*	¡(Venga) a la tierra la lluvia de *Baʿlu,*
6*wlšd.mṭr.ʿly*	y al campo la lluvia del Altísimo!
7*nʿm.larṣ.mṭr.bʿ*l	¡Una delicia es para la tierra la lluvia de *Baʿlu,*
8*wlšd.mṭr.ʿly*	y para el campo la lluvia del Altísimo!
9*nʿ*m*[.l]*ḥ*ṭt.bʿ(n)*	¡Una delicia es para el trigo en el surco,
10*bm.n*r*t.ksmm*	en la arada (es) como un perfume,
11*ʿl. tl-k.ʿṭrṭr*t	sobre el otero es como una diadema (?)!

---

c. *ḥ[ẓr(?)* (Vir.) / *ḥ[dr.krt]* (LKK) / *ḥẓ[r krt]* (CML). *Lín. 55-56:* c. *ǵr.y[šu(?).ʿl(?)] ydm.[ḥlb.lẓr.rḥtm(?)]* (Vir.), cf. 1.4 VIII 5-6. *Lín. 57:* c. *apn.[ǵzr.ilḥu]* (Vir.), cf. *sup.* I 46.

Col. III: *Lín. 1:* c. *šmn [šlm bṣʿ]* (KRH), cf. 1.3 II 31-32; 1.101:14 / *šmn[.šlm.b]* (Dietrich-Loretz, UF [1978] 424). *Lín. 2: ʿn ʿk(?)r wr[-]* (Vir.) / *ʿn[.]šr* (CTA) / *ʿnk/-* (KTU); c. *ʿn[t]tr* (CTA). *Lín. 3:* / *sblt ʿṣm* (Vir.). *Lín. 4:* cf. 1.5 VI 5; / *miyt.* (Vir.). *Lín. 5:* c. posible haplografía de *nʿm* por *ʿn* en lín. anterior. *Lín. 9:* / *bṯn* (Vir.) / *bʿn* (LKK) / *bgn/dgn(?)* (CTA), cf. 1.5 VI 21; 1.6 I 5. *Lín. 10: nrt* error por *nr* (Pope, JCS [1951] 125). *Lín. 11:* / *ʿl tlm.kʿṭrṭrt* (Dietrich-Loretz, UF [1978] 425) /

Col. III: *Lín. 1:* / «Se libó una ofrenda de aceite [de bienandanza]...» (De Moor, SP 99). *Lín. 2-4:* / «Vertió aceite... lazo de la tierra...! Giró por el campo roturado...» (Dietrich-Loretz, UF [1978] 424) / «¡Que la tierra produzca masa de árboles..., el céntuplo de espelta! (Gray) / «... contemplaron el temblor de la tierra...» (Gibson) / «... la nube ensombrece..., rodea la tierra hasta sus confines en favor de la vegetación, centuplica la nube...» (Sauren-Kestemont) / «Para la espelta, el aguacero de *ʿAn...*» (Badre y otros, «Syria» [1976] 118ss) / «'¡Ojalá refresques tú tierra y cielos!'. Dio vueltas... por la espelta que blanquea en el surco» (De Moor, UF [1979] 645); cf. gl. *ʿn, tr, sb, qṣ/qṣm, ksm, mhyt. Lín. 4-6:* / «Sobre la tierra llueve *Baʿlu...*» (Ginsberg) / «Es una fuente para la tierra...» (Herdner). *Lín. 10-11:* / «... en la arada (para) la espelta...» (Ginsberg) / «... como hierbas fragantes en el otero...» (De Moor, *l. c.)* / «En (tu) sembrado

Descripción de la situación

[12]*nšu*.riš.*ḥrṯm*	Alzaron sus cabezas los labriegos,
[13]*lẓr[.]*ʿdb.*dgn*	hacia arriba los que cuidan el trigo,
k*ly* [14]*lḥm*. b*(?)*ʿ*dnhm*.	(pues) el grano se había acabado en sus depósitos,
kly [15]*yn.bḥmthm*.	se había acabado el vino en sus odres,
k*[l]*y [16]*š*m*n*.	se había acabado el aceite en sus tinajas.
*bǵ(?)/*q*(?)[ ]*	
[17]*b*t *krt.t[ ]*	En la casa de *Kirta* [entraron...].

(Laguna de unas 18 lín.)

KTU 1.16 IV
(Laguna de uns 16 lín.)

Convocatoria de los dioses

[ ] [1]*il.šm*ʿ.	«[¡Oh servidor] de *Ilu!,* escucha:
*am*rk.- - - [2]*k*il.	Tu vista [es penetrante] como la de *Ilu,*
ḥkmt.kṯr.lṭp*[n]*	eres sabio como el Toro, el Benigno.
[3]*ṣḥ.ngr.il.il*š il*[š]*	Llama al heraldo divino, *Ilšu,*
[4]*waṯṯḥ.n*grt*[.i]*lh*t*	y a su(s) mujer(es) la(s) diosa(s) heraldo(s)».
[5]*kḥṣ.km*ʿ*r.(?)*b*(?)/*	Partió, sí, de prisa, como excitado,
d*(?)[ ]*- -	
[6]*yṣḥ.ngr i*l.ilš	llamó al heraldo divino, *Ilšu,*
[7]*il*š*.ngr.bt.b*ʿl	a *Ilšu,* heraldo de la casa de *Baʿlu,*
[8]*waṯṯḥ.ngrt*.ilh*t*	y a su(s) mujer(es) la(s) diosa(s) heraldo(s).

ʿl tl k(?)ʿṯrṯrm(?) (Vir.) / *ʿlt l(?)k* (LKK) / *ʿl tl[ ](r/k)* (UT). *Lín. 12-15:* así, Vir. *Lín. 13:* / *]ʿbd(?)* (CTA). *Lín. 14:* / *[.b]dnhm* (LKK). *Lín. 16:* c. *bq[ṯr(?)hm]* (Vir.) / *bq[lthm]* (LKK) / *bq[bʿthm]* (CTA) / *bq[nqnhm]* (Margalit, UF [1979] 551-552. *Lín. 17:* c. *krt.t[bun]* (Vir.), cf. 1.15 IV 21.

Col. IV: *Lín. 1:* / *amrk pḥ(?)[* (Vir.) / c. *lṭpn]il...pḥ[m]* (KRH) / *amrk pḥ[t]* (Gibson, CML) / *amrk p[id* (Sanmartín, UF [1973] 269). *Lín. 3:* posible dittografía de *ilš* o de *il,* cf. *inf.* lín. 10 / o haplografía de *il[š]⟨.ngr.bt.bʿl⟩* (CTA), cf. *inf.* lín. 11. *Lín. 5:* así, KTU, cf. 1.15 IV 11. *Lín. 9:* así, Vir. / *wyʿn.* (LKK) / *kyʿn* error por *wyʿn* (UT).

(crece) la espelta, en (tus) surcos las plantas *ʿṯrṯrt*» (Aistleitner) / «... sobre las lomas roturadas como incienso» (Gray); cf. gl. *nr/nrt, ksm, smm, tl/tlm, ʿṯrṯrt. Lín. 13-16:* / «... se conservó alimento en...» (Fensham, JNSL [1979] 31ss); cf. gl. *kly, ʿdn.*

Col. IV: *Lín. 1-2:* / «Escucha, yo te protegeré..., mira...» (Gordon) / «*Ilu* escucha tu palabra...» (Aistleitner; Sanmartín, UF [1973] 269) / «... el que te ve, percibe que eres...» (Driver) / «Escucha, veo que eres inteligente como *Ilu,* sabio...» (Sauren-Kestemont); *amr, ḥkm. Lín. 3-9:* / «Llama al dios carpintero...» (Ginsberg) / «... al carpintero de *Ilu*...» (Aistleitner) / «... al portero de la casa de *Baʿlu*...» (cf. Margalit, UF [1976] 174, n. 91) / «... al sagrado libador de agua 'Brotes'...» (Gray); cf. gl. *ngr. Lín. 5:* cf. Rin, AE 353 / «Puso pies en polvorosa como un

[9]*kyʿn*.l*ṭpn[.]i*l dpi*[d]*	Y dijo el Benigno, *Ilu,* el Bondadoso:
[10]š*mʿ.lngr* il il*[š]*	«Escucha, ¡oh heraldo divino, *Ilšu!,*
[11]*ilš.ngr*.b*t b*ʿl	*Ilšu,* heraldo de la casa de *Baʿlu,*
[12]*wat̲tk.ngrt.t*.ilht	y tu(s) mujer(es) la(s) diosa(s) heraldo(s):
[13]ʿ*l.l.t̲k*m.*bnwn*	Subid encima del edificio,
[14]*lnḫnpt.mš*py	a lomos del torreón;
[15]*t̲lt̲ km*m.*t̲rry*	vosotros tres, que sois poderosos [de voz(?)],
[16]*[ ]*-lǵr.*gm.ṣḥ*	desde el monte gritad en voz alta,
[17]*[ ]rum*	... el mensaje (?)...

(Laguna de unas 27 lín.)

KTU 1.16 V

Deliberación del dios Ilu

[1]ʿr*[ ]*	
ʿr*[ ]*	
ʿ*r*.d/b*[ ]*	
*wy*b*[ ]*	
[5]*bʿd-[ ]*	
*yat̲*r*[ ]*	
[7]*dbk*.b*[ ]*	
[8]*t̲nnth[ ]*	
[9]*t̲lt̲th[ ]*	
[ ] [10]*lṭpn.i[l.dpid.]*	[Y dijo] el Benigno, *Ilu,* el Bondadoso:
[my] [11]*bilm.[ydy.mrṣ]*	«¿[Quién] de los dioses [arrojará la enfermedad],
[12]*gršm.*z*[bln.]*	expeliendo la [dolencia]?».
[in.bilm] [13]ʿ*nyh*	No hubo entre los dioses quién le respondiera.
*y*t̲*[ ]* [14]*rgm*	Volvió [a repetir dos (y) tres veces] la pregunta:
my.b*[ilm.ydy]* [15]*mrṣ.*	«¿Quién de [los dioses arrojará] la enfermedad,
grš[m.zbln]	expeliendo [la dolencia]?».
[16]*in.bilm.*ʿ*[ ]*	No hubo entre los dioses [quien le respondiera].

Lín. 14: / lnḫn ptm špy(?) (Vir.) / *mšpḫ[* (LKK). *Lín. 16: / lǵrg(?)mt̲(?) lḥ[n(?)]* (Vir.) / *]lǵr ṣmtlḥ[n]* (LKK) / *lǵr -mʿlḥ[* (UT). *Lín. 17:* así, Vir. / *r[-]m* (CTA). *Lín. 26-27:* posible dittografía o error del primer *aškn* por *škn.*

Col. V: *Lín. 4:* así, LKK / *wy(b/d)[* (CML). *Lín. 6:* c. *y at̲r[-bʿl]* (Vir.) / *yat̲r[t(?)* (Gibson, CML). *Lín. 7:* así, LKK / *bdk.(b/d)[* (CTA); c. *bdk.b[ʿl* (CML). *Lín. 8:* c. *t̲nnth[.bymnk(?).]* (Vir.). *Lín. 9:* c. *t̲lt̲th[wyʿn]* (LKK) / *t̲lt̲th [bydk.wyʿn]* (CML). *Lín. 10-12:* así, Vir., cf. líneas siguientes. *Lín. 13:* c. *y[t̲lt̲.yrbʿ(?)]* (Vir.) / *y[rbʿ il]* (LKK) / *y[t̲ny yt̲lt̲]* (CTA). *Lín. 14-15:* así, Vir. *Lín. 16:* c. *ʿ[nyh]* (Vir.) / *ʿ[nyh.*

onagro...» (Aistleitner); cf. gl. *kḥṣ/ḥṣ.* *Lín. 13-14:* / «Subid... sobre el techo del terrado...» (Herdner); cf. gl. *nḫnpt, mšpy.* *Lín. 15:* / «Tres de vosotros, mis pequeños...» (Gordon) / «... vosotros tres, mis proveedores de agua...», *t̲lt̲km mt̲rry* (Gray); cf. gl. *t̲rr.*

[ ] [17]*yḫmš.rgm.*	[Repitió cuatro] (y) cinco veces la pregunta:
m*[y.bilm]* [18]*ydy.mrṣ.*	«¿[Quién de los dioses] arrojará la enfermedad,
g[ršm.zbln]	[expeliendo la dolencia]?».
[19]*in.bilm.ʿn[yh.]*	No hubo entre los dioses quién le respondiera.
yṯdṯ [20]*yšbʿ. rgm.*	Repitió seis y siete veces la pregunta:
[my.]bilm [21]*ydy.*mrṣ.	«¿[Quién] de los dioses arrojará la enfermedad,
gršmz*bl*n	expeliendo la dolencia?».
[22]*in.bilm.ʿnyh*	No hubo entre los dioses quién le respondiera.

Intervención mágica de Ilu

[23]*wyʿn.lṭpn.*il.*bpid*	Y dijo el Benigno, *Ilu,* el Bondadoso:
[24]*ṯb.bny.lmṯ*bt*km*	«¡Sentaos, hijos míos, en vuestras sedes,
[25]*lkḥṯ.zblk[m.]*	en vuestros tronos principescos!
an*k* [26]*iḥtrš.*wašk*n*	Yo mismo haré un encantamiento y dispondré,
[27]*aškn.ydt.[m]*rṣ	dispondré a la que arroje la enfermedad,
gršt [28]*zbln.*	expeliendo la dolencia».
r-[ ].ymlu	De [barro] llenó [su mano],
[29]*nʿm.*rṯ*[ ].*	con óptimo barro [su diestra];
yqrṣ [30]*dt.bpḫ-[ ]-mḫt*	modeló con sangre (?), soplando...
[31]*[ ]*q*-[ ]-tnn*	... [con sangre (?)] del dragón/*Tunnanu*...
[32]*[ ]*y*tn*nh	... del dragón (?)...
[ ]	
[ ]	
[35]*[ ]*	
- -[ ]	
bi[*]*	
lṯ[ ]	
ks[ ]	Una copa [tomó en su mano],
[40]*kr[pn]*	un cáliz [en ambas manos]:

---

yrbʿ] (CTA). *Lín. 17-20:* así, Vir. *Lín. 23: bpid* error por *dpid. Lín. 26:* así, KTU / *r[ ]škn* (Vir.) / *w[?]škn* (LKK); *aškn* error por *škn* (Dietrich-Loretz-Sanmartín, UF [1974] 52). *Lín. 27: ydm(?)[.mr]ṣ gršm* (Vir.) / *yd[.]m[r]ṣ[.]gršm* (LKK) / *yd[y(?) mr]ṣ* (UGU 144). *Lín. 28:* c. *rṯ[(?)ydh]ymlu* (LKK). *Lín. 29:* así, Vir. / *nʿm. (k/r)ṯ[- - -?]* (CTA); c. *rṯ[ymnh]* (TOu) / *rṯ[ymn.]* (Gibson, CML) / *rṯ[bymnh.]* (CML), cf. 1.4 VII 40-41 / *rṯ[uṣbʿth]* (ANET); cf. Margalit, UF [1979] 552-553. *Lín. 30: / d(t./m) bpḫ[ ]./mḫt* (CTA); *dt* error por *dm,* cf. *inf.* VI 1; c. *bpḫ[r* (Margalit, *l. c.). Lín. 31-32: /].tnn* (Vir.). *Lín. 39-40:* c. *ks[.yqḥ.bdh] kr[pn.bklat.ydh]* (LKK), cf. 1.3 I

Col. V: *Lín. 24:* / «¡Retornad... a...». *Lín. 25-27:* / «Yo moldearé, yo crearé con seguridad...» (Herdner); cf. gl. *ḥrš, kn. Lín. 29-31:* / «amasó a la que en...» (Herdner) / «... cortó con su diestra barro bastante..., hizo humo...» (Sauren-Kestemont) / «... pellizcó un trozo de barro de alfarero...» (De Moor, UF [1979] 647) / «... (creó) un ser de barro...» (Margalit, UF [1979] 553, n. 51). *Lín. 39-46:* para su reconstrucción y versión, cf. De Moor, UF [1979] 646.

at.š[ ]	«Tú, *[Šaʿtiqatu...]*
šʿd[ ]	
rt.š[ ]	
ʿṭr[ ]	
45*bp.š[ ]*	
il.pd[ ]	
ʿrm.[ ]	De la ciudad [espanta a *Môtu],*
di.š[ ]	[de la villa] auyenta [al enemigo];
mr[ṣ]	[expulsa] la enfermedad...,
50*zb[ ]*	[arroja] la dolencia...
t[ ]	
b*[ ]*	

(Laguna de unas 8 lín.)

KTU 1.16 VI

La curación de Kirta

1*[m]*t.*dm.ḫt.*	«*¡Môtu,* seas derrotado;
šʿtqt dt 2li.	tú, *Šaʿtiqatu,* venga, vence!».
wttbʿ.šʿtqt	Y se fue *Šaʿtiqatu,*
3*bt.krt.bu.tbu*	en la casa de *Kirta* hizo su ingreso;
4*bkt.tgly.wtbu*	llorando se dirigió y entró,
5*nṣrt.tbu.pnm*	sollozando penetró dentro.

10-11 / *ks[.yiḫd.il.byd] kr[pn.bm.ymn]* (Gibson, CML), cf. 1.15 II 16-18. *Lín. 41:* c. *at.š[ʿtqt* (LKK), cf. *inf.* VI 1-2, 13 / *šʿ[tqt šʿd]* (De Moor [1979] 646). *Lín. 42-43:* c. *šʿd[mrṣ k]rt* (De Moor, *l. c.). Lín. 43:* / *rt.(š/ʿ)[* (CTA); c. *k]rt.ṯ[ʿ* (LKK) / *rt.š[ʿtqt* (Gibson, CML), cf. lín. 41 / *š[ʿd zblnh]* (De Moor, *l. c.). Lín. 44:* c. *ʿṭr[ptm* (LKK), cf. *inf.* VI 8 / *ʿṭr[ytn bydh]* (De Moor, *l. c.). Lín. 45:* c. *bap.š[ʿ tqt* (LKK) / *š[ʿtqt mnt]* (De Moor, *l. c.). Lín. 46:* c. *pd[rm* (De Moor, *l. c.). Lín. 47-48:* c. *ʿrm.[di.mh.pdrm] di.š[rr.ḫṭm. ʿmt]* (LKK; Gibson, CML), cf. *inf.* VI 6-8. *Lín. 49-52:* c. *mr[ṣ.ypṭr.ptm] zb[ln.ʿl.rišh] t[ṯb.trḥṣ.nn] b[dʿt.]* (Gibson, CML), cf. 1.16 VI 8-10. *Lín. 50:* c. *zb[ln. lrišh/k* (LKK), cf. *inf.* VI 9.

Col. VI: *Lín. 1: dt* error por *dm,* cf. *inf.* lín. 13 / *dm(?)* (Vir.). *Lín. 6:* así, CTA, KTU (raspado) / *mt(?)* (Vir.) / *mi* (LKK) / *m(h/i)* (UT) / *tgh* (KTL); *mt/mi* posible error por *mat* (CML) / *mh* error por *mt,* cf. *sup.* lín. 1; *inf.* lín. 13 (Saliba, JAOS [1972]

Col. VI: *Lín. 1-2:* / «¡Muerte, pues, estate quieta...! (Gordon) / «... párate, tiembla...» (Rin) / «*Môtu,* queda reprimido...» (Saliba, JAOS [1972] 108); cf. gl. *dm, ḫt, la. Lín. 2-3:* / «... marcha..., a la casa... ve...» (Sauren-Kestemont). *Lín. 4-5:* / «Sollozando (estaba), cuando se mostró y vino...» (Sanmartín, UF [1978] 451) / «... y entró sollozando, ... dentro de las ciudades...» (Saliba, Rin) / «... en la tribulación se dirige, en la angustia...» (Herdner) / «... sal del caldero y emigra» (Sauren-Kestemont) / «... y viene como salvadora...» (Jirku); cf. gl. *bk(y), gly, ba,*

[6]*ʿrm.tdu.m*h	De la ciudad espantó a *Môtu* (?),
[7]*pdrm.tdu.*šrr	de la villa auyentó al Enemigo;
[8]*ḫṭm.tʿmt.pṭr.*	Con una vara golpeó abriendo brecha
km [9]*zbln. ʿl.rišh*	y exterminando/desapareció la enfermedad de su cabeza;
[10]*wtṯb.trḥṣ.nn.bdʿt*	y repetidamente le lavó del sudor,
[11]*npšh.llḥm.tpṭḥ*	le abrió el apetito de comer
[12]*brlth.lṯrm*	la gana de alimentarse.
[13]*mt.dm.ḫt.*	*Môtu,* así, fue derrotado,
šʿtqt [14]*dm.lan.*	*Šaʿtiqatu,* pues, venció.

Restablecimiento del Rey

wyqpd [15]*krt.ṯʿ.*	Y ordenó *Kirta* el Magnífico,
yšu.gh [16]*wyṣḥ.*	alzó su voz y exclamó:
šmʿ. lmṯt [17]*ḥry*	«Escucha, ¡oh joven *Ḥurrayu!,*
ṭbḫ.imr [18]*wilḥm.*	sacrifica un cordero, que voy a comer,
mgṯ.wiṯrm	una res sacrificial que voy a alimentarme».
[19]*tšmʿ.mṯt.ḥry*	Escuchó la joven *Ḥurrayu,*
[20]*tṭbḫ.imr.wlḥm*	sacrificó un cordero y comió,
[21]*mgṯ.wyṯrm.*	una res sacrificial y se alimentó.

---

109); o por *m⟨nt⟩h* (De Moor, UF [1979] 646). *Lín. 6-7: tbu* en vez de *tdu* (UT), cf. lín. 3-4. *Lín. 8:* así, KTU (corrección textual) / *p(?)ṭr ptm* (Vir.) / *ʿṭrptm* (LKK), cf. *sup.* V 44 / *(p/tʿ)ṭr.(?)(pt/k)m* (CTA); c. *pṭrptm* (Margalit, UF [1976] 157-158) / *tʿmt ⟨mrṣ⟩ pṭr* (Gibson, CML) / quizá preferible *ptm/ttm* a *km*. *Lín. 14: lan* error por *lat* (CML) / por *laat* (De Moor, UF [1977] 366, n. 5). *Lín. 20: wlḥm* error por

---

nsr, pnm. *Lín. 6-7:* / «De la ciudad se vuela la muerte, ... el mal» (Badre y otros, «Syria» [1973] 123 / «... vino a pie a las ciudades; voló sobre cien ciudades, ... sobre los campamentos de las tribus...» (Aistleitner) / «Ciudades sobrevuela un centenar, ... una multitud» (Ginsberg) / «A la ciudad voló con vuelo silencioso, ... furtivamente...» (Sauren-Kestemont) / «De la ciudad se apresura (a salir) calladamente, ... en secreto...» (Gray) / «... (y) voló (apresurada) al sembrado, ... al lugar de las rosas de Siria...» (Saliba, *l. c.)* / «Por la ciudad hizo volar su conjuro... su tallo de flor» (De Moor, UF [1979] 646); cf. gl. *nda/da, mh(?), pdr, šrr.* *Lín. 8-9:* / «Destrozó los rizos de la cabeza del enfermo...» (Aistleitner) / «Con cuidado pone bendas sobre sus sienes...» (Gray) / «Con una vara toca las sienes...» (Jirku) / «... envolvió al pecador las sienes, ... al enfermo la cabeza...» (Sauren-Kestemont) / «Vigiló la ceguera en la sien, la enfermedad en la cabeza...» (Delekat, UF [1972] 21) / «... con un bastón... arranca enteramente el mal...» (Herdner) / «Con una vara golpea a la enfermedad...» (Gordon) / «Con malvavisco vendó sus sienes de enfermo...» (Badre y otros, «Syria» [1973] 123-124; Bordreuil-ʿAjjan, «Semitica» [1978] 5-6) / «... exprimió setas y así puso fin a la enfermedad...» (Saliba, *l. c.)* / «... ata una cuerda a su ombligo, ojas medicinales a su cabeza...» (Margalit, UF [1976] 157) / «... ⟨la enfermedad⟩ escapó de sus sienes» (Gibson) / «... la enfermedad de su cabeza sí expulsó...» (Dahood, «Or» [1975] 104, n. 4) / «Enrolló la flor como si fuera un cepillo (y) mientras... le lavó...» (De Moor, *l. c.),* cf. gl. *ḫt/ḫṭm, ʿmt, pṭr, zbln.* *Lín. 10:* / «... y se instaló...» (Aistleitner) / «... y

La insurrección de Yaṣṣibu: *deliberación*

ḫn ym [22]*wṯn*	Pasó un día y otro,
yṯb.krt.lʿdḫ	se sentó *Kirta* en su trono,
[23]*yṯb.lksi mlk*	se sentó en su trono real,
[24]*lnḫt.lkḥṯ.drkt*	en el diván, el solio de su poder.
[25]*ap.yṣb.yṯb.bhkl*	También *Yaṣṣibu* se sentó en su palacio
[26]w*ywsrnn.ggnh*	y le aleccionó su interior:
[27]lk.*labk.y*ṣ*b*	«Ve a tu padre, *Yaṣṣibu,*
lk [28]*[la]*b*k.w*rg*m.*	ve a tu padre y dile,
ṯny [29]l*[ ]*-r*[ ]*	repite a *[Kirta,* tu señor]:
iš*t*m*[ʿ]* [30]*wtqǵ[.udn.]*	Escucha y pon atento [oído],
[kǵz.ǵzm] [31]*tdbr.*	¿[Como guerrero a guerreros] podrás guiar,
w*[ǵ]*rm*[.tṯwy]*	y a mesnadas [dar órdenes]?
[32]*šqlt.bǵlt.yd*k	Has hecho caer tus manos en la postración,
[33]*ltdn.dn.almnt*	no has juzgado la causa de la viuda,
[34]*ltṯpṭ.ṯpṭ.qṣr.npš*	ni dictaminado el caso del oprimido.

---

wylḥm (Vir.), cf. lín. siguiente (pero Segert, BZAW 77 [²1961] 198). *Lín. 28:* así, Vir. *Lín. 29:* c. *l[m.]kr[t* (KTU) / *l[krt.ṯʿ(?)]* (Vir.), cf. *inf.* lín. 41-42 / *lk[rt.adnk.]* (CTA).

---

procede a...» (Ginsberg) / «... y volvió...» (Driver); cf. gl. *ṯb/yṯb.* *Lín. 22:* / «... vuelve a su estado anterior...» (Ginsberg) / «... vuelve a su sala de audiencias...» (Gordon) / «... se sentó como era su costumbre...» (Gray) / «... se sienta en el consejo...» (Badre y otros, «Syria» [1976] 124); cf. gl. *ʿd.* *Lín. 26:* / «... su jefe de harén...» (Aistleitner) / «... su espíritu familiar...» (Gordon, PLM 57) / «... pero su guardia tenía algo que exponer a ambos...» (Delekat, UF [1972] 22); cf. gl. *ggn.* *Lín. 30-31/43-44:* / «Mientras cedes ante los poderosos más violentos y aceptas a mentirosos, dejas caer...» (Aistleitner) / «¿... administras como el más fuerte... y gobiernas (como) las montañas?» (Gordon) / «¿Puedes tú mantener el control cuando..., y dominar las montañas?» (Gordon, PLM 57-58) / «... como cuando realizan una algara los algareros, serás arrebatado y habitarás en el pozo» (Driver) / «... cuando..., tú vuelves la espalda y acoges a rivales» (Gibson) / «... a paso lento estás envejeciendo y morarás en la cavidad sepulcral...» (Gray) / «... haces que permanezcan los *ǵrm,* pues apartas a los pobres y toleras a los usureros...» (De Moor, ULe 98s) / «... como uno que da rabia..., eres igual que un ultrajador...» (Bernhardt, WZG [1955-1956] 115, n. 165) / «... como la algara... tú arrebatas (todo) y estableces la opresión. Por el botín...» (Badre y otros, «Syria» [1976] 125) / «... como un bandido tú riges por la guerra y dañas por el engaño...» (Sauren-Kestemont) / «... pues tú pronuncias muchos murmullos y emites graznidos...» (Izreʾel, «Leš» [1973-1974] 300s = UF [1976] 447) / «... en caso de incursión tú huyes y te refugias en las montañas...» (Herdner) / «... hablarás con fuerza avasalladora, asolarás las montañas (con tus palabras)» (Margalit, UF [1976] 158-159) / «Y como el conquistador dominas y (como) el agresor riges» (Mustafa, AcOrHung [1975] 103); cf. gl. *ǵz, dbr, ǵr/ǵrm, ṯwy.* *Lín. 32/44-45:* / «... dejas caer tus manos en la injusticia» (Aistleitner; cf. Dahood, «Bib» [1976] 106) / «... en la negligencia» (Gordon) / «... en el error» (Gray) / «... eres abatido por el súbito colapso de tus manos» (Driver) / «... dejas caer tu poder bajo los golpes de la desgracia» (Herd-

[35]*km.aḫt. ʿrš.mdw*	Como (tu) hermana es la cama de la dolencia,
[36] *anšt.ʿrš.zbln*	compañera (tuya) es la yacija de la enfermedad;
[37]*rd.lmlk.amlk*	desciende de tu realeza, que yo reinaré,
[38]*ldrktk.aṯb an*	de tu poder, que yo me sentaré».

La insurrección de Yaṣṣibu: *comunicación*

[39]*ytbʿ.yṣb ǵlm.*	Marchó el Prócer *Yaṣṣibu,*
ʿl [40]*abh.yʿrb.*	a presencia de su padre entró,
yšu gh [41]*wyṣḥ.*	alzó su voz y exclamó:
šmʿ mʿ.lkrt [42]*ṯʿ.*	«Escucha, por favor, ¡oh *Kirta,* el Magnífico!,
ištmʿ.wtqǵ udn	escucha y pon atento oído.
[43]*kǵz.ǵzm.tdbr*	¿Como guerrero a guerrero podrás guiar,
[44]*wǵrm.tṯwy.*	y a mesnadas dar órdenes?
šqlt [45]*bǵlt.ydk.*	Has hecho caer tus manos en la postración,
ltdn [46]*dn.almnt.*	no has juzgado la causa de la viuda,
ltṯpṭ [47]*ṯpṭ qṣr.npš.*	ni dictaminado el caso del oprimido
ltdy [48]*ṯšm.ʿl.dl*	ni arrojado a los depredadores del pobre.
lpnk [49]*ltšlḥm.ytm.*	En tu presencia no has alimentado al huérfano,
bʿd [50]*kslk.almnt.*	ni a tu espalda a la viuda.
km [51]*aḫt.ʿrš.mdw.*	Como (tu) hermana es la cama de la dolencia,
anšt [52]*ʿrš.zbln.*	compañera (tuya) es la yacija de la enfermedad,
rd.lmlk [53]*amlk.*	desciende de tu realeza, que yo reinaré,
ldrktk.aṯb [54]*an.*	de tu poder, que yo me sentaré».

La maldición de Kirta

*wyʿny.*krt*.ṯʿ.*	Respondió *Kirta,* el Magnífico:
yṯbr [55]*ḥrn.ybn.*	«¡Que rompa *Hôrānu,* ¡oh hijo!,
yṯbr.ḥrn [56]*rišk.*	que rompa *Hôrānu* tu cabeza;
ʿṯtrt.šm.bʿl [57]*qdqdr.*	*ʿAṯtartu,* Nombre de *Baʿlu,* tu cráneo!

Lín. 30-31: así, Vir., cf. *inf.* lín. 42-44. *Lín. 38:* / *aṯbnn* (Vir.). *Lín. 53-54:* / *aṯbnn.* (Vir.). *Lín. 57:* *qdqdr* error por *qdqdk.* *Lín. 58:* / *bḥẓnk* (LKK) / *bḥp(?)nk* (UT)

---

ner); cf. gl. *ǵlt, ql(l).* *Lín. 35-36/50-52:* / «... habiéndote hecho hermano de la cama...» (Ginsberg; cf. Izreʾel, UF [1976] 447) / «... la enfermedad es como tu compañera de lecho...» (Herdner) / «... te mantienes firme en el lecho del dolor, estás débil en la yacija de enfermo» (Dietrich-Loretz, UF [1977] 48); cf. gl. *aḫ/ aḫd, anš.* *Lín. 49-50:* / «... das tu espalda a la viuda» (Aistleitner). *Lín. 57-58:* / «Caerás de la cúspide de tu altivez...» (Driver) / «¡Que caigas en la exuberancia de tus años! ¡En la plenitud, sí, (de tu fuerza) y seas conturbado! (Gray) / «Caerás por la naturaleza de tu edad, por tu nulidad...» (Sauren-Kestemont) / «... que se consuman tus años en la frontera, mientras tengas las manos vacías, y seas humilla-

tqln.bgbl 58*šntk.*	¡Ojalá corras veloz al término de tus años,
bḫpnk.wtʿn	por tu codicia, sí, seas humillado!
(Borde)	
spr.ilmlk.ṯʿy	El escriba fue *Ilimilku,* Inspector.

/ *bḫpak* (AE); *bḫpnk* variante o error por *bḫnpk* (CML). *Borde:* c. *ṯʿy* ⟨*nqmd*⟩ (CML), cf. 1.6 VI 57.

do» (Lipinski, «Syria» [1973] 38s; cf. Dahood, «Or» [1975] 104; Gibson, CML 102) / «¡Que caigan en Biblos tus años... y puedas tú ver...!» (Gordon) / «Que todos tus dientes se caigan en la palma de tu mano y que tú hayas de ver(los)» (Margalit, UF [1976] 16-161) / «... y se dirá» (Herdner); para una discusión detallada, cf. últimamente Del Olmo Lete, AF 7 (1981); cf. gl. *ql(l), gbl, šnt, ḫpn, ʿn(y).*

EPOPEYA DE AQHATU
(*KTU 1.17-19*)

INTRODUCCION

EL TEXTO

El primer problema que plantea el texto de la «Epopeya de *Aqhatu*» [1] es el de su relación con la «Leyenda mítica o Saga de los *Rapauma*» [2]. Pero de él trataremos a propósito de esta última. De momento consideramos el poema

[1] Falta en esta primera tablilla el título *laqht,* que aparece en la segunda; para su sentido, cf. *sup.* p. 240; Gordon, UT, p. 11, n. 1; Fronzaroli, LA, pp. 13ss; De Langhe, TRS I, p. 163. El protagonista del poema es, por consiguiente, para los cananeos *Aqhatu,* no su padre *Daniilu,* según lo entendieron los primeros editores, que denominaron a este texto «Leyenda de Danel» (Virolleaud); cf. De Vaux, RB 46 (1937) 441; Obermann, HDBS, pp. 1-2; Gordon, «Or» 12 (1943) 57, 62; Gray, LC, p. 106; Ginsberg, ANET, p. 149; Aistleitner, MKT, p. 65; Stocks, ZDMG 97 (1943) 129; Driver, CML, p. 5; Gibson, CML, p. 23; Rin, AE, p. 364; Gordon, UMC, p. 131, n. 88; Jirku, KME, p. 115, n. 1 (de ambos); Ashley, EAR, p. 5. Se ha tratado frecuentemente la relación del héroe ugarítico con el *Daniel* bíblico y el mencionado en Ez 14,14,20; 28,3; cf. B. Mariani, *Danel, «Il patriarca sapiente» nella Biblia, nella tradizione, nella legenda* (= DPS), Roma 1945, pp. 56-64, 147-273; Gordon, UMC, p 25; íd., PLM, p. 8; últimamente, Müller, UF 1 (1969) 89-94; Gibson, SVT 28 (1974) 67-68; Caquot-Sznycer, TOu, pp. 403-404; Caquot, SDB, fasc. 53, cols. 1.400, 1.402; H. H. P. Dressler, *The AQHT text: A New Transcription, Translation, Commentary and Introduction* (= AT). Dis. 1976, Cambridge Univ., pp. 13-16, 625; íd., *The Identification of the Ugaritic DNIL with the Daniel of Ezechiel:* VT 29 (1979) 152-161; E. Ashley, *The 'Epic of AQHT' and the 'RPUM Texts': A Critical Interpretation* (= EAR). Dis. 1977, New York Univ., pp. 9ss; 123; J. Day, *The Daniel of Ugarit and Ezechiel and the Hero of the Book of Daniel:* VT 30 (1980) 174-184; A. J. Ferch, *Daniel 7 and Ugarit: A Reconsideration:* JBL 99 (1980) 75-86. No me ha sido, en cambio, accesible el trabajo de K. T. Aitken, *Structure and Theme in the Aqht Narrative.* Dis. 1978, Edimburgo. Ultimamente, Margalit, VT 30 (1980) 361-365 (contra Dressler).

[2] Cf. *inf.* p. 411. Pero casi todos los autores los tratan por separado: Ginsberg, Driver, Gray, Aistleitner, Gaster, Fronzaroli, Dressler, Hillers y los que estudian el mito de los *Rapauma.* Para una nueva posible alusión al poema de *Aqhatu (mt rpi)* en RS 24.258, Rev. 1-3 (1.114:25-27), cf. J. C. de Moor, *Studies in the New Alphabetic Texts from Ras Shamra I:* UF 1 (1969) 168-169.

épico [3] de *Aqhatu* como contenido exclusivamente en las *tres tablillas* que le atribuyen corrientemente las versiones, excepto la de Gordon [4]. Las tres se conservan en el Museo de Louvre y, si atendemos a las características externas [5], no ofrecen la homogeneidad material que las que componían el texto de la «Epopeya de *Kirta*». El que ellas preservan, ofrece una lectura más rápida, más continua, con menos lagunas internas, pero, en cambio, es más fragmentario desde el punto de vista del poema total, por carecer de mayor número de columnas enteras.

La *primera tablilla* contenía claramente seis columnas, de las que sólo se conservan cuatro, dos de cada cara (I, II/V, VI) [6]; esto hace suponer que las dimensiones actuales, 17 cm. de altura por 12 de anchura, corresponden a una original de 20 × 17, teniendo en cuenta las líneas (7/8) y columnas (4) perdidas y suponiendo que las columnas son normales, de unas 55 a 60 líneas cada una. De este modo, esta tablilla resulta prácticamente idéntica a las del poema de *Kirta,* con las que coincide también en el trazado de la línea divisoria de las columnas: dos paralelas profundamente incisas [7]. Caligrafía, color de la arcilla y ordenamiento del texto son también idénticos. Posee un colofón, aunque en estado fragmentario [8], que nos permite atribuir la copia al escriba

[3] Sobre el concepto de «épica» en la literatura ugarítica, cf. *sup.* p. 274.

[4] Este, siguiendo la edición de Virolleaud (LPD, pp. 228-230), que ya le había unido 1.20, hace seguir a la leyenda de *Aqhatu* 1.20-22; cf. Obermann, HDBS, p. 1 (1.20); Rin, AE, pp. 329, 425; Fronzaroli, LA, p. 18, n. 2; Cassuto, RRAL 14 (1939) 264 [1.20 (?) después de 1.17]; De Langhe, TRS I, pp. 163-164 (1.20); Gordon, UL, pp. 85, 101-103, 135; íd., UMC, pp. 139ss; íd., PLM, p. 9, donde se muestra más reservado, sin decidir su pertenencia a la misma: «Texts 121-124 may have some connection with the AQHT Cycle». Ultimamente también Caquot-Sznycer, RPO, p. 379; íd., TOu, pp. 403, 408, 463; Caquot, SDB, fasc. col. 1.400; Ashley, EAR, pp. 410-418; *inf.* p. 410, n. 20, consideran el poema o fragmento de los *Rapauma* como la conclusión del de *Aqhatu.* Acerca de la diversa nomenclatura y orden de las tablillas, cf. Obermann, HDBS, p. 1; Fronzaroli, LA, p. 19; De Vaux, RB 46 (1937) 440-441; Herdner, CTA, pp. 77, 84, 86; Gaster, JRAS (1938) 453; íd., *Thespis,* p. 316; Gordon, UL, pp. 84s; íd., UT, p. 249; Driver, CML, pp. 5ss; Aistleitner, MKT, pp. 65ss; Ginsberg, BASOR 97 (1945) 4-5; íd., ANET, p. 14; Rin, AE, p. 369; Ashley, EAR, p. 5; Caquot, SDB, fasc. 53, col. 1.398.

[5] Cf. Herdner, CTA, pp. 77ss; De Langhe, TRS I, pp. 163-164; Ginsberg, ANET, p. 149; Caquot-Sznycer, TOu, p. 401; Driver, CML, p. 5; Gibson, CML, pp. 23-24; Dressler, AT, pp. XXI-XXII; Ashley, EAR, p. 5; Caquot, SDB, fasc. 53, col. 1.398.

[6] Sobre la disposición de las columnas, cf. lo dicho *sup.* p. 239s, a propósito del «Poema de *Kirta*».

[7] Cf. *sup.* p. 84.

[8] Cf. *sup.* p. 273 e *inf.* n. 14; Eissfeldt, SBIU, pp. 47-49, que discute su reconstrucción; Ginsberg, ANET, p. 149; De Langhe, TRS I, p. 164; Fronzaroli, LA,

Ilimilku; este dato corrobora definitivamente la identidad editorial de los dos poemas.

De la *segunda tablilla,* de color «beige» como la anterior, sólo se nos han conservado dos columnas, anverso y reverso, mutiladas por arriba y por abajo (34/42 líneas), de manera que resulta imposible precisar las dimensiones originales de la misma. Pero lo más grave es que no podemos estar seguros de si cada cara tenía dos o tres columnas. Por analogía «editorial» con las anteriores tablillas, avalada por la semejanza de la línea divisoria entre columnas de la que se aprecia un segmento en el reverso, se esperaría una tablilla de tres columnas por cara. Así lo supone Virolleaud [9], que las enumera de I a VI, mientras Herdner [10] considera el texto, «selon toute vraisemblance», repartido en cuatro columnas, dos por cara, como en la siguiente tablilla. En favor de esta consideración aboga un dato decisivo: la anchura de las columnas supera en más de un centímetro a la de las de la tablilla primera, lo que rompe la identidad «editorial» mencionada. En este caso habríamos perdido sólo dos columnas de texto, en vez de cuatro. Desconocemos, de todos modos, cuál era su argumento.

La *tercera tablilla,* que apareció rota en tres fragmentos, es de color ocre oscuro y contiene cuatro columnas casi íntegras; sus dimensiones seguras son 17 × 11,5 cm. [11], con secuencia entre la columna II y III por inversión de la tablilla como en el poema de *Kirta.* Resulta así más estrecha que las de éste, a pesar de ser las columnas de una anchura sensiblemente igual. El número de líneas oscila entre 49 y 62. Tampoco coincide, en las dimensiones comprobables, con las dos tablillas anteriores.

No deja de llamar la atención esta profunda variación en la disposición del material editorial, frente a la homogeneidad que ofrecía el de la «Epopeya de *Kirta*». Una explicación podría estar en su pertenencia a copias diferentes; pero es preferible suponer que ello se debe a que, copiados repetidamente estos textos, se conocía bien el tamaño de los mismos y se acomodaba a él el formato

pp. 16s; Caquot-Sznycer, TOu, p. 40; Dressler, AT, pp. XXI, n. 11; XXIII y XXXI (pertenecería más bien a col. I).

9 Cf. Virolleaud, LPD, p. 85; seguido por Obermann, HDBS, p. 1, y Driver, CML, pp. 5, 54ss.

10 Cf. Herdner, CTA, p. 84; así, también ya De Langhe, TRS I, p. 164, y luego Ginsberg, ANET, p. 149; Dietrich-Loretz-Sanmartín, KTU, p. 57; Caquot-Sznycer, TOu, p. 401; Dressler, AT, pp. XXI-XXII; Ginsberg, ANET, p. 149.

11 Cf. De Langhe, TRS I, p. 163; Herdner, CTA, p. 86, da como medidas 17,5 × 11,6; Ginsberg, ANET, p. 149; Caquot-Sznycer, TOu, pp. 401-402; Dressler, AT, pp. XXII-XXIII. Al aparecer partida en tres trozos, se ha perdido algo del texto en las junturas.

de las tablillas, a fin de no dejar demasiado espacio libre al final[12]. Ya hemos visto otros casos de poemas o ciclos cuyas tablillas finales tienen dimensiones más reducidas y número menor de columnas[13]. Hay, por lo demás, en este poema de *Aqhatu* un dato de homogeneidad editorial de más significación que los dimensionales señalados y que aboga por su unidad y unicidad de copia: la *caligrafía* de las tablillas, encontradas las tres en las campañas de 1930-1931 y en el mismo sitio arqueológico, es muy semejante y del mismo tipo que la de la «Epopeya de *Kirta»,* atribuible consiguientemente también al escriba *Ilimilku*[14], cuya «firma» se reconstruye en el colofón de la primera tablilla.

El problema de la secuencia de las tablillas se ve en este caso aliviado por el hecho de consevarse las columnas del inicio y final de cada una; y aun faltando algunas líneas en estas columnas, precisamente las últimas y primeras que asegurarían la secuencia continua, la *homogeneidad del argumento* la pone de manifiesto. Pero, también aquí, lo inacabado del texto nos haría pensar en otras tablillas que continuasen el tema de la epopeya. A no ser que de nuevo hayamos de ver en su final una característica del estilo épico cananeo, que desconoce la técnica del desenlace y acaba sumariamente la acción épica[15]. A este propósito es curioso advertir la disposición de la última línea de la tablilla tercera[16], escrita en el margen inferior correspondiente a la columna anterior, como si el escriba hubiese empleado el último espacio disponible para un texto que no iba más allá. De haber otras tablillas, no se explica fácilmente esta economía de espacio ni, en general, el mayor apretujamiento de las líneas de esta columna última. En ese mismo sentido se puede quizá interpretar

[12] No han aparecido, por otra parte, «duplicados», por lo que hay que suponer con mucha verosimilitud que sólo existía una copia, en la que a lo sumo pudieron sustituirse las tablillas en momentos diferentes.

[13] Cf. *sup.* pp. 87-88; a este propósito, De Moor, SP, p. 2, n. 6.

[14] Cf. *sup.* n. 8; Virolleaud, LPD, p. 86; Herdner, CTA, pp. 78, 84, 86; De Moor, SP, p. 2; Ginsberg, ANET, p. 149; Fronzaroli, LA, pp. 16-17; Caquot-Sznycer, TOu, p. 40; Dressler, AT, p. XXIII.

[15] En este sentido se podría completar 1.19 IV 61: «le dio a beber y le mató, acabó con él» (cf. 1.19 IV 34), dando la preferencia a la lectura de Herdner y abandonando la reconstrucción de Driver, apoyada en la copia de Virolleaud y seguida por Gordon, Ginsberg, Aistleitner, Jirku, Rin, Gaster, Fronzaroli; cf., en cambio, las lecturas de KTU y Dressler. Casi todos los autores consideran el poema inacabado; cf. *sup.* n. 4, y Obermann, HDBS, p. 1; De Langhe, TRS I, pp. 163-164; Ginsberg, ANET, p. 155; Driver, CML, p. 6; Gibson, CML, pp. 24, 27, 29; Gaster, *Thespis,* p. 316; Caquot-Sznycer, TOu, pp. 403-404; Clifford, VT 25 (1975) 300; Gibson, SVT 28 (1974) 66-68; Watson, UF 8 (1976) 371, 376; Margalit, *ibíd.,* p. 179; Ashley, EAR, p. 5; Caquot, SDB, fasc. 53, col. 1.400; Dijkstra, UF 11 (1979) 199, 207, n. 68.

[16] Cf. Herdner, CTA, p. 92, n. 4.

también el colofón, que habla al parecer de «repetición», lo que supondría algo acabado [17]. De todos modos, volveremos sobre el tema al tratar de la «Saga de los *Rapauma*».

Como el poema de *Kirta,* también el de *Aqhatu* ofrece algunos errores escribales. Así, tenemos, por ejemplo:

1) *transposición de letras* (1.17 I 5); 2) *confusión de signos semejantes (a/n:* 1.17 II 16; 1.19 III 45; 1.19 IV 57; *a/t:* 1.19 III 47; *p/k:* 1.19 III 5; *u/d:* 1.17 II 3); 3) *confusión de sonidos semejantes* (*ʿ/h:* 1.19 II 20); 4) *dittografía* (1.17 VI 30); 5) *división inexacta de palabras* (1.17 II 28; 1.19 III 7; 1.19 III 41,48; 1.19 IV 8).

La *editio princeps* fue llevada a cabo por Virolleaud con copia del texto cuneiforme, transcripción y versión anotada del mismo [18]. Como en el caso del poema anterior, Herdner y Dietrich-Loretz-Sanmartín [19] han realizado una revisión crítica, mientras Gordon, Driver, Gibson, Rin, Gray, Fronzaroli, Ashley y Dressler han ofrecido por su parte la transliteración y traducción íntegra del poema [20]. Nuestra edición tiene en cuenta esos y otros varios estudios parciales del mismo y se basa en los criterios apuntado anteriormente [21].

ANALISIS LITERARIO

Llama la atención en este poema ugarítico la coincidencia de motivos literarios tanto con el anterior poema de *Kirta* como con la épica griega en general. Desde ese punto de vista, podría definirse la «Epopeya de *Aqhatu*» como la contrapartida cananea del mito de Prometeo, por la pretensión que implica en su héroe y la libertad con que éste y su hermana *Puǵatu* se mueven frente

17 La fórmula es semejante a la que aparece en 1.4 V 42s; 1.40:35; cf. Virolleaud, LPD, pp. 184-185; De Langhe, TRS, I, pp. 163ss; Jirku, KME, p. 136, n. 18; Caquot-Sznycer, TOu, p. 458; Dressler, AT, p. 555. Para Driver, CML, p. 6, este colofón es una *catchline* que reclama otra tablilla. Siguiendo a Gordon, algunos autores sitúan esta notación escribal después de 1.19 IV 7 (por ejemplo, Rin y Fronzaroli).

18 Cf. *sup.* n. 19.

19 Cf. Herdner, CTA, pp. 77, 92; Dietrich-Loretz-Sanmartín, KTU, pp. 52-64.

20 Cf. Gordon, UT, pp. 245ss; UL, pp. 84ss; íd., UMC, pp. 121ss; Driver, CML, pp. 48ss; Gray, LC, pp. 106ss; Fronzaroli, LA, pp. 26ss; Dressler, AT, pp. 1ss; Ashley, EAR, pp. 7ss. Otros autores ofrecen la versión íntegra sin texto ugarítico transcrito; cf. *sup.* p. 20, n. 3. Aunque no analicen el poema completo, son importantes los estudios de M. D. Dijkstra-J. C. De Moor, *Problematic Passages in the Legend of Aqhatu:* UF 7 (1975) 171-215, y B. Margalit, *Studia Ugaritica II: Studies in Krt and Aqht:* UF 8 (1976) 137-192.

21 Cf. *sup.* n. 97.

a los dioses. En lo demás, es de una total «ortodoxia» mito-teológica [22]. Su estructuración, tal como la damos a continuación, se basa en el aislamiento de las diferentes «escenas» temáticas, teniendo en cuenta los esquemas formales, la organización estrófica (paralelística) y la división esticométrica [23]. Tales escenas son:

Rito de incubatio *(1.17 I 1-15)*. El poema se inicia con una escena ritual. *Daniilu,* rey según se deduce por el contexto posterior (cf. 1.17 V 5-8; 1.19 II 12), hallándose en una situación de desamparo, acude a los dioses. La situación se describirá después y consistirá fundamentalmente en la carencia de descendencia. Tenemos así una situación de contenido y forma similar a la que ofrecía el inicio de la «Epopeya de *Kirta»* [24].

[22] Eso no excluye, con todo, una peculiar actitud de colaboración entre los dioses *Ilu* y *Baʿlu,* así como de antagonismo entre *Baʿlu* y *ʿAnatu,* a la hora de relacionarse con los protagonistas humanos; lo que contrasta con la relación en que aparecen esas divinidades en los mitos. Es una peculiaridad en que coincide con el poema de *Kirta.* En ambos los dioses supremos resultan benéficos, mientras las diosas funestas; cf. Jirku, MC, pp. 44-47; cf. *sup.* p. 74.

[23] En este aspecto de la organización escénica del poema creo que el análisis mejor es el ofrecido por Gaster, *Thespis,* pp. 330-376; aquí aprovechamos sus datos, pero nos apartamos a veces de su interpretación. Por su parte, Obermann, HDBS, pp. 1ss, 7ss, defiende la unidad 1.17 I/II y distingue allí ocho partes; también L. H. Ginsberg, *The North-Canaanite Myth of Anat and Aqht,* I: BASOR 97 (1945) 3-10; II: BASOR 98 (1945) 15-23, distingue ocho escenas máximas en 1.17 IV; cf. asimismo la organización escénica de Caquot-Sznycer y Dressler (AT, p. 683). La primitiva ofrecida por Virolleaud está ligada a su imperfecta comprensión del texto. Para un análisis de los «motivos» de esta epopeya, cf. Dressler, AT, pp. 652-659; Ashley, EAR, pp. 419-424. Sobre el concepto de «estrofa», cf. *sup.* pp. 33-34. Para un análisis estructural y formular del poema, cf. *sup.* n. 1 (Aitken).

[24] El tema básico es el de la «descendencia»; cf. Obermann, HDBS, p. 10, n. 13; Caquot-Sznycer, TOu, p. 403; Ashley, EAR, pp. 340ss, 354, 419ss. Con todo, el orden es inverso: descripción del infortunio/sueño sagrado. Para Aistleitner, MKT, p. 65, no se trata de un banquete/sacrificio impetratorio, sino de un rito de lamentación fúnebre. Pero la razón («los dioses ya conocen su deseo») no parece muy significativa, así como su interpretación de lín. 17ss (deficiente esticometría y rutura de la «escala numérica»); por lo demás, no se da explicación de este rito de lamento fúnebre. Aquí, por otra parte, no lo interpretamos simplemente como una «ofrenda», sino como un rito de *incubatio* que la incluye. Para Jirku, KME, p. 115 (pero cf. MK, pp. 45, 87; de modo semejante (orden) Caquot-Sznycer, TOu, p. 419), lín. 1-5, constituirían un consejo dado a *Daniilu* de realizar la ofrenda a los dioses, lo que la reconstrucción *apnk/apn* excluye, por tratarse de fórmulas ejecutivas, así como la simetría de la sección; para una valoración de la escena como *incubatio,* cf. Del Olmo Lete, AF 2 (1976) 227, n. 1 (bibliografía), e *inf.* n. 97, para la estructura del rito; también Loewenstamm, IEI 15 (1965) 124-128.

El recurso a los dioses se realiza por medio de un rito de *incubatio* compuesto de sacrificio-banquete y pernoctación en el lugar sacro. Formalmente está enmarcado en la «escala numérica» (cf. 1.14 III 2ss) [25], constituyendo una «estrofa» que se repite cuatro veces en disposición concéntrica: la primera *(tst)* y la cuarta (cláusula numérica */tc/tc)* [26] con el ritual completo, la segunda y la tercera *(cnb/tc)* abreviadas, sin la mención de la pernoctación. La sección resulta así perfectamente estructurada desde el punto de vista formal, con una secuencia de cuatro *tc,* cuyo último par equilibra el *tst* inicial. También en el poema de *Kirta* el inicio resultaba altamente estructurado desde el punto de vista formal.

La pretensión de *Daniilu* es obtener una «palabra de los dioses», una revelación, naturalmente salvífica. Hay paralelos bíblicos de esta actitud y técnica [27]. Por su parte, la coincidencia en el comienzo con el poema de *Kirta*

[25] Cf. *sup.* p. 60; Obermann, HDBS, pp. 1ss (pero su sintaxis no es acertada). Para un resumen de la tablilla y leyenda en general, cf. Virolleaud, LPO, pp. 85ss; íd., RH 185 (1939) 6ss; íd., LBC, pp. 64-65; De Vaux, RB 46 (1937) 441; Cassuto, RSO (1938) 1-7; íd., RRAL 14 (1939) 264-268; íd., GA, pp. 12-14; Stocks, ZDMG 97 (1943) 126; De Langhe, TRS I, pp. 163-165; Dussaud, DRS, pp. 55-63 (1937)/ 145-152 (1941); íd., RHHPS, pp. 376-377; Spiegel, *Fs Ginzberg,* 1955, pp. 310ss; Obermann, HDBS. pp. 1-2, 7ss; Aistleitner, *Fs Mahler,* pp. 37ss; íd., MKT, pp. 65-66; Gordon, UL, pp. 84-85; íd., UMC, pp. 25ss, 120-121; íd., PLM, pp. 8ss; Ginsberg, ANET, p. 149; íd., BASOR 97 (1945) 3-10; 98 (1945) 15-23; Mariani, DPS, pp. 160-190, 277-329; Gaster, SMSR 12 (1936) 126-149; 13 (1937) 25-56; 14 (1938) 221-225; íd., «Religions» 16 (1937) 33; íd., RR 9 (1944-1945) 274-275; íd., *Thespis,* pp. 316-329, 330ss; Engnell, SDK, pp. 134-142; Gray, LC, pp. 18, 106ss; Jirku, MK, pp. 44-47; íd., KME, pp. 115ss, 129; Driver, CML, p. 6; Gibson, CML, pp. 24-27; Rin, AE, pp. 369ss; Jacob, RSAT, pp. 40-50; Fronzaroli, LA, pp. 9-23; Herdner, «Syria» 26 (1949) 1-16; Caquot-Sznycer, ROP, pp. 378-379; íd., TOu, pp. 404-409; Caquot, SDB, fasc. 53, cols. 1.398-1.400; Bernhardt, *Ac. XXVe Cong. Int. Or.,* pp. 328-329; Müller, UF 1 (1969) 79-84; Liverani, PE, pp. 865ss; Gibson, SVT 28 (1974) 60-68; Dressler, AT, pp. 2ss; Ashley, EAR, pp. 7ss, 279, 281-287; 419-426; Bratton, MLANE, pp. 130ss; Gese, RAAM, pp. 87-90; Clifford, VT 25 (1975) 299-300, 303-304; Hillers, *Fs Gordon,* pp. 71-72; De Moor, UF 10 (1978) 192-194, 210-211 (esticometría); Cazelles, EcPratHistPhAn 87 (1978-1979) 215-220; 88 (1979-1980) 231ss.

[26] Adviértase el equilibrio de tal disposición: cláusula numérica más seis versos, que se corresponden sin duda con lín. 1-6 (cláusula introductoria más seis versos). Se mantiene, no obstante, la distribución trimembre. Para el contenido de las líneas perdidas, cf. Obermann, HDBS, pp. 7, 10 (distribución estrófica de la enumeración).

[27] Cf. a este propósito Gn 28,10-22 (Jacob en Betel); Nm 22,8,18ss (Balaam); 1 Sm 3 (Samuel en Silo); 1 Sm 28,6 (Saúl en Endor); 1 Re 3,4ss (Salomón en Gabaón); 1 Re 19 (Elías en el Horeb); Del Olmo Lete, VLAI, pp. 140ss, 155ss; Obermann, HDBS, p. 10, n. 13; que insiste en la importancia de la repetición siete veces del ritual; Jirku, KME, p. 115, n. 2; *sup.* p. 248, n. 37.

aboga por un estilo épico *standard* y confirma la persuasión de que no hay que suponer tablillas anteriores.

Escena de teofanía (1.17 I 15-26). Culminando la «escala numérica» iniciada en la sección anterior, el rito incubatorio termina climáticamente el séptimo día con la teofanía *(bc)* del dios en cuyo santuario se ha celebrado el ritual. Conmovido por tal desgracia, el dios *Baʿlu* «se le acerca» (cf. 1.14 I 37: *wyqrb bšal/bḫnth),* según la típica descripción cananea de la teofanía [28], que ya aparecía en la «Epopeya de *Kirta*». Y de acuerdo igualmente con el estilo de los diálogos teofánicos allí encontrados (cf. 1.14 I 38ss), la «palabra» de *Baʿlu* se inicia con una doble exclamación-interrogación *(mat/abyn at),* que apunta descriptivamente el motivo de la aflicción de *Daniilu* (la falta de descendencia) y su recurso a los dioses a través de la *incubatio (dst/dst).* La expresión es retórica y se continúa lógicamente en una súplica de intercesión de *Baʿlu* ante *Ilu,* pidiéndole su bendición para *Daniilu* y la concesión de descendencia *(dst).* Se reproduce de nuevo con ello una fórmula y una actitud de *Baʿlu* que ya había aparecido en la «Epopeya de *Kirta*» (cf. 1.15 II 14-16). Por su parte, el dios *Ilu* aparece aquí como el «creador de las criaturas», título correspondiente al de «padre del hombre» de dicha «Epopeya» (cf. 1.14 I 43). En ambas se le denomina el «Toro». Titulación, toda ella, con amplia resonancia bíblica. La sección queda así constituida por un *bc* introductorio *(cdl)* y tres *dst.*

El hijo ideal (1.17 I 26-33). En esta sección se explicita el contenido de la bendición impetrada por *Baʿlu.* Se compone de seis *bc* de perfecto paralelismo interno: en ellos se describen los deberes que ha de cumplir este hijo ideal [29]. Constituye un cliché que se repite tres veces en esta tablilla y por eso

[28] Cf. a este propósito, Clifford, VT 25 (1975) 299; Dietrich-Loretz, UF 4 (1972) 34; Dijkstra-De Moor, UF 7 (1975) 174-175; Del Olmo Lete, VLAI, p. 380 (adviértase la diversidad del dios que se aparece). Para la construcción, cf. Van Zijl, *Baal,* p. 269. Otros autores inician el discurso de *Baʿlu* en lín. 20; lo anterior sería descriptivo (cf. Dressler, AT, pp. 25ss; quizá no se le «aparece» *Baʿlu).* Pero adviértase la identidad de construcción en ambos poemas con ausencia de *cdb.* Por su parte, Obermann, HDBS, pp. 11-13, estropea la forma literaria suprimiendo la mención del dios *Baʿlu,* cambiando su intercesión por la de los dioses y leyendo lín. 16ss como una súplica de *Daniilu.* De Moor, ZAW 88 (1976) 328, resalta que *Baʿlu* es el dios patrón de *Daniilu;* Liverani, PE, p. 863 (el aislamiento frente a sus «hermanos»).

[29] Su distribución en tres *dst* o dos *tst* no es fácil, por razón del peculiar contenido paralelístico de cada *bc* (Obermann, HDBS, p. 15, equivoca la esticometría por pretender mantener siempre el participio al inicio); de los seis, todos, menos el quinto, que se repite en el segundo hemistiquio, contienen un «par» de verbos con su complemento-objeto propio, constituyendo así un «dodecálogo»; cf. Ober-

lo aislamos aquí, aunque formalmente pertenece a la escena anterior, como parte de la «palabra» de *Baʿlu*. Resulta una especie de «canto al hijo ideal», hecho por medio de una serie (9/10) [30] de participios descriptivos, al estilo hímnico, que recuerda descripciones similares en la literatura sapiencial hebrea (cf. Prov 31,10ss).

Bendición divina (1.17 I 34-42). Ilu accede a la súplica de *Baʿlu* y bendice a *Daniilu (tc* introductorio) con una bendición de fecundidad *(dst),* que es a la vez promesa y profecía, como la que impartió a *Kirta* a petición también de *Baʿlu* (cf. 1.15 II 21ss). No obstante, a diferencia de lo que sucede en aquel caso, el beneficiario es aludido en tercera persona, lo que supone que no la recibe directamente *Daniilu*. De hecho le será transmitida a continuación (¿por *Baʿlu?)* en segunda persona, para acabar siendo repetida por él mismo en primera. Este proceso de repeticiones ya nos era conocido por la «Epopeya de *Kirta*» [31].

El hijo ideal (1.17 I 42-47). La bendición termina reasumiendo literalmente la súplica de *Baʿlu* y la descripción del «hijo ideal» solicitado. Formal-

mann, HDBS, p. 18, n. 32; Eissfeldt, «Syria» 43 (1966) 43-44; Dressler, AT, pp. 41-42, 66-67; 686-690 (la diversas versiones); Ashley, EAR, pp. 25ss; Y. Avishur, *The Incense and the Sweet Scent. 'The Commandments of the Ideal Son' in Aqht and Idol Worship in Ezekiel 8,* en *Fs Loewenstamm,* vol. I, pp. 1-15 (hb.); II, pp. 187-188 (ing.); J. F. Healey, *The* Pietas *of an Ideal Son in Ugarit:* UF 11 (1979) 353-356.

30 Dichos deberes se refieren fundamentalmente al culto de los antepasados, a las funciones sociales del padre y a su servicio personal. Posiblemente se trata, en su tenor original, de un «catálogo» de virtudes del «buen hijo», aplicado en este caso al hijo del rey *Daniilu*. Para su valoración más o menos cúltica, cf. Obermann, HDBS, pp. 13ss, 24ss, 29-30; Cassuto, REJ 105 (1940) 125-131; Spiegel, *Fs Ginzberg,* 1945, p. 317 (en 14 hemistiquios); Gaster, *Thespis,* pp. 333-338; Gordon, UMC, p. 132, n. 90; Engnell, SDK, p. 136; Eissfeldt, «Syria» 43 (1966) 39-47; Koch, ZA 58 (1967) 213ss; Caquot-Sznycer, TOu, p. 405; Van Zijl, *Baal,* pp. 271-272; Lipinski, UF 5 (1973) 197-199; Dijkstra-De Moor, UF 7 (1975) 175-176; Pope, *Fs Finkelstein,* pp. 163-165; Dietrich-Loretz, UF 10 (1978) 67-68; Dressler, AT, pp. 57, 66-67, 623; Ashley, EAR, pp. 390-393; también, Pardee, JNES 36 (1977) 53-56; Loretz, NB 8 (1979) 14-17; Margalit, VT 30 (1980) 362-363, y los estudios de Avishur y Healey mencionados en la nota anterior.

31 Recuérdese la repetición de la revelación de *Kirta* en el relato ejecutivo, en especial el mensaje (por *Ilu, Pabilu,* los mensajeros, *Kirta* y de nuevo por los mensajeros); cf. Obermann, HDBS, pp. 13-19 (con análisis de la organización esticométrica y estrófica); Gray, LC, p. 111; Ashley, EAR, pp. 38-41; Dressler, AT, pp. 72 (estructura de la bendición), 80-82 (sentido de la sección: impotencia de *Daniilu),* 99; J. J. Jackson-H. H. P. Dressler, *El and the Cup of Blessing:* JAOS 95 (1975) 99-101.

mente, ésta constituye una unidad con la sección anterior, como «palabra» del dios *Ilu.*

Transmisión de la bendición (1.17 II 1-8). De esta sección sólo se nos ha conservado la última parte de la descripción de los «deberes del hijo ideal» pero dada la fijeza del cliché es posible reconstruir el resto. La única diferencia radica en el cambio de los sufijos pronominales (3.ª/2.ª persona). Se trata pues, de la transmisión directa a *Daniilu* de la bendición dada por el dios *Ilu* Estando todavía en el ámbito de la teofanía, es lógico suponer que es *Baʿlu,* el dios que se ha «acercado» y hablado, el que en este caso transmite la bendición y no el dios *Ilu* [32].

Reacción de Daniilu *(1.17 II 8-15).* Esta es de alegría plena por la aseguración lograda en el sueño sagrado de que su ruego había sido escuchado. Dicha reacción se estereotipa en una manifestación tópica de regocijo *(bc/tc [cdb]),* que introduce una expresión de satisfacción *(bc)* y su motivación *(bc).*

El hijo ideal (1.17 II 16-23). El motivo de tal reacción *(k)* se expresa con la cláusula, convenientemente modificada, que describía su infortunio y abría la súplica intercesora de *Baʿlu,* continuada por la descripción del «hijo ideal». Sus deberes se describen ahora en primera persona.

Esa expresión modificada *(din/bl iṯ bn lh//kyld bn ly)* recuerda espontáneamente el júbilo del profeta ante el nacimiento del príncipe regio (Is 9,5: *kî-yeled yullad-lānû bēn nittan-lānû)* [33].

Escena del banquete (1.17 II 24-46). Para celebrar el rito de la *incubatio, Daniilu* se ha dirigido al santuario, posiblemente anejo a su propio palacio y en situación elevada respecto al mismo, como supone la expresión «bajó (?) *Daniilu* a su palacio» (cf. 1.14 I 27; II 21-22, 26-27) [34]. Igualmente, como en

[32] No podemos hablar aquí de mensajeros, por hallarnos en una teofanía [cf. De Vaux, RB 46 (1937) 442 (de *Daniilu* a su mujer); Cassuto, REJ 105 (1940) 131 *(Kôṯaru);* Fronzaroli, LA, p. 31; Ginsberg, ANET, p. 150; Driver, CML, pp. 6, 51; Jirku, KME, p. 118; Dressler, AT, p. 88 *(Ilu)];* ni parece admisible la restauración de Obermann, HDBS, pp. 4, 27; íd., UM, pp. 6, 21-23; Driver, CML, p. 50: *bḫlmh.tḫm ilm hwt.bn qdš.bḏrt.* Adviértase, por otro lado, el cambio de orden en II 4-6 en relación con I 31-32; cf. Ashley, EAR, pp. 42-44.

[33] Cf. G. Del Olmo Lete, *Los títulos mesiánicos de Is 9,5:* EstBíb 24 (1965) 239-243; Obermann, HDBS, pp. 23-25; H. Wildberger, *Jesaja. Kapitel 1-12,* Neukirchen 1972, pp. 377s. Para la versión dada de lín. 10, cf. Del Olmo Lete, AF 2 (1976) 232-236.

[34] Cf. *sup.* p. 250. El lugar del culto se supone siempre elevado. En él se celebran «sacrificios» *(dbḥ),* mientras los «banquetes» *(ʿšr)* a los dioses se dan en «casa» (cf. 1.15 II 1-10). ¿Estamos aquí ante tipos diversos de sacrificios y ritos litúrgicos, o simplemente ante la utilización antropomórfica, en el segundo caso, de un uso

la «Epopeya de *Kirta*» (1.14 III 52ss), después de recibir la revelación, *Daniilu* celebra un sacrificio de acción de gracias con el que son honradas y al que son invitadas las diosas del parto[35] *(dst/bc/tc)*. Se supone que dura siete días, lo que se describe utilizando la «escala numérica», usada ya antes para describir su rito de *incubatio* (*bc* repetido tres veces, introducido con la cláusula numérica por pares y que culmina en la del séptimo día con un *dst* final). De esta manera ambas secciones forman una perfecta inclusión literaria desde el punto formal y material.

Al séptimo día se retiran las *Kôṯarātu,* acaban los festejos y *Daniilu* comienza impaciente a contar los meses, probablemente los que faltan para el nacimiento de su hijo[36]. Pero el texto se interrumpe y no podemos precisar su sentido. Es posible que en las columnas que faltan (III y IV) se desarrollasen escenas relacionadas con el nacimiento, las solemnidades unidas al mismo y la infancia del héroe *Aqhatu,* con la consiguiente intervención de los dioses en ellas. A continuación les veremos moverse en derredor de él, ya joven desarrollado.

Tal como se nos han conservado, las dos primeras columnas de esta tablilla resultan paralelas a la primera e inicio de la segunda de la «Epopeya de *Kirta*», como hemos procurado resaltar en su momento oportuno; manifiestan igual técnica de construcción literaria e idénticos motivos.

Escena de teofanía (1.17 V 1-13). La interrupción del texto hace difícil la reconstrucción de la acción épica. La sección que analizamos se abre con la cláusula numérica del séptimo día (?), lo que nos hace suponer de nuevo la

social aplicado a la divinidad? Por su parte, Dressler, AT, pp. 104-105, supone la simultaneidad de I 38ss//II 24ss (plusquamperfecto). De todos modos, la versión «bajó» no es segura; cf. gl. *gl. šql.*

35 Cf. Obermann, HDBS, pp. 7, 26-27 (fin de la sección); Ginsberg, ANET, p. 150 (distinta esticometría); sobre estas divinidades menores, cf. también Virolleaud, «Syria» 13 (1932) 143, n. 1; 15 (1934) 239-240, n. 3; Ginsberg, BASOR 72 (1938) 13-15; Albright, YGC, p. 119; Loewenstamm, IEJ 15 (1965) 122; Gaster, *Thespis,* pp. 314, 317, 338-340 (cantoras/invitados); R. du Mesnil du Buisson, *Études sur les dieux phéniciens hérités par l'empire romain. Divinités astrales des tablettes des Ras Shamra.* I: *Les déesses Kotharot* (= EDP), Leiden 1970, pp. 1-2 (divinidades astrales, nutricias); Gordon, UT pp. 295; íd., UL, p. 63; íd., UMC, p. 26; Driver, CML, p. 24; Jacob, RSAT, p. 57, Herrmann, YN, pp. 5-6; Jirku, MK, p. 61; íd., KME, p. 119, n. 3; Caquot-Sznycer, RPO, p. 446; íd., TOu, pp. 385-386; Van Selms, MFL, p. 88, n. 37; íd., UF 11 (1979) 743-744; B. Margulis, *The* Kôšārôt/Kṯrt: *Patroness-Saints of Women:* JANES 4 (1972) 55; Ashley, EAR, p. 53; Dressler, AT, pp. 106-107, 125-126; cf. *inf.* pp. 450, 456.

36 Cf. Aistleitner, MKT, p. 65; Jirku, KME, p. 119, n. 4; Driver, CML, p. 81, n. 9 (hasta su pubertad); Ashley, EAR, pp. 56-57 *(ídem);* Dressler, AT, pp. 99, 110, 122; Gordon, PLM, p. 13 (período de crecimiento, no de gestación).

«escala numérica» [37], que implicaría la repetición de algún cliché, del que las líneas 2-3 (cf. lín. 12-13) formaban sin duda la parte final. Posiblemente se trataba de la promesa de un arco y flechas divinas para su hijo, promesa que se ve cumplida en este séptimo día, el momento climático. Es posible que tal promesa fuese respuesta a algún rito suplicatorio de *Daniilu* en favor de su hijo, en que solicitase para él la potencia de un cazador divino [38].

La escena que abre esa cláusula numérica del día séptimo describe, por un lado, la situación de *Daniilu* y nos lo presenta aprestándose a cumplir sus funciones normales de rey *(tst;* cf. 1.19 I 19ss), que curiosamente coinciden con las que se suponía eran también las de *Kirta* (cf. 1.16 VI 33-34, 45-50) y que a su vez la Biblia (cf. Dt 10,18; Is 1,17; Sal 68,6) atribuye al rey justo y echa en cara al impío. En ésta también el lugar de desempeño de la función legal es la «puerta» (de la ciudad) y la «era» (cf. Dt 21,19; 22,24; 1 Re 22,10; 23,8; Is 29,21; Am 5,12; Zac 8,16; Prov 22,22; Job 31,21). Por otro lado, en ese momento percibe, según un cliché utilizado en las apariciones de los dioses (cf. Gn 18,2; «alzó los ojos y vio...»), la venida del dios *Kôṯaru (tst)*. La aparición de éste se describe como una marcha, la culminación de un largo viaje, es decir, como una *parusía*. Consigo trae lo que será a continuación elemento determinante en el desarrollo épico de la «Epopeya»: el arco divino. Formalmente las dos partes de esta sección se presentan en perfecto equilibrio.

Escena de banquete (1.17 V 13-33). Como es costumbre, el dios que se acerca al hombre es acogido con un banquete (cf. 1.15 II 8ss), que traduce en realidad el rito de una ofrenda cúltica (cf. Gn 18,5ss). La escena se desdobla en dos, al ser incluida en el esquema encargo-ejecución. En esta ocasión tenemos

[37] Cf. Ashley, EAR, p. 320. La fórmula, con todo, se diferencia un poco de la normal en la «escala numérica»: *hn šbʿ bym,* en vez de *mk bšbʿ ymm* («a los siete días/el séptimo día»); cf. Dressler, AT, pp. 134, 141-142. Para la organización esticométrica de la columna, cf. De Moor, UF 10 (1978) 212; para un paralelo bíblico, P. Xella, *L'episode de DNIL et KOTHAR (KTU 1.17 [CTA 17] V 1-31) et Gen. 17: 1-16:* VT 28 (1978) 483-488.

[38] Cf. Aistleitner, MKT, p. 65; a este propósito, cf. Gn 10,9. Podría también tratarse de un cambio completo en el escenario de la acción épica y que estuviésemos ante un diálogo entre dioses: *Kôṯaru,* obediente quizá a un mandato de *Ilu,* lleva arcos para aquéllos y se detiene en la casa de *Daniilu* al que regala uno en agradecimiento por su hospitalidad; así, Gaster, *Thespis,* pp. 317, 340-342, 345; Gray, LC, p. 111; Jirku, KME, p. 120; Ashley, EAR, p. 62 *(Kôṯaru* ante la asamblea divina). Pero tales escenas míticas no cuadran bien en el desarrollo de una épica que sólo menciona a los dioses en función de las vicisitudes de sus protagonistas humanos y como respuesta a ellas. Por eso prefiero la primera suposición. Para la estructura de la sección, cf. Dressler, AT, pp. 149; 185-186 (significado general de la columna).

el encargo, organizado de una manera muy equilibrada *(te/bc/bc/tc)* con fórmulas de introducción *(cej/cdb/cib)*, en cuanto a su organización estrófica se refiere. El encargo va dirigido a su mujer para que agasaje convenientemente a los dioses, *Kôṯaru* y su séquito, como era el caso en la «Epopeya de *Kirta*» en situación similar (1.15 IV 1-3; cf. 1.14 V 12-14; 1.16 VI 14-17); y como hace Abrahán con Sara, su mujer (Gn 18,6). *Danatayu*, la mujer de *Daniilu*, ejecuta la orden, mezclándose equilibradamente su ejecución con la intervención del dios aparecido: la mujer prepara el banquete *(dst = bc + bc)*, el dios entrega el arco y las flechas *(tc)*; la mujer da el banquete *(c/tc)*, el dios se retira *(bc)*. La ejecución corresponde literalmente al encargo recibido, con el que constituye una unidad formal. Por otra parte, sorprende lo escuetamente que se describe la intervención del dios; constituye en realidad un momento funcional determinante, pero no se desarrolla ni interfiere la marcha de la acción, centrada en los protagonistas, *Daniilu* y su hijo. Es una característica de la épica cananea este modo sumario de tratar las situaciones, atendiendo preferentemente a las *dramatis personae* y a sus reacciones [39].

Entrega del arco (1.17 V 33-39). La escena siguiente, como las dos anteriores, se abre y suelda con un *bc* que parece típico de la narrativa cananea, como fórmula de transición o ejecución, para indicar el inicio de otra situación distinta, pero contigua y sucesiva; aquí tal situación es la entrega del arco por *Daniilu* a su hijo *Aqhatu (dst)* [40]. La acción va acompañada de una exhortación sobre el uso del mismo, de la que se nos ha conservado asimismo un *dst* (?) *(bc int.)*.

Aqhatu aparece aquí como un joven ya crecido al que sin duda iba destinado desde un principio el arco que el dios artesano trajo a su padre. Ese acto de benevolencia divina reclama que las primicias de la caza cobrada con el mismo sean consagradas a la divinidad. Subyace aquí una teología de las primicias y su desacralización que conocemos ya por la Biblia hebrea.

Escena de banquete (1.17 VI 4-16). El texto inicial de esta columna resulta muy fragmentario; por lo que cabe entrever, la escena descrita es la de un banquete, posiblemente aquel que *Aqhatu* da a los dioses en acción de gracias [41] o en el que les honra con sus primicias. De todos modos, aquí se alcanza

[39] Cf. *sup.* p. 273, lo dicho a propósito del final del «Poema de *Kirta*».

[40] Se trata, naturalmente, de un arco portentoso; cf. Jirku, MK, pp. 87, 91; Gaster, *Thespis,* pp. 341, 345; Dressler, AT, pp. 182-184, 315; Ashley, EAR, pp. 361ss.

[40 bis] Cf. Gibson, SVT 28 (1974) 65 (no unido a primicias).

[41] Cf. Aistleitner, MKT, pp. 66, 68s (posiblemente en honor de *ʿAnatu);* Gaster, *Thespis,* p. 345; Gray, LC, p. 111; Jirku, KME, p. 122, n. 1; Dressler, AT, pp. 311-317.

el climax de la curva épica, el punto más alto del éxito o felicidad en la «Epopeya de *(Daniilu* y) *Aqhatu*». En el banquete participa la diosa *ʿAnatu,* y, por el texto conservado, se deduce que, a vista del arco de *Aqhatu,* es presa de un deseo ardiente, acaso de un arrebato de celos, de hacerse con él a cambio de cualquier cosa que el joven apetezca [42].

Diálogo entre ʿAnatu *y* Aqhatu *(1.17 VI 16-40).* Como consecuencia de la escena anterior se entabla un diálogo entre *ʿAnatu* y *Aqhatu* que llevará el drama a su punto fatal, al conflicto entre las divinidades, como era el caso en la «Epopeya de *Kirta*» [43]. El diálogo se articula sobre el esquema oferta-rechazo: de entrada, la diosa *ʿAnatu* ofrece a *Aqhatu* oro y plata a cambio de su arco *(bc* de fórmulas introductorias *[cdb + cib]/bc/bc),* pero éste rechaza la oferta *(crb),* enumerando los materiales precisos para construirlo *(bc/tc)* [44] y recomendándole llevárselos a *Kôṯaru* para que le fabrique uno *(tc).*

Dentro del mismo esquema, el diálogo se prolonga en una nueva oferta; esta vez es la inmortalidad lo que se ofrece *(crb/tc/bc/tst).* De nuevo, *Aqhatu* rechaza la oferta, en realidad, el engaño de *ʿAnatu,* en una serie de esticos paralelísticos *(crb/dst/dst/tc)* en los que niega que la inmortalidad corresponda al hombre, cuyo sino irremediable es la muerte [45], así como tampoco es

[42] Cf. Driver, CML, p. 8; Gaster, PEQ 69 (1937) 207; íd., JRAS (1938) 453; íd., SMSR 13 (1937) 55ss; íd., *Thespis,* pp. 354-356, para otros paralelos clásicos; Clifford, VT 25 (1975) 299ss (banquete de dioses, *ʿAnatu* la anfitriona y huésped). Pero la interpretación de la escena (Gaster) como intento de seducción del joven por parte de la diosa (cf. De Vaux, RB 46 [1937] 441; también Albright, BASOR 94 [1944] 34; y Gray, LC, p. 111; Ashley, EAR, pp. 365-366, 378), a fin de conseguir su intento, resulta de una reconstrucción del texto, al parecer innecesaria; cf. Ginsberg, BASOR 98 (1945) 20; Herdner, «Syria» 26 (1949) 6; De Vaux, RB 56 (1949) 310-343; Hoffner, JBL 85 (1966) 330; Hillers, *Fs Gordon,* p. 72. Para Dressler, AT, pp. 233-236, la codicia de *ʿAnatu* está motivada por la peculiaridad del arco (escita).

[43] Cf. *sup.* p. 261; Gaster, *Thespis,* p. 317.

[44] Cf. Gray, LC, p. 111; Gaster, *Thespis,* p. 317. Otros (Ginsberg, Clifford, por ejemplo) suponen que *Aqhatu* le ofrece proporcionarle esos elementos. En cambio, Aistleitner, MKT, p. 66, los considera objeto de caza para *Aqhatu,* en una versión imposible. Se trata de los materiales precisos para la construcción de un arco compuesto (cf. *inf.* n. 98); cf. también Dijkstra-De Moor, UF 7 (1975) 186-187; Watson, UF 8 (1976) 372-373; Sanmartín, UF 9 (1977) 371-373; Dressler, AT, pp. 224-231, 234-236, 314.

[45] Cf. a este propósito Dahood, PNSP, pp. 25, 39, 48-49; íd., UHP, pp. 38-39, 67 (cf. UF 3 [1971] 154); íd., UF 1 (1969) 24; íd., RSP I, p. 105; Van Zyl, *Baal,* p. 272-275; Dietrich-Loretz, UF 5 (1973) 292-293 (esticometría); Dressler, AT, pp. 243ss. Pero desgraciadamente la interpretación de lín. 30-33 no es clara ni unánime; cf. Dressler, AT, pp. 251ss, 311-313; Ashley, EAR, pp. 89-94; 361ss; 374-383 (paralelos orientales). Dijkstra-De Moor, UF 7 (1975) 187-189, que discuten

propio de mujeres el manejo del arco. Se consuma así la *hýbris* de *Aqhatu,* que ha desestimado un deseo divino y ha menospreciado a una diosa como si fuere un mortal [46]. La consecuencia es que se atraerá su ira, su odio a muerte, condensado en una amenaza.

Amenaza de ʿAnatu *(1.17 VI 41-45).* El diálogo se cierra con el pronunciamiento por la diosa *ʿAnatu* de una amenaza de muerte contra *Aqhatu (bc/cdl/tst).*

El texto se halla algo deteriorado, pero permite apreciar que tal amenaza se configura como un castigo, no como una venganza injustificada: la diosa *ʿAnatu* va a vigilar los pasos de *Aqhatu* y cuando le halle en falta le matará. De hecho, el plan de *ʿAnatu* no procederá así, ni se preocupará de ese aspecto, pero, con todo, se pretende guardar las apariencias «éticas» en la concepción de conducta de los dioses, preocupación que ya de antiguo se había percibido en el documento «E» del Pentateuco en relación con el «J», cuando ambos formulan el comportamiento de los patriarcas y del pueblo entero en cuanto ordenado por Yahvé (Jacob-Labán, Jacob-Esaú, Israelitas-Egipcios) [47].

La marcha de ʿAnatu *(1.17 VI 46-54).* En realidad, el conflicto se va a resolver a nivel de dioses, es decir, por encima de la justicia del caso. Despechada la diosa, se dirige a la morada de *Ilu* ante quien calumnia a *Aqhatu;* o por lo menos le acusa de insolencia, en un intento de justificar su posterior acción vengativa con la garantía del dios supremo, haciéndola así irrevocable y «legítima»; téngase en cuenta que *Aqhatu* es fruto de una peculiar bendición de *Ilu* y lógicamente su protegido. Es constante este recurso al dios supremo, tanto en la mitología como en la épica cananea, en los momentos y acontecimientos decisivos del destino de los dioses y de los hombres [48]. Tal recurso es

otras versiones (Dahood, Marcus, Caquot-Sznycer); a la vez, para su crítica, cf. Grabbe, UF 8 (1976) 58.

46 Cf. Gordon, UL, p. 8; Jacob, RSAT, p. 49; Clifford, VT 25 (1975) 304; Ashley, EAR, pp. 367, 371-372, 378-379; Dressler, AT, pp. 246, 313-315 (no la considera capaz de dar la «inmortalidad»); precisamente a *ʿAnatu,* la diosa de la guerra y la caza, Ashley, EAR, pp. 419, 421 (aquí se da el «climax» de la acción épica).

47 Cf. Eissfeldt, EAT, p. 278; para la diversa configuración del motivo de la responsabilidad de la diosa en las diferentes versiones de este tema mítico, cf. Hillers, *Fs Gordon,* p. 77; Ashley, EAR, pp. 99ss, 379 (amenaza incondicional); Dressler, AT, pp. 286ss, 316-317 (no es amenaza, sino engaño); Dijkstra, UF 11 (1979) 208-209.

48 Cf. Gaster, *Thespis,* pp. 317-318; Ashley, EAR, pp. 101ss, 379; Aistleitner, MKT, p. 66, que sugiere que tal consentimiento de *Ilu* se precisa por ser *Aqhatu* también divino (cf. *inf.* n. 91). No se impone tal interpretación. Por otro lado, la escena tiene cierto parecido con el prólogo de Job (1,6-12; 2,1-6), el otro héroe legendario mencionado en Ez 14,14,20; 28,3; cf. Gibson, SVT 28 (1976) 67-68.

reflejo de una concepción orgánica del panteón, que establece un cierto orden y subordinación en el mundo de los dioses, no precisamente una «moralidad», a imagen de la sociedad humana.

El contenido de la acusación y la posible réplica de *Ilu* no se nos han conservado. La presente sección describe únicamente el viaje o marcha de *ʿAnatu* a la morada de *Ilu (dst/dst)* con una serie de expresiones que constituyen un «cliché» típico en la mitología ugarítica; a continuación se describe *(dst)*, igualmente con expresiones estereotipadas, la introducción de su discurso.

Amenaza de ʿAnatu *(1.18 I 6-14)*. Las primeras líneas de esta nueva tablilla, que contenían, sin duda, la respuesta (¿negativa?) de *Ilu*, se han perdido. De hecho, el tenor de la réplica de *ʿAnatu* hace suponer que el dios *Ilu* no se hallaba dispuesto a acceder a su pretensión. En consecuencia, *ʿAnatu* recurre a la amenaza contra el mismo [49]. Fundamentalmente es un «cliché» literario, puesto en boca de la violenta diosa otra vez (cf. 1.3 V 19-25), rematado con un *tc* que alude a la situación concreta; formalmente la sección es de una organización estrófica equilibrada *(cdb/tc/bc/tc/tc)*.

De aquí, como de otros lugares del ciclo mitológico de *Baʿlu-ʿAnatu*, resulta una imagen inconformista del panteón ugarítico, en el que la lucha y la intriga tienen un amplio lugar, y que concuerda con el que ofrecen los panteones mesopotámico, egipcio y griego. Dioses y hombres forman dos sociedades paralelas, sometidas a los mismos arquetipos de acción, con la peculiaridad de que en la sociedad divina no hay código que la controle; sus acciones tienen valor absoluto, son por sí mismas ley, proyección de la realidad, justificación de lo incondicional. Su sociedad está sometida, con todo, a la «fuerza» del destino y de la naturaleza. Recuérdese cómo en la «Epopeya de *Kirta*» el mismo dios *Ilu* recurre a la magia para acabar con una enfermedad causada, al parecer, por otra divinidad. Ya desde ahora puede apreciarse la distancia que media entre tal imagen y la concepción de la divinidad en Israel.

Consentimiento de Ilu *(1.18 I 15-19)*. El dios supremo reconoce lo irremediable de la venganza de *ʿAnatu* y consiente en su plan, indicándole incluso el modo de llevarlo a cabo: el disimulo *(cdb/bc/bc int.)* [50]. Ya veíamos que éste era también el recurso que *Kirta* (cf. 1.16 I 41-45) [51] recomendaba a su hijo *Ilḥu*, al enviarle a citar a su hermana *T̠itmanatu*.

[49] Cf. Obermann, UM, pp. 73-74; Fronzaroli, LA, p. 45; Ginsberg, ANET, p. 152; Jirku, KME, p. 125; Caquot-Sznycer, TOu, pp. 406-407; Dressler, AT, pp. 319ss, 343-345; Ashley, EAR, pp. 109-113; 379-380; Gordon, PLM, p. 33 (*ʿAnatu*/Jezabel). Para el resumen del contenido de esta tablilla, cf. las obras citadas *sup.* n. 25.

[50] Acerca de esta unidad estrófica, cf. *sup.* p. 34; Obermann, UM, pp. 73-77.

[51] Sobre el particular, cf. Del Olmo Lete, UF 7 (1975) 94-95. Para Dressler, AT, pp. 329, 343s, *Ilu* recomendaría a la diosa que se controlase, pero ella no le

Invitación de ʿAnatu *(1.18 I 19-31)*. Una vez conseguido el consentimiento del dios *Ilu, ʿAnatu* vuelve junto a *Aqhatu* y, con palabras engañosas, por cuanto se puede colegir del texto fragmentario, cita al joven a la ciudad de *Abiluma,* la ciudad de la «Luna», escenario escogido para su venganza [51 bis]. El estado defectuoso, con todo, del texto no permite colegir los motivos alegados de tal intriga ni la reacción de *Aqhatu*. Podemos distinguir la marcha *(dst/bc int./crb/cdb/cib)* y una proposición incompletamente conservada [puede apreciarse esta organización estrófica: *tc/bc/bc/bc/bc* (?)].

Encargo y objeción (1.18 IV 5-15). Se han perdido, entre ésta y la anterior, dos (menos probablemente, cuatro) columnas que narrarían la llegada de *Aqhatu* a la ciudad de *Abiluma*. En la presente aparece *ʿAnatu* dirigiéndose, de nuevo según las fórmulas descriptivas del viaje e introductoria del discurso directo, hacia *Yaṭipānu,* una divinidad guerrera desconocida por lo demás [52], con el fin de alquilar sus servicios para la ejecución del plan trazado. Este se le encomienda a modo de «encargo» que el superior hace a su ministro o delegado, sin que medie ruego alguno: habrá de herir a *Aqhatu* durante el novilunio [53] en la ciudad de *Abiluma,* a donde aquél se ha dirigido *(tc/tc)*. La forma literaria reproduce «el encargo de acción» tan típico de los relatos de vocación, y en general de «misión», que ofrece la Biblia hebrea [54]. Un momento de tales encargos es generalmente la «objeción» con que el encargado replica al mitente. Algo similar tenemos aquí en la respuesta de *Yaṭipānu,* aunque el texto resulta ambiguo y está mal conservado. Al parecer, *Yaṭipānu* se resiste a tal cometido *[cdb/cib/tst(?)]* y pretende disuadir a la diosa de su intención

obedecería; Ashley, EAR, pp. 116-117, 380-381 (consiente *Ilu* en sus planes/reconoce que el «insolente» merece el castigo).

[51 bis] Sobre el sentido de sus palabras (lín. 23-24) como solicitación, propuesta de matrimonio o simple invitación, cf. últimamente H. H. P. Dressler, *The Metamorphosis of a Lacuna: is* t.aḫ.wan... *a Proposal of Marriage?:* UF 11 (1979) 211-217.

[52] La naturaleza divina o humana de tal personaje es controvertida. Su morada, «gruta» y «campos», que en otras ocasiones es denominación de la de los dioses, aquí no se impone con tal sentido; cf. Hoftijzer, UF 3 (1971) 363; Van Selms, UF 7 (1975) 480; Margalit, UF 8 (1976) 181 (le visita *ʿAnatu);* Dressler, AT, pp. 380. 383 (le alquila como ejecutor: como diosa no puede rebajarse a tal menester y no tiene el consentimiento de *Ilu);* Ashley, EAR, pp. 133, 423 (el mediador es necesario para poder justificar la «venganza» de *Puǵatu)*.

[53] Cf. Ginsberg, ANET, p. 152 (impreciso); Gray, LC, 115, Jirku, KME, p. 127, n. 1; Fronzaroli, LA, p. 47; Gaster, *Thespis,* pp. 351-352, quien analiza el sentido de tal momento, pero con excesiva reconstrucción; Dressler, AT, pp. 353-354; Margalit, UF 8 (1976) 179; Ashley, EAR, p. 134; Gibson, CML, p. 25 (momento de suerte).

[54] Cf. Del Olmo Lete, VLAI, p. 390.

desproporcionada e injusta [55]. Aparece aquí de nuevo el carácter «moral» de la acción como ideal formal del proceder, pero que no tiene vigencia necesaria en el universo de los dioses.

Descripción del plan (1.18 IV 16-27). *ʿAnatu* no acepta la objeción ni la reconvención, y explicita ahora sin más el *plan* que antes, sólo de manera implícita, había propuesto y que *Yaṭipānu* deberá ejecutar. Esto también es típico de los relatos de vocación bíblicos. El contenido del plan estriba en una técnica de camuflaje: la diosa se disimulará como un águila en una bandada de éstas y de su carcaj saltará *Yaṭipānu* como un proyectil dirigido [56] sobre la cabeza de su víctima, sin dejarle tiempo para reaccionar; un ataque por sorpresa perfectamente planeado. Aquí aparece *Yaṭipānu* como una divinidad (?) inferior y subordinada, a las órdenes de sus superiores, aun sin compartirlas; y por otra parte, se ve cómo *ʿAnatu* rehúsa el combate directo con *Aqhatu,* poseedor de un arco divino con el que puede hacer frente a los mismos dioses. Posiblemente, con todo, la intención de *ʿAnatu* no es matarle [57], sino simplemente dejarle sin sentido y substraerle a continuación dicho arco; en todo caso, devolverle a la vida.

Formalmente, la sección es de una construcción estrófico-paralelística perfecta: se abre con dos fórmulas de introducción *(cdb/cib)* y se compone de seis *bc* (agrupables en dos *tst* o tres *dst)* que culminan en un *bc int.* [58].

[55] En esto difiere fundamentalmente de la «objeción», tal como aparece en los relatos bíblicos de vocación; en éstos no se dirige contra el plan o encargo, sino que se refiere a la incapacidad del encargado para llevarla a cabo o a la mala disposición del pueblo frente al mismo. Para Gaster, *Thespis,* p. 318, aquí *Yaṭipānu* más bien pretende adelantar otro plan distinto (invitarle a un banquete y atacarle entonces por sorpresa); de modo semejante, Aistleitner, MKT, p. 74; Dressler, AT, pp. 359-360. Pero no creo que se haga justicia así al texto; cf. Ashley, EAR, pp. 134s, 330, 381. El banquete más bien lo da *Aqhatu* (cf. Watson, JNSL 5 [1977] 75).

[56] Cf. Gaster, *Thespis,* p. 318, que habla del «primer paracaidista de la historia» (!); Ashley, EAR, pp. 138-139, 380; Caquot, SDB, fasc. 53, col. 1.399; Watson, JNSL 5 (1977) 69-75 (imágenes de «cetrería»: la diosa maneja a *Yaṭipānu* como un halcón, haciéndole revolotear y soltándole contra *Aqhatu,* sin moverse ella misma. Semánticamente esta interpretación ofrece serias dificultades); Dressler, AT, pp. 379-380 (ataque desde arriba, divino o rápido). Sobre el sentido de lín. 23-24/34-35, cf. Aartun, WO 4 (1968) 293-294; Mustafa, AcOrHung 29 (1975) 104.

[57] Este elemento no aparece claro y los autores no están de acuerdo. Así, Gaster, *Thespis,* pp. 318, 353, 356, y Gordon, PLM, p. 20, sostienen la interpretación propuesta, mientras Aistleitner, MKT, p. 66, y Caquot-Sznycer, RPO, pp. 378s; íd., TOu, p. 407; Dijkstra-De Moor, UF 7 (1975) 197; Dressler, AT, pp. 371, 380-381, opinan que su intención es matar a *Aqhatu* y así lo hace; cf. *inf.* n. 109.

[58] Cf. *sup.* n. 50; para su recta valoración esticométrica hay que compararla con el texto ejecutivo de la sección siguiente.

Ejecución del plan (1.18 IV 27-37). Reaparece aquí un esquema narrativo muy común en la épica y mitología ugarítica, el de orden-ejecución, que ya encontramos en la «Epopeya de *Kirta*». Tal esquema impone la repetición literal, en forma ejecutiva, de la sección anterior. Amén de los cambios supuestos por esta variación en la forma (1.ª/3.ª p., imp./ind., sustitución de las fórmulas introductorias por una de descripción ejecutiva), se suprime además la cláusula de la sección anterior, que expresaba la voluntad de *ʿAnatu* de resucitar o reanimar a *Aqhatu*. Se crean así dos *tc* (inicial y final) que constituyen una inclusión formal y que ponen de manifiesto el carácter secundario y «anormal» de las estrofas correspondientes de la sección anterior.

Arrepentimiento de ʿAnatu *(1.18 IV 38-42).* Al parecer, *Yaṭipānu* ha ido demasiado lejos y ha provocado la muerte de *Aqhatu*. Esto motiva el llanto de *ʿAnatu* y su promesa de resucitarle (?). La interpretación es conjetural, ya que el texto está muy dañado y no es posible su reconstrucción [58 bis]. Esta, como otras escenas de «reacción», se compone de una cláusula de «conmoción» y otra de «expresión», en forma de promesa y acaso de maldición a las aves (que puedan turbar el reposo de *Aqhatu*).

Lamento por Aqhatu *(1.19 I 2-19).* La escena con que se abre la última tablilla resulta muy oscura y las seis primeras líneas ofrecen un texto muy dañado. La primera dificultad interpretativa deriva de nuestra ignorancia acerca de quién es aquí el interlocutor, que parece ser *ʿAnatu*. La sección se acaba con una declaración de sequía *(bc)*, consecuencia de la muerte del héroe divino, como en el caso de la enfermedad de *Kirta* (cf. 1.16 III 1ss); la muerte, con todo, ha sido accidental y se devolverá la vida (?) a *Aqhatu (bc/bc)* [59]. Así entendido el fragmento, podría equivaler a una rememoración de la muerte de *Aqhatu*, a modo de «lamento», puesto en boca de la diosa *ʿAnatu*, que «confiesa» su intención verdadera en el ataque, pero no puede evitar las consecuencias, la sequía, que de la muerte del héroe se siguen. La situación alcanza

[58 bis] Cf. Gaster, *Thespis*, pp. 318, 343; Gray, LC, p. 116; Caquot-Sznycer, TOu, p. 407; Dressler, AT, pp. 375ss, 381 (lágrimas de ceremonia).

[59] Cf. Ginsberg, ANET, p. 153; Fronzaroli, LA, p. 51; Del Olmo Lete, AF 2 (1976) 236-243; Gaster, *Thespis*, pp. 318, 356, que la interpreta como una invectiva de *ʿAnatu* contra *Yaṭipānu*, y Caquot-Sznycer, TOu, pp. 407-408, como un «descenso» de la diosa a los infiernos (!); Ashley, EAR, pp. 145-151, como un rito funerario para preparar su resurrección y una explicación de la situación dada por *ʿAnatu;* mientras, según Margalit, UF 7 (1975) 303, n. 20; 8 (1976) 169-172; íd., *Death and Dying in the Ugaritic Epics,* en B. Alster (ed.), *Death in Mesopotamia (XXVIᵉ Rencontre Assysiologique Internationale)* (= DM), Copenhague 1980, pp. 250-251, es el mismo *Aqhatu* el que «desciende»; y para Dressler, AT, pp. 395, 403, 423, podía tratarse de una eulogía de *Aqhatu,* hecha por *ʿAnatu,* o de su descenso al ʿinfierno'. Para el resumen del contenido de esta tablilla, cf. *sup.* n. 25.

así su clímax dramático de fracaso total: a la constatación de la pérdida irreparable del arco divino (lín. 1-5: *tc/bc)* sigue el «lamento» que contiene: la descripción de la situación del héroe, el momento de su comida (lín. 5-6.6-10: *cdl/bc/tc),* el ataque y su reacción (lín. 10-14: *tc/tc),* la confesión de intenciones (lín. 14-17: *bc/bc)* y las consecuencias que las desbordan (lín. 18-19: *bc),* pues no puede haber vivificación del héroe al no haber arco que devolver y ser su muerte una desgracia irreparable que repercutirá en toda la naturaleza. Se trata de situaciones de mecanismo fatal, en las que no es posible la súplica y que las mismas divinidades tienen que limitarse a constatar. A partir de aquí se organiza la segunda parte de la acción dramática del poema, en la que se habrá de echar mano de la única fuerza con la que es posible hacer frente a tal situación: la magia.

Llegada de Puġatu *(1.19 I 19-28).* Después del oscuro pasaje anterior reaparece *Daniilu,* en la misma situación que nos lo presenta 1.17 V 4-8, en el desempeño de sus funciones ordinarias, ignorante de la suerte de su hijo. El texto reproduce así un «cliché» conocido *(bc);* pero tenemos una laguna en el mismo. En base a esa identidad de situación puede completarse con la reconstrucción de un nuevo «cliché» correspondiente esta vez a la visión de la llegada de su hija *Puġatu (tc),* el personaje que aparece a continuación [60].

Pero tal «cliché» suele tener valor teofánico [61], lo que induciría a pensar que debe ser un ente divino el que percibe *Daniilu.* La objeción, con todo, no es decisiva, pues *Puġatu* va a demostrar a continuación unas características semidivinas, «heroicas», de inteligencia y fortaleza, que le permitirán hacer frente a la situación (cf. también 1.19 II 10ss, sin valor teofánico). Como en el caso de *Kirta,* la hija aparece viviendo lejos de su padre.

Escena de augurio (1.19 I 28-35). También en este caso, como allí *Ṯitmanatu,* inmediatamente se percata *Puġatu* del significado de la ausencia de su hermano, relacionando la aparición de las águilas con la sequía que se ha producido en la tierra *(cv/dst/bc)* [61 bis]. Su intervención resulta un tanto exabrupta, pero ya conocemos esta característica por el modo de introducirse los protagonistas y las diversas escenas en la épica ugarítica: aquí, apenas llegada *Puġatu,* comienza sin más preámbulos su intervención, decisiva para todo el desarrollo posterior de la acción.

Han aparecido, así, dos elementos que relacionan esta «Epopeya» con la de *Kirta* y que pertenecen prototípicamente al limitado catálogo de recursos y

[60] Cf. Virolleaud, LPD, pp. 139ss; Gaster, *Thespis,* pp. 318, 357; Dressler, AT, pp. 406, 409, 424 (ve venir a las aves).

[61] Cf. *sup.* p. 41; Ginsberg, ANET, p. 153, n. 32.

[61 bis] Cf. Herdner, «Syria» 26 (1949) 10 (conoce que un águila ha devorado a *Aqhatu);* Caquot-Sznycer, TOu, p. 443; Dijkstra-De Moor, UF 7 (1975) 200; Dressler, AT, p. 409.

temas de que dispone la épica cananea: la presencia de la hija del héroe es determinante en el momento de desgracia de éste (ahora *Puǵatu* como antes *Ṯitmanatu*), desgracia que, por otra parte, se encuentra en íntima relación con la sequía que acaece en la tierra, con lo que se da el paso del plano social al cósmico en la andadura épica del poema. Pero tal andadura queda todavía implícita: sólo se ha insinuado la nueva situación, su descubrimiento completo se irá realizando a continuación.

Reacción y conjuro de Daniilu *(1.19 I 36-46)*. La reacción de *Daniilu,* ante la calamidad que aflije a su reino y ciudad, se estereotipa en el «gesto» de dolor *(bc)* de rasgar sus vestiduras y en la «exclamación» por la que implora la lluvia [62], como corresponde a su función de rey, responsable de la fertilidad del país. La súplica tiene sin duda valor de conjuro *(bc* introductorio/*bc),* pero en todo caso manifiesta que *Daniilu* no se ha percatado aún de la situación real. De hecho, su «plegaria» no obtiene resultado, pues hay una causa fatal que engendra la sequía (cf. 1.19 V 17-19), que debe ser removida, por arte de magia naturalmente, y a cuyo descubrimiento se encaminará *Daniilu.*

Encargo y ejecución (1.19 I 46-II 11). En una nueva escena de «reacción» repite *Daniilu* su «gesto» de dolor *(bc)* y «pronuncia» su determinación de comprobar (?) la magnitud de la sequía y ponerla remedio, sin duda por medios mágicos. En consecuencia, «encarga» a su hija *(cdb/tc/tc)* preparar la cabalgadura para realizar una gira por sus dominios, en busca, al parecer, de posibles elementos de verdor que puedan servir de principio vivificante. El encargo se inicia con la fórmula de interpelación *(cib),* que se prolonga *(tc)* en una «descripción de la hija», que se repetirá después como un «cliché» fijo, de idéntico sentido a la del «hijo ideal» que antes vimos [63]. Pero no resulta claro el significado de las funciones que se le atribuyen.

[62] Para un análisis de las diversas opiniones sobre esta sección, cf. Del Olmo Lete, AF 2 (1976) 242-244; además, Müller, UF 1 (1969) 92; Gibson, SVT 28 (1974) 66 (= 2 Sm 1,21); Dijkstra-De Moor, UF 7 (1975) 201-202 (forma interrogativa); Mustafa, AcOrHung 29 (1975) 103-104 (maldición); Margalit, UF 8 (1976) 309, n. 29, 312; 8 (1976) 148 (oráculo); Watson, UF 8 (1976) 377 (maldición); Ashley, EAR, pp. 159ss (maldición); Dressler, AT, pp. 416-417, 424 (súplica), 575-576 (esticometría); Du Mesnil, «Berytus» 26 (1978) 82; Fenton, VT 29 (1979) 162-170.

[63] Estos «clichés» corresponden a las formas hímnicas de los salmos, compuestas de series de participios atributivos que describen las cualidades de Yahvé («creador, vivificador...»), y en general a las fórmulas de las titulaturas regias de Oriente. En el caso de *Puǵatu* no está claro si se trata de cualidades y habilidades mágicas o domésticas (cf. Hillers, *Fs Gordon,* p. 80; Dressler, AT, p. 427, 433-434; Ashley, EAR, pp. 164-165, 338-339). Es curioso advertir la relación que tanto la hija de *Kirta (aḫth šib yṣat),* como la de *Daniilu (ṯkmt my ḥspt...)* mantienen con el agua;

La muchacha ejecuta puntualmente el encargo recibido, con repetición parcial de sus fórmulas *(tc/bc/tc)*. Algunos entienden que ejecuta su menester «llorando»[64], rasgo que adelantaría el sentido de la acción, siguiendo la actitud tomada desde un principio (cf. *sup.* lín. 34-35), y que corresponde bien a la función de la «hija» en esta situación épica (cf. 1.16 I 30; II 35-36).

Escena de conjuro (1.19 II 12-25). Y *Daniilu* recorre sus dominios *(bc int.)* pronunciando el conjuro mágico *(dst)*[65]; recorrido y conjuro se repiten dos veces con leves y paralelas variantes, siendo la repetición recurso típico de las escenas de conjuro (cf. 1.16 III 5-9; 1.19 II 56ss) y en general de las acciones cúltico-mágicas (cf. 1.17 I 1-16). En dicho conjuro, el padre, *Daniilu,* relaciona la fertilidad de la tierra con su hijo *Aqhatu,* como si se tratase de una función más del «hijo ideal» el asegurar la fertilidad del suelo como portador del vigor fecundo de su padre, el rey. En el mismo sentido cabría interpretar los atributos de la «hija ideal» que hablan del agua, el rocío y las estrellas. Pero tampoco puede desconocerse que la mención de *Aqhatu* tiene aquí un valor dramático peculiar dentro del desarrollo de la acción del poema: adelanta y prepara el desenlace, manteniendo la atención fija en su protagonista, el Prócer *Aqhatu. Daniilu,* su padre, aparece todavía ignorante de la situación real. Esta técnica del doble plano narrativo la describe perfectamente Von Rad a propósito de Gn 22[66].

Revelación de la situación (1.19 II 26-44). Esta sección, de difícil interpretación en razón sobre todo de la defectuosa conservación del texto, seguramente ha de organizarse según el esquema revelación-transmisión[66 bis]. Por medio de las fórmulas estereotipadas de introducción *(dst)* se describe la per-

una sale a sacarla al atardecer, la otra la transporta de mañana, al parecer (?); cf. *sup.* n. 30.

[64] La interpretación no es unánime; para un análisis de los diversos sentidos de *bkm,* cf. Aartun, BO 24 (1967) 288-289; íd., PU I, pp. 6-7, 57; De Moor, SP, p. 16; íd., UF 7 (1975) 203; Van Zijl, *Baal,* pp. 153-154; Rin, AE, pp. 130, 412; Dahood, ULx, p. 86; Müller, UF 1 (1969) 92; Dressler, AT, p. 436; Ashley, EAR, p. 38; Watson, UF (1978) 398, entre otros muchos.

[65] Acerca de su sentido, cf. Cassuto, «Or» 8 (1939) 240; Gaster, *Thespis,* pp. 259-260; Gray, LC, p. 120; Jirku, KME, p. 131, n. 4; Müller, UF 1 (1964) 92; Dressler, AT, pp. 470-474; Ashley, EAR, pp. 168-169, 391 (recorre el huerto propio).

[66] Cf. G. Von Rad, *Das Erste Buch Mose,* Gotinga (1949) [8]1967, pp. 203ss; Cassuto, RRAL 14 (1939) 267; Gaster, *Thespis,* p. 368; Dressler, AT, pp. 316-317, 424.

[66 bis] Cf. Del Olmo Lete, AF 2 (1976) 245-249; Ginsberg, ANET, pp. 153-154; Fronzaroli, LA, pp. 57, 86; Aistleitner, MKT, p. 78, n. a (sombra de *Aqhatu);* Gaster, *Thespis,* p. 361; De Moor, UF 10 (1978) 212-213 (para la esticometría); Dressler, AT, pp. 452-474.

cepción, que al parecer *Puġatu* tiene de la llegada de (dos) mensajeros (divinos) que le transmiten *(tc/tc/bc/tc/bc)* la noticia de la muerte de *Aqhatu,* y su reacción de dolor. No se precisa el autor inmediato, aunque sí al parecer el responsable divino, *ʿAnatu,* contra la que nada es posible. Precisamente sobre esta incógnita se montará el desarrollo posterior de la acción. Sigue, por consiguiente, como elemento épico fundamental, el recurso del doble plano narrativo: ignorancia de la situación por parte de los protagonistas, mientras ésta es conocida para el lector. Recibida la noticia, y de acuerdo con el esquema mencionado, se delibera y decide comunicarla a *Daniilu [cdb (?)/dst/tc]* y se lleva a cabo tal decisión *(cdl/cib/c/tc)* de manera literaria más resumida. Este desdoblamiento de un mensaje en los momentos de encargo-comunicación, deliberación-transmisión, lo hemos encontrado anteriormente (cf. 1.17 I 35ss, en tres momentos) y aparecen también en los ciclos mitológicos. Estos monólogos deliberativos, introductorios de la ejecución, no son desconocidos en la literatura bíblica.

Reacción de Daniịlu (1.19 II 44-49). Se formula de modo estereotipado con una «descripción» de quebranto físico *(bc/tc)* y su «declaración» de venganza *(cdb/bc).* Esta sólo fragmentariamente se ha conservado y, según ella, *Daniilu* se propone acabar con el asesino. En la laguna (lín. 50-55) se precisaría su propósito, que, por lo que a continuación sigue, parece debía incluir la decisión de encontrar antes que nada el cadáver del hijo, como principio de una venganza acertada e impuesta por la exigencia de «cubrir» la sangre, que hace estéril la tierra [67], y dar al hijo un sepulcro honorable.

Primera escena de magia (1.19 II 56-III 14). La búsqueda se dirige hacia las aves, cuyo vuelo proporcionó ya a su hija *Puġatu* el primer atisbo de la tragedia (cf. 1.19 I 32ss) y que sabemos colaboraron en cierto modo con la diosa *ʿAnatu* en el asesinato de *Aqhatu* (cf. 1.18 IV 17ss//27ss); se propone descubrir si han devorado ellas el cadáver de su hijo y retienen aún restos entre sus garras o en sus entrañas. Atisba, en consecuencia, su vuelo *(bc)* y les dirige un conjuro-imprecación por el que invoca la acción destructora de *Baʿlu* sobre ellas *(cdb/bc/tc/bc).* El conjuro surte efecto inmediato, cumpliéndose literalmente, pero el resultado es negativo *(dst + tc).* En consecuencia, les dirige un nuevo conjuro-imprecación por el que invoca la acción benéfica divina para que *Baʿlu* les reanime y devuelva a su integridad y ser primero *(cdb/tc),* sin explicitarse su resultado, que se supone igualmente efectivo. Tenemos así literariamente organizada la sección, amén de por las fórmulas introductorias, por el esquema conjuro-cumplimiento/conjuro (-cumplimiento). Su estructura

67 Cf. Ashley, EAR, pp. 170-183; Gaster, *Thespis,* pp. 319, 357-358; Gray, LC, p. 120, Dressler, AT, pp. 473, 514 [se le informa de haber sido devorado (?)]; Caquot, SDB, fasc. 53, col. 1.400 (se entera de que las aves han participado en el asesinato).

interna recuerda los «milagros reversibles» que aparecen en la Biblia y en el *Enuma eliš*[68], aunque con intención distinta.

Segunda escena de magia (1.19 III 14-28). La escena se repite una vez más según el mismo esquema y vocabulario, variando únicamente el objeto, limitado esta vez a una sola águila, el misterioso *Hargabu,* padre de las águilas.

Tercera escena de magia (1.19 III 28-45). Aún se repite la escena por tercera vez, después del resultado infructuoso de las dos primeras. Ahora el objeto del conjuro es el águila madre, *Ṣamalu.* La parte primera, el conjuro, se desarrolla como las anteriores; pero ahora la acción ha dado resultado positivo y *Daniilu* descubre restos de *Aqhatu* en las garras del ave, que entierra con el correspondiente rito funerario[68 bis]. Esto lleva consigo que el cumplimiento se prolongue en un *dst* más, con lo que el esquema conjuro-cumplimiento resulta ahora formalmente más equilibrado *(bc/tc/bc//dst/tc/dst).* El conjuro final también varía: no se refiere desde luego a la reanimación del ave, hallada culpable (!) de devorar a *Aqhatu,* sino que invoca el poder destructor de *Baʿlu* sobre todas las águilas o aves de presa que perturben el sueño de *Aqhatu* en su sepulcro *(cdb/dst).*

Escena de maldición (1.19 III 45-IV 7). Pero en realidad las aves no eran las responsables de la muerte de *Aqhatu.* Por eso, una vez cumplido su deber paternal y asegurado a su hijo un digno enterramiento en el «sepulcro de los dioses de la tierra» (cf. 1.19 III 6.20-21.34-35), *Daniilu* trata de individuar y vengarse del anónimo homicida pronunciando sobre la ciudad escena del crimen, y responsable del mismo desde una concepción colectivista, una maldición de efecto mágico. Como en el caso de las aves que devoraron a *Aqhatu,* al desconocerse el lugar preciso, la fórmula se repite tres veces sobre tres localidades diferentes; naturalmente la tercera es la exacta, como sabíamos por el plan de la diosa *ʿAnatu* de caer sobre *Aqhatu* en la ciudad de *Abiluma,* aunque *Daniilu* lo ignore[69], de acuerdo con la disposición dramática de la acción en doble plano.

[68] Cf. Del Olmo Lete, VLAI, pp. 86s; Dressler, AT, pp. 514-515; Ashley, EAR, p. 194 (cf. el mito de *Adapa).* Como en esos casos, equí también se repiten tres veces. Pero la intención última parece diversa. En la Biblia y en el *Enuma eliš* se trata de «garantizar» al jefe por la acción milagrosa, en el «Poema de *Aqhatu*», en cambio, el interés reside en el objeto mismo de aquélla. No hay intención apologética, sino pragmática.

[68 bis] Cf. Spiegel, *Fs Ginzberg,* p. 315 (como *ʿAnatu* los de *Baʿlu:* para la resurrección); Dressler, AT, pp. 515-516 (entierro en recipiente de barro); Ashley, EAR, p. 198; Margalit, UF 8 (1976) 172ss; 11 (1979) 552, n. 50; ampliado en el Simposion de Madison; cf. *inf.* n. 87.

[69] Se aprecia una disposición climática, ascendente, de la fórmula; cf. Gaster, *Thespis,* pp. 319, 364-368; Caquot-Sznycer, TOu, p. 408; Jirku, KME, p. 134,

Literariamente sorprende lo exabrupto de la ilación entre esta escena y la anterior, que, si coincide con ella en la forma literaria, supone una intención y objeto diferentes. Queda patente de ese modo una posibilidad de secuencia narrativa en la épica cananea que puede obligar a matizar nuestros criterios respecto a la unidad literaria del relato. Formalmente, por otra pate, la triple imprecación-maldición no es literariamente idéntica. Se abre con fórmulas introductorias, de discurso directo y de marcha, progresivamente escalonadas *(c/bc/tc)*. Consta de un *bc* imprecatorio, idéntico en los tres casos, salvo el nombre de la ciudad, completado por un *dst/bc int.* que enuncia el contenido de la maldición, en los casos primero y tercero, mientras en el segundo tenemos un *bc* y un *tc,* compuesto este último por los tres últimos *c* del *dst/bc* mencionado. En realidad, ahí radica el motivo central de la situación: la ciudad queda reducida a la condición de fugitivo sobre el que pesa el crimen y la venganza, siempre en busca de «asilo», como supone lín. 47 [70]. Precisamente es a esa ideología a la que responde y la que refleja la legislación de Dt 21,1-9 [71].

Escena de duelo (1.19 IV 8-27). De nuevo, sin que medie ninguna cláusula de ilación, la epopeya continúa describiéndonos cómo vuelve *Daniilu* a su casa a preparar un rito de duelo por su hijo, después del periplo iniciado en 1.19 II 12. La sección es paralela a 1.17 II 25ss, donde las *Kôṯarātu,* divinidades del alumbramiento, son entretenidas durante siete días en casa de *Daniilu.* Ahora el duelo dura siete años. La escena se compone de dos partes: la primera *(cml/dst/dst)* describe el duelo, y la segunda *[bc int. (cdl)+tc+tc+bc (?)]* transmite la despedida que el séptimo año les dispensa *Daniilu,* concluyéndose el rito de duelo con un sacrificio y danza ritual [71 bis].

n. 13; Dijkstra-De Moor, UF 7 (1975) 209; Margalit, UF 8 (1976) 177-181; Watson, UF 9 (1977) 374-375; De Moor, UF 10 (1978) 213-215 (para la esticometría de la sección); por otra parte, Dressler, AT, pp. 504, 516-518 («en su proximidad»), no advierte esta ignorancia de *Daniilu* respecto a la ciudad responsable; Ashley, EAR, pp. 199ss.

[70] Acerca del sentido de las tres maldiciones, cf. *inf.* p. 360; Gaster, *Thespis,* pp. 365-368; para Margalit, UF 8 (1976) 180-181, la maldición de «ceguera» equivale a la de «sequía»; pero no es probable que la «maldición» se dirija también contra *ʿAnatu,* como quiere Dressler, AT, pp. 505-506, 517-518; Ashley, EAR, pp. 202ss.

[71] Cf. Gordon, UL, p. 5; Gray, LC, p. 122; Gaster, *Thespis,* pp. 364-366; *inf.* nn. 101, 104 bis; Zevit, JBL 45 (1976) 389; Gibson, SVT 28 (1974) 66; para paralelos bíblicos de las maldiciones, cf. Dressler, AT, pp. 517-518; Ashley, EAR, pp. 199-203, 209.

[71 bis] Cf. Gaster, *Thespis,* pp. 368-370; Ginsberg, BASOR 72 (1938) 15; De Moor, UF 10 (1978) 215 (esticometría); Dressler, AT, p. 556; Ashley, EAR, pp. 212-213, 216-218; Margalit, JBL 89 (1970) 294; Dijkstra, UF 11 (1979) 209.

Escena de bendición (1.19 IV 28-40). Suspendida por la escena anterior de duelo, se reanuda ahora de nuevo la búsqueda vindicativa del asesino, iniciada por *Daniilu.* Con los dioses propiciados por el sacrificio, tema que une esta escena con la anterior *(cdb/tc), Puġatu* solicita de su padre la bendición para llevar a cabo un plan de venganza contra el asesino de su hermano, una vez conocido su trágico fin *(dst).* De acuerdo con el esquema operativo petición-concesión, su padre responde *(cdb)* otorgando la bendición solicitada *(bc/tc int./bc).* La fórmula es completamente arquetípica: se usan los mismos términos que *Ilu* utiliza para bendecir a *Daniilu* (cf. 1.17 I 37ss), completados con los atributos propios de *Puġatu* (cf. 1.19 II 1ss) y terminados con la repetición de las mismas cláusulas que definían su intención. Atributos y cláusulas que separan y comentan las fórmulas de bendición que forman de por sí un *bc.* Un ejemplo, en fin, de composición artificiosa [72]. Es además muy armónica la correspondencia estrófica entre las dos partes, petición-concesión, de la sección *(cdb/tc/dst//cdb/tc int./bc),* que se abren ambas con una exaltación del interpelado: por su acción (sacrificio) o por sus cualidades (atributos) [73].

Ejecución del plan (1.19 IV 41-50). Para llevar a cabo su intento, *Puġatu* recurre a una treta que ya hemos encontrado en la «Epopeya de *Kirta»* (cf. 1.16 I 41-45) y en esta de *Aqhatu* (cf. 1.18 I 15-19) [74]: el disimulo. En este caso se disfraza bajo la apariencia de la diosa *ʿAnatu,* pues por ella se la toma, y, al parecer, utiliza sus mismas técnicas de maquillaje (cf. 1.3 III 1ss). Una vez disfrazada *(tc/bc int.)* marcha y llega a la morada de los dioses «en son de amistad» *(dst).*

Escena de agasajo (1.19 IV 50-56). Literariamente esta escena se organiza de modo muy nítido: anuncio introductorio de la llegada *(cdb/bc),* invitación por parte de *Yaṭipānu (cdb/tc),* aceptación *(tc)* que repite ejecutivamente las cláusulas de aquélla.

Sorprende a primera vista que, a su llegada a «la morada de los dioses», *Puġatu* se tope directamente con *Yaṭipānu,* el asesino de su hermano al que va buscando, el cual la acoge cordialmente, confundiéndola quizá con *ʿAnatu* e invitándola a su mesa. Driver supone que *Puġatu,* ignorante de la participación de éste en la muerte de *Aqhatu,* se dirige al «Olimpo» cananeo en busca

[72] Cf. *sup.* p. 335; Margalit, UF 8 (1976) 181-182.

[73] Cf. *sup.* p. 48.

[74] Cf. *sup.* p. 352; Gordon, UMC, p. 26; íd., PLM, p. 34; Jirku, KME, 136, n. 15 (carácter cúltico del maquillaje); Caquot-Sznycer, TOu, p. 408; De Moor, «Or» 37 (1968) 212-215; Müller, UF 1 (1969) 94; Ashley, EAR, pp. 147, 224ss, 338; Dijkstra-De Moor, UF 7 (1975) 212; Watson, UF 8 (1976) 375-376; Dressler, AT, pp. 556-558. En realidad, *Puġatu,* como figura femenina, representa el contrapunto de la diosa *ʿAnatu* en el destino de *Aqhatu;* cf. Hillers, *Fs Gordon,* p. 80.

de sus servicios para llevar a cabo su venganza [75]. Pero la naturaleza «vidente» de la muchacha y la andadura épica del poema, que ya ha descubierto a la diosa *ʿAnatu* como la mandataria, hacen suponer que *Puǵatu,* al dirigirse hacia *Yaṭipānu,* lleva por lo menos la sospecha de su complicidad. En todo caso, se ha acelerado así el desenlace y facilitado el salto entre los dos planos del desarrollo épico.

Escena de desenlace (1.19 IV 56-62). Es el mismo *Yaṭipānu* quien, en el entusiasmo del «brindis», deja entrever claramente que ha sido él el asesino de *Aqhatu* y que está además dispuesto a acabar por el mismo sistema con cualquier otro enemigo. Lo que nítidamente manifiesta que no ha reconocido a *Puǵatu* y que renueva así la oferta de sus servicios a *ʿAnatu,* quizá para congraciarse con ella por su imperfecta prestación. La forma literaria en que esto se expresa es la del conjuro o augurio *(cdb/bc/tc).* Ante él la «reacción» de *Puǵatu* incluye su «enardecimiento» *(bc)* y la «ejecución» de su venganza *(bc):* trata de embriagarlo, con el intento claro de acabar con él [76]. El texto no lo asegura, por ser aquí fragmentario, pero se reconstruye bien así la laguna [77].

El colofón insinúa que debe repetirse, no sabemos qué, o que se debe retornar a una sección previa del relato. En todo caso, tal indicación supone que el texto ha llegado a su punto final o por lo menos a una división fundamental del mismo (cf. 1.4 V 42). Yo me inclino a pensar lo primero [78]. Con la venganza sobre el asesino de *Aqhatu* la epopeya ha alcanzado su climax épico-narrativo: arranca de una situación de infortunio, éste logra su solución y el punto cumbre con la bendición benevolente de los dioses; se interpone el contraste con una divinidad, provocada por la oposición a la misma, lo que desencadena una situación de desgracia que culmina en la muerte del joven héroe; finalmente se restablece el equilibrio, también con la ayuda divina, por medio de su sepultura «gloriosa» y su venganza. Este ritmo épico ondulatorio de desgracia-salvación, pecado-castigo, desgracia-reparación, es idéntico al que

[75] Cf. Driver, CML, p. 8; Gaster, *Thespis,* p. 319; Caquot-Sznycer, TOu, 409; Delekat, UF 4 (1972) 12; Dijkstra-De Moor, UF 7 (1975) 213; Margalit, UF 8 (1976) 182-185; Ashley, EAR, pp. 228-229.

[76] Fronzaroli, LA, p. 90, recuerda a este propósito el comportamiento de Judit con Holofernes; Gaster, *Thespis,* pp. 320, 375, y Ashley, EAR, pp. 230-234, 411, el de Yael con Sísara; en cambio, Aistleitner, MKT, p. 67, entiende que es *Yaṭipānu* quien envenena a *Puǵatu;* cf. también Dressler, AT, pp. 557-558 *(Puǵatu* es la víctima de *Yaṭipānu);* en contra, Margalit, VT 30 (1980) 365.

[77] Cf. *inf.* p. 401.

[78] Cf. *sup.* n. 15; así, también Hillers, *Fs Gordon,* p. 71, nn. 1, 80; para las diferentes interpretaciones del colofón, cf. Dressler, AT, pp. 555-556, 639-640, nn. 14-15; Ashley, EAR, p. 209.

encontrábamos en la «Epopeya de *Kirta*»[79]. También aquí el desenlace es exabrupto, sin «aterrizaje» narrativo, sin interpretación que resalte el tema o saque la moraleja[80]. Estamos muy verosímilmente ante una técnica narrativa y un recurso épico típicos de la literatura cananea, como decíamos. Desde luego, estimo que está fuera de lugar la continuación, que algunos proponen, de estas tablillas con otras que narrarían la resurrección de *Aqhatu*[81]. Esto contradiría tanto el sentir explícito de la misma epopeya (cf. 1.17 VI 35-38; 1.19 III 44-45) como el carácter de divinidad ectónica que adquiere *Aqhatu* con su muerte (cf. 1.19 III 6 y *par.*). La epopeya ofrece así un *pathos* de tragedia, al saldarse sólo con la venganza la muerte irreparable del héroe. La de *Kirta,* en cambio, tenía un clima menos patético, al terminar con la restauración del rey en su trono; pero, en última instancia, también a través de la venganza, en su caso imprecada sobre el pretendido usurpador.

SENTIDO Y FUNCION DEL POEMA

El texto de la «Epopeya de *Aqhatu*», tal como a nosotros nos ha llegado, presenta, pues, una construcción literaria más perfecta, un carácter trágico más acentuado que la de *Kirta*[82]. La curva épica, como hemos visto, va de la desgracia a la prosperidad, de la ofensa a la ruina, compensada por un final de venganza. También el carácter «mítico» está más acentuado[83] en este caso. En la «Epopeya de *Kirta*» el trato entre dioses y hombres se reduce a nivel de revelación y «palabra», pues el caso de la «invitación» al banquete se puede entender como una expresión cúltica del sacrificio. Aun entonces, la intervención divina se reduce a la palabra de bendición. En cambio, en la «Epopeya de *Aqhatu*» tal trato es más «cotidiano»: además de comer y beber las viandas en casa de su hombre fiel, los dioses le regalan un arco, discuten con él y le

[79] Cf. *sup.* p. 244; recuérdese el ritmo teológico del Libro de los Jueces; Eissfeldt, EAT, pp. 343ss; cf. *sup.* p. 273, n. 117.

[80] A este propósito cabe mencionar el final, igualmente «sin comentario», del Libro Segundo de los Reyes; cf. G. von Rad, *Theologie des Alten Testaments,* Munich (1957) ^{4}1962, vol. I, p. 355.

[81] Cf. Gordon, UL, 85; íd., UMC, p. 27; Ginsberg, ANET, p. 155; Fronzaroli, LA, p. 11; en contra, Hillers, *Fs Gordon,* p. 78; Dressler, AT, pp. 557-558. Sobre su relación con el «Poema de los *Rapauma*», cf. *inf.* p. 410s.

[82] Cf. Aistleitner, MKT, p. 10; Ginsberg, LKK, p. 46. Sobre la fundamental identidad de construcción de la primera parte de ambos poemas, cf. *sup.* pp. 332ss; también Koch, ZA 58 (1967) 211-212; Bernhardt, *Ac. XXVe Cong. Int. Or.*, pp. 328-329 (para él ambos poemas tienen el mismo «Sitz», la legitimación dinástica, pero esto es difícilmente aceptable en el estado actual del poema de *Aqhatu*); Müller, DW, p. 292 (contexto seminomádico de ambos).

[83] Cf. *sup.* p. 274; *inf.* nn. 90-91 y 102.

proponen una transacción o prometen enseñarle a cazar; cuando el hombre la rechaza, los dioses se vengan de él, teniendo que recurrir para ello a estratagemas complicadas (no se trata ahora del recurso a la magia ante una enfermedad natural, como en el caso de *Kirta);* por otra parte, le ayudan en sus intentos de venganza, atendiendo fielmente sus súplicas, y quedan finalmente expuestos a sus represalias. El mismo dios supremo, *Ilu,* ha de doblegarse al capricho de una divinidad inferior [84].

Las esferas, pues, resultan así menos diferenciadas; los dioses son más humanos en sus reacciones y recursos. No obstante, el marco teologal permanece «ortodoxo»: el dios *Ilu* responde a las súplicas, anuncia el futuro, decide en última instancia el destino del hombre. Como en el poema de *Kirta,* el dios tutelar resulta ser *Baʿlu,* el que intercede y apoya con su virtud taumatúrgica a la hora de la desgracia (derriba a las aves y las revive a petición de *Daniilu)* [84 bis]. Otras divinidades que intervienen: las *Kôṯarātu,* que asisten al nacimiento de *Aqhatu; Kôṯaru,* que le regala un arco; *Yaṭipānu,* que le derriba [85]. Peculiar es la función de la diosa *ʿAnatu,* cuya actuación proporciona la trama del poema [86].

Todo ello hace que sea muy difícil reducir a términos históricos su núcleo básico [87]. Los protagonistas *(Daniilu, Danatayu, Aqhatu, Puġatu)* se compor-

[84] Fronzaroli, LA, p. 12; Gaster, *Thespis,* p. 317; Caquot-Sznycer, TOu, pp. 406-407; *inf.* n. 106; Ashley, EAR, pp. 289-300; Loewenstamm, UF 11 (1979) 505.

[84 bis] Cf. Fronzaroli, LA, pp. 12-13; Kapelrud, BRST, pp. 73-75; Van Zijl, *Baal,* pp. 269s; Koch, ZA 58 (1967) 211; Ashley, EAR, pp. 301-308, 310-311, 360. El homomorfismo que señala Dressler, AT, pp. 630-633, 672-675, entre los protagonistas humanos y las tres divinidades principales no resulta suficientemente fundado; cf. Caquot, SDB, fasc. 53, cols. 1.401-1.402; Dijkstra, UF 11 (1979) 206-207.

[85] Cf. *sup.* n. 52; Ashley, EAR, pp. 319-326. Se invocaría también, según algunas versiones, al dios *Ilšu* (1.19 IV 57; cf. 1.16 IV 4ss); se mencionan además las águilas padre y madre, *Hargabu* y *Ṣamalu.*

[86] Cf. Fronzaroli, LA, pp. 12-13; Kapelrud, VG, pp. 70ss; Eaton, GAH, pp. 64ss; Dressler, AT, p. 564; Ashley, EAR, pp. 302, 309-318; cf. *sup.* p. 74, n. 140.

[87] Sobre los personajes «humanos» de la epopeya, cf. Ashley, EAR, pp. 327-339. La interpretación de G. A. Barton, *Danel, a Pre-israelitic Hero of Galilee:* JBL 60 (1941) 213-225, trazada sobre las mismas líneas que la de Virolleaud respecto al fondo histórico del «Poema de *Kirta*», debe considerarse fruto de una primera aproximación acrítica al texto; cf. Stocks, ZDMG 97 (1943) 130-141 (leyendas mandeas del Hermón); Spiegel, *Fs Ginzberg,* pp. 336ss (Hermón y Abilene en el Libro de Henoch); Gray, LC, pp. 106-108; Jacob, RSAT, pp. 48-50; Fronzaroli, LA, p. 11; De Langhe, TRS I, p. 163; II, pp. 147-174 (el marco geográfico de la epopeya); Margalit, UF 8 (1976) 179-181, 186-188 (la hipótesis *Kinneret);* 11 (1979) 552, n. 50; íd., *The Geographical Setting of the Aqht Story and its Ramifications,* ponencia presentada al «Ugaritic Symposium», Madison, 25-27 de febrero de 1978 y que aparecerá en 1981 editado por G. D. Young, *Ugarit in Retrospect:*

tan ciertamente como seres humanos. Sin embargo, el marco geográfico (*Qīru-Mayima, Mirartu, Abiluma*) no es identificable con seguridad. Quizá el núcleo histórico pueda radicar en la memoria y exaltación de un príncipe legendario extranjero, hábil cazador, muerto en edad prematura, hijo del no menos legendario rey *Daniilu* (cf. Ez 14,14,20; 28,3)[88]. O quizá ambas figuras sirvan sólo para plasmar una «situación típica» del encuentro del hombre con la divinidad. Este no se rige únicamente por los arquetipos de la bendición y el castigo (por el pecado), sino que en tal encuentro el hombre cananeo se halla expuesto al capricho de los dioses, a su actuación amoral, máxime si frente a ellos adopta una postura de autonomía que se satisface con lo humano y desecha sus dones por imposibles (la inmortalidad), a la vez que menosprecia sus capacidades[89]. En el fondo, *Aqhatu* es una figura prometeica, y su epopeya, el canto a un destino «heroico». Estamos también por eso más próximos al «mito» que en el caso de la «Epopeya de *Kirta*»[90]; pero como allí tampoco cabe hacer de sus

Fifty Years of Ugarit and Ugaritic; Caquot, SDB, fasc. 53, col. 1.401; *inf.* n. 114; M. Dijkstra, *Some Reflections on the Legend of Aqhat:* UF 11 (1979) 199ss, 206-208 [fondo histórico: asentamiento de nómadas; dos capas redaccionales (?)].

88 Cf. Gaster, SMSR 12 (1936) 135-136. Para la caracterización de *Daniilu* como «rey», cf. Aistleitner, MKT, p. 65; Gordon, UL, p. 84; íd., UMC, p. 27; Driver, CML, p. 6; Gray, LC, pp. 106-107; Gaster, *Thespis,* pp. 364-365; Caquot-Sznycer, TOu, pp. 401-402, 413; Bernhardt, *o. c.,* p. 328; Ashley, EAR, pp. 6 y *passim,* 327, 340, 351ss, 410, 418, 419-426; Caquot, SDB, fasc. 53, col. 1.401 (no de Ugarit); en cambio, Gibson lo considera más bien como «jefe» local menor (SVT 28 [1974] 66-68); cf. también Westermann, VV, pp. 153ss; Dressler, AT, pp. 502-503, 521, 562-563, 661-663; íd., UF 11 (1979) 211; Cazelles, TQ 138 (1958) 26ss; íd., SDB, fasc. 53, col. 1.433; sobre el tema, también Ribichini-Xella, RSF 7 (1979) 151; Margalit, VT 30 (1980) 363; un posible contraste entre «caza y agricultura», como sentido del poema, no se impone, cf. Dressler, UF 7 (1978) 220. Téngase en cuenta el carácter «doméstico» de la «realeza» en el segundo milenio, tal como se refleja en la Odisea; que no se hable de «ejército» resulta un argumento negativo insuficiente, como tampoco aparece en las últimas partes del «Poema de *Kirta*»; la temática no lo reclama. Para el posible origen transjordano de *Daniilu* y su tradición, cf. Margalit, JBL 89 (1970) 299; Ashley, EAR, p. 408.

89 Acerca del sentido de su «pecado», cf. Aistleitner, MKT, p. 65; Fronzaroli, LA, p. 13; Gaster, *Thespis,* pp. 317, 320s; Obermann, HDBS, pp. 1-2; Gordon, UL, p. 84; íd., UMC, p. 120; Ginsberg, ANET, p. 149; Jirku, KME, p. 112, n. 4; Caquot-Sznycer, TOu, pp. 406, 409-412; Caquot, SDB, fasc. 53, col. 1.402; Ashley, EAR, pp. 331-332, 367-369, 374, 422; Dressler, AT, pp. 626-633, 643-644 (la *hýbris* de *Aqhatu* y sus consecuencias); Kapelrud, VG, p. 70. Para Hillers, *Fs Gordon,* pp. 78-80, el tema tiene un sentido «sexual»; pero cf. Dressler, UF 7 (1975) 219-220, que lo niega; para Gibson, CML, p. 27, quizá *Aqhatu* no cumplió con la ofrenda de los primicias.

90 Cf. *sup.* p. 274; en general, se reconoce su posición intermedia entre la saga y el mito; cf. Gray, LC, pp. 18, 106; Aistleitner, MKT, p. 65; Dressler, UF, 7

protagonistas expresión de un mito estacional o de fertilidad ni prototipos de la ideología regia en sus momentos de muerte y resurrección [91]. Tal ideología está ciertamente presente, pero como elemento integrante de la escenificación dramática, no como centro épico determinante.

De todos modos, la determinación de la intención significativa última ha de quedar fundamentalmente en mera hipótesis. Lo que sí hemos de resaltar, sin embargo, por resultar aquí más claro que en la «Epopeya de *Kirta*», es el carácter «heroico» de *Daniilu* y *Aqhatu*, antes aludido. No se deduce sólo del tema y tenor del texto; a aquél se le denomina expresamente *mt rpi*, el *rapaí* [92],

(1975) 219-220; Fronzaroli, LA, p. 12; Ginsberg, ANET, p. 149; De Vaux, RB, 46 (1949) 312; Gibson, SVT 28 (1974) 60-68; Liverani, PE, pp. 859-869; Dressler, AT, pp. 126, 645-651 (poema épico); *inf.* n. 114. Advierte Bernhardt, *Ac. XXVe Cong. Int. Or.*, 1960, pp. 328s, que esto haría suponer que el texto de *Aqhatu* es más antiguo, por resultar más antropomórfico, aunque coincida con el de *Kirta* en el mismo tema dinástico; Dressler, AT, pp. 564-556 (anterior en razón de la imagen de *ʿAnatu* y el modo de tratar el tema de la inmortalidad: de fines del tercer milenio/de principios del segundo); Loewenstamm, UF 11 (1979) 505 (anterior al de *Kirta*).

[91] El tema tendría, de todos modos, un carácter mítico; cf. Bernhardt, *o. c.*, p. 328; Hillers, *Fs Gordon*, pp. 76-77; Müller, UF 1 (1969) 89, 93; Caquot, «Syria» 53 (1976) 295; De Moor, ZAW 88 (1976) 332. En este sentido, en un principio se identificaron o relacionaron las figuras de *Daniilu* y *Aqhatu* con las de *Môtu* y *Tammuz (Adonis)* o se les consideraró como semidioses; cf. Virolleaud, LPD, pp. 87-88, 109-110; Aistleitner, *Fs Mahler*, pp. 37-38; íd., MKT, pp. 657; Gaster, SMSR 12 (1936) 126, 133; íd., PEQ 69 (1937) 207; íd., JRAS (1938) 454; íd., *Thespis*, pp. 320-336, 362; Montgomery, JAOS 36 (1936) 442; Dhorme, «Syria» 18 (1937) 106-107; Bea, «Bib» 20 (1939) 444-445; Eissfeldt, RSS, p. 79; Dussaud, DRS, p. 145; Barton, *Mém. Lagrange*, pp. 34, 36; Stocks, ZDMG 97 (1943) 126, 129-130; Engnell, SDK, pp. 134ss; Ginsberg, ANET, p. 155; Kapelrud, BRST, p. 74; Gray, LC, pp. 18, 121-122, 125-126; Jacob, RSAT, pp. 48-50; Gordon, UMC, pp. 27, 212; Caquot-Sznycer, TOu, pp. 410, 413-414; Hillers, *Fs Gordon*, p. 75; Xella, MSS, p. 145; Liverani, PE, p. 859; *inf.* n. 102; Dressler, AT, pp. 16ss, 663ss; Caquot, SDB, fasc. 53, cols. 1.400-1.401; últimamente, Dijkstra, UF 11 (1979) 199-210, relaciona a *Aqhatu* con la figura de *Tammuz/Dumuzi*.

[92] Considero la denominación ante todo como término gentilicio/dinástico o a lo sumo como una designación de categoría («héroe») (cf. Virolleaud, «Syria» 22 [1941] 6; Gaster, PEQ 69 [1937] 208; Gray PEQ 84 [1949] 128-134; Ginsberg, ANET, p. 149, n. 1; Driver, CML, p. 9, n. 1; Fronzaroli, LA, p. 76; Ashley, EAR, p. 410; Caquot, SDB, fasc. 53, col. 1.386; Margalit, JBL, 89 [1970] 299-302; la versión «hombre de la curación», «salvador», «sanador», «dispensador de fertilidad», no me parece adecuada; cf. *inf.* nn. 104, 111; p. 413, n. 26. El valor gentilicio del término no es ninguna «historización» tardía de la Biblia hebrea, sino que se remonta por lo menos a la época de Mari, como lo confirma la onomástica; M. Heltzer, *The Rabbaʾum in Mari and the rpim in Ugarit:* OLP 9 (1978) 5-20; cf. Astour,

y en el poema de los *Rapauma* veremos de nuevo a *Daniilu* relacionado con éstos. *Aqhatu,* a su vez, será enterrado en «la caverna de los dioses de la tierra/infierno»[93], como *Kirta* veíamos que era exaltado entre los «*Rapauma* de la tierra/infierno». Sobre el carácter «heroico» de los *Rapauma* ya hablamos y volveremos a hacerlo más adelante[94].

La epopeya resulta así la «heroización» o exaltación épica de los orígenes de un clan o ciudad a través de sus fundadores. Estos se hallan insertos en una esfera próxima a la divinidad, que configura su destino. Sus vicisitudes se explican teológicamente. De este modo, el relato se relaciona con similares de la literatura griega y de la tradición patriarcal israelita y de su historia «primitiva». En estos, no obstante, se pone mejor de relieve la figura «humana» de los protagonistas[95].

Estas figuras son, pues, «héroes» y «manes» al mismo tiempo, con una significación perenne para el futuro destino de su grupo, en cuanto que condensan la experiencia religiosa de la respectiva comunidad: el «trato» con su dios y la correlativa «revelación» de éste. Aquí radica precisamente el diverso valor religioso de las diferentes literaturas y lo que hace de la Biblia hebrea, con su imagen monoteística de Dios en su enunciado definitivo y su concepción de la «alianza» de base ética, una magnitud religiosa aparte.

La cuestión, pues, del «fondo histórico» de la epopeya, además de incontrolable, pasa a segundo término ante la significación religiosa y social de la misma. La conducta de *Daniilu,* que suplica a los dioses y es atendido, y la de *Aqhatu,* que se les opone y es arrollado por ellos, junto con la descripción de los deberes sociales del «hijo ideal» y la actuación del «padre y hermana ideales», constituyen el auténtico «problema» o centro de interés[96] que pretende plantear y resolver el poema.

HS, p. 233; L'Heureux, HarvTR 67 (1974) 272-273; Dietrich-Loretz-Sanmartín, UF 8 (1976) 46-47, 51-52.

93 En esto coincide con *Baʿlu* (cf. 1.16 I 17-18), con lo que resulta claro su carácter de «divinizado».

94 Cf. *sup.* p. 277; *inf.* p. 413.

95 No se puede desconocer, con todo, la ambientación «regio-dinástica» en que se desarrolla la acción épica en el poema cananeo, frente al clima «doméstico-nomádico» de las tradiciones patriarcales. Por lo demás, una cierta «domesticidad» de la «realeza antigua» se aprecia tanto en los relatos ugaríticos como en los bíblicos y homéricos. A este respecto, la estructura épica autorizaría hablar de una exaltación regia de las figuras patriarcales (Gn 14, una heroización de este tipo) más que del carácter «doméstico» de los «reyes» o «héroes» cananeos; cf. Gordon, UMC, p. 27; íd., PLM, pp. 35-36; Liverani, PE, pp. 863, 869; Westermann, VV, pp. 151-168; *inf.* n. 115; *sup.* n. 88.

96 Cf. *sup.* n. 30; Spiegel, *Fs Ginzberg,* p. 317; Caquot-Sznycer, ROP, p. 379; íd., TOu, pp. 414-415; Obermann, HDBS, pp. 1-2, 13, 15; Gray, LC, p. 111, que resaltan su valor didáctico a este respecto. Ashley, EAR, pp. 340ss,

Interesantes son también los numerosos elementos institucionales que se insertan en el mismo. Tenemos así una explicación más detallada de lo que insinuaba la «Epopeya de *Kirta*» del rito de la *incubatio* [97] (libación-ofrenda, investidura, postración); igualmente, una enumeración de los ingredientes necesarios para la confección de un «arco compuesto» [98]; el desarrollo de diversos ritos mágicos para inducir la lluvia y las fórmulas de conjuro para alejar la infecundidad de la tierra [99]; los elementos del ritual funerario (lamentación, entierro, incisiones) [100], y, finalmente, una ejemplificación dramática de la institución jurídico-social de la «venganza de sangre» [101].

Por otra parte, la «ideología regia» que refleja la «Epopeya de *Aqhatu*» es sumamente interesante y completa el cuadro que ya poseíamos. Nos presenta a *Daniilu,* preocupado como *Kirta* por su descendencia, cumpliendo las mismas funciones de «dispensador de la justicia» que *Yaṣṣibu* suponía haber descuidado su padre (cf. 1.16 VI 29ss) y que la Biblia reconoce igualmente como características del rey «según el corazón de Yahvé»: juzgar la causa del huérfano y de la viuda [102]. Incluso, una verosímil versión nos lo presenta dando vueltas por el país para realizar esa función (cf. 1 Sm 7,15-17), además de llevarla a cabo «a la puerta de la ciudad, en la era» [103].

354, 419ss, ve en la preocupación por la continuidad de la línea regia o descendencia un elemento fundamental de la epopeya; también Caquot, SDB, fasc. 53, col. 1.400.

97 Cf. *sup.* n. 24; Obermann, HDBS, pp. 9-10, fue quien primero y mejor analizó la estructura del ritual en Ugarit [sacrificio, pernoctación, aspersión (?), plegaria]; Gaster, *Thespis,* pp. 316; 330-332; Westermann, VV, p. 165; Dressler, AT, pp. 23-24 [relación con ritual hitita; pero también el sacrificio a los dioses *(lḥm/šqy)* incluye la participación del fiel]; Ashley, EAR, pp. 341-350.

98 Cf. *sup.* n. 44; W. F. Albright-G. E. Mendelhall, *The Creation of the Composite Bow in Canaanite Mythology:* JNES I (7942) 227-229; Y. Sukenik (Yadin), *The Composite Bow of the Canaanite Goddess Anath:* BASOR 107 (1947) 11-15; Clifford, VT 25 (1975) 301, n. 7; Caquot, SDB, fasc. 53, col. 1.402.

99 Cf. *inf.* p. 390s; sobre la capacidad mágica de *Daniilu, Aqhatu* y *Puǵatu* en este mito, cf. en especial Müller, UF 1 (1969) 89-94.

100 Cf. *inf.* p. 397; Van Selms, MFL, pp. 135ss; Gaster, *Thespis,* pp. 334-335; Ward, JJS 23 (1972) 1-27; B. J. Angi, *The Ugaritic Cult of the Dead.* Dis. 1971, McMaster Univ.; Ashley, EAR, pp. 394-399.

101 Cf. n. 104 bis; Gaster, *Thespis,* pp. 371-372; Gray, LC, p. 123; Gibson, SVT 28 (1974) 66; Pedersen, ILC II, pp. 378ss.

102 Cf. Liverani, PE, p. 869 (ideal épico); Caquot, SDB, fasc. 53, col. 1.402; Gordon, PLM, p. 8, n. 7; Ashley, EAR, pp. 351-360 (la «ideología regia» en la «Epopeya de *Aqhatu*»). La que no me parece aceptable en ningún caso es la opinión de Aistleitner, MKT, pp. 65-67, para quien *Daniilu* es considerado como una divinidad (dios e hijo de *Qdš),* según se desprende para él de 1.17 I 1-14; cf. *sup.* n. 91.

103 Cf. Ginsberg, BASOR 97 (1945) 4, n. 6; Gordon, UL, p. 80, n. 2; íd., UMC, p. 124, n. 80; J. Gray, *The Goren at the City Gate. Justice and Royal Office in*

Sin embargo, el carácter «divino» del rey no aparece tan claramente enunciado como en la «Epopeya de *Kirta»,* ni se habla de su inmortalidad. Más bien, ésta queda excluida por *Aqhatu* como posible suerte de los «mortales» [103 bis]. Resaltan más, en cambio, las características morales: el exacto cumplimiento de sus deberes sociales, religiosos y paternales. *Daniilu* acude fielmente al apoyo divino y acoge espléndidamente en su casa a los huéspedes divinos; a su hijo le recuerda el deber de las primicias, parte reservada a la divinidad. En caso de calamidad, debida a la sequía que aflije a su tierra, se ocupa de cumplir las súplicas y ritos mágicos que restablezcan la fertilidad [104]. Este tema, como vimos, aparecía también en la «Epopeya de *Kirta»,* unido allí a la enfermedad del rey. Aquí se refleja otra ideología: la de la sangre derramada que hace infecunda la tierra. Una vez detectada la causa, el rey se ocupará ante todo de restablecer las condiciones normales, enterrando el cadáver de su hijo y haciendo caer sobre el culpable la debida maldición [104 bis], de modo que la sangre quede vengada, al menos hasta donde al hombre le es dado llevar su venganza en un crimen promovido por los dioses.

Al igual que en la «Epopeya de *Kirta»,* también en ésta resulta prominente la actuación de la mujer. La esposa de *Daniilu* será la anfitriona normal de las divinidades, de acuerdo con las órdenes inmediatas recibidas del rey. Por otra parte, el desenlace de la epopeya estará a cargo de su hija *Puǵatu,* quien, lo

the Ugaritic Text ʾAqht: PEQ 85 (1953) 118-123; íd., LC, p. 107, n. 3; Gaster, *Thespis,* pp. 342-343; 358-359; Müller, UF 1 (1969) 89; Gibson, SVT 28 (1974) 66 (mejor se refleja en el «mito» tal ideología: *Daniilu* no es rey); Dressler, AT, pp. 136ss (uno de los notables, a la puerta de su palacio); Ashley, EAR, pp. 355-358.

103 bis Cf. Ashley, EAR, pp. 368-383, 419ss (tema básico de la epopeya).

104 Concluir de aquí que se trata de un «rey agricultor» (cf. Fronzaroli, LA, p. 10; ya Virolleaud, «Syria» 22 [1941] 6) me parece un desenfoque del valor y sentido de la «ideología regia» y de la función del rey como mediador de la fecundidad. Es un curioso caso de salto injustificado de la «forma» a la «función», frecuente en los estudios de *Formgeschichte;* cf. Del Olmo Lete, VLAI, p. 370. Para Gray, LC, pp. 118, 120, 126-131, *Daniilu, mt rpi,* es ante todo el «dispensador de la fertilidad» (cf. *sup.* n. 42); y a este propósito, Dussaud, CRAIBL (1937) 283-284; íd., RHHPS, pp. 376-377; íd., DRS, pp. 86-93; Virolleaud, LPD, p. 87; Jacob, RSAT, p. 48, nn. 1, 58-59; Gordon, UL, p. 85, 135; íd., UMC, p. 122, n. 78; Cazelles, *Ug.* VI, p. 27, n. 16; Astour, HS, pp. 233ss; De Moor, UF 7 (1975) 118, 172; íd., ZAW 88 (1976) 328; Caquot-Sznycer, TOu, pp. 403-404, 412; Caquot, «Syria» 37 (1960) 81; íd., «Syria» 53 (1974) 296; Cross, CMHE, p. 177, n. 131; Ashley, EAR, pp. 359-360.

104 bis Tales maldiciones reflejan la concepción colectivística y «despiadada» de la «venganza de sangre»; cf. Fronzaroli, LA, pp. 13-14; *sup.* n. 101, que conjuga así la institución de la «venganza de sangre» con la ideología que supone que la sangre derramada mancha la tierra y debe ser expiada; cf. *sup.* n. 71.

mismo que *Ṯitmanatu* a *Kirta,* asiste a su padre *Daniilu* de modo especial en este momento difícil.

Nos podemos preguntar por fin: ¿cuál es el sentido inmediato de esta epopeya? Gaster, en un matizado análisis de la infraestructura mítico-folklórica de la misma, ha visto en ella la versión literaria de los mitos combinados de Orión y Tammuz, como explicación de las condiciones climáticas de la estación agrícola, abril-julio, en Siria [105]. Insiste en el hecho de estar destinado el «arco» a la diosa *ʿAnatu* como clave del sentido de la epopeya [106]. No obstante, él mismo reconoce que «en la forma en que nos ha llegado, la motivación original del relato ha quedado completamente olvidada, al ser integrados del todo sus elementos rituales primitivos en una composición puramente literaria» [107]. Ahora bien, es ésta la que a nosotros nos interesa. Tal prehistoria, posiblemente válida, de los motivos que en ella se integran, nos importa sólo secundariamente.

En concreto, el tema de la muerte y resurrección de *Aqhatu,* que Gaster, Gordon y Driver presentan como central en la epopeya [108], resulta marginal en

[105] Cf. Gaster, *Thespis,* pp. 320-326, 354 (cf. Gray, LC, p. 126; Hillers, *Fs Gordon,* p. 73, n. 10). Pero *Daniilu* y *Aqhatu* no son, en ningún caso, divinidades o figuras «astrales» en mayor grado en que lo puedan ser Abrahán y demás patriarcas, para los que también se propusieron en su tiempo interpretaciones de tal categoría; cf. Caquot-Sznycer, TOu, pp. 409-412; *sup.* n. 91.

[106] Cf. Gaster, *Thespis,* p. 317. La hipótesis me parece excesiva y posiblemente excluiría la «súplica» por parte de *ʿAnatu* en el intento de recuperar algo que le pertenece; en todo caso, tal debería ser el motivo de su acusación ante *Ilu.* Para la acción épica bastaría que el arco fuera «divino» y «mágico» y que el «héroe» diese muestras de su capacidad sobrehumana, para excitar la celotipia de una divinidad que pretende privar a un mortal de una prerrogativa «divina» concedida por otra a su protegido, aportando con ello el sentido del destino del héroe (cf. Driver, CML, p. 8). Sobre el diverso sentido dado a las palabras de *ʿAnatu,* cf. la bibliografía de n. 42. Hillers, *Fs Gordon,* pp. 73ss, 77, analiza el valor del arco como «símbolo masculino», presente en la demanda de la diosa, y su sustración como una «castración»; también Ashley, EAR, pp. 361ss; pero cf. Dressler, AT, pp. 182-184; íd., UF 7 (1975) 217-220, para su crítica; Watson, JNSL 5 (1977) 73-75, por su parte, resalta la necesidad que *ʿAnatu* siente de un arco para su actividad venatoria (pero, ¿por qué el de *Aqhatu?).* Liverani, PE, p. 866, resalta el valor del «arco» regio como motivo épico.

[107] Cf. Gaster, *Thespis,* pp. 316, 326 (originariamente el poema fue un drama sacro); Gray, LC, p. 125; Dijkstra, UF 11 (1975) 206-208.

[108] Cf. Gaster, *Thespis,* pp. 320, 324, 329, n. 35 (aunque se supone que el aspecto mítico quedó ya olvidado en la actual composición); Spiegel, *Fs Ginzberg,* p. 315; Driver, CML, p. 8; Gordon, UL, pp. 84s; íd., UMC, pp. 27, 121; íd., PLM, pp. 8-9 (en la sección perdida); Fronzaroli, LA, p. 90; De Vaux, RB 56 (1949) 310; Gibson, SVT 28 (1974) 68 (se nombraba en la tablilla perdida); íd.,

el mejor de los casos. De hecho, el texto sólo nos ofrede el «propósito» de *ʿAnatu* de «vivificarle», a la vez que no aparece clara su intención de que se le mate [109]; si no es esto lo que pretende con su plan, su «vivificación» no supondría una auténtica resurrección. En todo caso, el propósito no aparece cumplido, aun después de «siete años» del entierro de *Aqhatu* [110]. La resurrección, por lo demás, como advertíamos anteriormente, contradiría la concepción del destino humano que el propio héroe profesa: ni se la pide ni se la desea ni se cree en ella. Resulta así un tema de dudosa importancia, por lo menos, dentro de la intención significativa directa del poema.

Tampoco parece aceptable la opinión de Gray de que en él se trata de interpretar en líneas generales el oficio del rey como «dispensador de fertilidad» [111]. De nuevo, tal tema es «un elemento» o motivo del mismo, pero no su núcleo organizativo o funcional. La actuación del rey, en tal sentido, como hemos visto, es consecuencia de una acción épica más amplia, que supone la muerte de su hijo *Aqhatu*. Esta se inserta en una tensión dramática decidida por el contraste de actitudes divinas: un dios que protege, un dios que persigue. Se trata, como en todo mito, de una proyección al cielo, para explicarlo, del ritmo de la vida humana, con sus crestas de prosperidad y desgracia. La vida y la muerte, la bendición y la maldición tienen una fuente y origen lejanos, divinos. Obtenido el hijo de los dioses —lo que constituye un tópico literario en toda la literatura oriental, incluida la bíblica—, *Daniilu* lo ve crecer bajo el amparo de los mismos y convertirse en un diestro cazador. Cuando después muere —y no es preciso interpretar su muerte como una mitificación de un «accidente» de caza o de una emboscada—, el suceso adquiere su explicación en la envidia de otra divinidad, provocada por la prestancia lograda, y objetivada en su actitud insumisa [112], que no se considera, sin embargo, digna de muerte. Pero el hombre-héroe ha tocado peligrosamente sus propios límites

CML, p. 27; Liverani, PE, p. 861; Ashley, EAR, pp. 303, 309-312, 360, 373, 381 y *passim* (el tema se desarrolla en la «Saga de los *Rapauma*»). Entre otros, la excluye Dijkstra, UF 11 (1979) 208-209; en su favor, Margalit, VT 30 (1980) 365, n. 7.

109 Así lo entiende Gaster (cf. *sup.* n. 57), pero la interpretación es dudosa. El encargo parece más bien de muerte (cf. 1.18 IV 22-26), aunque después llore por haber acaecido ésta; cf. Hillers, *Fs Gordon,* pp. 77-78; Dijkstra-De Moor, UF 7 (1975) 197; Watson, JNSL 5 (1977) 73; Ashley, EAR, pp. 141, 143, 309-312.

110 A propósito de esta objeción, que es válida en general contra la interpretación estacional del mito de *Baʿlu,* cf. De Moor, SP, pp. 32-34; Dijkstra, UF 11 (1979) 208; *sup.* pp. 146ss.

111 Cf. Gray, LC, pp. 18, 120, 125-126, 129ss; *sup.* n. 104; cf. Dressler, AT, pp. 621-626, 635-637, 660-671, para la crítica de esta y otras opiniones sobre el «tema central» del poema.

112 Cf. *sup.* n. 46; Fronzaroli, LA, pp. 11, 13, habla de «ímpetu irreflexivo».

y ha entrado en conflicto de competencias con la divinidad; ha penetrado en el reino de los contrastes absolutos e incondicionados, donde las funciones están nítidamente repartidas y se defienden inexorablemente.

A nivel humano, se entiende, la solución dramática del conflicto así creado se encuentra en la institución social de la «venganza de sangre», cumplida sobre el ejecutor empírico, no sobre el mandante «divino» que probablemente ni siquiera, se supone, quería tal muerte (?). Decidir ahora sobre el fondo «histórico» del poema es imposible e innecesario. Su valor y función radica en la ejemplificación o dramatización de la actitud o destino humanos. Es así una pieza de hondo valor sapiencial [113], encarnado en tradiciones que mantienen la memoria de héroes antiguos, posiblemente ligados, como en el caso de *Kirta,* a una ciudad o reino.

Con gusto compararíamos estos poemas con nuestros «romances de gesta», si su carácter y estructura «mitologal» no los alejase tanto de la historia, para acercarles más bien a otros prototipos formales (no históricos), como, por ejemplo, los grandes poemas homéricos [114]. Así, sus protagonistas son «héroes», en concreto *Rapauma,* encarnaciones de un pasado hecho leyenda épica, que concreta la imagen religiosa y social ideal del grupo en que se conservan. En Israel serán suplantados por los «patriarcas» con la misma función y técnica literaria, aunque desde unos presupuestos sociales distintos: son «héroes» tribales, no regios [115].

Sobre la utilización social de este poema nada podemos precisar, ni es menester idear un nuevo festival [116] como lugar preciso de su pervivencia o situación vital. Su estadio ya conseguido de «literatura» y su valor prototípico le proporcionan una validez universal en la vida de la comunidad, por encima de circunstancias concretas. Ha surgido como fruto de la conciencia difusa de sus orígenes que toda sociedad organizada tiene y que objetiva como vehículo de

113 Cf. Caquot-Sznycer, RPO, p. 379; íd., TOu, p. 414, n. 2; Müller, UF 1 (1969) 79, 89-94, que resalta el carácter mágico de su sabiduría; Clifford, VT 25 (1978) 298ss; Gibson, SVT 28 (1974) 68; íd., CML, p. 27; Dressler, AT, pp. 637, 642-644; 669-671 (valor pedagógico del texto); Ashley, EAR, p. 423; Caquot, SDB, fasc. 53, col. 1.402; Avishur, *Fs Loewenstamm,* vol. I, p. 13; Dijkstra, UF 11 (1979) 202.

114 Sobre su carácter intermedio entre el mito y la saga, cf. *sup.* n. 117; Gray, LC, p. 18; Aistleitner, MKT, p. 65; Fronzaroli, LA, p. 10 (entre la historia y la leyenda); Hillers, *Fs Gordon,* pp. 76-78 (resalta el carácter mítico del «tema»); Dressler, AT, pp. 16-18, 609-611 (técnica de la narrativa épica); cf. *sup.* n. 87, 90.

115 Cf. *sup.* n. 95. Para su comparación con la épica griega y hebrea, cf. Gordon, UMC, p. 27, y la bibliografía citada, *sup.* p. 285, n. 159.

116 Cf. Stocks, ZDMG 97 (1943) 126; Gaster, *Thespis,* p. 326; Gibson, SVT, 28 (1974) 67; Ashley, EAR, p. 360; Dressler, AT, pp. 638-642, 660-671 (el triple posible *Sitz im Leben:* cúltico, dinástico, pedagógico).

su propia identificación y preservación. Y la sociedad ugarítica, en la que estos poemas nacieron, estaba ya perfectamente organizada. Constituyen piezas «clásicas» o normativas que resumen y condensan la ideología básica en que se apoya el orden institucional y que como tales podían ser «traídos a colación» en cualquier momento (con preferencia naturalmente en momentos decisivos, como la muerte del rey) por boca de los rapsodas, sacerdotes o tradicionistas de Ugarit, como en el resto del área mediterránea (poemas homéricos) y oriental (poema de Gilgamesh) e incluso medieval (poemas de gesta) [117].

[117] Cf. *sup.* p. 285; Obermann, HDBS, p. 2; Caquot-Sznycer, TOu, p. 413; Bernhardt, *Ac. XXVe Cong. Int. Or.*, p. 329; Hillers, *Fs Gordon,* pp. 75-78 (paralelos míticos y su *pattern);* Dressler, AT, pp. 596-597 (origen oral del poema), 656-659 (recurrencia de «motivos»); Dijkstra, UF 11 (1975) 202.

TEXTO Y VERSION

KTU 1.17 I

(Laguna de unas 10 lín.)

Rito de «incubatio»

[apnk] [1]*[dnil.mt.rp]*i.	[Entonces *Daniilu* el] *Rapaí,*
*aph.*ģzr [2]*[mt.hrnmy.]*	inmediatamente el Prócer *[Harnamí],*
*uzr.*il*m.ylḥm.*	revestido a los dioses alimentó,
[3]*[uzr.yšqy.]bn.qdš.*	[revestido dio de beber] a los santos;
yd [4]*[ṣth.yʿl.]*w*yškb.*	se quitó [su atuendo, se echó encima] y se acostó,
yd [5]*[mizrth]*p*ynl.*	se quitó [su veste] y se echó a dormir.
hn.ym [6]*[wṯn.]*	Pasó un día y otro:
*[uzr.]*i*lm.dnil*	[revestido] a los dioses *Daniilu,*
[7]*[uzr.ilm].ylḥm.*	[revestido a los dioses] alimentó,
uzr [8]*[yšqy.b]*n*.qdš.*	revestido [dio de beber a] los santos.
ṯlṯ.rbʿ ym	Un tercer y cuarto día pasó:
[9]*[uzr.i]*l*m.dnil.*	[revestido a] los dioses *Daniilu,*
uzr [10]*[ilm.y]*l*ḥm.*	revestido [a los dioses] alimentó,
uzr.yšqy. bn [11]*[qdš.]*	revestido dio de beber a los [santos].

Col. I: *Lín. 1-17:* restauradas según Vir., desde el propio texto (cf. Del Olmo Lete, AF [1976] 228). *Lí.n 1-2:* distribución de líneas ligeramente diferente en HDBS; cf. *inf.* II 27-29; V 4-5, 13-15, 33-35; / *i(?).apn(?)* (Vir.); c. *aph⟨n⟩* (HDBS, CTA, KTU), cf. *inf.* II 28; V 5. *Lín. 5:* así, CTA, KTU, cf. *inf.* lín. 15 / *mizrt.* (HDBS) / *[ṣth]ynl* (EAR) / *[mizrt] pyln* (Dressler, UF [1975] 224); *pynl* error por *pyln* (Montgomery, JAOS [1936] 444; HDBS), cf. *inf.* lín. 15. *Lín. 11:* así, HDBS, CTA, KTU (raspado; cf. EAR; Segert, BZAW 77 [[2]1961] 209; el escriba había puesto *šbʿ* en un principio),

---

Col. I: *Lín. 1-15:* para una discusión detallada de esta versión cf. Del Olmo Lete, AF [1976] 227-232; Sanmartín, UF [1977] 369-370; Dietrich-Loretz, UF [1978] 65-66; cf. gl. para las divergentes interpretaciones de *mt rpi, bn qdš. Lín. 16-18:* cf. Dietrich-Loretz-Sanmartín, UF [1976] 433-434 / «*Baʿlu* se aproxima con su súplica: Desgraciado es..., quejumbroso...» (Ginsberg, Ashley) / «... se acercó mientras suplicaba» (Gordon) / «... se aproximó en su piedad por la miseria..., el gemido...» (Driver, Dressler) / «... se acercó en razón de su petición de compasión, en razón de la miseria..., el lamento...» (Dahood, UF [1969] 29) / «... profiere su intercesión por la impotencia...» (Gray) / «Entonces vino ante su lamento. ¿Percibo yo a *Daniilu* tal vez...?» (Aistleitner) / «*Baʿlu* accede a su súplica...» (Gaster) / «... se aproxima: ¡padre mío...!, el héroe... suspira...» (Caquot-

[ḫ]mš.ṯdṯ.ym.	Un quinto y sexto día pasó:
uzr [12]*[il]*m.*dnil.*	revestido [a los dioses] *Daniilu,*
uzr.ilm.ylḥm.	revestido a los dioses alimentó,
[13]*[uzr].yšqy.bn.qdš.*	[revestido] dio de beber a los santos;
yd.ṣth [14]*[dn]il.*	se quitó su atuendo *[Daniilu],*
yd.ṣth.yʿl.wyškb	se quitó su atuendo, se echó encima y se acostó,
[15]*[yd.]mizrth.pyln.*	[se quitó] su veste y se echó a dormir.

Teofanía de Baʿlu

mk.bšbʿ.ymm	Y, ¡mira!, al séptimo día
[16]*[ ]yqrb.bʿl.bḥnth.*	se acertó, [sí], *Baʿlu* en su benevolencia:
abyn at [17]*[d]*n*il.mt.rpi.*	«¡Qué miserable estás, *Daniilu* el *Rapai,*
anḫ.ǵzr [18]mt.*hrnmy.*	quejumbroso, el Prócer *Harnamí,*
din.bn.lh [19]*km.aḫh.*	el que no tiene hijo como sus hermanos,
w.šrš.km.aryh	ni descendencia como sus parientes!
[20]*bl.iṯ.bn.lh.wm aḫh.*	¡Que pueda tener un hijo como sus hermanos
wšrš [21]*km.aryh.*	y descendencia como sus parientes,
uzrm.ilm.ylḥm	(el que) revestido a los dioses alimenta,
[22]*uzrm.yšqy.bn.qdš*	revestido da de beber a los santos!
[23]*ltbrknn lṯr.il aby*	Bendícelo, ¡oh Toro *Ilu!,* padre mío,
[24]*tmrnnlbny.bnwt*	confórtalo, ¡oh Creador de las creaturas!
[25]*wykn.bnh.bbt.*	Y haya un hijo suyo en (su) casa,
šrš.bqrb [26]*hklh.*	descendencia en su palacio,

El hijo ideal

nṣb.skn.ilibh.	que erija la estela de su dios familiar,
bqdš [27]*ztr.ʿmh.*	en el santuario el cipo votivo de su gente;

---

cf. *inf.* II 37; 1.4 VI 29; 1.22 I 23 / *ṯdṯ šbʿ ym* (Vir.). *Lín. 13:* / *yd.g!g!th (Thespis* [1950] 451). *Lín. 15:* así, CTA (?), KTU *(h* añadida) / *mizrt(?)* (Vir.) / *mzrth yln* (Dressler, UF [1975] 224, n. 39 (la *p* debe leerse como *h),* cf. *sup.* lín. 5. *Lín. 16:* cf. Dietrich-Loretz-Sanmartín, UF [1976] 433 (¿quizá *at* error?; cf. UF [1978] 67); c. *[w]yqrb* (Vir.) / *[k]yqrb* (HDBS); *abynt* (Vir.) / *abyn* (HDBS) / *abynt(?)* (CTA) / *abynm* (Dietrich-Loretz, UF [1972] 34. *Lín. 17-18:* cf. *inf.* II 27-29. *Lín. 20: wn* error por *km* (Segert, BZAW 77 [^{2}1961] 206; KTU). *Lín. 23:* omitir *aby,* glosa (!)

Sznycer); cf. gl. *ḥnt, abyn, anḫ.* *Lín. 20-21:* / «De cierto, no tiene...» (Gordon, UMC 122) / «¿No tiene...?» (Driver) / «Sin duda que hay un hijo...» (Ginsberg) / «Puesto que no tiene..., revestido... comió...» (Dressler) / «Que tenga un hijo..., comiendo...» (Caquot-Sznycer); cf. gl. *bl.* *Lín. 23:* / «¿No le bendecirás...?» (Fronzaroli) / «¡Que le bendigan para/ante el Toro..., le defiendan...!» (Gordon, Obermann; cf. Pardee, UF [1976] 211; [1978] 251). *Lín. 26-27:* / «Uno que erija la estela de sus dioses ancestrales en el templo, que ponga a su gente a des-

larṣ.mšṣu.qṭrh	que de la ‘tierra’ libere su ‘espíritu’,
[28]l‘*pr.ḏmr.aṯrh.*	del ‘polvo’ proteja su(s) resto(s);
ṭbq.lḥt [29]*niṣh.*	que cierre las fauces de sus detractores,
grš d.‘šy.lnh	expulse al que le haga algo;
[30]aḫ*d.ydh.bškrn.*	que le tome por la mano en su embriaguez,
m‘msh [31]*[k]*š*b‘ yn.*	cargue con él [cuando] esté harto de vino;
spu.ksmh.bt.b‘l	que consuma su ración en el templo de *Ba‘lu,*
[32]*[w]*m*nth.bt.il.*	[y] su porción en el santuario de *Ilu;*
ṭḫ.ggh.bym [33]*[ṯi]*ṭ.	que revoque su tejado cuando (se forme) [barro],
rḥṣ.npšn.bym.rṯ	lave sus vestidos cuando se ensucien».

(Cross, CMHE 177, n. 134). *Lín. 29:* / *[t(?)]iṣh* (UT). *Lín. 30:* Vir. supone *bšknn* error por *bškrn.* *Lín. 31-33:* cf. *inf.* II 4-7, 20-22. *Lín. 32:* así, Albright, BASOR 94 [1944] 35, cf. *inf.* II 21 / *[mt]nth* (Cassuto, BOS II, 203) / *[m]nth (Thespis,* 1950, 451)

---

cansar en tierra...» (Gordon) / «... la estela de ‘los Manes’ paternos...» (Dietrich-Loretz, UF [1974] 451) / «... que erija..., en el santuario el emblema solar de su parentela (divina)» (Tsevat, UF [1971] 351) / «... que erija..., en el santuario a los protectores de su clan» (Ginsberg, Ashley, parcialmente) / «... que proteja a su pueblo en la tierra...» (Driver) / «... que erija... en el santuario que guarda a sus antepasados...» (Gray) / «... habrá... un renuevo, intendente del dios de su padre, en el santuario del genio de su raza» (Lipinski, UF [1973] 197; Gibson; pero cf. Dijkstra-De Moor, UF [1975] 175) / «... (su) renuevo, alguien que se cuide de su *ilib,* ... de su pariente (divino)» (Healey, UF [1979] 355-356) / «... en el santuario deje caer tomillo para mí...» (Pope, *Fs Finkelsten,* 165); cf. gl. *nṣb, skn, ilib, ztr.* *Lín. 27-28:* / «... que del polvo guarde sus pasos...» (Ginsberg) / «... que hiciese brotar su semilla del suelo, su descendencia...; que fuese el guardián de su morada...» (Cassuto, BOS II, 200; para la última frase, cf. Dijkstra-De Moor, UF [1975] 175-176; ya antes, Oberman, Gaster) / «... que haga salir su incienso del polvo; el soldado de su posición...» (Gordon, Ashley, parcialmente) / «... a la tierra eche mis especias, hacia el polvo cante para mí...» (Pope, *Fs Finkelstein,* 165) / «... que haga subir su incienso por el país, un canto por el país después de él...» (Pardee, UF [1974] 276) / «Que haga salir..., los lamentos por él en el suelo» (Dressler) / «... que vierta su libación al suelo, al polvo vino por él...» (Gray) / «... que a la tierra ofrezca su incienso, al polvo el canto de su santuario» (Dietrich-Loretz, UF [1978] 68) / «... que valiente salga por él...» (Aistleitner) / «... que proteja del polvo su tumba...» (Gibson; cf. Healey, UF [1979] 356 = «su capilla»); cf. gl. *qṭr, ḏmr, aṯr.* *Lín. 28-29:* / «... al que haga algo a sus huéspedes...» (cf. Gaster) / «... al que perturbe su pernoctación...» (Aistleitner) / «... que arreglase las hojas de su puerta, arrojase a los asaltantes nocturnos de su morada...» (Cassuto, BOS II, 200) / «... que calme el vigor de su detractor...» (Ginsberg, Driver) / «... que devuelva las ofensas de sus agresores...» (Delekat, UF [1972] 23) / «... que apile las tablillas de su negocio, los platos de su comparsa...» (Gordon, Gray) / «... que rechaze las ofensas de quienes le desprecian, ... estorban su descanso nocturno...» (Aistleitner) / «... que expulse a los incitadores de su desprecio, ... al que provoque su rebelión...» (Oberman, Driver) / «... que expulse a quien ensombrezca su cara...» (Caquot-Sznycer); cf. gl. *ṭbq, lḥ(t), niṣ, ‘šy, ln.* *Lín. 31-32:* / «... que consuma su ofrenda funeraria...»

Bendición divina

34*[ ]yiḫd.ilʿbdh.*	[Una copa] tomó *Ilu* en su mano,
ybrk 35*[dni]l.mt.rpi.*	bendijo a *[Daniilu]* el *Rapaí,*
ymr.ǵzr 36*[mt.h]rnmy*	confortó al Prócer Harnamí:
npš.yḥ.dnil 37*[mt.rp]i.*	«En (su) vigor reviva *Daniilu* el *Rapaí,*
brlt.ǵzr.mt hrnmy	en (su) apetito el Prócer *Harnamí;*
38*[ ]ḥ/ṭ.hw.mḫ.*	[en (su) espíritu] sienta él lozanía,
lʿršh.yʿl 39*[ ]-.*	a su lecho suba [y se eche];
bm.nšq.atṯh 40*[ ].*	al besar a su esposa, [haya concepción],
bḥbqh.ḥmḥmt	al abrazarla, haya preñez,
41*[ ]k/rn ylt.*	pariéndo(le) [su concepción],
ḥmḥmt 42*[mt.r]pi.*	su preñez [a *Daniilu* el *Rapaí].*

El hijo ideal

wykn.bnh 43*[bbt.]*	Haya así un hijo suyo [en su casa],
[šrš].bqrb hklh	[descendencia] en su palacio,
44*[nṣb.skn.i]libh.*	[que erija la estela de su] dios familiar,
bqdš 45*[ztr.ʿmh.]*	[en el santuario el cipo votivo de tu gente];
[la]rṣ.mšṣu. 46*[qṭrh.]*	[que de la] «tierra» libere [su espíritu],
[lʿpr.ḏ]mr.aṯrh	[del «polvo»] proteja su(s) resto(s);

/ *[akl.m]nth* / *[lḥm.m]nth* (HDBS), pero cf. CTA 80, n. 4. *Lín. 34:* c. *[ks y]iḫd. il* ⟨ʿ⟩*bdh* (AT; Dijkstra-De Moor, UF [1975] 177; Dietrich-Loretz, UF [1978] 70-71), cf. 1.15 II 16-18 / *[byd(?).y]iḫd* (Vir.) / *[bkm.y/ṯ]iḫd* (HDBS) / *[bn.y]iḫd* (Cross, CMHE 178, n. 138). *Lín. 35-37:* así, Vir., cf. *sup.* lín. 1-2, 17-18. *Lín. 38:* así, CTA, KTU; c. *[r]ḥ.hw,* cf. 1.19 IV 39 *(npš.hy.mḫ)* / *[bḥdrh]* (HDBS, CML), cf. 1.14 I 26 / *[brḥq]* (AT) / *[ar]ḫ* (Dijkstra-De Moor, UF [1974] 178), cf. 1.19 IV 39 *(a[-]ḫ.hy.mḫ)* / *[ak]ḫ* (Aartun, UF [1979] 3. *Lín. 39:* c. *[wyšk]b* (Dijkstra-De Moor, *l. c.)* / *[yhbr]* (HDBS). *Lín. 40:* c. *[whr]* (Dijkstra-De Moor, *l. c.)* / *[ḥmḥmt]* (HDBS) / *[hrt]* (Van Selms, MFL 46, n. 12) / *bm nšq whr* (Held, JAOS [1959] 173, n. 79) / *ḥmḥm* (AT). *Lín. 41:* c. *[wtḥ]rn* (HDBS, CML), cf. 1.5 V 22 / *[hr.tš]kn* (Dijkstra-De Moor, *l. c.); ylt* por *yldt* (CML), cf. 1.5 I 6; 1.23:53. *Lín. 42:* c. *[lmt.r]pi* (HDBS, Dijkstra-De Moor,

---

(Ginsberg) / «... que sirva su espelta..., su ofrenda de grano...» (De Moor, SP 233; Dijkstra-De Moor, UF [1975] 177); cf. gl. *ksm, spa, mnt.* *Lín. 34:* cf. Dijkstra-De Moor, UF [1975] 177 / «De la mano *Ilu* toma a su siervo...» (Ginsberg) / «A continuación tomó *Ilu*...» (Driver). *Lín. 36-37:* / «¡Por mi vida, que viva...!» (Gordon, Dijkstra-De Moor) / «... hizo revivir el alma de *Daniilu*...» (Driver) / «El deseo será renovado, (¡oh) *Daniilu!*...» (Dressler). *Lín. 38:* / «¡Que prospere su camino...!» (Dijkstra-De Moor, UF [1975] 178) / «Cuando *(Ilu)* se marchó, sintió deseo...» (Dressler); cf. gl. *mḫ.* *Lín. 39-41:* / «... ella apeteció su abrazo...» (Driver) / «... al besar... sintió ardor... Preñado está el *Ardor* de *Daniilu*...» (Dressler) / «... la que iba a dar a luz concibió, entró en calor por...» (Dijkstra-De Moor, UF [1975] 178-179); cf. gl. *ḥmḥm(t);* es preferible entender esta sección en sentido volitivo-yusivo; será repetida luego en forma de anuncio-ejecución.

47*[ṭbq.lḥt.niṣḫ.]*	[que cierre las fauces de sus detractores],
*[gr]*š.*d.*ʿšy	[expulse] al que le haga algo;
(Laguna de unas 10 lín.)	[que le tome por la mano en su embriaguez],
	[cargue con él cuando esté harto de vino];
	[que consuma su ración en el templo de *Baʿlu],*
	[y su porción en el santuario de *Ilu];*
	[que revoque su tejado cuando se forme barro],
	[lave sus vestidos cuando se ensucien]».

Transmisión de la bendición

[«En tu vigor revivirás, *Daniilu* el *Rapaí],*
[en tu apetito, Prócer *Harnamí];*
[en tu espíritu sentirás lozanía],
[a tu lecho subirás y te echarás];
[al besar a tu esposa, habrá concepción],
[al abrazarla, habrá preñez];
[pariéndo(le) su concepción],
[su preñez a *Daniilu* el *Rapaí].*
[Habrá así un hijo tuyo en tu casa],
[descendencia en tu palacio],
[que erija la estela de tu dios familiar],

KTU 1.17 II

(Laguna de unas 11 lín.)

[ ] 1z*[tr.ʿmk.]*	[en el santuario el cipo votivo de tu gente];
[larṣ mšṣu.qṭrk]	[que de la «tierra» libere tu espíritu],
2*lʿ*pr.ḏm*[r.aṯrk.]*	del polvo proteja [tu(s) resto(s)];
[ṭbq] 3*lḥ*t.*niṣ*k.	[que cierre] las fauces de tus detractores,
gr*[š.dʿšy.lnk]*	expulse [al que te haga algo];
4*spu.ksmk.bt.[bʿl.]*	que consuma tu ración en el templo de *[Baʿlu],*
[wmntk] 5*btil.*	[y tu porción] en el santuario de *Ilu;*
*aḫd.yd*k*[.]*b*[škrn]*	que te tome por la mano en [tu embriaguez],
6*mʿmsk.kšbʿt.yn.*	cargue contigo cuando estés harto de vino;

---

l. c.) / [dnil.mt.r]pi (AT). *Lín. 43-47:* cf. *sup.* lín. 25-29. *Lín. 47: /]m d.ʿšy[* (Vir.), pero cf. CTA 80, n. 8; restaurar a continuación el texto correspondiente a lín. 30-33, a las que HDBS propone añadir: *bḥlmh tḥm ilm / rgmh* (CML: *hwt) bn qdš bḏrt / npš tḥ dnil mt rpi / brlt ǵzr mt hrnmy / aṯtk ḥmḥmt wthr / tqtnṣ wtld bn,* reconstrucción que se continúa en el inicio de la columna siguiente.

Col. II: restaurar al principio el texto correspondiente a I 36-42, 42-44 con sufijo *-k*. *Lín. 1-5:* así, Vir., CTA, cf. *sup.* I 27-32, 45-47. *Lín. 3: / tiṣk.* (UT). *Lín. 4-5:* distinto

tḫ ^{7}ggk.b.ym.ṯiṯ.	que revoque tu tejado cuando se forme barro,
rḥṣ ^{8}npṣk.bym.rṯ	lave tus vestidos cuando se ensucien».

Reacción de Daniilu

buni[l] ^{9}pnm.tšmḫ.	A *Daniilu* el rostro se le iluminó
w*ʿl.yṣhl p*i*t*	y las cejas hizo resplandecer por encima;
^{10}*yprq.lṣb.wyṣḥq*	desfrunció el ceño y se echó a reír,
^{11}*pʿn.lhdm.yṯpd.*	sus pies en el escabel apoyó,
yšu ^{12}gh.wyṣḥ.	alzó su voz y exclamó:
aṯb*n.ank ^{13}wanḫn.*	«Yo me sentaré y descansaré,
*w*tn*ḫ.birty ^{14}npš.*	y reposará en mi interior (mi) alma,
kyld.bn.ly.km ^{15}aḫy.	porque un hijo me va a nacer como a mis hermanos,
*wšrš.k*m. *aryy*	descendencia como a mis parientes,

El hijo ideal

^{16}*nṣb.skn.iliby.*	que erija la estela de mi dios familiar,
*bqd*š ^{17}*ztr.ʿmy.*	en el santuario el cipo votivo de mi gente;
	[que de la «tierra» libere mi espíritu],
*lʿpr[.]ḏmr.aṯ*r*[y]*	del polvo proteja mi(s) resto(s);
^{18}*ṭbq lḥt.niṣy.*	que cierre las fauces de mis detractores,
*grš ^{19}dʿšy.*l*n.*	expulse al que me haga algo;
aḫd.ydy.bš ^{20}krn.	que me tome por la mano en mi embriaguez,
mʿmsy.kšbʿt yn	cargue conmigo cuando esté harto de vino;
^{21}*spu.ksmy.bt.bʿl.*	que consuma mi ración en el templo de *Baʿlu,*
wmn*[t]*^{22}*y.bt.il.*	mi porción en el santuario de *Ilu;*
*ṭḫ.*ggy*.bym.ṯi*ṭ	que revoque mi tejado cuando se forme barro,
^{23}*rḥṣ.npṣy.bym.rṯ*	lave mis vestidos cuando se ensucien».

Escena de banquete

^{24}*dn.il.bth.ymǵyn*	Se dirigió *Daniilu* a su casa,
^{25}*yštql.dnil.lhklh*	bajó/marchó *Daniilu* a su palacio;
^{26}*ʿrb.bbth.kṯrt.*	entraron en su casa la *Kôṯarātu,*
bnt ^{27}hll.snnt.	las hijas del «Lucero», las golondrinas.

---

orden (Rosenthal, «Or» [1939] 224-225), cf. lín. 21-22; *sup.* I 31-32. *Lín. 8: bunil* error por *bdnil* (Ginsberg, BASOR 98 [1945] 15, n. 20) / *buai* (UT). *Lín. 9:* / *yṣil* (Vir., HDBS); c. *ʿl⟨n⟩.yṣhl pi[th]* (CML), cf. 1.3 III 34. *Lín. 16:* / *aṣb* (Vir.), sería error por *nṣb* (Cassuto, BOS II, 205), cf. *sup.* I 26. *Lín. 17:* suplir *larṣ.mšṣu.qṭry* (Rosenthal, «Or» [1939] 223), cf. *sup.* I 27, 45-46. *Lín. 21:* / *akl mnt* (UM) / *akl mnt* (CML), cf. *sup.*

Col. II: *8-12:* para una discusión detallada de la versión adoptada, cf. Del Olmo Lete, AF [1976] 232-236. *Lín. 12-13:* / «Ahora descansaré de nuevo» (Gaster); cf. gl. *yṯb/ṯb.* *Lín. 26:* / «Hizo entrar...» (Aistleitner). *Lín. 26-27:* / «... las

apnk.dnil 28*mt.rpi.*	A continuación, *Daniilu* el *Rapaí,*
ap.hn.ǵzr.mt 29*hrnmy.*	inmediatamente el Prócer *Harnamí*
alp.yṯbḫ.lkṯ 30*rt.*	un buey sacrificó para las *Kôṯarātu;*
*yšlḥm.*kṯ*rt.wy* 31*ššq.*	dio de comer y de beber a las *Kôṯarātu,*
*bnt.[h]*ll.*snnt*	a las hijas del «Lucero», las golondrinas.
32*hn.ym.wṯn.*	Un día y otro pasó:
*yšlḥ*m 33*kṯrt.*wy*ššq.*	dio de comer y le beber a las *Kôṯarātu,*
bnt.hl[l] 34*snnt.*	a las hijas del «Lucero», las golondrinas;
*ṯlṯ.*rb*ʿ ym.*	Un tercer y cuarto día pasó:
yšl 35*ḥm kṯrt.*wyššq	dio de comer y de beber a las *Kôṯarātu,*
36*bnt. hll.*sn*nt.*	a las hijas del «Lucero», las golondrinas;
ḫm*š* 37*ṯdṯ.*ym.	Un quinto y sexto día pasó:
*yšlḥm.*kṯ*rt* 38*wy*ššq.	dio de comer y de beber a las *Kôṯarātu,*
b*nt.hll.*snnt	a las hijas del «Lucero», las golondrinas,
39*mk.*bšbʿ*.ymm.*	Y, ¡mira!, al séptimo día
tbʿ.bbth 40*kṯ*rt.	se marcharon de su casa las *Kôṯarātu,*
b*nt.*h*ll.snnt*	las hijas del «Lucero», las golondrinas,
41m*d*d*t.*nʿ*my.*ʿrš.	amigas (?) de la delicia del lecho fecundo,
h*(?)*r*(?)*t*(?)*	
42y*smsmt.*ʿrš.ḫl- -	de la belleza del lecho de procreación.
43*yṯb.*d*ni*l.*[s]*p*r* yrḫh	Se sentó *Daniilu* a contar sus meses:
44yrḫ.yrḫ ṯn y*(?)*ṣ*(?)*i*(?)*	un mes y otro dejó transcurrir,
45*ṯl*t.rb*ʿ[ ]-[ ]*	un tercer y cuarto [mes pasar];
46*yrḫm.*ymǵy*[ ]*	[al cabo de (?)] los meses se dirigió...
47*-[ ]-[ ]*	

(Laguna de unas 10 lín.)

I 32. *Lín. 26:* así, ya UT / *bbt.hg* (Vir.). *Lín. 41:]d[-]t.nʿmy ʿrš.z[bln(?)]* (Vir.) / *ʿrš hlb(?)* (UT) / *ʿrš h[--]m* (CTA) / *rdpt...ʿrš h[r]m* (Dijkstra-De Moor, UF [1975] 180) / *[p]dyt...ʿrš hbr* (AT) / *ydʿt...zbln* (CML). *Lín. 42: / ʿrš.zbl[n(?)]* (Vir.) / *ʿrš -lln* (UT) / *ʿrš ḫlln(?)* (CTA) / *ḫlḫlt(?)* (Dijkstra-De Moor, *l. c.)* / *ʿrš glym* (AT) / *ʿrš ḫl[dn]* (Margalit, UF [1979] 553). *Lín. 43: / [.ys]pr* (Vir.) / *[ls]pr* (CTA) / *[lms]pr* (AT). *Lín. 44: / yks(?).y[š] t[ql(?)] wyṣi(?)* (Vir.) / *y[ ].y[ ]tt[ ]ayṣḥ* (UT) / *yrḫ.y[š]tql wyṣi* (EAR) / *yrs.y[-----]y[-]h* (CTA); c. *yks y[m] [mld]* (Cassuto, BOS II, 34) / *yrḫ.ym[ǵy.wṯ]n yṣi* (AT). *Lín. 45:* c. *rbʿ[.ym...]* (Vir.) / *rb[ʿ.yrḫ---]r[--]* (CTA) / *rb[ʿ yrḫm]* (AT) / *rb[ʿ ḫmš]* (EAR). *Lín. 46:* c. *ymǵ[y ḫmš ṯdṯ]* (AT). *Lín. 47: /]m[* (CML) / *ḫ[--]r[-----------]* (CTA) / c. *yṣ[i šbʿ.ṯmn.yrḫm]* (AT). *Lín. 48-49:* c. *yrḫm.ymǵy.tšʿ.ʿšr* / *mk.bštʿ.yrḫm* (AT).

---

ululadoras, las golondrinas...» (Yamashita, RSP II, 55-56); sobre esta denominación y sus alternativas, cf. *inf.* 1.24:5-15; gl. *bnt hll, snnt.* *Lín. 41-42:* / «... las que buscan la delicia...» (Dijkstra-De Moor, UF [1975] 180) / «... las (especialistas) en los placeres del lecho...» (Gibson) / «... habiendo liberado el delicioso lecho de los abrazos/penetraciones...» (Dressler). *Lín. 43-44:* / «... continúa contando...» (Gaster) / «... un mes llegó y pasó...» (Dijkstra-De Moor) / «... *Daniilu,* descansado, se sentó...» (Margalit, UF [1979] 553). *Lín. 44ss:* / «... pasaron el tercero..., llegaron meses, el quinto..., pasaron..., pero en el mes décimo...» (Dressler).

KTU 1.17 V

(Laguna de unas 12 lín.)

Escena de teofanía

^{1}[ ]-‑ʿ(?)-[ ]	
^{2}-[ ]abl.qšt[.]t̠mn	«(Yo mismo) llevaré un arco allí,
^{3}ašrbʿ.qṣʿt.	cuadruplicaré (el cupo de) las flechas».
whn.šb[ʿ] ^{4}bymm.	Y he aquí (que pasaron) siete días,
apnk.dnil.mt ^{5}rpi.	entonces *Daniilu* el *Rapaí,*
ahn.ġzr.mt.hrnm[y]	a continuación el Prócer *Harnamí,*
^{6}ytšu.yt̠b.bap.t̠ġr.	se alzó y se sentó a la entrada de la puerta,
tḥt ^{7}adrm.dbgrn.	entre los nobles que se reúnen en la era,
ydn ^{8}dn.almnt.	a juzgar la causa de la viuda,
yt̠pṭ.tpṭ.ytm	a dictaminar el caso del huérfano.
^{9}bnši ʿnh.wyphn.	Al alzar sus ojos, entonces lo vio
balp ^{10}šd.rbt.kmn.	a través de mil yugadas, diez mil obradas;
hlk.kt̠r ^{11}kyʿn.	la marcha de *Kôṯaru* sí que vio,
wyʿn.tdrq.ḫss	contempló el ligero paso de *Ḫasīsu.*
^{12}hlk.qšt.ybln.	He aquí que traía un arco,
hl.yš ^{13}rbʿ.qṣʿt.	que había cuadruplicado (el cupo de) las flechas.

Escena de banquete

apnk.dnil ^{14}mt.rpi.	Al instante *Daniilu* el *Rapaí,*
apnh.ġzr.mt ^{15}hrnmy.	acto seguido el Prócer *Harnamí*
gm.lat̠th.kyṣḥ	en voz alta a su mujer así gritó:
^{16}šmʿ.mt̠t.dnty.	«Escucha, Dueña *Danatayu,*
ʿdb ^{17}imr.bpḫd.	prepara un cordero de entre los añojos
lnpš.kt̠r ^{18}wḫss.	para el apetito de *Kôṯaru-Ḫasīsu,*
lbrlt.hyn d ^{19}ḥrš yd.	para la gana de *Hayyānu* el artesano ambidiestro.

Col. V: *Lín. 2:* / *qšt.m[ ]* (UT) / *qšt.m[nḥ]* (AT) / *qšt.md[rkt]* (Dijkstra-De Moor, UF [1975] 180). *Lín. 3:* / *whn.šb[y]* (AT). *Lín. 5: ahn* error por *aphn* (Vir.), cf. *inf.* lín. 14,34; 1.19 I 20. *Lín. 12:* / *plk* (Montgomery, JAOS [1936] 444). *Lín.*

Col. V: *Lín. 2-3:* / «... proporcionaré una cantidad de flechas...» (Caquot-Sznycer) / «... como un don traeré yo el arco. Pero fue retenido...» (Dressler) / «... tomaré conmigo cuatro flechas...» (Dijkstra-De Moor, UF [1975] 181) / «... traeré el arco» (Ashley) / «... traeré un arco de gran valor, entregaré un arco...» (Margalit, UF [1979] 556) / «un arco de ocho (partes)...» (Gibson); cf. gl. *rbʿ, qṣʿt.* *Lín. 6-7:* / «... bajo un árbol frondoso...» (Ginsberg) / «... junto a las parvas...» (Driver) / «... junto al *hall* de la era...» (Ashley) / «... enfrente de la puerta, ante los dignatarios...» (Dijkstra-De Moor); cf. gl. *ap t̠ġr, tḥt, adr, grn.* *Lín. 12-13:* cf. De Moor, UF [1969] 227. *Lín. 16-17:* / «... un cordero recental...» (Driver, Dijkstra-De Moor) / «... prepara un cordero con la

šlḥm.ššqy [20]*ilm*	Da de comer y beber a l(os) dios(es),
sad.kbd.hmt.	reconforta y agasájale(s),
bʿl [21]*ḥkpt.il.kl*h.	a l(os) Señor(es) de *Ḥikuptu* (Menfis), que de un dios [es todo él».
tšmʿ [22]*mṯt.dnty.*	Escuchó la Dueña *Danatayu*
tʿdb.imr [23]*bpḫd.*	preparó un cordero de entre los añojos
lnpš.kṯr.wḫss	para el apetito de *Kôṯaru-Ḫasīsu,*
[24]*lbrlt.hyn.dḫrš* [25]*ydm.*	para la gana de *Hayyānu,* el artesano ambidiestro.
aḫr.ymġy.kṯr [26]*wḫss.*	Cuando llegó *Kôṯaru-Ḫasīsu,*
bd.dnil.ytnn [27]*qšt.*	en las manos de *Daniilu* puso el arco,
lbrkh.yʿdb [28]q*ṣʿt.*	en sus rodillas dejó las flechas.
apnk.mṯt.dnty	A continuación, la Dueña *Danatayu*
[29]*tšlḥm.tššqy ilm*	dio de comer y beber a l(os) dios(es),
[30]*tsad.tkbd.hmt.*	le(s) reconfortó y agasajó,
bʿl [31]*ḥkpt il.klh.*	a l(os) Señor(es) de *Ḥikuptu,* que de un dios es todo él.
*tbʿ.kṯ*r [32]*lahlh.*	Marchó *Kôṯaru* a su tienda,
*hyn.tbʿ.lm*š [33]*knth.*	*Hayyānu* se fue a su mansión.

Entrega del arco

*apnk.*dni*l.*m*[t]* [34]*rpi.*	A continuación *Daniilu* el *Rapaí,*
*apnh.ġzr.m*t [35]*hrnmy.*	acto seguido el Prócer *Harnamí*
qšt.yqb-[ ] [36]*rk.*	el arco puso (?) [en (sus) rodillas],
*ʿl.aq*h*t.kyq[ ]*	a *Aqhatu* sin dudar lo [asignó (?)]:
[37]*prʿm.ṣdk.yb*n*[.]*	«Las primicias de tu caza, ¡oh hijo!,
[ ] [38]*prʿm.ṣdk*	[ofrécele] las primicias de tu caza;
hn p*[rʿ]* [39]*ṣd.*	las primicias de la caza, sí,
bhklh[ ]-[ ]--[ ]	a su palacio [harás llegar...].

(Laguna de unas 11 lín.)

19/25: yd/ydm (Rosenthal, «Or» [1939] 216, 228). *Lín. 35: / yqb.[---]* (CTA) / *yqb [wyd]rk* (Montgomery, *l. c.) / yqb[l wyd.b]rk* (CML) / *yqb.[wyb]rk* (Dijkstra-De Moor, *l. c.) / yqbl/ṣ[lb]* (TOu; AT). *Lín. 36: / kyq[b wyṣḥ] (Thespis,* 1950, 452) / *kyq[bl. yṣḥ]* (CML; cf. Gaster, SMSR [1937] 36) / *kyq[ra]* (AT) / *kyq[bh]* (Dijkstra-De Moor, *l. c.). Lín. 37:* c. *y[b(?)ny]* (AT) / *ybn[.][bln]* (Dijkstra-De Moor, *l. c.). Lín. 38:* c. *hn[tdbḥ]* (AT) / *hn pr[ʿm]* (Dijkstra-De Moor, *l. c.). Lín. 39: t]ṣb.bhklh[* (CML) / *bhkly* (Dijkstra-De Moor, *l. c.) / bhk[lk.tʿdb]* (AT). *Lín. 30:* raspado final.

---

harina...» (Caquot-Sznycer) / «... un cordero del rebaño...» (Ginsberg); cf. gl. *pḫd. Lín. 20-21:* cf. *sup.* 1.3 VI 13-14. *Lín. 28-33:* / «Cuando la dueña... hubo dado de comer..., (entonces) marchó *Kirta*...» (Dressler) / «... *Kirta* marcha de su tienda...» (Ashley). *Lín. 35-36:* / «... dobla el arco y lo tensa... apuntando a *Aqhatu*...» (Gaster) / «... agarra el arco en su mano, bendice al niño *Aqhatu*...» «... recogió el arco de (sus) rodillas... Gritó a *Aqhatu*...» (Dressler) / «... dio nombre y bendijo el arco, le dio nombre, sí, en favor de *Aqhatu*...» (Dijkstra-De Moor, UF [1975] 182). *Lín. 37-39:* / «... mete en el saco tu caza...» (Gordon) / «... (tráeme) las primicias de tu caza, ... a mi palacio...» (Dijkstra-De Moor) / «... las primicias, sí, has de sacrificar. En tu casa has de preparar un banquete...» (Dressler); cf. *prʿ, ṣd.*

KTU 1.17 VI

(Laguna de unas 9 lín.)

	Escena de banquete
1[ ]	
[ ]ḥm[ ]	[Mientras comían y bebeían los dioses],
[ ].ay. š[ ]	[se proporcionaron res(es) lechales],
[bḫ]rb.mlḥ[t.q]ṣ 5[mri.]	[con un cuchillo] «a la sal» [filetes de cebón].
[tšty.krpnm].yn.	[Bebieron en cáliz] vino,
bks.ḫr[ṣ] 6[dm. ʿṣm]	en copa de oro [sangre de cepas].
[ ]n.krpn.ʿl.krpn	[Escanciaron] copa tras copa...
7[ ]qym.wtʿl.trṯ	
[ ]-.yn.ʿšy.lḥbš	
[ ]ḥtn.qn.yṣbt	
10[ ].bnši ʿnh[.]wtphn	Al alzar sus ojos lo vio,
[ ]l.kslh.kbrq	[brillaba] su nervio como un rayo...
[ ]-y(?)ǵʿp(?).thmt.brq	
[ ].tṣb.qšt.bnt	... apeteció el arco...
[ ]ʿnh.km.bṯn.yqr	... al verlo (?), como una serpiente silbó;

COL. VI: *Lín. 2:* c. *l]ḥm[* (Vir.) / *l]ḥm[blḥm ay]* (Clifford, VT [1975] 300). *Lín. 3:* c. *[šty bḫmr yn] ay š[ty bkrpnm yn(?)]* (Clifford, *l. c.*) / *[ʿd lḥm] šty.[ilm]* (Dijkstra-De Moor, UF [1975] 183) / *[ilm.tlḥm.tš]ty.[wpq]* (AT). *Lín. 4-5:* así, Vir., cf. 1.3 I 7-8; 1.4 III 42-44; IV 36-38; VI 57-59; 1.5 IV 14-16 / *[wpq mrǵṯm ṯd bḫ]rb. mlḥ[t qṣ...* (Dijkstra-De Moor, *l. c.*) / *[mrǵṯm ṯd bḫ]rb...* (AT). *Lín. 6:* así, CTA, KTU / *]n.krpn.ʿl.-r-* (UT) / *y(?)]n.krpn.ʿl.[ʿ(?)]rpt(?)* (Vir.) / *[bks ksp.h]n krpn.ʿl krpn* (CML; cf. Gaster, SMSR [1936] 145, n. 2), cf. 1.5 IV 16-18 / *... ks ksp ymlu]n...* (Dijkstra-De Moor, *l. c.*). *Lín. 7:* / *]ẓym.* (Vir.); c. *[yptḥ wms]k(!) yms(!)k(!) tʿl trṯ* (CML; cf. Gaster, *l. c.*), cf. 1.3 I 17; 1.15 IV 5 / *[wtṯṯnyn.š]qym...* (Dijkstra-De Moor, *l. c.*). *Lín. 8:* c. *[bbt.bʿl.bt.il.li]n.yn.ʿšy.lḥbš* (Dijkstra-De Moor, UF [1975] 184). *Lín. 9:* / *]ḥtnt ʿn.yṣ(?)bt* (Vir.) / *]ḥtn tʿn.yṣ(?)bt* (UT); c. *[mra.bḥrb.ml]ḥt nqn.yṣbt* (CML; cf. Gaster, SMSR [1936] 146, n. 2; [1937] 47), cf. 1.3 I 7-8 / *[waqht yn]ḥtn qn yṣbn* (Dijkstra-De Moor, UF [1975] 185). *Lín. 10:* / *]m.hnši...* (CTA); c. *[qšt. bnt.kṯr wḫss].bnši...* (Dijkstra-De Moor, *l. c.*). *Lín. 11:* así, Vir., KUT / *]ml.ksl.kb/y[-]q* (CTA) / *kslh.kytq* (AT); c. *[hlk aqht ǵzr (?)]* (Clifford, VT [1975] 301) / *[tḥd. qšt.aqht.nʿm.s]ml...* (Dijkstra-De Moor, *l. c.*). *Lín. 12:* / *mḫ(?)ǵʿp(?)...* (Vir.) / *m(ḫ/y)ǵ(ḏ/ʿt)...* (CTA) / *[m]ḫ./[y]mǵ ʿp.(?)th mt b[k/rq]* (AT); *mzǵʿp* error por *mzʿp* (Gaster, SMSR [1937] 47); c. *[qnh.]kyǵḏ* (Dijkstra-De Moor, *l. c.*). *Lín. 13:* / *bnth* (Vir.) *bnt[i]* (Margalit, UF [1976] 162-163) / *tṣb/gb.(?)qšt.(?)d/bnt* (AT); c. *[ʿnt. tnḥtn.q]n...bnt k* (Dijkstra-De Moor, *l. c.*). *Lín. 14:* / *qr(?)]nh* (Vir.) / *bʿ]nh* (Ginsberg, BASOR 98 [1945] 16); c. *[ṯr wḫss dqr]nh...* (Dijkstra-De Moor, *l. c.*) / *tm]nh*

COL. VI: *Lín. 2-6:* cf. 1.4 III 40-44, Clifford, VT [1975] 300. *Lín. 7-16:* para una posible restauración e interpretación de este pasaje, cf. Dijkstra-De Moor, UF [1975] 184-186; también Margalit, UF [1976] 163; Sanmartín, UF [1979] 726. *Lín. 14:* / «... [su forma/duela (?)] era como una serpiente, [sus cuernos (?)] se retorcían...» (Dressler) / «... revolviéndose sus ojos como una

[15]*[ ]larṣ.*	[el cáliz echó] a tierra,
ksh.tšpkm [16]*[lʿpr.]*	su copa derramó [en el suelo].

Diálogo entre ʿAnatu *y* Aqhatu

*[tšu.gh.]*wtṣḥ.	[Alzó su voz] y exclamó:
šmʿ.mʿ [17]*[laqht.ġzr.]*	«Escucha, por favor, ¡oh, Prócer *Aqhatu!;*
*[i]*rš.*ksp.watnk*	pide plata y te la daré,
[18]*[ḫrṣ.waš]*lḥk.	[oro y] te lo otorgaré;
*wtn.qšt*k.ʿm [19]*[btlt.]*ʿn*[t.]*	pero da tu arco a [la Virgen] *ʿAnatu,*
qṣʿ*tk.ybmt.*l*imm*	tus flechas a la 'Pretendida de los pueblos'».
[20]wyʿ*n.aqht.ġzr.*	Y respondió el Prócer *Aqhatu:*
adr.ṯqbm [21]b*lbnn.*	«Los más estupendos fresnos del Líbano,
*adr.gdm.br*u*mm*	los más vigorosos nervios de los toros salvajes,
[22]*adr.qrnt.byʿlm.*	los más estupendos cuernos de las cabras monteses,
*mt*n*m* [23]*bʿqbt.ṯr.*	⟨los más vigorosos⟩ tendones de los jarretes de toro,
adr.bġl il.qnm	las más espléndidas cañas de los vastos cañaverales
[24]*tn.lkṯr.wḫss.*	entrégalos a *Kôṯaru-Ḫasīsu*
*ybʿl.qšt. lʿ*nt	y que haga un arco para *ʿAnatu,*
[25]*qṣʿt.lybmt.limm.*	flechas para la 'Pretendida de los pueblos'».
*wtʿn.bt*l*t* [26]*ʿnt.*	Respondió la Virgen *ʿAnatu:*
irš.ḥym.laqht.ġzr	«Pide vida, ¡oh Prócer *Aqhatu!,*
[27]irš.*ḥym.watnk.*	pide vida y te la daré,
blmt [28]w*ašlḥk.*	inmortalidad y te la otorgaré.
ašsprk.ʿm.bʿl [29]*šnt.*	Te haré contar años como *Baʿlu,*
ʿm.bn il.tspr.yrḫm	como lo(s) hijo(s) de *Ilu* contarás meses.
[30]*kbʿl.kyḥwy.*	Como *Baʿlu* de cierto da la vida
yʿšr.ḥwy.yʿš [31]*r.wyšqynh.*	al que le invita [ ] y le ofrece de beber,

(AT). *Lín. 15: ʿl(?)]arṣ.kst.tšr(?)m* (Vir.); c. *[krpnh.t- -l]arṣ.ksh.tšpkm* (CTA) / *[krpnh.tdy.]larṣ...* (Dijkstra-De Moor, *l. c.)* / *... tpl.]larṣ* (Margalit, UF [1976] 162-163). *Lín. 16:* así, CTA, KTU / *[tšu.gh.w]tṣḥ* (Vir.) / *[qbʿt lʿpr tšu gh]wtṣḥ* (Ginsberg, BASOR [1945] 25) / *[lʿpr glh...]* (AT). *Lín. 17-18:* así, Ginsberg, *l. c.* / *.a(?)]kš ksp.wat.tk[ ]ḥk* (Vir.). *Lín. 18-19:* así, KTU / *wtk(?)qšt[ ]ġ(?)[q(?)]štk...* (Vir.) / *wtn(?) qštk(!) [ly(?) tq(?)]ḥ(?)[q]ṣ(!)ʿ(!)tk* (Ginsberg, *l. c.*) / *...ltq]ḥ* (CML) / *...qštk. (?).[lʿnt.tq]ḥ[.q]ṣʿtk* (CTA) / *wtn.qštkm[ly.ltn.q]ṣʿtk.* (AT). *Lín. 20:* así, Albright-Mendenhall, JNES [1942] 227ss. / *adr[.]ʿ(?)qbm* (Vir.). *Lín. 21:* / *dlbnn.* (Vir.). *Lín. 22:* / *mtb[ʿ(?)m* (Vir.) / *mtrm* (Dahood, «Bib» [1957] 62ss; cf. Held, *Fs Landsberger,* 401ss); c. haplografía de ⟨*adr*⟩ *mtnm* (Sanmartín, UF [1977] 373). *Lín. 23:* transposición *adr* ⟨*qnm*⟩ *bġl il* (Sanmartín, *l. c.). Lín. 24:* / *qšt ln* (Vir.) / *qšt lk* (Albright-Mendenhall, *l. c.)* / *qštl(n/k)* (UM/UT; UHP 10). *Lín. 28:* / *wašlṭ(?)k.* (Vir.). *Lín. 30-*

serpiente...» (Ashley). *Lín. 20-25:* así, ya Gordon y Caquot-Sznycer; cf. Sanmartín, UF [1977] 373 / «Excelentes son...» (Gray; cf. Dijkstra-De Moor, UF [1975] 186-187) / «... corta tejos (?) del Líbano, corta...» (Dahood, *Psalms* III, 42) / «... yo te ofrendo...» (Ginsberg, Clifford, Ashley); cf. gl. *adr. Lín. 28-29:* / «... te haré contar años con *Baʿlu*...» (Ginsberg); cf. gl. *ʿm. Lín. 30-33:* / «... y

ybd.wyšr.ʿlh	al que entona y canta en su presencia,
32*n*ʿmn*(?) [. y]ʿnynn.*	al aedo apuesto que le celebra,
ap.ank.aḥwy	también yo daré la vida
33*aq*ht*[.ǵz]*r.	al Prócer *Aqhatu*».
wyʿn.aqht.ǵzr	Respondió el Prócer *Aqhatu:*
34*al.t*šr*gn.ybtltm.*	«No me embrolles, ¡oh Virgen!,
dm.lǵzr 35*šrgk.ḫḫm.*	pues para un Prócer tus embrollos son un lodazal.
mm.uḫryt.mh.yqḥ	¿Qué es lo que un hombre puede conseguir como destino [último,
36*mh.yqḥ.mt.aṯryt.*	qué puede alcanzar un hombre como resultado final?
spsg.ysk 37*[l]*ri*š.*	Esmalte se verterá sobre mi cabeza,
ḥrṣ.lẓr.qdqdy	«lechada» sobre mi cráneo;
38*[ ]*m*t.kl.amt.*	[yo también] moriré la muerte de todos,
wan.mtm.amt	y como un mortal también pereceré.

31: dittografía de *ḥwy.yʿšr* (Gaster, SMSR [1936] 147, n. 2; íd., *Thespis,* 1950, 452; Segert, BZAW 77 [²1961] 197; pero cf. Dijkstra-De Moor, UF [1975] 188) / *wyšqynh/n...ʿlh/p* (AT). *Lín. 32:* / *[.wt]ʿnynn.* (CTA, KTU) / *nʿm(?)[n(?).wy(?)]ʿnynn. apnnk...* (Vir.) / *nʿm[t.wy]ʿnynn* (CML; cf. Gaster, *l. c.)* / *nʿm[.a]ṯnynn* / *[.dy]ʿnynn* (Dijkstra-De Moor, UF [1975] 187-189) / *[tšb]ʿn ynn* (AT). *Lín. 35:* así, Ginsberg, *l. c.* / *šrgk.y(?)m.mt...* (Vir.) / *ḫḫm/ḫzm (Thespis,* 1950, 452); *mm* error por *mt* (CTA, KTU; pero cf. Margalit, UF [1976] 165). *Lín. 36: spsg/stsg* (AT). *Lín. 38:* c. *[w(?)]mt* (Ginsberg, BASOR 98 [1945] 21) / *[dk]mt* (Margalit, UF [1979] 554). *Lín. 39:* así, Ginsberg, *l. c.,* cf. 1.4 I 19-20; 1.3 IV 31-32 / *b(?)]n[.]rgmm.* (Vir.) / *rgmm/t.*

Baʿlu cuando da vida, ofrece una fiesta... al que dio vida, le ofrece de beber; canta...» (Ginsberg) / «... (y) graciosamente ambos se llenan de vino...» (Dressler) / «... como *Baʿlu,* cuando vive y es festejado..., le dan de beber...» (Gray; Delekat, UF [1972] 21-22) / «... como *Baʿlu,* después de resucitar, banquetea, bebe..., canta y se repite su canto...» (Aistleitner) / «... como *Baʿlu* vuelve de nuevo a la vida, le hacen fiestas, le dan de beber...» (Driver) / «... como *Baʿlu,* cuando es revivido—, el que (le) revive se dispone a darle de beber, improvisa y canta..., el aedo que le sirve...» (Dijkstra-De Moor, UF [1975] 187; también De Moor, SP 42) / «Como si fuera él *Baʿlu* cuando revive, (cuando) festejan al viviente..., —ella le respondió— así daré...» (Gibson); cf. gl. *ḥwy, ʿšr, bd, nʿmn, ʿn(y). Lín. 34:* / «... pues para un héroe tus mentiras son despreciables...» (Dressler). *Lín. 35-36:* / «Ulterior vida, ¿cómo puede conseguirla..., vida duradera...?» (Ginsberg) / «... tu embuste es una espina, para la juventud algo irritante. ¿Qué se lleva uno... como *souvenir?»* (Margalit, UF [1976] 165) / «¿... un mortal en última instancia...?» (o «el hombre del futuro/posteridad») (Dressler); cf. gl. *uḫryt, aṯryt, šrg, ḫḫ, mm(?). Lín. 36-37:* «barniz-vidriado/yeso» (Ginsberg) / «barniz/oro» (Dijkstra-De Moor, UF [1975] 190) / «sustancia blanca/ceniza» (Caquot-Sznycer) / «taza/óleo fino» (Goetze, JCS [1947] 315; Dietrich-Loretz-Sanmartín, UF [1976] 39; Dressler) / «queja/fruncimiento» (Aistleitner) / «canicie/grisalla» (Gordon, Jirku) / «plato de vidrio/aditamento protegerá...» (Dietrich-Loretz, UF [1979] 196); cf. gl. *spsg, ḥrṣ, sk(k). Lín. 42-43:* cf. 1.3 IV 54-55 / «Apártate de mí, ... y vete». / «... fíjate en mí..., que en ti yo me fijo. Si...» / «... atiéndeme... por tu bien...» (Ginsberg) / «... reconsidera..., por mí y por ti. De otro modo...» (Gordon) / «... atiéndeme..., y te diré...» (Driver) / «...reconcíliate conmigo, ...y tendrás paz...» (Gaster) / «...vuelve

[39]*[ap.m]ṯn.rgmm.argm.*	[Además], te voy a decir otra cosa:
qštm [40]*[ ]*m*ḫrm.*	los arcos [son propios] de guerreros;
ḫt.tṣdn.tinṯt	¿acaso ahora se dedican a cazar (con ellos) las mujeres?».

Amenaza de ʿAnatu

[41]*[ ]*m.*tṣḥq.ʿnt.*	[A carcajadas] rió *ʿAnatu,*
wblb.tqny [42]*[ ]*	pero en su corazón tramó un plan [y dijo]:
ṯb.ly.laqht.ǵzr.	«Atiéndeme, ¡oh Prócer *Aqhatu!,*
ṯb.ly.wlk [43]*[ ]*	atiéndeme y te [irá bien (?)].
*[ ]*h*(?)m.laqryk.bntb.pšʿ*	[Pues], si de seguro te salgo al paso en la senda de la [rebeldía,
[44]*[ ]-.bntb.gan.*	te topo en el camino de la arrogancia,
*aš*q*lk.tḥt* [45]*[pʿny.a]tk.*	a [mis pies] te derribaré yo misma,
nʿmn.ʿmq.nšm	¡el más apuesto (y) tenaz de los hombres!».

La marcha de ʿAnatu

[46]*[tdʿṣ.pʿ]*n*m.wtr.arṣ.*	[Alzó los pies] y saltó a tierra;
idk [47]*[lttn.p]*n*m.*	[puso] entonces [cara]
ʿm.il.mbr.nhrm	hacia *Ilu* (que mora) en la fuente de los dos ríos,
[48]*[qrb.ap]*q*.thmtm*	[en el seno del venero de los dos océanos].
tgly.ḏd il [49]*[wtbu.]*	Se dirigió a la gruta de *Ilu* [y entró]
*[q]*r*š.mlk.abšnm*	en la morada del Rey, Padre de años.

(AT). *Lín. 40: n]ḫrm.ḫt.tl(?)dn.* (Vir.) / *qšt m]ḫrm.* (Ginsberg, BASOR 98 [1945] 17-18). *Lín. 41:* c. *[bh g]m.tṣḥq* (Ginsberg, *l. c.)* / *[bh.bk]m.* (CML; cf. Delekat, UF [1972] 20) / *[idk.g]m* (AT). *Lín. 42:* / *]bṣy.laqht* (Vir.); c. *tḥblt.]ṯb ly* (Ginsberg, BASOR 98 [1945] 21; Segert, BZAW 77 [²1961] 205) / *[qnt.]ṯb* (AT). *Lín. 43:* / *p/hm* (CTA); c. *[šl]m. laqryk.* (Gaster, SMSR [1937] 48; íd., *Thespis,* 1950, 452) / *[argm.h]m[.]layryk.* (CML) / *[aṯb]* (Dijkstra-De Moor, UF [1975] 190) / *[krpi]m.(?)* (AT). *Lín. 44:* c. *[hn]bntb...* (Gaster, JNES [1948] 192; UM 39, n. 43) / *[imṣak.]bntb* (CML) / *[lagšk].bntb* (AT). / *[alqk]bntb* (Margalit, UF [1976] 168). *Lín. 45:* así, Ginsberg, BASOR 98 [1945] 22), cf. 1.2 IV 11, 19 (pronombre intensivo); 1.19 III 3, 9-10, 18, 23-24, 32, 37-38, suponiendo *a]tk* como error por *a]nk* (CTA, KTU) / *[nḫt ir]tk* (UM 39, n. 43) / *[pʿny aš]tk* (Gaster, JNES [1948] 192) / *[ašḫṭ]nk.* (AT). *Lín. 46:* así, Vir., 1.3 V 4-5; 1.4 V 20-21. *Lín. 46-51:* cf. 1.3 V 4-8; 1.4 V 20-23; V 20-23; 1.6 I 32-38. *Lín. 47: mbr* error por

---

a mí, …y yo volveré a ti…» (Dijkstra-De Moor, UF [1975] 190); cf. gl. *ṯb.* *Lín. 43-46:* / «Te golpearé de seguro en (tu) camino rebelde, te humillaré… Allí desfallecerá tu reposo de corazón…, el más astuto de los hombres» (Obermann) / «… no estoy dispuesto a encontrarte…» (Gaster) / «… de otro modo, ¿no te encontraré…?» (Gordon) / «… de cierto seré tu enemigo en el camino…» (Aistleitner) / «… te arrebataré del camino…» (Jirku) / «¡… pues eres como los *Rapauma!* No te encontraré…; te perdonaré antes que destruirte…» (Dressler) / «… te encontraré…, te arojaré… En cuanto a mí, mi fuerza es segura, mis pies aplastan a la gente y la tierra tiembla…» (Margalit, UF [1976] 167); cf. gl. *qry, pšʿ, gan, (š)ql, ʿmq.* *Lín. 46:* cf. 1.3 V 4-5. *Lín. 46-51:* cf. 1.3 V 7-8. *Borde:* cf. 1.6 VI 54-55.

50[lpʿn.il.t]hbr.wtql.	[A los pies de *Ilu]* se inclinó y cayó,
tštḥ 51[wy.wtkbd]nh.	se postró [y le rindió honores].
tlšn.aqht.ǵzr	Calumnió al Prócer *Aqhatu,*
52[kdd.dn]il.mt.rpi	[denunció al hijo de] *Daniilu* el *Rapaí.*
wtʿn 53[btlt.ʿnt.]	Y dijo [la Virgen *ʿAnatu],*
[tšu.]gh.wtṣḥ.	[alzó] su voz y exclamó:
hwt 54[ ].aqht.yš- -	«Palabras [insolentes pronunció] *Aqhatu...*
55[ ]n.ṣ- -[ ]	

(Laguna de unas 10 lín.)

(Borde)

[spr.ilmlk.šbny.lmd. atn.]prln	[El escriba, *Ilimilku, šubbaní,* discípulo de *Attanu]-Purlianni.*

KTU 1.18 I

Amenaza de ʿAnatu

1[ ]	
[ ]	
[ ]	
[ ]h/i.aṯ-[ ]	
5[ ]b/dh.ap.-[ ]	
6[ ].wtʿn.[ ]	... Respondió [la Virgen *ʿAnatu]:*
7[ ]k.yilm[.]	[Dentro de tu casa], ¡oh *Ilu!,*
[ ]8[ ]	[dentro de tu casa no te regocijes],
al.tš[mḫ.] 9[ ]	no te [alegres en lo alto de tu palacio].
[ ]aḫdhm.[ ]	[De seguro] yo puedo alcanzarlos [con mi diestra],
10[b]gdlt.ar[kty.]	[deshacer(los) con] la potencia de mi brazo

---

mbk (Segert, BZAW 77 [²1961] 206). *Lín. 51: / tlšn/a* (AT). *Lín. 52:* así, Ginsberg, *l c.,* cf. 1.19 IV 12, 16 / *[tql.ʿl.kdd.dn]il* (AT). *Lín. 53:* así, Ginsberg, BASOR, 98 [1945] 23 / *[ʿnt(?).tšu.g]h* (Vir.). *Lín. 54: / yḏ[--]* (CTA) / *ṣ-[* (CML) / *ṣš--[* (AT) / *ṣd[* (EAR). *Lín. 55: /]nṣ[* (Vir.). *Borde.* Cf. 1.6 VI 54-55; para Dressler pertenece a col. I (AT XXI, n. 11; 84).

Col. I: *Lín. 4: / h/i/p* (AT). *Lín. 6-12:* < 1.3 V 2-3, 19-25; para la reconstrucción global de las mismas, cf. CTA 84-85; Obermann, UM 74; Dijkstra-De Moor, UF [1975] 192-193; Dressler, AT 319-320; Sanmartín, UF [1978] 445-446. *Lín. 6:* c. *].wtʿn.[btlt. ʿnt]* (Vir.). *Lín. 7:* c. *[bnt.bt]k.yilm[.] [bnt.btk]* (CTA) / *[bnm bt]k yilm[bnm btk* (Dijkstra-De Moor, *l. c.). Lín. 8:* c. *[al.tšmḫ.]al tš[mḫ.brm.h][klk.* (CTA) / *al tš[mḫ bnm....* (Dijkstra-De Moor, *l. c.). Lín. 9:* c. *al.]aḫdhm.[* (CTA) / *al]tḫdhm[by* (UT) / *al]aḫdhm[bymny aṯbr* (Dijkstra-De Moor, *l. c.). Lín. 10:* c. *ar[kty.am* (Vir.) / *ar[kty.*

Col. I: *Lín. 7-11:* cf. 1.3 V 19-24. *Lín. 11-12:* cf. 1.3 V 24-25 (Dressler,

[ ] [11]*[qdq]*d*k.*	[Puedo machacarte] a ti [la mollera],
ašhlk[.šbtk.dmm]	hacer correr [por tu canicie sangre],
[12]šb*[t.dq]*n*k.mmʿm.*	por la canicie de tu barba, humores.
w[ ] [13]*aqht.wypltk.*	Y [que venga] *Aqhatu* a salvarte,
bn[ ] [14]*wyʿḏ*r*k.*	el hijo [de *Daniilu*] a librarte
byd.btlt.[ʿnt]	de las manos de la Virgen *[ʿAnatu]*.

Consentimiento de Ilu

[15]*wyʿ*n.*lṭpn.il dp[id]*	Y respondió el Benigno, *Ilu*, el Bondadoso:
[16]*ydʿ*tk.*bt.kanšt.*	«Ya sé, hija, que eres inexorable
wi[n.bilht] [17]*qlṣ*k.	y que no [hay entre las diosas] oposición como la tuya.
tbʿ.bt.ḫnp.lb[ ]	Ve, hija, la iniquidad de tu corazón [pon en práctica],
[ti] [18]*ḫd.diṯ.bkbdk.*	[coge] lo que tienes en la mente,
*tšt.*b/d*[ ]* [19]*irtk.*	[y] ponlo [en] tu pecho;
dṯ.ydṯ.mʿqbk[.]	de seguro tu contrincante será aplastado».

---

amḫṣk] (CML) / ... *amḫšk]* (AT). *Lín. 11-12:* así, Singer, BJPES [1943] 61ss / *[šbt qdq]dk.ašlhk[.dmm]* (CML) / *qdq]dk.ašlhk[.šbt.dqnk]* (Vir.) / *lẓr qdq]dk...* (Dijkstra-De Moor, *l. c.)* / *[ht.qdq]dk...* (AT) / *[imḫš šʿr qdq]dk ašhlk [šbtk dmm]* (EAR). *Lín. 12:* c. *w[ṣḥ.ʿm(?)]* (Ginsberg, BASOR 97 [1945] 6) / *w[qra]* (CML) / *w[tšal]* (AT). *Lín. 13:* c. *bn.[dnil]* (UT). *Lín. 16:* cf. 1.3 V 28. (Vir.) / *wi[n.bk]* (Gaster, JNES [1948] 193). *Lín. 17:* / *qlṣ wtbʿ* (Vir.; *Thespis,* 1950, 452) / *qlṣ[t]* (UM 76); *lb[k.a]* (CML) / *lb[k.* (CTA) / *lb[tk.]* (AT); c. *ḫnp lbk[tʿšy]* (Dijkstra-De Moor, UF [1975] 190). *Lín. 18:* c. *b[m(?)]* (Vir.) / *b[qrb]* (UT) / *d[iṯ b]* (UM 76). *Lín. 19:*

AT 323; Ashley, EAR, 109-112). *Lín. 12:* / «... por la canicie de tu ancianidad...» (Dijkstra-De Moor, UF [1975] 192; Watson, UF [1976] 376); cf. gl. *dqn. Lín. 12-13:* / «Y llama a *Aqhatu* y que te salve...» (Ginsberg). *Lín. 16-17:* de modo similar, Cassuto, Ashley, / «... cuán irascible eres, que no hay diosa tan emotiva como tú...» (Caquot-Sznycer; cf. también Gordon) / «... que eres amable y que entre las diosas no hay ninguna maliciosa/malicia...» (Obermann, UM 75-76, 95; Ginsberg) / «... y contra las diosas no debe haber insulto...» (Gaster) / «... que eres como un hombre y que en una diosa tu desdén no se daría...» (Dijkstra-De Moor, UF [1975] 193-194) / «... ¿pero no hay en ti insulto?» (Dressler) / «... yo sabía que eres como un hombre y que ... ninguna es tan presuntuosa...» (Aistleitner) / «... que eres un camarada y que no hay entre las diosas una calumniadora» (Jirku) / «... estoy preocupado por ti, ... pues eres débil y tu mofa nunca ha alcanzado a las diosas...» (Dietrich-Loretz, UF [1977] 49) / «... te informo... que yo estoy contigo...» (Dahood, UHP 25); cf. gl. *anš, qlṣ. Lín. 17:* / «... ¡oh, pues, hija perversa!...» (Ginsberg) / «... gratifica tu corazón...» (Gordon) / «... mientras la petición de una hija alaga el corazón...» (Montgomery, JAOS [1936] 76; Obermann, UM 75-76, 95) / «... si alguien soberbio de corazón se ha alzado contra ti...» (Gray, Gaster, Ashley) / «... aléjate, ... malo es tu corazón...» (Aistleitner) / «... vete, ... estás airada...» (Caquot-Sznycer); cf. gl. *ḫnp. Lín. 17-19:* / «... la alegría que hay... la pondrás...» (Gordon) / «... toma..., realiza...» (Obermann, UM 76-77, 95) / «... toma los rebosantes pensamientos de tu corazón, pon en tu pecho lo que hay en tu mente...» (Driver) / «... coge lo que tienes..., lo que albergas...» (Dijkstra-De Moor, UF [1975] 194); cf. gl. *kbd, irt. Lín. 19:* /

[ ] [20][*bt*]l*t.ʿnt.*	[Partió] la Virgen *ʿAnatu,*
idk.lttn.[*pnm*]	puso entonces [cara]
[21][*ʿm.a*]*qht.ǵzr.*	[hacia] el Prócer *Aqhatu*
*balp.*š[*d*] [22][*rbt.*]k*mn.*	a través de mil yugadas, diez mil obradas.
wṣḥq.btlt.[*ʿnt*]	Y se echó a reír la Virgen [*ʿAnatu*],
[23][*tšu.*]*gh.wtṣḥ.*	[alzó] su voz y exclamó:
šmʿ.m[*ʿ.la*][24][*qht.ǵ*]*zr.*	«Escucha, por favor, [¡oh Prócer *Aqhatu!*];
*at.aḫ.wan.*a[*ḫtk*]	tú eres mi hermano y yo soy tu [hermana],
[25][ ]*.šbʿ.ṯirk.* ṣ/l[ ]	... [mejor para ti] que siete de tus consanguíneos.
[ ]n/*aby.*a/n*dt.an*k[ ]	... [de la casa] de mi padre me he escapado yo,
[ ]l(?)t.*lk.tlk.bṣ*d[ ]	... vente tú de caza...
[ ]m*t.išryt*[ ]	... serás un hombre dichoso...
[ ]r.*almdk.* ṣ/l[ ]	... yo te enseñaré a [cazar]...
[30][ ]*qrt.ablm.a*[*blm*]	... en la ciudad de *Abiluma;*
[*qrt.zbl.*]yr*ḫ.dmgdl.*š[ ]	*Abiluma,* la ciudad del Príncipe *Yarḫu,*
[ ]m*n.ʿ*rhm[ ]	cuya torre...».
[ ]*it*[ ]	
[ ]*ʿp*[ ]	

(Laguna de unas 20 lín.)

---

c. *[ṣḥq]* (UT) / *[tbʿ/ttbʿ]* (CTA) / *[šmḫ]* (CTA) / *[qm]* (UM 76). *Lín. 20-23:* así, Vir., cf. 1.4 V 22-26. *Lín. 23-24:* así, UT y CTA / *[ht.gz]r... wan.(?)* (Dressler, UF [1979] 213). *Lín. 25:* / *]b(?).šbʿ.* (Vir.); c. *[at qr]b* (Dijkstra-De Moor, UF [1975] 194). *Lín. 26:* c. *[lbt]aby* (Gaster, *l. c.)* / *[ǵ]nby* (AT). *Lín. 27:* / *]lm(?)lk...bṣb(?)* (Vir.) / *]d mlk...* (CML) / *ḫ]ṣ/lt.lk* (AT). *Lín. 28:* / *mt.išry t/q[št* (AT). *Lín. 29:* c. *ṣ[d.* (CML); c. *[(?)aqht.ǵz]r.almdk.ṣ[d* (AT). *Lín. 30-31:* cf. 1.19 IV 1-2; *inf.* IV 8 (Vir.); c. *[ymǵ(?).l]qrt.* (Vir.) / *amǵ.]lqrt.* (CML) / *[aqryk b(?)]qrt* (EAR). *Lín. 31:* / *dmgdl.ʿ[* (UT); c. *dm gdl.ʿ[rh]* (AT). *Lín. 32:* / *]mn.ʿrp[t* (Vir.) / *]mn.ʿrh.(?)* (AT). *Lín. 34:* / *ʿt/p* (AT). *Lín. 35:* *b/d...* (AT).

«... tu calcañar aplastará cualquier adversario...» (Obermann, UM 76-77, 95) / «... que tus talones trituren...» (Gordon) / «... el que te defraude será aplastado...» (Driver); cf. gl. *dṯ, mʿqb.* *Lín. 24-25:* / «... sé mi hermano y yo seré tu hermana. Trae tú tus siete acompañantes...» (Dijkstra-De Moor) / «... ven, ¡oh hermano!...» (Dressler, UF [1979] 211-217) / «... la plenitud de tu carne yo disfrutaré...» (Gaster) / «... sacia tu pasión...» (Caquot-Sznycer; cf. Aistleitner); cf. gl. *šbʿ, ṯir.* *Lín. 26-27:* / «... yo alejaré a los guardias del rey, tú irás de caza...» (Fronzaroli) / «... por ti ella irá de caza...» (Dressler, AT 334ss, para estas y siguientes líneas).

KTU 1.18 IV

[ ]ps[ ]
[ ].*yṯbr*[ ]
[ ]*uṭm.dr*[*qm*]
[*bt*]lt.*ʿnt*.lkl.[ ]

Encargo y objeción

[5][*tt*]bʿ.*btlt.ʿnt*[.]	[Partió] la Virgen *ʿAnatu,*
[*idk.lttn.pnm*]	[puso] entonces [cara]
[6]ʿm.*yṭpn.mhr*.š[*t.*]	hacia *Yaṭipānu,* el guerrero asolador.
[*tšu.gh*] [7]*wtṣḥ.*	[Alzó su voz] y exclamó:
yṯb.yṭp.[ ]	«¡Oh!, atiénde(me) *Yaṯipānu* [y yo te atenderé]:
[ ] [8]*qrt.ablm.*	[*Aqhatu* está en] la ciudad de *Abiluma,*
ablm.[*qrt.zbl.yrḫ*]	(en) *Abiluma,* [la ciudad del Príncipe *Yarḫu*].
[9]*ik.al.yḥdṯ.yrḫ.*	¡Venga!, tan pronto como se renueve *Yarḫu,*
b-[ ] [10]*bqrn.ymnh.*	[crezca] en sus cuernos derechos,
*banš*t[ ] [11]*qdqdh.*	inexorablemente [herirá(s)] su cabeza».

Col. IV: *Lín. 1:* / *h/ps* (AT). *Lín. 3:* cf. 1.5 I 5-6; c. *ḏr*[*qm amtm* (Van Selms, UF [1975] 480). *Lín. 4:* / *ukl.(?)* (CTA. *Lín. 5:* así, Ginsberg, BASOR 97 [1945] 6; *Thespis,* 1950, 452, cf. 1.4 V 22 / [ ]*d(?)ʿ.btlt.* (Vir.). *Lín. 6:* así, Ginsberg, *l. c.,* cf. 1.4 V 25-26. *Lín. 7:* *yṭp* posible error por *yṭpn* (Segert, BZAW 77 [²1961] 199; CTA), pero cf. *inf.* lín. 16; c. *yṭp.*[*mhr.št.l*] (Vir.) / *yṭp*⟨*n*⟩*.a*[*qht.yṯb.b*] (CML) / *yṭp.* [*wšmʿ...(?)aqht*]*b* (AT) / *yṭp.waṯb*], cf. *inf.* lín. 16 y 1.3 IV 55. *Lín. 8:* así, Vir., cf. 1.19 IV 1-2; *sup.* I 30-31. *Lín. 9:* c. *b*[*qrn šmal*] (AT) / *b*[*nr.qṣh* (Margalit, MLD 186, n. 3).

Col. IV: *Lín. 6:* / «... el soldado borracho...» (Ginsberg, Caquot-Sznycer) / «... el soldado de la Dama (*ʿAnatu*)...» (Gordon) / «... el guerrero *Šutu*» (Margalit, UF [1976] 181-188); cf. gl. *mhr št*. *Lín. 7:* / «... (y te irá bien)»; cf. 1.3 IV 55 e *inf.* lín. 16 / «¡Que atienda *Yatipānu* y escuche...!» (Dressler) / «... está esperando, ¡oh *Yaṭipānu!*...» (Ashley). *Lín. 9-11:* / «Cierto, no debe renovarse la Luna... en su cuerno derecho...» (Aistleitner) / «¿Cómo se renovará de veras la Luna..., para iluminar su testa... favorablemente?» (Driver) / «¡Ten cuidado de que no se alce la Luna, pues en su último cuarto te es propicia..., mientras en su comienzo es favorable (a los hombres)!» (Gaster) / «De seguro no se renovará el cuarto menguante; mientras esté en creciente hemos de arrancar su cuero cabelludo con un cuchillo» (Dressler) / «¿Cómo no ha de renovarse la luna... con gentileza...?» (Gibson) / «Tan pronto como..., cuando (falle su punta), ... cuando se haga visible [la cresta (?)] de su 'cabeza'...» (Margalit, MLD 186); cf. gl. *ik, ḥdṯ, anšt. Lín. 12-15:* / «¡Hiérele por su arco...!; cuando el Apuesto haya colocado ante sí un banquete, vendré yo de las montañas y le agarraremos...» (Aistleitner) / «... yo por mi parte pondré humedad en los campos y, ¡mira!, podrán ser arados...» (Driver) / «... yo arrojaré luz/aceite en el área...» (Gordon) / «... (por el resplandor...) seré iluminada en los campos y me acercaré...» (Gaster) / «... prepara una comida..., miel en los pabellones y haremos pasteles...» (Caquot-Sznycer) / «¡... hiérele por su arco, ... no le dejes con vida!... el Apuesto ha dispuesto el banquete y sus

*wyʿn.yṭpn.*m*[hr.št]*	Y respondió *Yaṭipānu,* [el guerrero asolador]:
^{12}*šmʿ.lbtlt.ʿnt.*	«Escucha, ¡oh Virgen *ʿAnatu!,*
at.ʿ[l.qštb] ^{13}*tmḫṣh.*	¿por [su arco] le vas tú a herir,
*qṣʿth.hwt.lt*ḥ*[wy]*	por sus flechas le quitarás la vida?
^{14}*nʿmn.ǵzr.št.*	El Prócer Apuesto ha preparado
ṯrm.w[ ]	toros y [(carneros) cebones];
^{15}*ištir.bḏdm.*	quédate/me quedaré en las grutas
wnʿrs[ ]	y nos regocijaremos [con las ofrendas (?)]».

Descripción del plan

^{16}*w*t*ʿn.btlt.ʿnt.*	Y respondió la Virgen *ʿAnatu:*
ṯb.yṭp.w[ ] ^{17}*lk.*	«Atiende, *Yaṭipānu* [y yo] te [atenderé]:
*aštk.km.nšr.bḥ*b*[šy]*	te pondré como un águila en mi cinto,
^{18}*km.diy.btʿrty.*	como un buitre en mi carcaj.
aqht.[km.yṯb] ^{19}*llḥm.*	[Cuando se siente] *Aqhatu* a comer,
*wbn.dnil.lṯr*m.	el hijo de *Daniilu* a nutrirse,
[ʿlh] ^{20}*nšrm.trḫpn.*	[sobre él] las águilas revolotearán,
ybṣr.[ḥbl.d] ^{21}*iym.*	(le) acechará [una bandada de] buitres.
*bn.nšrm.ar*ḫ*p.a*n*[k.]*	Entre las águilas revolotearé yo misma,
[ʿ]l ^{22}*aqht.ʿdbk.*	sobre *Aqhatu* te colocaré;
*hlmn.ṯnm.q*dq*d*	golpéale dos veces (en) la mollera,
^{23}*ṯlṯid.ʿl.udn.*	tres por encima de la oreja;
špk.km.šiy ^{24}*dm.*	derrama como un asesino (su) sangre,
km.šḫṭ.lbrkh.	como un matarife por sus rodillas;

Lín. 10: c. *[tmḫṣ]* (EAR) / *.[prʿt(?)]* (Margalit, MLD 186) / *[bḥrb]* (AT). *Lín. 13:* c. *tmḫṣh.⟨tmḫṣh.ʿl.⟩qṣʿth* (Ginsberg, BASOR 97 [1945] 7, n. 5; *Thespis,* 1950, 452; Segert, BZAW 77 [^{2}1961] 200), cf. 1.19 I 14-15); / *hwt.la[ḥw(?)]* (Vir.) / *hwt.lt[kl ʿl]* (AT) / *hwt.ltm[ḫṣh]* (CML). *Lín. 14:* c. *ṯrm.w[ank]* (CML) / *ṯrm.w[mri]* (AT) / *ṯrm.w[ǵlmh]* (Dijkstra-De Moor, UF [1975] 195) / *ṯrm.w[lbdm(?)]* (Dijkstra, UF [1979] 207). *Lín. 15:* / *bḏdm.waqrb[(Thespis* [1950] 292); c. *wnʿrs [tʿrs]* (CML) / *wnʿr(s)/. z z[brt]* (AT) / *wnʿrs [ʿmh]* (Dijkstra, UF [1979] 207) / *wnʿrs [ʿmh]* (Dijkstra-De Moor, *l. c.). Lín. 16: yṭp* error por *yṭpn,* cf. *sup.* lín. 7; c. *w[argm] (Thespis, l. c.)* / *w[rgmy]* (AT) / *w[ṯb ly w]* (EAR) / *w[aṯb]* (Dijkstra-De Moor, *l. c.). Lín. 17-21:* así, Vir., cf. *inf.* lín. 28-32. *Lín. 17:* cf. *inf.* lín. 28, *knšr* (Rosenthal, «Or» [1939] 233). *Lín. 22: ʿdb* por *aʿdb* (AT). *Lín. 24:* cf. *inf.* lín. 35, *dmh* (Rosenthal, «Or» [1939] 217). *Lín. 26:* / *b(?)ap.*

mozos se han quedado atrás en el campamento, de modo que celebremos la boda con él...» (Dijkstra-De Moor, UF [1975] 195) / «Cuando esté (solo) en el campamento...» (Dijkstra, UF [1979] 207) / «... quedó atrás en las montañas y se cansó...» (Gibson); cf. gl. *ṯrm, šar, ḏd, ʿrs. Lín. 16-17:* / «Siéntate... y te instruiré...» (Gaster) / «Piénsalo, *Yaṭipānu,* ... por mí y por ti!» (Gordon, UMC 130); cf. gl. *ṯb/yṯb. Lín. 17-18/28-29:* / «... en mi/su brazo, ... en su guante» (Watson, JNSL [1977] 71); cf. gl. *ḥbš, tʿrt. Lín. 21-22/31-33:* «... te/le soltaré/soltó» (Watson, *l. c.). Lín. 23-24:* / «... como jugo..., como zumo...» (Ginsberg) / «... como cuando uno tiene un rasguño en su rodilla...» (Gas-

tṣi.km [25]*rḥ.npšh.*	que salga como un soplo su alma,
km.iṯl.brlth.	como una exhalación su espíritu,
km [26]*qṭr.baph.*	como humo de sus narices,
uap.mprh.ank [27]*laḥwy.*	que yo le vivificaré (de) su postración».

Ejecución del plan

tqḥ.yṭpn.mhr.št	Cogió a *Yaṭipānu,* el guerrero asolador,
[28]*tštn.knšr.bḫbšh.*	le puso como un águila en su cinto,
k*m.diy* [29]*bṯʿrth.*	como un buitre en su carcaj.
aqht.km.yṯb.llḥ[m]	Cuando se sentó *Aqhatu* a comer,
[30]*bn. dnil.lṯrm.*	el hijo de *Daniilu* a nutrirse,
*ʿlh.nš*r*[m]* [31]*trḫpn.*	sobre él las águilas revolotearon,
ybṣr.ḥbl.diy[m.]	(le) acechó una bandada de buitres.
[bn] [32]*nšrm.trḫp.ʿnt.*	[Entre] las águilas revoloteó *ʿAnatu,*
ʿl[.aqht] [33]*tʿdbnh.*	sobre *[Aqhatu]* le colocó;
hlmn.ṯnm[.qdqd]	le golpeó dos veces (en) [la mollera],
[34]*ṯlṯid.ʿl.udn*	tres por encima de la oreja;
š*[pk.km]* [35]*šiy.dmh.*	[derramó como] un asesino su sangre,
*km.š*ḫ*[ṭ.lbrkh]*	como un matarife [por sus rodillas];
[36]*yṣat.km.rḥ.npš[h.]*	salió como un soplo su alma,
[km.iṯl] [37]*brlth.*	[como una exhalación] su espíritu,
*km.qṭr.*b*[aph.]*	como humo de [sus narices].

mhrh. (Vir.); *uap.mprh* error por *bap.mhrh* (UT, CTA, KTU; Segert, BZAW 77 [²1961] 205), cf. *inf.* lín. 38 / *bap* error por *bṣmt* (Margalit, UF [1976] 169) / quizá dittografía de *bap* (Ginsberg, BASOR 97 [1945] 8; EAR) / glosa *qṭr.b⟨aph.u⟩ap.* (Dietrich-Loretz, UF [1978] 68-69). *Lín. 28:* cf. *sup.* lín. 17, *km.nšr.* *Lín. 29-36:* así, Vir., cf. *sup.* lín. 18-25. *Lín. 29:* Gibson, CML 112, supone *bṯʿrtp* error por *bṯʿrth,* cf. lín. 18. *Lín. 35:* cf. *sup.* lín. 24, *dm.* *Lín. 37:* así, UT, cf. *sup.* lín. 26; c. *[wṯʿn]* (Mar-

ter); cf. gl. *šiy, šḫt.* *Lín. 24-26:* / «... su vida sale..., su alma como un tamarisco...» (Cassuto, BOS II, 40) / «... su vida salió..., su fuerza vital (?) como una brisa (?)...» (Pardee, UF [1974] 276) / «... como un salivazo su vida...» (Dijkstra-De Moor, UF [1975] 196); cf. gl. *iṯl, brlt.* *Lín. 26-27:* / «... como humo de su nariz su vigor. ¡Yo no le puedo dejar vivo!...» (Dijkstra-De Moor, UF [1975] 196) / «... cuando termine su convulsión no le reviviré... (Margalit, UF [1976] 169) / «¡... de la furia de su destrucción no le reviviré!» (Dressler) / «... su fugitivo aliento no le mantendré en vida...» (Aistleitner) / «... de sus narices su ánimo» (Dietrich-Loretz, UF [1978] 69) / «... pero a sus mozos, ¿no los mantendré vivos?» (Gordon, UMC 130; pero cf. UL 93 y PLM 19) / «... y de las narices de sus guerreros...» (Gibson); cf. gl. *ap. mpr, mhr.* *Lín. 31-33:* / «... entre las águilas le hace ella revolotear..., contra *Aqhatu* le suelta...» (Watson, UF [1975]

Arrepentimiento de ʿAnatu

[ ] 38*ʿnt.bṣmt.mhrh.*	[Miró] *ʿAnatu* el destrozo (causado por) su guerrero,
[ ] 39*aqht.wtbk.*	[contempló el exterminio] de *Aqhatu* y lloró:
yl/d/u[ ] 40*abn.ank.*	«¡Oh! [...], yo (te) reconstituiré,
*wʿl.*q*[štk*]	pues (sólo) por [tu arco te herí],
[ ] 41*qṣʿtk.at.l*ḥ[ ]	por tus flechas tu perdiste [la vida...].
42*wḫlq.ʿpm*m[ ]	¡Y perezcan las aves...!

KTU 1.19 I

Lamento por Aqhatu

1*[l]aq*h*t*	De *Aqhatu*
tkrb.-[ ]-.	Pero al [ser pesado el arco],
*lq*rb*(?)*m*(?)ym* 3*tql.*	en medio de las aguas cayó,
ʿ[ ]*lb.*	[sus flechas en su] seno.

galit, UF [1976] 169) / *[mhrh]*. *Lín. 38:* c. *[mḫṣ(?)]* (Vir.) / *[yṭpn.mhr.št]* (CML) / *[tdmʿ l]* (EAR) / *[ǵzr bmḫš]* (AT); *mhrh* error por *mprh* (Margalit, UF [1976] 169). *Lín. 39:* c. *y l[k.aqht.mt]* (Gordon, «Or» [1943] 67) / *y l[bn dnil]* (AT) / *y[ṭpn]* (Vir.) / *[ybmt limm]* (UMC 131; EAR). *Lín. 40:* c. *wʿl[ḥytk.qštk.w]* (Gordon, *l. c.)* / *wʿl[qštk.mḫṣtk]* (Dijkstra-De Moor, UF [1975] 194, 197) / *wʿl.q[štk ʿl]* (CTA, KTU), cf. 1.19 I 14-15 / *kʿl.[qštk imḫṣk ʿl]* (AT). *Lín. 41:* c. *lḥ[wt* (UT) / *ltt[n.ly* (Gordon, «Or» [1943] 67) / *l[ttn qštk ly qṣʿtk]* (AT). *Lín. 42:* c. *[nšrm.wḫbl.diym]* (CML, EAR) / *[ʿm qšth]* (AT). *Lín. 19:* raspado después de *llḫm* (KTU).

Col. I: *Lín. 1-5:* c. *[p]k[k]b[d(t).qšt]lqrb mym / tql.[qṣʿth.b]lb.tṯbr / qšt[.aqht.ǵz]r.yṯbr / ṯmn.[qṣʿt.* (Del Olmo Lete, AF [1976] 242, n. 42; AT 385-388). *Lín. 2:* / *[y]šrd (Thespis,* 1950, 452) / *wtrd.* (CML) / *wkrb.[ ]lqr.[ ]mym/[b]mym* (AT).

490). *Lín. 38-40:* / «Contempló entonces *ʿAnatu* el término de su convulsión...» (Margalit, UF [1976] 169) / «... la calma de sus guerreros...» (Gibson) / «... viendo su vigor extinguido... lloró: ¡Ojalá pudiera yo curar...!» (Ginsberg) / «... tu arrogancia consideré... cuando...» (Dressler); cf. gl. *ṣmt* y *sup.* lín. 26-27. *Lín. 40-42:* cf. Dijkstra-De Moor, UF [1975] 197; ya antes Gordon, Ginsberg..., en parte («pero tú vivirás/¡ojalá vivieras...!») / «... tus armas no me has entregado y perecieron...» (Aistleitner) / «... y tú de veras me entregarás... tus flechas... Y volando desaparecieron (las águilas...)...» (Driver, Ashley) / «... entonces la pareja parte volando...» (Gaster) / «... y los (dos) volátiles desaparecieron (con su arco)...» (Dressler) / «... y los pájaros (le) hicieron perecer» (Dijkstra, UF [1979] 208); cf. gl. *ḫlq, ʿp.*

Col. I: *Lín. 1-19:* para una discusión detallada de la versión propuesta, cf. Del Olmo Lete, AF [1976] 236-242; también Dijkstra-De Moor, UF [1975] 197-200; Margalit, UF [1976] 169-172; [1979] 545, 547, 554-556; íd., DM 250-251;

*t*ṯbr ^{4}*qšt[ ]n*r.	Se rompió el arco [del Prócer *Aqhatu]*,
y*ṯ*br ^{5}*ṯmn.[ ]*	se quebraron sus ocho [flechas].
*[ ]*b*tlt.*ʿn*t*	[Y respondió] la Virgen *ʿAnatu,*
^{6}*ttb.-[ ]*	repitió [ʿla Pretendida de los pueblos' (?)]:
[ ]ša ^{7}*tlm.k*m- - - -y*dh.*	«Empuñaba las armas como [un esforzado con] sus manos,
*k*šr ^{8}k*nr.uṣbʿh.*	como un cantor el arpa con sus dedos;
k*ḥrṣ.a*bn ^{9}*ph.*	mordiendo, sí, sus colmillos,
tiḫd.šnth.	hacían presa sus dientes
*wakl.b*q*mm* ^{10}*tšt.*	y el alimento en las entrañas metían.
ḥrṣ.klb.ilnm	Mordió el cachorro divino
^{11}w*ṯn.gprm.*	y por dos veces atacó
m*n.gprh.š*r	a quien le atacaba, el Príncipe.
^{12}*aqht.y*ʿ*n.kmr.kmr*m	*Aqhatu* fue abatido como un esforzado;
^{13}*kap*ʿ*.il.bgdrt.*	como a una víbora «divina» en una cerca,
*kl*b *l* ^{14}*ḫṯh.imḫṣh.*	como a un perro (atado) a su estaca le herí.
*kd.*ʿ*l.*q*šth* ^{15}*imḫṣh.*	Así pues, (sólo) por su arco le herí,
ʿ*l.qṣ*ʿ*th.h*w*t* ^{16}*l.aḫw.*	por sus flechas no le dejé con vida;
*ap.qšth.*ltt*n* ^{17}*ly*	pero su arco no me fue entregado,
*w*b*mt(?)*-ḥ *mṣṣ*r*(?)-(?)*	y por la muerte fue arrebatado (?) el amamantado [por
^{18}*pr*ʿ*.qẓ.y*ḥ.	Las primicias de la fruta de estío se agostarán, [*ʿAnatu(?)]*.
*šbl*t ^{19}b*ǵlph.*	las espigas en su vaina».

Lín. 5: c. *ṯmn[qṣʿt.bkm.]btlt.ʿnt* (CML), cf. 1.17 V 2-3 / *[wtʿn.]btlt.[ʿ]nt* (Del Olmo Lete, *l. c.;* Dijkstra-De Moor, UF [1975] 197), cf. 1.3 IV 21-22; 1.20 II 7-8. *Lín. 6:* / *tṯb.[š(?)]b/l/ṣ ʿn* (AT); c. *[tṣḥ.btlt ʿnt.t]ša* (CML) / *tṯb.[ybmt.limm.n]ša* (Del Olmo Lete, *l. c.). Lín. 7:* / *km[r(?)]y(?)dh.kšr(?)* (Vir.) / *kmr[ ](ḫ/y)dh* (UT) / *kmr.[.]bydh* (CML) / *a/tlm.km[r(?)ḥ(?)] ydh.* (AT) / *km[r kmr],* cf. *inf.* lín. 12 (Dietrich-Loretz, UF [1979] 196) / *km[aylm/rumm]* (Margalit, UF [1979] 555) / *dydh* (Dijkstra-De Moor, *l. c.). Lín. 8:* / *uṣbʿh.kḥrṣ* (Vir.) / *uṣbʿh* por *uṣbʿt* ... *a[b]n/t* (AT); *abn* posible error por *adn* (Margalit, UF [1976] 170). *Lín. 9:* / *bš(?)mm* (Vir.) / *b(ʿ/t)mm* (UT) / *b[m]ʿmm (Thespis,* l. c.) / *b.ʿmm* (CML) / *n/tiḫd....b[ ]mm* (AT). *Lín. 10:* / *ilnm[t.]* (AT). *Lín. 11:* / *w(?)ṯn.gpr(?)m.mn.gpr(?)h.š(?)* (Vir.). *Lín. 12:* / *.kmr* (Vir.) / *kmr[??]* (CTA); c. *kmr.[bṯ]* (AT). *Lín. 14-17: imḫṣh...ly,* posible glosa (Margalit, UF [1976] 172). *Lín. 14: lḫṯh* haplografía por *lḫṯ⟨i⟩h/lḫṯi* (Dijkstra-De Moor, UF [1975] 197, 199). *Lín. 17:* / *wbmt[ ]ḥ(?)mṣṣ(?)[ʿn]ṭ(?)* (Vir.) / *wbm[ ]ḥmṣ.ṣ(?)[ ]t(?)* (UT) / *mṣṣ[-]t[?]* (CTA); c. *wbmt[yšl]ṭ mṣṣ[ʿn]ṭ* (CML) / *wbmt[h.yšl]ṭ* (Gaster, SMSR [1937] 27, n. 2; *Thespis,* 1950, 452) / *wbmt tḥmṣ ṣ[rt]* (AT) / *wbmt[.yq]ḥ mṣṣ[.ʿn]t.* (Del Olmo Lete, *l. c.)* / *wbmt[h.t]ḥmṣ.ṣ[mḫ]t* (Dijkstra-De Moor, *l. c.)* / *wbmt[h(?)]ḥmṣ ṣr[ḥ]* (Margalit, UF [1976] 170, 172, n. 86). *Lín. 18:* c. *qẓ.y[bl(?).]* (Vir.; *Thespis,*

Dietrich-Loretz, UF [1979] 196; Dressler, AT, pp. 385-388; 694-695; Ashley, EAR, pp. 145-157. Para unos se trata de un lamento, para otros de una descripción del «descenso» de *Aqhatu* al «infierno» o de un rito. Las versiones/interpretaciones propuestas resultan muy divergentes y conjeturales. *Lín. 14-17:* corregidas en relación con la versión previa: «Pero le hubiera hecho revivir, con tal que su arco...» (cf. Dijkstra-De Moor, UF [1975] 199; *sup.* 1.18 IV 12-14, 40-41). *Lín. 19-25:* cf. *sup.* 1.17 V 4-8. *Lín. 25-28:* de acuerdo con la reconstrucción propuesta:

Llegada de Puǵatu

apnk.dnil [20]*[m]*t.*rpi.*	Entonces *Daniilu Rapaí,*
aphn.ǵzr [21]*[mt.h]*rnmy.	acto seguido el Prócer *Harnamí*
ytšu [22]*[yṯb.bap.ṯ]ǵ*r*[.]*	se alzó [y se sentó a la entrada de la] puerta,
*[t]*ḥ*t* [23]*[adrm.dbgrn.]*	entre [los nobles que se reúnen en la era],
ydn [24]*[dn.almnt.]*	a juzgar [la causa de la viuda],
[y]ṯpṭ [25]*[tpṭ.ytm.]*	a dictaminar [el caso del huérfano].
[ ]h [26]*[ ]*	[Al alzar sus ojos la vio *Daniilu],*
[ ]n [27]*[ ]*	[a través de mil yugadas, diez mil obradas]
[28]*h*lk.*[ ]*	la marcha [de *Puǵatu* de veras vio].

Escena de augurio

*[bn]*ši [29]*ʿnh.wtphn[.]*	[Alzando] sus ojos también ella lo había visto:
[ ] [30]*bgrn.yḫrb[.]*	[la cosecha] en la era estaba agostada,
[ ] [31]*yǵly.yḫsp.ib-[ ]*	[en los campos] marchitos y ajados los brotes.
[32]*ʿl.bt.abh.nšrm.*trḫpn	Sobre la casa de su padre águilas revoloteaban,
[33]*ybṣr.*ḥ*bl.diym*	acechaba una bandada de buitres.
[34]*tbky.pǵt.bm.lb*	Lloró *Puǵatu* en su corazón,
[35]*tdmʿ.bm.*kbd	derramó lágrimas en su interior.

Reacción y conjuro de Daniilu

[36]*tmzʿ.kst.dnil.mt* [37]*rpi.*	Se rasgó la veste (de) *Daniilu* el *Rapaí,*
al.ǵzr.mt hrnmy.	la ropa del Prócer *Harnamí.*

1950, 452) / *qẓ.y[ṣa]* (AT). *Lín. 20-25:* así, Vir., cf. 1.17 V 4-8. *Lín. 25:* c. *[bnši.ʿn]h* (Vir.), cf. 1.17 V 9 / *š]i* (Dijkstra-De Moor, UF [1975] 200). *Lín. 26-27:* / *]t* (Dijkstra-De Moor, *l. c.); c. [wyphn.dnil(?) balp / šd.rbt.kmn(?)]* (Vir.), cf. 1.17 V 9-10 / *[wyphn. balp šd / rbt kmn]* (CML) / *[...dnil b]a / [lp šd rbt kmn]* (AT) / *[ʿnh.yphn.pǵ]t[ṯkmt. my. ḥspt lšʿr.ṭl.ydʿt]* (Dijkstra-De Moor, *l. c.),* suponiendo una lín. 27 bis. *Lín. 28:* así, Vir., c. *hlk[pǵt kyʿn.bn]ši* (CML) / *hlk.[pǵt.bnši]* (CML) / *hlk[ḥbl diym bnš]i* (AT) / *hlk.[kbkbm.bn]ši* (Dijkstra-De Moor, *l. c.). Lín. 29:* c. *[.pǵt.nšrm(?)]* (Vir.) / *[pǵt hmt]* (AT) / *[šʿrm]* (Dijkstra-De Moor, *l. c.). Lín. 30:* c. *[.dnil(?)...]* (Vir.) / *[.arṣ]* (CML) / *[.prʿ qẓ]* (AT) / *[gpnm]* (Dijkstra-De Moor, *l. c.). Lín. 31:* c. *ib[.bšdm]* (CML) / *ib k[rm]* (AT) / *ib.k[rmm]* (Dijkstra-De Moor, *l. c.). Lín. 32:* cf. 1.18 IV 30-31. *Lín. 37: al* error por *all* (Vir.), cf. 1.6 II 11; 1.12 II 47. *Lín. 40: un* posible

---

«... vio a *Puǵatu,* la que a hombres acarrea...» (cf. 1.19 II 1ss; Dijkstra-De Moor, UF [1975] 200). *Lín. 28-31:* de acuerdo con su reconstrucción del texto: «... entonces *Puǵatu* los vio sobre la era. El fruto del verano se secará, el fruto de la viña se agostará, marchitará» (Dressler) / «La cebada... se secó, las vides se marchitaron, la flor de las viñas cayó» (Dijkstra-De Moor, UF [1975] 200) / «... el fruto se dobla e inclina...» (Gordon, PLM 21). *Lín. 36/46:* cf. Dijkstra-De Moor, UF [1975] 201 / «... rasga ella...» (Ginsberg, Ashley) / «... rasgó *Daniilu...»* (Driver); cf. gl. *mzʿ. Lín. 38-42:* para una discusión detallada de esta versión,

^{38}*apnk.dnil*.*mt* ^{39}*rpi.*	Luego *Daniilu* el *Rapaí*
yṣly.ʿrpt.b ^{40}*ḫm.un.*	a las nubes conjuró en la terrible sequía:
yr.ʿrpt ^{41}*tmṭr.bqẓ.*	«¡Lluvia las nubes lluevan sobre la fruta de estío,
ṭl.yṭll ^{42}*lǵnbm.*	el rocío se destile sobre las uvas!».
šbʿ.šnt ^{43}*yṣrk.bʿl.*	(Pero) durante siete años falló *Baʿlu,*
ṯmn.rkb ^{44}*ʿrpt.*	durante ocho el Auriga de las nubes;
bl.ṭl.bl rbb	no hubo rocío ni orvallo,
^{45}*bl.šrʿ.thmtm.*	ni flujo de los dos océanos,
bl ^{46}*ṭbn.ql.bʿl.*	ni dulzura de la voz de *Baʿlu.*

Encargo y ejecución

ktmẓʿ ^{47}*kst.dnil.mt.*rpi	Cuando se rasgó la veste (de) *Daniilu* el *Rapaí,*
^{48}*all.ǵzr.*mt.hr*[nmy]*	la ropa del Prócer *Harnamí,*
^{49}*gm.*lbth*[.dnil.kyṣḥ]*	en voz alta a su hija *[Daniilu* gritó]:

KTU 1.19 II

^{1}*šmʿ.pǵt.ṯkmt[.]*my	«Escucha *Puǵatu,* la que a hombros lleva el agua,
^{2}*ḥspt.lšʿr.ṭl.*	la que recoge el rocío de la cebada,
ydʿ[t] ^{3}*hlk.kb*k*bm.*	la que conoce el curso de las estrellas;

---

error por *dn* (hipocorístico) (Ginsberg, JBL [1938] 212, n. 10). *Lín. 43: yṣrk* error por *ybrk* (Cassuto, BOS II, 29, 194, n. 9). *Lín. 44:* para *rbb,* cf. Segert, BZAW 77 (^{2}1961) 206 / *blr(?)d(?)* (Vir.) / *bl rd* (CML). *Lín. 48-49:* así, Vir.

Col. II: *Lín. 1-2:* así, Vir., cf. *inf.* lín. 6-7; c. *my[m]* (Watson, UF [1976] 378). *Lín. 5-6:* cf. *sup.* lín. 1-2 (Rosenthal, «Or» [1939] 225; Segert, BZAW 77 [^{2}1961] 210).

---

cf. Del Olmo Lete, AF [1976] 242-244; Dressler, AT, pp. 414-424; Ashley, EAR, pp. 159-163; últimamente, Dijkstra-De Moor, UF [1975] 201-202 / «... suplicó: ¿no habrá lluvia...? ¿No humedecerán las nubes la fruta de estío?» (Margalit, UF [1976] 148) / «... maldijo a las nubes con calor en la estación de las lluvias: ¡Nubes que destiláis lluvia para la cosecha! ¡Rocío que se destila sobre las uvas!» (Watson, UF [1976] 377). *Lín. 42-46:* / «Durante siete años fallará *Baʿlu*... No (habrá) rocío...» (Ginsberg) / «¡Que falle *Baʿlu* siete años...! ¡Sin rocío...! (Gordon, Ashley) / «¡Que te aflija...! ¡Que no haya rocío...!» (Gordon, UMC 132) / «¿Fallará *Baʿlu...?* ¿Sin rocío?...» (Dijkstra-De Moor, UF [1975] 201) / «¡Que os lige siete años... Sin lluvia al trueno de *Baʿlu!*» (Watson, UF [1976] 377; cf. Dahood, «Bib» [1973] 404) / «¡Que bendiga *Baʿlu* siete años...!: haz bajar rocío... los chubascos de los dos abismos, nuestro bien, ¡oh voz de *Baʿlu!*» (Cassuto, BOS II, 52, 165-166, 194, n. 10); cf. gl. *ṣrk/ṣr, bl, šrʿ, ṭbn.*

Col. II: *Lín. 1-2:* / «... la que observa el agua, estudia el rocío en su goteo...» (Ginsberg) / «... la que vierte rocío sobre la cebada...» (Gordon; Müller, UF [1969] 94) / «... la que se alza antes que nadie, la que recoge rocío para su cabello...» (Watson, UF [1976] 378; Dijkstra-De Moor, UF [1975] 202); cf. gl. *ṯkm, my,*

mdl.ʿr ^{4}*ṣmd.pḥl.*	enjaeza el jumento, apareja el asno,
*št.gpny dt k*sp	pon mis riendas, las de plata,
^{5}*dt.yr*q.n*qbny.*	mis gualdrapas, las de oro».
tš[mʿ] ^{6}*pġt.ṯkmt.my.*	Escuchó *Puġatu,* la que a hombros lleva el agua,
*ḥspt.*l[*šʿ*]r.*ṭ*l	la que recoge el rocío de la cebada,
^{7}ydʿ*t.hlk.kbkbm*	la que conoce el curso de las estrellas;
^{8}bk*m.tmdln.ʿr*	acto seguido enjaezó el jumento,
^{9}*bkm.tṣmd.pḥl.*	acto seguido aparejó el asno;
*b*km ^{10}*tšu.abh.*	acto seguido aupó a su padre,
tštnn.l[b]mt ʿr	le puso a lomos del jumento,
^{11}*lysmsm.bmt.pḥl*	en lo mejor de la grupa del asno.

Escena de conjuro

^{12}*ydnil.ysb.palth*	Arreó(le) ⟨*Daniilu*⟩, recorrió sus barbechos;
^{13}*bṣql.yph.bpalt.*	un tallo vio en el barbecho,
*b*ṣq*[l]* ^{14}*yph.byġlm.*	un tallo atisbó en el erial.
*bṣql.y*ḥbq ^{15}*wynšq.*	El tallo abrazó y besó (exclamando):
aḥl.an.bṣ[ql] ^{16}*ynpʿ.bpalt.*	«¡Ojalá!, ¡oh tallo que brota en el barbecho,
*bṣql.ypʿ by*ġlm ^{17}*ur.*	tallo que crece en el erial ardiente!,
tispk.yd.aqht ^{18}*ġzr.*	te pueda recoger la mano del Prócer *Aqhatu*
tštk.bqrbm.asm	y ponerte dentro del granero».
^{19}*ydnh.ysb.aklth.*	Le arreó ⟨*Daniilu*⟩, recorrió su rastrojos,
yph ^{20}*šblt.bakt.*	vio una espiga en el rastrojo,
*šblt.y*pʿ ^{21}*bḥmdrt.*	una espiga atisbó en el secano.

Lín. 11: *lysmsm* error por *lysmsmt(?)* (CML), cf. 1.4 IV 15. *Lín. 12:* / *ydnh!(l)* (AT), cf. lín. 19; haplografía por *ydn.⟨dn⟩il (Thespis,* 1950, 452; Cassuto, BOS II, 195; pero cf. Rosenthal, «Or» [1939] 233-234) / o por *ydn⟨h.dn⟩il* (Dijkstra-De Moor, UF [1975] 203) / o *yd.dnil* (AT). *Lín. 13-14:* así, Vir. *Lín. 16:* así, CTA, KTU (cf. CTA 88, n. 3); *ynpʿ* error por *ypʿ(?)* (Cassuto, BOS II, 197), cf. *inf.* lín. 23. *Lín. 18:* cf. *inf.* lín. 25, *km.qrbm* (Rosenthal, «Or» [1939] 233). *Lín. 19:* *ydnh* error por *ydni⟨l⟩*, variante de *dnil* (Ginsberg, JBL [1938] 212; ANET 153), cf. *sup.* lín. 12 / o haplografía por *ydnh ⟨dnil⟩* (Dijkstra-De Moor, UF [1975] 203). *Lín. 20:* *bakt* error por *baklt* (Vir.), cf. *inf.* lín. 23; *ypʿ* error por *yph* (Goetze, JAOS [1938] 299; Rosenthal, «Or» [1939] 219; *Thespis,* 1950, 452), cf. *sup.* lín. 13-14; o por *ypʿt* (CML), cf. *inf.* lín. 23. *Lín. 21-22:* así, Vir.,

ḥsp, šʿr. *Lín. 8-10:* / «Mira, enjaeza ella...» / «Llorando enjaeza...» (Gordon, Ashley); cf. gl. *bkm.* *Lín. 12/19:* cf. Dijkstra-De Moor, UF [1975] 203 / «*Yadinel* se vuelve hacia...» (Ginsberg) / «Se acercó *Daniilu,* dio vueltas..., a fin de descubrir... ¡Que brote...!» (Driver; Cassuto, BOS II, 195-196) / «*Daniilu* procede a juzgar...» (Gaster) / «... investiga...» / «... dirige (su cabalgadura)...» (Caquot-Sznycer); cf. gl. *ydn/dn/dny/ndy.* *Lín. 15-18/22-25:* / «¡Ojalá fuera yo un tallo que brotase de...» (Gordon, Ashley) / «¡Ay de mí...! ¡Que crezca...! / crece...» (Gray, LC 119; Sanmartín, UF [1977] 266) / «¡Oh, que este brote... pueda levantarse entre los tallos lánguidos! ¡Hierba, que la mano...!» (Dijkstra-De Moor, UF [1975] 204; Caquot-Sznycer, TOu 446-447; Sanmartín, UF [1977] 268; cf. también Gordon, PLM 23; Gibson, CML 155-116) / «Yo libro al tallo de la maldición...»

šblt.yḥ[bq] [22]wynšq	Abrazó y besó la espiga (exclamando):
aḫl.an.š[blt] [23]tpʿ.baklt.	«¡Ojalá!, ¡oh [espiga] que brota en el rastrojo,
šblt.tpʿ[.bḫ]mdrt [24]ur.	espiga que crece en el secano ardiente!,
tispk.yd.aqht.ǵz[r]	te pueda recoger la mano del Prócer *Aqhatu*
[25]tštk.bm.qrbm.asm	y ponerte dentro del granero».

Revelación de la situación

[26]bph.rgm.lyṣa.	No había aún salido de su boca la palabra,
bšpth[.hwth]	de sus labios el dicho,
[27]bnšiʿnh.wtphn.	cuando alzando sus ojos ella lo vio.
in.š[ ] [28]b(?)hlk.ǵlmm	¿No era, acaso, la marcha de (dos) mensajeros?
bddy.yṣ[ ]	Inconexa brotaba (su) palabra,
[29][ ]yṣa.wl.yṣa.	salía de modo entrecortado:
hlm.ṯ[nm] [30][q]dqd.	«Fue golpeado dos veces en la cabeza,
ṯlṯid.ʿl.ud[n]	tres por encima de la oreja».
[31]-[ ]sr.pdm.rišh[ ]	[Luego] liaron los bucles de su cabeza,
[32]ʿl.pd.asr.m[ ]	sobre los bucles liaron un [paño (?)],
ly(?)[ ] [33]mḫlpt.	[un velo (?)] sobre las trenzas.
wl.ytk.dmʿt[.]	Y derramaron de veras lágrimas
km [34]rbʿt.ṯqlm.	como cuartos de siclo.
tṯp(?)[ ]	[Juzgó y puso *Puǵatu*]
bm [35]yd.ṣpnhm.tliym[.]	en manos de su *Ṣapānu* el triunfo,
[ṣ]pnhm[ ] [36]nṣḥy.šrr.	[en manos] de su *Ṣapānu* la victoria (sobre) el enemigo.

---

cf. *sup.* lín. 14, 20. *Lín. 23:* así, CTA, KTU (cf. CTA 88, n. 5) / *tpʿ[.b...]* (Vir.); c. *tpʿ[byǵl]* (CML), cf. *sup.* lín. 14, 16. *Lín. 25:* cf. *sup.* lín. 18, *bqrbm.* *Lín. 26-44:* cf. Del Olmo Lete, AF (1976) 245-249; Dijkstra-De Moor, UF (1975) 206-208. *Lín. 26:* cf. *inf.* III 7, 36 (Vir.). *Lín. 27:* c. *in[bl/kn]* (Del Olmo Lete, *l. c.)* / *in.[aqht]* (Dijkstra-De Moor, *l. c.). Lín. 28:* así, KTU / *[?]hlk.ǵlm(?)m(?)...yṣ(?)* (Vir.); c. *yṣ[at.rḥh] (Thespis,* 1950, 452; EAR) / *yṣ[a.dʿt]* (CML) / *yṣ[a.rgm]* (Del Olmo Lete, *l. c.)* / *yṣ[a.šd(?)]* (Dijkstra-De Moor, *l. c.)* / *[w(?)]hlk... yṣ[a bphm(?)]* (Gibson, CML), cf. *sup. lín.* 26. *Lín 29-30:* cf. 1.18 IV 22-23, 33-34. *Lín. 29:* c. *[l(?)]yṣa* (Vir., CML, EAR). *Lín. 30:* c. *ʿl.ud[nhm]* (CML). *Lín. 31:* / *rišh[m (Thespis,* CTA); c. *[wt(?)a]sr.* (Vir.) / *[la ta]sr* (CML) / *[lta]sr* (EAR) / *[was]r* (AT) / *[idk.a]sr* (Del Olmo Lete, *l. c.)* / *[la]sr* (Dijkstra-De Moor, *l. c.). Lín. 32: [..lz..]* (AT) / *asr.[šʿrth]l[pit]* (Del Olmo Lete, *l. c.)* / *asr.[in]lg[lḥ]* (Dijkstra-De Moor, *l. c.). Lín. 33:* / *dm[ʿth.k]m* (Vir.) / *dm[ʿh] km* (UT) / *dm[ʿthm] km* (CML), cf. 1.14 I 28-29 / *ytk.dm[h.]* (Borger, VT [1970] 71; cf. AT) / *dm[ʿt]hm* (Dijkstra-De Moor, *l. c.) Lín. 34:* / *tṯq(?)[l* (Vir.) / *tṯq[ln.]* (Dijkstra-De Moor, *l. c.);* c. *tṯq[l.gm.ktṣḥ]* (CML, EAR) / *tʿt[q(?)tṣḥ(?)]* (AT) / *tṯp[ṭ/d.wtšt.pǵt]* (Del Olmo Lete, *l. c.). Lín. 35:* c. *[bm.yd(?)]ṣpn hm* (Vir.) / *[byd ṣ]pnhm* (CML) / *[bd ṣ]pn hm* (EAR) / *nliym/tliyt.*

(Aistleitner; de modo parecido, Dressler); cf. gl. *aḥl, an, bṣql, ypʿ, palt, yǵl, ur.* *Lín. 26-44:* para una discusión detallada de este pasaje, cf. Del Olmo Lete, AF [1976] 245-249; Dijkstra-De Moor, UF [1975] 205-208; Dressler, AT, pp. 452-474; Ashley, EAR, pp. 170-183. *Lín. 27:* / «Al alzar sus ojos vio él...» (Dijkstra-De Moor). *Lín. 30-32:* se corrige la versión previa. *Lín. 45-46:* / «... hizo reventar

mʿ*(?)[ ]*- -a*y*	[Su mensaje le repitieron]:
37 a*bšrkm.dn*il.	«Vamos a comunicarte, *Daniilu,*
md/b*h*- -	que *Aqhatu* ha muerto (?),
38 *riš*.rq-t/ʿḥt-	[que han herido su] cabeza,
(Borde lat.)	
ʿ*n*t yql*(?).l.t*š*(?)*ʿ*(?)*	[que han machacado su cráneo];
- -.*hwt.[š]ṣat*	que hizo salir [la Virgen ʿ*Anatu]*
krḥ.npšhm	como un soplo su alma,
39 *kiṯl.brlt*	como una exhalación (su) espíritu».
k*(?)*m*(?)[ ]* 40 *tmǵyn.*	[A presencia de *Daniilu]* llegaron
tša.ghm.w*[tṣḥn]*	alzaron su voz y [exclamaron]:
41 *šm*ʿ*.ldnil.* mt.*[rpi]*	«Escucha, ¡oh *Daniilu* el *Rapaí!,*
42 *mt.aqht.ǵz*r.	el Prócer *Aqhatu* ha muerto.
[šṣat] 43 *btlt.*ʿ*nt.*	[Hizo salir] la Virgen ʿ*Anatu*
kr*[ḥ.npšh]*	como un soplo [su alma],
44 *kiṯl.brlth.*	como una exhalación su espíritu».

Reacción de Daniilu

*[bh.p*ʿ*nm]* 45 *tṭṭ.*	[A él los pies] le temblaron,
ʿl*[n.pnh.td*ʿ*.]*	por encima [su rostro sudó],
*[b*ʿ*dn]* 46 *ksl*.yṯ*[br.]*	[por detrás] los lomos se le doblaron,
[yǵṣ.pnt.kslh]	[las junturas de sus tendones se contrajeron],
47 *anš*.d*[t.ẓrh.]*	los músculos de [su espalda].
[yšu.gh] 48 *wyṣ[ḥ.]*	[Alzó su voz] y exclamó.

[b(y)d.ṣ]pn hm (Dijkstra-De Moor, *l. c.)*. *Lín. 36: / m[t]y* (AT); c. *m[wy/t*ʿ*]ny* (Del Olmo Lete, *l. c.) / m[lakny] ay* (Dijkstra-De Moor, *l. c.) / m[t ymt](?)* (EAR). *Lín. 37: / nbšrkm (Thespis);* c. *dn[i]l [wpǵt]* (CML) / *[w]p[ǵt.]* (Gibson, CML) *dnil.[aq]h[t.kmt]* (Del Olmo Lete, *l. c.) / dnil[k]h[lm]* (Dijkstra-De Moor, *l. c.)*. *Lín. 38-Borde:* así, KTU / *riš r[ ]k(?)[r]ḥ[.npš]y...rḥ npšm* (Vir., EAR) / *riš.r[----]ḥ [---]y[(p/*ʿ*!)nt. š]ṣat[k]rḥ.npšhm* (CTA 88, n. 17; EAR); c. *rm[.b]a rḥ[.bnp]šy* (CML), cf. 1.18 IV 24-25 / *riš ra/n...[btlt]* ʿ*nt šṣat krḥ...* (AT; Del Olmo Lete, *l. c.) / riš rq[t.] riš[.b*ʿ*ln]y [aṯr.b*ʿ*]ln[y.]* ⟨ʿ*nt...* (Dijkstra-De Moor, *l. c.)*. *Lín. 39:* c. *kiṯl.brltn(?)y[.kqṭr]* (Vir.) / *brltn-[kqṭr.bap-(?)]* (CTA) / *[bapy]* (CML), cf. 1.18 IV 25-26 / *k(?)m(?)[.qṭr. baph]* (KTU) / *[waḫr]* (Delekat, UF [1972] 25) / *brlth [*ʿ*l.dnil]* (Del Olmo Lete, *l. c.) / brlth y[ṭpn]* (Dijkstra-De Moor, *l. c.)*. *Lín. 40:* c. *[wtṣḥ]* (Vir.). *Lín. 42:* así, UT, *Thespis;* c. *tṣi* (Vir.). *Lín. 44:* c. *[kqṭr.baph...* (KTU; pero cf. CTA 89, n. 3), cf. *sup.* lín. 39; 1.18 IV 25-26, 37. *Lín. 44-48:* cf. 1.3 III 32-36; 1.4 II 16-21; AT supone los sufijos

---

sus lomos (entorno), convulsionó...» (Gibson, CML). *Lín. 48-49:* / «¡Maldito sea el asesino de mi hijo...!» (Ginsberg, Ashley). *Lín. 57:* de acuerdo con la reconstrucción del texto: / «... vio águilas que venían del oeste...» (Driver).

[ ]	[«De cierto asesinaré al que mató a hi hijo],
49 *mḫṣ[ ]*	[acabaré con] el que acabó [con mi descendencia»].
50 š*[ ]*	

(Laguna de unas 5 lín.)

Primera escena de magia

(Borde)

56 *bnš*i*[.ʿnh.wyphn.]*	Alzando [sus ojos lo vio],
[yḫd] 57 bʿrp*t[.nšrm.]*	[observó] en las nubes [a las águilas].

KTU 1.19 III

[yšu 1 *gh.]*wyṣḥ*[.]*	[Alzó] su voz y exclamó:
kn*[p.nšrm]* 2 bʿ*l.yṯb.*	«¡Que rompa *Baʿlu* las alas [de las águilas],
bʿ*l.y*ṯbr*[.diy.hmt]*	que les rompa *Baʿlu* [los remos]!
3 *tqln.tḥ pʿny.*	Caigan a mis pies,
ibqʿ[.kbdthm.w] 4 *aḫd.*	que yo abriré [sus entrañas para] mirar
*hm.it.šmt.hm.*i*[ṯ]* 5 *ʿẓm.*	si hay sebo o si hay hueso;
*abpy.w.a*q*brnh*	lloraré y le enterraré,
6 *ašt.bḫrt.ilm.art*	le pondré en la caverna de los dioses de la tierra».
7 *bph.rgm.lyṣa.*	Apenas salió de su boca la palabra,
*bšpth.hw*t*[h]*	de sus labios el dicho,

---

en plural, *-hm*. *Lín. 49-50:* c. *wyṣ[ḥ.kimḫṣ] / mḫṣ [bny.akl.mkly] / š[ršy* (Goetze, JAOS [1938] 279; CML). *Lín. 55: k...(?)* (AT). *Lín. 56-57:* así, CTA, KTU / *l(?)ʿrb[...yšu]* (Vir.); *nšrm [ḥbl.diym yšu]* (AT) / *lʿrb š[pš. nšrm.wyšu]* (CML), 1.19 IV 48-49.

Col. III: *Lín. 1-3:* cf. *inf.* lín. 8-11, 15-16, 30. *Lín. 2: yṯb* error por *yṯbr*, cf. *inf.* lín. 31, 43 (Vir., Rosenthal, «Or» [1939] 216; Segert, BZAK 77 [²1961] 199; pero cf. Watson, UF [1976] 371-372; Dahood, UHP 8). *Lín. 3: tḥ* error por *tḥt* (Vir.), cf. *inf.* lín. 18, 32. *Lín. 4:* así, Vir., cf. *inf.* lín. 19, 33. *Lín. 5: abpy* error por *abky* (Vir.), cf. *inf.* lín. 20, 34. *Lín. 6: art* error por *arṣ* (Vir.), cf. *inf.* lín. 35. *Lín. 7:* así KTU

Col. III: *Lín. 1-2:* / «¡... que rompa *Baʿlu* su vuelo! (Fronzaroli) / «... que rompa *Baʿlu* estos pájaros!» (Caquot-Sznycer) / «¡Que arranque *Baʿlu* las alas...!» (Watson, UF [1976] 172); cf. gl. *ṯb(b)/nṯb*. *Lín. 6:* / «... lo colocaré en las fosas de los muertos numinosos, en la tierra» (Gaster) / «... en el cementerio divino, en la tierra» (Caquot-Sznycer) / «... en la tumba magnífica en la tierra» (Dressler). *Lín. 14/28:* «... vatieron/ó las alas y se fueron/fue volando» (Caquot-Sznycer) / «¡Aguilas! ¡Escapad! ¡Y volad!» (Watson, UF [1975] 484); cf. gl. *npr, da*. *Lín. 39-41:* / «Tomándolos por *Aqhatu* llora, ... y le entierra...» (Ginsberg) / «Tomó..., con rabia extrajo...» (Delekat, UF [1972] 21; Aistleitner) / «Los toma y recompone a *Aqhatu*... Le entierra en un lugar oscuro (?), en un ánfora/sepulcro» (Gaster; Caquot-Sznycer) / «... extendió sus trozos... Le enterró en una cámara

[8]*knp.nšrm.bʿl.yṯbr*	las alas de las águilas *Baʿlu* rompió,
[9]*bʿl.ṯbr.diy hmt.*	*Baʿlu* les rompió los remos.
tǵln [10]*tḥt*.pʿ*nh.*	A sus pies cayeron,
*ybqʿ.k*bd*thm*.w*[yḥd]*	abrió sus entrañas y [miró]:
[11]*in.šmt.in.ʿẓm.*	no había sebo ni había hueso.
yšu.gh [12]wy*ṣḥ.*	Alzó su voz y exclamó:
knp.*nšrm.ybn*	«¡Que recomponga *[Baʿlu]* las alas de las águilas,
[13]*bʿl.ybn.diy.hmt*	que les recomponga *Baʿlu* los remos!
nšrm [14]tpr.*wdu.*	¡Que se echen las águilas a volar!».

Segunda escena de magia

*bnši.ʿnh.*wypn	Al alzar los ojos lo vio,
[15]*yḥd.hrgb.ab.*nšr*m*	observó a *Hargabu,* el padre de las águilas.
[16]*yšu.gh.wyṣḥ.*	Alzó su voz y exclamó:
kn*p.*hr*[g]*b [17]*bʿl.yṯb.*	«¡Que rompa *Baʿlu* las alas de *Hargabu,*
*bʿl.y*ṯbr.*diy[.]*hwt	que le rompa *Baʿlu* los remos!
[18]*wyql.tḥt.pʿny.*	Caiga a mis pies,
*ibqʿ.k*bd*[h]* [19]wa*ḥd.*	que yo abriré sus entrañas para mirar
hm.iṯ.šmt.hm.iṯ[.ʿẓm]	si hay sebo o si hay hueso;
[20]abk*y.*w*aqbrn.*	lloraré y le enterraré,
ašt.bh̬r*t* [21]ilm*[.arṣ.]*	le pondré en la caverna de los dioses de [la tierra].
[bph.rgm.lyṣa.]	[Apenas salió de su boca la palabra],
[bšp] [22]th.hwth.	[de sus] labios el dicho,
k*np.*hr*gb.bʿ*l.*ṯbr*	las alas de *Hargabu Baʿlu* rompió,
[23]bʿl.ṯbr.*diy.hwt.*	*Baʿlu* le rompió los remos.
*wy*ql [24]tḥt.*pʿ*nh.	A sus pies cayó,
*ybqʿ.*kbd*h.*wyḥd	abrió sus entrañas y miró:
[25]in.š*mt.in.ʿẓm.*	no había sebo ni había hueso.
*yš*u.gh [26]w*yṣḥ.*	Alzó su voz y exclamó:

(raspado) / *ly.ṣa* error por *lyṣa* (CML), cf. *sup.* II 26. *Lín. 9: ṯbr* error por *yṯbr* (Vir.; pero cf. Van Zijl, *Baal,* 277); *tǵln* error por *tqln* (KTU), cf. *sup.* lín. 3. *Lín. 10:* así, Vir., cf. *inf.* lín. 24, 38. *Lín. 12:* omisión de *bʿl.* después de *nšrm* (Rosenthal, «Or» [1939] 220; CTA), cf. *inf.* lín. 26. *Lín. 14:* / *pr.wdu* (Vir.; pero cf. CTA 89, n. 9); / *wyph* (UT); *wypn* error por *wyphn* (CTA; pero cf. Coote, UF [1974] 5, n. 33), cf. *inf.* lín. 29. *Lín. 17-19:* así, Vir., cf. *inf.* lín. 32-34, *sup.* 8-11, *wyql/tql(n)* (Rosenthal, «Or» [1939] 231). *Lín. 17: yṯb,* error por *yṯbr,* cf. *sup.* lín. 2. *Lín. 20-21:* así, Vir., cf. *sup.* lín. 6-7, *inf.* lín. 35-36. *Lín. 20:* cf. *sup.* lín. 5, *inf.* lín. 34, *waqbrnh. Lín. 22-23: ṯbr* error por

---

oscura con una mortaja» (Driver) / «... vaciándole del águila... le entierra en la oscuridad ocultamente» (Gray) / «Tomó una jarra para *Aqhatu,* vació al buitre..., le enterró entre alaridos de lamento» (Dressler) / «Toma 'la carne' de *Aqhatu,* se lamenta..., le entierra con los peces en (el) Kinneret» (Margalit, UF [1976] 172-174; Barton, JBL [1941] 217; Ullendorff, JSS [1962] 342) / «Tomó..., se llevó los restos..., le enterró en una tumba con tubo de libación» (Dijkstra-De Moor, UF

*knp.hrgb.b*ʿl.ybn	«¡Que recomponga *Baʿlu* las alas de *Hargabu,*
^{27}bʿ*l.ybn.diy.hwt.*	que le recomponga *Baʿlu* los remos!
hrgb ^{28}*tpr.*wd*u.*	¡Que se eche *Hargabu* a volar!».
	Tercera escena de magia
bn*ši.ʿnh.* ^{29}wy*phn.*	Al alzar los ojos lo vio,
*yḥd.ṣml.*u*m.nš*rm	observó a *Ṣamalu,* la madre de las águilas.
^{30}yšu.*gh.*wy*ṣḥ.*	Alzó su voz y exclamó:
*knp.*ṣml ^{31}*bʿl.yṯbr.*	«¡Que rompa *Baʿlu* las alas de *Ṣamalu,*
*bʿl.*yṯbr.diy ^{32}*hyt.*	que le rompa *Baʿlu* los remos!
tql.tḥt.pʿny.	Caiga a mis pies,
*i*bqʿ ^{33}kbdh.*waḥd.*	que yo abriré sus entrañas para mirar
*hm.iṯ.*š*mt.iṯ* ^{34}ʿ*ẓm.*	si hay sebo o si hay hueso;
abky.waqbrnh.	lloraré y le enterraré
aštn ^{35}b*ḫrt.ilm.arṣ.*	le pondré en la caverna de los dioses de la tierra».
bph.rgm.ly[ṣ]a	Apenas salió de su boca la palabra,
^{36}b*špth.hwt.*	de sus labios el dicho,
*knp.ṣm*l.bʿ*[l]*	las alas de *Ṣamalu Baʿlu* [rompió],
^{37}bʿ*l.ṯbr.diy.hyt.*	*Baʿlu* le rompió los remos.
*tq*l.tḥt ^{38}*pʿnh.*	A sus pies cayó,
*ybqʿ.kbdh.w*yḥd	abrió sus entrañas y miró:
^{39}*iṯ.šmt.iṯ.ʿẓm.*	había sebo, había hueso.
*w*yqḥ.b*hm* ^{40}*aqht.*	Recogió de entre ellos a *Aqhatu,*
*yb.lyqẓ.ybky.*wyqbr	sollozó al recogerle, lloró y (le) enterró,
^{41}*yqbr.nn.b*mdgt*.*	le enterró en una tumba dentro de un féretro.
bkn*k/*rt	
^{42}*wyšu.gh.wyṣḥ.*	Alzó la voz y exclamó:
knp.nšrm ^{43}*bʿl.y*ṯbr*.*	«¡Que rompa *Baʿlu* las alas de las águilas,
*bʿl.y*ṯ*br.diy* ^{44}*hmt.*	que les rompa *Baʿlu* los remos,
*hm.tʿpn.ʿl.qbr.b*ny	si vuelan sobre el sepulcro de mi hijo
^{45}*tšḫta.nn.bšnth.*	extraviándole en su sueño!».

yṯbr (Vir.; cf. Rosenthal, «Or» [1939] 229), cf. *sup.* lín. 8-9; *inf.* lín. 37, *tql(n).* *Lín. 28:* así, CTA, cf. *sup.* lín. 14 / *[t]pr.[w]tdu* (Vir.). *Lín. 33:* omisión de *hm* después de *šmt* (Segert, BZAW 77 [²1961] 200), cf. *sup.* lín. 4, 19. *Lín. 34:* cf. *sup.* lín. 6, 20, *ašt* (Rosenthal, «Or» [1939] 230). *Lín. 36:* omisión de *yṯbr/ṯbr* (Vir.; cf. CTA 89, n. 11), cf. *sup.* lín. 8-9, 22-23. *Lín. 37: ṯbr* error por *yṯbr,* cf. *sup.* lín. 22-23. *Lín. 39:* así, Vir. / *wyqḥ spm l* (AT). *Lín. 40:* así, CTA, KTU / *aqht.yd(?).ll(?)qh(?)* (Vir.) / *yb. llqh* (UT) / *yd.lṣqh* (CML) / *yb.llqẓ* (CTA), error por *ybʿl[.]lqẓ* (CTA, TOu) / o por *ybl.lqẓ* (Dijkstra-De Moor, UF [1975] 208; pero cf. Margalit, UF [1976] 173) / o *yb* error por *ybky* (KTU) / o quizá *lyqẓ* error por *lyqḥ; wyqbr bnh* (AT). *Lín. 41:* así, KTU / *bknkn(?)* (Vir, EAR) / *bknrt* (Barton, JBL [1941] 217; LC, CML; cf. Margalit, UF [1976] 172ss) / *bṯugt.bknh* (AT). *Lín. 42:* cf. *sup.* lín. 16, 30, *yšu* (Rosenthal, «Or» [1939] 231). *Lín. 45:* / *tšḫṭn(?)nn.* (Vir.) / *tšḫṭann* (UT); error por *tšḫṭnn (Thespis,* 1950

[1975] 208); cf. gl. *bhm, yb(b), lqẓ, mdgt, knkn/t.* *Lín. 45:* / «... le sacan trozo a trozo de su sueño» (Delekat, UF [1972] 20, 24) / «si... le despiertan de

Escena de maldición

qr.my[*m*] [46]*mlk.yṣ*m.	A *Qīru-Mayima* el Rey maldijo:
ylkm.qr.mym.	«Ay de ti, *Qīru-Mayima,*
*d*ʿ[*lk*] [47]*mḫ̮ṣ.a*q*ḥt.ǵzr.*	sobre quien pesa la muerte del Prócer *Aqhatu!*
amd.gr bt il	Huésped seas siempre de santuario,
[48]ʿ*nt.brḥ.p*ʿ*lm.h.*	desde ahora y por siempre seas un fugitivo,
ʿ*nt.pdr*.dr	desde ahora y por todas las generaciones,
[49]ʿ*d*b.*uḫ̮ry.mṭ.ydh*	cuyo báculo sea colocado el último».
[50]*ymǵ.lm*r*rt.tǵll.bnr*	Llegó a *Mirartu-taǵullalu-banīri,*
[51]*yšu.gh.wyṣḥ.*	alzó su voz y exclamó:
ylk.mrrt [52]*tǵll.bnr.*	«¡Ay de ti, *Mirartu-taǵullalu-banīri,*
dʿ*lk.mḫ̮ṣ.aqht* [53]*ǵzr.*	sobre quien pesa la muerte del Prócer *Aqhatu!*
*šrš*k.*barṣ.al* [54]*yp*ʿ.	No arraigue tu raíz en la tierra,
*riš.ǵly.bd.ns*ʿ*k*	tu copa caiga a manos de los que te desarraiguen;
[55]ʿ*nt.brḥ.p*ʿ*lmh*	desde ahora y por siempre seas un fugitivo,
[56]ʿ*nt.pdr.dr.*	desde ahora y por todas las generaciones,
ʿ*db.uḫ̮ry.mṭ ydh*	cuyo báculo sea colocado el último».

453; Dijkstra-De Moor, UF [1975] 209). *Lín. 45-46:* cf. *inf.* IV 3-4 / *[my]m lk* (AT). *Lín. 46:* / *yṣ[m/ḥ(!)]* (UT). *Lín. 47:* / *a.md* (AT); *amd* error por *tmd (Thespis,* 1950, 453; EAR).

su sueño de muerte» (Dijkstra-De Moor, UF [1975] 209; Ashley) / «... si le estorbáis su sueño en el lago de agua» (Margalit, UF [1976] 175) / «... si le molestan en su marcha» (Dressler); cf. gl. *ḫ̮ta/ḫ̮t, šnt.* *Lín. 46-47:* / «Al pozo de agua... grita: ... a la vera del cual...» (Gordon, Aistleitner) / «Que tu corriente sea retenida..., pues junto a ti...» (Margalit, UF [1976] 175; pero cf. Dijkstra-De Moor, UF [1975] 209) / «... contra ti, reprochó, ¡ay!, contra ti...» (Dressler); cf. gl. *ml(?), yṣm/ṣm(m), d,* ʿ*l.* *Lín. 47-48:* / «... *Aqhatu,* que moró muchísimo en la casa de *Ilu.* Ahora ha partido para la eternidad...» (Gordon) / «... aniquilaron a un descendiente... ¡Que ʿ*Anatu* y sus íntimos servidores maltraten...!» (Aistleitner) / «¡... márchate, ¡oh ʿ*Anatu!,* por toda la eternidad...!» (Dressler) / «More *(Aqhatu)* en la casa de *Ilu* hasta el fin (de los tiempos), (a lo largo) del flujo del tiempo eternal, (a lo largo) de tiempo y generación» (Margalit, UF [1976] 175); cf. gl. *amd, gr,* ʿ*nt, brḥ.* *Lín. 49/56:* para una discusión detallada de esta versión, cf. Del Olmo Lete, AF [1976] 249-251 / «Depuso la extremidad de su bastón» (Dijkstra-De Moor, UF [1975] 209) / «El arma de su mano 'apuntó' a mi progenie» (Dressler) / «Prepara de nuevo el bastón de su mano» (Ashley). *Lín. 54:* «... mi cabeza está abatida por tu perfidia» (Gordon) / «... ni tu copa se doble por lo que uno arranca de ti (tu fruto) / no tengas fruto encima» (Watson, UF [1976] 375); cf. gl. *ǵly, ns*ʿ.

KTU 1.19 IV

ymǵ.lqrt.ablm.	Llegó a la ciudad de *Abiluma,*
ablm ^{2}*qrt.zbl.yrḫ.*	*Abiluma* la ciudad del Príncipe *Yarḫu.*
yšu gh ^{3}*wyṣḥ.*	Alzó su voz y exclamó:
ylk.qrt.ablm	«¡Ay de ti, ciudad de *Abiluma,*
^{4}*dʿlk.mḫṣ.aqht.ǵzr*	sobre quien pesa la muerte del Prócer *Aqhatu!*
^{5}ʿ*w*rt*.yštk.bʿl.*	Ciega te deje *Baʿlu,*
lht ^{6}*wʿlmh.*	desde ahora y por siempre,
lʿn*t.pdr.dr*	desde ahora y por todas las generaciones;
^{7}ʿ*db.uḫry.mṭ.ydh*	tu báculo sea colocado el último».

Escena de duelo

^{8}*dnil.bth.ym.ǵyn.*	Se dirigió *Daniilu* a su casa,
yšt ^{9}*ql.dnil.lhklh.*	bajó/marchó *Daniilu* a su palacio.
ʿ*rb.b* ^{10}*kyt.bhklh.*	Entraron en su palacio plañideras,
*mšspd*t*.bḥẓrh.*	lamentadoras en su mansión;
^{11}*pẓǵm.ǵr.yb*k*.laqht* ^{12}*ǵzr.*	los que se laceran la piel lloraron al Prócer *Aqhatu,*
*ydmʿ k*dd*.dnil* ^{13}*mt.rpi.*	derramaron lágrimas por el hijo de *Daniilu* el *Rapaí.*
lymm.lyrḫm ^{14}*lyrḫm.lšnt.*	Durante días y meses, meses y años,
ʿ*d* ^{15}*šbʿt.šnt.*	hasta el séptimo año,
ybk.laq ^{16}*th.ǵzr.*	lloraron al Prócer *Aqhatu,*
*ydm*ʿ*[.]*l*kdd* ^{17}d*nil.* *mt.*rp*[i.]*	derramaron lágrimas por el hijo de *Daniilu* el *Rapaí.*
*[m]*k.*b*šbʿ ^{18}*šnt.*	Y entonces, a los siete años,
*wyʿ*n*[.dnil.m]*t*[.]*rp*i*	dijo *[Daniilu]* el *Rapaí,*
^{19}*yṯb.ǵzr.*m*[t.hrnmy.]*	replicó el Prócer *Harnamí,*
*[y]š*u ^{20}*gh.wyṣḥ.*	alzó su voz y axclamó:
*t[bʿ]-[ ]*y*(?)/*ḫ*(?)* ^{21}b*kyt.*	«Marchad de mi casa plañideras,
*bhk[l]*y.mšs*pdt*	de mi palacio lamentadoras,
^{22}*bḥẓry.pẓǵm.ǵr.*	de mi mansión los que se laceran la piel».

Col. IV: *Lín. 5:* / ʿ*wr* (UT); c. *lht*〈.ʿ*nt.brḫ*〉 (CML), cf. *sup.* III 48, 55. *Lín. 8:* *ym.ǵyn* error por *ymǵyn* (Vir.), cf. 1.17 II 24. *Lín. 9:* c. ʿ*rb.b*〈*bth b*〉*(?)* (CTA 90, n. 10; Dijkstra-De Moor, UF [1975] 210) / ʿ*rb* 〈*b bth*〉 *b* (Dietrich-Loretz, UF [1977] 334; AT). *Lín. 10:* raspado en fin de línea (cf. CTA 90, n. 8; KTU 63) / o toda la línea (Dietrich-Loretz, UF [1977] 334). *Lín. 11:* c. *ǵr.*〈*bbth*〉 (EAR). *Lín. 17:* así, CTA, KTU, cf. 1.4 VI 31-32; 1.6 V 8; 1.15 III 22; 1.17 I 15; II 39; 1.22 I 25 / *mt.r[pi].bšbʿ* (Vir.). *Lín. 18-19:* así, Vir. *Lín. 20:* así, UT, cf. 1.17 II 39 / *t[*ʿ*rb(?)]* (Vir.) / *t[bʿn]* (Ginsberg, BASOR 72 [1938] 15); c. *t[bʿ bbty]* (CTA). *Lín. 22:* así, UT, cf. *inf.* lín. 29

Col. IV: *Lín. 5:* / «*Baʿlu* hará brotar ceguera desde ahora» (Dressler). *Lín. 7:* cf. *sup.* III 49/56. *Lín. 11:* / «Después de lacerar su piel llora...» (Dahood, UHP 69); cf. gl. *pẓǵ, ǵr.* *Lín. 22-25/29-31:* / «... hizo subir su incienso entre los celestiales, el *Harnamí* incensó a los señores de las estrellas» (Dijkstra-De Moor,

wyqr[y] 23dbḥ.ilm.	Y ofreció un sacrificio a los dioses,
yšʿly.dǵṯt(?) 24bšmym.	hizo subir su ofrenda olorosa a los cielos,
dǵṯ ḥrnmy[.]d[k] 25bkbm.	la ofrenda de un *Harnamí* a las estrellas,
ʿl/d[ ] 26ʿlh.yd.	mientras [movían (?)] en su presencia las manos,
ʿd.-t.k(?)l(?)- - -mṣ27ltm.	mientras [hacían sonar (?)] las panderetas,
mrqdm.dšn/t l- -	las castañuelas de marfil [tocaban (?)].

Escena de bendición

28wtʿn.pǵt.ṯkmt.mym	Respondió *Puǵatu,* la que a hombros lleva el agua:
29qrym.ab.dbḥ.lilm	«Ofreció mi padre un sacrificio a los dioses,
30šʿly.dǵṯt(?).bšmym	hizo subir su ofrenda olorosa a los cielos,
31dǵṯ.ḥrnmy.dkbkbm	la ofrenda de un *Harnamí* a las estrellas.
32ltbrkn.alk.brktm(?)	Bendíceme ahora para que vaya bendecida,
33tmrn.alk.nmrrt	confórtame para que marche confortada,
34imḫṣ.mḫṣ.aḫy.	que voy a matar al que mató a mi hermano,
akl[.]m 35kly[.ʿ]l.umty.	acabar con el que acabó con mi congénere».
wyʿn.dn 36il.mt.rpi.	Respondió *Daniilu* el *Rapaí:*
npš.tḥ[.]pǵ[t] 37ṯkmt. mym.	«En (su) ánimo reviva, *Puǵatu,* la que a hombros lleva el [agua,
ḥspt.lšʿr 38ṭl.	la que recoge el rocío de la cebada,
ydʿt[.]hlk.kbkbm-(?)-(?)	la que conoce el curso de las estrellas;

/ *wyq[ḥ]* (Vir.), pero cf. CTA 90, n. 12; c. *ǵr⟨bbty⟩* (EAR), cf. lín. 10. *Lín. 23:* así, Vir., KTU / *dǵth* (CTA; cf. Dietrich-Loretz, UF [1978] 69). *Lín. 24-25:* así, Vir., cf. *inf.* lín. 31 / *[lk]bkbm(?)* (CML), cf. *inf.* lín. 29 / *b(?)[k]bkbm* (Dietrich-Loretz, UF [1978] 69) / *hrnmy brbm* (AT). *Lín. 25:* / *ʿb[r h]* (Dijkstra-De Moor, UF [1975] 211). *Lín. 26:* / *[ ]lh.yd ʿ(?)d[mṣ(?)]* (Vir.) / *ydʿ d[ ]ṣa[ ]* (UT) / *...ʿd[--?] (ṣ/y) [---]* (CTA) / *[k]lh.ydʿ d[yšr wyḏmr] bt[p.wmṣ]* (Dijkstra-De Moor, *l. c.)* / *?...(lh ydb)* (AT). *Lín. 27:* / *... mr[ ]ʿ(?)dm.* (UT); c. *... dšn[.]l[bth]* (D.-D. M., *l. c.)* / *dš[a/n]ṣ/l[ ]* (EAR) / *?... (ltm.mr ʿdt)* (AT). *Lín. 30:* / *dǵṯh* (CTA; cf. Dietrich-Loretz, UF [1978] 69) / *dgṯ* (UT). *Lín. 31: dkbkbm* error por *lkbkbm (Thespis)* / *bkbḳbm* (Dietrich-Loretz, UF [1978] 69). *Lín. 32:* / *brkt(?)* (Vir.). *Lín. 33:* / *alkn(?) mrrt(?)* (Vir.). *Lín. 34:* así, Vir., cf. *inf.* lín. 40. *Lín. 35-36:* así, UT, CTA, KTU, cf. 1.17 I 36; c. *[dnil]* / *i[ ]l(?)m.agr[t]h.npšth[m(?)]* (Vir.) / *[dnil]* / *i[ṯq]lm agr[t]h. npš[.]th[w]* (CML; cf. *Thespis),* cf. *inf.* lín. 51; 1.5 I 14-15. *Lín. 38:* cf. *sup.* II 2, 6-7 / *ṭṭl ydʿt* (Vir.; Segert, BZAW 77 [²1961] 202). *Lín. 39-40:* cf. *sup.* lín. 34-35 (Vir.);

UF [1975] 210) / «... ofreció al dios..., hizo subir al cielo, el incienso del *Harnamí* (dios) a las estrellas» (Dietrich-Loretz, UF [1978] 69) / «... hizo subir sus ofrendas (de humo) de bálsamo... entre chubascos...» (Dressler); cf. gl. *dǵṯ(t). Lín. 25-27:* de acuerdo con la restauración del texto: «... entró en su palacio, invitó a su casa a los que cantan y tocan panderetas y platillos, a los danzarines ungidos...» (Dijkstra-De Moor, UF [1975] 211) / «... al final la asamblea partió» (?) (Dressler); cf. gl. *mṣltm, mrqdm, šn. Lín. 28/37:* cf. *sup.* II 1-2. *Lín. 29-33:* / «Puesto que mi padre ha sacrificado..., que me bendigan (los dioses)...» (Gaster, Driver, Caquot-Sznycer). *Lín. 36-39:* / «¡Por mi alma, que viva *Puǵatu,* ... que prospere!» (Gor-

[39]*npš.ḫy.mḫ.*	se esponje, sí, su ánimo
tmḫṣ.mḫṣ[.aḫk]	para matar al que mató [a su hermano],
[40]*tkl.mkly.ʿl.umt[k]*	acabar con el que acabó con [su] congénere».

Ejecución del plan

[ ] [41]*d.ttql*.by*m.trt*ḥ[*ṣ*]	Entonces se sumergió en el mar para lavarse,
[42]w.t̠k*m.tium.*	se tiñó de rojo hasta los hombros (?) con caracoles de
*bǵl*p ym[ ]	[mar
[43]*d*al*p.šd.ẓuh.bym.*	cuya exhalación se nota a veinte yugadas en él.
t[ ] [44]*tlbš*.n*pṣ.ǵzr.*	Debajo se vistió ropas de Prócer,
tšt.ḫ[ ]b [45]*nšgh.*	colocó [la daga] en su funda,
*ḥrb.tšt.bt*ʿr[*th*]	la espada puso en su vaina
[46]*wʿl.tlb*š.*npṣ.at̠t.*	y encima se vistió ropas de mujer.
[ ] [47]ṣb*i.nrt.ilm.š*pš.	[A la] puesta de *Šapšu,* la Lámpara de los dioses,
-r[ ] [48]pǵ*t.minš.šdm.*	[entró] *Puǵatu* en el campamento abierto;
*lm*ʿr[*b*] [49]*nr*t.i*lm.špš.*	al ocaso de *Šapšu,* la Lámpara de los dioses,
*mǵ*y[*t*] [50]*pǵt.*l*ahlm.*	llegó *Puǵatu* a las tiendas.

c. *[aḫh]* / *umt[h].* *Lín. 39:* así, KTU / *a[ ]hy[.]...* (Vir.) / *a[-]ḥ.hy[.]...* (CTA; Dijkstra-De Moor, UF [1975] 178) / *a[k]ḥ* (Aartun, UF [1979] 3) / *?[tk(?)ʿhyṣ(?)]* (AT). *Lín. 41:* así, CTA, KTU, cf. 1.14 II 9; III 52 / *dgt(?) t[ ]l(?) b(?)ym.* (Vir.) / *]dg[ ]l bym* (EAR) / *b.t tǵll bym* (AT); c. *[k/ʿ]d* / *dgt t[šʿ]l.bym* (*Thespis* [1950] 453; Dijkstra-De Moor, UF [1975] 211) / *dg tšʿl bym* (CML). *Lín. 42: tium* error por *tidm,* así, KTU / *wtadm.tid(?)m...* (Vir.) / *(a/.t)dm.tium (tidm)* (CTA); c. *p[ǵ]t[.]adm.tidm* (CTA) / *[bmy]m.tidm* (AT). *Lín. 43:* c. *t[ʿl]* (Vir.) / *t[ḥgr]* (*Thespis* [1950] 453) / *t[ḥt]* (Dijkstra-De Moor, *l. c.)* / *t[ʿdb]* (AT). *Lín. 44:* / *(ḫ/y)[* (UT); c. *ḫ[lp]* (*Thespis* [1950] 453) / *ḫ[lpn.ʿl]* (Dijkstra-De Moor, *l. c.)* / *ḫ[št]* (Margalit, UF [1976] 182, n. 127). *Lín. 45:* cf. 1.18 IV 18 / *nšg(p/h)* (Xella, PP [1973] 198). *Lín. 46:* c. *at̠t.[trḫ(?)]* (Vir.) / *at̠t.[wtḥt npṣ* (*Thespis* [1950] 453) / *at̠t.[lm]* (Ginsberg, LKK 43) / *at̠t[l]* (Dijkstra-De Moor, UF [1975] 212). *Lín. 47:* c. *špš.k(?)r[t(?)]* (Vir.) / *špš.wr[dt]* (Ginsberg, *l. c.)* / *špš.[ktʿ]r[b]* (*Thespis* [1950] 453), cf. lín. 48-49 / *špš [ʿ]r[bt]* (Dijkstra-De Moor, *l. c.)* / *špš.[trḥq]* (AT). *Lín. 48:* así, Vir.; posible error de *šdm* por *d̠dm* (Gibson, CML). *Lín. 50:* así, UT / *lyḥ[w(?)]* (Vir.); c. *lyṭ[p a]* (AT). *Lín. 51: [pǵt]* (ANET, CTA, KTU...)

don) / «Recompensaré a tu alma con lo que desee» (Driver). *Lín. 40-42:* de acuerdo con su lectura: «Hizo subir un pez del mar, se lavó y tiñó de rojo, ... con el caracol marino...» (Dijkstra-De Moor, UF [1975] 211; Pardee, UF [1975] 376) / «Una vasija metió en el mar, se lavó con agua...» (Dressler); cf. gl. *ql(l), adm, ǵlp ym.* *Lín. 43:* cf. *sup.* 1.3 III 1-2. *Lín. 43-45:* / «Emerge, se viste...» (Ginsberg, Ashley) / «...pone un cuchillo a su alcance...» (Caquot-Sznycer, *l. c.)* / «Debajo se vistió..., se puso una túnica sobre su cota de malla...» (Dijkstra-De Moor); cf. gl. *ḫlp(n), nšg, tʿrt.* *Lín. 46-50:* / «A la salida de *Šapšu...,* al ocaso...» (Ginsberg, Dressler, Ashley) / «Desde la salida... al ocaso...» (Gordon) / «Mientras el ejército de *Šapšu...*» (Aistleitner; para la semántica de *ṣbi/a špš,* cf. Del Olmo Lete, UF [1975] 95-96) / «... bajó hasta el pueblo de los campos, ... llegó junto a los que habitan en tiendas...» (Driver) / «... entró *Puǵatu* en el lugar de encuentro...»

Escena de agasajo

rgm.lyṯ[pn.y] [51]bl.	Noticia fue dada a *Yaṭipānu:*
agrtn.bat.bd̲dk.	«Nuestra dueña entró en tus grutas,
[ ] [52]bat.bhlm.	[*ʿAnatu*] vino a tus tiendas».
wyʿn.yṭpn.m[hr] [53]št.	Respondió *Yaṭipānu* el guerrero devastador:
qḥn.wtšqyn.yn.	«Tóma(la) y que se te sirva vino,
qḥ [54]ks.bdy.	toma la copa de mi mano
qbʿt.bymny.	el cáliz de mi diestra».
tq [55]ḥ.pǵt.wtšqynh.	[La] tomó *Puǵatu* y se le sirvió de aquél,
tpḥ[.ks.]bdh	tomó [la copa] de su mano,
[56]qbʿt.bymnh.	el cáliz de su diestra.

Escena de desenlace

wyʿn.yṭ[p]n[.mh]r [57]št.	Y respondió *Yaṭipānu,* [el guerrero] devastador:
byn.yšt.ila.il š[ ]	«Por el vino que bebe nuestro *Ilu,* el dios del cielo,
il [58]dyqny.d̲dm.	el dios que creó las grutas,
yd.mḫṣt.aq[h]t.ǵ [59]zr.	la mano que hirió al Prócer *Aqhatu*
tmḫṣ.alpm.ib.št[ ]	hiera a mil enemigos devastadores (?),
št [60]ḥršm.lahlm.	tendiendo conjuros desde las tiendas».

/ *[ʿnt]* (Dijkstra-De Moor, *l. c.)* / *[rṣtn]* (AT) / posible error de *d̲dk* por *šdk* (Gibson, CML), cf. *sup.* lín. 48. *Lín 52: bhlm* error por o variante de *bahlm* (ANET, EAR). *Lín. 53:* así, CTA, KTU / *yn.[.p...* (Vir.) / *yn t(!)qḫ* (Dijkstra-De Moor, UF [1975] 213); c. *yn[. tqḫ]* (CML). *Lín. 55: tpḫ* error por *tqḫ* (CTA, KTU). *Lín. 57:](i/h)l* (UT); *ila* error por *iln (Thespis* [1950] 311, 453; KTU; pero cf. Margalit, UF [1976] 186ss); c. *iln. il š[mm -/wi]l (Thespis,* l. c.; CML) / *ilš[dn(?)i]l* (Vir.) *il š[t.k]il* (Dijkstra-De Moor, *l. c.)* / *il š[t(m)]* (Margalit, *l. c.)* / *iln/t.il š[ba]hl* (AT). *Lín. 59:* así, Vir., c. *št[t]št* (CML; Dijkstra-De Moor, UF [1975] 214). *Lín. 60:* / *šršm...* (AT); c. *k[bdh(?).]km* (Vir.; Wakeman, GBM 83), cf. 1.18 I 18 / *p[tgm]rm* (Dijkstra-De Moor, *l. c.)* / *p[ǵt]km*

(Dijkstra-De Moor, UF 7 [1975] 212); cf. gl. *ṣbi špš, minš.* *Lín. 51-52:* / «La mujer que alquilamos...» (Ginsberg; Cross, CMHE 125, n. 1) / «... nuestra dueña... ...(la que nos alquiló)...» (Ashley) / «Un mensaje... traigo: ¿me alquilarás tú? Yo vendré... ¿Me pagarás?...» (Dressler); cf. gl. *agr, d̲d.* *Lín. 53-54:* / «Tomadla/introducidla y que me sirva vino, que ponga la copa en mi mano...» (Ginsber; Dijkstra-De Moor, UF [1975] 213; Ashley) / «Recibidla y dadla de beber...» (Gordon) / «... y que beba vino conmigo» (Dressler). *Lín. 57-58:* / «Nuestro dios, el dios de los cielos beberá..., el que posee los campos» (Driver) / «¡Que se dé de beber a nuestro dios...!» (Gaster, Ashley) / «Ojalá haya en el vino (zumo)... que producen las montañas!» (Aistleitner) / «Por el vino, ¡oh Señora mía!, yo me hago fuerte, un dios, mi Señora, como *Ilu* que posee el campamento» (Dijkstra-De Moor, *l. c.)* / «¡De este vino beba *Ila,* dios de los *Šutu,* el dios que creó los campamentos!» (Margalit, UF [1976] 186); cf. gl. *qny, d̲d, št.* *Lín. 59:* / «... ¡a millares de los enemigos de mi/la Señora!» (Gordon, Aistleitner, Dijkstra-De Moor) / «¡... miles de los enemigos de los *Šutu!*» (Margalit, *l. c.). Lín. 60:* / «... la Señora de la brujería a las tiendas» (Gordon) / «... pero tú echarás conjuros sobre

p[ ]km [61]*ybl.*	Entonces [sus entrañas] como las de un carnero,
lbh.km.bṯn.y-[ ]ṣ/lah.	su corazón como el de una serpiente se le [hinchó].

(Borde)

ṯnm.tšqy msk.hwt.	Por dos veces le dio a beber vino mezclado,
tšqy[ ]	le dio a beber [y acabó con él].

(Borde lat.)

whndt.yṯb.lmspr	Y esto es lo que se repite del relato.

(UT) / *p[mla.]km* (Margalit, MLD 85, n. 1). *Lín. 61:* / *bl* (Vir.) / *[ ](b/d)l* (UT) / *gbl* (AT); c. *[š]bl (Thespis* [1950] 453; Wakemann, *l. c.,* EAR) / *[y]bl* / *[b]bl* (Dijkstra-De Moor, *l. c.);* / *yšklah* (AT); c. *y[šḇl]ṣah* (Vir.; Wakeman, *l. c.)* / *km bṯn y[qr](l/ṣ)ah* (EAR) / *y[n.tm]lah* (Dijkstra-De Moor, *l. c.)* / *y[mk.]lah* (Margalit, *l. c.)* / ... *hwt. tšqy[?]w[ ]* (CTA) / *a/tšqy msk.hwt.tšqʿy...* (AT); c. *hwt.tšqy[.m]s[k.hwt(?)]* (Vir.) / *hwt.tšqy[.]s[m hwt]* (Dijkstra-De Moor, *l. c.). Borde lat.:* UT y EAR lo insertan después de IV 7 / *whn.bt...* (Vir.) / *whn.d/bʿ/t.yg/ṯb./d lmb/spr* o también *yṯb* error (?) por *tṯb* (AT). *Lín. 14:* raspado al final de línea (KTU).

---

los moradores de las tiendas» (Driver) / «¡Poned conjuros en la tienda de *Puǵatu,* pues...!» (Aistleitner) / «Embrujó ella las tiendas» (Dijkstra-De Moor, UF [1975] 214) / «¡... esparcerá los retoños desde las tiendas!» (Dressler) / «... puso ella los instrumentos (de adivinación) en la tienda...» (Margalit, MLD 85, n. 1); cf. gl. *ḫrš*. *Lín. 60-61:* / «Su hígado como el de un joven león, ... (la) convulsionaron» (Driver, Ashley) / «Entonces llevó a cabo ella el deseo de su corazón. Cuando por una segunda vez le escanció vino, ... mezcla, le dio a beber veneno» (Dijkstra-De Moor, *l. c.)* / «*Puǵatu* fue como una roca... la hizo encerrar... la dio de beber... la hizo gritar...» (Dressler) / «Entonces su corazón (de *Yaṭipānu)* se inchó como un torrente, como una serpiente, su fuerza se deslizó» (Margalit, *l. c.);* cf. gl. *ybl, bṯn, msk. Borde lat.:* / «Y retornará al pasaje: ¡He aquí una casa!» (Driver, Gordon) / «Y he aquí lo que se comienza a recitar» (Caquot-Szycer) / «Aquí se procede a narrar a cerca de la hija» (Ginsberg, Ashley) / «Y mira, sabe que volverá a narrar(lo)»/«Y aquí la hija vuelve al relato» (Dressler); cf. gl. *ṯb, mspr.*

SAGA DE LOS RAPAUMA
(*KTU 1.20-22*)

INTRODUCCION

EL TEXTO

Una cierta unidad de lenguaje [1] y la repetición de fórmulas literarias permiten considerar como pertenecientes a una misma composición una serie de fragmentos, descubiertos en 1930, que forman parte de tres tablillas epigráficamente distintas. El primero, 1.20, ofrece la parte superior de dos columnas, separadas por una línea divisoria, correspondientes a una sola cara de la tablilla. No se puede precisar cuantas columnas tenía ésta. El segundo fragmento, 1.21, sólo conserva parte del anverso de una columna perteneciente a una tablilla que contenía seis; del reverso sólo se ha conservado el final de una línea. El tercero, 1.22 [2], ofrece, como el primero, una sola cara, salvo algunas letras de la otra, con dos columnas fragmentarias, la primera con líneas dimidiadas. Una raya profundamente incisa [3], como en la tablilla anterior, separa ambas columnas. Por el espesor de la tablilla deduce Herdner que ésta poseía cuatro [4]. Si formaban un ciclo completo podemos suponer que las dos primeras tenían seis columnas, con lo que ofrecerían la misma extensión aproximada que el «Poema» o «Epopeya de *Kirta*» [5]. Todos estos fragmentos manifiestan una «escritura fina y apretada del tipo de la de las tabletas firmadas por *Ilimilku*» [6].

ANALISIS LITERARIO

Mucho más que en los poemas precedentes, el análisis literario debe limitarse en éste a señalar las características de cada «escena» aislada, sin poder asegurar su secuencia argumental coherente:

[1] Cf. Driver, CML, p. 9; Gray, LC, p. 127; Caquot-Sznycer, TOu, p. 461.
[2] Cf. Virolleaud, LPD, pp. 85, 228-230; íd., «Syria» 22 (1941) 2-3, 8, 12; De Langhe, TRS I, p. 161; Gray, PEQ 84 (1949) 130-131; Herdner, CTA, pp. 92-95; pl. XXXI; Dietrich-Loretz-Sanmartín, KTU, pp. 64-65; Caquot-Sznycer, TOu, p. 461; Ashley, EAR, pp. 6, 235ss.
[3] Cf. Herdner, CTA, pl. XXXI.
[4] Cf. Herdner, CTA, p. 95.
[5] Cf. *sup.* p. 239.
[6] Cf. Herdner, CTA, pp. 92-95; De Moor, SP, p. 2; íd., UF 7 (1975) 171.

Invitatorio al sacrificio (1.20 I 1-10). El poema se inicia con un invitatorio *(bc)* [7], repetido luego en forma ejecutiva (lín. 1 = lín. 10) según un esquema usado uniformemente, en el que parece insinuarse la inserción en el ámbito divino y la participación en el banquete de los dioses *(tc/tc/bc).* No se puede precisar quién sea el sujeto [8] ni los destinatarios de tal invitatorio; la hipótesis de que sean éstos los *Rapauma,* aquí asumida, se ve ligeramente favorecida por la forma nominativa *(rpum)* con que se abre el texto y por el tenue paralelo (?) de 1.22 II 16-17. De tal manera se apreciaría una «inclusión» temática entre este fragmento y el que cierra el ciclo, y el poema giraría en torno a la «exaltación» de los *Rapauma,* en principio «héroes» legendarios de un grupo étnico, luego divinizados. Por eso se les puede llamar «dioses» (cf. 1.20 II 9) y actuarán, sin embargo, *more humano* (cf. 1.20 II 3-4; 1.22 II 22-23). A esa misma categoría pertenecerían en primer lugar los legendarios *Daniilu, mt rpi* (cf. 1.20 II 7), *Il-,* el *marzaʿi* (cf. 1.21 II 1, 5, 8-9), *Ṯamaqu,* llamado expresamente *rpu bʿl* (cf. 1.22 II 6; I 8), y *Yaḥipānu* (cf. 1.22 II 12; I 9), que en este caso servirían de intermediarios [9].

Invitación-ejecución (1.20 II 1-7). La perícopa siguiente nos sitúa ante el cumplimiento por parte de los *Rapauma* de una orden de encaminarse a determinado lugar siguiendo a alguien *([cdb/bc]/bc/bc),* lo que puede entenderse como una «citación». En la descripción del viaje se utiliza el esquema de la «escala numérica» *(dst).* De la orden o citación sólo se nos ha conservado un hemistiquio que por semejanza con fragmentos posteriores (cf. 1.21 II 1,5,9; 1.22 II 12,18ss) podemos reconstruir y entender que corresponde a una «invitación» de *Daniilu,* al que siguen aquéllos y que a continuación «reacciona» ante su llegada. En los dos casos posteriores, en los que esa fraseo-

[7] Cf. Caquot, «Syria» 37 (1960) 84; pero podría tratarse de una forma descriptiva, dada la ambivalencia de la preformante *t-* para denotar tanto la 2.ª como la 3.ª p. p.; cf. Ashley, EAR, p. 238.

[8] Tanto Driver, CML, p. 9, como Caquot-Sznycer, TOu, pp. 461-462, suponen que es *Ilu.* Tal suposición estaría corroborada por la traducción de lín. 9: *ʿl ldy,* «mi progenie». Podría muy bien tratarse de *Daniilu* (cf. Ribichini-Xella, RSF 7 [1979] 151, n. 33). Para Gaster, JBL 60 (1941) 296, tenemos en lín. 1-5 una propiciación de los «muertos»; para Pope, *Fs Finkelstein,* pp. 156s, se trata de una fiesta.

[9] Para un resumen del contenido de estas tablillas, cf. Virolleaud, CRAIBL (1939) 638-640; íd., RES (1940) 77-83; íd., «Syria» 22 (1940) 1-30; Dussaud, DRS, pp. 185-188; De Langhe, TRS I, pp. 160-161; Gray, PEQ 84 (1949) 129ss; íd., LC, pp. 126-131; Aistleitner, MKT, pp. 26-28; Driver, CML, pp. 9-10; Gibson, CML, p. 32; Rin, AE, p. 425; Jacob, RSAT, pp. 58-59; Caquot, «Syria» 37 (1960) 75-93; 53 (1976) 295-304; íd., SDB, fasc. 53, col. 1.385-1.386; Caquot-Sznycer, TOu, pp. 461-468; Gese, RAAM, pp. 90-92; Miller, DW, pp. 43-44; Ashley, EAR, pp. 287-288, 416-418; 424-426; Pope, *Fs Finkelstein,* pp. 165-177.

logía también es empleada, el sujeto de la invitación es «el mismo» que a continuación interviene [10].

Exclamación de Daniilu *(1.20 II 7-11).* A diferencia de aquellas fórmulas, en las que a la invitación sigue la ejecución y a ésta otra invitación nueva (aunque cf. 1.21 II 5ss), aquí a la invitación sucede una «constatación» por parte de *Daniilu* [11], que percibe la llegada de los dioses a su destino (cf. 1.17 V 9ss; *cdl/bc/bc/).* Por razón de su contenido puede suplirse también al final de 1.22 II 25ss, con el que coincide en la fórmula de ejecución. Por otra parte, no podemos precisar más su continuación. Los textos posteriores resultan ser otras tantas «invitaciones» o «citaciones» a los *Rapauma.* Parecería preferible, por razón de la forma, coordinar este formulario con los correspondientes que aparecen en 1.22, retrasando el de 1.21. Pero lo fragmentario de los textos no garantiza muchas deducciones al respecto.

Invitación-ejecución (1.21 II 1-4). Introducida por la cláusula reconstruída de discurso directo *(cdb),* se nos ofrece la fórmula de «invitación» a ir a la casa del invitante *(tc),* cuyo nombre aparece mutilado *(tc)* [12], fórmula que se repetirá a continuación insistentemente y que hemos supuesto ya anteriormente. A la misma sigue la descripción sumaria de la ejecución *(bc)* por parte de los invitados, más resumida que en la tablilla precedente, donde se

[10] Cf. Virolleaud, «Syria» 22 (1941) 4. La semejanza de formulario, con todo, no es completa: la presencia de *t̠mn* [«ocho»/«allí»(?)] impide una reconstrucción segura. Por su parte, Driver, CML, p. 9, y Ashley, EAR, pp. 240, 290, sostienen que *Ilu* es el sujeto de la invitación.

[11] Cf. Gray, PEQ 84 (1949) 130.

[12] Virolleaud, Ashley y otros autores suponen que aquí habla *Ilu.* Pero, epigráficamente, como muy bien advierten Herdner, CTA, p. 94, n. 1; Caquot-Sznycer, TOu, p. 461, y Eissfeldt, *Ug.* VI, pp. 194-195, no se pueden unir sin más, en lín. 8-9, *il* y *m]rẓʿy,* epíteto, por lo demás, nunca atribuido a tal divinidad (cf. también Caquot, «Syria» 37 [1960] 91). Se trata probablemente del inicio de un nombre propio del tipo *ilmlk [mt(?) mrẓʿy],* siendo por su parte el mencionado epíteto una *nisba* que no poseen los otros (cf. *bit mirzai,* PRU III, p. 130). Eissfeldt, *l. c.,* y Ashley, EAR, p. 245, consideran *mrẓʿ* equivalente a *mrzḥ,* al que se ha añadido el sufijo de 1.ª p. s.: es *Ilu* el que invita a un *thiasos;* de modo parecido, Pope, *Fs Finkelstein,* pp. 166ss, para quien el invitante es *Daniilu.* Por su parte, Caquot-Sznycer, TOu, pp. 461ss (cf. Aistleitner, WUS, p. 195; Gordon, UT, p. 483) leen sólo *rẓʿy* y no lo entienden como epíteto, sino como substantivo paralelo de *bty, hkly:* «mi sembrado» (?). Por otra parte, Caquot, «Syria» 37 (1960) 86, advierte acerca de la aparente estructura trimembre de estos fragmentos. Tenemos una repetición inclusiva de la invitación-ejecución que encuadra la «reacción» («resolución») del invitante. Las tres partes se inician con la misma *cdb* y presentan una estructura proporcional: *cdb/tc/bc//cdb/bc/tc//cdb/tc/bc.*

explicitaba el modo, duración y destino de la marcha. Ambas fórmulas de ejecución, sumaria y desarrollada, aparecerán más tarde en 1.22 II 5s., 10s., 20s.

Exclamación (1.21 II 5-8). A la marcha se adhiere el mismo invitante, declarando su decisión de dirigirse también él a su palacio e indicando el momento de su llegada: naturalmente, al tercer día al amanecer *(cdb/bc/tc).* Esta declaración proléptica de la propia marcha tiene su paralelo en otras fórmulas de viaje aparecidas en poemas anteriores (cf. 1.1 III 18).

Invitación-ejecución (1.21 II 8-12). Cf. *sup.* lín. 1-4.

Invitación-ejecución (1.22 II 3-6). Con el mismo formulario se inicia el texto conservado de la tercera tablilla *(tc/bc),* faltando únicamente la *cdb* que nos daría el sujeto invitante.

Invitación-ejecución (1.22 II 6-11). Precisamente es esa la cláusula que está más desarrollada en la invitación siguiente, con la calificación pormenorizada del sujeto *(cdl/tc/bc),* reconstruida desde 1.22 I 8-9. Por lo demás, el formulario se mantiene idéntico.

Invitación-ejecución. (1.22 II 11-26). Esta vez se completa con una fórmula de interpelación *(cib),* que prolonga la descriptiva *(cdl)* de discurso directo, y con dos *tc* de difícil interpretación. Pueden entenderse como un voto condicional pronunciado por el invitante en apoyo de su triunfo y exaltación a los que invita a los *Rapauma* [13]. La fórmula de «invitación» *(bc)* se acomoda a la expresión estereotipada, mientras la de ejecución toma la forma compleja que teníamos en 1.20 II 1ss, conforme a la cual es posible reconstruir el texto *(dst/dst)* e incluso suplir la «exclamación» de 1.20 II 7-11.

Bendición (1.22 I 1-4). El último fragmento de este ciclo se abre con una escena de «bendición» dirigida en segunda persona a alguien que no podemos precisar, para asegurarle, al parecer, su descendencia *(dst).* Por su contenido, hay que suponer que el sujeto que la imparte es el dios *Ilu* (cf. 1.15 II 16 ss) [14].

[13] Otros autores entienden que aquí se habla del triunfo de *Baʿlu,* dado que en su ciclo se le aplica tal formulario; cf. Virolleaud, «Syria» 22 (1941) 14-15; De Langhe, TRS I, p. 161; Driver, CML, pp. 9-10; Aistleitner, MKT, p. 83. Por su parte, Caquot, «Syria» 37 (1960) 91-92; Caquot-Sznycer, TOu, p. 472; Ashley, EAR, pp. 251ss, 290 *(Ilu* es el que habla); De Moor, ZAW 88 (1976) 331-332, sostienen que se trata más bien de la entronización/evocación de *Aqhatu,* descendiente de *Daniilu.* En la reconstrucción se ha preferido referir el asunto al sujeto del fragmento, como en casos anteriores.

[14] Cf. Ashley, EAR, pp. 260-262, 290, 412 (dirigida a *Daniilu* en relación con *Aqhatu);* Caquot, «Syria» 37 (1960) 87. Virolleaud, «Syria» 22 (1941) 18, 20, sostiene que es *Aṯiratu* quien aquí presenta *Baʿlu* (el hijo) a *Ilu* y encarga a conti-

Descripción de la corte celeste (1.22 I 4-10). A continuación se describe, al parecer, la corte divina que rodea y celebra al dios supremo. Entre las divinidades se menciona expresamente sólo a los *Rapauma* antes citados: *Ṯamaqu* y *Yaḫipānu* (y se supone a *ʿAnatu* presente [cf. lín. 11]). *Daniilu* puede verse aludido *(mt/ǵzr)* en la segunda categoría («héroes»), mientras la primera («asistentes») podría hacer referencia a los heraldos de *Ilu* [15]; pero también podrían ser *Ṯamaqu* y *Yaḫipānu* los «hermanos» y «héroes» mencionados únicamente [15 bis]. Formalmente resalta el hecho de ofrecerse la descripción en cuatro unidades estróficas *(bc),* que se inician por el mismo vocablo, *ṯm;* las dos primeras referidas a dioses anónimos y las dos últimas a esas «divinidades/divinizados» citados. ¿El hecho de que no se mencione a *Daniilu* aquí autorizaría a suponer que es él el destinatario de la bendición primera y que asistimos ahora a su asunción o a la de *Aqhatu* entre los *Rapauma?*

Escena de banquete: preparación (1.22 I 10-20). Una nueva descripción tópica nos ofrece la preparación de un banquete para los presentes que, como más adelante se dice, son los *Rapauma.* Es posible organizar tal descripción en tres estrofas: un *tst* (sacrificio de las víctimas), un *dts* (preparación de la mesa) y de nuevo un *tst* (libación del vino) [16]. El elemento más oscuro es el

nuación la construcción de su templo *(aṯr);* para un paralelo ac. de lín. 4 *(šapti ṣerrim našāqum kûmma Ištar),* B. Grégoire-Groneberg, UF 6 (1974) 67, n. 14.

15 Si se confirmara la lectura *aḫm q⟨n⟩ym ilu blsmt,* «los (dos) hermanos engendrados por *Ilu* sin defecto», se podría ver una referencia a *Šaḫru-Šalimu,* «héroes», hijos de *Ilu* y de mujer, que celebra 1.23. Para Caquot, «Syria» 37 (1960) 88, esta sección se refiere a *Aqhatu* y su resurrección; de modo similar, Ashley, EAR, pp. 279, 272, 303, 309-312. Para De Moor, SP, p. 117; íd., ZAW 88 (1976) 332; íd., UF 7 (1975) 171; íd., NYCI II, p. 12, se trata aquí de la descripción de apariciones infernales o de «evocación» de muertos. Pero su identificación de *rpu/Rāpiʾu* (atributo) con *Baʿlu* resulta inverosímil en este contexto, como una más de las divinidades ctónicas (cf. UF 8 [1976] 49-50); a la vez que se hace extraño que a *Daniilu* se le denomine *mt rpi* con ese sentido, cuando luego «aparece» *Baʿlu* sin que se le atribuya ninguna función o denominación «curativa», siendo *Ilu* el que «cura» a aquél (cf. Parker, UF 4 [1972] 104; Miller, DW, p. 206, n. 170). Para Gray, PEQ 84 (1949) 134ss, *Daniilu* realiza un rito de iniciación por incisión para comunicar con su hijo; pero en LC, pp. 127-128, lo relaciona con la restauración de la familia de *Daniilu;* según Xella, PP 150 (1973) 197, *mtm/ǵzrm* se refieren a personajes humanos.

15 bis Cf. Dietrich-Loretz-Sanmartín, UF 8 (1976) 49-50; Ribichini-Xella, RSF 7 (1979) 152-153.

16 Cf. Virolleaud, «Syria» 22 (1941) 26; Caquot, «Syria» 53 (1976) 303; Ashley, EAR, pp. 272-277; Caquot-Sznycer, TOu, p. 463; Ribichini-Xella, RSF 7 (1979) 153. El marco geográfico trazado por Virolleaud, RES (1940) 81-82, a propósito de esta y otras secciones del poema, se apoya en interpretaciones injustificadas.

bc con que se abre la sección y en el que se hace referencia, al parecer, a la actividad venatoria de *ʿAnatu*[17].

Escena de banquete: celebración (1.22 I 21-27). La sección final del texto conservado se limita a referir, incluida en la conocida «escala numérica», la celebración prolongada del banquete antes descrito en su preparación *[dst/tc/bc(?)]*. El esquema culmina con el «séptimo» día, resaltado enfáticamente como es normal en tal esquema, en el que se introduce a *Baʿlu,* hasta ahora ausente en cuanto protagonista del poema. Sin duda, a continuación estaba la clave del sentido del mismo o al menos de una de sus facetas principales, como la solemnidad del esquema numérico hace suponer. Pero, desgraciadamente, el texto acaba de repente. Esta mención apoyaría levemente la opinión de que todo él se refiere a *Baʿlu,* cuya coronación celebrarían los dioses y los *Rapauma,* como señor suyo[18]. De hecho, los *Rapauma* mencionados se llaman, uno *rpu bʿl* y *mhr bʿl/ʿnt* (cf. 1.22 II 7ss; I 8ss), y el otro *zbl mlk* (cf. 1.22 II 12; I 10).

SENTIDO Y FUNCION DEL POEMA

Nada definitivo se puede decir respecto a su ordenación, título y contenido, dado lo fragmentario de los textos[19]. En éstos se menciona una vez a *Daniilu,* con su epíteto de *mt rpi/hrnmy,* aunque en parte reconstruido (cf. 1.20 II 7ss), y esto ha inducido a Gordon y a otros autores[20] a relacionarlos,

[17] Cf. Ashley, EAR, pp. 270-272, 413 (para las diversas interpretaciones). Gordon, UL, p. 85, entiende que *ʿAnatu* va a cazar carne para el banquete (!); De Moor (cf. *sup.* n. 15) lo une a la frase precedente como una comparación que ilustra la situación de los muertos en el «infierno»; Caquot, «Syria» 37 (1960) 89, ve aquí la reproducción de la misma situación que rodeó a la muerte de *Aqhatu.*

[18] Cf. *sup.* n. 13; Virolleaud, «Syria» 22 (1941) 29-30; Gordon, UL, p. 85. Pero probablemente se trata sólo del banquete celeste en el que participan los muertos; cf. Ashley, EAR, pp. 277-278; De Moor, ZAW 88 (1976) 339; íd., UF 10 (1978) 191, 193 (esticometría); Loewenstamm, IEJ 15 (1965) 127.

[19] Cf. Driver, CML, p. 9; Caquot-Sznycer, TOu, p. 468. Aquí respetamos el orden de CTA, que difiere de KTU sólo en la secuencia de las columnas de 1.22; argumentalmente continúa pareciendo preferible el primero. Otros autores ofrecen ordenaciones diferentes: 1.21; 1.20; 1.22 (Gordon, Driver, Rin); 1.22; 1.20; 1.21 (Caquot-Sznycer, sólo por razones extrínsecas); Aistleitner invierte el orden de las columnas de 1.20.

[20] Cf. *sup.* p. 327; Gordon, UL, pp. 85, 135; íd., UMC, p. 139 (menos seguro); íd., PLM, pp. 29ss (al parecer); Virolleaud, LPD, pp. 85ss; Ginsberg, BASOR 57 (1945) 4-5; Gray, LC, pp. 126, 129; Aistleitner, MKT, p. 83 (dudoso); Rin, AE, p. 425; De Moor, NYCI II, p. 13, n. 23; Caquot, «Syria» 37 (1960) 92; íd., SDB, fasc. 53, col. 1.385-1.386; Caquot-Sznycer, RPO, p. 379; íd., TOu, p. 463;

o mejor a unirlos, con el «Poema de *Aqhatu*», con el que formarían un todo épico, constituyendo su conclusión y desenlace. Pero, como advierte Driver[21], por la misma razón se le podría unir con el ciclo de *Baʿlu-ʿAnatu,* puesto que ambas divinidades son mencionadas en él. Pienso, con Driver, que se trata de una composición independiente. La mención de *Daniilu,* con sus títulos estereotípicos, puede tener otra explicación; por ejemplo, la de ofrecernos otro mitema distinto en torno a tal personaje, que también poseería su «ciclo» épico. Por otra parte, aparecen en él una serie de personajes que en la «Leyenda» no tienen cabida[22]. Sobre todo, el clima de estos fragmentos es más mítico que el de aquel poema.

El escenario épico de esta composición está dominado por los «dioses» *Rapauma,* a los que posiblemente pertenecen las divinidades menores *Ṯamaqu* y *Yaḥipānu.* La alternativa que se plantea a propósito de aquéllos, de si son seres divinos o humanos, no parece definitiva[23]. Partiendo del sentido del

Dijkstra-De Moor, UF 7 (1975) 171-172; Ashley, EAR, pp. 6, *passim,* 410-418; Dijkstra, UF 11 (1979) 199.

21 Cf. Driver, CML, p. 9; también Dressler, AT, pp. XIX-XX; Gibson, CML, p. 27, n. 2; de hecho, Virolleaud, «Syria» 22 (1941) 30, atribuye, en razón de esas menciones, 1.22 al ciclo de *Baʿlu* y 1.20 al de *Aqhatu,* mientras 1.21 sería una variante o tradición distinta (cf. también Gordon, UMC, p. 139); Dietrich-Loretz-Sanmartín, UF 8 (1976) 49; Pope, *Fs Finkelstein,* pp. 166s; Dijkstra, UF 11 (1979) 199, n. 2.

22 Podría considerarse *yḥpn* error (¿variante fonética?) por *yṭpn,* dada la similitud de los signos cuneiformes *ḥ/ṭ* (cf. UF 8 [1976] 50; Ashley, EAR, pp. 267-268). Pero entonces resultaría aún más extraño que se mencionase al asesino de *Aqhatu* entre los «honorables». Por otra parte, la escritura de tal nombre es constante y repetida, por lo que es de excluir tal error. Resulta, con todo, curioso que sólo en el caso de *Daniilu* y *Yaḥipānu* se use la misma fórmula «completa» de ejecución por parte de los *Rapauma,* en respuesta a la invitación recibida. Asimismo, *Yaḥipānu* parece también aquí manifestar una actitud ambiciosa.

23 La opinión de Gray, que los considera una cofradía de nobles funcionarios cúlticos que ayudan al rey en su función de dispensador de la fertilidad, no me parece muy feliz; está excesivamente determinada por el prejuicio cultualista. Cf. Gray, PEQ 84 (1949) 135-139; íd., LC, pp. 127, 129s; también C. E. L'Heureux, *The «yᵉlîdê hā-rāpāʾ»-A Cultic Association of Warriors:* BASOR 221 (1976) 83-86; ya Lods, CRAIBL (1939) 639, los consideraba como una «aristocracia del *Sheol*», y Virolleaud, CRAIBL (1939) 638-640; íd., RES (1940) 77-83; íd., «Syria» 22 (1941) 9-10, 14, 19, y Dussaud, DRS, pp. 185ss, como un grupo de siete/ocho con su propio jefe (hipóstasis de *Baʿlu: il marzʿy/rpu bʿl/dnil),* al servicio de *Baʿlu;* sobre el carácter «gremial» de estas divinidades ctónicas insiste Margalit, UF 8 (1976) 182; sobre el militar, Miller, DW, pp. 20-21, 34-44. Sobre su *carácter divino* o semidivino se pronuncian Dussaud, DRS, pp. 185ss; De Langhe, TRS I, pp. 160-161; E. Zbinden, *Die Djinn des Islam und der altorient. Geisterglaube,*

vocablo en su doble vertiente de «manes»[24] y «héroes»[25], «nobles» legendarios de un pueblo, hemos de considerarlos más bien como «héroes» muertos

Bern 1953, pp. 121-123, n. 2; Gaster, *Thespis,* p. 228, n. b; Jirku, KME, p. 76, n. 2; íd., ZAW 77 (1965) 82s; Margulis, JBL 89 (1970) 301 (banda de guerreros de carro divinos); Parker, UF 4 (1972) 103-104 (no identificables con ninguna otra divinidad); Dietrich-Loretz-Sanmartín, UF 8 (1976) 51s. Sobre el sentido y peculiar atribución de *rpu bʿl,* cf. Virolleaud, RES (1940) 78 (hipóstasis de *Baʿlu);* íd., «Syria» 22 (1941) 21; De Langhe, TRS I, p. 161; Gray, LC, p. 128 (curador); Caquot, «Syria» 37 (1960) 83, 88 (curado), 90 *(Aqhatu);* De Moor, SP, p. 184 (sustituto de *Baʿlu);* íd., ZAW 88 (1976) 332 *(rpu* es *bʿl);* Astour, HS, 88s, 98, 197ss, 204, 233 [«curados», en el mundo clásico; *Aqhatu* (?)]; Jirku, ZAW 77 (1965) 82; Parker, UF 4 (1972) 97ss, 102; Dietrich-Loretz-Sanmartín, UF 8 (1976) 50; Ashley, EAR, pp. 266-267. Para las diferentes acepciones del vocablo, tanto en hebreo como en ugarítico («curadores», «manes», grupo étnico), cf. además Jirku, MK, pp. 40-41; íd., ZAW 77 (1965) 82; Caquot, «Syria» 37 (1960) 76ss; 53 (1976) 295, 303-304; De Moor, ZAW 88 (1976) 323-345; Parker, UF 4 (1972) 103s; L'Heureux, HTR 63 (1974) 265-274; Miller, DW, pp. 21, 43-44; Ashley, EAR, pp. 11, 400-405 (opiniones); Margalit, UF 8 (1976) 182, n. 129; Horwitz, JNSL 7 (1979) 37-43; amén de otros trabajos que me han sido inaccesibles, como, por ejemplo, S. J. Du Plessis, *Refaim en RP'UM.* Dis. 1954, Pretoria Univ.

24 Este sentido está asegurado, tanto por el hebreo como por el fenicio; cf. Virolleaud, «Syria» 15 (1934) 238; Gaster, «Iraq» 6 (1939) 115; íd., *Thespis,* p. 228, n. b; Donner-Röllig, KAI II, p. 19; Driver, CML, p. 9; Gray, LC, 129; Caquot, «Syria» 37 (1960) 92; 53 (1976) 295ss; íd., ACF 78 (1978) 575 (manes: entre ellos *Yaḥipānu);* íd., SDB, fasc. 53, col. 1.385; Rin, AE, p. 235; Caquot-Sznycer, TOu, pp. 270, 463-464; Alonso Schökel, CB 174 (1966) 1-2, 6; Parker, UF 4 (1972) 103; De Moor, NYCI II, p. 12, n. 26; íd., ZAW 88 (1976) 330ss; Dietrich-Loretz-Sanmartín, UF 8 (1976) 46-47, 49, 52; Pope, *Fs Finkelstein,* pp. 163ss; Matthiae, UF 11 (1979) 567-568; Ribichini-Xella, RSF 7 (1979) 156-157.

25 Cf. Virolleaud, «Syria» 22 (1941) 20; Aistleitner, MKT, p. 83; Koch, ZA 58 (1967) 211-212; Margulis, JBL 89 (1970) 292-304; Margalit, UF 8 (1976) 182, n. 129; Miller, DW, pp. 21, 43-44; Schoors, RSP I, p. 55, n. 3; Caquot, «Syria» 53 (1976) 296-298; íd., SDB, fasc. 53, col. 1.386; De Moor, ZAW 88 (1976) 323-325, 331, 333-336; Kitchen, UF 9 (1977) 141. Este valor «heroico» del vocablo se aprecia ya por el campo semántico que le rodea y al que hacen referencia Virolleaud, Miller y otros: *mtm, ǵzrm, ilm, ilnym,* así como *mhr, ḥyl(y), zbl mlk ʿllmy* (cf. *rpu mlk ʿlm* en 1.108:1). En concreto, su relación con el rey y la familia dinástica, en términos idénticos a los que aparecen en 1.15 III 3-4, 14-15, se da también en 1.161. Sobre esta tablilla y la no menos importante 1.108, cf. C. E. L'Heureux, *El and the Rephaim: New Light from Ugaritica V.* Dis. 1971, Harvard, Univ. = *Rank among the Canaanite Gods: El, Baʿal, and the Rephaʾim,* Missoula 1979 (cf. HarvTR 67 [1974] 265-274); A. Caquot, *La tablette RS 24, 252 et la question des Rephaïm ougaritiques:* «Syria» 53 (1976) 295-304 (con bibliografía en p. 298); también J. C. De Moor, *Studies in the New Alphabetic Texts from Ras Shamra I:* UF 1 (1969) 167-188; S. E. Loewenstamm, *A Ugaritic Hymn in Honour of El* (hb.), en

y divinizados, es decir, de acuerdo con el campo semántico que el vocablo tenía en los poemas de *Kirta* y de *Aqhatu*. Se ha puesto de relieve esta evolución de sentido, al insistir en la influencia benéfica de los antepasados en la vida presente de la familia y de la ciudad[26].

Partiendo de ahí, creo que el sentido del poema es el de una conmemoración o exaltación, acaso «evocación» (Rin, De Moor, Dijkstra) de tales «héroes» divinizados, los «manes» protectores que «entran en el concilio de los dioses». No se puede precisar hasta qué punto tal conmemoración es cúltica. Pero dado

Proceedings of the 5th World Cong. of Jewish St., vol. I, Jerusalén 1969, pp. 62-66; B. Margulis, *A Ugaritic Psalm (RS 24.252)*: JBL 89 (1970) 292-304; Parker, UF 2 (1970) 243-249; Kapelrud, JNSL 3 (1974) 135-139; Dietrich-Loretz-Sanmartín, UF 7 (1975) 115-119; 8 (1976) 48-51; M. H. Pope, *Notes on the Rephaim Texts from Ugarit*, en *Fs Finkelstein*, pp. 53-182; Caquot, SDB, fasc. 53, col. 1.386; S. Ribichini-P. Xella, *MILK ʿASTART, MLK(m) e la Tradizione Siropalestinese sui Refaim*: RSF 7 (1979) 145-158. Los estudios de Th. H. Gaster, *An Ugaritic Fest of All Souls*, en *Fs Rose*, pp. 97-196, y J. Jeremias, *Rephaim in the Old Testament and RPUM in the Ugaritic Texts*. Dis., s. f., Yale Univ., no me han sido accesibles.

[26] En tal caso hay que suponer que el sentido «étnico» («histórico»: *mt rpi//mt hrnmy*, y «ctónico»: *rpi arṣ, rpu bʿl)* es primario en relación con el etimológico de «curador/salvador»; éste reproduce una función que deriva de la «divinización» del «héroe». Para el primero, cf. Driver, CML, p. 9, n. 1; Rin, AE, p. 235; Obermann, HDBS, p. 8; Ginsberg, ANET, p. 149, n. 2; Gese, RAAM, p. 97; Aistleitner, WUS, p. 295; Jirku, ZAW 77 (1965) 82; Margulis (Margalit), JBL 89 (1970) 299; Margalit, UF 8 (1976) 192, n. 129; Rabin, EI 8 (1968) 251-254; Parker, UF 4 (1972) 103-104; De Moor, ZAW 88 (1976) 331, 333, 336; Caquot, «Syria» 53 (1976) 296, 303; Ashley, EAR, pp. 11, 405-409, 414, 416-417; M. Heltzer, *The Rephaim in the O. T. and the* rpum *in the Ugaritic Literature as Ethnic Termin*, comunicación leída en el *7th World Cong. of Jewish St.*, Jerusalén 1977; íd., *The RABBAʾUM in Mari and the RPI(M) in Ugarit*: OLP 9 (1978) 5-20. Para el segundo, tanto a propósito de *rpum* como de *mt rpi, rpu bʿl*, cf. Virolleaud, «Syria» 22 (1941) 6; íd., CRAIBL (1939) 638-640; íd., RES (1940) 77-83; Gordon, UMC, p. 122, n. 78; Caquot, «Syria» 37 (1960) 81ss, 88; 53 (1976) 296; Caquot-Sznycer, TOu, pp. 465-466; Jacob, RSAT, p. 48, n. 1, 59; Gray, LC, p. 18, 126-131, 108 (cf. *sup.* n. 23); íd., PEQ 84 (1952) 41; Müller, UF 1 (1969) 90; Astour, HS, pp. 233ss; Parker, UF 4 (1972) 99, 103; Cazelles, *Ug.* VI, p. 27, n. 16; De Moor, ZAW 88 (1976) 329; íd., NYCI II, p. 12, n. 26; Sperber, ZAW 82 (1970) 114-116; Pope, *Fs Finkelstein*, p. 167. En cambio, el valor «reunidos, congregados» (en el *Sheol)*, propuesto por Cassuto, GA, p. 15, 135 («débiles»; cf. De Moor, ZAW 88 [1976] 340-341), y Driver, CML, p. 10, n. 2, no ha tenido aceptación. El epíteto aparece *(rāpi)* con frecuencia en nombres propios acádicos como título divino (por ejemplo, de *Baʿlu)*; cf. Moran, *Fs Albright*, p. 76, n. 133; Beyer, AG, p. 23; Penar, «Bib» 55 (1974) 105; Dijkstra-De Moor, UF 7 (1975) 172; De Moor, ZAW 88 (1976) 323ss, 328s; Parker, UF 4 (1972) 99ss, 103; Caquot, «Syria» 53 (1976) 299, 301-304; Jirku, ZAW 77 (1965) 82; también Cazelles, EcPratHistPhAn 88 (1979-1980) 231ss.

su carácter antifonal y recitativo, podría ser un texto cúltico-funerario. Los *Rapauma* son objeto de repetido agasajo, correspondiente quizá al culto doméstico, y participan, al parecer, en vicisitudes celestes en torno a *Baʿlu.* Resulta, en cambio, ya mucho más hipotético afirmar que su función concreta en este poema sea la de asegurar la pervivencia de la familia de *Daniilu* y más aún que actúen como dispensadores humanos de la misma, hasta ofrecer así el *Sitz im Leben* del «Poema de *Aqhatu»* y resolver la sequía y hambre que, según aquél, se habían desencadenado con su muerte, aportando incluso la resurrección e intronización del héroe [27]. Es posible, como apuntábamos anteriormente, que *Daniilu* participe en esta «saga» en su calidad de *rapau,* es decir, como uno más de los héroes divinizados, con lo que el poema resultaría estrictamente mítico, al desaparecer el único personaje que podría tomarse como protagonista «humano». *Daniilu* podría en última instancia ser el sujeto de la convocatoria y el que invitase a esta celebración de los *Rapauma,* sin poder precisar con qué intención. Algunos autores [28] hablan expresamente de «evocación» de los «espíritus» en orden a relacionarse con su hijo muerto. En ese sentido podría considerarse, según apuntábamos anteriormente, como un «mitema» o «saga» particular dentro del «ciclo» de *Daniilu,* cuyo tema sería ahora el de su «heroicidad», no el de la «desaparición de su hijo» como en la «Leyenda de *Aqhatu»*. En todo caso, conforme decíamos, es preferible considerarlo como independiente de ésta.

Argumentalmente estos fragmentos se componen de un invitatorio (?), cinco invitaciones aceptadas, desarrolladas según un formulario similar de modelo doble, breve y extenso, y una gran escena última que reúne a todos los protagonistas en un banquete con los dioses.

[27] Cf. Caquot, «Syria» 37 (1960) 83; 53 (1976) 295-296; íd., SDB, fasc. 53, col. 1.400; Caquot-Sznycer, RPO, p. 83; íd., TOu, p. 466; Gray, LC, pp. 130, 127-129; Jacob, RSAT, p. 78; Parker, UF 2 (1970) 249; 4 (1972) 104; Gordon, PLM, p. 31; Ashley, EAR, pp. 6, 10 y *passim,* 279, 309-312, 329, 381, 410-418, 424-426; Ribichini-Xella, RSF 7 (1979) 151. Para una crítica de tal opinión (resurrección), cf. Dijkstra, UF 11 (1979) 209.

[28] Cf. Rin, AE, p. 425; De Moor, ZAW 88 (1976) 332.

TEXTO Y VERSION

KTU 1.20 I

Invitatorio al sacrificio

[*rp*]u*m*.*t*dbḥ*n*	«[... corderos], *Rapauma,* sacrificaréis,
[ ]b*ʿd.ilnym*	[víctimas ofreceréis siete] veces, divinales,
[ ]lw/k*m* *tmtm*	... para que cuando muráis
[ ]*b.k*q*rb*.sd	[con los hijos de *Ilu* podáis sentaros]
[ ]n *bym.qẓ*	y en el consejo [de los santos tomar asiento].
[ ]*ym*.tl*ḥmn*	En los días de verano [os nutriréis, divinales],
[ ]p*m.tštyn*	[viandas] comeréis..., *Rapauma,*
[ ]*il.dʿrgzm*	beberéis [vino con los hijos de] *Ilu,*
[ ].d*t*.*ʿl.l*ty	que plantas aromáticas (?) [adoban (?)],
[ ]td*bḥ.amr*	[que ingiere] mi progenie».
[ ]y- -[ ]	[A continuación los *Rapauma]* sacrificaron corderos,
	[ofrecieron víctimas los divinales].

(Laguna)

KTU 1.20 II

Invitación-ejecución

	[Y dijo *Daniilu,* el *Rapaí]:*
	[«Venid a mi casa, *Rapauma],*
	[Rapauma, a mi casa os invito],
ṯmn.bq*rb.hk*ly.	[os llamo] allí (?), a mi palacio».

Col. I: *Lín. 1: rp]um* error por *lrp]im* (Gaster, SMSR [1937] 39). *Lín. 2: /]sʿd* (Dijkstra-De Moor, UF [1975] 214; c. *šbʿd* (Vir.), cf. 1.23:13, 15. *Lín. 3: / amtm* (Vir.) / *kmt mtm* (Dijkstra-De Moor, *l. c.). Lín. 4: / b(?)w/ktʿrb.gd* (LPD 228); *gd* error por *bt* (Gaster, *l. c.)* o por *sd* (Vir.; Dijkstra-De Moor, *l. c.);* c. *tṯ]b.wqrb sd[ilm... Lín. 6:* c. *iln] y(?)m.* (Vir.) / *rpu]m* (LPD 228), cf. 1.22 I 23-24; 1.20 II 10. *Lín. 7: / rp]um. tštyn* (Vir.), cf. *inf.* 1.22 I 21-24.

Col. II: *Lín. 1:* así, CTA, cf. 1.21 II 3, 11 / *[rpum(?)]* (Vir.); para las líneas precedentes, cf. *inf.* lín. 7; 1.21 II 1-3, par.; c. *[šbʿ bbty]* (Vir.; Dijkstra-De Moor, UF [1975]

Col. I: Normalmente los autores la dejan sin reconstruir; para una interpretación tentativa puede verse Du Mesnil, EDP 3, n. 5.

Col. II: *Lín. *-1:* cf. 1.21 II 1-3, 9-11; 1.22 II 3-4, 8-10, 18-20 / «... siete a mi casa, ocho dentro de mi palacio» (Gordon; Dijkstra-De Moor, UF [1975] 214).

[aṯrh.rpum] [2]*ṭd*d.	[En pos de él los *Rapauma]* marcharon,
*aṯrh.t*dd.*il*n*[ym]*	en pos de él partieron los [divinales].
[3]*asr.sswm.tṣmd.dg-[ ]*	Unciendo los caballos, aparejaron...,
[4]*tʿln.lmrkbthm.*	subieron a sus carros, [vinieron a/de la ciudad].
ti[ty.]	
[5]*tlkn.ym.wṯn*	Marcharon un día y otro,
*aḫr.*š*[pšm.bṯlṯ]*	al [alba del tercero]
[6]*mǵy rpum.lgrnt.*	llegaron los *Rapauma* a las eras,
i*[lnym.l]* [7]*mṭʿt.*	los divinales a los plantíos.

Exclamación de Daniilu

wyʿn.dnil.[mt.rpi]	Y dijo *Daniilu,* [el *Rapaí],*
[8]*yṯb.ǵzr.mt ḫrnm*y	respondió el Prócer *Harnamí:*
[ ] [9]*bgrnt.ilm.*	[«Se encuentran] en las eras los dioses,
bqrb.m[ṭʿt.ilnym]	en [los plantíos los divinales],
[10]*dtit.yspi.spu.q[ ]*	que han venido sin duda a comer [fruta]),
[11]*tpḫ.ṯsr.sḫ*r- -*[ ]*	(y) redondas (?) manzanas...
[12]m*(?)*r- -*[ ]*ṣ/bp/t*[ ]*	

(Laguna)

KTU 1.21 II

(Laguna)

Invitación-ejecución

[1]*[ ]*l*(?)*/m*(?)rzʿy.*	[... dijo *Il-],* el *marzaʿí:*
lkbty [2]*[ ]*	«Venid a mi casa, *Rapauma,*

214), cf. 1.5 V 8-9 / *[b bty]* (Parker, UF [1972] 97, n. 7). *Lín. 2:* así, CTA / *il[nym. ḫkly(?)]* (Vir.) / *iln[ym.mrkbt]* (Dijkstra-De Moor, *l. c.). Lín. 4:* así, UT / *ti[ty.lʿrhm]* (Vir.; Dijkstra-De Moor, *l. c.),* cf. *inf.* 1.22 II 23-24. *Lín. 5-6:* cf. 1.22 II 24-26; 1.14 IV 31-34; supuesto error de *wṯa* por *wṯn* (CTA). *Lín. 8: c. [.rpum]* (CML) / *[yṯb]* (Vir.). *Lín. 9:* cf. *sup.* lín. 6-7. *Lín. 10:* / *ṭʿ[l* (Vir.); cf. *q[ẓ* (CML), cf. 1.20 I 5. *Lín. 12:* / *ṣ(r)...* (LPD 229).

Col. II: *Lín. 1:* c. *[wyʿn.il.]mrzʿy* (Vir.), cf. *inf.* lín. 8-9 (pero cf. CTA 94, n. 1; Eissfeldt, *Ug.* VI, 195). *Lín. 2-4:* así, KTU; c. *[rpim.rpim.b]ty.aṣḫkm[.]iqra[km.ilnym.*

Lín. 1-2: / «... daos prisa en ir a su templo, ... a mi palacio...» (Driver) / «... daos prisa en pos de él...» (Caquot-Sznycer) / «... van a su lugar...» (Gordon, Ashley) / «¡Que las 'sombras' pongan pie en su lugar, los espíritus...!» (Dijkstra-De Moor, *l. c.);* cf. gl. *ndd, aṯr. Lín. 2-4:* / «... ajustaron las correas de los caballos...» (Aistleitner) / «Uncieron los carros, aparejaron los caballos, ... vinieron en sus garañones» (Dijkstra-De Moor, *l. c.)* / «¡A mi palacio, soldados de a caballo!» (Ashley). *Lín. 5:* / «... al ocaso...» (Gordon, PLM 33). *Lín. 10:* / «... a donde habéis venido, él comerá...» (Gordon, PLM 33).

Col. II: *Lín. 1/5/9:* / «(Entonces dice *Ilu):* ¡Amigos míos!...» (Ashley).

[*b]ty.aṣḥkm[.]*	*[Rapauma],* a mi casa os invito,
iqra [3]*[h]kly.*	os llamo, [divinales], a mi palacio».
at̲rh.rpum [4]*[ltdd.]*	En pos de él los *Rapauma* [marcharon],
*[at̲r]*h.*ltdd.ilnym*	[en pos de] él partieron los divinales.

Exclamación

[5]*[ ]*l(?)/m(?)*rzʿy.*	[Y dijo... *Il-*], el *marzaʿi:*
apnnk.yrp [6]*[ ]km.*	«También yo, ¡oh *[Rapauma!,* [voy con (?)] vosotros,
*rʿ*y.*ht.alk*	compañeros míos, ahora parto;
[7]*[ ]t̲lt̲t.*	[al alba del] tercer día
amǵy.lbt [8]*[y.]*	llegaré a [mi] casa,
*[bqr]*b.*hkly.*	[entraré] en mi palacio».

Invitación-ejecución

wyʿn.il [9]*[ ]*y.	Y dijo *Il[-],* el *marzaʿi]:*
lk.bty.rpim	«Venid a mi casa, *Rapauma,*
[10]*[aṣ]*ḥ*km.*	*[Rapauma,* a mi casa] os invito,
iqrakm [11]*[bhk]*ly.	os llamo, [divinales], a mi palacio».
at̲rh.rpum [12]*[ltdd.]*	En pos de él los *Rapauma* [marcharon],
*[at̲]rh.ltd*d.i*[lnym]*	[en pos] de él partieron los [divinales].
[13]*[ ]*-rn*[ ]*	

(Laguna)

---

bh]kly... (CTA), cf. *inf.* lín. 9-12; 1.20 II 1-2; 1.22 II 3-6, 8-11, 18-21 / *[rpim... hk]ly... [km.ilnym.h]kly.* (Vir.) / *[rpum.mǵy.hk]ly...* (CML). *Lín. 3/11: / mk]ly* (UL 101). *Lín. 5:* c. *[wyʿn.il.m]rzʿy* (Vir.), cf. *inf.* lín. 8-9 (pero cf. CTA 94, n. 4) / *[wyʿn (il) ṭb m]rzʿy* (Eissfeldt, *Ug.* VI, 194, n. 3); *apnnk* error por *apnk* (UT) / *ap ank.* *Lín. 5-6:* c. *yrp[u(?). km y...]km.* (Vir.) / *yrp[um.wilnym.]km...* (CML), cf. 1.22 II 19 / *yrp[ukm.hd. yḥwy]km.rʿy* (De Moor, ZAW [1976] 329), cf. Dt 32,29; Os 6,1s; Sal 30,3s / *yrp[um* (Gibson, CML) / *yrp[im ilnym]* (EAR). *Lín. 7: / t̲lt̲m* (Vir.); c. *[ym wt̲n b]t̲lt̲m* (CML), cf. 1.14 IV 32-34 / *[aḫr špšm b]t̲lt̲m,* cf. *inf.* 1.22 II 24-25. *Lín. 8:* c. *[alk. bqrb]hkly* (CTA). *Lín. 9-11:* así, KTU. *Lín. 9:* cf. *[mrzʿ]y.* (Vir.), cf. *sup.* lín. 1 / *rzʿ]y.* (CTA); *rpim* posible error por *rpum* (CTA 94, n. 3). *Lín. 10:* c. *hlky.aṣ]ḥkm* (Vir.) / *[rpim.bty.aṣ]ḥkm* (CTA) / *[mǵy.hkly.aṣ]ḥkm* (CML), cf. 1.22 II 9-11. *Lín. 11:* c. *[ilnym.hkl]y* (Vir.). / *[ilnym.bhkl]y* (CTA). *Lín. 12:* así, CTA, KTU *([at̲r]h/[at̲]rh).*

Lín. 3-4/11-12: cf. *sup.* 1.20 II 1-2 / «... no se apresuraron en pos de él...» (Aistleitner). *Lín. 6:* / «... como un jefe (pastor), ¡ah!, yo partiré...» (Driver) / «¡... sois mis pastores!» (Ashley); cf. gl. *rʿy, ht.* *Lín. 5-6:* / «Entonces *Haddu* os curará, el Pastor os revivirá...» (De Moor, *ZAW* [1976] 329).

KTU 1.21 V

(Laguna)

1*[yṯ]*b.*larṣ[ ]*	... se sentaron en tierra...

KTU 1.22 II

(Laguna)

Invitación-ejecución

1-b*(?)*t*(?)*y*(?)*.l*[qr]*	
2*b.ḫkly.[ ]*	[Y dijo...]:
3*lk.bty.*r*[pim.]*	«Venid a mi casa, *[Rapauma]*,
[aṣḥ] 4*km.*	*[Rapauma,* a mi casa] os [invito],
*iq*r*[akm.ilnym.*	[os] llamo, [divinales, a mi palacio]».
bqrb.ḫkly]	
5*aṯrh.*r*[pum.ltdd.]*	En pos de él los *[Rapauma* marcharon],
[aṯrh] 6*ltdd.il[nym]*	[en pos de él] partieron los [divinales]

Invitación-ejecución

[ ]	[Y dijo *Thamaqu,* el *rapau* de *Baʿlu],*
7*mhr.bʿ*l*[. mhr]* 8*ʿnt.*	[el guerrero de *Baʿlu* y] de *ʿAnatu:*
lk bt*[y.rpim.]*	«Venid a [mi] casa, *[Rapauma]*,
[rpim.bbty] 9*aṣḥ.km.*	*[Rapauma,* a mi casa] os invito,
[iqrakm.ilnym.	[os llamo divinales a] mi palacio».
bqrb] 10*ḫkly*	
*aṯ*r*[h.rpum.ltdd]*	En pos de [él los *Rapauma* marcharon],
11*aṯrh.lt[dd.ilnym.]*	en pos de él [partieron las divinales].

Col. V: *Lín. 1:* cf. 1.5 VI 13-14.

Col. II: *Lín. 1:* así, KTU / *w.yl[k.bty.rpum.yṯb]* (Vir.) / *[--].[t(?)]l* (CTA); c. *w.yl[k.bty.rpum.ymǵy]* (CML), cf. 1.21 II 1-11 para lín. 1-5. *Lín. 2:* c. *[ilnym.wyʿn.il mrzʿy]* (CML) / *[wyʿn],* cf. *sup.* 1.21 II 8. *Lín. 3-4:* así, KTU, cf. *inf.* lín. 8-10, 18-20; 1.20 II 1; 1.21 II 1-3, 9-11. *Lín. 3:* c. *r[pum...ḫkly.aṣḥ]* (Vir.) / *r[pim.rpim.b(?)bty.aṣḥ]* (CTA) / *r[pum mǵy bḫkly aṣḥ]* (CML). *Lín. 4:* c. *iqr[akm.ilnym.ḫkly]* (Vir.) / *[... b/ bqrb ḫkly]* (CTA). *Lín. 5-6:* así, CTA, KTU, cf. *inf.* lín. 10-11, 20-21; 1.20 II 1-2; 1.21 II 3-4, 11-12. *Lín. 5:* c. *r[pum.aṯrh]* (Vir.). *Lín. 6:* c. *il[nym.ṯm.ṯmq.rpu.bʿl]* (Vir.), cf. *inf.* I 8 / *[... wyʿn ṯmq...],* cf. *sup.* 1.21 II 8. *Lín. 7:* c. *[.wmhr]* (Vir., CML), cf. *inf.* I 9. *Lín. 8-11:* cf. *sup.* lín. 3-6. *Lín. 8:* c. *b[ty.rpum...ḫkly]* (Vir.) / *b[ty.rpum. mǵy.ḫkly]* (CML). *Lín. 10:* posible dittografía de *ʿllmy* por *ʿlmy* (LC 128, n. 9). *Lín. 11:* c. *ilnym.ṯm]* (Vir.), cf. *inf.* I 9 / *wyʿn],* cf. *sup.* 1.21 II 8. *Lín. 12:* c. *ḥy[l.ḫḫ]* (KTU), cf.

Col. II: *Lín. 2:* / «(Entonces dice *Ilu):* ¡Amigos míos!...» (Ashley). *Lín. 3-4:* cf. 1.20 II *-1. *Lín. 5-6/10-11/20-21:* cf. 1.20 II 1-2; 1.21 II 3-4/11-12. *Lín. 6-8:*

[ ] [12]yḥpn.ḥy[ ]	[Y dijo] *Yaḥipānu,* el [luchador],
[ ]	[el príncipe real, el eternal]:
[13]*šmʿ*.atm.*[ ]*	«Escuchad vosotros, *[Rapauma],*
[ ] [14]y*m.*	[prestad atención, divinales]:
lm.qdt[ ]	Según [sus] porciones [ha libado vino (?)],
[15]š*mn.prst[ ]*	[ha vertido (?)] aceite en sus debidas raciones,
[ ] [16]ydr.	un voto ha hecho *[Yaḥipānu* (?)]:
*hm.*ym*[ ] [17]ʿṣ.amr.*	Si llega a [reinar, sacrificará] corderos,
yu*[ ]*	(si) se [posesiona de su trono regio],
[18]*nzt.kḥṯ.*dr*[ ]*	del diván, el solio de su [poder].
[ ] [19]aṣḥ.rpim[.]	[A mi casa] os invito, *Rapauma,*
[iqra.ilnym] [20]bqrb.	[os llamo, divinales], a mi palacio».
*h*k*[ly.]*	
[aṯrh.rpum l] [21]tdd.	[En pos de él los *Rapauma]* marcharon,
*aṯr*h*[.ltdd.ilnym]*	en pos de él [partieron los divinales].
[22]*asr.m*r*[kbt]*	Unciendo los [carros, aparejaron...],
[23]*tʿln.lm*r*[kbthm.tity.*	subieron a sus carros, [vinieron a/de] su ciudad.
l(?)] [24]ʿrhm.	
*t*lk*[n.ym.wṯn.]*	Marcharon [un día y otro],
[aḫr.špšm] [25]bṯlṯ.	[al alba] del tercero

inf. I 9-10; *ḥy[ly.zbl.mlk.ʿllmy]* (Vir.). *Lín. 13:* se supone error de *ntm* por *atm* (Vir.); c. *[.rpum.bn iln]* (Vir.), cf. 1.4 V 59-60. *Lín. 14:* c. *qdq[d.aliyn.bʿl(?)]* (Vir.), cf. 1.4 VII 4; 1.5 VI 16 / *qd[qd/aqht]* (EAR). *Lín. 15:* c. *[yṣq wndr]* (EAR). *Lín. 16:* c. *ym[lk.bʿl(?)]* (Vir.) / *ym[lk.aliyn.bʿl]* (CML), cf. 1.2 IV 31-32; 1.4 IV 43 / *ydr aqht(?)hm ym[lk aqht(?)]* (EAR). *Lín. 16-17:* c. *yšʿl.amr,* cf. 1.20 I 20; 1.19 IV 23. *Lín. 17:* *ʿṣ* error por *ʿl;* c. *yu[ḫd.ksa.mlkh]* (Vir.; Sanmartín, UF [1973] 269), cf. 1.3 IV 2-3. *Lín. 18:* *nzt* error por *nḫt;* c. *d[rkth]* (Vir.) / *d[rkth.bbty]* (CTA). *Lín. 19-20:* así, CTA, KTU, cf. *sup.* lín. 3-4, etc. *Lín. 19:* *rpim* posible error por *rpum,* cf. *sup.* 1.21 II 9; c. *ṯmn(?)]* (Vir.) / *[.wilnym]* (CML), cf. 1.21 II 5-6. *Lín. 20-26:* cf. *sup.* lín. 5-6, 10-11; 1.20 II 1-7. *Lín. 20:* c. *h[kly.rpum(?)]* (Vir.). *Lín. 22:* c. *mr[kbthm.tṣmd.dg(?)...]* (Vir.) / posible error por *ss[wm...* (CML), cf. 1.20 II 3. *Lín. 25:* se supone *bṯlmm* por *bṯlṯm/ bṯl⟨ṯ⟩m.* (Segert, BZAW 77 [[2]1961] 198; CML), cf. 1.21 II 7. *Lín. 27ss:* cf. *sup.* 1.20 II 7-11.

«(Allí están...») (Ashley). *Lín. 12:* / «... será reverenciado...» (Driver) / «... un valiente empuñará...» (Caquot-Sznycer) / «(Allí están) *Yaḥipānu* (y) las fuerzas del Príncipe...» (Ashley); cf. gl. *ḥpn, ḥyl.* *Lín. 14-16:* «Por la cabeza [de *Aqhatu (?)]*... se derramará... se hará un voto... que reine *[Aqhatu (?)]* según mi decreto» (Ashley). *Lín. 15:* / «... el óleo de la decisión (divina) será derramado...» (Aistleitner); cf. gl. *prst.* *Lín. 16-18:* / «... ¡mira!, *Baʿlu,* el Victorioso, será rey por orden mía...» (Driver; Sanmartín, UF [1973] 269) / «... hizo voto: con tal de que (mi hijo *Aqhatu)* llegue a ser rey de *Amurru*...» (Dijkstra-De Moor, UF [1975] 171) / «... será consagrado, ... será rey. Por orden mía tomará...» (Gray, LC 127) / «... les promete. Toma *Baʿlu* el reino conforme a mi disposición...» (Aistleitner); cf. gl. *ndr, amr.* *Lín. 18-26:* cf. 1.20 II *-7, con variante en lín. 22; posiblemente se continuaba con la repetición de 1.20 II 7-11, cambiado el sujeto.

*mǵ(?)*y*[.rpum.lgrnt]*	llegaron [los *Rapauma* a las eras],
^{26}i*[ln]*y*[m.lmṭʿt* *]*	los [divinales a los plantíos].

(Laguna)

KTU 1.22 IV

Bendición

^{1}u/b/d*[* *]*
s*[* *]*
p*[* *]*
*b*t*[* *]*
^{5}-*[* *]*

(Laguna)

KTU 1.22 I

(Laguna)

^{1}m*(?)*m*(?)[* *]*	[... Y] le [bendijo]:
^{2}*h.hn bnk.hn -[* *]*	«Mira, a tu hijo, a [tu descendencia verás],
^{3}*bn bn.aṯrk.*	a los hijos de tus hijos después de ti.
hn[*]-[* *]-a* ^{4}*ydk.*	Mira, *[ʿAnatu* (?), te tomará] de la mano,
ṣǵr.tnšq.šptk.	joven, besará tus labios».

Descripción de la corte celeste

ṯm ^{5}*ṯkm.bm ṯkm.aḫm.*	Allí, hombro con hombro, (estaban) los (dos) hermanos,
qym.il ^{6}*blsmt.*	los que asisten a *Ilu* con presteza;
ṯm.yṯbš.šm.il.mtm	allí celebraban el nombre de *Ilu* los (héroes) mortales,
^{7}*yʿbš.brkn.šm.il.ǵzrm*	bendecían el nombre de *Ilu* los próceres;

Col. I: *Lín. 2:* c. *hn[šršk tpḥ/titmr]. Lín. 3:* c. *bn.ʿ[nt.tuḫ]d* (Vir.). *Lín. 5: qym* posible error por *qnym. Lín. 6: yṯbš* error por *yʿbš* (LC 128, n. 5). *Lín. 7: yʿbš* error por *yṯbš* (UT, KTU); *brkn* error por *ybrkn* (KTU) / o *brkt* (CML; Segert, BZAW 77 [²1961] 204), cf. 1.19 IV 32; o quizá error todo por *y⟨ʿ/tbš.⟩brkn* (KTU; cf. UF [1978]

Col. I: *Lín. 3:* / «... los hijos de tu lugar...» (Gordon) / «... tu templo está edificado...» (Driver). *Lín. 3-4:* / «... el pequeño que tus labios besan» (Aistleitner). *Lín. 5-6:* / «... hermanos resucitados por *Ilu,* con presteza...» (Gordon; De Moor, *l. c.)* / «... que *Ilu* suscite hermanos sin medida...» (Gray, LC 128) / «... ambos enemigos de *Ilu*...» (Dietrich-Loretz-Sanmartín, UF [1976] 49) / «... hermanos destilan bálsamos santos» (Pope, *Fs Finkelstein,* p. 167) / «... se levantan de prisa...» (Ashley); cf. gl. *qym, lsmt. Lín. 6-7:* / «... en nombre del dios *Môtu,* ... en nombre del 'Potente'...» (Aistleitner) / «... el nombre de *Ilu* subs-

[8]*ṯm.ṯmq.rpu.bʿl.*	allí (estaba) *Thamaqu,* el *Rapau* de *Baʿlu,*
mhr bʿl [9]*wmhr.ʿnt.*	guerrero de *Baʿlu* y de *ʿAnatu;*
ṯm.yḥpn.ḥyl [10]*y.*	allí *Yaḥipānu,* el luchador;
zbl.mlk.ʿllmy.	el príncipe regio, eternal;

Escena de banquete: preparación

km.tdd [11]*ʿnt.ṣd.*	Mientras se lanzaba *ʿAnatu* a cazar,
tštr.ʿpt.šmm	se ponía a acechar a las aves del cielo,
[12]*tbḫ.alpm.ap ṣin.*	degollaron bueyes y también ovejas,
šql.ṯrm [13]*wmri ilm.*	abatieron toros y carneros cebones,
ʿglm.dt.šnt	novillos de un año,
[14]*imr.qmṣ.llim.*	corderos lechales a montones.
kksp [15]*lʿbrm.zt.*	Como plata para los invitados las aceitunas (eran),
ḫrṣ.lʿbrm.kš	como oro para los invitados los dátiles;
[16]*dpr.ṯlḥn.bqʿl.*	La mesa fue perfumada con flor de vid,
bqʿl [17]*mlkm.*	con flor de vid real.

434: error y dittografía); ya Vir., «Syria» [1941] 20, n. 2, supone que sobra *brkn.* *Lín. 10:* así, Vir.; Pope, *Fs Finkelstein,* 167 / *ḫḫ* (KTU; cf. De Moor, UF [1969] 174, n. 54; ZAW [1976] 332; SP 117). *Lín. 12-14:* cf. 1.1 IV 30-32; 1.4 VI 40-43. *Lín. 17:* posiblemente sobra *ym,* inducido por la fórmula *hn ym wṯn;* cf., por ejemplo,

---

tanciaban los muertos, la bendición del nombre...» (De Moor, SP 117; ZAW [1976] 332) / «Allí está *Yṯbš* (bendiciendo) a los hombres en nombre...» (Ashley) / «... allí registran el nombre de los muertos divinos, ... con reverencia el nombre de los héroes divinos» (Pope, *Fs Finkelstein,* p. 167) / «Allí reunió el nombre de *Ilu* a los hombres, la bendición del nombre...» (Dietrich-Loretz, UF [1978] 434; pero cf. UF [1976] 51) / «... doblan (?) la rodilla ante el nombre...» (Margulis, JBL [1970] 300); cf. gl. *ṯbš/ʿbš, mt, ǵzr.* *Lín. 8-9:* / «... la 'sombra' de *Baʿlu (/Baʿlu,* el Salvador), los guerreros de...» (De Moor, *l. c.)* / «... el *Rpu* dominador...» (Dietrich-Loretz-Sanmartín, UF [1976] 49) / «... allí se reúnen los héroes de *Baʿlu*» (Pope, *Fs Finkelstein,* p. 167); cf. gl. *rpu bʿl, mhr.* *Lín. 9-10:* cf. *sup.* 1.22 II 12 / «... entonces será rodeado por mi poder...» (Gray, *l. c.)* / «... allí combate la hueste de la suciedad, ... el usurpador» (De Moor, *l. c.)* / «... allí viene el Poderoso, ... el Sabio» (Pope, *Fs Finkelstein,* p. 167); cf. gl. *ʿllmy.* *Lín. 10-11:* / «Como cuando *ʿAnatu* echa..., espanta a las aves...» (De Moor, *l. c.;* UF [1969] 174; [1975] 191; Watson, JNSL [1977] 73, n. 28) / «... cuando se lance a la caza..., hará dar vueltas a los pájaros...» (Caquot-Sznycer, Ashley, en parte) / «Mientras se lanzaba a la caza... y con una red atrapaba...» (Aistleitner) / «Entonces..., se lanza, las alas hacia el cielo...» (Pope, *l. c.)* / «... la que cruza los cielos se lanza» (Lipinski, UF [1970] 245, n. 11); cf. gl. *ndd, ṣd, šr/ntr/štr, ʿpt.* *Lín. 12-14:* cf. 1.1 IV 30-32; 1.4 VI 40-43. *Lín. 14-15:* / «Como plata para mercaderes, aceite de oro...» (Gordon) / «Las olivas son como plata para viajeros...» (Driver) / «Como plata para los muertos en pago, ... como salario» (Pope, *Fs Finkelstein,* p. 168); cf. gl. *ʿbr, kš.* *Lín. 16-17:* / «... como campos de fruta de mesa, lo más delicioso...» (Gordon) / «... entre las frutas sobre la mesa de la

*hn.ym.yṣq.*yn.*ṯmk*	He aquí que en es día se escanció vino de *Thamuka,*
[18]*mrṯ.*yn.*sr*n*m.*	mosto, vino de príncipes;
yn.bld [19]*ǵll.*	vino de la región de *Galalu,*
yn.išryt.	el vino de la felicidad,
ʿnq.smd [20]*lbnn.*	collar (de gloria) de las floridas vides del Líbano,
ṭṣ.mrṯ.yḥrṯ.il	rocío de mosto que *Ilu* cultivó.

Escena de banquete: celebración

[21]*hn.ym.wṯn.*	Un día, mira, y otro (pasó),
tlḥm.rpum [22]*tštyn.*	los *Rapauma* comieron y bebieron;
ṯlṯ.rbʿ.ym.	un tercer y cuarto día,
ḫmš [23]*ṯdṯ.ym.*	un quinto y sexto (pasaron),
tlḥmn.rpum [24]*tštyn.*	los *Rapauma* comieron y bebieron
bt.ikl.bprʿ	en la sala del festín de las primicias
[25]b*ṣq[.]b*i*rt.lbnn.*	vertidas del corazón del Líbano.
mk.bšbʿ [26]*[ ]*	Mira, al séptimo [día],
- - - -*k.aliyn.bʿl*	[vino] *Baʿlu,* el Victorioso,
[27]*[ ]ʿ(?)*r*(?).*	[a la] ciudad (?), su(s) compañero(s) ancestral(es) (?).
*rʿh. a*bym*(?)*	
[28]*[ ]*b/ṣʿ*[ ]*	

(Laguna)

lín. 21. *Lín. 20: ṭṣ* error por *ṭl* (KTU). *Lín. 22: ym.⟨tlḥm.rpum.tštyn⟩ḫmš* (UL 103). *Lín. 23:* raspado al final de línea. *Lín. 25: / y(?)ṣ(?)q.* (Vir.). *Lín. 26: /]r/k* (UT); c. *[ymm.apn(?)]k* (Vir.) / *yl]k.* *Lín. 27:* c. *[lʿ]r.*

sala...» (De Moor, ZAW [1976] 332); cf. gl. *dpr/pr, qʿl.* *Lín. 18-20:* / «... vino para delicia del sediento, vino de la primera prensa, el mejor producto de las plantas...» (Caquot-Sznycer) / «... la fina harina del Líbano es hecha rosquillas, el rocío se hace mosto, ¡oh labradores de *Ilu!*» (Driver) / «... derraman vino, ... de delicia embriagadora, ... que ablanda la cerviz...» (Pope, *l. c.)* / «... vino sin resaca..., el collar purpurino del Líbano...» (De Moor, *l. c.)* / «... vino... de los gigantes de la cordillera del Líbano» (Ashley); cf. gl. *ṣq, mrṯ, bld, išryt, ʿnq, smd.* *Lín. 25:* / «... del sobreflujo de las fuentes del Líbano...» (Driver) / «... de lo más preciado que fluye del seno del...» (Aistleitner) / «... que vierten las cisternas del...» (Caquot-Sznycer; cf. Gordon, PLM 32) / «... en la cima, vierten en el corazón del Líbano» (Pope, *l. c.);* cf. gl. *prʿ, irt.* *Lín. 27:* / «... su amigo, mi padre...» (Gordon, PLM 32).

POEMAS MITOLOGICOS MENORES

MITO RITUAL DE «LOS DIOSES APUESTOS Y HERMOSOS»

(KTU 1.23)

INTRODUCCION

EL TEXTO

El texto de este mito se conserva en una tablilla de 19 × 12,7 cm., un poco más pequeña que las de los otros textos mitológicos [1], hallada en la campaña de 1930 y en muy buen estado de conservación. Sólo le falta el extremo derecho superior del anverso (derecho inferior del reverso), a la vez que presenta también una erosión en la parte central derecha del mismo. Lo más característico de su disposición es la serie de nueve líneas horizontales que dividen el texto del anverso, mientras el resto del mismo, que se continúa por el borde en el reverso, como es lo normal, carece de tales divisiones. La caligrafía de esta segunda parte es mucho más apretada que la de la primera y en su conjunto es más grande que las de las tablillas de *Ilimilku* [2]. El texto está

[1] Cf. *sup*. p. 87. El texto parece completo; cf. Virolleaud, «Syria» 14 (1933) 128-151; Dussaud, RHR 108 (1933) 8ss (sobre ambos, cf. *inf*. n. 32); Barton, JBL 53 (1934) 62-65 (cf. *inf*. n. 12, 28); Gaster, SMSR 10 (1934) 156-164; íd., «Religions» 9 (1934) 15-16; íd., JBL 60 (1941) 290-297; íd., JAOS 66 (1946) 49-76; íd., *Thespis,* pp. 406ss; Ginsberg, JRAS (1935) 45-72; Nielsen, RSM, pp. 70-79; Montgomery, JAOS 62 (1942) 49-51; Largement, NA, pp. 5-7, 69ss; Février, JA 229 (1937) 295; Finkel, *Fs Starr,* pp. 29-58; Gordon, UL, pp. 57-58; íd., UMC, pp. 20-21; íd., PLM, pp. 59ss; De Langhe, TRS II, pp. 176-188; Follet, MUSJ 29 (1951-1952) 1-18; Aistleitner, AcOrHung 3 (1953) 285-312; íd., MKT, p. 58; Eissfeldt, BO 8 (1951) 59; Løkkegaard, AcOr 22 (1955) 12-14; Driver, CML, pp. 22-23; Gibson, CML, pp. 28-30; Jirku, KME, pp. 80ss; Kosmala, ASTI 1 (1962) 50-56; 3 (1964) 147-151; Gray, LC, pp. 93-104; Rin, AE, p. 278; Gese, RAAM, pp. 80-82; Du Mesnil, NE, pp. 91-97; De Moor, NYCI II, pp. 17ss; Xella, MSS, pp. 78-137; Trujillo, UR, pp. 2-3, 19-24; Cunchillos, AD, pp. 56-61; Foley, CE, pp. 3ss, 14ss.

[2] Para la descripción de las tablillas, cf. Virolleaud, «Syria» 14 (1933) 128; De Langhe, TRS I, p. 152; Driver, CML, p. 22; Gibson, CML, p. 28; Herdner, CTA, p. 96, pl. XXXII-XXXIII; Jacob, RSAT, p. 54; Caquot-Sznycer, RPO, p. 450;

fundamentalmente bien conservado, prescindiendo de las deficiencias referidas, pero su contenido resulta de difícil interpretación.

La primera parte, dividida en secciones, contiene una serie de formas hímnicas entreveradas de rúbricas litúrgicas, lo que le otorga una forma mixta de ritual y poema. La segunda es, en cambio, de carácter predominantemente narrativo-hímnico, aun sin carecer de un par de indicaciones rituales. Estamos, pues, ante un texto de género literario compuesto. Los personajes objeto de la invocación y del relato son fundamentalmente dioses, pero también aparecen personajes humanos, por ejemplo, mujeres, con las que aquellos se relacionan. Los personajes humanos están presentes, sobre todo, en los fragmentos rituales, como ejecutores de los mismos (*ʿrbm, ṯnnm, mlk, mlkt, ǵzrm, aṯtm, nǵr mdrʿ*).

En principio se puede asumir que tenemos aquí el *libretto* o ritual de una ceremonia, que por su contenido se revela como un rito de fecundidad, en el que se ofrecen los elementos dramáticos (ritual) y los recitativos (mito) [3]. La mezcla de ambos, así como el carácter sumario con que se señalan a veces los recitados (sólo las líneas iniciales) y la forma misma ritual que adquiere el mito con su repetición antifonal, imposibilitan una «secuencia» narrativa precisa. Sin embargo, la unidad redaccional se da, como la sugiere el mismo hecho material de sucederse ambas partes del texto sin solución de continuidad, incluso a través del margen inferior. Por otro lado, no cabe ver en la primera parte del texto el «ritual», al que acompañaría la segunda como su «recitado» paralelo [4]. Ambas partes son recitativas (himno, mito) y ambas rituales (rúbri-

íd., TOu, p. 355; Caquot, SDB, fasc. 53, col. 1.367-1.368; Rin, AE, p. 278; Trujillo, UR, pp. 1-3, 145; Foley, CE, pp. 2-3.

[3] Barton, JBL 53 (1934) 65; Ginsberg, JRAS (1935) 45; íd., GA, p. 15 (en la parte primera, encabezamientos de poemas); Montgomery-Harris, RSMT, p. 38 (*ídem);* Gaster, JAOS 66 (1946) 75-76 (estructura literaria del conjunto); Follet, MUSJ 29 (1951-1952) 1-4; Caquot-Sznycer, RPO, p. 450; íd., TOu, pp. 356, 365; Caquot, SDB, fasc. 53, col. 1.367; Gray, LC, pp. 14, 93; Aistleitner, MKT, p. 58; Driver, CML, p. 22; Gibson, CML, p. 30 (utilizable en ocasiones múltiples); Gordon, UL, p. 57; íd., UMC, p. 21; íd., PLM, pp. 59, 63-64; Xella, MSS, pp. 81-82 (elementos del ritual), 92-93 (elementos del mito); Foley, CE, pp. 7-8.

[4] Así, Largement, NA, pp. 6-7, 10 (cf. Foley, CE, p. 90); por su parte, Virolleaud, «Syria» 14 (1933) 136, consideraba la parte primera como un probable discurso de *Ilu;* en general, los autores han defendido la conexión entre ambas partes: cf. Albright, JPOS 14 (1934) 133; Gaster, SMSR 10 (1934) 156; íd., JAOS 66 (1946) 49; íd., *Thespis,* p. 406; Nielsen, RSM, p. 72; Aistleitner, MKT, p. 58; Driver, CML, p. 22; Gray, LC, pp. 94, 99; Caquot-Sznycer, TOu, pp. 356-359, 363; Clifford, CMC, p. 166; Xella, MSS, pp. 14, 27 (prioridad del mito), 78ss, 156 (sobre la relación entre ambas partes, invocación-narración), 83-85 (en general, sobre rito-mito, dramatización-descripción); Tsumura, UDGG, p. 173.

cas), con predominio de uno de esos elementos en cada una de ellas [5]. Un análisis literario atento a este hecho complejo es posible que pueda alcanzar a poner cierto orden en el texto y precisar su sentido.

ANALISIS LITERARIO

Invocación (1.23:1-7). El mitopoema se inicia con una «invocación» que nos presenta a los protagonistas o principales destinatarios de este rito-mito: los denominados «dioses apuestos» [6]. Estos vuelven a aparecer en la segunda «invocación» (lín. 23), que se corresponde con la presente, y serán el fruto de la procreación de *Ilu* y sus mujeres (lín. 60,67). El hecho de ser aquí los únicos invocados como protagonistas hace suponer, como más verosímil, que coinciden con *Šaḥru* y *Šalimu,* de cuya generación se habla en lín. 53. No se trata de dos sucesivas generaciones distintas (aunque sí de una generación doble), sino de la iteración con variantes del mismo mitema teogónico que en lín. 57 se supone repetido otras cinco veces (siete en total), sin que por eso haya de suponerse nueva prole [7]. Junto a los dioses se menciona también el

5 Cf. Trujillo, UR, pp. 2, 18, 146-147; Tsevat, EI 14 (1978) 25*. La estructura del conjunto la analizan Gaster, JAOS 66 (1946) 75-76; Harris, JAOS, 54 (1934) 80-83; Eissfeldt, BO 8 (1951) 56-63; Welch, UF 6 (1974) 433-434; Jirku, KME, p. 80; Gordon, PLM, p. 59; otros detallan además las diversas teorías, ritualistas y mitológicas: cf. De Moor, NYCI II, p. 17, n. 13; Xella, MSS, pp. 14, 78-80; Foley, CE, pp. 4ss, 7ss; Tsumura, UDGG, pp. 170, 258; Trujillo, UR, pp. 19-24; Gibson, CML, pp. 29-30 (dos temas: supresión de *Môtu,* matrimonio de *Ilu).*

6 Trujillo, UR, pp. 19, 46-79, lo entiende como «invitación» *(qra)* a un banquete *(qrt).* De manera expresa en contra de ello y en favor de la «invocación», que es la interpretación común, se pronuncian últimamente Tsumura, UDGG, pp. 169, 179-180; Xella, MSS, pp. 79ss; cf. también para una conciliación de ambos aspectos, Gaster, *Thespis,* pp. 418s (invocación que es invitación); otra posibilidad es «proclamación» (cf. Foley, CE, pp. 23-24). Sobre la traducción del nombre que ha dado título al mitopoema *(Dieux gracieux et beaux/Gracious and Beautiful Gods),* cf. Virolleaud, «Syria» 14 (1933) 128; De Langhe, TRS I, p. 152; Driver, CML, p. 23, n. 5; Gray, LC, p. 94; Caquot-Sznycer, TOu, p. 360; Trujillo, UR, p. 1, n. 3; Tsumura, UDGG, p. 191 (el apelativo *nʿm* hace referencia a la «fertilidad»); Komoróczy, UF 3 (1971) 78-79 (se trataría de «eufemismos» que reflejan su carácter de divinidades «infernales»; cf. 1.5 VI 6-7 y *par.).*

7 Cf. Virolleaud, «Syria» 14 (1933) 137; Nielsen, RSM, pp. 71, 75-76, 78, 80, 89 (todos nacidos a la vez, pero distintos y múltiples); Driver, CML, p. 23; Gray, LC, p. 93; Jirku, KME, p. 83, n. 8; Foley, CE, p. 6, n. 15; 55, 68, 78, 132; Trujillo, UR, pp. 173, 176-177; Cross, CMHE, p. 22. Defienden dos generaciones sucesivas o más: Virolleaud, «Syria» 14 (1933) 148 [1 + 5 + 1, tomando la primera pareja (gemelos) por uno: la septena]; Aistleitner, AcOrHung 3 (1953) 285-312; íd.,

lugar de su morada, el desierto, que igualmente vuelve a aparecer en lín. 65 como lugar destinado por su padre *Ilu* para ellos [8]. Por fin se mencionaría el rito específico de su coronación. Estos tres elementos *[tst(?)=tc/bc/bc]*, junto con la invitación subsiguiente *(dst)* a comer y beber a la salud del rey y de la reina [9] [tema éste de la comida y bebida que vuelve a aparecer al final (lín. 71s) como característica de los dioses recién nacidos], nos sitúan ante un rito de festival conmemorativo con banquete o sacrificio de «acción de gracias». En él se actualizaba posiblemente, como veremos, una «hierogamia». El ritual refleja así un culto de fertilidad y explicita el elemento divino que en el mismo

MKT, p. 58 (generaciones repetidas); Gordon, UL, p. 57 (dos parejas); íd., UMC, pp. 20-21 (un par más siete luego); íd., PLM, p. 59 *(ídem)*; Gaster, SMSR 10 (1934) 156ss (siete dioses); íd., *Thespis*, pp. 406, 410, 418-419 (dos grupos); Largement, NA, pp. 40-50, 54 (siete dioses, *Šaḥru-Šalimu* son uno solo; sobre el particular, cf. Follet, MUSJ 29 [1951-1952] 13s; Xella, MSS, p. 114, y *sup.* la opinión de Virolleaud); Cassuto, BOS I, p. 23 (un par); Du Mesnil, NE, pp. 93-94, 96, 99ss, 103 (dos grupos de dos y cinco, más otro posterior); Caquot-Sznycer, RPO, p. 451 (dos grupos); íd., TOu, pp. 358, 376-377 *(ídem)*; Gibson, CML, p. 30 (dos generaciones: todos los dioses); Caquot, SDB, fasc. 53, col. 1.369-1.370 *(ídem)*; Komoróczy, UF 3 (1971) 76, 78-79 (dos series: divinidades celestes e infernales, organización cósmico-polar); Tsumura, UDGG, pp. 168-169, 203, 223 (dos grupos de dos y siete: la septena. Se funda en una falsa lectura e interpretación de lín. 64; cf. últimamente UF 10 [1978] 387-395 para su interpretación de lín. 56-57); Xella, MSS, p. 87, n. 24, 93, 97ss, 102 (dos grupos: uno previo de dos dioses «celestes» y otro más numeroso y significativo de dioses «terrestres»); Cunchillos, AD, pp. 57ss [una procreación o dos posibles; la segunda sería de padre humano (!)]; Tsevat, EI 14 (1978) 24*-27* (siete pares de dioses: 2 + 12); Pope, UF 11 (1979) 701-708 (dos parejas, posiblemente; favorables y amenazadores).

[8] Cf. Février, JA 229 (1937) 295 (parto en el desierto); Gray, LC, pp. 94-95; Aistleitner, MKT, p. 58 («campo santo»; para él la divinidad aludida en este texto es una combinación de *Ilu* y *Yammu)*; Gaster, *Thespis*, pp. 406-408, 432 («desierto santo»); Foley, CE, pp. 60, 68, 71-72; Xella, MSS, pp. 96-106.

[9] No se les vuelve a mencionar en el texto. Por consiguiente, no sabríamos decir qué papel desempeñan en el ritual, si desempeñan alguno, lo que es muy verosímil. Por eso preferimos una referencia indirecta en vez de traducir: «¡Salud, oh Rey...!», como generalmente se hace; cf. Foley, CE, pp. 28-29; Driver, CML, p. 22 (se ruega por ellos); Gaster, SMSR 10 (1934) 156; íd., *Thespis*, 419 (bendición de los reyes); Jirku, KME, p. 80, n. 1 (rito desarrollado en su presencia); De Moor, NYCI II, pp. 17-18 (actuación hierogámica del Rey en el papel del dios *Ilu)*; Gese, RAAM, pp. 80-82 (en presencia de los reyes y en favor de su fecundidad); Caquot-Sznycer, TOu, pp. 362, 364, n. 1 (crítica de tal opinión); Trujillo, UR, pp. 24, 49-50 (el rey proporciona el «banquete» divino que se celebra en un «huerto regio», no en el templo). Podría ser realmente que el ritual, que no parece ser de «Año Nuevo» como para reclamar la presencia del Rey, fuera llevado sólo por los «oficiantes» cúlticos y los participantes. Se trataría más bien de un festival «popular», no «oficial».

se canta. La invocación-introducción enuncia los temas fundamentales que luego explícitamente desarrollará el relato mítico final [10].

Antífonas (1.23:8-15). A la invocación introductoria sigue una sección definida inequívocamente por la rúbrica intercalada (lín. 12) como una «antífona», es decir, un canto a dos coros. El primero, recitado siete veces, posiblemente por los cantores oficiales, y el segundo, respondido igualmente siete veces, por los restantes oficiantes o asistentes. La parte primera proclama la presencia de *Môtu,* con sus atributos de esterilidad y viudez, y describe míticamente su destrucción (cf. 1.6 II 30-37), lo que bien podría corresponder a un ritual literaturizado de conjuro (doble *tc)* [11]. La segunda le contrapone la presencia de *Ilu* y su(s) consorte(s) en el campo de la fertilidad, a los que acompaña un rito simbólico de ésta, con el mismo posible sentido de ritual literaturizado de conjuro, que ha de repetirse siete veces, sin que podamos precisar su grado de dramatización ni su real estructura *(bc/dst/bc)* [12]. La correspon-

[10] Cf. Gaster, JAOS 66 (1946) 58; íd., *Thespis,* p. 409; Gordon, UL, p. 57; Jirku, KME, pp. 80-81, n. 1; que reconocen este carácter de *leitmotiv* en la misma al tema del «pan y el vino» que reaparece al final.

[11] Cf. Gray, LC, pp. 95-96; Gaster, *Thespis,* p. 421; Kosmala, ASTI 3 (1964) 147ss; Levine, JCS 17 (1963) 105; Trujillo, UR, p. 19-21, 80-105, 106-116 (resalta el paralelo de la sección con 1.100); Foley, CE, p. 6, n. 4 (función de lín. 12 y relación de las dos recitaciones); 133 (en relación con el nacimiento de los «dioses apuestos»); Tsumura, UDGG, pp. 169, 181-187, 198, 225 (destrucción de *Môtu* y su «campo» como introducción al tema de la fertilidad); íd., UF 6 (1974) 407-413; Xella, MSS, p. 120. En cambio, para Nielsen, RSM, p. 81, n. 1; Aistleitner, MKT, pp. 58-59, n. e, y Wyatt, UF 9 (1977) 379-381; 8 (1976) 421, la divinidad aquí mentada es *Ilu.* Las operaciones mencionadas a propósito de la destrucción de *Môtu* son las características que se practican con las vides a fin de prepararlas para su fructificación, como ha podido comprobar cualquier habitante de zonas vinícolas, mediterráneas en concreto: se las poda, se atan los sarmientos en gavillas y se los deja secar (la especificación *km gpn* desaconseja la interpretación «arruinan sus campos», que no encaja en la secuencia); constituirán excelente combustible para cocer el pan y asar la carne. A *Môtu* se le considera así irrisoriamente armado u hornado de dos sarmientos secos, sólo válidos para el fuego, estériles e inofensivos (cf. De Moor, SP, p. 79, n. 30). No es preciso, pues, recurrir a extrañas operaciones de viticultura o a recónditos sentidos alusivos (castración) para explicar el pasaje (cf. Finkel, *Fs Starr,* pp. 29-58, que entiende las operaciones según la viticultura *itálica,* pero confundiendo, creo yo, «parra» con «vid»; en ningún caso se «ataron» nunca las vides de una viña a árboles. Creo que abusa, además, de cierto hipersimbolismo; cf. Caquot, SDB, fasc. 53, col. 1.368; G. Dalman, *Arbeit und Sitte in Palästina* (= AS). Hildesheim (1935), 1964, vol. 4, pp. 307ss, 312-314; Dussaud, RHR 108 (1933) 7.

[12] El rito, en la traducción adoptada, que no es segura, es mencionado en el Antiguo Testamento (Ex 23,19; 34,26; Dt 14,21) y ya Maimónides suponía que

dencia, pues, entre ambas partes del responsorio es completa y su temática deja en claro que se va a tratar de un rito-mito de fertilidad en beneficio primordialmente del campo (sembrado y animales), denominado campo de *Ilu*. Lo curioso es que en este caso el protagonista divino de la fertilidad no va a ser *Baʿlu,* sino *Ilu* [13]. Por otra parte, el carácter paralelístico y rítmico de la sección impide tomarla en su conjunto como simple rúbrica descriptiva, como lo es lín. 12.

Rito procesional (1.23:16-22). A continuación, tres rúbricas literaturizadas nos ofrecen elementos que fácilmente se dejan entender como pertenecientes al ritual procesional de las estatuas de los «dioses»; o quizá mejor de aquellas personas que en la acción hierogámica van a ocupar sus puestos. Se ponen los vestidos rituales y se recita la salmodia y letanía sacra [14]. Como elementos

hacía referencia a alguna costumbre cananea; cf. Gaster, SMSR 10 (1934) 156; íd., JAOS 66 (1946) 49ss; íd., JBL 60 (1941) 293-295; íd., *Thespis,* pp. 407-409, 420-423 (resalta el sentido estacional y de fertilidad de tales rituales); Largement, NA, pp. 51-55 (su interpretación es en parte inaceptable); Driver, CML, pp. 22-23; De Moor, NYCI II, p. 18; Xella, MSS, pp. 78, 100; Tsumura, UDGG, pp. 42-43, 227; Xella, PP 150 (1973) 198; sin embargo, ponen en duda o excluyen tal rito Caquot-Sznycer, TOu, p. 362; Caquot, SDB, fasc. 53, col. 1.368; Trujillo, UR, pp. 89-91 (el «campo» es *A<u>t</u>iratu),* 106-117 (desaparece la mención del «cabrito» como en TOu); Foley, CE, pp. 85-86 (distinto sentido en Ex/Dt); por otra parte, hay que excluir las interpretaciones aberrantes de Nielsen, RSM, p. 81 (referencia al «caos primitivo»); Barton, JBL 53 (1934) 65ss (ritual de un altar hallado en Jerusalén); Du Mesnil, NE, pp. 89-93, 98, 110; íd., «Berytus» 26 (1978) 72-73 (texto centrado en el «templo de los obeliscos» de Biblos, en cuyas terrazas se celebrarían los ritos; pero cf. Foley, CE, pp. 75ss, 113ss).

[13] Se trata quizá de un mitema antiguo, anterior a la suplantación de *Ilu* por *Baʿlu* en esta función o a la introducción del esquema mítico «divinidad suprema/divinidad inmediata» (cf. *sup.* p. 69); cf. Nielsen, RSM, pp. 94-97 [antigüedad de este texto «astral» y su relación con la religión sudarábiga (?)]; Largement, NA, pp. 5-6, 49-50 (dos posibles tradiciones mitológicas: *Ilu-A<u>t</u>iratu/Baʿlu-ʿAnatu);* Gray, JNES 8 (1949) 75; Driver, CML, p. 23, n. 3; Caquot-Sznycer, RPO, p. 403; íd., TOu, p. 365; Cross, CMHE, p. 22; Xella, MSS, p. 112 (papel activo de *Ilu);* Pope, EUT, pp. 41-42 (impotencia progresiva de *Ilu);* íd., MUP, p. 281; Trujillo, UR, pp. 4ss (los títulos de *Ilu* y sus tradiciones mitológicas); Waytt, UF 9 (1977) 285; Clifford, CMC, p. 166. Una dependencia de modelos sumerios la defienden Aistleitner, AcOrHung 3 (1953) 285-312; Komoróczy, UF 3 (1971) 75-80 (el modelo antropomórfico-erótico de teogonía); de hititas, Tsevat, EI 14 (1978) 24*ss.

[14] Cf. Gaster, *Thespis,* pp. 407-408, 424s (menciona también la danza); Driver, CML, p. 22; Cunchillos, AD, pp. 60-61; Caquot, SDB, fasc. 53, col. 1.368; Trujillo, UR, 21, 84-85, 117-122; Xella, PP 150 (1973) 198; por su parte, Gordon, UL, p. 57, supone aquí un combate de la diosa con un joven guerrero, mientras Tsumura, UDGG, p. 169, sospecha igualmente un encuentro combativo o sexual; para Foley,

de la marcha, o quizá del escenario final al que llega la procesión, se disponen los «asientos» para los «dioses» (cf. 1.41:52), a los que se unirán *Aṯiratu* y *Raḥmayu*. La rúbrica final ofrece probablemente una indicación sobre el color de las vestes procesionales (cf. 4.82:5-6, 16-17; 4.168:1) [15] o quizá la entonación, el inicio del himno cantado durante o al final de la procesión (cf. Ez 39,25).

Invocación (1.23:23-27). Correspondiendo a la primera se repite aquí esta nueva «invocación», con los mismos elementos, aunque no resulta idéntica. Se hace otra vez referencia a los «dioses apuestos» con expresiones que les caracterizarán «inclusivamente» más abajo [cf. lín. 61; *tst(?)]* y terminando con un «saludo» a la concurrencia, paralelo al invitatorio de la primera invocación *(bc)* [16].

Antífonas (1.23:28-29). En este caso no se repite todo el desarrollo de la sección segunda, sino que el texto se limita a dar las «entonaciones» de las antífonas [17]. Tenemos de este modo una curiosa disposición paralelística de los elementos rituales de esta primera parte de la tablilla en torno a la procesión cúltica: *a-b-c-a-b;* es decir, en concentrismo no quiástico, sino paralelístico.

Mito-ritual de fertilidad (1.23:30-36). La recitación del mito se inicia con una escena que parece ser la descripción de un rito o acción simbólica relacionada con la suscitación de la potencia sexual (?) o la simple seducción/adopción de las mujeres por esposas de *Ilu (lqḥ bbth;* cf. 1.15 II 21-22). Así, la descripción enfática de la excitación de *Ilu* ocupa el centro de la perícopa. Esta se ordena formalmente en esquemas duales: repetición inclusiva del rito mágico (cuyo sentido no resulta claro) y dualidad de los restantes elementos centrales (una/otra, «padre/madre», «se alargó/era largo»); esticométrica-

CE, p. 8, 39, 137, podría darse aquí el inicio del mito: las diosas/mujeres a la orilla del mar; Du Mesnil, NE, pp. 93-94, ofrece de nuevo una interpretación aberrante; para Wyatt, UF 8 (1976) 417, *Ilu* se identifica con *Yarḫu* y *Raḥmayu* con *Šapšu*.

15 Cf. Gaster, *Thespis,* pp. 425-426 (entonación); Trujillo, UR, pp. 21, 84-85, 123-131 (supone aquí la ofrenda de vestidos o piedras preciosas); Tsumura, UDGG, pp. 169-170 (descripción de vestidos); De Moor, NYCI II, pp. 20, n. 82. Por lo demás, se considera generalmente *rḥmy* una designación de la diosa *ʿAnatu* (cf. Xella, MSS, pp. 120-22); pero cf. n. precedente.

16 Cf. Gaster, JAOS 66 (1946) 49; íd., *Thespis,* pp. 407, 426-427; Jirku, KME, pp. 80-81, n. 1; Lipinski, OLP 3 (1972) 117-118; Trujillo, UR, pp. 21, 85, 132-142 (nueva «invitación» al banquete; cf. *sup.* n. 6); Tsumura, UDGG, p. 170; Caquot, SDB, fasc. 53, col. 1.368; para las diversas interpretaciones de lín. 25, cf. Scullion, UF 4 (1972) 88, n. 59.

17 Gaster, *Thespis,* p. 427; Trujillo, UR, pp. 83, 89, 143-144 (en relación con lín. 28); Gibson, CML, p. 123, n. 10 (lín. 13).

mente el equilibrio es completo *(dst/tc/dst/tc)*. Dos personajes femeninos intervienen en la escena (¿la presencian?) y reaccionan con una «exclamación» que, de acuerdo con el rito siguiente, denota el fracaso de *Ilu* en su intento de seducción (a pesar de su vigor sexual desmesurado, se reconocen «hijas» suyas), más que miedo o excitación, con cierto deje cómico. No se las introduce, pero la secuencia del texto hace pensar que son las mismas con las que *Ilu* entablará relación sexual [18]. En la acción ritual su presencia no necesita más explicación: son las hieródulas que van a intervenir en la hierogamia como sujetos activos.

Rito de fertilidad (1.23:37-49). De acuerdo con la exigida progresión mágica y acaso para rejuvenecer su vigor, o simplemente para garantizar la seducción, el viejo *Ilu* recurre a un segundo rito de magia: caza un pájaro y le pone a asar sobre unas brasas *(bc/tc)*. Una vez desarrollada la acción simbólica se describe la alternativa posible en la reacción de las mujeres a la pretensión de seducción *(c)* con la triple repetición de una misma estrofa *(cdb/tst=dst/bc)*; en el orden quiástico *(a-b-a)* en que se presenta, sólo varía el apelativo con que es denominado el dios *Ilu*, expresión de la categoría que alcanzarían como efecto del rito mágico («esposa» o «hijas») [19]. De nuevo la estructura de la

[18] Generalmente los autores entienden *mšt*ʿ*ltm* como designación de un «objeto» (recipiente o similar) que interviene en la acción cúltica (cf. Dietrich-Loretz, UF 9 [1977] 342-343). Pero por el contexto inmediato es claro que debe referirse a las mujeres que a continuación hablan (posiblemente una denominación cúltica); cf. Trujillo, UR, pp. 22, 148-157; Tsumura, UDGG, pp. 60-62, 203-207 (el tema de las «dos mujeres» en Os 1-3 y Ez 23); Nielsen, RSM, pp. 81-82; Løkkegaard, AcOr 22 (1955) 13; Aistleitner, MKT, p. 60; íd., WUS, p. 230; Caquot-Sznycer, TOu, pp. 357, 373; Du Mesnil, NE, p. 95; Foley, CE, pp. 17, 47, 136-137 (que considera lín. 33-35 como discurso directo; las mujeres son *A*ṯ*iratu* y *ʿAnatu)*. Sobre la interpretación de la escena (rito de hidroforía, banquete; su valor sexual, etc.), cf. Gaster, JAOS 66 (1946) 70ss; íd., *Thespis*, pp. 409-410, 412, 427-428; Du Mesnil, NE, pp. 94-95 [las dos *A*ṯ*iratu* (!)]; Gordon, UL, p. 58; Gray, LC, pp. 99-100; Driver, CML, pp. 22-23 (las diosas *A*ṯ*iratu* y *ʿAnatu); Gibson, CML, pp. 30, 123, n. 10 *(ídem)*; Cross, CMHE, p. 23, n. 55, 56; Caquot-Sznycer, TOu, p. 357; Caquot, SDB, fasc. 53, col. 1.369-1.370 *(A*ṯ*iratu* y *ʿAnatu)*; Xella, MSS, pp. 86-90, 94 [ritual de pesca (!)]; Pope, EUT, pp. 37ss, 80-81 (las diosas *A*ṯ*iratu* y *ʿAnatu)*; íd., MUP, p. 281; Wyatt, UF 9 (1977) 379 *(A*ṯ*iratu* y *Šapšu)*; Welch, UF 6 (1974) 427, 433; Lipinski, OLP 3 (1972) 117 (para la relación de *A*ṯ*iratu* con *Šapšu)*; Kapelrud, UF 11 (1979) 409; Pope, UF 11 (1979) 701-708 (mujeres, denominadas «antorchas»; paralelismo con el culto de *Mitra)*.

[19] Para el sentido del rito mágico, cf. Virolleaud, «Syria» 14 (1933) 146 (el tema ya en Filón de Biblos); Albright, JPOS 14 (1934) 135; Nielsen, RSM, pp. 84-86 (el tema mujer-hija es astral); Gaster, JAOS 66 (1946) 66ss; íd., *Thespis*, pp. 410, 413, 429-430; Largement, NA, pp. 53-54 [el pájaro hace referencia al caos

acción y la repetición estrófica de las mismas frases son indicio claro de que tenemos aquí la literaturalización de un rito de magia simpatética. No sabríamos decir si al mismo acompaña o sólo lo describe esta recitación.

Hierogamia y parto (1.23:49-54). El rito se consuma en la hierogamia, concepción y parto, expuestos de nuevo descriptivamente *(tc/bc/bc).* El resultado parece ser que se «anuncia» [20] a *Ilu* y con una interrogación enfática se resalta la identidad de los recién nacidos, que el dios conoce. Son las divinidades astrales *Šaḥru* y *Šalimu,* «Aurora» y «Ocaso», que en cuanto tales están al servicio y bajo la protección de la diosa *Šapšu,* el Sol, y de las estrellas *(cdb/tc/bc).* Queda así claro el sentido astral del mito, que ya se insinuaba, aunque imprecisamente, debido al mal estado del texto, en la segunda invocación introductoria (lín. 25 y quizá lín. 2), así como por la morada que se

primitivo (!)]; Gordon, UL, p. 58; íd., UMC, p. 96, n. 45 (sentido de permanencia en la situación resultante de fertilidad o esterilidad); íd., PLM, p. 59 *(Ilu,* viejo e impotente); Du Mesnil, NE, p. 96; Pope, EUT, pp. 39-41, 94 (impotencia de *Ilu* remediada por el rito); Caquot-Sznycer, RPO, pp. 455-456; íd., TOu, p. 357; Caquot, SDB, fasc. 53, col. 1.369; Gray, LC, p. 101 (posible referencia al marido humano); Driver, CML, pp. 22-23 (rejuvenecimiento de *Ilu,* tema central); Jirku, KME, p. 82, n. 3, 5; De Moor, NYCI II, pp. 18, 21, n. 91; Tsumura, UDGG, p. 203; Watson, UF 9 (1977) 281 (ritual de vigorización); en contra de la pretendida impotencia de *Ilu* se pronuncian además Xella, MSS, pp. 87-90, 94, 115-156 (rito de caza, en relación con los *ṯnnm,* «flecheros»); Trujillo, UR, pp. 16, 22, 158-170 (dispara con arco; la alternativa hija-esposa aparece en rituales asirios); Foley, CE, p. 107; Cross, DTAT I, col. 263-265; íd., CMHE, p. 24; Wyatt, UF 9 (1977) 380, n. 3; Tsevat, EI, 14 (1978) 26, n. 30 (valor sexual); Gibson, CML, p. 30, n. 1 (se trata del «cetro» regio, no propiamente del «miembro viril»); Pope, UF 11 (1979) 705-706 (valor sexual; contra Cross).

[20] La pretendida presencia del «marido humano» que llevaría la noticia a *Ilu* se basa en la interpretación de *aṯty* como «mis mujeres», que no se impone (cf. Dussaud, RHR 108 [1933] 11: sería el sacerdote oficiante); Gray, LC, pp. 93, 101; Driver, CML, pp. 22-23; 127, n. 7; Gordon, UMC, p. 97, n. 7; Gaster, *Thespis,* pp. 413, 431-432 (el propio marido es el mensajero); De Moor, NYCI II, pp. 22-23; Foley, CE, pp. 7, 50-52, 137, n. 42 (representaría a *Ilu);* Tsumura, UDGG, pp. 22, 202-207; íd., UF 10 (1978) 387ss (estructura de natividad); Cunchillos, AD, pp. 54ss (marido humano en la segunda procreación); Tsevat, EI 14 (1978) 25s. Frente a tal opinión, otros ven en *-y* una terminación de dual [cf. Trujillo, UR, pp. 22, 171-190; Du Mesnil, NE, pp. 96, 109; Xella, MSS, p. 70; Nielsen, RSM, p. 88 (es *Ilu* quien anuncia)]; otros entienden el *-y* como partícula exclamativa unida a *il,* resultando así un mensaje que abstrae de esta cuestión [cf. Largement, NA, p. 84 (una comadrona sería la mensajera); Caquot-Sznycer, TOu, p. 376; Gibson, CML, p. 123, n. 3 (mensajero innominado; sin esposo humano)]; Pope, UF 11 (1979) 704.

les asigna en la primera, el desierto (cf. lín. 4,65), lugar original de los cultos astrales, del mismo modo que aquí se les destina al cielo [21].

Hierogramia y parto (1.23:55-64). Una rúbrica intercalada en el texto de esta sección, fundamentalmente idéntico al de la anterior, indica que se la debe repetir cinco veces; ello equivale a la repetición septenaria clásica, teniendo en cuenta las dos veces que el texto se transcribe [22]. En su primera parte coinciden, si prescindimos de un colon de la primera estrofa (lín. 50: «dulces como lo son las granadas»; cf. lín. 55), omitido por error *(bc/bc)*. La segunda, en cambio, que corresponde al final de la séptima recitación, como es normal en la repetición septenaria, se alarga en especificaciones de la prole nacida *(bc/bc)* [23]. También la parte última dialogal, idéntica en su estructura interrogativa, se prolonga con una descripción más detallada de la función de tales divinidades *(cdb/bc/tc/tc/tc)*. Su posición en el cielo traza un arco de insaciabilidad que abarca el cielo y el mar enteros, máxime si identificamos a *Šaḥru-Šalimu* con *ʿAṯtaru* (cf. 1.100:52; *šḥr wšlm šmmh)* en su doble posición de estrella matutina y vespertina [24].

[21] Cf. Virolleaud, GLECS 9 (1963) 50-51; Nielsen, RSM, pp. 71s, 88-90 [exagera el carácter astral; el sol es *ʿAṯtaru* (!)]; Gaster, JBL 60 (1941) 290; íd., JNES 8 (1969) 73, 75; íd., *Thespis,* pp. 409-410, 430-432; Du Mesnil, EDP, pp. 7ss; Driver, CML, pp. 22-23; Gray, LC, pp. 69-97, 101; Gordon, UL, p. 58 (distintas parejas: hijos del cielo y del mar, enviados al cielo y al desierto); Komoróczy, UF 3 (1971) 78-79 (igualmente dos grupos: celestes e infernales; el desierto representa el infierno); Clifford, CMC, pp. 166-168 (dioses rebeldes); Tsevat, EI 14 (1978) 26 (dioses celestes y terrestres).

[22] Cf. Trujillo, UR, pp. 22-23, 171-190, 175; Foley, CE, pp. 6, n. 15; 7, n. 17; 55, 68, 78, 132; para Tsumura, UDGG, pp. 224, 231, no se trata de una rúbrica de recitación, sino del «recuento» del período de gestación (cf. su lectura y versión, UF 10 [1978] 387-395: «se sienta y cuenta hasta cinco [meses] para el crecimiento, hasta diez para la plenitud total»).

[23] Cf. Gaster, JAOS 66 (1946) 68; íd., *Thespis,* pp. 410, 432-433; Gray, LC, pp. 102-103; Driver, CML, p. 22; Largement, NA, p. 54; Du Mesnil, NE, p. 96; Xella, MSS, pp. 88-91; Trujillo, UR, pp. 23, 176 (esta última parte se cantaría por la asamblea); Dahood, «Or» 47 (1978) 263-264 (Dt 33,19).

[24] Cf. Nielsen, RSM, pp. 72, 86-87; Gaster, JAOS 66 (1946) 70; íd., *Thespis,* pp. 409, 411-412 («Dióscoros»/«Géminis»; pero cf. Foley, CE, pp. 86ss); Gray, JNES 8 (1949) 73-75; íd., LC, pp. 93, 95; Du Mesnil, EDP, pp. 7-29 (no se identifican con *ʿAṯtaru);* íd., NE, pp. 89, 99ss, 140ss (con los «Dióscoros»/«Cabirias»); Pope, MUP, pp. 306-307; íd., UF 11 (1979) 707; Jirku, KME, p. 83, n. 6; Caquot-Sznycer, TOu, p. 358; Caquot, SDB, fasc. 53, col. 1.369; Gordon, PLM, p. 59; Cunchillos, AD, p. 55, nn. 49, 61; Xella, MSS, pp. 106-119; Gibson, CML, p. 30, n. 2 (posible relación con Gn 1,3-4); Komoróczy, UF 3 (1971) 78; Wyatt, UF 9 (1977) 285, n. 3; íd., TGUOS 25 (1972-1974) 89 (identificables con *Môtu).*

Orden-ejecución (1.23:64-68). A las madres y a la prole señala *Ilu* como morada el desierto *(tst)*. Ya vimos cómo este elemento se indicaba en la invocación introductoria (lín. 4) y cómo es propio de las divinidades astrales que aquí se conmemoran [25]. Estas cumplen sin más la orden dada *(bc)*, de acuerdo con el esquema orden-ejecución que tan frecuentemente hemos visto operante en la mitología cananea. La sección es paralela a lín. 54, cuya implicación cúltica desarrolla (servicio de *Šapšu*/el desierto como lugar de culto astral).

Diálogo (1.23:68-76). Pero tal morada linda con la tierra cultivada (¿huerto regio?) y desde allí los «dioses graciosos» pueden acceder a los frutos de la tierra, al pan y al vino, que ya formaban el contenido de la invitación a los participantes al festival con que se iniciaba la introducción [26]. De ese modo el rito de fecundidad o hierogamia concluye con una eclosión de fertilidad en la que participan los dioses y los hombres, naturalmente. La sección se estructura en forma de diálogo entre las divinidades y el «guarda del sembrado», el elemento y ámbito opuesto al desierto *[bc/c/bc//dst/cdb/bc/tc(?)]*.

SENTIDO Y FUNCION DEL MITO

Muy diversas han sido las interpretaciones dadas a este texto [27]. Estimo que más que un mito-ritual con un sentido etiológico oculto (de tipo teogónico, cosmogónico o histórico-social), que trate de explicar, por ejemplo, el origen

[25] Cf. Gray, LC, pp. 94-95, 104-105 (cuarenta de neonato y madre); Gaster, *Thespis,* pp. 432-433 (al desierto por glotones); Largement, NA, pp. 54-55; Trujillo, UR, pp. 23, 191-197; Tsumura, UDGG, pp. 199-202, 224 (los «siete años» de hambre y fertilidad); Delekat, UF 4 (1972) 18 (desterrados al desierto por glotones); Pope, UF 11 (1979) 708 *(idem).*

[26] Cf. Gray, LC, pp. 104-105; Gaster, *Thespis,* pp. 410-411, 413, 433-435 (carestía con posible promesa de abundancia); Jirku, KME, p. 80; Largement, NA, p. 55; Xella, MSS, pp. 88, 95, 97, 101-106 (sentido sacro del desierto); Caquot-Sznycer, TOu, pp. 359-360, 363 (aprovisionamiento de ofrendas a toda la «corte celestial»); Caquot, SDB, fasc. 53, col. 1.370; Du Mesnil, NE, pp. 97-98 (fundación de santuario, codicia sacerdotal); Trujillo, UR, pp. 23-24, 191-197 (tema central, el banquete; ceremonia celebrada en un «huerto del rey», cf. 1.149:14-16); Pope, UF 11 (1979) 708 (sentido impreciso).

[27] Una sistematización de las diversas interpretaciones puede verse en Largement, NA, pp. 9-19; Follet, MUSJ 29 (1951-1952) 4-6; Caquot-Sznycer, RPO, pp. 451; íd., TOu, pp. 360-362; Xella, MSS, pp. 13-24; Trujillo, UR, pp. 6-17, 145-147; Foley, CE, pp. 9ss, 65-123 (extensa discusión).

de la totalidad o parte del panteón ugarítico y su culto [28], de la agricultura [29], de la sacralidad de determinados alimentos [30], de los ciclos sabáticos [31], de la migración nomádica por la frontera egipcia o de la convivencia de nómadas y sedentarios agrícolas [32] (como haría suponer la presencia del guardián), o que trate de conseguir el nacimiento del heredero del trono en el contexto de la «ideología regia» [33], representa simplemente un «ritual», en gran parte sólo el *hieròs lógos* literaturizado, de un festival de primicias o cosecha bajo la advocación de las divinidades tutelares del momento, los dioses astrales *Šaḫru* y *Šalimu,* personificaciones de *Venus-ʿAṯtaru* (acaso de *ʿAṯtartu),* cuya aparición o predominio celeste se conmemora entonces. Para ello se utiliza el esquema de la «hierogamia» mítica, que es a la vez reflejo de la cultual y que culmina en el banquete de primicias y acción de gracias [34]. Ambos elementos son parte

[28] Cf. Nielsen, RSM, pp. 70ss, 80 (mito de procreación de dioses celestes); Aistleitner, AcOrHung 3 (1953) 285-311 (los «setenta hijos de *Aṯiratu»);* Jirku, KME, p. 80; Tsevat, EI 14 (1978) 26-27; para Barton y Du Mesnil (cf. *sup.* n. 12, «Berytus» 26 [1978] 56, n. 9) el mito está en relación directa con determinados cultos y santuarios locales; Komorózcy, UF (1971) 77-79 (polarización cósmica: dioses del cielo y del infierno, según modelo antropomórfico-erótico). Sobre el tema «natividad de dioses» puede verse Gaster, *Thespis,* pp. 415, 430-432.

[29] Caquot-Sznycer, RPO, p. 452; íd., TOu, pp. 363-364; por su parte, Tsumura, UDGG, pp. 170, 184, 187, 192, 222; íd., UF 6 (1974) 411-413, resalta el tema «vida-fertilidad», expresado a través del nacimiento de dioses.

[30] Cf. Xella, MSS, pp. 95-96, 105-106, 146-147 (la fiesta podría contener un antiguo valor de «iniciación», dada la presencia de *ǵzrm).*

[31] Cf. Gordon, UL, p. 57; íd., CM, pp. 185-191; íd., UMC, pp. 21, 93; íd., PLM, p. 59; Oldenburg, CEB, pp. 130ss; Tsumura, UDGG, pp. 192, 199-202, 222-226; pero cf. Foley, CE, pp. 97-98.

[32] Cf. Gray, LC, pp. 97-98, 105; íd., JNES 8 (1949) 72ss; pero cf. Foley, CE, pp. 107-109. Fuera de consideración ha quedado la inicial interpretación geográfico-histórica de Virolleaud y Dussaud (cf. *sup.* p. 276), que veía reflejada en el texto de este mito la situación histórica de la Palestina de la época patriarcal y del Exodo (cf. De Langhe, TRS II, pp. 176-188; 455-457; Foley, CE, pp. 68-75, 116-118). Su «espacio» es evidentemente mítico; cf. Nielsen, RSM, p. 71, 92-97 (se hace eco de aquella teoría); Largement, NA, pp. 50-51; sobre la opinión de Barton y Du Mesnil, cf. *sup.* n. 12.

[33] Cf. Foley, CE, pp. 124-138. Desde luego tal hipótesis, no demostrada, no se «opone» a las que ven en el texto un ritual de fecundidad; se trata de su «caso» primordial.

[34] Aun con divergencias en la determinación del tiempo y sentido del rito, cf. Gaster, SMSR 10 (1934) 156ss; íd., JAOS 66 (1946) 70; íd., JBL 60 (1941) 294; íd., *Thespis,* pp. 324, 409, 412-415, 426-427, 435 (pero cf. Foley, CE, pp. 88s, 101-110; Dussaud, RHR 108 (1933) 6ss; Barton, JBL 53 (1934) 61-62; Gray, JNES 8 (1949) 75; íd., LC, pp. 93, 95; Largement, NA, pp. 12, 51, 53; Du Mesnil, NE,

esencial de un ritual de fecundidad-fertilidad, como la ocasión impone. Su sentido y *Sitz im Leben* son, pues, puramente cultuales; su estructura, muy próxima a la de un *libretto litúrgico* [35], en el que se reflejan diversas prácticas cultuales de Ugarit; su función, eminentemente recitativa.

pp. 92, 93-98, 109; De Moor, NYCI II, pp. 17-18, n. 61; íd., SP, p. 79, n. 30; Kosmala, ASTI 1 (1962) 31-61; 3 (1964) 147-151; Clifford, VT 25 (1975) 300, n. 2; Driver, CML, p. 23; Caquot-Sznycer, RPO, p. 452; íd., TOu, pp. 361-365; Caquot, SDB, fasc. 53, col. 1.370; Xella, MSS, p. 82; Cross, DTAT I, col. 261; Trujillo, UR, pp. 16-17, 22, 46, 133, 192-194; Komorózcy, UF (1975 79 (ritual funerario); Henninger, FPS, pp. 82-87; Du Mesnil, «Berytus» 26 (1978) 76 (festival de otoño); para una crítica de la opinión que hace de la «fertilidad» la preocupación básica de este mito, cf. Foley, CE, pp. 118-121.

[35] Cf. Gaster, «Religions» 9 (1934) 15-16; íd., SMSR 10 (1934) 164 (afín al drama griego); íd., JBL 60 (1941) 290ss (cf. Ez 8); íd., JAOS 66 (1946) 49ss; íd., *Thespis,* pp. 406, 407-409, 412-413 (acentúa el aspecto «cómico» del ritual; en contra, cf. Caquot-Sznycer, TOu, 364-365; Caquot, SDB, fasc. 53, col. 1.370; Xella, MSS, pp. 21-22, 88; Foley, CE, pp. 102-105); Montgomery, JAOS 62 (1942) 51; Gray, JNES 8 (1949) 73; íd., LC, p. 101; Follet, MUSJ 29 (1951-1952) 17-18; Driver, CML, p. 23; Largement, NA, p. 7; Gordon, UL, p. 57; íd., UMC, p. 93; Aistleitner, MKT, pp. 60-61; Pope, EUT, p. 81; Du Mesnil, NE, pp. 92, 97-98, 108; Foley, CE, pp. 7ss, 121-122; De Moor, NYCI II, p. 17; Cross, DTAT I, col. 261; íd., CMHE, p. 22; Xella, MSS, pp. 81ss; Trujillo, UR, pp. 24, 146-147, 193; Tsumura, UDGG, pp. 172-173, 222-223, 226; Caquot-Sznycer, RPO, p. 453; íd., TOu, p. 364; Cunchillos, AD, pp. 57ss; Tsevat, EI 14 (1978) 26. En relación con este rito-mito se citan diversos pasajes bíblicos que resultan más o menos paralelos: Gn 6,1-4; Ez 8; Job 38,7; Cant, y últimamente Gn 19,30-38 (cf. J. R. Porter, *The Ugaritic Text «šḥr and šlm» and Genesis 19:30-38,* comunicación al *7th World Cong. of Jewish St.).*

TEXTO Y VERSION

KTU 1.23

Invocación

[1]*iqra.ilm.nʿ[mm]*	¡Voy a invocar a los dioses [apuestos],
[ ] [2]wysmm.	[(cantar) a los apuestos] y hermosos,
*bn.š*p*[ ]*	[que moran] entre las [dunas]!
[3]*ytnm.qrt.lʿ*ly*[ ]*	¡Gloria sea dada a los excelsos
[ ] [4]bmdbr.špm.	[que habitan] en el desierto de dunas!
yd*[ ]*r [5]*lrišhm.*	¡[Se apresten a poner una corona] en su cabeza,
wyš[ ]-m	que sea colocada [sobre su cráneo]!
[6]*lḥm.blḥ*m.ay.	¡Comed toda clase de manjares,
wšty.*bḫmr yn ay*	bebed toda clase de embriagadores vinos,
[7]šlm.mlk.šl*m.mlkt.*	a la salud del rey, a la salud de la reina,
ʿrbm.wṯnnm	oficiantes y notables/escolta!

Lín. 1: cf. *inf.* lín. 23, 60, 67; c. *[asr.nʿmm(?)],* cf. 1.24:1 / *n[ʿmm.bn.mlkm...]* (NA) / *n[ʿmm ǵlm il]* (CE), cf. 1.14 I 41 y *par.* *Lín. 2:* / *bn.š(p/r)[* (CTA); c. *bn.šp[m.yṯbm/tgrgr(?)],* cf. *inf.* lín. 4, 66 / *bn.š[rm(?)]* (Vir.), cf. *inf.* lín. 22 (pero cf. CTA 98, n. 2) / *bn.šp[š]* (CTA). *Lín. 3:* / *lʿlḫ* (NA); c. *lʿly[nm]* (KU; Gaster, JAOS [1946] 51) / *lʿly[nm.ʿdb/tgrgr(?)],* cf. *inf.* lín. 65-66 / *lʿly[.ʿdbm.qdš]* (De Moor, NYCI II, 18). *Lín. 4:* / *yd[ ]k(?)* (Vir.); c. *yd[d(?)* (AE 273) / *yd[y pi]r* (KU) / *[ytnm pi]r* (Gaster, JAOS [1946] 56) / *yd[rʿ] (Thespis,* 435) / *yd[hm* (De Moor, NYCI II, 18), cf 1.3 I 8 / *yd[d(?) ytnm ʿṭ]r* (UR). *Lín. 5:* c. *yš[t lqdqdh]m* (Vir.) / *wyš[u.khn]m* (De Moor, NYCI II, 18) / *lḥ]m* (Clifford, «Bib» [1974] 99). *Lín. 6:* así, ya AK / *]y wšty* (Vir.) / *]py* (SDK 130). *Lín. 7:* / *šlm t(?)mlk(?).* (Vir.) / *šlmt mlk.* (NA; pero

Lín. 1-2: / «¡Voy a invitar...!» (Trujillo) / «... proclamar...» (Foley) / «... hijos de *Šarruma*...» (Gordon) / «... entre los reyes/hijos de reyes/príncipes...» (Driver, Gaster, Largement) / «... los cantores...» (Tsumura). *Lín. 3-4:* / «... que hacen resonar su voz... en la estepa» (Aistleitner) / «... que establecen una ciudad en lo alto...» (Caquot-Sznycer, De Moor, Gibson; Gordon, PLM 59) / «... los 'donados' de la ciudad en lo alto...» (Tsumura; cf. Gordon) / «¡...que se dé una comida... De un desierto de dunas se alcen...» (Trujillo); cf. gl. *grt, špm, ytnm.* *Lín. 6:* / «... comen del pan de *Ay*...» (Aistleitner, Foley) / «... comen platos de la ribera del mar...» (Caquot-Sznycer, Largement) / «... no comáis de pan alguno...» (Tsumura; Gordon, PLM 59); cf. gl. *ay.* *Lín. 7:* / «¡Paz, oh Rey, ministros y presbíteros...!» (Driver) / «¡Paz... coristas y servidores/soldados!» (Gordon) / «... oficiantes/iniciados y guardas...» (Caquot-Sznycer, Aistleitner, De Moor) / «... cortesanos y *ṯnnm*...» (Trujillo) / «... Bienvenidos, ¡oh Rey, ... peregrinos (?) y sacristanes!» (Gaster) / «¡Marchad a una... coristas y cantores...!» (Gray) / «El sacrificio-

[8]*mt.wšr.yṯb.*	«Está sentado en su trono *Môtu-Šarru,*
bdh.ḫṭ.ṯkl.	con el cetro de la esterilidad en su mano,
dbh [9]*ḫṭ.ulmn.*	en ella el cetro de la viudez,
yzbrnn.zbrm.gpn	que los podadores podaron (como) a una cepa,
[10]*yṣmdnn.ṣmdm.gpn.*	ataron los gavilladores (como) a una vid,
yšql.šdmth [11]*km gpn.*	que arrojaron al erial como a un sarmiento».

[12]*šbʿd.yrgm.ʿl.ʿd.*	Siete veces se recita frente al trono
wʿrbm.tʿnyn	y los oficiantes lo corean:

[13]*wšd.šd.ilm.*	«Pero el campo, es campo de *Ilu,*
šd aṯrt.wrḥm	campo de *Aṯiratu* y *Raḥmayu*».
[14]*ʿl.išt.šbʿd.*	Siete veces sobre el fuego
ǵzrm g. ṭb.	mancebos de suave voz
g*(?)d.*bḥ*lb.*	[sacrifiquen] un cabrito en leche,
a*nnḫ bḫmat*	una cría en manteca;
[15]*wʿl.agn.šbʿdm.*	y siete veces sobre la caldera
*dǵ*ṯ*(?)*t*[.dǵ]*ṯ*t*	una ofrenda (?) [sea ofrecida].

---

cf. CTA 98, n. 6). *Lín. 8:* / *kšr* (MLD 103). *Lín. 10:* / *yšql⟨n⟩* (CE). *Lín. 12:* / *šbʿd.yrḫm.* (Vir.); *ʿd* error (?) por *ʿgb* (Gaster, JAOS [1947] 326). *Lín. 13:* / *hn.šd* (*Thespis* [1950] 242); *rḥm* error por *rḥm⟨y⟩* (CML), cf. *inf.* lín. 28. *Lín. 14:* así, KTU, cf. Loewenstamm, UF (1973) 209; también De Moor, NYCI II, 18 (raspado: *ṭb,* corregido por el *-m* de *ǵzrm)* / *ǵzrm.ṭb[ḫ.g]d* (Vir.) / *ǵzrm{-}.ṭb(?)[g]d* (CTA); error de *ṭb* por *ṭb⟨ḫ⟩;* c. haplografía de *ṭbḫ* o de *št* / *ǵzrm.g.ṭb.[b]d/[n]d* (UR), cf. 1.3 I 20, remitiendo a lín. 15 *annḫ bḫmat(?).* *Lín. 15:* así, KTU / *dǵ[ ]t* (Vir.); c. *dǵ[ṣt(?)]t* (KU) / *dǵ[ṣt yṣ]qt* (CML)

šlm del rey..., de los sacerdotes-*ʿāribu* y los *ṯnn*» (Aistleitner); cf. gl. *šlm, ʿrb, ṯnn.* *Lín. 9-11:* / «... cordoneros ajustan los arreos, jaeceros ponen... Se dirige al campo de *Môtu* después de puestos...» (Aistleitner) / «... le podan con la poda de la vid...» (Gordon) / «... le cavan como una vid de su viña» (Driver) / «¡... que los podadores de vides le poden...!» (Caquot-Sznycer) / «... como podador poda, ... lía, ... corta su viña...» (Largement) / «... (lo) arrojaron en la terraza como una cepa» (Gibson) / «... arruinan sus campos como una vid» (Tsumura; cf. Finkel, *Fs Starr,* p. 30); cf. gl. *zbr, ṣmd, (š)ql(l), gpn, šdmt.* *Lín. 12:* / «... se recita alternativamente...» (Aistleitner) / «... invocará sobre el estrado...» (De Moor) / «... según costumbre...» (Tsumura; Delekat, UF 4 [1972] 22); / «... por la asamblea...» (Foley, CE 15, n. 2); cf. gl. *ʿd.* *Lín. 13:* / «Y el flujo es un flujo divino...» (Driver, Gray) / «... es el campo de los dioses...» (Xella) / «... el campo de los dos dioses...» (De Moor) / «... el campo de *Ilu,* el campo es *Aṯiratu*...» (Trujillo) / «Y los pechos, los pechos divinos...» (Foley). *Lín. 14:* / «... cuecen un cabrito..., un cordero... (Gordon, Cassuto) / «... menta en manteca...» (Aistleitner, Driver) / «... meten el coriandro en leche, la menta...» (Caquot-Sznycer, Gibson) / «El joven de suave voz (cantará) ante el fuego» (De Moor, Trujillo) / «... rocía con leche, mezcla menta con mantequilla...» (Trujillo); cf. gl. *išt, g, gd, annḫ, ṭbḫ.* *Lín. 15:* / «... y junto a la llama...» (Gordon) / «... agua pura es derramada...»

Rito procesional

16*tlkm*.r*ḥmy.tṣ*d[ ]	Eche a andar *Raḥmayu,* se ponga en marcha *[Aṯiratu],*
[ ] 17*tḥgrn.*	[sus vestidos] se ciñan.
*ǵzr.n*ʿm.[ ]	Un mancebo apuesto [cante]
18w*šm.*ʿ*rbm.y*r[ ]	y los nombres de los oficiantes [recite].

19mṯ*bt.ilm. ṯmn.ṯ*[ ]	Los asientos de los dioses ocho a ocho...
20*pamt.šb*ʿ [ ]	[están dispuestos] en siete hileras (?).

21*iqnu.šmt* [ ]	De (lana) azul y roja [se vistan los oficiantes (?)],
22ṯ*n.šrm.* [ ]	de carmesí los cantores...

Invocación

23*iq*ran.*i*l*m.n*ʿ*m*m[.]	¡Voy a invocar a los dioses apuestos,
[agzrym.bn]ym	[a los voraces ya de sólo] un día,
24*yn*q*m*.b*ap zd.aṯrt.*	que maman de los pezones de *Aṯiratu,*
[ ]	[de los pezones de la Señora];
25*šp*š.ms*(?)*/ṣ*(?)*prt.*dlth*m	a *Šapšu* que se ciuda de su debilidad
[ ] 26w*ǵnb*m.	[con frutas] y uvas!

/ *dǵ[ṯ.dǵṯ]t* (De Moor, NYCI II, 19), cf. 1.19 IV 23 / *dǵ[r annḫ bḫma]t* (UR). *Lín. 16:* c. *[aṯrt]* (Gaster, JAOS [1946] 52) / *wtṣd[pat.mdbr]* (NA), cf. *inf.* lín. 68 / *[.aṯrt.mdbr]* (CML) / *[aṯrt gp ym],* cf. *inf.* lín. 30 (CE). *Lín. 17:* c. *ǵzr n*ʿ*[m.ilm]* (Vir.) / *n*ʿ*m[. tlbšn]* (Gaster, JAOS [1946] 52; *Thespis* [1950] 451) / *n*ʿ*m.[yšr]* (De Moor, NYCI 20). *Lín. 18:* así, CTA, KTU, cf. *inf.* lín. 21 / *wnšm.* (Vir.) / *wtšm* (Gaster, JAOS [1946] 52; *Thespis* [1950] 451), pero cf. CTA 98, n. 12; c. *yr[qdn] (Thespis)* / *yr[d]* (Vir.) / *yr[nn(?)]* (KU) / *yr[ḫm* (Barton, JBL [1934] 76) / *yr[gm]* (De Moor, NYCI II, 20). *Lín. 19:* c. *ṯ[bt(?)]* (Vir.) / *ṯ[nnm y*ʿ*db]* (UR) / *ṯ[mn.bgg]* (De Moor, NYCI II, 20; Gibson, CML), cf. 1.14 II 27; 1.41:52. *Lín. 21:* c. *[ilm.n*ʿ*mm(?)]* (Vir.). *Lín. 22:* *[b]n* (Vir.), cf. *sup.* lín. 2. *Lín. 23:* cf. *inf.* lín. 58-61. *Lín. 24:* c. *[wrḥmy]* (NA, CML) / *[nrt ilm]* (Vir.; AK) / *[bap zd št],* cf. *inf.* lín. 61. *Lín. 25:* así, KTU, cf.

(Driver, Gray) / «... y quemará... incienso» (De Moor); cf. gl. *agn, dǵṯt.* *Lín. 16:* / «... y *(Aṯiratu)* recorre [la orilla del mar]» (Foley). *Lín. 17:* / «... se enzarzó con el héroe divino...» (Gordon) / «... están ceñidas con la fuerza del héroe, ... con donosura...» (Driver, Gray, Caquot-Sznycer, Trujillo, Foley) / «... ciñe a un héroe...» (Largement, Xella, Tsumura); cf. gl. *sd, ḥgr.* *Lín. 18:* / «... y los ministros ponen (el emblema de) *Yarḫu* en posición...» (Driver). *Lín. 19-20:* / «... ocho a ocho las moradas de *Ilu* en el terrado, siete veces...» (Caquot-Sznycer, De Moor, Tsumura) / «... (Los tronos) de las grandes diosas son siete...» (Gray, Foley) / «... las sillas de los dioses allí (dispondrán) los *ṯnnm...*» (Trujillo); cf. gl. *pamt.* *Lín. 21-22:* / «... los cantores van de azul-lapislázuli, oro, escarlata...» (De Moor, Caquot-Sznycer) / «... siento celo por los nombres de...», cf. *sup.* lín. 2 (Gordon, Driver...) / «Proclamo a los dioses...» (Foley); cf. gl. *iqnu, šmt, ṯn, šr.* *Lín. 23-24:* cf. *sup.* lín. 1; *inf.* lín. 58-59, 60-61. *Lín. 25-26:* / «... el Sol ilumina sus puertas...» (Gordon) / «... vigila sus puertas...» (De Moor) / «... engorda sus tiernos

*šlm.ʿrbm.ṯ*nm	¡A la salud de oficiantes (y) notables/escolta,
27 *h*lkm.*bdbḥ* *nʿmt*	que vienen con sacrificios de acción de gracias!

Antífonas

28 š*d*.ilm.š*d.aṯrt.wrḥm*y	«Campo de *Ilu,* campo de *Aṯiratu* y *Raḥmayu*».
29 *[ ]*.yṯ*(?)b*	«Está sentado en su trono *[Môtu-Šarru]*».

Mito-ritual de fertilidad

Borde

30 *[ ]-(?)[ ]-(?)*.gp. *ym.*	[Se dirigió *Ilu]* a la orilla del mar,
wyṣǵd.gp.thm	y marchó a la orilla del océano.
31 *[ ]-[ ]*.il.*mštʿltm.*	[Tomó] *Ilu* a dos «consagradas» (?)
mštʿltm.lriš.agn	a dos «consagradas» (?) al frente de la caldera (sacri-[ficial).

CTA 99, n. 4 / *mṣprt* (De Moor, *l. c.)* / *špš.my prt.* (Vir.); c. *[bqẓ/dgn],* cf. lín. 6, 71-74; 1.19 I 41-42 / *[lkrmm]* (Lipiński, OLP [1972] 117). *Lín. 29:* c. *[mt wšr],* cf. *sup.* lín. 8 / *[wkl(?)].y[ṯ]b* (UR) / *[lm]s[pr].y[ṯ]b* (De Moor, NYCI II, 20; UR). *Lín. 30:* así, KTU / *]bh(?).gp ym* (Vir.) / *(?)]p.gp ym* (CTA) / *]b[ ].gp ym* (UT); c. *[šn]b(?)h(?)* (KU) / *[yʿl]bh* (NA) / *[il.yn]bh.* (CML) / *[il --(?)]p.* (UR) / *[wil. y]ṣi.gp* (De Moor, *l. c.); gp* por *ḫp* (Whitaker, CUL, p. 278); *wyṣ[m]d.* (AK, KU; Albright, JPOS [1934] 133) / *wyṣ.d* (Gaster, JAOS [1946] 53) / *wyṣʿ(?)d.* (UT). *Lín. 31:* / *]lp(?) mštʿltm.* (Vir.); c. *[by]d(?)h(?)* (KU) / *[tšʿl.ʿl.p] mštʿltm* (NA) / *[t yd]lp* (CML; cf. *Thespis)* / *[yqḥ.]il[.]* (CTA), cf. *inf.* lín. 35 / *[yʿdb.]il[.]* (De Moor, *l. c.)*

(miembros)...» (Aistleitner) / «... hace abundar sus sarmientos con...» (Driver) / «... invoca también al Sol que hace... florecer...» (Gaster) / «... hace enrojecer sus parras...» (Caquot-Sznycer) / «El pálido sol les conduce...» (Lipinski, OLP [1972] 117; Gibson) / «... vuelve amarillas sus ramas...» (Trujillo); cf. gl. *spr/ṣpr, dlt.* *Lín. 26-27:* cf. *sup.* lín. 7. *Lín. 28-29:* cf. *sup.* lín. 8 y 13 / «... se repite» (Aistleitner, De Moor). *Lín. 30:* / «*Ilu* se acuerda de la ribera del mar y marcha...» (Driver) / «... y se conmovió el miembro de *Thm*...» (Aistleitner); cf. gl. *gp, ṣǵd.* *Lín. 31/35-36:* / «*Ilu* toma dos teas/efigies, ... de encima del fuego» (Gordon) / «... tomó sus dos correspondientes (mujeres), ... sobre el 'hogar'» (Aistleitner) / «... lo hace escurrir/toma a (dos) puñados, ... (y vierte) encima de la caldera» (Driver, Foley) / «*(Ilu* coge agua) chorro a chorro, en sus dos manos, hasta que la caldera rebosa» (Gray, Gaster) / «*Ilu* coloca/quitó unas balanzas...» (De Moor, NYCI II, 20) / «... *(Ilu)* (tomará) a las dos mujeres que hacen subir (el agua)... hasta el borde...» (Caquot-Sznycer) / «... toma... de encima del brasero» (Xella) / «... (percibió) dos mujeres moviéndose arriba y abajo, ... sobre la caldera» (Gibson) / «toma dos cazos, ... que llenaban un cántaro... toma, bebe en su casa» (Cross, CMHE 22) / «*Ilu* [ve (?)] a las dos concubinas, ... junto a la boca del recipiente» (Trujillo) / «... las dos (mujeres) que llevan un puchero en la cabeza» (Watson, UF 9 [1977] 281) / «*Ilu* puso/tomó dos 'platitos' sobre/de sobre la gran fuente»

[32]h*l*h.t*špl*.hl*h.trm*.	Mira, una se agachaba, la otra se alzaba;
hlh.tṣḥ.ad ad	mira, una gritaba: «¡padre, padre!»,
[33]*whlh.tṣ*ḥ.*um*.um.*um*.	y la otra: «¡madre, madre!».
*tirkm.yd.*il.*kym*	Se alargó el miembro de *Ilu* como el mar,
[34]w*yd il.km*d*b*.	el miembro de *Ilu* como la marea;
a*rk.yd.il.kym*	era largo el miembro de *Ilu* como el mar,
[35]*w.yd.il.kmdb*.	el miembro de *Ilu* como la marea.
yqḥ.il.mštʿltm	Tomó *Ilu* a dos «consagradas» (?),
[36]*mštʿltm.lriš.agn*.	a dos «consagradas» (?) al frente de la caldera (sacri-
yqḥ.yš.bbth	(las) tomó (y las) estableció en su casa. [ficial),

Rito de fertilidad

[37]il.*ḫṭh.n*ḥt.	Depuso *Ilu* su cetro,
il.ymnn.mṭ.ydh.	enderezó la vara de su mano;
yšu [38]yr.*šmmh*.	(la) alzó y disparó al cielo,
yr.bšmm.ʿṣr.	disparó en el cielo a un pájaro,
yḫrṭ yšt [39]*lp*ḥ*m*.	(lo) desplumó (y) puso sobre las brasas.
il.aṯtm.kypt.	*Ilu* a las dos mujeres quiso efectivamente seducir.
hm.aṯtm.tṣḥn	Si ambas mujeres gritaban:
[40]ym*t.mt.nḥt*m.*ḫṭk*.	«¡Oh hombre, hombre!, tu cetro depusiste,
mmnnm.mṭ ydk	enderezando la vara de tu mano;
[41]*h[l].ʿṣr.tḥrr.lišt*.	mira, un pájaro has tostado al fuego,
ṣḥrrt.lpḥmm	(lo) has asado a las brasas»,

/ *[yʿn].il.* (UR) / *[yšt]* (Dietrich-Loretz, UF [1977] 343, n. 1). *Lín. 32:* / así, ya Gaster, *l. c.*, y Nielsen, RSM 82 / *lšhl* (Vir.) / *lšpl* (Montgomery, JAOS [1934] 65; KU). *Lín. 36:* *yš* error por *yšt* (Vir.), cf. *inf.* lín. 38. *Lín. 41:* cf. *inf.* lín. 45, 48, *wṣḥrrt*

(Dietrich-Loretz, UF [1977] 343); cf. gl. *mštʿltm, lriš, agn.* *Lín. 32:* / «¡Mira, está flojo, ... está erguido...!» (Dahood, JNSL [1972] 19) / «Ahora se hunden, ahora se alzan, ahora gritan...» (Pope, UF 11 [1979] 703); cf. gl. *špl.* *Lín. 33-35:* / «... la mano de *Ilu* se alarga..., ... (es) larga...» (Foley) / «¡Que se alargue la mano de *Ilu...!* Se alargó...» (Gordon; Xella, MSS 37, 89); cf. gl. *yd, mdb.* *Lín. 37ss:* «*Ilu* apuntó su bastón con su mano derecha...» (De Moor, NYCI II, 21) / «En cuanto a *Ilu,* su vara está baja... levanta (su arco)...» (Gordon, PLM 62) / «*Ilu* se empleaba en afilar su bastón, ... tensó la vara con un tendón...» (Delekat, UF [1972] 22-23) / «... dobla la duela de su arco, ... apunta su poderosa saeta...» (Cross, CMHE 23; Trujillo, pero cf. Pope, UF [1979] 706) / «(Pero) la verga de *Ilu* se abaja, la tensión de su miembro languidece») (Caquot-Sznycer; cf. Aistleitner); cf. gl. *nḥt, ymn/mnn, mṭ yd.* *Lín. 39ss:* / «*Ilu* quería copular con las dos mujeres. He aquí que ambas gritan...» (Gordon, UL 60) / «Al seducir..., gritaron las dos...» (Aistleitner) / «*Ilu* pretendía sin duda seducir...» (De Moor, *l. c.)* / «... tienta a las dos... Si ambas...» (Gordon, UMC 95; Tsumura) / «¡Qué/efectivamente bellas son las mujeres!» (Xella, Caquot-Sznycer; Dahood, UF [1969] 24); cf. gl. *ypt, hm.* *Lín. 41-42/47-48:* / «... quemándose están a las brasas las dos mujeres...» (Driver, Gaster) / «... el pájaro se tostó al fuego...» (Gibson) / «... he aquí que asas

[42]a[ṯ]tm.aṯt.il.	(entonces) las dos mujeres (serían) mujeres de *Ilu,*
aṯt.il.w.ʿlmh.	mujeres de *Ilu* y esto por siempre.
whm [43]aṯtm.tṣḥn.	Pero si las dos mujeres gritaban:
y.ad.ad.nḥtm.ḫṭk	«¡Oh padre, padre!, tu cetro depusiste,
[44]mmnnm.mṭ ydk.	enderezando la vara de tu mano;
hl.ʿṣr.tḥrr.lišt	mira, un pájaro has tostado al fuego,
[45]wṣḥrrt.lpḥmm.	(lo) has asado a las brasas»,
btm.bt.il.	(entonces) las dos hijas (serían) hijas de *Ilu,*
bt.il [46]wʿlmh.	hijas de *Ilu* y esto por siempre.
whn.aṯtm.tṣḥn.	Y he aquí que las dos mujeres gritaron:
y.mt.mt [47]nḥtm.ḫṭk.	«¡Oh hombre, hombre!, tu cetro depusiste,
mmnnm.mṭ ydk.	enderezando la vara de tu mano;
hl.ʿṣr [48]tḥrr.lišt.	mira, un pájaro has tostado al fuego,
wṣḥrṭ.lpḥmm.	(lo) has asado a las brasas»,
aṯtm.aṯ[t.il]	(y) las dos mujeres (fueron) mujeres de *Ilu,*
[49]aṯt.il.wʿlmh.	mujeres de *Ilu* y esto por siempre.

Hierogamia y parto

yhbr.špthm.yšq	Se inclinó, besó sus labios;
[50]hn.špthm.mtqtm.	y sus labios eran dulces,
mtqtm.klrmn[m]	dulces como lo son las granadas.
[51]bm.nšq.whr.	Al besar(las) hubo concepción,
bḥbq.ḥmḥmt.	al abrazar(las) hubo preñez.
tqt[nṣn w] [52]tldn.	Se acurrucaron y dieron a luz,
šḥr.wšlm.	a *Šaḥru* y a *Šalimu.*
rgm.lil.ybl.	Palabra a *Ilu* se le llevó:
aṯ[ty] [53]il.ylt.	—«Las dos mujeres de *Ilu* han dado a luz».
mh.ylt.	—«¿Qué es lo que han dado a luz?
yldy.šḥr.wšl[m]	A mis hijos, *Šaḥru* y *Šalimu.*
[54]šu.ʿdb.lšpš.rbt.	Coged y poned(los) junto a la Gran Dama *Šapšu*
wlkbkbm.kn-[ ]	y las estrellas [inmutables (?)]».

(Rosenthal, «Or» [1939] 231) / *[w]ṣḥrrt* (RSM, *l. c.).* *Lín. 46:* cf. lín. 39, 42, *hm*/*whm.* *Lín. 48:* cf. *sup.* lín. 42; *wṣḥrt* error por *wṣḥrrt* (Vir.), cf. *sup.* lín. 41, 45. *Lín. 49:* así, Gaster, JAOS (1946) 54; CTA, KTU; cf. *inf.* lín. 55-56 / *yš[u]* (Vir.) / *yšu* error por *yṣq* (CE). *Lín. 50:* así, KU / *klrmn(?)/klrmt* (Vir.) / *klrmn[m/t]* (UT; Gaster, *l. c.).* *Lín. 51:* *ḥmḥmt* posible error por *wḥmḥmt* (AK, CML), cf. *inf.* lín. 56; *tqt[nṣn.w(?)]* (Vir.), cf. *inf.* lín. 58. *Lín. 52:* así, Vir., cf. *inf.* lín. 60; posible haplografía de *tld* (Rosenthal, «Or» [1939] 220, 222), cf. *inf.* lín. 58. *Lín. 54:* / *kn[m]* (Gaster,

un pájaro..., se tuesta...» (De Moor, NYCI II, 22); cf. *ḥrr, ṣḥrr.* *Lín. 51/56:* / «Al besar hubo gemido, al abrazar, suspiro» (Mustafa, AcOrHung [1975] 99-100). *Lín. 52-53:* / «Mis dos mujeres, ¡oh *Ilu!,* ...» (Gordon, UMC 97; De Moor, *l. c.;* Tsumura) / «La mujer, ¡oh *Ilu!,* ha dado a luz. ¿Qué me ha dado como hijo?» (Caquot-Sznycer; cf. Largement) / «... dos han nacido...» (Gibson). *Lín. 54:* cf. *inf.* lín. 65 / «¡Presentad una ofrenda a *Šapšu*... un (sacrificio) establecido/perpetuo»

[55]yhbr.šptbm.yšq.	Se inclinó, besó sus labios;
hn.šptbm.mtqt[m.]	y sus labios eran dulces,
[mtqtm.klrmnm]	[dulces como lo son las granadas].
[56]bm.nšq.whr.	Al besar(las) hubo concepción,
bḥbq.wḥ[m]ḥmt.	al abrazar(las) hubo preñez.
yṯbn [57]yspr.lḫmš.	—Volverá a recitarse hasta cinco veces (más)
lṣlmm[.]wyšr.pḫr	al son de címbalos (?) y cantará la asamblea: —
klat [58]tqtnṣn.wtldn.	Ambas se acurrucaron y dieron a luz,
tld[.i]lm.nʿmm.	a los dioses apuestos dieron a luz,
agzrym [59]bn.ym.	a los voraces ya de sólo un día,
ynqm.bap[.]ḏd[.]	que maman de los pezones [de la Señora].
rgm.lil.ybl	Palabra a *Ilu* se le llevó:
[60]aṯty.il.ylt.	—«Las dos mujeres de *Ilu* han dado a luz».
mh.ylt.	—«¿Qué es lo que han dado a luz?
ilmy.nʿmm.	A los/mis dioses apuestos,
[61]agzrym.bn ym.	a los voraces ya de sólo un día
ynqm.bap.ḏd.št.	que maman de los pezones de la Señora;
špt [62]larṣ.špt lšmm.	(que ponen) un labio en la tierra y otro en el cielo
wyʿrb.bphm.	y entran en su boca
ʿṣr.šmm [63]wdg bym.	los pájaros del cielo y los peces del mar;

JAOS [1946] 54; *Thespis* [1950] 451) / *knt* (De Moor, NYCI II, 22). *Lín. 55:* así *(yšq),* ya Gaster, *l. c.,* cf. *sup.* lín. 49 / *yšu* (Vir.); para la restauración de la línea, cf. *sup.* lín. 50 (Rosenthal, *l. c.;* KTU; UR). *Lín. 56: / yṯbn[.w(?)]* (Vir.). *Lín. 57:* así, KTU / *lṣb(?)[ ]šr.* (Vir.) / *lṣb[i wlʿ]šr* (Gaster, *l. c.)* / *lṣb[i.lʿ]šr* (Tsumura, UF [1978] 387, 390) / *lṣb[i.wl]šr* (CML) / *lṣ[l][ṣlm t]šr* (UR) / *lṣ[lmm]* (De Moor, NYCI II, 22). *Lín. 59:* error por *ḏd.⟨št⟩* (Vir., CTA), cf. *inf.* lín. 61 / *ḏ]d[.ṯt.]* (CML); o toda la frase: *agzrym...št* dittografía aquí (AK), cf. *sup.* lín. 52. *Lín. 60: / ylt[ ]ilmy(?)* (Vir.); raspado el final *[agzr/agzry/agzr.b(?)]* (Vir., CTA, KTU) / *nʿmm[ ]k* (UT); *ilmy* posible error por *ilm* (AK), cf. *sup.* lín. 23; o por *ilym* (Dietrich-Loretz, UF [1977] 54, n. 22); posible haplografía de *yldy* (Rosenthal, «Or» [1939] 220), cf. *sup.* lín. 53. *Lín. 61: št* posible (!) error por *ṯt* (CML). *Lín. 62:* así, KTU / *wlʿrb* (Vir.) / *wd(!)ʿrb* (Albright, BASOR 71 [1938] 37) / *w(?)ʿrb* (UR). *Lín. 63: lzr* error por *lgzr* (KU) / *wndd[ ]z[ ]lz(?)w(?).* (Vir.) / *...](k/r).* (UT) / *wndd.[ ]z[ ]lzr.* (UDGG) / *gzr*

(Aistleitner, Xella, Caquot-Sznycer, Tsevat) / «¡Levantad (y) preparad (ofrendas) para...» (Driver, Tsumura) / «¡Venga! Estableced para *Šapšu* una gran ciudad (?)» (De Moor, *l. c.);* cf. gl. *ʿdb, kn.* *Lín. 56-57:* / «... será recitado... por la tropa y los jefes (?) de la asamblea» (Driver, Foley) / «... al son de címbalos la asamblea cantará la conclusión» (Trujillo) / «... el conjunto acaba con: ...» (Aistleitner) / «Se sienta (y) cuenta hasta cinco (meses) para el crecimiento, hasta diez para la plenitud total» (Tsumura; cf. UF [1978] 388, 395) / «... recitarán hasta (?) cinco, ... diez todos juntos» (Tsevat, EI [1978] 25). *Lín. 58-59/61:* para las diversas versiones de *agzrym* [«insulares, (dos) imágenes de *Ym;* glotones, que parten el día, el mar»] y de *bn ym* [«(dos) hijos/del mar/*Ym,* nacidos en un/el mismo día, de un día de edad, inmediatamente»], cf. gl. *Lín. 63-64:* / «... ponen tanto el (pecho) derecho como el izquierdo a su boca...» (Aistleitner) / «... y se precipitan de bocado en bocado tan

wndd.gzr[.]lzr[.]	y volando, pieza tras pieza
y'db.uymn [64]*ušmal.*	meten a dos carrillos
bphm.wl[.]tšb'n.	en su boca, sin saciarse».

Orden-ejecución

y.*aṯt.itrḫ*	«¡Oh mujeres que he desposado!
[65]*ybn.ašld.*	¡Oh hijos que he engendrado!
šu.'db.*tk.mdbr.qdš*	Coged (y) situaros en el desierto santo,
[66]*ṯm.tgrg.labnm.*wl.*'ṣm.*	allí avecindaos junto a las piedras y los troncos
šb'.šnt [67]*tmt.*	durante siete años completos,
ṯmn.nqpt.'d.	durante ocho giros de tiempo».
i*lm.n'mm.ttlkn* [68]*šd.*	Los dioses graciosos recorrieron el campo,
tṣdn.pat.mdbr.	rastrearon las lindes del desierto.

Diálogo

wngš.hm.nǵr [69]*mdr'.*	Y se encontraron con el guarda del sembrado
wṣ*ḥ.hm.'m.nǵr.mdr'.*	y gritaron ellos al guarda del sembrado:
y.nǵr [70]nǵ*r.pt*ḥ.	«¡Oh guarda, guarda, abre!».
*wptḥ[.]*h*w.prṣ.b'dhm*	Y él abrió una brecha para ellos
[71]*w'rb.h*m.	y ellos se introdujeron.

---

lg[zr] (Gaster, JAOS [1946] 55) / *[lg]z[r] gz[rm] (Thespis* [1950] 451) / *gzr.lgr* (NA) / *⟨l⟩gzr.lgzrm* (CML). *Lín. 63-64:* posible interpolación de *uymn ušmal* (Dietrich-Loretz, UF [1977] 54, n. 33). *Lín. 64:* así, ya KU y Albright, BASOR 71 (1938) 37, n. 20 (pero cf. Tsumura, UF [1979]) 781 / *wl[d]šb'ny* (Vir.) / *wlu(!)šb'n(!)y(!)* (Gaster, *l. c.;* CML) / *wl[k]šb'n y* (NA). *Lín. 65:* así, ya KU y Albright, *l. c.* / *ašd(?)d[.]* (Vir.). *Lín. 71:* / *w'rb.hl(?)g.hm[* (Vir.); c. *hm[iṯ.dgn l]lḥm.* (CML; cf. *Thespis)* /

---

pronto como están preparados... (y puestos)...» (Driver; cf. Gaster, *Thespis,* 433) / «... de prisa se pone cacho a cacho...» (Caquot-Sznycer) / «Allí están ellos, glotón con glotón...» (De Moor, NYCI II, 23; cf. Pope, UF [1979] 707) / «... se colocaron 'rompedor' junto a 'rompedor'» (Gibson) / «... y se mueven trozo a trozo, arrastran a derecha... con su boca...» (Dietrich-Loretz, UF [1977] 54); cf. gl. *ndd, gzr.* *Lín. 64-65:* / «Las mujeres... han parido la septena (de dioses)...» (Gordon, UMC 97; cf. Tsumura, UF [1978] 389, n. 10; pero cf. Gordon, PLM 64) / «¡Ah! ¡Qué mujer he desposado! ¡Qué hijo he engendrado! (Caquot-Sznycer). *Lín. 65:* cf. *sup.* lín. 54 / «¡Venga!, estableced un santuario...» (De Moor, *l. c.;* Gibson) / «... y preparad en el desierto de *Qadeš*...» (Gordon; cf. Largement) / «... en el desierto de *Qudšu*...» (Tsumura) / «... llevad menaje al pavoroso desierto» (Gray); cf. gl. *mdbr, qdš.* *Lín. 66:* / «... allí vagad/vagaron entre piedras y troncos...» (Driver, Gray); cf. gl. *grgr.* *Lín. 67:* otras versiones interpretan diversamente *'d* (cf. gl.) o lo unen como conjunción al período siguiente (Gordon, Rin). *Lín. 68-70:* / «... y se toparon con un hombre que almacenaba grano...; abre tu almacén...» (Gaster); cf. gl. *nǵr, mdr'.* *Lín. 70-71:* / «... les repartió una ración... y les gustó» (Gaster) / «... y

hm.[i<u>t</u>.ln.l]ḥm.	«Si [hay para nosotros] pan,
wtn [72]*wnlḥm.*	danos para que comamos;
hm.i<u>t</u>[.ln.yn.]	si hay [para nosotros vino],
[w]tn.wnšt	danos para que bebamos».
[73]*wʿn hm.nǵr mdrʿ[.]*	Y respondió el guarda del sembrado:
[ ]-at	[«Hay pan, que entró en plenitud (?)],
[74]*i<u>t</u>.yn.dʿrb.b<u>t</u>k[ ]*	hay vino que entró en [abundancia (?)];
[ ] [75]*mǵ.hw.*	[cualquiera sea] el que (?) llegue,
lhn.lg.ynh[ ]	a él una cántara de vino [(le corresponde)...]
[76]*wḥbrh.mla yn[ ]*	y su vasija puede llenar de vino...».

hm [i<u>t</u> lḥm lḥ]m (CE) / *hm[bʿdny.i<u>t</u>.l]ḥm* (NA) / *hm[.i<u>t</u>bbtk.]llḥm* (De Moor, NYCI II, 23) / *[ay]* (Gibson, CML), cf. lín. 6. *Lín. 72:* así, KTU / *i<u>t</u>[.yn w]tn* (Vir.) / *hm i<u>t</u>[.ḫmr.yn(?) w]tn* (KU) / *hm i<u>t</u>[.yn.bhlny.w]tn* (NA) / *hm.i<u>t</u>[.yn.dšrb.w]tn* (CML), cf. *inf.* lín. 74 / *hm.i<u>t</u>[yn šty w]tn* (CE) / *hm i<u>t</u>[.bbtk.yn.w]tn* (De Moor, NYCI II, 24). *Lín. 73:* c. *[i<u>t</u> lḥm bml]at* / *mdrʿ [.i<u>t</u>.dgn.llḥm.]w* (Gaster, *l. c.;* CML) / *mdrʿ [i<u>t</u> lḥm]t* (UT) / *mdrʿ [i<u>t</u>.lḥm.dʿrb.b]t* (De Moor, *l. c.)* / *mdrʿ [lk km bʿdkm]* (NA) / *[i<u>t</u> lḥm lḥm]w* (CE). *Lín. 74:* / *dš(!)rb* (Gaster, JAOS [1946] 56; *Thespis* [1950] 451; CML) / *l(!)ʿrb* (CTA); c. *b<u>t</u>k[m.yn.yšt]* (NA) / *b<u>t</u>k[n* (CE) / *b<u>t</u>k[(?)* por *b<u>t</u>r[t(?).* *Lín. 75:* / *mǵ ipt* (Vir., KU); c. *mǵh pt... ynh[mla]* (NA). *Lín. 76:* / *.wḥdrh* (Dahood, PNSP 50).

por su causa concede gracia» (Gray); cf. gl. *prṣ, bʿd, ʿrb.* *Lín. 73-75:* / «... hay pan/vino que llegó de...» (De Moor, NYCI II, 24). *Lín. 75-76:* / «... saca un azumbre de vino... y su compañero está lleno de vino...» (Driver) / «... se acerque... llene a su(s) compañero(s) de vino» (Gibson) / «... su(s) depósito está(n) lleno de vino» (Dahood, PNSP 50). Una peculiar interpretación de estas últimas líneas la ofrece Gaster *(Thespis,* 435); cf. gl. *lg, ḥbr.*

MITO RITUAL DE «LAS BODAS DE YARḪU *Y* NIKKAL»

(KTU 1.24)

INTRODUCCION

EL TEXTO

La tablilla KTU 24 es una de las pocas que se nos han conservado enteras, sus dimensiones originales son 12 × 7 cm, es decir, un ejemplar más bien pequeño en comparación con las otras tablillas mitológicas. Fue hallada en la campaña de 1933. El texto se continúa de una a la otra cara por el margen inferior y está algo deteriorado, sobre todo en la parte derecha superior del anverso. Está dividido por una línea horizontal, que parece distinguir dos composiciones diversas, y carece de título y colofón [1]. Son de notar sus peculiaridades ortográficas (signos *ǵ* y *ḏ,* y parcialmente *ṯ* y *ḫ)* y fonéticas *(ḏ* por *d, ẓ* por *ṭ),* de naturaleza arcaizante. La ortografía, en general, es poco cuidada y se sirve escasamente del signo separador, al parecer con valor esticométrico [2].

Ateniéndose a la división material (línea horizontal) señalada por el escriba, se distinguen generalmente dos composiciones, que, por iniciarse con la misma forma cohortativa *(ašr),* resultarían ser dos «himnos» [3]. Pero la primera pronto

[1] Cf. Virolleaud, «Syria» 17 (1936) 209; Gaster, JRAS (1938) 37; íd., JBL 57 (1938) 82; De Langhe, TRS I, p. 162; Driver, CML, p. 23; Gibson, CML, p. 30; Jacob, RSAT, p. 56; Herdner, CTA, p. 101; pl. XXXIV-XXXV; Jirku, KME, p. 77 (habla equivocadamente de las líneas divisorias); Herrmann, YN, pp. 26s, 47-48; Caquot-Sznycer, RPO, p. 445; íd., TOu, p. 383.

[2] Cf. Virolleaud, «Syria» 17 (1936) 209; Gaster, JRAS (1938) 45; Ginsberg, «Or» 8 (1939) 317; Goetze, JBL 60 (1941) 354; Herdner, CTA, p. 101; Herrmann, NY, p. 48, n. 105; Caquot-Sznycer, TOu, p. 383; Wyatt, UF 9 (1977) 286; Horwitz, UF 9 (1977) 123-30.

[3] Cf. Virolleaud, «Syria» 17 (1936) 226 (interpretación equivocada en su referencia al mito de *Baʿlu);* Aistleitner, ZDMG 93 (1939) 52, 57-59; Goetze, JBL 60 (1941) 353-54 (dos partes independientes); De Langhe, TRS I, p. 162; Gordon, UL, p. 63; Herdner, CTA, p. 101; íd., «Semitica» 2 (1949) 2; Rinaldi, «Aegyptus» 34 (1954) 207; Jirku, KME, p. 77 (dos mitos); Margulis, JNES 4 (1972) 56 (dos partes); Caquot-Sznycer, TOu, p. 383; Caquot, SDB, fasc. 53, col. 1.389; Herrmann, YN, pp. 26-30 (para una valoración distinta del problema y para la historia general de la interpretación del texto); Grégoire-Groneberg, UF 6 (1974) 68, n. 21; Gibson,

deja la forma hímnica para extenderse en la «descripción» mítica de las bodas de *Yarḫu,* el dios lunar, con la divinidad *Nikkal(u),* también lunar. La dificultad principal que presenta el texto para su interpretación es la presencia de una primera sección (lín. 3-15) que, además de estar deteriorada, parece adelantar acontecimientos, en concreto el nacimiento del hijo, que se esperarían para el final, una vez celebrada la boda [4]. Algunos autores consideran hímnica toda esta parte, en correlación con el himno final. Tendríamos así un prólogo o preámbulo hímnico a las diosas *Kôṯarātu,* la descripción de la boda y un epílogo, igualmente hímnico, a las mismas divinidades; se trataría de dos himnos o invocaciones que encuadrarían el texto mítico [5]. Pero a esta división, que aparentemente soluciona el problema de la estructuración global del texto, se oponen otros datos: la introducción hímnica señala a *Nikkal-Ibbu* como destinataria de la misma (cf. igualmente lín. 37-38), no a las *Kôṯarātu;* éstas son introducidas a continuación sólo como sujetos de un encargo, no como objeto de exaltación hímnica, según es el caso en la parte final. No quedaría explicada, por otro lado, la línea divisoria con que el escriba parece separar dos textos distintos.

CML, p. 31 (dos himnos); Rendtorff-Stolz, UF 11 (1979) 710 *(idem).* El profesor Rendtorff, en colaboración con Günther y Stolz de Heidelberg, hace tiempo que tiene preparado para su publicación un estudio completo sobre este mito ritual (según correspondencia con el propio autor).

[4] A este propósito Herrmann, YN, pp. 7, 31, 34 (también Du Mesnil, EDP, p. 3, y antes Goetze, JBL 60 (1941) 372), supone (versión en tiempo pasado) como normales la concepción y el nacimiento del hijo antes de la boda, según el modelo que ofrece Gn 34, 1-4 (seducción-violación de Dina por Siquem y posterior petición; cf. también Ex 22,14; Dt 22,28). Pero estimo que el paralelismo es meramente aparente y desconoce el diverso carácter literario de los relatos (mito cúltico/leyenda), así como su función y *Sitz* (modelo/crimen); cf. Grégoire-Groneberg, UF 6 (1974) 68 (el padre entrega la novia). Por otra parte, en el tiempo mítico no se precisa tal secuencia, todo es coetáneo; por eso no es tan decisiva la versión en pasado o futuro.

[5] Cf. Aistleitner, MKT, p. 63 (pero cf. íd., ZDMG 93 (1939) 52, donde considera la parte última, lín. 40-50, como unidad aparte; la invocación conclusiva de la primera estaría en lín. 37-39); Jirku, ZDMG 100 (1950) 202-204; Driver, CML, p. 24; Caquot-Sznycer, RPO, p. 445; íd., TOu, p. 383; Caquot, SDB, fasc. 53, col. 1.389. Para otras estructuraciones del poema, cf. *sup.* n. 3 y además Gaster, JRAS (1938) 37ss (cuatro partes: proemio, triple invocación, interludio mítico, epílogo); íd., JBL 57 (1938) 81ss; Goetze, JBL 60 (1941) 353ss [prólogo (lín. 1-3), cuerpo (lín. 3-37) subdividido en dos secciones con tres subdivisiones cada una, epílogo (lín. 37-39), aparte de lín. 40-50]; Herrmann, YN, p. 32 [un preludio (lín. 1-5) y dos partes principales]; Grégoire-Groneberg, UF 6 (1971) 67 (estructura temática); Welch, UF 6 (1974) 430-433 (estructura formal concéntrica); Watson, UF 9 (1977) 282 (estructura temática); Rendtorff-Stolz, UF 11 (1979) 710ss; 715 (estructura de lín. 5-15).

Por eso creo preferible solucionar la dificultad desde la interpretación interna del texto. En ese sentido estimo, con otros autores, que la primera parte aludida (lín. 5-15) debe entenderse como una «prolación» o, acaso mejor, como un «oráculo» o «encargo», a modo de preludio mítico, que adelantaría el resultado a que tienden los tratos posteriores (lín. 16-37). Tendríamos así una estructura similar a la que ofrece la primera tablilla del poema de *Kirta.* No se describe en el oráculo-encargo quién sea la doncella que dará a luz, pero eso debe darse por supuesto en la invocación a *Nikkal* y la posterior descripción de su boda. Salvado este inconveniente, el análisis literario no encuentra obstáculos mayores, dado lo nítido del texto.

ANALISIS LITERARIO

Invocación (1.24: 1-5). El texto se inicia con una «introducción» o «invocación» hímnica, al modo bíblico (cf. Sal 59,17; 89,2; 101,1) y clásico (cf. el «arma virumque cano» de la *Eneida)* [6], que señala los sujetos o protagonistas de la acción que se desarrollará a continuación y su situación o momento *(tc/tc).* A la puesta de *Šapšu,* el Sol, al salir *Yarḫu,* la Luna, este dios manifiesta su deseo de poseer a su prometida, a la madre de sus hijos. Esta es *Nikkal,* caracterizada como hija del «rey del verano», hipóstasis ella misma de la luz lunar (cf. lín. 38) cuya presencia peremne simboliza [7]. Estos versos forman así el «preludio» donde se enuncia el tema que desarrollará a continuación el poema: la boda y nacimiento divinos, tratados en orden quiástico.

Preanuncio (1.24: 5-15). Como hemos indicado anteriormente, tomamos esta sección como un «preanuncio» de que el deseo de *Yarḫu* se cumplirá, de

[6] Cf. Gaster, JRAS (1938) 49; íd., *Thespis,* p. 418; Largement, NA, p. 6; Driver, CML, p. 24; Herdner, CTA, p. 101; Herrmann, NY, pp. 2-5, 33-34; Rinaldi, «Aegyptus» 34 (1954) 194-196, 200; Gordon, LW, p. 27; Jirku, KME, p. 77; Kraus, *Psalmen I,* pp. XLIss; Tsumura, UDGG, pp. 179-80; Caquot-Sznycer, RPO, pp. 336, 445; íd., TOu, p. 383. Su paralelo ugarítico más claro se halla en 1.23:1,24 *(iqra).*

[7] Sobre el dios Luna en Ugarit, cf. Jirku, ZDMG 100 (1950) 202-204; su ciudad, según 1.18 IV 8; 1.19 IV 1-2, es *qrt ablm,* lugar donde es asesinado *Aqhatu.* En la Biblia hebrea también hay ciudades dedicadas a la Luna: *Bêt-yeraḥ, Yᵉrîḥô.* Para Wyatt, UF 9 (1977) 287ss, el apelativo *ib* haría referencia a *Yarḫu;* pero esto es improbable: se esperaría la expresión *ib wnkl* y además se menciona a ese dios por su propio nombre a continuación en la misma invocación introductoria. Para Herrmann, ZAW 83 (1971) 97, se confirmaría el origen hurrita de este mito (cf. íd., YN, p. 3); cf. también Gibson, CML, pp. 128, n. 7; De Moor, UF 11 (1979) 653.

que el hijo que apetece le nacerá. En consecuencia, se advierte en oráculo a las *Kôṯarātu* que se dispongan a cumplir su misión de parteras y nodrizas del recién nacido, para que éste crezca lozano [8]. Estas divinidades nos son ya conocidas, en situación semejante, por la «Leyenda de *Aqhatu*» (1.17 II 26ss) [9]. Su denominación de «hijas del Lucero» (mejor que «hijas de la Luna Nueva») les hace especialmente dignas de mención junto a las divinidades lunares y el sol. Esta sección es, con todo, la más deficientemente conservada, por lo que la interpretación ofrecida es sólo hipotética. Desde lecturas previas se la ha considerado formalmente compuesta por tres interpelaciones (*šmʿ*, «escuchad») [10], que irían progresivamente disminuyendo en la extensión del encargo dado (*bc/tc/bc//bc/bc//bc*).

Envío de mensaje (1.24: 16-23). Después del anterior «interludio» se nos presenta a *Yarḫu* enviando su mensaje (*bc*), aunque sin la fórmula de encargo. Aquel expresa (*bc/tc/bc*) su deseo de desposarse con *Nikkal*, y, suponiendo que *Ḫarḫabbu* sea el padre de la novia [11], equivale a lo que llamamos

[8] Cf. Herrmann, YN, pp. 5-11, 34-36; Virolleaud, «Syria» 17 (1936) 215 (anuncio de nacimiento a *Ilu*); Rinaldi, «Aegyptus» 34 (1954) 200-201; Gibson, CML, p. 31; Gordon, UMC, p. 24; íd., PLM, p. 65; por su parte, Rendtorff-Stolz, UF 11 (1979) 709-718, entienden esta sección como un ritual de conjuro (fecundidad) que incluye: presentación de la suplicante (no es *Nikkal*) y su situación, súplica general, invocación última (tercera) a los *Kôṯarātu;* su contenido se refiere al campo de la sexualidad (*yd, dšr, mtrḫt*).

[9] Cf. *sup.* p. 337, n. 35.

[10] Cf. Gaster, JRAS (1938) 37, 44; Goetze, JBL 60 (1941) 360; Rinaldi, «Aegyptus» 34 (1954) 202; Aistleitner, MKT, p. 63; Herrmann, YN, pp. 9, 33, nn. 36-37 (la última es una invitación a escuchar la declaración siguiente), 39; así también Driver, CML, pp. 24, 125; Gordon, UL, pp. 63-64; íd., UMC, p. 99; Rendtorff-Stolz, UF 11 (1979) 716.

[11] Cf. Dussaud, «Syria» 27 (1950) 376; Rinaldi, «Aegyptus» 34 (1958) 200ss; Driver, CML, p. 24; Jacob, RSAT, p. 57; Herdner, «Semitica» 2 (1949) 18; Jirku, ZDMG 100 (1950) 203; íd., KME, p. 77; Rin, AE, p. 290; Gray, LC, p. 249; Herrmann, YN, pp. 3, 11-14, 34, 36-39; Du Mesnil, «Berytus» 26 (1987) 78 (*Ḫarḫabbu* es *Môtu*). De un intermediario o «casamentero» hablan Virolleaud, «Syria» 17 (1936) 217-219; Dussaud, DRS, p. 143 (ambas interpretaciones, erróneas, cf. De Langhe, TRS II, pp. 365ss); Aistleitner, ZDMG 93 (1939) 53; Gordon, BASOR 66 (1937) 31; íd., UL, p. 63; íd., PLM, p. 65ss; Ginsberg, «Or» 8 (1939) 326; Goetze, JBL 60 (1941) 363, 365; Herdner, «Syria» 23 (1942-1943) 283 (pero cf. íd., «Semitica» 2 [1949] 17); Van Selms, MFL, pp. 24-25, 120; Herrmann, YN, p. 11; Van Zijl, *Baal*, pp. 268-269; Caquot-Sznycer, TOu, p. 384; íd., Caquot, SDB, fasc. 53, col. 1.389; por su parte, Wyatt, UF 9 (1977) 286-289, discute las diversas traduciones de lín. 17ss; sobre su solución, que quiere basarse en un estricto paralelismo y un nuevo sentido de *ʿrb*, cf. lo dicho *sup.* n. 7.

una «petición de mano» (cf. Gn 34,12); por su parte, se muestra dispuesto a aportar una cuantiosa dote [12].

Respuesta (1.24: 23-30). De nuevo, prescindiendo de mensajeros, se nos transmite la respuesta directa del destinatario del mensaje. Si continuamos suponiendo que éste es el padre de la novia pretendida, diremos que su respuesta es una «recusación cortés», en la que propone otra boda más brillante con una de las hijas de *Baʿlu,* la denominada «hija de la luz», lo que tan bien corresponde a su naturaleza astral *(cdb/tc/bc/bc);* incluso *ʿAṯtaru,* la estrella de la mañana, estaría dispuesto a interceder en ese sentido [13]. Sin embargo, los que toman a *Ḫarḫabbu* como intermediario en este proceso para conseguir la novia entienden esta sección como un «consejo disuasorio» respecto a *Nikkal.* Pero el hecho de que no aparezca más abajo ningún otro mensaje al padre de la novia, transmitido por este intermediario, hace preferible suponer que el destinatario directo del mensaje de *Yarḫu* es él, el mencionado padre de la novia.

Contrarréplica (1.24: 30-33). Pero la respuesta de *Yarḫu* es contundente e inquebrantable: se mantiene en su elección primera. Introducida por una cláusula de «conmoción» y discurso directo *(bc),* se expresa la «exclamación» de *Yarḫu:* su boda será con *Nikkal (bc)* [14].

Ejecución (1.24: 33-37). Ante tan decidida voluntad, el padre-señor accede y toda la familia se apresta a convenir la dote que sellará el compromiso

12 A las lín. 22-23 (cf. Is 5,1) les atribuyen algunos un valor sexual (la mujer como campo fértil) que no parece corresponder al contexto, que habla claramente de la dote que el novio ofrece: cf. Goetze, JBL 60 (1941) 376; Van Selms, MFL, p. 24; Herrmann, YN, pp. 37-38; Wyatt, UF 9 (1977) 290 (alusión cúltica, no sólo eufemismo); Young, UF 9 (1977) 297.

13 Cf. Driver, CML, pp. 24, 125 (interpretación algo distinta); Rinaldi, «Aegyptus», 34 (1954) 205-206; Herrmann, YN, pp. 14-18, 38. Sobre la identificación de *ybrdmy* como hija de *Baʿlu,* acaso *arṣy bt yʿbdr,* cf. Aistleitner, ZDMG 93 (1939) 57; Rinaldi, «Aegyptus» 34 (1954) 205-207; Du Mesnil, EDP, p. 14 (otro nombre de *Pidrayu);* en cambio, Goetze, JBL 60 (1941) 368, n. 89, la identifica con la ninfa *Anōbret,* citada por Filón de Biblos; así también Gray, LC, p. 249, n. 4; Herrmann, YN, p. 17. Sobre el carácter astral de estas divinidades, aunque con identificaciones discutibles, insiste Du Mesnil, EDP, pp. 1-7, 13-15; íd., NE, pp. 99ss *(Hll* es *ʿṯtr* = Venus, padre de las *kṯrt* = Pléyades/Hiades; *Ḫrḫb* es *Môtu;* este mito se relaciona así con el de *Šaḫru-Šalimu* = Dióscoros/Cabirias); sobre el particular, también Virolleaud, «Syria» 17 (1936) 209; Largement, NA, p. 6; Wyatt, UF 9 (1977) 288-290.

14 Cf. Dahood, «Bib» 34 (1962) 363s; íd., «Bib» 44 (1963) 292s; íd., UHP, pp. 27s, 34; Del Olmo Lete, «Claretianum» 10 (1970) 341-342. La mayoría de los autores descomponen lín. 32-33 en el esquema decisión-ejecución («A continua-

(dst), respondiendo con ello sin duda a la promesa del novio. Se trata de una costumbre de la vida social [15].

Epílogo (1.24: 37-39). El texto se cierra con una nueva «invocación» hímnica, que nos remite por inclusión a su inicio y que nos precisa quién sea la novia objeto del canto: es la luz de *Yarḫu.* Tenemos así el desdoblamiento de la divinidad lunar que se autogenera y desarrolla en su ciclo de luna nueva a luna llena [16]. El texto se cierra con un voto en favor del oyente.

Himno (1.24: 40-50). Las líneas finales de la tablilla contienen un himno a las diosas *Kôṯarātu,* en el que se ensalza su figura y enuncian sus siete nombres [17]. En mi opinión se trata de un texto independiente del precedente [18], aun reconociendo la coincidencia formal de su inicio hímnico y la referencia a las mismas divinidades en ambos *(tc/tc/tst).* La tablilla resulta así de género «antológico», al recoger dos poemas autónomos, relacionados por razón de la divinidad conmemorada en ellos.

SENTIDO Y FUNCION DEL MITO

La sección primera se presenta como un típico himno conmemorativo [19] que se inicia y termina por fórmulas de celebración, añadiendo incluso al final

ción...»), pero en realidad la ejecución no corresponde a *Yarḫu,* sino a la familia de la novia, como expresan las líneas siguientes.

15 Para las diversas versiones, cf. Herrmann, YN, pp. 18-20, 38; Gordon, BASOR 65 (1937) 31 (cf. Gn 24,53-55; 34,4-13); Driver, CML, p. 24 *(Yarḫu* mismo dispondría la dote); Jacob, RSAT, p. 57; Rinaldi, «Aegyptus» 34 (1954) 207; Caquot-Sznycer, RPO, p. 447; íd., TOu, p. 384; Watson, UF 10 (1978) 401.

16 Cf. Virolleaud, «Syria» 17 (1936) 224; Goetze, JBL 60 (1941) 359; Herrmann, YN, pp. 20-21, 38-39; Caquot-Sznycer, RPO, p. 447.

17 Cf. Aistleitner, ZDMG 93 (1939) 57; Du Mesnil, EDP, pp. 2-4; íd., «Berytus» 26 (1978) 59; Rinaldi, «Eegyptus» 34 (1954) 207-208; Lipinski, «Syria» 42 (1965) 66-67; Margulis, JANES 4 (1972) 56; Herrmann, YN, pp. 44-45, 46-47 (para la interpretación de los nombres y el posible valor mágico de tal enumeración); también, aunque diferente, cf. Virolleaud, «Syria» 17 (1936) 25-28; Van Selms, MFL, pp. 33-35, 48, 84 (son sólo cuatro); íd., UF 11 (1979) 743 (cuatro; esclavas divinas); De Moor, UF 2 (1970) 200; Caquot-Sznycer, TOu, p. 397; íd., RPO, p. 450; Rainey, RSP II, p. 77 [sólo cuatro; cf. la recensión de Watson, «Or» 46 (1977) 438-439, que propugna una interpretación «médica» del pasaje; su parcial reconsideración en UF 9 (1977) 281, n. 72; 283 (las *kṯrt* son sólo dos)].

18 Cf. *sup.* n. 3 y 5; para Herrmann, YN, pp. 21-25, 31ss, 39-40, 41-48, las diosas *Kôṯarātu,* no *Nikkal* ni *Yarḫu,* son las auténticas protagonistas o personajes centrales conmemorados en el texto; en ese sentido ya se pronunciaba Goetze, JBL 60 (1941) 360.

19 Cf. *sup.* n. 6.

un voto o súplica; en su cuerpo central desarrolla un tema o acción, el de la petición de mano o boda, precedido por el anuncio «profético» de su fecundidad. Es, pues, un «himno nupcial» o epitalámico [20], cantado probablemente con ocasión de las bodas humanas que, como es costumbre en Oriente, moderno y antiguo, cincidían con el fin de la cosecha, en otoño, y tenían su mo mento preciso de celebración al atardecer, y cuyo formulario y ritual reproduce en parte [21]. La proyección mitológica sigue, al parecer, un antiquísimo modelo sumero-acádico que celebra este momento a través del matrimonio del dios lunar *Sin (Yarḫu)* con *Nin-gal (Nikkal)* [22]. Hay incluso un texto de conjuro asirio-babilónico, citado por Caquot-Sznycer [23], que coincide en su argumento con el nuestro y que induciría a pensar en su empleo como encantamiento para favorecer el parto. Esta utilización circunstancial le otorga sin duda un sentido cultual y mágico, sin que esto equivalga a suponer que tuviese que ir acompañado de una contrapartida ritual de hierogamia [24]. En realidad, nuestro texto presenta un valor mitológico más amplio.

[20] Cf. Gaster, JRAS (1938) 37; íd., JBL 57 (1938) 82, 86; Ginsberg, «Or» 8 (1939) 327; Gordon, BASOR 65 (1937) 29ss; Dussaud, DRS, pp. 141-145; Herdner, «Syria» 23 (1942-1943) 282; Rinaldi, «Aegyptus» 34 (1954) 208s (lo considera un ritual de fertilidad agraria); Driver, CML, p. 24 (en *prbḫṯ* tendríamos el nombre de la novia, apellidada la más joven de las *kṯrt;* en parecido sentido, Gray, LC, p. 250; Gibson, CML, p. 31; Caquot-Sznycer, RPO, p. 447; íd., TOu, p. 397); Herrmann, YN, pp. 41ss, 44 (literariamente mixto: himno, oración, mito, conjuro mágico).

[21] Cf. Gaster, JRAS (1938) 37, 42-43; íd., JBL, 57 (1938) 82; Cassuto, GA, pp. 15-16; Driver, CML, p. 24; Gray, LC, pp. 248ss; Herrmann, YN, pp. 33, 36, 43, 48; Caquot-Sznycer, TOu, pp. 384, 386; Gordon, UMC, p. 24; íd., PLM, p. 65; Margulis, JANES 4 (1972) 58, 61 (cf. Sal 68,7, en su nueva interpretación); Grégoire-Groneberg, UF 6 (1974) 67-68 (himno con paralelo acádico); Welch, UF 6 (1974) 430-433 (estructura quiástica del poema); Watson, UF 9 (1977) 281-282 (estructura de encantamiento); Du Mesnil, «Berytus» 26 (1978) 56, nn. 10, 76 (para la neomenia de Año Nuevo); Rendtorff-Stolz, UF 11 (1979) 714ss (súplica-conjuro sumerio).

[22] Cf. Virolleaud, «Syria» 17 (1936) 111; Gordon, BASOR 65 (1937) 29; Dussaud, DRS, p. 142; De Langhe, TRS II, pp. 364ss, 369s; Tsevat, JNES 12 (1952) 61-62; Driver, CML, p. 24; Jacob, RSAT, p. 56; Herrmann, YN, pp. 45-46; Wyatt, UF 9 (1977) 285.

[23] Cf. Caquot-Sznycer, RPO, p. 446; íd., TOu, pp. 386-387; Margulis, JANES 4 (1972) 58-59; Grégoire-Groneberg, UF 6 (1974) 65-68; Watson, UF 9 (1977) 281-283; pero cf. Dietrich-Loretz, ZA 60 (1970) 226-228.

[24] Cf. Engnell, SDK, pp. 132-134; Hammershaimb, ST 3 (1951) 124ss; Stamm, VT 4 (1954) 27ss; Baumgartner, TRu 13 (1941) 94; Rinaldi, «Aegyptus» 34 (1954) 209; Gray, LC, p. 250. Por su parte, Herrmann, YN, pp. 42-48, ve en nuestro texto un ritual de conjuro mágico desarrollado para invocar a las *Kôṯarātu* con vistas a bodas y partos; cf. también Caquot, SDB, fasc. 53, col. 1.389; Rendtorff-Stolz, UF 11 (1979) 717.

La parte segunda es un «himno» en honor de las «diosas del parto», que lógicamente podían ser invocadas en una situación semejante a la mencionada [25].

[25] Para un resumen del contenido del texto, cf. Virolleaud, «Syria» 17 (1936) 209ss; Gordon, BASOR 65 (1937) 29ss; íd., UL, p. 63; íd., UMC, p. 98; íd., PLM, pp. 65-67; Gaster, JRAS (1938), pp. 37ss; íd., JBL 57 (1938) 81ss; Aistleitner, ZDMG 93 (1939) 52ss; íd., MKT, p. 63; Ginsberg, «Or» 8 (1939) 317ss; Goetze, JBL 60 (1941) 353ss; Herdner, «Semitica» 2 (1949) 17ss; Nielsen, ZDMG 92 (1938) 533s; Rinaldi, «Aegyptus» 34 (1954) 193-210; Driver, CML, pp. 23ss, 125ss; Gibson, CML, pp. 30-31, 128-129; Løkkegaard, ST 10 (1956) 53ss; Engnell, SDK, pp. 132-134; Brockelmann, HdO, p. 47; Jirku, KME, p. 77; íd., ZDMG 100 (1950) 203; Gray, LC, pp. 246ss; Du Mesnil, EDP, pp. 3ss; Rin, AE, p. 290; Herrmann, YN, pp. 31ss; íd., ZAW 83 (1971) 97; Caquot-Sznycer, RPO, pp. 445ss; íd., TOu, pp. 383ss; íd., Caquot, SDB, fasc. 53, col. 1.388-1.389; Grégoire-Groneberg, UF 6 (1974) 65-68; Welch, UF 6 (1974) 430-433; Watson, UF 9 (1977) 281-283.

TEXTO Y VERSION

KTU 1.24

Invocación

^{1}ašr *nkl wib*	Voy a cantar a *Nikkal(u)-Ibbu,*
^{2}*ḫr*ḫb.*mlk* qẓ	(la) de *Ḫarḫabbu,* rey (de la fruta) del verano,
ḫrḫb m^{3}*lk* a*ǵzt.*	de *Ḫarḫabbu,* rey (de la época) de las nupcias (?),
*bs*rr*(?)* š*p*š	(cuando) al declinar (?) *Šapšu,*
^{4}yr*ḫ yṯkḥ y*ḥ- -	*Yarḫu* estrecha (y) abraza (?)
l/d ^{5}*tld b*k*(?)*ṯ*rt.*	a la que dará a luz con (la ayuda de) las *Kôṯarātu.*

Preanuncio

ḫ-*[k]*^{6}*ṯrt.*	¡Oh [diosas] *Kôṯarātu!*
*lb*nt*.*hl*l*l*[snnt]*	¡Oh hijas del Lucero, [golondrinas]!

Lín. 1: c. *w ib[d],* cf. Goetze, JBL [1941] 355; Wyatt, UF [1977] 286 / *ib[h]* (Vir.), cf. *inf.* lín. 37-38 / *wib [bt(?)]* (Ginsberg, «Or» [1939] 323) / *wib [ ]* (UT), cf. *inf.* lín. 18. *Lín. 3:* así, KTU / *lk t(?)ǵzt bsǵ [ ]špš* (Vir.) / *bsǵ/r[* (CTA); c. *bsǵsǵ špš* (Gaster, JRAS [1938] 50; Ginsberg, *l. c.)* / *bsǵsǵt...* (Goetze, JBL [1941] 371). *Lín. 4:* c. *yḥ[bq(?)...]* (Vir.) / *yḥ[bq.ib]d* (Ginsberg, *l. c.)* / *yḥ[bqh ʿ]d* (Goetze, *l. c.)* / *yḥ [yl]d* (Gaster, JRAS [1938] 45) / *yḥ[dt],* cf. Sal 68,7. *Lín. 4-5: dtld* quizá error por *dt tld* (Gibson, CML). *Lín. 5:* así, KTU; c. *y[ilht k],* cf. *inf.* lín. 11, 40 / *tld b(?)[n(?)]l(?) [?].[šmʿ.lk]* (Vir.) / *tld bn l[n]h.[šmʿ mʿ.lk]* (CML; cf. Goetze, JBL [1941] 371), cf. *inf.* lín. 11, 14-15 / *tld bt(?) [š]m[ʿ lk]* (Gaster, *l. c.)* / *tld btl[t lk]* (Gordon, BASOR 65 [1937] 32; UT) / *tld bt.[--]t.ḫ[---lk]* (CTA) / *ḫ[rḫb lk]* (Gibson, CML) / *ʿrb lk]* (Rendtorff-Stolz, UF [1979] 717). *Lín. 6:* cf. *inf.* lín. 40-41. *Lín. 7:*

Lín. 1-2: / «... la hija de...» (Aistleitner, Driver...). *Lín. 2-3:* / «... rey del verano, ... del otoño...» (Driver, Largement) / «... del verano, rey estival...» (Gordon) / «rey de la estación de la invasión/saqueo...» (Goetze, Aistleitner, Driver); cf. gl. *t/aǵzt. Lín. 4:* / «... la Luna se alza...» (Gordon) / «... la Luna brilla...» (Welch, UF [1974] 431) / «... *Yarḫu* se relaja...» (Driver) / «... y la luna mengua...» (Margalit, MLD 91, n. 2) / «... vence...» (Rinaldi, «Aegyptus» [1954] 200) / «... se enardece/inflama...» (Rin, Caquot-Sznycer, Pope) / «... destapa...» (De Moor, VT [1964] 371-372; Grégoire-Groneberg, UF [1964] 67, n. 20); cf. gl. *ṯkḥ. Lín. 6/40-41:* / «... brillantes hijas del cuarto creciente» (Driver) / «... hijas de *Hll,* ... artistas» (Aistleitner) / «... hijas del grito jubiloso...» (Gordon, Ginsberg) / «... ¡Oh hijas de la Luna Nueva...» (Gordon,

[7]*hl ǵl*mt *tld bn[ ]*	¡He aquí que la doncella dará a luz un hijo [a *Yarḫu]!*
[8]*ʿnha lydh tz*d[ ]	¡Mirad por él, a sus manos prestad sustento,
[ ] [9]*pt lbš*rh.dm	[proveed] a su carne de sangre,
a/n[ ]ḥ [10]*wyn.*	[criadle (?) y hacedle] vigoroso,
k*mtrḫt[ ]h*	cuando la esposa [de *Yarḫu* le dé a luz (?)]!
[11]*šmʿ il*h*t* k*ṯ*r[*t]*	¡Escuchad, diosas *Kôṯarātu,*
[ ]*mm* [12]nh *lydh tzdn*	[cuando le hayáis criado (?)] (y) a sus miembros pres- [tado sustento,
[ ]n(?) [13]*la*d[ ]	[presentad el hijo (?)] a su padre *[Yarḫu]*
[ ] [14]*dgn tt[ ]*	[al hijo (?)] de *Dagānu* [entregad su prole (?)]!
[ ]tl [15]*ʿ.lkṯrt*	¡Buen éxito (?), oh *Kôṯarātu,*
*hl*l[*snn*]wt	hijas del Lucero, golondrinas!

Envío de mensaje

[16]y*lak yrḫ* nyr š*mm.*	Envió *Yarḫu,* la Luminaria de los cielos,
ʿm [17]ḫr[*ḫ]b mlk qẓ.*	a decir a *Harḫabbu,* rey (de la fruta) del verano:
tn nkl y[18]*rḫ ytrḫ.*	«Concede que a *Nikkal* la despose *Yarḫu,*
ib tʿrbm bbh[19]*th.*	que entre *Ibbu* en su casa.

---

tld b[n(?)...wt] (Vir.) / *tld b[n]n* (CTA); c. *tld b[n.lmt]* (CML) / *tld b[n lyrḫ]* (YN) / *bn [trdn]* (Margalit, UF [1979] 556-557). *Lín. 8-9:* *ʿnha* error por *ʿnhn,* o escritura fonética por *ʿnh* (Margalit, *l. c.); c. tzd[n t(?)]pt* (Vir.) / *tzd[n wt]pt* (Van Selms, MFL 17, n. 13) / *tzd[n.wtṯ]pt* (Gaster, JRAS [1938] 51) / *tzd[n kt]pt* (Goetze, JBL [1941] 372) / *tzd[n.ʿl]pt* (Margalit, *l. c.). Lín. 9-10:* c. *dmy[wtql(?).tšt]ḥwyn* (Vir.) / *dm y[gdl.wy]ḥ* (Gaster, JRAS [1938] 45) / *kl bšrh dm a[dm t]ḥwyn* (TOu); posible haplografía *tlbš* ⟨*bš*⟩*rh* (CTA) / *dm t(!)q[ḥ.qm]ḥ wyn* (Margalit, *l. c.). Lín. 10:* c. *kmtrḫ[t bbt]h* (Van Selms, *l. c.)* / *kmtrḫ [tšqrb]h* (YN) / *kmtrḫt[yrḫ tld]h* / *kmtrḫt[.ṣdqh]* (Margalit, *l. c.). Lín. 11:* c. *kṯr[t tr(?)]mm* (Vir.). *Lín. 12:* c. *tzdn [wygdl]* (YN). *Lín. 13:* c. *ladn(?)[h.il...lbʿlh]* (Vir.) / *land[h].l[yrḫ bn]* (Goetze, JBL [1941] 373). *Lín. 14-15:* / *tt[ ]-l* (CTA); c. *dgn tt[lk(?) š]mʿ* (Vir.) / *dgn tt[n]n* (Gaster, JRAS [1938] 46) / *dgn tt[l* (TOu), cf. 1.100:15 / *dgn tt[n bnh šmʿ m]ʿ* (YN) / *]tbʿ* (Rendtorff-Stolz, UF [1979] 717, n. 34. *Lín. 15:* / *hl[h(?).lsn]nt* (Vir.) / *hl[l sn]nt* (UT); omisión de *bnt* (Segert, BZAW 77 [²1961] 200), cf. lín. 6, 41. *Lín. 18:* *tʿrbm* error (?) por *tʿrbn* (CML), cf. 1.14 VI 37 (?). *Lín. 19:* / *wat tmhrh* (Vir.). *Lín. 22-23:* los finales de línea,

---

PLM 65); cf. gl. *hll, snnt.* *Lín. 8-9:* / «¡Mira, he aquí...!» (Driver, Aistleitner) / «... ante su miembro ella se enardecerá y ante su carne se entregará...» (Van Selms, MFL 17, n. 13) / «... deseó apasionadamente su amor, a fin de entregarse...» (Goetze, JBL [1941] 372) / «... sus ojos (miran hacia abajo) a sus manos, proporciona alimento con su carne. Luego tomó harina y vino...» (Margalit, UF [1979] 556); cf. gl. *yd, zd, ṯpt.* *Lín. 10:* / «... y vino como para una fiesta nupcial...» (Driver) / «... la hará vivir como desposada en su casa...» (Van Selms, *l. c.);* cf. *mtrḫt.* *Lín. 14:* / «... *Dagānu* de *Tuttul*...» (Gibson; Gordon, PLM 65). *Lín. 17-19:* / «¡Entrega a *Nikkal! Yarḫu* pagará la dote para que entre...» (Driver, Aistleitner, Rinaldi) / «... *Yarḫu* pagará la dote, *Ibbu* llevará la prenda *(Nikkal)* a su casa...» (Wyatt, UF [1977] 289); cf. gl. *trḫ, ʿrb.* *Lín. 19-22:* /

w*atn mhrh la* [20]*bh.*	Yo pagaré su dote a su padre:
a*lp.ksp.wrbt.ḫ* [21]*rṣ.*	mil (siclos) de plata, diez mil de oro;
i*šlḥ ẓhrm* i*q* [22]*n*i*m.*	daré los más brillantes lapislázulis.
a*tn šdh krm[m]*	Le daré como terreno suyo un carmen,
[23]*šd dd*h *ḥrnq[m.]*	como campo (don) de su amado un vergel (?)».

Respuesta

w [24]*yʿn ḫr*ḫb *mlk qẓ*	Y respondió *Ḫarḫabbu,* rey (de la fruta) del verano:
[l] [25]*nʿmn.*i*lm*	¡Oh el más apuesto de los dioses!

Borde

*lḫt*n [26]*m.bʿl*	¡Hazte yerno de *Baʿlu,*
t*rḫ pdry* b*[ ]*	despósate con *Pidrayu,* [hija de la luz]!
[27]a*qrbk abh.bʿ[l]*	Yo te introduciré a su padre *Baʿlu,*
[28]yǵtr.*ʿṯtr*	intercederá (también) *ʿAṯtaru.*

Reverso

t[29]*rḫ lk ybrdmy.*	(O) despósate (si no) con *Yabrudmayu,*
b[t a(?)] [30]*bh l*bu	entra así en la casa de su padre».

---

ahora desaparecidos, persistían al momento de la lectura y copia primera de Virolleaud. *Lín. 26:* c. *pdr yb[n(?)]* (Vir.) / *pdry b[th]* (Ginsberg, «Or» [1939] 324) / *pdry b[t ar]* (Aistleitner, ZDMG [1939] 54), cf. 1.3 I 23-24 y par. *Lín. 27:* quizá *[hm]* al final (Gibson, CML). *Lín. 28:* así, UT, CTA, KTU / *yǵp(?)r* (Vir.). *Lín. 29:* así, Vir., adoptado por KTU y otros / *b[t]* (CTA); Margalit, MLD 149, n. 2, supone la enmienda ⟨*y*⟩*lk.*

«... daré... enviaré...» (Caquot-Sznycer...); cf. *ytn, mhr, šlḥ.* *Lín. 22-23:* / «... convertiré sus campos en viñas, el campo de su amor en...» (Aistleitner, Gordon..., cf. Young, UF [1977] 297; Wyatt, *l. c.)* / «... le doy como finca... por su amor» (Aistleitner); cf. gl. *krm, dd, ḥrnq.* *Lín. 25-26:* / «¡Oh favorito de los dioses! ¡Oh yerno de *Baʿlu!*» (Gordon, PLM 66) / «... para hacerte yerno de *Baʿlu...*» (Herrmann); cf. gl. *ḫtn.* *Lín. 28:* / «... *ʿAṯtaru* consentirá en darte por mujer a...» (Gordon) / «En caso de que no lo tome a mal *ʿAṯtaru,* mércate a...» (Aistleitner) / «(Si) *ʿAṯtaru* se muestra celoso, paga la dote de...» (Caquot-Sznycer) / «Pues si *ʿAṯtaru* arregla tu boda con...» (Driver); cf. gl. *ǵtr.* *Lín. 29-30:* / «... la hija de su padre. Al León *(ʿAṯtaru)* se puede apelar...» (Gordon) / «... la que en casa de su padre un león custodia» (Aistleitner) / «Ve a..., el León dará en cambio...» (Gray, LC 249) / «... el león se excitará» (Driver) / «... el león/corazón se excitará por ella...» (De Moor, SP 237) / «El León llega y...» (Rinaldi, «Aegyptus» [1954] 207) / «... una hija por quien (cualquier) corazón se sentirá conmovido» (Gibson) / «... irá a la casa a de su padre; él levantará su corazón»

Contrarréplica

*y‘rr.wy‘*n [31]*yrḫ*	Se exacerbó y respondió *Yarḫu,*
*nyr šmm.wn‘*n	la Luminaria de los cielos así replicó:
[32]*‘mn* *n*kl *ḫtny.*	«Con *Nikkal* es mi boda,
a*[ḫ]r* [33]*nkl* yr*ḫ ytrḫ.*	con *Nikkal* se desposa *Yarḫu*».

Ejecución

adnh [34]*yš*t*.mṣb.mznm.*	Su señor padre dispuso la barra de la balanza,
umh [35]kp mz*nm.*	su madre los platillos de la misma;
iḫh yt*‘r* [36]*mšrrm.*	sus hermanos dispusieron el fiel (?),
aḫtth.la [37]*bn mznm.*	sus hermanas a su vez las (pesas de) piedras de la ba- [lanza.

Epílogo

*n*kl *wib* [38]*dašr.*	*Nikkal-Ibbu* a quien yo canto,
ar yrḫ.	es la luz de *Yarḫu.*
wy [39]*rḫ yark*	¡Que *Yarḫu* te ilumine!

Himno

[40]ašr ilh*[t]* kṯr*[t]*	Voy a cantar a las diosas *Kôṯarātu*
[bn][41]*t hll.snnt.*	[las hijas] del Lucero, golondrinas,
bnt h [42]*ll b‘l gml.*	las hijas del Lucero, señor del Cuarto Creciente,

---

Lín. 30: / *lb(u/b)* (CTA) / *lbh* (Margalit, *l. c.).* *Lín. 31: wn‘n* error quizá por *wn‘mn ‘mn* (Vir.; cf. YN 18: *n‘ n‘mn)* o *lectio conflata* por *wy‘n/n‘mn* / *w[t]‘n* (LC 249, n. 9; DRS 144). *Lín. 32:* CTA supone *‘ma* error por *‘mn.* *Lín. 36: aḫtth* dittografía por *aḫth* (Vir.; Dietrich-Loretz-Sanmartín, UF [1977] 345). *Lín. 40:* lectura inequívoca en la copia de Virolleaud. *Lín. 43:* así, KTU / *bg(?)bz tdm‘* (Vir.) / *(g/.)b(g/.)bz tdm*

(Margalit, MLD 149, n. 2); cf. gl. *lbu/ba, ‘rr.* *Lín. 31-32:* / «... respondió y el Apuesto expresó el deseo: dame por mujer... A continuación...» (Aistleitner) / «... pero que me responda *Nikkal,* luego hazme tu yerno...» (Gray) / «... ahora, mira, ... A continuación...» (Driver; cf. Delekat, UF [1972] 23) / «Después que se case..., su padre...» (Gordon). *Lín. 32-33:* cf. Dahood, «Bib» (1963) 292; Del Olmo Lete, «Claretianum» (1970) 341-342; cf. gl. *aḫr.* *Lín. 35-36:* / «... probaron la ley (del metal)...» (Aistleitner) / «... prepararon los estabilizadores...» (Dijkstra-De Moor, UF [1975] 207) / «... el colgador...» (Caquot-Sznycer); cf. gl. *mšrr.* *Lín. 38-39:* / «... la Luna es brillante...» (Gordon) / «... y (la luz de) *Yarḫu* llega lejos» (Driver) / «... y la Luna crece» (Herrmann) / «Que brille la luna, ... para ti» (Dahood, RSP I 120); cf. gl. *ar.* *Lín. 41-42:* / «... hijas de la Luna Nueva, señor(a) de la hoz...» (Gordon...); cf. gl. *hll, gml.* *Lín. 42-44:* una detallada

yrdt [43]*bʿrgzm.*	que descienden con plantas aromáticas (?)
bg(?)/z(?)b zt dm [44]*llay.*	con zumo (?) de olivo pujante (?) cada noche
ʿm lẓpn i[45]*l d̲pid.*	hasta (la morada d)el Benigno, *Ilu,* el Bondadoso.
hn bpy sp[46]*rhn.*	En mi boca tengo su recuento,
bšpty mn[47]*thn*	en mis labios su repartición:
t̲lḫhw mlghy	*Thilluḫu-huwa, Mulugu-hiya,*
[48]*t̲tqt ʿmh bqʿt*	*Thātiqatu* (y) con ella *Bāqiʿatu*
[49]*tqʿt ʿm prbḫt̲*	*Tāqiʿatu* con *Purubaḫtu,*
[50]*dmqt ṣǵrt kt̲rt*	*Damiqtu,* la menor de las *Kôt̲arātu.*

(CTA). *Lín. 47-48: yt̲tqt* posible error (?) por *yt̲tql* (Gaster, JRAS [1938] 55).

---

discusión de esta versión espero ofrecerla próximamente. *Lín. 47-50:* Muchos autores (Gordon, Rainey, RSP II, 73...) interpretan como frase los dos primeros nombres («su dote y su peculio/ajuar»; cf. Driver, Gaster, Rin, Caquot-Sznycer), otros lo hacen con todos los restantes también, por ejemplo: «¡Oh vosotras que hacéis pacto con ella, que ruidosamente aplaudís ante *Prbḫt̲,* vosotras las buenas, las jóvenes *Kôt̲āratu!*» (Caquot-Sznycer; cf. Gibson; Watson, «Or» [1976] 438); cf. gl. *t̲lḫ, mlg, dmq* y los restantes nombres propios, así considerados en la versión propuesta.

MITEMA DE «LOS AMORES DE BAʿLU *Y* ʿANATU» *(KTU 1.10-11)*

INTRODUCCION

EL TEXTO

Nos hallamos ante una tablilla compuesta de dos fragmentos hallados en 1931 y escrita a tres columnas por una sola cara, lo que hace suponer ofrecía un texto completo (?). Sus dimensiones actuales son de 17 × 14,4 cm [1]. Corresponde aproximadamente a la mitad inferior de la original y está dañada en su lado y ángulo inferior izquierdo, conservándose únicamente los finales de línea de la col. I. En tales condiciones, ésta resulta indescifrable [2]. Aparte su nítida caligrafía, el rasgo más llamativo de la tablilla es su disposición esticométrica: cada línea corresponde a un hemistiquio, con abstracción de que llene o no el espacio disponible; éste es un dato que debe tenerse en cuenta a la hora de la interpretación del texto y servir de base a toda posible teoría sobre la métrica ugarítica [3]. A la misma tablilla parece pertenecer otro fragmento (1.11), de 10 × 6,5 cm, hallado por las mismas fechas, aunque publicado con

[1] Cf. Virolleaud, «Syria» 17 (1936) 150ss; De Langhe, TRS I, 158; Ginsberg, ANET, pp. 141-142; Driver, CML, pp. 19, 114-119; Rin, AE, pp. 238ss; Herdner, CTA, pp. 48-51; Caquot-Sznycer, TOu pp. 275ss. El texto es ofrecido también por Gordon, UT, pp. 182-183, por Dietrich-Loretz-Sanmartín, KTU, pp. 32-34, y por M. B. Brink, *Text IV AB: An Ugaritic Myth of Baal and Anath* (= UMBA). Dis. 1970, Stellenbosch Univ. La traducción del texto íntegro, además, en Gordon, UL, pp. 49-51; íd., UMC, pp. 88-90; íd., PLM, pp. 117-120; Aistleitner, MKT, pp. 52-54; Ginsberg, «Or» 7 (1938) 1-11; Gaster, «Iraq» 6 (1939) 109-130; íd., *Thespis,* p. 243; Lipinski, «Syria» 42 (1965) 62-63.

[2] Sólo Gaster, Driver y Rin aventuran una reconstrucción de la misma, fundamentalmente coincidente, pero que no estimo coherente con el texto de las sucesivas columnas. Los demás traductores (Gordon, Aistleitner, Caquot-Sznycer) se limitan a ofrecer una versión literal de los finales de línea aislados o prescinden completamente (Ginsberg, Brink) de ella.

[3] El fenómeno tiende a repetirse (línea/estico) en 1.23, aunque no de manera completa.

posterioridad[4]; posiblemente corresponde a la parte superior derecha, inicio de la col. III, de la tablilla.

ANALISIS LITERARIO

La interpretación del texto conservado ha de partir de sus secciones más claras, que son precisamente las últimas. Tenemos en ellas la *marcha* (III 27-31: *bc/tc)* y *comunicación* (lín. 32-36: *cdb/bc/bc)* por parte de *'Anatu* de una «buena nueva» o «evangelio» de natividad a *Ba'lu,* ante la que éste reacciona (lín. 37: *c)* con alegría. El esquema operativo es conocido: *marcha/transmisión/reacción*[5], así como el carácter escueto del desenlace del poema[6]. Lo satisfactorio de tal nueva radica precisamente en la naturaleza de la prole nacida a *Ba'lu:* un *ibr/rum,* «toro macho bravo, salvaje», que *'Anatu* previamente conoció y ante la que reaccionó jubilosamente [III 15-21: *cdl (bc/bc) //tc],* tomando a continuación tal prole bajo su protección especial (lín. 22-26: *bc/tc).* Este dato queda resaltado convenientemente por contraste con la escena previa donde ante la «nueva» del nacimiento a *'Anatu* de un *alp/ypt* (III 1-3: *tc)* reacciona *Ba'lu* con una exclamación de frustración[7] (lín. 4-10: *cdb/dst/bc),* retirándose acto seguido a su trono celeste (lín. 11-14: *bc/bc).* Como parece deducirse del mismo valor semántico («buey»), se trataría de un tipo manso y doméstico (y no procreador) de animal que no es adecuado representante y «sustituto» de *Ba'lu.* Esto es lo que al parecer exacerba y preocupa a *Ba'lu* (1.11:1-6: *bc/bc/bc),* según un texto oscuro que posiblemente pertenece a este lugar. De acuerdo con el mismo, *Ba'lu* mantiene una abun-

[4] Cf. Virolleaud, «Syria» 24 (1944-1945) 14-17; Driver, CML, pp. 20, 120-121 (no pertenece a 1.10); Gibson, CML, p. 133; Ginsberg, ANET, p. 142; Rin, AE, pp. 253-254; Gordon, UT, pp. 196-197; íd., UL, p. 53; íd., UMC, pp. 90-91; íd., PLM, pp. 125-126; Herdner, CTA, pp. 51-52; Dietrich-Loretz-Sanmartín, KTU, p. 34; Caquot-Sznycer, TOu, pp. 275, 289; Lipinski, «Syria» 42 (1965) 62-63.

[5] Cf. *sup.* p. 55; el motivo del «evangelio» es desarrollado ampliamente por Gaster, «Iraq» 6 (1939) 114ss.

[6] Cf. *sup.* p. 273.

[7] Cf. Virolleaud, «Syria» 17 (1936) 172; Aartun, WO 4 (1967-1968) 289-290 (sentido sexual de la escena). La exclamación (idéntico valor de *lm* que en 1.14 III 33 y par.) podría hacer referencia al dios *Ilu,* que en 1.23:30 también «marcha» *(yṣǵd;* cf. Virolleaud, «Syria» 17 [1936] 168) a la orilla del mar con su «mano» erguida, como preludio a una serie de acividades hierogámicas. Otro posible contacto entre ambos textos podría estar en *ypt* (1.10 III 3//1.23:39), entendido también ahora como forma verbal («que pretendió seducir»). En todo caso, a propósito del *alp* aquí mencionado parece expresarse *'Anatu* en lín. 15-16 y posiblemente reaccionar *Ba'lu* en 1.11:3-4. Para la semántica de *ibr,* cf. Sanmartín, UF 10 (1978) 349-350.

dante relación sexual [8] con *ʿAnatu,* fecundando a la vez a las «novillas» *(arḫ/t)* que la «Virgen» le ofrece como sus sustitutas, según el conocido procedimiento oriental en caso de infecundidad, y de las que nacerá la prole a *Baʿlu* [9]. El tema ya era conocido en la mitología normativa (cf. 1.5 V 18ss) [10]. De ello parece hablarnos precisamente la columna primera: en una situación «visionaria», como corresponde a la importancia del caso [11], *ʿAnatu* individúa la «novilla» que, identificada de algún modo consigo misma, será fecundada por *Baʿlu* (II 26-35: *bc/tc//cdb/bc//bc).* Posiblemente el experimento se repite varias veces, como es típico en estos relatos cultuales, o bien *Baʿlu* fecunda a la vez a varias «novillas», de entre las cuales al fin saldrá su esperada prole. En todo caso, aquí radica el núcleo del poema; las escenas precedentes son de nuevo, como las finales, perfectamente claras. *ʿAnatu* va en busca de *Baʿlu* y *pregunta* por su paradero (II 1-2: *bc),* recibiendo la oportuna *respuesta* (lín. 3-9: *cbd/bc/bc/bc),* de acuerdo con el conocido esquema dramático [12]. A su vez ella «reacciona» partiendo en su *búsqueda* (lín. 10-12: *tc).* El encuentro con *Baʿlu* es descrito según los conocidos formularios de *visión,* previa a su llegada [13] (lín. 13-16: *dst),* salida al encuentro o *recepción* con postración [14]

[8] Cf. Ginsberg, ANET, p. 142; Van Selms, MFL, pp. 47, 69; Lipinski, «Syria» 42 (1965) 63ss; Gibson, CML, p. 32; Gordon, PLM, p. 125; Caquot-Sznycer, TOu, p. 278 (niega tal relación sexual); cf. *sup.* p. 70-71. Las lín. 3-4 admitirían también otra versión, suponiendo una lectura *ydd* por *yabd:* «*Baʿlu* hizo el amor mil veces, diez mil con la Virgen *ʿAnatu*» (cf. Gordon, PLM, p. 126; cf. 1.5 V 20-21 para una actividad sexual «más» mesurada). Para la relación de este texto con 1.93, cf. Caquot, UF 11 (1979) 101-104.

[9] Cf. Van Selms, MFL, pp. 72-73, 89; Caquot-Sznycer, TOu, p. 278; Caquot, SDB, fasc. 53, col. 1.382; queda excluido, por tanto, en la versión ofrecida, que aquí se hable de las «concepciones y partos» de *ʿAnatu,* como quiere Lipinski, «Syria» 42 (1965) 62-73, quien a la vez supone (p. 67) que las «novillas» pudieran ser las diosas *Kôṯarātu,* que hacen de «parteras». *Baʿlu* se quejaría de no haber conseguido prole «masculina» *(alp/ypt).*

[10] Cf. *sup.* p. 134.

[11] De nuevo *nʿmm/ysmm* (II 30; III 18) nos remite a 1.23:1-2, 23, 58 (cf. Virolleaud, «Syria» 17 [1936] 163); otra versión posible sería así: «con los apuestos y hermosos (dioses), con la banda...». En todo caso, la «repetición» del formulario no obliga a suponer aquí un preanuncio hecho por *Baʿlu* y a traducir en tiempo futuro (cf. Caquot-Sznycer, TOu, p. 276); se trata de un procedimiento normal en esta clase de textos más o menos rituales, como queda patente en 1.23; cf. a este propósito ya Virolleaud, «Syria» 17 (1936) 158. Por su parte, Lipinski, «Syria» 42 (1965) 68, encuentra aquí el «parto» de *ʿAnatu.*

[12] Cf. *sup.* p. 44. Ya queda aquí indicado que lo que busca *Baʿlu* es un *rum,* pero el tema de la caza es marginal en el poema (cf. Dussaud, «Syria» 17 [1936] 286-287).

[13] Cf. *sup.* p. 41.

[14] Cf. *sup.* pp. 54-55.

(lín. 17-18: *bc)* y saludo [15], en el que se incluye el deseo propio del dios (lín. 19-25: *cdb/c/tc/bc)*. En él parece aludirse a su colaboración en las luchas que enfrentan a *Baʿlu* con sus enemigos (cf. 1.3 III 39ss) y que también nos son conocidas por el ciclo normativo. En concreto, la alusión a la «tierra» (infernal) / «polvo» sugiere que en este caso el enemigo previsto es *Môtu,* el dios de la estirilidad [16].

SENTIDO Y FUNCION DEL MITEMA

El poema tiene, pues, el valor de un mito de fecundidad o de celebración de *Baʿlu* como dios promotor de la misma, aspecto poco desarrollado en el ciclo mitológico de *Baʿlu-ʿAnatu,* más preocupado por el de la supremacía y soberanía de aquel dios frente a sus adversarios en ese campo. Aquí se explicita la potencia fecundante que allí se afirma, en la misma línea en que 1.23 lo hace en relación con el dios *Ilu,* poema con el que el nuestro manifiesta algunos contactos, que posiblemente supone y que quizá pretende superar [17]. Igualmente *ʿAnatu* despliega aquí su carácter de diosa del amor y la fecundidad, frente al primordialmente guerrero que desarrollaba en el ciclo normativo. Las dos divinidades de la fecundidad aparecen en su relación amorosa que procrea vida y da origen al «toro» vigoroso, encarnación de la fuerza de *Baʿlu* en la tierra. Tiene así el poema un sentido más pecuario que agrario/estacional, aspecto éste descrito sobre todo en el ciclo normativo, aunque naturalmente ambos aspectos se interrelacionan. No trata, pues, el poema de conmemorar la actividad «venatoria» de *Baʿlu* [18], ni afirmar su soberanía [19], ni

[15] Cf. *sup.* p. 48.

[16] Cf. Virolleaud, «Syria» 17 (1936) 161s; Pardee, UF 7 (1975) 358; 8 (1976) 252; Loewenstamm, UF 10 (1978) 111. Cabría también una interpretación erótica del texto («cuerno de abundancia», «ungir»; cf. Aartun, WO 4 [1967-1968] 289); en ese caso la victoria sobre el enemigo estaría en la misma procreación (cf. 1.5 V 18ss). De todos modos, la «capacidad de vuelo» es un elemento decisivo tanto de las armas (cf. 1.2 IV 13ss) como de los guereros míticos (cf. 1.18 IV 17ss), impuesto además en este caso por la naturaleza del terreno *(aḫ šmk);* cf. Virolleaud, «Syria» 17 (1936) 158, 160; Lipinski, «Syria» 42 (1965) 69, nn. 3, 70-71 (los cuernos).

[17] Cf. *sup.* p. 72. Ambas divinidades, según estos textos, se entregan a relaciones sexuales de las que resulta una procreación maravillosa; los poemas se extienden en la descripción de los momentos que llevan a la misma. Pero en ambos casos, tanto paredras como prole son diversos. No es posible concluir de aquí que estemos ante un elemento más de la suplantación de *Ilu* por *Baʿlu* (cf. Brink, UMBA, p. II). Gaster, «Iraq» 6 (1939) 111ss, interpretaba el texto como una variante más del mito del «dios muerto y resucitado».

[18] Cf. *inf.* 1.12; Gaster, *Thespis,* p. 243.

[19] Cf. Van Zijl, *Baal,* pp. 245-246; Brink, UMBA, p. 10 (que interpretan en

equivale a un rito sublimado de la «bestialidad» practicada en Canaán [20], ni conmemora el nacimiento de «nobles» bajo nombre de animales [21]. En cuanto a la localización de la acción mítica en la ribera pantanosa del lago *Ḥuleh* [22] y la posible perduración de tal culto en el santuario cananeo-israelítico de *Lais-Dan* [23], hay que reconocer la sorprendente correlación toponímica de *šmk,* lugar del encuentro de *Baʿlu* y *ʿAnatu,* con el *yammā děsamkā/Semachonítis* de la tradición judía, como aquél es denominado. Pero el lugar mítico no tiene por qué coincidir necesaria y exclusivamente con el empírico. El tema que aquí se canta, los amores de *Baʿlu* y *ʿAnatu* [24] y su fecundidad, tenía sin duda una significación genérica en la religión cananea y fue celebrado de manera difundida en toda la región, como expresión de un aspecto esencial de su concepción de la divinidad. Su posible utilización cúltico-mágica es muy verosímil [25].

ese sentido la mención del «palacio» y el «arco» al inicio del poema); cf. también Hvidberg, WL, p. 81; Engnell, SDK, pp. 124-125.

20 Cf. Van Selms, MFL, p. 81.

21 Cf. Clifford, CMC, p. 61.

22 Cf. Virolleaud, «Syria» 17 (1936) 157; Dussaud, «Syria» 17 (1936) 283-295; íd., DRS, pp. 159-160; Gaster, «Iraq» 6 (1939) 117; Eissfeldt, ZDMG 94 (1940) 62, n. 6; Baumgartner, TRu 13 (1941) 13; Engnell, SDK, p. 125; De Langhe, TRS II, pp. 207-217; Hvidberg, WL, p. 81; Brockelmann, HdO, p. 47; Vine, EBU, pp. 259-260, n. 40; Clifford, CMC, pp. 76ss; Gray, LC, p. 81; íd., UF 3 (1971) 68, n. 62; Van Selms, MFL, p. 71, n. 45.

23 Cf. Hvidberg, WL, pp. 79ss; cf. Dussaud, «Syria» 17 (1936) 283ss; Virolleaud, «Syria» 17 (1936) 257 (culto de *ʿAnatu* en la región); Gray, LC, pp. 82-83; Lipinski, «Syria» 42 (1965) 72-73 (culto del «toro» en Canaán).

24 Cf. De Moor, SP, pp. 5-6; Gibson, CML, p. 32; Gordon, PLM, pp. 118-119; Caquot, SDB, fasc. 53, col. 1.382; cf. *sup.* pp. 70-71.

25 Para un resumen del contenido de la tablilla según varias interpretaciones, cf. la bibliografía citada en n. 1 y además: Virolleaud, RES (1937) 4-22; Dussaud, «Syria» 17 (1936) 283ss; Engnell, SDK, pp. 124-125; Hvidberg, WL, pp. 81s; Gaster, «Religions» 18 (1937) 23-27; Obermann, UM, pp. 43-45; Gray, LC, pp. 81-82; Clifford, CMC, p. 76; De Moor, SP, pp. 5-6; íd., UF 11 (1979) 208, n. 78; Van Zijl, *Baal,* pp. 7-9, 243-254; Cazelles, SDB, fasc. 53, col. 1.438 (ritual para tiempo de sequía).

TEXTO Y VERSION

KTU 1.10 I

(Laguna de unas 20 lín.)

[ ]b*tlt.ʿnt*
[ ]h*p.ḫẓm*
[ ]ḥ.*dlydʿ bn i*l
[ ]p*ḫr kkbm*
[ ]dr *dt* šmm
[*al*]iyn bʿ*l*
[ ].*rkb.ʿrpt*
[ ]-*ǵš.llimm*
[ ]ly*ṯb.larṣ*
[ ].*mtm*
[ ]*yd mḫr.ur*
[ ]-*t yḥnnn*
[ ]t*ṯ.ytn*
[*btlt.*]*ʿnt*
[*ybmt.*]l*imm*
[ ]*l.limm*
[*yṯ*]b.*larṣ*
[ ]l *šir*
[ ]-
[ ]b(*?*)*tm*
[ ]*ydy*
[ ]-*y*
[ ]*lm*
[*r*]u*mm*
[ ]-
[ ]-
[ ]-

(Laguna de unas 13 lín.)

COL. I: *Lín. 1:* c. *[wat]btlt ʿnt* (Gaster, «Iraq» [1939] 125), cf. 1.5 V 6; 1.6 II 12. *Lín. 2:* así, KTU / *]p(?)p(?).ḫr(?)m* (Vir.) / *]pp.ḫk(?)m* (UT) / *]pp.ḫrm* (CTA); c. *tʿ]pp.ḫrm* (CML/Gaster). *Lín. 3:* / *].dl ydʿ* (Vir.); c. *[wrgm].dl[.]ydʿ* (CML/Gaster). *Lín. 4:* así, CML, CTA y KTU / *]ḫ(?)r kkbm* (Vir., UT); c. *[d l ybn.] pḫr* (CML/Gaster), cf. 1.3 III 26-27. Error de *kkbm* por *kbkbm* (Vir.); pero cf. Dahood, «Or» (1965) 170; íd., RSP I, 197 *([w lybn p])*. *Lín. 5:* / *](?)d(?)rdt.šmm(?)* (Vir.) / *]rdtšmt* (UT); c. *[k ṯṯb tr]d.rdt* (CML/Gaster). *Lín. 6-7:* c. *[k ḥy al]iyn bʿl [k iṯ].rkb* (CML/Gaster), cf. 1.6 III 8-9, 20-21. *Lín. 8:* c. *[il hd.y]ǵš.* (Gaster, *l. c.*). *Lín. 9:* c. *[wbʿl].yṯb[.]larṣ* (CML/Gaster). *Lín. 10:* c. *[ap.yḥyn].mtm* (CML/Gaster). *Lín. 11:* *]y(?)d mḫr* (Vir.) / *](ḫ/y)dmḫr* (UT); c. *[k plṭ/wypltn.b]yd mḫr* (Gaster/CML), cf. 1.19 II 24. *Lín. 12:* c. *ṭl/k mṭr.ʿrp]t yḥnnn* (Gaster/CML), cf. 1.19 I 40-41. *Lín. 13:* / *]t.ytn* (Vir.); c. *[wgšm.nd]bt.ytn* (CML/Gaster), cf. *Ps.* 68, 10. *Lín. 14:* c. *[wtʿn.btlt]ʿnt* (Gaster, *l. c.*). *Lín. 15:* c. *[wtṣḥ.ymbt]limm* (Gaster, *l. c.*). *Lín. 16:* cf. *sup.* lín. 8; c. *[il hd.yǵš.]llimm* (Gaster, «Iraq» [1939] 126). *Lín. 17:* cf. lín. *sup.* 9; c. *[wbʿl.yṯ]b[.]larṣ* (CML/Gaster). *Lín. 20:* / *]d(?)tm/btm* (Vir.) / *](u/d)tm* / *]tm* (UT); c. *[yšmḫ.šdm.w]btm* (Gaster, *l. c.*). *Lín. 21-22:* c. *[hm.iqḥ.b]ydy [ibl.bymn]y* (Vir.; Gaster, *l. c.*), cf. *inf.* II 6-7. *Lín. 23-24:* c. *[alpm.yʿ]lm [rbbt.r]umm* (Gaster, *l. c.*), cf. 1.4 I 43; 1.6 I 26; 1.17 VI 21. *Lín. 24:* / *]b(?)mm* (Vir.).

KTU 1.10 II

(Laguna de unas 20 lín.)

[ ]- -	«[¿Está *Baʿlu* en su casa],
*[il.hd.bqr]*b.hkl*h*	[el dios *Haddu]* en su palacio?».
wt*ʿnyn.ǵlm.bʿl*	Y respondieron los (dos) pajes de *Baʿlu:*
h/i*n.bʿl.bbhtht*	«No está *Baʿlu* en su casa,
il *hd.bqrb.hklh*	el dios *Haddu* en su palacio.
qšthn.aḫd.bydh	Su arco tomó en su mano,
wqṣʿth.bm.ymnh	y sus flechas en su diestra,
id*k.lytn.pn*m	así, pues, (es que) puso cara
*tk.aḫ.šmk.m*la*[t.r]*um*m*	hacia las riberas de *Šamaku,* llenas de toros salvajes».
*tšu knp.btlt.ʿ*n*[t]*	Ahuecó el ala la Virgen *ʿAnatu,*
tšu.knp.wtr.bʿp	ahuecó el ala y escapó volando
tk.aḫ šmk.mlat rumm	hacia las riberas de *Šamaku,* llenas de toros salvajes.
wyšu.ʿnh.aliyn.bʿl	Entonces alzó sus ojos *Baʿlu,* el Victorioso,
wyšu.ʿnh.wyʿn	alzó, sí, sus ojos y vio;
wyʿn.btlt.ʿnt	y vio a la Virgen *ʿAnatu,*
nʿmt.bn*.aḫt.bʿl*	la más graciosa entre las hermanas de *Baʿlu.*
lpnnh.ydd.wyqm	Ante ella se apresuró a ponerse,
lpʿnh.ykrʿ.wyql	a sus pies se prosternó y cayó.
wyšu.gh.wyṣḥ	Y alzó su voz y dijo:
*ḥwt.aḫt.wnar*k	«¡De larga vida, hermana, puedas disfrutar!

COL. II: *Lín. 1:* c. *[in/hm.bʿl.bbhth]* (Ginsberg, «Or» [1938] 6; Gaster, «Iraq» [1939] 126; CML), cf. *inf.* lín. 4 / *[hn.bʿl...* (UMBA). *Lín. 2:* así, Vir., cf. *inf.* lín. 5. *Lín. 4:* error de *bbhtht* por *bbhth* (Vir.), pero cf. Aartun, PU 66. *Lín. 9:* < *lín.* 12 / *mla[t(?)] umm* (De Langhe, TRS II, 215-216). *Lín. 16:* / *ḥn* (Obermann, UM 44, n. 49). *Lín. 20:* / *wn ar[ ]* (Vir.) / *wnar/wnar[t(?)]* (Obermann, UM 43-44) / *wn arm,* error por *trm* (CML) / *wnar[b]* (UMBA) / *wnark/b/d* (CTA), cf. Ecl 7,15; 8,12; Dahood, «Bib»

COL. II: *Lín. 4:* / «¡Mirad!, *Baʿlu* está en su casa...» (Virolleaud, Gordon; cf. Van Zijl, *Baal,* pp. 243, 245; Brink, UMBA, pp. 9-11) / «... no está en este palacio» (Aistleitner, WUS, p. 93; pero cf. íd., MKT 53) / «... no está en la casa *Ht*...» (Dietrich-Loretz-Sanmartín, UF [1973] 98; cf. gl. *ht.* *Lín. 6:* / «Su arco toma..., sí, su arco...» (Gordon, Aistleitner); cf. gl. *qšt, qṣʿt.* *Lín. 9:* / «... hacia las marismas de peces /*Šmk,* llenas de búfalos...» (Gordon); cf. gl. *aḫ, šmk, rum.* *Lín. 11:* para la construcción, cf. Dijkstra-De Moor, UF (1975) 191; Parker, UF (1970) 245 / «Levanta su ala... y retorna volando...» (Virolleaud, Brink) / «Despliega sus alas... y explora volando...» (Caquot-Sznycer) / «Levanta la pupila... y en un abrir y cerrar de ojos contempla...» (De Langhe, TRS II, 215); cf. gl. *knp, ntr/yry/tr.* *Lín. 17:* / «Ante ella se alza y sitúa...» (Ginsberg) / «Hacia ella corre y se detiene...» (Aistleitner, Caquot-Sznycer) / «En su presencia se dobla y se alza, ante ella grita...» (Brink) / «Corre *Baʿlu* a su encuentro...» (Obermann, UM 93); cf. gl. *ydd/ndd/dd, qm, krʿ, pʿn, ql(l).* *Lín. 20:* «¡Salve...!» (Ginsberg) / «¡Que vivas... y prosperes...!» (Gordon) / «¡Salve..., que cultives la amistad...!» (Aistleitner) / «¡Que vivas... e ilumines...!» (Rin) / «¡Que vivas...

*qrn.dbatk.bt*l*t.ʿnt*	Tus vigorosos cuernos, Virgen *ʿAnatu,*
qrn.dbatk.bʿl.ymšḥ	tus vigorosos cuernos *Baʿlu* los ungirá,
bʿl.ymšḥ.hm.bʿp	*Baʿlu* los ungirá con (poder de) vuelo.
nṭʿn.barṣ.iby	(Así) atravesaremos en la «tierra» a mis enemigos,
wbʿpr.qm.aḫk	y en el «polvo» a los adversarios de tu hermano».
*wtšu.ʿn*h*.btlt.ʿ*n*t*	Entonces alzó sus ojos la Virgen *ʿAnatu,*
*wtšu.ʿnh.*w*tʿn*	alzó, sí, sus ojos y vio;
*wtʿn.arḫ.wt*r*.blkt*	y vio a una novilla y escapó corriendo,
t*r.blkt.wtr.bḫl*	escapó corriendo y escapó chospando
*[b]*n*ʿmm.bysmm.* ḥb*(?)*l*(?)* kṯ*(?)*r*(?)t*	con la gracia (?), con el donaire (?) de la banda de las *[Kôṯarātu.*
*[ql].lbʿl.ʿ*n*t.ttnn*	[En voz alta] a *Baʿlu ʿAnatu* gritó:
*[ ]*h/i*.bʿlm.d*iph*[ ]*	«[¡Mira], *Baʿlu,* lo que he visto,
*[il.]*hd*.dʿnn.n[ ]*	[dios] *Haddu,* lo que vieron [mis ojos (?)»].

(1966) 274, 278; «Or» (1974) 134-135. *Lín. 21:* haplografía de *qrn dbat* (Obermann, *l. c.).* *Lín. 30:* / *[ ]k(?)ǵ(?)r* (Vir.) / *gb[ʿ.]wǵr* (Gaster, «Iraq» [1939] 128), cf. 1.3 III 31; 1.6 II 16; *inf.* III 18, 31 / *ḥ[ ]kǵrt* (CTA) / *ḥ[ ]t[ ]r[ ]* (UT) / *ḥ[gr].tr* (UMBA). *Lín. 31:* cf. *inf.* III 32. *Lín. 32:* / *[ ]h.bʿlm.dip(?)i[ ]* (Vir.) / *](h/i)...dip(i/h)[ ]* (CTA); / c. *[nṭʿn]h.bʿlm.dipi* (Gaster, *l. c.),* cf. *sup.* lín. 24. *Lín. 33:* c. *n[škpnh]* (Gaster, *l. c.)* / *nplh* (UMBA). *Lín. 34:* c. *[wyʿn(?)]aliyn*

y seas exaltada...!» (Driver) / «¡Salud..., que tus días se prolonguen...!» (Caquot-Sznycer, Gordon, PLM 120) / «¡Que vivas... y seas dócil...!» (Van Zijl, *Baal,* 246) / «¡Que seas revivida... y te iluminemos!» (De Moor, UF [1979] 643) / «¡Salve... seamos indulgentes...!» (Brink); cf. gl. *ḥwt, ark.* *Lín. 21-23:* / «Ven a mí, para que me acueste contigo... *Baʿlu* destruyó ya...» (Aistleitner); cf. Aartun, WO [1967-1968] 289) / «Con el cuerno de la abundancia...» (Rin) / «... ungirá... mientras volamos/en vuelo...» (Driver, Lipinski) / «... he aquí que en un abrir y cerrar de ojos arrojaremos...» (De Langhe, TRS II, 215) / «*Baʿlu* aguzará los cuernos con que tú pegas...» (Caquot-Sznycer) / «Y que tus cuernos... destruyan...» (Løkkegaard, *Fs Pedersen,* 228) / «¡Y que el cuerno... domine! Tu cuerno de castigo *Baʿlu* ungirá... con dureza» (Obermann, UM 93) / «Tus fuertes alas extenderá *Baʿlu*... para el vuelo» (Dahood, ULx 95; pero cf. Lipinski, «Syria» [1965] 69, n. 2) / «Ofréceme tu fuerza... *Baʿlu* la ablandará... con cortesía» (Brink) / «Tus cuernos acometedores... ungirá contra el desgaste...» (Watson, UF [1977] 277); cf. gl. *qrn, dbat, mšḥ, ʿp.* *Lín. 24:* / «... arrojaremos...» (Ginsberg; Cassuto, BOS II, 45, 48; Obermann, UM 93) / «Hemos plantado...» (Gordon; Van Zijl, *Baal,* 250) / «A tierra han sido arrojados...» (Aistleitner); cf. gl. *arṣ/ʿpr, ṭʿn/nṭʿ, ib/qm.* *Lín. 28-30:* / «Ve una vaca, marcha caminando..., marcha danzando...» (Ginsberg, Gordon, Brink) / «... y saltó danzando con gracia y donosura...» (Aistleitner) / «... marcha sola...» (Driver) / «... verá una vaca... marchará alrededor... dará vueltas al momento de dar a luz entre los enjambres agradables y...» (Caquot-Sznycer) / «... comenzó a temblar...» (Dietrich-Loretz-Sanmartín, UF [1975] 191); cf. gl. *arḫ, ntr, ḫl.* *Lín. 30:* «... a la más agradable... de las montañas y rocas» (Driver) / «... con amabilidad, con belleza procede a cerrar el camino...» (Brink); de acuerdo con las diversas lecturas. *Lín. 32-33:* / «Nosotros le atacaremos, *Baʿlu* de las brumas, le derribaremos, dios *Haddu* de las nubes...»

[ ]*aliyn.bʿ[l]*	[Miró] *Baʿlu,* el Victorioso,
[*bt*]lt.ʿnt[.]*ph*	[a la Virgen] *ʿAnatu* contempló.
[ ]n[ ]*n*	
[ ]y/ḫ	
[ ]	
[ ]	
[ ]d/b *l*nr*t*	

KTU 1.11

[ ]l(*?*)*.yṯkḥ.wyiḫd. bqr*b[ ]	*[Baʿlu(?)]* apretó y agarró su vulva,
[ ]tṯkḥ.*wtiḫd.buš*k[ ]	[*ʿAnatu(?)]* apretó y agarró su pene.
[*b*]ʿl.*yabd.lalp*	[Y] *Baʿlu* se sintió frustrado (?) por el becerro/buey
[*b*]*tlt.ʿnt*	[que nació (?) a] la Virgen *ʿAnatu.*
[ ]*q.hry.wy*ld	[De nuevo con el abrazo/beso] hubo concepción y parto
[ ]*-m.ḫbl.kṯ*rt	[con la ayuda (?)] de la banda de las *Kôṯarātu.*
[*bt*]lt.ʿ*nt*	
[*ali*]*yn.bʿl*	
[ ]*mʿn*	
[ ]	
[ ]-	
[ ]š*k*	
[ ]*qk*	
[ ]-*i*k	
[ ]- -	
[ ]alp	
[ ]-*ḫ*	
[ ]dr	
[ ]*t*	

(Vir.). *Lín. 35:* c. *[yʿn]btlt...[w]ph* (UMBA). *Lín. 40:* / *ḫb]lk(?)[ṯ(?)]rt* (Vir.) / *]lr[ ]rt* (UT) / *]lk[(?)]* (CTA).

Lín. 1: / *bqrb[h(?)]* (Vir.). *Lín. 2:* / *bušk(?)[h(?)]* (Vir.) / *bušr[* (TOu; Watson, UF [1977] 277), cf. 1.103:47. *Lín. 3:* / *aliyn.b]ʿl.ynbd.lalp* (Vir.) / *[dr b]ʿl* (Lipiński, «Syria» [1965] 63). *Lín. 5:* c. *[bnšq.wḥ]bq* (CML), cf. 1.17 I 39-40; 1.23:56 / *bnš]q* (TOu). *Lín. 12:* / *]r* (Vir.). *Lín. 17:* / *]ḫ/y* (UT). *Lín. 18:* *]d[ ]* (Vir.) / *]d(k/r)* (CTA).

(Driver) / «¡Plantémosle, *Baʿlu* poderoso, arrojémosle a la perdición...! (Brink); cf. gl. *ph. ʿn.*

Lín. 1-2: cf. los diversos sentidos atribuidos a *ṯkḥ, sup.* 1.24:4; gl. *qrb, ušk/ušr.* *Lín. 3:* / «(El esperma) de *Baʿlu* creció en novillo» (Lipinski, «Syria» [1965] 63).

KTU 1.10 III

(Laguna de unas 20 lín.)

[ ]-m(*?*) *arḫt.tl*d[ ]	«[Terneros] las novillas parieron:
alp.*lbtlt.ʿnt*	un becerro/buey a la Virgen *ʿAnatu,*
*wypt.lybmt.li*m[*m*]	una becerra/vaca a la 'Pretendida de los pueblos'».
*wyʿny.(?)ali*yn[*.bʿl*]	Y respondió [*Baʿlu*] el Victorioro:
*lm.*kq*nyn.*ʿl[ ]	«¿Para qué, como nuestro Creador [eternal],
*kdrd.dykn*n[ ]	como la familia de quien me constituyó [rey],
*bʿl.yṣǵd.ml*i[ ]	ha de marchar *Baʿlu,* llena [su 'mano' (?)],
*il pd.mla.*u*ṣ*/l[ ]	el dios *Haddu,* lleno su ['dedo' (?)]?
*btlt.pbtlt.*ʿn[*t*]	No es más que una virgen/doncella la Virgen *ʿAnatu,*
*wp.nʿmt.nḫt.*b[*ʿl*]	aunque sea la más graciosa de las hermanas de [*Baʿlu*]».

COL. III: *Lín. 1:* / *tl[dn(?)]* (Vir.); c. *[ʿgl]m[.]arḫt tl[dn]* (Ginsberg, «Or» [1938] 9) / *[w]hm arḫt tld[n.lbʿl]* (CML/Gaster) / *[hm] arḫt tld[n]* (Lipiński, «Syria» [1965] 67; cf. UMBA). *Lín. 2:* c. *ʿnt [lbn dgn]* (CML). *Lín. 3:* TOu supone la lectura *ybnt*. *Lín. 4:* c. *aliyn[.bʿl]* (Ginsberg, *l. c.*). *Lín. 5:* c. *ʿl[m]* (Ginsberg, *l. c.*) / *ʿlm[.ymlk/ø]* (Gaster/CML) / *ʿ[t.ypt]* (Lipiński, «Syria» [1965] 68; cf. UMBA). *Lín. 6:* *kdrd* posible error por *kdrd⟨r⟩/dr* (CTA, KTU; cf. Segert, BZAW 77 [²1961] 199; UMBA); quizá dittografía de *d,* inducida por lo siguiente o por el par *ʿlm/drdr;* cf. *sup.* I 5 / o de *kdr dd* por *kdrdr* (Ginsberg, «Or» [1938] 9), cf. 1.4 III 7; 1.19 III 48, 56; IV 6; c. *yknn[.mlkn]* (CML), con posible error de *yknn* por *ytkn;* cf. 1.12 II 57 / *[lalp]* (Lipiński, *l. c.*) *Lín. 7:* c. *mli[.ydh]* (Ginsberg, *l. c.*) / *mli[t ydh]* (Aartun, WO [1967-1968] 289-290). *Lín. 8:* c. *mla.uṣ[bʿth]* (Ginsberg, *l. c.*) / *uṣ[bʿ(t)h]* (Aartun, WO [1967-1968] 289); error de *pd* por *hd* (Vir.). *Lín. 9:* / *blt.pbtlt* (Vir.; primeramente *bmt:* «Syria» [1936] 168), pero cf. KTU 33 a. l. *Lín. 10:* error de

COL. III: *Lín. 1-3:* / «Terneros las vacas paren; un buey... una ternera...» (Ginsberg) / «¡Mira!, terneros paren...» (Brink) / «Las vacas parirán, bueyes para..., novillas para...» (Caquot-Sznycer) / «Y mira, tú parirás una ternera (a *Baʿlu),* un buey (al hijo de *Dagānu),* ¡oh Virgen...!» (Driver); cf. gl. *arḫ, alp, ypt.* *Lín. 5-6:* / «... nuestro progenitor es eterno, por todas las generaciones nuestro procreador» (Ginsberg) / «... Sí... es el Eterno, sí el Sempiterno quien nos dio el ser...» (Dahood, *Psalms* II, 340) / «Cohabita, como nuestros padres..., como lo quiso el que nos engendró...» (Aistleitner) / «¡Vaya!, como creador eterno reinará, por siempre el que me estableció...» (Rin) / «... y *Baʿlu* será alabado como nuestro dueño, (será rey por siempre), será instalado (como rey nuestro) para siempre...» (Driver) / «¿Para qué nos vale haber procreado una vaca lechera, que un pezón se haya proporcionado al ternero?» (Lipinski, «Syria» [1965] 67-71); cf. gl. *lm, qny, dr(dr), kn.* *Lín. 7-8:* / «... llenará la mano..., los dedos» (Ginsberg, Brink) / «*Baʿlu* apretó; su 'mano' estaba llena...; ... llenó...» (Aartun, WO [1967-1968] 290) / «... está lleno de fuerza poderosa» (Brink) / «... subirá a la terraza preparada...» (Driver) / «... avanza con el miembro lleno, ... ha llenado su dedo» (Caquot-Sznycer, Lipinski); cf. gl. *mla.* *Lín. 9:* / «... la boca de la Virgen...» (Ginsberg) / «penetró la 'boca' de...» (Aistleitner, Lipinski) / «Sí, pero con todo...» (Driver) / «No, al contrario...» (Labuschagne, VT [1964] 98) / «Declaración de la Virgen...» (Caquot-Sznycer) / «... de la Señora, de la Virgen...»

yʿl.bʿl.bǵ[r]	Ascendió *Baʿlu* a la montaña,
wbn.dgn.bš[ ]	el hijo, sí, de *Dagānu* al [terreno (de su posesión)].
bʿl.yṯb.lks[i.mlkh]	Se sentó *Baʿlu* en su trono [regio],
bn.*dgn.lkḥ[ṯ.drkth]*	el hijo de *Dagānu* en el solio [de su poder].
lalp.ql.ẓ-[ ]	Por el becerro/buey [*ʿAnatu* alzó] el grito,
lap.ql.nd.[ ]	por el becerro/buey el grito lanzó [la 'Pretendida de los
*tlk.wtr.*b[ ]	que marchó y escapó corriendo y chospando [pueblos'],
*bnʿmm.by*s[*mm*]	con la gracia (?), con [el donaire (?) de la banda de las
arḫ.arḫ.[ ]	«Una novilla, una novilla [he visto] [*Kôṯarātu]:*
*ibr.tl*d[ ]	que un 'morlaco' parió [a *Baʿlu],*
wrum.l[ ]	un toro salvaje, sí, al [Auriga de las nubes]».
*tḫbq.*a[*rḫ*]	Abrazó a la novilla [y a su 'morlaco'],
*tḫbq.*arḫ[ ]	abrazó a la novilla [y a su toro salvaje],
*wtk*syn*n.b*ṯn- - -	y le cubrió con una frazada doble
yʿl.*šrh.wšḫph*	sobre su ombligo (?), sí, y su tierna piel (?),
-b*šḫp.ṣǵrth*	sobre la tierna piel de su infancia.
yrk.tʿl.bǵr	La ladera ascendió por la montaña,
mslmt.bǵr.tliyt	la cuesta por el monte del triunfo.

---

nḫt por *aḫt* (KTU). *Lín. 11:* así, CTA / *bǵd[yn* (CML; cf. UMBA), cf. 1.65:18 / *bǵ[r.tliyt]* (Lipiński, «Syria» [1965] 68; Van Zijl, *Baal,* 250). *Lín. 12:* c. *bš[mm* (Ginsberg, «Or» [1938] 10) / *bš[rp* (AK) / *bš[mkt* (AE) / *bš[d.nḫlth]* (Lipiński, *l. c.,* Van Zijl, *l. c.)* / *bš[rpm]* (UMBA). *Lín. 13-14:* < 1.3 IV 2-3, cf. Van Zijl, *Baal,* 218ss / *lks[ih]... lkḥ[ṯh]* (Ginsberg, «Or» [1938] 10). *Lín. 15:* c. *ẓ[by* (Vir.) / *ẓb[ẓb* (Ginsberg, *l. c.)* / *pʿ[r* (TOu). *Lín. 16:* posible error de *n/ap* por *alp* (CTA) / *lnp(?)* (Vir.) / *ln[ẓ.]ql.nd* (UT), cf. 1.93:1. *Lín. 17:* c. *wtr[bḫl(?)]* (Vir.), cf. *sup.* II 29 / *wtr. b[lkt.wtr.bḫl]* / *wtr b[ʿp]* (Gaster, «Iraq» [1939] 129), cf. *sup.* II 11 / *wtr b[tlt ʿnt]* (Ginsberg, «Or» [1938] 10). *Lín. 18:* cf. *sup.* II 30; c. *bys[mm.ḥbl kṯrt]* (TOu). *Lín. 19:* c. *[tld]* (CTA) / *[tld.lbʿl]* (CML) / *[ḫl]* (Dahood, RSP I, 186). *Lín. 20:* c. *[.lbʿl. whd]* (Vir.) / *[.lbʿl]* (Ginsberg, *l. c.)* / *[.lbn.dgn]* (CML). *Lín. 21:* c. *l[rkb.ʿrpt]* (Vir.), cf. *inf.* lín. 35-36 / *[lil hd]* (CML). *Lín. 22-23:* c. *tḫbq [arḫ ibrh] tḫbq [arḫ rumh]* (Dussaud, «Syria» [1936] 29; UMBA) / *tḫbq/thbq w* (CML). *Lín. 24:* / *bṯn[ ]* (Vir.) / *wtksynn(?).b.--* (UT) / *bṯnm* (CML) / *b[gnẓ]* (UMBA). *Lín. 25:* / *y[nq] šrh* (TOu). *Lín. 26:* / *]šḫp* (CML, CTA) / *[k]šḫp* (UMBA). *Lín. 27:* así, KTU, que supone una corrección (raspado) escribal de un primitivo *tk/bt⟨k⟩;* cf. UF (1973) 84; también CTA 51, n. 11; Clifford, CMC 75 / *yrk.ql.bph ǵr* (Vir., UMBA) / *yrk.tʿl.b{h}.ǵr*

(Brink); cf. gl. *blt.* *Lín. 11-12:* / «Subirá con intención, ... con ayudantes...» (Brink); cf. gl. *ǵr, ǵdyn, šrp(m).* *Lín. 13-14:* cf. 1.3 IV 2-3; 1.6 V 5-6 (cf. Van Zijl, *Baal,* 218, 250). *Lín. 15-16:* / «Cuando el buey tenga la voz de la gacela y el halcón la del gorrión...» (Driver) / «Hasta el buey resulta inferior (no será inferior/no caerá ante) a la gacela...» (Brink). *Lín. 17-18:* cf. *sup.* II 29-30. *Lín. 19-21:* / «Pare un novillo, un novillo a...» (Driver, Lipinski) / «Un montón de terneros pare...» (Brink); cf. gl. *arḫ, ibr, rum.* *Lín. 25-26:* cf. Rin, AE 247; Aartun, WO [1967-1968] 290-291) / «... su canto y su grito, el grito de su juventud» (Driver, Brink) / «... mama... la primera leche, ... de la vaca joven» (Caquot-Sznycer); cf. gl. *šr, šḫp, ṣǵrt.* *Lín. 27-28:* / «Una voz salía suave de su boca: las rocas de la senda de muerte se han convertido en rocas de la victoria...» (Driver; cf. Brink, UMBA 121) / «Ascendió a la montaña de *Mslmt...*» (Gordon,

*wtʿl.bkm.ba*rr	Y ascendió así al (monte) *Araru,*
*bm.arr.wb*ṣpn	al *Araru* y al *Ṣapānu,*
*bnʿm.bǵr.*t*liyt*	a la delicia, al monte del triunfo.
*ql.lbʿl.ttn*n	En voz alta a *Baʿlu* gritó:
*bšrt.il.*bš*[r.b]ʿl*	«¡La buena nueva de *Ilu* recibe, *Baʿlu,*
w*bšr.*ḥ*tk.*dgn	recíbela, sí, progenie de *Dagānu!*
k.*ibr.lbʿl[.]*yl*(?)*d	Ahora un 'morlaco' a *Baʿlu* ha nacido,
wr*um.lr*kb*[.]*ʿrpt	un toro salvaje, sí, al Auriga de las nubes».
*y*šm*ḫ.aliyn.*b*ʿl*	Se alegró *Baʿlu,* el Victorioso.

(UT); c. *bk⟨m b⟩ǵr* (CTA), cf. *inf.* lín. 29. *Lín. 29: / wql...* (UMBA). *Lín. 30:* c. toda la línea, o quizá lín. 27-30 *(bǵr...bṣpn),* posible glosa (Dietrich-Loretz-Sanmartín, UF [1973] 84-85). *Lín. 35:* cf. *sup.* lín. 20 / *w.ibr.lbʿl[.w(?)h(?)]d* (Vir.).

Aistleitner; Aartun, WO [1967-1968] 291-292) / «... escalando la montaña majestuosa» (Caquot-Sznycer); cf. gl. *yrk, mslmt, ǵr, tliyt.* *Lín. 29-31:* cf. 1.3 III 29-31 / «Y sube a lo alto, al *Araru*...» (Caquot-Sznycer; cf. Aartun, WO [1967-1968] 291ss; íd., BiOr [1967] 288-289) / «Y asciende llorando...» (Gordon) / «Y el eco del llanto del lugar de la vergüenza..., entre la delicia...» (Brink); cf. gl. *bkm.* *Lín. 32-34:* / «Nuevas divinas...» (Ginsberg) / «¡Estupendas nuevas! Alégrate...» (Driver; cf. Gordon, UMC 90, frente a UL 51) / «Un alegre mensaje te traigo, ¡oh dios!, ... mensaje para *Baʿlu,* ... para el señor *Dagānu*» (Aistleitner) / «Recibe, *Baʿlu,* una feliz, una maravillosa nueva...» (Caquot-Sznycer); cf. gl. *bšr, ḥtk.* *Lín. 37:* / «... se alegre *Baʿlu*...» (Dahood, RSP I, 151).

MITEMA DEL «COMBATE DE BAʿLU
Y LOS DIOSES DEL DESIERTO»
(KTU 1.12)

INTRODUCION

EL TEXTO

Un fragmento de este mito es el que nos ofrece la tablilla 1.12, de la que sólo nos ha llegado la parte inferior izquierda, con unas dimensiones de 19,5 × 9,5 cm.; fue descubierta en 1930 [1]. El texto se presenta en dos columnas y escrito por una sola cara, pero la contextura material de la tablilla, más gruesa por la fractura derecha, así como el desarrollo argumental, abogan por uno más amplio, posiblemente de cuatro columnas. Este dato debe ser tenido en cuenta a la hora de fijar el «sentido» del mitema. Por otra parte, las 30 primeras líneas de la columna II resultan demasiado fragmentarias como para permitir un interpretación seguida coherente, lo que agrava la discontinuidad entre las dos secciones íntegras o reconstruibles del texto. Bastantes líneas de la columna I traspasan la divisoria de columnas e invaden el espacio de la II, lo que ha obligado al escriba a separar el texto de ambas con una línea ondulante que sigue el final de las primeras. Esto significa que la tablilla estaba previamente distribuida en columnas, distribución que el escriba pretendió ignorar. Pero a partir de la primera línea que traspasa la divisoria de columnas (I 7/II 10), reduce y aprieta la caligrafía logrando trazar en el espacio restante de la columna II diecisiete líneas más que en el correspondiente de la

[1] Cf. Virolleaud, «Syria» 16 (1935) 247ss; Ginsberg, JPOS 16 (1936) 138ss; íd., ANET, p. 142; Engnell, SDK, pp. 125-127; Gaster, AcOr 16 (1937) 41ss; íd., *Thespis* (1950), pp. 217-222; De Langhe, TRS I, pp. 158-159; Driver, CML, pp. 10, 70-73; Gibson, CML, p. 32; Rin, AE, pp. 257ss; Gray, JNES 10 (1951) 146ss; íd., LC, pp. 75ss; íd., UF 3 (1971) 61ss; Kapelrud, *Ug.* VI, pp. 319ss; Van Zijl, *Baal,* p. 260; Caquot-Sznycer, TOu, pp. 317ss; Wyatt, UF 8 (1976) 416ss; Du Mesnil, «Berytus» 26 (1978) 56; el texto puede verse también en Bauer, AK, pp. 59-62; Gordon, UT, pp. 181-182; Dietrich-Loretz-Sanmartín, KTU, pp. 34-36; y su versión, además, en Gordon, UL, pp. 53-55; íd., UMC, pp. 91-93; íd., PLM, pp. 121-124; Aistleitner, MKT, pp. 55-57; Oldenburg, CEB, pp. 199-200; además de en los estudios citados anteriormente.

columna I. Con ello parece haber acomodado la longitud de las líneas, que continúan siendo desiguales, al espacio disponible de la tablilla y hecho lugar para la totalidad del texto, que sin duda en este caso copiaba de un original grabado [2]. De todos modos se nos escapa la razón que determina la diversa longitud de las líneas. Al final de ambas columnas aparece una doble línea horizontal, como en otros casos [3]. Mantiene también algunas características ortográficas (grafema especial, *ẓ*, para el primitivo fonema /*ṯ*/; reiterada notación de *mlbr* por *mdbr*).

ANALISIS LITERARIO

Dado lo fragmentario y discontinuo del texto, creo que debe renunciarse a toda pretensión de determinar su significación «global» desde él mismo, contentándonos con precisar sus secciones lo más exactamente posible desde el punto de vista lingüístico, sin permitir que la significación preconcebida violente el sentido. La conexión entre ambas se deja adivinar, así como la continuación del texto, desde las implicaciones generales de la mitología baálica [4]. El desglose de aquél presenta la secuencia de escenas siguiente: se abre con una «queja» (I 9-11: *tc*) pronunciada al parecer por unas divinidades femeninas [5], lo que aproxima formalmente nuestro texto a 1.1 IV 2ss. Como

[2] Cf. Ginsberg, JPOS 16 (1936) 138; Gray, JNES 10 (1951) 146 (acaso sean independientes las columnas). Este cambio de caligrafía, posiblemente con el mismo fin de economizar espacio y hacer lugar a la totalidad del texto, ya se había apreciado en otras tablillas; cf. *sup.* pp. 257, 328-330.

[3] Cf. *sup.* p. 241.

[4] Para una estructuración secuencial de las escenas del mito, cf., además del intento pionero de Virolleaud (*Les chasses de Baal:* «Syria» 16 [1935] 247-266), los estudios de H. L. Ginsberg, *Baʿlu and his Brethren:* JPOS 16 (1936) 138-149; J. A. Montgomery, *Ras Shamra Notes V. A Myth of Spring:* JAOS 56 (1936) 226-231; T. H. Gaster, AcOr 16 (1936) 41-48; íd., *Thespis,* 1950, pp. 217-222; J. Gray, *The Hunting of Baal: Fratricide and Atonement in the Mythology of Ras Shamra:* JNES 10 (1951) 146-155; íd., LC, pp. 75-81; íd., *Baal's Atonement:* UF 3 (1971) 61-70; A. S. Kapelrud, *Baal and the Devourers,* en *Ug.* VI, pp. 319-332; Caquot-Sznycer, TOu, pp. 333-351; N. Wyatt, *Atonement Theology in Ugarit and Israel:* UF 8 (1976) 414-422; R. Du Mesnil du Buisson, *L'explication mythique des saisons en Phénicie. Baʿal tue ses frères taureaux de la chaleur:* «Berytus» 26 (1978) 55-83 (tres escenas, p. 77).

[5] Para Virolleaud y Kapelrud es *Aṯiratu* el sujeto de la «queja», pero éste parece más bien plural. Por otro lado, cabe suponer que los causantes de la misma tienen que ver con *Baʿlu,* contra el que actuarán los «Voraces» que *Ilu* ordena dar a luz [no podemos precisar si también ha engendrado (así, entre otros, Du Mesnil); en todo caso, parece «adoptarlos» al proclamar sus nombres]. Wyatt, UF 8 (1976) 415-417; Caquot-Sznycer, TOu, pp. 328-329, y Du Mesnil, «Berytus» 26 (1978) 57,

allí, también aquí «responde» *Ilu,* no sabemos por qué, regocijado (lín. 12-13: *bc).* La razón habría de buscarse en la futura actuación de los seres cuyo nacimiento él dispone, fatal para *Baʿlu,* con lo que también aquí *Ilu* se presentaría como hostil a ese dios, al igual que en el caso de la exaltación de *Yammu.* La respuesta es en realidad una «orden» (lín. 14-33: *bc/tc/bc/tc/tc)* [6] dada a cierta «esclava/concubina» divina para que se dirija al desierto a dar a luz a unos seres misteriosos caracterizados como «Voraces». En este caso la temática aproxima nuestro texto a 1.23:30ss, donde el mismo dios *Ilu* engendra también de madres inferiores unos diosecillos «Voraces», que se instalan en el desierto. En este caso se insiste en la descripción de su voracidad, mientras en 1.12 I 30-33 se exalta su aspecto combativo [7]. Un dato interesante: también aquí se anuncia la «proclamación» *(pʿr)* del nombre por parte de *Ilu,* como en el caso de *Yammu* en 1.1 IV 15-19. Los versos finales de la sección (lín. 34-41: *bc/bc/bc/bc)* nos introducen a *Baʿlu,* que se «encuentra» con los «Voraces», ya nacidos y desarrollados, y ante los que toma una actitud igualmente «voraz» [8]. El texto se interrumpe aquí, pero es presumible que la laguna de

suponen que son estos mismos los que motivan la queja de sus (dos) madres, ya antes de nacer, pero el sujeto de lín. 9-11 no puede identificarse («*nuestros* senos...») con la «esclava» de lín. 14-16 (cf. Virolleaud, «Syria» 16 [1935] 247-248; Driver, CML, p. 10; cf. Caquot-Sznycer, TOu, p. 333), que es singular, como se desprende de la interpelación de *Ilu* («coge tu...»). Más arriesgada es la identificación de *Ilu* con *Yarḫu* (cf. Wyatt, *l. c.;* Gray, JNES 10 [1951] 149).

6 El último *tc* podría pertenecer a la sección descriptiva siguiente [así, Virolleaud (?), Gray, Kapelrud, Caquot-Sznycer, Du Mesnil]. Gordon, PLM 122, pone este texto en relación con Gn 17,6ss. La correlación del mismo con 1.23 y de los «Voraces» con *šḥr-šlm/ym-mt* ha sido puesta acertadamente de relieve por Wyatt, UF 8 (1976) 416-417, 422; cf. también UF 9 (1977) 284; Xella, MSS, p. 112, n. 76; p. 122, n. 109; Van Zijl, *Baal,* p. 258; Du Mesnil, «Berytus» 26 (1978) 57ss. [Se trataría de la más joven de las *Kôṯarātu,* que haría de «partera», pero difícilmente se podría decir de ella *ḫl ld* (lín. 25)].

7 Por ambos aspectos, tales «genios» o «monstruos» son comparables al dios *Môtu,* el insaciable y formidable contrincante de *Baʿlu;* cf. nota precedente y *sup.* pp. 147ss. Para Du Mesnil, «Berytus» 26 (1978) 55, tales seres son los «toros del calor», colaboradores, asesinos y víctimas a su vez de *Baʿlu,* según el ritmo estacional y sabático-jubilar.

8 No puede verse aquí ninguna inclinación de tipo sexual de *Baʿlu* hacia aquellos seres (así, Kapelrud, *Ug.* VI, pp. 325-332; Van Selms, MFL, pp. 81, 103; cf. Van Zijl, *Baal,* pp. 261-262; Caquot-Sznycer, TOu, p. 327), ni se celebra propiamente a *Baʿlu* como «cazador» *(ṣd//hlk* no tiene ese valor aquí); antes bien él es el cazado (contra la opinión de Caquot-Sznycer). Por la relación de *Baʿlu* con los *ibrm* y la situación del drama (zona pantanosa), nuestro texto parece también relacionado con 1.10 (cf. *sup.* pp. 464ss); pero el contexto es diverso: allí de procreación, aquí de combate.

unas 35 líneas, que se interpone, contuviese la descripción del enfrentamiento entre ambas partes, tal como dejan entrever los inicios de línea conservados [8 bis]. Cuando el texto vuelve a ser inteligible nos hallamos con la descripción de la «derrota» de *Baʿlu* ante los «Voraces». Sus motivos pueden desglosarse así: «desfallecimiento» (II 31-33: *tc)* y «captura» de *Baʿlu* (lín. 34-36: *tc),* su «situación» consiguiente (lín. 37-41: *tc/bc)* y «efectos» sobre la tierra (lín. 42-45: *dst),* «motivación» del caso (cae por haber matado: lín. 46-49: *dst);* a continuación se vuelve, según el estilo circular semítico, a una reiteración de motivos: «encuentro» con sus contrincantes (lín. 50-51: *bc)* [9], «caída» ante ellos (lín. 52-55: *bc/tc)* [10], su «situación» consiguiente (lín. 56-57: *bc)* y «efectos» sobre la sociedad (lín. 58-61: *bc/bc)* [11].

SENTIDO Y FUNCION DEL MITEMA

Nos hallamos, pues, ante el fragmento de una «teomaquia» al estilo de las que enfrentan a *Baʿlu* con *Yammu* y *Môtu* y en el fondo con el mismo sentido: constraste entre el dios de la fertilidad y las fuerzas destructoras de la misma que vienen del desierto [12]. Teomaquia motivada por *Baʿlu* y promovida por *Ilu,* en connivencia con las otras divinidades, resentidas por la actitud hostil de aquél [13]. El esquema es conocido en la mitología de Ugarit, aunque

[8 bis] Cf. Du Mesnil, «Berytus» 26 (1978) 62.

[9] De acuerdo con I 36-37 y II 34-36, los *šr aḫb* deben ser los mismos «Voraces», que constituyen un par (cf. Wyatt, *l. c.,* y Virolleaud, «Syria» 16 [1935] 254). No se olvide, por otra parte, la designación de *Môtu* como *šr* en 1.23:8, *mt-w-šr* (cf. Virolleaud, «Syria» 16 [1935] 263-264, n. 1; Gray, LC pp. 78-79, nn. 6, 81; Wyatt, UF 8 [1976]). Por lo demás, el campo semántico insinuado por *šr, skn, ʿdn* es netamente guerrero. Para Du Mesnil, «Berytus» 26 (1978) 65, tendríamos en esta sección final el banquete de reconciliación y proclamación de la realeza de *Baʿlu* por *Ilu.*

[10] Como en II 36, el lugar de la caída («ciénaga») puede rememorar la lucha de *Baʿlu* con *Môtu* y su caída en el «infierno» (cf. *sup.* p. 134; Wyatt, UF 8 [1976] 418; Caquot-Sznycer, TOu, p. 321 [Haldar]).

[11] Cf. Montgomery, *sup.* n. 4. Algunos autores consideran esta sección como una unidad aparte: himno, conjuro, ritual o plegaria; cf. Virolleaud, «Syria» 16 (1935) 265; Gaster, AcOr 16 (1938) 41-43; Kapelrud, *Ug.* VI, pp. 330-331; Caquot-Sznycer, TOu, p. 350; Gray, JNES 10 (1951) 151ss; íd., LC, pp. 80-81. La «caída» de *Baʿlu* conlleva la «decadencia» de la naturaleza y de la sociedad (cf. Van Zijl, *Baal,* pp. 263-264).

[12] Cf. Gaster, AcOr 16 (1937) 41; Dussaud, RHR 113 (1936) 15; Gray, JNES 10 (1951) 147; Xella, MSS, p. 91, n. 34; De Moor, SP, p. 6; Miller, DW, p. 31; Van Zijl, *Baal,* pp. 255, 264, n. 2; Gray, UF 3 (1971) 64, n. 29.

[13] Cf. *sup.* pp. 68s, a propósito de la temporal enemistad de *Ilu-Aṯiratu* contra *Baʿlu,* posiblemente en relación con la aniquilación de los «(setenta) hijos de *Aṯiratu*»

nuestro texto no puede inserirse en la secuencia del ciclo normativo [14]. De acuerdo con aquél, cabe suponer que en la parte perdida del mitema se narraba el «levantamiento» de *Baʿlu,* con la ayuda de «sus» divinidades [15], y su consiguiente victoria sobre sus contrincantes, momentáneamente victoriosos. En el esquema mitológico de Ugarit *Baʿlu* siempre triunfa en última instancia.

Ulteriores precisaciones en cuanto a la naturaleza de las fuerzas de esterilidad aquí mitificadas, por ejemplo las «langostas», como plaga destructora y «voraz», o los «chivos» de expiación [16], así como los intentos divergentes de aclarar el «sentido» global del mitema y sus posible paralelos bíblicos [17], me parece que no disponen de elementos suficientes sobre los que apoyarse. Algo semejante debe decirse de las especulaciones en torno a la función y situación vital de este mitema, así como sobre su posible utilización y localización cúlticas [18], aparte de los supuestos generales válidos para toda la mitología uga-

(1.4 VI 46; 1.6 V 1-3//1.12 II 48-49; Gray, UF 3 [1971] 70; Du Mesnil, «Berytus» 26 [1978] 60, 64).

[14] Cf. *sup.* pp. 83s; De Langhe, TRS I, p. 153; Gaster, *Thespis* (1950) p. 217; Brockelmann, HdO, p. 47; De Moor, SP, pp. 6, 13, 16, 18 (la opinión de Gaster); Van Zijl, *Baal,* pp. 7-10, 255, 264; Gray, LC, pp. 75, 80; íd., UF 3 (1971) 61 (?) (pero cf. Virolleaud, «Syria» 16 [1935]; Oldenburg, CEB, p. 119; Gordon, UL, pp. 11, 53; Gray, UF [1971] 68-69).

[15] Cf. *sup.* p. 68.

[16] Cf. Kapelrud, *Ug.* VI, p. 324; Caquot-Sznycer, TOu, pp. 327ss (pero cf. Du Mesnil, «Berytus» 26 [1978] 62); Wyatt, UF 8 (1976) 418ss. El texto los presenta inequívocamente como «toros», posiblemente hijos del «toro» *Ilu* (cf. Virolleaud, «Syria» 16 [1935] 255) y semejantes al «toro» *Baʿlu.*

[17] Cf. las diversas opiniones en Van Zijl, *Baal,* pp. 260-262; Engnell, SDK, pp. 125-126; Kapelrud, *Ug.* VI, pp. 319ss; Wyatt, UF 8 (1976) 415; Du Mesnil, «Berytus» 26 (1978) 55ss (origen del calor estival), y sobre todo Caquot-Sznycer, TOu, pp. 319-325 (Virolleaud, Dussaud, Ginsberg, Montgomery, Gaster, Engnell, Bo Reicke, Gordon, Haldar, Gray, Driver, Aisleitner, Kapelrud, Oldenburg, Van Zijl y naturalmente la suya propia).

[18] Por un sentido cúltico estacional se pronuncia Gaster; mientras Gordon, por el «sabático» (PLM, pp. 121s, 124; cf. *sup.* p. 149; Gray, JNES 10 [1951] 151-152; Wyatt, UF 8 [1976] 419). Para Gray y Wyatt, y parcialmente para Dussaud, Engnell y Du Mesnil, el tema de la expiación (¿por fratricidio?) ocupa el centro del mito, que refleja un rito del festival de otoño/primavera, con el rey como oficiante principal; el correlato bíblico sería el ritual del Gran Día de la Expiación y sus «chivos» expiatorios. Para Kapelrud y Caquot-Sznycer, en cambio, sería un ceremonial para «tiempo de langostas». Podría también tratarse de una liturgia de un santuario particular (Gray), dependiente de paralelas egipcias o hititas, acerca de cuya primera localización se extiende De Langhe, TRS II, pp. 191-194. También para este mitema propone Du Mesnil, «Berytus» 26 (1978) 72s, una localización fenicia (cf. *sup.* n. 8) y utilización cúltica.

ríticas. No debe perderse de vista que estamos ante un texto fragmentario y probablemente inacabado, por lo que es preferible absteners de interpretaciones que afecten a su «unidad» global [19].

[19] Para las diversas síntesis interpretativas de este texto, cf. los estudios citados *sup.* nn. 1 y 4; además, Virolleaud, LBC, pp. 95-96; Gaster, «Religions» 18 (1937) 11-12; Van Selms, MFL, 76; Dussaud, RHR 113 (1936) 5-20; Montgomery, JAOS 56 (1936) 226-231; Bo Reicke, SEA 10 (1945) 5-30; Løkkegaard, *The House of Baʿal:* AcOr 22 (1955) 10-27; A. Haldar, *The Notion of the Desert in Sumero-Accadian and West-Semitic Religion,* Uppsala 1950, pp. 36-39; Caquot, SDB, fascículo 53, col. 1.387-1.388; Colpe, *Fs Von Soden,* pp. 30-31.

TEXTO Y VERSION

KTU 1.12 I

(Laguna de unas 10 lín.)

[1]*[ ]-m*	
[ ]	
[ ]-.d arṣ	
[ ]-ln	
[5]*[ ]nbhm*	
[ ]kn	
[ ]h/irn.km.šḥr	
[ ]-ltn.km.qdm	
kbdn.il.abn	«Nuestra entraña, *Ilu,* padre nuestro,
[10]*kbd kiš.tikln*	el hígado como 'gozques' nos devoran,
[11]*ṯdn.km.mrm.tqrṣn*	nuestros pechos como 'cachorros' nos mordisquean».
[12]*il.yẓḥq.bm* [13]*lb.*	*Ilu* se rio en (su) corazón,
wygmḏ.bm kbd	se regocijó en (su) entraña:
[14]*zi.at.ltlš* [15]*amt.yrḫ*	«Vete tú, ¡oh *Tališu!,* sierva de *Yarḫu,*
[16]*ldmgy amt* [17]*aṯrt.*	¡oh *Damgayu!,* sierva de *Aṯiratu.*

Col. I: *Lín. 1-3:* c. *[ašr bʿl hd...zbl bʿl].darṣ* (Du Mesnil, «Berytus» [1978] 57), cf. 1.23:1; 1.24:1. *Lín. 4:* c. *a]ln(?)* (Vir.), cf. lín. 20 / *yd]ln/yḫd]ln/yp]ln* (Gaster, AcOr [1937] 44). *Lín. 5:* c. *ǵ]nbhm* (Gaster, *l. c.). Lín. 6:* c. *št]kn* (Gaster, *l. c.). Lín. 7:* / *]prn* (UT); c. *lṯ]hrn* (Dussaud, RHR [1936] 9) / *tn]hrn* (Ginsberg, JPOS [1936] 140) / *n]hrn* (Gaster, *l. c.). Lín. 9:* así, CTA y KTU; *c. [ti]bdn* (Gaster, *Thespis* [1950] 450) / *[tk]bdn* (Vir., AK) / *[ʿ]dbn* (Oldenburg, CEB 199, n. 4) / *[a]bdn* (Delekat, UF [1972] 21). *Lín. 11:* ya así, AK / *km.t(?)rm* (Vir.) / *km gmrm* (Gaster,

---

Col. I: *Lín. 7-8:* / «(Lucirán) como la aurora (y serán brillantse) como el oriente» (Du Mesnil, «Berytus» [1978] 57). *Lín. 9-11:* / «... nos destruyen..., devoran nuestro hígado como insectos, roen nuestros pechos como gusanos...» (Driver) / «... como una lombriz..., como un gusano...» (Wyatt, UF [1976] 416; cf. Dietrich-Loretz-Sanmartín, UF [1975] 165) / «... devoran nuestro hígado como un topo...» (Gray) / «... devoran el hígado como fuego...» (Aistleitner, Caquot-Sznycer; cf. Delekat, UF [1972] 21) / «... el vientre como fuego devorarán, como gigantes...» (Oldenburg, CEB 199) / «... devoran el hígado como un pastel (de uvas pasas), roen el pesado (órgano) como el alimento...» (Aartun, WO [1967-1968] 288); cf. gl. *iš, mr(m), ṯd, qrṣ. Lín. 14-17:* / «Sal... sin tardanza...» (Gray) / «Ve... a *Dmgy,* la sierva de...» (Aistleitner; cf. Gordon, UL 53; Pardee, UF [1972] 267); cf. gl. *tlš/ylš/lš. Lín. 17-19:* «... tu odre, tu carga, tu

qḥ [18]*ksank.ḫdgk* [19]*ḫtlk.*	Toma tu taurete, tus angarillas, tus pañales
wẓi [20]*baln.tkm*	y vete al encinar de *Takamu*
[21]*btk.mlbr* [22]*il.šiy*	al medio del divino desierto de *Šaiyu.*
[23]*kry amt* [24]*ʿpr.*	Clava (tus) codos en tierra,
ʿẓm.yd [25]*ugrm.*	los antebrazos en el suelo,
ḫl.ld [26]*aklm.*	retuércete (y) pare a los «Voraces»,
tbrkk [27]*wld.ʿqqm*	encoge tus rodillas y da a luz a los «Destrozones»,
[28]*ilm.ypʿr* [29]*šmthm*	cuyos nombres *Ilu* proclamará.
[30]*bhm.qrnm* [31]*km.ṯrm.*	Tendrán cuernos como toros
wgbṯt [32]*km.ibrm*	y «morrillo» como «morlacos»,
[33]*wbhm.pn.bʿl*	también tendrán el aspecto de *Baʿlu*».
[34]*bʿl.ytlk.wyṣd*	*Baʿlu* (a su vez) se fue y rastreó,
[35]*yḥ pat.mlbr*	se dirigió hacia las lindes del desierto;
[36]*wn.ymǵy.aklm*	y he aquí que llegó (junto) a los «Voraces»,
[37]*wymẓa.ʿqqm*	se topó con los «Destrozones».
[38]*bʿl.ḥmdm.yḥmdm*	*Baʿlu* los codició ardientemente,
[39]*bn.dgn.yhrrm*	el hijo de *Dagānu* se enardeció por ellos.

l. c.); ṯdn error (?) por *ṯda* (Montgomery JAOS [1936] 228). *Lín. 20: / babn* (Gaster, AcOr [1937] 45). *Lín. 21/35: / tdbr(?)* (Vir.); *mlbr* error por *mdbr* (Vir.), pero cf. WUS 167; De Langhe, TRS II, 192. *Lín. 27/37: / wld.ṯqqm* (Young, UF [1979] 309) / originalmente *ʿqmm* (Gray, JNES [1951] 146, n. 4). *Lín. 36: / kn.ymǵy* (Vir.) / *wn(?)* (UT). *Lín. 37:* cf. *sup.* lín. 27; originalmente escrito *ʿqmm* (Vir.). *Lín. 41: ḫrẓʿh* dittografía parcial por *ḫrẓh* (Gray, JNES [1951] 147, n. 11; UF [1971] 64, n. 25).

pañal...» (Oldenburg, *l. c.);* cf. gl. *ksan, ḫdg, ḫtl.* *Lín. 19-22:* / «Y vete a *Aln* del medio, del medio del desierto de *Ilšiy...*» (Gordon) / «Y vete de la encina *Tkm* al medio de...» (Aistleitner; cf. Dahood, UF [1969] 32) / «Y ve, descansa junto a un roble (?) en medio de la vasta estepa, desolada...» (Driver, Gray) / «Sal a la llanura (?) de *Tkm,* al desierto del dios-*Šiy...*» (Dijkstra-De Moor, UF [1975] 155-156); cf. gl. *aln.* *Lín. 23-25:* / «Sierva, rocía (tu) cuerpo, (tus) manos (y tus) pies (?) con polvo...» (Driver) / «Duerme sobre la tierra..., haz el amor con los dioses del campo...» (Aistleitner; cf. Kapelrud, *Ug.* VI, 320; Gordon, UL 53) / «Cava un pozo... en la tierra, agarra con fuerza el suelo...» (Gray, UF [1971] 63) / «Cae en apuros..., esparce polvo con mano potente...» (Oldenburg, CEB 200) / «... cava, ¡(oh) sierva!, el polvo con el pie...» (Du Mesnil, «Berytus», [1978] 60); cf. gl. *kry, amt, ʿẓm, ugr.* *Lín. 25-29:* / «... que te harán doblar las rodillas...» (Driver; cf. Gray, Caquot-Sznycer) / «... te bendecirán. ¡Han nacido los Devoradores! Los dioses proclaman...» (Gordon; cf. Virolleaud) / «... divino será llamado su nombre/hombres proclamarán su destino divino...» (Gray, LC 77/UF [1971] 63) / «... su nombre se llamará 'dioses'...» (Aistleitner); cf. gl. *ḫl, brk, ʿqq, pʿr.* *Lín. 30-33:* / «... como búfalos, y el rostro de *Baʿlu* (se volverá) hacia ellos (los apetecerá)...» (Driver; cf. Schoors, RSP I, 44; Van Zijl, *Baal,* 255ss) / «... y *Baʿlu* dirigirá su rostro contra ellos» (Gaster; cf. Gray, Engnell, Caquot-Sznycer) / «... y corpulencia como toros-machos...» (Sanmartín, UF [1978] 349-350); cf. gl. *gbṯt, ibr, pn.* *Lín. 34-35:* / «... se apresurará hacia las lindes...» (Driver, Gray) / «... y se alejará...» (Aistleitner) / «... vive en las lindes...» (Virolleaud, Gordon; cf. Van Zijl, *Baal,* 258); cf. gl. *ṣd, n/yḥy.* *Lín. 36-37:* / «Mira, allí llegan...» (Gordon); cf. gl. *mǵy, mẓa.* *Lín. 38-39:* / «... querrá aparearse con ellos...» (Aistleitner) / «... a los codiciosos codicia. Al creador del trigo le

bʿl.ngṯhm.bpʿnh	*Baʿlu* se les acercó por su pie,
wil hd.bḫrẓʿh	sí, el dios *Haddu* a su paso.

KTU 1.12 II

(Laguna de unas 5 lín.)

[ ]
[ ]-t.[ ]
[ ]-ʿn[ ]
p*nm[ ]*
bʿl.n[ ]
il.hd[.]
at.bl a*[t]*
ḥmdm.[ ]
*il.hr*r*[ ]*
kb[ ]
ym.[ ]
yšḥ-[ ]
yikl[ ]
*km.*sp*(?)[ ]*
tš[ ]
t-[ ]
t[ ]
ḥ*[ ]*
b[ ]
*w*b*[ ]*
bʿl.[ ]
il hd b/d*[ ]*
at.bl.at.[ ]
yisphm.bʿ[l]

Col. II: *Lín. 2: /]m[* (UT). *Lín. 3:* c. *p]ʿn[h* (Kapelrud, *Ug.* VI, 326). *Lín. 5:* c *bʿl n[pl/n[gṯ* (Vir.; Ginsberg, JPOS [1936] 146) / *bʿl n[gṯhm bpʿnh]* (AK; Gaster, *Thespis* [1950] 450), cf. *sup.* I 40. *Lín. 6:* c. *il.hd[bḫrẓʿh]* (AK; Gaster, *l. c.*), cf. *sup.* I 41. *Lín. 7:* cf. *inf.* lín. 23 / *at.bl a(?)[t bʿl]* (Ginsberg, *l. c.*). *Lín. 9:* así ya, AK, cf. *sup.* I 38-39 / *il.hrr[m* (CML). *Lín. 14:* así ya, Ginsberg y Gaster. *Lín. 15: / q[* (Vir.) / *ʿš(?)[* (CTA). *Lín. 16: / t(?)t(?)[* (Vir.) / *-tt[* (CML). *Lín. 17: / š[* (CML). *Lín. 18: / y[* (CML). *Lín. 20: w(b/d)[* (UT, CTA). *Lín. 21-22:* cf. *sup.* lín. 5-6; I 40-41 (AK). *Lín. 23:* cf. *sup.* lín. 7. *Lín. 24:* así ya, AK, Ginsberg, Gaster

---

abrasan...» (Du Mesnil, «Berytus» [1978] 63); cf. gl. *hrr*. *Lín. 40-41: /* «... les buscó/se les acercó...» (Driver) / «... a pie, ... de prisa...» (Gray; cf. Van Zijl, *Baal,* 259s) / «... con su maza, ... con su pica...» (Caquot-Sznycer); cf. gl. *pʿn, hrẓʿ/hrẓ, ngṯ.*

bn.dgn[	]	
ʿḏbm.-[	]	
uḫry.l[	]	
mṣt.ksh.t-[	]	
id*m.adr*.h[	]	
id*m.ʿrẓ.tʿ*r[	]	
ʿn.bʿl.aḫḏ.[	]	A los ojos de *Baʿlu* les agarró [el miedo (?)],
ẓrh.aḫḏ.qš[*t*	]	a su torso agarró [el espasmo (?)],
*pʿn.bʿ*l.*aḫḏ[*	]	a los pies de *Baʿlu* les agarró [el pavor (?)].
wṣmt.ǵllm[	]	Y destrozaron los «Sedientos» [como a un toro],
aḫḏ.aklm.k/w[	]	agarraron los «Voraces» [como a un «morlaco»]
npl.bmšmš[	]	[a *Baʿlu*], caído en la «ciénaga».
anpnm.yḫr[r	]	Sus hocicos se inflamaron...,
bmtnm.yšḫn.-[	]	en sus lomos prendió el ardor...,
qrnh.km.ǵb[	]	sus cuernos como de uno con tercianas (?) [se debilita-
hw.km.ḫrr./-[	]	El (quedó) como uno que se abrasa [de fiebre], [ron(?)].
šnm tm.dbṭ-[	]	(cuyos) años de bonanza terminaron.
trʿ.trʿn.a[	]	Se resquebrajó completamente la [tierra],
*bnt.šdm.ṣḫ*r[	]	las vaguadas de los campos se resecaron,
*šbʿ.*š*nt.il.mla*		que durante siete años *Ilu* había llenado,
wṯmn.nqpnt.ʿd.		sí, durante ocho giros de tiempo,

/ *yisp.hm (b/d)* (UT). *Lín. 29:* / *ksh.ʿ(?)* (Vir.). *Lín. 30:* / *ʿrz.q(?)[* (Vir.); c. *ʿrz.q[rʿm iqrʿ[* (Gaster, AcOr [1937] 46; CML). *Lín. 31:* cf. Gaster, *Thespis* [1950] 450; c. *a[ṯ]b[rn.anš dt]* (CML), cf. 1.3 III 33-35. *Lín. 32:* / *aḫḏk.(?)ḏ[ ]* (Vir.) / *(ẓ/pʿ)rh.aḫḏ[ ].š* (UT); c. *aḫḏq.š[ršrt]* (Gaster, *l. c.;* CML). *Lín. 33:* c. *aḫḏ[q* (Gaster, *l. c.;* CML). *Lín. 34:* / *wlmt* (Vir.; cf. Gray, JNES [1951] 150) / *w(ṣ/l)mt* (UT); c. *ǵllm [bh]* (Gaster, *l. c.;* CML). *Lín. 35:* / *aklm.k[n(?)]* (Vir.) *Lín. 36:* c. *bšmšm [d šin]* (CML), cf. *inf.* lín. 55 / *bšmšm[dṯi]* (Gray, UF [1971] 65, n. 33), cf. *inf.* lín. 55-56. *Lín. 37:* así ya, Vir.; *anpnn (!)* error aparente por *anpnh* (CML), cf. 1.10 II 17. *Lín. 38:* c. *ysḫn.[b* (Vir.). *Lín. 39:* / *ǵ(d/d)[* (UT) / *ǵb[ntm]* (Du Mesnil, «Berytus» [1978], 64, n. 52). *Lín. 41:* c. *dbḫ[yt]* (Gaster, AcOr [1937] 46; CML) / *dbṭ[šh* (Gray, JNES [1951] 150, n. 49; UF [1971] 65, n. 36) / *dbṭ[b]* (Du Mesnil, «Berytus» [1978] 64, n. 54). *Lín. 42:* c. *a[rṣ* (Gaster, *l. c.;* CML) / *a[klm* (Kapelrud, *Ug.* VI, 328); *trʿn* error (!) por *trʿt* (CML). *Lín. 43:* c. *ṣḫr[rt(?)]* (Vir.; De Moor, SP 114). *Lín. 44:* / *mla[ ]* (Vir.); c. *mla[šdm]* (Wyatt, UF [1972] 418; cf. CTA 55, n. 12). *Lín. 45:* / *ʿd[ ]* (Vir.; pero cf. CTA 55, n. 13; 1.23: 66-67); *nqpnt error* por *nqpt* (Gaster, AcOr [1937] 47; Dahood, RSP I, 364; CML) / o por *nqpat* (Wyatt, *l. c.,* n. 39). *Lín. 46:*

COL. II: *Lín. 31-41:* para otras versiones, cf. Gray, UF (1971) 64-65; Kapelrud, *Ug.* VI, 327; Du Mesnil, «Berytus» (1978) 63-64; y los esbozos de Ginsberg, Gaster, Gordon, Aistleitner, Driver y Caquot-Sznycer; cf. gl. *ṣmt, ǵll, mšmš, anpn(m), mtn(m), šnm tm, dbṭ, trʿ.* *Lín. 42-43:* / «... el producto de los campos se agostó...» (Aistleitner) / «Debo restaurar los campos...» (Kapelrud, *Ug.* VI, 327). *Lín. 44-45:* / «... *Ilu* se llenó (de ira)...» (Driver) / «...pasó (así) el dios...» (Aistleitner) / «... *Ilu* asignó...» (Gray) / «... es abundante...» (Gordon) / «... ocho ciclos más» (Gordon, PLM 124) / «...*Ilu* dejó pasar...» (Caquot-Sznycer) / «...llenó...» (Kapelrud, *l. c.)* / «... hace fructíferos los campos, pero el octavo (año) se agostó, hasta que

46*klbš.km lpš.dm.a[ḫh]*	pues se vistió como un vestido (con) la sangre de sus [hermanos,
47*km.all.dm.aryh*	como un manto (con) la sangre de sus congéneres,
48*kšbʿt.lšbʿm.aḫh.ym[ ]*	pues a sus setenta y siete hermanos [mató],
49*wṯmnt.lṯmnym*	también a los ochenta y ocho.
50*šr.aḫyh.mẓah*	Los príncipes de sus hermanos le encontraron,
51*wmẓah.šr.yly*h	sí, le toparon los príncipes de sus camaradas.
52*bskn.sknm.*	Frente al(os) caudillo(s) más distinguido(s),
bʿdn 53*ʿdnm.*	frente a la tropa más escogida,
*kn.npl.bʿ*l 54*km ṯr*	así cayó *Baʿlu,* como un toro,
wtkms.hd 55*km.ibr.*	se dobló *Haddu* como un «morlaco»,
*bt*k.*mšmš* bʿl	en medio de la «ciénaga» *Baʿlu.*
56*itt*k.*lawl*	Cedió él en la supremacía,
57*išttk.lm.ttkn*	cedió en la afirmación.

así ya, Vir. / o *a[ḫyh]* (Ginsberg, JPOS [1936] 148, n. 41; CTA), cf. *inf.* lín. 50 / o *a[bh]* (Wyatt, *l. c.). Lín. 48:* c. *ym[tt] / ym[li]* (Ginsberg, JPOS [1936] 147) / *ym[lu]* (LC 78; Wyatt, UF [1972] 419) / *ym[d]* (LC; Gray, JNES [1951] 151; íd., UF [1971] 66, n. 45) / *ym[ǵy]* (TOu). *Lín. 50: aḫyh* error/conflación por *aḫh/aryh* (CML), cf. *sup.* lín. 47-48. *Lín. 53: / bʿl ṯ[r(?)]* (Vir.; Gaster, *Thespis* [1950] 451) / *bʿl-*- (AK, UT). *Lín. 54: / hd.p[ ]* (Vir.; pero cf. CTA 55, n. 16; Gray, *l. c.,* n. 50: raspado el final); c. *p[nh]* (Vir.; Kapelrud, *Ug.* VI, 328, n. 30) / *hd i(!)[br]* (Gaster, *l. c.). Lín. 55: / mšmš d š(?)[* (Vir.) / *mšmš d(ṣ/l)[?]* (CTA) / *mšmš dṯ*57*i* (Gray, JNES [1951] 151; íd., UF [1971] 67, n. 51) / *mšmš d š[in]* (CML) / *dš[mʿ]* (Montgomery, JAOS [1936] 231). *Lín. 56: / ittpq* (Vir.); *ittk* error por *išttk* (KTU), cf. lín. siguiente.

de veras...» (Wyatt, UF [1976] 418); cf. gl. *nqpnt/nqpt, ʿd. Lín. 46-47:* / «...cuando sus hermanos se cubrieron de sangre...» (Driver; cf. Aistleitner) / «... pues está vestido con el atuendo de sus hermanos...» (Gordon) / «... está cubierto... con el crimen, ... con los pecados de sus congéneres...» (Wyatt, *l. c.);* cf. gl. *lpš, all. Lín. 48-49:* / «... cuando sus hermanos después de 77 días...» (Driver) / «... cuando sus... llegan...» (Caquot-Sznycer; cf. Aistleitner) / «... sus 77... le hallaron...» (Gordon) / «... pues están destinados siete (años) para sus 70...» (Gray, Kapelrud) / «... *Ilu* hace fructíferos siete años para sus 70... y el octavo es para 80...» (Wyatt, *l. c.). Lín. 50-51:* / «... después de 88 días el jefe de sus (dos) hermanos le halló...» (Driver; cf. Caquot-Sznycer; Wyatt, UF [1976] 421; UF [1977] 381) / «... el vengador de sus hermanos...» (Gray) / «... la banda de sus hermanos...» (Van Selms, MFL 99); cf. gl. *šr, mẓa, yly. Lín. 52-53:* / «... en la mejor forma, en la mejor edad...» (Aistleitner) / «... con el mayor cuidado, con el mayor agrado...» (Driver) / «... a la hora de la investidura de los gobernantes, de la designación de las estaciones...» (Gordon) / «... en el momento de su mayor riesgo, en su hora crítica...» (Gray; Gordon, PLM 124; cf. Lipinski, UF [1973] 193-194) / «... al final de su tiempo...» (Kapelrud, *Ug.* VI, 328) / «... con las mejores ofrendas, con las cosas más deliciosas...» (Caquot-Sznycer); cf. gl. *skn, ʿdn. Lín. 53-55:* / «... había caído *Baʿlu*...» (Dahood, «Or» [1965] 86) / «Así fue la caída..., el derrumbe...» (Sanmartín, UF [1978] 355); cf. gl. *kn. Lín. 56-57:* / «Vengo en buen momento para ayudar; ¿cesaré, a no ser que seas repuesto?» (Driver) / «Dejadme salir por el Primero, verter agua por...» (Aistleitner) / «Dejadme salir como el primero, ser derramado de modo que fluyan...» (Kapelrud, *l. c.)* / «Eres designado como satisfacción (por

[58]*štk.mlk.dn*	Dejó el rey el juicio,
[59]*štk.šibt.ʿn*	cejaron las aguadoras de la fuente;
[60]*štk.qr.bt.il*	cesó el murmulló del templo,
[61]*wmṣlt.bt.ḫrš*	cesó el tintineo de la fragua.

Lín. 57: / ttkn[ ] (UT); *išttk* error por *aštk/aštnk* (Montgomery, JAOS [1936] 226; Gray, *l. c.*, n. 54). *Lín. 61: ḫrš[ ]* (UT). *Lín. 41:* para el texto y versión de esta línea, cf. próximamente Del Olmo Lete, AF (1981). *Lín. 54:* raspado al final de línea.

---

tus congéneres). Yo te destino a ser consumido por ellos/Estás reconciliado, de modo que puedes obtener ayuda. Yo desistiré. ¿Por qué has de ser machacado?» (Gray, LC 79/UF [1973] 67) / «Estoy de acuerdo, ¡oh el Primero!...» (Du Mesnil, «Berytus» [1978] 65) / «... yo te he establecido para que seas firme» (Caquot-Sznycer) / «Yo estoy atento, con el primero te pongo, sobre ellos eres establecido (?)» (Engnell, SDK 127); cf. gl. *štk, awl, tkn.* *Lín. 58-59:* / «¡Derrama agua, poderoso rey!, ¡... la que saca agua de la fuente! (Aistleitner) / «El rey del juicio/*Dan* te coloca a ti...» (Gordon) / «Que haga juicio el rey, que derrame lo extraído de la fuente» (Gray, LC 80) / «Te hago rey del juicio..., aguador de la fuente» (Engnell, *l. c.;* cf. Caquot-Sznycer y Du Mesnil, *l. c.)* / «Que el rey derrame a jarros...» (Kapelrud, *l. c.;* cf. Wyatt, UF [1976] 421) / «Se establezca tu morada; poderosa sea tu corriente, tu morada, fuente de la fuente...» (Margalit, UF [1976] 176-177); cf. gl. *štk/ntk/št, ml (?), dn.* *Lín. 60-61:* / «Cesó el que frecuenta el templo, la que reza en la casa de reclusión» (Driver; cf. Gray, UF [1973] 68) / «Derrama agua fresca, hija de *Ilu,* ... agua chorreante, hija del Creador» (Aistleitner) / «... pozo de...te pone, sima de la casa del sortilegio» (Gordon) / «... que derrame el pozo del templo..., sí, la sima de la casa de adivinación» (Gray, LC 81; Kapelrud, *Ug.* VI, 328; Wyatt, *l. c.)* / «... se te ha hecho el pozo...y la fuente...» (Caquot-Sznycer, Du Mesnil) / «... tu morada, la cisterna..., la sima...» (Margalit, *l. c.)* / «... te hago una fuente..., un techo...» (Engnell, SDK 127); cf. gl. *qr, mṣlt, bt ḫrš.*

MITEMA DE «LA VIRGEN-MADRE 'ANATU» *(KTU 1.13)*

INTRODUCCION

EL TEXTO

La tablilla, reconstruida a base de fragmentos dispersos, es uno de los 48 primeros textos que transcribió Virolleaud y que sirvieron de base al desciframiento del ugarítico [1]. Está gravada por ambas caras, con unas dimensiones de 15,8 × 12,5 cm., y fue hallada en 1929; se han perdido algunas líneas de su inicio y final. Epigráficamente, su peculiaridad más relevante es el trazo horizontal que subraya todas las líneas, excepto 14 y 17-20 [2]. Este dato, junto con la ortografía desgarbada y atípica, la delatan como obra de un escriba diletante o quizá de un escolar. Epigráficamente manifiesta peculiaridades en la notación de los grafemas *š, ṯ, ḏ, ḫ* [3].

ANALISIS LITERARIO

El texto ha sido objeto de repetidos intentos de interpretación con resultados enormemente divergentes, como es fácil comprobar comparando las versiones de Gaster, Cazelles y Caquot [4], dejando a un lado los intentos pio-

[1] Cf. C. Virolleaud, *Les inscriptions cunéiformes de Ras Shamra:* «Syria» 10 (1929), pl. LXVI, reproducida por Herdner, CTA *(Figures et Planches),* pl. XVIII-XIX.

[2] Cf. Bauer, EK, pp. 37-38; íd., AK, pp. 9-10; Ginsberg, KU, pp. 71-72; Gordon, UT, pp. 161-162; Herdner, CTA, pp. 56-58; Rin, AE, pp. 248-252; Dietrich-Loretz-Sanmartín, KTU, pp. 36-37.

[3] Cf. Herdner, CTA, p. 56.

[4] Cf. T. H. Gaster, *Ras Shamra and Egypt:* AEg [1934], pp. 32-38; íd., *An Egyptological Text from Ras Shamra (RS. 1929: n.º 6):* ER 3 (1935) 95-110; H. Cazelles, *L'hymne ugaritique à Anat:* «Syria» 33 (1956) 49-57; A. Caquot, *Remarques sur la tablette ougaritique RS 1929 n.º 6 (CTA 13):* EI 14 (1978) 14*-18*; cf. también las versiones incompletas de Gordon, UL, p. 11; y Rin, AE, pp. 248-249; junto con los resúmenes de Gese, RAAM, p. 78, y Caquot, SDB, fascículo 53, col. 1.381-1.382.

neros de Dhorme y Ginsberg [5]. Por lo general se le excluye de las traducciones globales de la literatura ugarítica [6] y es considerado como extraño al ciclo de su mitología normativa [7]. No obstante su dificultad de interpretación, las sucesivas versiones han ido consiguiendo un sentido cada vez más verosímil de este texto. Dentro de ese proceso de acercamiento se inserta el intento de versión que aquí se ofrece. En mi opinión, el texto no debe ser caracterizado como «himno» [8], ya que no aparecen en él los elementos distintivos del género. Se trata más bien de un mitema parcial que «desarrolla» un aspecto del ciclo mitológico básico de *Baʿlu-ʿAnatu:* el de la caracterización de *ʿAnatu* como «novilla de *Baʿlu*» y su consiguiente alumbramiento, mientras en 1.5 V 18-21, e incluso en 1.10-11, ambas figuras se distinguen y nunca se menciona el parto de *ʿAnatu* [9]. En ese sentido resulta un texto «heterodoxo» y más evolucionado, que pretende ofrecer una especie de epítome mito-dogmático de la figura de *ʿAnatu* como diosa de la guerra y de la fecundidad, conjugando en ese tema último su «virginidad» con su «maternidad». La temática es así conocida, como lo es la secuencia de esquemas operativos que estructuran el texto. Se inicia al parecer con una «promesa» (lín. 1-2), cuyo tema (el parto) recurrirá más abajo (lín. 27ss), como introducción de una «orden» que le transmiten (formas personales imperativas y sufijos pronominales de segunda persona), naturalmente, unos mensajeros del dios *Ilu* (cf. lín. 25-27). Dicha orden con-

[5] Cf. P. Dhorme, *Première traduction des textes phéniciens de Ras Shamra:* RB 40 (1931) 43-45; H. L. Ginsberg, *Un fragmento no reconocido de la epopeya de Aliyán Baʿal* (hb.): «Tarbiz» 6 (1934) 102-105.

[6] Así, lo omiten las versiones de Aistleitner, Ginsberg (ANET), Jirku, Gaster *(Thespis),* Gordon (UMC, PLM), Driver, Gibson, Caquot-Sznycer, Gray, Coogan, Bernhardt, Fraiḥa, Clear.

[7] Cf. Dussaud, DRS, pp. 88ss, 115ss; Aistleitner, MKT, p. 5; Driver, CML, p. 11, n. 4; Gordon, UL, p. 11 (?); Ginsberg, JAOS 70 (1950) 159; Cazelles, «Syria» 33 (1956) 49; De Moor, SP, p. 6; Miller, DW, p. 181, n. 10 (?); para Van Zijl, *Baal,* p. 9, podría ser una variante de 1.10-11, o de 1.3, según Cassuto, GA, p. 71.

[8] Así lo consideran Virolleaud, Dhorme, Gaster [oda gratulatoria al Gobernador egipcio de Ugarit (!)], Largement (cf. NA, p. 5), Cazelles (plegaria o himno), Herdner (?), De Moor, Caquot (interpelación/ejecución, en la primera parte; en la segunda, plegaria/respuesta en torno a la fecundidad del ganado).

[9] Cf. *sup.* pp. 71, 134, 465. Otros autores, en cambio, suponen la identificación de *ʿAnatu* con la «novilla» de esos textos y consiguientemente la mención de su «parto» (cf. *sup.* p. 70, n. 128); o bien admiten que *Aṯiratu-Raḥmayu (ʿAnatu)* sean las «mujeres» que dan a luz a los «dioses apuestos» (cf. *sup.* p. 433, n. 15). Por otro lado, la relación de este texto con 1.12 la resaltan, entre otros, Gordon, UL, p. 11; Largement, NA, p. 5; Cazelles, «Syria» 33 (1956) 52-53, 56-57 (cf. también 1.22 I y 1.23).

tiene el encargo de desarrollar una actividad guerrera (lín. 3-8: *tc/bc)* [10], ya clásica en esta diosa (cf. 1.3 II, en concreto lín. 11-13), y dirigirse a continuación a su morada celeste (lín. 9-18: *tc/dst/dst),* situada en el «cielo» cananeo; morada que le ha sido preparada por su padre, *Ilu,* y construida con elementos «celestiales» [11]. A la orden sigue, según el esquema, la «ejecución» (lín. 18-21: *tc)* en la que se describe la «toilette» de la diosa y su «marcha» a la morada del dios supremo [12]. A continuación se inicia un discurso directo, que puede entenderse compuesto de un «saludo»/«promesa» de difícil interpretación (lín. 21), una cláusula larga de «interpelación» (lín. 22-23: *tc)* [13] y un «anuncio», que confirma el «mensaje» previo, en el que se repite la promesa de fecundidad y se menciona su actividad luchadora como merecedora de la misma (lín. 24-29: *tst/bc),* reiterándose así la temática con que se abría el texto. Ante este oráculo/anunciación «reacciona» *ʿAnatu* con su ansia inmediata por la maternidad (o con el parto mismo), ella, la «virgen» que jamás había parido [14] (lín. 29-32: *dst).* El texto se cierra con una «proclamación», que lógicamente habría de suponerse hecha por *Ilu* o por *ʿAnatu,* pero que tal vez se presenta en forma impersonal, en la que se anuncia el «nombre» del niño [15] (lín. 32-36) y se le entregan (?) sus futuros «atributos», coincidentes con los de *Baʿlu,* del que sería hijo y sustituto. Con todo, la interpretación de estas líneas fragmentarias y su esticometría son altamente conjeturales.

[10] Posiblemente lín. 7-8 se refieren a los colaboradores de *ʿAnatu* en sus combates. Para *mhr* y *nšr* como colaboradores de *ʿAnatu,* cf. 1.18 IV 6,17ss.

[11] Por consiguiente, en lín. 13-14 no se hablaría de ninguna «caída» de estrellas (Cazelles, Caquot, De Moor); la base *npl,* «caer», tendría más bien el sesgo semántico de «corresponder», «entrar», «tocar» (cf. Jos 17,5; Jue 18,1; Sal 16,6, etc.). Para el sentido «arquitectónico» de *yrkt,* cf. hb. *yārēk* (Ex 25,31 y par., «basa»), inferido fácilmente de su sentido primario «muslo» (de donde «soporte, base, viga»); o quizá sea preferible retener el sentido de «parte interior», «revestimiento», de *yarkāh,* dicho también de un edificio (sacro) (cf. Ex 26,22 y par., y sobre todo 1 Re 6,16); sentido que en cierto modo resuena en la expresión *yarkᵉtê ṣāpôn* (cf. Is 14,13), referida al monte-morada de *Baʿlu,* y que de alguna manera se glosa a continuación en lín. 15-16 *(lpit mʿ[ ]),* resaltando su inaccesibilidad.

[12] Obsérvese la misma secuencia de temas (actuación guerrera, *toilette,* encargo de acceso, marcha) en 1.3 II-IV.

[13] En lín. 22 *(šmʿk),* como en lín. 29 *(amrkm),* se puede otorgar al sufijo valor datival [«escúchate(lo), ¡oh novilla!, y entiénde(lo)...»]. Por otro lado, téngase en cuenta que el objeto normal de *lak* es una persona *(mlak)* («enviar a alguien a decir algo a...»).

[14] El texto es, con todo, confuso. Se podría también traducir: «ansía... a *Baʿlu,* ... dar a luz». Téngase en cuenta la coincidencia de léxico de estas líneas con 1.23:60-61.

[15] Cf. 1.1 IV 15ss, a propósito de *Yammu,* «Amado de *Ilu*».

A mi parecer, se consigue con esta estructuración e interpretación un sentido bastante coherente de un texto difícil y deficiente. Entra así a formar parte de ese grupo de «mitos menores» (1.10-11, 23, 24) que desarrollan «expresamente» el tema de la fertilidad (humano-animal), obnubilado en el ciclo clásico bajo el simbolismo directo de la «lucha por el poder» entre los dioses, aunque en el fondo sea éste un poder de «vida». Como aquéllos, este breve epitome o mitema tiene todas las posibilidades de haber sido usado ampliamente en las expresiones de religiosidad popular y recitado con frecuencia. Quizá la presente tablilla es una copia «vulgar» y poco cuidada de entre las muchas que pudieron existir de tal texto [16].

[16] Para un resumen del contenido de la tablilla, cf. los estudios citados en nn. 1-5. El presente análisis es el resumen de un trabajo más amplio, presentado en la *XXVIIe Rencontre Assyriologique Internationale* (París, 30 junio-5 julio 1980), que aparecerá en UF 13 (1981).

TEXTO Y VERSION

KTU 1.13

(Laguna de una línea)

1*[ ]- -*	
2*[ ]*ḥm.t*ld*	«... doncella] darás a luz...(?).
3*[ ]ḫrm.ṯn.ym* 4m*(?)*	[Pero antes/hiere un día], traspasa/(también) durante [dos;
š-[ ]ymm.	asesina [durante tres] días,
lk. 5hr*g.a*r*[ ]ymm.*	ve, mata [durante cuatro].
bṣr. 6kp.*šsk.[ ]-.*	Corta manos que chorreen/derrama sangre,
lḫbšk. 7*ʿtk.riš[.]*	a tu cintura/morral ata cabezas;
l*mhrk* 8wʿ*p.*	que tus guerreros vuelen,
*lḏ*r*[ ].nšrk.*	de (tu) brazo tus águilas.
9*wrbṣ.lǵrk.inbb.*	Y vete a descansar a tu monte *Inbubu*,

Las líneas del texto, menos lín. 14 y 17-20, están subrayadas por un trazo horizontal. *Lín 2: /].tld.* (AK, KU); c. *r]ḫm* (CTA), cf. 1.23:13, 16, 28; 1.6 II 27. *Lín. 3: / rm.* (AK) / *]ṯ(?)rm.* (KU); c. *[ʿš]rm* (Dhorme, RB [1931]) 43 / *a]ḫrm* (Caquot, EI [1978] 14*). *Lín. 4: / (t/q)š- - -* (AK) / *tš[* (KU, UT, CTA); c. *tš[.ṯlṯ.]* (Caquot, *l. c.) / š[ḫt ṯlṯ(t)]*. *Lín. 5: lmm* (AK); c. *ar[bʿ šl(?)]mm* (Dhorme, *l. c.;* Gaster, ER [1935] 95) / *ar[bʿt.šl(?)]mm* (KU) / *ar[ḫ/r ǵ]lmm* (Cazelles, «Syria» [1956] 51) / *ar[bʿ]ymm* (CTA). *Lín. 6:* así, Cazelles, *l. c.;* CTA, KTU; cf. 1.3 II 9-13 / *pp.šsk* [AK; KU (?); Dhorme, *l. c.;* Gaster, *l. c.] / -?-* (UT); c. *šsk[dm]* (Cazelles, *l. c.). Lín. 7:* cf. 1.3 II 11 (CTA) / *ttk* (Dhorme, *l. c.;* AK) / *(t/ʿ)tk* (KU); c. *ri[š]/ri[rišt]* (Cazelles, *l. c.) / ri[mm]* (Gaster, *l. c.). Lín. 8:* / erróneamente, *w ʿl ḏrʿ* (Clifford, CMC 89); c. *ḏr[k]* (Dhorme, *l. c.;* Gaster, *l. c.*) / *ḏr[q]* (Cazelles, «Syria» [1956] 52-53) / *ḏr[ʿ]* (CTA). *Lín. 9: / hnbb* (AK; KU; Gaster, *l. c.;* pero cf. CTA 57, n. 5; Gordon, UL 52, n. 1). *Lín. 10:*

Lín. 3-4: / «... y después, (durante) dos días extermina; (durante) tres...» (Caquot, EI [1978] 15ss); cf. gl. *ḫrm*. *Lín. 4-6:* / «... corta las palmas de la mano, haz corer la sangre de tu morral» (Cazelles, «Syria» [1956] 51ss) / «Mata con vehemencia (?) durante cuatro días, haz que las manos echen sangre sobre tu cinturón» (De Moor, UF [1969] 225; SP 95) / «... en cuanto a ti, mata; (durante) cuatro días corta palmas, tu botín, (ponlas) en tu morral» (Caquot); cf. gl. *bṣr, nsk, ḫbš*. *Lín. 6-7:* / «... harás caer las cabezas para tu joven guerrero y vuela hacia la raza (?) de tus águilas» (Cazelles) / «... lía las cabezas de tus guerreros» (De Moor) / «... amontona las cabezas de tus guerreros» (Caquot); cf. gl. *ʿtk, ḏrʿ* (cf. Pardee, UF [1975] 363; Watson, JNSL [1977] 72, n. 25). *Lín. 9-10:* / «... ven a nosotros, a tu morada en los cielos...» (Cazelles) / «... (he aquí), ven

[10]k*t ǵrk.ank.ydʿt.*	al podio de tu monte que yo he distinguido,
[11]k*(?)t.atn.at.mṯbk.*	al podio que yo te di por (/ven, sí/tú a) tu mansión.
u*(?)*/b*(?)*-g/.	A (la techumbre de) los cielos súbete.
[12]*[ ]*m*m.rm.lk.*	
*prẓ.*k*(?)t.* [13]*[k]*b*kbm.*	y (re)corre/álzate al podio de las estrellas.
*ṯm.tpl.*klb*nt.* [14]*[ ]*r*ṭm.*	Allí han caído como ladrillos [(lingotes de)oro (?)],
*kyr*kt.*ʿṯqbm.* [15]*[ ]*m.	como vigas/«interior» [magníficos (?)] fresnos.
*tẓ*p*n.lpit.* [16]*mʿ[ ]*	[Allí]/has de adentrarte hasta el confín de la [morada/[asamblea],
mʿ*[ ]*t*m.wmdbḥt.*	hacia/[la morada/asamblea del templo] y el altar,
[17]*ḫr.[ ].ʿl.kbkbm*	la caverna [de los dioses (?)] por encima de las estrellas,
[18]*nʿm.[ ]ṣlm.*	placentera [para/por los cantos y] plegarias (?)».
trtḥṣ[ ] [19]*btlt.ʿn*t.	Se lavó la Virgen *ʿAnatu.*

(Borde)

---

así, AK, CTA, KTU (pero cf. Dahood, RSP I, 130) / *at ṯrk* (Dhorme, *l. c.;* Gaster, *l. c.)* / *at ǵrk...yd(ʿ/t)t* (KU). *Lín. 11:* así, KTU / *-n...mṯbk (b/d)-* (AK); c. *[h]n...b[lb]* (Dhorme, *l. c.;* Gaster, *l. c.)* / *[h(?)]n...b[g](!)g(!)* (KU) / *[n]n...b-* (Cazelles, *l. c.)* / *[-]n....b[m]* (CTA); *bʿlt* (cf. Parker, UF [1970] 245), cf. 1.108:7, 9; *at* posible error por *an.* *Lín. 12:* cf. *sup.* lín. 10; 1.4 I 31-32 para la lectura *kt* (CTA, KTU) / *prẓ at* (Dhorme, *l. c.,* Gaster, *l. c.)* / *prpʿ pt* (AK) / *prpʿ k(!)* (KU) / *pr(ẓ/pʿ).[ ]* (UT) / *l. c.)* / *[š]mm...* (KU). *Lín. 13:* / *]bm.gm* (Dhorme, *l. c.;* Gaster, *l. c.;* AK) / *[kbk(!)]bm.(ṯ/g)m* (KU). *Lín. 14:* así, KTU 37, n. 4 *(ṭ* superpuesta) / *]m* (KU) / *]gm* (AK; Dhorme, *l. c.;* / *]rḥm/rgm* (CTA); c. *[yr]ḫm* (De Moor, UF [1971] 349-350, n. 5) / *[ṣ]rḫm* (íd., UF 11 [1979] 650) / *bn i]lm* (Caquot, EI [1978] 16); *yrk[b]* (Gaster, ER [1935] 100); *(ʿ/t)ṯqbm* (KU, UT). *Lín. 15:* así, UT; KTU; Cazelles, *l. c.* / *ʿẓpn* (AK, CTA) / *ʿpʿpn* (Dhorme, *l. c.;* Gaster, ER 95; KU). *Lín. 16:* así, KTU / *m[ ]m.w.* (AK, UT) / *mʿ[ ]m.w* (KU) / *m[ ]m[ ]tm.w...* (CTA); c. *m[dbr]...m.w* (Cazelles, *l. c.)* / *m[dbr]m.w* (Gaster, *l. c.)* / *mʿ[n./d.]/mṯ[b(k)] mʿ[./n/d]/mṯ[b bh]tm.* *Lín. 17:* / *ḫrṣ* (KU) / *kbkbt* (Gaster, *l. c.;* AK; UT); posible error de *kbkbt* por *kbkbm* (cf. Cazelles, «Syria» [1956] 54; CTA 57, n. 20); c. *[bn t]ʿl* (Gaster, *l. c.).* *Lín. 18:* así, KTU / *]ṣlm. trtḥ* (Dhorme, *l. c.)* / *]ṣml.trtḥ lk(?)* (Gaster, *l. c.)* / *](ṣ/l)mm.trtḥl* (AK) / *]llm.trtḥl* (KU) / *]llm.trtḥṣ* (UT, CTA); c. *nʿm[m(?)* (KU) / *nʿm[t i]llm* (Cazelles, *l. c.)* / *nʿm.[qr w]ṣlm(?),* cf. 1.12 II 60-61. *Lín. 19:* así, KTU (cf. Virolleaud, DA 25, n. 1) / *ʿn* (Gaster, *l. c.;* UT; cf. De Moor, UF [1969] 226) / *ʿn[t(!)]* (KU, AK) / *tkrʿ* (Dhorme, *l. c.;* Gaster, *l. c.)* / *tkr(ʿ/t)* (KU) / *ṯd* (AK; cf. Cazelles, *l. c.);* c. *ṯd[h(?)]* (KU, CTA; cf. Caquot, EI [1978] 16). *Lín. 20:* así, UT, CTA, KTU / *aʿl...mil* (Dhorme, *l. c.;* Gaster, *l. c.)* / *ttʿl.-mil-* (AK) / *a(?)ttʿ(?)l.[ ]mil[* (KU) / *ttʿl.ṯr.il* (Cazelles, *l. c.);* c. *limm bʿl* (Ginsberg, BASOR 97 [1944]

---

ven/tú mismo...» (Caquot); cf. gl. *rbṣ, ǵr, inbb, kt.* *Lín. 11-12:* / «Sube tú y rompe, destroza las estrellas...» (Caquot); cf. gl. *rẓ.* *Lín. 13-14:* / «Las estrellas caerán allí como una vieja, ... como una debilitada los jibosos» (Cazelles) / «... como pétalos, ... como sámaras de fresno» (De Moor, UF [1971] 369-370; [1979] 560; cf. Dahood, RSP II, 16) / «Allí/entonces caerán como ladrillos (los hijos de dioses), los Fuertes caerán como en una fosa/de lo alto...» (Caquot); cf. gl. *npl, lbnt, yrkt, ʿṯqbm.* *Lín. 15-18:* / «... se ocultarán en los confines del (desierto)... y los altares de la caverna (?)» (Cazelles); cf. gl. *ẓpn, pit, mdbḥt, ḫr, ṣl(y).* *Lín. 18-21:* cf. Ca-

*tptr*ʿ*.ṯb[ ]* [20]*limm.*	se bañó repetidamente (?)/el «seno»/[la Pretendida] de
w*t*ʿ*l.*ʿm.*il[ ]* [21]*abh.*	y ascendió hacia *Ilu,* [el Toro,] su padre. [los pueblos,
*ḥẓ*r.pʿ*lk.y*ḥ/ṭ*(?)-[ ]*	«¡En (tu) casa y alrededor tuyo reine la vida/bonanza!»/ «La recompensa de tu labor será buena/(te) dará la vida».

(Reverso)

[22]šmʿ*k.*l*arḫ.wbn.*	«Lo que oyes, ¡oh novilla!, entiénde(lo),
[ ] [23]*limm.*	[¡oh 'seno'/Pretendida de] los pueblos!,
q*l.budnk.*w*[ ]*r*[ ]-*	(mi) voz en tus oídos [penetre].
[24]*krtq*t*.mrǵt*	Por haber ligado a la perversión (?),
[25]*kd lbšt.bi*r.	revistiéndote así de luz,
mlak [26]*šmm.tm*r.	mensajeros celestes partieron,
zbl.mlk [27]šmm.*tla*k*[.]*	celestes príncipes regios fueron enviados (a decir):
ṭ/ḥ*l.amr.* [28]*bnkm.*	'Con vigor/rocío fortificaré a vuestro hijo,
*kb*k*[r.]*zb*l.am.* [29]rkm.	como a primogénito de príncipe os lo bendeciré'».

8). *Lín. 21:* así, Gaster, *l. c.;* Cazelles, *l. c.;* KU; KTU / *ḥpr* (CTA; ya insinuada por AK) / *hp.pk.* (CTA); / *ẓlk* (UT) / *mlk* (KU); c. *abh* error por *abk(?)* (Cazelles, *l. c.)* y *yṭ[b* (Gaster, *l. c.;* Caquot, EI [1978] 17) / *yṭ[bn(!)]* (KU) / *yḥ[ẓ* (Cazelles, «Syria» [1956] 55). *Lín. 22:* c. *[ṯd]* (Cazelles, *l. c.;* Caquot, *l. c.)* / *⟨ybmt⟩* (AE); cf. Gordon, UL, p. 52. *Lín. 23:* así, CTA y KTU (adelantando el final de lín. 24 según Vir.) / *limm.aʿl bḫdnk* (Dhorme, *l. c.;* cf. Gaster, *l. c.;* AK) / error por *bʿl* (KU); c. *w n(?)* (Cazelles, *l. c.;* Caquot, *l. c.). Lín. 24:* así, Cazelles, *l. c.;* KTU *(ǵ* superpuesta) / *mr(ǵ/ṯ) (ʿ/t)* (AK, CTA) / *mrṯt* (Dhorme, *l. c.)* / *mrṯq* (Gaster, *l. c.)* / *mrṯʿ.* (KU). *Lín. 26:* / *ḫbl* (Dhorme, RB [1931] 43; *mlk* posible glosa (cf. Dietrich-Loretz, UF [1978] 53). *Lín. 27:* así, KTU (cf. AK) / *ḥl.amr* (Gaster, *l. c.,* cf. Dhorme, *l. c.;* KU) / *ṭl.amr* (Cazelles, «Syria» [1956] 55; Widengren, KG 93; cf. UT; Caquot, *l. c. Lín. 28:* así, Cazelles, *l. c.;* CTA, KTU / *kbk[bt]-/zbl*... (Dhorme, *l. c.;* AK) / *kbk[bm(!)] z(!)bl* (KU) / *kbkbt[z]bl* (Gaster, *l. c.)* / *kbk[b]blam* (UT; cf. Widengren, *l. c.);* c. *zbl* posible glosa (Dietrich-Loretz, *l. c.). Lín. 29:* así ya, KU: *[ʿnt(?)].arḫ.* (KU) / *r km a. rt arṣ* (Gaster, *l. c.);* c. *aǵzrt* posible

quot, EI [1978] 17; cf. gl. *prʿ, ṯb. Lín. 21-23:* / «... se torne propicio al Toro... (en su) atrio. Sí, a causa tuya hará vivir (?), te escuchará, ... comprenderá. 'Seré propicio a lo que piensas'...» (Cazelles) / «... Sí, que te sea favorable el que te escucha... y discierne mi palabra con tus oídos» (Caquot; cf. Gordon, UL 53); cf. gl. *ʿl, ḥyy, šmʿ/bn. Lín. 24-25:* cf. Caquot, EI (1978) 18; Widengren, SK 93 / «Y así como tú detienes la leche, has vestido al joven que se envía...» (Cazelles); cf. gl. *rtq, mrǵt, kd, ir. Lín. 25-29:* / «... los cielos defienden al Príncipe, al Rey; los cielos envían... rocío; yo defiendo vuestros hijos...» (Gordon) / «... (como) un ángel del cielo, ¡ojalá seas bendecido como un príncipe, como rey del cielo seas enviado! El rocío dice: 'una estrella es vuestro hijo'» (Widengren, SK 93) / «... los cielos bendecirán..., enviarán el rocío; yo bendeciré a tu hijo como primogénito, te bendeciré...» (Cazelles) / «'Los cielos enviarán rocío', es la palabra que media entre nosotros dos; 'las estrellas de su Alteza (enviarán rocío)', es la palabra...» (De Moor, SP 129) / «¡El cielo enviará un Príncipe/Rey, el cielo rocío enviará! ¡Os enviaré un hijo como primogénito/príncipe, os enviaré una copia de *ʿAnatu*...» (Dietrich-Loretz, UF [1977] 53) / «... ¡ojalá puedas bendecir el poder del rey y los cielos enviar su rocío! Yo bendeciré vuestros hijos como primogénitos de prínci-

*agzrt.ʿ[n]*t.*arḫ*. [30]*bʿl.*	Ansiosa (se puso) *ʿAnatu,* la novilla de *Baʿlu,*
*azrt.ʿnt.*wld	ansiosa *ʿAnatu* por dar/y dio a luz/por el hijo,
[31]*kbdh.*lyd*ʿ hrh.*	cuyas entrañas no habían conocido la concepción,
*[ ]*ṯ*d*h [32]*tnq*t.*(?)*	cuyos senos [no habían mamado (?)] infantes.
b/ṣ-*š(?).i(?)*n-d/b.*pʿr*	En el monte (?) *Inbubu* (se) proclamó [:/(su nombre),]
[33]ydh.*[ ].ṣǵr.*	«ʿAmado suyo' [será el nombre (?)] del pequeño»/ su mano [fortificó (?)] al pequeño.
*gl*gl [34]*a[ ]m.*	Un copa [tomó en su diestra (?)]
*rḥ.ḫḏ*ʿr*pt*	(con) el viento, el aguacero (y) las nubes,
[35]*g*l/ṣ*[ ]*y*hpk*.m*[ ]*m/g.	un cáliz [sobre él (?)] (se) volcó...
[36]*sʿ*/t*[ ]*p*(?)*/k*(?)- -[ ]t*	

(Laguna de unas 5 lín.)

---

error por *azrt* (CTA), cf. *inf.* lín. 30. *Lín. 30: / aṯrt* (Dhorme, *l. c.;* Gaster, *l. c.;* AK), posible error (cf. UT; CTA 58, n. 4); o *azrt* error posible por *agzrt* (KU; CTA; Caquot, EI [1978] 18), cf. *sup.* lín. 29; / *]ld* (AK, UT, CTA) / *[w]ld* (Gaster, *l. c.)* / *[lt(!)]ld* (KU) / *[k]ld* (Cazelles, «Syria» [1956] 56) / *t]ld* (Caquot, *l. c.;* pero cf. CTA 57, n. 6). *Lín. 31:* así ya, KU; AK; Gaster, *l. c.* / *]ṯdp* (Dhorme, *l. c.)* / *]d(p/h)* (CTA); c. *lydkr* (Gaster, ER [1935] 103). *Lín. 32: / tnq[ ](b/ṣ)[ ]i[ ].pʿr* (AK, UT) / *tnq[ ]p(t/ʿ)r* (KU) / *tnq(k/w)(b/ṣ)[--]in[b]b.pʿr* (CTA), cf. *sup.* lín. 9 / *tnq...i-u.pʿr* (Cazelles, *l. c.). Lín. 33:* así, KTU / *]ṣʿr.ʿl.[ ].* (Dhorme, *l. c.)* / *y(d/u/l)(i/h)...ṣqr gl. [--]* (AK) / *yd(?)h(?)ṣʿr.glgl* (CTA; cf. KU) / *y-?-?[ ]ṣ-r.gl.[ ]-?* (UT; cf. Cazelles, *l. c.). Lín. 34: / ḫš ʿrpt* (Dhorme, *l. c.;* AK) / *ḫḏt[ ]pt* (UT). *Lín. 35: / gl(?)[gl(?)]* (KU) / *(g/ʿ)(ṣ/l)[ ](h/y)hpk* (AK). *Lín. 36: / s(ʿ/ṭ)[* (AK).

---

pe, os bendeciré, ganado (?) de *ʿAnatu...*» (Caquot); cf. gl. *mr(r), lak, bkr, zbl. Lín. 29-32:* / «Cohabitó *ʿAnatu* con el novillo *Baʿlu,* ... y dio a luz» (Ginsberg) / «... ʿ¡oh insular (?)... novilla!'. A *Baʿlu* ciñe *ʿAnatu*... Su vientre da a luz para quien conoce que ha concebido... De su seno amamanta... nombrando a su bienamado...» (Cazelles) / «Que el ganado de *ʿAnatu* de a luz, que sus entrañas experimenten su concepción; que su seno lo mamen...» (Caquot) / «... os enviaré) una copia de *ʿAnatu,* un muchacho» (Dietrich-Loretz, *l. c.);* cf. gl. *agzrt, hr, tnqt. Lín. 32-36:* cf. Gordon, UL 52-53; Cazelles, «Syria» (1956) 56; cf. gl. *pʿr, glgl, ṣǵr, hpk.*

FRAGMENTOS MITOLOGICOS

INTRODUCCION

1) KTU 1.7

Se trata de dos fragmentos de una misma tablilla con una sola columna por lado. Sólo nos quedan las partes finales e iniciales de sus líneas, con unas dimensiones actuales de 9 × 7 y 12 × 6,3 cm., respectivamente [1]. El orden en que han de leerse lo determinó definitivamente Cassuto [2]. El texto puede ser reconstruido en gran parte a partir de 1.3 II/III, del que constituye una variante y al que remitimos para su traducción [3] Este paralelismo textual no aporta nada nuevo, pero es sumamente instructivo por lo que se refiere a la múltiple recensión de los textos y mitos antiguos, ya atestiguada en otras literaturas orientales, como la mesopotámica e hitita. Se aprecia una notable libertad en la ordenación de las cláusulas, uso de sinónimos, expansiones y condensaciones, introducción de «nuevos» elementos. No hay, pues, un «texto canónico», sino que estos mitos reflejan claramente su carácter de literatura de recitación, «oral» [4]. El texto posee características ortográficas propias (signo *ǵ)* y una escritura distinta y menos cuidada que la de las tablillas 1.1-6 [5].

1 Cf. Virolleaud, «Syria» 24 (1944-1945) 12-14; Driver, CML, p. 19; Gibson, CML, p. 32; Gordon, UT, p. 196; Cassuto, GA, pp. 175ss; Herdner, CTA, pp. 43-46; Dietrich-Loretz-Sanmartín, KTU, pp. 29-30; Rin, AE, pp. 132-135; cf. *sup.* p. 86.

2 Cf. Cassuto, GA, pp. 175, 178; Herdner, CTA, p. 43; Dietrich-Loretz-Sanmartín, KTU, p. 29, n. 1.

3 Traducción ofrecen también Gordon, UL, pp. 27-28; Cassuto, GA, pp. 179-182; Driver, CML, pp. 118-119; Rin, AE, pp. 132-135.

4 Cf. Cassuto, GA, pp. 180, 182-183.

5 Cf. Herdner, CTA, p. 44; Cassuto, GA, p. 175; Virolleaud, «Syria» 24 (1944-1945) 14.

2) KTU 1.8

Fragmento de 6 × 4 cm. hallado en 1931, correspondiente verosímilmente al inicio de la II/V columna de una tablilla de seis [1]. Epigráficamente es distinta de las del ciclo *Baʿlu-ʿAnatu*. Su texto corresponde a otros lugares de 1.4 [2], de los que podría ser un índice.

3) KTU 1.9

Fragmento de 8,5 × 8,5 cm. hallado en 1933, escrito por ambas caras [3]. Posee unas características epigráficas, signos *(ǵ, ḫ, i)* y uso del separador, que le aproximan a la escritura de 1.24. En cambio, tanto por la epigrafía como por la fraseología se distancia del ciclo mitológico normativo [4].

4) KTU 1.25

Fragmento de 5 × 6 cm. hallado en 1933, perteneciente al ángulo superior derecho de una tablilla [5]; en su anverso ofrece dos cabos de línea. Presenta una escritura descuidada, muy lejana de la del ciclo mitológico normativo. En virtud de su lectura de lín. 7, Herdner [6] cree poder relacionarlo con 1.20-22 *(bt l tdd/ḥkl)*.

[1] Cf. Virolleaud, «Syria» 13 (1932) 158-159; Montgomery-Harris, RSMT, p. 72; Bauer, AK, p. 57; Gordon, UT, p. 174; Driver, CML, pp. 19-20, 118-120; Gibson, CML, p. 32; Herdner, CTA, pp. 46-47; Dietrich-Loretz-Sanmartín, KTU, pp. 30-31; *sup.* pp. 85s.

[2] Para su interpretación y versión, cf. Ginsberg, JCS 2 (1948) 139ss; íd., ANET, p. 131; Gordon, UL, p. 38; Driver, CML, pp. 19-20, 118-122; De Moor, SP, p. 5; Margalit, MLD, p. 70.

[3] Virolleaud, «Syria» 24 (1944-1945) 17-19; Gordon, UT, p. 197, Herdner, CTA, pp. 47-48; Dietrich-Loretz-Sanmartín, KTU, pp. 31; *sup.* p. 85.

[4] Cf. *sup.* p. 85; Gordon, UL, p. 15; De Moor, UF 1 (1969) 225, n. 4; íd., SP, pp. 5, 41; Jirku, MK, pp. 19-20; Van Zijl, *Baal,* pp. 7-10, 13, 347; Oldenburg, CEB, pp. 136, 193-194.

[5] Cf. Virolleaud, «Syria» 24 (1944-1945) 22-23; Gordon, UT, p. 197; Herdner, CTA, p. 104; Dietrich-Loretz-Sanmartín, KTU, p. 70.

[6] Cf. Herdner, CTA, p. 104, n. 5.

TEXTO

KTU 1.7

[ ]---[ ]
[ḫp]šh.ʿtkt r[išt]
[ ]hy bth.tʿrb
[tm]tḫṣ bʿmq
[ ]l ṣbim h
[dmm.lǵzrm.mid.tmtḫṣn.w]tʿn.tḫtṣb
[wtḥdy.ʿnt.tǵdd.kbdh.bṣḥ]q.ymlu.lbh
[bšmḫt k]kdrt riš
[b]rk.tǵll.bdm
[ḏmr]td(?)-[.r]ǵb(?)
[ ]-k
[ ]h

(Laguna)

[bt]lt[.ʿnt]
klli[ ]
kpr.[ ]
wtqr[ ]
[ʿ]d tš[ ]
klyn[ ]
špk.l-[ ]

KTU 1.7

Cf. De Moor, SP 3-4, para la reconstrucción general del texto y su comparación con 1.3 II 11ss. *Lín. 2:* / *bḫb]šh* (Vir.; Gibson, CML), cf. 1.3 II 11-13 / *]šh ʿtkt[* (UT) / *[šnst kpt bḫb]šh* (GA), cf. 1.3 II 9-28 para las sucesivas restauraciones. *Lín. 3:* c. *[lbmth]* (CTA) / *[lbmth whln ʿnt lhklh tm]ǵy* (GA) / *[ʿlh šnst]hy* (CML). *Lín. 4:* cf. 1.3 II 5-6, 19; c. *[ybmt limm wlšbʿt tm]tḫṣ* (GA). *Lín. 5:* así, KTU / *]lṣbim r[* (Vir.), cf. 1.3 II 22; c. *[tḫtṣb ttʿr ṯlḥnt]lṣbim k[sat* (GA) / *[tḫtṣb.bn.qrtm.tṯʿr.ṯlḥnt.]lṣbim* (CTA). *Lín. 6-8:* cf. 1.3 II 22-26. *Lín. 6:* c. *[lmhr hdmm....]....tḫtṣb[wtḥdy]* (GA). *Lín. 8:* c. *[bšmḫt k tḥth k]kdrt riš* (GA) / *[bšmḫt.kdb.ʿnt.tšty.tḥth.k]kdrt* (CTA), cf. 1.3 II 9-10. *Lín. 9:* c. *[ʿlh kirbym kp ḳ br]k* (GA) / *kbr]k⟨m⟩* (CTA), cf. 1.3 II 14, 27-28 / *[t.k br]k.* (CML). *Lín. 10:* así, CTA, KTU. *Lín. 11:* así, CTA. *Lín. 12:* / *]s* (Vir.). *Lín. 13:* así, KTU / *]l[* (Vir.) / *[-]p[-]l[* (CTA). *Lín. 14:* / *klli. n(?)[* (Vir.), cf. 1.4 VIII 19. *Lín. 15:* c. *kpr.[šbʿ.bnt.rḥ.gdm.wanhbm.⟨klat.ṯǵrt.bht ʿnt⟩]* (GA, CTA), cf. 1.3 II 2-4. *Lín. 16:* / *tqr[* / *[w] tqr[b* (Vir.), cf. 1.1 V 14; c. *wtqr[y* (CML), 1.3 II 4 / *wtqr[y.ǵlmm.bšt.ǵr* (GA, CTA), cf. *ibíd.* *Lín. 17:* / *ʿd tš[bʿ* (Vir.), cf. 1.3 II 29; c. *tš[bʿ.tmtḫṣ* (GA, CTA). *Lín. 19:* *[ ]pk.l[* (Vir.). *Lín. 20:* / *yd[h*

*t*rḥṣ.yd[ ]
[ ]ysq š*m*[*n*]
tš*t*[.]r *imt*.[ ]
[*a*]h[*b*]*t* *pd*r[*y*.]
arṣ*y* *bt*.y[ʿ*bdr*]
rgm l*btl*[*t*.ʿ*nt*]
Borde *h*w*t*[ ]
[*b*]ʿpr[*m*]
lkbd.š[*dm* *tls*]
[*m*]n ʿmy *t*[*wtḥ*]
Reverso hw*t*.*daṯ*[ ]
wlḫšt.*ab*n[ ]
ʿ*m* kb*kbm*[ ]
wan*k*.ib[*ǵyh*]
[ ].lyʿ*mdn*./*g*(?)[ ]
kpr.*šb*ʿ *bn*[*t*]
*kl*a[*t*.*ṯg*]r[*t*]
ap ʿ*nt*.*tm*[*tḫṣ*]
lim *ḫ*-[ ]
ilm(?).*t*-t[ ]
*m*ʿ.*mt*[ ]
[ ]
t[ ]
t[ ]
k[ ]

(Laguna)

(Vir.), cf. 1.3 II 32, 34. *Lín. 21:* así, KTU CTA, cf. 1.3 II 31 / *]yṣt ḏm[r(?)* (Vir.; Gibson, CML) / *[--]yṣt ḏm[r* (CTA). *Lín. 22-24:* cf. 1.3 III 4-8. *Lín. 22:* así, CML, CTA, KTU, cf. 1.3 III 4 / *[ ]št pp(?)m tḫ(?)[* (Vir.), cf. 1.25:5; 1.13:6 (!) / *[ ]št[ ]imtḫ[ṣ* (UT); c. *tšt* r*imt l[irth.mšr.ldd.aliyn]* (CML) / *aliyn.b*ʿ*l]* (CTA). *Lín. 23:* c. *[yd] pdr[y.bt ar ahbt ṭly bt rb dd]* (GA) / *b*ʿ*[l yd].pdr[y....* (CML), cf. 1.3 III 6 / *bt rb]* (UT). *Lín. 24:* c. *y[*ʿ*bdr km ǵlmm w*ʿ*rbn]* (GA), cf. 1.3 III 5-6 / *y[*ʿ*bdr⟨lp*ʿ*n* ʿ*nt hbr wql tšthwy kbd hwt⟩(?)]* (CTA), cf. 1.3 III 6-7. *Lín. 25-33:* cf. 1.3 III 11-29; IV 6-16; 1.1 III 12-16. *Lín. 25:* c. *lbtl[t* ʿ*nt ṯny lybmt limm]* (GA) / *lybmt.limm.tḥm. aliyn.b*ʿ*]* (CTA). *Lín. 26:* / *h[* (Vir.) / *ḫ[ ]n/a[* (UT); c. *hw[t.aliyn.qrdm.qryy.barṣ. mlḥmt.št]* (CTA). *Lín. 27:* c. *---[sk šlm lkbd arṣ arb dd]* (GA) / *[b*ʿ*]pr[m.ddym....* (CTA; Sanmartín, UF [1976] 461, n. 1). *Lín. 28:* c. *lkdb.š[dm ḥṣk* ʿ*ṣk* ʿ*bṣk* ʿ*my p*ʿ*nk tls]* (GA). *Lín. 29:* c. *[m]n [*ʿ*]my t[wth išdk dm* (GA) / *rgm.iṯ.ly.dargmnk]* (CTA). *Lín. 30:* / *[ ]kt.da[* (Vir.) / *--kt.da*ʿ*[* (GA); c. *rgm* ʿ*ṣ]* (GA) / *[h]wt.daṯ[nyk ⟨rgm ltd*ʿ *nšm wltbn hmlt arṣ⟩ rgm.*ʿ*ṣ]* (CTA). *Lín. 31:* c. *[tant šmm* ʿ*m arṣ thmt]* (GA). *Lín. 32:* c. *[abn brq dltd*ʿ *šmm atm]* (GA) / *[⟨rgm ltd*ʿ *nšm wltbn hmlt arṣ⟩(?)atm(?)]* (CTA). *Lín. 34:* / *dn ǵ[* / *.(?) i[* (GA, CTA). *Lín. 35:* cf. 1.3 II 2; c. *bn[t.rḥ.gdm. wanhbm]* (CML), cf. *ibíd.*, 2-3. *Lín. 36:* cf. 1.3 II 3; c. *kla[t.tǵ]r[t.bht.*ʿ*nt.wtqry.ǵlmm. bšt.ǵr]* (CTA). *Lín. 37:* / *a[ ]n[ ]my[* (Vir.) / *a(p/h) (*ʿ*/t)n[ ]m* (UT); c. *ap* ʿ*nt tm[tḫṣ.b*ʿ*mq.tḫtṣb.bn.qrytm.tmḫṣ]* (CTA), cf. 1.3 II 5-7. *Lín. 38:* / *lim[ ]i[* (Vir., pero cf. CTA, p. 46, n. 1); c. *lim[m]- i[* (GA) / *lim ḫ[p.ym* (CML, CTA), cf. 1.3 II 7. *Lín. 39-40:* así, KTU, CTA.

[ ]ḥ
[ ]*pt*
[ ]
[ ]*-t*
[ ]*ḫ*[ ]
[ ]*i*[ ]*ḫ*
[ ]
[ ]r/k[ ]
[ ]*t*[ ]
[ ]-[ ]

KTU 1.8

ik.mgn.rbt.aṯrt
[*y*]m.*mǵz.qnyt.ilm*
w*tn bt.lbʿl.km*
i*lm.wḥẓr.kbn*
a*ṯrt.gm.lǵlmh*
bʿl.yṣḥ.ʿn.gpn
w*ugr.bn.ǵlmt*
*ʿmm ym.bn.ẓl*m[*t*]
*rmt.prʿt.ib*r[*.mnt*]
*ṣḥrrm.ḥbl*h(?)
ʿrpt.tḥt.-[ ]
m ʿṣrm.ḥ[ ]
*glṯ.is*r[ ]
*m.br*t[ ]
*ymt*n[ ]
*š*i[ ]
t[ ]

KTU 1.9

k[ ]
yg-[ ]
rb[ ]
*š*r[ ]
[ ]*ʿl-*[ ]

KTU 1.8

Lín. 1-2: cf. 1.4 I 21-22. *Lín. 3-5:* cf. 1.4 IV 50-51. *Lín. 3:* *[l]ttn* (Vir.). *Lín. 5-14:* cf. 1.4 VII 52-59. *Lín. 9:* cf. 1.4 VII 56 (?). *Lín. 10:* así, KTU, cf. 1.4 VII 57 / *ḥbl[m.b]* (Gibson, CML). *Lín. 11:* / *tḥt.b(?)* (Vir.) / *[bšm]* (Gibson, CML). *Lín. 12:* c. *ḥ[ḏdm* (CML) / *ḥ[t* (AK, CML). *Lín. 14:* / *br(t/q)* (UT). *Lín. 15:* / *ymt[* (Vir.) / *ymtm[* (CTA). *Lín. 17:* / *m[* (Gibson, CML).

r'm[ ]
mn[ ]

Reverso

h yrm.h[ ]
yrmm.h[ ]
mlk.gb'h d[ ]
ibr klhm.dlh -[ ]
lytn lhm.tḥt.b'l[ ]
h.uqšt pn hdd.by-[ ]
'm.bym b'l ysy y-[ ]
rmm.ḫnpm mḫl[ ]
mlk.nhr ibr[ ]
zbl b'l.ǵlm.[ ]
ṣǵr hd wr[ ]
wlnhr nd-[ ]

Borde [ ]-il

KTU 1.25

[ ]i(?)w(?)- -
[ ]ilm.wilht.dt
[ ]šb'.lšb'm.a[ ]-
[ ]w/tldm.dt ymtm
[ ]ǵr.lẓpn.
[ ]pn.ym.ym(?)g(?)n(?)
[ ]i/h.btlt.bd
[ ]hkl.- - -
[ ]-

Reverso

[ ]-ydh
[ ]tmt

KTU 1.9

Lín. 2: / y(i/g)[(CTA). *Lín. 5: /]l[* (UT); c. *[b]'l* (KU). *Lín. 8-9: / h[ ]rm.h* (UT) / *z(?)rm h* (CEB 193, n. 5); c. *h[kl(?)* (Vir.), cf. 1.2 III 7; 1.4 V 52. *Lín. 10: / gb'h w(?)[* (Vir.). *Lín. 11: / dlh q(?)[* (Vir.). *Lín. 13:* c. *by[m(?)* (Vir.). *Lín. 14: / ysy ym[* (CTA); c. *ysy y[m(?) y(?)]* (Vir.). *Lín. 16: / nhr 'br[* (Vir.; pero cf. CTA, p. 48, n. 7) / *nhr -!br[* (UT) / *gbr[* (CBE 194, n.3). *Lín. 19: / nd[d* (CEB 194, n. 4). *Lín. 20:* c. *['bd]il* (Vir.).

KTU 1.25

Lín. 1: /]i(?)[(Vir.) / *]i[-]a[- - - - -?]* (CTA); Vir. y UT suponen más largas lín. 1-2. *Lín. 3: / a/n[* (UT) / *aṯr* (CTA) o *aḫd,* cf. 1.4 VII 9-10. *Lín. 4:* así, CTA, KTU / *]t(?)ldẓ(?).b[* (Vir.). *Lín. 5:* así, CTA, KTU / *]...r.lp(?)pm* (Vir.). *Lín. 6: /]...l(?)pn.ym.y...* (Vir.). *Lín. 7: /]m.b'(?)l.t(?)bd* (Vir.) / *].b(t/')l.tdd* (CTA).

GLOSARIO

ABECEDARIO UGARITICO

	ʾa		k
	ʾi		l
	ʾu		m
	b		n
	g		s
	d		ś
	ḏ		ʿ
	h		ġ
	w		p
	z		ṣ
	ḥ		q
	ḫ		r
	ṭ		š
	ẓ		t
	y		ṯ

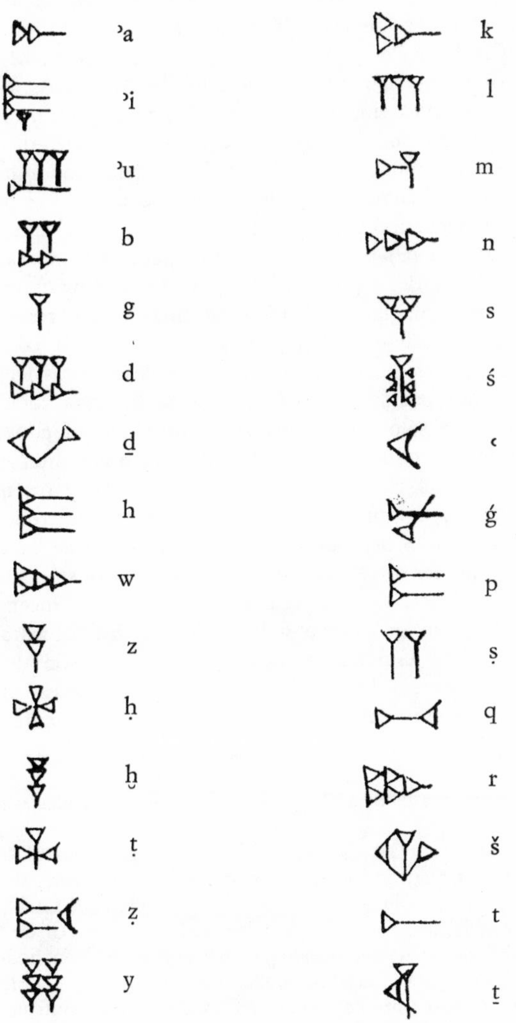

El orden de los signos en los abecedarios ugaríticos (cf. PRU II, 199ss; KTU 402ss) es el siguiente: ʾa, b, g, ḫ, d, h, w, z, ḥ, ṭ, y, k, š, l, m, ḏ, n, ẓ, s, ʿ, p, ṣ, q, r, ṯ, ġ, t, ʾi, ʾu, ś.

ADVERTENCIA

En el presente Glosario se recogen todos los monemas *(bases* verbales en 3.ª *p.sg.m.* y *lexemas* nominales en *sg.m./f)* que aparecen en los textos ugaríticos traducidos, según el orden de los signos cuneiformes que indica la tabla adjunta y de acuerdo con la forma empírica que presentan en ellos [1]. El esquema interpretativo de cada voz es el siguiente: *a)* descripción funcional; *b)* valor semántico, distinguido en sus posibles transformaciones, dentro del mismo semema básico; se enumeran por separado los homógrafos etimológicamente distintos; cuando la misma base o lexema supone funciones distintas, también se les ha separado en «entradas» diferentes, así como cuando los valores semánticos se han «especializado» nítidamente; *c)* paralelos sinónimos y antónimos, con la indicación de la referencia textual si se trata de un *hapax* o monema raro; para su comparación ha de consultarse el respectivo lugar del Glosario; *d)* equivalencias lingüísticas, que no pretenden aportar una «etimología» derivativa de una lengua respecto de otra, sino «indicar» tan sólo el posible campo genérico semántico de coincidencia; por eso se evita por lo común «traducir» las bases citadas desde otras lenguas afines, dejando esa tarea de comprobación para un estudio de filología comparada [2]; los datos aducidos pretenden ser sólo indicativos de la opción aquí adoptada, así como la bibliografía ofrecida se limita a *alguna* obra *última,* preferentemente de amplia información sintética, como un primer elemento de apoyo y orientación; *e)* formas sintagmáticas (verbales, nominales y sufijadas), con su desarrollo semántico, en el caso de las «conjugaciones» derivadas, y con especificación de las ambiguas [3]; *d)* fraseología ilustrativa de los diversos valores semánticos o sintagmas característicos, con su versión y referencia textual [4]. En algunos casos se aducen las soluciones semánticas divergentes, con una breve indicación bibliográfica para quien desee una mejor comprobación. El Glosario recoge también una serie de bases y lexemas supuestos por otros autores, derivadas de lecturas y divisiones diferentes del texto, con exclusión de las manifiestamente equivocadas o generalmente abandonadas.

[1] No se reconstruyen normalmente, por tanto, las «raíces» débiles según su forma etimológica.

[2] Se ha procurado aducir las formas empíricas más próximas al esquema fonemático del ugarítico para facilitar su posible vocalización. En consecuencia, se citan las árabes en estado determinado, aunque sin artículo, con plena vocalización final (en concreto, la *tāʾ marbūṭa* del *f.)* y con indicación del *hamza;* las acádicas se aducen en forma absoluta, sin mimación. Su normalización se ha basado en los léxicos de Von Soden, Hava, Jastrow, Brockelmann y Dillmann para el acádico, árabe, arameo, siríaco y etiópico, respectivamente.

[3] Un complemento importante de esta sección es el elenco de sintagmas base/preposición que ofrece D. G. Pardee, UF 7 (1975) 329-378; 8 (1976) 215-322; 11 (1979) 685-692.

[4] Para un elenco completo de las referencias textuales se deberá recurrir a la *Concordancia* de Whitaker, instrumento indispensable para cualquier estudio lexicográfico de la lengua ugarítica, teniendo en cuenta, no obstante, que en ella faltan por elencar los textos parecidos o publicados últimamente; cf. S. J. Pfann, *A Concordance to: New Alphabetic Texts from Ras Shamra Published in Ugaritica VII:* NUS 22 (1980) 8-16; J. L. Cunchillos, *Supplément à KTU:* «Cuadernos Bíblicos» 4 (1980) 52-56.

De esta manera, dentro de su concisión, el Glosario puede ser empleado como instrumento, independientemente de la versión ofrecida en páginas previas, para una aproximación al acerbo lexicográfico de la literatura ugarítica y su relación con el de las demás lenguas semíticas.

ab: n.m., «padre» (cs., ac. *ʾabu); aby, abk, abh, abn; ab adm,* «padre del(os) hombre(s)» (1.14 I 37 y *par.*, título del dios *Ilu); ṯr abk/h il, ṯr il aby/k/h,* «el Toro *Ilu,* mi/tu/su padre» (título del dios *Ilu,* frecuente); *mlk ab šnm,* «el Rey, Padre de años» (título del dios *Ilu;* para su interpretación, cf. *inf. šnt/šnm).* Margalit sugiere la existencia de ug. *ab,* «pozo»/«espíritu» (sum.-ac. *ab/apu* / hb. *ʾôb)* para la interpretación del sintagma *aṯt ab* (1.16 I 5), pero ésta resulta altamente dudosa (cf. UF 7 [1975] 309, n. 29; íd., 8 [1976] 149-150).

abd: v.G., «perecer, sentirse perdido, sufrir mengua» (1.2 IV 3; 7.11 I 3) (cs., sno. «perecer, perderse»; hb. *ābad;* EA *a-ba-da-at* = ac. *ḫalqat); abd, yabd;* Gt. *itbd* (error, *itdb), yitbd,* «perecer» (1.14 I 8, 24) // *ʿrw.* Gibson, CML, p. 141, sugiere la forma nominal *abd,* «destrucción».

aby: a.m., «ancestral» (?) (1.22 I 27) (cf. *sup. ab); abym* (?). Erróneamente, Obermann, HDBS, p. 14, interpreta así *aby,* «paternal», en 1.17 I 23.

abyn: a.m., «miserable, pobre» // *anḫ* (1.17 I 16) (cf. hb. *ʾebyôn;* Von Soden, MIO [1969] 322-326; Dietrich-Loretz-Sanmartín, UF [1976] 433-434). Una forma verbal *abyn,* «pedir», «ser pobre», no es aceptable (cf. Obermann, HDBS, p. 12), ni se imponen epigráficamente las nominales *abynm* (enc.) (cf. Dietrich-Loretz-Sanmartín, UF [1972] 34; Dijkstra-De Moor, UF [1975] 174) y *abynt,* «miseria» (lectura previa generalizada); el análisis de Aistleitner (WUS 1) *a-byn-t* es inaceptable (también Aistleitner, UGU 43).

ablm: n.l., *(qrt) ablm, Abiluma,* nombre de la ciudad donde es asesinado *Aqhatu,* «ciudad de lamentos/lamentadores» (1.18 IV 8; 1.19 IV 1 y par.) (sno. √*ʾbl;* hb. *ʾābēl-X,* n.l.; gr. *Abilene;* para su etimología/localización, cf. Spiegel, *Fs Ginzberg,* pp. 336ss; Astour, RSP II, 254-255; Gaster, *Thespis,* p. 368; Margalit, UF [1976] 178ss; MacLaurin, PEQ [1978] 113-114).

abn: n.m./f., «piedra»; «cuchillo de piedra/pedernal» (1.5 V 17; 1.6 I 2), «pesa» (1.24:36) (cs., ac. *abnu); abnm; abn yd,* «piedra arrojadiza» // *ḫẓ* (1.14 III 13 y par., hb. *ʾeben yād); abn brq,* «piedra/cabeza de rayo» (1.3 III 26 y par.; hb. *ʾabnê ʾeš;* ac. *aban birqi;* cf. Gaster, JRAS [1941] 193; y paralelamente, *ʿṣ brq* en 1.101:4; cf. 1.3 III 22-23: *rgm ʿṣ wlḫšt abn,* como descripción del rayo: asta y punta); otros interpretan el sintagma como forma del verbo *bn,* «comprender» o *bny,* «construir»; cf. Sasson, RSP I, 387-388; Van Zijl, *Baal,* pp. 59-61, 69); *abn mznm,* «pesas» (1.24:36; hb. *ʾabnê kîs, ʾabnê ṣedeq); abn p,* «colmillos» // *šnt* (1.19 I 8-9). Un supuesto verbo denominativo *abn,* «pesar» (cf. Dahood, UL 84) o bien *abn,* «murmurar, lamentar(se)» (hb. *ʾābal;* ar. *ʾabbana;*

cf. Ginsberg, JPOS [1936] 147, n. 37; Gray, LC 62, n. 4) no se impone, así como tampoco un sentido de *abn,* «testículo» (Pope, EUT 30-31).

agzry: a.m., «voraz», «glotón» (cf. hb. *gāzar//ʾākal* en Is 9,19; cf. Albright, BASOR [1938] 37, n. 13; De Moor, NYCI II, 20, n. 84; posiblemente denominativo/aumentativo (forma *aqtl-y)* de ug. *gzr* / hb. *gezer,* «trozo de carne»); *agzrym* (1.23:23, 61). Otras sugerencias suponen *agzry,* «cruel» (hb. *ʾakzārî;* cf. Montgomery, JAOS [1934] 63; Prov 17,11: *malʾāk ʾakzārî;* Dahood, «Bib» [1975] 264, Is 13,9: *yôm ʾakzārî;* también ac. *ezēzu;* ug. *ʿrẓ,* «terrible», dicho de *ʿṯtr;* cf. Gray, JNES [1949] 74); «isleño» (ar. *ǧazīratu,* «isla»; cf. Gaster, SMSR [1934] 159, n. 1); *agzrym* = *agzr ym,* «imágenes de *Yammu*» (so. √ *gzr,* «cortar»; hb. *gizrāh,* «corte, silueta»; cf. Aistleitner, WUS 56, pl. *fracto;* Dietrich-Loretz, UF [1977] 53)); «que hiende el mar» (cf. Virolleaud, «Syria» [1933] 143); «que delimitan el día» (cf. Gray, LC 98, n. 7). Para las diversas opiniones, cf. Caquot-Sznycer, TOu 359; Cunchillos, AD 55, n. 48).

agzrt: a.f., «ansiosa», «anhelante», «ávida» (?) (1.13:29) (posible paralelo semántico de *agzry,* «voraz, hambriento», *i.e.,* «ansioso»; cf. De Moor, NYCI II, 21, n. 84). Dietrich-Loretz, UF (1977) 53 proponen el valor *agzrt,* «imagen, copia» (√ *gzr);* Cazelles, «Syria» (1956) 55, «acarreador de agua» (hit. *akattara)* o «insular» (cf. *sup. agzry);* Caquot, EI (1978) 18, «rebaño» (sir. *gzorō).*

agm: n.m., «ciudadela», «fortaleza» (1.14 I 27, según una posible lectura sostenida por Dahood) (cf. hb. *ʾăgāmîm,* Jr 51,32; Dahood, UHP 47, 49); *agmm.* Cf. *inf. ʿgm.*

agn: n.m., «caldera» (1.23:15, 31, 36) (cs., ac. *agganu,* «recipiente grande para agua»). Otras etimologías más inseguras suponen: «fuego» // *išt* (ar. *ʾaǧǧa,* «quemar»; lat. *ignis;* sans. *agni;* cf. Pope, EUT 80; Gordon, UT 351); «brasero» podría ser un compromiso entre ésta y la anterior propuesta (cf. Xella, MSS 87); «carbón», pl. *fracto* de *gnt* (ar. *ǧaunatu* y *sup.* «fuego»; cf. Aistleitner, WUS 67); «torre» (√ *gnn;* cf. Du Mesnil, NE); para las diversas opiniones, cf. Trujillo, UR 149-153.

agr: v.G., «alquilar», «emplear» (cs., ar. *ʾaǧara); agrtn* (pa./pp.) (1.19 IV 51), en la versión preferimos el sentido activo: «la que nos alquila», *i.e.,* «nuestra dueña». El sentido «recompensa» (cf. Driver, CML 134) no se confirma.

ad: n.m., «padre», «papi» (?) // *um* (1.23:32, 43) (sum. *ad.,* ac. *adda,* onomatopeya infantil (?); su relación con *adn,* como forma abreviada del mismo, es discutible; cf. Sanmartín, UF [1977] 269, n. 2).

adm I: n.m., «hombre, «humanidad», «gente» // *lim* (cf. hb. *ādām);* cf. *sup. ab adm.*

adm II: v.N., «teñir(se) de rojo» (cs. √ *ʾdm;* ac. *adamu,* «rojo oscuro»; la relación de esta base con *adm I* y *dm,* «sangre», es discutida); *yadm* (1.14 III 52), *tadm* (1.14 II 9); N. (?), *tid(?)m* (1.19 IV 42; para Gordon, UT 352, sería ésta una forma nominal-verbal); para una discusión de estas formas, cf. Dijkstra-De Moor, UF (1975) 211-212; Sanmartín, UF (1977) 260.

adn: n.m., «señor», «padre» // *bʿl, um* (cf. hb. *ʾādôn;* sil. *ad-du-nu;* cf. Virolleaud, RA [1941] 4; Dietrich-Loretz-Sanmartín, UF [1975] 551; Sanmartín, UF [1977] 269-272); *adn; adny, adnk, adnkm; adn yrgb,* «Señor Formidable» (título del rey de *Ugarit).*

adr: a.m., «noble», «estupendo, magnífico», «poderoso» (cf. fen. *ʾdr;* hb. *ʾaddîr); adr; adrm.* Suficiente para explicar todos los lugares ugaríticos; son así innecesarios valores como: «cerca, cercado» (arm. *ʾiddᵉrā;* cf. Herdner, «Syria» [1949] 152), «parva de trigo» (arm. *ʾidrā;* cf. Sidney Smith, PEQ [1946] 5ss; Driver, CML 135), «árbol gigante, cedro» (arm. *ʾidrā;* cf. Virolleaud, LPD 139; Driver, CML 135), «era» (arm. *ʾidrā,* ac. *adru, bīt adri;* cf. Gaster, *Thespis* [1950] 452; Gordon, UT 352); y más aún la derivación de formas verbales: *ndr,* «hacer voto» (cf. Virolleaud, LPD 211), *afel* de *dry,* «cortar» (cf. Dahood, UHP 7); acerca del carácter adjetival o verbal de la base, cf. Dijkstra-De Moor, UF (1975) 186-187; Sanmartín, UF (1977) 371-373.

ahb: v.G., «amar» (cf. hb. *ʾāhab); yuhb* (1.5 V 18).

ahbt: n.f., «amor» // *dd, yd* (cf. hb. *ʾahăbāh).*

ahl: n.m., «tienda» (cf. hb. *ʾōhel;* ar. *ʾahlu,* «familia»; ac. *ālu,* «ciudad»); *ahlm; ahlh, ahlhm.*

awl: a./n.m., «principal, primero» > «supremacía» (1.12 II 57) (cf. ar. *ʾawwalu).* Para Gaster, *Thespis* [1950] 451, y Gray, JNES (1951) 151, n. 60; íd., LC 79, n. 3; UF (1971) 67, n. 53, derivaría más bien de ar. *waliya,* «estar próximo», «prestar ayuda» o de *ʾālu,* «familia»; para Aartun, WO (1967-1968) 289, de hb. *ʾăwīl,* «desamparado».

azrt: cf. *agzrt,* lectura errónea.

aḥd: num., «uno», «solo», «solitario» // *yḥd* (1.14 II 43/IV 21) (cs., ar. *ʾaḥadu); aḥt* (> *aḥdt); aḥdm* (pl./du.); *aḥdy,* «yo solo»; *aḥd b,* «uno de (entre)». El sentido «par» de *aḥdm* (cf. Gordon, UT 43-44, 354) no es verosímil (cf. Del Olmo Lete, UF [1979] 181, n. 11; por su parte, Dahood, UF [1979] 43, propone el valor «comunidad» // *yḥd).* Un verbo denominativo *aḥd* D., «unir(se)», no se impone (1.2 I 25; cf. Aistleitner, WUS 11), cf. *inf. ḥdy.*

aḥl: intj., «¡ojalá!», en la forma sintagmática *aḥl an,* «¡ojalá sí/oh!» (1.19 II 15, 22) (cf. hb. *ʾaḥălê;* cf. Cassuto, BOS II, 196-197). Las variaciones se dan sobre todo en la interpretación del segundo elemento del sintagma (cf. *inf. an III);* a este propósito, cf. Sanmartín, UF (1977) 266 («¡ay de mí!»); Aistleitner, WUS 103 (cf. Müller, UF [1969] 92, n. 116), ve aquí un *yqtl* [cohortativo (?)] de la base *ḥl(l),* «librar del anatema».

aḫ I: n.m., «hermano» // *bn um* (1.14 I 9) (cs., ar. *ʾaḫ); aḫt; aḫm; aḫy, aḫk, aḫh/iḫh* (armonía/variante vocálica) *aḫym* [enc. (?)], *aḫyh* (1.12 II 50); *aḫtk, aḫth; aḫtth* (posible dittografía, cf. Dietrich-Loretz-Sanmartín, UF [1977] 345).

aḫ: v.G., «ser hermano» // *anš,* posiblemente en 1.16 VI 35, 51, pero no se impone.

aḫ II: n.m., «ribera», «junquera» (cf. hb. *'āḥû,* «junco», «prado», ac. *aḫu,* «ribera»); *aḫ šmk* (1.10 II 2, 9, 12), verosímilmente la región del lago *Ḥuleh,* arm. *yammā dᵉsamkā;* gr. *Semachonítis* (cf. Virolleaud, «Syria» [1936] 156-157; Gray, LC 81-82).

aḫd/aḫḏ: v.G., «tomar, coger», «ocupar», «apoderarse», «prender (el fuego)» «comenzar a» (cs., ar. *aḫaḏa); aḫd, aḫdt, aḫt* (?) (> *aḫdt;* cf. Rainey, IOS [1973] 54-55; Dietrich-Loretz, UF [1977] 48); *tiḫd, tuḫd, yiḫd, yuḫd, yuḫdm; aḫd* (pa.) (para las diversas vocalizaciones del *yqṭl,* cf. Rainey, UF [1971] 158-519; Sanmartín, UF [1971] 178, n. 29; para el sentido incohativo del verbo, cf. Cassuto, BOS II, 186-187; Gordon, UT 119-120). En cambio, un valor «inducir» (cf. Obermann, HDBS 19; Van Selms, MFL 19), una etimología ar. *ḫāša,* «traspasar» (cf. Gray, JNES [1951] 149, n. 44) o una forma N., «ser afectado (por enfermedad)» (cf. Dijkstra-De Moor, UF [1975] 198), no las creo probables.

aḫr: adv., prep., conj., «después», «después, detrás de», «con» // *ʿmn* (1.24:32); «después de», «cuando» (cs., hb. *'aḥar**, «parte trasera» > «después, detrás»); *aḫ špšm,* «con el sol», «al salir el sol» (cf. Dahood, UL 84; Del Olmo Lete, «Clarentianum» [1970] 341-342; sin embargo, cf. Badre y otros, «Syria» [1976] 114-115: «à la fin de la journée», pero su explicación no es plenamente convincente ni da razón de modo suficiente del paralelismo *aḫr špšm // hn špšm, mk špšm).*

aḫt: cf. *sup. aḫ.*

ay: a.m., «cualquiera, todo» (cs., ar. *'ayyu); lḥm/yn ay,* «toda clase de pan/vino». Preferible a otras interpretaciones: «¡oh!, ¡ala!» (cf. hb. *hôy, 'ôy;* cf. Cross, CMHE 115, n. 12; Clifford, VT [1975] 300, n. 7; Driver, CML 137; Gray, LC 27, n. 8); «isla» (cf. hb. *'î;* cf. Largement, NA 29-30); o nombre de divinidad (cf. Aistleitner, WUS 15; cf. Xella, MSS 45-46, para las diversas propuestas).

ayl: n.m., «ciervo» // *yʿl, rum* (cs., ar. *'iyyalu); aylt; aylm* (pl.).

aylt: cf. *sup. ayl.*

aymr: n.p. de una de las mazas mágicas que *Kôṯaru* entrega a *Baʿlu;* su posible vocalización-interpretación es *ay(ya)-yamur,* «¡que auyente/eche a cualquier (enemigo)!»; cf. Gibson, CML 40, n. 1.

akḥ: (?) (sintagma supuesto en 1.17 I 38; 1.19 IV 39, «en adelante», et. *kaḥa,* por Aartun, UF [1979] 3-4).

akl: v.G., «comer», «devorar (el fuego, calor)» // *šty* (cs., ar. *'akala); yikl, tikl, tikln // tqrṣn* (1.12 I 10); *aklm* (pa.) // *ʿqqm* (1.12 I 26, 36).

akl: n.m., «trigo»; «alimento», «pan» (cf. hb. *'ōkel,* ar. *'uklu;* cf. Sanmartín, UF [1977] 263-264).

aklt: n./a.f., «rastrojo», «tierra consumida/de pan llevar» // *ḫmdrt* (morfológicamente quizá un pp.: «consumida» por producir *akl;* cf. Sanmartín, UF [1977] 265-266).

al I: adv./conj., «no», «que no», en cláusulas volitivas negativas (imperativo y yusivo) (cf. hb. *ʾal,* ac. *ul;* cf. Gordon, UT 76, 104; Aistleitner, WUS 17; Aartun, PU I, 20ss); *al tbkn/tṯb, ypʿ, tqrb, tšʿl, tṣr, tšt, tšmḫ, yšmʿ, tšrgn...*

al II: adv., «de cierto, sin duda» (cf. hb. *ʾal,* ar. *ʾalā;* cf. Gordon, UT 104; Aistleitner, WUS 17; Aartun PU I 31); *idk pnm al ttn,* «así poned cara...»; fórmula de marcha, cf. *sup.* p. 54. Puede tratarse de dos lexemas originariamente distintos o bien el segundo es una derivación semántica del uso interrogativo (con respuesta afirmativa) del primero; aquél podría también estar en relación con el *l-* enfático. Para una clasificación de su uso y la correspondiente bibliografía, cf. Aistleitner, WUS, 17; De Moor, SP 128-129, 168.

aliy: a.m., «(el más) valeroso» [elativo de la √ *la(y)*]; *aliy qrdm,* «el más valeroso de los héroes» (título de *Baʿlu;* cf. el título de *Erra: ᵈErra qarrad DINGIRᴹᴱˢ).*

aliyn: a.m., «victorioso» [elativo de la √ *la(y)*]; *aliyn bʿl,* «*Baʿlu,* el Victorioso» (título de *Baʿlu).*

all: n.m., «ropa, vestido, capa» // *lpš, kst* [cf. ac. *alālu,* «colgar» (?); ac. *allānu,* «capa»; cf. Sanmartín, UF (1978) 350]; *all ǵzr,* «ropa de prócer» (1.19 II 37, 48); *qṣ all,* «borde del vestido» (1.6 II 11). La primitiva correlación con una hb.-ar. √ *ʾll,* «lamentarse», ha quedado abandonada (Virolleaud, Dussaud, Montgomery, Cassuto).

almnt: n.f., «viuda» // *ytm* (cs., hb. *ʾalmānāh,* ar. *ʾarmalatu); ydn dn almnt yṯpṭ ṯpṭ ytm,* «juzgaba el juicio de la viuda, dictaminaba la causa del huérfano» (1.17 V 8; 1.19 I 24).

aln: n.m., «encinar» (?), en sentido colectivo (1.12 I 20) (cf. hb. *ʾallôn,* «encina» y n.l., *ʾēlāh/ʾēlôn,* «terebinto» y n.l.). Preferible a una derivación de ar. √ *ʾlm/n,* «sufrir» (cf. Gray, JNES [1951] 148, n. 26; íd., LC 77, n. 5; pero en contra, UF [1971] 62, n. 14) o a su traducción por «llanura», de acuerdo con la interpretación de san Jerónimo («convallis»; cf. Stummer, JPOS [1932] 6-21; Ginsberg, JPOS [1936] 142, n. 7); cf. Astour, RSP II, 258-259.

alp I: n.m., «buey», «ganado vacuno» // *arḫ* (cs., ac. *alpu); alp; alpm* (pl.); *alp ḥrṯ,* «buey de labor»; *ṭbḫ alpm ap ṣin,* «degolló bueyes y también ovejas»; *ilm alpm,* «dioses-bueyes» (1.4 VI 49).

alp II: num, «mil, millar» // *rbt* (cs., ar. *ʾalpu); alp; alpm* (pl.); *alp ksp rbt ḫrṣ,* «mil (siclos) de plata, diez mil de oro» (1.24:20-21); *alp šd rbt kmn,* «mil yugadas, diez mil obradas» (fórmula de distancia); *alp šd ẓuh bym,* «cuya exhalación (llega) a mil yugadas en el mar».

alt: n.f., «soporte», «peana» // *ksa* (cf. hb. *ʾallāh,* «fuste»; ar. *ʾālatu,* «instrumento»); *alt ṯbtk,* «el soporte de tu sede» (1.6 VI 27-28). El lexema es etimológicamente oscuro; para una síntesis de las diferentes opiniones, cf. De Moor, SP 236-237, 244.

amd: adv., «siempre» // *ʿlm* (1.19 III 47) (cf. ar. *ʾamadu,* «punto final»; Margalit, UF [1976] 177); posible error por *tmd.* Watson, UF [1976] 375, n. 30, supone una relación con ac. *madādu,* «evadirse»; Aistleitner, WUS 25, un verbo denominativo (D.) «aniquilar».

amht: cf. *inf. amt I.*

amr I: v.Gt., «contemplar»; «aparecer, dejarse ver» // *ʿn* (1.3 I 22) (cf. ac. *amāru;* et. *ʾaʾmara,* «mostrar», y posiblemente hb. *ʾāmar;* cf. De Moor, SP 81, 129, 131; Sanmartín, UF [1973] 263-270; Dahood, UL 84). Pero no me parece seguro el valor «decir» en ug.; Aistleitner, WUS 25.

amr: n.m., «vista» (?) // *ḥkm* (1.16 IV 2), «conocimiento, encargo encomendado» // *dʿt* (1.2 I 15-16, 31) (cf. *sup. amr I).*

amr II: cf. *inf. imr.*

amr III: n.l., «Amurru» // *yman* (1.4 I 42) (cf. ac. *amurru).* La referencia de Rin, AE 141, a hb. *ʾāmîr* para la interpretación de tal texto resulta inadecuada; cf. Astour, RSP II, 260-261.

amrr: n.d., segundo elemento del n. doble *qdš amrr/qdš wamrr, Amraru;* posiblemente «Santo y Bendito», criado(s)-mensajero(s) de *Aṯiratu* y quizá personaje doble [elativo de la $\sqrt{mr(r)}$; cf. Virolleaud, «Syria» [1932] 135; Gaster, *Thespis,* pp. 181-182]. Debe excluirse su identificación con el país y dios *Amurru* (cf. Aistleitner, WUS 26; Driver, CML 136; De Moor, UF [1969] 183, n. 120; íd., SP 52, 144; Dietrich-Loretz, UF [1973] 74).

amt I: n.f., «esclava, sierva, criada» // *ʿdb* (cs., ar. *ʾamatu); amht* (pl.); *bn amt,* «hijos de esclava, esclavos» (1.14 II 3 y par.); *tdmmt amht,* «trato lascivo de esclavas» (1.4 III 21-22).

amt II: n.f., «codo» // *ṯkm* (cs., ar. *ʾammatu); amth,* «hasta el codo» // *ʿd ṯkm* (1.14 III 53-54). Un lexema *amt,* «debilidad» (ar. *ʾamtu),* en 1.5 I 6, no se justifica (cf. Gray, LC 31, n. 3).

an I: p.p., «yo» // *at, atm* (1.18 I 24; 1.3 IV 33) (cs., ar. *ʾanā).* La interpretación de *aḥl an,* «¡ay de mí!», ofrecida por Sanmartín, UF (1977) 266, es dudosa; cf. *sup. aḥl, inf. an III.*

an II: adv., «adonde, doquiera» (cf. hb. *ʾān); an lan,* «doquiera» (1.6 IV 22-23; cf. hb. *ʾāneh wāʾānāh,* 1 Re 2,36,42; 2 Re 5,25; Caquot-Sznycer, TOu 264-265; por su parte, Dijkstra-De Moor, UF (1975) 204, relacionan este sintagma con ac. *anniam lā anniam,* «en todo caso»; pero su propuesta de un p.d. *an/hn* en ug. no me parece aceptable (cf. Sanmartín, UF [1977] 266; Margalit, MLD 173-174, ve en este ejemplo otro caso de *an IV),* al menos en los textos mitológicos.

an III: intj., «¡sí, por favor!» (cf. hb. *ʾānnāʾ); aḥl an;* cf. *sup. an I.*

an IV: n.m., «fuerza» (cf. hb. *ʾôn, ʾônîm;* cf. Gaster, *Thespis* [1950] 449; De Moor, SP 203; Dahood, UF [1969] 24; Rin, AE 215; Van Zijl, *Baal,* pp. 161, 191; Rainey, UF [1971] 159); *anm* (pl.); *dq anm,* «débil de fuerzas» (1.6 I 50). Otras equivalencias menos seguras son: «pigmento» (eg. *iwn;* cf. Driver, CML 135); «que» [ar. *ʾanna* (?); cf. Gray, LC 66, n. 2]; «ahora» (ac. *anumma;* cf. Caquot-Sznycer, TOu 256-257; Caquot, «Syria» [1958] 46).

anhb: n.m., «ostra, caracol marino» (cf. ac. *yanibu, aynibu, nibu,* «un tipo de concha», «caracol de la púrpura»; cf. De Moor, «Or» [1968] 214-215, n. 3; íd., SP 85, 101); *anhbm* (pl.). No es aceptable el valor semántico «liebre» (cf. ug. *arnbt;* Dahood, UHP 51) y menos aún «flor» (arm. *ʾinbā;* cf. De Vaux, RB [1939] 596), «depredador» / «surco» (ar. *nahaba;* cf. Cassuto, GA 114, 122), «perfume» [et. *nehb,* pl. *ʾanhāb;* ac. *annabu* (?); Aistleitner, WUS 27].

anḫ: a.m., «quejumbroso» / *abyn* (1.17 I 18) (cs., ac. *anāḫu;* cf. Dietrich-Loretz-Sanmartín, UF [1976] 434, n. 2). La mayoría de los autores prefiere el valor nominal o verbal «queja/arse» «suspiro/ar»; por su parte, Dahood, «Bib» (1957) 69, ve aquí un *afel* de $\sqrt{\textit{nwḫ}}$; cf. Van Zijl, *Baal,* pp. 269-270, que le sigue.

anḫr: n.m., «tiburón, ballena» (1.5 I 15) (cf. ac. *nāḫiru;* cf. Dietrich-Loretz-Sanmartín, UF [1975] 538; la interpretación más corriente suponía «delfín»).

any: v.G., «suspirar, gemir» (cf. hb. *ʾānāh,* ar. *ʾanna); any lyṣḥ,* «suspirando clamó» (1.3 V 35 y par.). Preferible al sentido interjeccional «a gritos», «¡ay!» y con exclusión de «repentinamente», «sucedió» (ar. *ʾanā;* Al-Yasin, LRUA 27; Gordon, UT 362; Driver, CML 136).

ank: p.p., «yo» (cs., sil. *a-na-ku); lm ank,* «¿para qué (quiero) yo...?» (1.14 III 33 y par.); *wank ʿny,* «yo mismo voy a responder» (1.2 I 28).

annḫ: n.m., «cría, animal joven» (?) // *gd* (1.23:14) (cf. ar. *nuḫḫatu;* cf. Virolleaud, «Syria» [1933] 140; Gaster, SMRS [1934] 158; n. 4; cf. hit. *ananuḫ-as;* Gray, LC 97, n. 2; Xella, PP [1973] 198, n. 21; Gordon, UT 362). Igualmente verosímil es el valor «planta, menta» (?) (cf. ac. *ananiḫu/nanaḫu;* ar. *nānaḫatu;* sir. *nonḥō;* Aistleitner, WUS 206; Driver, CML 135; Caquot-Sznycer, TOu 371; De Moor, NYCI II, 19).

anp: n.m., «(orificio de la) nariz» (cs., ar. *ʾanfu,* en sno. asimilado normalmente, *ʾappu); anpnm* (1.12 II 38); cf. *inf. ap.*

anš I: n.m., «músculo, tendón» // *pnt ksl* (cf. hb. *nāšeh,* ar. *nas(an);* cf. Driver, CML 135; De Moor, SP 132, 137); *anš dt ẓrh,* «los músculos de su espalda» (1.3 III 35; 1.4 II 20; 1.19 II 47). Es problemática en este caso la correlación de *anš* con la base $\sqrt{\textit{nwš}}$ (ar. *nāsa,* ac. *nâšu,* «temblar», «vacilar»; cf. Aistleitner, WUS 28; Caquot-Sznycer, TOu 132, 167; Sznycer, «Semitica» [1967] 24), o con hb. *ʾānûš,* ac. *enēšu,* «estar enfermo, débil, dañado» (Dahood, RSP I, 241; II, 33; Cassuto, GA 131; Oldenburg, CEB 197; Dietrich-Loretz, UF [1977] 48; Baldacci, UF [1978] 417, n. 4).

anš II: a.m./v.G., «inexorable, implacable» (cf. hb. *ʾānûš;* cf. Cassuto, CA 149-150; Rin, AE 59-60, 96, 110); *anšt; anšt; anšt* (n.v.); *ap anš zbl bʿl,* «pero se mostró inexorable el Príncipe *B.*» (1.2 I 38, 43); *ap danšt,* «puesto que soy inexorable» (1.6 V 21); *ydʿt bt kanšt,* «ya sé hija que eres inexorable» (1.3 V 27; 1.18 I 16); *banšt,* «inexorablemente» [1.18 IV 10; 1.15 V 27 (?)]. La interpretación del lexema en los lugares citados es muy varia: «amable» (ar. *ʾanisa;* cf. Ginsberg, Obermann, Kaiser, Driver, Gibson, Aistleitner, Gray, Dressler), «humano»/«compasivo» ($\sqrt{}$*ʾnš;* cf. Aistleitner, De Moor, Gibson, Dijkstra - De Moor), «irascible, furioso» ($\sqrt{}$*ʾnš*/$\sqrt{}$*nwš;* cf. Gordon, De Moor, Van Selms, Caquot-Sznycer), «débil» *(sup. anš I;* cf. Dietrich-Loretz, Sznycer, Caquot-Sznycer).

anš III: n.m./v.G. (?), «(ser) compañero» // *aḫt* (cs., cf. ar. *ʾanisa); anšt; km... anšt ʿrs zbln,* «como (tu) compañera de cama (concubina) es la enfermedad» (cf. Gray, KTL 77; Herdner, TOu 572) / «te has hecho compañero de cama de la enfermedad» (cf. Held, JAOS [1968] 93, y en general los demás autores). Para una discusión general de la base *anš,* cf. De Moor, SP 132, 137, 233; Van Zijl, *Baal,* pp. 28-29; íd., UF (1975) 503ss; Dietrich-Loretz, UF (1977) 47-50.

ʾsy: (?) [base supuesta por Oldenburg, CEB 194, n. 9 (cf. ar. *ʾasiya,* «estar triste»), para explicar *its* (1.2 IV 4); cf. *inf. nss/nsy].*

asm: n.m., «granero» (cf. hb. *ʾāsām)* (1.19 II 18, 25).

asp: v.G., «recoger, reunir» (cf. hb. *ʾāsap); yisp, tisp, tusp* [Gp. (?)]; Gt. *yitsp,* «arrebatar»; «recoger, cosechar para sí»; *tispk yd aqht,* «te pueda recoger la mano de *A.*» (1.19 II 17, 24); *mḫmšt yitsp ršp,* «un quinto se lo cosechó *R.*».

asr: v.G., «ligar, atar; uncir, enganchar» // *ṣmd* (cs., ar. *ʾasara); asr* (inf.); *tasrn; asr* (pp.), *asrkm,* «prisionero, esclavo» (// *ʿbd;* 1.2 I 37); *asr sswm/mrkbt,* «uncir/endo los caballos/carros» (1.20 II 3; 1.22 II 22).

aǵzt: n.f., «elección, desposorio, nupcias», «tiempo de nupcias» // *qẓ* (cf. ac. *aḫuzzatu,* «matrimonio» (a través del hur.); cf. De Moor, ULe 92, n. 1; o quizá ar. *ǵazza* VIII, *ʾiǵtizāz,* «preferir a alguien a los demás, ligarse más íntimamente con él»; cf. Kazimirski, DAF II, 463; cf. el antiguo uso hebreo (Jue 21,19-21) de elegir novia al fin del verano (De Vaux, IAT II, 398-399); el texto 1.24 trata precisamente de la elección de esposa y *ḫrḫb* es denominado expresamente *mlk qẓ).* La lectura alternativa es *tǵzt,* «estación de algara/otoño», ar. *ǵazā;* cf. Herrmann, YN 3, para las diversas opiniones; últimamente, Du Mesnil, «Berytus» (1978) 79, «decrepitud».

ap I: adv./conj., «y, también, además», «pero también, entonces también», «pues, luego» (cf. hb. *ʾap);* formas compuestas: *aphn, apn, apnk, apk* (?) (1.2 III 12; cf. ar. *hunā, hunāka); bn krt...ap bnt ḥry,* «los hijos de *K.*...y las hijas de *Ḥ.*» (1.5 III 24); *krt...yṯb...ap yṣb yṯb,* «*K.* se sentó...también *Y.* se sentó» (1.16 VI 25); *alpm ap ṣin,* «bueyes y (también) ovejas» (fórmula de sacrificio-banquete); *ap mṯn rgmm argmn,* «y otra cosa voy a decir(os)» (1.3 IV 31-32).

ap II: n.m., «nariz», «ira», «parte delantera, entrada», en sintagmas nominales (cs., ar., *ʾanfu); ap, aph; km qṭr baph,* «como humo de sus narices» (1.18 IV 26) (no «delante de»; cf. Gordon UT 362; Dahood, UMP 51); *aplb,* «pecho» // *bmt* (1.5 VI 21; 1.6 I 5; cf. ac. *appi libbi,* Gaster, RR [1944-1945] 281); *ap ḫštk,* «la entrada de tu pórtico» (?) (1.16 I 3, 17; II 39; preferible a «la entrada de tu tumba» (cf. *inf. ḫšt); ap sgrt,* «antesala» (1.3 V 11-12, 27; cf. arm.ant. *ʾp bbʾ;* cf. Herdner, RES [1942-1945] 47; Caquot-Sznycer, TOu 175; Dahood, UF [1969] 28, sugiere «cámara cerrada», de una raíz √ *ʾpp* en hb. y ac., «rodear», de ahí *ap,* «cámara», «patio»; cf. también Pope, EUT 65); *ap d̲d,* «pezón» (1.23:59, 61); *ap ṯġr,* «la entrada de la puerta» (1.17 V 6; 1.19 I 22). El sentido «ira» (derivación semítica normal) es seguro también en ug. (1.40; // *qṣrt npštkn),* pero no lo estimo necesario en los textos mitológicos aquí aducidos; para la interpretación de *ap anš zbl bʿl* y *wyṯb ap danšt,* cf. *sup. anš II;* diversamente, De Moor, SP 132, 233.

aphn: adv., «entonces, acto seguido, a continuación»; cf. *sup. ap I.*

apy: v.G., «cocer» (cf. hb. *ʾāpāh,* ac. *epû); yip; yip lḥm,* «cueza pan» (1.14 II 30; IV 11).

apn: adv., «entonces, a continuación, acto seguido»; cf. *sup. ap I.*

apnk: adv., «al instante, acto seguido»; cf. *sup. ap I.*

aps: n.m., «extremo, tope, remate» ≠≠ *hdm* (1.6 I 61) (cf. hb. *ʾepes); apsh.*

apʿ: n.m., «víbora» // *klb* (1.19 I 13) (cf. hb. *ʾepʿeh,* ar. *ʾafʿā).*

apq: n.m., «venero, manantial» // *mbk* (cf. hb. *ʾāpîq); qrb apq thmtm,* «en el seno del venero de los dos océanos» (1.2 III 4 y par.).

apt: (?) (lexema supuesto por Margalit, MLD 33, en 1.4 II 33: «erial, secarral», ac. *apītu).*

aqht: n.p., héroe legendario protagonista de 1.17-19, *Aqhatu* (posible forma elativa de √ *qht).*

ar: n.m., «luz» (cf. hb. *ʾôr,* ac. *urru); bt ar,* «hija de la luz» (título de *pdry,* hija de *Baʿlu); ar yrḫ,* «luz de Y.» (1.24:38; título de *Nikkal,* esposa de *Yarḫu).* El valor «niebla», «rocío», «miel» (ar. *ʾaryu,* hb. *ʾărî;* cf. Driver-Gibson, CML 135/142; De Moor, SP 82-83, 104, 110; íd., UF [1975] 590-591; Sasson, RSP I 394) no parece preciso.

ar: v.G. (?), «brillar, iluminar» (cf. hb. *ʾôr); yar; wyrḫ yark,* «que Y. te ilumine/brille para ti» (1.24:39).

arbdd: n.m., «reposo, calma» // *šlm* (cf. hb. *rābad,* ar. *rabada,* forma *aqtll;* cf. Del Olmo Lete, UF [1978] 40-42; Sanmartín, UF [1976] 461-462, propone el sentido «sacrificio de amor» [hur. *ar-b-tad]); sk...arbdd lkbd šdm,* «derrama... reposo en las entrañas del campo» (1.3 III 17 y par.).

arbʿ: num., «cuatro» // *ṯlṯ* (1.16 II 23) (cs., ar. *ʾarbaʿu);* cf. *inf. rbʿ.*

argmn: n.m., «púrpura», «tributo» // *mnḥy* (1.2 I 37) (cf. hit. *arg/kamman,* ac. *argamannu;* cf. Pardee, UF [1974] 277-278; Sanmartín, UF [1978] 455-456); *argmnk; hw ybl argmnk,* «él te aportará un tributo» (1.2 I 37).

arz: n.m., «cedro», «asta de» (cs., ar. *ʾarzu); arz; arzm* (enc./pl.); *arzh; mḥmd arzh,* «sus más preciados cedros» / «codiciado por sus cedros» (1.4 VI 19,21); *ktǵḏ arz bymnh,* «cuando se dispara el (asta de) cedro de su diestra» (1.4:7, 41).

arḫ: n.f., «vaca», «novilla» // *alp* (cf. ac. *arḫu); arḫt; klb arḫ lʿglh,* «como el corazón de la vaca por su ternero» (1.6 II 6, 28); *arḫ tǵǵ lʿglh,* «la vaca muge por su ternero» (1.5 I 5); *ilht arḫt* «diosas-vacas» (1.4 VI 50).

ary: n.m., «pariente» // *aḫ, bn* (cf. eg. *íry,* «compañero», ac. *arūtu,* «parentela masculina» (?), ar. *ʾarā,* «estar en el (mismo) pesebre», arm. *ʾiryā,* «correlación»; cf. Gordon, UT 366; Aistleitner, WUS 35); *aryy, aryh.*

ark: v.G., «alargarse, ser largo» (cs., ac. *arāku); ark; tirk* (1.23:33-34). Ultimamente, De Moor, UF (1979) 643, propone ver aquí una forma de $\sqrt{ar}$.

arkt: n.f., «longitud de brazo, brazo largo, envergadura» (cf. sup. *ark;* cf. Caquot-Sznycer, TOu 175); *arkty; bgdlt arkty,* «con la potencia de mi brazo» (1.3 V 23; 1.18 I 10).

arṣ: n.f., «tierra», «infierno», «interior de la tierra» // *šdm* ≠≠ *šmm* (cs., ar. *ʾarḍu); arṣh,* «a tierra», «al suelo» (1.14 I 29); *larṣ,* «en/a tierra», «al/en el suelo», «de la tierra», «para la tierra» *(yql, mšṣu, yṯb, npl, ṯṯbr, nʿm); arṣ nḥlth,* «tierra de su propiedad» (1.3 VI 16 y par.).

arṣy: n.d., hija de *Baʿlu, Arṣayu* (cf. Astour, *Ug.* VI, 12ss).

arr: n.l., un monte mitológico, *Araru* (1.10 III 29-30) (cf. EA, *ᵃˡᵘa-ra-ru;* Clifford, CMC 76).

arš I: v.G., «desear, pedir» ≠≠ *ytn, št* (cf. hb. *ʾāraš,* ac. *erēšu); yarš, taršn; irš; mh taršn,* «¿qué deseas?» (1.3 V 28; 1.6 II 14); *irš ksp/ḥym watn,* «pide plata/vida y te la daré» (1.17 V 17, 27).

arš II: n.d., un monstruo, *Aršu* (?) // *ym, tnn* (1.3 III 43; 1.6 VI 50). Algunos autores interpretan este segundo lugar según *arš I;* cf. *sup.* p. 235; para una posible etimología, cf. Margalit, MLD 199-200: «ballena» (?), ar. *raššа.*

at I: p.p., «tú» // *an* (cs., ar. *ʾanta); at aḫ,* «tú eres mi hermano» (1.18 I 24); *mat krt,* «¿qué (tiene) *K.? (mh + at;* 1.14 I 38-39).

at II: (?) (base supuesta en 1.14 I 39 *[mat]* por Badre *et. al.,* «Syria» [1976] 105-106: «vencer, dominar», ar. *ʾatta).*

atw: v.G., «venir», «llegar», «ir» // *mǵy, hlk* (so., p.e., et. *ʾatawa); atwt; at, atm* (enc.); *tit, tity; at/m wank ibǵyh,* «ven y yo te lo revelaré» (1.1 III 16; 1.3 III

28-29; IV 18-19; 1.7:32-33); *at mt tn aḫy,* «¡venga, *M.,* dame a mi hermano!» (1.6 II 12).

atm: p.p., «vosotros» // *an* (cs., ar. *ʾantum); atm bštm wan šnt,* «vosotros podéis ir despacio, pero yo he de dejar...» (1.1 III 18; 1.3 IV 33); *šmʿ atm,* «escuchad vosotros» (1.22 II 13).

atn prln: n.p., Sumo Sacerdote de Ugarit, *Attanu-purlianni* (?) (n. hur.; cf. Caquot-Sznycer, TOu 271, 434). Dietrich-Loretz, UF (1972) 32, consideran el segundo elemento determinativo: «mayordomo», hur. *purli,* «casa».

atnt: n.f., «borrica, asna» // *pḥl, ʿr* (sc., ar. *ʾatānu); atnty, atnth.* Sólo en ug. tendría terminación *ṭ.,* a no ser que se considere forma pl. (cf. Gibson, CML 142).

aṯr: v.G., «marchar, caminar, seguir» // *hlk* (cf. hb. *ʾāšar,* ar. *ʾaṯara/taʾaṯṯara); aṯr; yaṯr; wlrbt kmyr aṯr,* «y por miriadas como lluvia temprana caminen» (1.14 II 40-41; preferible a suponer un sintagma *aṯr ṯn ṯn/aṯr ṯlṯ* con el sentido «según, en, de»).

aṯr: prep.adv., «detrás de, en pos», «hacia, por», «detrás, luego» ≠≠ *lpnm, l* (cf. asa. *ʾṯr,* «posteridad», ar. *ʾiṯru,* hb. *ʾāšûr); aṯr, aṯrk, aṯrh; km lb ʿnt aṯr bʿl,* «así (batía) el corazón de *ʿA.* por *B.*» (1.6 II 9, 30); *aṯr bʿl ard,* «en pos de *B.* voy a bajar» (1.5 VI 24); *aṯrh tdd* «en pos de él partieron» (1.20 II 2 y par.); *amrr...lpnm aṯr btlt ʿnt,* «*A....* por delante, detrás/seguía la Virgen *ʿA.*» (1.4 IV 17-18); *bn bn aṯrk,* «los hijos de (tus) hijos después de ti» (1.22 I 3). Así no se impone la necesidad de admitir un valor «lugar, santuario» o «nombre divino» (cf. Gordon, UT 56, 369, *aṯru-baʿlu;* De Moor, SP 194; íd., UF [1970] 305; Van Zijl, *Baal,* pp. 96-97; Rin, BZ [1967] 177-178, n.d.).

aṯr: n.m., «resto» // *qṭr* (cf. ar. *ʾaṯru, ʾaṯāru, ʾaṯāratu,* e *inf. aṯryt); aṯrk, aṯrh; lʿpr ḏmr aṯrh,* «del 'polvo' proteja su(s) resto(s)» (1.17 I 28). Otros autores ven aquí el mentado sentido «lugar, santuario», ac. *ašru* (cf. Dijkstra-De Moor, UF [1975] 175-176; Healey, UF [1979] 356).

aṯryt: n.f., «suerte, resultado final» // *aḫryt* (1.17 VI 36) (cf. ar. *ʾaṯariyyatu).*

aṯrt: n.d., diosa madre, consorte de *Ilu, Aṯiratu* (cf. ac. *ašratu,* hb. *ʾăšērāh); rbt aṯrt ym,* «la Gran Dama *A.* del Mar» (título frecuente; para su interpretación [«que marcha sobre el mar»], cf. Albright, YGC 105); *aṯrt wrḥmy,* «*Aṯiratu* y *Raḥmayu*» (1.23:13, 28).

aṯt: n.f., «mujer, esposa» // *mddt, ǵlmt, mtrḫt* (cs., ar. *ʾunṯā); aṯt, aṯtm* (du.); *aṯty, aṯtk, aṯth; aṯt tqḥ btk,* «la mujer que has traído a tu casa» (1.15 II 21-22); *aṯt ṣdq,* «esposa legítima» (1.14 I 12); *in aṯt lk km ilm,* «no tienes mujer como los dioses» (1.2 III 22).

i: adv., «¿dónde?», cf. *inf. iy* (cf. hb. *ê;* cf. Driver-Gibson, CML 133/142; Loewenstamm, IES [1965] 130, n. 28; Avishur, UF [1978] 34-35); *iiṯ aṯrt ṣrm,* «¿dónde está(s) *A.* de los Tirios?» (1.14 IV 38). Otras varias propuestas son:

«tan cierto como...», «por vida de...», «¡oh!», «¡ay!», «¿cómo?», «no», «a saber», «¡de veras...!» (o dittografía); cf. Driver, CML 133; Rin, AE, 44, 198; Mustafa, AcOrHung (1975) 103; Fisher, RSP II, 147.

ib I: n.m., «enemigo» // *šnu, qm, ṣrt* (cf. EA, *i-bi,* hb. *ʾôyēb); ib, iby, ibk.*

ib II: n.m., «gema», «fruto», «capullo, flor» // *sp* (cf. ac. *inbu,* hb. *ʾēb;* cf. Driver, *Fs Bakoš,* 100); *ib iqni,* «gemas de lapislázuli» (1.14 III 43). Dijkstra-De Moor, UF (1975) 187, prefieren un sentido adjetival «las más puras...» (ac. *ebbu).*

ib: n.d., elemento del nombre compuesto *nkl wib,* «*Nikkal(u)-Ibbu*» (cf. ac. *ilt inbi,* «diosa de la fruta», epíteto de *NIN-GAL, Nikkal;* cf. Tsevat, JNES (1952) 61-62; Driver, CML 125, n. 4).

ibr I: n.m., «morlaco/toro», «caballo» // *ṯr, rum, ḥmr* (cf. hb. *ʾabbîr,* «animal corpulento/macho»; Sanmartín, UF [1978] 349-350); *ibr; ibrm; ibrh; wgbṯt km ibrm,* «y morrillo como morlacos» (1.12 I 31-32); *lqr ṯigt ibrh,* «por el ruido del relincho de sus caballos» (1.14 III 16).

ibr II: (?) (1.4 VII 56; 1.8:9; 1.9:11, 16. Para el primer lugar se sugiere el sentido «aletas», «volar» (cf. Gibson, CML 142; Aistleitner, WUS 4; De Moor, SP 172; cf. hb. *ʾēber; heʾebîr).*

id I: elemento adverbial-temporal en la formación de num. distributivos, «vez», por ejemplo, *ṯlṯid,* «tres veces» (1.18 IV 23, 24) // *ṯnm* (cf. hb. *ʾāz,* ar. *iḏ,* asa. *ʾḏ;* Borger, VT [1960] 71-72).

id II: (?) (1.15 IV 12).

idk: adv., «entonces, y así», «así pues» (cf. *sup. id;* ar. *ʾiḏḏākā),* únicamente empleada en la fórmula yusiva/ejecutiva *idk al/l y/ttn pnm,* «así, pues, poned/pusieron cara...» (cf. *sup.* pp. 54-55).

idm: (?) (1.12 II 29-30; cf. Kapelrud, *Ug.* VI, 326; Du Mesnil, «Berytus» [1978] 63, n. 47).

iht: n.f./pl., «zona», «tierra firme, habitable» (por oposición al mar) (cf. hb. *ʾiy* de una raíz *ʾwy,* «cobijarse en un lugar», posible forma nominal contracta sg. *ʾt,* sometida al mismo proceso de pluralización que *bt/bht;* cf. Neiman, JNES [1971] 67; De Moor, SP 51, n. 52; Caquot-Sznycer, TOu 178; Dahood, *At. 2.º Cong. Int LCS,* p. 103, n. 9). El específico valor «isla» es posiblemente un desarrollo peculiar hebreo. De todos modos, las cumbres primordiales se consideran colindantes con el océano igualmente primordial.

iḫ: cf. *sup. aḫ;* cf. Jean-Hoftijzer, DISO 8 (*ʾyḥy, ʾyḥh);* Wyatt, UF (1977) 287.

iy: adv., «¿dónde?»; cf. *sup. i* [cf. hb. *ʾê(y), ʾayyēh]; iy aliyn bʿl,* «¿dónde está *B.*, el Victorioso?» (1.6 IV 28, 39).

iyr: (?) [1.2 I 47 // *wny* (?)].

ik: adv., «¿cómo?», «¿por qué?», «como», «de seguro», «así que, tan pronto como» (cf. hb. *'êk;* cf. De Moor, SP 235; Van Zijl, *Baal,* pp. 83, 233-234); *ik, ikm* (enc.); *ik mǵyt rbt,* «¿cómo es que llega la Gran Dama...?» (1.4 IV 31); *ik tmtḫṣ,* «¿cómo puedes pelearte...?» (1.6 VI 24); *ik al yšmʿk,* «¿cómo quieres que te escuche...?» (1.2 III 17); *ikm yrgm bn il krt,* «¿cómo se dirá que es hijo de *Ilu K.?*» (1.16 I 20); *ik mtm tmtn,* «¡ay!, como los mortales te mueres» 1.16 I 3); *ik al yḥdṯ yrḫ,* «¡venga!, tan pronto como se renueve *Y.*» (1.18 IV 9).

ikl: n.m., «comida, festín», cf. *sup. akl; bt ikl,* «sala del festín» (1.22 I 24).

il I: n.m./n.d., «*Ilu*», «dios» (cs., ac. *ilu;* cf. Dietrich-Loretz-Sanmartín, UF [1975] 552-553); *il; ilt; ilm* (du./pl.), *ilht;* usado también con valor elativo; *lṭpn il dpid,* «el Benigno, *Ilu,* el Misericordioso» (título divino frecuente); *ṯr il,* «el Toro *Ilu*» (título divino frecuente); *bt il,* «templo de *Ilu*» (1.17 II 5 y par.); *ks yiḫd il byd,* «una copa cogió *Ilu* en su mano» (1.15 II 16-17); *ʿgl il,* «novillo divino» (1.3 III 44); *ǵry il ṣpn,* «mi divina montaña, *Ṣ*» (1.3 III 29, se refiere a la Montaña deificada, morada de *Baʿlu;* cf. De Moor, UF [1970] 216, n. 14; 218, n. 15; 227; Pope-Tigay, UF [1971] 122-123, 376; Cross, CMHE 156, n. 46; Dahood, UHP 15; Astour, RSP II, 321-322, entre otros); *ilm arṣ,* «dioses de la 'tierra/infierno'» (1.5 V 6).

il II: n.m., «carnero» // *ṣin, ʿgl* (cf. hb. *'ayil); ilm; mri/ia ilm;* «carneros cebones».

ila: error por *iln* (1.19 IV 57; pero cf. Margalit, UF [1976] 186).

ilib: n.d., «dios familiar», «antepasado(s) divinizado(s)» // *ʿm* (el elemento *ib* es una variante/armonía vocálica de *ab;* no tiene nada que ver con hb. *'ôb;* cf. n.p.hb. *'lʾb,* ac. DINGIR *a-bi,* hur, *in atn;* Dietrich-Loretz-Sanmartín, UF [1974] 450-451; Rainey, RSP II, 78-79); *iliby, ilibh, skn ilibh,* «la estela de su dios familiar» (1.17 I 26).

ilht: cf. *sup. il I.*

ilḫu: n.p., hijo de *Kirta, Ilḫu* (1.16 I 46).

ilm: cf. *sup. il I.*

ilmlk: n.p., escriba de Ugarit, *Ilimilku* (1.6 V 54) (cf. *sil. i-li-mi-il-ku;* De Moor, SP 1, n. 2.

ilnym: a./n.m., «divinal», «divinidad» // *ilm, rpum* (cf. fen. *'ln, 'lnm); 'lnym, 'lnm; lrḥq ilm/ilnym,* «por el dios/divinidad más distante» (1.3 IV 34-35); *aṯrh rpum ltdd... ilnym,* «en pos de él los *R.* marcharon, ... los divinales» (1.21 II 11-12).

ilnm: cf. *sup. ilnym; klb ilnm,* «cachorro divino» (1.19 I 10).

ilqṣm: n.m., «gema», «piedra divina/preciosa» // *ksp, ḫrṣ, iqnu* (1.4 V 17) (posible forma del tipo *il ṣpn, ilib;* cf. ar. *qaṣimu;* Aistleitner, WUS 39-40; Oldenburg, CEB 127, n. 5; Sanmartín, UF [1978] 351-352, sugiere un valor «lo más selecto», forma *aqṭl* de $\sqrt{}$ *lqṭ,* ac. *liqtu;* mientras Nougayrol, *Ug.* V, 101, n. 1, lo relaciona con ac. *algamišu,* «corindón»).

ilš: n.d., dios portero/heraldo de la casa de *Ilu, Ilšu* (1.16 IV 7).

Ilšiy: (?) (n.l. supuesto en 1.12 I 22: *Ilšiya;* cf. Gordon, UT 209; Kapelrud, *Ug.* VI, 321ss; incluso Du Mesnil, «Berytus» [1978] 60, lo equipara con *Alasia/Ilašiya* [Chipre], ac. *a-la-ši-a,* ug. *alṯy).*

ilt: cf. *sup. il I;* posible n.d. *Ilatu,* alternativo de *Aṯiratu* (1.14 IV 39).

im: conj., «si» (1.16 V 21) (cf. *hb. ʾīm);* cf. *inf. hm.*

imr: n.m., «cordero» // *llu, ṯat* (cs., ac. *immeru); imr, imrh; amr* (pl.) o variante fonética; *imr dbḥ,* «cordero sacrificial» (1.14 III 56); *ṯbḫ imr wilḥm,* «sacrifica un cordero, que voy a alimentarme» (1.16 VI 17-18).

imt: adv., «cierta, verdaderamente», «de veras, sin ambages» (cf. hb. *ʾemet;* cf. De Moor, SP 187); *imt imt,* «sin ambajes» (1.5 I 18; cf. hb. *ʾāmēn ʾāmēn).* No se imponen las interpretaciones de Aistleitner, WUS 24, y Margalit, MLD 101 («hierba», ar. *ʾāmatu);* Gray, LC 52, n. 4 («tener sed», ar. *ʾāma),* y Cassuto BOS II 142 *[afel* de *m(w)t].*

in: part.adv., «no hay, no tiene» (cf. hb. *ʾên); in bilm ʿnyh,* «no hubo entre los dioses quien le respondiera» (1.16 V 22); *in bn lh,* «no tiene hijo» (1.17 I 19); *in dʿlnh,* «no hay quien le supere» (1.3 V 33; cf. *Erra* 8: *qarrād lā šanān).*

inbb: n.l., morada de la diosa *ʿAnatu, Inbubu* // *uǵr* (1.3 IV 34; 1.13:9, 32) («monte de los dioses» en la mitología hur.; cf. Ginsberg, ANET 137, n. 14; o ar. *ʾunbūbu,* hb. *nābab,* dado el carácter subterráneo).

inr: n.m., «can, perro» // *klb* (1.16 I 2) (posible variante por metátesis de *irn* (1.103:33); cf. Sirat, «Semitica» (1965) 23, n. 1; para otras opiniones, Parker, (1973) 230; además, Delekat, UF (1972) 20 *(k-i-nr,* «¡qué brillo!»); Gordon, UT 550 (// *mgr lb* en 1.114:12-13, lectura equivocada).

inšt: (?) (1.6 VI 41; considerado como nombre de profesión).

ipd: n.m., «túnica» (1.5 I 5) (cf. hb. *ʾēpôd;* últimamente, Pope, *Maarav* [1978-1979] p. 28, n. 15: «torso»); *ipdk.* En cambio, Margalit, MLD 93-94, ve aquí un n.v., «picadura», de la base *npd,* ar. *nafada,* «perforar».

iqnu: n.m., «lapislázuli, zafiro, turquesa», «(tejido, lana de) color...», «lana azul» // *šmt* (1.23:21) (cf. ac. *aqnu); iqnim; dʿqh ib iqni,* «cuyas pupilas son gemas de lapislázuli» (1.14 III 43); *bht ṯḥrm iqnim,* «una casa del(os) más puro(s) lapislázuli(s)» (1.4 V 19; cf. Dijkstra-De Moor, UF [1975] 186-187).

ir: variante fonética de *ar* (cf. Caquot, EI [1978] 17). Por su parte, Widengren, SK 93, n. 59, lo relaciona con ar. *ʾiratu,* $\sqrt{\textit{wʾr}}$*,* y así «esplendor».

irby: n.m., «langosta» // *ḥsn, qṣm* (cf. hb. *ʾarbeh); irby; irbym; km irby tškn šd,* «como langostas se posaron en el campo» (1.14 IV 29-30).

irt: n.f., «pecho, interior» // *npš* (cf. ac. *irtu, iratu;* nhb. *reʾāh); irt, irtm* (enc.), *irty, irtk, irth; wtnḫ birty npš,* «y reposará en mi interior mi alma» (1.17 II 13-14).

iš: n.m., «un animal» «gozque» (?), // *mr* (1.12 I 20) (cf. ac. *ašû;* otros autores prefieren el valor «topo» (// *mrm),* nhb. *'ēšût;* pero no se olvide que, según 1.3 III 45, *išt* es la «Perra divina»; cf. *inf. išt);* algunos lo consideran como una variante masculina de *išt,* «fuego»). Por su parte, Aartun, WO (1967-1968) 287-288, lo relaciona con hb. *'ăšîšāh,* «pastel».

išd: n.m., «pierna, paso» // *pʿn* (cf. ac. *išdu); išdk; ʿmy twtḥ išdk,* «hacia mí se apresuren tus pasos» (1.3 III 19-20).

išryt: n.f., «felicidad» o n.l. (1.22 I 19) (cf. hb. *'ešer).*

išt: n.f., «fuego» // *nblat;* n.d. *Iš(š)atu* (posible juego de palabras «fuego/perra»; cf. *sup iš* y Erra 2, 33: *Išum,* lugarteniente de Erra; cs., ac. *išātu,* hb. *'ēš); ištm* (du.); *tikl išt bbht,* «devoró el fuego (en) la casa» (1.4 VI 24-25); *hl ʿṣr tḥrr lišt,* «¡mira!, un pájaro has tostado al fuego» (1.23.41).

iṯ: part.adv., «hay, está, tiene» // *ḥy* (cf. hb. *yēš,* sir. *'īt,* ac. *išû); iṯ, iṯt; bl iṯ bn lh,* «¡que tenga un hijo!» (1.17 I 21); *k iṯ zbl,* «está en su ser el Príncipe» (1.6 III 9); *iṯ šmt iṯ ʿẓm,* «había sebo, había hueso» (1.19 III 39); *iiṯt aṯrt,* «¿dónde está(s) *A.?* (1.14 IV 38). Mustafa, AcOrHung (1975) 102-103, ve en ug. *iṯt* el equivalente de sir. *'itûtō,* «ser, existencia».

iṯl: n.m., «exhalación» (?) // *rḥ* (1.18 IV 25 y par.) [cs., ar., *'aṯlu,* «tamarisco»; posible metonimia por el «humo» (// *qṭr)* de esa leña al quemarse; De Moor, JNES (1965) 363s, propone «salivazo» (hit. *iššalli)].*

iṯm: (?) (1.5 III 24; cf. Gordon, UT 369; De Moor, SP 181; Caquot-Sznycer, TOu 246).

iṯt: cf. *sup. iṯ.* También ha sido considerada como forma n.f.: «don, ofrenda» (hb. *'iššeh;* cf. Driver, *Ug.* VI, 181-184; Fisher, RSP III, 147ss; pero cf. Dietrich-Loretz-Sanmartín, UF [1974] 460-462); «señora» (hb. *'iššāh,* etc.; Aistleitner, WUS 29).

u: conj., «o» «y» (cs., hb. *'ô,* ac. *ū); u mlk u bl mlk;* «alguien, rey o no» (1.4 VII 43); *u ymn u šmal,* «a derecha y/o a izquierda/a dos carrillos» (1.23:63-64). Margalit, UF (1976) 148, supone una partícula retórica-interrogativa *u/un* (cf. *inf.);* Aistleitner, WUS 1, también un valor «¡ah, ay!».

ugr: n.m./n.d., «campo, suelo» // *ʿpr, Ugaru,* uno de los criados-mensajeros de *Baʿlu (gpn wugr)* (cf. ac. *ugaru;* posiblemente, dios epónimo de Ugarit; cf. De Moor, SP 53); *ugr, ugrm* (enc.) (?), *kry... ʿẓm yd ugrm,* «clava... los antebrazos en el suelo» (1.12 I 25).

ugrt: n.l., «*Ugarit*» (1.4 VIII 49; 1.6 VI 57) (cf. sil. *^{alu}u-ga-ri-it).*

udm: n.l., ciudad del rey *Pabilu, Udumu* (cf. ac. *Admu(m);* Astour, RSP II, 267-268); *udm;* pl./du./enc. o a.pl.gentilicio *udmm* (1.15 I 7); *udm rbt/ṯrrt,* «*Udumu* la Grande/Potente». En 1.14 III 44, Aistleitner, MKT 92, supone *udm,* «rubí».

udmʿt: n.f.pl., «lágrimas» // *bky* (cf. inf. √ *dmʿ*); *udmʿt, udmʿth; tšt kyn udmʿt,* «bebió como vino lágrimas» (1.6 I 10).

udn: n.f., «oído, oreja» // *šmʿ, qdqḏ* (cs., ar. *ʾuḏnu*, hb. *ʾōzen*); *udn, udnk, udnh; ištmʿ wtqġ udnk,* «escucha y pon atento oído» (1.16 VI 42). Para interpretar 1.3 IV 1-2 se sugiere un valor «dominio, soberanía», «lugar de dominio» (cf. *sup. adn;* así, Gray, LC 47; Van Zijl, *Baal,* p. 62; Sanmartín, UF [1978] 449-450) o bien «nido» (cf. De Moor, ULe 100, n. 2; Dijkstra, UF [1970] 334, n. 7; cf. Del Olmo Lete, UF [1978] 42-43).

udr: n.m., «nobleza, lo más noble» // *mḫmd* (1.4 V 17) (abstracto de la √ *ʾdr,* cf. hb. *ʾeder;* cf. Oldenburg, CEB 127, n. 4; Driver/Gibson, CML 135/143; Rin, AE 163). Desde antiguo se propuso el sentido «camello» (cf. ac. *udru)* y así últimamente Sanmartín, UF (1978) 352; por su parte, Margalit, MLD 216-218, propone «granero» (ac. *adru,* arm. *ʾiddrāʾ)* (cf. Sasson, RSP I, 390, para otros valores: «cantera», «árboles»).

uzr: a./pp.m., «vestido, revestido» ≠≠ *yd ṣt* (cs. √ *ʾzr,* p. e., hb. *ʾāzar, ʾēzôr;* para su justificación, cf. Del Olmo Lete, AF [1976] 227-232; en el mismo sentido, últimamente Sanmartín, UF [1977] 369-370; Dietrich-Loretz, UF [1978] 66-67; la alternativa más usual es «ofrenda» o «alimento», pun. *ʾzrm); uzr, uzrm* (enc.).

uḫry: a.m., «último» (cs., cf. *sup. aḫr); ʿdb uḫry mṭ ydh,* «cuyo báculo sea colocado el último» (1.19 III 49 y par.; cf. Del Olmo Lete, AF [1976] 249-250, para otras interpretaciones).

uḫryt: a./n.f., «destino último» // *aṯryt* (1.17 VI 35) [cs., hb., *ʾaḥărît (yāmîm)].*

uṭ: n.m., «rotura, trituración» (?) // *ḏrq* (1.5 I 5) (cf. ar. *ʾaṭṭa;* Del Olmo Lete, UF [1978] 45); *uṭm* (enc.); *ank ispi uṭm,* «fui consumido hecho pedazos» (cf. Del Olmo Lete, *o. c.,* para otras interpretaciones; además, últimamente, Emerton, UF [1978] 73-77; Pope, *Maarav* [1978-1979] 28, n. 16, «mordisco»; De Moor, UF [1979] 642, «estofado», ar. *ʾaṭīmu;* Margalit, MLD 94, «lamento», ar. *ʾaṭṭa); uṭ ṯbr aphm,* «respirando satisfacción», *i.e.,* «con rotura de sus fosas nasales» (1.2 I 13).

ul/uln: n.m., «fuerza» // *ʿẓm, ṣbu* (sno., p. e., hb. *ʾeyal); ul, ulny; larṣ ypl ulny,* «a tierra cayó mi/nuestra fuerza» (1.2 IV 5). Otros interpretan *ulny* como a. (cf. Caquot-Sznycer, TOu, 135).

ulmn: n.m., «viudez» // *ṯkl* (1.23:9) (cf. hb. *ʾalmōn, sup. almnt).*

uln: cf. *sup. ul.*

ulny: cf. *sup. ul.*

ulṯ: n.m., «llana, paleta, erramienta de albañil» // *lbnt* (1.4 V 60) (cf. ar. *lāṯa,* «mezclar, manchar con barro, humedecer», *lawwaṯa,* «mezclar paja con barro»). Aparece también en 4.390:7 entre una serie de erramientas; cf. Caquot-Sznycer, TOu 206.

um: n.f., «madre» // *ad, adn* (cs., ar. *'ummu); um, umy, umh; umhthm.*

umt: n.f., «familia, clan» // *bt* (1.14 I 6) (cf. hb. *'ummāh,* ar. *'ummatu,* cf. Malamat, UF [1979] 527-536); *umt, umty, umtk.*

un: n.m., «aflicción, desgracia» // *pl̠t̠* (cf. hb. *'āwen/'ôn;* cf. Cazelles, «Semitica» [1974] 5-8); *yṣq 'mr un lrišh,* «esparció ceniza de aflicción sobre su cabeza» (1.5 VI 14-15); *yṣly 'rpt bḥm un,* «conjuró a las nubes en la terrible sequía» (1.19 I 39-40; para ésta y otras interpretaciones, «estación, fuerza, conjuro», cf. Del Olmo Lete, AF [1976] 242-244; todavía, últimamente, Watson, UF [1976] 377; Gibson, CML 143).

uǵr: n.l., morada de la diosa *'Anatu, Uǵaru* // *inbb* (posible relación con ar. *ǵāru,* «cueva»; Rin, AE 101; cf. *sup.* a propósito de *inbb).*

upqt: (?) (1.1. V 11, 24).

uṣb': n.f., «dedo», «mano» (?) // *yd, amt* (so., ar. *'uṣbu'u); uṣb't, uṣb'th; yrtqṣ... km nšr buṣb'th,* «saltó... como un águila de sus dedos/manos» (1.2 IV 15-16); *yrḥṣ...uṣb'th 'd t̠km,* «lavó...sus manos hasta el hombro» (1.14 III 53-54).

ur: n.m., «ardor, calor» (1.19 II 17, 24) (cf. hb. *'ûr,* ar. *'wāru).* Un sentido «hierba» no se impone para estos lugares; cf. Sasson, RSP I, 395; Dijkstra-De Moor, UF (1975) 204; Sanmartín, UF (1977) 267-268.

urbt: n.f., «claraboya, ventana» // *ḥln* (1.4 V 64 y par.) (cf. hb. *'ărubbāh).*

ušk: cf. *inf. ušr.*

ušn: n.m., «presente, don» // *ytnt* (1.14 III 31 y par.) (cf. $\sqrt{}$ *'wš,* ar. *'awsu).*

ušr: n.m., «pene, miembro viril» // *qrb* (1.11:2) (cf. ac. *išaru;* preferible a la lectura *ušk,* «testículo» (hb. *'ešek,* ac. *išku);* cf. Caquot-Sznycer, TOu 289; Watson, UF [1977] 277).

b: prep., «en, con, a través, por, entre, de, de entre» (sc., ar. *bi;* para su clasificación semántica y formal, cf. Gordon, UT 92-96; Aistleitner, WUS 42-45; Aartun, PU II, 1-26); formas enc. *bm, bn, bnm, bnt;* suf. *by, bh, bhm.*

ba: v.G., «entrar, venir, llegar» // *gly, tb'* (cs., ar. *bā'a); bat; bu; tbu, ybu, tbun; bt krt bu tbu,* «en la casa de *K.* entró» (1.16 VI 3); *'l krt tbun,* «a presencia de *K.* entró» (1.16 VI 3); *'l krt tbun,* «a presencia de *K.* entraron» (1.15 VI 6).

bim: (?) (1.4 II 42).

bd I: v.G., «entonar un canto» // *šr* (cf. hb., ar. $\sqrt{}$ *bd'/bdd;* cf. Oldenburg, CEB 197, n. 6); *ybd; bd* (inf./n.verbal) [1.16 I 5 (?)]; *qm ydb yšr,* «alzándose entonó y cantó» (1.3 I 18).

bd II: n.m., «separación, aislamiento» [cf. hb. *bad(d)]; lbdm,* «en solitario» (1.2 III 20; hb. *lebad,* cf. inf. *bddy;* Gibson, CML 143).

bd III: sint.prep., «en manos, de manos de, por» = *byd // b* (sno., *EA ba-di-u;* cf. Blau-Loewenstamm, UF [1970] 30, nn. 68-72); *bd, bdh; trtqṣ bd bʿl,* «salta de las manos de *B.*» (1.2 IV 13); *ytn ks bdh,* «puso una copa en sus manos» (1.3 I 10).

bddy: a.m., «aislado, inconexo» (1.19 II 28) (cf. hb. *bādad;* cf. Del Olmo Lete, AF [1976] 246, n. 60).

bdqt: n.f., «fisura, apertura» // *ḫln, urbt* (cs., hb. *bedeq).* La división *b - dqt* no es aceptable (cf. Gordon, UT 409; Gray, LC 52).

bhm: (?) (la sugerencia de Margalit, UF [1976] 173-174, de relacionar *bhm* (1.19 III 39) con hb. *behēmāh,* ar. *bahmatu/bahimatu* parece improbable).

bhṯ: intj., «¡salve!», «¡bienvenido!» (cf. asa. *bhṯ,* «recibir amigablemente, dar la bienvenida»; cf. el uso similar de ar. *biʾsa); bhṯ lbn ilm mt,* «¡salve, oh divino *M.*!» (1.5 II 11). La alternativa es relacionar el lexema con la √ *bwṯ,* de la que sería una variante gráfica del tipo *bṯ/bhṯ (mater lectionis* o marcador de hiato); cf. Sanmartín, UF (1978) 444.

bḫr: (?) (1.15 V 5, 22).

bṭ(w): (?) (base reclamada en 1.4 III 21, «charlar», hb. *bāṭāh,* por Aistleitner, WUS 47; cf. *inf. nbṭ).*

bṭš: n.m., «fuerza» (?) (1.12 II 41) (c. de Gray, JNES [1951] 150; íd., UF [1971] 65, n. 36; ar. *baṭšu).*

bẓr: n.m., «oro refinado» (1.4 I 34) (cf. hb. *beṣer, ar. baẓaru;* Van Selms, UF [1975] 472).

bk: n.m., «póculo, vaso grande» (cf. gr. *bíkos;* Lipinski, UF [1970] 81); *bk rb,* «un póculo grande» (1.3 I 12; para otras interpretaciones: n.l., «ofrenda», «*Kerûb*», «bendición», cf. Rin, AE 75).

bky: v.G., «llorar» // *dmʿ, dmm* (cs., ar. *bakā); abky, tbky, tbk, tbkn, tbkynh, ybky, ybk; bky, bkyt, bkt; bky, bk; bkm* (?) (enc.); *bm bkyh,* «en su llanto» (1.14 I 31); *ytn gh bky,* «alzó su voz llorando» (1.16 I 13-14).

bkyt: n.f., «plañidera» (1.19 IV 9-10) (cf. *sup. bky).*

bkm: adv./conj., «a continuación, acto seguido», «de ese modo» (cf. hb. *bekēn;* cf. Aartun, BO [1967] 288-289; íd., PU 6-7). Preferible a su interpretación como forma de *bky,* seguida por varios autores. La lectura *b-km,* «en la altura», de 1.4 VII 42; 1.10 III 29, no me parece necesaria (cf. Aartun, BO [1967] 289; Caquot-Sznycer, TOu 218, 288).

bkr: n.m., «primogénito» (1.14 III 40) (cs., ac. *bukru); bkr, bkrk.*

bkr: v.D., «conceder la primogenitura», «nombrar heredero» ≠≠ *ṣǵr* (denominativo de *bkr); abkrn,* «daré la primogenitura» (1.14 III 16).

bl: adv./part.enf., «no, que no»; «sí, que sí» ≠≠ *al, in* (cf. hb. *bal,* ar. *balā;* para su clasificación semántica y formal, cf. Aistleitner, WUS 49; Aartun, PU I, 26-27, 66; Van Zijl, *Baal,* p. 129; el sentido positivo equivaldría al interrogativo-negativo con respuesta positiva); *bl, blt; bl ašt urbt,* «voy a poner una claraboya» (1.4 VI 5); *bl iṯ bn lh,* «¡que pueda tener un hijo...!» (1.17 I 20).

bl: prep., «sin» (cf. *sup. bl.* hb. *b*^{e}*lî); bl spr,* «sin número» (1.14 II 37); *bl ṭt,* «sin rocío/no hubo rocío» (1.19 I 44).

bld: n.m., «región» (1.22 I 18) (cf. ar. *baladu).*

bly: v.D., «devorar» (cs., hb. *billāh;* cf. De Moor, UF [1969] 187, n. 148); *blt; npš blt ḥmr,* «mi apetito devora a montones» (1.5 I 18). Para Margalit, MLD 112, tendríamos en 1.5 II 5, *ybl arṣ,* una forma de *bly,* «consumirse»; pero adviértase el género de *arṣ;* dificultad que persiste en caso de suponer una base *nbl.*

blmt: n.m., «inmortalidad» // *ḥym (bl-mt,* cf. *sup. bl, inf. mt); blmtk.*

bll: (?) [1.6 IV 18-19; Lipinski, OLP (1972) 118 («hacer fermentar»), y también Gaster, BASOR 93 (1944) 22 («derramar»), reclaman tal raíz para este lugar; para otras explicaciones, cf. Rin, AE 226; Hvidberg, WL 37, n. 3; también para 1.2 III 20; 1.5 I 18 la proponen Gray, LC 23, n. 6; 57, n. 5, y Caquot-Sznycer, TOu 242 («humedecerse»); cf. *inf. ybl, sup. bly].*

blm: (?) (1.2 III 14; Van Selms, UF [1970] 254, reclama esta raíz; cf. *inf. ybl).*

blt: cf. *sup. bl.*

blsmt: (?) (1.22 I 6; según Virolleaud, «Syria» [1941] 19, «embalsamamiento», ar. *balsamatu;* según Caquot, «Syria» [1960] 87, «sin defecto», *bl-smt* ($\sqrt{}$ *wsm,* «marca, estigma»); pero cf. *inf. lsmt).*

bm: cf. *sup. b* (cf. hb. *b*^{e}*mô).*

bmt: n.f., «dorso, torso, grupa», «alto, monte» // *aplb, ḥbš* (cf. hb. *bāmāh,* ac. *bāmtu); bmt, bmth; kʿmq ṯlṯ bmt,* «como un valle roturó su dorso/torso» (1.6 I 5); *lbmt ʿr,* «a lomos del asno» (1.4 IV 14 y par.); *bmt arṣ,* «los altos de la tierra» (1.4 VII 34). Si el paralelismo con *aplb* favorece el sentido «tórax, pecho» o «talle» (cf. Held, *Fs Landsberger,* 1965, p. 406; De Moor, SP 91, 194), el sintagma *bmt ʿr/pḥl* reclama inconfundiblemente el valor «dorso, espalda, lomo», de acuerdo con el uso hb.; desde éste mismo resulta innecesario suponer un doble lexema/semema, como en ac. supone Gibson, CML 143; por lo demás, un sentido «hierba» es innecesario (cf. Cassuto, BOS II, 166) y la relación *bmt/bhmt* es discutible (cf. Dahood, UHP 9), pues la base es probablemente distinta.

bn I: cf. sup. *b* (cf. asa. *bn,* «de, desde»); para la expresión *bn ym/ʿdt* cf. *inf. ym I.*

bn II: prep., «entre», «dentro de» (so., hb. *bên, bênôt,* ar. *bayna); bn, bnt; nʿmt bn aḫt bʿl,* «la más graciosa entre las hermanas de *B.*» (1.10 II 16); *bn ydm,* «en el pecho = entre las manos» (// *ktp;* 1.2 IV 14; cf. hb. *bên yādayim); bn ʿnm,* «en la frente = entre los ojos» (// *qdqd;* 1.2 IV 22; cf. hb. *bên ʿênayim); bn ktpm,* «en la espalda» (1.2 I 42); *bnt bhtk,* «dentro de tu casa» (1.3 V 19 y par.); cf. Loewenstamm, UF (1971) 96-97; De Moor, SP 136, entre otros muchos. Para Marcus, *Fs Loewenstamm,* 111-117, *bn ydm,* «en la espalda».

bn III: n.m., «hijo» // las demás relaciones de familia (cs. *binu, bintu;* sil. *bu-nu-šu* representa posiblemente una armonización o supone una base distinta; cf. Gordon, UT 373; Yamashita, RSP II, 46); *bn; bt, bth; btm* (du.); *bnm, bnt; bnth; bn ilm,* «hijo(s) de *Ilu,* dioses» (apelativo frecuente, cf. Cunchillos, EstBib [1969] 5ss); *bn amt,* «esclavo» (// *ʿbd;* 1.4 III 37 y par.; cf. hb. *bēn ʿāmāh;* Albright, IEJ [1954] 1-4, «enano, de un codo», no es aceptable; cf. Dietrich-Loretz-Sanmartín, UF [1975] 598); *bn um,* «hijos de (una misma) madre» (// *aḫm;* 1.14 I 9); *bn dgn,* «hijo de *D.*» (título de *Baʿlu,* frecuente); *bn ym,* «recien nacido, de un día» (1.23:59, 61); otros lo interpretan como «hijos de *Yammu*», p. ej., Lipinski, UF (1972) 117, o «hijos del Día (Sol)», p. ej., Nielsen, RSM 72, o «mis dos hijos», Albright, BASOR 71 (1938) 37; para las diversas opiniones, cf. Caquot-Sznycer, TOu 359; Trujillo, UR 136); *bn qdš,* «hijo(s) del Santo / Santuario / santidad / *Qudšu (Aṯiratu)*» = «los santos, los dioses» (apelativo frecuente; para esta última alternativa, cf. De Moor, SP 130; Cross, CMHE 37, 177, n. 133); *bnt šdm,* «vaguada» (1.12 II 44; cf. Virolleau, «Syria» [1935] 262, n. 1).

bn IV: v.G., «entender» // *ydʿ, šmʿ* (so. √ *byn,* hb. *bîn,* ar. *bāna); bn; tbn; w ltbn hmlt arṣ,* «ni entienden las multitudes de la tierra» (1.3 III 27-28 y par.); *šmʿ... bn...,* «escucha..., atiende...» (1.4 V 59-60; 1.13:22). La presencia de tal base en 1.3 III 26 y par. es controvertida; cf. Dahood, UF (1969) 25; íd., RSP I, 197; Pope, UF (1971) 124, n. 28; *sup. abn, inf. bny.* Y más aún en 1.4 VII 55, «salir a la luz, volverse», como propone Margalit, MLD 72.

bny: v.G., «construir, crear» // *rm* (cs., ar. *banā;* cf. Pope, EUT 50); *bnt; abn, tbnn, ybn; bn; bny; bny bnwt,* «creador de las creaturas» (1.4 II 11 y par., título de *Ilu).*

bnwn: n.m., «edificio», cf. *sup. bny* (cf. hb. *binyān); ʿl lṯkm bnwn,* «sube encima del edificio» (1.16 IV 13).

bnwt: n./pp.(?)f., «creatura(s)» (cf. *sup. bny;* o quizá «fuerza, potencia»; cf. Dietrich-Loretz-Sanmartín, UF [1975] 124).

bnt I: cf. *sup. bn III.*

bnt II: cf. *sup. b* y *bn II;* pero también cf. *inf. bnt III.*

bnt III: (?) (lexema propuesto por Sanmartín, UF [1978] 445-446, para interpretar 1.3 V 19ss, y par.: «estructura», cf. *bny;* cf. *sup. bn II).*

bnt IV: (?) (lexema propuesto por Du Mesnil, «Berytus» [1978] 64, n. 55, para interpretar 1.12 II 44: «producto», cf. *bny;* cf. *sup. bn III, bnt II).*

bʿd: prep./adv., «detrás(de)», «para» (cf. hb. *beʿad,* asa. *bʿd, bʿdn); bʿdhm (bʿdn* (enc./suf.), «por detrás» (1.3 III 33); *bʿd kslk,* «a tu espalda» (1.16 VI 49-50); *prṣ bʿdhm,* «les abrió» (1.23:70).

bʿl I: n.m./n.d., «señor, dueño», «*Baʿlu*» // *adn* (cs., ar., *baʿlu;* para su posible etimología en contraposición a *mt,* cf. Gaster, «Iraq» [1939] 109); *bʿl; bʿlt; bʿlkm, bʿlh, bʿlm* (enc.); *zbl bʿl arṣ,* «el Príncipe, Señor de la tierra» (título de *Baʿlu,* frecuente); *ǵr bʿl ṣpn,* «la(s) montaña(s) de *Baʿlu, Ṣapānu*» (1.16 I 6-7).

*bʿl II*s v.G., «hacer» (cf. hb. *pāʿal,* ar. *faʿala); ybʿl* (1.17 VI 24).

bʿr I: v.D., «encender (cf. hb. *biʿēr;* Dietrich-Loretz-Sanmartín, UF [1975] 554-556); *ybʿr,* (1.3 IV 26); *Š.,* «iluminar»; *šbʿr* (inf.) (1.4 IV 16).

bʿr II: v.D., «abandonar, dejar» (cf. *sup. bʿr I); ybʿr* (1.14 II 48 y par.), *tbʿrn* (1.16 II 18); aun para estos lugares otros prefieren formas de *bʿr I.*

bǵy: v.G.D.(?), «revelar, mostrar» (cs., arm. *beʿā); ibǵyh* (1.3 III 29 y par.).

bṣʿ: (?) (base supuesta por Aistleitner, WUS 57, en 1.5 I 21: «desgarrar», hb. *bāṣaʿ;* cf. *inf. ṣʿ).*

bṣql: n.m., «tallo, retoño» (1.19 II 13 y par.) (cf. hb. **biṣqāl/biṣqālō,* cf. 2 Re 4, 42; Dijkstra-De Moor, UF [1975] 203-205).

bṣr I: v.G., «acechar, espiar» // *rḫp* (cf. ar. *baṣira); ybṣr* (1.18 IV 20 y par.).

bṣr II: v.G., «cortar» // *hrg* (1.13:5) (cf. hb. *bāṣar).*

bqʿ: v.G., «partir, abrir, hender» (so., hb. *bāqaʿ); ibqʿ, tbqʿnn, ybqʿ; bḫrb tbqʿnn,* «con un cuchillo le partió» (1.6 II 32); *yqbʿ kbdthm,* «abrió sus entrañas» (1.19 III 10).

bqʿt: n.d., una de las *Kôṯarātu, Bāqiʿatu* (1.24:48) (cf. *sup. bqʿ;* cf. Watson, UF [1977] 283).

bqr: n.m., «fuente» (1.14 III 9/V 2), variante fonética de *mqr.*

bqṯ: v.D., «buscar» (1.6 IV 20) (cf. hb. *biqqēš); abqṯ.*

br: n.m., «metal brillante, electro» (1.4 I 35) (cf. $\sqrt{brr;}$ Dietrich-Loretz, UF [1978] 61).

brd: v.G., «separar, apartar», «cortar» (cf. hb. *pārad,* ar. *farada); ybrd; ybrd ṯd lpnwh,* «apartó/cortó pechuga en su presencia» (1.4 I 6; cf. Cassuto, GA 108, fórmula de banquete).

brḥ: a./pa.(?)m., «huidizo», «fugitivo» // *ʿqltn, gr* (cf. *hb. bārîaḥ/bôrēaḥ;* para otras opiniones («mala, siniestra, retorcida, primordial...», cf. Van Zijl, *Baal,* p. 158; y para su relación posible con el eblaita, cf. Dahood, CC II [1978] 549).

bry: (?) (base requerida por De Moor, SP 70, para explicar 1.3 I 6; «cortar», ar. *barā;* cf. *sup. brd).*

brk I: n.f., «rodilla» // *riš* (cs., hb. *berek); brkh; brkm* (du.); *brk, brktk, brkthm; tšu...lẓr brkthm,* «alzaron de sobre sus rodillas» (1.2 I 29 y par.); *špk...lbrkh,* «derrama...por/de sus rodillas» (1.18 IV 23-24); *lbrkh yʿdb qṣʿt,* «en sus rodillas dejó las flechas» (1.17 V 27-28).

brk: v.Dt., «arrodillarse, doblar las rodillas (para parir)» (1.12 I 26) (denominativo de *brk I); tbrkk.*

brk II: v.D., «bendecir» // *mr II* (so., ar. *barraka); tbrk, ybrk, tbrkn, tbrknn; inf. brkm* (enc.); G.pp. *brkt; brkm ybrk,* «bendijo de verdad» (1.15 II 18); *ltbr alk brkt,* «bendíceme para que vaya bendecida» (1.19 IV 32).

brky/t: n.f., «alberca» (1.5 I 16) (so., ar. *birkatu).* Podría también tratarse aquí de una forma de *brk I,* según Dietrich-Loretz-Sanmartín, UF (1975) 538.

brkn: n.m., «bendición» (1.22 I 7) [posible forma *qtln* o enf. de *brk II (inf. ?)*].

brlt: n.f., «espíritu, fuerza vital», «gana, apetito» // *npš* (su origen es incierto; cf. Catler-Macdonald, UF [1973] 67-70, ac., *mēriltu/mēreštu;* pero Dijkstra-De Moor, UF [1975] 196, n. 218); *brlt, brlth.*

brq: n.m., «rayo, relámpago» (cs., hb. *bārāq,* ar. *barqu); brq; brqm; šrh larṣ brqm,* «que fulmine a la tierra sus rayos» (1.4 V 9).

bš I: v.G., «ir despacio, tardar» (1.1 III 18; 1.3 IV 33) (cf. ar. *bassa,* hb. *bôšēš); bštm.* Por el contexto preferible a «alejarse» (Aistleitner, ZAW [1939] 203), «descansar» (íd., WUS 60), «partir» (De Moor, UF [1979] 647, n. 54).

bš II: (?) (base requerida por Gray, LC 28, n. 4, para interpretar 1.2 IV 28 [regocijarse», ar. *bašša],* pero innecesaria; para las diversas interpretaciones, cf. De Moor, SP 139; Van Zijl, *Baal,* p. 43).

bšr I: n.m., «carne» // *yd* (sc., hb. *bāšār); bšr, bšrh; ḥrb bbšr tštn,* «metieron el cuchillo en la carne» (1.15 IV 25); *]pt lbšrh dm,* «proveed a su carne de sangre» (1.24:9; aquí el lexema puede tener valor «sexual»; cf. Rendtorff-Stolz, UF [1979] 712).

bšr II: v.D., «comunicar una buena noticia», «alegrar con»; Dp., «enterarse de», «recibir una buena noticia» (cs., ar. *baššara); bšr, tbšr, nbšr; tbšr bʿl bšrtk yblt,* «entérate *B.* de las nuevas que te traigo» (1.4 V 26-27).

bšrt: n.f., «nueva, buena noticia, evangelio» (cf. *sup. bšr II).*

bt I: n.m., «casa», «palacio», «templo», «sala», «familia» // *hkl, ḥẓr* (cs., ar. *baytu); bt, bty, btk, bth; bht, bhtm, bhty, bhtk, bhth;* cf. los sintagmas *bt ikl/arzm/il/bʿl/ḥrš/ḫbr/ḫpṯt/ṯhrm/ksp/krt/lbnt/mlk; yṯb bʿl lbhth,* «se ha sentado *B.* en su casa» (1.4 VII 42); *ʿnt lbth tmǵyn,* «*ʿA.* a su casa llegó» (1.3 II 17); *rḥq mlk lbty,* «aléjate, Rey, de mi casa» (1.14 VI 14); *ybn bt lbʿl,* «constrúyase una casa a *B.*» (1.4 IV 62).

bt II: n.f., «hija» (cf. *sup. bn III); bt ar,* «hija de la luz» (título de *pdry); bt il,* «hija de *Ilu*» (1.23:45); *bnt hll,* «hijas del 'Lucero'» (1.24:6 y par.; cf. *inf. hll,* para otras interpretaciones); *bt yʿbdr,* «hija de la 'crecida'» (título de *arṣy;* para su interpretación, cf. *inf. yʿbdr); bt rb,* «hija del orvallo» (título de *ṭly).*

btlt: n.f., «virgen» (cs., hb. *b*^{e}*tûlāh); btlt, btltm* (enc.); *btlt ʿnt,* «(la) Virgen *ʿAnatu*» (título de esta diosa).

bṯ: v.G., «avergonzarse» (cf. hb. *bôš;* cf. De Moor, SP 117, 139, 179); *bṯ, ybṯ; bṯ laliyn bʿl,* «avergüénzate, ¡oh *B.*, el Victorioso!» (1.2 IV 28). Una alternativa supone el valor «desparramar» (ar. *baṯṯa;* cf. para las diversas opiniones, Van Zijl, *Baal,* p. 44).

bṯn: n.m., «serpiente» (cs., ar. *baṯanu,* hb. *peten); bṯn brḥ/ʿqltn,* «la serpiente huidiza/tortuosa» (1.5 I 1-2; cf. Is 27,1).

bṯt: n.f., «vergüenza», «desvergüenza» // *dnt* (cf. sup. *bṯ,* hb. *bōšet); dbḥ bṯt,* «sacrificio/banquete de desvergüenza» (1.4 III 18-19).

g: n.m., «voz» (cf. sum. *gu;* cf. Cunchillos, ES29 204ss); *gh, ghm* (cf. *inf. gm); ytn gh bky,* «alzó su voz llorando» (1.16 I 13-14); *yšu gh w yṣḥ,* «alzó su voz y exclamó» (1.5 VI 22 y par.); *ǵzrm g ṭb* (?), «mancebos de suave voz» (1.23:14).

gan: n.m., «arrogancia» // *psʿ* (cf. hb. *gāʾôn); ntb gan,* «la senda de la arrogancia» (1.17 VI 44).

gb: (?) (1.1 V 13).

gb(b): (?) (base supuesta por Gibson, CML 144, para interpretar 1.14 II 32 y par.: «reunió», nhb. *gibbēb;* cf. *inf. ngb).*

gbz/gbzt: (?) (lectura supuesta por Virolleaud y otros en 1.23:43; cf. Herrmann, YN 22, «una planta», ar. *ǧibzu; inf. zb zt dm).*

gbl I: n.m., «límite, frontera, final» (cf. hb. *g*^{e}*bûl); tpln/tqln bgbl šntk,* «caigas/corras veloz en/al término de tus años» (1.16 VI 57; 1.2 I 9). Otras interpretaciones parten de *gbl II;* Margalit, UF (1976) 160-161, supone un *gbl,* «totalidad» (ar. *ǧiblu,* arm. $\sqrt{}$ *gbl);* para su discusión, cf. Del Olmo Lete, AF [1981].

gbl II: n.m., «cima, monte» // *qʿl, np* (1.3 VI 7) (cf. ar. *ǧabalu).* Varios autores suponen aquí *gbl III,* «Biblos», atestiguado en otros textos ug.; cf. De Moor, SP 51, n. 52). Es posible que *gbl I* y *II* estén etimológicamente relacionados.

gbʿ: n.m., «colina, altura» // *ǵr* (cf. hb. *gebaʿ); gbʿ, gbʿm; tbl...gbʿm mḥmd ḫrš,* «te aporten las colinas el más preciado oro» (1.4 V 32-33); *kl gbʿ lkbd šdm,* «toda altura hasta el seno de los campos» (1.6 II 16-17).

gbṯt: n.f., «morrillo», «jiba, chepa» (cf. ac. *gipšu, gipšutu;* cf. Sanmartín, UF [1978] 349, n. 2, «tamaño, corpulencia»); *gbṯt km ibrm,* «(tendrán) morrillo como morlacos» (1.12 I 31-32).

gg: n.m., «tejado, terrado» // *ṯiṭ* (cf. hb. *gāg, gaggôt); gg, ggy, ggk, ggh; ggt; ṯḫ ggy bym ṯiṭ,* «revoque mi tejado cuando se forme barro» (1.17 II 22); *wyrd krt lggt,* «y descienda *K.* de los terrados» (1.14 II 26-27).

ggn: n.m., «interior (cf. *inf. gngn); ggnh; wywsrnn ggnh,* «y le aleccionó su interior» (1.16 VI 26). Otras equivalencias lingüísticas señalan como significado «vigilante, guardián» (cf. Delekat, UF [1972] 22) o «genio» (Margalit, UF [1976] 158).

gd I: n.m., «coriandro», «azafrán» (cf. hb. *gad,* ar. *ğadiyyu;* cf. De Moor, «Or» [1968] 213, n. 5); *gdm; rḥ gdm,* «aroma de coriandro(s)» (1.3 II 2 y par.).

gd II: n.m., «nervio, tendón» // *mtn* (cf. hb. *gîd,* ac. *gidu); gdm.*

gd III: n.m., «cabrito» [1.23:14(?)] (cf. hb. *g^edî,* ac. *gadû,* ar. *ğadyu).*

gdlt: n.f., «potencia, alcance» (so., hb. *g^edûlāh); bgdlt arkty,* «con la potencia de mi brazo/envergadura» (1.3 V 23).

gdrt: n.f., «acerca» (1.19 I 13) (cf. hb. *gādēr, g^edērāh).*

gh: v.G., «ausentarse, huir» // *ṣba* (1.16 I 36) (cf. sir. *ghō,* nhb. *gāhāh;* cf. Margalit, UF [1976] 155); *tgh.*

gzr: n.m. «trozo, pieza» (so. √ *gzr,* hb. *gezer); gzr lgzr,* «pieza tras pieza/de trozo en trozo» (1.23:63).

gl I: v.G., «regocijarse» (1.16 I 15) (cf. hb. *gîl); ngln.*

gl II: n.m., «copa» // *glgl* [1.13:35(?)] (cf. hb. *gullāh,* ac. *gullu); gl ḥṯṯ/ḫrṣ,* «copa de plata/oro» (1.14 II 18-19 y par.).

glgl: n.m., «copa» (?) (1.13:33) (cf. *sup. gl II,* hb. *galgal,* ac. *gulgullu).*

glḥ: (?) (base reintegrada por Dijkstra-De Moor, UF [1975] 206, en 1.19 II 32: «afeitar», hb. *gillāḥ).*

gly: v.G., «dirigirse, entrar, llegar» // *ba* (cf. hb. *gālāh,* ar. *ğalā,* «marchar, emigrar», preferible a hb. *gālāh,* «descubrir, abrir [tienda]»; cf. Mulder, UF [1970] 365; Clifford, CBQ [1971] 222, n. 4); *tgly, tgl, ygly; tgly ḏd il wtbu,* «se dirigió a la gruta de *Ilu* y entró» (1.4 IV 23). No hay ninguna razón para cambiar el valor del sintagma en 1.16 VI 4 (cf. Sanmartín, UF [1978] 451, n. 6).

glṯ: n.m., «nieve» // *mṭr* (1.4 V 7) (cf. ar. *ṯalğu,* hb. *šeleg,* con metátesis; preferible a su equivalencia con √ *glš,* «saltar, hervir» > «oleaje, tempestad»; cf. Caquot-Sznycer, TOu 207-208; Lipinski, UF [1971] 86-87; Du Mesnil, «Berytus» [1978] 82, n. 159; Gordon, UT 551; aunque el apoyo de 1.92:5 y 1.101:7 resulta muy persuasivo); por su parte, Margalit, ZAW (1974) 10-12, propone: «calvo» (?), arm. *g^elaš;* pero cf. íd., MLD 215, n. 1.

gm: adv., «en voz alta» (cf. *sup. g); gm laṯth kyṣḥ,* «en voz alta a su mujer así gritó» (1.17 V 15; fórmula de discurso directo; cf. *sup.* p. 56).

gmḏ: v.G., «regocijarse» // *ẓḥq* (1.12 I 13) [cf. ar. *ǧamaša* (?), Aistleitner, WUS 67; o et. *gamasa* (?), Gray, LC 76, n. 3; o mejor aún ar. *ǧamaza,* «saltar», «burlarse»].

gml: n.m., «hoz», «Cuarto creciente» (cf. ac. *gamlu;* Herrmann, YN 21); *hll bʿl gml,* «el Lucero, señor del Cuarto Creciente» (1.24:42; apelativo del dios lunar según Goetze, JBL [1941] 360; según Von Soden, AHw 279, *gamlu* designa la constelación del «Cochero» o el planeta Júpiter). A propósito de este lexema, cf. Milik, *Ug.* VII, pp. 142-143; pero cf. 1.111:22, y Watson, UNL 24 (1981) 9.

gmn: n.m., «ofrenda fúnebre» (1.6 I 18-19ss) (cf. ac. *kamānu,* hb. *kawwān,* «pastel de ofrenda; para otras etimologías y equivalencias, cf. De Moor, SP 199; Sasson, RSP I, 403-404; Caquot-Sznycer, TOu, 254-255).

gmr I: a./pa.m., «vengador» (cs. √ *gmr,* «completar, restablecer, vengar»); *gmr hd,* «el Vengador *H.*» (1.2 I 46; título de *Baʿlu).*

gmr II: n.m., «una bestia» (rapaz, depredadora) (?) // *rum, bṯn, lsm* (1.6 VI 16) [cf. ac. *kamāru I,* «red» (en contexto de caza), *kamāru II,* «un pez»; para otras equivalencias de «animales» u «objetos», cf. Sasson, RSP I, 404; Gordon, UT 380, «hipopótamo», et. *gomar].* La otra alternativa semántica la constituye «brasa, ascua», ar. *ǧamratu,* ac. *gumāru* (cf. Albright, JPOS [1932] 204, n. 108; Gray, LC 74, n. 4; De Moor, SP 234, y otros valores; últimamente, Gibson, CML 144). Por su parte, Caquot-Sznycer, TOu 268, proponen el valor «campeón» (ac. *gamāru;* cf. igualmente Dijkstra-De Moor, UF [1975] 214); Watson, UF (1977) 275, «desarrollado plenamente». A su vez, Gaster lee *zmr* (cf. *inf.).*

gn: n.m., «jardín, huerto» // *ʿmq* (1.6 I 4) (cs., p. ej., hb. *gan).*

gngn: n.m., «interior, corazón» // *npš* (cf. ar. *ǧanānu, ǧinǧinu;* cf. Caquot-Sznycer, TOu 218; Hoftijzer, UF [1972] 157, n. 17; para una crítica general de opiniones, cf. De Moor, SP 170-171, quien lo identifica con *knkn/kkn,* «túnel, tubo de libación»); *ystrn ydd bgngnh,* «que se instruya el amado (de *Ilu)* en su interior» (1.4 VII 49).

gʿr: v.G., «reprochar» (so., p. ej., hb. *gāʿar,* ar. *ǧaʿara); tgʿrm, ygʿr; bšm tgʿrm ʿṯtrt,* «por (su) nombre (le) reprochó *ʿA.*» (1.2 IV 28; para la interpretación de la frase, cf. De Moor, SP 139; Van Zijl, *Baal,* p. 43; Gibson, CML 6, n. 1); cf. *sup. bšm.*

gʿt: n.f., «bramido» // *zġt* (cf. hb. *gāʿāh); lgʿt alp ḥrṯ,* «por el bramido de los bueyes de labor» (1.14 III 18).

gp: n.m.(?), «orilla, ribera, linde, ladera» [cf. arm. *gap, ʾăgap,* nhb. *gîp;* cf. De Moor, SP 166; Margalit, MLD 64; preferible a las equivalencias sir. *gfīfō,* «curvo»; nhb. *kippāh,* «bóbeda»; ar. *ǧanfu,* «interior»; hb. *gûpāh,* «cuerpo»; *gûp,* «miembro (viril)»; cf. Van Zijl, *Baal,* p. 148; últimamente, de nuevo, «caverna», ar. *ǧawfu,* Hoftijzer, UF (1972) 157, n. 13; Lipinski, RY 205; cf. Aistleitner, WUS 68]; *gp, gpt; gp ym,* «la orilla del mar» (1.23:30); *gpt ǵr,* «las laderas [guaridas (?)] del monte» (1.4 VII 36-37). Whitaker, CUL 278, supone error de *gp* por *ḫp* (!).

gpn I: n.m., «vid, cepa, sarmiento» (1.23:9-11) (cs., p. ej., ac. *gapnu,* hb. *gepen).*

gpn: cf. *gpn I,* n.d., primero de los criados-mensajeros de *Baʿlu, gpn wugr, Gapnu/Gupānu* (sil. *gu-pa-na).*

gpn II: n.m., «jaez» // *nqbn* (cf. ar. *ğapnu,* «párpado, vaina»; *ğaffa,* «enjaezar»; posiblemente también hb. *gepen* (Gn 49,11); cf. Sasson, RSP I, 405); *gpn, gpnm; št gpnm dt ksp,* «pusieron los jaezes de plata» (1.4 IV 10). Un valor alternativo sería «rienda» (uso metafórico de *gpn I;* cf. Van der Lugt-De Moor, BO [1974] 25).

gpr: v.G., «atacar» (?) (cf. ac. *gapāru;* cf. Del Olmo Lete, AF [1976] 241, n. 41); *gprh, gprm; wṯn gprm mn gprh,* «y por dos veces atacó a quien le atacaba» (1.19 I 11). Para otras alternativas, cf. Virolleaud, LPD 136, «árbol» (hb. *gōper);* Aistleitner, WUS 68, «espacio, morada», [ac. *gipar(r)u];* Dijkstra-De Moor, UF (1975) 199, «héroe» (ac. *gap/bru,* hb. *geber, gibbôr);* Margalit, UF (1975) 303, n. 20; íd., UF (1976) 170, «pozo, morador del» (ar. *ğufratu).*

gr I: n.m., «huésped» // *brḫ* (cf. hb. *gēr); gr bt il,* «huésped de santuario» (1.19 III 47).

gr II: v.G., «atacar» // *šr* (cf. ac. *gāru;* Greenfield, EI [1969] 62, o ac. *garū,* hb. *gārāh;* Del Olmo Lete, UF [1977] 39); *grnn;* Dt. *tgr,* «oponerse»; *grnn ʿrm,* «ataca sus ciudades» (1.14 III 6); *tgr il bn,* «se ha opuesto *Ilu* a su hijo» (1.1 IV 12).

grgr I: n.m., «garganta» (?) // *mrḫ* (1.16 I 48) (cf. hb. *gargᵉrôt,* ar. *ğarğara;* cf. Del Olmo Lete, UF [1975] 94, n. 32). Las alternativas son: «dardo, jabalina» (ar. *ğārūr;* cf. Xella, MSS 141-142); «bastón» (√ *gr(g)r,* «arrastrar»; cf. Margalit, MLD 146, n. 2).

grgr II: v.D./qlql, «avecindarse» (1.23:66) (cf. √ *gwr,* et. *gargara,* «correr de un lado para otro).

grdš: v.G., «minarse, derruirse» // *rš* (1.14 I 11,23) (cf. sir. *gardeš;* pero cf. Margalit, UF [1979] 542, n. 19).

gry: (?) (base requerida por De Moor, SP 118, para interpretar 1.1 IV 12: «nombrar delegado», ar. *ğarrā;* cf. *sup. gr II).*

grn: n.m., «era» // *ap ṯǵr, mṯʿt* (cs., p. ej., hb. *gōren,* ar. *ğurnu); grn; grnt; sʿt... bgrnt ḫpšt,* «barridas... de las eras las que recogen (paja)» (1.14 III 7-8).

grš: v.G., «expulsar, expeler, arrojar» (sno., p. ej., arm. *gᵉraš); grš, gršm* (enc.), *gršt; tgrš; gršh, gršnn; grš ym lksih,* «expulsa a *Y.* de su trono» (1.2 IV 12).

d: p.d./r., «que, quien, el/la que, el de», «por que» (so., ar. *ḏu,* sil. *du-u;* para su tipología y uso cf. Gordon, UT 39-40, 382-383; Aistleitner, WUS 71-73; Gibson, CML 144); *d, dt, dtm* (enc.).

day: v.G., «volar» (cf. hb. *dā'āh); du; tpr wdu,* «que se echen a volar» (1.19 III 14).

diy: n.m., «ala, esternón, remo» // *knp* (cf. ar. *da'yu;* cf. Van Zijl, *Baal,* p. 277); *bʿl ṯbr diy hmt,* «*B.* les rompió los remos» (1.19 III 9).

diy: n.m., «buitre» // *nšr* (cf. hb. *dā'āh); diy, diym; aštk...km diy btʿrty,* «te pondré como un buitre en mi carcaj» (1.18 IV 17-18); *ḫbl diym,* «una bandada de buitres» (1.19 I 33).

dbat: n.f., «fuerza» (cf. hb. *dōbē',* ar. *daba'a;* Cross, VT [1952] 163; Obermann, UM 44, n. 52); *qrn dbatk,* «tus vigorosos cuernos» (1.10 II 21).

dbb: n.m., «bestia, animal» // *mn* (1.4 I 39) (cf. ar. *dabbāb,* hb. *dôb;* cf. Dietrich-Loretz, UF [1978] 62); *dbbm.* Preferible al sentido verbal «reptar» (cf. Caquot-Sznycer, TOu 196; Gibson, CML 144) o a la alternativa «efusión» (ar. *ḏabba;* cf. Margalit, MLD 22).

dbḥ: v.G., «sacrificar», «ofrecer sacrificio» // *šrd, ʿšr* (cs. ar. *ḏabaḥa); dbḥ, tdbḥ, tdbḥn; krtn dbḥ dbḥ,* «he aquí que *K.* celebra un sacrificio» (1.16 I 39-40).

dbḥ: n.m., «sacrificio», «banquete», «fiesta» // *dǵṯ, ʿšrt, mṣd* (cf. hb. *zebaḥ,* ac. *zibu); dbḥ bṯt/dnt/tdmm amht,* «sacrificio de desvergüenza/lujuria/lascivia con esclavas» (1.4 III 18-20); *dbḥ nʿmt,* «sacrificio de acción de gracias» (1.23:27); *imr/ʿṣr dbḥ,* «cordero/ave sacrificial» (1.14 III 56, 59).

dbr I: v.G./D., «guiar», «hacer marchar» // *ṯwy* (cf. arm. *d^ebar); tdbr* (1.16 VI 31, 43). Otras alternativas semánticas de esta base son: «seguir» (cf. Aistleitner, WUS 74-75; Dahood, ULe 87), «expulsar» (cf. De Moor, ULe 91), «ser apartado» (cf. Driver, CML 154), «dar la espalda» (cf. Gibson, CML 144), «hablar» (hb. *dabbēr;* cf. Margalit, UF [1976] 158), «administrar» (íd., Brooke, UF [1979] 75).

dbr II: n.m., «peste, pestilencia» // *šḫlmmt* (1.5 VI 6 y par.) (cf. hb. *deber;* para otras interpretaciones: «más allá», «pasto», n.l., cf. Van Zijl, *Baal,* pp. 172-173, 175, n. 3; también De Moor, SP 186 (cf. hb. *dōber,* «estepa»).

dg: n.m., «pez» // *ʿṣr* (1.23:63) (cf. hb. *dag).*

dgy: n.m., «pescador» (denominativo de *dg); dgy rbt aṯrt ym,* «pescadores de la Gran Dama, *Aṯiratu* del Mar» (1.4 II 31 y par.; al parecer, título de *qdš wamrr,* posiblemente categoría militar; cf. Yamashita, RSP II, 47-48; Lipinski, OLP [1972] 116; Du Mesnil, NE 83-84, cuya interpretación me parece forzada).

dgn: n.m./n.d., «trigo», «*Dagānu*» // *lḥm* (cf. hb. *dāgān, dāgôn, EA ilu da-gan); ʿdb dgn,* «los que cuidan del trigo» (1.16 III 13); *bn dgn,* «hijo de *D.*» (título de *Baʿlu,* frecuente).

dd I: n.m., «amor», «amado» // *ahbt, yd* (cf. hb. *dôd,* ac. *dādu); dd, ddh; dd arṣy,* «el amor de *A.*» (1.3 III 7); *šd ddh,* «campo de su amado» (1.24:23). La exigencia de un lexema *dd,* «puchero» (hb. *dûd),* atestiguado en los textos administrativos, para explicar *arbdd* (cf. *sup.),* no se impone; cf. De Moor, SP 103-104; Gibson, CML 144); ni la de otro, «pecho» (hb. *dad),* para interpretar 1.19 II 28 (cf. Gaster, *Thespis* [1950] 452; cf. *inf. ḏd).*

dd II: (?) (base requerida por De Moor, SP 71, N. «estar, situarse», √ *dwd*/√ *ḏwb,* ac. *izuzzu;* íd., ULe 67, n. 3; Gibson, CML 144; cf. *inf. ndd).*

ddym: n.m.pl., «concordia, descanso» (?) ≠≠ *mlḥmt* (pl. abst. devirado de *dd I,* cf. también ar. *dadu,* «juego, tiempo de»; Nielsen, RSM 76-77; Aistleitner, WUS 76; Cassuto, GA 125-126; Caquot-Sznycer, TOu 164); *št bʿprm ddym,* «pon en las estepas concordia» (1.3 III 15). La alternativa semántica, desde Virolleaud, DA 33, es «mandrágora» (hb. *dûday/dûdāʾîm),* hierba con valor de filtro amoroso, que deriva probablemente de la misma base.

ddy: (?) [base requerida, «ir(se)», por Rin, AE 168, para explicar 1.4 VI 10, y por Margalit, MLD 40, 201, «saltar», para 1.4 III 12; 1.6 VI 52; cf. *inf. ydy, ndy].*

dw: a.m./v.G., «enfermo, malo» // *mrṣ* (1.16 II 20, 23) (so., p. ej., hb. *dāweh, dāwāh).*

dk: (?) (1.5 III 8).

dk(k)/dky (?) [base exigida por muchos autores para explicar *dkym,* 1.6 VI 3; cf. hb. *dākāh,* ar. *dakka.* Unos (Aistleitner, Gray, Wakeman, Gibson, Rin, Dahood, Lipinski) lo entienden como una forma pa.pl./enc. de *dky:* «machacador, golpeador» (cf. Dahood, RSP I, 336; Lipinski, RY 98-99), «grandes» (// *rbm;* cf. Cassuto, BOS II, 43), «pequeños» (cf. De Moor, SP 227), «nobles» (ar. *ḏakîyu;* cf. Driver, CML 154), «ardientes» (ar. *ḏakiyyu;* cf. Du Mesnil, «Berytus» ⟨1978⟩ 68, n. 73); otros, así Margalit, MLD 178, como un sintagma *dk-ym:* «aplastadores de *Yammu*» (cf. Dijkstra, JANES ⟨1974⟩ 62, n. 17), «fragor del mar» (hb. *dŏkî;* cf. Caquot-Sznycer, TOu 167), estructura que subyacería también en el *hapax* hb. *dokyām* (Sal 93, 3). Para una síntesis de opiniones, amén de los estudios citados de De Moor, Lipinski y Caquot-Sznycer, cf. Van Zijl, *Baal,* pp. 213-215. Aquí se propone leer *d-k-ym;* cf. Del Olmo Lete, AF 7 (1981)].

dkrt: n.f., «taza» // *rḥbt* (1.4 VI 54) [cf. ac. *dakirû* (?), ar. *zukratu].*

dl: a.m., «pobre» // *qṣr npš* (1.16 VI 48) (cs. √ *ḏll,* p. ej., hb. *dal,* ar. *ḏalla).*

dll: n.m., «correo, mensajero» // *ʿdd* (cf. ar. *dalla, dalīlu); dll al ilak,* «un correo quiero enviar» (1.4 VII 45). Esta misma base («conducir») es requerida, entre otros, por Lipinski, OLP (1972) 117, n. 99, y Gibson, CML 144, para interpretar 1.23:25; cf. *inf. dlt.* Por su parte, Margalit, MLD 69, prefiere «homenaje, tributo», ac. *dalātu, dalīlu.*

dlp: v.G., «descomponerse» // *mk, nǵṣ* (cs., p. ej., hb. *dālap,* ar. *dalafa); ydlp; lydlp tmnh,* «no se descompuso su figura» (1.2 IV 17-18).

dlt: n.f., «debilidad, pobreza» (1.23:25) (cf. *sup. dl,* cf. Aistleitner, WUS 77). Otros suponen aquí el valor «rama, sarmiento» (hb. *dālî;* cf. De Moor, NYCI II, 20, n. 86).

dm I: adv./conj., «pues», «así pues», «¡venga!, de cierto» (cf. sir. *dam;* posiblemente transformación de *ḏ;* cf. De Moor, SP 107); *dm ṯn dbḥm šna bʿl,* «pues dos sacrificios abomina *B.*» (1.4 III 17); *mt dm ht,* «*M.*, así pues, fue derrotado» (1.16 VI 13).

dm II: n.m., «sangre» // *mmʿ* (cs. *damu); dm, dmh, dmm; dm ʿṣm,* «sangre de cepas» (// *yn;* 1.4 IV 38 y par.; cf. De Moor, SP 147-157, para otros paralelos externos); *dm ḫrṣ,* «baño de oro» (1.4 I 32; metáfora que dispensa de suponer una base *dm(m),* «untar, varnizar», de donde «capa, baño de», ar. *dammama;* cf. Gaster, BASOR 93 (1944) 20ss; íd., *Thespis* [1950] 447); *lbš km lpš dm aḫh,* «se vistió como un vestido (con) la sangre de sus hermanos» (1.12 II 46; no se precisa el valor «crimen de sangre», como supone Wyatt, UF [1976] 418); *dm ḏmr;* «sangre de los guerreros» [1.3 II 34; para Watson, UF (1977) 274, metáfora por «agua» (!)].

dm III: v.G., «gemir, lamentarse» // *bky* (cf. hb. *dāmam II); al tdm ly,* «no gimas por mí» (1.16 I 26, 30).

dm IV: v.G., «quedarse quieto» (cf. hb. *dāmam I); dm ym wṯn,* «aguarda quieto un día y otro» (1.14 III 10 y par.).

dm V: v.D., «actuar lascivamente» // *dnt, bṯt* (cf. ar. *ḏammama, ʾaḏamma,* hb. *zimmāh;* cf. Del Olmo Lete, UF [1978] 45-46; Gordon, UT 385, y Gibson, CML 145, prefieren ar. *damma, ʾadamma); tdmm/tdmmt* es posiblemente un nombre más que una forma verbal finita [pasiva], dada la estructura nominal del texto).

dmgy: n.d., nombre (posiblemente segundo: *tlš-dmgy)* de la esclava de *Aṯiratu, Damgayu* (?) (1.12 I 16) (Virolleaud, «Syria» [1935] 251, la relaciona con la $\sqrt{\textit{dmq}}$, ac. *damiqtu;* y Du Mesnil, «Berytus» [1978] 59, la considera idéntica a *dmqt,* la más joven de las *Kôtarātu* [1.24:50]).

dmʿ: v.G., «derramar lágrimas, llorar» // *bky* (cs., p. ej., hb. *dāmaʿ); dmʿ, tdmʿ, ydmʿ.*

dmʿt: n.f., «lágrima» (1.19 II 33) (cf. hb. *demaʿ, dimʿāh); dmʿt, udmʿt* (cf. *sup.).*

dmqt: n.d., la menor de las *Kôṯarātu, Damiqtu* (cf. ac. *damiqtu,* «la amable, la buena»). Algunos autores la consideran como forma adjetival/verbal.

dmrn: n.d., «el Poderoso, el Valiente», título de *Baʿlu* (1.4 VII 39) (cf. ar. *dammara;* correspondería al gr. *demárous;* cf. últimamente Dossin, *Fs Abel III,* pp. 59-63). Para Margalit, MLD 65, se trataría de un nombre, «perdición», en relación con ar. *damara,* o quizá *d-mr(n),* «el que se retuerce», ar. *māra.*

dn I: v.G., «juzgar» // *ṯpṭ* (so. $\sqrt{\textit{dyn}}$); *tdn, ydn.*

dn: n.m., «juicio, causa» // *ṯpṭ* (cf. *dn I); dn almnt,* «la causa de la viuda» (1.16 VI 183).

dn II: n.m., «recipiente, jarra, tinaja» // *bk* (1.3 I 12) (cf. ar., ac. *dannu).*

dn III: n.m., «fuerza» (?) (1.16 I 30) (cf. ac. *dunnu); dn/dnt(?).* Preferible al valor adjetival y a la forma *dnn.*

dn IV: (?) [las bases *dn,* «poderoso» (cf. *sup. dn III); dn,* «aproximarse» (ac. *dannu,* ar. *danā,* respectivamente), requeridas para interpretar 1.12 II 58 y 1.19 II 12, 19, no se imponen; cf. *sup. dn I* e *inf. ydn).*

dnil: n.p., el padre de *Aqhatu, Daniilu* (cf. hb. *dānīʾēl).*

dnt: n.f., «lujuria, fornicación» // *bṯt, tdmmt* (cf. hb. *zānāh, zᵉnût;* Del Olmo Lete, UF [1978] 45-46).

dnty: n.p., mujer de *Daniilu, Danatayu* (posiblemente en relación con *dn III).*

dʿy: (?) (base requerida por Dijkstra-De Moor, UF [1975] 211, «invitar», ar. *daʿā,* para interpretar 1.19 IV 26).

dʿṣ: v.G., «alzar (los pies)» // *ntr/ytr* (cf. ar. *daʿaṣa); tdʿṣ; tdʿṣ pʿnm wtr arṣ,* «alzó los pies y saltó a tierra» (1.4 V 20-21 y par.). La alternativa «aplastar, pisotear» (cf. Margalit, UF [1976] 167-168) no me parece aceptable.

dʿt I: n.f., «conocimiento, información, comunicado» // *amr* (cs. √ *ydʿ,* hb. *daʿat); dʿtkm, dʿthm; ṯny dʿtkm,* «repetid vuestro comunicado».

dʿt: n.f., «conocimiento» > «amistad», «amigo» // *ḥbr* (1.6 VI 50) (cf. *ydʿ I,* hb. *môdāʿ).*

dʿt II: n.f., «sudor» (cs. √ *ydʿ II,* p. ej., hb. *zēʿāh,* arm. *diʿātā); trḥṣnn dbʿt,* «le lavó del sudor» (1.16 VI 10).

dǵṣt: (?) [lexema supuesto por Driver, CML 153, «agua pura», ar. *dāǵiṣatu,* en 1.23:15; cf. *inf. dǵṯ(t)].*

dǵṯ: n.m., «ofrenda olorosa, de incienso» (cf. hit. *tuḫḫueššar;* De Moor, UF [1970] 200); *dǵṯh* (?); f. *dǵṯt* y quizá forma verbal *(qal* pasivo) en 1.23:15; *yšʿly dǵṯt bšmym,* «hizo subir su ofrenda olorosa a los celestiales» (1.19 IV 23-24 y par.).

dp: (?) (base supuesta en 1.14 III 14 por Aistleitner, WUS 81: s., «alzar, lanzar», ar. *daffa;* cf. *inf. ndp).*

dpr I: v.G., «perfumar» (?) (1.22 I 16) (cf. ar. *dafira).* Otros suponen el sintagma *d-pr;* Ribichini-Xella, RSE (1979) 153, n. 42, lo relacionan con ac. *daprānu,* «enebro».

dpr II: (?) (lexema requerido por Caquot-Sznycer, TOu 247, para interpretar 1.5 V 2; «antorcha», ac. *diparu;* cf. *inf. prk).*

dqn: n.m., «barba, mentón» // *šbt, lḥ* (cs., p. ej., hb. *zāqān,* ar. *ḏaqanu;* sobre el sentido «mentón», cf. últimamente Loewenstamm, IOS [1974] 1-3; Marcus, BASOR 226 [1977] 56-58; no me parece, en cambio, seguro el de «ancianidad» propugnado por De Moor, SP 112, 193); *dqn, dqnk, dqnh; šbt dqnh,* «la canicie de su barba» (1.3 V 2); *yhdy lḥm wdqn,* «(se) laceró las mejillas y el mentón» (1.5 VI 19).

dq: a.m., «débil pequeño» (cs. √ *dqq,* p. ej., hb. *daq,* ac. *daqqu); dq anm,* «débil de fuerzas» (1.6 I 50).

dqt: n.f., «elaboración, moldeado» // *sknt* (cs. √ *dqq;* cf. Dietrich-Loretz, UF [1972] 30-31; pero en UF [1978] 62-63 prefieren «res menor», sentido atestiguado por textos religiosos cúlticos). Algunos autores leen *d-qt* (cf. *inf.).* Por otra parte, la exigencia de *dqt,* «lluvia» (cf. *sup. bdqt),* debe ser excluida.

dr I: n.m., «familia, generación» (cs., p. ej., hb. *dôr); dr il,* «la familia de *Ilu*» (1.15 II 19); *dr dr,* «por (todas las) generaciones, por los siglos de los siglos» *(// ʿlm); drkt dt drdrk,* «tu dominio por los siglos de los siglos» (1.2 IV 10).

dr II: (?) (base supuesta en 1.4 V 10, «fluir/brillar», ac. *darāru,* ar. *darra,* por Margalit, MLD 47-48).

dry: «bieldar», «cerner» // *ṯḥn* (cs., p. ej., hb. *zārāh,* ar. *ḏarrā); dry, tdrynn; bḥṯr tdrynn,* «con un bieldo lo bieldó» (1.6 II 32-33). El sentido «cortar», defendido por Dahood, UHP 7, no resulta aceptable (cf. *sup. adr).*

drkt: n.f., «dominio, poder» // *mlk* (cs. √ *drk,* p. ej., ar. *daraku); drkt, drktk, drkth.*

drʿ: v.G., «sembrar», «diseminar» // *ṯḥn* (cs., √ *zrʿ;* cf. Margalit, MLD 159-160); *drʿ, tdrʿnn; bšd tdrʿnn,* «en el campo le diseminó» (1.6 II 34-35). No es menester suponer una conflación de √ *zrʿ* y √ *dry.*

dšn: (?) (base supuesta por Dijkstra-De Moor, UF [1975] 211, en 1.19 IV: «grasa ungüento», hb. *dešen;* cf. *inf. šn).*

dt I: cf. *sup. d.*

dt II: (?) (lexema supuesto en 1.16 V 30, «ser, personalidad», ar. *ḏat, ḏawāt,* ac. *dūtu,* por Margalit, MLD 553, n. 51).

dtm: cf. *sup. d.*

dtn: n.p., supuesto antepasado-fundador de la dinastía de *Kirta, Ditanu* (sil. *Dinu;* cf. Astour, RSP II, 279-282); Caquot/Lipinski, *Fs Loewenstamm,* 1ss/111ss.

dṯ: v.G., «aplastar» (1.18 I 19) (cf. ar. *dayyaṯa); dṯ, ydṯ.*

ḏ: cf. *sup. d,* variante fonética (1.24:54).

ḏbb: n.d., monstruo vencido por *ʿAnatu, Dubūbu* (cf. hb. z^{e}*bûb,* ar. *ḏubābu/ ḏubābatu,* preferible a hb. *šābîb;* cf. Dahood, UF [1969] 36).

ḏd I: n.m., «pecho, seno» (cf. hb. *dad); ynqm bap ḏd št,* «que maman de los pezones de la Señora» (1.23:61). Margalit, MLD 100-101, supone el mismo lexema en 1.5 I 17. Cf. *inf. št II,* la interpretación de Dahood a 1.23:61.

ḏd II: n.m., «gruta, caverna» // *qrš* (cf. hb. *zdh;* cf. Del Olmo Lete, UF [1978] 43-44, para justificación de esta opción y las diversas opiniones).

ḏd III: (?) (base exigida por Dietrich-Loretz, UF [1978] 435; Gibson, CML 145 y otros, para interpretar 1.5 VI 17 o en lugar de *ḏd II:* «rebaño», «campamento», ar. *ḏawdu;* cf. *inf. kḏd).*

ḏhrt: n.f., «visión» // *ḥlm* (1.14 I 36) (cf. hb. *zāhar,* ar. *zahira/zāra,* mejor que hb. *šûr); ḏhrth; ḏrt,* variante fonética con síncope de *-h-.*

ḏmr I: v.G., «proteger, guardar» // *šṣa* (1.19 I 28 y par.) (cf. asa. *ḏmr,* hb. *zimrāh).* Algunos autores (p. ej., Pope, *Fs Finkelstein,* 165; Dietrich-Loretz, UF [1978] 68, n. 34) suponen aquí una base *ḏmr,* «cantar» o «lamentarse» (hb. *zimmēr* o *ḏmr II).*

ḏmr II: n.m., «guerrero, soldado» // *mhr* (cf. ar. *ḏamīru* y posiblemente hb. *zimrî,* mejor que hb. *šāmar;* etimológicamente *ḏmr I/II* quizá coincidan).

ḏrʿ: n.f., «brazo» (cs., p. ej., hb. *zᵉrôaʿ,* ar. *ḏiraʿu); ḏrʿ, ḏrʿh; qn ḏrʿh,* «la caña de su brazo/su antebrazo» (1.5 VI 20).

ḏrq: v.G., «esparcir» // *uṯ* (cs. √*ḏrq,* ar. *ḏaraqa;* cf. Del Olmo Lete, UF [1978] 44-45, para esta y otras interpretaciones; últimamente, De Moor, UF [1979] 642; Margalit, MLD 49-95, ambos partiendo de ar. *ḏaraqa,* «excrementar»); *ḏrqm* (enc.); *ḏrqm amtm,* «esparcido (al viento) perecí» (1.5 I 6).

ḏrt: cf. *sup. ḏhrt,* variante fonética.

-h: morfema pronominal y gramatical de función múltiple: sufijo pronominal, advelbial direccional y modal; cf. Gordon, UT 102, 389; Aistleitner, WUS 84; Aartun, PU I, 40ss.

hbṭ: (?) (base requerida por Dijkstra, UF [1975] 563-565, para interpretar 1.4 III 21: «humillar, abatir», ar. *habaṭa;* cf. *inf. nbṭ).*

hbr: v.G., «inclinarse» // *ql* (cf. ar. *habru); hbr, thbr, yhbr; hbr wql,* «inclinaos y caed» (1.3 III 9-10 y par., fórmula de postración).

hg: n.m., «enumeración, recuento» // *spr* (cf. hb. *hāgāh,* ar. *haǧǧā); bl hg,* «sin cuento» (1.14 II 38).

hd: n.d., nombre alternativo de *Baʿlu, Hadadu* (sil. *ad);* variante *hdd* (1.9 II 6).

hdy: v.G., «lacerar(se)» // *ṯlṯ* (1.6 I 3 y par.) (cf. ar. *hadda, haḏḏa, haḏā); thdy, yhdy;* cf. *ydy, ndy.*

hdm: n.m., «escabel» // *ksu, nḫt* (cf. hb. *hădōm,* eg. *hdmw); hdm, hdmm; pʿnh lhdm yṯpd,* «sus pies en el escabel apoyó» (1.4 IV 29).

hdrt: n.f., «revelación, visión» // *ḥlm* (1.14 III 51) (so., hb. *hādar, hădārāh;* cf. Cunchillos, ES29 54-55, 61).

hw: p.p., «él» (so., cf. *hb. hûʾ,* ar. *huwa); hw, hwt* (forma oblicua).

hwy: (?) (base requerida, *G.* «desear», *D.* «excitar el apetito», ar. *hawiya,* para explicar 1.5 I 15; cf. Aistleitner, WUS 86; Driver, CML 137; Dahood, PNSP 18, 27; Greenstein, JANES [1973] 159-160; cf. *inf. thw;* el valor «ser» parece ha de ser excluido en ug.; cf. De Moor, SP 119; pero Gordon, UT 389).

hwt I: n.f., «palabra» // *tḥm, rgm* (cf. ac. *awātu); hwt, hwty, hwth; hwt aliy qrdm,* «palabra del más poderoso de los héroes» (1.5 III 10-11).

hwt II: cf. *sup. hw.*

hṭl: (?) (base supuesta en 1.4 VI 11, «fluir a raudales», ar. *haṭala,* por Margalit, MLD 48).

hy: p.p., «ella» (so., hb. *hîʾ,* ar. *hiya); hy, hyt* (forma oblicua).

hyn: n.d., nombre alternativo de *Kôṯaru, Hayyānu* (cf. ar. *hayyinu, hawwana); hyn dḥrš ydm,* «*H.*, el artesano ambidiestro» (1.3 VI 22-23).

hyt: cf. *sup. hy.*

hkl: n.m., «palacio» // *bt/bht* (sum.-ac. é-gal/*ekallu,* hb. *hêkal); hkl, hklm, hkly, hklk, hklh.*

hl: part.deict., «he aquí, ¡mira!», «apenas, tan pronto como» (cf. ar. *hal,* hb. *hălōʾ,* EA *allû;* cf. Gordon, UT 106-107; Aartun, PU I, 40ss, 72); *hlk, hlh, hlm, hln; hl ǵlmt tld bn,* «he aquí que la doncella dará a luz un hijo» (1.24:7), *hlk qšt ybln,* «he aquí que traía un arco» (1.17 V 12). El valor pronominal («este») no es comprobable (cf. Aistleitner, WUS 87; Herrmann, YN 6-7).

hlk I: v.G., «ir, marchar», «correr, fluir» // *atw* (cs. $\sqrt{hlk}$); *hlk, lk, alk, ylk, tlk, lkt; hlkm; Gt. itlk, ttlk, ytlk,* «recorrer»; *Š.* «hacer correr, fluir»; *hlk lalpm,* «marchaban por miles» (1.14 IV 17); *itlk waṣd,* «recorrí y rastreé yo mismo» (1.6 II 15); *ašhlk šbtk dmm,* «puedo hacer correr por tu canicie sangre» (1.3 V 24).

hlk: n.m., «marcha, curso, paso» // *tdrq* (cf. *inf. hlk I); hlk aḫth,* «la marcha de su hermana» (1.3 IV 39); *hlk kbkbm,* «el curso de las estrellas» (1.19 II 3).

hlk II: cf. *sup. hl.*

hll: n.d., «divinidad astral, el 'Lucero'», *Halilu* (?) (cf. hb. *hêlēl,* preferible a ar. *hilāl,* «luna nueva»; para su identificación, cf. Du Mesnil, EDP 2, 6); *bnt hll,* «hijas del Lucero» (1.17 II 32); *hll bʿl gml,* «el Lucero, señor del Cuarto creciente» (título de *hll,* que parece excluir su identificación con la «Luna», así como lo excluye la trama de 1.24). La versión alternativa, «grito», «júbilo» ($\sqrt{hll}$), resulta menos probable; para las diversas opiniones, cf. Herrmann, YN 6, 21; Yamashita, RSP II, 55; Margulis, JANES [1972] 55).

hlm I: cf. *sup. hl* (cf. hb. *hălōm).*

hlm II: v.G., «golpear» (cf. hb. *hālam); hlm, ylm, hlmn; hlmn ṯnm qdqd,* «golpéale dos veces (en) la mollera» (1.18 IV 22).

hln: cf. *sup. hl.*

-hm I: morfema suf. pronominal de 3.ª p.m.pl./du.

hm II: p.p., «ellos» (so., hb. *hēm/hēmmāh,* fen. *hmt); hm, hmt* (forma oblicua).

hm III: conj., «sí», «¿acaso?», «o», «y», (condicional e interrogativa; cf. hb. *ʾīm,* con *alternancia h/ʾ); yṯbr...hm tʿpn,* «¡que rompa...si vuelan!» (1.19 III 43-44); *hm...iqḥ...atn,* «si...consigo llevar...daré» (1.14 IV 40-43); *waḥd...hm iṯ,* «y miraré...si hay» (1.19 III 4); *ø/hm, ap/hm, hm/ø,* «¿acaso...o...?» (1.4 III 30-31; 1.14 I 41-42; 1.4 IV 60-61; 1.4 IV 38-39); *ø/hm, p/hm,* «acaso/sin duda...o...» (1.4 IV 33-34; 1.5 I 14-21); *lḥm hm štym,* «come o/y bebe» (1.4 IV 35); *hm ap,* «aunque» (?) (1.2 IV 2). El valor «¡he aquí!, ciertamente» no es seguro ni imprescindible (cf. De Moor, ULe 19, 83, 93; al contrario, Dietrich-Loretz-Sanmartín, UF [1975] 537, entre otros).

hml: (?) (base supuesta por Gibson, CML 93, «derramar lágrimas», ar. *hamala,* en 1.15 V 16).

hmlt: n.f., «multitud» // *nšm* [cf. hb. *hamullāh,* ac. *amēlūtu* (?); *hmlt arṣ,* «las multitudes de la tierra» (1.3 III 25).

hmry: a.f., «fangosa», nombre de la ciudad/morada de *Môtu* (cf. inf. *mhmrt).*

hmt: cf. *sup. hm II.*

-hn I: morfema suf. pronominal de 3.ª p.f.pl. y posiblemente de 3.ª p.m./f.sig. [1.23:75 (?); Gibson, CML, 145, prefiere en este caso el valor «allí» (hb. *hēnnāh);* otros ven una designación de «medida»; cf. hb. *hîn;* así, Gordon, UL 62, n. 1, y otros].

hn II: part.deict., «he aquí, ¡mira!» (cf. hb. *hēn, hinneh).*

hn III: (?) [forma pronominal («este») requerida por algunos autores; cf. Dijkstra-De Moor, UF (1975) 204-205; en contra, Sanmartín, UF (1977) 266. Incluso el valor advervial «aquí» no resulta comprobable en los textos literarios; cf. Aistleitner, WUS 91].

hndt: (?) (es preferible leer *hn dt* en 1.19 IV 65, en vez de suponer una forma f. del p.d. *hnd,* que no aparece en los textos mitológicos).

hpk: v.G., «volcar» // *nsʿ* (1.6 VI 28) (cs., hb. *hāpak).*

hr I: n.m., «concepción» // *ḥmḥmt* (cf. *inf. hry); hr, hrh; hrt/hrm* (?); *bm nšq whr,* «al besar hubo concepción» (1.23:51); *kbdh lydʿ hrh,* «cuyas entrañas no habían conocido su concepción» (1.13:31); en 1.17 II 41 podría suponerse una forma f./enc. *hrt/hrm* (// *ḫlln;* cf. Dijkstra-De Moor UF [1975] 180).

hr II: (?) (el lexema *hr,* «monte», no se impone ni en 1.4 II 36 ni en 1.10 I 2; cf. Driver, CML 137; por su parte, Mustafa, AcOrHung [1975] 100, propone un valor «gemido», ar. *harra,* en 1.23:51).

hrg: v.G., «matar» // *bṣr* (1.13:5) (cf. hb. *hārag).*

hrgb: n.d., animal mítico, águila macho, *Hargabu* (?) (1.19 III 15, ac. *argabu).*

hry: v.G., «concebir» // *yld* (1.5 V 22; 1.11:5) (cf. hb. *hārāh); hry, thrn* (?); cf. *sup. hr I.*

hrnmy: a.m., «originario de *hrnm*», apelativo gentilicio de *Daniilu* (cf. Astour, RSP II, 283-284).

hrr: v.G., «enardecerse por, apetecer» // *ḥmd* (1.12 I 39) (cf. ar. *harhara,* hb. *hārôn); yhrr.*

ht I: adv., «ahora» // *ʿnt* (cf. hb. *hēnnāh,* también con valor temporal; para las diversas opiniones, cf. Van Zijl, *Baal,* pp. 31-32; el valor pronominal [«este»] o interjeccional [«¡ah!, ¡mira!»] no se impone en estos textos); *lht wʿlmh,* «desde ahora y por siempre» (1.19 IV 5-6); *ht tṣdn tinṯt,* «¿acaso ahora se dedican a cazar las mujeres?» (1.17 VI 40).

ht II: (?) (base exigida por Cassuto, GA 152, para interpretar 1.3 V 20; VI 8: «caer sobre», hb. *hût).*

htk: (?) (base exigida por Margalit, MLD 54, para interpretar 1.4 VII 3, «descubrir, revelar», ar. *hataka).*

w: conj., «y», «pero», «para que», «de modo que», «sí, de cierto» (cs.; para una sistematización de sus múltiples funciones, cf. Gordon, UT 105-106; Aistleitner, WUS 93-95; Aartun, PU I, 43-44; PU II, 63ss); *w, wn.*

war: (?) (base supuesta en 1.18 IV 15, «venir», ac. *waʾāru,* por Aistleitner, WUS 95-96; cf. *inf. šar).*

wḥy: v.Gt., «apresurarse» // *lsm* (1.3 III 20) (cf. ar. *waḥā, tawaḥḥā,* preferible a *wataḥa); twtḥ.*

wky: (?) (base supuesta en 1.12 I 20: «sentarse, empollar», ar. *wakā/wakana* por Gray, LC 77, n. 4; cf. *inf. tkm).*

wld: (?) (es preferible entenderlo como forma inf. de *yld: w-ld* (1.14 III 48; 1.5 III 5, 20; en sentido contrario, últimamente Tsumura, UF [1979] 779-872: pasivo interno y D.).

wn: cf. *sup. w* (forma enc./enf.).

wsr: v.G./D., «instruir, aleccionar» (cf. hb. *yasar, yissar,* ac. *asāru); tsnk, ywsrnn; šbt dqnk tsrk,* «la canicie de tu barba de veras te instruye» (1.4 V 4).

wǵr: (?) (base requerida por Aistleitner, WUS 96, en 1.1 V 12).

wpṯ: v.D., «escupir» // *qlṣ* (cf. ar. *nafaṯa); wpṯm, ywpṯ; yqm wywpṯn,* «se han alzado a escupirme» (1.4 III 13).

wtḫ: cf. *sup. wḫy.*

wtr: (?) (posible base en 1.6 VI 53; cf. Dahood, RSP II, 36).

zb: n.m., «zumo, jugo» (?) [1.24:43 (?)] (cf. ar. *zabba, zubbu, zabibu).*

zbl I: n.m., «príncipe» // *aliyn, ṯpṭ, mlk* (cf. hb. *zᵉbûl;* cf. Coote, JNSI [1971] 3-8); *zbl bʿl arṣ,* «el Príncipe, Señor de la tierra» (título de *Baʿlu,* frecuente; también de otros dioses: *zbl ym, zbl yrḫ).*

zbl: n.m., «principado» (cf. *sup. zbl I); zblkm, zblhm; kḥṯ zbl,* «asiento principesco» (1.2 I 23-24).

zbl II: a.m., «enfermo» // *ʿwr* (1.14 II 45) (cf. ac. *zabālu).*

zbln: n.m., «enfermedad» // *mrṣ* (cf. *sup. zbl II): zbln, zblnm* (enc.); *anšt ʿrš zbln,* «tu compañera de lecho es la enfermedad» (1.16 VI 36); *tmt mrbʿt zblnm,* «(murió), la cuarta parte de enfermedad» (1.14 I 16-17).

zbr: v.G., «podar» // *ṣmd* (1.23:9) (cf. hb. *zāmar,* ar. *zabbara); zbrm, yzbrnn.*

zd I: n.m., «pecho, seno» (1.23:24) (cf. hb. *zîz, sup. ḏd).*

zd II: v.G., «sustentar» (cf. ar. *zāda,* hb. *hēzîd;* cf. Herrmann, YN 7); *zd* (?), *tzd, tzdn; lydh tzd,* «a sus manos prestad sustento» (1.24:8). El valor «presuntuoso» (hb. y arm. *zēd)* no se impone.

zmr: (?) (lectura de Gaster, *Thespis* [1950] 449, en 1.6 VI 16: «antílope», hb. *zemer).*

znt: n.f., «sustento» (1.1 IV 16) (sno. $\sqrt{zwn}$, ac. *zinnatu); zntn.* Para otras opiniones, cf. Del Olmo Lete, UF (1977) 39; Caquot-Sznycer, TOu 310.

zǵ: v.G., «mugir, bramar» // *nḥn* (cf. ar. *zaǵā); tzǵ; arḫ tzǵ lʿglh,* «la vaca muge por su ternero» (1.15 I 5).

zǵt: n.f., «aullido, ladrido» // *gʿt* [cf. *sup. zǵy* y hb. *zaʿzaʿ* (?), en todo caso preferible a ar. *ḏaǵada,* suponiendo *zǵt* por *zǵdt;* cf. Gaster, OLZ (1937) 673; Driver, *Fs Bakoš,* 100; Dahood, ULx 88].

zrm: (?) (base supuesta por Oldenburg, CEB 193, n. 5, para interpretar 1.9:8, «tormenta», hb. *zerem).*

zt: n.m., «olivo», «oliva, aceituna» // *kš* (so., hb. *zayit); kḥrr zt,* «cuando se agoste el olivo» (1.5 II 5); *zt dm,* «olivo pujante (= de sangre)» (1.24:43; cf. *dm zt* en 1.114:31).

ztr: n.m., «cipo, estela votiva» // *skn* (1.17 II y par.) [cf. hit. *sittar(i);* cf. Tsevat, UF (1971) 352]. Preferible a otras propuestas: «manar» (et. *zatara;* Cassuto,

BOS II, 202), «cubrir, ocultar, proteger» (√ *str;* Albright, BASOR 94 [1944] 35), y de ahí «protector, guardián» (p. ej., Albright, YGC 123; Ginsberg, ANET 150) o «enterrar» (cf. Obermann, HDBS 15); por su parte, Lipinski, UF (1973) 199, lo relaciona con gr. *zētēr,* epíteto de Zeus.

ḥbl I: n.m., «bandada, banda» (cs., hb. *ḥebel); ḥbl; ḥbl diym,* «una bandada de buitres» (1.18 IV 31); *ḥbl kṯrt,* «la banda de las K.» (1.11:6).

ḥbl II: (?) (base exigida en 1.4 VII 57, «hincharse», ar. *ḥabila,* por Margalit, MLD, p. 73).

ḥbq: v.G., «abrazar» // *nšq* (so., hb. *ḥābaq); ḥbq, tḥbq, yḥbq; bḥbq ḥmḥmt,* «al abrazarlas hubo preñez» (1.23:51).

ḥbr I: n.m., «compañero» // *dʿt* (1.6 VI 49) (cs., hb. *ḥābēr).* En 1.23:76 el lexema es relacionado con ac. *ḫuburu,* «jarra» (cf. Virolleaud, «Syria» [1933] 151; Gaster, *Thespis* [1950] 451).

ḥbr II: n.m., «vasija» (?) // *lg* (1.23:76) (cf. ac. *ḫubūru* (?); cf. Gaster, *Thespis* [1950] 451); *ḥbrh.* Pero cf. *inf. ḫbr.*

ḥbš I: n.m., «cintura, cinto» // *bmt, tʿrt* [cs., hb. *ḥābaš;* cf. De Moor, SP 91-92; otra alternativa, apoyada en EA *ḫa-ab-ši,* podría ser «brazo» (cf. Dietrich-Loretz, UF ⟨1972⟩ 30), «brazalete» (cf. Watson, JNSL ⟨1977⟩ 72) o también «zurrón» (cf. Caquot-Sznycer, TOu 159)]; *ḥbš, ḥbš(y), ḥbšk, ḥbšh; tštn knšr bḥbšh,* «le puso como un águila en su cinto» (1.18 IV 28).

ḥbš II: (?) (base requerida con el valor de «gobernar, gobernador», hb. *ḥôbēš,* para interpretar 1.5 IV 22 y 1.17 IV 8, textos fragmentarios; cf. Gibson, CML 146).

ḥgr: v.G., «ceñir, ceñirse» (1.14 III 44; 1.23:17) (cs., hb. *ḥāgar); tḥgrn.*

ḥdg: n.m., «angarillas», «silla de montar» (1.12 I 18) (cf. ar. *ḥidāǧatu); ḥdgk.*

ḥdy: v.G., «ver, mirar, observar, contemplar» // *ʿn* (so., hb. *ḥāzāh,* ar. *ḥazā); aḥd, tḥdy, yḥdy, yḥd; waḥd hm it šmt,* «y miraré si hay sebo» (1.19 III 19). Según Watson, VT (1981) 92-95, tendríamos una √ *ḥdy;* «ser feliz» (pero cf. *inf. ḫdy).*

ḥdr: n.m., «cámara, estancia» // *ap sgrt* (1.3 V 26; 1.14 I 26) (so., hb. *ḥeder,* ar *ḫidru); ḥdrh, ḥdrm.*

ḥdṯ: a.m., «nuevo, reciente» (cs., ar. *ḥadaṯu); trḫ ḥdṯ,* «el recién casado» (1.14 II 48).

ḥdṯ: v.G., «ser nuevo renovarse» (cf. *sup. ḥdṯ); yḥdt; ik al yḥdṯ yrḫ,* «así que se renueve *Y.*» (1.18 IV 9).

ḥw/yy I: v.G., «vivir, estar vivo, revivir» // *iṯ,* ≠≠ *mt* (so., fen. *ḥwy,* hb. *ḥāyāh); ḥy, yḥ, tḥ; D.,* «dar/devolver la vida, dejar con vida, revivir»; *ḥwy* (?), *aḥwy, aḥw, tḥwy* (?), *yḥwh; kḥy aliyn bʿl,* «porque está vivo *B.,* el Victorioso» (1.6

III 20); *špḥ lṭpn lyḥ,* «¿la progenie del 'Benigno' deja de vivir?» (1.16 I 23); *npš yḥ dnil,* «en su vigor reviva *D.*» (1.17 I 36); *ap ank aḥwy,* «también yo daré la vida» (1.17 VI 32); *ḥwt laḥw,* «no le dejé vivir» (1.19 I 15-16).

ḥwy II: v.Št., «postrarse» // *hbr, ql(l), kbd* (cf. hb. *hištaḥăwāh,* ar. *ḥawā); tštḥwy, yštḥwy, yštḥwyn; tštḥwy wkdb hwt,* «postraos y rendidle honores» (fórmula de postración frecuente).

ḥwt I: n.f., «vida» (?) (1.12 II 20) (posible variante de *ḥyt* o forma inf. de *ḥwy I).* Para De Moor, UF (1979) 643, se trataría de una forma Dp. de √*ḥwy I.*

ḥwt II: n.f., «tierra, territorio, región» (1.4 I 42) (cf. hb. *ḥawwāh;* cf. De Moor, SP 50, n. 47; Dietrich-Loretz-Sanmartín, UF [1974] 25-26).

ḥṭb: v.G., «cortar y recoger leña» // *ḥpš* (so., hb. *ḥāṭab,* ar. *ḥaṭaba); ḥṭb/ḥṭbt; sʿt bšdm ḥṭbt,* «barridas del campo las leñadoras» (1.14 III 7-8 y par.).

ḥṭt: n.f., «trigo» // *akl* (1.14 II 29) (so. √*ḥnṭ,* hb. *ḥiṭṭāh,* ar. *ḥinṭatu).*

ḥẓ I: n.m., «flecha» // *abn* (cs., hb. *ḥēṣ); ḥẓk; ḥẓk al tšʿl qrth,* «no dispares tus flechas contra la ciudad» (1.14 III 12-13).

ḥẓ II: v.G., «aceptar» (1.6 V 23) (?) (cf. ar. *ḥaẓiya); aḥẓ* o N. *nḥẓ.*

ḥẓr: n.m , «mansión» // *bt, hkl* (so., √*ḥẓr,* hb. *ḥāṣēr,* ar. *ḥīẓāru, ḥaẓīratu); ḥẓr, ḥẓry, ḥẓrk, ḥẓrh.*

ḥẓt: a.f., «dichosa» (1.3 V 31; 1.4 IV 42) (cf. ar. *ḥaẓẓu, ḥaẓẓiyyu);* o quizá forma nominal «suerte, felicidad» (cf. ar. *ḥuẓwatu;* cf. De Moor, UF 11, 643, n. 23, «excelencia»; Margalit, MLD 212, n. 1, «lotería»).

ḥy: cf. *sup. ḥwy;* posible forma adjetival, «vivo» (cf. hb. *ḥay,* ar. *ḥayyu).*

ḥyly: a.m., «luchador», «poderoso, vigoroso» (?) // *mhr, zbl* (1.22 I 9-10) (cf. hb. *ḥayil, ḥayyāl,* ar. *ḥaylu);* cf. *inf. ḥl.*

ḥym: n.m.pl., «vida» // *blmt* (cf. *sup. ḥw/yy, hb. ḥayyîm); ḥym, ḥyk; irš ḥym watnk,* «pide vida y te la daré» (1.17 VI 27); *bḥyk abn nšmḥ,* «en tu vida, padre nuestro, nos gozábamos» (1.16 I 14).

ḥyt: n.f., «vida» (1.3 V 31 y par.) (cf. *sup. ḥw/yy, ḥwt).* Para De Moor, UF (1979) 643, n. 23, se trataría de una forma verbal («¡que viva!») de *ḥy(y).*

ḥk: (?) [base requerida por Driver, CML 138, para interpretar 1.6 VI 46-47: «estar en compañía» (ar. *ḥakā)].*

ḥkm: a.m./v.G., «ser sabio» (1.3 V 30 y par.) (so., hb. *ḥākam,* ar. *ḥakama); ḥkm, ḥkmt; rbt ilm lḥkmt,* «grande eres, *Ilu,* en verdad eres sabio».

ḥkmt: n.f., «sabiduría» (cf. *sup. ḥkm, hb. ḥokmāh);* quizá en 1.3 V 30; 1.4 IV 41 (?); 1.16 IV 2 (?).

ḥkpt: n.l., morada/territorio del dios *Kôṯaru, Ḥikuptu* (Menfis) // *kptr* (cf. Albright, YGC 119, n. 69, para la etimología *eg).*

ḥl: n.m., «fortaleza, baluarte» // *ǵr* (cf. hb. *ḥayil;* cf. Sawyer-Strange, IEJ [1964] 98; Dietrich-Loretz-Sanmartín, UF [1975] 159-461, mejor que «distrito, región»); *ḥl, ḥlm* (enc.); *ḥlm qdš...ḥlm adr ḥl rḥb mknpt,* «la fortaleza santa..., la fortaleza poderosa, el baluarte ancho de envergadura» (1.16 I 7-9). La alternativa «fénix» no resulta aceptable (cf. Virolleaud, «Syria» [1941] 111; Aistleitner, WUS 102; Dahood, UHP 58; *íd.,* RSP II, 10).

ḥlb: n.m., «leche» // *ṯd* (1.15 II 26) (cs., hb. *ḥālāb,* ar. *ḥalabu).*

ḥlm: n.m., «sueño» // *ḏhrt/ḏrt, hdrt* (so., hb. *ḥălôm); ḥlm, ḥlmy, ḥlmh; wbḥlmh il yrd,* «y en su sueño *Ilu* descendió» (1.14 I 35-36); *krt yḫṯ wḥlm,* «*K.* volvió en sí y era un sueño» (1.14 III 50).

ḥln: n.m., «ventana, abertura» // *urbt* (1.4 V 62 y par.) (cf. hb. *ḥallôn).*

ḥlq: n.m. (?), «miembro, parte» // *brk* (1.3 II 14) (cf. hb. *ḥeleq;* ac. *eqlu* hace suponer que la base es √ *ḥlq,* correspondiente normalmente, por tanto, a ar. *ḥalaqa* y no *ḫalaqa;* la concretización es arriesgada: «cuello» (ar. *ḥalqu;* cf. Gordon, UT 397; Rin, AE 83), «muslo» (// *brk;* cf. Virolleaud, GA 18; Albright, YGC 114), «lomo» (hb. *ḥălāṣîm;* cf. Gray, LC 42, n. 1), «pecho» (ar. *ḥaliq;* cf. Dussaud, RHR [1938] 137), «pudenda» (cf. Dietrich-Loretz, UF [1972] 30), «caderas, posaderas» (ac. *ilku;* cf. De Moor, SP 92, exposición de las diversas opiniones). La alternativa, «prenda interior» (nhb. *ḥālûq;* cf. Driver, CML 138) resulta inapropiada, dado el paralelismo.

ḥm: n.m., «calor», «sequía» (cs., hb. *ḥom,* ar. *ḥummu); ḥm un,* «terrible sequía» (1.19 I 40).

ḥmd: v.G., «codiciar» // *hrr* (1.12 I 38) (so., hb. *ḥāmad); ḥmdm* (enc.), *yḥmdm.*

ḥmdrt: n.f., «secano» // *aklt* (cf. ac. *ḫamadīru, ḫamadīrūtu); ḥmdrt ur,* «secano ardiente» (1.19 II 23-24).

ḥmḥm: v.G./R., «estar en cinta, concebir» (1.16 I 29, suponiendo error de *ḥmḥ* por *ḥmḥm)* (so. √ *ḥmm/wḥm,* hb. *yāḥam,* ar. *waḥama, ḥamḥama); ḥmḥm,* forma inf. o nominal.

ḥmḥmt: n.f., «preñez» // *hr* (cf. *sup. ḥmḥm;* cf. Tsumura, UF [1978] 388, n. 5); *bḥbq ḥmḥmt,* «al abrazar(las) hubo preñez» (1.23:51).

ḥmḥmt II: (?) (lexema supuesto en 1.23:51, «gemido», ar. *ḥamḥamatu,* por Mustafa, AcOrHung [1975] 100).

ḥmṣ: (?) [base requerida por algunos para interpretar 1.19 I 17; cf. Dijkstra-De Moor, UF (1975) 199; Gibson, CML 146; Margalit, UF (1976) 172, n. 82: «agriar(se)», (ar. *ḥamuḍa),* «ser altivo» (sir. *ḥameṣ)].*

ḥmr I: n.m., «asno» // *ibr* (1.14 III 17 y par.) (cs., hb. *ḥămôr,* ar. *ḥimāru); ḥmrh, ḥmrm* (?).

ḥmr II: n.m., «montón» (cf. hb. *ḥōmer;* cf. Cassuto, BOS II, 142; Dietrich-Loretz-Sanmartín, UF [1975] 538); *npš blt ḥmr,* «(mi) apetito devora a montones» 1.5 I 18-19). Preferible a las alternativas «arcilla» (hb. *ḥōmer),* «vino» (hb. *ḥemer;* se supondría error por *ḫmr);* para las distintas opiniones, cf. Sasson, RSP I, 413. Es posible que etimológicamente estas dos bases estén relacionadas («asno/carga de»).

ḥmt I: n.f., «muro» // *mgdl* (cf. hb. *ḥômāh,* fen. *ḥmyt,* EA *ḫumitu); rkb ṯkmm ḥmt,* «monta a hombros del muro» (1.14 II 21-22).

ḥmt II: n.m., «odre» // *ʿdn, qbʿt* (?) (cf. hb. *ḥemet,* ar. *ḥamītu,* ac. *ḫimtu); ḥmthm; kly yn bḥmthm,* «se había acabado el vino en sus odres» (1.16 III 14-15).

ḥnn: v.g., «fue benévolo» (1.10 I 12) (cs., hb. *ḥānan); yḥnnn.*

ḥnt: n.f., «benevolencia, gracia» [cf. *sup. ḥnn;* preferible a «súplica» o «lamento» (√ *nḥn/ḥnn);* cf. Dietrich-Loretz-Sanmartín, UF (1976) 433-434]; *ḥnth; yqrb bʿl bḥnth,* «se acercó *B.* en su benevolencia» (1.17 I 16).

ḥsn: n.m., «saltamontes, langosta» // *irby* (1.14 II 1) (cf. hb. *ḥāsîl).*

ḥsp: v.G., «sacar agua», «recoger agua» (cf. hb. *ḥāśap;* o bien «echar, derramar», ar. *ḥasufa); tḥspn; ḥspt; tḥspn mh wtrḥṣ,* «le sacaron agua y (la) lavaron» (1.3 II 38).

ḥpn: n.m., «puño», «codicia» (?) (1.16 VI 58) [cf. hb. *ḥōpen,* ar. *ḥafana,* «coger a dos manos», *ʾiḥtafana linapsihi,* «apropiarse»; Driver, CML 139, supone error/metátesis por *ḥnp* (cf. hb. *ḥōnep,* ar. *ḥanafa),* «impiedad»]; *ḥpnk.* En 1.22 I 9; II 12, se presupone un n.p. *yḥpn* («el Codicioso»).

ḥpš: v.G., «recoger (paja)» // *ḥṭb* (so., hb. *ḥāpaš,* ar. *ḥafaša); ḥpst; sʿt...bgrnt ḥpšt,* «barridas... de las eras las que recogen paja» (1.14 III 7-8).

ḥṣ I: n.m., «grava» // *mll* (1.1 IV 11) (cs., ac. *ḫiṣṣu,* ar. *ḥaṣātu;* cf. De Moor, SP 118; posible relación con la √ *ḥṣṣ/ḥṣy,* «cortar», p. ej., «gavilla»; cf. Caquot-Sznycer; TOu 308).

ḥṣ II: (?) (base supuesta en 1.16 IV 5; cf. *inf. kḥṣ).*

ḥqkpt: cf. *sup. ḥkpt,* posible error/variante fonética.

ḥrb I: n.f., «cuchillo», «espada» // *tʿrt* (1.19 IV 45) (cs., hb. *ḥereb); ḥrb, ḥrbm* [enc. (?)]; *ḥrb bbšr tštn,* «metieron el cuchillo en la carne» (1.15 IV 25); *ḥrb ltšt,* «espada afilada» (1.2 I 32); *ḥrb mlḥt,* «cuchillo 'a la sal'» (cf. *inf. mlḥt).*

ḥrb II: (?) (base supuesta por De Moor, SP 133; Gibson, CML 146, para interpretar 1.2 IV 4: «tiburones»/«atacantes»).

ḥrḥrt: n.f., «llamarada», «antorcha» (?) // *išt* (1.2 III 13) (cs., hb. *ḥārar, ḥārāh;* cf. Rin, AE 43); *ḥrḥrtm.*

ḥry: n.p., nombre de la esposa de *Kirta, Ḥurrayu* (so., ar. *ḥurratu,* «libre»).

ḥrn: n.d., divinidad ctónica, *Ḥorānu* (cf. Albright, YGC 120).

ḥrnq: n.m., «vergel» (?) // *krm* (1.24:23) (cf. ac. *urnuqqu;* Herrmann, YN 14).

ḥrṣ I: v.G., «cortar», «morder» (1.19 I 8, 10) (cs., ar. *ḥaraṣa;* Del Olmo Lete, AF [1976] 240, n. 39, para esta y otras propuestas; también Dijkstra-De Moor, UF [1975] 197-198, «estropearse», ar. *ḥaraḍa;* Dietrich-Loretz, UF [1979] 196, «guadaña»/«mordisco»).

ḥrṣ II: n.m., «lechada de cal» // *spsg* (1.17 VI 36-37) (cf. ar. *ḥurḍu;* cf. Ginsberg, BASOR [1941] 23). Las principales alternativas serían: «óleo» (ac. *harṣu;* cf. Goetze, JCS [1947] 314-315; Dietrich-Loretz-Sanmartín, UF [1976] 39, n. 25), «Beigaben» = «objetos complementarios» ($\sqrt{}$ *ḥrṣ,* «cortar»; cf. Dietrich-Loretz, UF [1979] 194-196), «surco», «arruga» ($\sqrt{}$ *ḥrṣ,* «cortar»; cf. Aistleitner, WUS 107; Margalit, UF [1976] 166, 170), «corrupción» (ar. *ḥaraḍu;* Caquot-Sznycer, TOu 433), «oro» (ug. *ḫrṣ;* cf. Dijkstra-De Moor, UF [1975] 190).

ḥrr I: v.G., «quemar, tostar», «agostarse, abrasarse, inflamarse» // *ṣḥrr, šḫn* (cs., hb. *ḥārar); ḥrr, tḥrr, yḥrr; ʿṣr tḥrr lišt,* «un pájaro has tostado al fuego» (1.23:41).

ḥrr II: (?) (lexema requerido por Margalit, MLD 111-112, para interpretar 1.5 II 5: «hueso (de frutas)», $\sqrt{}$ *ḥrr,* «ser redondo»).

ḥrš I: n.m., «artesano, herrero», «trabajo» (cs. $\sqrt{}$ *ḥrš,* hb. *ḥārāš, ḥereš;* cf. Dijkstra-De Moor, UF [1975] 214); *dḥrš ydm,* «el artesano ambidiestro» (1.3 VI 23 y par., título de *Kôṯaru,* el dios de la técnica y la magia); *bt ḥrš,* «fragua, taller» (1.12 II 61; las equivalencias ac. propuestas *(bīt ḫarišti/ḫurizāti/ḫurši)* ignoran que es *eršu* ($\sqrt{}$ *ḥrš,* no $\sqrt{}$ *ḫrš)* la correspondencia lingüística; cf. Gray, UF [1971] 67-68; por su parte, Wyatt, UF [1976] 421, propone «casa de la adivinación», *inf. ḥrš II).*

ḥrš II: n.m., «conjuro mágico» (1.19 IV 60) (derivación semántica cs. de $\sqrt{}$ *ḥrš I,* p. ej., hb. *ḥărāšîm); ḥršm.*

ḥrš: v.Gt., «hacer conjuros, encantamientos» (1.16 V 26) (cf. *sup. ḥrš II); iḥtrš.*

ḥrṯ: v.G., «arar, laborar la tierra» // *ṯlṯ* (cs., p. ej., ar. *ḥaraṯa); ḥrṯ, yḥrṯ; alp ḥrṯ,* «bueyes de labor» (1.14 III 18); *yḥrṯ kgn aplb,* «aró como un huerto (su) pecho» (1.5 VI 21-22).

ḥrṯ: n.m., labrador, labriego» // *ʿdb dgn* (1.16 III 12) (cf. *sup. ḥrṯ).*

ḥš: v.G., «apresurarse, darse prisa» (cs., hb. *ḥûš,* ac. *ḫâšu); ḥš,* «de prisa», posible forma verbal (imp.-inf.) con valor adv. (cf. hb. *ḥîš); dl ylkn ḥš,* «que no puede andar de prisa» (1.1 IV 7); *ḥš rmm hklm,* «de prisa alza un palacio» (1.4 V 52). Para la interpretación de *ḥšk* en 1.3 III 18 y par., cf. *inf.*

ḥšk: v.G., «empuñar, agarrar» (cf. hb. *ḥāśak,* «retener, conservar»; cf. Aistleitner, WUS 109); *ḥšk ʿṣk ʿbṣk,* «empuña tu asta (y) tu maza» (1.3 III 18 y par.). La alternativa más corriente ve aquí una forma de *ḥš* (cf., p. ej., De Moor, SP 106); otras propuestas pueden considerarse superadas: «vergel» (cf. Virolleaud, DA 31-34), «prescindir de» (cf. Cassuto, GA 126), «compasión» (cf. Obermann, UM 89), «insignia» (?) (cf. Gordon, UT 399).

ḥšn: (?) (cf. 1.5 III 3-4).

ḥt: (?) [base requerida por De Moor, SP 173, y Gibson, CML 146, en 1.4 VII 58; 1.8:11: ar. *ḥāta,* «volar en círculo»; cf. también 1.16 II 15. Por otra parte, la suposición de Gaster, BO (1952) 82, de una base *ḥt* (√ *ḥtt),* «terror», en 1.17 I 28 y par., no es aceptable].

ḥtk: n.m., «progenitor» // *ab* (1.6 IV 11 y par.) (cf. hb. *ḥātak;* cf. Ginsberg, LKK 33); *ḥtkk.* Posiblemente una forma pa. de la base mencionada; para su evolución semántica, cf. Rin, AE 235; Falk, JSS (1969) 39ss; Van Zijl, *Baal,* p. 252; Cross, CMHE 14, n. 19; otros prefieren el valor «potestad, autoridad», «ejercer patria potestad, regir» para 1.6 VI 46 y 1.14 I 10 (cf. De Moor, SP 241; Dietrich-Loretz, *Fs Elliger,* 32-33). El valor «andar con presteza» (cf. Gray, LV 187, n. 7) debe ser descartado.

ḥtk: n.m., «estirpe, progenie, hijo» // *mknt, ṯbt* (1.14 I 10 y par.) (cf. *sup. ḥtk,* posiblemente una forma pp. de esa base; cf. Van Selms, MFL 94, n. 10); *ḥtk, ḥtkh, ḥtkn; ḥtk dgn,* «progenie de D.» [// *bʿl;* cf. *sup. bn dgn,* p. ej., 1.10 III 14; debe excluirse aquí el sentido «padre (del grano)» que supone Du Mesnil, «Berytus» (1978) 77].

ḥtl: n.m., «pañal» (1.12 I 19) (cf. hb. *ḥittûl, ḥătullāh); ḥtlk.*

ḥtn: (?) (cf. 1.17 VI 9).

ḥtṯ: n.m., «plata» // *ḫrṣ* (cf. hit. *ḫattuš,* cf. Friedrich, ZDMG [1942] 492-493); *gl ḥtṯ,* «copa de plata» (1.14 IV 1).

ḫbl: n.m., «desperdicio, carroña, basura» // *rṯn* (1.1 IV 8) (cs., ar. *ḫablu,* hb. *ḥebel;* cf. De Moor, SP 118; preferible a «destrucción» propuesto por Caquot-Sznycer, TOu y otros).

ḫbr: n.l., nombre de la ciudad-estado de *Kirta, Ḫaburā* (?) (1.14 II 29) (cf. sil. *ḫa-bu-ra-a;* cf. Astour, RSP II, 284-285); *bt ḫbr,* «*Bêtu Ḫaburā*» [o *Bittu-Ḫaburā;* cf. Badre *et al.,* «Syria» (1967) 107, nombre de la capital; en todo caso se han de abandonar antiguas propuestas como: «depósito, bodega, granero» (Albright, BASOR 98 ⟨1945⟩ 24-25; Driver, CML 140), «reunión, comunidad, 'city-hall'» (Albright, BASOR 63 ⟨1936⟩ 29; Rosenthal, «Or» ⟨1939⟩ 231, n. 2), «alforja» (Aistleitner, «Theologia» ⟨1938⟩, 7)]; *ḫbr rbt ḫbr ṯrrt,* «*Ḫ.*, la Grande, *H.*, la Potente» (1.15 V 19-20, título de la ciudad-estado).

ḫbrt: n., «cazuela» // *ḫptr* (1.4 II 9) (cf. hit. *ḫuprušḫu;* cf. Friedrich, ZDMG [1942] 489; De Moor, ULe 67).

ḫdy: (?) [base requerida, «alegrarse» (cf. hb. *ḥādāh),* por Dahood, RSP I, 354, 355 (pero cf. De Moor, SP 94), para interpretar 1.3 V 22; 1.18 I 9; cf. *sup. aḫd].*

ḫḏ: posible forma contracta de *ḫḏḏ* (cf. Ginsberg, LKK 37-38; Cazelles, «Syria» [1956] 56).

ḫḏḏ: n.m., «llovizna» // *yr* (cf. hb. *ḥāzīz;* preferible a «trueno», Watson, «Or» [1976] 441); *hlk lalpm ḫḏḏ,* «marchan por miles como llovizna» (1.14 II 39 y par.). Aistleitner, WUS 118, «vulgo» (ar. *ḫassa),* inaceptable.

ḫz: (?) (posible lectura en 1.17 VI 35, según Gaster, *Thespis* [1950] 452, «insulto», ar. *ḫazā;* cf. *inf. ḫḫ I).*

ḫḫ I: n. m., «lodazal, basurero»/«pozo» // *hmry, mk* (1.4 VII 13 y par.) (cf. ac. *ḫabḫu,* hb. *ḥôaḥ/ ḥăwāḥîm;* cf. Caquot-Sznycer, TOu 220; Margalit, MLD 80-81); *ḫḫ, ḫḫm* [enc. (?)]; *lǵzr šrgk ḫḫm,* «para un Prócer tus embrollos son un lodazal», es decir, una trampa o el mismo «infierno» (1.17 VI 34-35; no es preciso, pues, reclamar una base distinta para este texto).

ḫḫ II: (?) [base requerida por Dietrich-Loretz-Sanmartín, UF (1976) 50, «débil» (?), para su lectura en 1.22 I 10].

ḫṭ I: n.m., «cetro, vara, bastón» // *mṭ* (cf. ar. *ḫaṭṭu,* ac. *ḫaṭṭu;* cf. Tsumura, UF [1976] 408, n. 19); *ḫṭ, ḫṭk, ḫṭh, ḫṭm* (enc.); *il ḫṭh nḥt,* «*Ilu* depuso su cetro» (1.23:37); *ḫṭm tʿmt pṯr,* «con una vara golpeó abriendo brecha» (1.16 VI 8); *lyṯbr ḫṭ mṭpṭk,* «sin duda romperá tu cetro de mando» (1.2 III 18). Mayores precisaciones semánticas («duela del arco») fuerzan la sinonimia; cf. Cross, CMHE 23, n. 57; Trujillo, UR 165.

ḫṭ II: v.G., «despertar, volver en sí» ≠≠ *ḥlm* (1.14 III 50) (cf. ac. *ḫâṭu); yḫṭ;* Š. *tšḫṭann* (?) (1.19 III 45; cf. Dijkstra-De Moor, UF [1976] 209; cf. *inf. ḫṭa;* difícilmente se podría hablar de «despertar» a un muerto de su sueño sino por su «resurrección»).

ḫṭ III: (?) [base supuesta por Margalit, UF (1976) 157, «cuerda, hilo» (hb. *ḥûṭ,* ar. *ḫayṭu)* para interpretar 1.16 VI 8].

ḫṭa: v.Š., «extraviar» (1.19 III 45) (cs., hb. *ḥāṭāʾ,* ar. *ḫaṭiʾa); tšḫṭann.*

ḫṭm: (?) [base requerida («ibisco» o similar, ar. *ḫaṭmiyyu)* para interpretar 1.16 VI 8; cf. Saliba, JAOS (1972) 108-109; Bordreuil-ʿAjjan, «Semitica (1978) 5-6].

ḫym: n.m., «dosel» // *ṯbt* (1.4 I 29) (en posible relación con *ḫm/ḫmt;* ar. *ḫaymu,* ac. *ḫaʾum;* cf. Caquot-Sznycer, TOu 195; Van Selms, UF [1975] 471; Dietrich-Loretz, UF [1978] 59).

ḫkr: (?) [lexema supuesto en 1.4 II 8, «ornamento» (eg. *ḫkr)* por Driver, CML 139; leer *ḫptr].*

ḫl: v.G., «retorcerse (de dolor de parto)», «chospar, dar saltos» // *yld, hlk* (1.12 I 25; 1.10 II 29) (cf. hb *ḥîl/ḥûl;* es preferible suponer una transformación semántica mejor que dos bases diferentes).

ḫlb: n.m., «macizo, promontorio» // *ǵr* (1.4 VIII 6 y par.) (cf. ac. *ḫalbu;* De Moor, SP 185).

ḫld: (?) (base supuesta en 1.17 II 42, «quedar, descansar», ar. *ḫalada,* por Margalit, UF [1978] 553).

ḫlq: v.G., «pereció» // *mt* (1.5 VI 10 y par.) (cf. ac. *ḫalāqu,* ar. *ḫali/uqa).*

ḫlln: n.m., «procreación», «parto» (?) // *hr* (?) (1.17 II 42) (cf. *sup. ḫl;* Dijkstra-De Moor, UF [1975] 180, sugieren la lectura *ḫlḫlt* con el mismo valor).

ḫm: n.m., «pabellón, tienda, vestíbulo» // *mṯb* (1.15 IV 23) (cf. *sup. ḫym, inf. ḫmt;* Dietrich-Loretz, UF [1978] 60).

ḫmat: n.f., «manteca» // *ḥlb* (1.23:14) (cf. hb. *ḥemʾāh,* arm. *ḥemʾātā,* ac. *ḫimētu).*

ḫmmr: (?) (lectura supuesta en 1.15 IV 23 por *ḫm gr;* cf. *sup. ḫm).*

ḫmr: n.m., «vino, licor» // *lḥm, msk* (so., ar. *ḫamru); alp kd yqḥ bḫmr,* «mil cuartillos cogía de vino» (1.3 I 15-16). Dahood, UHP 39, 59, 64; íd., RSP I, 186, mantiene el valor de «taza, recipiente», tanto para el ug. como para el hb.; cf. De Moor, SP 75, 78; Lipinski, UF (1970) 84-85; Dietrich-Loretz, UF (1972) 28.

ḫmš: núm., «cinco» (1.23:57) (cs. $\sqrt{}$ *ḫmš); ḫmš, ḫmšt* (f.s./pl., referido a *ṯqlm,* «piezas/pesas de cinco (siclos)»; cf. Del Olmo Lete, UF [1975] 89-91, a propósito de 1.14 I 30).

ḫmš: a.m.num., «quinto» // *ṯdṯ* (cf. *sup. ḫmš;* corriente en la «escala numérica»; cf. *sup.* pp. 60s).

ḫmš: v.D., «repetir cinco veces» // *ṯdṯ* (1.16 V 17) (denominativo de *ḫmš).*

ḫmt: n.f., «tienda» (cf. ar. *ḫaymatu, sup. ḫym, ḫm); ʿrb bẓl ḫmt,* «entró a la sombra de la tienda» (1.14 III 55).

ḫnzr: n.m., «jabalí, jabato» // *ǵlm* (1.5 V 9) (cf. ar. *ḫinzīru,* ac. *ḫuzīru,* ac.-hur. *ḫanizarru,* nombre de animal y de oficio (militar); cf. De Moor, SP 185ss; Caquot-Sznycer, TOu 247-248).

ḫnp: n.m., «iniquidad» (1.18 I 71) (cs., ac., *EA ḫanāpu;* Dijkstra-De Moor, UF [1975] 190). A partir del ar. *ḫanafa,* se propone el matiz «altivo», «ira»; cf. Gray, LC 115, n. 4; Caquot-Sznycer, TOu 435-436.

ḫss: v.G., «recordar» (1.15 III 25) (cf. ar. *ḫassa,* ac. *ḫasāsu); tḫss;* D., «hacer pensar», «excitar»; *yḫss* (// *ʿrr;* 1.4 IV 39; cf. Caquot-Sznycer, TOu 205).

ḫss: n.d., segundo elemento del nombre compuesto del dios *kṯr wḫss, Ḫasīsu* (cf. ac. *ḫasīsu;* Von Soden, AHw 330).

ḫsp: n.G., «ajarse» // *ḫrb, ǵly* (1.19 I 31) [cf. ar. *ḫasafa,* fen. *ḥsp (?);* cf. Dijkstra-De Moor, UF (1975) 201, n. 243; Donner-Röllig, KAI 4]; *yḫsp.*

ḫsr: v.G., «fallar, faltar» (so., hb. *ḥāsēr,* ar. *ḫasira); ḫsrt; npš ḫsrt bn nšm,* «el vigor ha fallado a los hombres» (1.6 II 17-18).

ḫp: n.m., «orilla» (cf. hb. *ḥôp,* ar. *ḫayfu, ḫifāfu;* cf. De Moor, SP, SP 90); *ḫp ym,* «orilla del mar», «occidente» (≠≠ *ṣat špš;* 1.3 II 7).

ḫprt: n.f., «cordera, oveja» // *kr* (cs. supuesta metátesis, ar. *ḫarūfatu,* ac. *ḫarāptu); ilht ḫprt,* «diosas-corderas» (1.VI 48).

ḫptr: n.m., «puchero» // *ḫbrṯ* (1.4 II 8) [cf. ac.-hur. *ḫuppat(a)ru;* cf. Salonen, HAM 88].

ḫpṯ: n./a.m., «mercenario, soldado»/«hombre libre, recluta» // *ṯlṯ, ṯnn* (1.14 II 37) (cf. ac. *ḫupšu,* hb. *ḥopšî;* cf. Dietrich-Loretz-Sanmartín, UF [1974] 26-27; Yamashita, RSP II, 51-52; Rainey, RSP II, 92, 103-104); *bn ḫpṯ,* «cría suelta, abandonada» (// *ʿgl,* por el paralelismo preferible a «hijo del soldado»; cf. Dahood, «Bib» [1968] 359; íd., *Fs Prado,* 165s, «hijo del balido»; Loretz, UF [1977] 166). La relación con ar. *ḥubsu* es discutible; cf. Driver, CML 140.

ḫpṯt: n.f., «libertad», «categoría de *ḫpṯ*» // *arṣ,* por antítesis, «casa de (la pérdida de) libertad» o de conscripción de los «mercenarios» de la Muerte; para las diversas opiniones («enfermería», «lazareto», «prisión», «osario», «morada de corrupción», etc.), cf. Tromp, PCD 158-159; De Moor, SP 185; Dahood, *Fs Prado,* 164; y últimamente Caquot-Sznycer, TOu 220; Loretz, UF [1977] 165, «casa de los *ḫpṯ*», «casa del lamento».

ḫṣb: v.Gt., «batirse» // *mḫṣ* (1.3 II 6 y par.) (cf. hb. *ḥāṣab) tḫtṣb.*

ḫr: n.m., «caverna» (1.13:17) (cs. √*ḫrr/ḫry,* hb. *ḥôr,* ar. *ḫurru;* cf. Cazelles, «Syria» [1956] 53).

ḫrb: v.G., «agostarse, secarse» // *ǵly, ḫsp* (1.19 I 30) (cs., hb. *ḥārab/ḥārēb,* ar. *ḫariba); yḫrb.*

ḫrḫb: n.d., divinidad del verano (tiempo de las cosechas y las bodas; cf. gr. *hyménaios,* rey del verano; Gaster, JBL [1938] 82), al parecer, padre de *Nikkal, Ḫarḫabbu* (?) (posible forma reduplicada de *ḫrb, Ḫarḫarbu* > *Ḫarḫabbu,* «Madurador»; para otros se trataría de la divinidad *hur. Ḫiriḫibi;* cf. Goetze, JBL [1941] 358; Herdner, «Semitica» [1949] 20, identificable con *Šamaš/Šapšu,* mejor que con *Môtu,* cf. Du Mesnil, «Berytus» [1978] 79; para otras opiniones, cf. Herrmann, YN 3; Rinaldi, «Aegyptus» [1954] 198; Wyatt, UF [1977] 289-290).

ḫrṭ: v.G., «desplumar» (1.23:38) (cf. ar. *ḫaraṭa); yḫrṭ.*

ḫrẓ (?) (base supuesta por Gray, JNES [1951] 147, n. 11, «prisa» (ar. *ḫaraṭa),* como corrección de *ḫrẓʿ).*

ḫrẓ': n.m., «paso» (?) // *p'n* (1.12 I 41) (cf. ar. *kursū'u,* sir. *karsû'ō;* cf. Van Zijl, *Baal,* pp. 259-260); *ḫrẓ'h.*

ḫrm: v.G., «traspasar» (?) [1.13:3 (?)] (cf. ar. *ḫarama).*

ḫrn: n.m., «cuadrilla, caravana» // *'ḏbt* (cf. ac. *ḫarrānu); ṣḥ ḫrn bbhth,* «convocó una cuadrilla en su casa» (1.4 V 36). La sugerencia de Aistleitner, WUS 116, «trabajadores de la tierra» (cf. √ *ḫry/ḫrr),* no parece aceptable.

ḫrṣ: n.m., «oro» // *ksp* (cs., hb. *ḥārûṣ,* ac. *ḫurāṣu,* ar. *ḫurṣu,* gr. *chrysós; ḫrṣ, ḫrṣm* (enc.); *wṯlṯh ḫrṣm,* «y su triple en oro» (1.14 IV 43); *yrq ḫrṣ;* «oro amarillo/verde» (1.14 III 34 y par.; ac. *ḫarāṣu arqu,* Bottéro, RA [1949] 17, hb. *y^{e}raqraq ḥārûṣ,* Sal 68,14); *ḫrṣ nsb llbnt,* «el oro fue transformado en ladrillos» (1.4 VI 34-35).

ḫršn: n.l., la montaña divina, morada de *Ilu, Ḫuršānu // ǵr* (1.1 II 23 y par.) (cf. ac. *ḫuršānu;* cf. Clifford, CMC 39ss; Wakemann, GBM 90).

ḫrt: n.f., «averna», «sepultura» // *qbr* (cf. *sup. ḫr,* fen. *ḥrt,* ac. *ḫirītu;* De Moor, SP 184); *aštn bḫrt ilm arṣ,* «le pondré en la caverna de los dioses de la 'tierra'» (1.5 V 5-6).

ḫš: v.G., «asustarse, temer» (7.4 VII 38) (cf. ac. *ḫāšu,* ar. *ḫāsa;* cf. Clifford, CMC 146, n. 65); *tḫš, tḫšn* (?). Los valores «estar quieto» (hb. *ḥāšāh;* cf. Cassuto, BOS II, 190) o «entrar, invadir» (ar. *ḫašša;* De Moor, SP 165; Margalit, MLD 64-65) son menos probables en el contexto, mientras «apresurarse» pasa por alto ug. *ḥš* (cf. Van Zijl, JNSL [1972] 82-84; íd., *Baal,* pp. 150-151).

ḫšt: n.f., «pórtico» (?) // *bt* (1.16 I 3 y par.) (cf. ar. *ḫašša); ḫštk; ap hštk,* «la entrada de tu pórtico». Una alternativa válida es «sepulcro, mausoleo», teniendo en cuenta la costumbre cananea de enterrar bajo el suelo de la casa (cf. ac. *ḫaštu;* Sawyer-Strange, IEJ [1964] 97; De Moor, UF [1969] 171, n. 29; Margalit, UF [1976] 148; Sanmartín, UF [1978] 454). Otras propuestas resultan menos verosímiles: «alegría, lozanía» (ar. *ḫiššatu),* «propiedad» (art. *'iḫtāsa),* «debilidad» (ar. *ḫassa;* cf. Loewenstamm, UF [1970] 355), «hinchazón» (ac. *ḫiššatu;* cf. Driver, SJM [1965] 102), «lugar de confinamiento» (ar. *ḫayyasa;* cf. Gibson, CML 147); para las diversas opiniones, cf. Caquot-Sznycer, TOu 549.

ḫt: v.G., «ceder, romperse, ser vencido» // *mt,* ≠≠ *la(y)* (cf. hb. *ḥat,* √ *ḫtt); ḫt, ḫtt; mt dm ḫt,* «¡*Môtu,* seas derrotado!» (1.16 VI 1).

ḫta: v.Gp., «ser triturado» (1.4 VIII 20 y par.) (cs., hb. *ḥātā',* ac. *ḫatû;* cf. Van Zijl, *Baal,* p. 210); *ḫtu, tḫtan.* Margalit, MLD 84, sugiere *ad sensum* un valor «alistar»/«fundirse».

ḫtn: v.D., «hacerse yerno, pariente» // *trḫ* (1.24:25-26) (cs., hb. *ḥātān,* denominativo; cf. Herrmann, YN 15; Van Zijl, *Baal,* pp. 226-267); *ḫtnm* (enc.).

ḫtn: n.m., «emparentamiento, boda» // *trḫ* (1.24:32) (cf. *sup. ḫtn).*

ḫṯr: n.m., «bieldo» // *dry* (1.6 II 32) (so. ar. *ḫaṯara/ḫašara,* hb. *ḥāšar;* cf. Bronner, SEE 114. En razón del contexto preferible a «cedazo, tamiz», a pesar del uso posterior hb.; cf. De Moor, SP 210; Dietrich-Loretz-Sanmartín, UF (1973) 89.

ṭb: a.m., «bueno, suave, dulce, agradable» (cs. hb. *ṭôb,* ac. *ṭābu); ǵzr ṭb ql,* «mancebo de suave voz» [1.3 I 20; cf. 1.23:14 (?)].

ṭbḫ: v.G., «degolló, sacrificó» // *šql, šlḥm* (cs., hb. *ṭābaḥ,* ac. *ṭabāḫu); ṭbḫ, tṭbḫ, yṭbḫ; ṭbḫ alpm ap ṣin,* «degolló bueyes y también ovejas» (1.4 VI 40-41 y par., fórmula de sacrificio).

ṭbn: n.m., «dulzura, suavidad, bondad» (cf. *sup. ṭb); ṭbn ql bʿl,* «la dulzura de la voz de *B.*» (1.19 I 46). La versión «lluvia» destruye el sintagma, claramente atestiguado, o supone al menos la desvirtuación del «significante» en aras del «significado»; cf. Dahood, «Bib» (1973) 404; Watson, UF (1976) 377; pero Dijkstra-De Moor, UF (1975) 202, n. 255.

ṭbq: v.G., «cerrar, tabicar» (cf. ar. *ṭabaqa, aṭbaqa); ṭbq lḥt niṣh,* «que cierre las fauces de sus detractores» (1.17 I 28-29).

ṭhr: a.m., «puro, brillante» (so., hb. *ṭāhôr,* ar. *ṭahura;* cf. Herrmann, YN 13; Sasson, RSP I, 418); *ṭhrm; bht ṭhrm iqnim,* «una casa del(os) más puro(s) lapislázuli(s)» (1.4 V 19 y par.).

ṭḥn: v.G., «triturar, moler» // *rḥm* (cs., ar. *ṭaḥana); ṭḥn, tṭḥnn; brḥm tṭḥnn,* «con piedras (de moler) le trituró» (1.6 II 34).

ṭḫ: v.G., «revocar, enlucir» (so., hb. *ṭûaḥ,* ar. *ṭāḫa); ṭḫ ggy bym ṭit,* «que revoque mi tejado en días de/cuando se forme barro» (1.17 II 22 y par.).

ṭl: n.m., «rocío» // *mṭr, šmn, rbb* (so., hb. *ṭal); ṭl šmm šmn arṣ,* «rocío del cielo, aceite de la tierra» (1.3 IV 43).

ṭlb: (?) (1.5 IV 2, 4; cf. ar. *ṭalaba,* «requerir»).

ṭly: n.d., hija de *Baʿlu, Ṭallayu* (sil. *ṭa-la-ia;* cf. Astour, *Ug.* VI, 11-12, 22; Lipinski, UF [1971] 84, n. 20).

ṭll: v.Dp., «destilar rocío» (cf. *sup. ṭl,* denominativo); *yṭll; ṭl yṭll lǵnbm,* «el rocío se destile sobre las uvas» (1.19 I 41-42).

ṭʿn: v.G., «atacar/traspasar» (1.5 I 26) (so., compromiso entre hb. *ṭāʿan,* ar. *ṭaʿana,* «cargar» y «traspasar»; Margalit, MLD 106, «morder»); *ṭʿn, itʿnk.*

ṭrd: v.G., «echar, expulsar» // *grš* (cs., ar. *ṭarada;* cf. Dijkstra, UF [1970] 333-334; Pardee, UF [1975] 348; íd., [1976] 235); *ṭrd, yṭrdh* (?); *ṭrd bʿl bmrym ṣpn,* «que echó a *B.* de las alturas de *S.*» (1.3 IV 1).

ṭry: n./a.m., «alimento fresco» (idéntica metonimia en español: fresco/pescado) // *lḥm* (1.6 VI 43) (cf. *hb. ṭārî,* ar. *ṭariyyu;* podría tratarse de una forma nominal/ verbal; cf. Lipinski, OLP [1972] 160, n. 35). Otras sugerencias parecen menos probables: «espacio(so)» (sir. *ṭawrō,* hb. *ṭûr, ṭîrāh;* cf. Dijkstra, JANES [1974] 68, n. 57), «descenso» (ar. *ṭaraʿa;* cf. Watson, UF [1977] 276).

ṭrp: (?) [base supuesta en 1.16 VI 8, «brote, hoja (medicinal») (arm. *ṭarpā,* ar. *ṭarafa* ⟨?⟩), por Margalit, UF (1976) 157-158; cf. *inf. pṭr].*

ṭt: n.f., «fango» // *rṯn* (1.1 IV 8) (cf. ar. *ṭīnu, ṭīnatu;* cf. De Moor, SP 118); *ṭtm* [enc. (?)]; *ḫbl ṭtm,* «desperdicios fangosos» *(ibid.).* Caquot-Sznycer, TOu 307, sugieren «hambriento» (ar. *ṭawiya).*

ẓa: (?) [base supuesta por Gray, JNES (1951) 148, n. 18; para interpretar 1.12 I 19: «humillarse» (ar. *ṭaʾṭaʾa);* cf. *inf. yẓa].*

ẓu: n.m., «exhalación, secreción», posible metonimia de efecto por causa, «olor» (cf. *inf. yṣa/yẓa,* et. *ṣēʾa,* hb. *ṣôʾāh;* cf. Caquot-Sznycer, TOu 162); *ẓuh; dalp šd ẓuh bym,* «cuya exhalación se nota a mil yugadas/leguas en el mar» (1.19 IV 43). Otras propuestas: «*habitat,* lugar de origen» (ar. *ḍûʾḍûʾu,* hb. *môṣāʾāh;* cf. De Moor, «Or» [1968] 213), «humillarse, agacharse» (cf. *sup. ẓa).*

ẓby: n.m., «gacela» // *ṯr* (1.15 IV 7, 18, apelativo de «nobles» o «guerreros») (cs., ar. *ẓabyu).*

ẓhr: cf. *sup. ṭhr,* variante fonética.

ẓḥq: cf. *inf. ṣḥq,* variante fonética.

ẓl: n.m., «sombra, reflejo, brillo», (cs., ar. *ẓillu,* hb. *ṣēl;* cf. Obermann, UM 63, n. 73); *ẓl ksp,* «el reflejo de la plata» (hb. *ṣēl hakkesep,* Ecl 7,12; cf. Gordon, UL 133); *bẓl ḥmt,* «a la sombra de la tienda» (1.14 III 55).

ẓlmt: n.f., «tiniebla» // *ǵlmt* (1.4 VII 55 y par.) (cf. ar. *ẓulmatu,* hb. *ṣalmāwet/ sᵉlāmôt).*

ẓpn: v.G., «ocultarse, penetrar» (?) (1.13:15) (cf. hb. *ṣāpan,* posible variante fonética de *ṣpn); tẓpn.*

ẓr: n.m., «espalda, dorso» [cs., ar. *ẓahru,* ac. *ṣēru,* EA *zu-uḫ-ru-(ma)]; ẓrh; anš dt ẓrh,* «los músculos de su espalda» (1.3 III 35); *lẓr,* «encima/de encima», «a hombros, arriba» (cf. ac. *ina ṣeri).*

-y: morfema pronominal sufijo y enfático (cf. Gordon, UT 36; Aartun, PU I, 44ss).

y-: interj., «¡oh!», «¡ay!» // + *l* (cf. ar. *yā;* cf. De Moor, SP 118); *yilm,* «¡oh *Ilu!*» (1.3 V 20); *yšpš,* «¡oh *Š.!*» (1.6 IV 22); *ybn,* «¡oh hijo!» (1.16 VI 55); *ybn ašld,* «¡oh hijos que engendré! (1.23:65); *ylk/ylkm,* «¡ay de ti!» (1.19 III 46 y par.).

yb: v.G., «sollozar» // *bky* (1.19 III 40) (cf. hb. *yābab;* cf. Rin, AE 404, 417; Margalit, UF [1976] 173).

ybl I: v.Ga/p., «llevar, traer» (cs., hb. *yābal;* cf. De Moor, SP 179, 224); *ybl, yblt, ybl, ybln, yblnn, yblk, tblk; rgm lil ybl,* «palabra a *Ilu* se le llevó» (1.23: 52); *bšrtk yblt,* «las nuevas que te traigo» (1.4 V 27); *wybl trḫ ḥdṯ,* «también fue tomado el recién desposado» (1.14 IV 26).

ybl: n.m., «varal» // *qblbl* (1.4 I 37) (cf. *sup. ybl I;* cf. Van Selms, UF [1975] 473); *yblhm.* Para este texto, Dietrich-Loretz, UF (1978) 62, proponen «carnero» (hb. *yôbēl).*

ybl: n.m., «producto» // *pr* (cf. *sup. ybl I,* hb. *yebûl); ybl arṣ,* «los productos de la tierra» (1.5 II 5; cf. *sup. bly* para la interpretación de Margalit, no obstante MLD 317).

ybl II: (?) [base supuesta por Van Selms, UF (1970) 254, «corriente» (hb. *yābāl)* en 1.2 III 14].

ybm: (?) (1.6 I 31; 1.16 II 32; quizá forma m. del siguiente; para Margalit, MLD 142, se trataría de una forma nominal, «don», de √ *yhb).*

ybmt: n.f., «pretendida», cuñada que ha desposar el hermano de su difunto marido (cf. hb. *yebāmāh;* cf. Van Selms, MFL 70); *ybmt limm,* «la Pretendida de los pueblos» (?) (título de la diosa *ʿAnatu,* posiblemente como hermana-consorte del dios *Baʿlu,* que muere todos los años, y promotora del culto de fecundidad). Las variantes interpretativas provienen del distinto valor otorgado a la √ *ybm* («protectora», «madre/procreadora», «nutriz», «amante/hermana/cuñada/viuda núbil/esposa levirática») o al lexema *lim* («pueblo», «príncipe», «héroe», «poderoso», «dios/*Lim (Baʿlu)/Liimita*»); para un sumario de opiniones, cf. De Moor, UF (1969) 183; íd., SP 97; Lipinski, UF (1971) 90-91; Caquot-Sznycer, TOu 89ss; Craigie, ZAW (1970) 376-378; Gray, UF (1979) 319-320, n. 28; Margalit, MLD 135.

ybnt: (?) [1.3 IV 40; muchos autores lo consideran variante/error por *ybmt* (cf. *sup.),* pero aquí se interpreta como *y-bnt* (// *aḫt)* (así, ya Gaster, «Iraq» ⟨1973⟩ 162, n. 34) o un simple error (conflación con *ybmt)* por *bnt* (cf. Cassuto, GA 139; Caquot-Sznycer, TOu 172].

ybrdmy: n.d., hija de *Baʿlu, Yabrudmayu* (?), posible variante de *yʿbdr* (cf. Herrmann, YN 17, para una discusión de opiniones y etimologías; Du Mesnil, EDP 14, la identifica con *pdry).* Margalit, MLD 149, n. 2, lo considera un epíteto de *ʿAṯtaru,* «el que sirve agua», √ *brd, my.*

ygh: (?) (base requerida en 1.5 II 21, «ser preeminente», ar. *waǧuha,* por Margalit, MLD 117).

ygrš: n.d., nombre de arma mágica, *Yagruš(u)* (1.2 IV 12) (cf. *sup. grš).*

yd I: n.f., «mano»; «parte, ración»; «miembro viril» // *ymn, klatnm, uṣbʿt* (cs., hb. *yad,* con igual campo semántico); *yd, ydy, ydk, ydh, ydm, ydty; yrḥṣ ydh amth,* «lavó sus manos hasta el codo» (1.14 III 52); *yd mqmh,* «una parte de su solar» (1.14 III 23 y par.); *šbʿ ydty bṣʿ*, «(son) siete las raciones en mi plato» (1.5 I 20-21); *tirk yd kym,* «se alargó el miembro de *Ilu* como el mar» (1.23:33 y par.); *byd/bd,* «de manos de, en manos de, por...» (cf. *sup. bd III*). La precisación semántica defendida por Dahood, «mano izquierda» (≠≠ «m. derecha», *ymn;* cf. p. ej., UHP 60) es controvertida (cf., p. ej., Van Zijl, *Baal,* p. 152, n. 7, 245-246).

yd II: n.m., «amor, cariño» // *ahbt, dd* (1.3 III 6; 1.4 IV 38) (cf. *inf. ydd,* ar. *waddu;* cf. Montgomery, JAOS [1933] 117; Van Selms, MFL 47-48, n. 26; Scullion, UF [1972] 112).

yd III: (?) (algunos autores reclaman el valor preposicional *yd,* «con, además de», para interpretar 1.14 III y par.; 1.17 I 13 y par., valor ciertamente atestiguado en los textos administrativos; cf. Herdner, TOu 511; Aartun, PU II, 62; Dressler, UF [1975] 224, n. 42; Del Olmo Lete, AF [1976] 231, n. 7; Fensham, UF [1979] 269).

ydd: a.m., «amado» // *bn* (cs., √ *wdd,* hb. *yādîd*); *ydd il,* «amado de *Ilu*» (título del dios *Môtu,* frecuente).

ydy I: v.G., «quitar(se), arrojar» // *grš* (so. √ *wdy,* hb. *yādāh;* cf. De Moor, SP 243; Dijkstra-De Moor, UF 173-174); *ydy, ydt, yd, tdy; td* [Gp. (?)]; *my bilm ydy mrṣ,* «¿quién de los dioses arrojará la enfermedad?» (1.16 V 20-21 y par.); *ltdy ṯšm ʿl dl,* «no has arrojado a los apresores del pobre» (1.16 VI 47-48); *yd ṣth,* «se quitó su atuendo» (1.17 I 13 y par.); *td išt bbhtm,* «desapareció/se extinguió el fuego en la casa» (1.4 VI 32). Otros preferirían aquí la base √ *ndy* (cf. *inf. nd I/II*) con el mismo valor (cf. Dahood, ULx 90-91).

ydy II: v.G., «desgarrar, arrancar, arañar» // *hdy* (cf. ar. *wadā;* cf. De Moor, SP 193; Dijkstra-De Moor, UF [1975] 173-174); *ydy, td; ǵr babn td,* «la piel con (un cuchillo de) piedra desgarró» (1.6 I 2 y par.).

ydy III: (?) (base requerida en 1.5 I 20, «morir», ar. *wadā,* por Margalit, MLD 103).

ydn: v.G., «arrear (a un animal)» (cf. ar. *wadana;* cf. Dijkstra-De Moor, UF [1975] 203); *ydn, ydnh* (1.19 II 12, 19).

ydʿ I: v.G., «conocer, comprender» // *bn* (cs., hb. *yādaʿ*); *ydʿ, ydʿt, tdʿ.* Para una posible matización semántica «preocuparse», cf. Dietrich-Loretz, UF (1977) 49.

ydʿ II: v.G., «sudar» (1.3 III 34 y par.) (cf. ar. *wadaʿa,* et. *wazʿa*); *tdʿ; ʿln pnh tdʿ,* «por encima su rostro se puso a sudar» (*ibíd.*).

ydʿ ylḥn: (?) (no se impone como n.d. en 1.6 I 48; cf. Clifford, CMC 164; Cross, CMHE 67; Margalit, MLD 145).

ydt: (?) [lexema requerido, «deseo» (ar. *waddatu*), para 1.5 I 21 por Gray, LC 57; Caquot-Sznycer, TOu 242; cf. *sup. yd I*].

yh: (?) (1.1. III 7).

yw: n.d., nombre (¿antiguo?) alternativo de *Yammu, Yawu* (1.1 IV 14) (cf. *sup.* p. 99.

yḥd: a.m., «solitario, solo» // *aḥd, almnt* (cs., hb. *yāḥîd); yḥd bth sgr,* «el que viva solo cierre su casa» (1.14 II 43).

yḥmr: (?) [lexema posiblemente existente en 1.6 I 28, «antílope» (hb. *yaḥmûr),* según Ginsberg, JAOS (1950) 157].

yḥpn: n.d., héroe divino de la clase de los *Rapauma, Yaḥipānu* (?) (1.22 I 9; II 12) (cf. *sup. ḥpn).*

yṭp: variante/error por *yṭpn* (1.18 IV 7, 16).

yṭpn: n.d., divinidad inferior al servicio de *ʿAnatu, Yaṭipānu* (?) (1.18 IV 6; 1.19 IV 49, 52).

yẓa: variante fonética de *yṣa.*

yld: v.G., «dar a luz, parir, engendrar»; Gp., «nacer» // *qrb, ḫl, qnṣ* (cs., hb. *yālad,* ar. *walada); yld, ylt, tld, tldn, ld;* Š., engendrar (el padre): *ašld; hl ǵlmt tld bn,* «he aquí que una doncella dará a luz un hijo» (1.24:7; cf. Is 7, 14); *ybn ašld,* «¡oh hijos, que engendré!» (1.23:65).

yld: n.m., «hijo» (1.23:53) (cf. *sup. yld,* hb. *yeled); yldy.*

ylḥn: cf. *sup. ydʿ ylḥn; inf. lḥn.*

yly: n.m., «camarada, compañero» (1.12 II 51) (cf. ar. *waliyyu); ylyh.* El requerimiento de tal base en 1.12 II 56 y 1.15 V 21, no se impone; cf. Gibson, CML 149.

ym I: n.m., «día» // *yrḫ* (cs., ar. *yawmu); ym, ymm; hn ym wṯn,* «así un día y otro (pasó)» (fórmula de la «escala numérica», cf. *sup.* pp. 60s); *ym ymm yʿtqn,* «un día y más pasaron» (1.6 II 26); *lymm lyrḫm lyrḫm lšnt,* «al cabo de/durante días y meses, meses y años» (1.19 IV 13-14); *hn ym yṣq,* «he aquí que en (ese) día se escanció» (1.22 I 17); *bym rṯ,* «cuando (se forme) suciedad» (1.17 I 33 y par.); *bn ym,* «de un (solo) día» (1.23:59; cf. *sup. bn III); bn ym,* «hoy mismo/en este día» (1.4 VII 15-16, // *bnm ʿdt).*

ym II: n.m./n.d., «mar», el dios Mar, *Yammu* // *nhr, mdb,* ≠≠ *šmm, špš* (so., arm. *yammā); ym, ymm; tmtʿ mdh bym,* «se quitó su vestido junto al mar» (1.4 II 6); *drʿ bym,* «la diseminación en el mar» (1.6 V 19); *zbl ym,* «el Príncipe *Y.*» (título divino, frecuente); *dkym,* «a los que (eran) como *Y.*» (1.6 V 3; cf. *sup. dky); yymm,* «¡oh *Y.!*» (1.2 I 36); *grš ym lksih,* «expulsa a *Y.* de su trono» (1.2 IV 12).

yman: n.l., «*Yamānu*» (?) // *amr* [para su posible localización, cf. Dietrich-Loretz-Sanmartín, UF (1975) 152; íd., (1978) 63: región del «Egeo»; cf. hb. *yāwān* (?)].

ymmt: variante fonética/error por *ybmt* (1.3 III 12).

ymn: n.m./f. «lado diestro, mano derecha» // *šmal, yd, klatnm* (cs., ar. *yamīnu); ymny, ymnh; wyṯṯb lymn aliyn bʿl,* «y se le sentó a la diestra de *B.*, el Victorioso» (1.4 V 47, 48); *uymn ušmal,* «por los dos lados/a derecha e izquierda» (1.23: 63-64).

ymnn: v.G./R., «apuntar (con la derecha), enderezar» (1.23:37, 40) (denominativo, forma *qtll,* de *ymn;* cf. De Moor, NYCI II 21, n. 92; Cross, CMHE 23, n. 58, «estirar»; pero cf. Pope, UF [1979] 706); *ymm, mmnnm.*

ymr: (?) [base supuesta en 1.2 IV 19, «ser derribado»; cf. Van Selms, UF (1970) 265; cf. *inf. mr(r)].*

yn: n.m., «vino» // *ḫmr, dm ʿṣm, nbt* (cs., hb. *yayin).*

ynq: v.G., «mamar, chupar» (cs., hb. *yānaq); ynq, ynqm, tnq;* Š., «amamantar»; *ynqm bap ḏd št,* «que maman de los pezones de la Señora» (1.23:61); *ynq ḥlb aṯrt,* «que mamará la leche de *A.*» (1.15 II 26); *mšnq(t),* «nodriza» [1.15 II 28 (?)].

ysd: (?) (1.4 III 6).

ysm: a.m., «hermoso» // *nʿm* (1.23:2 y par.) (cf. ar. *wasīmu); ysmm* (en 1.10 II 30, posible pl. abstracto o forma nominal enc.).

ysmsm: a./n.m., «delicia, belleza», «parte deliciosa, cómoda» (cf. ar. *wasuma, wasamatu;* cf. Watson, UF [1978] 398-399); *ysmsm, ysmsmt; ysmsmt bmt pḥl,* «lo mejor de la grupa del asno» (1.4 IV 15 y par.).

ysmt: n.f., «hermosura» // *nʿm* (1.5 VI 7 y par.) (cf. ar. *wasamatu).*

yʿbdr: n., «crecida» (?) // *rb,* como epíteto de la hija de *Baʿlu, Arṣayu, bt yʿbdr* (1.3 III 8 y par.) [cf. ar. *waʿību,* «amplio», y *darra,* «fluyó»; cf. De Moor, SP 84, n. 6; también, Driver, CML 165 («amplio mundo», *yʿb + dr);* Obermann, UM 31-32, 88 («que sirva sin cesar», *yʿbd+dr);* quizá *y-ʿb-dr,* «tormenta, nubarrón», *y-* enf., hb. *ʿāb,* «nube, oscuridad», $\sqrt{dwr}$, «rodear»/durar» (?)].

yʿd: (?) [base requerida, «fijar fecha» (hb. *yāʿad,* ar. *wāʿada)* en 1.4 V 7; cf. De Moor, SP 149; cf. *inf. ʿdn].*

yʿl I: n.m., «cabra montés» // *ayl* (so., hb. *yāʿēl); yʿlm; qrnt byʿlm,* «los cuernos de las cabras monteses» (1.17 VI 22).

yʿl II: (?) (base requerida por Cazelles, «Syria» [1956] 54ss, en 1.13:20: «ser útil»/«volverse propicio», hb. *hôʿîl;* cf. *inf. ʿly).*

yʿr I: n.m., «navaja de afeitar» // *abn* (1.5 VI 18) (cf. hb. *taʿar).*

yʿr II: n.m., «bosque» // *ǵr* (1.4 VII 36) (so., hb. *yaʿar,* ar. *waʿru); yʿrm.*

yǵl: n.m., «erial» // *palt* (1.19 II 14, 16) (cf. ar. *waǵlu;* Dijkstra-De Moor, UF [1975] 204); *yǵlm; yǵlm ur,* «erial ardiente» (1.19 II 16-17).

yǵr: (?) [base requerida, «airarse» (ar. *waǵru),* para interpretar 1.2 IV 6; cf. Driver, CML 165; Aistleitner, WUS 133].

yp(y): (base requerida en 1.3 III 1 y par.; cf. Driver, CML 166: «hermosearse», hb. *hityappāh;* cf. *inf. npp).*

ypʿ: n.G., «alzarse, crecer, salir, aparecer» (cf. ar. *yafaʿa,* hb. *hôpîaʿ;* cf. Dijkstra-De Moor, UF [1975] 205, 609); *ypʿ, ynpʿ* (?); *mn ib ypʿ lbʿl,* «¿qué enemigo ha salido a *B.?*» (1.3 III 37); *bṣql ypʿ byǵlm ur,* «tallo que crece en el erial ardiente» (1.19 II 16-17); las formas *ynpʿ* (1.5 IV 8 y 1.19 II 16) pueden considerarse de N. no asimilado o pertenecientes a una base afín √*npʿ*.

ypq: (?) [base requerida en 1.14 I 12, «obtener» (EA *ya-pa-aq-ti);* cf. Loretz-Mayer, UF (1974) 493-494; en el mismo sentido, ya Albright, BASOR 71 (1938) 38, n. 28, y Gray, UF (1971) 67, n. 2 (ar. *wafiqa);* cf. *inf. pq].*

ypt: n.f., «vaca, becerra» ≠≠ *alp* (1.10 III 3) (cf. ar. *yafanatu;* cf. Gn 41, 2).

yṣa: v.G., «salir, asomar» (cs. √*wḏʿ,* hb. *yāṣāʾ); yṣa, yṣu, yṣi, yṣat, tṣi, ṣat;* Š., «hacer salir, sacar, librar»; *šṣat* (?), *ašṣi, yšṣi, mšṣu; ṣat špš,* «salida del sol, oriente» (1.3 II 8); *pnh ṯǵr yṣu,* «su rostro asomó por la puerta» (1.16 I 52-53); *tṣi km rḥ npšh,* «que salga como un soplo su alma» (1.18 IV 24-25); *ṣat npšh,* «efusión de su alma», (// *mmh;* 1.16 I 35); *yṣa wlyṣa,* «salía de modo entrecortado» (1.19 II 29; cf. Del Olmo Lete, AF [1976] 248, n. 63).

yṣb I: n.p., hijo mayor de *Kirta, Yaṣṣibu* (?) (cf. sil. *ya-sú-ba,* PRU III, 165; se refiere posiblemente a una base distinta, a pesar de la ambivalencia del signo cuneiforme; cf. Watson, UF [1979] 807-809); *tld yṣb ǵlm,* «engendrará al príncipe *Y.*» (1.15 II 25).

yṣb II: (?) (1.17 VI 9: *yṣbt).*

yṣm: v.G., «maldecir» (1.19 II 46) (cf. ar. *waṣama); yṣm.*

yṣq: v.G., «verter, escanciar, fundir» // *šlḥ* (cf. hb. *yāṣaq); yṣq šmn šlm bṣʿ,* «se vertió óleo puro en un plato» (1.3 II 31); *yṣq ksp lalpm,* «fundió plata por miles (de siclos)» (1.4 I 27).

yṣr: v.G., «formar, preparar» // *rm* (1.16 II 25-26) (cf. hb. *yāṣar); tṣr.*

yṣt: (?) (1.7 II 9).

yqy: v.G., «rendir pleitesía, temer, obedecer» (1.2 I 18, 34) (cf. ar. *waqā, taqā,* hb. *yeqāhāh); tqh, tqyn, tqynh.*

yqǵ: v.G., «despertar, prestar atención» // *ištmʿ* (cf. ar. *yaqiẓa,* hb. *yāqaṣ); tqǵ; tqǵ udn,* «pon/presta atento oído» (1.16 VI 42).

yqṯ: (?) (base requerida por Rin, AE 70, para interpretar 1.2 IV 27; cf. *inf. qṯ).*

yr: n.m., «lluvia temprana» // *ḥdd, mṭr, ṭl* (cf. *hb. yôreh); yr ʿrpt tmṭr,* «¡lluvia las nubes lluevan!» (1.19 I 40-41).

yra: v.G., «temer, atemorizarse» // *ṯtʿ* (1.5 II 6; 1.6 VI 30) (cf. hb. *yārēʾ); yru, yraun.*

yrgb: a.m., «formidable», epíteto del rey de Ugarit (y divino) o acaso forma de √*rgb* (1.6 VI 58) (cf. ar. *rağaba;* para ésta y la opinión corriente que lo considera un topónimo, Astour, RSP II, 291-292; Dietrich-Loretz-Sanmartín, UF [1975] 551, 557).

yrd: v.G., «bajar, descender» (cs., hb. *yārad); yrd, yrt, ard, trd, yrd, nrd; rd; yrdt, yrdm;* Š., «hacer bajar» (?) (cf. *inf. šrd); yrdm arṣ,* «los que bajan a la 'tierra'» (1.4 VIII 8-9); *aṯr bʿl nrd barṣ,* «en pos de *B.* hemos de bajar a la 'tierra'» (1.6 I 7-8).

yrḫ: n.d., el dios Luna, *Yarḫu* (cs., hb. *yārēaḥ/yeraḥ,* arm. *yarḥā,* ac. *warḫu); ik al yḥdṯ yrḫ,* «¡venga!, tan pronto se renueve *Y.*» (1.18 IV 9).

yrḫ: n.m., «mes» // *ym, šnt* (cf. *sup. yrḫ); yrḫ, yrḫm, yrḫh; ʿm bn il tspr yrḫm,* «como los hijos de *Ilu* contarás meses» (1.17 VI 29); *lyrḫm lšnt,* «los meses se hicieron años» (1.6 V 7-8).

yry: v.G., «disparar» (cf. hb. *yārāh); yr; yr šmmh,* «disparó al cielo» (1.23:38). Esta base se propone para interpretar otras formas: *(w)tr, yr* (cf. Aistleitner, WUS 137; Cassuto, GA 144, 171-172), *tštr* (cf. Parker, UF [1970] 245, n. 11); cf. *inf. ntr, šr.*

yrk: n.f., «lado, ladera» // *mslmt* (cf. hb. *yārēk); yrk tʿl bǵr,* «la ladera ascendió por la montaña» (1.10 III 27).

yrkt: n.f., «soporte, refuerzo, viga» (?)/«interior» // *lbnt* (1.13:14) (cf. hb. *yarkāh,* ac. *warkatu;* cf. De Moor, UF [1971] 350; Caquot, EI [1978] 15-16, para otras interpretaciones).

yrq: a.m., «amarillo verdoso», «oro» (cs., hb. *yārôq,* et. *warq;* para una posible etimología hur., cf. Dietrich-Loretz, UF [1978] 427-428); *yrq ḫrṣ,* «oro amarillo» (cf. *sup. ḫrṣ); dt yrq nqbnm,* «las gualdrapas de oro» (1.4 IV 11).

yrṯ: v.G., «heredar, apoderarse» (so., hb. *yāraš,* ar. *wariṯa); arṯ;* Gt. *itrṯ,* «posesionarse» (// *imtḫṣ); arṯm pḏh,* «me apoderaré de su oro» (1.2 I 19); *itrṯ ḫrṣ,* «me posesioné del oro» (1.3 III 47).

yrṯ: n.m./pp., «heredero» // *špḥ* (1.14 I 25) (cf. *sup. yrṯ).*

yšn: v.G., «dormir, adormecerse» // *nhmmt* (sc., hb. *yāšēn); lyšn pbl,* «no pudo dormir *P.*» (1.14 V 7).

yšr: n.m., «rectitud, legalidad» // *ṣdq* (cs., hb. *yošer); yšrh; mtrḫt yšrh,* «su consorte legal» (1.14 I 13).

yštd: (?) (1.6 IV 25).

ytm: n.m., «huérfano» // *almnt* (so., hb. *yātôm,* ar. *yatīmu); yṯpṭ ṯpṭ ytm,* «dictaminó el caso del huérfano» (1.17 V 8).

ytn: v.G., «dio, entregó, concedió, puso, emitió» (cs., √ *ntn/ytn,* fen. *ytn); ytn, ytnt; ytnm* (enc.), *ytn, ttn, atn; ttnn, atnk, ytnn; tn;* N. «emitido (lamento)» (1.16 I 4 y par.); *ytn gh bky,* «alzó su voz llorando» (1.16 I 13-14); *wtn qlh bʿrpt,* «y podrá emitir su voz desde las nubes» (1.4 V 8); *ql lbʿl ttnn,* «en voz alta a *B.* gritó» (1.10 III 32); *din bbty ttn tn ly,* «lo que no hay en mi casa me darás. Dame...» (1.14 III 38-39); *ytn ks bdh,* «puso una copa en su mano» 1.3 I 10); *idk lttn pnm ʿm...,* «así puso/pusieron entonces cara hacia...» (fórmula de marcha, cf. *sup.* pp. 54s).

ytnm: (?) [base requerida, «donados, cofrades» (hb. *n^etînîm),* por muchos para interpretar 1.23:3; cf. Tsumura, UDGG 25, 174; cf. *sup. ytn,* inf. p. (enc.)].

ytnt: n.f., «don» // *ušn* (1.14 III 31) (cf. *sup. ytn).*

yṯb: v.G., «sentarse, tomar asiento en el trono», «detenerse, pararse, calmarse» (cs., √ *wṯb,* hb. *yāšab,* asa. *wṯb); aṯb, tṯb, yṯb, aṯbn; ṯb;* Š., p./a., «hacer sentar, sentar»; *yṯṯb, yṯṯbn; ṯb bny,* «sentaos, hijos míos» (1.16 V 24; más dudoso es 1.6 V 20: «tomar asiento»/«calmarse»); *lyṯb,* «no se detuvieron» (1.14 VI 36).

-k I: morfema pronominal sufijo de 2.ª p.sg. y enfático (cf. Gordon, UT 36; Aartun, *k, km, kn* (formas enc.).

k- II: part. de función múltiple: prep., conj. adv., «como, así»; «que, pues, cuando, ya que, aunque»; «de cierto, seguramente» (cf. hb. *k^e, kî, kōh;* para la clasificación de su uso, cf. Gordon, UT 96-97, 107; Aistleitner, WUS 142-144; Aartun, PU I, 31ss y *passim;* II 26ss y *passim); km;* en 1.5 I 22 *kl* corresponde al grupo aseverativo *k* + *l* (así, Margalit, MLD 105-106; para De Moor, UF (1979) 640, al negativo causal «porque no...».

kb: (?) (1.4 III 4).

kbd: v.D., «honrar, rendir honores, agasajar» // *ištḥwy, sad* (cs. √ *kdb,* hb. *kibbēd); tkbd, ykbdn, tkbdn, kbd; tštḥwy wtkbdh,* «se postró y le rindió honores» (1.4 IV 26, fórmula de postración, cf. *sup.* pp. 54s); *sad kbd hmt,* «reconforta (y) agasájale» (1.17 V 20).

kbd: n.f., «hígado, entraña, interior» // *lb, p* (cs., hb. *kābēd,* ar. *kabidu); kbd, kbdk, kbdh, kbdn; kbdt* (pl.); *tǵdd kbdh bṣḥq,* «se hinchó su hígado de risa» (1.3 II 25); *ybqʿ kbdh/kbdthm,* «abrió su/sus entrañas» (1.19 III 24, 10); *tdmʿ bkbd,* «derramó lágrimas en su interior» (1.19 I 35); *lkbd arṣ/šdm,* «en/hasta el seno/interior de la tierra/campos» (fórmula frecuente; cf. ar. *kabidu-l-ʾarḍi, kabidu-s-samāʾi);* últimamente, Watson, NUS 23 (1980) 6, propone también aquí el valor «todo», *característico* de los textos administrativos. No lo creo probable. Y mi interpretación de *kbdh* en 1.13:31 supone una sintaxis anómala.

kbkb: n.m., «estrella» ≠≠ *thm,* // *špš, šmm* (cs., ar. *kawkabu,* ac. *kabkabu/kakkabu); kbkb, kbkbm, kbkbt; kkbm; hlk kbkbm,* «el curso de las estrellas» (1.19 IV 38); *tant...thmt ʿmn kbkbm,* «el cuchicheo... de los abismos con las estrellas» (1.3 III 24-25).

kbrt: n.f., «criba» // *rḫ* (1.16 V 16) (cf. hb. *kᵉbārāh).*

kd I: n.m., «cuartillo» (1.3 I 16) (so. hb. *kad,* gr. *kádos;* cf. Liverani, UF [1970] 102; Lipinski, UF [1970] 83).

kd II: conj., «así que, puesto que, en caso de que, cuando» (cf. *k + d,* hb. *kāzeh,* arm. *kᵉzî/kᵉdî,* ar. *kaḏā;* De Moor, SP 122); *kd ynaṣn,* «pues nos despreció» 1.1 IV 23); *kd* (?) *lytn,* «si no da» (1.3 V 3); *kd ʿl qšth imḫṣh,* «así/pues por su arco le herí» (1.19 I 14-15): *kd lbšt,* «así te revestiste» (1.13:25).

kdd: n.m., «hijo, niño» (sil. arm. *ki-da-di-e;* cf. Gordon, UT 417-418); *ydmʿ lkdd dnil,* «derramaron lágrimas por el hijo de *D.*» (1.19 IV 12).

kdrt: n.f. (?), «bola» // *irby* (1.3 II 9) (cf. hb. *kaddûr;* De Moor, SP 90). Para otras interpretaciones, cf. Sasson, RSP I, 421: «buitre», «parva», «gavilla».

kḏd: (?) [para unos, variante/error por *kšd* en 1.5 I 17 (cf. Dahood, UHP 7; Rainey, UF ⟨1971⟩ 156; Dietrich-Loretz-Sanmartín, UF ⟨1975⟩ 538; Pope, «Maarav» ⟨1978-1979⟩ 27, n. 4); para otros, sintagma *k-ḏd,* interpretando este último lexema como «rebaño» (ar. *ḏawdu;* cf. *sup. ḏd;* De Moor; UF ⟨1969⟩ 187); podría también tratarse de una variante fonética de *kdd,* con el valor «cría»; cf. Del Olmo Lete, OF ⟨1980⟩].

khn: n.m., «sacerdote» // *nqd* (so., hb. *kōhēn,* ar. *kāhinu); khnm, rb khnm,* «Sumo Sacerdote» (1.6 VI 55-56, título de *atn prln).*

kḥṣ: v.G., «partir, desaparecer de prisa» (?) (1.16 IV 5) (cf. ar. *kaḥasa;* Aistleitner, WUS 147). La misma base es requerida por algunos para interpretar 1.1 IV 11 (cf. Rin, AE 126).

kḥṯ: n.m., «trono» // *ksu, nḫt* (cf. hur. *kišḫi,* EA *ka-aḫ-šu); kḥṯ, kḥṯm; kḥṯ drkt,* «trono de poder» (frecuente); *kḥṯ zbl,* «trono de principalía» (1.2 I 25 y par.); *ilm kḥṯm,* «dioses-solios» (1.4 VI 51).

kkb: variante de *kbkb.* (1.10 I 4) (cf. fen. *kkb,* hb. *kôkāb;* cf. Dahood, «Or» [1965] 170); *kkbm.*

kknt: (?) // *rḥbt* (1.6 I 67; un recipiente, posible variante fonética de *knk(n)t, inf.;* cf. De Moor, SP 170-171; Margalit, UF [1976] 174, n. 93).

kl: n.m., «todo, todos» (cs., $\sqrt{\textit{kll}}$, ar. *kullu); kl, klh, klhm* [para Margalit, MLD 103, *(b)klt* en 1.5 I 19 sería la forma f. colectiva]; *aṯr ṯlṯ klhm,* «caminen en ternas todos ellos» (1.14 III 42); *il klh,* «de (un) dios (es) todo/a él(la)» (1.3 VI 14 y par.; 1.6 I 65; otras interpretaciones suponen: *k-lh,* «verdaderamente suyo/a» (cf. Albright, YGC 119, n. 70), «de *El-Kulla*» (cf. Cassuto, GA 153, 164; Loewenstamm, UF [1970] 33), «de todo el panteón» (cf. Gordon, UL 23, 44), «toda la grande/vasta...» (cf. Gaster, *Thespis,* 218; Watson, UF [1977] 284); «el dios, su corona» (cf. Margalit, MLD 151, ar. *kalla,* «ser coronado»); generalmente, «dios de todo él».

kla: v.G., «cerrar» (1.3 II 3) (cf. hb. *kālāʾ,* sir. *klō); klat.*

klat I: n.f., «ambas, las dos» // *yd, ymn* (cs., ar. *kilā, kiltā,* ac. *kilallān, kilattān,* et. *kelᵓētu); klat, klatnm; bklat yd,* «en ambas manos» (1.3 I 11); *lqḥ...klatnm,* «cogió... con ambas (manos)» (1.14 III 57).

klat II: (?) [lexema requerido por Tsumura, UF (1978) 393, «acabamiento, compleción», en 1.23:57 (cf. √ *kll)].*

klb: n.m., «perro» // *inr* (cs., ar. *kalbu); klb; klbt; klb ṣpr,* «perro de caza» (1.14 III 19).

kly: v.G., «acabarse» (1.16 III 13-15) (cf. hb. *kālāh,* ac. *kalû); kly;* D. «acabar con, destruir, consumir» (// *mḫṣ, mḫš, ṣmt); kly klt; akl(y), tkly, ktl, ykly; klyy, klyn; mkly; klt bt il,* «acabé con la hija de *Ilu*» (1.3 III 46); *ytnt...bnm umy klyy,* «hiciste... a los hijos de mi madre mi consumición» (1.6 VI 14-16). Un valor «conservar», determinado a partir de textos económicos, no parece imponerse (cf. Fensham, JNSL [1979] 27-30; Xella, UF [1979] 835; Milano, VO [1978] 83-97).

kll: v.D., «completar», «acabar» // *ʿms* (1.4 V 10) (cf. *sup. kl,* hb. *kālal); ykllnh.*

klny: adv., «todos a una, conjuntamente» (cf. *kl* + terminación adv. *-ny;* cf. Gordon, UT 102); *klnyy* (1.3 V 33-34), *klnyn* (1.4 IV 45-46) añaden los morfemas enf. *-y, -n* (para otras explicaciones, cf. Eissfeldt, SBIU 51, n. 4; Obermann, UM 79-80; Cassuto, GA 103; Aistleitner, WUS 149; íd., BOS II, 37; Rin, AE 111-112; Delekat, UF [1972] 23).

klt I: n.f., «novia» (cf. hb. *kallāh,* ac. *kallatu,* epíteto de diosas); *klt knyt,* «las novias gloriosas» (1.4 I 15 y par., epíteto de las hijas de *Baʿlu).* Sobre su posible identificación con n.d. *kullita,* cf. Caquot en *Fs Laroche,* pp. 79ss.

klt II: n.f., «medida, maquila, cantidad» (1.14 II 16) (so. √ *kwl,* ar. *kāla, kaylu/ kaylatu).* La interpretación más frecuente lo entiende como «totalidad» (cf. *sup. kl;* Driver, CML 145).

klt III: cf. *sup. kl.*

-km I: morfema pronominal sufijo, «vuestro» (cf. Gordon, UT 37).

km II: part. de función múltiple: prep., conj., adv., «como» «así», «cuando, al» (cf. *sup. k;* hb. *kᵉmô); kmhm* (1.15 III 23-25; no es preciso suponer un sintagma adv. distinto; cf. Driver, CML 145). La exigencia de una base verbal √ *kmm/kmy* no se impone (cf. Cassuto, GA 124; Rin, AE 92).

km III: (?) (lexema supuesto en 1.10 III 29, «colina», ar. *kīmu,* por Aartun, WD [1967-1968] 291).

kmm: (?) (1.16 IV 15; probablemente suf. *-km* + *m* enc., diversamente Gibson, CML 149).

kmn: n.m., «obrada», medida de superficie // *šd* (1.3 IV 38 y par.) (cf. hur.-ac. *kumānu;* cf. Dietrich-Loretz, UF [1969] 62).

kms: v.Dt., «doblarse, postrarse» // *npl* (1.12 II 54) (cf. ac. *kamāsu).* El recurso a esta base (Gt.) para explicar *ktmsm* (1.6 I 52) no me parece seguro (cf. Dietrich-Loretz, UF [1977] 330-331); cf. *inf. ms.*

kmr: (?) (1.19 I 12); posiblemente *k-mr;* cf. Del Olmo Lete, AF [1976] 239, n. 35 («como un esforzado»); Dietrich-Loretz, UF [1979] 196 («¡qué amargo!»). Otras propuestas: «sacerdote» (hb. *komer;* cf. Virolleaud, LPD 137); «montón» (ac. *kamru;* cf. Gordon, UT 420); «ser arrojado» (cf. Driver, CML 146); «oscuridad» (sir. *kmīrō;* cf. Margalit, UF [1975] 303, n. 20).

kmt: (?) [base requerida (ar. *kamata)* por Cassuto, BOS II, 161, para interpretar 1.5 V 17; innecesaria, leer *k-mtt).*

kn I: adv., «así» (1.12 II 53) (cf. *sup. k,* hb. *kēn).* Dahood, ULx 9-92, sugiere ver en este texto un caso de «plusquamperfecto» *(inf. kn II),* al modo fenicio.

kn II: v.G., «ser, haber» (so., ar. *kāna,* hb. *kûn); ykn, tkn;* L., «establecer», «constituir», *yknn;* Š. «disponer», «crear»; *aškn, škn* (?); *wykn bnh bbt,* «y haya un hijo suyo en su casa» (1.17 I 25); *ṯar um tkn lh,* «parentela materna tuvo» (1.14 I 15); *mlk dyknnh,* «el rey que le estableció» (1.4 IV 48); *aškn ydt mrṣ,* «dispondré a la que arroje la enfermedad» (1.16 IV 27); cf. Dietrich-Loretz-Sanmartín, UF (1974) 50, 53.

kn III: a.m., «fijo, inmutable» (1.23:54) (cf. hb. *kēn,* ac. *kīnu); knm (?).*

knyt: a./n.f., «gloriosa, de alcurnia» (cf. ar. *kanāya, kunyatu,* ac. *kanūtu,* epíteto de *Ištar); klt knyt,* «novias gloriosas» (1.4 I 15 y par., epíteto de las hijas de *Baʿlu).*

knkny: n.l., montaña divina que da acceso al «infierno», *Kankaniyu* (?) (1.5 V 13) (en relación quizá con *knkn, knkt;* cf. *inf.:* «sepultura» o «sepulcral»). Alternativamente, *knkn,* «conducto de libación» + *suf.* personal (cf. De Moor, SP 170-171, 185; cf. ac. *kannu, kankannu);* «cobijo» (cf. Margalit, MLD 120; cf. ar. *kanna,* «esconder»).

knkt: n.f., «tumba, sepulcro»/«túmulo, féretro» (1.19 III 41) (< *knknt (?);* cf. ac. *kankannu,* «soporte de recipiente»; o mejor quizá ac. *kanāku, kaniktu, maknāku,* «sellar», «sellada», «recipiente sellado»; o ar. *kanna,* «esconder», *kinnu, kinnatu;* cf. Gray, LC 59). Para el valor sugerido, cf. Hoftijzer, UF (1972) 157, n. 17. Muchos leen aquí *knkn.* Para su alternativa semántica, «conducto de libación», «túnel», cf. *sup. knkny.*

knp: n.f., «ala» // *diy* (cs., ar. *kanafu); tšu knp wtr bʿp,* «ahuecó el ala y escapó volando» (1.10 II 11).

knr: n.m., «arpa, lira» (1.19 I 8) (?) (cf. hb. *kinnôr,* ar. *kinnāratu,* gr. *kinýra).*

knrt: (?) (posible lectura de 1.19 III 41, *Kinneret;* cf. Margalit, UF [1976] 174).

ks I: n.l., monte divino, morada de *Ilu, Kasu* (?) (sobre su posible identificación con hur. *ḫazzi,* lat. *Casius,* cf. Pope, EUT 96, n. 64; Dietrich-Loretz, UF [1973]

99, n. 21; Caquot-Sznycer, TOu 304; Clifford, CMC 39; Cross, CMHE 38-39; Lipinski, UF [1970] 86-88).

ks II: n.m., «copa, cáliz» // *krpn, qbʿt, qš* (cs., hb. *kôs,* ac.-ar. *kāsu); ks, ksh; ytn ks bdh,* «puso una copa en su mano» (1.3 I 10); *qḥ ks bdy,* «toma la copa de mi mano» (1.19 IV 53-54; para la contraposición de ambas expresiones, cf. Dijkstra-De Moor, UF [1975] 213); *hm ks ymsk nhr,* «y que mi copa mezcla (todo) un río/a raudales» (1.5 I 21-22; cf. Sal 105,41).

ks III: (?) (base requerida en 1.5 I 21, «amable», ar. *kāsa,* por Margalit, MLD 105).

ksan: n.m., «taburete» (1.12 I 18) (cf. *inf. ksu).*

ksu: n.m/f. (?), «sede, trono, asiento» // *kḥṯ, nḫt* ≠≠ *hdm, ṯlḥn* (cs., hb. *kissēʾ,* ac. *kussû); ksu, ksi, ksa; ksat; ksu ṯbth,* «la sede de su trono» (1.3 VI 15 y par.); *lksi mlkh lnḫt lkḥṯ drkth,* «de su trono regio, del diván, del solio de su poder» (1.3 IV 2-3); *ṯʿdb ksu,* «le prepararon un trono» (1.4 V 46).

ksy: v.G., «cubrirse» (1.5 VI 16) (cs., hb. *kāsāh); yks, tks;* D., «cubrir»; *tksynn* (1.10 III 24).

ksl I: n.m., «lomo», «tendón», «espalda» // *ẓr, pʿn, pnm* (cs., ac. *kaslu;* cf. Held, *Fs Landsberger,* pp. 401-402); *ksl, kslk, kslh; bʿdn ksl ṯṯbr,* «por detrás el lomo se le dobló» (1.3 III 33); *bʿd kslk,* «a tu espalda» (1.16 VI 49-50): *bksl qšth,* «con el nervio de su arco» (1.3 II 16; cf. ar. *kislu).*

ksl II: (?) (lexema requerido para la interpretación de 1.4 II 19, «vestido», por Margalit, MLD 30).

ksm I: n.m., «ración» // *mnt* (1.17 I 31 y par.) (cf. ac. *kasāmu, kismu,* hb. *kāsam;* cf. Dietrich-Loretz, UF [1978] 70; Van Zijl, *Baal,* pp. 271-272); *ksmy, ksmk, ksmh.*

ksm: n.m., «límite, confín» // *qṣm* (1.16 III 4 y par.) (cf. ac. *kasāmu;* Caquot-Sznycer, TOu 250).

ksm II: (?) [lexema requerido, «espelta»/«alimento sacral, ofrenda fúnebre» (cf. hb. *kussemet),* para interpretar 1.17 I 31 y par., 1.16 III 10, atestiguado en los textos administrativos; cf. De Moor, SP 191; Rainey, RSP II, 90; Dietrich-Loretz, UF [1978] 424-425; para su correlación posible con ac. *kispu,* «ofrenda fúnebre», cf. Albright, BASOR 94 (1944) 35; la propuesta de Dahood, «Greg» (1962) 66, no parece probable *(ks-m-h)].*

ksp: n.m., «plata» // *ḫrṣ, yrq* (cs., ac. *kaspu); ksp, kspm* (enc.); *ṯnh k(!)spm atn,* «su doble en plata daré» (1.14 IV 42-43).

kst: n.f., «veste, vestido» // *all* (1.19 I 36 y par.) (cf. *sup. ksy).*

kp I: n.f., «palma», «platillo» // *riš* (cs., hb. *kap,* ac. *kappu); kp; kpt; kp mznm,* «los platillos de la balanza» (1.24:35). Para Watson, UF (1978) 401, se trataría de dos lexemas diferentes (!); pero cf. Von Soden, AHw 444.

kp II: (?) [base requerida, «juntos» (ar. *kaffa),* por Gray, LC 41, n. 10, para interpretar 1.3 II 13).

kpy: (?) [base requerida, «satisfacer» (ar. *kafā),* por Aistleitner, WUS 155, para interpretar 1.4 V 46 y par.; cf. Dahood, ULx 92).

kpr: v.D., «perfumar», o bien n.m., «aroma, aleña» // *rḥ* (1.3 II 2) [cf. ac. *kapāru,* hb. *koper,* eg. *ḳ(w)pr,* gr. *kýpros;* cf. Caquot-Sznycer, TOu 157; De Moor, «Or» (1968) 212, 214; Kuentz, RE (1972) 108-110]. Para otras posibilidades, cf. Cassuto, GA 113-114.

kptr: n.l., morada/territorio del dios *Kôṯaru, Kaptāru* (Creta) (?) (cf. hb. *kaptôr,* ac. *kaptara,* sil. *kabtu-ri;* cf. Albright, YGC 119; Astour, RSP II, 294, 354). La identificación con Creta no es segura; cf. Oldenburg, CEB 96, n. 2; Gibson, CML 3, n. 2; J. Strange, *Caphtor/Keftiu. A New Investigation,* Leiden 1980.

kr: n.m., «cordero» // *ḫprt* (cf. hb. *kar); krm; ilm krm,* «dioses-corderos» (1.4 VI 47).

krb: (?) (1.19 I 2; cf. Del Olmo Lete, AF [1976] 242, n. 42); en 1.3 I 12 leer *bk rb;* otras propuestas: «rollo» (ar. *karību* (?); Virolleaud, DA 6), «generosidad» (ac. *kirbu* (?); Gaster, «Iraq» [1939] 121), «recipiente, cántaro» (ac. *karpu* (?); Aistleitner, ZAW [1939] 210), «consagrar» (asa. *krb,* ac. *karābu;* Gordon, UT 422), metátesis por *brk* (Pope, EUT 115, n. 22), «bendición» (ac. *kurrubu* (?); Oldenburg, CEB 197, n. 2)], «apresurarse» (ar. *karaba;* Margalit, UF [1979] 555).

kry: v.G., «cavar, clavar» (1.12 I 23) (cf. hb. *kārāh).* Otras propuestas: «dormirse» (ar. *kariya;* Aistleitner, WUS 156), «haz, bulto» (ar. *kāratu;* Gray, LC 77, n. 8; pero cf. íd., UF [1971] 63, n. 16), «alquilar/comprar» (hb. *kārāh;* Van Selms, MFL 76-77), «estar en angustia» (ac. *karû;* Oldenburg, CEB 200, n. 3).

krkr: v.G., «torcer, retorcer» (so., ar. *karkara;* Avishur, VT [1976] 257-261); *ykrkr; wykrkr uṣbʿth,* «y retorció sus dedos» (1.4 IV 29-30).

krm: n.m., «viña, carmen» // *ḥrnq* (1.24:22) (so. ar. *karmu,* hb. *kerem); krmm* [enc. (?)].

krs: (?) [base requerida para interpretar 1.5 I 4: «vientre», «tripa» (cs., hb. *kᵉrēś;* cf. Aistleitner, WUS 157; Pope, «Maarav» ⟨1978-1979⟩ 28, n. 14), «triturar» (ar. *karaṣa;* Gray, LC 31, n. 3), «pegajoso» (ar. *karasa;* Margalit, MLD 92); otros leen *k-rš;* aquí se prefiere *k-r⟨k⟩s;* cf. *inf.].*

krʿ: v.G., «prosternarse» // *qll* (1.10 II 18) (cf. hb. *kāraʿ,* ar. *rakaʿa); ykrʿ.*

krpn: n.m., «cáliz, copa» // *ks* (cf. ac. *karpu, karpatu,* hur. *ḳarpani;* cf. Salonen, HAM 49; De Moor, SP 72); *krpn, krpnm; št bkrpnm yn,* «bebe en cáliz vino» (1.4 IV 36-37).

krt: n.p., nombre del rey de *Udumu,* protagonista de la Epopeya de su nombre, *Kirta* (para ésta y otras posibles vocalizaciones, cf. *sup.* p. 240, n. 6); *krt, krtn; krt ṯʿ,* «*K.,* el Magnífico» (1.15 II 8 y par., título del rey).

kš: n.m., «dátil» (?) // *zt* (1.22 I 15) (cf. ar. *kuššu, kasīs*). Otras posibilidades: «casia» (ar. *kissatu,* ac. *kašû;* cf. Aistleitner, WUS 157), «calabaza» (ug. *kṯ;* cf. De Moor, ULe 95, n. 3).

kšd: v.G., «buscar», «alcanzar» // *kḏd* (1.5 I 16) [cf. ac. *kašādu,* «alcanzar» (no «atraer»); cf. Driver, CML 145; Dietrich-Loretz, UF (1978) 435; Pope, «Maarav» (1978-1979) 27, n. 9]; *tkšd.*

kt: n.f., «estrado, tarima» // *kḥṯ* (1.4 I 30-31) [cf. hb. *kēn, mᵉkônāh,* ac. *kintu/kit(t)u,* cf. Salonen, HAM 220; Albright, BASOR 91 (1943) 40, n. 14; Dietrich-Loretz, UF (1978) 560]. Las alternativas: «recipiente» (ac. *kutu;* cf. Cassuto, BOS II, 123, n. 24; Dietrich-Loretz-Sanmartín, UF [1975] 560); «forjar», «objeto forjado» (hb. *kātat;* cf. Driver, CML 145; Dahood, UF [1969] 25); «figura, marco» (ac. *g/kattu;* cf. Margalit, MLD 16); o error por *ktr,* «oro» (heb. *keter;* cf. Rin, AE 139).

ktp: n.f., «hombro, omoplato» // *bn ydm* (cs., hb. *kātēp,* ar. *katifu, katīfu;* cf. Van Zijl, *Baal,* pp. 35, 37, 215-216; O'Callagham, «Or» [1952] 37ss; Pini, OrAn [1976] 111, n. 32); *ktp, ktpm* (du./enc.); *hlm ktp zbl ym,* «golpea en los hombros al Príncipe *Y.*» (1.2 IV 14); *tšu...lktp ʿnt,* «alzó... a hombros de *ʿA.*» (1.6 I 14-15); *bn ktpm,* «en la espalda» (1.2 I 42).

ktp: n.f., «garrote, alfanje» // *ṣmd* (cf. *sup. ktp); rbm bktp ymḫṣ,* «a los grandes golpeó con el garrote» (1.6 V 2).

ktǵḏ: (?) (lexema supuesto en 1.4 VII 41 por Sanmartín, UF [1978] 447-448, «lanza», hur.-ac. *kutāḫu;* cf. *inf. ǵḏ).*

ktt: (?) (lexema requerido en 1.4 V 8, «turbulencia», ac. *katātu,* por Margalit, MLD 214-216).

kṯr: n.m., «lozanía, buena situación» ≠≠ *zbln* (1.14 I 16) (cs., hb. *kāšar, kôšārôt;* cf. Dietrich-Loretz, *Fs Elliger,* p. 34; Badre *et al.,* «Syria» [1976] 101; Van Selms, UF [1979] 739-744); *kṯrm* (enc.). Para otras sugerencias, aunque improbables, cf. Fensham, JNSL (1971) 19-20 («mientras comían», «como artesanos»); Van Selms, *o. c.,* p. 742 («en cautividad»).

kṯr: n.d., dios de la técnica y la magia, *Kôṯaru;* el nombre completo es *kṯr wḫss,* posiblemente «Hábil y Perspicaz» (cs., sil. *ku-šar,* gr. *khousōr).*

kṯr: a.m., «hábil» (1.2 III 20) (cf. *sup. kṯr); kṯrm.* Para Van Selms, UF (1979) 742, el valor básico es «siervo» < «cautivo», como para *mkṯr* de 1.4 II 30.

kṯrt: n.d., divinidades inferiores que presiden el parto, *Kôṯarātu* (cf. *sup. kṯr,* gr. *khoúsarthis;* cf. Margulis, JANES [1972] 55ss; Du Mesnil, EDP 1-7, 9-14; íd., NE 81-85); *kṯrt bnt hll snnt,* «las *K.,* las hijas del Lucero, las golondrinas» (1.17 II 26-27 y par.).

l- I: prep., «a, hacia; para; en, entre; además; de, desde...» (cs., ar. *la/li,* para su clasificación semántica y formal, cf. Gordon, UT 92-97-99; Aistleitner, WUS 160-163; Aartun, PU II, 31ss y *passim); l, lm, ln* (enc.); *ly, lk, lh, lkm, lhm, lhn.*

l- II: morfema adverbial e interjeccional de función triple: «no»; «de seguro, sin duda»; «¡oh!» (cf. ar. *lā/la,* hb. *lō'/lû/l-,* ac. *lā/lū;* para la clasificación de su uso, cf. Gordon, UT 108-109; Aistleitner, WUS 163-164; Aartun, PU I 22ss, 33ss, 38s, 74s y *passim).*

la: n.m., «fueza, vigor» (1.4 VIII 22 y par.) (cf. *inf. la;* cf. Del Olmo Lete, UF [1978] 37-40, para ésta y demás interpretaciones); *la šmm,* «el vigor de los cielos» *(ibid.).*

la: v.G., «prevalecer, vencer, ser fuerte» (cs., √*l'y;* cf. Del Olmo Lete, *l. c.); lan* (?); *li, tlun; šnt tlun,* «el sueño le venció» (1.14 I 33; cf. Badre *et al.,* «Syria» [1976] 150); *dm li/lan,* «así, pues, vence/venció» (1.16 IV 1-2/14).

lay: (?) [lexema supuesto en 1.24:44: «trabajo» (Driver, CML 158), «victoria» (Gibson, CML 149), hipocorístico por *aliyn* (Aistleitner, WUS 165); cf. *inf. ll].*

lik: v.G./p., «enviar», «ser enviado» (so., ar. *la'aka); ilak, tlak, ltakn, ylak; lik; wylak mlakm lk,* «y te enviará mensajeros» (1.14 III 19-20).

lim: n.m., «pueblo» // *hmlt, adm* (cf. hb. *l^e'ōm,* ac. *līmu;* cf. *ybmt* para otras interpretaciones); *lim; limm.* Margalit, MLD 134-135, lo interpreta como n.d. por *Ba'lu.*

lb: n.m., «corazón» // *kbd* (cs., ac. *libbu); lb, lbk, lbh; klb arḫ l'glh,* «como el corazón de la vaca por su ternero» (1.16 II 28); *ymlu lbh bšmḫt,* «se llenó su corazón de alegría» (1.3 II 25-26). En 1.19 I 10 Margalit, UF (1976) 169, interpreta *klb* como *k-lb,* «de acuerdo».

lbu: n.m., «león» // *anḫr* (1.5 I 14) (cf. hb. *lābî'); lbim.* La presencia del lexema en 1.2 III 20 y 1.24:36 no es probable (para este último, cf. Herrmann, YN 17-18; íd., ZAW [1971] 97); otras sugerencias antiguas [«gritar» (Goetze), «morada» (Obermann), «alzar(se)» (Ginsberg), «ser recto» (Herdner)] pueden considerarse superadas.

lbn: v.G./D., «hacer ladrillos», verbo denominativo (1.4 IV 61) (cf. *inf. lbnt;* Margalit, MLD 212, relaciona ambos con la raíz √*lbn,* «ser blanco»); *tlbn.*

lbnn: n.l. «Líbano» // *šryn* (1.4 VI 18) (cf. hb. *l^ebānôn,* ar. *lubnānu,* ac. *labnānu).*

lbnt: n.f., «ladrillo» // *ulṯ* (1.4 IV 62) (cs., hb. *l^ebēnāh,* ac. *libittu); ḫrṣ nṣb llbnt,* «el oro fue transformado en ladrillos» (1.4 VI 34-35). Para 1.13:13, De Moor, UF [1973] 350, sugiere el valor «pétalos» (√*lbn)* (!).

lbš: v.G., «vestirse, revestirse» (cs., ar. *labisa,* ac. *labāšu); lbš, tlbš;* Š. «revestir, investir»; *šlbšn* (1.5 V 23); *w'l tlbš npṣ aṯt,* «y encima se vistió ropa de mujer» (1.19 IV 46).

lg: n.m., «cántara» // *ḥbr* (1.23:75) (cf. hb. *lōg).*

ld: (?) [base requerida por Caquot, Ac1^{er}ConIntLSChS 203, para interpretar 1.22 I 18: «delicia» (ar. *laḏḏatu)].*

lhn: (?) (base requerida para interpretar 1.23:75; cf. Gaster, *Thespis* [1950] 451; Gray, LC 104, n. 6).

lwn: n.m., «seguidor, comparsa» (?) (1.2 I 46) (cf. √*lwy;* De Moor, SP 133).

lḥ I: n.m., «tablilla», «escrito, dictado, mensaje» (1.2 I 26) (cs., hb. *lûaḥ,* ar. *lawḥu); lḥt.* Gibson, CML 150, supone una forma verbal Š. denominativa de este lexema en 1.41 I 25-26; cf. *inf. šlḥ II.*

lḥ II: n.f., «mejilla», «mandíbula», «morros», «tragaderas/fauces» // *dqn* (cs., hb. *l^{e}ḥî,* ar. *laḥyu;* cf. Loewenstamm, IOS [1974] 1-3; Dahood, «Bib» [1964] 410; Dijkstra-De Moor, UF [1975] 176); *lḥm, lḥt; yhdy lḥdm wdqn,* «se laceró las mejillas y el mentón» (1.5 VI 19); *tbq lḥt niṣh,* «cierre las fauces de sus detractores» (1.17 I 28-29).

lḥ III: (?) [base requerida, «ser vigoroso», Š., «vigorizar» (√*lḥḥ),* para interpretar 1.2 III 24; 1.5 II 21; 1.17 VI 28; *ylḥn; ašlḥk, yšlḥn;* cf. Driver, CML 158; Van Zijl, *Baal,* 171; De Moor, SP 202-203; Albright, BASOR 94 (1944) 32, n. 7; Margalit, MLD 15, 145, incluso para 1.4 I 26; 1.6 I 48: «licuar», «que produce humedad»; en el mismo sentido, Dahood, ULx 92, a propósito de *ḥrb mlḥt;* cf. *inf.* También sobre esta base, cf. *inf. lḥḥt;* Lipinski, OLP (1972) 118].

lḥm: n.m., «pan, grano, alimento» // *yn* (cs., ar. *laḥmu); lḥm, lḥmk, lḥmh; yip lḥm,* «cueza pan» (1.14 II 30); *kly lḥm bʿdnhm,* «el grano se había acabado en sus depósitos» (1.16 III 3-14); *klt lḥmh,* «una medida de su pan/de su grano» (1.14 III 58).

lḥm: v.G., «comer» // *šty* (cs., ar. *laḥama;* para sus formas efectivo-causativas, cf. Del Olmo Lete, AF [1976] 232, n. 13); *lḥm; tlḥm, ilḥm, nlḥm, tlḥmn; lḥm, lḥmm* (enc.); D. «alimentar» // *šqy; ylḥm;* Š., «dar de comer» // *ššqy; tšlḥm, yšlḥm; yšlḥmnh; šlḥm; tlḥmn rpum tštyn,* «comieron los *R.* y bebieron» (1.22 I 23-24); *ʿd lḥm šty ilm,* «mientras comían (y) bebían los dioses» (1.4 VI 55); *uzr ilm ylḥm,* «revestido a los dioses alimentó» (1.17 I 2 y par.); *šlḥm ššqy ilm,* «da de comer y beber a los dioses» (1.17 V 19-20).

lḥmd: error/variante fonética de *mḥmd* (1.4 V 39).

lḥn I: (?) [base requerida para interpretar 1.6 I 48, «ser inteligente», «entender» (ar. *laḥina), ylḥn;* aquí se toma como n.p., cf. *sup.;* Clifford, CMC 164, n. 87; para ésta y otras opiniones, cf. Caquot-Sznycer, TOu 256; Rin, AE 215].

lḥn II: (?) (1.15 IV 13).

lḥt: (?) [lexema requerido para interpretar 1.17 I 28: «fuerza vital» (√*lḥḥ;* cf. Albright, BASOR 94 ⟨1944⟩ 35), «insulto» (ar. *laḥā;* cf. Gaster, BO ⟨1952⟩ 82, n. 2; Dijkstra-De Moor, UF ⟨1975⟩ 176), «terror» (hb. *ḥat;* Gaster, BO ⟨1952⟩

82), «incitar» (ar. *laḥata;* cf. Obermann, HDBS 17); o 1.2 I 26: «descaro, insulto, atrevimiento» (ar. *laḥā;* Aistleitner, WUS 168; íd., MKT 49), «vista» (ar. *lāḥa;* cf. Oldenburg, CEB 192, n. 8).

lḫḫt: (?) (lexema supuesto en 1.6 IV 19, «cerveza, zumo», √ *lḥḥ,* por Lipinski, OLP [1972] 118).

lḫst: n.f., «charla, cuchicheo» // *rgm* (1.3 III 23 y par.) (cs., ac. *laḫāšu,* hb. *laḥaš).*

lṭpn: a.m., «benigno», epíteto del dios *Ilu* (cf. ar. *laṭīfu,* sil. *la-ṭí-pa-an;* cf. De Moor, SP 191); *lṭpn il dpid,* «el Benigno, *Ilu,* el Bondadoso» (título de *Ilu,* frecuente).

lṭš: v.G., «afilar» (so., hb. *lāṭaš); lṭšt; ḥrb lṭšt,* «espada afilada» (1.2 I 32).

lẓpn: variante fonética de *lṭpn* (1.24:44).

lyt: n.f., «comitiva» (?) (1.6 IV 9) (sno. √ *lwy,* hb. *nilwāh,* sir. *lwō, lwītō;* o base √ *yly, sup.).* La alternativa más frecuente es: «guirnalda» (hb. *liwyāh).* Otras sugerencias, como «ansiedad» (ar. *lawā;* cf. Gray, LC 72, n. 4) o «maldición» (leyendo *ulyt,* ar. *ʾulwatu,* hb. *ʾālāh;* cf. Hvidberg, WL 37, n. 3), o «comba, bulto» (ar. *layyatu;* cf. Margalit, MLD 173), no parecen probables.

ll: n.m., «noche» (sc., ar. *laylu); ll ay,* «cada noche» (?) (1.24:44; cf. Herrmann, YN 22-23, para otras interpretaciones). Este lexema (n.d.) es también supuesto en 1.2 I 20, nombre de la montaña de la asamblea divina, *Lêlu,* «Noche» (cs. √ *lyl;* cf. De Moor, SP 124, 128-129; Caquot-Sznycer, TOu 128; Gibson, CML 5, n. 1); pero podría tratarse de un simple error escribal por *il.*

llu: n.m., «cordero, lechal» // *imr* (cf. ac. *lalû;* cf. Dahood, «Bib» [1965] 316; para Badre *et al.,* «Syria» [1976] 106, n. 4, «cabrito»); *lli, lla, llim.*

lm I: cf. *sup. l-* (hb. *lᵉmô).*

lm II: p.intr., «¿para qué?», «¿por qué?» [cf. hb. *lā(m)māh]; lm ank,* «¿para qué (quiero) yo?» (1.14 III 33 y par.); *lm tḫš,* «¿por qué os asustáis?» (1.4 VII 38-39); *lm ǵltm,* «¿por qué habéis bajado?» (1.2 I 24).

lmd: n.m., «discípulo» (1.6 VI 55) (cs., sir. *lmīdō).*

lmd: v.D., «enseñar, adiestrar» (1.18 I 29) (cs., hb. *limmēd); almdk.*

ln I: cf. *sup. l- I.*

ln II: v.G., «dormir, pernoctar» // *škb* (1.17 I 15 y par.) (cf. hb. *lûn/lîn).*

ln III: (?) [base requerida para interpretar 1.17 I 29 y par. con el valor de «desprecio, insulto» // *nis* (cf. hb. *lûn, tᵉlûnāh;* cf. Obermann, HDBS 17, n. 29, 25; Van Selms, UF 255) o incluso «pernoctar, hospedarse» (cf. *sup. ln I).*

lskt: (?) (1.1 III 8, quizá *l-skt;* Caquot-Sznycer, TOu 304).

lsm: v.G., «correr, darse prisa» // *wḥy* (cf. ac. *lasāmu); tlsmn; ʿmy pʿnk tlsmn,* «hacia mí tus pies se den prisa» (1.3 III 19 y par.).

lsm: n.m., «alazán» (?) (1.6 VI 21) (cf. ac. *lāsimu, lasmu,* dicho de animales). Algunos prefieren «perro, galgo» (cf. De Moor, SP 235; Gibson, CML 150) o «sanguijuela» (cf. ar. *lasama;* cf. Løkkegaard, *Fs Pedersen,* 231).

lsmt: n.f., «presteza» (1.22 I 6) (cf. *sup. lsm).*

lpš: n.m., «vestido» // *all, mizrtm* (cf. sup. *lbš,* variante fonética); *lpš yks mizrtm,* «por vestido se cubrió con una túnica ritual» (1.5 VI 16-17 y par.); *sin lpš,* «el borde del vestido» (1.6 VI 10).

lṣb: n.m., «ceño», «entrecejo» ≠≠ *ṣḥq* (1.4 IV 28 y par.) (cf. arm. *bᵉlaṭ,* con metátesis, ac. *balāṣu;* Del Olmo Lete, AF [1976] 232-236, para ésta y otras interpretaciones, la más corriente «boca», «garguero» [ar. *liṣbu]).*

lqḥ: v.G., «coger, tomar, agarrar», «conseguir», «traer» (cs. hb. *lāqaḥ); lqḥ; tqḥ, yqḥ; qḥ, qḥn; lqḥ imr dbḥ,* «cogió un cordero victimal» (1.14 III 55-56); *aṯt tqḥ btk,* «la mujer que has traído a tu casa» (// *tšʿrb,* 1.15 II 21-22; cf. Greenfield, EI, [1969] 64).

lqẓ: v.G., «recoger», variante fonética por *lqṭ* (?) (cs., ar. *laqaṭa;* cf. Dijkstra-De Moor, UF [1975] 208).

lrmn: n.m., «granada» (1.23:50) (cf. ac. *lurmûm, lurimtu); lrmnm* (?).

lš: (?) (base requerida para interpretar 1.12 I 14, «amasar», hb. *lûš;* cf. Gaster, *Thespis* [1950] 450; «retrasarse», ar. *laṯa;* cf. Gray, UF [1971] 62; cf. *inf. tlš).*

lšn: n.m/f., «lengua» // *špt* (1.5 II 3) (cs., ac. *lišānu).*

lšn: v.D., «calumniar», verbo denominativo (1.17 VI 51) (cf. hb. *liššēn); tlšn.*

lty: (?) [1.20 I 9; quizá *lt-y* ($\sqrt{}$ *yld,* cf. hb. *ledet, lat)].*

ltn: n.d., monstruo mítico colaborador o personificación del dios *Yammu, Lôtānu* // *bṯn* (cf. hb. *liwyātān); ltn bṯn brḥ...bṯn ʿqltn,* «L., la serpiente huidiza, ... la serpiente tortuosa» (1.5 I 1-2 y par.; cf. Is 27,1).

-m: morfema de función múltiple: adverbial, enclítica, enfática [sufijo-pronominal (?)] (cf. ac. *-um, -am, -amma, -ma;* hb. *-m, -ām, -ōm;* para la clasificación de sus usos, cf. Gordon, UT 93, 103-104; Aistleitner, WUS 175-177; Gibson, CML 150; Aartun, PU I, 51ss y *passim).*

mad: a.m., «grande, inmenso», «numeroso» (1.14 II 35) (cs., ac. *maʾādu, maʾdu,* hb. *mᵉʾōd;* para la distinción funcional de *mad, mid, mud,* cf. Blau-Loewenstamm, UF [1972] 21-22; Sanmartín, UF [1971] 179; Marcus, «Bib» [1974] 404-407).

mad: v.D., «multiplicar», verbo denominativo // *qny* (1.14 II 5) (cf. *sup. mad); amid.*

mat I: cf. *mh* + *at* (1.14 I 38). Para la interpretación de Badre *et al.,* cf. *sup. at II.*

mat II: cf. *inf. mit.*

mid: adv., «en gran manera, abundante(mente), completamente» // *kl, mḥmd* (cf. *sup. mad); mid ksp,* «plata en gran cantidad/abundante» (1.4 V 15 y par.); *mid rm,* «exaltado en gran manera» (1.15 III 13).

mizrt: n.f., «veste, túnica ritual» // *lpš, ṣt* (cf. *sup. uzr;* ar. *miʾzaratu;* cf. De Moor, SP 192); *yd mizrth pyln,* «se quitó su veste y se echó a dormir» (1.17 I 15 y par.).

miyt: (?) (1.16 III 4; cf. *inf. mhyt).*

minš: n.m., «campamento, acampada, cuartel» // *ahl* (1.19 IV 48) (cf. *sup. anš III,* cs., hb. *ʾenôš,* ac. *tenēštu;* cf. Dijkstra-De Moor, UF [1975] 212; Dietrich-Loretz, UF [1977] 49).

mit: num., «cien» (1.5 IV 3) (cs., hb. *mēʾāh, mēʾôt); mit; mat* (pl.) (1.14 II 36 y par.).

mud: n.m., «gran cantidad, mucho» (cf. *sup. mad)* (1.5 III 16-17, 22-23).

muid: (?) [1.5 III 24; error por *mud* (?)].

mbk: n.m., «fuente, manantial» // *apq* [cf. hb. *nēbek, nibkê/mibbᵉkî* (?)]; *mbk nhrm,* «la fuente de los dos ríos» (1.4 IV 21 y par.; *nibkê yām,* Job 38,16).

mgdl: n.m., «torre» // *ḥmt* (cf. *√gdl,* hb. *migdāl); lẓr mgdl,* «encima de la torre» (1.14 IV 3 y par.).

mgn I: v.G/D., «agasajar», «obsequiar» // *ǵẓy* (so., hb. *miggēn,* arm. *maggān,* ar. *maǧǧānu;* cf. Dietrich-Loretz-Sanmartín, UF [1974] 31-32); *mgntm; nmgn, tmgnn; mgntm ṯr,* «¿habéis agasajado al Toro?» (1.4 III 30-31). Otros autores dan a la raíz el valor de «interceder, implorar» (cf. Driver, CML 160).

mgn: n.m., «agasajo, regalo» // *mǵẓ* (1.4 I 21) (cf. *√mgn;* ar. *maǧǧānu).*

mgn II: n.m., «soberano», «benefactor» (?) // *adn* (1.16 I 45) (cf. *√mgn;* Dahood, ULx 94); *mgnk.* Podrían tratarse de *mgn I.*

mgṯ: n.m., «res sacrificial» // *imr* (1.16 VI 18 y par.) (cf. hb. *muggāš,* fen. *mgšt;* cf. Dahood, RSP II, 7; o ac. *gušu;* cf. Xella, OrAn [1978] 127-129; o ar. *ǧaṯṯa,* «cortar»; cf. Aistleitner, WUS 71; o ar. *intaǧaṯa,* «engordar»; cf. Gibson, CML 150).

md: n.m., «vestido» // *npyn* (1.4 II 6) (cf. hb. *mad); mdh.* Caquot-Sznycer, TOu 198, sugieren «basura» (ar. *midād).*

mdb: n.m., «marea, flujo del mar» // *ym* (1.23:34-35) (cf. hb. *zûb,* ar. *ḏāba;* De Moor, UF [1969] 181, n. 99).

mdbḥt: n.f., «altar» (1.13:16) (cf. sup. *dbḥ,* hb. *mizbēaḥ).*

mdbr: n.m., «desierto» // *šd* (cf. hb. *midbār); mdbr qdš,* «el desierto santo/puro» (1.23:65; Xella, MSS 91, n. 34, 101ss; Cunchillos, Sal29, 100-102, 163-165). El valor «santuario» (hb. *dᵉbîr;* cf. Du Mesnil, NE 91, n. 5, 98) no resulta aceptable.

mdgt: n.f., «gruta, tumba», «lugar oscuro» (1.19 III 41) (cf. ar. *dağā, duğğatu;* cf. Dijkstra-De Moor, UF [1975] 208). Para la sugerencia «lugar de pesca» (hb. *dāg),* cf. Margalit, UF (1976) 172.

mdd: a.m., «amado» (cf. *sup. ydd); mdd, mddt, mddth; mdd il,* «amado de *Ilu*» (1.3 III 38-39; 1.4 VIII 23-24, título de *Yammu* y de *Môtu); ybʿr...lm nkr mddth,* «deje... para un extraño su amada» (1.14 II 48-50).

mdw: n.m., «dolencia, enfermedad» // *zbln* (1.16 VI 35, 51) (cf. *sup. dw).*

mdl I: v.G., «enjaezar, aparejar» // *ṣmd* (1.4 IV 9 y par.) (cf. ar. *tamaddala;* cf. Rin, AE 158; para otras propuestas etimológicas, cf. Van Zijl, *Baal,* 67, 68, n. 1; Pini, OrAn [1976] 111, n. 28); *mdl; tmdln.*

mdl II: n.m., «nube, borrasca» (?) // *ʿrpt, rḥ, mṭr, qrn* (?) (1.5 V 7; 1.3 IV 26) (cf. ac. *madlu;* para este valor semántico y su alternativa «rayo», cf. Dahood, UF [1969] 35; Caquot-Sznycer, TOu 170); *mdlk, mdlh.*

mdnt: n.f., «población, ciudad» // *šb* (1.3 II 16) (cf. hb. *meḏînāh,* ar. *madīnatu);* para otras opiniones, cf. Caquot-Sznycer, TOu 159-160; además, Dahood, ULx 88, «reforzado (arco)» [$\sqrt{\ }$ *dn(n)];* De Moor, SP 92-93; «débil, despreciable» (ug. *dnt);* Gray, LC 42, n. 5, «doblado» (ar. *danna).*

mdrʿ: n.m., «sembrado» (1.23:69) (cf. *sup. drʿ).*

mh I: p.intr., «¿qué?» (cs., hb. *māh;* cf. Aistleitner, WUS 179, *mā + hū); mh taršn,* «¿qué deseas de mí?» (1.6 II 13).

mh II: n.m., «agua» // *ṯl, rbb* (cs., ar. *māhu);* cf. *inf. my; tḥspn mh wtrḥṣ,* «le sacaron agua y se lavó» (1.3 II 38 y par.).

mh III: (?) [base requerida en 1.16 VI 6, «recatadamente» ⟨ar. *mah(h)*⟩; cf. Gibson, CML 150; leer posiblemente *mt].*

mhyt: n.f., «pradera» (?) // *arṣ* (1.5 VI 5 y par.) (cf. *mh II,* lugar regado por el agua, tierra fértil). Otras sugerencias apuntan «blancuzco de aristas» (ar. *maha;* cf. De Moor, SP 99, n. 15, 191; pero en contra, Grabbe, UF [1976] 63), «calamidad» (hb. *hōwāh, hawwāh;* cf. Cassuto, BOS II, 163; Rin, AE 205), «abismo» (íd.; cf. Hvidberg, WL 28, n. 3).

mhmrt: n.f., «sumidero» // *npš* (1.5 I 6-7) (cf. hb. *mahămōrāh,* ar. *hamara,* en paralelismo explicativo con «fauces» (de *Môtu):* «fosa, pozo acuoso»; cf. Hoftijzer, UF [1972] 157, n. 17).

mhr I: n.m., «guerrero, soldado, héroe» // *ḏmr, rpu* (so., hb. *māhîr,* fen. *mhr,* eg. *mhr;* cf. Schulman, ZÄS [1966] 123ss; De Moor, SP 91); *mhr, mhrm; mhr bʿl/ʿnt/št,* «guerrero de *B./ʿA.*/asolador» (o «de la Señora», cf. *inf. št III;* título de héroes mitológicos o semidioses).

mhr II: n.m., «dote, precio por la esposa» (1.24:19) (so., hb. *mohar,* ar. *mahru;* Rainey, RSP II, 72); *mhrh.*

mhr III: (?) (lexema requerido para interpretar 1.18 IV 26, «vigor»; cf. Ginsberg, ANET 152; Dijkstra-De Moor, UF [1975] 196; leer *mpr).*

mzl: v.G., «sortear, caminar a tientas» (1.14 II 46-47 y par.) (sno. √ *mzl,* hb. *mazzāl,* ar. *maḏala;* cf. Del Olmo Lete, UF [1975] 91-93); *mzl, ymzl.* Gibson, CML 151, «rezagarse» (ar. *malaza);* Watson, «Or» (1979) 116, «correr» (ar. *mazala).*

mznm: n.m.du., «balanza» (1.24:34-37) (so. √ *wzn,* hb. *mōʾznayim,* ar. *mīzān;* cf. Salonen, HAM 284).

mzʿ: v.Dp., «rasgarse» (1.19 I 36 y par.) (cf. ar. *mazzaʿa); tmzʿ.*

mḥ(y): v.G., «limpiar, borrar» (1.3 II 30) (so., hb. *māḥāh,* ar. *maḥā); ymḥ.* Aartun, WO (1967-1968) 297s, supone aquí una base √ *myḥ,* ar. *māḥa,* «agotar».

mḥmd: n./a.m., «cosa codiciada, preciada» (1.4 V 16 y par.) (cf. *sup. ḥmd).*

mḥrṯt: n.f., «arada, campo de labor» // *šd* (1.6 IV 3 y par.) (cf. *sup. ḥrṯ).*

mḫ: v.G., «rejuvenecer, sentirse lozano» (cs. √ *mḫḫ); npš hy mḫ,* «se esponje, sí, su ánimo» (1.19 IV 39). Para una interpretación nueva de esta forma, cf. Aartun UF (1979) 1-5, partícula exclamativa (√ *mwḫ,* «calmarse»).

mḫ: n.m., «meollo, seso» // *qr* (cf. *sup. mḫ,* hb. *môaḥ,* ar/ac. *muḫḫu); mḫ rišk,* «los sesos de tu cabeza» (1.16 I 27).

mḫl: (?) (1.9:15).

mḫlpt: n.f., «trenza, bucle» (1.19 II 33) (cf. hb. *maḥlāpôt).*

mḫṣ: v.G., «herir, aplastar, matar» // *kly, ḫṣb* (cs. √ *mḫḏ,* EA, *ma-aḫ-zu-u); imḫṣ, tmḫṣ, ymḫṣ; mḫṣ; mḫṣ;* Gt., «pelearse» (// *iḫtṣb, itrṯ,* 1.3 II 5-6 y par.); *imtḫṣ, tmtḫṣ, tmtḫṣn; dʿlk mḫṣ aqht,* «sobre quien pesa la muerte de *A.*» (1.19 III 52); *imḫṣ mḫṣ aḫy,* «voy a matar a quien mató a mi hermano» (1.19 IV 34); *imtḫṣ ksp,* «me peleé (por) la plata» (1.3 III 46).

mḫṣ: n.m., «machete» // *mšḫṭ* (1.2 I 39) (cf. *sup. mḫṣ).*

mḫmšt: n.f.num., «quinto, quinta parte» // *mṯdṯt* (1.14 I 18) [cf. *sup. ḫmš;* para la interpretación partitiva de ésta y semejantes formas en 1.14 I 16-20, cf. Del Olmo Lete, UF (1975) 90, n. 3; además, Mustafa, AcOrHung (1973) 304-306 (multiplicativos); De Moor, UF (1979) 644 (participios o multiplicativos)].

mḫš: v.G., «aplastar» // *kly, ṣmt* (1.3 III 38-45) (posiblemente en relación con *mḫṣ* o ac. *ḫamāšu,* EA, *yi-ma-ḫa-aš-ši;* cf. Held, JAOS [1959] 169ss).

mḫt: (?) (1.16 V 30).

mṭ I: n.m., «vara, báculo» // *ḫṭ, ksl qšt* (cf. hb. *maṭṭeh, môṭ); mṭ, mṭm* (enc.); *mṭ ydh,* «su báculo» (1.19 III 49 y par.; cf. Del Olmo Lete, AF [1976] 250, nn. 71-72; Aistleitner, MKT 80, y Driver, *Fs Bakoš,* 109, sugieren un sentido sexual); *mṭm tgrš šbm,* «con su fusta desalojó a los ancianos» (1.3 II 15-16; por su paralelismo con *ksl qšt*, algunos prefieren el valor «dardo»; cf. Gray, LC 23, n. 59; De Moor, SP 92).

mṭ II: v.G., «tambalearse, temblar» (1.2 I 9) (cs., hb. *môṭ*; en sentido contrario, Van Selms, UF [1970] 258; en cambio, Driver, CML 65, n. 2, lo supone en 1.19 III 49 y par.).

mṭḫr: n.m., «llaga» (?) (1.2 I 41) (cf. hb. *ṭ^{e}ḥôrîm*, posiblemente ar. *ṭaḥara, miṭḥaru*, teniendo en cuenta el condicionamiento fonético por posición). Para otras interpretaciones, cf. De Moor, SP 132-133; Oldenburg, CEB 193; Caquot-Sznycer, TOu 132.

mṭʿt: n.f., «plantío» // *grn* (1.20 II 7 y par.) (cf. *inf. nṭʿ*).

mṭr: n.m., «lluvia» // *mdl* (1.5 V 8; 1.16 III 5-8) (cs., ar. *maṭaru*); *mṭr, mṭrt.*

mṭr: v.G/D., «llover» // *ṭl(l), hlk* (cs., ar. *maṭara*, hb. *himṭîr*); *tmṭr, tmṭrn; šmm šmn tmṭrn*, «los cielos aceite lluevan» (1.6 III 6, 12).

mṭt: n.f., «lecho, cama» // *arṣ* (1.14 I 30) (cf. hb. *miṭṭāh*); *mṭth* (adv.). En razón del paralelismo y el uso hebreo, Dahood, RSP II, 35-36, propone el valor «hacia abajo» (hb. *l^{e}maṭṭāh*).

mẓa: v.G., «encontrar, topar» // *mǵy* (1.12 I 37; II 50-51) (cf. hb. *māṣāʾ*); *mẓah, ymẓa.*

mẓll: n.m., «cobijo» // *mṯb* (1.4 I 17 y par.) (cf. *sup. ẓl*, ar. *miẓallatu*, ac. *maṣallu*).

mẓma: a.m., «sediento» // *rǵb* (1.15 I 2) (cs., hb. *ṣāmēʾ*, ar. *ẓamiʾa*).

my I: p.intr., «¿quién?», «¿qué?» (cf. hb. *mî*; cf. De Moor, SP 194); *my bilm*, «¿quién de los dioses?» (1.16 V 14 y par.); *my lim*, «¿qué va a ser del pueblo?» (1.5 VI 23).

my II: n.m., «agua» // *ṭl* (1.19 II 1 y par.) (cs., hb. *mayim, mimê*, ar. *maʾu*, arm. *mayyā*; forma alternativa de *mh*; cf. Blau-Loewenstamm, UF [1970] 29); *my, mym, mmh.*

mk I: part.deict., «¡he aquí!, ¡mira!» (cf. eg. *mk*, ac. *muk, maka*; cf. De Moor, SP 231; Aartun, PU I, 71-72); *mk bšbʿ ymm*, «y ¡mira!, al séptimo día» (1.17 I 15 y par., fórmula climática en la «escala numérica», cf. *sup.* pp. 60s); *mk špšm bšbʿ*, «¡he aquí, al alba del séptimo!» (1.14 III 3-4; para una interpretación diversa, cf. Badre *et al.*, «Syria» [1976] 115, «a la caída del sol»).

mk II: v.G., «caer» ≠≠ ʿz (1.2 IV 17) (sno., hb. *mûk, mākak*; Aistleitner, WUS 184; De Moor, SP 136); *ymk.*

mk III: n.m., «poza» // *ḫḫ* (1.4 VIII 12 y par.) (cf. *sup. mk II*).

mknpt: n.f., «envergadura» (derivado de *knp*); *rḥb mknpt*, «ancho de envergadura (de alas)» (1.16 I 9).

mknt: n.f., «solar, linaje» // *ḥtk* (1.14 I 11) (cf. *sup. kn II*, hb. *mākôn, mᵉkûnāh*, ar. *makānu, makānatu).*

mks: n.m., «cobertor» (1.4 II 5) (cf. *sup. ksy*, hb. *mikseh, mᵉkassēh*, podría ser pa. D.).

mkṯr: n.m./adv., «obra, actuación hábil, adecuada/adecuada, hábilmente» (1.4 II 30) (cf. *sup. kṯr III).*

ml: (?) [base requerida por Margalit, UF (1975) 302, n. 19; (1976) 176, para interpretar 1.19 III 46, «curso, corriente» (ar. *maylu)].*

mla: v.G., «llenarse», «llenar» // *ǵdd* (so., hb. *mālēʾ/mālaʾ*, ar. *malaʾa); mla, mlat, ymlu;* D., «llenar»; *mmlat; ymlu lbh bšmḫt,* «se llenó su corazón de alegría» (1.3 II 25-26); *sʿt...bmqr mmlat,* «auyentó... del pozo a las que llenan (el cántaro)» (1.14 V 2).

mlat: (?) (lexema supuesto en 1.23:73, plenitud», *√ mla).*

mli: a.m., «lleno» (1.10 III 8) (cf. *sup. mla).*

mlak: n.m., «mensajero» // *ṯʿdt* (cf. *sup. lik;* cf. Yamashita, RSP II, 57); *mlak, mlakm; mlak ym,* «mensajero de *Y.*» (1.2 I 22); *ttbʿ mlakm lyṯb,* «los mensajeros partieron sin detenerse» (1.14 VI 35-36).

mlbr: posible error/variante fonética por *mdbr* (1.12 I 21).

mlghy: n.d., una de las *Kôṯarōt, Mulūgu-hiya* (?) // *ṯlḫhw* (1.24:47) (cf. nhb. *mᵉlôg*, ac. *mulūgu;* cf. De Moor, UF [1970] 200). Otros autores consideran *mlg* como n.m., «dote», e interpretan *-h* como sufijo e *-y* como *mater lectionis* o preformativa del nombre siguiente.

mlḥmt: n.f., «guerra» ≠≠ *ddym, šlm* (cf. hb. *milḥāmāh*, ar. *malḥamatu;* algunos prefieren, de la misma base *√ lḥm,* el valor concreto «guerreros»; cf. Whitaker, FAUL 69); *qryy barṣ mlḥmt,* «sal al paso de la guerra en la tierra» (1.3 III 14-15 y par.). La alternativa más usual supone «alimento, panes, hogazas» (cf. *sup. lḥm);* cf. De Moor, SP 103; Caquot-Sznycer, TOu 164. Ultimamente, Watson, NUS 21 (1980) 8, ha propuesto «fangosa», ac. *luḫamum, luḫmu,* «lodo».

mlḥt: a.f., «salado, adobado con sal», «a la sal» (so. hb. *melaḥ*, ar. *milḥu;* cf. Dietrich-Loretz-Sanmartín, UF [1974] 40); *ḥrb mlḥt,* «cuchillo 'a la sal'/preparado con sal» (1.3 I 7 y par.). Para otras interpretaciones y etimologías: «reluciente» (ar. *lāḥa, lamaḥa),* «bueno» (ar. *malīḥ),* «mamón» (ar. *malaḥa),* «suculento» (*√ lḫḫ),* «elegante» (ar. *maluḥa),* «carne pingüe»; cf. De Moor, SP 70-71; Lipinski, UF (1970) 79; Blau-Loewenstamm, UF (1970) 21, n. 9; Oldenburg, CEB 196, n. 11; Caquot-Sznycer, TOu 154.

mlk: v.G., «reinar» // *yṯb* (cs., ar. *malaka); mlkt; amlk; ymlk;* D., «hacer rey»; *amlk; rd lmlk amlk,* «desciende de tu realeza que yo reinaré» (1.16 VI 37 y par.); *aḥdy dymlk,* «yo soy el único que reinará» (1.4 VII 49); *bl nmlk ydʿ,* «¡venga, hagamos rey a uno inteligente!» (1.6 I 48).

mlk: n.m., «rey» // *zbl,* como título divino y humano (cf. *sup. mlk,* sil. *mil-ku,* hb. *melek,* ar. *maliku); mlk, mlkt; mlkn, mlkm; mlkn aliyn bʿl,* «nuestro rey es *B.,* el Victorioso» (1.3 V 32); *umlk ubl mlk,* «alguien, rey o no» (1.4 VII 43); *mlk ugrt,* «rey de Ugarit» (1.6 VI 57); *il mlk,* «*Ilu,* el Rey» (1.4 IV 38).

mlk: n.m., «realeza», «poder regio, reino» (cf. *sup. mlk,* ar. *mulku); mlk, mlkk, mlkh; gršh lksi mlkh,* «le arrojó de su trono regio» (1.3 IV 2); *tqḥ mlk ʿlmk,* «te posesionarás de tu reino eterno» (1.2 IV 10).

mll: n.m., «desperdicio» // *ḥṣ* (1.1 IV 11) (sno., hb. *mālal, milmûl;* cf. De Moor, SP 188). Otras propuestas: «espiga» (hb. *mᵉlîlāh;* cf. Virolleaud, DA 98; Caquot-Sznycer, TOu 308), «fatigado» (ar. *malla,* hb. *mālal;* cf. Oldenburg, CEB 187, n. 1).

mm: cf. *sup. my* (1.16 I 34). Una alternativa sería «clamor, grito» (ac. *mummu;* cf. Aistleitner, WUS 187); Margalit, UF (1975) 306, n. 25; (1976) 166, supone también *mm,* «rascador» (// *ḫḫ;* ac. *mummu II),* en 1.17 VI 35.

mmʿ: n.m., «humor, mondongo» // *dm* (cf. ar. *māʿa,* hb. *mēʿîm); mmʿ, mmʿm; tǵll... ḫlqm bmmʿ mhrm,* «hundió... los miembros en el mondongo de los combatientes» (1.3 II 13-15); *ašhlk šbt dqnk mmʿm,* «puedo hacer correr... por la canicie de tu barba humores» (1.3 V 24-25).

mmt: n.f., «mortandad, muerte», segundo elemento del n.l. *šḫlmmt* (cf. *inf. mt,* arm. *mᵉmôtā).*

mn I: a./p.intr., «¿qué, cuál?», «el que» «¿cuánto?» (cf. ac. *minu, mannu;* cf. Gordon, UT 41, 435); *mn, mnm* (enc.); *mn ib ypʿ,* «¿qué enemigo ha salido?» (1.3 III 37); *mn yrḫ,* «¿cuántos meses?» (1.16 II 19); *mn gprh,* «el que le atacó» (1.19 I 11).

mn II: n.m., «especie (animal)» // *dbb* (1.4 I 39) (cf. hb. *mîn;* cf. Caquot-Sznycer, TOu 196); *mnm;* otras sugerencias para este texto son: «figura, manera» (hb. *mîn;* cf. Dietrich-Loretz, UF [1978] 62); «incrustación» (ac. *maninnu;* cf. Margalit, MLD 21).

mn III: (?) [en 1.3 I 2, Oldenburg, CEB 196, n. 7, sugiere el valor «porción» (hb. *mēn),* y Dahood, CC II (1978) 549-550, el de «destino» *(ibid.);* en 1.19 I 11, Margalit, UF (1976) 170-171, el preposicional «de, desde» (hb. *min);* igual propuesta de Badre *et al.,* «Syria» (1976) 100-101, para las formas numerales de 1.14 I 16-20; cf. *inf. mn(y)].*

mndʿ: adv./a.m., «seguro, de seguro», «seguramente, quizá» (1.16 II 24) (cf. √ *ydʿ,* arm. *mandaʿ,* ac. *mindê = mīn īde).*

mnḥy: n.f., «ofrenda» // *argmn* (1.2 I 38) [variante de *mnḥt* mejor que *mnḥ-y (mater lectionis);* cf. hb. *minḥāh;* De Moor, SP 132; Dietrich-Loretz, UF (1973) 111].

mnḫ: n.m., «calma» // *irt* (1.2 IV 3; cf. 1.17 II 13) (cf. √ *nwḫ,* hb. *mānôaḥ, mᵉnûḥāh;* cf. Aistleitner, WUS 204-205; preferible a «lugar de reposo», así,

De Moor, SP 133; Caquot-Sznycer, TOu 134). Otros leen *mnḫl,* con el valor «corriente» (hb. *naḥal,* ac. *naḫallu;* cf. Van Selms, UF [1970] 264) o «cedazo» (ar. *munḫulu;* cf. Gibson, CML 151).

mn(y): (?) [base requerida, «contar», por Oldenburg, CEB 87, en 1.3 II 11 (cf. *inf. ǵrm)* y por Dijkstra-De Moor, UF (1975) 199, en 1.19 I 11].

mnn: (?) [base supuesta en 1.23:37, 40, «abajar», «excluir», «cansar» (ar. *manna,* et.*mannana);* cf. Gordon, UT 935; Aistleitner, WUS 188; Driver, CML 161; Pope, UF (1979) 706; cf. *sup. ymnn].*

mnt I: n.f., «porción, ración, trozo», «miembro» (?) // *ksm, šir* (cs., √ *mny,* hb. *mānāh,* ac. *minâtu;* cf. De Moor, SP 211); *mnt, mnty, mntk* (?), *mnth; wmnth bt il,* «y su porción (consuma) en el santuario de *Ilu*» (1.17 I 32); *mnth ltkly nprm,* «sus trozos/miembros devoren las aves» (1.6 II 36-37).

mnt: n.f., «repartición, recuento» // *spr* (1.24:46-47) (cf. √ *mny,* ac. *minâtu;* cf. Herrmann, YN 23; preferible a «encantamiento, fórmula de»; cf. Xella, MSS 72).

mnt II: (?) [un valor «brisa» (ac. *mānitu)* es propuesto para 1.4 VII 56 por De Moor, SP 172].

mnt III: (?) [lexema exigido en 1.4 VII 56, «miembro (humano)», ac. *minitu(m),* por Margalit, MLD 72].

ms: v.Dt., «desfallecer» (1.6 I 52) (cf. hb. √ *msy/mss;* cf. Del Olmo Lete, AF [1981]).

msd: n.m., «fundamento» (1.4 I 40) (so. √ *ysd,* hb. *môsād;* cf. Dietrich-Loretz, UF [1978] 62); *msdt.*

mswn: n.m., «compromisario, delegado» // *mlak* (1.14 III 21 y par.) (cf. ac. *massû;* para ésta y otras interpretaciones, cf. Del Olmo Lete, UF [1975] 93-94; últimamente, Watson, UF [1978] 400; íd., NUS 21 [1980] 8; Badre *et al.,* «Syria» [1976] 113, insisten en el sentido locativo, «campo, campamento», desde diferentes etimologías ac. y ar.); *mswn* (?), *mswnh.*

msk I: v.G., «mezcló» // *lqḥ* (cf. hb. *māsak;* cf. Lipinski, UF [1970] 83-84); *ymsk; rbt ymsk bmskh,* «diez mil (cuartillos) combinaba de su mezcla» (1.3 I 17); *ks ymsk nhr,* «mi copa mezcla (vino) a raudales» (1.5 I 21-22).

msk: n.m., «mezcla», «vino mezclado» // *ḫmr* (1.3 I 17) (cf. *sup. msk I;* cf. Dietrich-Loretz, UF [1972] 29); *msk, mskh; ṯnm tšqy msk hwt,* «por dos veces le dio a beber vino mezclado» (1.19 IV Borde). El valor concreto «taza», «cuba» no se impone; cf. Dahood, UHP 64; íd., ULx 94-95; Caquot-Sznycer, TOu 155; pero De Moor, SP 75.

msk II: (?) (base requerida en 1.5 I 21, «apegarse», ar. *masaka,* por Margalit, MLD 105).

mslmt: n.f., «subida», «cuesta» (?) // *yqr* (1.10 III 28) (cf. hb. *sullām, mᵉsillāh,* √ *sll;* cf. Obermann, UM 52, n. 63; Clifford, CMC 75-76).

msm: (?) [lexema supuesto por diversos autores en 1.6 I 52: «donaire, belleza» ⟨cf. ug. *ysm;* cf. Gaster, *Thespis* (1950) 449; Dahood, UF (1969) 25⟩, «conveniencia, momento oportuno» ⟨ac. *(w)asāmu,* ar. *mawsimu;* cf. Caquot-Sznycer, TOu 257; Gibson, CML 75; Gordon, PLM 111; Watson, UF (1978) 399; cf. *sup. ms*⟩, «desaire» (ar. *massa;* Margalit, MLD 147)].

mspr: n.m., «relato, descripción, narración» (cf. *spr,* hb. *mispār;* cf. Trujillo, UR 153); *wṯn lmspr,* «se vuelve a relatar» (1.4 V 42); *whndt yṯb lmspr,* «y esto es lo que se repite del relato» (1.19 IV Borde lat.).

msrr: n.m., «entraña, vísceras, asadura, meollo» (?) (1.14 III 59 y par.) (cf. ar. *sirru, masarratu).*

mʿ I: part.enf.enc., «¡por favor!», después de imp. (cf. eg. *my/ʿ,* similar al hb. *-nāʾ;* cf. Gordon, UT 77, 120, 435; Aistleitner, WUS 189; Aartun, PU I, 77); *šmʿ mʿ,* «escucha, por favor» (1.4 VI 4 y par.).

mʿ II: adv., «a una, conjuntamente» (1.14 II 34 y par.) [cf. ar. *maʿa, maʿ(an)].*

mʿ(y): (?) (base requerida en 1.4 II 6, Gt. «arrugar», denom. de hb. *mēʿeh,* por Margalit, MLD 29).

mʿd: n.m., «asamblea», «reunión» (cf. *sup. yʿd,* hb. *môʿēd,* ar. *mawʿud, miʿād); pḫr mʿd,* «la Asamblea plenaria» (1.2 I 14 y par.).

mʿrb: cf. *inf. ʿrb.*

mʿr: (?) (base requerida en 1.16 IV 5 por Gibson, CML 151; cf. inf. *ʿr I).*

mǵd: n.m., «vianda» // *lḥm* (1.14 II 31) (cf. ar. *ǵaḏā;* la relación con hb. $\sqrt{}$ *ṣyd* es problemática, dado ug. *ṣd, mṣd;* cf. Gibson, CML 151). Aistleitner, WUS 246, supone el valor «amanecer, alba», ar. *ǵadā, ǵadātu.*

mǵẓ: n.m., «obsequio, regalo» // *mgn* (1.4 I 22) (cf. *inf. ǵẓy,* ar. *ǵāḏin, maǵḏin,* $\sqrt{}$ *ǵaḏā;* cf. Caquot-Sznycer, TOu 194; De Moor, SP 202, n. 6).

mǵy: v.G., «venir, llegar, alcanzar, dirigirse, ir(se), marchar, pasar» // *šmšr, mẓa, ištql* (cf. sir. *mṭō, mṭī,* ar. *maḍā,* asa. *mẓʾ;* cf. Van Zijl, *Baal,* 84-85; Blau, IOS [1977]); *mǵt, mǵy, mǵyt, mǵny, mǵy; amǵy, tmǵ, tmǵyn, ymǵy, ymǵ, tmǵyn; mǵy; mǵ; ymǵy ludm,* «llegó a *U.*» (1.14 IV 47 y par.); *pʿnh ltmǵyn hdm,* «sus pies no llegaban al escabel» (1.6 I 59-60); *lymǵ krt,* «de cierto se irá *K.*» (1.15 V 18-19).

mpḫ: n.m., «fuelle de fragua», «fragua» // *mṣbt* (1.4 I 23) (cs. $\sqrt{}$ *npḫ,* hb. *mappuaḥ); mpḫm* (du.).

mpr: n.m., «postración, destrucción» (?) (1.18 IV 26) [cf. *inf. pr(r);* cf. Dressler, AT 365]; *mprh.* Esta lectura tiene otras interpretaciones: «convulsión de muerte» [$\sqrt{}$ *pr(p)r;* cf. Margalit, MLD 160; íd., UF (1976) 168-169], «corazón, índole» [ac. *nupāru;* Dietrich-Loretz, UF (1978) 68-69, n. 43].

mṣb: n.m., «barra» // *kp* (cf. √ *nṣb,* ac. *nas/ṣbu;* para las diversas posibilidades semánticas y etimológicas, cf. Herrmann, NY 19; Lipinski, UF [1978] 198; Dijkstra-De Moor, UF [1975] 185; Dietrich-Loretz, UF [1978] 67, n. 28).

mṣbt: n.f., «mango» // *mpḫ* (1.4 I 24) (cs. √ *ḍbṭ;* cf. Dietrich-Loretz, UF [1978] 59, la interpretación más frecuente es la de «tenaza»); *mṣbṭm* (du.).

mṣd: n.m., «provisión, pieza de caza» // *dbḥ* (1.14 II 26 y par.) (cs. √ *ṣyd/ṣdy,* hb. *ṣayid,* ac. *ṣidītu,* ar. *maṣīdu;* cf. Loewenstamm, UF [1971] 357-359, que prefiere «sacrificio, banquete»); *mṣdk, mṣdh* (?). Para otros (p. ej. Mustafa, AcOrHung [1975] 102) la forma es *ṣd,* no *mṣd.*

mṣḫ: v.G., «arrastrar/derribar, abatir» (cf. la misma ambigüedad en esp. «tirar») // *mḫṣ* (1.3 V 1; 1.6 V 4) (cf. ar. *maṣaḫa;* cf. De Moor, SP 111). Caquot-Sznycer, TOu 173, 265, prefieren «abatir»; Margalit, MLD 189-190, «cocear»; a su vez, Delekat, UF [1972] 12, 22, propone una derivación de hb. *meṣaḥ,* «frente», de donde «golpear en la frente/caer de bruces», etimología ya sugerida por Virolleaud, «Syria» [1931] 223, así como la posible metátesis con *mḫṣ); imṣḫ, ymṣḫ;* N./Gp., *ymṣḫn,* «arrastrarse» [1.6 VI 20; es frecuente en este contexto aducir el valor «cocear(se)», pero cf. De Moor, *o. c.;* para una síntesis de opiniones, cf. Van Zijl, *Baal,* 217, 231, 288].

mṣy: (?) [base requerida en 1.12 II 28: «sorber, absorber» (cf. hb. *māṣah);* cf. Gray, UF (1971) 64, n. 27].

mṣlt: n.f., «címbalo, platillo» // *bd, šr* (1.3 I 19) (so., √ *ṣll/ṣlṣl,* hb. *m^eṣiltayim;* cf. Tsumura, UDGG 177-178); *mṣltm* (du.).

mṣlt: n.f., «tintineo» // *qr* (1.12 II 61) (cf. *mṣlt;* hb. *m^eṣillāh).* Otros prefieren «fuente, pozo» (hb. *m^eṣûlāh;* cf. Gibson, CML 151) o «la que ora» (√ *ṣly;* Driver, CML 73).

mṣprt: (?) (1.23:25; cf. *inf. ṣpr).*

mṣṣ: v.G., «succionar, mamar» // *ynq* (1.15 II 27); (so., √ *mṣṣ,* hb. *māṣaṣ); mṣṣ* (inf./pa.).

mṣr: n.m., «sollozo» // *qny* (?) (1.3 V 8) (cf. √ *nṣr;* cf. Sanmartín, UF [9178] 452). La alternativa semántica más corriente es «territorio, límite» (ac. *maṣaru, miṣru;* cf. Caquot-Sznycer, TOu 174).

mqm: n.m., «lugar, suelo» (cf. *inf. qm,* hb. *māqôm;* cf. Fensham, JNSL [1974] 30; íd., UF [1979] 269); *mqmh; yd mqmh,* «una parte de su suelo» (1.14 II 1 y par.; verosímilmente se refiere al lugar de extracción del oro).

mqr: n.m., «fuente» (1.14 V 2) (cf. *inf. qr,* hb. *māqôr).*

mr I: v.G., «echar, arrojar» // *grš* (1.2 IV 19) (cf. √ *mrr/mry;* cf. De Moor, SP 137-138; Pardee, UF [1978] 257, n. 52); *mr* [imp., pa. (?)], *amr* [1.2 IV 2 (?)].

mr II: v.G., «confortar» // *brk* (so., √*mrr;* cf. Dietrich-Loretz-Sanmartín; UF [1973] 119-122; Pardee, UF [1978] 276); *tmr, tmrn, tmrnn, ymr, ymrm* (?); N. *nmrrt; ltmr nʿmn,* «¿no conformarás al Apuesto?» (1.15 II 14-15; cf. 1.17 I 24).

mr III: v.G., «partir, marchar» // *lik* (1.13:26) (cf. ar. *marra;* cf. Gaster, ER [1935] 103; Margalit, UF [1976] 155-156); *tmr.* Para la posible conexión de estas bases, cf. Loewenstamm, IEJ (1965) 125, n. 13; Dietrich-Loretz-Sanmartín, *l. c.*

mr IV: n.m., «cachorro», «cría» // *iš* (1.12 I 11) [cf. ac. *muru;* cf. Dietrich-Loretz-Sanmartín, UF (1975) 165; Caquot-Sznycer, TOu 335, para otras lecturas y propuestas, la más frecuente, «gusanos» (hb. *rimmāh);* además, Du Mesnil, «Berytus» (1978) 59, n. 17, «los amargos» = «los feroces»]; *mrm.*

mra: v.D., «engordar» // *šbʿ* (1.4 VII 50) (cf. *inf. mru;* como verbo denominativo; preferible a «mandar, regir», sil. *mur-u;* cf. Gordon, UT 437).

mru: a./n.m., «cebón» // *ṯr, alp* (cs., hb. *meriʾ;* cf. Dietrich-Loretz, UF [1973] 76; De Moor, SP 170); *mri, mra, mria; mrik, mrih* (?); *šql...mri ilm,* «abatieron... carneros cebones» (1.22 I 12-13 y par.).

mrbʿt: n.f.num., «cuarto, cuarta parte» // *mṯlṯt* (1.14 I 17) (cf. *inf. rbʿ, sup. mḫmšt).*

mrg: v.Šp., «cubrir, recubrir» // *nbb* (cf. et. *maraga;* cf. Gaster, *Thespis* [1950] 447; Dietrich-Loretz, UF [1978] 60-61; para otras lecturas y versiones, cf. Caquot-Sznycer, TOu 195); *šmrgt; šmrgt bdm ḫrṣ,* «cubierto con baño de oro» (1.4 I 32).

mrzḥ: n.m., «sala de fiestas/banquete» (1.1 IV 4, cf. 1.114:15) (cf. hb. *marzēaḥ;* cf. Del Olmo Lete, UF [1977] 37; Rin, AE 125; Gibson, CML 152; en otros contextos, el sentido puede ser el de «asociación cúltica»; cf. De Moor, ZAW [1976] 327, n. 28; Greenfield, WGAV 451-455).

mrzʿy: a.m., apelativo/gentilicio (1.21 II 1 y par.) (sil. *mar-za-i, mar-za-i-ma;* cf. *sup.* p. 407, n. 12).

mrḥ I: n.f., «lanza» (1.6 I 51) (cf. eg. *mrḥ;* sno., hb. *rōmaḥ,* ar. *rumḥu,* con posible metátesis; cf. Gordon, UT 437-438; Margalit, MLD 145-146, «bastón»). Las sugerencias «insolencia, orgullo» (ac. *mariḫa,* ac. *maraḫtu;* cf. Aistleitner, WUS 195) y «ungüento» (eg. *mrḥt,* ar. *marraḥa;* Driver, CML 161) no resultan aceptables.

mrḫ II: n.f., «nariz» (?) // *grgr, pn* (cf. *inf. rḥ,* ar. *mirwaḥu,* hb. *meruwwāḥ;* para esta y demás interpretaciones, cf. Del Olmo Lete, UF [1975] 94-95; De Moor, UF [1979] 645); *mrḫh; mrḫh ltl yṣb,* «su nariz al marco (?) aplicó» (1.16 I 51-52).

mrym: n.m., «altura» // *ṣrrt* (cf. *inf. rm,* √*rw/ym,* hb. *mārôm;* cf. Van Zilj, *Baal,* 335-336; Rin, AE 99, 188); *mrym ṣpn,* «las alturas de *Ṣ.*» (1.3 IV 1).

mrkbt: n.f., «carro» (1.14 III 24 y par.) (cf. *inf. rkb,* hb. *merkābāh,* ac. *narkabtu,* sir. *markabtō).*

mrʿ: (?) (lexema supuesto en 1.4 VII 12, «tierra fértil», ar. *mariʿ,* por Margalit, MLD 55).

mrǵb: (?) (1.15 I 1; cf. *inf. rǵb).*

mrǵt: n.f., «perversión» (?) (1.13:24) (cf. √ *rǵǵ,* hb. *raʿ,* ac. *raggu;* cf. Caquot, EI [1978] 17).

mrǵṯ: cf. *rǵṯ.*

mrṣ: a.m./v.G., «enfermar, estar enfermo» // *dw* (1.16 I 56, 59; II 22); (cs., ar. *marīḍu, maraḍa,* hb. *māraṣ).*

mrṣ: n.m., «enfermedad» // *zbln* (1.16 V 15 y par.) (cf. *sup. mrṣ).*

mrqd: n.m., «castañuela» // *mṣlt* (1.19 IV 27; cf. 1.108:4-5) (cf. hb. *riqqēd,* ac. *raqādu;* mejor que «danza», «danzante», «rito fúnebre»); *mrqdm.*

mrrt: elemento del n.l. *mrrt tǵll bnr, Mirartu-taǵullalu-banīri* (?) (1.19 III 49-52) (sil. *[al]mi-ra-ar;* cf. Ginsberg, ANET 154; Gray, LC 123; Dijkstra-De Moor, UF [1975] 209-210; Astour, RSP II, 303; Watson, UF [1976] 374, n. 20; Margalit, UF [1976] 177, n. 107).

mrṯ: n.m., «mosto» // *yn* (1.22 I 18, 20) (cf. √ *yrṯ,* hb. *tîrôš,* arm. *mêrat;* cf. Dietrich-Loretz, UF [1978] 426).

mšbʿt: n.f.num., «séptima parte» // *mṯḏṯt* (1.14 I 20) (cf. *inf. šbʿ I, sup. mḫmšt).*

mšdpt: cf. *inf. ndp;* según Gibson, CML 85, 152, «ciudadela», ar. *sadafu.*

mšḥ: v.G., «ungir, untar» (1.10 II 22-23) [so., hb. *māšaḥ;* preferible a «destruir» (ar. *masaḥa;* Aistleitner, WUS 196), «extender» (√ *mšḥ;* cf. Dahood, ULx 95)]; *ymšḥ.*

mšḫṭ: n.f., «puñal, cuchillo» // *mḫṣ* (1.2 I 39) (cf. *inf. šḫṭ;* cf. Caquot-Sznycer, 132; PRU II, 154). Para De Moor, SP 132, más bien «hacha» (eg. *msḫtiw,* ac. *zaḫatû).*

mšknt: n.f., «morada, mansión» // *ahl* (cf. *inf. škn,* hb. *miškān, miškānôt); hyn tbʿ lmšknth,* «H. se fue a su mansión» (1.17 V 32-33).

mšl: (?) [1.2 I 5; *mšl⟨ḥ⟩ (?)].*

mšmš: n.m., «ciénaga» (1.12 II 36, 55) (cf. ar. *mušāšatu;* cf. Gaster, *Thespis* [1950] 450: Gray, LC 79, n. 11. Preferible a «confusión, embrollo», ar. *masmasa;* cf. Ginsberg, JPOS [1936] 147, n. 34; Du Mesnil, «Berytus» [1978] 63, n. 51; Wyatt [1976] 418, precisa más: «infierno»).

mšnqt: cf. *sup. ynq.*

mšspdt: pa.f., «lamentadora, plañidera» // *bkyt* (1.19 IV 10) (nso. y ac., *sapādu).*

mšpy: n.m., «torreón, estructura elevada» // *bnwn* (1.16 IV 14) (cf. hb. *š^e^pî;* cf. Gibson, CML 152).

mšr I: v.Š., «apresurarse, dispararse» // *mǵy* (1.3 VI 9) (cf. ac. *mašāru;* cf. Sanmartín, UF [1978] 352-353); *šmšr.*

mšr II: (?) (1.3 III 5; leer *tšr;* cf. Van Zijl, *Baal,* 53-54; Rin, AE 91, para diversas propuestas).

mšrr: n.m., «fiel (de la balanza)/pivote» (?) // *mṣb, kp, abn mznm* (1.24:36) [en relación con la base cs. √ *šrr,* aunque variamente interpretada («quilate, pesa, estabilizador») en cuanto a la parte concreta de la balanza; cf. Goetze, JBL (1941) 371; Herrmann, YN 19-21; Dijkstra-De Moor, UF (1975) 207; Watson, UF (1978) 401; Gibson, CML 152].

mšt'lt: cf. *inf. 'ly.*

mt I: v.G., «morir», «estar muerto», «el morir, muerte», «muerto», «mortal» (?) // *ḫlq, spa, itsp* (cs. √ *mwt); mt, mtt* [L./p. (?)]; *amt, tmt, tmtn, ymtm, tmtn; mt; mtm; mt kl amt,* «moriré la muerte de todos» (1.17 IV 38); *kmtm tmtn,* «¿cómo los mortales te mueres?» (1.16 I 17-18).

mt: n.d., el dios de la «Muerte», *Môtu* (cf. *sup. mt I,* hb. *māwet/môt); bn ilm mt,* «el divino *M.*» (título frecuente de esta divinidad»); *mt wšr,* nombre compuesto de esta misma divinidad, *Môtu-Šarru* (1.23:8) (cf. Tsumura, UF [1974] 407-413; Wyatt, UF [1977] 378-381).

mt II: n.m., «hombre, marido, héroe» // *ǵzr,* ≠≠ *ilm, ad* (cf. hb. *m^e^tîm,* ac. *mutu,* eg. *mt;* base seguramente distinta de *mt I,* pero su coincidencia en las antítesis muerte/inmortalidad (cf. 1.16 I 1ss; 1.17 VI 26ss), hombre/dios hace posible una contaminación semántica sobre la previa homofonía (?)/homografía); *mt, mtm; 'dk ilm hn mtm,* «en torno tuyo están los dioses, también los hombres» (1.6 VI 48); *mt šmm,* «gentes celestes» (1.3 I 13); *tṣḥn ymt mt,* «gritaban: ¡oh hombre, hombre!» (1.23:39-40); *mt rpi/hrnmy,* «el *Rapaí,* el *Harnamí»* (1.17 I 17-18 y par.; títulos/apelativos de *Daniilu;* cf. *sup.* 413, n. 26).

mtḫ: n.m., «distancia, medida» // *mṯpd* (1.3 IV 36) (so., ar. *mataḥa).*

mtn I: n.m., «tendón, lomo» // *gd, qrn* (cf. ac. *matnu,* hb. *motnayim;* cf. Held, *Fs Landsberger,* 402); *matnm* (du.); *mtnm b'qbt ṯr,* «los tendones de los jarretes de toro» (1.17 VI 22-23).

mtn II: (?) [1.1 V 12, 14, 25; «don» (?), cf. *ytn].*

mtn III: (?) [base requerida en 1.16 I 36; cf. Gibson, CML 152, «esperó» (ar. *matana)].*

mtnt: (?) (lexema requerido en 1.17 I 32 por Dijkstra-De Moor, UF [1975] 117).

mtʿ: v.G., «quitarse, despojarse» (1.4 II 6) (cf. ar. *mataʿa;* preferible a ar. *māʿa,* «fluir», de donde Gt. «esparcir» (?); así, Caquot-Sznycer, TOu 198).

mtq: a.m., «dulce» (cs., hb. *mātôq,* ac. *matqu); mtqm; hn špthm mtqm mtqm klrmnm,* «y sus labios eran dulces, dulces como las granadas» (1.23:50).

mtr: (?) (lexema supuesto en 1.17 VI 22, «cuerda de arco», hb. *mêtār,* por Dahood, «Bib» [1957] 65).

mtrḫt: n.f., «consorte, esposa» // *aṯt* (1.14 I 13) (cf. *inf. trḫt).* Para la lectura *mtrḫt* y demás propuestas interpretativas, cf. Herrmann, YN 8-9.

mtt: (?) (lexema requerido en 1.5 V 17, «mortandad, mortalidad, los muertos»; cf. De Moor, SP 186; Gibson, CML 152; cf. *sup. mt I).*

mṯ: n.m., «muchacho, mozo»; f., «joven, damisela, dueña» (1.5 V 22) (cf. *ac. mašu/* ar. *mayyiṯu*/eg. *ms*/hb. *mōšeh;* cf. Van Selms, MFL 59, 94-95; De Moor, BO [1969] 106ss; Gordon, UT 440); *mṯ, mṯt; mṯt ḥry/dnty,* «joven *Ḥ.*/dueña *D.*» (título de las esposas regias; cf. 1.14 III 39 y par.; 1.17 V 16 y par.).

mṯb: n.m., «morada, asiento» // *mẓll* (1.4 I 13 y par.) (cf. *sup. yṯb,* hb. *môšāb); mṯb; mṯbt; mṯbtkm; mṯbt ilm,* «los asientos/tronos de los dioses» (1.23:19).

mṯdṯt: n.f.num., «sexto, sexta parte» // *mḫmšt, mšbʿt* (1.14 I 19) (cf. *inf. ṯdṯ* y *sup. mḫmšt).*

mṯk: v.G., «llevar, tomar» [cf. hb. *māšak* (?); cf. Dahood, UHP 59, 65]; *mṯkt; mẓma yd mṯkt,* «al sediento de la mano llevaba» (1.15 I 2).

mṯlṯt: n.f.num., «tercio, tercera parte» // *mrbʿt* (1.14 I 16) (cf. *inf. ṯlṯ* y *sup. mḫmšt).*

mṯn: n.m., «repetición, otra cosa» (cf. *inf. ṯny,* hb. *mišneh;* el sentido «mensajero, repetidor», no se impone aquí ni en 1.103:13, 18, como pretenden Caquot-Sznycer, TOu 171; pero cf. *ibíd.,* p. 433); *ap mṯn rgmm argmk,* «y/además otra cosa voy a decirte» (1.4 I 20 y par.).

mṯpd: n.m., «capa, estrato» // *mtḫ* (1.3 IV 35) (cf. *inf. ṯpd,* ar. *maṯāfīdu); mṯpdm* (du.).

mṯpṭ: n.m., «mando, jurisdicción» // *mlk* (cf. *inf. ṯpṭ,* hb. *mišpāṭ; lyṯbr ḫṭ mṯpṭk,* «sin duda romperá tu cetro de mando» (1.2 III 18 y par.).

mṯt: cf. *sup. mṯ.*

-n: morfema de función múltiple: sufijo-pronominal de 3.ª p.s./1.ª p.pl., enclítico-energico y posiblemente enfático (cf. Gordon, UT 36-38; 72-73, 110-111, 440; Aartun PU I, 61ss).

nap: (?) (base requerida en 1.4 V 6, ar. *naʾafa,* «saturarse»; pero cf. De Moor, SP 148; Caquot-Sznycer, TOu 207).

naṣ/niṣ: v.G., «despreciar, ultrajar, detractar» // *ʿšy lnh* (1.17 I 29 y par.) (sno. y ac. *naʾāṣu); ynaṣn; niṣ, nṣiy, niṣk, niṣh; tbq lḥt niṣh,* «que cierre las fauces de sus detractores» *(ibid.).*

nar: (?) (base requerida para interpretar 1.10 II 20, por Obermann, UM 44, n. 51; pero cf. Van Zijl, *Baal,* 248-249).

nb: a.m., «vaciado, fundido»/«recamado, recubierto» // *mrg* (1.4 I 31) (cf. hb. *nābab,* quizá *nûb;* para otras interpretaciones y etimologías, cf. Dietrich-Loretz, UF [1978] 60; Margalit, MLD 16, «soplado»); *nbt.* La exigencia de esta base en 1.19 III 40 *(yb)* no se impone; cf. *sup. yb;* pero cf. Gibson, CML 152. En 1.12 I 5 el texto es quizá incompleto.

nb(y): (?) (base supuesta en 1.4 III 10, «saltar», ar. *nabā,* por Margalit, MLD 39).

nbd: (?) (base requerida en 1.11:3 por Lipinski, «Syria» [1965] 63-64; leer *abd).*

nbṭ: v.G., «aparecer, surgir, estar patente» (1.4 III 21) (cs., arm. *nᵉbaṭ,* ac. *nabāṭu;* cf. Gaster, *Thespis* [1950] 447; Cassuto, BOS II, 128, n. 60); *tbṭ.* Para Margalit, MLD 44, aquí tenemos una forma de nhb., ar. $\sqrt{nbṭ}$, «salir, brotar».

nby: (?) (base sugerida por Delekat, UF [1972] 21, en 1.19 III 40; cf. *sup. yb).*

nbl: (?) [base sugerida por Hvidberg, WL 24, n. 2, para 1.5 II 5, pero *arṣ* es f. (cf. *sup. ybl);* para la posible ocurrencia de esta base en 1.19 I 18, cf. Del Olmo Lete, AF (1976) 237, n. 29, «agostarse»].

nblat: n.f.pl., «llamas» // *išt* ($\sqrt{blʾ/h}$, ac. *nablu,* et. *nabalbāl); tikl...nblat bhklm,* «devoraron... las llamas en el palacio» (1.4 VI 28 y par.).

nbt: n.f., «miel» // *yn* (1.14 II 19 y par.) [cf. ac. *nubtu,* hb. *nōpet,* $\sqrt{nwb}$ (?)].

ng: v.G., «marcharse» // *rḥq* (cf. hb. *nûg,* ar. *naǧā); wng mlk lbty,* «y márchate, Rey, de mi casa» (1.14 III 27-28 y par.).

ngb: n.m., «avituallamiento» (1.14 II 32-33 y par.) (cf. ac. de Mari, *nagābu;* para ésta y otras opiniones, cf. Herdner, TOu 516; Fensham, JNSL [1979] 23; Watson, «Or» [1979] 112s, «todo», ac. *nagbu).*

ngh: (?) (base requerida por Gordon, UT 441, y Aistleitner, WUS 201, para interpretar 1.16 I 36; cf. *sup. gh).*

ngḥ: v.N., «acornear(se)» // *tʿn* (1.6 VI 17) (cf. hb. *nāgaḥ); ynghn.*

ngr: n.m., «portero/heraldo/mayordomo» (cf. ac. *nāgiru;* Margalit, UF [1976] 174, n. 91; Herdner, TOu, 490-491, 562-563; Gibson, CML 152); *ngr, ngrt; ilš ngr bt bʿl, «I.,* el portero/heraldo de la casa de *B.»* (1.16 IV 11). La alternativa más frecuente es «carpintero» (ac. *nagāru,* nhb. *naggār,* ar. *naǧǧāru);* cf. Albright, YGC 106-107, n. 30.

ngš: v.G., «encontrar» (cf. hb. *nāgaš;* cf. Dahood, «Bib» [1967] 436); *ngš, ngšhm; ngš ank aliyn bʿl,* «encontré a *B.,* el Victorioso» (1.6 II 21). Para otras interpretaciones, cf. Van Zijl, *Baal,* 199-200, 259.

ngṯ: v.G., «buscar, acercarse a uno» (1.6 II 6) (so., ar. *naǧaṯa;* en hb. *nāgaš* se da posiblemente la confluencia de dos bases distintas; cf. De Moor, SP 208-209).

nd I: v.G., «lanzar», «emitir» (cs. √ *ndy,* hb. *nādāh,* ar. *nadā,* ac. *nadû); ql nd,* «el grito lanzó» (1.10 III 16; cf. 1.93:1: *td rgm,* ac. *nadû rigma;* cf. Dahood, ULx 96). La base es requerida en otros textos; cf. *sup. ydy.*

nd II: (?) [base requerida por Gibson, CML 152, para interpretar 1.4 VI 10, 32; quizá formas de *ydy, nd I* (¿pasiva?) o *ndd].*

nda: v.G., «espantar, auyentar, echar» (cf. hb. *nādāʾ,* et. *nadʾa); tdu, di; pdrm tud šrr,* «de la villa auyentó al enemigo» (1.16 VI 7). Normalmente se las considera formas de *day.*

ndd: v.G., «marchar, precipitarse, aprestarse, apresurarse», «lanzarse a, volar» // *qm* (so., hb. *nādad;* cf. Caquot-Sznycer, TOu 154; Lipinski, UF [1970] 77-78; no se ve clara la necesidad de preferir una base √ *ḏwḏ,* N.; cf. *sup. dd); ydd, tdd; ndd; aṯrh tdd ilnym,* «en pos de él partieron los divinales» (1.20 II 2); *km tdd ʿnt ṣd,* «como/cuando se lanza *ʿA.* a cazar» (1.22 I 11-12); *ndd gzr l gzr yʿdb,* «y volando pieza tras pieza meten...» (1.23:62); *ndd yʿšr,* «volando/presuroso le convidó» (1.3 I 8-9); *ydd wyqlṣn,* «se han aprestado a resistirme» (1.14 III 12). Para 1.22 I 10 (cf. 1.91:14), De Moor, SP 95, n. 6; *id.,* ZAW (1976) 327, prefiere el valor «dar caza».

ndy: (?) (cf. *sup. ydy, nd).*

ndp: v.Šp., «arrojar» (so., ar. *nadafa;* cf. Dahood, ULx 96); *mšdpt; abn ydk mšdpt,* «piedras arrojadizas (por tu mano/honda)» (1.14 III 13-14 y par.).

ndr: v.G., «hacer voto, promesa» (cs., ar. *naḏara); ydr, tdr* (Gp.); *bn krt kmhm tdr,* «los hijos de *K.* eran tantos como se prometió» (1.15 III 23).

ndr: n.m., «voto» (1.15 III 26, 29) (cs., ar. *naḏru,* hb. *neder); ndr* (?), *ndrh.*

ndt: (?) (lexema supuesto en 1.18 I 26, «estéril», ac. *nadītu,* por Margalit, UF [1979] 207, n. 71).

-nh: morfema sufijo-pronominal de 3.ª p.m./f.sg.; probable sintagma *-n + h;* cf. Gordon, UT 37-38.

nhmmt: n.f., «sopor, desvanecimiento» // *šnt* (1.14 I 32, 34) (so., √ *nwm,* ar. *nawmu,* hb. *tᵉnûmāh;* cf. Fensham, JNSL [1972] 43-44 para otras explicaciones).

nhqt: n.f., «rebuzno» // *ṯigt* (1.14 III 16 y par.) (cs., ar. *nahaqa).*

nhr: n.m., «río» // *ym, thm* (cs., hb. *nāhār,* ar. *nahru); nhr, nhrm* (pl., du. enc.); *ksy msk nhr,* «mi copa mezcla un río/a raudales» (1.5 I 21-22; cf. Sal 105, 41); *ṯn npynh bnhrm,* «(se quitó) su doble túnica junto al río» (1.4 II 6-7); *mbk nhrm,* «la fuente de los dos ríos» (1.4 IV 21 y par.).

nhr: n.d., nombre alternativo del dios *Yammu, Naharu* (cf. *sup. nhr); ṯpṭ nhr,* «el Juez *N.*» (título frecuente de *Yammu).*

nzl: n.m., «ofrenda» // *dbḥ* (cf. ar. *nuzlu;* cf. Aistleitner, WUS 203-204; en la misma línea, Badre *et al.*, «Syria» [1976] 106, «bendición»; Mustafa, AcOrHung 101, 197; para otras explicaciones cf. Fensham, JNSL [1975] 17); *klt lḥmk dnzl,* «una medida (maquila) de tu pan de ofrenda» (1.14 III 58).

nḥ I: (?) (base requerida para interpretar 1.15 I 7, «suspirar», ar. *nāḥa;* así, Aistleitner, WUS 204; Driver, CML 156; cf. *inf. nḥn).*

nḥ II: v.G., «dirigirse» // *hlk* (1.12 I 35) (cs., ar. *naḥā,* hb. *nāḥāh).*

nḥlt: n.f., «propiedad» (so., hb. *naḥ^{a}lāh;* cf. Clifford, CMC 71-72); *nḥlth; arṣ nḥlth,* «la tierra de su propiedad» (1.3 VI 16 y par.); *ǵr nḥlty,* «el monte de mi posesión» (1.3 III 27 y par.).

nḥn: v.G., «gemir» (1.15 I 7) [cf. hb., fen. $\sqrt{nḥn}$ (?); cf. Dahood, UHP 66]; *tnḥn;* cf. *sup. nḥ.*

nḥt: v.D., «bajar, deponer, aportar» ≠≠ *ymnn* (1.23:37 y par.) (sno., hb., *niḥat;* preferible a ar. *naḥata,* «formar, modelar»; cf. Dahood, ULx 96; Dijkstra-De Moor, UF [1975] 185); *nḥt, nḥtm* (enc.); *ynḥt; kṯr ṣmdm ynḥt,* «*K.* una maza doble hizo bajar» (1.2 IV 11). Apoyado en el uso hb. Cross, UMHE 23, n. 57, propone el valor «tensar (el arco)».

nḫ: v.G., «descansar» // *yṯb* (cs., ar. *nāḫa); anḫn, tnḫ; wanḫn wtnḫ birty npš,* «y reposaré y reposará en mi pecho mi alma» (1.6 III 18-19 y par.).

nḫl: n.m., «torrente» // *šmm* (1.6 III 7, 13) (cs., hb. *naḥal,* ac. *naḫlu); nḫlm.*

nḫnpt: n.f., «dorso, paleta», «cúspide» // *ṯkm* (1.16 IV 14) (cf. ar. *ḫanafa, ʾaḫnafu;* quizá haya que dividir: *ln-ḫnpt).*

nḫt: n.f., «diván» // *ksu, kḫṯ* (cf. *sup. nḫ,* ac. *nēḫtu;* cf. Van Selms, UF [1975] 472); *lnḫt lkḫṯ drkth,* «del diván, del solio de su poder» (1.3 IV 3 y par.).

nṭṭ: v.G., temblar» // *ṯbr* (so. $\sqrt{nṭṭ/nwṭ}$, hb. *nûṭ,* ar. *naṭṭa;* cf. Lipinski, RY 279); *tṭṭ, tṭṭn; bh pʿnm tṭṭ;* «a ella los pies le temblaron» (1.3 III 32-33 y par.); según Gibson, CML 152, «pateó, saltó».

nṭʿ: (?) (base requerida por Watson, UF [1977] 277, para interpretar 1.10 II 24; cf. *sup. ṭʿn).*

-ny: morfema de función múltiple: sufijo-pronominal de 1.ª p.du., adverbial (cf. Gordon, UT 37, 102).

nyr: n.f. (?), «luminaria» // *yrḫ, špš* (cf. *inf. nr,* ar. *nayyiru;* cf. Herrmann, NY 11); *nyr šmm,* «la Luminaria de los cielos» (1.24:16, 31; título del dios *Yarḫu;* cf. ac. *munawwiru šamê u erṣetim,* Goetze, JBL [1941] 358); *wtgh nyr rbt,* «cuando se ausente la Gran Luminaria/la Luminaria, la Gran(de) (Dama)» (1.16 I 37-38).

nk(y): (?) [base requerida para explicar formas como *wtk* (1.3 IV 41; cf. Virolleaud, «Syria» ⟨1932⟩ 147; Cassuto, BOS II, 138), ***ttkn*** (1.12 II 57; cf. Gray, UF

⟨1971⟩ 67, nn. 54-55), *tkn* (1.14 I 15; cf. Badre *et al.*, «Syria» ⟨1976⟩ 99; cf. *sup. tk, kn)]*.

nkyt: n.f., «cámara de tesoro» // *škllt* (1.16 II 27) (cf. hb. *bêt nekôt,* ac. *bīt na(k)kamti;* cf. Driver, CML 156).

nkl I: n.d., primer elemento del nombre de la diosa *nkl wib, Nikkal(u)* (sum. nin-gal; cf. Herrmann, YN 2; Caquot-Sznycer, TOu 384; Wyatt, UF [1977] 286-289).

nkl II: (?) (base supuesta en 1.19 I 9, «extraer», ar. *nakala,* por Margalit, UF [1979] 547).

nks: (?) (base requerida por Gray, LC 62, n. 1, para interpretar 1.5 VI 16; cf. *sup. ksy).*

nkr: a.m., «extraño» // *ṯn* (1.14 II 49 y par.) (cs., hb. *nēkār, nōkrî,* ar. *nukur;* mejor que «enemigo», ac. *nakru;* cf. Watson, UF [1977] 279). Las alternativas son: «conocer» (hb. *hikkîr;* cf. Driver, ArOr [1949] 154; íd., CML 156), «adquirir» (cf. Os 3,2; Albright, BASOR 71 [1937] 40, n. 42; Gordon, JBL [1938] 409; pero cf. Rainey, RSP II, 84).

nmt: (?) (lexema requerido por De Moor, SP 74, para interpretar 1.3 I 12-13: *d nmt* por *dn mt).*

-nn: morfema de función sufijo-pronominal, de 3.ª p.m./f.sg. (cf. Gordon, UT 37-38).

ns I: v.Gt., «intentar» (1.2 IV 4) (√*nsy,* hb. *nissāh;* cf. Van Selms, UF [1970] 264); *its;* quizá también G. *ysy* en 1.9:14 (cf. Oldenburg, CEB 193, n. 6).

ns II: (?) (1.4 III 5).

ns III: (?) [base requerida, «huir» (√*nws),* en lugar de *ns I/II;* cf. Gibson, CML 153].

nsk: v.G., «verter, derramar» (cs. hb. *nāsak,* ac. *nasāku); nskh; ask, tskh, ysk* (p.); *sk;* Š., *ššk* (1.13:6); *rbb nskh kbkbm,* «orvallo que le derramaron las estrellas» (1.3 II 41).

nss: (?) (base requerida para interpretar 1.2 IV 4; cf. De Moor, SP 133; cf. *sup. ns I).*

nsʿ: v.G., «arrancar», «erradicar, desarraigar» // *hpk* (1.6 VI 27 y par.) (cs., hb. *nāsaʿ); ysʿ; nsʿk; riš ǵly bd nsʿk,* «(tu) copa caiga a manos de los que te desarraiguen» (1.19 III 54).

nʿ: (?) (base requerida para explicar 1.24:31, ar. *nāʿa;* cf. Herrmann, YN 18; y 1.6 VI 16, hb. *nûaʿ;* cf. Gordon, UT 442).

nʿl: n.m., «andas, palanquín» // *ybl* (1.4 I 36) (cf. √*ʿly;* hb. *maʿal/maʿălāh;* cf. Van Selms, UF [1975] 473). Las alternativas son: «sandalias» (hb. *naʿal;* cf. Dahood, UHP 66; Caquot-Sznycer, TOu 196), «lecho» (ac. *mayyālu;* cf. Dietrich-Loretz, UF [1978] 61); «túnica» (hb. *meʿîl;* cf. Margalit, MLD 18-19).

nʿm I: n.m., «apuesto, gracioso», «placentero» // *ysm* (cs., hb. *nāʿîm,* fen. *nʿm); nʿm, nʿmt; nʿmm* (en 1.10 II 30; III 18 posible plural abstracto o *-m* enc. con *nʿm); ilm nʿmm,* «los dioses apuestos» (1.23:23 y par.); *nʿmt špḥ bkrk,* «la más graciosa de la estirpe de tu primogénito» (1.14 III 40); *nʿmt bn aḫt bʿl,* «la más graciosa entre las hermanas de *B.*» (1.10 II 16).

nʿm: n.m., «gracia, donosura», «delicia, lo más selecto, lugar de delicia» // *tsm* (cf. *sup. nʿm, hb. nōʿam); dk nʿm ʿnt nʿmh,* «cuya gracia es como la de *ʿA.*» (1.14 III 41); *nʿm larṣ mṭr bʿl,* «una delicia es para la tierra la lluvia de *B.*» (1.16 III 7).

nʿm II: n.m., «aedo, cantor» (?) // *ǵzr ṭz ql* (1.3 I 19 y quizá en 1.17 VI 32; 1.23:17) (cf. hb. *nāʿîm,* pero ar. *naǵama;* cf. De Moor, SP 76; Tsumura, UDGG 177, 188-192; al contrario, Dietrich-Loretz, UF [1972] 29).

nʿmy: n.f., «delicia, bondad, hermosura» // *ysmt* (1.5 VI 28 y par.) [cf. *sup. nʿm I,* hb. *noʿŏmî,* ar. *nuʿmā(y);* posible variante de *nʿmt;* cf. De Moor, SP 191; Tsumura, UDGG, *l. c.].*

nʿmn: a.m., «apuesto» (cf. *sup. nʿm I,* hb. *naʿămān); nʿmn ǵlm il,* «el Apuesto, servidor de *Ilu*» (1.14 I 40-41, título de *Kirta;* cf. Herdner, TOu 484-485).

nǵḏ: (?) (base requerida para interpretar 1.4 VI 41: «menear»; cf. Gibson, CML 153; *inf. ǵd).*

nǵṣ: v.G., «contraerse, temblar» // *dlp, anš* (?) (cf. ar. *naǵaḍa); tǵṣ;* N., «doblarse»; *tnǵṣn; tnǵṣn pnth,* «se doblaron sus artejos» (1.2 IV 26 y par.); *tǵṣ pnt kslh,* «se contrajeron las junturas de su lomo» (1.3 III 34-35).

nǵr: v.G., «atender, protejer, guardar» (cs., hb. *nāṣar,* ar. *naẓara); tǵr, yǵr* (?); *nǵr; nǵr; wnǵr ʿnn ilm,* «y prestad atención, heraldos divinos» (1.4 VIII 14-15); *nǵr mdrʿ,* «guarda del sembrado» (1.23:69).

np: n.m., «cumbre» // *gbl, qʿl* (1.3 VI 9) (cf. hb. *nôp,* ar. *nawfu;* cf. Caquot-Sznycer, TOu 178). La alternativa es n.l., «Menfis»; cf. Sanmartín, UF (1978) 352, n. 26.

npd: (?) (base requerida en 1.5 I 5; cf. Aistleitner, WUS 209; Gray, LC 31).

npyn: n.m., «túnica» // *md* (1.4 II 5,7) (sno. $\sqrt{npy}$; cf. Van Selms, UF [1971] 236-237); *npynh.* A partir de ar. *nafā, nafāʾu,* se sugiere el valor «excremento, desperdicio»; Caquot-Sznycer, TOu 197-198. Cf. Watson, «Or» (1976) 435, n. 6.

npk: n.m., «fuente» // *mqr* (1.14 V 1 y par.) (variante de *nbk, mbk,* $\sqrt{nbk}$, hb. *nebek/nibkê).*

npl: v.G., «caer» // *išttḥwy* (sno. hb. *nāpal); npl; tpl, tpln, ypl;* Gt., *ttpl; lpʿn il ltpl,* «a los pies de *Ilu* cayeron» (1.2 I 30-31); *mšbʿt hn bšlḥ ttpl,* «y su séptima parte, ya ves, por *Š.* fue abatida» (1.14 I 20-21).

npʿ: (?) (base requerida para interpretar 1.19 II 16 y par.; cf. Gordon, UT 446; *sup. ypʿ).*

npp: v.Gt., «ungirse, rociarse» // *rḥṣ* (1.3 III 1 y par.) (cf. hb. *nûp,* ar. *naffa;* cf. Gray, LC 44, n. 5; De Moor, «Or» [1968] 214, n. 3); *ttpp.* Cf. *sup. ypy.*

npṣ: n.m., «vestido, ropa» // + *lbš, rḥṣ* (1.17 I 33 y par.) (cf. ar. *nifāḍu); npṣ, npṣy, npṣk, npṣh; tlbš npṣ ǵzr,* «se vistió ropas de Prócer» (1.19 IV 44).

npr: v.G., «volar, echar a volar», «escapar, partir» // *day* (so., ar. *nafara,* sir. *nfar); npr; tpr; tpr wdu,* «se eche(n) a volar» (1.19 III 28 y par.).

npr: n.m., «ave» // *ʿṣr* (1.6 II 37) (cf. *sup. npr,* ar. *naffāru); nprm* (?).

npš: n.f., «garganta, fauces», «apetito, deseo», «aliento, espíritu», «vida, alma» // *rḥ, brlt* (cs., ar. *nafsu,* hb. *nepeš;* cf. Van Selms, MFL 129, n. 2); *npš, npšk, npšh; lyrt bnpš bn ilm mt,* «desciende tú a las fauces del divino *M.*» (1.5 I 6-7); *npšh llḥm ttpḥ,* «le abrió el apetito de comer» (1.16 VI 11); *tṣi km rḥ npšh,* «salga como un soplo su alma» (1.18 IV 24-25); *qṣr npš,* «oprimido» (1.16 VI 34).

npq: (?) (base supuesta en 1.12 II 56, «salir», arm. *n^epaq,* por Aartun, WO [1967-1968) 288-289; leer *ittk* por *išttk; inf. štk).*

nṣb I: v.G., «erigir, colocar, aplicar» (1.17 I 26 y par.) (cs., ar. *naṣaba); nṣb; yṣb* (1.16 I 52); cf. *sup. yṣb.*

nṣb II: (?) (lexema requerido en 1.17 I 26 y par., «brote», arm. *niṣbā,* por Healey, UF [1979] 354-355).

nṣḥ: (?) [base supuesta por Caquot-Sznycer, TOu 260, para interpretar 1.6 II 37: «brotar» (ar. *naḍaḥa,* hb. *neṣaḥ);* y por Margalit, MLD 116-117, para 1.5 II 21: «ser victorioso» (hb. *√nṣḥ)].*

nṣḥy: n.f., «victoria» (?) // *tliym/t* (1.19 II 36) (cf. hb. *niṣṣāḥôn;* cf. De Moor, UF [1969] 181, n. 101).

nṣy/nṣṣ: (?) [bases requeridas para interpretar 1.3 V 1; cf. Aistleitner, WUS 212-213; Sanmartín, UF (1978) 449-450: «agarrar» (ar. *nāṣā)*/«auyentar» (ar. *naṣṣa); inf. ṣṣ].*

nṣr: v.G., «sollozar» // *bky* (1.16 VI 5) (cs. *√nṣr;* cf. Healey, VT [1976] 429ss; Sanmartín, UF [1978] 451-452); *nṣrt.*

nqb: (?) (base requerida por Dijkstra-De Moor, UF [1975] 182-183, en 1.17 V 35-36: «perforar/nombrar»).

nqbn: n.m., «gualdrapa» // *gpn* (1.4 IV 11 y par.) (so. *√nqb,* ar. *niqāba;* cf. Cassuto, BOS II, 130; Dijkstra-De Moor, *o. c.); nqbnm, nqbny.*

nqd: n.m., «pastor» // *khn* (1.6 VI 56) (cs., hb. *nōqēd,* ac. *nāqidu;* cf. Rainey, RSP II, 64-64); *nqdm; rb nqdm,* «Pastor máximo» *(ibid.,* título del Sumo Sacerdote *atn prln;* cf. Dietrich-Loretz, UF [1977] 336-337).

nqmd: n.p., nombre del rey de Ugarit *Niqmaddu* (1.6 VI 56) [sil. ^{m}*niq-ma-*^{d}*ad(d)u*, ^{m}*niq-mà-*^{d}*du*].

nqpnt/nqpt: n.f., «giro, ciclo» // *šnt* (cf. hb. *nāqap, qûp, t^{e}qûpāh*); *nqpt ʿd*, «giro de tiempo» (1.23:67).

nqr: (?) (base supuesta en 1.17 VI 14 por Margalit, UF [1976] 163: «perforar»; cf. últimamente Watson, NUS 21 [1980] 8).

nr I: n.l., elemento en el nombre compuesto *mrrt tġll bnr*, «yugo», ac. *nīru* (cf. *sup. mrrt*).

nr II: (?) [lexema supuesto en 1.19 I 8 por Dijkstra-De Moor, UF (1975) 198: «músico» (ac. *nāru*)].

nrt I: n.f., «luminaria, lámpara» (cs., hb. *nēr*); *nrt ilm*, «la Luminaria de los dioses» (título de la diosa *Šapšu*).

nrt II: n.f., «arada, campo de labor» // *ʿn* (1.16 III 10) (cf. hb. *nîr*).

nš I: v.G., «olvidar(se)» (1.5 I 26) (so., hb. *našāh*, ar. *nasiya*); *nšt*. Otras sugerencias: «beber» (√ *šty*), «poner» (√ *šwt*); cf. Van Zijl, *Baal*, 29-30; Caquot-Sznycer, TOu 243.

nš II: (?) [base requerida por Sznycer, «Semitica» (1967) 23ss, para interpretar 1.2 I 38; 1.3 V 27 y par.; «temblar, airarse» (ac. *nâšu*, hb. *nûš*); cf. *sup. anš II*].

nša: v.G., «alzar, levantar, cargar con» (cs., ar. *našaʾa*); *nša, nšu; tša, tšan, tšu, yšu; ša, šu; nši; ši* (inf.); Gt., «alzarse»; *ytšu; tšu gh wtṣḥ*, «alzó su voz y exclamó» (1.4 V 25-26 y par., fórmula de discurso directo; cf. *sup.* p. 55); *wyšu ʿnh...wyʿn*, «alzó, sí, sus ojos y vio» (1.10 II 14 y par., fórmula de visión; cf. *sup.* p. 41); *bnši ʿnh wyphn*, «al alzar sus ojos, entonces le vio» (1.17 V 9 y par., fórmula de visión; cf. *sup. ibíd.*).

nšb: (?) (1.1 V 6).

nšg: n.m., «funda, vaina» // *tʿrt* (1.19 IV 45) (cf. ar. *našağa*). Basados en ar. Dijkstra-De Moor, UF (1975) 212, sugieren el valor «cota de malla».

nšm: n.m.pl., «hombres» // *hmlt arṣ* ≠≠ *ilm* [cs. √ *ʾnš/nš*, ar. *(ʾa)nāsu*]; *rgm ltdʿ nšm*, «un asunto que no comprenden los hombres» (1.3 III 27 y par.).

nšq I: v.G., «besar» // *ḥbq* (cs., hb. *nāšaq*, ar. *našiqa*); *yšq; nšq;* D., «besar»; *tnšq, ynšq; bm nšq whr*, «al besar(las) hubo concepción» (1.23:51 y par.).

nšq II: v.D., «insidiar, acometer» (?) (1.2 IV 4) (cf. ar. *ʾanšaqa*, «poner trampas, cazar»); *anšq*. Para De Moor se trataría de una transformación semántica de *nšq I* (cf. SP 133).

nšr: n.m., «águila» // *diy* (cs., ac. *našru*; o «halcón, gavilán», así, Caquot-Sznycer, TOu 137); *nšr, nšrm*.

nšt: (?) [base requerida, «secar» (hb. *nāšat*), en 1.2 IV 27 por Montgomery, JAOS (1935) 276; cf. *inf. št III*).

nt: (?) [base requerida por Driver, CML 157, para interpretar 1.17 VI 13: «parte interior» (ac. *nītu)].*

nta: (?) [base requerida por Margalit, UF (1976) 62-63, n. 67, para interpretar 1.17 VI 13: «sobresalir» (ar. *nataʾa)].*

ntb: n.m., «senda» (1.17 VI 43-44) (cf. hb. *nātîb); bntb pšʿ/gan,* «en la senda de la rebeldía/de la arrogancia» *(ibíd.).*

ntḫ: v.G., «sacudir(se), agitar(se)» (?) // *ʿr* (1.6 VI 32) (cf. ar. *nataḫa,* «arrancar, tirar de»); *ytḫ* (?).

ntk: v.G., «derramar» (1.19 II 33) (sno. y ac. *natāku); ytk;* N., *tntkn* (1.14 I 28). Para las formas *ttkn, išttk, štk,* cf. *inf. štk, ttkn.*

ntn: (?) [base requerida por Driver 157, y Sirat, «Semitica» (1965) 23ss, n. 5, para interpretar 1.16 I 4: «fetidez» (ar. *natana); cf. sup. ytn].*

nts: (?) [base requerida por Caquot-Sznycer, TOu 135, entre otros, para interpretar 1.2 IV 4: «destruir» (hb. *nātas); cf. sup. ns].*

ntʿ: (?) [base supuesta por Dahood, CBQ (1955) 300ss (cf. Van Zijl, *Baal,* 202), en 1.4 VII 19-20: «triturar» (hb. *nātaʿ);* cf. Virolleaud, «Syria» (1931) 223; leer *qn].*

ntr: v.G., «saltar», «escapar, echarse a»; «extender, echar» // *dʿṣ* (cf. hb. *nātar;* cf. Dahood, ULx 91; íd., RSP II, 36; De Moor, SP 243; Dijkstra-De Moor, UF [1975] 191); *tr [inf.* (?)]; *tdʿṣ pʿnm wtr arṣ,* «alzó los pies y saltó a tierra» (1.4 V 21-22 y par.); *wtr blkt,* «y escapó corriendo» (1.10 II 28); *yd ytr,* «una mano (te) echará» (1.6 VI 52-53; últimamente, Pope, *Fs Finkelstein,* 172, prefiere el sentido arm./ar. de la √ *trr/ntr);* para otras formas homógrafas, cf. *inf. tr I/III, šr II.*

ntš: (?) (base requerida por Caquot, EI [1978] 14-15, en 1.13:4: «exterminar» [hb. *nātaš]; leer mš[).*

nṯb: (?) [base sugerida para 1.19 III 2 por Watson, UF (1976) 372: «arrancar» (ar. *naṯaba); cf. inf. ṯb(b); leer yṯbr].*

nṯk: v.N., «morderse» (cs., hb. *nāšak); ynṯkn; ynṯkn kbṯnm,* «se mordieron como serpientes» (1.6 VI 19).

nṯq: n.m., «arma», «dardo» (cf. hb. *nešeq;* cf. Dahood, RSP I, 333; para otras diversas interpretaciones a partir de ésta y otras bases, cf. De Moor, SP 166); *lm tḫš nṯq dmrn,* «¿por qué teméis el arma del 'Poderoso'?» (1.4 VII 39).

sad: v.G., «reconfortar» // *kbd* (1.17 V 20, 30) (cf. hb. *sāʿad,* asa. *sʿd,* preferible a ar. *sāda,* √ *swd;* cf. De Moor, SP 69); *ysad; sad.*

sid: pa./n.m., «maestresala» // *ʿdb* (1.3 I 3) (cf. *sup. sad;* Aartun, WO [1968] 295).

sin: n.m., «borde» // *qṣ* (cf. ac. *sunu,* ar. *sa'w,* √ *sa'ā); sin lpš,* «el borde del vestido» (1.6 II 10).

sb I: v.G., «dar vueltas, girar, recorrer», «volverse, convertirse» (cf. hb. *sābab); sb, sbn/sbny* (?); *ysb; sb;* N., «ser transformado» (1.4 VI 35); *sb lqṣm arṣ,* «girad/recorred hasta los extremos de la tierra» (1.16 III 3).

sb II: (?) (base requerida por Aitsleitner, WUS 218, para interpretar 1.4 VI 34-35; cf. *sup. sb I).*

sgr: v.G., «cerrar» (1.14 II 43 y par.) (cs., hb. *sāgar); sgr; ysgr.*

sgrt: n.f., «sala, estancia» // *ḥdr* (1.3 V 27 y par.) (cf. *sup. sgr); ap sgrt,* «antesalas» *(ibid.).*

sd: n.m., «consejo» (1.20 I 4) (cf. hb. *sôd).*

shr: (?) (1.20 II 11; ya Virolleaud, LPD 230, lo relacionó con hb. *sahar/sōhar,* «redondez»).

sk: n.m., «cobertura» (?) ≠≠ *'ry* (1.16 II 31) (cf. hb. *sākak).*

sk(y): (?) (base requerida para interpretar 1.6 I 2, Gt., «hacerse visible», nhb. √ *sky,* por Margalit, MLD 170).

sk(k): (?) (base requerida en 1.17 VI 36, «cubrir», hb. √ *skk,* por Dietrich-Loretz, UF [1979] 195).

skn I: v.Š., «cuidar(se), preparar» (1.4 I 20) (cf. ac. *sakānu,* hb. *hiskîn;* cf. Caquot-Sznycer, TOu 194); *šskn.* Dietrich-Loretz-Sanmartín, UF (1974) 43, ven aquí una forma *Š* de *nsk* + *-n.*

skn II: n.m., «estela» // *ztr* (1.17 I 26 y par.) (posiblemente forma alargada en *-n* de la base √ *skk* o metátesis de hb. *nesek;* cf. también ac. *šiknu;* Dietrich-Loretz-Sanmartín, UG [1974] 43; Dijkstra-De Moor, UF [1975] 175). La interpretación de Lipinski, UF (1973) 197ss, no resulta adecuada en este caso: «intendente» (cf. *skn III);* ni tampoco la de Healey, UF (1979) 354-355, «que cuida», cf. *sup. skn I.*

skn III: n.m., «caudillo, jefe» (?), «gerente» // *šr* (1.12 II 52) (cf. hb. *sōkēn,* fen. *skn,* ac. *saknu,* EA, *zu-ki-ni;* Lipinski, UF [1973] 193ss, aunque, como otros autores, en este texto prefiere el valor «peligro»); *skn, sknm.*

sknt: n.f., «forma» // *dqt* (1.4 I 42) (en relación con *skn II,* ac. *šukuttu;* cf. Lipinski, UF [1973] 202ss; Dietrich-Loretz-Sanmartín, UF [1974] 43). La propuesta de Van Selms, UF (1975) 474-475, no resulta aceptable: «(animal) cuidado»; ni la de Dahood, UHP 66, «cuchillo» (ar. *sakkān);* ni la de Margalit, MLD 23-24, «caja» (hb. *miskᵉnôt).*

skt: (?) (1.1 III 8; cf. Caquot-Sznycer, TOu 304; Oldenburg, CEB 188; Gordon, PLM 86).

sm: (?) [lexema sugerido para 1.19 IV 61 por Dijkstra-De Moor, UF (1975) 214; Watson, UF (1978) 400: «veneno» (ar. *sammu,* ac. *šammu);* también *inf. smd].*

smd: n.m., «viña en flor» (?) // *mrṯ* (1.22 I 19) (cf. ac. *samidu,* hb. *s*ᵉ*mādar).* De Moor, NYCI II, 12, n. 29, lee *sm d* (ac. *sāmu,* «rojo»).

smkt: n.f., «firmamento, altura» ≠≠ *šd* (1.16 I 35) (cf. ar. *samku, musmakātu).*

smm: n.m., «perfume» // *ʿṭrṭrt* (1.16 III 10) (cf. hb. *sam,* √ *smm;* cf. Dietrich-Loretz, UF [1978] 425).

smt: (?) [lexema requerido por Caquot, «Semitica» (1960), en 1.22 I 6: «defecto» (ar. *wasmu);* leer: *b-lsmt].*

snnt: n.f., «golondrina» (1.17 II 27 y par., epíteto de las diosas *Kôṯarātu)* [cs., ac. *sinuntu;* para ésta y otras interpretaciones, cf. Herrmann, YN 6; la alternativa más frecuente es «brillante» (ar. *masnūnu)].*

ssw: n.m., «caballo» (1.14 III 24 y par.) (cf. hb. *sûs,* ac. *sisû,* arm. *sûsyā); sswm.*

sʿ: v.G., «barrer, eliminar» (1.14 III 7 y par.) (cf. hb. √ *sw/yʿ;* cf. Greenfield, EI [1969] 63; mejor que hb. *sāʿāh,* ar. *saʿā;* cf. Clines, UF [1976] 24-25; Herdner, TOu 521, para las diversas interpretaciones); *sʿt* (pp.), «barridas» *(ibíd.).* En 1.13:36 es posible que tengamos la misma base [// *hpk (?)].*

sǵsǵ: (?) [base supuesta en 1.24:3 (ar. *saǵsaǵa, tasaǵsaǵa);* leer *b-srr].*

sp: n.m., «patera, taza» // *ib* (1.14 III 44 y par.) (cf. hb. *sap,* ac. *sappu).*

spa: v.G., «devorar, comer, consumir» (1.17 I 31 y par.) (cf. hb. √ *spʾ,* arm. *s*ᵉ*pā;* cf. Gordon, UT 451; no se impone como sentido primero «alimentar, dar de comer»; De Moor, SP 233-234); *ispa, yspi* (?); *spu* (pa.); *spu* (inf.); N., «ser devorado, consumido»; *ispi, yspi* (?); *tn aḫd baḫk ispa,* «da(me) uno de tus hermanos para que yo le devore» (1.6 V 19-20); *ank ispi uṭm,* «yo fui consumido hecho pedazos» (1.5 I 5); *spu ksmh bt bʿl,* «que consuma su ración en el templo de *B.*» (1.17 I 31 y par.).

spu: n.m., «alimento, alimentación» // *kly* (1.6 VI 11, 15) (cf. *sup. spa).*

spsg: n.m., «esmalte, barniz» // *ḥrṣ* (1.17 VI 36) [cf. hit. *zapzaga(y)a;* cf. Albright, BASOR 98 (1945) 24-25; Dijkstra-De Moor, UF (1975) 190]. La alternativa más segura es «recipiente, taza»; cf. Goetze, JCS (1947) 314-135; Dietrich-Loretz-Sanmartín, UF (1976) 37ss; o leer con Dressler, AT 266-272: *sp sg,* «taza (de cristal) de (arcilla líquida)».

spr I: v.G., «contar» (cf. sno. √ *spr); tspr* (a. y p.); *spr* (?) (inf.); Dp., «recitarse» (1.23:57); *Š.,* «hacer contar»; *ašspr* (1.17 VI 28); *tspr yrḫm,* «contarás meses» (1.17 VI 29); *tspr byrdm arṣ,* «cuéntate entre los que bajan al 'abismo'» (1.5 V 15-16).

spr: n.m., «número», «recuento» // *hg, mnt* (cf. *sup. spr I); spr, sprhn; bl spr,* «sin número» (1.14 II 37 y par.).

spr: n.m., «escriba» (1.6 VI 54) (cf. *sup. spr I;* hb. *sôpēr).*

spr II: (?) (1.1 II 24).

sr: v.Gt., «instruirse, meditar» (1.4 VII 48) (cf. ar. *sārra, tasārra;* cf. Dahood, PNSP 34-35; pero diversamente en RSP II, 28, «desafiar» ($\sqrt{srr}$); cf. Løkkegaard, AcOr [1959] 24, n. 7); *ystrn.* La alternativa más frecuente ve aquí una forma de $\sqrt{str}$, «ocultar»; cf. De Moor, SP 169-170.

sr(y): (?) (base requerida en 1.4 VII 48: Gt., «exaltarse», ar. $\sqrt{srw}$, por Margalit, MLD 69).

srn: n.m., «príncipe» (?) (1.22 I 18) (cf. hb. *sᵉrānîm;* cf. De Moor, ZAW [1976] 332); *srnm.*

srr: v.G., «declinar», «ocultarse» (1.24:3) (cf. hb. *sûr, sôrēr).*

str: cf. *sup. sr.*

ʿbd: n.m., «siervo, esclavo» // *amt* (cs., ar., *ʿabdu); ʿdb, ʿbdk, ʿbdh; ʿbd il,* «el siervo de *Ilu*» (1.14 III 51 y par.; título del rey *Kirta;* cf. hb. *ʿebed yhwh/ hāʾᵉlôhîm); ʿdb ʿlm,* «siervos a perpetuidad» (1.14 III 23 y par.; cf. hb. *ʿebed ʿôlām).* Por muchos autores se supone en 1.3 I 2 una forma verbal de esta base.

ʿbṣ: n.m., «maza» // *ʿṣ* (1.3 III 18 y par.) (cf. et. *ʿābeṣ,* ar. *ʿaḍbu,* con metátesis; cf. Cassuto, GA 126); *ʿbṣk.* Las alternativas son: «apresurarse» (arm. *ʿnq/ʿ;* cf. De Moor, SP 106); «bolso» (ar. *ʿifāṣ;* cf. Aistleitner, WUS 226); «envidiar; codicia» (ar. *ʿabaqa;* cf. Gray, LC 46, n. 4).

ʿbr: v.G., «pasar, atravesar» (1.3 VI 7-8) (cs., ar. *ʿabara).*

ʿbr: n.m., «invitado» (1.22 I 15) (posible forma participial de *ʿbr); ʿbrm.*

ʿbš: (?) (1.22 I 7; posiblemente error por o dittografía de *(y)ṯbš;* cf. Dietrich-Loretz-Sanmartín, UF [1976] 49).

ʿgl: n.m., «novillo, ternero» // *ṯr,* ≠≠ *arḫ* (so., hb. *ʿegel); ʿgl, ʿglh; ʿglt; ʿglm; klb arḫ lʿglh,* «como el corazón de la vaca (bate) por su ternero» (1.6 II 28).

ʿgm: n.m., «queja, lamento» // *bky, dmʿ* (1.14 I 27) (sno. y ac. *agamu;* cf. Dietrich-Loretz, *Fs Elliger,* 34-35); *ʿgmm.*

ʿd I: prep.conj., «hasta, junto a, en torno a»; «hasta que», «mientras», «cuando» (cs. hb. *ʿad;* cf. Gordon, UT 99, 107, 453; Aistleitner, WUS 226-227; Aartun, PU II, 52-53, 97-98); *ʿd, ʿdk; ʿdm* (enc.) (1.15 VI 2); *uṣbʿth ʿd ṯkm,* «sus dedos/brazos hasta el hombro» (1.14 III 54); *ʿd šbʿt šnt,* «hasta el séptimo año» (1.19 IV 14-15); *ʿdk ilm,* «en torno tuyo están los dioses» (1.6 VI 48; podría tratarse de otra base, cf. Driver, CML 141; De Moor, SP 242; cf. además, *inf. ʿd IV); ʿd lḥm šty ilm,* «mientras comían (y) bebían los dioses» (1.4 VI 55); *ʿd tšbʿ bk,* «cuando se sació de llorar» (1.6 I 9); *ʿd tšbʿ tmtḫṣ,* «hasta la saciedad se peleó» (1.3 II 29).

ʿd II: n.m., «tiempo» // *šnt* (nso. √ *wʿd/ʿwd;* cf. De Moor, SP 148-149); *ʿd, ʿdt* (cf. *inf. ʿd IV); ṯmn nqpt ʿd,* «ocho giros de tiempo» (1.23:67).

ʿd III: n.m., «trono, sala del trono» // *ksu* (1.16 VI 22) (cf. ar. *ʿūdu,* metonimia de objeto por la materia de que está hecho; las precisaciones «plataforma» (posible metonimia también) o «santuario, edícula» (ar. *ʿawaḏu;* cf. Dussaud, «Syria» [1936] 61; Du Mesnil, NE 93, n. 3) extrapolan la evidencia; cf. De Moor, SP 161); *ʿdh; ʿl ʿd,* «junto/frente al trono» (1.23:12; cf. lín. 8, donde se habla de *Môtu* «que está sentado»).

ʿd IV: (?) [bases diversas requeridas para interpretar 1.6 VI 48: «testigo, garante» (hb. *ʿēd;* cf. Virolleaud, «Syria» ⟨1934⟩ 239), «camarada» (√ *ʿd/ʿwd;* cf. Pope, *Fs Finkelstein,* 172), «aliado» (√ *wʿd;* cf. Gray, LC 187, n. 9); 1.12 II 46: «contar»/«enemistad» (ar. *ʿadda; ʿādiya;* cf. Gray, UF ⟨1971⟩ 66, n. 41); 1.23: 12: «laúd» (ar. *ʿūdu;* Driver, CML 141), «costumbre» (ar. *ʿādatu;* cf. Tsumura, UDGG 38), «asamblea» (hb. *ʿēdāh;* Foley, CE 33); y en general un valor «también, de nuevo, además» para *ʿd I* (hb. *ʿôd;* cf. Dijkstra-De Moor, UF ⟨1975⟩ 183-184; Gray, UF ⟨1971⟩ 66, n. 41)].

ʿdb: v.G., «hacer, preparar, poner, colocar, dejar, disponer» // *ytn* (1.17 V 27) (cf. hb. *ʿāzab,* asa. *ʿdb;* cf. Van Zijl, *Baal,* 134-135; Dahood, ULx 96-97); *ʿdb* (a./p.), *ʿdbt; tʿdb, tʿdbn, yʿdb; ʿdbk, ʿdbnn; ʿdb* (pa.); *ʿdb gpn atnth,* «prepararon el jaez de su borrica» (1.4 IV 12); *tʿdb ksu wyṯṯb,* «se le preparó un trono y se le sentó» (1.4 V 46-47); *ʿdb uḫry mṭ ydh,* «su báculo sea colocado el último» (1.19 IV 7); *ʿm bʿl lyʿdb mrḥ,* «con *B.* no podrá medir (su) lanza» (1.6 I 51); *šu ʿdb lšpš rbt,* «coger y ponedlos junto a la Gran Dama *Š.*» (1.23:54).

ʿdbt: n.f., «distribución, disposición, preparación» o quizá «mobiliario», «manufacturas» (1.4 VI 38-39) (cf. *sup. ʿdb,* hb. *ʿizzābôn;* Dahood, ULx 97).

ʿdd I: v.Dt., «pronunciarse, replicar» // *ṯb* (1.4 III 11) (cf. ar. *ʿadda/ʿāda;* cf. Van Zijl, *Baal,* 87); *ytʿdd.*

ʿdd: n.m., «heraldo» // *dll* (1.4 VII 46) (cf. *sup. ʿdd I,* arm.ant. *ʿdd);* Margalit, MLD 69, lo relaciona con ar. *ʿādatu,* «costumbre», pl. «tasas».

ʿdd II: (?) (base requerida para interpretar 1.4 III 11, Dt «alzarse», hb. *hitʿôdēd,* por Margalit, MLD 39).

ʿdy: (?) (base supuesta en 1.16 V 42; cf. Gibson, CML 154; De Moor, UF [1979] 646, n.43; *Š., šʿd[).*

ʿdn I: v.G./D., «reunir, hacer acopio, almacenar» (1.4 V 6-7) (cf. *inf. ʿdn,* quizá denominativo; cf. Sauren-Kestemont, UF [1971] 197, n. 22; Gray, LC 49, n. 4; Driver, CML 141); *yʿdn; ʿdn.* La alternativa corriente parte de un valor «momento, estación», «señalar el momento» [√ *yʿd;* cf. De Moor, SP 149; Van Zijl, *Baal,* 108-110, para ésta y otras propuestas: «delicia» (hb. *ʿeden),* «fecundidad» (ar. *ʿadana);* también Margalit, ZAW (1974) 11, n. 35: «tridente» (ar.

ʿ*adana,* «golpear»); Fensham, JNSL (1979) 22-23: «temporeros» (√ ʿ*dy,* «pasar»)].

ʿ*dn:* n.m., «depósito, silo» // *ḥmt* (en posible relación con ʿ*dn I;* cf. Fensham, *l. c.,* n. 53); ʿ*dnhm; kly lḥm b*ʿ*dnhm,* «el grano se había acabado en sus depósitos» (1.16 III 13-14).

ʿ*dn II:* n.m., «tropa» // *ṣbu, skn* (1.14 II 32, 34) (cf. ar. ʿ*adānatu;* cf. Badre *et al.,* «Syria» [1976] 108); ʿ*dn,* ʿ*dnm;* ʿ*dn* ʿ*dnm,* «la tropa más escogida» (1.12 II 52-53).

ʿ*dr:* (?) (1.4 VII 7; leer ʿ*br;* pero cf. De Moor, SP 156; «abandono» (ar. *ǵadara,* hb. *ne*ʿ*dar);* Margalit, MLD 55: en relación con hb. ʿ*eder,* «rebaño».

ʿ*dt I:* n.f., «asamblea» (sno. √ ʿ*wd,* hb. ʿ*ēdāh);* ʿ*dt ilm,* «la asamblea de los dioses» (1.15 II 7, 11).

ʿ*dt II:* n.f. «fecha, momento» // *ym* (cf. *sup.* ʿ*d II); bnm* ʿ*dt,* «en/con (esta misma) fecha» (1.4 VII 16). Otras alternativas: «constelación (especial)» (cf. Sanmartín, UF [1979] 725, ac. *idatu),* «confluencia» (cf. Margalit, MLD 60, de acuerdo con 1.100:3).

ʿ*ḏb:* posible variante fonética de ʿ*db,* pero cf. *inf.* ʿ*ḏbt;* ʿ*ḏbm* (1.12 II 26).

ʿ*ḏbt:* n.f., «brigada, caravana» // *ḫrn* (1.4 V 14 y par.) (cf. ar. ʿ*azaba,* «marchar lejos»; difícilmente una variante fonética de ʿ*dbt,* en la misma tablilla). Por otra parte, la alternativa «mobiliario» (hb. ʿ*izzābôn;* cf. Van Zijl, *Baal,* 122-124, para ésta y otras explicaciones) no es adecuada como complemento de *ṣḥ;* más bien encuentra su correspondencia en ʿ*dbt;* cf. *sup.* dicha entrada.

ʿ*ḏr:* v.G., «librar» // *plṭ* (1.18 I 14) (cs., cf. hb. ʿ*āzar,* ar. ʿ*aḏara;* cf. Baisas, UF [1973] 41-52); *y*ʿ*ḏrk.*

ʿ*wr:* a.m., «ciego» // *zbl* (1.14 II 46 y par.) (so., hb. ʿ*iwwēr);* ʿ*wr,* ʿ*wrt;* ʿ*wrt yštk b*ʿ*l,* «ciega te deje *B.*» (1.19 IV 5).

ʿ*z:* a.m./v.G., «ser fuerte» ≠≠ *mk, nǵṣ* (1.2 IV 17) (so. √ ʿ*zz,* hb. ʿ*āzaz,* ʿ*az).*

ʿ*ṭr:* (?) (1.16 V 44; cf. De Moor, UF [1979] 646-647, «geranio», «primavera»).

ʿ*ṭrṭrt:* n.f., «diadema, corona» (?) (1.16 III 11) (cf. hb. ʿ*ăṭārāh,* fen. ʿ*ṭrt);* según De Moor, *l. c.,* «hierba fragante».

ʿ*ẓm:* n.f., «hueso» // *šmt* (1.19 III 5 y par.) (ar. ʿ*aẓmu,* hb. ʿ*eṣem);* ʿ*ẓm yd,* «antebrazo» (1.12 I 24, // *amt).*

ʿ*ẓm/*ʿ*ẓmn:* n.m., «potencia» // *ul* (1.12 IV 5) (cf. ar. ʿ*uẓmu,* hb. ʿ*ōṣem);* ʿ*ẓmny* (algunos interpretan esta forma como a., «poderoso, gigante» (// *ulny);* cf. Caquot-Sznycer, TOu 135).

ʿ*ẓm:* a.m., «imponente, poderoso» (cf. ar. ʿ*aẓīm,* ʿ*uẓam,* hb. ʿ*āṣûm);* ʿ*ẓm ri,* «imponente de aspecto» (1.3 I 12).

ʿẓmn: cf. *sup.* *ʿẓm.*

ʿl I: prep.adv., «sobre, encima de», «por, a causa, a cuenta de», «junto, en presencia de», «de, desde»; «arriba, por arriba» (para su clasificación semántica y formal cf. Gordon, UT 99-100; Aistleitner, WUS 231-232; Aartun, PU II, 53ss); *ʿl, ʿln; ʿlk, ʿlh, ʿln, ʿlnh.*

ʿl II: n.m., «pariente, congénere» // *aḫ* (cf. hb. *ʿûl, ʿāwîl,* ar. *ʿayyilu;* cf. De Moor, SP 224); *ʿl umt,* «congénere» (1.19 IV 35 y par.).

ʿlh: (?) (lexema supuesto en 1.4 VII 20, «yunque», ar. *ʿalāh,* por Margalit, MLD 61).

ʿly: v.G., «subir, echarse encima, ascender» // *rkb, škb, yṯb* (cs., hb. *ʿālăh,* asa. *ʿly); ʿly; tʿl, yʿl, tʿln; ʿl; Š.,* «subir, levantar, disparar, ofrecer»; *šʿly; tšʿl, tšʿlyn, yšʿly; tšʿly* (p.), «fue montada» (// *škb;* 1.5 V 21); *Št., mštʿltm,* «consagradas», (1.23:35-36; para otras muchas opiniones fundadas o no en esta etimología, cf. Trujillo, UR 149-153; Dietrich-Loretz, UF [1977] 342-343; Pope, UF [1979] 701-705).

ʿly: a.m., «Altísimo» // *bʿl* (1.16 III 6, 8, epíteto de *Baʿlu)* (√ *ʿly,* hb. *ʿăliyyāh, ʿelyôn,* ar. *ʿaliyyu).*

ʿlyn: (?) [lexema supuesto en 1.23:3 (hb. *ʿelyôn)* por Gaster, JAOS (1946) 51; quizá simplemente *ʿlym;* en cambio, el valor adverbial de *ʿly* es discutible; cf. Gibson, CML 154].

ʿl(l): (?) [base supuesta por Van Selms, MFL 55, n. 59, en 1.4 II 4: «ocuparse» (ar. *ʿallala, taʿallala);* y por Dressler, AT 197-198, en 1.17 VI 7, «volver a beber», ar. *ʿalla;* así también Caquot-Sznycer, TOu 430, n. h].

ʿlmy/ʿlmn: a./n.m., «eternal»/«visir» // *zbl mlk, bʿl* (√ *ʿlm;* cf. Del Olmo Lete, UF [1977] 38; Dietrich-Loretz-Sanmartín, UF [1976] 50, para ésta y otras explicaciones).

ʿlm: n.m., «eternidad» // *dr dr* (1.19 III 48 y par.) (so., ar. *ʿālamu,* hb. *ʿôlām); ʿlm, ʿlmk, ʿlmh; aṯt il wʿlmh,* «mujeres de *Ilu* y esto por siempre» (1.23:42 y par.); *lḫt wʿlmh,* desde ahora y por siempre» (1.19 IV 5-6); *ʿm ʿlm,* «por la eternidad» (1.3 V 31); *ʿbdk an wdʿlmk,* «tu siervo soy a perpetuidad» (1.5 II 12; la propuesta de Aistleitner, WUS 232-233, de una base *ʿlm,* «instruido» y «siervo» [√ *ǵlm (!)],* deben desecharse).

ʿln: cf. *sup.* *ʿl I.*

ʿlpt: (?) (lexema supuesto en 1.24:8-9, «alimento», ar. *ʿalufatu,* por Margalit, UF [1979] 557).

ʿlṣ: n.m./v.G., «regocijo»/«regocijarse» (1.2 I 12) (cf. hb. *ʿālaṣ,* ac. *elēṣu, ulṣu); ʿlṣ, ʿlṣm.*

ʿlt: (?) [lexema supuesto por Lipinski, «Syria» (1965) 68, n. 1, «lechera» (vaca), para interpretar 1.10 III 5].

ʿm I: prep., «con, como, hacia, contra» (para su clasificación semántica y formal, cf. Gordon, UT 100-101; Aistleitner, WUS 233-234; Aartun, PU II, 56ss); *ʿm, ʿmm* (enc.), *ʿmn; ʿmy, ʿmk, ʿmh.*

ʿm II: n.m., «gente, antepasados» // *ilib* (1.17 I 27 y par.) (so. hb. *ʿam;* cf. Dietrich-Loretz, UF [1978] 67-68, n. 31); *ʿmy, ʿmk, ʿmh.*

ʿm III: (?) [bases diferentes supuestas por Aistleitner, WUS 234: «nube (de incienso)» (ar. *ǵaymu;* 1.17 I 27 y par.); Dahood, UF (1969) 25, n. 21; íd., RSP I, 181: «sagacidad» (√ *ʿmm;* 1.3 V 41 y par.; pero cf. De Moor, ULe 93; Dietrich-Loretz-Sanmartín, UF ⟨1974⟩ 44-45)].

ʿmd: (?) (1.7:34).

ʿmm I: cf. *sup. ʿm I.*

ʿmm II: v.G., «incluir, envolver» (1.4 VII 55) (cf. ar. *ʿamma, ʿammā,* hb. *hûʿam;* De Moor, SP 172, prefiere ar. *ǵamma,* «cubrir, velar»). Para Margalit, MLD 71, «turbante» (?), ar. *ʿimmatu.*

ʿmmy: (?) [lexema supuesto por Gray, LC 54, n. 5, en 1.4 VII 55: «de largos miembros» (ar. √ *ʿmm).* Para Rin, AE 177; íd., BZ (1967) 176, 177, podría tratarse de un n.p. o n.d.].

ʿmn: cf. *sup. ʿm I.*

ʿms: v.G./D., «cargar, levantar, llevar a cuestas» // *aḫd, nša* (cf. hb. *ʿāmas,* fen. *ʿms); yʿmsnh; ʿms; mʿmsy, mʿmsk, mʿmsh; ʿms mʿ ly aliyn bʿl,* «cárgame, por favor, a *B.,* el Victorioso» (1.6 I 12); *mʿmsy kšbʿt yn,* «que cargue conmigo cuando esté harto de vino» (1.17 II 20 y par.); *bt lbnt yʿmsnh,* «una casa de ladrillo le levantarán» (1.4 V 11). Para este último texto, Driver, CML 142, propone una correlación con ar. *ǵammasa,* «cementar».

ʿmq I: n.m., «valle» // *gn* ≠≠ *qryt* (1.3 II 6 y par.) (so., hb. *ʿemeq).* La interpretación de *bʿmq* «con fuerza, vigor» (ac. *emūqu;* cf. Cassuto, GA 115; *inf. ʿmq II)* no es aceptable en este texto.

ʿmq II: a.m., «tenaz, fuerte» // *nʿmn* (cf. ac. *emqu;* otros autores prefieren «sabio»; cf. Miller, UF [1969] 94); *ʿmq nšm,* «el más tenaz de los hombres» (1.17 VI 45).

ʿmr: n.m., «ceniza» // *ʿpr* (posible variante fonética/error, según el modelo *špš/šmš;* el valor «gavilla, paja» no resulta adecuado como complemento de *yṣq;* cf. para las diversas posibilidades y en defensa de esta última, De Moor, SP 191-192; Margalit, MLD 131-132; pero cf. Grabbe, UF [1976] 63); *ʿmr un,* «ceniza de aflicción» (1.5 VI 14-15).

ʿmt: v.G., «golpear» (1.16 V 8) [cf. ar. *ʿamata;* otras derivaciones parecen menos seguras: Delekat, UF (1972) 21; De Moor, UF (1979) 647, n. 48 (ar. √ *ʿmy);* Margalit, UF (1976) 157 (√ *ʿmm)]; tʿmt.* Se trata de un uso mágico conocido por la literatura sumeria (cf. N. Kramer, *The Sumerians,* Chicago 1963, p. 129) y egipcia (cf. Lipinski, RY 128, n. 2) y por la práctica medieval del *malleum maleficarum.*

ʿn I: v.G./D., «ver, mirar, contemplar, atisbar» // *ph* (cs. √ *ʿyn,* nhb. *ʿiyyēn,* ar. *ʿāyana); tʿn, yʿn; ʿn, ʿnhn; wyšu ʿnh wyʿn,* «alzó sus ojos, sí, y vio» (1.10 II 14); *ʿn gpn wugr,* «mirad, G. y U.» (1.4 VII 53-54). El recurso a una etimología ar. *ʿanā,* «atender», para 1.24:8 (cf. Herrmann, NY 7) no resulta preciso.

ʿn: n.f., «ojo» // *yd, riš, qdqd* (cs., ar. *ʿaynu); ʿn, ʿnm, ʿnk, ʿnkm, ʿnh; qr ʿnk,* «la fuente de tus ojos» (1.16 I 27); *bn ʿnm,* «en la frente/entre los ojos» (1.2 IV 22); *ašlw bṣp ʿnh,* «encontraré descanso en la mirada de sus ojos» (1.14 III 45); *yn ʿn,* «vino chispeante» (1.6 IV 18).

ʿn: n.f., «fuente» // *brky, ǵyr,* + *šib* (cf. *sup. ʿn I,* idéntica evolución semántica en hb. y ar.); *ʿn; ʿnt; šibt ʿn,* «las aguadoras de la fuente» (1.12 II 59); *tḥt ʿnt arṣ,* «debajo de las fuentes de la tierra» (1.3 IV 36).

ʿn II: n.m., «surco» // *nrt,* + *mḥrṯ* (1.6 IV 1-3, 12-14; 1.16 III 9) (cf. ar. *ʿinw,* hb. *maʿănāh;* cf. De Moor, SP 99, n. 15, 221; Dietrich-Loretz, UF [1978] 425); *ʿn; ʿnt.*

ʿny I: v.G., «responder», «decir» // *nša gh, ṣḥ* (so., hb. *ʿānāh); ʿn; tʿny, tʿn, tʿnyn; yʿnyn; ʿny, yʿnyn, ʿny,ʿnyh; in bilm ʿnyh wyʿn,* «no hubo entre los dioses quien le respondiese. Y dijo...» (1.16 V 22-23).

ʿny II: v.G./Dp., «ser humillado, abatido» (1.16 VI 58; 1.19 I 12) (so., ar. *ʿanā,* hb. *ʿānāh); tʿn, yʿn;* D., «humillar», *tʿny; aḥd ilm tʿny,* «veo, dioses, que os humillan» (1.2 I 25-26; Oldenburg, CEB 192, prefiere la forma G.). Dijkstra-De Moor, UF (1975) 189, suponen esta base en 1.17 VI 32; Van Selms, UF (1970) 259-260, en 1.2 I 18, 35.

ʿny III: v.G./D., «cantar, celebrar» // *bd, šr* (1.17 VI 32) (cf. hb. *ʿānāh, ʿinnāh,* ar. *ǵanā;* cf. De Moor, SP 93-94; íd., UF [1969] 224, n. 2); *yʿnynn* (en 1.3 II 23 no lo estimo válido, dado el claro paralelismo).

ʿnn I: n.m., «servidor», «heraldo» // *ʿdb, ǵlm* (varias son las etimologías propuestas: forma aumentada *(-n)* de *ʿny I,* «el que responde, habla = heraldo», o de *ʿny II,* «esclavo, vasallo»; en relación con ar. *ʿanna,* «representante, *alter ego,* fiel»; con hb. *ʿānān,* «nube = mensajero, escolta» (por desmitologización); con ar. *ʿawwana,* «asistente, ayudante», forma aumentada *(-n);* con hb. *ʿōnēn,* «conjurador», «play-boy». Para una síntesis de las principales opiniones, cf. De Moor, SP 129-130; Van Zijl, *Baal,* 22, 102-104); *ʿnn, ʿnnh.*

ʿnn II: (?) [lexema requerido por Margalit, UF 176, n. 104, con el valor «morada» (√ *ʿwn,* hb. *māʿôn)* en 1.3 IV 32 y par.].

ʿnq: n.m., «collar» (?) (1.22 I 19) (cs., hb. *ʿănāq;* cf. De Moor, NYCI II, 12, n. 29).

ʿnt I: n.d., nombre de la diosa «hermana» de *Baʿlu, ʿAnatu* (cf. hb. *ʿănāt,* sil. *a-na-ti/u).*

ʿnt II: adv., «ahora» // *ht,* ≠≠ *ʿlm, dr dr* (1.19 IV 48 y par.) (sno., hb. *ʿattāh, ʿēt,* arm. *ʿenet, ʿantā); ʿnt...pʿlmh,* «ahora... y por siempre» *(ibid.).* De modo semejante, Margalit, MLD 185, a propósito de 1.6 V 24.

ʿs: v.G., «deber un trago» (?) // *(t)ǵt* (?) (1.4 IV 34) (cf. arm./hb. √ *ʿsy/ʿss,* «exprimir»; cf. Rin, AE 160; desde la misma base, Oldenburg, CEB 118, n. 3, «agoviado»). La alternativa más corriente supone ar. *ʿasā, ʿassa* (cf. Hvidberg, WL 43, n. 3; Driver, CML 140).

ʿsr: (?) (base supuesta en 1.4 IV 34, «necesitar», ar. *ʿasura,* por Margalit, MLD 209, n. 1).

ʿp: v.G., «volar» // *nša knp* (so., hb. *ʿûp,* ar. *ʿāfa); tʿpn; ʿp; ʿp; hm tʿpn ʿl qbr bny,* «si vuelan sobre el sepulcro de mi hijo» (1.19 III 44). Otras propuestas, en el caso de 1.10 II 23, resultan improbables: «dureza, severidad» (ar. *ʿanfu,* hb. *ʿānēp;* Obermann, UM 44, n. 52), «fastidio» (hb. √ *ʿyp/ʿwp;* Watson, UF [1976] 277).

ʿp: n./pa.m., «ave, volátil» (quizá pa. de *ʿp;* cf. hb. *ʿôp); ʿpmm* (enc.), *ʿpt; ʿpt šmm,* «las aves del cielo» (1.22 I 11; cf. 1.23:62, *ʿṣr šmm).*

ʿpʿp: n.m., «niña del ojo» // *ʿq* (1.14 VI 30 y par.) (cf. hb. *ʿapʿappayim;* cf. Dahood, ULx 97); *ʿpʿph.* Preferible al valor corriente «párpado» o a «pestaña» (cf. De Moor, UF [1969] 202, n. 6).

ʿpp: v.L., «conjurar» // *ǵẓy* (1.4 II 10) (cf. ar. *ʿāfa, ʿawfu); tʿpp.* Otros proponen: «propiciarse, implorar» (ar. *ʿaffa/ʿafā;* cf. Driver, CML 142; Caquot-Sznycer, TOu 198), «guiñar» (hb. *ʿûp*/ug. *ʿpʿp;* Gibson, CML 154; De Moor, UF [1969] 202, n. 6), «domesticar» [ar. √ *ʿf(f);* cf. Margalit, MLD 30].

ʿpr: n.m., «polvo», «tierra, suelo», «estepa» // *arṣ, ugr* (cs., hb. *ʿāpār,* ar. *ʿafaru); ʿpr, ʿprm.* El valor «tremendo» (ar. *ʿifru)* supuesto por Gray, LC 77, n. 9, en 1.12 I 24, no se justifica.

ʿpt: cf. *ʿp.*

ʿṣ I: n.m., «árbol», «cepa», «madera» // *arz,* ≠≠ *abn* (cs., hb. *ʿēṣ); ʿṣh; ʿṣm; dm ʿṣm,* «sangre de cepas» (1.4 IV 38); *pr ʿṣm,* «la fruta de los árboles» (1.5 II 5-6).

ʿṣ: n.m., «asta» // *ʿbṣ* (1.3 III 18 y par.) (derivación semántica de *ʿṣ I,* cf. 1.101:4, *ʿṣ brq;* cf. Cassuto, GA 126).

ʿṣ II: (?) [base supuesta, «apresurarse» (ar. *ʿṣṣa,* arm. *ʿăṣaṣ/ʿăṣā;* cf. De Moor, SP 106), para interpretar 1.3 III 18 y par.].

ʿṣr I: n.m., «ave, pájaro» ≠≠ *dg* (1.23:62) (cf. ac. *iṣṣuru,* ar. *ʿuṣfuru;* cf. Rin, AE 99-100); *ʿṣr; ʿṣrm.*

ʿṣr II: (?) (cf. *sup. ṯṣr).*

ʿq: n.m. (?) «pupila» // *ʿpʿp* (1.14 III 43 y par.) (cf. ar. *ʿaqqu,* «agujero profundo», *ʿaqīqu,* diversas clases de piedras preciosas); *ʿqh.*

ʿqb: n.m., «calcañar, jarrete» // *gd, qrn* (cs., hb. *ʿāqēb,* ar. *ʿaqibu/ʿaqbu, ʿaqabu); ʿqbt; mtnm bʿqbt ṯr,* «tendones de los jarretes de toro» (1.17 VI 22-23).

ʿqb: v.D., «poner trabas, insidiar, oponerse» (?) (1.18 I 19) (cf. hb. *ʿāqab, ʿiqqēb;* denominativo de *ʿqb); mʿqbk.*

ʿqltn: a.m., «tortuoso» // *brḥ* (cf. hb. *ʿăqallātôn); tkly bṯn ʿqltn,* «acabaste con la serpiente tortuosa» (1.5 I 2 y par., cf. Is 27,1).

ʿqq: a.m., «destrozón» // *akl* (1.12 I 27 y par.) (cf. ar. *ʿaqqa,* ac. *uqququ;* cf. Oldenburg, CEB 200, n. 6); *ʿqqm.*

ʿr I: v.G., «agitarse, exacerbarse» // *yra, ṯtʿ* (1.6 VI 31) [cf. hb. *ʿûr;* De Moor, SP 237; *yʿr; (m)ʿr* (?) (1.16 IV 5); L., «conmover, exacerbar»; *yʿrr* (Lp.), *tʿrrk; ahbt ṯr tʿrrk,* «¿el amor del Toro te ha conmovido?» (1.4 IV 39). En 1.24:30 Gray, LC 249, n. 7, supone «cambiar», ar. *ʿāra/ʾiʿtawara.*

ʿr II: n.m., «jumento, asno macho» // *pḥl* (cs., ar. *ʿayru); mdl ʿr,* «enjaezaron el jumento» (1.4 IV 9 y par.).

ʿr III: n.m., «ciudad» // *pdr* (1.4 VII 7 y par.; 1.14 III 6 y par.) (cf. hb. *ʿîr); ʾr; ʿrm; ʿrhm* (pero cf. Dijkstra-De Moor, UF [1975] 215).

ʿrb: v.G., «entrar» // *yrd, mǵy, lqḥ, trḫ* (cs., hb. *ʿārab,* ar. *ǵaraba;* cf. Van der Weiden, VD [1966] 102; Greenfield, EI [1969] 64); *ʿrb, yʿrb, tʿrb; tʿrbm; ʿrbn;* Š., «hacer entrar, introducir»; *ašʿrb, tšʿrb; ašʿrb ǵlmt ḥẓry* «(si) hago entrar a la doncella en mi mansión» (1.14 IV 41-42, sentido matrimonial).

ʿrb: n.m., «ocaso, puesta del sol» // *ṣbiu špš* (1.15 V 18; 1.19 IV) (cf. *sup. ʿrb,* hb. *ʿereb,* ar. *ǵarbu;* en 1.19 IV 48 se podría suponer el lexema *mʿrb,* ar. *maǵribu).*

ʿrb: n.m., «oficiante» // *ṯnn* (1.23:7, 12, 26) (cf. ac. *ērib bīti,* clase de sacerdotes; apoyadas en esta etimología o en *ʿrb I* se proponen otras equivalencias: «corista», «acólito, monaguillo», «peregrino», «cortesano», «iniciado», «fiel», «sacerdote»; cf. Herrmann, YN 12; Xella, MSS 149ss; Gaster, *Thespis,* 419); *ʿrbm.*

ʿrb II: (?) (base supuesta en 1.1 V 12, 24, por Caquot-Sznycer, TOu 313).

ʿrgz: n.m., «planta aromática y medicinal» (?) // *zt* (?) (1.24:43; 1.20 I 8) (cf. ar. *ʿarǧūdu;* la equiparación con hb. *ʾegôz,* «nuez», la proponen Aistleitner, Dahood, Pope; cf. Dahood, «Bib» [1976] 270; Pope, *Fs Finkelstein,* 166; a su vez, Rin, AE 293, sugiere leer *ʿrg zm,* hb. *ʿărûgat zôm); ʿrgzm.*

ʿrẓ I: n.m., «terrible», epíteto del dios *ʿAṯtaru* (1.6 I 54-63) (so., hb. *ʿārîṣ;* cf. De Moor, SP 204; Oldenburg, CEB 41). Margalit, MLD 149-150, lo relaciona con hb. *ʿārûṣ* y ar. √*ʿrḍ.*

ʿrẓ II: (?) (1.12 II 30).

ʿrw: v.G./D., «desnudar», «destruir» // *abd* (1.14 I 7) (cs., hb. *ʿārāh;* cf. Dietrich-Loretz, *Fs Elliger,* 33); *ʿrwt.*

ʿry: a.m., «desnudo, descubierto» ≠≠ *sk* (1.16 II 29) (cf. *sup. ʿrw); ʿrym;* posiblemente con valor adverbial, «al descubierto».

ʿrs: v.G., «regocijarse» (1.18 IV 15) (cf. ar. *ʿarasa); nʿrs.*

ʿrpt I: n.f., «nube» // *rḥ, mdl, mṭr* [cf. ac. *ʿerpetu, urpatu,* hb. *ʿărābôt* (?)]; *rkb ʿrpt,* «Auriga de las nubes», epíteto de *Baʿlu* (hb. *rekeb ʿărābôt;* cf. De Moor, SP 98; la sugerencia de Ullendorff, BJRL [1963-1964] 243s, «amontonador de nubes», me parece menos probable, a pesar del paralelo griego; cf. Weinfeld, JANES [1973] 421ss).

ʿrpt II: (?) (lexema requerido en 1.4 VII 57, «destino», ar. *ʿarrafatu,* por Margalit, MLD 73-74).

ʿrš: n.m., «lecho, cama» (cs., hb. *ʿereš,* ar. *ʿaršu); ʿrš, ʿršh; ʿršm.*

ʿšy: v.G., «hacer algo, molestar» (1.17 I 29) (cf. hb. *ʿāśāh* l^{e}, ar. *ʿašiya ʿalā;* cf. Dijkstra-De Moor, UF [1975] 176-177, 184; de acuerdo con esta última cita, no se precisa una segunda base para interpretar 17 VI 8, como quiere Gibson, CML 155).

ʿšr: v.D., «invitar, convidar, dar un banquete» // *šqy, dbḥ* (cf. et. *ʿaššara, ʿašūr;* cf. De Moor, SP 71-72; Airoldi, «Bib» [1974] 181ss); *ʿšr; yʿšr; yʿšr wyšqynh,* «le convidó y le ofreció de beber» (1.3 I 9).

ʿšrt: n.f., «banquete» // *dbḥ* (1.16 I 41 y par.) (cf. *sup. ʿšr).*

ʿtd: (?) (1.5 III 5).

ʿtk I: v.D., «atar, ligar» // *šns* (1.3 II 11 y par.) (cf. ar. *ʿataka); ʿtk, ʿtkt.*

ʿtk II: n.d., nombre de un monstruo divino, *ʿAtaku* (?) (1.3 III 44) o *ʿĀtiku* (cf. Gibson, CML 50, n. 9; Gray, UF [1979] 316, n. 6, el «Salvaje», ar. *ʿataka).*

ʿtq: v.G., «pasar» (1.6 II 26 y par.) (cs., ar. *ʿataqa,* ac. *etēqu)* (cf. Pardee, UF [1973] 229ss; Sanmartín, UF [1978] 453-454); *yʿtqn, tʿtqn;* N., «envejecer»; *nʿtq* (1.16 I 2 y par.). La propuesta de Margalit, UF (1976) 148, «aullido», no es recomendable.

ʿtq: a.m., «duradero, viejo» (1.16 I 5 y par.) (cf. *sup. ʿtq,* hb. *ʿattîq).*

ʿṯqb: n.m., «fresno» (1.13:14) (forma aumentada de *ṯqb;* cf. De Moor, UF [1971] 349-350); *ʿṯqbm.* Otras propuestas: «joroba»/«jorobado» (n.p. *ʿṯqbt;* Cazelles, «Syria» [1956] 53), «fuerte» (ar. *ṯaqafa,* arm. *taqqîp;* Caquot, EI [1978] 16).

ʿṯtr: n.d., divinidad rival de *Baʿlu,* posiblemente dios de la irrigación artificial, *ʿAṯtaru* (sil. *aš-tar).*

ʿṯtrt: n.d., diosa que forma pareja con *ʿAnatu, ʿAṯtartu* (cf. ac. *ištartu,* hb. *ʿaštōret,* gr. *ʾAstártē).*

ǵb I: v.G., padecer tercianas» (?) // *ḥrr, šḫn* (1.12 II 39) (cf. ar. *ǵabba, ǵibbu;* cf. Driver, CML 143).

ǵb II: (?) [base supuesta en 1.4 IV 33, «engullir», ar. √ *ǵb(b),* por Margalit, MLD 208].

ǵbn: (?) [lexema supuesto en 1.12 II 39 por Du Mesnil, «Berytus» (1978) 64, n. 52: «lingote» (ar. √ *ǵbn)].*

ǵdd: v.D., «incharse» // *mla* (cf. ar. *ǵadda, ǵuddida;* cf. De Moor, SP 94; preferible a ar. *ǵaḏḏa,* aducido por Aartun, WO [1968] 297); *tǵdd; tǵdd kbdh bṣḥq,* «se hinchó su hígado de risa» (1.3 II 25).

ǵḏ: v.Dt., «dispararse, saltar» (1.4 VII 41) (cf. ar. *ǵaḏḏa, ǵaḏā, taǵaḏǵaḏa, ʾistaǵḏā;* cf. De Moor, SP 167); *tǵd.*

ǵḏ(y): (?) (1.17 VI 12; cf. Sanmartín, UF [1979] 725-726, «alimentar», ar. *ǵaḏā).*

ǵz: n.m., «guerrero, raciador» (?) // *ǵr* (1.16 VI 43 y par.) (cf. ar. *ǵazā;* cf. Mustafa, AcOrHung [1975] 103); *ǵz, ǵzm.*

ǵzr: n.m., «mancebo, prócer, héroe, adalid, guerrero» // *ṣbu, mt,* epíteto de dioses *(mt)* y héroes épicos *(ilḥu, aqht),* y designación de funcionario cúltico (1.3 I 20; 1.23:14, 17; cf. 1.20 I 7; cf. hb. *ʿōzēr;* cf. Miller, UF [1969] 90-91; íd., UF [1970] 162-164; Van Selms, MFL 11, 95-96; De Moor, SP 21, 31, 76; Xella, MSS 138ss; íd., PP [1973] 194ss); *ǵzr, ǵzrm.*

ǵẓy: v.G./D. (?), «obsequiar, sobornar», «buscar el favor, propiciarse» // *mgn, ʿpp* (1.4 III 26-35) (cf. ar. *ǵaḍā,* hb. *ʿaṣāh;* cf. De Moor, UF [1969] 202, n. 6, *inf. mǵẓ, tǵẓyt); ǵẓtm; tǵẓy, tǵẓyn, nǵẓ* (?).

ǵyr: n.m., «depresión, pozo, profundidad» // *ʿn* (1.3 IV 36 y par.) (cf. ar. *ǵawru;* cf. De Moor, SP 134; en cambio, una relación con ar. *ǵāra,* «galopar», parece improbable; cf. Caquot-Sznycer, TOu 171); *ǵyrm.*

ǵl: n.m., «cañaveral» (cf. ar. *ǵīlu;* cf. Sukenik, BASOR 107 [1947] 14); *ǵl il,* «vasto cañaveral» (1.17 VI 23) (la interpretación «cordero que mama, lechal», ar. *ǵāla,* no es aceptable; cf. Albright-Mendenhall, JNES [1942] 228, n. 14).

ǵly: v.G., «caer», «marchitarse» // *ḫrb, ḫsp,* ≠≠ *nša* (1.19 I 31) (cf. ar. *ǵalā;* cf. De Moor, SP 68, 232); *ǵly; yǵly;* D., «bajar»; *ǵltm, tǵl* (?), *tǵly; lm ǵltm ilm rištkm,* «¿por qué habéis bajado, dioses, vuestras cabezas» (1.2 I 24-25); *riš ǵly,* «(que tu) cabeza caiga» (1.19 III 54).

ǵll I: v.D./L., «hundir, meter» (1.3 II 27 y par.) (so., hb. *ʿālal,* ar. *ǵalla); tǵll.*

ǵll II: n.m., «sediento», epíteto de ciertas divinidades menores // *akl* (1.12 II 34) (cf. ar. *ǵalīl;* Caquot, Acl[er]ConIntLSChS [1974] 204); *ǵllm.* Driver, CML 142-143, sugiere «cadena, grillo» (ar. *ǵullu,* hb. *ʿōl).*

ǵll III: n.l., región productora de vino, *Ghalalu* (?) (1.22 I 19) (otra interpretación supone aquí el valor «intoxicación, resaca», ar. *ǵawlu;* cf. Driver, CML 143).

ǵlm I: n.m., «servidor, paje, príncipe, mancebo, mensajero» // *ḫnzr, špḫ* (so., hb. *ʿelem, ʿalmāh,* ar. *ǵulām); ǵlm, ǵlmm; ǵlmt,* «doncella»; *nʿmn ǵlm il,* «el Apuesto, servidor de *Ilu*» (1.14 I 40-41 y par., título de *Kirta); ǵlmt tqḥ ḥzrk,* «la doncella que has hecho entrar en tu mansión» (1.15 II 22-23).

ǵlm II: (?) (base sugerida para 1.14 I 19, «cubrir (cf. hb. *neʿlam;* Ginsberg, LKK 34); «encresparse» (cf. ar. *ǵalima;* Aistleitner, WUS 248; Maróth, AcOrHung [1973] 306-307).

ǵlmt I: cf. *sup. ǵlm I.*

ǵlmt II: n.f., «oscuridad» // *ẓlmt* (1.4 VII 54) (cf. *sup. ǵlm II;* De Moor, SP 172).

ǵlp: n.m., «vaina», «concha de caracol» (1.19 19; IV 42) (cf. ar. *ǵilāfu;* De Moor, «Or» [1968] 213-214); *ǵlp, ǵlph.*

ǵlt: n.f., «postración» (cf. *sup. ǵly;* Dahood, «Bib» [1976] 106, sugiere hb. *ʿāwel/ʿôl,* «mal», «malicia»); *šqlt bǵlt ydb,* «has hecho caer tus manos en la postración» (1.16 VI 32 y par.).

ǵma/i: v.G., «tener sed» // *rǵb* (1.4 IV 34) (variante fonética de *ẓma,* cf. *sup. mẓma;* De Moor, ULe 96); *ǵmit; ǵmu.*

ǵnb: n.m., «uva» // *qẓ* (1.19 I 42; 1.23:26) (cs., ar. *ʿinabu); ǵnbm.*

ǵʿp: (?) (1.17 VI 12).

ǵṣr: v.G., «limitar» (1.4 VIII 4) (cs., hb. *ʿāṣar,* ar. *ǵaḏara).* El lexema podría ser nominal, «límite, corte» (cf. Margalit, MLD 75-76). Por su parte, Dahood, PNSP 59, propone «amplitud, abundancia» (ar. *ǵaḏira).*

ǵpr: (?) (lectura supuesta en 1.24:28; pero cf. *ǵtr).*

ǵr I: n.m., «monte, montaña» // *gbʿ, yʿr, ḫlb, tl* (cf. hb. *ṣûr,* ar. *ẓirru,* quizá relacionado con ar. *ẓahru,* ug. *ẓr;* EA, *ḫa-a-ar-ri;* sin embargo, el valor «cueva» (ar. *ǵawru)* no es comprobable en los textos literarios (cf. ug. *ǵyr, ǵr III);* cf. Gray, LC 40, n. 4; De Moor, SP 134); *ǵr, ǵry, ǵrk; ǵrm; bšt ǵr,* «al pie del monte» (1.3 II 5); *ǵr bʿl ṣpn,* «las montañas de *B., Ṣapānu*» (1.16 I 6 y par.); *btk ǵry il ṣpn,* «en mi montaña divina, *Ṣapānu*» (1.3 III 29); *kl ǵr lkbd arṣ,* «todo monte hasta las entrañas de la tierra» (1.5 VI 26-27); *bǵr nḥlty,* «en el monte de mi posesión» (1.3 III 30).

ǵr II: n.m., «piel» // *pslt* (1.6 I 2) (cf. hb. *ʿôr); pẓǵm ǵr,* «los que se laceran la piel» (1.19 IV 11 y par.).

ǵr III: v.G., «hundirse, caer, precipitarse» (1.2 IV 6) (cf. ar. *ǵāra); yǵr.* Preferible a «gemir», ar. *waǵru;* (cf. Gordon, UT 465; Caquot-Sznycer, TOu 136).

ǵr IV: (?) (para más valores semánticos en relación con estos y otros homógrafos que aparecen en textos fragmentarios y administrativos, cf. De Moor, SP 134; Sasson, RSP I, 435-436; además, Oldenburg, CEB 87, n. 6; 18, n. 6; Rin, AE 67, 206; Dietrich-Loretz, UF [1977] 332-333; Caquot-Sznycer, TOu 313; Gibson, CML 155).

ǵr V: (?) (lexema requerido en 1.4 VIII 14, «fondo», ar. *ǵawr,* por Margalit, MLD 82; cf. *sup. ǵr III).*

ǵrm: n.m., «montón», «mesnada», «enjambre» (sno., hb. *ʿărēmāh,* ar. *ʿaramatu;* cf. Dietrich-Loretz, UF [1972] 30); *ǵrm, ǵrmn [-n* adv. (?)]; *k qṣm ǵrmn,* «como saltamontes en enjambre» (1.3 II 10-11). Alternativamente, «corteza de plátano», hb. *ʿarmôn* (cf. Aartun, WO [1968] 295s), «sin número», ar. *ǵayru,* ug. *mn* (cf. Oldenburg, CEB 87, nn. 6-7); «destrucción», ar. *ǵarāmu* (cf. De Moor, SP 91), «venganza», ar. *ǵarima* (cf. Gibson, CML 155); *wǵrm ttwy,* «¿y a mesnana(s) podrás dar órdenes?» (1.16 VI 44); De Moor, SP 91, 134, sugiere «deudor»; ar. *ǵarīm;* mientras Gibson, CML 155, propone «rival» y Mustafa, AcOrHung (1975) 103, «asaltante» (// *ǵz,* ar. *ǵāra,* √*ǵy,* la misma que en 1.24:28).

ǵrt: (?) [1.10 II 30; leer *ktrt* (?)].

ǵt: v.G. (?), «tomar un bocado» (?) // *ʿs* (1.4 IV 33) (cf. ar. *ṭāʿa* o *ǵatta;* desde esta última equivalencia, Rin, AE 160, propone «beber»; y Oldenburg, CEB 118, n. 2, «fatigado»). La alternativa más corriente supone hb. *t/ṭāʿāh* (cf. Driver, CML 142); *tǵt.*

ǵtr: v.G., «interceder» (1.24:28) (cf. hb. *ʿātar,* ar. *ʿatara;* cf. Dietrich-Loretz-Sanmartín, UF [1975] 138).

p- I: conj., «y, así, pues, entonces», «pero, sino», «¿acaso?» (cf. hb./arm. *p-,* ar. *fa;* para su clasificación funcional, cf. Gordon, UT 105-106; Aistleitner, WUS 251; Aartun, PU II, 86 ss); cf. *sup. hm.*

p II: n.m., «boca» // *kbd* [cs., hb. *peh,* ar. *fū(m),* ac. *pu]; py, pk, ph, phm; bph yrd,* «en su boca caerá» (1.5 II 4); *bp rgm lyṣa,* «de su boca la palabra aún no había salido» (1.19 II 26).

pa(y): (?) (1.10 II 32; leer *iph).*

palt: n.f., «barbecho, páramo» // *yǵl, aklt* (1.19 II 12-16) [acaso en relación con √*pʿl* (?), «lo hecho, trabajado», junto a la forma *bʿl;* para otras etimologías, cf. Dijkstra-De Moor, UF (1975) 203]; *palt, palth.*

pamt: n.f.(?)pl., «grupo, parte» (1.23:20) (cf. ar. *fiʾāmu/fiʾāmatu;* cf. Largement, NA 36-37). Otras alternativas semánticas: «fuerte, grande» (epíteto de «diosas»;

ac. *piyāmu,* ar. *paʾama;* cf. Driver, CML 162; Largement; NA 36-37; Du Mesnil, NE 93), «vez» (variante de *pʿn/pʿm,* pero improbable dada su concurrencia en el mismo texto 1.43:24-26; cf. Aistleitner, WUS 252; UT 466; Dahood, RSP II, 19).

pid: n.m., «corazón, sentimiento», «bondad» (cf. ar. *fuʾādu); ṯr/lṭpn il dpid,* «el Toro/el Benigno, *Ilu,* el Bondadoso» (títulos del dios *Ilu).*

pir: (?) (lexema supuesto en 1.23:4, «corona», hb. *peʾēr,* por Gaster, JAOS [1946] 56).

pit: n.f., «linde, confín, lado», «sien, ceja» // *pnm* (1.17 II 9) (cf. hb. *pēʾāh,* ac. *piātum;* cf. Dijkstra-De Moor, UF [1975] 179; Gevirtz, PEPI 67-68); *pit; pat* (pl.); *pat mdbr,* «las lindes del desierto» (1.14 III 1 y par.).

pbl: n.p., nombre del rey de *Udumu,* contrincante de *Kirta, Pabilu* (?) (cf. Driver, CML 5, n. 7, para posibles vocalizaciones y etimologías).

pglt: (?) [lexema supuesto por Gaster, *Thespis* [1950] 447, en 1.4 III 15: «impureza (hb. *piggûl)].*

pgm: (?) [base supuesta por Caquot en 1.14 I 27, «pérdida, daño» (hb. *pegām);* cf. Herdner, TOu 507).

pd I: n.m., «bucle» // *mḫlpt* (1.19 II 31-32) (cf. ar. *fawdu,* ac. *pūtu/pūdu); pd, pdm* (enc.). Cf. *inf.* p. 645, *pd II.*

pdr I: n.m., «villa, ciudad» // *ʿr* (sobre el origen no semítico del lexema, cf. De Moor, SP 156-157, mic. *po-to-ri,* ur. *pātari);* no obstante, Saliba, JAOS (1972) 109, «sembrado» (sir. *pdorō,* ar. *baḏru); pdr, pdrm; ṯṯ lṯṯm aḫd ʿr šbʿm šbʿ pdr,* «sesenta y seis ciudades tomó, setenta y siete villas» (1.4 VII 9-10).

pdr II: (?) [lexema supuesto en 1.3 I 25, como título o nombre de *Baʿlu,* ac. *Pidaru* (cf. Caquot-Sznycer, TOu 156); leer verosímilmente *p-dr].*

pdry: n.d., hija de *Baʿlu, Pidrayu* (sil. *ᵈpí-id-ra-i;* ac. *pi-id-di-ri-ya;* cf. Astour, *Ug.* VI, 10-11, 22; De Moor, SP 82, 188).

pḏ: n.m., «oro» (1.2 I 19, 35) (sno. hb. *pāz;* para ésta y otras etimologías y valores cf. Sasson, RSP I, 437; Pope, UP 39); *pḏh.*

ph: v.G., «ver», «percibir, experimentar» // *nša ʿn, ʿn, ḥdy* [so., arm. *pehāh,* ar. *fahā* (por antítesis), traducido por ac. *i-ta-mar-ma,* en PRU IV, 41; cf. Coote, UF (1974) 1-5]; *pht; tph, tphn, yph, yphn; ph; bnši ʿnh wyphn,* «al alzar sus ojos, entonces lo vio» (1.17 V 9; fórmula de visión, cf. *sup.* p. 41); *ʿlk pht šrp bišt,* «por tu causa he visto la combustión por fuego» (1.6 V 13-14).

pḥl: n.m., «asno, burro garañón» // *ʿr* (1.4 IV 9 y par.) (cs. ar. *faḥlu,* ac. *puḫalu;* cf. Sanmartín, UF [1978] 350, n. 7).

pḥm: n.m., «brasa, carbón» // *išt* (1.23.41 y par.) (cs., hb. *peḥam,* ar. *faḥamu); pḥm; pḥmm; yḫrṭ yšt lpḥm,* «lo desplumó (y) puso sobre las brasas» (1.23: 38-39); *lẓr pḥmm,* «encima de las brasas» (1.4 II 9).

pḫ(ḫ): (?) (base supuesta en 1.6 V 16, «insidia», √ *pḫḫ,* por Margalit, MLD 182).

pḫd: n.m., «cordero añojo» // *imr* (1.17 V 17, 23) [ac. *puḫādu;* cf. Dijkstra-De Moor, UF (1975) 181-182; frente a «rebaño», hb. *paḥad* (?), ar. *faḫdu;* cf. Dahood, UHP 69].

pḫyr: n.m., «integridad, totalidad» // *kl* (1.14 I 25) (cf. *inf. pḫr); pḫyrh.* Para Dietrich-Loretz, *Fs Elliger,* 34, sería una forma con *mater lectionis* (?).

pḫr I: n.m., «asamblea, colección», «reunión» // *mʿd, qbṣ* (cf. ac. *puḫru); pḫr mʿd,* «Asamblea Plenaria» (1.2 I 20 y par.; designación del «Panteón» de Ugarit); *pḫr bn il,* «la Asamblea de los dioses» (1.4 III 14). El valor «compleción», sugerido por Tsumura, UF (1978) 393, *pḫr klat,* «total compleción» (1.23:57), no me parece seguro.

pḫr II: (?) [lexema supuesto en 1.16 V 30, «alfarero», ac. *paḫāru,* por De Moor, UF (1979) 647-648; mientras Margalit, UF (1979) 553, n. 51, supone un valor «arcilla», ac. *paḫaru,* ar. *faḫḫaru].*

pṭr: n.m./v.G., «raja»/«hender» // «expulsión»/«alejar, expulsar» (1.16 VI 8) (cs., ar. *faṭara*/hb. *pāṭar,* arm. *p*ᵉ*ṭar).* Por su parte, Saliba, JAOS (1972) 108, sugiere el sentido «seta» (ar. *fuṭru);* y Gibson, CML 155, «marchó» [hb. *pāṭar* (?)]; para otras interpretaciones, cf. *ṭrp(t)* y *ptm.*

pẓǵ: v.G./pa., «lacerante» // *mšspd* (cs., hb. *pāṣaʿ,* ar. *faṣaʿa;* cf. Dijkstra-De Moor, UF [1975] 210); *pẓǵm.* Considerar *pẓǵ ǵr* como n.l. no es aceptable; cf. Gordon, UMC 137; pero íd., PLM 27).

pl I: v.G./n.m., «resecarse, resquebrajarse»/«desierto, secarral» (1.6 IV 1 y par.) [cf. ar. *fallu, ʾafalla;* para otras opiniones, cf. De Moor, SP 220-221; Van Zijl, *Baal,* 207-208; Dahood, PNP 24; Caquot-Sznycer, TOu 262-263, que prefieren la lectura *p-l;* por su parte, Gray, LC 71, n. 3, sugiere «juez, árbitro» (hb. *pillēl)].*

pl II: (?) (base requerida para la interpretación de 1.6 IV 1 y par., «explorar», ac. *palilu,* hb./ar. √ *ply,* por Margalit, UF [1979] 540; íd., MLD 17, n. 1).

plṭ: v.D., «salvar, librar» // *ʿḏr* (1.18 I 13) (so., hb. *pillēṭ,* ar. *falata); ypltk.*

plk: n.m., «huso, rueca» (1.4 I 3-4) (cf. hb. *pelek;* cf. Caquot-Sznycer, TOu 197); *plk, plkh.*

plṯt: n.f., «humillación, revolcón/aspersión» // *un* (1.5 VI 15) (cf. hb. *hitpallēš;* cf. De Moor, SP 192).

pnm: n.m.pl., «cara, faz» // *pʿn, ksl, pit* (cs. √ *pnh;* cf. hb. *pānîm); pnm, pn* (const.), *pnk, pnh, pnnh, pnwh; idk pnm al/l ttn/ytn ʿm/tk; idk al/l ttn/ytn pnm ʿm,* «así poned/pusieron entonces cara hacia» (fórmula de envío/marcha, cf. sup. p. 54s); *pnm,* «dentro» (1.16 VI 5); hb. *p*ᵉ*nîmāh); lpnm,* «delante», «delante de» (1.4 IV 17); *lpn zbl ym,* «ante el Príncipe *Y.*» (1.2 III 16); *lpnnh,* «de/a su presencia» (1.3 IV 40; 1.10 II 17); *lpnk,* «en tu presencia» (1.6 VI 48); *lpnwh,* «en su presencia» (1.3 I 6; cf. De Moor, SP 70).

pnt: n.f., «artejo, juntura» // *tmn, anš* (cf. hb. *pinnāh;* cf. De Moor, SP 137; la alternativa es considerarla una forma variante del pl. *pnm,* «aspecto» (// *tmn),* «superficie, cara»; cf. Aistleitner, WUS 257; Baldacci, UF [1978] 417-418); *pnt, pnth; tnġṣn pnth,* «no se doblaron sus artejos» (1.2 IV 17); *tġṣn pnt kslh,* «se contrajeron las junturas de su lomo» (1.3 III 34-35).

pslt: n.f., «trenza» // *ġr* (1.5 VI 18 y par.) (cf. ac. *pasālu;* cf. Caquot-Sznycer, TOu 251; preferible a «hoja de silex», «incisión», «escultura»; cf. De Moor, SP 193; Driver, *Ug.* VI, 185); *psltm.* Gray, LC 62, n. 5, supone la lectura *p-sltm,* «clamor» (ar. *ṣalṣalatu).*

pʿ: (?) [base supuesta en 1.19 I 13 por Gibson, CML 156, «gritó» (sir. *pʿō);* leer *apʿ).*

pʿn: n.f., «pie», // *išd, ksl,* ≠≠ *riš* (cf. ac. *penu,* hb. *paʿam;* cf. Gibson, CML 156); preferible a «pierna»; cf. Delekat, UF [1972] 23); *pʿn, pʿny, pnʿk pʿnh; pʿnm; lpʿn, tḥt pʿn,* «a los pies», «bajo los pies»; *bpʿnh,* «a pie» (?) (1.12 I 40; cf. Gray, JNES [1951] 149).

pʿr: v.G., «proclamó» (cf. hb. *paʿar,* ar. *paġara;* cf. De Moor, SP 119); *pʿrt, pʿr; tpʿr, ypʿr; wypʿr šmthm,* «y proclamó su nombre» (1.2 IV 11).

pġt: n.f./n.p., «infanta»/*Puġatu,* hija de *Daniilu* (cf. hb. n.p. *pûʿāh).*

pq: v.G., «encontrar, conseguir, adquirir», «proporcionarse» [Gp. (?)] (1.14 I 12) (cf. hb. $\sqrt{pwq}$, *hēpîq,* ar. *fāqa;* cf. De Moor, SP 146; Caquot-Sznycer, TOu 214, 312; mejor que $\sqrt{npq}$; cf. Cassuto, BOS II, 130; Dietrich-Loretz, *Fs Elliger,* 33; o $\sqrt{wpq}$; cf. *sup. ypq;* para una discusión general, cf. Fensham, JNSL [1971] 17); *pq; tpq, ypq;* Gt., *tptq* (1.1 V 27); Š., «abastecer, proporcionar» (1.4 VI 47 y par.); *špq.*

pqd: v.G., «ordenar» (1.16 VI 14) (cs., hb. *pāqad,* ac. *paqādu); ypqd.*

pr I: v.G., «romper» (1.15 III 30) (so. $\sqrt{prr}$, hb. *hēpēr); apr.* Gibson, CML 155, supone la base $\sqrt{pwr}$ y su forma N. en 1.2 I 12; cf. *npr.*

pr II: n.m., «fruta» // *ybl* (cs., hb. *p^erî); wpr ʿṣm,* «y la fruta de los árboles» (1.5 III 5-6).

pr III: (?) (base requerida en 1.19 III 14 y par.: «huir, volar», ar. *farra;* cf. Gordon, UT 471; cf. *sup. npr).*

prbḫṯ: n.d., una de las *Kôṯarātu* (1.24:49), *Purubaḫṯu* (?) (de origen hit. probable; cf. Caquot-Sznycer, TOu 397).

prdmn: (?) (1.3 I 2; se supone n.d., que algunos leen *p-rdmn;* cf. Caquot-Sznycer, TOu 153; De Moor, SP 67, y últimamente Dahood, CC [1978] II 550; íd., UF [1979] 146, n. 21).

prẓ: (?) (1.13:12; leer *p-rẓ).*

prln: n.p., segundo elemento del n.p. *atn prln;* cf. *sup. atn.*

prsḫ: v.G., «desplomarse» // *ql* (1.2 IV 22 y par.) (cf. quizá ar. *faršaḥa,* ac. *napalsuḫu;* cf. De Moor, SP 138); *yprsḫ.*

prk: n.m., «lugar/objeto sacro» (1.5 V 2) (?) (cf. ac. *parakku,* hb. *pārōket;* cf. Cassuto, BOS II, 158).

prst: n.f./pl., «ración» (?) // *qdt* (?) (1.22 II 15) (cs. √ *prs,* ug. *prs,* ac. *parīsu II).*

prʿ I: v.Gt., «bañarse» // *rḥẓ* (1.13:19) (cf. ar. *fariġa, ʾiftaraġa;* cf. Caquot, EI [1978] 16); *tptrʿ.*

prʿ II: n.m., «primer brote», «primicia» // *šblt* (cf. sir. *proʿō,* asa. *prʿ,* ar. *faraʿu,* nhb. *mipraʿāh;* cf. Dijkstra-De Moor, UF [1975] 182); *prʿm ṣdk,* «las primicias de tu caza» (1.17 V 37); *prʿ qẓ,* «las primicias de la fruta de estío» (1.19 I 18); *tlḥmn...tštyn...bprʿ,* «comieron... bebieron... de las primicias» (1.22 I 23-24).

prʿt: a.f./pl., «primordial» (?) (1.4 VII 56 y par.) (cf. *prʿ II* y hb. *peraʿ,* ar. *farʿu;* para el campo semántico, cf. De Moor, SP 172, que prefiere el valor «soberana»). Por su parte, Margalit, MLD 72, lo relaciona con ar. *faraʿa,* ac. *pērtu,* hb. *p*ᵉ*rāʿôt,* con el valor «crin», pero difícilmente se puede hablar de «crin» a propósito de un «novillo» («steer»).

prṣ: n.m., «brecha» (1.23:70) (cs., hb. *pereṣ).* Gray, LC 104, n. 3, lee *p-rṣ* (hb. *rāṣāh).*

prq: v.G., «aflojar, desfruncir» // *ṣḥq* (cs., hb. *pāraq;* para una discusión detallada del valor propuesto y del sintagma *yprq lṣb,* cf. Del Olmo Lete, AF [1976] 232-236); *yprq.*

prš(a): v.G., «extender, revocar, esmaltar» (1.4 I 35) (cf. hb. *pāraś;* la forma *pršа* puede considerarse como una vocalización en *-a;* cf. Dietrich-Loretz, UF [1978] 61; hay que abandonar las propuestas que suponen una base cuadrilítera; cf. Sasson, RSP I, 390-391; Aistleitner, WUS 261).

prt: n.f., «vaca» // *ʿglt* (1.5 V 18) (cf. hb. *pārāh).*

pšʿ: n.m., «rebeldía, transgresión» // *gan* (1.17 VI 43) (sno., hb. *pešaʿ).*

pt I: v.D., «seducir» (1.23:39) (cf. hb. *pittāh); ypt.*

pt II: (?) [1.24:9; posiblemente la misma base que la anterior con el valor «atraer», «abrir el camino» o quizá «rejuvenecer» (ar. *fatā);* Caquot, EI (1978) 15, supone también esta base en 1.13:12].

ptḥ: v.G., abrir» (cs., ar. *fataḥa); ptḥ; tptḥ, yptḥ; ptḥ; nǵr ptḥ wptḥ,* «guarda, abre. Y abrió» (1.23:69-70).

ptm: (?) (lexema supuesto en 1.16 VI 8, forma variante de *pit;* cf. Delekat, UF [1972] 21; Gibson, CML 155; leer probablemente *km).*

ptq: (?) [base supuesta en 1.1 V 27 por Oldenburg, CEB 186, n. 7, «abrir, hender» (ar. *fataqa); cf. pq].*

ṣat: cf. *sup. yṣa.*

ṣin: n.m., «oveja, ganado lanar» // *alp* (1.4 VI 41 y par.; 1.6 I 22) (cs., hb. *ṣᵉʾôn/ṣôn,* ar. *ḍāʾinu;* Sasson, RSP I, 440-441).

ṣb: v.G., «apetecer» (1.17 VI 13) (cs., sir. *ṣbā,* ac. *ṣabû;* pero cf. Dijkstra-De Moor, UF [1975] 183, n. 123); *tṣb.*

ṣba: (?) [base supuesta por Tsumura, UF (1978) 395, en 1.23:57, «crecer» (ar. *ṣabaʾa)].*

ṣbu I: n.m., «ejército, tropa», «soldados» // *ʿdn, mhr, ǵzr* (cs., hb. *ṣābāʾ,* ac. *ṣābu); ṣbu, ṣbuk, ṣbi; ṣbim; ṣbu ṣbi ngb,* «el mayor ejército de avituallamiento» (1.14 II 33).

ṣbu II: n.m., «marcha»/«ocultamiento», «oscurecimiento» // *ʿrb, gb* (cf. √*ṣbʾ/ḍbʾ,* hb. *ṣābāʾ*/ar. *ḍabaʾa;* para la justificación de esta interpretación cf. Del Olmo Lete, UF [1975] 95-96); *(ṣbu) ṣbi, ṣba, ṣbia; ṣba rbt špš,* «a la puesta de la Gran Dama *Š.*» (1.16 I 36).

ṣbrt: n.f., «clan, comunidad» (1.3 V 37 y par.) (cf. arm. *ṣibbûrā,* ar. *ḍubāratu;* cf. Heltzer, RCAU 76-77); *wṣbrt aryh,* «y el clan de sus parientes» (1.6 I 40-41).

ṣd: v.G., «cazar», «rastrear», «recorrer» // *ištr, hlk* (cs., hb. *ṣûd,* ar. *ṣāda;* De Moor, UF [1969] 174); *aṣd, tṣd, tṣdn, yṣd; ṣd; ht tṣdn tinṯt,* «¿acaso ahora se dedican a cazar las mujeres?» (1.17 VI 40); *wtṣd kl ǵr,* «y rastreó todo monte» (1.5 VI 26).

ṣd II: n.m., «caza» (1.17 V 37-39) (cf. *sup. ṣd,* hb. *ṣayid); ṣd, ṣdk.*

ṣdyn: a.m., «sidonio» (?) // *ṣrm* (relacionado con hb. *ṣîdôn,* con metátesis por *ṣdnym;* pero cf. Astour, RSP II, 315-317, ac. *ṣidānum/ṣi-dì-an,* diferente localidad); *ṣdynm.*

ṣdq: n.m., «justicia, legitimidad» // *yšr* (so., hb. *ṣedeq,* ar. *ṣidqu;* cf. Avishur, UF [1975] 28-29); *ṣdqh; aṯt ṣdqh,* «su esposa legítima» (1.14 I 12).

ṣhl: v.G., «resplandecer» // *šmḫ* (1.17 II 9) (cf. hb. *ṣahal;* cf. Sal 104,15); *yṣhl.*

ṣḥ: v.G., «exclamar, gritar, llamar, invitar» // *nša gh* (cs., ar. *ṣāḥa); ṣḥt, ṣḥtkm, ṣḥ; aṣḥ, aṣḥkm, tṣḥ, yṣḥ* (a./p.), *yṣḥn, tṣḥn, tṣḥny; ṣḥ, ṣḥn; yšu gh wyṣḥ,* «alzó su voz y exclamó» (1.6 III 17, fórmula de discurso directo, cf. *sup.* p. 55). El pretendido valor «partir, separar», sugerido por Gray, LC 68, n. 6 (ar. *ṣāḥa),* para 1.6 II 37, es innecesario; así como el de «sanar, restablecer» (ar. *ṣaḥḥa),* propuesto por Margalit, MLD 160-161.

ṣḥa: (?) [base supuesta por Cassuto, BOS II, 144, en 1.5 I 22, «estar sediento» (hb. *ṣāḥāh);* leer *ṣḥn].*

ṣḥy: (?) [base requerida por Dijkstra-De Moor, UF (1975) 207, «ser desgraciado» ⟨sir. *ṣaḥ(ḥ)î⟩; cf. sup. nṣḥy].*

ṣḥq: v.G., «reír» // *nša gh, gmḏ* (so., hb. *ṣāḥaq,* ar. *ḍaḥika); ṣḥq; tṣḥq, yṣḥq, yẓḥq; ṣḥq.*

ṣḥq: n.m., «risa» // *šmḫt* (1.5 II 25) (cf. *sup. ṣḥq).*

ṣḥr: (?) (1.12 II 43; leer *ṣḥrrt;* 1.6 V 4, leer *ṣǵrm).*

ṣḥrr: v.G., «abrasar, asar», «abrasarse, secarse» (p.) // *ḥrr, trʿ* (?) (so. √*ṣḥr/ḥrr,* ar. *ṣaḥara, iṣḥārra;* cf. Del Olmo Lete, UF [1978] 38); *ṣḥrrt, ṣḥrrm* (?) [1.8: 10, inf. enc. (?)]; *špš ṣḥrrt la šmm,* «*Š.* está abrasando el vigor de los cielos» (1.6 II 24 y par.); *ṣḥrrt lpḥmm,* «(lo) has asado a las brasas» (1.23:41 y par.); *bnt šdm ṣḥrrt,* «las vaguadas se resacaron» (?) (1.12 II 43).

ṣl: n.m., «plegaria» (?) (1.13:18) (cf. *inf. ṣly).*

ṣly: v.D., «conjurar» (1.19 I 39) (cs. √*ṣly;* cf. Del Olmo Lete, AF [1976] 242-244).

ṣlm: n.m., «imagen» (?) (1.23:57) (cs., cf. hb. *ṣelem); ṣlmm* (?). Pero la lectura no es segura; así, Trujillo, UR 184, reconstruye *ṣlṣlm,* «címbalos» (cf. *mṣlt,* hb. *ṣelṣᵉlîm).*

ṣm: (?) [base supuesta en 1.19 III 46, por Gordon, UT 473, «ayunar» (hb. *ṣûm,* ar. *ṣāma);* Driver, CML 150, «golpeó» (ar. *ṣamma);* Margalit, UF (1975) 302, n. 19; íd., UF (1976) 176, «tapar, contener» (ar. *ṣamma,* nhb. *ṣamṣēm);* cf. *sup. yṣm).*

ṣmd I: v.G., «aparejar» // *mdl, asr* (1.4 IV 5 y par.) (en relación con hb. *ṣemed,* ar. *ḍamada,* ac. *ṣamādu); ṣmd; tṣmd; ṣmd.*

ṣmd: v.D., «atar» ≠≠ *zbr* (1.23:10) (posible forma denominativa de *ṣmd,* «yugo, par»; cf. *ṣmd I); yṣmdnn; ṣmdm* (inf. enc.).

ṣmd II: n.m., «maza» // *ktp* (1.6 V 3) (posible derivación semántica de *ṣmd,* «yugo, par», no atestiguado en los textos literarios, y así de *ṣmd I;* cf. De Moor, SP 135; Van Zijl, *Baal,* 40, 215-216); *ṣmd, ṣmdm; yrtqṣ ṣmd bd bʿl,* «saltó la maza de las manos de *B.*» (1.2 IV 15 y par.).

ṣmḫt: (?) [lexema requerido en 1.19 I 17 por Dijkstra-De Moor, UF (1975) 197-199, «brotes» (hb. *ṣemaḥ)].*

ṣml: n.d., animal mítico, águila hembra, *Ṣamalu* (?) (1.19 III 29, ar. *ṣamala, ṣumullu).*

ṣmt: v.D., «destruir, destrozar, aniquilar» // *mḫṣ, mḫš* (1.3 II 8; III 44) (cf. hb. *ṣimmēt;* cf. Oldenburg, CEB 198, n. 2; Dijkstra-De Moor, UF [1975] 196; preferible a «acallar», ar. *ṣammata); ṣmt, tṣmt; ṣmt* (inf.); *ht tṣmt ṣrtk,* «ahora debes destruir a tu adversario» (1.2 IV 9).

ṣ': n.m., «plato» // *bšr* (arm. *ṣā'ā, ṣû'āh;* cf. De Moor, SP 96); *yd bṣ' tšlḥ,* «extendieron la mano al plato» (1.15 IV 24).

ṣġd I: v.G., «marchar» (1.23:30; 1.10 III 7) (cf. hb. *ṣā'ad,* ar. *ṣa'ida); yṣġd.*

ṣġd II: (?) (base requerida en 1.10 III 7, «apretar», ar. *ḍaġada,* por Aartun, WO [1967-1968] 290).

ṣġr: a.m., «pequeño, joven» (cs., hb. *ṣā'îr,* ar. *ṣaġir); ṣġr, ṣġrt, ṣġrthn; ṣġrthn abkrn,* «a la menor de ellas daré yo la primogenitura» (1.15 III 16).

ṣġrt: n.f., «corta edad, infancia, pequeñez» (1.10 III 26) (cf. *sup. ṣġr,* ar. *ṣaġāratu).*

ṣp: n.m., «mirada» (cf. hb. *ṣāpāh,* n.l. *ṣ^e^pî); ašlw bṣp 'nh,* «descansaré en la mirada de sus ojos» (1.14 III 45).

ṣpn: n.l., la montaña morada de *Ba'lu, Ṣapānu* (cf. hb. *ṣāpôn,* sil. *ṣa-pu-na;* cf. Astour, RSP II, 318-324); *ṣpn, ṣpnhm.*

ṣpr I: n.m., «pájaro» (cf. hb. *ṣippôr;* sup. *'ṣr;* preferible a «hambriento», ar. *ṣafar;* cf. Aistleitner, WUS 269; «silbar», ar. *ṣafara;* cf. Gibson, CML 156); *klb ṣpr,* «perros de caza, perdigueros» (1.14 III 19 y par.).

ṣpr II: v.D., «cuidar» (?) (1.23:25) (cf. ar. *ḍāfara); mṣprt* (?). Otra posibilidad sería «entrelazar» (cf. De Moor, NYCI II, 20, n. 85).

ṣṣ: v.Š., golpear» (?) (1.3 IV 1) (denominativo de ac. *ṣiṣṣu,* sir. *ṣeṣ(ṣ)ō;* para una discusión detallada de esta sugerencia semántica, cf. Del Olmo Lete, UF [1978] 42-43); *mšṣṣ.*

ṣq: v.Š., «agarrar, apretar, tirar» // *aḫd* (1.6 II 10) (sno., hb. *ṣûq, hēṣîq,* ar. *ḍāqa); tšṣqnh.*

ṣr I: v.G., «asediar, atacar» (cf. hb. *ṣûr, ṣārar,* ar. *ḍarra); tṣr; al tṣr udm,* «no asedies a *Udumu*» (1.14 III 29-30 y par.).

ṣr II: a.m./n.l., «tirio/Tiro» // *ṣdyn* (1.14 IV 38) (podría tratarse de un gentilicio o de un n.l.; para su posible correlación con hb. *ṣôr* y otros topónimos ac., cf. Astour, RSP II, 315-317, 324); *ṣrm* (pl.du./enc.).

ṣr III: (?) (lexema requerido para interpretar 1.13:5, «vehemencia», por De Moor, SP 95).

ṣrḥ: (?) [lexema supuesto en 1.19 I 17 por Margalit, UF (1976) 172, n. 86, «torre» (ar. *ṣarhu)].*

ṣrk: v.G., «fallar» (1.19 I 43) (cf. hb. *ṣōrek;* cf. Van Zijl, *Baal,* 275-276); *yṣrk.*

ṣrry: a.m., «excelso, sublime» (1.16 I 5 y par.) [epíteto relacionado con *ṣrrt,* mejor que una forma variante de este lexema *(ibid.,* lín. 43), en un contexto en que se menciona *ġr bʿl/ṣpn* y se exalta el carácter divino del rey; cf. Sanmartín, UF (1973) 232-233]. También, Dahood, RSP II, 10, «concubina» (hb. *ṣārāh).*

ṣrrt I: n.f./pl., «cumbre(s), altura(s)» (1.3 I 21-22 y par.) (cf. ar. *ṣirāru,* ac. *ṣerretu;* para su discusión etimológica, cf. Van Zijl, *Baal,* 334-336; De Moor, SP 76-77; Astour, RSP II, 322; Sanmartín, UF [1978] 545, n. 9); *ṣrrt ṣpn,* «las cumbres de *Ṣ.*» (1.3 I 21-22 y par.).

ṣrrt II: (?) [1.16 I 43; algunos autores suponen una base distinta de la anterior; cf. Gibson, CML 156, «dintel», «jamba» (ac. *ṣerru)].*

ṣrt: n.f., «enemistad > adversario, enemigo», abstracto por concreto // *ib* (1.3 III 37) (cf. *sup. ṣr I,* hb. *ṣar).*

ṣt: n.f. (?), «atuendo» // *mizrt* (1.17 I 13-14) (cf. ac. *aṣitu;* cf. Dijkstra-De Moor, UF [1975] 174); *ṣth.*

qb: (?) [base supuesta (G./Š.) en 1.1 V 19; 1.17 V 35; cf. Oldenburg, CEB 186, n. 3; Gaster, *Thespis* (1950) 452].

qbat: (?) (1.6 VI 40) (cf. Dahood, «Bib» [1977] 527-528; Rin, AE 235).

qbl: (?) [base supuesta en 1.17 V 35 por Aistleitner, WUS 272; Driver, CML 144; Dressler, AT 175-176 *(qbl/qbṣ):* «tomó, presentó, ofreció» (*√ qbl)].*

qblbl: n.m., «abrazadera, argolla» // *ybl* (1.4 I 36) (so. *√ qbl,* cf. ar. *qibālu,* nhb. *qibbûl,* arm. *maqbîlāh;* cf. Cassuto, BOS II, 123; Van Selms, UF [1975] 473). La interpretación alternativa «correa» parte del supuesto paralelismo con *nʿl,* «sandalia»; para otras varias interpretaciones, cf. Dietrich-Loretz, UF (1978) 62; Margalit, MLD 18-19 («cinto»).

qbʿt: n.f., «cáliz» // *ks* (1.19 IV 54 y par.) (cs., hb. *qubbaʿat,* ar. *qubʿatu,* ac. *qabuʾātu;* cf. Salonen, HAM 120).

qbṣ: n.m., «clan» (so. hb. *qābaṣ, qibbûṣ,* ar. *qabaḍa;* cf. Macdonald, UF [1979] 523).

qbr: v.G., «enterrar, sepultar» // *št bḫrt* (cs., ar. *qabara); aqbrn, aqbrnh, tqbrnh, yqbr, yqbrnn; tbkynh wtqbrnh,* «le lloró y le sepultó» (1.16 I 16-17).

qbr: n.m., «sepulcro» (1.19 III 44) (cs., hb. *qeber).*

qbt: n.f., «tina, cuba» (1.6 IV 18) (cf. hb. *yeqeb;* cf. De Moor, SP 224). Margalit, MLD 172, supone aquí el lexema «cúpula» (ar. *qubbatu).*

qdm: v.G./D., «ir delante, preceder, avanzar» // *ba* (1.15 IV 23 (cs., *√ qdm,* hb. *qiddēm,* ar. *qadama); qdm, tqdm; ʿn bʿl qdm ydh,* «los ojos de *B.* preceden a sus manos» (1.4 VII 40; pero cf. Van Zijl, *Baal,* 152, De Moor, SP 166).

qdm: n.m., «este, oriente» // *šḫr* (1.12 I 8) (cf. *sup. qdm,* hb. *qedem;* cf. De Moor, SP 165-166; Dahood, RSP I, 349).

qdm: prep., «delante de, frente a» // *tk pn* (cf. *sup. qdm,* fen. *qdm,* arm. *qôdem); qdm, qdmh; št alp qdmh,* «puso un buey ante ella» (1.3 IV 41); *qdm ym,* «frente al mar» (1.4 VII 34; cf. De Moor, SP 165-166, para otras diversas interpretaciones: «este y oeste», «orientales», suponiendo un gentilicio *qdmy).*

qdqd: n.m., «cráneo, mollera» // *riš, bn ʿnm, udn* (cf. hb. *qodqōd,* ac. *qaqqadu); qdqd, qdqdy, qdqdk, qdqdh.*

qdš: a.m., «santo», «Santo», epíteto del dios *Ilu* // *adr* (1.16 I 7) (cs. hb. *qādôš, qādēš,* arm. *qaddîš); ḫlm qdš,* «la fortaleza santa» (l. c.); *ks qdš,* «una copa santa» (1.3 I 13); *mdbr qdš,* «el desierto santo» (1.23:65, hb. *midbar qādēš;* cf. *sup. mdbr); qlh qdš,* «su voz santa» (1.4 VII 29); *lṭpn wqdš,* «el 'Benigno' y 'Santo'» (1.16 I 11 y par.; pero cf. *inf. qdš).*

qdš: n.m., «santidad», nombre de la diosa *Aṯiratu, Qudšu* (?) (cf. *sup. qdš,* hb. *qōdeš;* cf. Van Zijl, *Baal,* 16; Gray, LC 25, n. 5); *bn qdš,* «los Santos»/«hijos del Santo/santidad/*Qudšu*» (1.17 I 3 y par.; De Moor, SP 130; Caquot-Sznycer, TOu 124; Del Olmo Lete, AF [1976] 230, n. 6); *šph lṭpn wqdš,* «progenie del 'Benigno' y 'Santo'/de '*Laṭipānu* y *Qudšu*'» (1.16 I 10-11 y par.).

qdš: n.m., «santuario» // *ǵr nḥlt* (1.3 III 30 y par.) (cf. *sup. qdš); nṣb...bqdš ztr ʿmh,* «erija... en el santuario el cipo de su gente» (1.17 I 26-27 y par.).

qdš: n.d., primer elemento del nombre del criado-mensajero de *Aṯiratu,* quizá personaje doble como es usual en los mensajeros, *qdš (w)amrr, Qadišu-Amraru* (cf. *sup. amrr).*

qdt: n.f./pl., «porción» (?) // *prst* (1.22 I 14) (cf. ar. *qadda, qaddu).*

qṭr: n.m., «humo, incienso», «espíritu» // *rḥ, iṯl, aṯr* (?) (cs., hb. *qîṭôr,* ar./ac. *quṭr); qṭr, qṭrh; km qṭr baph,* «como humo de sus narices» (1.18 IV 25-26); *larṣ mšṣu qṭrh,* «de la 'tierra' libere su espíritu» (1.17 I 27; pero cf. Dietrich-Loretz, UF [1978] 68).

qẓ: n.m., «verano, fruta de verano» // *ǵnb, aǵzt* (1.23:2) (so., hb. *qayiṣ,* ar. *qayẓu); tmṭr bqẓ,* «lluevan sobre la fruta de estío» (1.19 I 41).

qẓb: (?) [1.5 II 24; cf. Gibson, CML 157, «cortar, arrancar» (ar. *qaḍaba,* hb. *qāṣab)].*

qym: n.m., «asistente» (1.22:5) [forma *qattal* de $\sqrt{qwm}$ o pa. de $\sqrt{qwh}$, preferible a forma D. de $\sqrt{qwm}$, arm. *qayyām;* cf. Aistleitner, WUS 277; Caquot-Sznycer, TOu 129; en contra, De Moor, SP, 117; Dietrich-Loretz-Sanmartín, UF (1976) 50, «enemigo» (hb. *qîm)].*

ql I: n.m., «voz», «estruendo» // *qr* (1.14 III 17) (cs., hb. *qôl,* arm. *qāl,* ar. *qawlu); ql, qlh; ql lbʿl ttnn,* «en voz alta a *B.* gritó» (1.10 III 32); *ṭb ql,* «de suave voz» (1.3 I 20).

ql II: v.G., «caer» // *hbr, krʿ* (cf. $\sqrt{qyl}$; cf. Von Soden, AHW 295s; Tsumura, UF [1974] 412, n. 54); *ql, tql, tqln, yql; ql;* Dt., «sumergirse», *ttql* (1.19 IV

41); Š., «hacer caer, abatir, derribar»; *šqlt, ašql* (// *ṭbḫ*); Št., «bajar, dirigirse, llegar»; *tštql, yštql;* (// *mǵy;* cf. ar. *ʾistaqalla;* o relacionado con *ql III;* e *inf. šql*); *lpʿn il thbr wtql,* «a los pies de *Ilu* se inclinó y cayó» (1.4 IV 25 y par., fórmula de postración, cf. *sup.* p. 54s); *mt ql bʿl ql ʿln,* «*M.* cayó, *B.* cayó sobre él» (1.6 VI 21-22); *ttql bym,* «se sumergió en el mar» (1.19 IV 41); *šqlt bǵlt ydk,* «has hecho caer tus manos en la postración» (1.16 VI 32); *šql ṯrm,* «abatió toros» (1.4 VI 41); *tštql ilt lbth,* «descendió la diosa a su palacio» (1.3 II 18; cf. *inf. šql*).

ql III: (?) [v.G., «ir ligero, correr» (?) (cs. √ *qll* o *ql II*); *tqln; tqln bgbl šntk,* «corras veloz al término de tus años» (?) (1.16 VI 57-58). Para Št., cf. *sup. ql II.*

qlṣ: v.G./D., «resistir, hacer frente, oponerse, contener» // *wpṯ, anš* (cf. ar. *qallaṣa;* cf. Gordon, UT 478); *yqlṣn; qlṣ; ydd wyqlṣn,* «se han aprestado a resistirme» (1.4 III 12); *kin bilht qlṣk,* «que no hay entre las diosas oposición como la tuya» (1.3 V 28 y par.). La alternativa más frecuente, «despreciar, desprecio», hb. *qeleṣ, qillēṣ* (cf. Dijkstra-De Moor, UF [1975] 193-194), no es la única: «alzarse», ar. *qalaṣa* (cf. Cassuto, BOS II, 128, n. 53, 135), «emotividad/provocar», ar. *qalaṣa* (cf. Caquot-Sznycer, TOu 176, 200).

qlt I: n.f., «abominación, vileza, desprecio», abstracto por concreto (1.4 III 15) cf. *sup. ql III;* hb. *qᵉlālāh*).

qlt II: n.f., «postración, humillación» (1.6 V 12) (cf. *sup. ql II*).

qlt III: (?) (lexema supuesto en 1.4 II 4, «giro», √ *qll III,* por Margalit, MLD 28-29).

qm: v.G., «ponerse, estar en pie», «alzarse» (cs., ar. *qāma,* hb. *qûm*); *yqm; qm, qmm; bʿl qm ʿl il,* «estando/estaba *B.* en pie junto a *Ilu*» (1.2 I 21); *qm yṯʿr,* «alzándose preparó» (1.13 I 4).

qm: n.m., «adversario» // *ib* (1.2 II 25) (cf. hb. *qām, qîm, sup. qm*).

qmm: (?) [1.19 I 9; cf. Dijkstra-De Moor, UF (1975) 198, «tallos» (hb. *qāmāh*); Margalit, UF (1975) 303, n. 2; íd., UF (1976) 166, «cuero cabelludo, coronilla» (ar. *qimmatu*); leer *(m)ʿmm;* cf. Del Olmo Lete, AF (1976) 240, n. 40].

qmṣ I: v.G., «acurrucarse» // *škb* (1.14 I 35) (cf. ac. *kamāṣu,* nhb. *qamṣûṣ;* cf. Greenfield, EI [1969] 62; De Moor, SP 122); *yqmṣ.*

qmṣ II: n.m., «montón, puñado, cúmulo» (1.4 VI 43 y par.) (cf. hb. *qāmaṣ, qomeṣ;* cf. De Moor, SP 122; Caquot-Sznycer, TOu 213). Otros autores ven aquí un adjetivo «saltarín» (ar. *qamaṣa*) o verbo «estrangular» (hb. *qāmaṣ*); cf. Gibson, CML 157; Oldenburg, CEB 187, n. 10; Driver, CML 144; Hvidberg, WL 47, n. 1.

qn I: n.m., «caña», «esófago, tubo digestivo» (cs., hb. *qāneh,* ac. *qanū*); *qn, qnm; ṯbrn qnh,* «la abertura de su esófago» (1.4 VIII 20); *qn ḏrʿh,* «la caña de su brazo», el húmero (1.5 VI 20 y par.; para De Moor, SP 194, sería más bien la «clavícula»). Margalit, MLD 82-83, 133, relaciona este lexema con el semema original de √ *qny,* ar. *qaniya,* «ser torcido, ganchudo».

qn II: (?) (1.17 VI 9).

qny: v.G., «crear, forjar», «procrear, obtener» (cs., hb. *qānāh,* ar. *qanā); aqny, tqny, yqny; qnyn, qnyt; qnyt ilm,* «Progenitora de los dioses» (1.4 I 22 y par., título de la diosa *Aṯiratu;* pero cf. Vawter, JBL [1980] 210).

qnṣ: v.Gt., «acurrucarse, agacharse» (?) // *yld* (1.23:58 y par.) (cf. et. *qanaṣa;* en probable relación con *qmṣ I;* cf. Tsumura, UF [1978] 388, n. 6); *tqtnṣn.* Por su parte, Mustafa, AcOrHung (1975) 100-101, considera esta base como denominativa de ar. *qāniṣatu,* «vientre, buche», con el valor «estar preñada».

qnqn: (?) (lexema supuesto en 1.16 III 16, «jarra», nhb. *qanqan,* por Margalit, UF [1979] 552).

qʿl I: n.m., «altura, cima» (?) // *gbl, np* (1.3 VI 8); (cf. ar. *qāʿilatu, qawʿalatu;* cf. Caquot-Sznycer, TOu 177-178; Sanmartín, UF [1978] 352, n. 26, lo relacionaría con ac. *qallu,* «bosque»). La alternativa corriente lo toma por un n.l. (cf. hb. *qᵉʿīlāh;* De Moor, SP 51, n. 52).

qʿl II: n.m., «flor de vid» (?) (1.22 I 16) (cf. ar. *quʿālu;* cf. Driver, CML 143). Para De Moor, NYCI II, 12, n. 27, se trataría de «hall» (hb. *qelaʿ).*

qʿt: (?) [base supuesta en 1.24:48 por Gibson, CML 157, «grito» (sir. *qʿotō);* leer *bqʿt].*

qpa: (?) [base supuesta por Wyatt, UF (1976) 418, n. 39, en 1.12 II 45, «secarse» (hb. *qāpāʾ);* leer *nqpnt].*

qṣ I: n.m., «corte, filete» // *ṯd* (cs., hb. *qāṣaṣ,* ar. *qaṣṣa, qaṣṣu;* cf. Herdner, RES [1942] 35); *qṣ mri,* «filetes de cebón» (1.3 I 8 y par). La interpretación alternativa supone una forma verbal de la misma base.

qṣ II: a./n.m., «extremo», «borde, confín» // *ksm, sin, rḥq* (1.6 IV 2) (cs. √ *qṣṣ/qṣy,* hb. *qēṣ, qāṣeh); qṣ, qṣm* (enc.); *qṣ all,* «extremo del manto» (1.6 II 11); *qṣm arṣ,* «los extremos de la tierra» (1.16 III 3); *gm ṣḥ lqṣ ilm,* «alto gritaron a los distantes (de los) dioses» (// *rḥq ilm)* o quizá «al extremo (que (habitan) los dioses» (1.1 IV 2; cf. 1.114:2; para otra interpretación de este texto, cf. Dietrich-Loretz-Sanmartín, UF [1975] 111; Del Olmo Lete, UF [1977] 37). Una base «despertar» (hb. *hēqîṣ)* no se impone (cf. Gordon, UT 479; Margulis, UF [1970] 134).

qṣm I: n.m., «saltamonte(s)» // *irby* (1.3 II 10) (cf. ar. *qaṣāmu/qamaṣu;* cf. De Moor, SP 91). Otras sugerencias: «lote, cacho», ar. *qaṣama* (cf. Gray, LC 41, n. 4); «leña», √ *qṣṣ* (cf. Dietrich-Loretz, UF [1972] 30; Gaster, *Thespis* [1950] 448).

qṣm II: (?) [lexema supuesto en 1.16 III 3: «cebada», ar. *qaḏīm* (// *ksm;* cf. De Moor, SP 100, n. 15); «barbecho», ac. *kaṣāmu, kiṣmu* (cf. Dietrich-Loretz, UF ⟨1978⟩ 425); cf. *sup. qṣ].*

qṣʿt: n.f./pl., «flecha(s), dardo(s)» // *qšt* (1.17 V 13 y par.) [cf. ac. *qiṣītu* (?), ar. *miqṣaʿu,* hb. *mequșșāʿôt, maqṣûʿāh;* cf. Dahood, UHP 71; Caquot-Sznycer, TOu 427; Dijkstra-De Moor, UF (1975) 181, n. 94]; *qšthn aḫd bydh wqṣʿth bmymnh,* «su arco tomó en su mano y sus flechas en su diestra» (1.10 II 6-7). Los valores «arco» (cf. Gordon, UT 479) y «espada» (cf. Al-Yasin, citado por Van Zijl, *Baal,* 245, n. 5) no resultan aceptables.

qṣr: a.m., «corto» (so., hb. *qāṣēr); qṣr npš,* «oprimido, angustiado» (1.16 VI 34 y par., hb. *qāṣerāh nepeš/rûaḥ,* «se impacientó»).

qr I: n.m., «fuente» // *mḫ* (so., *māqôr,* √ *qwr/qrr,* hb. *hēqēr); qr ʿnk,* «la fuente de tus ojos» (1.16 I 27).

qr: n.l., primer elemento del nombre *qr mym, Qīru-Mayima* (?) («Fuente de Aguas») (cf. *sup. qr I).*

qr II: n.m., «ruido, murmullo» // *ql, mṣlt* (1.14 III 16; 1.12 II 60) (cf. ar. *qarqara,* nhb. *qirqēr).* A propósito de 1.12 II 60, otros prefieren *qr I;* cf. *sup. mṣlt.*

qr III: v.G., «silbó» (?) (1.17 VI 14) (cf. ar. *qarra;* cf. Gibson, CML 157). Otras sugerencias: «frecuentar», ar. *qarra* (cf. Driver, CML 143), «retorcerse», ar. *qāra* (cf. Dijkstra-De Moor, UF [1975] 186), «taladrar», √ *nqr* (cf. Margalit, UF [1976] 162).

qra: v.G., «llamar, gritar, invitar», «invocar, evocar» // *ṣḥ, sr* (cs., hb. *qārāʾ,* ar. *qaraʾa;* cf. De Moor, SP 168-169; íd., ZAW [1976] 332ss); *iqra, iqran, yqra, yqran; qran; qran hd ʿm aryy,* «convídame *H.* junto con mis parientes» (1.5 I 23); *yqra mt bnpšh,* «que grite a *M.* en su alma» (1.4 VII 47-48); *iqran ilm nʿmm,* «¡voy a invocar a los dioses apuestos!» (1.23:23).

qrb: v.G., «acercarse, aproximarse» (cs., hb. *qārab,* ar. *quriba,* ac. *qarābu); tqrb, yqrb; D.,* «introducir, acercar»; *aqrbk;* Š., «ofrecer»; *šqrb* (1.16 I 44); *al tqrb lbn ilm mt,* «no os acerquéis (demasiado) al divino *M.*» (1.4 VII 15-17); *wyqrb bšal krt,* «y se acercó preguntando a *K.*» (1.14 I 37-38); *aqbrk abh,* «yo te introduciré a su padre» (1.24:27).

qrb: n.m., «interior, medio, parte íntima» (cf. *sup. qrb,* hb. *qereb); qbr/bqrb/bqrbm/bm qrbm/lqrb,* «en, en medio, dentro, en el seno de», uso preposicional (cf. Aistleitner, WUS 282).

qrb: n.m., «vulva, parte íntima femenina» // *ušr/ušk* (1.11:1) (cf. *sup. qrb).*

qrb: v.N., «concebir» // *yld* (1.15 III 5) (denominativo de *qrb;* cf. Aistleitner, WUS 281); *tqrb.* Alternativamente: «estar próximo a, a punto de» (cf. *qrb;* cf. Dietrich-Loretz-Sanmartín, UF [1976] 435).

qrd: n.m., «héroe» (cf. ac. *qarrādu, qurādu;* cf. De Moor, SP 102-103, 179); *qrdm; aliy qrdm,* «el más poderoso de los héroes» (1.3 III 14 y par., título de *Baʿlu).* La relación con hb. *qardōm,* «hacha», no es demostrable.

qry I: v.G., «topar, encontrarse con, salir al paso» [so., hb. *qārāh,* ar. *qarā(w);* cf. Obermann, UM 39, n. 43, 45-46; para otras opiniones, cf. De Moor, SP 103; Caquot-Sznycer, TOu 163-164); *aqry, tqry; qryy barṣ mlḥmt,* «sal al paso de la guerra en la tierra» (1.3 III 14-15 y par.; muchos autores interpretan este lugar desde *qry II;* últimamente, Watson, NUS 21 [1980] 8, propone una lectura e interpretación nuevas); *hm laqryk bntb pšʿ,* «si te salgo al paso en la senda de la rebeldía» (1.17 VI 43).

qry II: v.G./D., «ofrecer» // *šʿly* (1.19 IV 22, 29) [cf. ar. *qarā(y);* cf. *sup. qry I* para las referencias]; *qrym* (enc.); *yqry* (?).

qryt: n.f., «ciudad» // *bt ḫbr,* ≠≠ *ʿmq* (so., hb. *qiryāh,* ar. *qaryatu;* cf. *inf. qrt); qryt, qrytm* (du.); *bn qrytm,* «entre (las) dos ciudades», «a campo abierto» (1.3 II 6-7, 20); *ʿdb akl lqryt,* «a disponer alimento (traído) de la(s) ciudad(es)» (1.14 II 27-28); el valor «granero», ac. *qarītu,* no se impone (cf. Herdner, TOu 515).

qrn: n.m., «cuerno» // *mtn, gbṯt* (cs., ar. *qarnu); qrn, qrnh; qrnm* (du.); *qrnt; bhm qrnm km ṯrm,* «tendrán cuernos como toros» (1.12 I 30-31).

qrṣ: v.G., «mordisquear, roer» // *akl* (1.12 I 11) (cs., ar. *qaraṣa); tqrṣn;* D., «modelar»; *yqrṣ* (1.16 V 29, ar. *qarraṣa).*

qrš: n.m., «morada» // *ḏd* (1.4 IV 24 y par.) [cf. hb. *qereš;* la precisación semántica depende fundamentalmente del valor que se otorgue al par. *ḏd* (cf. *sup.):* «apartamento», «campamento», «fortaleza», «dominio», «pabellón», «macizo»; cf. Caquot-Sznycer, TOu 122].

qrt I: n.f., «ciudad» ≠≠ *ʿmq* (cf. hb. *qeret,* fen. *qrt;* cf. *sup. qryt); qrt, qrtm* (du.); *qrt ablm* (cf. *sup. ablm).*

qrt II: n.f., «gloria, honor» (?) (1.23:3) (cf. hb. *yᵉqār,* ar. *qiratu;* cf. Driver, CML 143). Trujillo, UR 50-51, prefiere «banquete», ac. *qarītu, qirītu.*

qš: n.m., «cáliz» // *ks* (1.3 V 33 y par.) (cf. hb. *qāšāh, qaśwāh,* ar. *qašwatu;* cf. Caquot-Sznycer, TOu 176); *qšh.*

qšt: n.f., «arco» // *qṣʿt* (cs., ac. *qaštu); qšt, qštk, qšth, qšthn; qštm.*

qt: (?) [1.4 I 41, «asa» (?), arm. *qattā;* cf. Caquot-Sznycer, TOu 196; leer *dqt).*

qṯ: v.G., «arrastrar» // *št* (1.2 IV 27) (cf. ar. *qaṯṯa;* cf. De Moor, SP 138); *yqṯ.*

ri: n.m., «aspecto» (1.3 I 12) (cf. *hb. rŏʾî;* De Moor, SP 74, para ésta y otras interpretaciones).

rid: (?) [base requerida en 1.3 I 12: «temblar», ar. *raʾida* (cf. Pope, EUT 115, n. 23), «remover», «llevar a los labios» (cf. Lipinski, UF ⟨1970⟩ 81-82), «*Raʾidān*», n.p. (cf. Caquot-Sznycer, TOu 155)].

rimt: n.f., «cítara» (1.3 III 4) (cf. 1.101:17 // *knr;* cf. Whitaker, FAUL 107; Stolz, *Fs Rendtorff,* 113ss). La alternativa más corriente es «corales», hb. *rāʾmôt,* ar. *ra'matu,* o «afecto» // *dd,* ar. *ra'ima* (cf. De Moor, UF [1969] 183; Van Zijl, *Baal,* 52-53).

riš: n.m., «cabeza» // *qdqd,* ≠≠ *pʿn, kpt* (cs., ar. *ra'su;* cf. De Moor, SP 90, para la vocalización); *riš, rišk, rišh, rišhm; rišt, rašt, rašm.*

rum: n.m., «toro salvaje, búfalo (?)» // *alp, ibr, aylt, yʿl* (cf. hb. *rᵉ'ēm,* ac. *rīmu;* cf. De Moor, SP 199); *rum, rumm.*

rumt: (?) (base supuesta por Margalit, UF [1976] 140, en 1.14 I 15, «apasionadamente amada», ar. *ra'ima,* ac. *ra'āmu/râmu).*

rb I: v.G., «ser grande» (1.4 V 3) (cs., ar. *rabba,* hb. *rāb/rābāh).* Para Dahood, UHP 71, en el sentido de «anciano» (// *ḫkm).*

rb: a./n.m./f., «grande», «jefe»/«Dama», «señora», «red barredera» // *rṯt* (cs., ar. *rabbu, rabbatu,* hb. *rab); rb, rbm* (enc.); *rbm; rbt; rb khnm/nqdnm,* «Sumo sacerdote, Pastor Máximo» (1.6 VI 55-56); *lklt nhr il rbm,* «¿no acabé con *N.*, el dios grande?» (1.3 III 39; otros verían aquí un n.d., *Rabbîm); rbm ymḫṣ... ṣǵrm ymṣḫ,* «a los grandes golpeó..., a los pequeños arrastró...» (1.6 V 2-4); *rbt aṯrt ym,* «la Gran Dama *A.* del Mar», título de la diosa *Aṯiratu,* frecuente; *udm/ḫbr rbt,* «*U./Ḫ.* la grande» (1.14 III 30; 1.15 IV 19 y par., epíteto de ciudades // *ṯrrt).*

rb II: n.m., «orvallo» (cf. hb. *rᵉbîb, rab,* ac. *rabbu,* ar. *rabābu;* para De Moor, SP 83, un tipo de rocío; pero cf. Grabbe, UF [1976] 61); *bt rb,* «hija del orvallo», epíteto de *Ṭallayu,* hija de *Baʿlu* (1.4 I 17 y par.).

rbb: n.m., «orvallo» // *ṭl* (1.19 I 44) (cf. *sup. rb II); rbb nskh kbkbm,* «(con) orvallo que le derramaron las estrellas» (1.3 IV 44).

rbbt: n.f., «miríada» // *alp* (1.4 I 28) (cf. hb. *rᵉbābāh, rᵉbābôt, ribbôt, ribbô).*

rbʿ: a./n.m., «cuarto», «cuarta parte» // *ṯlṯ* (cs., hb. *rᵉbîʿî, robaʿ,* ar. *rābiʿu, rubʿu,* cf. *sup. arbʿ); rbʿ, rbʿt; km rbʿt ṯqlm,* «como cuartos de siclo» (1.19 II 33-34; quizá leer *k-mrbʿt,* cf. Del Olmo Lete, UF [1975] 90).

rbʿ: v.Š., «cuadruplicar» (1.17 V 3, 12-13) (cf. *sup. arbʿ, rbʿ); ašrbʿ, yšrbʿ.* Para Margalit, UF (1979) 556, la base tiene aquí el valor «componer/entregar» (cf. hb. *hirbîaʿ* en Lv 19,19).

rbʿt: cf. *sup. rbʿ.*

rbṣ: v.G., «descansar, echarse» (1.13:9) (cs., hb. *rābaṣ).*

rbt: cf. *sup. rbbt; balp šd rbt kmn,* «a través de mil yugadas, diez mil obradas» (1.3 IV 38, fórmula de distancia; cf. *sup.* p. 54); *rbt; rbtm* (du.) [1.4 I 31; cf. Rin AE 140, «oro/puro» (?), ar. *rabita* = hb. *sᵉgôr // ksp].*

rgb: cf. *sup. yrgb.*

rgm: n.m., «palabra, dicho», «asunto, cosa», «voz, ruido, mugido» // *hwt, lḥšt* (cs. √ *rgm,* ac. *rigmu;* cf. De Moor, SP 107); *rgm, rgmm; dm rgm iṯ ly wargmk,* «pues tengo un asunto que voy a decirte» (1.3 III 20-21, fórmula de secreto, cf. *sup.* p. 103); *rgm lil ybl,* «palabra a *Ilu* se le llevó» (1.23:59); *bph rgm lyṣa,* «apenas/no había aún salido de su boca la palabra» (1.19 II 26, fórmula de inmediatez, cf. *sup.* p. 41); *ap mṯn rgmm argmk,* «y otra cosa voy a decirte» (1.4 I 19-20; fórmula de cambio de discurso).

rgm: v.G., «decir», contestar // *ṯny* (cf. *sup. rgm,* ac. *ragāmu,* ar. *rağama,* arm. *targûm); rgmt; argm, argmk, argmn, argmnk, trgm, yrgm* (p.); *rgm; rgm; ikm yrgm bn il krt,* «¿cómo se dirá que es hijo de *Ilu K.?*» (1.16 I 20-21); *al trgm laḥtk,* «se lo dirás, sí, a tu hermana» (1.16 I 31); *an rgmt lym,* «yo voy a contestar a *Y.*» (1.2 I 45); *rgm lṯr abh il,* «dijeron al Toro *Ilu,* su padre» (1.2 I 33).

rdyk: (?) (1.1 II 4).

rdmn: (?) (n.d. supuesto en 1.3 I 2 por De Moor, SP 68; cf. *sup. prdmn).*

rdp: (?) (base supuesta en 1.17 II 41 por Dijkstra-De Moor, UF [1975] 180; leer *mddt).*

rw(y): (?) (base supuesta en 1.16 II 15; III 2, «refrescar», √ *rwy,* por De Moor, UF [1979] 645, n. 40).

rḥ I: n.f., «soplo, aliento, viento» // *iṯl,* // + *npš* (so., ar. *rūḥu); rḥ, rḥk; tṣi km rḥ npšh,* «que salga como un soplo su alma» (1.18 IV 24-25); *qḥ ʿrptk rḥk,* «coge tus nubes, tu viento» (1.5 V 6-7).

rḥ II: n.m., «aroma» // *kpr* (1.3 II 2) (so., hb.-arm. *rêaḥ,* ar. *rīḥatu).*

rḥ III: n.m., «piedra de molino» (1.6 II 34; V 15-16) (so., hb. *rēḥayim,* ar. *raḥatu,* arm. *raḥyā); rḥm* (du.).

rḥb: a.m., «ancho» // *adr* (1.16 I 9 y par.) (cs., hb. *rāḥāb).*

rḥbt: a./n.f., «ánfora, jarra» // *dkrt* (1.4 VI 53) (cf. *sup. rḥb,* hb. *reḥābāh,* ac. *rību, rabītu;* cf. Dahood, UHP 72; De Moor, SP 204); *tptḥ rḥbt yn,* «abrió un ánfora de vino» (1.15 IV 16).

rḥd: (?) (1.4 III 8).

rḥm I: v.G., «ser compasivo» (1.16 I 33) (cs., hb. *rāḥam,* ar. *raḥima;* base idéntica a la siguiente).

rḥm II: n.f., «doncella», epíteto de *ʿAnatu* (1.6 II 27) (cf. hb. *reḥem;* cf. Van Selms, MFL 110).

rḥmy: n.d., nombre alternativo, al parecer, de *ʿAnatu, Raḥmayu* (?) (cf. De Moor, NYCI II, 18, n. 62).

rḥṣ: v.G., «lavar» // *ḥsp, adm* (cs., hb. *rāḥaṣ,* ar. *raḥaḍa,* ac. *raḥāṣu); yrḥṣ, trḥṣ; rḥṣ; rḥṣ;* Gt., «lavarse»; *trtḥṣ, yrtḥṣ.*

rḥq: v.G., «alejarse» // *ng* (cs., hb. *rāḥaq); rḥq;* Š., «apartar», *šrḥq; rḥq mlk lbty,* «aléjate, Rey, de mi casa» (1.14 VI 14); *šrḥq aṯt lpnnh,* «apartó a las mujeres de su presencia» (1.3 IV 40).

rḥq: a.m., «lejano» (cf. *sup. rḥq,* hb. *rāḥôq, rāḥēq); rḥq, rḥqm; rḥq ilm,* «el dios más lejano» (1.3 IV 35).

rḥt: n.f., «palma de la mano» // *yd* (1.4 VIII 6 y par.) (cf. ar. *rāḥatu); rḥtm* (du.).

rḫn: n.m., «alivio» (?) (1.4 V 5) [cf. ar. *rāḫa,* hb. *rāwaḥ* (?); cf. Rin, AE 162; Aistleitner, WUS 292].

rḫnn/tt: (?) (supuesto en 1.4 V 5, «patillas», ar. √ *rḫw,* por Margalit, MLD 213).

rḫp: v.D., «revolotear» // *bṣr* (1.18 IV 20 y par.) (sno., hb. *rāḥēp;* para Watson, JNSL [1977] 71-73, tendría valor efectivo, «hacer revolotear», pero cf. 1.19 I 32); *arḫp, trḫp, trḫpn.*

rẓ: v.G., «correr, concurrir, competir» (1.6 I 50) (cf. hb. *rûṣ;* cf. De Moor, SP 203; Caquot-Sznycer, TOu 257); *yrẓ.*

rk: (?) [base supuesta en 1.6 V 9, «aflojar(se)», √ *rkk;* cf. Van Zijl, *Baal,* 221-223, 248-249; De Moor, SP 231).

rkb: v.G., «montar» // *ʿly* (1.14 II 21 y par.) (cs., hb. *rākab;* cf. Gray, LC 26, n. 3); *rkb; rkb; rkb ʿrpt,* «Auriga de las nubes», epíteto de *Baʿlu* (cf. *sup. ʿrpt).*

rks: (?) (1.1 V 10, 23), «ceñir, ligar» hb. *rākas,* ac. *rakāsu;* cf. Caquot-Sznycer, TOu 321).

rks: n.m., «ceñidor» (?) // + *ipd* (1.5 I 4) (cf. hb. *rākas,* suponiendo haplografía).

rm: v.G., «ser alto, excelso», «alzarse, levantarse» ≠≠ *špl* (1.23:32) (so., hb. *rûm); rm; trm; trm* (p.) (// *yṣr;* 1.16 II 26, 34); L., «alzar»; *trmm, trmmn, yrmmh* (// *bny); ḥš rmm hklm,* «de prisa alza un palacio» (1.4 V 52).

rm: a./n.m., «alto»/«altura» (1.3 V 21 y par.; 1.8:9) (cf. *sup. rm,* hb. *rûm/rôm, rāmāh/rômāh); rm, rmt.*

rm(y): (?) [base supuesta en 1.17 VI 15, forma Š.; cf. Driver, CML 155 (leer *tšpkm);* y en 1.4 VII 56, por Margalit, MLD 72, «arrojar»].

rm(m) I: (?) (base requerida en 1.16 II 26, por Sanmartín, UF [1978] 452, n. 1, «retumbar, rugir», ac. *ramāmu).*

rm(m) II: (?) (base requerida en 1.2 IV 3, por De Moor, SP 133, «pulular de gusanos»; Hoftijzer, UF [1972] 155, «deteriorarse», hb. *rāmam;* cf. *sup. irt).*

rs: (?) [base requerida en 1.5 I 4, «ruina», «aplastamiento», hb. *rāsîs;* cf. Van Selms, UF (1975) 481; Emerton, UF (1978) 75 (cf. *sup. rks);* o «carne suculenta», ar. *rašraš,* ac. *russû;* cf. De Moor, UF (1979) 642; o «devorador», ar. *rāsa;* cf. Aartun, WO (1967-1968) 285].

rʿ: n.m., «compañero» (1.21 II 6; 1.22 I 27) (cs., cf. hb. *rēaʿ, rēʿeh); rʿy, rʿh.* El valor alternativo es «pastor», hb. *rôʿeh.*

rǵb: v.G., «tener hambre» // *ǵma/i* (1.4 IV 33) (cs., hb. *rāʿēb,* ar. *raǵiba); rǵbt; rǵb; mrǵb* (?) [// *mẓma;* forma conjetural ⟨*D.* (?)⟩ analógica, «hambriento»; quizá sólo *rǵb].*

rǵṯ: v.D., «mamar» (cf. ar. *raǵaṯa); mrǵṯm; mrǵṯm ṯd,* «que maman la teta», i.e., «reses lechales» (1.4 VI 56 y par.). Otros lo entienden de los dioses que se alimentan de los pechos de *Aṯiratu* (cf. Caquot-Sznycer, TOu 202) o de los reyes (cf. Dahood, UHP 24).

rp(y): v.Dt., «aflojarse» // *ṯkḫ* (1.5 I 4) (cf. hb. *rāpāh;* cf. Dahood, UF [1969] 34); *ttrp.*

rp(p): (?) (base requerida para interpretar 1.5 I 4, «retorcerse», √ *rpp,* por Margalit, MLD 92).

rpa: (?) (base requerida en 1.14 I 7, «esfumarse»; cf. Driver, CML 155; leer *ʿrwt).*

rpi: a.m., denominativo gentilicio, «rapaí», atribuido a *Daniilu* // *hrnmy* (cf. *sup.* p. 413, n. 26, para los diversos sentidos); *mt rpi,* «el *Rapaí*» (1.17 I 17 y par.). Otros lo consideran un apelativo de *Baʿlu,* «el Curandero», que entra en la formación de n.p. teóforos; cf. en especial De Moor, ZAW (1976) 325ss.

rpu: n.m., «héroe/guerrero ancestral», divinizado después de morir; «moradores egregios del ʿinfierno'», ancestrales y benéficos; «*Rapau(ma)/Rāpiu(ma)*» (para las diversas correlaciones etimológicas, cf. *sup.* p. 412, nn. 23-25; cf. De Moor, ZAW [1976] 323ss; Caquot, «Syria» [1976] 295ss; Dietrich-Loretz-Sanmartín, UF [1976] 45-42; Pope, *Fs Finkelstein,* pp. 163ss; L'Heureux, HTR [1975] 265ss); *rpu, rpi, rpum, rpim; btk rpi arṣ,* «en medio de los *Rapauma* de la tierra/infierno» (1.15 III 14 y par.).

rṣ: (?) (base supuesta en 1.16 I 45, «consentir», hb. *rāṣāh;* cf. Aistleitner, WUS 296; leer *ḫrṣ).*

rq: n.m., «lámina» // *lbnt* (1.4 VI 34) (cs. √ *rqq,* ac. *raqqu;* cf. Gray, LC 298, n. 1); *rqm.*

yq(y): (?) (base supuesta en 1.6 I 50, «escalar», ar. *raqiya,* por Margalit, MLD 142).

rqṣ: v.Gt., «saltar» (1.2 IV 13 y par.) (cf. ar. *raqaṣa); yrtqṣ, trtqṣ.*

rqt: (?) (lexema requerido en 1.19 II 38, por Dijkstra-De Moor, UF [1975] 206-207, «sien»).

rš: v.G., «estar/quedar arruinado» // *grdš* (1.14 I 10 y par.) (cf. hb. √ *ršš/rwš;* cf. Ginsberg, LKK 33; Dietrich-Loretz, *Fs Elliger,* 33; Fensham, JNSL [1971] 16).

ršp: n.d., nombre del dios de la peste, *Rašpu* (1.14 I 19) (cf. hb. *rešep;* cf. Conrad, ZAW [1971] 157-183).

rtm: (?) [base requerida en 1.2 IV 3, «destruyó», ar. *ratama* (cf. Aistleitner, WUS 297), «ató», hb. *rātam* (cf. Caquot-Sznycer, TOu 134-135)].

rtq: v.G., «ligar» (1.13:24) (cf. hb. *rātaq;* cf. Caquot, EI [1978] 17); *rtqt.*

rṯ: n.m., «suciedad» // *ṯiṯ* (1.17 I 33 y par.) (cf. ar. *rawṯu, raṯṯa;* o ac. *rušu;* cf. Driver, CML 155; Watson, UF [1976] 376); *bym rṯ,* «cuando se ensucien» *(ibid.)*

rṯa/n: n.m., «suciedad» // *ḫbl* (1.1 IV 9) (relacionado con *rṯ;* cf. De Moor, SP 118). La lectura *rṯa* se apoya en ar. *raṯīʾatu,* «cuajada»; por su parte, Caquot-Sznycer, TOu 308, sugieren «apaciguamiento», ar. *raṯaʾa.*

rṯt: n.f., «red» // *rbt* (1.4 II 32) (cf. hb. *rešet).*

ša: (?) (base requerida en 1.4 VII 5; 1.19 I 6, por Margalit, UF [1976] 156, n. 47; UF [1979] 556; íd., MLD 77, «trepar», ar. *šaʾā, šaʾw;* cf. *sup. nša).*

ši: (?) [1.1 V 26; «ruina, desolación», hb. *šᵉʾiyyāh* (cf. Caquot-Sznycer, TOu 314); 1.12 II 55, «pozo, pantano», ac. *šᵉʾu* (?) (cf. Gray, UF [1971] 65, n. 33)].

šab: v.G., «sacar agua» // *mla* (cs., hb. *šāʾab); šib; šibt; šʿt bnpk šibt,* «barridas de la fuente las aguadoras» (1.14 V 1); *štk šibt ʿn,* «cejaron las aguadoras de la fuente» (1.12 II 59). En 1.6 I 66-67 se ha supuesto la lectura *šabn* como forma de esta misma base.

šal: v.G., «preguntar» (1.14 I 38) (cs., ac. *šaʾālu); bšal,* «preguntando» *(ibid.).*

šar:* v.Gt., «quedarse» // *ʿrs* (1.18 IV 15) (so., ar. *saʾara,* hb. *nišʾar;* cf. Hoftijzer, UF [1971] 363); *ištir.*

šiy I: n., nombre de un desierto, *Šaiyu* (?) // *tkm* (cf. *sup. ilšiy;* otros lo interpretan como n.m., «tierra desolada», hb. *šᵉʾiyyāh* (cf. Gray, UF [1971] 63, n. 15); o en relación con *šiy II,* «criminal», como calificativo de *il* (cf. Dijkstra-De Moor, UF [1975] 195-196).

šiy II: n.m., «asesino» // *šḫṭ* (1.18 IV 23 y par.) (cf. ar. *sāʾa/saʾā;* cf. Dijkstra-De Moor, UF [1975] 196).

šir: n.m., «carne» // *mnt* (cf. hb. *šᵉʾēr I;* De Moor, SP 211); *šir, širh; širh ltikl ʿṣrm,* «su carne la comieron los pájaros» (1.6 II 35-36).

šb I: n./a.m., «viejo, anciano» // *mdnt* (1.3 II 16) (cs., hb. *śāb,* ac. *šību;* cf. Reviv, SHJP 15ss; De Moor, SP 92, para otras interpretaciones: «joven», «enemigo», «cautivo/cautivador», «injuriador»); *šbm* (cf. ac. *ālum u šībūtum).*

šb II: (?) (base supuesta en 1.3 III 40, «cautivar», hb. *šābāh,* ar. *sabā;* cf. Gibson, CML 158; cf. *šbm;* también *šb I, šby).*

šbḥ I: variante fonética de *špḥ.*

šbḥ II: (?) (base supuesta en 1.3 III 40, «calmar», hb. *šābaḥ,* por Dahood, UHP 20).

šby: n.m., «cautivo» (1.2 IV 29-30) (cf. *sup. šb II,* hb. *šᵉbî,* ar. *sabyu, sabiyyu;* cf. De Moor, SP 139-140); *šbyn.*

šblt: n.f., «espiga» // *bṣql* (1.19 II 20 y par.) (cs., hb. *šibbolet,* ac. *šubultu).*

šbm: v.Gt., «amordazar» // *štm* (1.3 III 40) (cf. ar. *šabama;* cf. Loewenstamm, JSS [1975] 22ss; Gray, UF [1979] 316, n. 3); *ištbm.*

šbny: a.m., gentilicio, de *šbn* (1.6 VI 54) (cf. sil. *ᵃˡšub-ba-ni;* cf. Gordon, UT 487).

šbʿ I: num., «siete» // *ṯmn* (cs., ar. *sabʿu, sabʿatu,* hb. *šebaʿ); šbʿ, šbʿt.*

šbʿ: a.m., «séptimo» // *ṯdṯ* (cf. *sup. šbʿ I,* hb. *šᵉbîʿî,* ar. *sābiʿu,* ac. *sebû).*

šbʿ: v.D., «repitió por séptima vez» // *ṯdṯ* (1.16 V 20) (denominativo de *šbʿ I).*

šbʿ II: v.G., «saciarse, estar harto» // *škr, mra* (cs., ar. *šabiʿa); šbʿt, šbʿ, šbʿt; tšbʿ, tšbʿn;* D., «saciar», *yšbʿ* (1.4 VII 51-52); *kšbʿt yn,* «cuando esté harto de vino» 1.17 II 20); *ʿd tšbʿ tmḫṣ,* «hasta la saciedad se peleó» (1.3 II 29).

šbʿd: adv., «siete veces» (1.23:12, 14-15) [cf. *šbʿ + (y)d;* cf. Gordon, UT 487].

šbʿm: num., «setenta» // *ṯmnym* (cs., hb. *šibʿîm).*

šbʿny: (?) (lexema supuesto en 1.23:64 por Tsumura, UDGG 15, 102ss, «septena»; leer *tšbʿn y...).*

šbʿr: (?) (lexema supuesto en 1.4 IV 16 por Caquot-Sznycer, TOu 203, «antorcha»; cf. *sup. bʿr).*

šbt: n.f., «canicie» (cs., cf. *sup. šb I,* hb. *śêbāh); šbt dqnk,* «la canicie de tu barba» (1.4 V 4 y par.).

šgr: (?) (1.5 III 16,17, «cría de ganado», hb. *šeger,* o n.d.; cf. 1.148:31).

šd I: n.m., «campo», «estepa, terreno» // *arṣ, grn, pat mdbr, smkt* (cf. hb. *śādeh,* EA, *ša-te-e = u-ga-ri); šd, šdh; šdm/šdt; pl ʿnt šdm,* «resecos están los surcos de los campos» (1.6 IV 12); *atn šdh krmm,* «le daré como terreno suyo un carmen» (1.24:22; pero cf. Wyatt, UF [1977] 290); *bnt šdm,* «las vaguadas de los campos» (1.12 II 43, ar. *banātu-l-arḍi).*

šd II: n.m., «yugada» // *kmn* (cf. ac. *šiddu;* cf. Dietrich-Loretz, UF [1969] 61-62); *balp šd rbt kmn,* «a través de mil yugadas, diez mil obradas» (1.3 IV 38; fórmula de distancia, cf. *sup.* pp. 54s).

šd III: v.G., «verter» [1.6 IV 18, 25 (?)] (cf. arm. *šᵉdā;* De Moor, SP 223-224; cf. Lipinski, OLP [1972] 118); *šd;* Gt., *yštd.* Para Driver, CML 121, 148, esta misma base en 1.23:13, «efluvio»; para Foley, CE 34, «pecho» (cf. *inf. ṯd).*

šdmt: n.f., «barbecho, erial» (1.2 I 43; 1.23:10) (cf. hb. *šᵉdēmāh/šᵉdēmôt,* preferible a «viña»; cf. Tsumura, UF [1974] 412-413); *šdmt, šdmth.* En 1.2 I 43 Aistleitner, WUS 303, postula una base $\sqrt{}$ *šdm,* «dar pena», ar. *sadima.*

šdp: (?) (base requerida en 1.14 III 14, «quemar», hb. *šādap;* cf. Dahood, «Bib» [1973] 382s; pero cf. íd., UHP 73).

šht: (?) (lexema requerido en 1.2 IV 5 por Van Selms, UF [1970] 264, «desolación», sir. *šhō).*

šḥw: (?) (base supuesta por Gibson, CML 158, para las formas *yšthwy,* etc.; cf. cf. *sup. ḥwy).*

šḥlmmt: n.l. compuesto, mitológico del ámbito próximo al infierno, «Playa-Mortandad» // *dbr* (1.5 VI 7 y par.) (cf. ar. *saḥilu mamātina; sup. mmt;* cf. De Moor, SP 186-187; Margalit, MLD 123-124; 127-128, para otras opiniones).

šḥr: n.m., «alba, aurora» // *qdm* (1.12 I 7) (cs., hb. *šaḥar,* ar. *saḥaru).*

šḥr: n.d., el dios de la aurora, emparejado con el del ocaso, *šḥr wšlm, Šaḥaru* 1.23:52-53) (cf. *sup. šḥr).*

šḫṭ: n.m., «matarife, degollador» // *šiy* (1.18 IV 24) (cs., hb. *šāḥaṭ,* ac. *šaḫātu;* cf. Dijkstra-De Moor, UF [1975] 195-196).

šḫn: v.G., «tener fiebre, calor» // *ḥrr* (1.12 II 38) (cs., ar. *saḫana); yšḫn.*

šḫp: n.m., «tejido, piel tierna, débil» // *šr,* + *ṣǵrt* (7.10 III 25-26) (cf. ar. *saḫafa, saḫifu;* mientras el valor «calostro», sir. *šḥopō,* parece suponer un ar. *saḥfatu* (?); cf. Caquot, Ac1[er]ConIntLSChS 206); *šḫp, šḫph.*

škb: v.G., «acostarse, yacer» // *ln, qmṣ, šʿly* (cs. hb. *šākab); škb, yškb; škb ʿmnh,* «yació/copuló con ella» (1.5 V 19-20; cf. Ex 22,18; De Moor, SP 187).

šk(k)/šky: (?) (base requerida en 1.6 IV 2; cf. Caquot-Sznycer, TOu 262-263, para las diversas interpretaciones: «languidecer», hb. *šak;* «inspeccionar», hb. *šākāh;* «abandonar», hb. *šākak;* «lamentarse», ar. *šakā* (así también, Margalit, MLD 181, en 1.6 V 9); «cuidarse», hb. *śākāh;* «hacer brotar», hb. *nātak;* cf. *inf. št).*

škllt: n.f., «recinto» // *nkyt* (1.16 II 28) (cf. ac. *šuklultu).*

škn: v.G., «situarse, posarse» (cs., hb. *šākan;* cf. Dietrich-Loretz-Sanmartín, UF [1974] 47-53); *šknt; tškn; škn;* Gt., «establecerse», *yštkn; kirby tškn šd,* «como langostas se posarán en el campo» (1.14 II 50-51); *arṣ drkt yštkn,* «en la tierra de (mi) dominio se establecerá» (1.4 VII 44); para otras formas, cf. *sup. Š. kn.*

škr: v.G., «alquilar» (1.14 II 44-45 y par.) (cf. hb. *śākar); škr;* N., «alquilarse»; *tškr.*

škrn: n.m., «embriaguez» // *šbʿt yn* (1.17 I 30 y par.) (cs., hb. *šikkārôn).*

šlw: v.G., «reposar, encontrar descanso» // *ḥgr* (?) (1.14 III 45) (so., hb. *šālēw,* ar. *salā); ašlw.*

šlḥ I: v.G., «extender, enviar», «otorgar, dar» // *št, ytn* (sno., hb. *šālaḥ;* cf. Avishur, UF [1976] 4); *ašlḥ, išlḥ, tšlḥ, yšlḥ, yšlḥn; yd bṣʿ tšlḥ,* «extendieron la mano al plato» (1.14 IV 24); *išlḥ ẓhrm iqnim,* «daré los más brillantes lapislázulis» (1.24:21-22).

šlḥ II: v.G./D. (?) «derretir, hacer fluir» // *yṣq* (1.4 I 25-26) (cf. hb. *šelaḥ II;* cf. Dietrich-Loretz, UF [1978] 59); *yšlḥ;* cf. *sup. lḥ(ḥ).*

šlḥ III: n.d., nombre del dios infernal *Šalḥu* // *ršp, ym* (1.14 I 20) (cf. Loretz, UF [1975] 584-585). Otros prefieren aquí un n.m. «espada», hb. *šelaḥ,* ar. *silāḥ* (cf. Gordon, UT 490), «rayo» (cf. Fensham, JNSL [1971] 21) o «parapeto» (cf. Margalit, UF [1976] 144-145), sobre la misma base lexicográfica.

šlḫ: (?) (base requerida en 1.6 V 17, «desollar», ar. *salaḫa, ac. šalāḫu,* por Margalit, MLD 183, 184).

šlyṭ: n.m., «tirano», epíteto del monstruo *Tunnanu* (cs., √ *šlṭ;* cf. Watson, UF [1977] 274-275); *šlyṭ dšbʿt rašm,* «el Tirano de siete cabezas» (1.3 III 42 y par.). Para una etimología distinta, cf. Margalit, MLD 90; íd., UF (1979) 539, n. 6; De Moor, UF (1974) 641, n. 12, Gray, UF (1974) 316, n. 4.

šlm: n.m., «paz» // *arbdd* (1.3 III 16 y par.) (cs., hb. *šālôm,* ar. *salāmu,* ac. *šālāmu;* cf. Caquot-Sznycer, TOu 161, 164; De Moor, SP 104; en el texto citado y en otros la alternativa es «sacrificio pacífico», hb. *šelem); šlm mlk šlm mlkt,* «¡a la salud del rey, a la salud de la reina!» (1.23:7).

šlm: a.m., «perfecto, puro» (cf. hb. *šālēm); yṣq šmn šlm,* «se vertió óleo puro», *i.e.,* «aceite virgen» (1.3 II 31-32).

šlm: n.m., «víctima de sacrificio de comunión» (1.14 III 26-27 y par.) (cf. hb. *šelem;* se trata de animales, no de algo que pueda ser objeto de *nsk); šlmm.* Para estos textos, Fensham, UF (1979) 271, propone los valores «tratado» y «amistad».

šlm: n.d., el dios del ocaso, emparejado con el de la aurora, *šḥr wšlm, Šalimu* (1.23: 52-53) (cf. hb. *šālēm,* sil. *ša-li-mu;* cf. Xella, MSS 113ss).

šm I: n.m., «nombre» (cs., hb. *šēm,* ac. *šumu); šm, šmy, šmk; šmt, šmthm; šm bʿl,* «Nombre de *B.*» (1.16 VI 56, epíteto de *ʿAṯtartu,* fen. *šm bʿl).*

šm II: (?) (otras bases supuestas por Driver y demás no se imponen: «hierba», «ocaso», «poner», «cielo», «ruina»; cf. Driver, CML 148; Van Zijl, *Baal,* 43).

šmal: n.m., «mano/lado derecho» // *ymn* (cs., hb. *śᵉmʾôl,* ar. *šamʾāl/šimāl); uymn ušmal,* «por el lado derecho y por el izquierdo», i.e., «a dos carrillos» (1.23: 63-64).

šmḥ: (?) (1.5 II 25).

šmḫ: v.G., «alegrarse», «iluminarse» // *gl, ṣhl* (cs., hb. *śāmēaḥ,* ar. *šamaḫa); šmḫ; ašmḫ, tšmḫ, yšmḫ, nšmḫ; šmḫ; šmḫ; yšmḫ/šmḫ aliyn bʿl,* «se alegró *B.*, el Victorioso» (1.10 III 37/1.4 V 35-36); *pnm tšmḫ,* «el rostro se (le) iluminó» (1.17 II 9).

šmḫt: n.f., «alegría» // *tšyt* (1.3 II 26) (cf. *sup. šmḫ,* hb. *śimḥāh).*

šmym: a./n.m., «celeste/cielo» // *kbkbm* (1.19 IV 24 y par.) (derivado o variante gráfica de *šmm;* cf. Dijkstra-De Moor, UF [1975] 210; Dietrich-Loretz, UF [1978] 69-70).

šmk: n.l., posiblemente designa la región del lago *Ḥuleh, Šamaku* (cf. arm. *yammā d^esamkā,* gr. *Semachonítis,* EA, *Šamḫuna;* De Langhe, TRS II, 209ss).

šml: (?) (base requerida 1.3 III 40 por Caquot-Sznycer, TOu 168, «envolver», ar. *šamala,* hb. *śimlāh;* leer *ištm).*

šmm I: n.m.pl., «cielos» // *kbkb,* ≠≠ *arṣ, nšm, nḫl* (cs. √ *šmy,* hb. *šāmayim,* arm. *š^emayyā,* ac. *šamû,* sil. *ša-mu-ma); šmm, šmym* (cf. *sup.); šmmh* (adv. loc.); *špt lar*ṣ *špt lšmm,* «un labio en la tierra y otro en el cielo» (1.23:61-62); *šmm šmn tmṭrn,* «los cielos aceite lluevan» (1.6 III 6); *yr šmmh,* «disparó al cielo» (1.23:38).

šmm II: (?) (base/lexema múltiple que no se impone: «admirar», «traspasar», «planta medicinal/aromática», «lluvia», «veneno»; cf. Aitsleitner, WUS 309; íd., ZAW [1939] 210; Virolleaud, DA 6; Gaster, «Iraq» [1939] 110, 119; Margalit, MLD 92-93; Aartun, WO (1967-1968) 284s: «rápido, veloz»).

šmn: n.m., «aceite, óleo, manteca» // *yn, ṭl, nbt* (cs., hb. *šemen,* arm. *šûmnā;* cf. Zobel, ZAW [1970] 209ss; Sasson, RSP I, 448).

šmn: a.m., «gordo» (cf. *sup. šmn,* ar. *samīnu,* hb. *šāmēn); ṭbḫ šmn mrih,* «sacrificó el más gordo de sus cebones» (1.15 IV 15 y par.).

šmʿ: v.G., «oír, escuchar, hacer caso» // *yqǵ udn* (1.16 VI 29 y par.) (cs., ar. *samiʿa,* hb. *šāmēaʿ).*

šmt I: n.f., «sebo, grasa» // *ʿẓm* (1.19 III 4 y par.) (cf. *sup. šmn,* ar. *sumnatu,* hb. *š^emēnāh,* nhb. *šamenet).*

šmt II: a./n.f., «cornalina» o piedra preciosa de «color rojo», aplicable a otros materiales (1.23:21) (cf. ac. *šimtu;* cf. De Moor, NYCI II, 20, n. 82; ug. *all šmt...all iqni,* 4.182:5-6); de «lana azul y roja» se habla en la carta de *Tell Aphek;* cf. NUS 17 (1978) 3.

šn I: v.G./D., «cambiar, dejar por, partir» (1.3 IV 33 y par.) [cf. √ *šnw,* hb. *šānāh, šinnāh,* arm. *š^enā, šannî,* ac. *šanû;* cf. Caquot-Sznycer, TOu 171; De Moor, UF (1979) 647, n. 54; Sanmartín, UF (1978) 354-355, prefiere el valor «correr» (≠≠ *bš),* en relación con el ac.]; *šnt.* Oldenburg, CEB 188, n. 12, supone aquí *šnn.*

šn II: n.m./f., «diente», «marfil» (?) // *abn p* (1.19 I 3) (cs., hb. *šēn,* ac. *šinnu); šn* (?); *šnth; mrqdm dšn,* «castañuelas de marfil» (?) (1.19 IV 27).

šna: v.G., «odiar, abominar» (1.4 III 17) (so., ar. *šaniʾa,* hb. *śānēʾ); šna.*

šnu: n./pa.m., «enemigo» // *ib* (1.4 VII 36) (cf. *sup. šna,* hb. *śônēʾ).*

šnm: (?) [n.d., atestiguado en textos religiosos *(ṯkmn wšnm)* y por algunos autores supuesto en el sintagma *ab šnm;* cf. Gordon, UT 492; Ginsberg, ANET 129, n. 1, epíteto de *Ilu;* cf. *inf. šnt).*

šnn: v.G./D., «crujir de dientes» // *bky* (1.16 I 13) [posible denominativo de *šn II;* o bien «afilar» (la lengua), hb. *šānan,* ar. *sanna;* cf. Driver, SJB 103]; *tšnn, yšnn.* Sanmartín, UF (1979) 727-728, prefiere también aquí *šn(y) I,* «cambiar, descomponerse».

šns: v.G., «ceñir(se)» // *ʿtk* (1.3 II 12) (cf. hb. *šinnēs;* cf. De Moor, SP 91); *šnst.*

šnt I: n.f., «año» // *yrḫ* (cs., hb. *šānāh, šānîm, šānôt,* ar. *sanatu); šnt, šntk; šnm/šnt* (pl.); *ʿglm dt šnt,* «novillos de un año» (1.22 I 13); *šbʿ šnt yṣrk bʿl,* «durante siete años falló *B.*» (1.19 I 42-43); *ab šnm,* «Padre de años» (título del dios *Ilu);* otras interpretaciones del mismo: «padre de los excelsos»/«de la altura»/«el más glorioso», ar. *sanā* (cf. Gray, LC 112; Gese, UF [1971] 375; Dressler, AT 293); «de *Šnm/Šunamu*», cf. *sup. šnm;* «de las Luminarias», ar. *san(an)* (cf. Oldenburg, CEB 189); «que hace correr el agua», ug. *šnw* (cf. Cazelles, *Ug.* VI, 30, n. 28); *šnm tm,* «los años (se) consumieron» (1.12 II 41).

šnt II: n.f., «sueño» // *nhmmt* (1.14 I 33) (cf. *sup. yšn,* hb. *šēnāh); šnt, šnth; tšḫṭann bšnth,* «le extravían en su sueño» (1.19 III 45).

šnt III: (?) (lexema requerido para explicar 1.16 VI 58, «altivez», hb. *šānāh,* ar. *saniya;* cf. Driver, CML 148; Aistleitner, WUS 312).

šs: (?) (1.13:6; según Caquot, EI [1978] 15, «botín», hb. *šāsah/šāsas;* cf. *sup. nsk).*

šʿd: (?) (1.16 V 43).

šʿr: n.m., «cebada» (so., ar. *šaʿiru,* hb. *šeʿōrāh); ḥspt lšʿr ṭl,* «la que recoge el rocío de la cebada» (1.19 I 2 y par.).

šʿtqt: n.d., genio de la salud creado por *Ilu, Šaʿtiqatu* (?) (1.16 VI 1 y par.) (sobre su posible etimología, cf. Saliba, JAOS [1972] 108; Margalit, UF [1976] 156ss).

šp: n.m., «duna» (1.23:4) (so., hb. *šepî,* sir. *šapyō); špm; bmdbr špm,* «en el desierto de dunas» (1.23:4; cf. Jr 4,11). De Moor, NYCI II, 18, n. 67, supone aquí una base √*šwp,* ar. *šāfa,* «adornar, maquillar».

špḥ: n.m., «familia, descendencia, progenie, estirpe» // *yrṯ, ǵlm, bn* (cf. fen. *špḥ,* hb. *mišpāḥāh); nʿmt špḥ bkrk,* «la más graciosa de la estirpe de tu primogénito» (1.14 III 40); *wld špḥ lkrt,* «y engendre progenie a *K.*» (1.14 III 48).

špk: v.G., «derramar» (cs., hb. *šāpak,* ac. *šapāku); tšpk; špk; špk km šiy dm,* «derrama como un asesino (su) sangre» (1.18 IV 23-24).

špl: v.G., «abajarse, agacharse» ≠≠ *rm* (1.23:32) (cs., hb. *šāpēl); tšpl.*

špq: (?) (base supuesta por Cassuto, BOS II, 137, en 1.4 VI 47ss, «proveer», hb. *śāpaq/śippēk;* cf. *sup. pq).*

špš: n.f./n.d., «sol», «divinidad solar», *Šapšu* (cs., ac. *šamšu,* sil. *ša-ap-šu;* para la transformación fonética, cf. Gordon, UT 33); *špš, špšm* (enc.); *aḫr špšm/mk špšm,* «con la salida del sol/he aquí, al alba» (1.14 IV 46/III 3; así, Loewenstamm, IEJ [1965] 128, n. 23; pero cf. Badre *et al.*, «Syria» [1976] 114-115: «a la puesta del sol»); *ṣba rbt špš,* «a la puesta de la Gran Dama *Š.*» (1.16 I 36-37); *nrt ilm špš,* «la Luminaria de los dioses, *Š.*», título de esta divinidad.

špt: n.f., «labio» // *p* (1.19 II 26 y par.) (cs., ar. *šafatu,* hb. *šāpāh,* ac. *šaptu); špt, špty, šptk, špth, špthm; špthm yšq hn špthm mtqtm,* «besó sus labios y sus labios eran dulces» (1.23:49-50).

šṣṣ: (?) (base supuesta en 1.3 IV 1; para las diversas opiniones, cf. Del Olmo Lete, UF [1978] 42-43; cf. *sup. ṣṣ).*

šqb: (?) (1.1 V 19).

šqy: v.G., «dar, ofrecer de beber» // *lḥm* (cs., hb. *šāqāh,* ar. *saqā;* sobre el sentido activo de esta base, cf. Loewenstamm, IEJ [1965] 124, n. 19; Del Olmo Lete, AF [1976] 232, n. 13); *šqy; tšqy, tšqyn, yšqy, yšqyn; Š.*, «dar de beber» (// *šlḥm); tššqy, yššq; ššqy; yʿšr wyšqynh,* «le convidó y le ofreció de beber» (1.3 I 9); *šlḥm ššqy ilm,* «da de comer y beber a los dioses» (1.17 V 19-20).

šql: (?) (base requerida en 1.3 II 18 y par. G., «arrancó», Gt., «marchar», «dirigirse, llegar», sir. *šqal, ʾešteqel;* cf. Driver, SJB 107; Greenfield, UF [1979] 325-327; cf. *sup. ql).*

šr I: v.G., «cantar» // *bd* (sno., hb. *šîr, šār); ašr, tšr, yšr; šr, šrm; qm ybd wyšr,* «alzándose entonó y cantó» (1.3 I 18); *ašr nkl wib,* «voy a cantar a *N.-I.*» (1.24:1).

šr II: v.G., «insidiar», «asediar» // *gr II* (1.14 III 6 y par.) [cf. hb. *šûr/šārar;* Sawyer-Strange, IES (1964) 97; o quizá sir. *šrō* (cf. Driver, CML 148) o ar. *sarā;* cf. Greenfield, EI (1969) 63]; *šrn, šrnn;* Gt., «acechar» (?), *tštr* (1.22 I 11); otros lo derivan de *štr* (cf. Aistleitner, WUS 320) o *ntr* (cf. De Moor, SP 117).

šr III: n.m., «príncipe» (1.12 II 50-51; 1.19 I 11) (cf. hb. *śar,* ac. *šarru).* Para el primer texto Van Selms, MFL 98-99, propone el valor «banda, grupo», hb. *šēr* (Is 3,19); Sanmartín, UF (1971) 179, n. 33, el de «pariente», hb. *šeʾēr.*

šr IV: n.m., «ombligo» // *šḫp* (1.10 II 25) (so., hb. *šōr/šōrer,* arm., *šôrā,* ar. *surratu;* cf. Margalit, UF [1976] 137).

šr V: n.d., segundo elemento del nombre divino *mt wšr, Môtu-Šarru* (1.23:8) (cf. *mt II, šr III* o *šrr I/III;* cf. De Moor, UF [1970] 314).

šr VI: (?) [lexema supuesto en 1.19 I 7 y 1.4 V 9 por Margalit, UF (1976) 170; UF [1979] 556, «antorcha», ar. *sarār,* ac. *šararu* (// *nr);* cf. *šr I].*

šr VII: cf. *inf. šrh.*

šrg: v.G., «engañar, embrollar» (1.17 VI 34-35) (so., ar. *šaraǧa,* hb. *śārag;* cf. Aistleitner, WUS 316; Gray KTL 38]. La alternativa, *Š.* de *yrd,* no es verosímil en este contexto de teofanía en que es *Ilu* el que ya «ha bajado» y ordena el plan de la empresa; cf. Van Zijl, *Baal,* 280.

šrh: v.G., «fulminar, soltar» (1.4 V 9) [cs. √*šry,* sólo en ug. y hb. sería *šrh* (cf. 1.114:30); pero podría tratarse de una forma inf. suf.; cf. Schoors, RSP I, 24-25; Loewenstamm, UF (1969) 77; De Moor, SP 150]; *šrh;* cf. *sup. šr VI.*

šryn: n.l., designación de la cordillera del Antilíbano, *Širyānu* (cf. hb. *śiryôn).*

šrk: (?) (1.15 V 17).

šrʿ: n.m., «flujo» // *rbb* (1.19 I 45) (cf. ar. *šarīʿatu,* quizá hb. *śāraʿ/śārûaʿ, śāʿîr;* cf. Schoors, RSP I, 56-58; Van der Lugt-De Moor, BO [1974] 5-6).

šrp: v.G., «quemar» (1.6 II 33; V 14) (cf. hb. *śārap,* ac. *šarāpu); tšprnn; šrp.*

šrr I: n.m., «enemigo» (?) (1.16 VI 7; 1.19 II 36) (cf. hb. *šōrēr,* ar. *šarra).*

šrr II: (?) (1.2 IV 33, 35, 37).

šrr III: (?) [base múltiple requerida en 1.16 V 7, «secretamente», ar. *sirr(an)* (cf. Gibson, CML 159); «pequeño/campamento», ac. *šerru* (cf. Aistleitner, WUS 317); «extender»/«sitio», ar. *sarra* (cf. Saliba, JAOS ⟨1972⟩ 109); «regir», hb. *śar* (cf. Driver, CML 148); en 1.2 IV 33ss, «cierto, seguro», √*šrr,* sir./hb. *šārîr* (cf. Caquot-Sznycer, TOu 139; así, Driver, CML 148, para 1.16 V 7 y 1.19 II 36); «confirmación», íd., (cf. Van Selms, UF ⟨1970⟩ 267); «brote», «tallo», ar. *surûr* (cf. De Moor, SP 140; íd., UF ⟨1979⟩ 647, n. 48); en 1.19 II 36, «duro», √*šrr* (cf. Dijkstra-De Moor, UF ⟨1975⟩ 207); «ocultarse», ar. *sarra* (// *ṣpn;* cf. Gaster, *Thespis* ⟨1950⟩ 453)].

šrš: n.m., «raíz, brote, descendencia» // *bn,* ≠≠ *riš* (cs., ac. *šuršu); šrš, šršk; šršk barṣ al ypʿ,* «no arraigue tu raíz en la tierra» (1.19 III 53-54); *wykn...šrš bqrb hklh,* «y haya...descendencia en su palacio» (1.17 I 25-26).

ššrt: (?) (1.5 V 3; «color rojo»/«sierra»/«cadena», hb. *šāšar*/ac. *šaššaru*/hb. *šaršeret;* cf. Rin, AE 200; Cassuto, BOS II, 159; Caquot-Sznycer, TOu 247; quizá una forma Š. de *šr III* con el valor de «dominar, gobernar», o bien Š. de *šrt,* hb. *šārēt,* «ministerio cúltico»).

št I: n.m., «base, pie» (1.3 II 5 y par.) (cf. hb. *šēt,* ar. *ʾissu* o *situ;* De Moor, SP 89, remite además a ar. *šatātu).* Otros ven aquí *št II.*

št II: n.f., «señora», título de la diosa *ʿAnatu* (o *Aṯiratu)* (cf. ar. *sittu;* cf. De Moor, NYCI II, 18, n. 62); *ynqm bap ḏd št,* «que maman de los pezones de la Señora» (1.23:61). Dahood, «Or» (1978) 263, une *št* («poner») con lo siguiente.

št III: v.G., «desgarrar, asolar» (cf. ar. *šatta); št* (pa./inf.); *mhr št,* «el guerrero asolador» (1.18 IV 27 y par., título de la divinidad inferior *yṭpn.* Para muchos autores dicho título se explica desde *št II* («guerrero de la Señora», // *mhr ʿnt;* cf. Gordon, UT 495) o desde *šty* (cf. Caquot-Sznycer, TOu 437); para la peculiar interpretación de Margalit, cf. *inf. št V;* otros suponen la base propuesta en 1.2 IV 27 (cf. Caquot-Sznycer, TOu 138; pero cf. De Moor, SP 138-139).

št IV: v.G., «poner, colocar», «dejar, echar, derramar, prender», «dejar fijo, reducir, dominar» (cf. hb. *šût/šît;* cf. De Moor, SP 138-139, 159-160, 221; Van Zijl, *Baal,* 56, 138, 209-211); *št, štt; ašt, aštk, aštm* (enc.); *aštn, tšt, tštk, tštn, tštnn, yšt, yštk; št; tšt išt bbhtm,* «encendieron fuego en la casa» (1.4 VI 22 y par.); *al tšt bšdm,* «que derrame en los campos» (1.16 I 34); *wyšt ym,* «y redujo a *Y.*» (1.2 IV 27).

št V: (?) (lexema supuesto en 1.18 IV 27 y par., *mhr št,* «guerrero *Šutu*», por Margalit, UF [1976] 181ss; y en 1.3 IV 33; 1.12 II 58ss, «morada», cf. *št IV,* por íd., UF [1976] 176, n. 104).

šty: v.G., «beber» // *lḥm* (cs., hb. *šātāh); šty; ištynh, tšty, tšt, tštyn, yšt; št, štym* (enc.); *šty.*

štk: v.G., «ceder, cejar, cesar» (1.12 II 56-60) (relacionado posiblemente con hb. *štq* o ar. *sakata;* cf. Gray, UF [1971] 67, n. 54; para otras opiniones, $\sqrt{\textit{šyt/ntk;}}$ cf. Van Zijl, *Baal,* 210-211); *štk;* Gt. *išttk,* «cesar».

štm: v.G., «cerrar (la boca)» // *šbm* (1.3 III 40) (cf. hb. *š/śatam); ištm* (Gibson, CML 151, supone una forma Št. de *mla,* con el valor de «derrotó», sir. *šamlî).*

štr: (?) (base requerida en 1.22 I 11, «cubrir», ar. *satara,* por Aistleitner, WUS 320; cf. *sup. šr II).*

štt: (?) (base requerida en 1.4 III 14, «quitar», ar. *šatta,* por Margalit, MLD 41).

tant: n.f., «cuchicheo», «conversación», «gemido» // *lḫšt* (1.3 III 24 y par.) (cf. hb. *taʾănāh, taʾăniyyāh;* cf. Cassuto, GA 127; De Moor, SP 107).

tidm: cf. *sup. adm II.*

tinṯt: n.f., «el género femenino, las mujeres» ≠≠ *mhrm* (1.17 VI 40) (cf. *sup. aṯt;* cf. ac. *tenēštu,* «humanidad»).

tunt: n.f., «conversación, cuchicheo»/«gemido» (cf. *sup. tant,* hb. *toʾănāh).*

tbl: (?) (base sugerida para 1.6 IV 18-19, «mezclar, sazonar», nbh.-arm. $\sqrt{\textit{tbl,}}$ por Lipinski, OLP [1972] 118; cf. *sup. bll;* Margalit, MLD 173, lo relaciona con hb. *tebel,* «mundo»).

tbʿ: v.G., «marchar, irse, partir» // *ytn pnm* (cf. ar. *tabiʿa,* sir. *tbaʿ,* ac. *tebû;* cf. Aistleitner, WUS 323); *tbʿ, tbʿt; ttbʿ; ytbʿ; tbʿ; tbʿ wlyṯb,* «marcharon sin detenerse» (1.5 I 9 y par.).

tbṯḫ: n.m., «lecho» // *ḫym* (1.4 I 29) (cf. ac. *tapšaḫu;* Dietrich-Loretz, UF [1978] 59-60).

tgh: (?) (lexema requerido en 1.16 I 37, «resplandor, iluminación», √*ngh*, por Gibson, CML 159; cf. *sup. gh).*

tdmm: n.m., «lascivia» (?) // *bṯt* (1.4 III 20-22) (cf. *sup. dm V); tdmm, tdmmt.*

tdrq: n.m., «paso ligero, marcha» // *hlk* (1.4 II 15 y par.) [cf. ar. *daraqa,* ac. *darāgu,* hb. *dārak* (?); cf. Aistleitner, WUS 83; Dietrich-Loretz-Sanmartín, UF (1974) 37].

thw: n.m., «estepa, desierto» ≠≠ *ym* (1.5 I 15) (cf. hb. *tōhû;* cf. Gibson, CML 159). Para su interpretación como forma verbal («desear»), cf. sup. *hwy;* por su parte, Dietrich-Loretz-Sanmartín, UF (1975) 537, proponen «deseo, apetito», tomando *thw* por *thwt* (1.133:4), hb. *taʾăwāh.*

thm: n.m., «océano» // *ym* (1.23:30) (cs., hb. *tᵉhôm).*

thmt: n.f., «océano» // *nhr,* ≠≠ *kbkb* (cs., cf. *sup. thm,* ar. *tihāmatu,* ac. *tiamtu, tâmtu); thmt, thmthm* (du.); *qrb apq thmtm,* «en el seno del venero de los dos océanos» (1.4 IV 22).

tḥ(ḥ): (?) (base supuesta en 1.4 VII 58, «preordenar, decretar», √*tḥḥ/tyḥ,* por Margalit, MLD 73).

tḫm: n.m., «mensaje, declaración» // *hwt* (cf. sir. *tḫûmō,* arm. ant. *tḫwmh,* nhb. *tᵉḫûm,* ac. *taḫūmu,* ar. *ḫummatu, taḫama,* sil. *taḫ-mu,* o quizá hur. *teḫ-;* cf. De Moor, SP 102; Van Zijl, *Baal,* 55, para las diversas equivalencias etimológicas); *tḫm, tḫmk.*

tḥt I: prep., «bajo, debajo de; (junto) a, entre» ≠≠ *ʿl* (so., ar. *taḥta,* hb. *taḥat;* cf. Gordon, UT 101; Aistleitner, WUS 325; Aartun, PU II 61-62); *tḥt, tḥth; yṯb...tḥt adrm,* «se sentó... entre los nobles» (1.17 V 6-7; pero cf. Dijkstra-De Moor, UF [1975] 181, «delante»); *tqln tḥt pʿnh,* «cayeron a sus pies» (1.19 III 9-10 y par.).

tḫt II: (?) (base supuesta en 1.6 VI 46-47, «poner en contacto», ac. *taḫû,* por Margalit, MLD 198-199).

tḫrmt: (?) (lexema supuesto en 1.4 II 32, «red, malla», ar. *tāḫrimatu,* por Margalit, MLD 34-35).

tṭl/tṭly: (?) [1.5 V 11; 1.19 IV 38 (?); cf. Gordon, UT 35; leer *ṭl/ṭly].*

tḫpṯt: (?) (lexema resultante de la lectura del sintagma *btḫpṯt;* cf. Van Selms, MFL 131-132; cf. *sup. ḫpṯt).*

tk: prep., «en medio de, entre»; «hacia, a»; «delante, ante» // *ʿm, l* (cf. hb. *tāwek/tôk;* cf. Gordon, UT 101; Aistleitner, WUS 325); *tk, btk, wtk; lytn pn...tk qrth,* «pusieron entonces cara... hacia su ciudad» (1.15 II 14-15); *št alp...wtk pnh,* «puso un buey... ante su vista» (1.3 IV 41-42); *btk ǵry il ṣpn,* «en mi montaña divina, *Ṣ.*» (1.3 III 29; cf. hb. *bᵉtôk).*

tkm: n.l., lugar mítico de nacimiento de los «Voraces», *Takamu* (?) // *šiy* (1.12 I 20). Por su parte, Dijkstra-De Moor, UF [1975] 195-196, lo entiende como n.d. de una divinidad demoníaca menor, ac. *utukku;* mientras Gray, LC 77, n. 4, con otros, prefiere una derivación de base verbal, «sentarse, empollar», ar. *wakā/wakana.*

tkms: (?) (Sanmartín, UF [1978] 355-356, explica la forma como n. verbal en 1.12 II 54, «derrumbe, caída»; cf. *sup. kms).*

tkšd: (?) (forma nominal supuesta por Rin, AE 189, en 1.5 I 16; cf. *sup. kšd).*

tl I: n.m., «colina, otero, alcor» // *ǵr, nrt* (1.4 VIII 4; 1.16 III 11) (cs., hb. *tēl,* ar. *tallu); tlm.*

tl II: n.m., «marco, jamba de puerta», «gancho» (?) // *ṯǵr* (1.16 I 52) [cf. ac. *tillu;* cf. Ginsberg, ANET 147 (?); para una discusión reciente, cf. NUS 15 (1978) 8].

tl III: n.m., «arma» (?) (1.19 I 7) [cf. ac. *tillu* (?), hb. *tᵉlî,* arm. ant. *tly;* cf. Del Olmo Lete, AF (1976) 240, n. 38; Borger, BAL LXXXV]; *tlm.*

tliym: variante morfológica o error escribal por *tliyt.*

tliyt: n.f., «triunfo, victoria» // *nṣḥy* (1.19 II 35) (cf. *sup. lay); bgbʿ tliyt,* «en la cumbre del triunfo» (1.3 III 31).

tlm: (?) [lexema supuesto con valor de «surco», hb. *telem,* en 1.16 III 11; 1.19 I 7 (cf. Dijkstra-De Moor, UF ⟨1975⟩ 197; Dietrich-Loretz, UF ⟨1978⟩ 425); cf. *sup. tl I/III].*

tlʿ: n.m. (?), «cerviz» (?) // *irt* (1.2 IV 4) (cf. ar. *talaʿa,* «alzar el cuello», *talīʿu,* «largo de cuello»; cf. Del Olmo Lete, AF [1981]; últimamente, Watson, NUS 21 [1980] 9, propone el valor «pecho, torso», ac. *tulû,* et. *tălaʿ); tlʿm* (enc.). Las alternativas son muy divergentes: «gusanos», «roedores», hb. *tôlāʿ* (cf. De Moor, SP 133; Gibson, CML 159); «altura», ar. *talaʿa* (cf. Van Selms, UF [1970] 264); «largo», ar. *talīʿu,* íd. (cf. Oldenburg, CEB 194, n. 8); «dientes», nhb. *maltāʿôt* (cf. Rin AE 66); «enmohecido», hb. √ *tlʿ, tôlᵉʿāh* (cf. Caquot-Sznycer, TOu 135); «éxito», ar. *talaʿa* (cf. Driver, CML 153).

tlš: n.d., nombre de una esclava mítica de los dioses, madre de los «Voraces», *Tališu* // *dmgy* (1.12 I 14). La interpretación del lexema como forma verbal, «retrasarse», ar. *lāṯa/layisa* (cf. Gray, UF [1971] 61); «engañar», ar. *walasa* (cf. Gray, JNES [1951] 148, n. 19, 22), «amasar», hb. *lûš,* ar. *lāša* (De Langhe, TRS II, 193), no se impone.

tm: a.m., «completo» (so., hb. *tām); tmt; šbʿ šnt tmt,* «siete años completos» (1.23:67).

tm: v.G., «completarse, consumirse» (cf. *tm,* hb. *tāmam,* ar. *tamma); šnm tm,* «los años se consumieron» (1.12 II 41). A esta base se remite la lectura *tm,* «totalidad, compleción», en 1.14 I 24. Próximamente, Del Olmo Lete, AF (1981).

tmd: (?) (1.19 III 47; cf. *sup. amd).*

tmn: n.m., «facha, figura» // *pnt* (1.2 IV 18, 26) (cf. hb. *tᵉmûnāh;* cf. Dietrich-Loretz, UF [1978] 432-433); *tmnh.* Por su parte, De Moor, SP 137, lo relaciona con sum. *temen,* «fundamento», ac. *temmennu,* con el valor de «pelvis», deductivo en exceso.

tnmy: n.m. (?), «desbordamiento, desborde», usado adverbialmente (1.1 IV 9) (cf. ar. *namā,* asa. *nmw;* cf. De Moor, SP 118). Preferible al desglose *tn my,* «da agua» (cf. Caquot-Sznycer, TOu 308).

tn: (?) [lexema supuesto en 1.16 I 4, «chacal», hb. *tan,* por Margalit, UF (1976) 149; por su parte, Sawyer-Strange, IES (1964) 98, n. 12, suponen una base hb. √*tny,* «lamentarse» (cf. Jue 11,40); cf. *sup. ytn].*

tnn: n.d., nombre del «dragón» primordial aliado/doble de *Yammu, Tunnanu* // *ym, nhr, bṯn* (1.3 III 40; 1.6 VI 51) (so., hb. *tannîn,* ar. *tinnīnu,* sil. *tu-un-na-nu;* cf. De Moor, SP 242). En el segundo texto, la forma es relacionada con la base √*ytn* por Dahood, RSP II, 36; con sir. *tanen,* por Aistleitner, WUS 327; y con la base √*wnn* por Pope, *Fs Finkelstein,* 172.

tnqp: (?) (lexema supuesto por Herdner, TOu 558, en 1.16 II 26, 34, √*nqp,* «vuelta, giro»).

tnqt I: n.f., «tumba» (?) como lugar de libación // *qbr* (1.16 II 26, 34) (cs., ac. *naqû, niqû, taqqītu/tanqītu, maqqītu;* hb. *mᵉnaqqît); tnqt, tqt* (asimilada).

tnqt II: n.m./f.pl., «infantes, que maman» (1.13:32) (cf. *sup. ynq,* nhb. *tînôq, tînôqôt).*

tsm: n.m., «belleza» // *nʿm* (1.14 III 42 y par.) (cf. *sup. ysm); tsm, tsmh.*

tʿ: v.G./N., «atacar(se)» // *ngḥ* (1.6 VI 16) (cf. ar. *taʿtaʿa;* Aistleitner, WUS 327; Watson, UF [1978] 275); *ytʿn.* Otras interpretaciones lo relacionan con *ʿn I* (Dt.) (cf. Gibson, CML 154).

tʿdt: n.f., «embajada, acreditación» // *mlak,* abstracto por concreto (1.2 I 22 y par.) [cf. hb. *tᵉʿûdāh;* cf. De Moor, SP 130-131; Dahood, UF (1979) 144: «testimonio» (// *lḥt)].*

tʿlt: n.f., «curación, evocación, conjuro» (1.4 II 4) (cf. hb. *tᵉʿālāh).* Otras sugerencias: «utilidad» (cf. Gordon, UMC 64), «dignidad» (cf. Gibson, CML 159), ambos a partir de la misma base √*ʿly,* de la que podría ser también una forma verbal errónea por *ʿlt* (// *aḥdt).*

tʿmt: (?) (lexema supuesto en 1.16 VI 8 por Delekat, UF [1972] 21, «ceguera», ar. *ʿamiya;* cf. *sup. ʿmt).*

tʿrt: n.f., «carcaj, aljaba», «vaina» // *ḥbš, nšg* (1.18 IV 18, 29; 1.19 IV 45) (cf. hb. *taʿar;* cf. De Moor, SP 91; en razón del contexto, Watson, JNSL [1977]

71-72, propone en el primer caso el valor de «guante», dentro del lenguaje de cetrería); *tʿrty, tʿrth.*

tǵ: (?) (base supuesta en 1.4 IV 33 por Hvidberg, WL 43, n. 2, «errar, vagar, viajar lejos», hb. *tāʿāh,* ar. *taǵiya;* cf. *sup. ǵt).*

tǵḏ: (?) (lexema supuesto en 1.4 VII 41, por Margalit, UF [1976] 171, n. 83; íd., MLD 66, «resina») (cf. *sup. ǵḏ).*

tǵzt: cf. *sup. aǵzt.*

tǵẓyt: n.f., «ofrenda, libación» // *trmmt* (1.6 VI 45) (cf. *sup. ǵẓy, mǵẓ;* cf. De Moor, SP 240-241; Lipinski, OLP [1972] 107-108). La sugerencia de Gray, LC 187, «disolución», ar. *ǵaḍḍa,* no parece verosímil; Du Mesnil, «Berytus» (1978) 69, «tinieblas».

tǵll: n.l., elemento en el nombre de lugar *mrrt tǵll bnr.*

tp: (?) [frente a esta lectura en 1.16 I 41 y su valor «pandereta», hb. *tōp* (cf. 1.108: 4, *wtp wmṣltm),* leer *ap;* cf. Del Olmo Lete, UF (1975) 94-95].

tpḥ: n.m., «manzana» (1.20 II 11) (so., ho. *tappûaḥ,* ar. *tuffāḥ).*

tpk: (?) (base supuesta en 1.2 III 3, 12, 23 por Van Selms, UF [1970], «verter», ac. *tabāku;* leer *apk).*

tṣr: (?) (lexema supuesto en 1.16 II 34 por Sanmartín, UF [1978] 451-452, «ruido sordo», cf. ug. *mṣr; sup. yṣr).*

tqy: (?) (base supuesta en 1.2 I 18 y par. por Van Zijl, *Baal,* 20-21, «apaciguar», $\sqrt{\textit{tqy}}$; cf. *sup. yqy).*

tqʿt: n.d., nombre de una de las *Kôṯarātu, Tāqiʿatu* (para diversas propuestas etimológicas, cf. Herrmann, YN 24-25; Du Mesnil, EDP 4; Watson, UF [1977]). Diversos autores ven aquí una forma verbal de base $\sqrt{\textit{tq}ʿ}$, «aplaudir», «tocar».

tqǵ: (?) (base requerida en 1.16 VI 42 por Caquot, Ac1erConIntLSChS 208, «extender», hb. *tāqaʿ).*

tqt: (?) [lexema supuesto en 1.16 II 34 por Sanmartín, UF (1978) 452, n. 2, «grito», ac. *nâqu* (// *tṣr);* cf. *sup. tnqt I].*

tr I: v.G., «recorrer» // *sb* (1.16 III 2) (cf. hb. *tûr;* cf. Herdner, TOu 560; Caquot-Sznycer, TOu 174, 270, 283, 475, suponen la misma base en 1.3 V 5 y par.; 1.6 VI 53; 1.10 II 11; 1.22 I 11). Para el texto citado, Dietrich-Loretz, UF (1978) 424-425, sugieren el valor «cinta, banda», hb. *tûr.*

tr II: (?) (base requerida para interpretar 1.3 V 5 y par., *wtr arṣ,* «temblar», ac. *tarāru;* para las diversas opiniones, cf. Caquot-Sznycer, TOu 174; cf. *sup. ntr.* Un homógrafo se supone en 1.6 VI 53, «arrojar», ar. *tarra;* cf. Gibson, CML 159).

tr III: (?) (1.16 II 15, 16).

trbṣ: n.m., «reserva, cortijo, corral» (1.14 II 3 y par.) (√ *rbḍ,* ac. *tarbāṣu,* nhb. *tarbiṣ); trbṣ, trbṣt.*

trḫ: v.G./D. (?), «desposarse», «pagar el precio por la mujer», posiblemente denominativo // *ḫtn, ʿrb* (cf. ac. *tirḫatu;* la relación con ac. *reḫû,* «cohabitar», es más problemática); *trḫ; ytrḫ, itrḫ; trḫ; trḫ, mtrḫt; yaṯt iṯrh,* «¡oh mujeres que he desposado!» (1.23:64); *wyṣi trḫ ḥdṯ,* «y salga también el recién desposado» (1.14 II 47-48; pero cf. Herdner, TOu 518).

trẓẓ: n.m., «marcha ligera, prisa» (cf. *sup. rẓ;* cf. Dahood, ULx 100); *trẓẓh (-h* adv.); *wyqrb trẓẓh,* «y se acercó a toda prisa» (1.16 I 49). Driver, CML 153, propone «deseo», arm. *r^egîgtā;* la explicación de Margalit, UF (1976) 56, se funda en una lectura falsa de 1.4 VIII 2.

trmmt: n.f., «ofrenda» // *tǵẓyt* (1.6 VI 44) [√ *rwm,* cf. hb. *t^erûmāh;* cf. De Moor, SP 240-241; para otras interpretaciones («honor, plegaria, reconciliación, confortación, corrupción, subida, evaporación») cf. Caquot-Sznycer, TOu 268; Watson, UF (1977) 276; Margalit, MLD 196-197].

trʿ: v.G., «resquebrajarse» (?) // *ṣḫrr* (1.12 II 42) (cf. arm. *t^eraʿ,* ar. *tariʿa); trʿ, trʿn.*

trǵzz: n., montaña mítica que linda con el infierno, *Tarǵuzizza* (?) (cf. Gaster, *Thespis,* 119, 197, 472; Margalit, MLD 75).

trp: (?) (base requerida en 1.5 I 4 por Van Selms, UF [1975] 481, «debilitarse», arm. *t^erap;* Cassuto, BOS II, 152; Dahood, UF [1969] 34, forma secundaria de *rpy;* cf. esta base *sup. rp;* Watson, WO [1968] 285, «apartar», sir. *traf).*

trr: (?) [base supuesta en 1.4 VII 31 por De Moor, SP 162, «hizo temblar», ac. *tarāru* (// *ḫš)].*

trṯ: n.m., «mosto» (1.17 VI 7) (cf. hb. *tîrôš).*

tšyt: n.f., «triunfo» // *šmḫt* (1.3 II 27) (cf. hb. *tûšiyyāh;* cf. De Moor, SP 94).

tšʿm: num., «noventa» // *ṯmnym* (1.4 VII 12) (cs., hb. *tišʿîm).*

ttkn: n.m., «afirmación» // *awl* (1.12 II 57) (cs. √ *kwn,* hb. *hitkônēn;* Driver, CML 145; para otras interpretaciones, cf. Gray, UF [1971] 67, n. 55).

ttl: (?) (n.l. supuesto en 1.24:14 por Caquot-Sznycer, TOu 392; Gibson, CML 159, cf. 1.100:15).

ṯar I: n.m.pl., «parentela, consanguíneos» // *bnm* (?) [1.14 I 15; II 5 (?)] [cf. ar. *ṯaʾru;* hb. *š^eʾēr II;* cf. Maróth, AcOrHung (1973) 403; Dietrich-Loretz, *Fs Elliger,* 34; Oldenburg, CEB 130-131, n. 4; para una discusión del texto *(ṯar um,* «parentela materna») y otras alternativas, cf. Margalit, UF (1976) 139-140; Gibson, CML 82]; *ṯar; ṯirk; šbʿ ṯirk,* «siete consanguíneos tuyos» (1.18 I 25; Dijkstra-De Moor, UF [1975] 194, entienden *ṯir* como pa. de *ṯar,* «acompañantes, organizadores»; cf. *inf. ṯar II).*

ṯar II: v.D., «salir fiador», «velar por la honra» (1.2 III 16,21) (cf. ar. *ṯaʾara), ʾaṯʾara); yṯir.* La forma *tṯar* de 1.3 II 37 resulta ser un error por *tṯʿr* (cf. lín. 20-21, 36 de la misma col.). Según De Moor, UF (1979) 644, esta base tendría el valor «procurar» en 1.14 I 15.

ṯat: n.f., «oveja(s)» // *arḫ* (1.6 II 29) (cf. arm. ant. *šʾt, tʾtʾ).*

ṯi: (?) (lexema requerido en 1.12 II 36, 55 por Gray, UF (1971) 65, n. 33, «charco», ar. *ṯaʾṯaʾa).*

ṯigt: n.f., «relincho» // *nqht* (cf. hb. *šeʾāgāh;* ar. *ṯaʾaǵa); lqr ṯigt ibrh,* «por el ruido del relincho de sus caballos» (1.14 III 16).

ṯiṭ: n.m., «barro» // *rṯ* (1.17 II 7 y par.) (cf. ar. *ṯāʾṭatu).*

ṯiqt: variante fonética de *ṯigt.*

ṯir: cf. *sup. ṯar,* posiblemente forma sg./pl. o variante fonética (cf. las correspondencias ar. y hb.).

ṯb: v.G., «volver, dar vueltas, recorrer, volverse, dirigirse», «volver a hacer, repetir», «volverse a, prestar atención», «devolver, responder» // *ʿbr, ʿny, tʿdd* (sno., hb. *šûb) ṯb; tṯb, tṯbn, yṯb, yṯbn; ṯb;* Š., «hacer volver»; *tṯb* (1.14 II 32); *ṯb lpdr pdrm,* «recorrió villa tras villa» (1.4 VII 8); *yṯb ʿm bʿl,* «se volvió hacia *B.*» (1.6 VI 12); *wṯb lmspr,* «ahora se vuelve a relatar» (1.4 V 42; cf. 1.19 IV Borde lat.); *yṯbn yspr,* «volverá a recitarse» (1.23:56); *wtṯb trḥṣnn,* «y repetidamente le lavó» (1.16 VI 10); *yṯb ly ṯr il,* «me atenderá el Toro *Ilu*» (1.3 IV 52; cf. 1.17 VI 42; 1.18 IV 16); *tṯb bʾl lhwty,* «ya atenderás *B.* a mis palabras» (1.4 VI 15 y par.); *yṯb ǵzr mt hrnmy,* «respondió el Prócer Harnamí» (1.20 II 8).

ṯb(b): (?) (base supuesta en 1.19 III 2,17 por Dahood, ULx 101, «romper», hb. *šebābîm;* leer *yṯbr).*

ṯbr: v.G., «romper, romperse» (cs., ar. *ṯabira); ṯbr; yṯbr;* N., «romperse»; *tṯbr, yṯbr; knp nšrm bʿl yṯbr,* «las alas de las águilas *B.* rompió» (1.19 III 8); *bʿdn ksl tṯbr,* «por detrás el lomo se le dobló» (1.3 III 33); *ṯbr ap,* «fosa nasal» (1.2 I 13; cf. Caquot-Sznycer, TOu 128).

ṯbrn: n.m., «abertura» (cf. *sup. ṯbr,* ar. *ṯabratu); ṯbrn qn,* «esófago» // *p* (1.4 VIII 19-20; cf. Delekat, UF [1972] 18, para posibles conexiones lingüísticas).

ṯbš: v.G., «celebrar» // *brk* (1.22 I 6) (cf. ar. *šabaṯa,* «aferrarse a», con metátesis; para otras etimologías cf. De Moor, SP 117; Dietrich-Loretz-Sanmartín, UF [1976] 50; Dietrich-Loretz; UF [1978] 434-435).

ṯbt: n.f., «mansión, sede, trono» // *ḥtk, mlk, nḥlt* (cf. *sup. yṯb,* hb. *šebet); ṯbt, ṯbtk, ṯbth, ṯbtkm; ksu ṯbth,* «la sede de su trono» (1.3 VI 15 y par.); *alt ṯbtk,* «el soporte de tu sede» (1.6 VI 27-28).

ṯd: n.m., «seno, pecho, pechuga» // *ḥlb, kbd* (so., hb. *šad,* ar. *ṯadyu;* cf. Lipinski, UF [1970] 79); *ṯd, ṯdn; mrǵṯm ṯd,* cf. *sup. rǵṯ; mṣṣ ṯd btlt,* «se amamanta(rá) a los pechos de la Virgen» (1.15 II 27); *ybrd ṯd lpnwh,* «apartó pechuga en su presencia» (1.3 I 6).

ṯdn: cf. *sup. ṯd;* algunos interpretan esta forma como lexema diferente en 1.12 I 11 (cf. Aistleitner, WUS 332; Aartun, WO [1967-1968] 287), «pesado», ar. *ṯadinu)* u otorgan a *ṯd* en ese caso un sentido peculiar, «genitales» (cf. Wyatt, UF [1976] 416, n. 23).

ṯdṯ: a.m., «sexto» // *ḫmš* (cs., ar. *sādisu,* cf. *inf. ṯṯ).*

ṯdṯ: v.D., «repetir seis veces» // *šbʿ* (1.16 V 19) (cf. *sup. ṯdṯ,* denominativo).

ṯwy: v.D., «dar órdenes», «portarse como jefe» (?) // *dbr* (1.16 VI 44 y par.) (cf. hb. *šāwēh, šiwwāh;* cf. Gordon, UT 501); *tṯwy.* Para otras equivalencias («hablar, establecer, allanar, etc.») cf. De Moor, ULe 89-91; Margalit, UF [1976] 158-159; Bernhardt, WZG [1954-1955] 114).

ṯkḥ: v.G., V., «estrechar, apretar, abrazar, encoger(se)», «arrugarse» // + *rp(p)y, aḫd, ḥbq* (?) (cf. ar. *kaṯaḥa,* «recoger»); *tṯkḥ, yṯkḥ; tṯkḥ ttrp šmm,* «se arrugaron (y) se aflojaron los cielos» (1.5 I 4 y par.); *yrḫ yṯkḥ yḥbq,* «Y. estrecha (y) abraza» (1.24:4); *yṯkḥ wiḫd,* «apretó y agarró» (1.11:1-2). Para otras alternativas («encontrar, agotarse, marchitarse, desnudar, inflamarse», «hacer olvidar»), cf. Caquot-Sznycer, TOu 239-240; Aartun, WO (1967-1968) 285.

ṯkl: n.m., «esterilidad, privación de hijos» // *ulmn* (1.23:8) (so., ar. *ṯuklu,* hb. *šᵉkôl).*

ṯkm: n.m., «hombro» // *ẓr, nḫnpt, amt* (so., hb. *šᵉkem,* ar. *ṯakamu); ṯkm, ṯkmm* (enc.); *uṣbʿth ʿd ṯkm,* «sus dedos/brazos hasta el hombro» (1.14 III 54 y par.); *rkb ṯkmm ḥmt,* «montó a hombros del muro» (1.14 IV 3-4); *ṯkm bm ṯkm,* «hombro con hombro» (1.22 I 5).

ṯkmt: a./pp.f., «que acarrea a hombros» // *ḥspt* (1.19 II 1 y par.) (cf. *sup. ṯkm,* asa. *ṯkmt,* et. *sakama);* cf. Dahood, UHP 52; para una interpretación diferente, «madrugar», hb. *hiškîm,* cf. Watson, UF [1976] 378).

ṯkn: (?) (base supuesta por Foley, CE 62-63, en 1.23:74, «morada», hb. *šēken).*

ṯkr: v.Š., «entregar (en prenda)» (?) (1.15 I 3) (cf. hb. *ʾeškār); tṯṯkr.* Sauren-Kestemont, UF (1971) 204, n. 58, suponen un valor, «contar, recitar», por *ḏkr,* hb. *zākar;* Aistleitner, WUS 335, «emborrachar», por *škr,* hb. *šākar.*

ṯkt: (?) (1.4 V 7) [La opinión corriente supone aquí el valor atestiguado en los textos no literarios, «una clase de barco», eg. *ṯkty* o bien hb. *šᵉkiyyāh* (cf. Margalit, ZAW ⟨1974⟩ 11, n. 35). Para ésta y otras propuestas («brotar, viajar, congelarse, etc.») cf. Caquot-Sznycer, TOu 207; Van Zijl, *Baal,* 110; Gray, LC 50, n. 1, que prefieren la lectura *ṯrt,* sugerida por Driver, CML 96, 151, que aquí seguimos básicamente con el valor de «abundancia» (cf. ar. *ṯarru/ṯarratu,* dicho de nubes y ubres); cf. también 1.23:74].

ṯlḥn: n.m., «mesa» // *ksu, hdm* (cf. hb. *šulḥān); ṯlḥn, ṯlḥny; ṯlḥnm, ṯlḥnt.*

ṯlḫhw: n.d., nombre de una de las *Kôṯarātu, Thilluḫu-huwa* (o bien *Thilluḫu-ha* si se toma el *-w* como conj.; cf. hb. *šillûḥîm;* De Moor, UF [1970] 200). La versión alternativa considera *ṯlḫ* como n.m., «dote» (cf. Rainey, RSP II, 73).

ṯlṯ I: num., «tres», «terna, terceto, trío» // *arbʿ, ṯn* (cs., ar. *ṯalāṯu);* para la morfología del numeral cf. Gordon, UT 44ss; Aistleitner, WUS 335-337; Del Olmo Lete, UF (1975) 89-91.

ṯlṯ: a.m.num., «tercero» // *rbʿ* (cf. *ṯlṯ,* ar. *ṯāliṯu,* hb. *šᵉlîšî); ṯlṯ, ṯlṯt.*

ṯlṯ: n.m., «triple» // *ṯn* (1.14 IV 43; 1.15 II 7) [cf. *ṯlṯ,* ar. *ṯalāṯ(an)]; ṯlṯh.* Para algunos autores se trataría en este caso de «tercio, tercera parte», ar. *ṯulṯu,* pero cf. *sup. mṯlṯt.*

ṯlṯ: v.D., «repetir tres veces» // *ṯnn* [1.16 V 9, 13 (?)] (cf. *sup. ṯlṯ,* denominativo); *ṯlṯth* (?).

ṯlṯ II: v.D., «roturar» // *ḥrṯ* [denominativo de *ṯlṯ* (?); cf. De Moor, SP 194; Grabbe, UF (1976) 63; Dahood, UF (1979) 145-146; Margalit, MLD 133]; *tṯlṯ, yṯlṯ; yṯlṯ qn ḏrʿh,* «roturó la caña de su brazo» (1.5 VI 20).

ṯlṯ III: n.m., «terciario, miembro del equipo de carro» (cf. hb. *šālîš,* ac. *tašlīšu;* para ésta y otras interpretaciones, cf. Del Olmo Lete, UF [1975] 96-102; íd., AF [1981]); *ṯlṯ sswm mrkbt,* «aurigas de carros», i.e., «terciarios» de caballos de carro (1.14 III 24 y par.); *ṯlṯ mat rbt,* «los aurigas/ayudantes de carro (son) cientos de miriadas» (1.14 II 36 y par.).

ṯlṯ IV: v.D. (?) (lexema requerido en 1.14 III 24 y par., «bronce», por Dietrich-Loretz, UF [1979] 197-198, según el valor atestiguado en los textos administrativos ugaríticos).

ṯlṯid: cf. *sup. id I.*

ṯm: adv., «allí», «entonces» (so., ar. *ṯamma;* cf. Aartun, PU I, 4); *ṯm, ṯmn* (1.20 II 1); *ṯm ḫrbm its,* «entonces a espada intenté (arremeter)» (1.2 IV 4); *ṯm ydr krt,* «allí hizo voto *K.*» (1.14 III 36-37).

ṯmk: n.l., lugar de famosos vinos, *Thamuka* (?) (1.22 I 17).

ṯmm: (?) (1.5 III 13, 27).

ṯmn I: num., «ocho» // *šbʿ* [cs., ar. *ṯamān(in)]; ṯmn, ṯmnt.*

ṯmn: v.Gt., «obtener ocho» // *yld šbʿ* (1.15 II 24) (denominativo de *ṯmn); tṯtmnm.*

ṯmn II: (?) (lexema supuesto en 1.17 V 2; 1.19 I 5, «precioso», ar. *ṯamin,* por Margalit, UF [1979] 556).

ṯmnym: num., «ochenta» // *šbʿm* (cs., ar. *ṯamānūna,* hb. *šᵉmōnîm).*

ṯmq: n.d., nombre de divinidad inferior perteneciente a los *Rapauma, Thamaqu* (?) (cf. Dietrich-Loretz-Sanmartín, UF [1976] 50).

ṯn I: num., «dos» // *ṯlṯ* [cs., *ʾiṯnān(i),* hb. *šĕnayim).*

ṯn: a.m.num., «segundo», «otro» // *ṯlṯ, rbʿ, nkr* (1.14 II 48) [cf. *ṯn I,* ar. *ṯān(in),* hb. *šēnî].*

ṯn: n.m., «duplo, doble» // *tlt* (1.14 IV 42; 1.4 II 6; 1.10 III 24) [cf. *sup. ṯn I,* ar. *ṯan(ān)]; ṯn, ṯnh.*

ṯn: adv., «dos veces, de nuevo» // *ṯlṯid* (1.18 IV 22, 33; 1.19 IV 61) (cf. *sup.* √*ṯn/ṯny); ṯn, ṯnm;* además de la forma enc., la simple *ṯn* podría darse en 1.4 VI 9; 1.19 I 11.

ṯn II: n./a.m., «carmesí (tejido, lana)» // *iqnu, šmt* (1.23:22) (cf. hb. *šānt;* cf. De Moor, NYCI II 20, n. 83; y quizá también en 1.10 III 24; pero cf. Driver, BASOR 105 [1947] 11).

ṯn III: (?) (1.5 IV 19; base supuesta, v.Gt. «orinar», cs., hb. *šēn, hištîn; tṯn;* cf. Gordon, UT 502; Caquot-Sznycer, TOu 198, suponen la forma nominal en 1.4 II 6; Dijkstra-De Moor, UF (1975) 184, en cambio, relacionan 1.5 IV 19 con *ṯny,* «repetir, hacer de nuevo»; cf. *inf. ṯny).*

ṯn IV: [lexema supuesto en 14 II 6, «pliegue», ar. *ṯanyatu,* √*ṯn(y),* por Margalit, MLD 29].

ṯny: v.G., «repetir, reiterar» // *rgm* (cs., ar. *ṯanā,* hb. *šānāh); ṯn, ṯnt; aṯnyk; ṯny; ṯn.* En 1.14 II 48, Driver, CML 152, supone «yacer de nuevo» (ar. *ṯanā);* en 1.19 I 11, Margalit, UF (1976) 170, «instruir», hb. √*šnn.*

ṯny: v.G., «cambiar» (1.15 III 29) (la misma base y evolución semántica, en ar. y hb.; cf. *sup. ṯny); ṯn.*

ṯnn I: (?) [1.16 V 8, 13 (?); base supuesta por Gibson, CML 160, v.D., «repetir dos veces» // *ṯlṯ* ⟨1.16 V 8, 13 (?)⟩ (cf. hb. *šinnēn); ṯnnth].*

ṯnn II: n.m., «arquero, guerrero especializado», «escolta» // *ḫpṯ* (1.14 II 39 y par.; 1.23:7, 26) (cf. ac. *šananu,* sil. *ša-na-ni;* cf. Del Olmo Lete, UF [1975] 100-101; sobre su doble función social, militar y civil, cf. Cutler-Macdonald, UF [1977] 26-27); *ṯnn, ṯnnm.*

ṯʿ: a./n.m., «magnífico», título de *Kirta* (cf. hb. *šôaʿ;* para las diversas opiniones al respecto, cf. Herdner, TOu 484, 529-530).

ṯʿy: v.G., «colacionar, corregir, inspeccionar, revisar» (1.6 VI 57) (cf. hb. *šāʿāh,* ac. *šeʾû;* cf. Dietrich-Loretz, UF [1972] 33; Gibson, CML 160, «maestro, supervisor»). La versión alternativa ha visto aquí una denominación gentilicia o la base *ṯʿy,* «ofrendó, sufragó», atestitguada en los textos rituales.

ṯʿr: v.G., «preparar (la mesa, etc.), disponer» // + *šlḥn* (1.3 I 4) (cf. nhb. *šāʿar,* et. *šarʿa;* cf. De Moor, SP 69, 93; Caquot-Sznycer, TOu 1753-154, 160, para otras propuestas a propósito de 1.3 II 20 y par.: «imaginar», «romper»); *tṯʿr, yṯʿr; ṯʿr; tṯʿr ksat lmhr,* «dispuso sillas como guerreros» (1.3 II 20 y par.).

ṯǵr: n.m., «puerta» // *tl, grn* (1.16 I 52; 1.17 V 6) (cs., ar. *ṯaǵru); ṯǵr, ṯǵrt.*

ṯpd: v.G., «apoyar, poner» (cf. ar. *ṯafada,* quizá hb. *šāpat,* ac. *šapātu;* cf. Gray, LC 70, n. 6; Ahlström VT [1978] 100-102); *yṯpd; pʿnh lhdm yṯpd,* «sus pies en el escabel apoyó» (1.4 IV 29).

ṯpṭ: v.G., «juzgar, dictaminar» // *dn* (so., hb. *šāpaṭ,* ac. *šapāṭu;* sobre el ámbito semántico «juzgar/regir», cf. De Moor, SP 237; Van Zijl, *Baal,* 39, 75ss); *tṯpṭ, yṯpṭ; yṯpṭ ṯpṭ ytm,* «dictaminó el caso del huérfano» (1.17 V 8 y par.).

ṯpṭ: n.m., «caso, causa, juicio» (cf. *sup. ṯpṭ).*

ṯpṭ: n.m., «juez» // *zbl* (cf. *ṯpṭ); ṯpṭ, ṯpṭn; ṯpṭ nhr,* «Juez N.», título del dios *Yammu; (bʿ) ṯpṭn in dʿln,* «*(B.),* nuestro juez, al que no hay quien supere» (1.3 V 42-33 y par.).

ṯpt: (?) (1.24:8-9; base supuesta por Herrmann, YN 8, «proporcionar», ac. *šapātu,* hb. *šāpat;* pero cf. *sup. špd).*

ṯṣr: (?) (1.20 II 11; quizá error por *ʿṣr,* «zumo», ar. *ʿaṣara, ʿaṣīru).*

ṯqb: n.m., «fresno» (?) (1.17 VI 20) (la evidencia etimológica es deficiente; cf. De Moor, UF [1971] 349-350; para otras interpretaciones, cf. *sup. ʿṯqb).*

ṯql: n.m., «siclo» // *ḫmšt* (1.14 I 29; cf. Del Olmo Lete, UF [1975] 89-91) (cs., ar. *ṯqlu); ṯqlm; km rbʿt ṯqlm,* «como cuartos de siclo» (1.19 II 33-34).

ṯqq: (?) (base supuesta en 1.12 I 27, 37 por Young, UF [1977] 309, «buscar alimento», hb. *šāqaq;* leer, *ʿqq).*

ṯr: n.m., «toro» // *alp* (cs., ar. *ṯawru,* hb. *šôr); ṯr, ṯrm; ṯr il abh/k,* «el Toro *Ilu,* su/tu padre», título del dios *Ilu; ṯr ḫbr rbt,* «los Toros de *Haburā,* la Grande» (1.15 IV 19, designación de los magnates de la ciudad, más que de una clase sacerdotal).

ṯrm: v.G., «alimentarse, nutrirse» // *lḥm* (cf. ar. *ṯarama/sarama,* sir. *šram,* ac. *šarāmu;* cf. Van Zijl, *Baal,* 24s; De Moor, SP 130, que prefiere «partir viandas», de acuerdo con las etimologías); *iṯrm, yṯrm; ṯrm; yṯb bn qdš lṯrm,* «se habían sentado los santos a nutrirse» (1.2 I 21); *tṭbḫ imr...wyṯrm,* «sacrificó un cordero... y se alimentó...» (1.16 VI 20-21).

ṯrmg: n.l., montaña mítica que linda con el infierno, *Tharrumagi* (?) (cf. Gaster, *Thespis,* 119-120, 197).

ṯrry: a.m., «poderoso» (?) (1.16 IV 15) (cf. *inf. ṯrrt).*

ṯrml: n.m., «alabastro» // *iqnu* (1.14 III 44) [cf. ac. amr. *šarmu* (?)].

ṯrmn: a.m., «provisor» (1.6 VI 58) (?) (cf. *sup. ṯrm); ṯrmn.* Alternativamente, n.l. (cf. Astour, RSP II, 291-292; Caquot-Sznycer, TOu 271) o n.d. (cf. Dietrich-Loretz-Sanmartín, UF 557-558); para su posible etimología cf. Dahood, UF (1979) 142.

ṯrrt: a.f., «potente, magnífica» // *rbt* (so., hb./arm. √*šrr;* cf. Ginsberg, ANET 144; las alternativas son: «pequeña», ac. *šerru,* y «bien regada», ar. *ṯarra); udm/ḫbr ṯrrt,* «*Udumu/Ḫaburā,* la Potente», epíteto estereotipado de estas ciudades (1.14 III 30 y par.).

ṯrt: (?) (lexema leído en 1.4 V 7 por Driver, CML 96, 151, «humedad, emanación de agua», ar. *ṯarra;* cf. *sup. ṯkt).*

ṯš: n./pp.m., «depredador» (1.16 VI 48) (cf. hb. *šāsāh/šāsas;* cf. Dietrich-Loretz, UF [1978] 435); *ṯšm.*

ṯtm: (?) (1.16 II 52; *¿bṯt-m* o *b-ṯt-m?).*

ṯtmnt: n.p., la hija menor de *Kirta, Thitmanatu,* «Octavia» (cf. *sup. ṯmn).*

ṯtʿ: v.G., «tener miedo, atemorizarse» // *yra* (1.5 II 7; 1.6 VI 30) (cf. hb. *šātaʿ,* fen. *štʿ).*

ṯṯ: num., «seis» // *šbʿ* (1.4 VII 9) (cf. *sup. ṯdṯ,* hb. *šēš,* ar. *sittu).*

ṯṯm: num., «sesenta» // *šbʿm* (1.4 VII 9) (cf. *sup. ṯdṯ,* hb. *šiššîm,* ar. *sittūna).*

ṯtqt: n.d., nombre de una de las *Kôṯarātu, Thātiqatu* (para otras interpretaciones, cf. Herrmann, NY 24; Gordon, UT 506: n.d. *yṯtqt/*√*ṯqt).*

Add.

pd II: (?) (base supuesta en 1.5 I 5, «tragar, devorar» (hb. *pîd,* ac. *b/pūdu;* Van Selms, UF [1975] 481-482), «aplastar» (ar. *fatta;* cf. Gibson, CML 155; Emerton, UF [1978] 74-75; por su parte, Gordon, UT 466, sugiere la base *pdk;* cf. *sup. ipd).*

INDICES

ABREVIATURAS BIBLIOGRAFICAS

Omitimos ofrecer una bibliografía sistemática de la literatura ugarítica y sus unidades particulares, pues ya quedó recogida en las notas a cada una de éstas. Por otra parte, pueden consultarse los índices bibliográficos que ofrecen, por ejemplo, CML y TOu, así como las sucesivas y complementarias bibliografías generales de *Ug.* I, TRS I y CTA. Se dispone, por lo demás, de una exhaustiva bibliografía, que engloba a las anteriores y promete ser completada progresivamente, editada por M. Dietrich, O. Loretz, P. R. Berger, J. Sanmartín, *Ugarit-Bibliographie, 1928-1966* (4 vols.). Kevelaer/Neukirchen-Vluyn 1973. La utilización de tales instrumentos permite recopilar con relativa facilidad la literatura pertinente a cada texto o tema, empleando sobre todo el volumen cuarto de índices de la última obra mencionada. Aquí nos limitamos a presentar las obras (libros y revistas) citadas en abreviatura a lo largo de las páginas anteriores.

A) LIBROS

Ac1^{er}ConIntLSChS. A. Caquot-D. Cohen (eds.), *Actes du premier Congrès International de linguistique sémitique et chamito-sémitique. Paris 16-19 juillet 1969,* París 1974.

AcXXV^{e}CongIntOr. *Actes du XXVe Congrès International des Orientalistes,* Moscú 1960.

AD .... J. L. Cunchillos, *Cuando los ángeles eran dioses,* Salamanca 1976.

AE .... S./S. Rin, *ʿĂlîlôt hāʾēlîm. Kol šîrôt ʾûgārît,* Jerusalén 1968.

AG .... K. Beyer, *Althebräische Grammatik. Laut- und Formenlehre,* Gotinga 1969.

AHw .... W. Von Soden, *Akkadisches Handwörterbuch* I/II/III, Wiesbaden 1965ss.

AK .... H. Bauer, *Die alphabetischen Keilschrifttexte von Ras Schamra,* Berlín 1936.

ANET .... J. B. Pritchard (ed.), *Ancient Near Eastern Texts Relating to the Old Testament,* Princeton ^{2}1955.

AOT .... D. W. Thomas (ed.), *Archaeology and Old Testament Study,* Oxford 1967.

APN .... H. B. Huffmon, *Amorite Personal Names in the Mari Texts. A Structural and Lexical Study,* Baltimore 1965.

ARI .... W. F. Albright, *Archaeology and the Religion of Israel,* Baltimore ^{5}1968.

ARRI .... J. De Fraine, *L'aspect religieux de la royauté israélite. L'institution monarchique dans l'Ancien Testament et dans les textes mésopotamiens,* Roma 1954.

AS	G. Dalman, *Arbeit und Sitte in Palästina,* vols. I-VII, Gütersloh 1928-1942/1964.
ASD	M. Dahood, *Ancient Semitic Deities in Syria and Palestine,* en S. Moscati (ed.), *Le antiche divinità semitiche,* Roma 1958.
AT	H. H. P. Dressler, *The AQHT-Text: A New Transcription, Translation, Commentary, and Introduction,* Dis. 1976, Cambridge.
At2ºConIntLCS	P. Fronzaroli (ed.), *Atti del secondo Congresso Internazionale di linguistica camito-semitica. Firenze, 16-19 aprile de 1974,* Florencia 1978.
Baal	P. J. Van Zijl, *Baal. A Study in Connexion with Baal in the Ugaritic Epics,* Kevelaer/Neukirchen-Vluyn 1972.
BAL	R. Borger, *Babylonisch-Assyrische Lesestücke,* Roma 1963.
BANE	G. E. Wright (ed.), *The Bible and the Ancient Near East. Essays in Honor of William Foxwell Albright,* Garden City, N.Y. 1965.
BH	H. S. Haddad, *Baal-Hadad: A Study of the Syrian Storm-God,* Dis. 1960, Chicago.
BOS I/II	U. Cassuto, *Biblical and Oriental Studies* I/II (tr. ing.), Jerusalén 1973/1975.
BRST	A. S. Kapelrud, *Baal in the Ras Shamra Texts,* Copenhague 1952.
CAH	I. E. E. Edwards *et al.* (eds.), *The Cambridge Ancient History,* vols. I/2, II/1,2, Cambridge ³1971/³1973/³1975.
CBC	C. H. Gordon, *The Common Background of Greek and Hebrew Civilizations,* Nueva York 1965.
CE	C. M. Foley, *The Interpretation of CTA 23: A Critical Evaluation,* Dis. 1975, McMaster Univ.
CEB	U. Oldenburg, *The Conflict between El and Baal in Canaanite Religion,* Leiden 1969.
CL	S. G. F. Brandon, *Creation Legends of the Ancient Near East,* Londres 1963.
CM	C. H. Gordon, *Canaanite Mythology,* en S. N. Kramer (ed.), *Mythologies of the Ancient World,* Garden City, N. Y. 1965.
CMC	R. J. Clifford, *The Cosmic Mountain in Canaan and the Old Testament,* Cambridge, Mas. 1972
CMHE	F. M. Cross, *Canaanite Myth and Hebrew Epic. Essays in the History of the Religion of Israel,* Cambridge, Mas. 1973.
CML	G. R. Driver, *Canaanite Myths and Legends,* Edimburgo 1956.
CML	J. C. L. Gibson, *Canaanite Myths and Legends,* Edimburgo ²1978.

CPBP .... J. H. Patton, *Canaanite Parallels in the Book of Psalms,* Dis. 1944, Johns Hopkins Univ.

CRST .... L. R. Fisher (ed.), *The Claremont Ras Shamra Tablets,* Roma 1971.

CTA .... A. Herdner, *Corpus des tablettes en cunéiformes alphabétiques découvertes à Ras Shamra-Ugarit de 1929 à 1939* (texto/copia y fotos), París 1963.

CTRS .... C. F. A. Schaeffer, *The Cuneiform Texts of Ras Shamra-Ugarit,* Londres 1939.

CUL .... R. E. Whitaker, *A Concordance of the Ugaritic Literature,* Cambridge, Mas. 1972.

CUOT .... W. J. Jobling, *Canaan, Ugarit and the Old Testament: A Study of Relationships,* Dis. 1975, Sidney.

DA .... Ch. Virolleaud, *La déesse ʿAnat,* París 1938.

DAF .... A. de Berstein Kazimirski, *Dictionnaire Arabe-Français* I/II, París 1860.

DCD .... Z. S. Harris, *Development of the Canaanite Dialects. An Investigation in Linguistic History,* New Haven, Con. 1939.

DM .... B. Alster (ed.), *Death in Mesopotamia. XXVIe Rencontre assyriologique internationale,* Copenhague 1980.

DRS .... R. Dussaud, *Les découvertes de Ras Shamra (Ugarit) et l'Ancien Testament,* París ²1941.

DTAT .... G. J. Botterweck-H. Ringgren (ed.), *Diccionario teológico del Antiguo Testamento,* t. I (tr. española), Madrid 1978.

DW .... P. D. Miller, *The Divine Warrior in Early Israel,* Cambridge, Mas. ²1975.

EAR .... E. Ashley, *The Epic of AQHT and the RPUM Texts: A Critical Interpretation,* Dis. 1977, Nueva York.

EAT .... O. Eissfeldt, *Einleitung in das Alte Testament,* Tubinga ³1964.

EAT .... J. A. Knudtzon, *Die El-Amarna-Tafeln mit Einleitung und Erläuterungen,* Leipzig 1915.

EBU .... K. Vine, *The Establishment of Baal at Ugarit,* Dis. 1965, Michigan.

EDP .... R. Du Mesnil du Buisson, *Études sur les dieux phéniciens hérités par l'empire romain,* Leiden 1970.

EJ .... *Encyclopaedia Judaica,* Jerusalén ³1974.

EK .... H. Bauer, *Entzifferung der Keilschrifttafeln von Ras Schamra,* Tubinga 1930.

EPH .... L. Alonso Schökel, *Estudios de poética hebrea,* Barcelona 1963.

EPT .... H. J. Van Dijk, *Ezekiel's Prophecy on Tyre (Ez 26,1-28,19),* Roma 1968.

ES29 .... J. L. Cunchillos, *Estudio del Salmo 29. Canto al Dios de la fertilidad-fecundidad. Aportación al conocimiento de la fe de Israel a su entrada en Canaán,* Valencia 1976.

ESTU .... M. Dietrich-O. Loretz, *Die Elfenbeininschriften und S-Texte aus Ugarit,* Kevelaer/Neukirchen-Vluyn 1976.

EUP .... O. Eissfeldt, *El im ugaritischen Pantheon,* Berlín 1951.

EUT .... M. H. Pope, *El in the Ugaritic Texts,* Leiden 1955.

FAUP .... R. E. *A Formulaic Analysis of Ugaritic Poetry,* Dis. 1969, Harvard.

FELU I/II .... G. Del Olmo Lete, *Formas elementales de la literatura ugarítica,* en *Genethliakon Isidorianum,* Salamanca 1975; y «Helmántica» 27 (1976).

FPS .... J. Henninger, *Les fêtes de printemps chez les sémites et la pâque israélite,* París 1975.

Fs Abel III .... A. Destrée, *Mélanges Armand Abel,* vol. III, Leiden 1978.

Fs Albright .... H. Goedicke (ed.), *Near Eastern Studies in Honor of...,* Baltimore/Londres 1971.

Fs Bakoš .... *Studia J. Bakoš,* Bratislava 1965.

Fs Baumgartner .... *Hebräische Wortforschung. Festschrift zum...,* Leiden 1967.

Fs Bertholet .... W. Baumgartner-O. Eissfeldt (ed.), *Festschrift Alfred Bertholet...,* Tubinga 1950.

Fs De Meyer .... *Miscellanea historica in honorem...,* Lovaina 1946.

Fs Dussaud .... *Mélanges Syriens offerts à...,* París 1939.

Fs Eissfeldt .... J. Hempel-L. Rost (ed.), *Von Ugarit nach Qumran. Beiträge zur alttestamentlichen und altorientalischen Forschung* (BZAW 77), Berlín 1961.

Fs Elliger .... H. Gese-H. P. Rüger (eds.), *Wort und Geschichte. Festschrift für...,* Kevelaer/Neukirchen-Vluyn 1973.

Fs Finkelstein ...... *Ancient Near Eastern Studies in Memory of...,* Connecticut 1977.

Fs Ginzberg .... *Louis Ginzberg Jubilee Volume on the Occasion...,* Nueva York 1945.

Fs Gispen .... *Schrift en uitleg. Studies...,* Kampen 1970.

Fs Gordon .... H. A. Hoffner, Jr. (ed.), *Orient and Occident. Essays presented to...,* Kevelaer/Neukirchen-Vluyn 1973.

Fs Gordon .... G. Rendsburg *et al., The Bible World. Essays in Honor of...,* Nueva York 1980.

Fs Grumach .... W. C. Brice (ed.), *Europa. Studien zur Geschichte und Epigraphik der frühen Ägäis. Festschrift für...,* Berlín 1967.

Fs Landsberger ..... *Studies in Honor of...,* Chicago 1965.

Fs Laroche .... *Florilegium Anatolicum. Mélanges offerts à...,* París 1979.

Fs Loewenstamm ... Y. Avishur-J. Blau, *Studies in Bible and Ancient Near East Presented to...,* Jerusalén 1978.

Fs Mahler .... *Dissertationes in honorem...,* Budapest 1937.

Fs Moriarty .... R. J. Clifford (ed.), *The Word in the World. Essays in honor of...,* Cambridge, Mass. 1973.

Fs Pedersen	*Studia Orientalia Ioanni Pedersen...*, Copenhague 1953.
Fs Prado	L. Alvarez Verdes-E.J. Alonso Hernández (ed.), *Homenaje a... Miscelánea de estudios bíblicos y hebraicos*, Madrid 1975.
Fs Rendtorff	*Dielheimer Blätter zum A.T. Beiheft 1. Sefer...*, Dielheim 1975.
Fs Ridderbos	*Loven en geloven. Opstellen... aangeboden an*, Amsterdam 1975.
Fs Robinson	H. H. Rowley (ed.), *Studies in Old Testament Prophecy Presented to...*, Edimburgo ²1957.
Fs Starr	*The Joshua Starr Memorial Volume. Studies in History and Philology*, Nueva York 1953.
Fs Stinespring	J. M. Efird (ed.), *The Use of the Old Testament in the New and other Essays*, Durham 1972.
Fs Von Soden	M. Dietrich-W. Röllig (ed.), *lišān mitḫurti - Festschrift...* Kevelaer/Neukirchen-Vluyn 1969.
GA	U. Cassuto, *The Goddess Anath. Canaanite Epics of the Patriarchal Age* (trad. del heb. por I. Abrahams), Jerusalén 1971.
GAH	A. Eaton, *The Goddess Anat: The History of her Cult, her Mythology and her Iconography*, Dis. 1964, Yale.
GAV	H. Schmökel, *Geschichte des Alten Vorderasien (Handbuch der Orientalistik II/3)*, Leiden 1957.
GBM	M. K. Wakeman, *God's Battle with the Monster. A Study in Biblical Imagery*, Leiden 1973.
GPL	Z. S. Harris, *A Grammar of the Phoenician Language*, New Haven, Con. 1936.
GPR	C. Westermann, *Grundformen prophetischer Rede*, Munich 1960.
HAM	A. Salonen, *Die Hausgeräte der Alten Mesopotamien*, Helsinki 1965-1966.
HC	S. Mowinckel, *He that Cometh*, Oxford 1956 (versión española: *El que ha de venir*, Madrid 1975).
HCW	L. I. J. Stadelmann, *The Hebrew Conception of the World. A Philological and Literary Study*, Roma 1970.
HDBS	J. Obermann, *How Daniel was Blessed with a Son. An Incubation Scene in Ugaritic*, New Haven, Con. 1946.
HdO	C. Brockelmann, *Kanaanäisch und Ugaritisch*, en *Semitistik (Handbuch der Orientalistik* III), Leiden 1964.
HG	R. Meyer, *Hebräische Grammatik* I-IV, Berlín ³1966/1972.
HGd	B. Albrektson, *History and the Gods. An Essay on the Idea of Historical Events as Divine Manifestations in the Ancient Near East and in Israel*, Lund 1967.
IAT	R. De Vaux, *Les Institutions de l'Ancient Testament* I/II, París 1961/1960 (versión española: *Instituciones del Antiguo Testamento*, Barcelona 1964).

ICG .... S. Moscati (ed.), *An Introduction to the Comparative Grammar of the Semitic Languages. Phonology and Morphology,* Wiesbaden 1964.

IDB .... G. A. Buttrick (ed.), *The Interpreter's Dictionary of the Bible,* Nahsville 1962.

ILC .... J. Pedersen, *Israel. Its Life and Culture* I/II, Londres/Copenhague 1926.

IWF .... H. Gross, *Die Idee des ewigen und allgemeinen Weltfriedens im Alten Testament,* Trier 1967.

KME .... A. Jirku, *Kanaanäische Mythen und Epen aus Ras Schamra-Ugarit,* Gütersloh 1962.

KRH .... H. Sauren-G. Kestemont, *Keret, roi de Ḫubur:* UF 3 (1971) 181-221.

KTL .... J. Gray, *The KRT Text in the Literature of Ras Shamra. A Social Myth of Ancient Canaan,* Leiden ²1964.

KTU .... M. Dietrich-O. Loretz-J. Sanmartín, *Die keilalphabetische Texte aus Ugarit. Einschliesslich der keilalphabetischen Texte ausserhalb Ugarits. Teil I Transcription,* Kevelaer/Neukirchen-Vluyn 1976.

KU .... H. L. Ginsberg, *Kitbê ʾûgārît (The Ugaritic Texts),* Jerusalén 1936.

LA .... P. Fronzaroli, *Leggenda di Aqhat. Testo ugaritico,* Florencia 1955.

LBC .... Ch. Virolleaud, *Légendes de Babylone et de Canaan,* París 1949.

LC .... J. Gray, *The Legacy of Canaan. The Ras Shamra Texts and their Relevance to the Old Testament,* Leiden 1965.

LK .... Ch. Virolleaud, *La légende de Kéret, roi de Sidoniens, d'après une tablette de Ras Shamra,* París 1936.

LKK .... H. L. Ginsberg, *The Legend of King Keret. A Canaanite Epic of the Bronze Age,* New Haven.

LP .... W. A. Van der Weiden, *Le Livre des Proverbes. Notes philologiques,* Roma 1970.

LPD .... Ch. Virolleaud, *La légende phénicienne de Danel, texte cunéiforme alphabétique,* París 1936.

LRUA .... I. Al-Yasin, *The Lexical Relation between Ugaritic and Arabic,* Dis. 1950, Princeton.

LS .... G. Levi della Vida (ed.), *Linguistica semitica: presente e futuro,* Roma 1961.

LW .... C. H. Gordon, *The Loves and the Wars of Baʿal and ʿAnat,* Princeton 1943.

MAU .... A. Fraiḥa, *Malāḥim wa-Asāṭīr min Uğarīt (Raʾs-š-Šamra),* Beirut 1966.

MBM .... O. Kiser, *Die mythische Bedeutung des Meeres in Ägypten, Ugarit und Israel* (BZAW 78), Berlín 1962.

MEAT	A. Ohler, *Mythologische Elemente im Alten Testament. Eine motivgeschichtliche Untersuchung,* Düsseldorf 1969.
Mém. Lagrange	*Mémorial Lagrange. Cinquantenaire de l'École Biblique et Archéologique Française de Jérusalem (15 novembre 1890-15 novembre 1940),* París 1940.
MFL	A. Van Selms, *Marriage and Family Life in Ugaritic Literature,* Londres 1954.
MK	A. Jirku, *Der Mythus der Kanaanäer,* Bonn 1966.
MKT	J. Aistleitner, *Die mythologische und kultische Texte aus Ras Schamra,* Budapest [2]1964.
MLANE	F. G. Bratton, *Myths and Legends of the Ancient Near East,* Nueva York 1970.
MLC	Th. H. Gaster, *Myth, Legend and Custom in the Old Testament,* Nueva York 1969 (versión española: *Mito, leyenda y costumbre en el libro del Génesis.* Estudio con interpolación de notas de J. J. Frazer, Barcelona, 1973).
MLD	B. Margalit, *A Matter of «Life» and «Death». A Study of the Baal-Mot Epic* (CTA 4-5-6). Kevelaer/Neukirchen-Vluyn 1980.
MRK	S. H. Hooke (ed.), *Myth, Ritual, and Kingship,* Oxford 1958.
MSS	P. Xella, *Il mito di ŠḤR e ŠLM. Saggio sulla mitologia ugaritica,* Roma 1973.
MT	J. A. Montgomery-Z. S. Harris, *The Ras Shamra Mythological Texts,* Filadelfia 1935.
MUP	M. H. Pope-W. Röllig, *Die Mythologie der Ugariter und Phönizier,* en H. W. Haussig (ed.), *Wörterbuch der Mythologie I. Götter und Mythen in Vorderem Orient,* Stuttgart 1965.
NE	R. Du Mesnil du Buisson, *Nouvelles Études sur les dieux et les mythes de Canaan,* Leiden 1973.
NLNS	K. J. Cathcart, *Nahum in the Light of Northwest Semitic,* Roma 1973.
NSGJ	A. C. M. Blommerde, *Northwest Semitic Grammar and Job,* Roma 1969.
NYCI I/II	J. C. De Moor, *New Year with the Canaanites and Israelites,* Kampen 1972.
OMC	G. Saadé, *Ougarit, Métropole Cananéenne,* Beirut 1979.
OSW	Th. H. Gaster, *The Oldest Stories in the World,* Boston 1971.
PCD	N. J. Tromp, *Primitive Conceptions of Death and the Nether World in the Old Testament,* Roma 1969.
PE	*Atti del Convegno Internazionale sul tema: la poesia epica e la sua formazione (Roma, 28 marzo-3 aprile 1969),* Roma 1972.
PEPI	S. Gevirtz, *Patterns in the Early Poetry of Israel,* Chicago 1963.

PLM .... C. H. Gordon, *Poetic Legends and Myths from Ugarit:* «Berytus» 25 (1977) 5-133.

PMI .... F. Ellermeier, *Prophetie in Mari und Israel,* Herzberg 1968.

PNSP .... M. Dahood, *Proverbs and Northwest Semitic Philology,* Roma 1963.

POTT .... D. J. Wiseman, *Peoples of the Old Testament Times,* Oxford 1973.

PRU II/V .... Ch. Virolleaud, *Le palais royal d'Ugarit II. Textes en cunéiformes alphabétiques des archives Est, Ouest et centrales,* París 1957 / *Le palais royal d'Ugarit V. Textes en cunéiformes alphabétiques des archives Sud, Sud-Ouest et du petit palais,* París 1965.

Psalmen I/II .... H.-J. Kraus, *Psalmen* I/II (BKAT XV), Neukirchen-Vluyn ^{3}1966.

Psalms I/II/III ... M. Dahood, *Psalms* I/II/III *(The Anchor Bible),* Garden City, N. Y. 1966/1968/1970.

PU I/II .... K. Aartun, *Die Partikeln des Ugaritischen* 1/2, Kevelaer/Neukirchen-Vluyn 1974/1978.

RAAM .... H. Gese, *Die Religionen Altsyriens,* en H. Gese-M. Höfner-K. Rudolph, *Die Religionen Altsyriens, Altarabiens und der Mandäer,* Stuttgart 1970.

RCAU .... M. Heltzer, *The Rural Community in Ancient Ugarit,* Wiesbaden 1976.

RHHPS .... R. Dussaud, *Les Religions des Hittites et des Hourrites, des Phéniciens et Syriens,* París 1945.

RPO .... A. Caquot-M. Sznycer, *Textes ougaritiques,* en R. Labat *et al., Les religions du Proche-Orient asiatique,* París 1970.

RSAT .... E. Jacob, *Ras Shamra et l'Ancien Testament,* Neuchâtel 1960.

RSB .... Ch. F. Pfeiffer, *Ras Shamra and the Bible,* Ann Arbor, Mi. 1968.

RSD .... A. S. Kapelrud, *Ras Shamra Discoveries and the Old Testament* (tr. inglesa), Oxford 1965.

RSM .... D. Nielsen, *Ras Šamra Mythologie und biblische Theologie,* Leipzig 1936.

RSMT .... J. A. Montgomery-Z. S. Harris, *The Ras Shamra Mythological Texts,* Filadelfia 1935.

RSP I/II .... L. R. Fisher (ed.), *Ras Shamra Parallels. The Texts from Ugarit and the Hebrew Bible* I/II, Roma 1972/1975.

RSS .... O. Eissfeldt, *Ras Schamra und Sanchunjaton,* Halle 1939.

RST .... J. W. Jack, *The Ras Shamra Tablets. Their Bearing on the Old Testament,* Edimburgo 1935.

RTAT .... K.-H. Bernhard, *Ugaritische Texte,* en W. Beyerlin (ed.), *Religionsgeschichtliches Textbuch zum Alten Testament,* Gotinga 1975.

RY .... E. Lipinski, *La royauté de Yahwé dans la poésie et le culte de l'Ancien Testament,* Bruselas 1968.

SA .... G. Sauer, *Die Sprüche Agurs,* Stuttgart 1963.

SAC .... M. D. Coogan, *Stories from Ancient Canaan,* Filadelfia 1978.

SACh .... W. F. Albright, *From Stone Age to Christianity. Monotheism and the Historical Process,* Garcen City, N.Y., 1957.

SBIU .... O. Eissfeldt, *Sanchunjaton von Berut und Ilimilku von Ugarit,* Halle 1952.

SC .... C. F. A. Schaeffer, *Stratigraphie comparée et chronologie de l'Asie Occidentale (IIIe et IIe millénaires),* Londres 1948.

SDB .... H. Cazelles-A. Feuillet (ed.), *Supplément au Dictionnaire de la Bible,* París 1928ss.

SEE .... L. Bronner, *The Stories of Elijah and Elisha as Polemics against Baal Worship,* Leiden 1968.

SEHM .... D. K. Stuart, *Studies on Early Hebrew Meter,* Missoula, Mon. 1976.

SEM .... F. Michelini Tocci, *La Siria nell'età di Mari,* Roma 1960.

SHJP .... B. Oded *et al.* (ed.), *Studies in the History of the Jewish People and the Land of Israel,* Haifa 1974.

SK .... G. Widengreen, *Sakrales Königtum im Alten Testament und im Judentum,* Stuttgart 1955.

SNO .... G. Garbini, *Il Semitico di Nord-Ovest,* Nápoles 1960.

SP .... J. C. de Moor, *The Seasonal Pattern in the Ugaritic Myth of Baʿlu,* Kevelaer/Neukischen-Vluyn 1971.

SPU .... G. D. Young, *The Structure of the Poetry of Ugarit,* Dis. 1948, Dropsie Col.

STB .... M. Liverani (ed.), *La Siria nel tardo bronzo,* Roma 1969.

SU .... M. Liverani, *Storia di Ugarit nell'età degli archivi politici,* Roma 1962.

TAT .... G. Von Rad, *Theologie des Alten Testaments* I/II, Munich ^{4}1962/^{2}1961 (versión española: *Teología del Antiguo Testamento* 1/II, Salamanca 1969).

Thespis .... Th. H. Gaster, *Thespis. Ritual, Myth and Drama in the Ancient Near East,* Nueva York ^{1}1950, 1966.

TOu .... A. Caquot-M. Sznycer-A. Herdner, *Textes ougaritiques.* Tomo I: *Mythes et légendes,* París 1974.

TRS I/II .... R. De Langhe, *Les Textes de Ras Shamra-Ugarit et leurs Rapports avec le Milieu Biblique de l'Ancien Testament,* I/II, Gembloux/París 1945.

UB .... M. Dietrich *et al., Ugarit-Bibliographie 1928-1966* I/IV, Kevelaer/Neukirchen-Vluyn 1973.

UBi .... S. Bartina, *Ugarit y la Biblia,* Barcelona 1967.

UCD .... B. J. Angi, *The Ugaritic Cult of the Dead. A Study of Some Beliefs and Practices that Pertain to the Ugaritians' Treatment of the Dead,* Dis. 1971, McMaster Univ.

UDGG .... D. T. Tsumura, *The Ugaritic Drama of the Good Gods. A Philological Study,* Dis. 1973, Brandeis Univ.

Ug. IV/V/VI/VII. C. F. A. Schaeffer *et al.* (ed.), *Ugaritica* IV/V/VI/VII, París 1962/1968/1969/1978.

UGM .... E. Noort, *Untersuchungen zum Gottesbescheid in Mari,* Kevelaer/Neukirchen-Vluyn 1977.

UGU .... J. Aistleitner, *Untersuchungen zur Grammatik des Ugaritischen,* Berlín 1954.

UHP .... M. Dahood, *Ugaritic-Hebrew Philology. Marginal Notes on Recent Publications,* Roma 1965.

UL .... C. H. Gordon, *Ugaritic Literature. A Comprehensive Translation of the Poetic and Prose Texts,* Roma 1949.

ULe .... J. C. de Moor, *Ugaritic Lexicography,* en P. Fronzaroli (ed.), *Studies on Semitic Lexicography,* Florencia 1973.

ULx .... M. Dahood, *Ugaritic Lexicography,* en *Mélanges E. Tisserant* I, Ciudad del Vaticano 1964.

UMBA .... M. B. Brink, *Text IV AB: An Ugaritic Myth of Baal and Anath,* Dis. 1970, Stellenbosch.

UMC .... C. H. Gordon, *Ugarit and Minoan Crete. The Bearing of their Texts on the Origins of the Western Culture,* Nueva York 1966.

UP .... M. H. Pope, *A Study of the Ugaritic Particles W, P, and N with an Excursus on B, L, and K,* Dis. 1948, Yale.

UR .... J. I. Trujillo, *The Ugaritic Ritual for a Sacrificial Meal Honoring the Good Gods* (Text CTA: 23). Dis. 1973, Johns Hopkins Univ.

UT .... C. H. Gordon, *Ugaritic Textbook,* Roma 1965.

UTT .... J. Clear, *Ugaritic Texts in Translation,* Seattle 1976.

VDRS .... E. Hammerschaimb, *Das Verbum im Dialekt von Ras Schamra,* Copenhague 1941.

VG .... A. S. Kapelrud, *The Violent Goddess. Anat in the Ras Shamra Texts,* Oslo 1969.

VLAI .... G. Del Olmo Lete, *La vocación del líder en el antiguo Israel. Morfología de los relatos bíblicos de vocación,* Salamanca 1973.

VV .... C. Westermann, *Die Verheissungen an die Väter. Studien zur Vätergeschichte,* Gotinga 1976.

WAT .... M. Noth, *Die Welt des Alten Testaments. Einführung in die Grenzgebiete der alttestamentlichen Wissenschaft,* Berlín 1962 (versión española: *El mundo del Antiguo Testamento,* Madrid 1976).

WB .... R. Hillman, *Wasser und Berg. Kosmische Verbindungslinien zwischen dem kanaanäischen Wettergott und Jahwe,* Dis. 1965, Halle.

WGAV .... J. Harmatta-G. Komoróczy (ed.), *Wirtschaft und Gesellschaft im Alten Vorderasien,* Budapest 1976.

WL	F. F. Hvidberg, *Weeping and Laughter in the Old Testament. A Study of Canaanite-Israelite Religion,* Leiden/Copenhague 1962.
WUS	J. Aistleitner, *Wörterbuch der ugaritischen Sprache,* Berlín ^{4}1974.
YGC	W. F. Albright, *Yahweh and the Gods of Canaan. A Historical Analysis of two Contrasting Faiths,* Londres 1968.
NY	W. Herrmann, *Yariḫ und Nikkal und der Preis der Kuṯarāt-Göttinnen. Ein kultisch-magischer Text aus Ras Schamra,* Berlín 1968.
YVB	N. C. Habel, *Yahweh versus Baal: A Conflict of Religious Cultures,* Nueva York 1964.
Zephanja	L. Sabottka, *Zephanja. Versuch einer Neuübersetzung mit philologischem Kommentar,* Roma 1972.

B) REVISTAS/SERIES

AANLM/R	«Atti della Academia Nazionale dei Lincei. Memorie/Rendiconti. Classe di scienze morali, storiche e filologiche», Roma.
«Abr-Nahrain»	«Abr-Nahrain», Leiden.
ACF	«L'Annuaire du Collège de France», París.
AcOr	«Acta Orientalia», Copenhague.
AcOrHun	«Acta Orientalia», Budapest.
AEg	«Ancient Egypt», Londres/Nueva York.
«Aegyptus»	«Aegyptus», Milán.
AF	«Anuario de Filología», Barcelona.
AfO	«Archiv für Orientforschung», Graz.
AnArchArbSyr	«Annales archéologiques arabes de Syrie», Damasco.
ArOr	«Archiv Orientalni», Praga.
AUP	«Annales de l'Université de Paris», París.
AusJBibArch	«Australian Journal of Biblical Archaeology», Sydney.
BA	«The Biblical Archaeologist», Cambridge, Mass./Missoula, Mt.
BASOR	«Bulletin of the American Schools of Oriental Research», Cambridge, Mass.
«Berytus»	«Berytus. Archaelogical Studies», Copenhague.
«Bib»	«Biblica», Roma.
BibArchR	«The Biblical Archaelogical Review», Washington.
BibOr	«Biblia e Oriente», Brescia.
BiOr	«Bibliotheca Orientalis», Leiden.
BiTod	«The Bible Today», Collegeville, Min.
BJRL	«The Bulletin of the John Rylands Library», Manchester.
BKAT	«Biblischer Kommentar. Altes Testament», Neukirchen-Vluyn.
BR	«Biblia Revuo», Rávena.

BS	«Bibliotheca Sacra», Dallas.
BZ	«Biblische Zeitschrift», Paderborn.
BZAW	«Beihefte zur Zeitschrift für die alttestamentliche Wissenschaft», Berlín.
CBQ	«Catholic Biblical Quarterly», Washington.
CC	«Civiltà Cattolica», Roma.
«Claretianum»	«Claretianum», Roma.
ClQ	«Classical Quarterly», Londres.
CRAIBL	«Comptes rendues de l'Académie des Inscriptions et Belles-Lettres», París.
«Cuad. Bíblicos» ...	«Cuadernos Bíblicos», Valencia.
DTT	«Dans Teologisk Tidsskrift», Copenhague.
ÉcPratHistPhAn/ RelAn	«École Pratique des Hautes-Études, Section: Sciences Historiques et Philologiques. Annuaire / Sciences Religieuses. Annuaire», París.
EI	«Eretz-Israel», Jerusalén.
ER	«Egyptian Religion», Nueva York.
EstBib	«Estudios Bíblicos», Madrid.
ETL	«Ephemerides Theologicae Lovanienses», Lovaina.
«Folklore»	«Folklore», Londres.
FuF	«Forschungen und Fortschritte», Berlín.
«Greg»	«Gregorianum», Roma.
GTT	«Gereformeerd Theologisch Tijdschrift», Kampen.
HarvTR	«The Harvard Theological Review», Cambridge, Mass.
«Helmántica»	«Helmántica. Revista de Filología Clásica y Hebrea», Salamanca.
HistRel	«History of Religions», Chicago.
HUCA	«Hebrew Union College Annual», Cincinnati.
IEJ	«Israel Exploration Journal», Jerusalén.
IOS	«Israel Oriental Studies», Jerusalén.
«Iraq»	«Iraq. British School of Archaeology in Iraq», Londres.
IstM	«Istambuler Mitteilungen», Estambul.
JA	«Journal Asiatique», París.
JANES	«Journal of the Ancient Near Eastern Society of Columbia University», Nueva York.
JAOS	«Journal of the American Oriental Society», New Haven, Con.
JBL	«Journal of Biblical Literature», Missoula, Mon.
JCS	«Journal of Cuneiform Studies», New Haven, Con.
JNES	«Journal of Near Eastern Studies», Chicago.
JNSL	«Journal of Northwest Semitic Languages», Leiden/Stellenbosch.
JPOS	«Journal of the Palestine Oriental Society», Londres.
JQR	«The Jewish Quarterly Review», Filadelfia.
JSS	«Journal of Semitic Studies», Manchester.

JTS	«Journal of Theological Studies», Oxford/Londres.
«Leš»	«Lešonenu. A Journal for the Study of the Hebrew Language and Cognate Subjects» (hb.), Jerusalén.
«Maarav»	«Maarav. A Journal for the Study of the Northwest Semitic Languages and Literatures», Santa Monica, Ca.
MIO	«Mitteilungen des Instituts für Orientforschung», Berlín.
«Mosaic»	«Mosaic», Winnipeg.
MUSJ	«Mélanges de l'Université Saint Joseph», Beirut.
NTT	«Norsk Teologiak Tidskrift», Oslo.
NUS	«Newsletter for Ugaritic Studies», Calgary.
OLP	«Orientalia Lovaniensia Periodica», Lovaina.
OLZ	«Orientalische Literaturzeitung», Leipzig.
«Or»	«Orientalia», Roma.
OrAn	«Oriens Antiquus», Roma.
OTS	«Oudtestamentische Studiën», Leiden.
«Perficit»	«Perficit. Publicación mensual de Estudios Clásicos», Salamanca.
PP	«Parola del Passato», Nápoles.
PrAmAcJR	«Proceedings of the American Academy for Jewish Research», Filadelfia.
PrIsrAcSHum	«Proceedings of the Israel Academy of Sciences and Humanities», Jerusalén.
PrJb	«Preussische Jahrbücher», Berlín.
«Qadmoniot»	«Qadmoniot. Quarterly for Antiquities of Eretz Israel and Bible Lands» (hb.), Jerusalén.
RB	«Revue Biblique», París.
RE	«Revue d'Égyptologie», París.
REJ	«Revue des Études Juives (et) Historia Judaica», París.
«Religions»	«Religions. The Journal of the Society for the Study of Religions», Londres.
RES	«Revue des Études Sémitiques», París.
RH	«Revue Historique», París.
RHPhilRel	«Revue d'Histoire et de Philosophie Religieuses», Estrasburgo.
RHR	«Revue de l'Histoire des Religions», París.
RoB	«Religion och Bible. Nathan Söderblom-Sällskapets Årsbok», Estocolmo/Uppsala.
RR	«The Review of Religion», Nueva York.
RSF	«Rivista di Studi Fenici», Roma.
RSO	«Rivista degli Studi Orientali», Roma.
SEA	«Svensk Exegetisk Årsbok», Uppsala.
«Sefarad»	«Sefarad. Revista del Instituto Arias Montano de Estudios Hebraicos y Oriente Próximo», Madrid.
«Semitica»	«Semitica», París.
«Shnaton»	«Shnaton. An Annual for Biblical and Ancient Near East Studies», Tel-Aviv.

SNT .... «Supplements to Novum Testamentum», Leiden.
SPAW .... «Sitzungsberichte der Deutschen/Preussischen Akademie der Wissenschaften zu Berlin», Berlín.
ST .... «Studia Theologica. Scandinavian Journal of Theology», Oslo.
SVT .... «Supplement to Vetus Testamentum», Leiden.
«Syria» .... «Syria. Revue d'Art Oriental et d'Archéologie», París.
«Tarbiz» .... «Tarbiz. A Quarterly for Jewish Studies» (hb.), Jerusalén.
TGUOS .... «Transactions. Glasgow University Oriental Society», Hertford/Leiden.
«Theologia» .... «Theologia», Budapest.
TL .... «Tydskrif vir Letterkunde», Johannesburg.
TQ .... «Theologische Quartalschrift», Tubinga.
TRu .... «Theologische Rundschau», Tubinga.
TyndB .... «Tyndale Bulletin», Cambridge.
UF .... «Ugarit-Forschungen. Internationales Jahrbuch für die Altertumskunde Syrien-Palästinas», Kevelaer/Neukirchen-Vluyn.
VD .... «Verbum Domini», Roma.
VDI .... «Vestnik drevnej Istorii», Moscú.
VO .... «Vicino Oriente», Roma.
VT .... «Vetus Testamentum», Leiden.
WO .... «Die Welt des Orients. Wissenschaftliche Beiträge zur Kunde des Morgenlandes», Gotinga.
WZG .... «Wissenschaftliche Zeitschrift der Ernst Moritz Arndt-Universität», Greifswald.
«Yedi'ot» .... «Yedi'ot. Continuing the Bulletin of the Israel Exploration Society», Jerusalén.
ZA .... «Zeitschrift für Assyriologie und Vorderasiatische Archäologie», Berlín.
ZÄS .... «Zeitschrift für die Ägyptische Sprache und Altertumskunde», Berlín.
ZAW .... «Zeitschrift für die Alttestamentliche Wissenschaft», Berlín.
ZDMG .... «Zeitschrift der Deutschen Morgenländischen Gesellschaft», Wiesbaden.
ZRelGg .... «Zeitschrift für Religions- und Geistesgeschichte», Colonia.

SIGNOS Y ABREVIATURAS GENERALES

abst. = abstracto
a.C. = antes de Cristo
ac./ac.amr. = acádico/acádico amorreo
adv. = adverbio
a.l. = *ad locum*
a.m./f. = adjetivo masculino/femenino
asa. = antiguo sudarábigo
ar. = árabe
arm./arm.ant. = arameo/arameo antiguo
bc. = bicolon
bc.int. = bicolon intercalado
c. = colon
ca. = *circa*
ccb/l. = cláusula de conmoción breve/larga
ccd. = cláusula de cambio de discurso
cdb/l. = cláusula de discurso directo breve/larga
cdt. = cláusula de distancia
ceb/l. = cláusula de encargo breve/larga
cej. = cláusula de ejecución
cf. = *confer*
cilb/l. = cláusula de ilación breve/larga
cib/l. = cláusula de interpelación breve/larga
cim. = cláusula de inmediatez
civb/l. = cláusula de invitación breve/larga
cm. = centímetro
cmb/l. = cláusula de mensaje breve/larga
cmrb/l. = cláusula de marcha breve/larga
cnb/l. = cláusula numérica breve/larga
col. = columna
conj. = conjunción
const. = constructo (estado)
cpb/l. = cláusula de postración breve/larga
crb/l. = cláusula de respuesta breve/larga
cs. = común semítico
cvb/l. = cláusula de visión breve/larga
D. = conjugación con reduplicación interna (hb. *piel*/ar. II)
Da/p. = D. activa/pasiva (interna)
Dis. = Disertación universitaria
dst. = dístico
Dt. = D. con *t-* prefijada (hb. *hitpael*/ar. V)
du. = dual
EA. = El-Amarna
ed. = editor(es)
enc. = enclítico (morfema)

enum.	=	enumeración
esp.	=	español
et.	=	etiópico (geʿez, tigre, amhárico).
et al.	=	*et alii*
fen.	=	fenicio
Fs	=	Festschrift
G.	=	conjugación simple (hb. *qal*/ar. I)
Ga/p.	=	G. activa/pasiva (interna)
gr.	=	griego
gl.	=	glosario
Gt.	=	G. con *-t-* infixa (ar. VIII)
hb.	=	hebreo
hit.	=	hitita
hur.	=	hurrita
ibid.	=	*ibidem*
id.	=	*idem*
i. e.	=	*id est*
imp.	=	imperativo
impf.	=	imperfecto
ind.	=	indicativo
inf.	=	infinitivo
inf.	=	*infra*
ing.	=	inglés
intj.	=	interjección
L.	=	conjugación con primera vocal larga (hb. *poel*/ar. III)
La/p.	=	L. activa/pasiva (interna)
lat.	=	latín
l. c.	=	lugar citado
lín.	=	línea
loc.	=	locativo
m.	=	metro
mic.	=	micénico
N.	=	conjugación con *n-* prefijada (hb. *nifal*/ar. VII)
n./nn.	=	nota/notas
n.d.	=	nombre de divinidad
nhb.	=	neohebreo (lengua)
n.l.	=	nombre de lugar
n.m./f.	=	nombre (común) masculino/femenino
n.p.	=	nombre de persona
num.	=	numeral
n.v.	=	nombre verbal
op. cit.	=	*obra citada*
p./pp.	=	página/páginas
pa./p.	=	participio activo/pasivo
par.	=	paralelo(s) [lugar(es)]
pas.	=	pasivo

part.deict. = partícula deíctica
part.enf. = partícula enfática
p.d. = pronombre demostrativo
p. ej. = por ejemplo
p.intr. = pronombre interrogativo
pl. = plural/plancha
p.p. = pronombre personal
p.r. = pronombre relativo
prep. = preposición
pun. = púnico
R. = conjugación con reduplicación total o parcial de la base (hb. *paʿlel-polel-pilpel-peʿalʿal*/ar. IX)
rus. = ruso
Š. = conjugación con *š*- prefijada
s./ss. = siguiente/siguientes
sans. = sánscrito
s.f. = sin fecha
sg. = singular
sil. = silábica (escritura de lexemas ugaríticos)
sint.prep. = sintagma preposicional
sir. = siríaco
sno. = semítico noroccidental
so. = semítico occidental
suf. = sufijo/sufijado (morfema)
sum. = sumerio
sup. = *supra*
Št. = *Š.* con *-t-* infixa (ar. X)
t. = tomo
tc. = tricolon
tst. = trístico
Univ. = Universidad
ur. = urarteo
v. = verbo
var. = varios (autores)
vol./vols. = volumen/volúmenes

/ alternativa (lectura, versión...)
// paralelo, sinónimo (lugar, lexema...)
≠≠ antónimo
\+ signo de adición
– signo de separación
= signo de equivalencia
> signo de derivación (léxica, semántica)
[ ] laguna
( ) nota aclaratoria
⟨ ⟩ reconstrucción (textual). Estos tres últimos signos poseen además el valor meramente tipográfico de paréntesis.

CITAS BIBLICAS

Génesis

1:146
1,3-4:436
2,7:270
6,1-4:277,439
9,15:261
10,9:338
14:358
17,6ss:477
18,1ss:259
18,2.5ss:338
18,6:339
18,9s:259
19,30-38:439
22:348
24,53-55:454
28,10-22:333
28,20-22:51
28,20:256
34,1-4:450
34,4-13:454
34,12:452
37,5ss:254
41,2:561
44,5:261
49,11:534

Exodo

2,25:261
6,5:261
22,14:450
22,18:628
23,19:431
25-31:253
25,31:489
26,22:489
34,26:489
35-40:253

Levítico

8-9:253
19,19:622
26,42.45:261

Números

22,8.18ss:333

Deuteronomio

10,18:338
13,2:254
14,21:431
21,1-9:351
21,19:338
22,24:338
22,28:450
32,29:419
33,19:436

Josué

17,5:489

Jueces

2,5ss:273
10,4:246
11,40:637
12,8:246
18,1:489
21,19-21:516

1 Samuel

3:333
7,15-17:359
9,12:307
15,14ss:255
20,6.29:307
28,6:333
30,14:240

2 Samuel

1,21:347
7:284
7,12-16:282

1 Reyes

1,1ss:264
1,1-39:272
2,36:514
3,4ss:333
3,5ss:249
5,20:205
6,16:489
17,3:240
18,27:39
19:333
22,10:338
22,20ss:50
22,19ss:269
23,8:338

2 Reyes

4,42:529
5,25:514
15,5:272
23,24:100
24,17:100
25,27-30:272

Isaías

1,17:338
3,19:632
5,1:452
5,26:158
6,8ss:269
7,14:100
9,5:336
9,5-6:100
9,19:510
10,34:205
11,1-9:282
13,9:510
14,13:489
27,1:213,531,573,604
29,21:338
33,13:158
51,6:213
66,15:209

INDICE ONOMASTICO

A. AUTORES

Aartun, K.: 115, 162, 170, 179, 344, 348, 370, 399, 464, 466, 469, 470, 472-474, 481, 511-513, 522, 525-527, 540, 541, 543, 556, 558, 563, 565, 570, 573, 576, 577, 581, 586, 592, 594, 597, 600, 601, 606, 608, 615, 624, 630, 635, 639, 641.

Ahlström, G. W.: 644.

Airoldi, N.: 115, 241, 605.

Aistleitner, J.: 20, 21, 36, 38, 47, 52, 60, 62, 63, 70, 71, 81-85, 88-90, 93-95, 98, 99, 104-106, 108, 109, 112-118, 120-124, 127-131, 138, 139, 141, 153, 162, 167, 168, 171, 172, 177, 179, 180, 183, 184, 187, 188, 191, 194, 200, 203, 214-216, 221, 222, 224, 225, 227, 229, 230, 233, 235, 245, 246, 250, 257, 258, 262-266, 268, 270, 271, 274, 275, 280, 289-296, 303, 305, 306, 310, 311, 317, 320-322, 327, 328, 330, 332, 333, 337-341, 344, 348, 353, 354, 356, 357, 359, 363, 367, 369, 372, 378, 379, 381-383, 385, 386, 391, 393, 396, 399-401, 406-408, 410, 412, 413, 418, 419, 421-424, 427-432, 434, 438-441, 443, 444, 446, 449, 450, 452, 454, 456-460, 463, 469, 470, 472, 474, 475, 479, 481, 482, 484-486, 488, 509, 510, 512-516, 518, 520-523, 525-527, 529, 530, 533-538, 540-543, 547, 549-551, 554, 561-565, 568-570, 572, 573, 575-577, 579-581, 583, 584, 587, 589, 591, 592, 595, 597, 600, 601, 604, 607-609, 611, 612, 615-617, 620, 624, 626, 627, 630-635, 637, 641, 642.

Aitken, K. T.: 327.

ʿAjjan, L.: cf. Bordreuil, P.-ʿAjjan, L.

Albanese, M. L.: 23.

Albrektson, B.: 249.

Albright, W. F.: 22, 26, 27, 29, 31, 32, 60, 63, 70, 72, 75, 76, 95, 121, 134, 136, 138, 139, 141, 149, 182, 184, 191, 193, 198, 206, 208, 213, 225, 227, 231, 233, 240, 241, 250, 255, 275, 276, 282, 309, 337, 340, 369, 413, 428, 434, 443, 446, 447, 453, 510, 519, 528, 533, 545, 549, 550, 561, 565, 567-569, 571, 587, 590, 596.

Albright, W. F.-Mendenhall, G. E.: 359, 377, 606.

Alonso Schökel, L.: 62, 412.

Alster, B.: 149.

Al-Yasin, ʿI.: 515, 620.

Angi, B. J.: 26, 359.

Armerdin, C. E.: 286.

Ashley, B.: 63, 64, 70, 183, 327, 328, 330-333, 335-345, 347-353, 355-363, 367, 369, 374, 375, 377, 381, 383, 386, 388-392, 399-401, 405-414, 418-424.

Astour, M. C.: 71, 134, 184, 235, 275, 277, 285, 298, 304, 357, 360, 412, 413, 509, 513, 514, 518, 521, 523, 539, 543, 550, 555, 562, 568, 584, 609, 613, 615, 616, 644.

Avishur, Y.: 34, 50, 113, 139, 304, 335, 363, 519, 568, 613, 628.

Avishur, Y.-Blau, J.: 34.

Badre, L., *et al.*: 246, 248, 250-252, 255, 258, 259, 268, 271, 272, 275, 290, 291, 293-295, 315, 320, 321, 512, 518, 550, 569, 570, 572, 573, 577, 579, 580, 589, 590, 599, 632.

Baisas, B. Q.: 599.

Bakoš, J.: 303, 520, 576.

Baldacci, M.: 176, 184, 515, 611.

B. NOMBRES DE LUGAR

C. PERSONAS

D. DIVINIDADES

INDICE DE MATERIAS

G. del Olmo Lete

LA VOCACION DEL LIDER
EN EL ANTIGUO ISRAEL

Morfología de los relatos bíblicos de vocación

467 páginas

El fenómeno histórico-religioso más notable del Israel antiguo lo constituye la actuación carismática de una serie de figuras —jefes y profetas—, que fueron el verdadero soporte de su pueblo, oprimido y fracasado tanto en el aspecto político como en el religioso. Todos ellos fueron llamados por Yahvé por medio de una especial «vocación» para realizar ese destino dentro de la comunidad: Abrahán, Moisés, Josué, Gedeón, Samuel, Elías, Eliseo, Amós, Oseas, Isaías, Jeremías, Ezequiel, el Segundo y el Tercer Isaías y el «Siervo de Yahvé».

De todos ellos ofrece la Biblia amplios relatos, que el profesor Del Olmo analiza en este libro, resaltando en cada uno de ellos sus componentes literarios y teológicos: encuentro con la divinidad, misión y mensaje, vivencia simbólica de su investidura. Es un estudio filológico-crítico y religioso realizado en forma metódica sorprendente. Constituye, sin duda, una seria aportación al análisis morfológico del lenguaje bíblico.

INSTITUCION SAN JERONIMO
PARA LA INVESTIGACION BIBLICA